Collins *gem*

Collins

BESTSELLING BILINGUAL DICTIONARIES

English-Greek

Dictionary

Ελληνοαγγλικό

Λεξικό

HarperCollins Publishers
Westerhill Road
Bishopbriggs
Glasgow
G64 2QT
Great Britain

Fourth Edition 2009

Reprint 10 9 8 7 6 5 4 3 2

ISBN 978-0-00-778960-8

Collins Gem® is a registered
trademark of HarperCollins
Publishers Limited

www.collinslanguage.com

A catalogue record for this book is
available from the British Library

Andrew Betsis ELT
31, Pyrgou
Pireas 18542
Greece

ISBN 978-0-00-784184-4

Typeset by Thomas Widmann

Printed in Italy by
LEGO Spa, Lavis (Trento)

Acknowledgements

We would like to thank those
authors and publishers who kindly
gave permission for copyright
material to be used in the Collins
Word Web. We would also like to
thank Times Newspapers Ltd for
providing valuable data.

PUBLISHING DIRECTOR
Catherine Love

MANAGING EDITOR
Gaëlle Amiot-Cadey

EDITOR
Carol McCann

CONTRIBUTORS
Sotirios Tsioris, Val McNulty

BASED ON THE FIRST EDITION BY
Lorna Knight, Michela Clari,
Jeremy Butterfield, Maree Airlie,
Sotirios Tsioris, Frances Illingworth,
Susie Beattie, Pat Cook, Val McNulty,
Bob Grossmith

SERIES EDITOR
Rob Scriven

INTRODUCTION

This new edition of the **Collins Greek Dictionary** has been completely revised and updated to offer clear and detailed treatment of the most important words in English and in Greek. We hope that you will enjoy it and benefit from using it at home, at work or at your place of study.

ΕΙΣΑΓΩΓΗ

Αυτή η νέα έκδοση του Αγγλοελληνικού Λεξικού **Collins** έχει ανανεωθεί και ενημερωθεί ριζικά ώστε να προσφέρει λεπτομερή μεταχείριση των πιο σημαντικών λέξεων στα Αγγλικά και τα Ελληνικά. Ελπίζουμε ότι θα το απολαύσετε και ότι θα επωφεληθείτε από τη χρήση του στο σπίτι, στη δουλειά ή τη μελέτη.

Note on trademarks

Words which we have reason to believe constitute trademarks have been designated as such. However, neither the presence nor the absence of such designation should be regarded as affecting the legal status of any trademark.

αεροπορία	*AEP*	aviation
αθλητισμός	*ΑΘΝ*	sports
αιτιατική	*αιτ.*	accusative
άκλιτος	*άκλ*	invariable
αμερικανική παραλλαγή	*Αμερ.*	American
ανατομία	*ΑΝΑΤ*	anatomy
ανεπίσημος	*ανεπ.*	informal
αντιθετικός	*αντιθ*	adversative
αντωνυμία	*αντων*	pronoun
αόριστος	*αόρ.*	past tense
αόριστος	*ΑΟΡΙΣΤ*	indefinite
αποθετικό	*απ.*	deponent
απόλυτος	*απόλ.*	cardinal
απρόσωπο	*απρόσ*	impersonal
αργκό	*αργκ.*	slang
άρθρο	*αρθρ*	article
αριθμητικό	*αριθ*	numeral
αρνητικός	*αρν*	disapproving
αρχαιολογία	*ΑΡΧ*	archaeology
αρχαία ιστορία	*ΑΡΧ ΙΣΤ*	ancient history
αρχιτεκτονική	*ΑΡΧΙΤ*	architecture
αστρολογία	*ΑΣΤΡΟΛ*	astrology
αστρονομία	*ΑΣΤΡΟΝ*	astronomy
αυτοκίνητο	*ΑΥΤ*	automobile
βιολογία	*ΒΙΟΛ*	biology
βιοχημεία	*ΒΙΟΧΗΜ*	biochemistry
βοηθητικό	*βοηθ*	auxiliary
βοτανική	*ΒΟΤ*	botany
βρετανικός τύπος	*Βρετ.*	British
γενική	*γεν.*	genitive
γενικότερα	*γενικότ.*	generally
γεωγραφία	*ΓΕΩΓΡ*	geography
γεωλογία	*ΓΕΩΛ*	geology
γεωμετρία	*ΓΕΩΜ*	geometry
γεωργία	*ΓΕΩΡΓ*	agriculture
γλωσσολογία	*ΓΛΩΣΣ*	linguistics
γυμναστική	*ΓΥΜ*	gymnastics
δεικτικός	*δεικτ*	demonstrative
διοίκηση	*ΔΙΟΙΚ*	administration
ειρωνικό	*ειρ.*	ironical
ελλειπτικός	*ΕΛΛΕΙΠΤ*	defective
εμπόριο	*ΕΜΠΟΡ*	commerce
ενικός	*ΕΝ, εν.*	singular
ενεστώτας	*ενεστ.*	present tense
επίθετο	*επίθ*	adjective
επίρρημα	*επιρρ*	adverb
επίσημος	*επίσ.*	formal
επιστημονικός	*επιστ.*	specialist term

επιφώνημα	*επιφών*	exclamation
ερωτηματικός	*ερωτ*	interrogative
ευφημισμός	*ευφημ.*	euphemism
ζωολογία	*ΖΩΟΛ*	zoology
ουσ θηλ	*η*	feminine singular
ηλεκτρολογία	*ΗΛΕΚΤΡ*	electricity
θέατρο	*ΘΕΑΤΡ*	theatre
θρησκεία	*ΘΡΗΣΚ*	religion
ιατρική	*ΙΑΤΡ*	medicine
ιστορία	*ΙΣΤ*	history
καταχρηστικά	*κατ.*	misused
κατηγορηματικός	*κατηγορημ.*	predicative
κατηγορούμενο	*κατηγορ.*	predicate
κινηματογράφος	*ΚΙΝ*	cinema
και λοιπά	*κ.λπ*	et cetera
κλητική	*κλητ.*	vocative
κοινωνιολογία	*ΚΟΙΝ*	sociology
κοροϊδευτικά	*κορ*	derisive
κάποιον	*κπν*	somebody
κάποιου	*κποιου*	somebody's
κάποιος	*κπς*	somebody
κάτι	*κτ*	something
κτητικός	*κτητ*	possessive
κυρίως	*κυρ.*	mainly
κυριολεκτικά	*κυριολ.*	literal
λογοτεχνία	*ΛΟΓ*	literature
λογοτεχνικός	*λογοτ.*	literary
μαθηματικά	*ΜΑΘ*	mathematics
μαγειρική	*ΜΑΓΕΙΡ*	culinary
μέλλοντας	*μέλλ.*	future tense
μεσοπαθητικός	*μεσ*	middle-passive
μετεωρολογία	*ΜΕΤΕΩΡ*	meteorology
μετωνυμία	*μετων.*	metonymy
μειωτικός	*μειωτ.*	derogatory
μηχανολογία	*ΜΗΧ*	engineering
μεταφορικά	*μτφ.*	figurative
μετοχή	*μτχ.*	participle
μόριο	*μόρ*	particle
μουσική	*ΜΟΥΣ*	music
μυθολογία	*ΜΥΘΟΛ*	mythology
ναυτικός	*ΝΑΥΤ*	nautical
νομική	*ΝΟΜ*	law
ουσ αρσ	*ο*	masculine singular
οικείος	*οικ.*	familiar
οικονομία	*ΟΙΚ*	economics
ουσ αρσ/θηλ πληθ	*οι*	masculine or feminine plural
ονομαστική	*ον.*	nominative
οριστικός	*οριστ*	definite

παθητικός	**παθ.**	passive
παλαιότερα	**παλ.**	formerly
πανεπιστήμιο	**ΠΑΝ**	university
παρακείμενος	**παρακ.**	present perfect
παρατατικός	**παρατ.**	imperfect tense
παροιμία	**παροιμ.**	proverbial
πληθυντικός	**πλ.**	plural
πληροφορική	**ΠΛΗΡΟΘ**	computers/information technology
ποίηση	**ΠΟΙΗΣ**	poetry
πολιτική	**ΠΟΛ**	politics
πρόθεση	**πρόθ**	preposition
πρόθημα	**πρόθημ**	prefix
προσωπικός	**προσ**	personal
προστακτική	**προστ**	imperative
προφορικός	**προφορ.**	spoken
ρήμα	**ρ**	verb
ραδιόφωνο	**ΡΑΔΙΟΦ**	radio
ρήμα αμετάβατο	**ρ αμ**	intransitive verb
ρήμα μεταβατικό	**ρ μ**	transitive verb
σπάνιος	**σπάν.**	rare
στατιστική	**ΣΤΑΤ**	statistics
στρατιωτικός	**ΣΤΡ**	military
σύνδεσμος	**σύνδ**	conjunction
συνδετικό ρήμα	**συνδετ**	link verb
συνήθως	**συνήθ.**	usually
συντομογραφία	**συντομ**	abbreviation
σχολείο	**ΣΧΟΛ**	school
ουσ ουδ πληθ	**τα**	neuter plural
τακτικό αριθ	**τακτ**	ordinal
τέχνη	**ΤΕΧΝ**	art
τεχνολογία	**ΤΕΧΝΟΛ**	technology
τηλεόραση	**ΤΗΛΕΟΡ**	tv
ουσ ουδ	**το**	neuter singular
τριτοπρόσωπο	**τριτοπρόσ**	3rd person
τυπογραφία	**ΤΥΠ**	typography
υβριστικός,-ά	**υβρ.**	abusive
υποκοριστικός	**υποκ**	diminutive
φαρμακευτική	**ΦΑΡΜ**	pharmaceutics
φιλολογία	**ΦΙΛΟΛ**	philology
φιλοσοφία	**ΦΙΛΟΣ**	philosophy
φυσική	**ΦΥΣ**	physics
φυσιολογία	**ΦΥΣΙΟΛ**	physiology
φωτογραφία	**ΦΩΤ**	photography
χαϊδευτικά	**χαϊδ.**	affectionately
χημεία	**ΧΗΜ**	chemistry
χιουμοριστικός,-ά	**χιουμ.**	humorous
χυδαίος	**χυδ.**	vulgar
ψυχολογία	**ΨΥΧΟΛ**	psychology

ΣΥΝΤΟΜΟΓΡΑΦΙΕΣ   ABBREVIATIONS

συντομογραφία	**abbr**	abbreviation
αιτιατική	**acc**	accusative
επίθετο	**adj**	adjective
διοίκηση	**ADMIN**	administration
επίρρημα	**adv**	adverb
γεωργία	**AGR**	agriculture
ανατομία	**ANAT**	anatomy
αρχιτεκτονική	**ARCHIT**	architecture
αστρονομία	**ASTR**	astronomy
αυτοκίνητο	**AUT**	automobile
βοηθητικό ρήμα	**aux vb**	auxiliary verb
αεροπορία	**AVIAT**	aviation
βιολογία	**BIO**	biology
βοτανική	**BOT**	botany
Αγγλισμός	**BRIT**	British usage
χημεία	**CHEM**	chemistry
κινηματογράφος	**CINE**	cinema
εμπορικός	**COMM**	commercial
συγκριτικός	**compar**	comparative
ηλεκτρονικοί υπολογιστές	**COMPUT**	computers
σύνδεσμος	**conj**	conjunction
κατασκευές	**CONSTR**	construction
σύνθετος	**cpd**	compound
μαγειρικός	**CULIN**	culinary
οριστικό άρθρο	**def art**	definite article
υποκοριστικό	**dimin**	diminutive
οικονομία	**ECON**	economics
ηλεκτρισμός	**ELEC**	electricity
εμφατικός	**emph**	emphatic
ειδικά	**esp**	especially
και λοιπά	**etc**	et cetera
ευφημισμός	**euph**	euphemism
επιφώνημα	**excl**	exclamation
θηλυκό	**f**	feminine noun
μεταφορικός	**fig**	figuratively
οικονομία	**FIN**	finance
επίσημος	**fml**	formal
γενικός	**gen**	general
γενική	**GEN**	genitive
γεωγραφία/γεωλογία	**GEO**	geography/geology
γεωμετρία	**GEOM**	geometry
ιστορία	**HIST**	history
χιουμοριστικός	**hum**	humorous
απρόσωπο	**impers**	impersonal
αόριστο άρθρο	**indef art**	indefinite article
βιομηχανία	**INDUST**	industry
ανεπίσημος	**inf**	informal
χυδαίος	**inf!**	vulgar
ασφάλιση	**INSUR**	insurance

vii

ΣΥΝΤΟΜΟΓΡΑΦΙΕΣ

ABBREVIATIONS

αμετάβλητος	**inv**	invariable
ανώμαλο	**irreg**	irregular
νομικός	**JUR**	law
γλωσσολογία	**LING**	linguistics
κυριολεκτικός	**lit**	literal
λογοτεχνία	**LIT**	literature
αρσενικό	**m**	masculine noun
μαθηματικά	**MATH**	mathematics
ιατρική	**MED**	medical
στρατιωτικός	**MIL**	military
μουσική	**MUS**	music
ουσιαστικό	**n**	noun
ναυτικός	**NAUT**	nautical, naval
ονομαστική	**nom**	nominative
ουδέτερο	**nt**	neuter
αριθμός	**num**	numeral
απαρχαιωμένος	**old**	old-fashioned
εαυτός	**o.s.**	oneself
υποτιμητικός	**pej**	pejorative
φωτογραφία	**PHOT**	photography
φυσική	**PHYS**	physics
φυσιολογία	**PHYSIOL**	physiology
πληθυντικός	**pl**	plural
πολιτική	**POL**	politics
μετοχή αορίστου	**pp**	past participle
πρόθεση	**prep**	preposition
αντωνυμία	**pron**	pronoun
ψυχολογία/ψυχιατρική	**PSYCH**	psychology/psychiatry
αόριστος, παρατατικός	**pt**	past tense
σήμα κατατεθέν	**®**	registered trademark
σιδηρόδρομος	**RAIL**	railways
θρησκεία	**REL**	religion
κάποιος	**sb**	somebody
σχολείο	**SCOL**	school
ενικός	**sg**	singular
κάτι	**sth**	something
υπερθετικός	**superl**	superlative
τεχνικός	**TECH**	technical
τηλεπικοινωνίες	**TEL**	telecommunications
θέατρο	**THEAT**	theatre
τηλεόραση	**TV**	television
τυπογραφία	**TYP**	printing
πανεπιστήμιο	**UNIV**	university
Αμερικανισμός	**US**	American usage
ρήμα	**vb**	verb
ρήμα αμετάβατο	**vi**	intransitive verb
ρήμα μεταβατικό	**vt**	transitive verb
ρήμα αχώριστο	**vt fus**	inseparable verb
ζωολογία	**ZOOL**	zoology

PRONUNCIATION OF MODERN GREEK

Each letter in Greek nearly always represents the same sound. When you read out the pronunciation you should sound the letters as if you were reading an English word.

GREEK LETTER		CLOSEST ENGLISH SOUND	EXAMPLE	PRONOUNCED
Α	α	h**a**nd	άνθρωπος	**a**nthropos
Β	β	**v**ine	βούτυρο	**v**ooteero
Γ	γ	**y**es	γάλα	**g**ala
			για	**y**a
Δ	δ	**th**is	δάκτυλος	**ð**akteelos
Ε	ε	m**e**t	έτοιμος	**e**teemos
Ζ	ζ	**z**one	ζώνη	**z**onee
Η	η	m**ee**t	ήλιος	**ee**leeos
Θ	θ	**th**in	θέατρο	**th**eatro
Ι	ι	m**ee**t	ίππος	**ee**pos
Κ	κ	**k**ey	και	**k**e
Λ	λ	**l**og	λάδι	**l**aðee
Μ	μ	**m**at	μάτι	**m**atee
Ν	ν	**n**ot	νύχτα	**n**eehta
Ξ	ξ	ro**cks**	ξένος	**ks**enos
Ο	ο	c**o**t	όχι	**o**hee
Π	π	**p**at	πόλη	**p**olee
Ρ	ρ	ca**rr**ot	ρόδα	**r**oða
Σ	σ, ς	**s**at	σήμα	**s**eema
Τ	τ	**t**op	τράπεζα	**t**rapeza
Υ	υ	m**ee**t	ύπνος	**ee**pnos
Φ	φ	**f**at	φρούστα	**f**oosta
Χ	χ		χάνω	**h**ano
			χέρι	**h**eree
Ψ	ψ	la**pse**	ψάρι	**ps**aree
Ω	ω	c**o**t	ώρα	**o**ra

PRONUNCIATION OF MODERN GREEK

GREEK LETTER	CLOSEST ENGLISH SOUND	EXAMPLE	PRONOUNCED
ει	meet	είδος	*ee*δos
οι		οίκοι	*ee*kee
αι	met	αίμα	*e*ma
ου	food	που	*pou*
μπ	beer	μπύρα	*beera*
	or amber	κάμπος	*kambos*
	or ample	σύμπαν	*seempan*
ντ	door	ντομάτα	*domata*
	or bent	συναντώ	*seenanto*
	or bend	πέντε	*pende*
γκ, γγ	good	γκάζι	*gazee*
	or angle	Αγγλία	*angleea*
γξ	links	σφιγξ	*sfeenks*
τζ	friends	τζάμι	*dzamee*

The pairs of vowels shown above are pronounced separately if the first has an acute accent (´) or the second a dieresis (¨); e.g. Κάιρο *ka*eero παϊδάκι *pa*eeδakee.

Some Greek consonant sounds have no English equivalent. The υ of the groups αυ and ευ is pronounced *v* or *f*; e.g. αύριο *avreeo* αυτί *aftee*.

GREEK LETTER	REMARKS	EXAMPLE	PRONOUNCED
Ρ, ρ	slightly trilled *r*	ρόδα	*ro*δa
Χ, χ	like *ch* in loch	χάνω	*hano*
	or like a rough *h*	χέρι	*heree*
Γ, γ	like a rough *g*	γάλα	*gala*
	or like *y*	για	*ya*

NB: All Greek words of two or more syllables have an acute accent which indicates where the stress falls. For instance, άγαλμα is pronounced *agalma* and αγάπη is pronounced *agapee*.

x

ΦΩΝΗΤΙΚΑ ΣΥΜΒΟΛΑ   PHONETIC SYMBOLS

Vowels/Diphthongs   Φωνήεντα/Δίφθογγοι

	[ɑː]	ca*l*m, pa*r*t
	[æ]	s*a*t
	[ɑ̃ː]	cli*en*tele
είναι, ένα	[ɛ]	*e*gg
	[ə]	*a*bove
	[əː]	b*ur*n, *ear*n
σπίτι	[ɪ]	p*i*t, awful*ly*
είναι	[iː]	p*ea*t
όχι	[ɔ]	c*o*t
	[ɔː]	b*or*n, j*aw*
	[ʌ]	h*u*t
κούκλα	[u]	p*u*t
	[uː]	p*oo*l
μαϊμού	[aɪ]	b*uy*, d*ie*, m*y*
φράουλα	[au]	h*ou*se, n*ow*
λέει	[eɪ]	p*ay*, m*a*te
	[ɛə]	p*air*, m*are*
	[əu]	n*o*, b*oa*t
	[ɪə]	m*ere*, sh*ear*
	[ɔɪ]	b*oy*, c*oi*n
τούρτα	[uə]	t*our*, p*oor*

Consonants   Σύμφωνα

αμπέλι	[b]	*b*all
	[tʃ]	*ch*ild
φέτα	[f]	*f*ield
αγκώνας	[g]	*g*ood
	[h]	*h*and
για	[j]	*y*et, milli*o*n

ΦΩΝΗΤΙΚΑ ΣΥΜΒΟΛΑ PHONETIC SYMBOLS

τζάμι	[dʒ]	*just*
κήπος	[k]	*k*ind, cat*ch*
λάδι	[l]	*l*eft, *littl*e
μόνο	[m]	*m*at
νερό	[n]	*n*est
Αγγλία	[ŋ]	lo*ng*
παιδί	[p]	*p*ut
ρόδα	[r]	*r*un
σίδερο	[s]	*s*it
	[ʃ]	*sh*all
τέταρτο	[t]	*t*ab
θάμνος	[θ]	*th*ing
δάκτυλο	[ð]	*th*is
βούτυρο	[v]	*v*ery
	[w]	*w*et
χέρι	[x]	lo*ch*
ξένος	[ks]	bo*x*
ζώνη	[z]	pod*s*, *z*ip
	[ʒ]	mea*s*ure

Other signs		Άλλα σύμβολα
main stress	[']	κύριος τόνος
long vowel	[ː]	μακρό φωνήεν
	[r]	το τελικό "r" δεν προφέρεται εκτός αν η επόμενη λέξη αρχίζει με φωνήεν

xii

GREEK–ENGLISH
ΕΛΛΗΝΙΚΟΑΓΓΛΟ

Α α

Α, α alpha, *first letter of the Greek alphabet*

αβάσταχτ|ος *επίθ* (πόνος, στενοχώρια) unbearable · (επιθυμία) irresistible

αβγό *το* egg · **μελάτο αυγό** soft–boiled egg

αβγοκόβ|ω *ρ μ* to add egg and lemon sauce to

αβγολέμον|ο *το* egg and lemon sauce

αβέβαι|ος *επίθ* (μέλλον, επιτυχία) uncertain · (κατάσταση) unclear

αβλαβής *επίθ* (= που δεν έπαθε κακό) unharmed · (= που δεν προξενεί κακό/βλάβη) harmless · **σώος και ~** safe and sound

αβοήθητος *επίθ* helpless

άβολος, -η, -ο (= δύστροπος, απροσάρμοστος) awkward · (έπιπλο, ρούχο) uncomfortable

άβραστ|ος *επίθ* (= ωμός) uncooked · (= μισοβρασμένος) undercooked

αγαθό *το* (= καλό) good · (= καθετί που δίνει ευχαρίστηση) commodity · ▶ **αγαθά** *πλ* fortune *εν.*

αγαθ|ός *επίθ* (= ενάρετος) decent · (= αφελής, απλοϊκός) gullible · (πρόθεση, διάθεση) simple

αγαλλίαση *η* joy

άγαλμα *το* statue

άγαμ|ος *επίθ* unmarried

αγανάκτηση *η* anger

αγανακτ|ώ *ρ αμ* to be angry

αγάπη *η* love

αγαπημέν|ος *επίθ* (μητέρα, κόρη) dear · (τραγούδι, φαγητό) favourite (Βρετ.), favorite (Αμερ.) ♦ *ουσ* (= εραστής) boyfriend · (= ερωμένη) girlfriend

αγαπητ|ός *επίθ* dear · **-έ μου!** my dear!

αγαπ|ώ *ρ μ* to love

αγγείο *το* pot · **αιμοφόρα ~α** blood vessels

αγγελία *η* (επίσ.: = αναγγελία) announcement · (κηδείας, διαγωνισμού) notification · **μικρές ~ες** classified advertisements

άγγελος *ο* angel

άγγιγμα *το* touch

αγγίζ|ω *ρ μ* (επίσης **εγγίζω**: = ακουμπώ) to touch · (= ψηλαφώ) to feel · (επίσης **εγγίζω**: = πλησιάζω) to border on · (= δοκιμάζω) to touch · (συγκινώ: λόγια, πράξεις) to touch

Αγγλία *η* England

Αγγλίδα *η* Englishwoman

αγγλικός *επίθ* English ▶ **Αγγλικά** *τα*, **Αγγλική** *η* English

αγγλομαθής *επίθ* English-speaking

Άγγλος *ο* Englishman

αγγούρι *το* cucumber

αγελάδα *η* cow

αγελαδιν|ός *επίθ* (επίσης cow's · **-ό κρέας** beef · **-ό γιαούρτι** cow's-milk yoghurt

αγένεια *η* rudeness

αγεν|ής *επίθ* (άνθρωπος,

αγέρι *συμπεριφορά* rude · *(μέταλλο)* base

αγέρι *το (λογοτ.)* breeze

άγευστ|ος *επίθ* tasteless

Αγιοβασίλης *ο (προφ.)*

άγιος¹, -ία ή -α, -ο holy

άγιος² *ο* saint

αγκαζέ *επίρρ (πιάνω)* arm in arm · **το τραπέζι είναι** = *(σε εστιατόριο)* the table is reserved

αγκάθ|ι *το (φυτού)* thorn · *(ψαριού)* bone

αγκαλιά¹ *η (ανθρώπου)* arms *πληθ.* · *(= αγκάλιασμα)* hug

αγκαλιά² *επίρρ (= στην αγκαλιά: κρατώ, έχω)* in one's arms · *(= αγκαλιαστά: κομμάται)* in each other's arms · *(περπατάω)* arm in arm

αγκαλιάζ|ω *ρ μ* to hug

αγκίδα *η,* **αγκίθα** splinter

αγκινάρ|α *η* artichoke

αγκίστρ|ι *το* (fish) hook

αγκράφ|α *η* buckle

Άγκυρα|α *η* Ankara

άγκυρ|α *η* anchor · **ρίχνω/σηκώνω ~** to drop/to weigh anchor

αγκώνας *ο* elbow

αγνατεύ|ω *ρ μ* to scan

άγνοι|α *η* ignorance · **εν αγνοία κποιου** *(επίσ.)* without sb's knowing

αγνο|ός *επίθ* pure · *(φιλία)* chaste

αγνο|ώ *ρ μ* = *δεν γνωρίζω)* not to know · *(= αδιαφορώ)* to ignore

αγνώμον|ας *ο/η =* **αγνώμων**

αγνώμ|ων, -ων, -ον ungrateful

άγνωστ|ο *το* the unknown

άγνωστ|ος *επίθ* an unknown quantity

▸ **άγνωστος** *ο,* **άγνωστη** *η* stranger

αγόν|ος *επίθ* barren

αγορ|ά *η (προϊόντων, αγαθών)*

buying · *(= αγοραπωλησιών)* market

αγοράζ|ω *ρ μ* to buy

αγοράκ|ι *το* little boy

αγοραστής *ο* buyer

αγοράστρια *η βλ.* **αγοραστής**

αγόρ|ι *το (= αρσενικό παιδί)* boy · *(= αγαπημένος)* boyfriend

άγουρ|ος *επίθ* unripe

αγράμματ|ος *επίθ* = *αναλφάβητος)* illiterate · *(= αμόρφωτος)* ignorant

άγραφος, άγραφτος *επίθ (κόλλα, χαρτί)* blank · *(κανόνας, κώδικας)* unwritten

αγριεύ|ω *ρ μ (= εξαγριώνω)* to infuriate · *(= φοβερίζω)* to bully ♦ *ρ αμ (= γίνομαι άγριος)* to turn nasty · *(καιρός, άνεμος)* to become wild · *(θάλασσα)* to become rough · *(πρόσωπο, φωνή)* to become angry · *(χέρια, επιδερμίδα)* to become rough · *(μαλλιά)* to become coarse

▸ **αγριεύομαι** *μεσ* to be scared

άγρι|ος, -α, -ο *(ζώο, φυτό)* wild · *(μάτια, φωνή)* furious · *(όψη)* wild · *(χέρια, επιδερμίδα)* rough · *(μαλλιά)* coarse · *(ξυλοδαρμός, δολοφονία)* savage · *(φυλή)* wild ♦ *οι* savages

αγριόχορτα *τα* weeds

αγρόκτημα *το* farm

αγρ|ός *ο* field

▸ **αγροί** *πλ* fields

αγρότ|ης *ο* farmer

αγροτικ|ός *επίθ (εισόδημα, σύνταξη)* farmer's · *(μηχανήματα, προϊόντα)* agricultural · *(πληθυσμός, κοινωνία)* rural · *(νόμος, μεταρρύθμιση)* agricultural · *(ζωή)* rural · *(εργασίες)* farm

▸ **αγροτικό** *το* pick-up (truck)

αγρότισσα *η βλ.* **αγρότης**

άγρυπν|ος *επίθ* awake

αγύμναστ|ος *επίθ* who hasn't taken any exercise

αγχόν|η η = θηλιά για απαγχονισμό) noose · (= όργανο για απαγχονισμό) gallows

άγχ|ος ο anxiety

αγχών|ω ρ μ to put under stress
▶**αγχώνομαι** μεσ to be under stress

αγωγ|ή η (= ανατροφή) education · (NOM) lawsuit · (ΙΑΤΡ) treatment

αγωγός ο (εξαερισμού, αποχέτευσης) pipe · (φυσικού αερίου) pipeline · (ηλεκτρισμού) wire

αγών|ας ο (= σύγχρονος) struggle · (= κοπιαστική προσπάθεια) struggle · (= εντατική προσπάθεια) efforts πληθ · (ΑΘΛ) race · (ποδοσφαιρικός) game

αγωνί|α η (= ανυπομονησία) impatience · (= έντονη ανησυχία) anguish ▶**κρατώ κπν σε ~** to keep sb on tenterhooks

αγωνίζ|ομαι ρ αμ (= μάχομαι για την επίτευξη στόχου) to fight · (= καταβάλλω έντονη προσπάθεια) to strive · (ομάδα, παίκτης) to play

αγώνισ|μα το event

αγωνιώδης, -ης, -ες (ερώτημα, βλέμμα) anguished · (προσπάθεια) desperate

αδάμαστ|ος επίθ (άλογο) not broken in · (μτφ.: έρημος) untamed · (μτφ.: πνεύμα, θέληση) indomitable · (φρόνημα) steadfast · (θάρρος) invincible

αδασμολόγητ|ος επίθ duty-free

άδει|α η (= συγκατάθεση) permission · (= συναίνεση) consent · (εργαζομένου) time off ▶**~ εισόδου/εξόδου** pass

αδειάζ|ω ρ μ (αίθουσα, χώρο) to clear · (δοχείο) to empty · (κρασί, νερό) to pour out · (όπλο) to unload · (σάκους, δρόμο) to empty · (μπαταρία) to go flat · (μτφ.: μυαλό) to go blank · (επικαιρ) to have time

αδειαν|ός επίθ = **άδειος**

άδει|ος, -α, -ο (πιάτο, μπουκάλι) empty · (όπλο) unloaded · (διαμέρισμα) vacant · (δωμάτιο) empty · (ταξί, θέση) free ▶**με ~α χέρια** empty-handed

αδέκαρ|ος επίθ penniless

αδελφάκ|ι το little brother

αδελφ|ή η (βαθμός συγγένειας) sister · (= καλόγρια) Sister · (= νοσοκόμα) sister · (μειωτ.: ομοφυλόφιλος) sissy

αδελφικός επίθ fraternal · **~ φίλος** very close friend

αδελφός ο brother

αδελφούλ|α, αδερφούλα η little sister

αδέν|ας ο gland

αδερφάκ|ι το = **αδελφάκι**

αδερφ|ή η = **αδελφή**

αδερφικός επίθ = **αδελφικός**

αδερφ|ός ο = **αδελφός**

αδέσποτ|ο το stray

αδέσποτ|ος επίθ stray

αδημοσίευτ|ος επίθ unpublished

αδιάβαστ|ος επίθ who hasn't done his/her homework

αδιάβροχ|ο το raincoat

αδιάβροχ|ος επίθ waterproof

αδιαθεσί|α η indisposition

αδιάθετ|ος επίθ (= ελαφρά άρρωστος) unwell · (ανεπ.: για γυναίκες) menstruating

αδιάκοπ|ος επίθ (κουβέντες) endless · (πόλεμος) constant · (= αγώνας, χειροκρότημα) continuous · (προσπάθεια) unceasing · (μεταβολή) continual

αδιακρίτως επίρρ indiscriminately

αδιαμφισβήτητα επίρρ beyond doubt

αδιαμφισβήτητ|ος επίθ (ικανότητα, γεγονός) indisputable · (στοιχεία) irrefutable

αδιανόητ|ος επίθ inconceivable

αδιάντροπ|ος επίθ (για πρόσ.,

συμπεριφορά) shameless · (ψέμα) barefaced

αδιαφορί|α η indifference · **δείχνω** ~ to feign indifference

αδιάφορ|ος επίθ indifferent · **μου είναι ~o** it's all the same to me

αδιέξοδ|ο το dead end

αδιέξοδ|ος επίθ dead–end

αδιευκρίνιστ|ος επίθ obscure

άδικα επίρρ (= με άδικο τρόπο) unfairly · (= χωρίς λόγο) unjustly · (= μάταια) in vain

αδικαιολόγητ|ος επίθ (για πρόσ.) inexcusable · (συμπεριφορά, στάση) indefensible · (αναστηρότητα) unjustifiable · (λάθος, καθυστέρηση) inexcusable · (αίτημα, φόβος) unreasonable · (υποψία) unfounded

αδίκη|μα το offence (Βρετ.), offense (Αμερ.) · **διαπράττω** ~ to commit an offence (Βρετ.) ή offense (Αμερ.)

αδικί|α η (= άδικη πράξη) wrong · (= έλλειψης δικαιοσύνης) injustice

άδικ|ο το wrong · **έχω** ~ to be wrong

άδικ|ος επίθ (άνθρωπος) unfair · (υποψία) unfounded · (νόμος, κανόνας) unjust · (πράξη) wrongful · (= κόπος) wasted effort

αδιάστακτ|ος επίθ unscrupulous

αδράνει|α η inactivity

αδρανής επίθ inactive

αδρανώ|ω ρ αμ to be inactive ή idle

Αδριανούπολ|η η Andrianople

Αδριατικ|ή η Adriatic

αδυναμί|α η (= ανικανότητα) inability · (= σωματική εξάντληση) weakness · (= υπερβολική αγάπη) soft spot (σε for) · **αισθάνομαι ή νιώθω μεγάλη** ~ to feel very weak

αδύναμ|ος επίθ weak · (χρώμα) pale

αδυνατίζ|ω ρ αμ (για πρόσ.) to

lose weight · (καρδιά, μάτια) to become weaker · **φ ρ μ – κπν** to make sb lose weight

αδυνάτισμα το weight loss ▷**κέντρο αδυνατίσματος** = slimming centre (Βρετ.) ή center (Αμερ.)

αδύνατ|ος επίθ (άνθρωπος, πρόσωπο) thin · (μαθητής, παίκτης) weak ▷**αδύνατον(ν) το ~ο(ν)** the impossible

αδυνατ|ώ ρ αμ (επίσ.) to be incapable · **~ να κάνω κτ** to be unable to do sth

αδυσώπητ|ος επίθ (άνθρωπος, ανάγκη) harsh · (εχθρός, μοίρα) implacable · (κριτική, αγώνας) fierce · (ερωτήματα) relentless

αεράκι το breeze

αέρ|ας ο (γενικότ.) air · (= άνεμος) wind · (= στυλ) air · (για τα αυτοκίνητα) choke · **σηκώνεται ή πέφτει** ~ the wind is picking up ▷**κενό** ~**ος** air pocket

αερίζ|ω ρ μ to air

αέρι|ο το gas

αεριωθούμεν|ο το jet

αερόβι|ος επίθ aerobic

αερογέφυρ|α η (τροφίμων, προσώπων) airlift · (= γέφυρα) viaduct

αερογραμμ|ές οι airways

αεροδρόμι|ο το airport

αεροδυναμικ|ός επίθ streamlined

αεροκαμένι|ας ο (επίσ.) airport

αερόμπικ το aerobics εν.

αεροπειρατεί|α η hijacking

αεροπειρατ|ής ο hijacker

αεροπλάν|ο το plane, aeroplane (Βρετ.), airplane (Αμερ.)

αεροπορί|α η aviation · (ΣΤΡ) air force ▷**πολιτική** ~ civil aviation · **πολεμική** ~ air force

αεροπορικ|ός επίθ (άμυνα) air · (επίδειξη) aerial · (όργανα, στολή) flying · (εταιρεία) airline

αεροπορικώς (επιστολή) airmail

αεροπορικώς επίρρ by air

αεροσκάφος το aircraft εν.

αεροσυνοδός ο flight attendant
♦ η flight attendant

αετός ο eagle

αζημίωτο το **με το** ~ for a fee

αηδία η disgust
▸ **αηδίες** πλ (= ανοησίες) nonsense εν. · (για φαγητό) junk food εν. · **λέω ~ες** (προφ.) to talk nonsense

αηδιάζω ρ αμ to be disgusted ♦ ρ μ ~ **κπν** (τσιγάρο, μυρωδιά) to turn sb's stomach · (άνθρωπος) to disgust sb · (μτφ.) to make sb sick · (φαγητό, θέαμα) to disgust

αηδιασμένος επίθ disgusted

αηδιαστικός επίθ (φαγητό, αστεία) disgusting · (άνθρωπος, εμφάνιση) repulsive · (οσμή) foul

αηδόνι το nightingale

αήττητος επίθ unbeaten

αθανασία η immortality

αθάνατος επίθ (ψυχή, Θεός) immortal · (αγάπη) undying

αθέατος επίθ (= αόρατος) unseen · (= κρυμμένος) hidden

άθελα επίρρ **άθελά μου** unintentionally

αθέμιτος επίθ illegal

άθεος επίθ godless
▸ **άθεος** ο, **άθεη** η atheist

αθεράπευτος επίθ (αρρώστια) incurable · (απελπισία) hopeless · (πεσιμιστής) incurable · (περιέργεια) insatiable

αθερίνα η smelt

αθετώ ρ μ to break

Αθήνα η Athens

Αθηναία η βλ. **Αθηναίος**

αθηναϊκός επίθ Athenian

Αθηναίος ο Athenian

άθικτος επίθ (φαγητό) untouched · (= άφθαρτος) undamaged

άθλημα το sport

άθληση η sports πληθ.

αθλητής ο athlete

αθλητικός επίθ (πρόγραμμα, εγκαταστάσεις) sports · (σωματείο, ήθος) sporting · (είδη) sports · (σώμα, διάπλαση) athletic

αθλητισμός ο sports πληθ.

αθλήτρια η sportswoman

άθλιος, -α, -ο (άνθρωπος, κατάσταση) wretched · (ζωή) miserable · (συνθήκες) squalid · (άνθρωπος, συμπεριφορά) despicable

άθλος ο feat · **οι ~οι του Ηρακλή** the labours (Βρετ.) ή labors (Αμερ.) of Hercules

αθλούμαι ρ αμ απ to exercise

αθόρυβος επίθ (αρρώστια, χτύπημα) insidious · (βήματα, γέλιο) silent · (μτφ.: για πρόσ.) unobtrusive

άθραυστος επίθ (τζάμι) shatterproof · (υλικό) unbreakable

αθροίσμα το sum

αθώος, -α, -ο innocent

αθωότητα η (ανθρώπου: νεότητας, αγάπης) innocence

αθώωση η acquittal

άι (οικ.) μόρ (= άντε) go · ~ **στον διάβολο!** (υβρ.) go to hell! · ~ **χάσου!** (υβρ.) get lost!

Αϊ-³, **Άι-** πρόθημα St

Αιγαίο το **το ~ (Πέλαγος)** the Aegean (Sea)

Αίγυπτος η Egypt

αιδήμων η decency · **δημόσια ~** public decency

αίθουσα η (γενικότ.) room · (μεγάλη) hall · (σε σχολείο) classroom ▹ ~ **αναμονής** waiting room ▹ ~ **χορού** ballroom ▹**κινηματογραφική ~** cinema (Βρετ.), movie theater (Αμερ.)

αίμα το blood · **χάνω ~** to lose blood · **τρέχει ~** to bleed ▹**εξέταση** η **ανάλυση -τος** blood

αιματηρός test ▷**ομάδα ~τος** blood group

αιματηρ|ός επίθ (επεισόδιο, συμπλοκή) bloody · (μτφ.: προσπάθειες) strenuous · (οικονομίες) stringent

αιματοχυσ|ία η bloodshed

αιμοβόρ|ος, -α, -ο (θηρία) carnivorous · (μτφ.) bloodthirsty

αιμοδοσία η blood donation

αιμοδότης ο blood donor

αιμοδότρι|α η βλ. **αιμοδότης**

πιμομιξία η incest

αιμορραγία η hacmumhugu (Bφτ.), hemorrhage (Αμφ.)

αιμορραγ|ώ ρ αμ to bleed

αιμορροΐδ|ες οι haemorrhoids (Bφτ.), hemorrhoids (Αμφ.)

αιμοφόρ|ος, -ος, -ο · ~α αγγεία blood vessels

αίνιγ|μα το (κυριολ.) riddle · (μτφ.) mystery

αινιγματικ|ός επίθ (άνθρωπος, προσωπικότητα) enigmatic · (σιωπή) cryptic · (υπόθεση, συμπεριφορά) puzzling

αίντε επιφων = **άντε**

αισθάν|ομαι ρ μ αι (πόνο, χάδι) to feel · (σοβαρότητα κατάστασης, συνέπειες) to be aware of · (κίνδυνο) to sense · (υποχρέωση, ευθύνη) to feel · (αγάπη, ικανοποίηση) to feel · to feel · ~ **ζαλάδα/κούραση/ευτυχία** to feel dizzy/tired/happy · **πώς ~εσαι;** how do you feel?

αίσθη|μα το feeling · (= έρωτας) love

αισθηματικ|ός επίθ (δεσμός, σχέση) romantic · (ταινία, τραγούδι) sentimental

αίσθησ|η η sense · (= ζωηρή εντύπωση) sensation · **χάνω τις αισθήσεις μου** to pass out · **βρίσκω τις αισθήσεις μου** to come around

αισθησιακ|ός επίθ (γυναίκα, χορός) sensual · (χείλη) sensuous

αισθητικ|ή η aesthetic (Bφτ.), esthetic (Αμφ.) · ▷**ινστιτούτο ~ς** beauty salon

αισθητικ|ός επίθ aesthetic (Bφτ.), esthetic (Αμφ.)

▸ **αισθητικός** ο/η beautician

αισθητ|ός επίθ (διαφορά, μείωση) marked · (απουσία) noticeable · (= που γίνεται αντιληπτός με τις αισθήσεις) perceptible

αισιοδοξ|ία η optimism

αισιόδοξ|ος επίθ optimistic

αίσι|ος, -α, -ο (έκβαση) favourable (Bφτ.), fauourable (Αμφ.) · (οιωνός) good · **~ο τέλος** happy ending

αίσχ|ος το shame ♦ επιφων outrageous!

▸ **αίσχη** ουσ πλ sleaze εν.

αισχροκερδ|ής επίθ mercenary

αισχρολογ|ία η obscenity

αισχρολογ|ία τα obscenity

αισχρ|ός επίθ (λέξεις) rude · (αστεία) dirty · (= αχρείος) despicable · (= ευτελής: ξενοδοχείο) seedy

αιτ|η|μα το demand

αίτησ|η η (αδείας, υποψηφιότητας) application · (= έντυπο) application form

αιτία η (διαζυγίου, απόλυσης) cause · **άνευ λόγου και ~ς** for no reason at all · **εξ ~ς** +γεν. because of · **χωρίς ~** for no reason

αίτι|ο το cause

αιτιολόγησ|η η justification

αιτιολογ|ώ ρ μ to justify

αίτ|ιος ο = **αετός**

αιτούσ|α η (επία.) βλ. **αιτών**

αιτ|ώ ρ μ (επία.) to demand

▸ **αιτώμαι** μεσ to request · (δικαιοσύνη) to call for · (χάρη) to request · (έλεος) to beg for · (χρήματα) to claim

αιτ|ών ο (επία.) applicant

αιφνιδιάζ|ω ρ μ to surprise · (εχθρό, ληστές) to take by

surprise *(αντίπαλο)* to catch off guard
▶ **αιφνιδιάζομαι** *μεσ* to be taken in surprise

αιφνιδιασμ|ός *ο* surprise · *(ΣΤΡ)* surprise attack

αιφνιδιαστικά *επίρρ* by surprise

αιφνιδιαστικ|ός *επίθ* surprise

αιχμαλωσί|α *η* = *κατάσταση τού αιχμαλώτου)* captivity · *(= σύλληψη)* capture

αιχμαλωτίζ|ω *ρ μ (στρατιώτη)* to capture · *(μτφ.: βλέμμα, προσοχή)* to captivate

αιχμάλωτ|ος *επίθ* captured ·
πιάνω κπν **~ο** to take sb prisoner
▷ **~ πολέμου** prisoner of war
▶ **αιχμάλωτος** *ο*, **αιχμάλωτη** *η* prisoner · *(μτφ.)* slave

αιχμ|ή *η* point ▷ **ώρες ~ς** rush hour *εν.*

αιχμηρ|ός *επίθ (ξύλο, εργαλείο)* sharp · *(βράχος)* jagged

αιών|ας *ο* = *εκατονταετία)* century · *(μτφ.: = πολύ μεγάλο χρονικό διάστημα)* eternity *χωρίς πληθ.* · **χρυσός ~** golden age

αιώνια, αιωνίως *επίρρ* forever

αιώνι|ος, -α ή -ία, -ο eternal

αιωνιότητ|α *η* eternity

αιώρ|α *η* hammock

ακαδημαϊκ|ός *επίθ* academic

ακαδημαϊκ|ός *ο* academic

Ακαδημί|α *η (ανώτατο πνευματικό ίδρυμα)* academy · *(ΑΡΧ ΙΣΤ)* the Academy

ακαθαρσί|α *η (ζώων, ανθρώπων)* excrement *(επίσ.)* · *(= βρομιά)* filth

ακακί|α *η* acacia

ακάκ|ος *επίθ* harmless

ακάλυπτ|ος *επίθ (άνοιγμα, τρύπα)* uncovered · *(υπόνομος)* open · *(κεφάλι, πόδια)* bare ▷ **~η επιταγή** bad cheque *(Βρετ.)*, bad check *(Αμερ.)* ▷ **~ χώρος** inner courtyard

άκαρδ|ος *επίθ* heartless

ακαραί|ος, -α, -ο *(αποτέλεσμα, θάνατος)* instantaneous · *(επέμβαση)* instant

άκαρπ|ος *επίθ (για φυτά)* fruitless · *(γη)* barren · *(για πρόσ.)* sterile · *(μτφ.: διαπραγματεύσεις, έρευνες)* fruitless · *(συζήτηση)* pointless

ακαταλαβίστικ|ος *επίθ* incomprehensible

ακατάλληλ|ος *επίθ (άνθρωπος)* unfit · *(περιοδικά, ταινία)* unsuitable · *(ώρα, στιγμή)* inconvenient · **~ο για παιδιά** unsuitable for children

ακαταμάχητ|ος *επίθ (έλξη, γοητεία)* irresistible · *(επιχείρημα)* compelling

ακατανίκητ|ος *επίθ (στρατός)* indomitable · *(έλξη, γοητεία)* irresistible

ακατανόητ|ος *επίθ (λόγια)* unintelligible · *(= ανεξήγητος)* inexplicable

ακαταστασί|α *η* mess

ακατάστατ|ος *επίθ (άνθρωπος, δωμάτιο)* untidy · *(μαλλιά)* messy · *(ζωή)* unusual · *(καιρός)* unsettled

ακατοίκητ|ος *επίθ (= που δεν κατοικείται)* uninhabited · *(= μη κατοικήσιμο)* uninhabitable

ακατόρθωτ|ος *επίθ* impossible
▶ **ακατόρθωτο** *το* **το ~ο** the impossible

ακέραι|ος *επίθ (= ολόκληρος)* whole · *(επίσης* **ακέριος:** *= ανέπαφος)* intact · *(χαρακτήρας, δικαστής)* honest

ακεραιότητ|α *η* integrity

ακέρι|ος, -ια, -ιο *βλ.* **ακέραιος**

ακεφιά *η* low spirits *πληθ.* · **έχω ~ές** to be in low spirits

ακίδ|α *η (βελόνας, βέλους)* point · *(ξύλου)* splinter

ακίνδυν|ος *επίθ* harmless

ακίνητ|ο *το* property

ακινητοποι|ώ *ρ μ (άνθρωπο)* to

overpower · (αυτοκίνητο, πλοίο) to immobilize · (μτφ.) to bring to a standstill

ακίνητ|ος επίθ (για πρόσ.) still · (περιουσία, ιδιοκτησία) immovable · ~! don't move! · **μένω/στέκομαι/κάθομαι** ~ to stay/stand/sit still

ακλόνητ|ος επίθ (θεμέλιο) solid · (για πρόσ.) steadfast · (θάρρος) unflinching · (πίστη) unshakeable · (πεποίθηση, φιλία) firm · (άλλοθι, αποδείξεις) cast–iron · (στοιχείο, επιχείρημα) irrefutable

ακμάζω ρ μ (για πρόσ.) to be at one's peak · (εμπόριο, τέχνη) to flourish

ακμαί|ος, -α, -ο (για πρόσ.) vigorous · (οικονομία, πολιτισμός) thriving · (ηθικό, φρόνημα) high

ακμή η (τέχνης, εμπορίου) prosperity (IATP) acne

ακοή η hearing

ακόλαστ|ος επίθ (ήθη) loose · (επιθυμία) lecherous · (ζωή) dissolute

ακολουθί|α η (= συνοδεία) retinue · (θρησκ) service

ακόλουθ|ος² ο/η (= συνοδός) attendant · (= διπλωματική υπηρεσία) attaché

ακόλουθ|ος² επίθ following

ακολουθ|ώ ρ αμ to follow ♦ ρ μ (= παρακολουθώ) to follow · (= διαδέχομαι) to come after · (= συνοδεύω) to go with · (τιμητικό άγημα) to escort · (= εμφανίζομαι ως συνέπεια) to follow · (δρόμο, πορεία) to follow · (πολιτική) to pursue · (λογική) to listen to · (αρχές) to adhere to · (τακτική) to use · (νόμο, έθιμο) to observe · (μόδα) to follow

ακόμα, ακόμη επίρρ (χρονικό) still · (σε αρνητικές προτάσεις) yet · (ποσοτικό: = επιπλέον) more ·

(επιτατικό: = περισσότερο) even · **για μια ~ φορά** once again · **δεν έχω τελειώσει ακόμη** I haven't finished yet · **και αν ή κι αν** even if · **και αν ή κι αν ακόμη** even if · **καλύτερα** even better · **ποιος άλλος ακόμη** who else · **είναι νωρίς ακόμη** it's still early · **τι άλλο ακόμη** what else

ακόντι|ο το (= όπλο) spear · (ΑΘΛ) javelin

ακοντιστ|ής ο javelin thrower

ακοντίστρι|α η βλ. **ακοντιστής**

άκοπ|ος² επίθ easy

ακορντεόν το accordion

ακουμπ|ώ ρ μ (= αγγίζω) to touch · (= τοποθετώ) to put · (σκάλα) to lean · (κεφάλι) to rest ♦ ρ αμ to lean (σε on ή against)

ακούραστ|ος, ος επίθ tireless

ακούσι|ος, -α, -ο (χτύπημα, πράξη) unintentional · (θεατής, ήρωας) unwitting

ακουστά επίρρ **έχω ~ για κτ/πως** to have heard about sth/that

ακουστικ|ό το receiver · **κατεβάζω το ~** to hang up · **περιμένετε στο ~ σας!** hold the line please! · **σηκώνω το ~** to pick up the receiver ▷ ~ **βαρηκοΐας** hearing aid

▶ **ακουστικά** πλ (στερεοφωνικού) headphones · (γουόκμαν) earphones

ακουστ|ός επίθ well–known

ακού|ω ρ μ ~ αντιλαμβάνομαι με την ακοή: ήχο, θόρυβο) to hear · (= παρακολουθώ με την ακοή: τραγούδι, μουσική) to listen to · (= πληροφορούμαι, μαθαίνω) to hear · (= υπακούω: γονείς, συμβουλή) to listen to ♦ ρ αμ (= έχω την αίσθηση της ακοής) to hear · (= αφουγκράζομαι) to listen · **άκου να δεις!** just listen to this! · ~ **στο όνομα** to go by the name of

► **ακούομαι, ακούομαι** μεσ (= δίνω την εντύπωση) to sound · (= είμαι ξακουστός) to be talked about

ακραί|ος, -α, -ο (σημείο) end · (περιοχή) outlying · (άποψη, περίπτωση) extreme

άκρ|η η (σχοινιού, δρόμου) end · (πόλης, δάσους) edge · (μολυβιού, δαχτύλου) tip · **απ' τη μια ~ στην άλλη** from top to bottom · **δεν μπορώ να βγάλω ~** I can't make head or tail of it · **κάνω (στην) ~** to get out of the way · **κάνω κπν στην ~** to push sb aside

ακριβαίν|ω ρ μ (εισιτήρια, τρόφιμα) to go up in price · (ζωή) to get more expensive ♦ ρ μ to put up

ακρίβεια η (διατύπωσης) precision · (μετάφρασης) accuracy · (για ρολόι) accuracy · (= υψηλό κόστος) high prices πληθ.

ακριβ|ής επίθ (= αληθής: πληροφορία, πρόγνωση) accurate · (= σωστός: τιμή, αντίτιμο) exact · (αριθμός, θέση) precise · (έννοια) precise · (ημερομηνία) correct · (= πιστός: διάγνωση, αντίγραφο) accurate · (οδηγίες, ορισμός) precise · (εικόνα) true · (προσφορά, απάντηση) correct · (= συνεπής) consistent · **είμαι ~ στα ραντεβού μου** to be punctual

ακριβ|ός επίθ expensive

ακριβώς επίρρ exactly · **η ώρα είναι δέκα ~** it's exactly ten o'clock · **στις δέκα η ώρα ~** at ten o'clock sharp

ακριν|ός επίθ (δωμάτιο) far · (τραπέζι) at the far end

άκρ|ο το end

► **άκρα** πλ limbs · **φτάνω στα ~α** to go to extremes

ακροατήριο το audience

ακροατ|ής ο listener

ακροάτρι|α η βλ. **ακροατής**

ακρόπολ|η η citadel · **η Ακρόπολη** the Acropolis

άκρως επίρρ (επίσ.) extremely

ακρωτήρι = **ακρωτήριο**

ακρωτηριάζ|ω ρ μ (IATP) to amputate · (μτφ.: ανθρωπισμό) to break · (πίστη) to undermine · (αίσθημα) to deaden

ακρωτήριο το headland

ακτ|ή η coast χωρίς πληθ.

► **ακτές** πλ coastline

ακτίν|α η (ήλιου) ray · (κύκλου) radius (ποδηλάτου) spoke · **σε ~ 200 χιλιομέτρων** within a radius of 200 kilometres (Βρετ.) ή kilometers (Αμερ.)

ακτινίδι|ο το kiwi

ακτινογραφί|α η X-ray · **βγάζω ~** to have an X-ray

ακτοφύλακ|ας ο coastguard

ακτύπητ|ος επίθ = **αχτύπητος**

ακυβέρνητ|ος επίθ (πολιτεία, λαός) without a government · (μτφ.) ungovernable · (πλοίο) adrift · (αυτοκίνητο) runaway

άκυρ|ος επίθ invalid

ακυρών|ω ρ μ (διαγωνισμό, εκλογές) to render null and void · (διάταγμα) to revoke · (κατηγορίες) to quash · (ραντεβού) to cancel · (εισιτήριο) to punch

ακύρωση η (συμφωνίας, απόφασης) annulment · (ραντεβού) cancelling · (εισιτηρίου) punching

αλαζονεί|α η arrogance

αλαζονικ|ός επίθ arrogant

αλάνθαστ|ος επίθ (κείμενο) free of mistakes · (υπολογισμός, γραπτό) correct · (για πρόσ.) infallible · (μέθοδος, κριτήριο) foolproof

άλα|ς το salt

► **άλας** πλ back trouble εν.

αλάτ|ι το (χυμιολ., μαγειρικό) salt · (μτφ.) spice · ▷**μαγειρικό ~** cooking salt · ▷**χοντρό ~** coarse salt · ▷**ψιλό**

~ table salt
αλατιέρ|α η salt cellar (*Βρετ*.), salt shaker (*Αμερ*.)
αλατίζ|ω ρ μ to salt
αλατισμέν|ος salted
αλατοπίπερ|ο το (*κυριολ*.) salt and pepper · (*μτφ*.) spice
Αλβανία η βλ **Αλβανός**
Αλβανί|α η Albania
Αλβανίδ|α η βλ **Αλβανός**
αλβανικ|ός επίθ Albanian
▶ **Αλβανικά** τα **Αλβανός**
Αλβαν|ός ο Albanian
αλέθ|ω ρ μ to grind
αλείβ|ω ρ μ = **αλείφω**
αλείφ|ω ρ μ to spread · **~ μια φέτα ψωμί με μαρμελάδα** to spread marmalade on a piece of bread · **~ την πλάτη/το πρόσωπό μου με αντιηλιακό** to put v/ rub sunscreen onto one's back/face
Αλεξάνδρεια η Alexandria
αλεξικέραυν|ο το lightning conductor ή rod
αλεξίπτωτ|ο το parachute · **πηδάω ή πέφτω με ~** to do a parachute jump
αλεπ|ού η fox · **πονηρή ~** sly fox
άλεσ|η η grinding · **ολικής αλέσεως** whole wheat
αλεσμέν|ος επίθ ground
αλέτρ|ι το plough (*Βρετ*.), plow (*Αμερ*.)
αλεύρ|ι το flour
αλήθει|α η truth · **είναι ~ ότι** it's true that · **λέω την ~** to tell the truth · **πες μου την** ~ tell me the truth · **στ'** ~ really
▶ **αλήθεια** επίρ really
▶ **αλήθειες** πλ truths
αληθεύ|ω ρ αμ **~ει/~ουν** τριτ (*πληροφορίες, φήμες*) to be true · (*υποψίες*) to be well-founded · **αυτό ~ει** that's true
αληθιν|ός επίθ true

αδερφός) real
αλήτης (*υβρ*.) ο (= *περιπλανώμενος*) vagrant · (= *χούλιγκαν*) hooligan
αλήτισσα η βλ **αλήτης**
αλιγάτορ|ας ο alligator
αλιεί|α η fishing
αλιευτικ|ό το fishing boat
αλιευτικ|ός επίθ (*σκάφος*) fishing · (*προϊόντα, παραγωγή*) fish
αλκοόλ το, **αλκοόλη** η alcohol
αλκοολικ|ός alcoholic
▶ **αλκοολικός** ο, **αλκοολική** η alcoholic
αλκοολισμ|ός ο alcoholism
αλκοολούχ|ος, -ος, -ο alcoholic
αλλά σύνδ but · **και** but also
αλλαγ|ή η (*κατάστασης, δουλειάς*) change · (= *αντικατάσταση: τροχού, εσώρουχων*) change · (*λάμπας, νερού*) changing · (= *τροποποίηση: συμβολαίου, σχεδίου*) alteration · (*σε τραύμα*) change of dressing · (ΑΘΛ) substitution · (*εμπορεύματος*) exchange · **~ τού καιρού** change in the weather · **~ προς το καλύτερο/το χειρότερο** a change for the better/worse ▷ **~ ταχυτήτων** gear change (*Βρετ*.), gearshift (*Αμερ*.)
αλλάζ|ω ρ μ (*δουλειά, συμπεριφορά*) to change · (*ταχύτητα*) to change (*Βρετ*.), to shift (*Αμερ*.) · (*σελίδα*) to turn · (*το μωρό*) to change · (= *τροποποιώ: σχέδιο*) to change · (*πρόταση*) to modify · (*λόγια*) to twist · (= *ανταλλάσσω: γραμματόσημα*) to exchange ♦ ρ αμ to change · **~ γνώμη ή ιδέα** to change one's mind · **~ δρόμο** to go in the other direction · **~ κουβέντα** to change the subject · **~ κτ με κτ άλλο** to exchange sth for sth else · **~ σπίτι ή κατοικία** to move (house) · **~ει το πράγμα** that changes everything · **το πράγμα**

~ει! that changes things!

αλλαντικά τα cooked meats

αλλαντοπωλείο το ≃delicatessen

αλλεργία η allergy

αλλεργικός επίθ allergic
▸**αλεργικός** ο, **αλλεργική** η
allergic · **είμαι ~ σε κτ** to be
allergic to sth

αλληλεγγύη η solidarity

αλληλογραφία η (= ανταλλαγή
επιστολών) correspondence ·
(= σύνολο των επιστολών) mail,
post (Βρετ.)

αλληλογραφώ ρ αμ to
correspond, **-η, -ο**

αλλιώς επίρρ, **αλλοιώτικος**
(= διαφορετικά) differently ·
(= ειδικά) otherwise

αλλιώτικος επίθ (= διαφορετικός:
σκέψη, νόημα) different ·
(= ιδιόρρυθμος) other

αλλοδαπός επίθ foreign
▸**αλλοδαπός** ο, **αλλοδαπή** η
foreigner ▸Τμήμα Αλλοδαπών
Immigration Department

άλλοθι το (κατηγορουμένου) alibi ·
(μτφ.) excuse

αλλοιώνω ρ μ to spoil

αλλοίωση η (τροφίμων) spoiling ·
(= μεταβολή προς το χειρότερο)
deterioration

ΛΕΞΗ-ΚΛΕΙΔΙ

άλλος αντων **(α)** (για διαχωρισμό)
other
(β) οι άλλοι the rest
(γ) (= διαφορετικός) different
(δ) (για χρόνο) another
(ε) (= επόμενος) next · **άλλη μια
φορά** one more time

άλλωστε επίρρ besides

άλμα το **~ εις μήκος** long
jump ▸**~ εις ύψος** high jump
▸**~ επί κοντώ** pole vault
▸**~ τριπλούν** triple jump

άλμπουμ το album

αλμύρα η (= άλμη) salt water ·
(= αλμυρότητα) salinity

αλμυρός επίθ (φαγητό, γεύση)
salty · (μτφ.: τιμή) high

αλογάκι το (= πουλάρι) foal ·
(= βραχύσωμο άλογο) pony
▸**αλογάκια** πλ merry–go–round

άλογο το (γενικότ.) horse ·
(= αρσενικό ζώο) stallion · (στο
σκάκι) knight

αλοιφή η (ΦΑΡΜ) ointment · (για
γυάλισμα) polish

Άλπεις οι **οι** ~ the Alps

άλσος ο grove

άλτης ο jumper ▸~ **εις ύψος** ή
του ύψους high jumper ▸~ **επί
κοντώ** pole vaulter ▸~ **εις μήκος**
ή **του μήκους** long jumper
▸~ **τριπλούν** triple jumper

άλτρια η βλ. **άτης**

αλύγιστος επίθ (= άκαμπτος)
unbending · (μτφ.: = ακλόνητος)
undaunted

αλυσίδα η chain
▸αντιολισθητικές **~ες** snow
chains

αλυσοδεμένος επίθ (άνθρωπος)
in chains · (χέρια) chained
(together)

άλυτος επίθ (= δεμένος) in
chains · (: δεσμός) unbreakable ·
(μτφ.: πρόβλημα) insoluble

άλφα το (γράμμα) alpha · (= αρχή)
beginning · (ποιότητα) top ·
~ ~ top quality · **για τον ~ ή
βήτα λόγο** for some reason or
other

αλφαβήτα η alphabet

αλφαβητικός επίθ alphabetical ·
με ή κατ' ~ή σειρά in
alphabetical order

αλφάβητο το, **αλφάβητος** η
(επίσ.: = αλφαβήτα) alphabet

αλωνίζω ρ μ (σιτάρι) to thresh ·
(μτφ.: = περιπλανώμαι) to roam
♦ ρ αμ to do just as one likes

άμα σύνδ (= όταν) when · (= εάν)

if · **κι** ~ when

αμαγείρευτ|ος *επίθ* (φαγητό) uncooked · (κρέας) raw

αμακιγιάριστ|ος *επίθ* (πρόσωπο) not made–up · (γυναίκα) not wearing *ή* without make–up

αμάν *επιφών* (= έλεος) for God's sake! · (για φόβο) oh no! · (για θαυμασμό) wow! (ανεπ.) · (για έκπληξη) my God! · (για αγανάκτηση) for God's sake! · (για στενοχώρια) oh no!

άμαξ|α *η* carriage

αμάξ|ι *το* (= αυτοκίνητο) car · (= άμαξα) carriage

αμαξοστοιχί|α *η* (επίσ.) train

αμάξω|μα *το* bodywork

αμαρτί|α *η* sin · (= σφάλμα) mistake

αμαρτωλ|ός *επίθ* sinful · (παρελθόν, πλευρά) debauched

▸ **αμαρτωλός** *ο*, **αμαρτωλή** *η* sinner

άμαχ|ος *επίθ* non–combatant

▸ **άμαχοι** *οι* civilians

άμβλωσ|η *η* abortion · **κάνω** ~ to have an abortion

αμείβ|ω *ρ μ* (= πληρώνω) to pay · (μτφ.: = ανταμείβω) to reward

αμείλικτ|ος, **αμείλιχτος** *επίθ* ruthless

αμείωτ|ος *επίθ* (περιουσία) intact · (ποσό) undiminished · (ρυθμός) constant · (ενδιαφέρον, ένταση) unflagging · (ενθουσιασμός) unfailing · (ένταση) sustained · (θυμός) unabated

αμέλει|α *η* (= έλλειψη προσοχής) negligence · (= έλλειψη ενδιαφέροντος) indifference · (= έλλειψη φροντίδας) carelessness · (= λάθος από ολιγωρία) oversight

αμελ|ώ *ρ μ* (= παραμελώ) to neglect · (= ξεχνώ) to forget (να κάνω το do)

Αμερικάνα *η* βλ. **Αμερικάνος**

Αμερικανίδα *η* βλ. **Αμερικάνος**

αμερικανικ|ός *επίθ* American

αμερικάνικ|ος *επίθ* (= αμερικανικός) American · (= των Ελληνοαμερικανών) Greek American

Αμερικαν|ός *ο* American

Αμερικάν|ος *ο* (= Αμερικανός) American · (= Ελληνοαμερικανός) Greek American

Αμερική *η* America

αμέριμν|ος *επίθ* carefree

αμερόληπτ|ος *επίθ* (γενικότ.: για πρόσ.) fair–minded · (δικαστής) impartial · (παρατηρητής) impartial · (απόφαση) impartial · (κρίση, αναφορά) balanced · (γνώμη) unbiased

άμεσ|ος *επίρ* directly

άμεσ|ος *επίθ* (= αμεσολάβητος: επικοινωνία, διάλογος) direct · (= γοήγορος) immediate · (= προσεχής: μέλλον, σχέδια) immediate ▸ **Άμεση** *η* **Άμεσος Δράση** = the Flying Squad

αμέσως *επίρ* immediately · ~! right away! · **τώρα**, ~! right now!

αμετάβλητ|ος *επίθ* (διάσταση, ποσό) fixed · (ιδιότητα) unchanging · (πολιτική, θέση) unchanged · (καιρός, κατάσταση) stable · (θερμοκρασία, κατάσταση) stable

αμετακίνητ|ος *επίθ* (άνθρωπος, αντικείμενο) immovable · (μτφ.: θέση, απόφαση) firm

αμετανόητ|ος *επίθ* unrepentant

αμεταχείριστ|ος *επίθ* (πετσέτα, πηρούνι) unused · (αυτοκίνητο) (brand–)new

αμέτοχ|ος *επίθ* not involved

αμέτρητ|ος *επίθ* countless

αμήν *επιφών* amen

αμηχανία *η* awkwardness · **αισθάνομαι** ~ to feel awkward *ή* embarrassed · **βρίσκομαι σε** ~ to be in *ή* to find oneself in an awkward · *ή* embarrassing position

αμήχαν|ος *επίθ* awkward

αμίλητ|ος *επίθ* silent

άμιλλ|α *η* (friendly) rivalry

αμμόλουτρ|ο *το* sand bath

αμμόλοφ|ος *ο* (sand) dune

άμμ|ος *η* sand

αμμουδερ|ός *επίθ* sandy

αμμουδι|ά *η* sandy beach

αμμώδ|ης *επίθ* sandy

αμμωνί|α *η* (αέριο) ammonia · (για έντομα) antihistamine

αμνησί|α *η* amnesia

αμοιβαί|ος, -α, -ο (γενικότ.) mutual · (υπόσχεση, συμφωνία) reciprocal

αμοιβ|ή *η* (= πληρωμή) pay · (εργάτη) wages πληθ. · (μισθωτού) salary · (γιατρού, δικηγόρου) fee · (για εύρεση αντικειμένου, ζώου: για παροχή πληροφοριών) reward · (για σύλληψη δράστη) bounty · (= ηθική επιβράβευση) reward

αμόρφωτ|ος *επίθ* (= ακαλλιέργητος) uncultured · (= απαίδευτος) uneducated

αμπάρ|α *η* bolt

αμπάρ|ι *το* hold

αμπαρώ|νω *ρ μ* to bolt

▸**αμπαρώνομαι** *μεσ* to lock oneself in *ή* away

αμπέλ|ι *το* (= αμπελώνας) vineyard · (φυτό) grapevine

αμπελόφυλλ|ο *το* vine leaf

αμπελώνι|ας *ο* vineyard

άμπωτ|η *η* low *ή* ebb tide

άμυαλ|ος *επίθ* foolish

αμύγδαλ|ο *το* almond

▸**αμυγδαλωτό** *το* almond cake

αμυγδαλωτ|ός *επίθ* almond

αμυδρ|ός *επίθ* (περίγραμμα) vague · (φως) dim · (λάμψη) faint · (χαμόγελο) feeble · (ελπίδα) slim

άμυν|α *η* (στρ) defence (Βρετ.), defense (Αμερ.) · (= ικανότητα αντίστασης: οργανισμού)

resistance · (ΑΘΛ) defence (Βρετ.), defense (Αμερ.)

αμύν|ομαι *ρ αμ απ* (= υπερασπίζομαι: για στράτευμα) to put up a defence (Βρετ.) *ή* defense (Αμερ.) · (για άτομο) to defend oneself · (για παίχτη, ομάδα) to be on the defensive

αμυντικ|ός *επίθ* (όπλο, γραμμή) defensive · (πολιτική, δαπάνες) defence (Βρετ.), defense (Αμερ.) · (ΑΘΛ) defence (Βρετ.), defense (Αμερ.) · (λάθος) in defence (Βρετ.) *ή* defense (Αμερ.)

▸**αμυντικός** *ο* defender

αμφιβάλλ|ω *ρ αμ* (*αόρ* **αμφέβαλ|α**) (= αμφιταλαντεύομαι) to have doubts (για about) · (= αισθάνομαι *ή* εκδηλώνω δυσπιστία) to doubt (ανότι whether/that)

αμφιβολί|α *η* doubt · **δεν υπάρχει ~** there's no doubt about it · **χωρίς** *ή* **δίχως ~** without (a) doubt

αμφίβολ|ος *επίθ* dubious

αμφιθέατρ|ο *το* (θεάτρου) amphitheatre (Βρετ.), amphitheater (Αμερ.) · (σχολής) lecture theatre (Βρετ.) *ή* theater (Αμερ.) · (= ακροατήριο) audience

αμφισβήτησ|η *η* (ισχυρισμού) disputing · (ενέργειας, επιλογής) disapproval · (εγγράφου, απόφασης) contesting · (αρχηγού, ηγέτη) challenging · (παραδοσιακών αξιών, κοινωνικών θεσμών) rejection

αμφισβητ|ώ *ρ μ* (γεγονός, λόγια) to dispute · (εγκυρότητα) to dispute · (αξία, πολιτική κυβέρνησης) to question · (απόψεις, δόγμα) to reject · (αρχηγό κόμματος, πρόεδρο) to question the authority of

αμφισεξουαλικός, -ή, -ό *βλ.* **αμφιφυλόφιλος**

αμφιφυλόφιλος, -η, -ο bisexual

αμφορέας *ουα* bisexual

αμφορ|έας *o* amphora

αν *σύνδ* if · **ό, τι και** ~ whatever · **~ όχι/να** if not/so

ανά *πρόθ* per · **~ λεπτό** per minute · **~ δύο** in twos

αναβαθμίζω *ρ μ* (περιοχή, πόλη) to improve · (υπολογιστή) to upgrade

αναβάθμισ|η *η* (υπαίθρου, περιβάλλοντος) improvement · (υπολογιστή, προγράμματος) upgrade

αναβάλλω *ρ μ* to postpone

ανάβασ|η *η* climb

αναβάτ|ης *η* (γενικότ.) rider · (= επαγγελματίας ιππέας) jockey

αναβάτρι|α *η* rider

αναβολ|ή *η* (= μετάθεση στο μέλλον: έργου) postponement · (δίκης) adjournment · (= καθυστέρηση: έργου, υπόθεσης) delay

ανάβ|ω *ρ μ* (τσιγάρο, φωτιά) to light · (σπίρτο) to strike · (χόρτα, ξύλα) to light · (φως) to turn on · (φούρνο, κουζίνα) to put on · (μηχανή αυτοκινήτου) to switch on · (θερμάστρα υγραερίου) ♦ *ρ αμ* (φωτιά, ξύλα) to come on · (φως, λάμπα) to come on · (χέρι) to burn · (καλοριφέρ, θερμαίνω) to come on · (σίδερο, μάτι κουζίνας) to be on · (μάτι κουζίνας) to be lit · (από πυρετό) to be burning up · **~ει η μηχανή** the engine's overheating · **~ει ο κέφι/γλέντι** to liven up

αναγγελί|α *η* (= γνωστοποίηση: θανάτου) announcement · (= ανακοίνωση: πρόσληψης) notification · (γάμου) notice · (για καιρό) warning

αναγγέλλ|ω *ρ μ* (είδηση, μέτρα) to announce · (αναχώρηση πτήσης) to call · (= επισημοποιώ) to announce formally

αναγέννησ|η *η* (φύσης) rebirth · (μτφ.: έθνους, πόλης) revival

▸ **Αναγέννηση** *η* Renaissance

αναγκάζ|ω *ρ μ* (= ασκώ πίεση) to force (κπν να κάνει κτ sb to do sth) · (= εξωθώ) to make (κπν να κάνει κτ sb do sth)

αναγκαί|ος, -α, -ο necessary · (= βασικός) essential

▸ **αναγκαία** *τα* (= τα απαραίτητα) basic necessities · (= απαραίτητες ενέργειες) whatever is necessary

αναγκαστικ|ός *επίθ* compulsory · (εισφορά) obligatory · ▸ **-ή προσγείωση** forced landing

ανάγκ|η *η* need · (= επικίνδυνη και κρίσιμη κατάσταση) emergency · **δεν ήταν ~!** you shouldn't have! · **εν ~, στην ~, σε περίπτωση ~ς** if necessary · **είδη πρώτης ~ς** basic commodities · **έχω ~ από κπν/κτ** to need sb/sth · **ήταν ~;** was that absolutely necessary? · **κάνω την ~ μου, έχω σωματική ~** (ευφημ.) to spend a penny (ανεπ.) · **κατάσταση έκτακτης ή εκτάκτου ~ς** state of emergency

ανάγλυφο *το* relief

αναγνωρίζ|ω *ρ μ* (φωνή, άνθρωπο) to recognize · (πτώμα) to identify · (λάθος, ήττα) to admit · (υπογραφή) to acknowledge · (αξία) to recognize · (ποιότητα) to recognize

▸ **αναγνωρίζομαι** *μεσ* to be recognized

αναγνώρισ|η *η* (μορφής, ήχου) recognition · (πτώματος, δράστη) identification · (λάθους, ήττας) admission · (προβλημάτων, δυσκολιών) acknowledgement · (αξίας, ποιότητας) recognition · (ηθοποιού, τραγουδιστή) recognition

αναγνωρισμένος, -η, -ο recognized

ανάγνωση η (βιβλίου, κειμένου) reading · (μάθημα) reading lesson

αναγνώστης ο reader
▸ **αναγνώστες** πλ readers

αναγνώστρια η βλ. **αναγνώστης**

αναγούλα η nausea

αναγράφω ρ μ (σε προϊόν: τιμή) to mark · (ημερομηνία λήξης) to put on

αναδεικνύω ρ μ (γραμμές, σώμα) to show off to advantage · (χαρακτηριστικά) to set off
▸ **αναδεικνύομαι** μεσο to distinguish oneself

ανάδειξη η advancement

αναδείχνω ρ μ = **αναδεικνύω**

αναδιοργάνωση η (υπηρεσίας, βιομηχανίας) reorganization · (πολιτικής) modification

αναδουλειά (ανεπ.) η unemployment
▸ **αναδουλειές** πλ **έχω ~ές** to have a slack period

ανάδοχος ο/η (= νονός) godfather · (= νονά) godmother
▷ **~οι γονείς** foster parents

αναδύομαι ρ αμ απ to surface

αναζήτηση η search

αναζητώ ρ μ (τρόπο, στοιχεία) to look for · (αγάπη, ηρεμία) to long for

αναζωογόνηση η (οργανισμού, ανθρώπου) revitalization · (γης, οικονομίας) revival

αναζωογονώ ρ μ (άνθρωπο) to revive · (δέρμα, πρόσωπο) to refresh · (εταιρεία, οικονομία) to revitalize

ανάθεμα το (= κατάρα) anathema · **~!** (προφ.) damn!

αναθεματισμένος (ανεπ.) επίθ damn

αναθέτω ρ μ to allocate · **~ σε κπν να κάνει κτ** to put sb in charge of sth

αναθεώρηση η (Συντάγματος, νόμου) review · (άποψης, θεωρίας) revision

αναθεωρώ ρ μ (αξία, άποψη) to revise · (Σύνταγμα, νόμο) to review

αναθυμιάσεις οι fumes

αναιδής επίθ impudent

αναιμία η anaemia (Βρετ.), anemia (Αμερ.) ▸ **μεσογειακή ~** Mediterranean anaemia (Βρετ.) ή anemia (Αμερ.)

αναισθησία η (= απώλεια αισθήσεων) unconsciousness · (ΙΑΤΡ) anaesthetic (Βρετ.), anesthetic (Αμερ.)

αναισθητικό το anaesthetic (Βρετ.), anesthetic (Αμερ.)

αναίσθητος επίθ (= λιπόθυμος) unconscious · (μτφ.: = απαθής) insensitive · (= αδιάφορος) callous

ανακαινίζω ρ μ (κτήριο) to renovate · (δωμάτιο) to redecorate

ανακαίνιση η renovation

ανακαλύπτω ρ μ to discover

ανακάλυψη η discovery

ανακαλώ ρ μ (πρόταση, προσφορά) to withdraw · (απόφαση) to go back on · (δηλώσεις, λόγια) to retract

ανακάτεμα το (λέξεων, χρωμάτων) mixture · (υλικών) mixing · (βιβλίων, ρούχων) mess · (φαγητού) stirring · (τράπουλας) shuffling

ανακατεύω ρ μ (= αναμειγνύω) to mix · (καφέ, φαγητό) to stir · (βιβλία, ρούχα) to mess up · (μαλλιά) to ruffle · (= αναγουλιάζω) to make feel sick · (στομάχι) to turn · (χαρτιά) to shuffle
▸ **ανακατεύομαι, ανακατώνομαι** μεσο to get involved · (= αναμειγνύομαι) to mingle

ανακάτωμα το = **ανακάτεμα**

ανακατώνω ρ μ = **ανακατεύω**

ανακεφαλαίωσ|η η (= συνόψιση) summing-up · (κεφαλαίου) summary · (βιβλίου) summary

ανακίνησ|η η shaking

ανακιν|ώ ρ μ to shake

ανακοινών|ω ρ μ to announce

ανακοίνωσ|η η announcement · **βγάζω ~** to make an announcement ▷**πίνακας ανακοινώσεων** notice board (Βρετ.), bulletin board (Αμερ.)

ανακοπ|ή η failure

ανακουφίζ|ω ρ μ (πόνο) to relieve · (άρρωστο) to bring relief to · (μτφ.) to comfort

▸ανακουφίζομαι μεσ (= ηρεμώ) to feel relieved · (ευφημ.: = αφοδεύω) to relieve oneself

ανακούφισ|η η relief

ανακριβ|ής επίθ incorrect

ανακρίν|ω ρ μ to question

ανάκρισ|η η questioning · (κατασκόπου) interrogation

ανάκτορ|ο το palace

▸ανάκτορα πλ palace εν.

ανακυκλών|ω ρ μ to recycle

ανακύκλωσ|η η recycling

ανακωχ|ή η ceasefire · **κάνω ~** to call a truce

αναλαμβάν|ω ρ μ (ευθύνη, καθήκοντα) to take on · (πρωτοβουλία) to take

ανάλατ|ος επίθ (φαγητό) unsalted · (αστείο) feeble

ανάλαφρ|ος επίθ light

αναληπτικ|ός επίθ pain–killing

▸ αναληπτικό το painkiller

αναληθ|ής επίθ false

ανάληψ|η η (χρημάτων) withdrawal · (υπόθεσης) acceptance · (έργου) award · (καθηκόντων, ευθυνών) taking · **κάνω ~** to make a withdrawal

αναλίσκ|ω ρ μ = **αναλώνω**

ανάλογα επίρρ accordingly

αναλογί|α η (= αντιστοιχία) ratio · (= μερίδιο) share

▸αναλογίες πλ (μορφών, χώρου) proportions · (σώματος) vital statistics

ανάλογ|ος επίθ (προσόντα, ενδιαφέρον) proportionate to · (περίπτωση) similar · (σεβασμός) proper

αναλόγως επίρρ = **ανάλογα**

ανάλυσ|η η analysis

αναλυτ|ής ο (στην πολιτική) analyst · (ΠΛΗΡΟΦ) (computer) analyst

αναλύτρι|α η βλ. **αναλυτής**

αναλύ|ω ρ μ (πρόταση, σώμα) to break down · (αίτια, λογαριασμό) to analyze · (λόγους) to explain · (όνειρο) to interpret · (κείμενο, ποίημα) to examine

▸ αναλύομαι μεσ **~ομαι σε δάκρυα ή λυγμούς** to burst into tears

αναλφάβητ|ος επίθ illiterate

▸αναλφάβητος ο, αναλφάβητη η illiterate person

αναλών|ω ρ μ (χρήματα, χρόνο) to spend · (δυνάμεις) to devote · (τρόφιμα, υλικά) to use

▸αναλώνομαι μεσ **~ομαι σε** to devote oneself to

ανάλωσ|η η consumption · **~ κατά προτίμηση πριν από** best–before date

αναμειγνύ|ω ρ μ (χρώματα, ουσίες) to mix together · (= εμπλέκω) to involve

▸αναμειγνύομαι μεσ (= εμπλέκομαι) to get involved · (= παρεμβαίνω) to interfere · (= συμμετέχω) to be involved

ανάμεικτ|ος επίθ mixed

ανάμειξ|η η mixture

αναμέν|ω (επίσ.) ρ μ (= περιμένω) to await (επίσ.) · (= περιμένω με ενδιαφέρον) to anticipate · **παρακαλώ, αναμείνατε στο ακουστικό σας** please hold the line · **~εται να** it is anticipated that

ανάμεσα *επίρρ* between · (*για διαφορετικές καταστάσεις ή έννοιες*) compared to · **~ από** among · **~ μας/σας/τους** among · **~ σε** between

αναμεταδίδ|ω *ρ. μ* (= *μεταδίδω ξανά: εκπομπή*) to broadcast again · (*σήμα*) to transmit again

αναμετάδοσ|η *η* (*εκπομπής*) broadcast · (*σήματος*) transmission

αναμεταξύ *επίρρ* = **μεταξύ**

αναμέτρησ|η *η* showdown

αναμιγνύω *ρ. μ* = **αναμειγνύω**

ανάμικτ|ος *επίθ* = **ανάμεικτος**

ανάμιξ|η *η* = **ανάμειξη**

άναμ|μα *το* (*τσιγάρου, φούρνου*) lighting · (*σόμπας, καλοριφέρ*) turning on

αναμέν|ος *επίθ* (*κερί, φωτιά*) burning · (*φως, φούρνος*) on

ανάμνησ|η *η* (= *αναπόληση*) recollection · (= *θύμηση*) memory · **κρατώ κτ για ~** to keep sth as a memento

αναμνηστικ|ός *επίθ* commemorative
▸ **αναμνηστικό** *το* souvenir

αναμον|ή *η* (*αποτελεσμάτων*) wait · (*άφιξης αεροπλάνου, πλοίου*) expectation ▷ **αίθουσα ~ς** waiting room ▷ **λίστα ~ς** waiting list

ανανά|ς *ο* (*φρούτο*) pineapple · (*φυτό*) pineapple tree

άνανδρ|ος *επίθ* cowardly

ανανεωμέν|ος *επίθ* (*εμφάνιση, συμβόλαιο*) renewed · (*έκδοση, επίπλωση*) new

ανανεών|ω *ρ. μ* (= *ανακαινίζω*) to renew · (= *εκσυγχρονίζω*) to replace · (= *αναμορφώνω*) to reform · (*συμβόλαιο, συνδρομή*) to renew

ανανέωσ|η *η* renewal

αναντικατάστατ|ος *επίθ* indispensable · **ουδείς ~** no one

is indispensable

αναξιόπιστ|ος *επίθ* unreliable

αναξιοπρεπ|ής *επίθ* (*άνθρωπος*) disreputable · (*συμπεριφορά*) undignified

ανάξι|ος, -ια, -ιο (*υπάλληλος, επιστήμονας*) incompetent · (*γονείς*) unfit · (= *ανίκανος*) worthless

αναπαλαιών|ω *ρ. μ* to restore

αναπαλαίωσ|η *η* restoration

αναπάντεχ|ος *επίθ* unexpected

αναπάντητ|ος *επίθ* unanswered

αναπαράγ|ω *ρ. μ* to reproduce
▸ **αναπαράγομαι** *μεσ* (*άνθρωποι*) to have a child · (*ζώα, οργανισμοί*) to reproduce

αναπαραγωγ|ή *η* (= *παραγωγή όμοιων πραγμάτων*) copying (*πνευματικής ιδιοκτησίας*) reproduction · (*εικόνας, ήχου*) reproduction · (*είδους, ανθρώπινου γένους*) reproduction

αναπαριστάν|ω *ρ. μ* to portray

αναπαριστ|ώ *ρ. μ* = **αναπαριστάνω**

ανάπαυλ|α *η* break

ανάπαυσ|η *η* (= *ξεκούραση*) break · (= *μεσημεριανός ύπνος*) siesta

αναπαυτικ|ός *επίθ* comfortable

αναπαύ|ω *ρ. μ*
▸ **αναπαύομαι** *μεσ* (= *ξεκουράζομαι*) to have a rest · (= *είμαι ξαπλωμένος*) to be having a siesta · (= *πεθαίνω*) to pass away · (= *είμαι θαμμένος*) to lie at rest

αναπηδ|ώ *ρ. αμ* (= *πηδώ προς τα πάνω*) to jump up · (*μπάλα*) to bounce · (*νερό, αίμα*) to spurt

αναπηρί|α *η* (*σωματική*) disability · (*πνευματική ή ψυχική*) invalidity

αναπηρικ|ός *επίθ* invalid's ▷ **-ή καρέκλα, -ό καροτσάκι** wheelchair

ανάπηρ|ος *επίθ* disabled
▸ **ανάπηρος** *ο,* **ανάπηρη** *η* disabled person

αναπλάθ|ω *ρ. μ* = **αναπλάσσω**

αναπλάσσ|ω ϱ μ (= αναμορφώνω) to regenerate · (= αναδημιουργώ) to recreate

αναπληρωματικ|ός επίθ (μέλος, παίκτης) reserve (ΣΧΟΛ: καθηγητής) supply (Βρετ.), substitute (Αμερ.)

αναπληρώ|ω ϱ μ (πρωθυπουργό, αρχηγό) to take the place of · (έλλειψη, χρόνο) to make up for · (κενό) to fill

αναπνευστήρ|ας ο snorkel

αναπνέ|ω ϱ αμ to breathe ♦ ϱ μ to breathe in · **~ ακόμα** to be still breathing

αναπνο|ή η (= ανάσα) breath · **μου κόβεται** *η* **πιάνεται** η **~** to be out of breath · **παίρνω ~** (= αναπνέω) to take a breath · (= ξεκουράζομαι) to take a breather ▷**τεχνητή ~** artificial respiration

ανάποδ|α επίρρ (περπατώ, πηγαίνω) backwards · (οδηγώ) the wrong way · (φοράω, βάζω) inside out

ανάποδ|η η (υφάσματος, ρούχου) wrong side · (= χαστούκι) whack

αναποδι|ά η setback

αναπογυρίζ|ω ϱ μ (τραπέζι, καρέκλα) to knock over · (βάρκα) to capsize ♦ ϱ αμ to turn over

ανάποδ|ος επίθ (στροφές, κίνηση) backward · (για πρόσ.) bad-tempered · (τύχη, καιρός) bad

αναπόφευκτ|ος επίθ unavoidable

αναπτήρ|ας ο lighter

αναπτυγμέν|ος επίθ developed

ανάπτυξ|η η development · (θεωρίας, θέματος) exposition · (παραγράφου, έκθεσης) development

αναπτύσσ|ω ϱ μ to develop · (= προχωράμαι) to expand on ▸ **αναπτύσσομαι** μεσ to develop

αναρριχ|ώμαι ϱ αμ απ (= σκαρφαλώνω) to climb up · (= ανέρχομαι σε ιεραρχία) to work

one's way up ▸ **~ώμενο φυτό** climber

ανάρρων|ω ϱ αμ to recover

ανάρρωσ|η η recovery

αναρρωτήρι|ο το (ιδρύματα) hospital · (τμήμα νοσοκομείου) ward

ανάρτησ|η η (πανό) suspending · (πίνακα) hanging · (χάρτη) hanging up · (αποτελεσμάτων) posting ▸ **αναρτήσεις** πλ suspension εν.

αναρχία η anarchy

αναρχικ|ός επίθ anarchist ▸ **αναρχικός** ο, **αναρχική** η anarchist

αναρωτι|έμαι ϱ αμ απ to wonder

ανάσ|α η breath

ανασαίν|ω ϱ αμ (= αναπνέω) to breathe · (= ξεκουράζομαι) to have a rest · (= ανακουφίζομαι) to find relief

ανασηκών|ω ϱ μ (φούστα, πέπλο) to raise · (καπάκι) to lift · (μανίκια) to roll up ▸ **ανασηκώνομαι** μεσ to sit up

ανασκαφ|ή η digging ▸ **ανασκαφές** πλ excavations

ανάσκελ|α επίρρ flat on one's back

αναστα|ίν|ω ϱ μ (= επαναφέρω στη ζωή) to bring back to life · (= αναζωογονώ) to revitalize · (= ανατρέφω) to bring up · (παράδοση, έθιμο) to revive ▸ **ανασταίνομαι** μεσ (= ξαναζωντανεύω) to come back to life · (αγάπη) to revive · (= αναζωογονούμαι) to be refreshed

ανάστασ|η η (Χριστού, νεκρών) resurrection · (φύσης, έθνους) revival

αναστατών|ω ϱ μ (κοινωνία, σύστημα) to disrupt · (σπίτι, δωμάτιο) to mess up · (= συγχίζω) to disturb · (= διεγείρω ερωτικά) to turn on (ανεπ.)

αναστάτωσ|η η (= αναταραχή) confusion · (= ανακάτεμα) disorder · (= ψυχική αναταραχή) disturbance

αναστέλλ|ω (επίσ.) ρ μ (= διακόπτω προσωρινά) to suspend · (= διακόπτω) to stop

αναστεναγμ|ός ο sigh

ανάστη|μα το (= ύψος) height · (= παράστημα) bearing

αναστολ|ή η (προσωρινή) postponement · (επ' αόριστον) suspension · (NOM) suspended sentence

ανασύρ|ω ρ μ (= τραβώ προς τα πάνω) to pull up · (= τραβώ προς τα έξω) to pull out · (ξίφος) to draw · (μυστικά, παρασκήνια) to prize out (Βρετ.), to pry out (Αμερ.)

ανασφάλει|α η insecurity

ανασφαλ|ής επίθ insecure

αναταραχ|ή η (= αναστάτωση) disturbance · (= σύγχυση) confusion

ανάτασ|η η boost

ανατέλλ|ω ρ αμ (ήλιος, αστέρι) to rise · (για νεαρό καλλιτέχνη) to appear · (περίοδος, εποχή) to dawn

ανατινάζ|ω ρ μ to blow up
▸ **ανατινάζομαι** μεσ to explode

ανατολ|ή η (ηλίου) sunrise · (= ξημέρωμα) dawn · (σημείο του ορίζοντα) east
▸ **Ανατολή** η East

ανατολικά επίρρ (κοιτάζω, πηγαίνω) east · (βρίσκομαι) in the east

ανατολικ|ός επίθ (ακτή) eastern · (παράθυρο) east-facing · (άνεμος) north · (ιδιοσυγκρασία, χαρακτηριστικά) eastern

ανατολίτικ|ος επίθ Oriental

ανατρεπτικ|ός επίθ subversive

ανατρέπ|ω ρ μ (όχημα) to overturn · (βάρκα) to capsize

(πλοιστή) to bring down · (πολίτευμα, κυβέρνηση) to overthrow · (κατηγορία, θεωρία) to refute · (σχέδια, επιχείρημα) to thwart

ανατριχιαστικ|ός επίθ (θέαμα, λεπτομέρειες) gruesome · (ατμόσφαιρα) creepy · (έγκλημα) ghastly

ανατριχίλ|α η (από κρύο) shiver · (από τρόμο) shudder · (από χαρά, ερωτικό πόθο) quivering

ανατροπ|ή η (αυτοκινήτου) overturning · (ποδοσφαιριστή) knocking over · (κυβέρνησης, εξουσίας) overthrow · (επιχειρήματος, άποψης) refutation · (σχεδίων) thwarting

ανατροφ|ή η (= μεγάλωμα) raising · (= διαπαιδαγώγηση) upbringing

άναυδ|ος επίθ speechless

αναφέρ|ω ρ μ (περιστατικό, συμβάν) to mention · (παραδείγματα, χωρία) to cite · (θέμα) to present · (απόψεις) to put forward · (θεωρία) to expound · (σεισμό, ατύχημα) to report
▸ **αναφέρομαι** μεσ **-ομαι σε** to relate to

αναφιλητ|ά τα sobs

αναφιλυτ|ά τα = **αναφιλητά**

ανάφλεξ|η η ignition

αναφορ|ά η (= μνεία) reference · (= νύξη) allusion · (= επίσημη έκθεση) report

αναχώρησ|η η departure

αναχωρ|ώ ρ αμ to leave

αναψυκτήρι|ο το bar

αναψυκτικ|ό το soft drink

αναψυχ|ή η recreation

Άνδ|εις οι αι ~ **the Andes**

άνδρ|ας ο (= ανήρ) man · (= σύζυγος) husband · (= ενήλικος) (grown) man · (= ανδρείος) (true ή real) man

▸**άνδρες** πλ men
ανδρεία η bravery
ανδρείος, -α, -ο brave
ανδριάντ|ας ο statue
ανδρικ|ός επίθ (ρούχα, τουαλέτες)
men's · (φωνή, χαρακτηριστικά)
male · (χορωδία) men's · (ομορφιά)
masculine
ανδρισμ|ός ο (= ανδροπρέπεια)
masculinity · (= ανδρεία)
manliness
ανδρόγυνο το couple
ανεβάζ|ω ρ μ (ρούχα, ψώνια) to
take up · (φερμουάρ) to do up ·
(τιμές, κόστος) to put up ·
(ρυθμούς) to increase ·
(ενδιαφέρον) to rouse · (επίπεδο)
to raise · (ηθικό) to boost · (τόνο
φωνής) to raise · (ένταση) to turn
up · (= εξυμνώ) to build up ·
(θεατρικό έργο) to put on
ανεβαίν|ω ρ αμ (= ανέρχομαι) to
climb · (= επιβιβάζομαι) to get on ·
(σε αυτοκίνητο) to get in ·
(πυρετός, τιμές) to rise · (πίεση)
to go up · (αγωνία) to mount ·
(κοινωνικά ή επαγγελματικά) to
move up · (= καλυτερεύει η
διάθεσή μου) to feel better ·
(ηθικό) to rise · (θεατρικό έργο,
παράσταση) to be on ♦ ρ μ to
climb
ανέβα|σμα το (= ανάβαση) climb ·
(τιμών, μισθών) rise · (ρυθμού)
increase · (ψυχολογίας, ηθικού)
boost · (παράστασης, έργου)
production
ανεβοκατεβάζ|ω ρ μ (χέρι, κεφάλι)
to move up and down · (τιμές) to
put up and down
ανέγγιχτ|ος επίθ (= άθικτος)
untouched · (= αγνός) pure
ανειδίκευτ|ος επίθ unskilled
ανειλικρίνει|α η (ατόμου,
προθέσεων) insincerity ·
(φορολογικής δήλωσης) fraud
ανειλικριν|ής επίθ (άνθρωπος,

προθέσεις) insincere · *(φορολογική
δήλωση)* fraudulent
ανέκαθεν επίρρ always
ανέκδοτ|ο το (= αστείο) joke ·
(= σύντομη ιστορική αφήγηση)
anecdote
ανεκπαίδευτ|ος επίθ (= που δεν
εκπαιδεύτηκε) untrained ·
(= αμόρφωτος) uneducated
ανεκπλήρωτ|ος επίθ (επιθυμία,
πόθος) unfulfilled · (όνειρο)
unrealized · (ελπίδα) dashed
ανεκτικ|ός, -η, -ό tolerant
ανεκτίμητ|ος επίθ (κόσμημα,
ευήματα) priceless · (συνεργάτης,
πληροφορία) invaluable
ανεκτ|ός επίθ (κρύο, κατάσταση)
bearable · (επίπεδα) acceptable
ανελέητ|ος επίθ (κακοποιοί)
ruthless · (σφαγή) merciless ·
(βομβαρδισμοί, κυνήγι) relentless
ανελκυστήρ|ας (επίσ.) ο lift
(Βρετ.), elevator (Αμερ.)
ανέμελ|ος επίθ carefree
ανεμίζ|ω ρ αμ (σημαία, κουρτίνα)
to flap · (μαλλιά) to be ruffled ♦ ρ
μ to wave
ανεμιστήρ|ας ο fan
ανεμοβρόχ|ι το = **ανεμόβροχο**
ανεμόβροχο το storm
ανεμοθύελλ|α η storm
ανεμόμυλ|ος ο windmill
ανεμόπτερ|ο το glider
άνεμ|ος ο wind
ανεμοστρόβιλ|ος ο whirlwind
ανένδοτ|ος επίθ inflexible
ανενόχλητ|ος επίθ (δουλεύω)
undisturbed · (επιτίθεμαι,
προελαύνω) unimpeded
ανέντιμ|ος επίθ dishonest
ανεξάντλητ|ος επίθ (πηγή,
αποθέματα) inexhaustible ·
(φαντασία) boundless · (θέμα)
inexhaustible
ανεξαρτησί|α η independence
ανεξάρτητα επίρρ (ενεργώ, δρω)

independently · (εργάζομαι) freelance

ανεξάρτητ|ος επίθ (εφημερίδα, υποψήφιος) independent · (κράτος) independent · (δημοσιογράφος, φωτογράφος) freelance · (διαμερίσματα) self-contained

ανεξαρτήτως επίρρ irrespective of

ανεξερεύνητ|ος επίθ (τόπος) unexplored · (βυθός) uncharted

ανεξήγητ|ος επίθ inexplicable

ανεξίτηλ|ος επίθ (χρώματα) fast · (μελάνι) indelible · (ανάμνηση, σημάδι) indelible

ανεπανάληπτ|ος επίθ (εμπειρία) unique · (κατόρθωμα, νίκη) unprecedented

ανεπάρκεια η (τροφίμων, στελεχών) scarcity · (δυνάμεων, προσόντων) lack · (προσώπων) inadequacy

ανεπαρκ|ής επίθ (μέσα, εφόδια) insufficient · (εκπαίδευση, μόρφωση) inadequate · (αιτιολογία) lame · (γονείς, δάσκαλοι) inadequate · (μέτρα) ineffective · (μέθοδος) inefficient

ανέπαφος επίθ intact

ανεπιβεβαίωτ|ος επίθ unconfirmed

ανεπιθύμητ|ος επίθ (άνθρωπος) undesirable · (αλλαγή, επίσκεψη) unwanted

ανεπίσημ|ος επίθ (γεύμα, ρούχα) informal · (λόγος, διάβημα) unofficial

ανεπίτρεπτ|ος επίθ unacceptable

ανεπιτυχής επίθ unsuccessful

ανεπτυγμέν|ος (επίσ.) επίθ = **αναπτυγμένος**

ανεργία η unemployment

άνεργ|ος επίθ unemployed
▶ **άνεργοι** οι οι **~οι** the unemployed

ανέρωτ|ος επίθ (κρασί) undiluted · (ούζο) neat (Βρετ.),

straight (Αμερ.)

άνεση η (για παπούτσια, ρούχα) comfort · (για παιχνίδι, χειρισμό αντικειμένου) ease · (για χειρισμό γλώσσας) fluency · (για χώρο) room to move · (για τρόπο ζωής) comfort · (= οικειότητα) familiarity · (= φυσικότητα) naturalness
▶ **ανέσεις** πλ modern conveniences

άνετα επίρρ (κάθομαι) comfortably · (χειρίζομαι, δουλεύω) with ease · (ζω) comfortably · (νικώ, κερδίζω) easily · (συμπεριφέρομαι) naturally · (κινούμαι) easily

ανέτοιμ|ος επίθ unprepared

άνετ|ος επίθ (ρούχα, καναπές) comfortable · (μεταφορά) convenient · (χρήση γλώσσας) fluent · (χειρισμός εργαλείου) confident · (ζωή, επικοινωνία) easy · (νίκη) easy · (πλειοψηφία) comfortable · (κινήσεις) relaxed · (συμπεριφορά, ύφος) relaxed

ανεύθυν|ος επίθ irresponsible

ανεφοδιάζω ρ μ to supply

ανεφοδιασμ|ός ο supplying

ανέχ|ομαι ρ μ to tolerate

ανεψι|ός ο = **ανιψιός**

ανήθικ|ος, -η, -ό (άνθρωπος, κέρδος) immoral · (κίνητρα) base · (πρόταση, πράξη) obscene

ανηθικότητα η (ανθρώπου) immorality · (κινήτρων) baseness · (χειρονομίας, προτάσεων) obscenity

άνηθος ο dill

ανήκουστ|ος (αρν.) επίθ incredible

ανήκω ρ αμ to belong

ανήλικ|ος επίθ underage ♦ ουσ minor

ανήμπορ|ος επίθ feeble

ανησυχητικ|ός επίθ alarming

ανησυχί|α η (= αναταραχή)

unease · (= αναστάτωση) concern ·
▸**ανησυχίες** πλ leanings
ανήσυχ|ος επίθ (γονείς, άνθρωπος)
worried · (βλέμμα) anxious ·
(ύπνος) fitful · (παιδί, μαθητής)
rowdy
ανησυχ|ώ ρ αμ to worry ◆ ρ μ to
worry
ανηφόρ|α η hill
ανηφορι|ά η = **ανηφόρα**
ανηφορίζ|ω ρ αμ to go uphill ◆ ρ
μ to go up
ανηφορικ|ός επίθ steep
ανήφορ|ος ο hill
ανθεκτικ|ός επίθ (υλικό) durable ·
(έπιπλα) solid · (παπούτσια)
hard-wearing · (για πρόσ.) tough
ανθίζ|ω ρ αμ (λουλούδια) to
bloom · (δέντρα) to flower
ανθίστα|μαι (επίσ.) ρ αμ απ to
resist
ανθοδέσμ|η η bouquet
ανθοδοχεί|ο το vase
ανθοπωλεί|ο το flower shop
ανθοπώλης ο florist
ανθοπώλισσα η βλ. **ανθοπώλης**
άνθ|ος το (= λουλούδι) flower ·
(δέντρου) blossom · (= αφρόκρεμα)
cream
ανθότυρ|ο, ανθοτύρι το cream
cheese
ανθρώπιν|ος επίθ human ·
(στιγμές) tender · (συνθήκες)
decent
άνθρωπ|ος ο (= έμβιο λογικό ον)
man (= κάθε άτομο) person ·
(= ενάρετο άτομο) decent human
being
▸**άνθρωποι** πλ people
ανθρωπότητα η mankind
ανθυγιεινός επίθ (συνθήκες)
insanitary · (τρόφιμα)
unhealthy · (χώρος) unhealthy
ανθ|ώ (επίσ.) ρ αμ (φυτό) to
flower · (τέχνες, εμπόριο) to
flourish
ανί|α η (= πλήξη) boredom ·

(= μονοτονία) tedium
ανιαρ|ός επίθ boring
ανίατ|ος επίθ incurable
ανίδε|ος επίθ ignorant
ανιδιοτελ|ής επίθ (άνθρωπος)
selfless · (σκοπός, αγάπη)
unselfish · (προσφορά, βοήθεια)
disinterested
ανικανοποίητ|ος επίθ (άνθρωπος,
ύπαρξη) unfulfilled · (επιθυμία)
unsatisfied · (πόθος) unrequited ·
(ζωή, όνειρο) unfulfilled
ανίκαν|ος επίθ (υπάλληλος, γονέας)
incompetent · (ΣΤΡ) unfit · (για
άνδρα) impotent
ανικανότητ|α η (υπαλλήλων,
γονέων) incompetence · (ΣΤΡ)
unfitness · (άνδρα) impotence
ανίκητ|ος επίθ (= που δεν
νικήθηκε) unbeaten · (= που δεν
μπορεί να νικηθεί: στρατός)
invincible · (ομάδα, αντίπαλος)
unbeatable · (πάθος)
unconquerable
άνισ|ος επίθ (πλευρές, γωνίες)
unequal · (τρίγωνα) not
congruent · (αγώνας, αντίπαλος)
unequal · (μεταχείριση, όροι)
unfair
ανίσχυρ|ος επίθ powerless
ανίχνευσ|η η (ανωμαλιών,
στοιχείων) detection · (ταλέντων)
scouting · (ΣΤΡ) scouting
ανιχνευτ|ής ο (μηχάνημα)
detector · (ΣΤΡ) scout
ανιχνεύ|ω ρ μ (ουσία,
δυσλειτουργίες) to detect · (εχθρική
περιοχή, έδαφος) to scout
ανιψί|α (υποκ.) η (αγόρι) nephew ·
(κορίτσι) niece
ανιψι|ά η niece
ανιψι|ός ο nephew
αν και σύνδ though
ανοδικ|ός επίθ (δρόμος) uphill ·
(πορεία, τάση) upward
άνοδ|ος η (= ανάβαση) climb ·
(= ανηφόρα) ascent · (τιμών,

θερμοκρασίας) rise · (εισοδήματος) increase · (μισθών) rise (Βρετ.), raise (Αμερ.) · (επιπέδου) rise · (στην εξουσία, ιεραρχία) rise · (στον θρόνο) accession

ανonσία η (ανθρώπου) stupidity · (για λόγο) nonsense χωρίς πληθ. · (για πράξη) stupid thing

ανόnτ|ος επίθ (άνθρωπος, πράξη) stupid · (λόγια) inane · (δήλωση) fatuous · (έγγραφα) meaningless

ανόθευτ|ος επίθ (ποτά, βενζίνη) pure · (διαδικασία, εκλογές) honest · (παραδόσεις) unchanged

ανοιγ|μα το (πόρτας, παραθύρου) opening · (συνόψεων) opening (up) · (σπηλαίου) entrance · (σε τοίχο, σε παράθυρο) gap · (ανάμεσα σε δέντρα) clearing · (θεμελίων, χαντακιού) digging · (μπλούζας, φορέματος) neckline · (= πλάτος) width · (γέφυρας) span · (δρόμου, ψαλίδας) widening · (καταστήματος, εκδήλωσης) opening · (αγοράς) opening (up) · (οικονομίας) opening up · (σε νέες τάσεις, ρεύμα) opening up · (λουλουδιών) blooming · (κεφαλιού) gash · (προϋπολογισμού) deficit · (στο σκάμι) opening · (φακού) aperture

ανοίγ|ω ρ μ (πόρτα, παράθυρο) to open · (= μεγαλώνω τις διαστάσεις: παντελόνι, φούστα) to let out · (= ξεκουμπώνω: πουκάμισο, παντελόνι) to undo · (= κατεβάζω το φερμουάρ) to unzip (φερμουάρ) to unzip · (ανεπ.: ασθενή) to cut open · (τρύπα) to make · (αυλάκι, τάφρο) to dig · (πηγάδι) to sink · (κατάστημα, γραφείο) to open · (συζήτηση) to start · (φως) to turn on · (τηλεόραση, ραδιόφωνο) to turn on · (δρόμο) to widen · (χώρο) to open up · (περιοδικό, εφημερίδα) to open · (χάρτη) to spread open · (διαθήκη, γράμμα) to open ·

(= παραβιάζω, κάνω διάρρηξη: μαγαζί, σπίτι) to break into · (χρώμα) to lighten · (κεφάλι) to cut open · (παπούτσια) to stretch ◆ ρ αμ (πόρτα, παράθυρο) to open · (= ανθίζω: λουλούδια) to bloom · (πέταλα: στο φως) to open · (σχολεία, έκθεση) to open · (τοίχος, έδαφος) to be cracked · (πουκάμισο) to tear · (καιρός) to clear up · (παπούτσια) to stretch

▸ **ανοίγομαι** μεσα (= επεκτείνομαι) to branch out · (= ξανοίγομαι) to take risks · (= σπαταλώ) to overspend · (= εμπιστεύομαι) to open up · (πλοίο) to head out to sea

ανοικτ|ά επίρρ = **ανοιχτά**

ανοικτ|ός επίθ = **ανοιχτός**

άνοιξn η spring

ανοιξιάτικ|ος επίθ spring

▸ **ανοιξιάτικα** τα spring clothes

ανοιχτ|ά επίρρ (αφήνω) open · (μιλώ) openly · (= στα βαθιά) out at sea

ανοιχτήρ|ι το (κονσερβών) can ή tin (Βρετ.) opener · (μπουκαλιών) bottle opener

ανοιχτόμυαλ|ος επίθ open–minded

ανοιχτ|ός επίθ open

▸ **ανοιχτά** τα **τα ~ά** the open sea

ανοξείδωτ|ος επίθ (σκεύη, νεροχύτης) stainless steel · (χάλυβας) stainless

ανόργαν|ος επίθ inorganic ▷ **~η γυμναστική** free gymnastics

ανοργάνωτ|ος επίθ disorganized · (εργαζόμενοι) unaffiliated

ανόρεχτ|ος επίθ (= που δεν έχει όρεξη) with no appetite · (= απρόθυμος) dispirited · (= απρόθυμος: βλέμμα) lifeless · (γέλιο) half–hearted

ανορθόγραφος επίθ (μαθητής, φοιτητής) poor at spelling · (έκθεση, κείμενο) full of spelling mistakes

ανορθών|ω _ρ μ_ (σακί, κολόνα) to stand upright · (οικονομία) to revive · (αρχοντικό, τείχος) to restore

ανόρθωση _η_ (εκκλησίας, τείχους) restoration · (οικονομίας, κράτους) recovery · (παιδείας) reform · (σπήθους) reconstruction

ανοσία _η_ immunity

άνοστ|ος _επίθ_ (φαγητό) tasteless · (αστείο) lame · (έργο, ηθοποιός) dull · (γυναίκα, άντρας) plain

ανοχή _η_ tolerance

ανταγωνίζομαι _ρ μ απ_ **~ κπν (σε κτ)** to compete with/against sb (for sth)

ανταγωνισμ|ός _ο_ (μαθητών, επαγγελματιών) rivalry · (εμπορικός) competition

ανταγωνιστ|ής _ο_ (= αντίπαλος) rival · (για εταιρείες) competitor

ανταγωνιστικ|ός _επίθ_ (σχέση, παιγνίδια) competitive · (εταιρεία, περιοδικό) rival · (προϊόντα, τιμές) competitive

ανταγωνίστρια _η βλ._
   ανταγωνιστής

ανταλλαγή _η_ exchange

ανταλλάγη _τα_ to exchange

ανταλλακτικό _το_ spare part

ανταλλάσσ|ω _ρ μ_ (ιδέες, βρισιές) to exchange · (προϊόντα) to trade · (γραμματόσημα, βιβλία) to swap

ανταμείβ|ω _ρ μ_ to reward

ανταμοιβή| _η_ reward

ανταμών|ω _ρ μ_ (άνθρωπο) to meet · (ζώα) to come across ♦ _ρ αμ_ to meet

▸ **ανταμώνομαι** _μεσ_ to meet

αντάμωσ|η _η_ **καλή ~!** see you again soon!

αντανάκλαση _η_ reflection

αντανακλαστικά _τα_ reflexes

αντάξι|ος, -α, -ο worthy

ανταποδίδω _ρ μ_ to return

ανταπόδοσ|η _η_ (φιλοφρόνησης,

χαιρετισμού) return · (αγάπης) reciprocation · (ζημιάς, κακού) repayment

ανταποκρίν|ομαι _ρ αμ απ_ **~ σε** (ερέθισμα, κίλεσμα) to respond to · (πραγματικότητα) to reflect · (υποχρεώσεις, έξοδα) to meet · (καθήκοντα) to fulfil (Bρετ.), to fulfill (Aμερ.)

ανταπόκρισ|η _η_ (= απάντηση) response · (δημοσιογράφου) report · (για μεταφορικά μέσα) connection

ανταποκρίτ|ής _ο_ correspondent

ανταποκρίτρι|α _η βλ._
   ανταποκριτής

Ανταρκτική _η_ **~** Antarctica

ανταρκτικός _επίθ_ Antarctic

αντάυγεια _η_ glow

▸ **αντάυγειες** _πλ_ highlights

άντε (ανεπ.) _επιφών_ **~ να** go and

αντέν|α _η_ (τηλεόρασης, ραδιοφώνου) aerial (Bρετ.), antenna (Aμερ.) · (ιστιοφόρου πλοίου) (sail)yard

άντερο _το_ to bowel

αντέχ|ω _ρ αμ_ (αμίαντος, ύφασμα) to be resistant · (ρούχο) to be hard-wearing · (στρατός) to hold out · (αθλητής) to take the pace · (άνθρωπος, γάλα) to last · (άνθρωπο, φωνές) to tolerate · (κρύο, ζέστη) to stand · (θεραπεία, φάρμακο) to withstand

αντηλιακό _ουσ ουσ_ sunscreen

αντηλιακός, -ή, -ό (κρέμα) suntan · (προστασία) sun

αντί, αντ', ανθ' _προθ_
(= αντάλλαγμα) instead of ·
(= αντίτιμο) for

αντιβιοτικό _το_ antibiotic

αντιβίωση _η_ antibiotics _πληθ._
   παίρνω ~ to be on antibiotics

αντιγραφή _η_ (χειρογράφου, κειμένου) copying (out) · (ΠΛΗΡΟΦ) copy · (ΤΕΧΝ) reproduction · (λογοκλοπή) plagiarism · (σε

αντίγραφο *γραπτή εξέταση*) cheating ·
(*προτύπων*) copying

αντίγραφ|ο *το* (*ομιλίας*)
transcript · (*εγγράφων,
συμβολαίου*) copy · (ΤΕΧΝ)
reproduction · (*βιβλίου, κασέτας*)
copy

αντιγράφ|ω *ρ μ* to copy · (*κασέτα,
σιντί*) to make a copy of ◆ *ρ αμ* to
cheat

αντίδοτ|ο *το* antidote

αντίδρασ|η *η* reaction ·
(= *αρνητική στάση*) opposition
χωρίς πληθ.

αντιδρ|ώ *ρ αμ* (= *εναντιώνομαι*)
to be opposed (*σε το*) · (*σε νέα,
είδηση*) to react (*σε το*) · (ΧΗΜ) to
react (*με* with) · (*οργανισμός*) to
react

αντιζηλί|α *η* rivalry

αντίζηλ|ος *ο/η* rival

αντίθεσ|η *η* opposition (*για το*) ·
(*απόψεων*) clash · (*χρωμάτων,
φωτισμού*) contrast · (ΦΙΛΟΛ)
antithesis

αντίθετα *επίρρ* on the contrary

αντίθετ|ος *επίθ* (*έννοια,
αποτέλεσμα*) opposite · (*πορεία*)
reverse · (*κατεύθυνση*) opposite ·
(= *εναντίος*) opposite

αντίκ|α *η* antique

αντικαθιστ|ώ *ρ μ* (*μηχανή, υλικό*)
to replace · (*τιμές*) to substitute ·
(*συνάδελφο, υπάλληλο*) to stand in
for · (*σκοπό*) to relieve

αντικανονικ|ός *επίθ* illegal

αντικατάσταση *η* (*λάμπας,
μηχανής*) replacement · (*σκοπού*)
changing

αντικαταστάτης *ο* (*για γονείς,
παίκτη*) substitute · (*για υπάλληλο*)
stand-in · (*για ηθοποιό*)
understudy

αντικαταστάτρι|α *η βλ.*
αντικαταστάτης

αντικατοπτρισμ|ός *ο* (= *οπτική
απάτη*) mirage · (= *αντανάκλαση*)

reflection

αντικείμεν|ο *το* (= *πράγμα*)
object · (*έρευνας, συζήτησης*)
subject

αντικοινωνικ|ός *επίθ*
(*συμπεριφορά, ενέργεια*)
antisocial · (*άνθρωπος*) unsociable

αντικρίζ|ω *ρ μ* (= *βλέπω*) to see ·
(= *βρίσκομαι απέναντι*) to be
opposite · (= *αντιμετωπίζω*) to face

αντικριστ|ά *επίρρ* face to face

αντίκρυ *επίρρ* = **αντίκρυ**

αντίκρυ *επίρρ* opposite

αντίλαλ|ος *ο* echo

αντιλαμβάν|ομαι *ρ μ απ*
(*παρουσία, άνθρωπο*) to notice ·
(*νόημα*) to understand ·
(*προθέσεις*) to see through ·
(*κίνδυνο*) to be aware of

αντιλέγ|ω *ρ αμ* to disagree ◆ *ρ μ*
to contradict

αντιληπτ|ός *επίθ* (= *αισθητός*)
felt · (= *κατανοητός*) understood

αντίληψη *η* (*χρωμάτων, χώρου*)
perception · (= *βαθμός ευφυΐας*)
understanding · (= *νοημοσύνη*)
intelligence · (= *άποψη*) outlook
(*για on*)

αντίλογ|ος *ο* objection

αντιλόπ|η *η* antelope

αντιμετωπίζ|ω *ρ μ* (*επίθεση*) to
resist · (*εχθρό*) to confront ·
(*ομάδα*) to play against · (*κίνδυνο,
δυσκολίες*) to face ·
(= *αντεπεξέρχομαι*) to face

αντιμετώπισ|η *η* dealing with

αντιμέτωπ|ος *επίθ* facing

αντίξο|ος (*επία.*) *επίθ*
unfavourable (Βρετ.), unfavorable
(Αμερ.)

αντιξοότητ|α *η* adversity

αντί|ο *επιφών* (*οικ.*) bye (*ανεπ.*)
► **αντίο** *το* goodbye

αντιπάθει|α *η* dislike

αντιπαθ|ής *επίθ* disagreeable

αντιπαθητικ|ός *επίθ* (*άνθρωπος,
φωνή*) disagreeable · (*εικόνα*)

unpleasant

αντιπαθ|ώ ρ μ to dislike

αντίπαλ|ος επίθ (στρατόπεδο, παράταξη) opposing · (δυνάμεις) rival

▶ **αντίπαλος** ο/η (ερωτικός, κρυφός) rival · (οικονομικός) competitor · (στρατιωτικός) adversary · (εκλογικός) opponent · (για παίκτη) opponent

αντιπερισπασμ|ός ο (= απόσπαση προσοχής) distraction · (ΣΤΡ) diversion

αντιπολίτευσ|η η opposition

αντιπροσωπεί|α η = **αντιπροσωπία**

αντιπροσωπευτικ|ός επίθ representative · (= χαρακτηριστικός) typical

αντιπροσωπεύ|ω ρ μ (= εκπροσωπώ) to represent · (= εκφράζω: ιδανική γυναίκα) to exemplify · (αλήθεια, απόψεις) to reflect

αντιπροσωπί|α η (= σύνολο αντιπροσώπων) delegation · (ΕΜΠΟΡ) agency

αντιπρόσωπ|ος ο/η (= πληρεξούσιος) representative · (= μέλος αντιπροσωπίας) delegate

αντίρρησ|η η objection

αντίσκην|ο το tent

αντίστασ|η η resistance

▶ **Αντίσταση** η η **Αντίσταση** the Resistance

αντιστέκ|ομαι ρ αμ απ to resist

αντίστοιχα επίρρ respectively

αντίστοιχ|ος επίθ corresponding

αντιστοίχως επίρρ = **αντίστοιχα**

αντίστροφ|ος επίθ reverse

αντισυλληπτικ|ό το contraceptive pill

αντισυλληπτικ|ός επίθ contraceptive

αντισύλληψη η contraception

αντισφαίρισ|η (επίσ.) η tennis

▷ **επιτραπέζια** ~ table tennis

αντιτετανικ|ός επίθ ~ ορός anti-tetanus serum

αντίτιμ|ο το price

αντίτυπ|ο το copy

αντίχειρ|ας ο thumb

άντλησ|η η (νερού, πετρελαίου) pumping · (πληροφοριών) finding · (κεφαλαίων, πόρων) drawing

αντλί|α η pump

αντλ|ώ ρ μ (νερό, πετρέλαιο) to pump · (πληροφορία) to find · (συμπέρασμα, δύναμη) to draw

αντοχ|ή η (υλικών) durability · (πετρωμάτων) resistance · (= μυϊκή δύναμη) stamina · (= υπομονή) resilience

άντρ|ας ο = **άνδρας**

αντρεί|ος, -α, -ο = **ανδρείος**

αντρικ|ός, -ή, -ό (ανεπ.) = **ανδρικός**

αντρόγυν|ο (ανεπ.) το = **ανδρόγυνο**

αντωνυμί|α η (κλιτή λέξη) pronoun · (αντίθεση στη σημασία) antonymy

ανυπακο|ή η disobedience

ανυπάκου|ος επίθ disobedient

ανύπαντρ|ος επίθ unmarried

ανύπαρκτ|ος επίθ nonexistent

ανυπεράσπιστ|ος επίθ (άνθρωπος) defenceless (Βρετ.), defenseless (Αμερ.) · (πόλη) undefended

ανυπομονησί|α η impatience

ανυπόμον|ος επίθ impatient

ανύποπτ|ος επίθ (= ανυποψίαστος) unsuspecting · (στιγμή, φάση) unguarded

ανυπόφορ|ος επίθ (άνθρωπος, ζέστη) unbearable · (ζωή, κατάσταση) insufferable

ανυποψίαστ|ος επίθ (περαστικός, θύμα) unsuspecting · (= άσχετος) clueless

ανυψών|ω ρ μ (βάρος, φορτίο) to lift · (ηθικό) to boost

ανύψωση η (κιβωτίου, βάρους) lifting · (κεφαλής) raising · (ηχού) boosting · (στάθμης, θερμοκρασίας) rise

άνω (επίο.) επίρρ (= επάνω) upper · (= περισσότερο από) over

ανώδυνος επίθ (= χωρίς πόνο) painless · (αγώνας) painless · (δήλωση) harmless · (ήττα, συνέπειες) minor

ανωμαλία η (για μηχανή, σε υπηρεσία) trouble χωρίς πληθ. · (= διαστροφή) deviation · (ΙΑΤΡ) abnormality · (οδοστρώματος, επιφάνειας) bump · (ΓΛΩΣΣ) irregularity

ανώμαλος επίθ (κατάσταση, κλίμα) unstable · (ρυθμοί) irregular · (ουσιαστικά, ρήματα) irregular · (έδαφος) uneven · (δρόμος, μονοπάτι) bumpy · (επιφάνεια) rough
▶ **ανώμαλος** ο, **ανώμαλη** η pervert
▶ **ανώμαλος** ο cross-country (race)

ανωνυμία η anonymity · (= αφάνεια) obscurity

ανώνυμος επίθ (συγγραφέας, δωρητής) anonymous · (κατ.: = άγνωστος) unknown

ανώριμος επίθ (καρποί, φρούτα) not ripe · (άνθρωπος, συμπεριφορά) immature · (συνθήκες) unfavourable (Βρετ.), unfavorable (Αμερ.)

ανωριμότητα η (ατόμου, σκέψης) immaturity · (συνθήκες) unfavourable (Βρετ.) ή unfavorable (Αμερ.) nature

ανωτερότητα η superiority

ανώφελος επίθ wasted

άξαφνα επίρρ = **ξαφνικά**

άξαφνος επίθ = **ξαφνικός**

αξεπέραστος επίθ (εμπόδιο, δυσκολία) insurmountable · (ομορφιά) unrivalled (Βρετ.), unrivaled (Αμερ.) · (έργο, τέχνη) unequalled (Βρετ.), unequalled

(Αμερ.)

αξεσουάρ το accessory

άξεστος επίθ (άνθρωπος) crude · (συμπεριφορά) coarse

αξέχαστος επίθ unforgettable

αξία η (εμπορεύματα, ακινήτου) value · (παιδείας, τέχνης) value · (για εργαζόμενο) merit · (= σπουδαιότητα) importance
▶ **αξίες** πλ values

αξιαγάπητος επίθ lovable

αξιέπαινος επίθ commendable

αξίζω ρ αμ to be worth ♦ ρ μ (χιλιάδες, εκατομμύρια) to be worth · (νίκη, τιμωρία) to deserve
▶ **αξίζει** απρόσ it is worth (να κάνω doing)

αξίνα η hoe

αξιοζήλευτος επίθ enviable

αξιοθαύμαστος επίθ admirable

αξιοθέατα τα sights

αξιοθρήνητος επίθ (άνθρωπος, κατάσταση) pitiful · (ζωή, τάση) wretched · (παράσταση, ταινία) pathetic

αξιολόγηση η assessment · (πράξεων, αποτελεσμάτων) evaluation

αξιόλογος επίθ (προσπάθεια, έργο) remarkable · (περιουσία, ποσό) considerable · (άνθρωπος) notable

αξιολογώ ρ μ to assess

αξιολύπητος επίθ pitiful

αξιοπιστία η (μάρτυρα, πολιτικού) credibility · (πηγών, κειμένων) reliability

αξιόπιστος, -η, -ο (μαρτυρίες, πηγή) reliable · (επιστήμονας) authoritative

αξιοποίηση η (πληροφοριών, μεθόδων) utilization · (κατ.: = εκμετάλλευση: περιοχής, χώρου) development · (γης, δασών) exploitation

αξιοποιώ ρ μ (ταλέντο, ικανότητες) to make the most of · (ελεύθερο χρόνο) to use · (πηγές ενέργειας) to exploit

αξιοπρέπει|α η dignity

αξιοπρεπ|ής επίθ (άνθρωπος, συμπεριφορά) dignified · (βίος) respectable · (στάση) honourable (Βρετ.), honorable (Αμερ.) · (ντύσιμο, τρόποι) decent

αξιοπρόσεκτ|ος επίθ (έργο, χώρος) remarkable · (παρατήρηση) noteworthy

αξιοπρόσεχτ|ος επίθ = **αξιοπρόσεκτος**

άξι|ος, -α, -ο (σαλιγκάρι, πολιτικός) able · (γαμπρός) worthy · **~ $+γεν.** worthy of

αξιοσέβαστ|ος επίθ (άνθρωπος) respectable · (ποσό, περιουσία) considerable

αξιοσημείωτ|ος επίθ remarkable

αξιότιμ|ος επίθ honourable (Βρετ.), honorable (Αμερ.)

αξίω|μα το (βουλευτή) office · (στρατηγού) rank · (ΦΙΛΟΣ ΜΑΘ) axiom

αξιωματικ|ός ο/η (στρατού, αστυνομίας) officer · (στο σκάκι) bishop

άξον|ας ο (Γης) axis (αυτοκινήτου) axle

▶ **Άξονας** ο ο **Άξονας** the Axis

αξύριστ|ος επίθ unshaven

άοπλ|ος επίθ unarmed

αόρατ|ος επίθ (δυνάμεις, υπάρξεις) invisible · (κίνδυνος) unseen · (έμποροι ναρκωτικών, κύκλωμα εμπορίας όπλων) covert

αόριστ|ος επίθ (λόγια, υποσχέσεις) vague · (άρθρο, αντωνυμίες) indefinite

άουτ το touch

απαγγέλλ|ω ρ μ to recite

απαγορευμέν|ος επίθ forbidden · (λέξη) taboo · (τραγούδι, βιβλίο) banned

απαγόρευσ|η η prohibition

απαγορευτικ|ός επίθ (πινακίδα)

warning · (διατάξεις) prohibitive

▶ **απαγορευτικό** το (επίσης **~ό σήμα**: για οχήματα) warning sign · (για πλοία) warning

απαγορεύ|ω ρ μ (τραγούδι, βιβλίο) to ban · (για γιατρό) to forbid · (για νόμο, συνείδηση) to prohibit

απαγωγ|ή η abduction

απάθει|α η indifference

απαθ|ής επίθ indifferent

άπαικτ|ος επίθ (επίσης **άπαιχτος**) έργο: στον κινηματογράφο) not out · (στην τηλεόραση) not shown · (στο θέατρο) not put on

απαισιοδοξί|α η pessimism

απαισιόδοξ|ος επίθ pessimistic

απαίσι|ος, -α, -ο awful

απαίτησ|η η demand

απαιτητικ|ός επίθ demanding

απαιτούμεν|ος επίθ necessary

απαιτ|ώ ρ μ (σεβασμό, πειθαρχία) to demand · (παραίτηση) to call for · (μισθό, πληρωμή) to demand · (προσοχή, υπομονή) to require · (χρόνο) to take

άπαιχτ|ος (αργκ.) επίθ (τύπος) in a class of his own · (αστείο) priceless · βλ. κ. **άπαικτος**

απαλ|ός επίθ (χέρι, ρούχο) soft · (μουσική, φωτισμός) soft · (χρώμα) pastel · (αεράκι, χάδι) gentle

απαλότητ|α η softness

απάνθρωπ|ος επίθ inhuman

απάντησ|η η (= απόκριση) answer · (σε αίτηση, επιστολή) reply · (προβλήματος, άσκησης) answer · (= αντίδραση) response

απαντ|ώ ρ αμ (= δίνω απάντηση) to answer · (σε γράμμα, επιστολή) to reply · (= αντιδρώ) to respond ♦ ρ μ (= αποκρίνομαι) to answer · (= συναντώ) to meet

απανω επίρρ = **επάνω**

απαραβίαστ|ος επίθ (κλειδαριά) not tampered with · (πόρτα) not broken into · (χρηματοκιβώτιο) impregnable · (κανόνας)

inviolable · (δικαίωμα)
inalienable · (όρος) strict · (τόπος)
inviolate
απαράδεκτ|ος επίθ (συμπεριφορά, στάση) unacceptable · (κατάσταση) intolerable · (τρόπος) objectionable · (φαγητό, κουζίνα) abysmal
απαραίτητ|ος επίθ (εφόδιο, προϋπόθεση) essential · (χρόνος) necessary
απαρατήρητ|ος επίθ unnoticed
απαρν|ούμαι, απαρνιέμαι ρ απ (θρησκεία) to renounce · (ιδέες) to reject · (παιδιά, γονείς) to abandon · (χαμέρα) to give up · (πλούτη) to renounce
απασχολημέν|ος επίθ busy
απασχόληση η (= εργασία) occupation · (κατ.: = ασχολία) pastime
απασχολ|ώ ρ μ (= παρέχω εργασία) to employ · (= προβληματίζω) to concern · (= αποσπώ την προσοχή) to distract · (= γεμίζω τον χρόνο) to occupy
▸ **απασχολούμαι** μεσ to work
απατεών|ας ο crook
απατεών|ισσα η βλ. **απατεώνας**
απάτη η (= καρτερισμός) deception · (= απατεώνας) crook · (= ψέμα) lie
απατ|ώ ρ μ (= κάνω απάτη) to cheat · (προσδοκίη) to let down · (σύζυγο) to deceive
άπαχ|ος επίθ (γάλα) fat-free · (τυρί) low-fat · (κρέας) not fatty
απείθαρχος, -η, -ο (στρατιώτης) insubordinate · (μαθητής) unruly
απεικονίζω ρ μ (= αποδίδω) to depict · (= περιγράφω) to portray
απεικόνιση η (= αναπαράσταση) portrayal · (= περιγραφή) description
απειλή η threat
απειλητικ|ός επίθ threatening
απειλ|ώ ρ μ to threaten

▸ **απειλούμαι** μεσ **-ούμαι με εξαφάνιση** to be threatened with extinction
απείραχτ|ος επίθ (= που δεν τον έχουν ενοχλήσει) not bothered · (= άθικτος) untouched
απειρία η inexperience
άπειρ|ο το infinity
άπειρ|ος επίθ inexperienced
απέλαση η expulsion
απελαύν|ω ρ μ (αορ **απέλασα**, αορ παθ **απελάθηκα**) to expel
απελευθερών|ω ρ μ (σκλάβο, δούλο) to set free · (λαό) to set free · (= ενέργεια) to release · (μτφ.) to deregulate · (ψυχή) to release
απελευθέρωση η liberation
απελπίζ|ω ρ μ to discourage
▸ **απελπίζομαι** μεσ to despair
απελπισία η despair
απελπισμέν|ος desperate
απέναντ|ος επίθ broke
απεργία η strike · **~ πείνας** hunger strike · **κάνω ~** to be on strike
απεργ|ός ο/η striker
απεργ|ώ ρ αμ to strike
απεριόριστ|ος (εξουσία, φιλοδοξία) limitless · (εμπιστοσύνη) unconditional
απεριποίητ|ος (για πρόσ.) unkempt · (κήπος) neglected · (σπίτι) untidy
απερίσκεπτ|ος (απόφαση) rash · (ενέργεια) thoughtless · (κίνηση) thoughtless · (για πρόσ.: = επιπόλαιος) foolhardy
απερισκεψία η rashness
απεσταλμέν|ος επίθ **-ο μήνυμα** sent message
▸ **απεσταλμέν|ος** ο, **απεσταλμένη** η (χώρας, Ο.Η.Ε.) envoy · (καναλιού, εφημερίδας) correspondent
απευθείας επίρρ (= άμεσα) directly · (= αμέσως) immediately
απευθύν|ω ρ μ to deliver

▸ **απευθύνομαι** μεσ **~ομαι σε** (προφορικά) to address · (εγγράφως) to write to · (καλοσύνη, ευαισθησία) to appeal to · (σε υπηρεσία) to apply to

απέχ|ω ρ αμ (= βρίσκομαι μακριά) to be far · **~ από** (συνάντηση) to be absent from · (ψηφοφορία) to abstain from · (προπονήσεις) not to take part in · (= διαφέρω) to be far-removed from

απήχηση η (= αποδοχή) reception · (= αντίκτυπος) effect

άπιαστ|ος επίθ (= απραγματοποίητος) unfulfilled · (= αξεπέραστος) unbeatable

απίδ|ι το pear

απίθαν|ος επίθ (= εκπληκτικός) amazing · (= μη πιθανός) incredible

απίστευτ|ος επίθ incredible

απιστί|α η infidelity

άπιστ|ος επίθ (= άθρησκος) unbelieving · (σύζυγος) unfaithful ◆ ουσ (ΘΡΗΣΚ) unbeliever · (μειωτ.) infidel

απλά επίρρ simply

απλήρωτ|ος επίθ (λογαριασμός, υπάλληλος) unpaid · (σκεύος, μηχάνημα) not paid for

απληστία η (= υπερβολική επιθυμία) ardent desire · (= πλεονεξία) greed

άπληστ|ος επίθ (= αχόρταγος) insatiable · (= πλεονέκτης) greedy

απλοϊκ|ός επίθ simple

απλοποι|ώ ρ μ to simplify

απλ|ός επίθ (= μη πολύπλοκος) simple · (γνωριμία, ματιά) just · (για πρόσ.: = προσιτός) unaffected (πολίτης, άνθρωπος) ordinary · (= απλοϊκός: άνθρωπος, χαρακτήρας) naive

απλότητ|α η simplicity

άπλυτ|ος επίθ unwashed ▸ **άπλυτα** τα dirty linen

άπλυ|μα το (ρούχων, χαλιών)

hanging out · (χεριών) holding out · (ποδιών) putting out · (= ξεδίπλωμα: κουβέρτας, σεντονιού) spreading (out) · (αφρώστιας, ελονοσίας) spread · (αντιλήψεων, ιδεών) spreading

απλών|ω ρ μ (ρούχα) to hang out · (καπνό, αμύγδαλα) to put out · (= ξεδίπλωμα: κουβέρτας, τραπεζομάντηλο) to spread (out) · (χέρι) to hold out · (πόδι) to put out · (φτερά) to spread · (βούτυρο, μαρμελάδα) to spread · (χρώμα, βαφή) to apply ◆ ρ αμ to spread

▸ **απλώνομαι** μεσ (= εκτείνομαι: πεδιάδα, λουλούδια) to spread · (= επεκτείνομαι: σκοτάδι, ομίχλη) to spread · (επιχείρηση) to expand · (έρευνα) to widen · (παρέα, κόμμα, πλήθος) to grow · (στρατός, πλήθος) to spread out · (= επεκτείνομαι υπερβολικά: ομιλητής) to ramble on

απλώς επίρρ just

ΛΕΞΗ-ΚΛΕΙΔΙ

από, απ', αφ' προθ (α) (για αφετηρία, σημείο υπολογισμού) from

(β) (για διέλευση ή το δια μέσου) via

(γ) (για μέρος συνόλου) of

(δ) (για χρόνο) from

(ε) (σε συγκρίσεις με θετικό βαθμό) to, than

(στ) (ποιητικό αίτιο) by

(ζ) (για ύλη ή περιεχόμενο) made of

(η) +αριθ out of

(θ) (για τρόπο ή μέσο) from

(ι) (για απαλλαγή) from

(ια) (για αφαίρεση) minus

αποβάθρ|α η dock

αποβαίν|ω ρ μ to prove

αποβάλλ|ω ρ μ (μάθευμα) to reject · (φαγητό) to bring up · (θερμότητα) to give off · (μτφ.)

ιδέα, σκέψεις) to dismiss · (για την κοινωνία) to reject · (μαθητή, φοιτητή) to expel · (παίκτη, ποδοσφαιριστή) to send off ♦ ρ αμ to miscarry

απόβαση η landing · **κάνω ~** to land

αποβιβάζω ρ μ (επιβάτη: από πλοίο) to put ashore · (από λεωφορείο) to drop off

► **αποβιβάζομαι** μεσ (από πλοίο) to disembark · (από λεωφορείο, τρένο) to get off · (στρ) to land

αποβίβαση η disembarkation

απόβλητα τα (εργοστασίου) waste · (υπονόμων, πόλης) sewage

αποβολή η (μοσχεύματος) rejection · (τροφής) bringing up · (μαθητή, φοιτητή) exclusion · (παίκτη, ποδοσφαιριστή) sending off · (για έγκυο) miscarriage

αποβουτυρωμένος επίθ skimmed

απόβρασμα το scum

απόγειο το peak

απογειώνω ρ μ to get into the air

► **απογειώνομαι** μεσ (αεροπλάνο) to take off · (μτφ.: κίνημα) to take off · (τιμές) to go through the roof · (πληθωρισμός) to soar

απογείωση η takeoff

απόγε|μα το (προφ.) = **απόγευμα**

απόγευ|μα το afternoon

απογευματιν|ός επίθ (εργασία) afternoon · (εφημερίδα) evening

► **απογευματινή** η matinée

απόγνωση η despair

απογοητευμέν|ος επίθ disappointed · **~ από** disappointed with ή in

απογοήτευση η disappointment

απογοητευτικ|ός επίθ disappointing

απογοητεύω ρ μ to let down

► **απογοητεύομαι** μεσ (= αποκαρδιώνομαι) to be discouraged · (= διαψεύδονται οι

ελπίδες μου) to be disappointed

απόγον|ος ο descendant

αποδεδειγμέν|ος επίθ proven

αποδεικνύω ρ μ (θεωρία, θάνατο) to prove · (αλήθεια) to demonstrate

► **αποδεικνύομαι** μεσ to be proven to be

αποδεικτικ|ό το proof

απόδειξη η (= πειστήριο) evidence · (αγοράς, πώλησης) receipt

αποδείχνω ρ μ = **αποδεικνύω**

αποδέκτης ο recipient

αποδεκτ|ός επίθ (= που γίνεται δεκτός) accepted · (= που θεωρείται ορθός) acceptable

αποδέκτρια η βλ. **αποδέκτης**

αποδέχομαι ρ μ αμ to accept

αποδημητικός επίθ migrant

αποδίδω ρ μ (= καταλογίζω: αίτημα, επιτυχία) to attribute · (έργο) to ascribe · (τιμή) to pay · (δικαιοσύνη) to administer · (φόρο) to pay · (οφειλόμενο) to pay (off) · (= μεταφράζω: κείμενο) to render · (= αποφέρω κέρδος: επιχείρηση, δουλειά) to yield · (καρπό, αποτέλεσμα) to produce ♦ ρ αμ (= παράγω έργο) to perform well · (= έχω αποτέλεσμα) to pay off

αποδιοπομπαί|ος, -α, -ο · ~ τράγος scapegoat

αποδοκιμάζω ρ μ to disapprove of

αποδοκιμασία η disapproval

απόδοση η (χρέους, φόρου) reimbursement · (ευθύνης) attribution · (= παραγωγή: για άνθρωπο, επιχείρηση) output · (ομάδας, αθλητή) performance · (= μετάφραση) translation · (= ερμηνεία: τραγουδιού, κομματιού) rendition · (ηθοποιού) performance

αποδοτικ|ός επίθ (εργασία)

productive · (επένδυση)
profitable · (υπάλληλος) efficient
αποδοχ|ή η acceptance
▸ **αποδοχές** πλ pay εν.
απόδρασ|η η escape
αποδυναμών|ω ρ μ to weaken ·
(προσπάθεια, θέση) to undermine
αποδυτήρια τα changing room
αποζημιών|ω ρ μ to compensate
for
αποζημίωσ|η η (επανόρθωση
ζημιάς) compensation · (= υλική ή
ηθική αμοιβή) reward
αποθαρρύν|ω ρ μ to discourage
απόθε|μα το stock
▸ **αποθέματα** πλ (πετρελαίου,
ενέργειας) reserves · (τροφίμων)
supplies
αποθηκεύ|ω ρ μ to store
αποθήκη η storeroom
αποικία η colony
άποικ|ος ο/η settler
αποκαθιστ|ώ ρ μ (βλάβη) to
repair · (κυκλοφορία) to restore to
normal · (τάξη, τιμή) to establish ·
(= εξασφαλίζω οικονομικά) to
provide for
αποκαλυπτικ|ός επίθ revealing
αποκαλύπτ|ω ρ μ (αλήθεια,
μυστικό) to reveal · (απάτη,
σκευωρία) to expose
αποκάλυψ|η η (= φανέρωμα:
αλήθειας, στοιχείων) revelation ·
(= ξεσκέπασμα) exposure
αποκαλ|ώ ρ μ to call
αποκατάστασ|η η (= πλήρης
επανόρθωση: βλάβης, ζημιάς)
compensation · (υγείας)
restoration · (= επαναφορά σε
προηγούμενη κατάσταση: δικτύου,
ρεύματος) restoration · (= επαναφορά:
δημοκρατίας, συμμαχίας) restoration ·
(= εξασφάλιση: δημοκρατίας,
συμμαχίας) restoration ·
establishment · (για γάμο) settling
down · (προσφύγων, πληγέντων)
reparation

αποκεφαλίζ|ω ρ μ (= κόβω το
κεφάλι) to behead · (μτφ.) to
abolish
αποκλεισμέν|ος επίθ cut off
αποκλεισμ|ός ο exclusion ·
(αθλητή, ομάδας) disqualification
αποκλειστικ|ός sole
αποκλεί|ω ρ μ (δρόμο) to block
off · (περιοχή) to seal (off) ·
(= εμποδίζω την επικοινωνία:
άνθρωπο, νησί) to cut off · (ΑΘΛ:
ομάδα) to eliminate
▸ **αποκλείεται** απρόσ it's out of the
question
απόκομ|μα το cutting
αποκορύφω|μα το (θριάμβου,
ευτυχίας) height · (αγώνα) climax ·
(προσπάθειας) culmination
αποκορυφών|ω ρ μ to rouse to a
high pitch
▸ **αποκορυφώνομαι** μεσ to reach a
peak
αποκορύφωσ|η η βλ.
αποκορύφωμα
απόκρημν|ος επίθ steep
Αποκριά η carnival
αποκριάτικ|ος επίθ carnival
Απόκριες οι = **Αποκριά**
απόκρουσ|η η (= απώθηση
επιτιθέμενου: στρατού, εχθρού)
repulse · (μτφ.: επιχειρήματος,
κατηγορίας) rebuttal (επίσ.) ·
(= ανασκευή, αναίρεση:
κατηγορίας, αγωγής) dismissal ·
(ένστασης, αγωγής) overruling ·
(σουτ, μπάλας) save
αποκρουστικ|ός repulsive
αποκρού|ω ρ μ (στρατό, εχθρό) to
repulse · (μτφ.: επιχείρημα,
ισχυρισμό) to reject · (κατηγορίες)
to refute · (ΑΘΛ) to block
αποκρύβ|ω ρ μ = **αποκρύπτω**
αποκρύπτ|ω ρ μ to hide · (έσοδα,
χρήματα) not to declare ·
(πληροφορίες) to withhold
απόκτη|μα το acquisition
απόκτησ|η η (αγαθών,

αυτοκινήτου) acquisition

αποκτ|ώ ρ μ (αορ **απόκτ|ησα**)
(περιουσία, αυτοκίνητο) to
acquire · (γνώσεις, πείρα) to
acquire · (εξουσία) to gain · (φίλο)
to make · (αντίπαλο, εχθρό) to
make (oneself) · (συνεργάτη) to
gain · (παιδιά) to have

απολαβ|ές οι salary εν.

απολαμβάν|ω ρ μ to enjoy

▶ **απόλαυση** η enjoyment

▶ **απολαύσεις** πλ sensual pleasure

απολαυστικ|ός enjoyable

απολογί|α η defence (Βρετ.),
defense (Αμερ.)

απολογ|ούμαι ρ αμ απ
(κατηγορούμενος) to defend
oneself · (= δικαιολογούμαι) to
justify oneself

απολύμανση η disinfecting

απολυμαντικ|ό το disinfectant

απόλυση η (μισθωτού, υπαλλήλου)
dismissal · (κρατουμένου) release ·
(στρατευσίμων) discharge

απόλυτα επίρρ completely

απολυτήρι|ο (το λυκείου,
γυμνασίου) school certificate ·
(στρατού) discharge papers πληθ. ·
(φυλακής) release papers πληθ.

απόλυτ|ος επίθ (ελευθερία,
ανεξαρτησία) complete · (ερημιά,
σκοτάδι) complete · (εξουσία,
κυβέρνηση) full · (τάξη) perfect ·
(κυρίαρχος, κυβερνήτης) absolute ·
(= αμετάκλητος: θέση)
uncompromising · **είμαι ∼ σε κτ**
to be inflexible in sth · **έχω ∼η
ανάγκη από κπν/κτ** to need sb/
sth desperately · **έχω ∼ο δίκιο** to
be quite ή absolutely right

απολύτως επίρρ = **απόλυτα**

απολύ|ω ρ μ (υπάλληλο, μισθωτό)
to dismiss · (κρατούμενο,
φυλακισμένο) to release ·
(στρατιώτη) to discharge ♦ ρ αμ to
be over ή at an end

απομάκρυνσ|η η (= ξεμάκρεμα:

ανθρώπου, πλοίου) departure ·
(= μεταφορά: νερού, σκουπιδιών)
removal · (για πρόσ.: = εκτοπισμός)
removal

απομακρύν|ω ρ μ (= διώχνω) to
move away · (= εκτοπίζω) to
remove

▶ **απομακρύνομαι** μεσ
(= ξεμακραίνω) to move away ·
(= αποκόπτομαι) to become
estranged · (= ξεφεύγω: από
δεδομένες αρχές) to move away ·
(από το θέμα) to stray

απομεινάρ|ι το (= υπόλοιπο:
φαγητού) leftovers πληθ. ·
(ειδωλίου, τάφου) remains πληθ. ·
(παράδοσης, τέχνης) vestige

απομέν|ω ρ μ **∼ει να κτ** to be left · **∼ει να
κάνω κτ** it remains for one to do
sth · **δεν ∼ει (άλλο τίποτα) παρά
να** all that one can do now is to

απομίμηση η imitation

απομονωμέν|ος επίθ (= αυτός που
βρίσκεται μακριά από άλλους)
isolated · (μτφ.: άνθρωπος, φυλή)
withdrawn

απομονών|ω ρ μ (γεγονός,
δεδομένο) to isolate · (= χωρίζω) to
separate · (κατοίκους, περιοχή) to
cut off

▶ **απομονώνομαι** μεσ (για πρόσ.) to
withdraw (από from) · (χώρα) to
isolate itself

απομόνωση η (για πρόσ., χώρα)
isolation · (λιμανιού, χώρας)
cutting off · (ως τιμωρία) solitary
confinement · (= ειδικός χώρος
φυλακής) solitary confinement
cell

απονέμ|ω ρ μ (τίτλο, βραβείο) to
award · (δικαιοσύνη) to
administer · (τιμές) to give

απονομ|ή η (βραβείου) giving ·
(δικαιοσύνης) administration ·
(χάριτος) bestowal (επίσ.) · (τίτλου,
πτυχίου) awarding · (= η τελετή)
award ceremony

άπον|ος επίθ (άνθρωπος)

heartless · (ζωή, τύχη) cruel
αποξένωσ|η η (ανθρώπου)
estrangement · (χώρας) isolation ·
(= αλλοτρίωση) alienation
αποξηραίνω ρ μ (αορ
αποξήρανα|α, αορ παθ
αποξηράνθηκα, μτχ
αποξηραμέν|ος) (έκταση, βάλτο)
to drain · (λουλούδια, καρπούς) to
dry
αποξηραμέν|ος επίθ (φυτό,
λουλούδι) dried · (βάλτος, λίμνη)
drained
απόπειρ|α η attempt ·
~ **αυτοκτονίας** suicide attempt
αποπειρώμαι ρ μ απ to attempt
αποπεράτωσ|η η (επίσ.)
completion
αποπλάνησ|η η seduction
αποπλαν|ώ ρ μ to seduce
αποπλέ|ω ρ μ to sail
απόπλ|ους ο (αιτ εν **απόπλ|ου(ν)**)
sailing
αποπνικτικ|ός επίθ (καπνός)
suffocating · (μυρουδιά)
overwhelming · (ατμόσφαιρα)
stifling
αποπρημέν|ος επίθ confused
απορί|α η (= ερώτηση) question ·
(= έκπληξη που συνοδεύεται απ
αμφιβολία) bewilderment · **λύνω**
~ to answer a question
άπορ|ος επίθ destitute ♦ ο pauper
απόρρητ|ος επίθ confidential
♦ το confidentiality ·
επαγγελματικό ~ professional
confidentiality η secrecy
απόρριμμα|τα τα refuse χωρίς
πληθ.
απορρίπτ|ω ρ μ (αορ **απέρριψ|α)**
(φοιτητή, μαθητή) to fail ·
(πρόταση, αίτηση) to reject ·
(πρόληψη, ιδέα) to reject
απόρριψ|η η (σκουπιδιών) tipping ·
(σχεδίου, πρότασης) rejection ·
(εφέσεως) rejection · (ένστασης)
overruling · (φοιτητή, υποψηφίου)

failing
απορροφημέν|ος μτχ είμαι ~ **με**
κτ to be absorbed in sth
απορροφ|ώ ρ μ (σφουγγάρι:
υγρασία, νερό) to soak up · (μτφ.:
ενεργητικότητα, ενέργεια) to take
up
► **απορροφώμαι** μεσ to become
absorbed η engrossed
απορρυπαντικ|ό το detergent
απορ|ώ ρ αμ to be surprised
απόσβεσ|η η (χρέους, δανείου)
amortization · (ΟΙΚ: κεφαλαίου)
depreciation
αποσκευ|ές οι luggage χωρίς
πληθ. (κυρ. Βρετ.), baggage χωρίς
πληθ. (κυρ. Αμερ.)
αποσμητικ|ό το (σώματος)
deodorant · (χώρου) air freshener
απόσπασ|μα το (κειμένου,
μουσικού κομματιού) extract ·
(πυροβολικού, στρατού)
detachment
αποσπ|ώ ρ μ (= αποκολλώ) to
detach · (υπάλληλο) to second
(κυρ. Βρετ.), to put on temporary
assignment (Αμερ.) · (χρήματα) to
extort · (πληροφορίες, αλήθεια) to
extract · (προσοχή, σκέψη) to
distract · (βραβείο) to get ·
(θαυμασμό) to get · (εμπιστοσύνη)
to gain
► **αποσπώμαι** μεσ ~**μαι από κτ** to
be distracted from sth
απόστασ|η η distance · (στον
χρόνο) interval · (μτφ.: = διαφορά)
gap · **από** ~ from a distance ·
~ **ασφαλείας** a safe distance
αποστείρωσ|η η (γάλακτος)
pasteurization · (σκεύους)
sterilization
αποστολ|έας ο sender
αποστολ|ή η (επίσ.: εμπορεύματος,
γραμμάτων) dispatch ·
(= σημαντικό έργο για εκτέλεση)
mission · (= αυτοί που συμμετέχουν
σε σημαντικό έργο) mission

αποστρατεύω (= *προορισμός, σκοπός*) mission · (= *αντιπροσωπεία*) delegation

αποστρατεύω ρ μ (*αξιωματικό*) to discharge (*στρατιώτη*) to demobilize

▸ **αποστρατεύομαι** *μεσ* (*αξιωματικό*) to be discharged · (*στρατιώτη*) to be demobilized

αποστρέφω ρ μ (*πρόσωπο*) to turn away · (*βλέμμα, ματιά*) to avert

αποστροφ|ή η loathing

αποσύνθεσ|η η (*πτώματος, ύλης*) decomposition · (*κοινωνίας, συζυγικών σχέσεων*) breakdown · (*κράτους, στρατού*) disintegration

απόσυρσ|η η withdrawal

αποσύρ|ω ρ μ (*διάταγμα, νόμο*) to repeal · (*δήλωση*) to retract · (*χρήματα, χαρτονόμισμα*) to withdraw · (*αυτοκίνητο*) to withdraw (from circulation) · (*βιβλίο*) to withdraw

▸ **αποσύρομαι** *μεσ* (= *φεύγω από την ενεργό δράση*) to retire · (= *αποχωρώ*) to withdraw

αποταμίευσ|η η saving

▸ **αποταμιεύσεις** *πλ* savings

αποταμιεύ|ω ρ μ (*χρήματα*) to save · (*μτφ.*) to save up

αποτελειών|ω ρ μ (= *ολοκληρώνω*) to finish · (= *δίνω το τελευταίο κτύπημα*) to finish off

αποτέλεσ|μα το result ·
(= *συνέπεια*) consequence · **ως ή σαν** ~ as a result · **χωρίς** ~ without result · **με ~ να...** with the result that... · **το αντίθετο** ~ the opposite effect · **τελικό** ~ end result

▸ **αποτελέσματα** *πλ* results

αποτελεσματικ|ός επίθ effective

αποτελεσματικότητ|α η effectiveness

αποτελ|ώ ρ μ (= *είμαι*) to be · (= *απαρτίζω*) to make up

απότομ|ος (= *απόκρημνος*) steep ·

(= *ξαφνικός, αναπάντεχος*) abrupt · (= *βίαιος, προσβλητικός*) abrupt · (= *οργητικός*) raging

αποτοξίνωσ|η η detoxification · **κάνω** ~ to go through detoxification ή detox (*ανεπ.*)

αποτράβ|ιξα|ι ρ αμ to withdraw

αποτρέπ|ω ρ μ (*αορ* **απέτρεψα**, *αορ παθ* **αποτράπηκα**)
(= *εμποδίζω: κίνδυνο, κακό*) to avert · (*τραγωδία*) to prevent

αποτρίχωσ|η η shaving

αποτρόπαι|ος, -α, -ο (*έγκλημα*) heinous · (*θέαμα, όψη*) hideous

αποτσίγαρ|ο το (cigarette/cigar) butt ή stub

αποτυγχάν|ω ρ αμ (*αορ* **απέτυχ|α**) to fail

αποτύπω|μα το (*ποδιού*) print · (*μτφ.*) imprint

αποτυπών|ω ρ μ to impress

▸ **αποτυπώνομαι** *μεσ* ~**εται στο μυαλό μου** to be imprinted upon one's mind

αποτυχαίν|ω = **αποτυγχάνω**

αποτυχημέν|ος επίθ failed

αποτυχία η (*πειράματος, προσπάθειας*) failure · (*υποψηφίου, κόμματος*) defeat · (*συνομιλιών*) breakdown

απούλητ|ος επίθ unsold

απούσα η βλ. **απών**

απουσία η absence

απουσιάζ|ω ρ αμ to be absent

απόφαγ|ια τα scraps

απόφασ|η η (*γενικότ.*) decision · (*δικαστών*) ruling · (*ενόρκων*) verdict · **παίρνω (την) ~ να κάνω κτ** to decide to do sth

αποφασίζ|ω ρ μ to decide ◆ ρ αμ to make a decision · (*ένορκοι*) to reach a verdict · (*δικαστήριο*) to reach a decision ή judg(e)ment · **το αποφάσισα** I've made up my mind

αποφασισμέν|ος μτχ determined · **είμαι ~ να κάνω κτ**

αποφασιστικός
to be determined ή resolved (επίο.) to do sth · **είμαι ~ για όλα** to stop at nothing

αποφασιστικ|ός επίθ (παράγοντας, ρόλος) decisive · (άνθρωπος) determined

αποφασιστικότητα η determination

αποφέρ|ω ρ μ (αορ **απέφερα**) (κέρδη) to yield · (έσοδα) to bring in · (αποτελέσματα) to produce

αποφεύγ|ω ρ μ (αορ **απέφυγα**, αορ παθ **αποφεύχθηκα**) to avoid

αποφοίτηση η graduation

απόφοιτ|ος ο/η (σχολείου) school-leaver (Βρετ.), graduate (Αμερ.) · (πανεπιστημίου, σχολής) graduate

αποφοιτ|ώ ρ αμ (μαθητής) to leave school · (φοιτητής, σπουδαστής) to graduate

απόφραξη η (= βούλωμα: σωλήνα, αρτηρίας) blocking · (= ξεβούλωμα: βόθρων) unblocking

αποφυγή η avoidance

αποφυλακίζ|ω ρ μ to release

αποφυλάκιση η release

αποχαιρετισμός ο farewell

αποχέτευση η sanitation

αποχετευτικ|ός επίθ drainage

αποχή η abstention, abstinence

απόχη η net

απόχρωση η (για χρώμα) shade · (μτφ.) tinge

απόχτημα το = **απόκτημα**

αποχτ|ώ ρ μ = **αποκτώ**

αποχώρηση η (στρατευμάτων) withdrawal · (βουλευτού, πολιτικού) resignation

αποχωρητήρι|ο το toilet

αποχωρίζ|ω ρ μ to separate · **αποχωρίζομαι** μεσ ο to leave

αποχωρισμός ο parting

αποχωρ|ώ ρ αμ to leave · (στράτευμα) to withdraw · (διαδηλωτές) to disperse · (μτφ.) to retire

απόψε επίρρ (= σήμερα το βράδυ) tonight · (= το προηγούμενο βράδυ) last night

άποψ|η η (= γνώμη) view · (= θέα από απόσταση) view

αποψινός επίθ tonight's

άπρακτ|ος επίθ inactive

απραξ|ία η (= αδράνεια, αργία) inactivity · (εμπ.) slump

απρέπεια η improper behaviour (Βρετ.) ή behavior (Αμερ.)

απρεπ|ής επίθ improper

Απρίλης ο = **Απρίλιος**

Απρίλιος ο April

απρόβλεπτ|ος επίθ unexpected

απροειδοποίητα επίρρ without warning

απροειδοποίητ|ος επίθ unannounced

απροετοίμαστ|ος επίθ unprepared

απροθυμία η reluctance

απρόθυμ|ος επίθ reluctant

απρόοπτο το the unexpected ή unforeseen

απρόοπτ|ος επίθ unexpected

απροσδόκητα επίρρ unexpectedly

απροσδόκητ|ος επίθ (επίσκεψη, εξέλιξη) unexpected · (θάνατος) sudden

απρόσεκτ|ος επίθ, **απρόσεχτος** careless

απροσεξία η carelessness

απρόσιτ|ος επίθ (= απλησίαστος) unapproachable · (τιμές) prohibitive · (μέρος) inaccessible

απρόσεχτ|ος επίθ careless

απροσποίητ|ος επίθ (χαρά) unaffected · (ευγένεια) genuine · (ενδιαφέρον) genuine

απροστάτευτ|ος επίθ (χήρα) helpless · (σύνορα) unprotected

απρόσωπ|ος επίθ (= χωρίς πρόσωπο) faceless · (μτφ.) impersonal · (ρήματα, εκφράσεις) impersonal

απροχώρητ|ος επίθ **φτάνω στο ~ο** to reach its limits

άπταιστ|ος επίθ fluent

απτόητ|ος επίθ undaunted

άπω επίρρ **η ~ Ανατολή** the Far East

απωθημέν|α τα inhibitions · **βγάζω τα ~ μου** to get rid of one's inhibitions

απωθητικ|ός επίθ objectionable

απωθ|ώ ρ μ (= σπρώχνω) to push away · (μτφ.) to repel · (= αποκρούω) to push ή drive back

απώλει|α η loss ▸ **απώλειες** πλ losses · **υφίσταμαι ~ες** to suffer losses

απ|ών, -ούσα, -όν absent · **είμαι ~** to be absent

άρα επίρρ βλ. **άραγε**

Άραβ|ας ο Arab

Αραβί|α η Arabia

αραβικ|ός επίθ (γλώσσα) Arabic · (έθιμα, πολιτική) Arab

αραβόσιτ|ος ο (επίσ.) maize

άραγε επίρρ I wonder

αραγμέν|ος επίθ (πλοίο) anchored · (= βολεμένος: προφ.: για πρόκ.) taking it easy

αράζ|ω ρ μ (αυτοκίνητο, μηχανάκι) to park · (τσιγάρο) to moor · (αργκ.: πλοίο) to anchor · (αργκ.: = ξενοιάζομαι, βολεύομαι) to relax

αραιά επίρρ far apart

αραι|ός επίθ (υγρό, διάλυμα) diluted · (μτφ.) infrequent · (βλάστηση) sparse · (νεφώσεις) broken

αραιών|ω ρ μ to dilute · (επαφές) to cut down · (τσιγάρο) to cut down on ◆ ρ αμ (επισκέψεις) to become rarer ή less frequent · (διαβάτες) to thin out · (μαλλιά) to become thin ή sparse

αρακ|άς ο (fresh) peas πληθ.

αραποσίτ|ι το sweet corn

αράχν|η η (έντομο) spider · (= ιστός) cobweb

αραχνούφαντ|ος επίθ (ύφασμα) fine-spun · (πέπλος, νυχτικό) flimsy · (μτφ.) flimsy

αργά επίρρ (κοιμάμαι, σηκώνομαι) late · (πίνω, περπατώ) slowly · **~ ή γρήγορα** sooner or later · **~ ~** very late · **ποτέ δεν είναι ~** it's never too late · **κάλλιο ~ παρά ποτέ** better late than never

αργαλει|ός ο loom

Αργεντιν|ή η Argentina

αργί|α η holiday · (εθνικής επετείου) public holiday · (της Κυριακής) day off

αργκό η slang

αργοκίνητ|ος επίθ (τρένο, όχημα) slow-moving · (υπάλληλος, άνθρωπος) slow · **~ο καράβι** slowcoach (Βρετ.) (ανεπ.), slowpoke (Αμερ.) (ανεπ.)

αργοπορί|α η delay

αργοπορ|ώ ρ αμ to delay

αργ|ός επίθ (βήμα) slow · (= νωθρός) slack · (πλοίο, καράβι) slow-moving · (= αργόσχολος) idle

αργοσβήν|ω ρ αμ (κερί) to slowly go out · (λάμπα, άστρο) to fade away · (μτφ.) to slowly die

αργότερα επίρρ later

αργυρ|ός επίθ silver ▷ **~οί γάμοι** silver wedding

αργ|ώ ρ μ to hold up ◆ ρ αμ (= έρχομαι αργά) to be late · (= καθυστερώ) to be late · (μαγαζί, υπηρεσία) to be closed

Άρειος Πάγος ο (ΑΡΧ ΙΣΤ) Areopagus, hill in ancient Athens where the highest judicial court held its sittings · (= ανώτατο δικαστήριο) ≈ Supreme Court of Judicature (Βρετ.), ≈ Supreme Court (Αμερ.)

αρέν|α η arena

αρέσκει|α η (αιτ εν **αρέσκει|α**, γεν εν **αρέσκει|ας**) liking (για for) · **της αρεσκείας μου** to sb's liking

αρεστ|ός επίθ (κατάσταση) pleasant · (βιβλία, ιδέες) nice · (υπάλληλος, συνεργάτης) pleasant

αρέσ|ω ρ αμ (πρτ/αορ **άρεσα**) · **είτε μ' ~ει είτε όχι, μου ~ει δε μου ~ει** whether I/you/we like it or not · **αν σ' ~ει** like it or lump it! (ανεπ.) · **όπως σου/σας ~ει!** please yourself! · **θα κάνω ό, τι μ' ~ει!** I'll do as I please!

▸ **αρέσει** τριτοπρόσ to like

αρετ|ή η virtue

αρθρίτιδ|α η (γεν εν **αρθρίτιδ|ος**) arthritis εν.

αρθριτικ|ά τα (προφ.) arthritis εν.

άρθρ|ο το article ▷**κύριο ~** lead story (Βρετ.), leading article (Αμερ.)

αρίθμησ|η η counting · (σελίδων) numbering · (σελίδων, νόμων) numbering

αριθμητικ|ή η arithmetic

αριθμομηχαν|ή η calculator

αριθμ|ός ο (γενικότ.) number · (εφημερίδας) edition · (τεύχους) number · (περιοδικού) issue · **αύξων ~** serial number ▷ **~ κυκλοφορίας** registration (Βρετ.) ή license (Αμερ.) number

αριθμ|ώ ρ μ (θέση, εισιτήρια) to number · (= μετρώ) to count · (= απαριθμώ: αίτια, κίνητρα) to enumerate

άριστα το A ♦ επίρρ very well

αριστερ|ά επίρρ left

αριστερ|ός επίθ (τροχός, καναπές) left-hand · (χέρι, μάτι) left ♦ ουσ (πολ) left-winger · (= αριστερόχειρας) left-hander · **από (τα) ~ά** from the left

αριστερόχειρ|ας ο/η (γεν πληθ **αριστερόχειρ|ων**), **αριστερόχειρ|ας** left-hander

αριστοκράτ|ης ο aristocrat

αριστοκρατί|α η aristocracy

αριστοκρατικ|ός επίθ (γενιά, καταγωγή) noble · (κύκλος, συνοικία) upper–class · (τάξη) upper · (μτφ.: άντρας, συμπεριφορά) gentlemanly · (γυναίκα, συμπεριφορά) gracious · (παρουσιαστικό, εμφάνιση) distinguished

άριστ|ος επίθ excellent · (γνώση) thorough · (υπάλληλος, ερευνητής) first-rate

αριστούργη|μα το masterpiece

αρκετά επίρρ enough · **~ πια!** enough is enough! · **~ καλά** reasonably ή quite well

αρκετ|ός επίθ enough · (ποσότητα) adequate · (άνθρωποι) several

αρκούδ|α η bear

αρκουδάκ|ι το bear cub, teddy (bear)

αρκ|ώ ρ αμ to be enough · **~εί!** that's enough!

άρμ|α το (= τανκ) tank (ΜΥΘΟΛ) chariot

άρμεγ|μα το milking

Αρμενί|α η Armenia

αρμενίζ|ω ρ αμ (= ταξιδεύω με πλοίο) to sail · (μτφ.: = περιπλανιέμαι) to wander (around ή about (Βρετ.))

αρμόδι|ος, -α, -ο (θηλ **αρμόδι|α**) in charge

▸ **αρμόδιοι** οι competent, competent ♦ ουσ πληθ the authorities

αρμοδιότητ|α η (= δικαιοδοσία: φορέα, δικαστηρίου) jurisdiction · (= ευθύνη, δικαίωμα) responsibility

αρμονί|α η harmony

αρμονικ|ός επίθ (σχήμα) symmetrical · (συνδυασμός, σύνολο) harmonious · (συνεργασία, συμβίωση) harmonious

αρμύρ|α η = **αλμύρα**

αρμυρός επίθ = **αλμυρός**

άρνησ|η η denial

αρνητικός επίθ negative

αρουραίος ο rat

άρπ|α η harp

αρπαγ|ή η (= κλοπή) theft · (= απαγωγή· για πρόσ.) abduction

αρπάζ|ω ρ μ (= αφαιρώ με τη βία) to snatch (away) · (= κλέβω) to steal · (= πιάνω κἁτι ή πτ ξαφνικά) to grab · (= προσβάλλομαι: συνάχι, αρρώστια) to catch ♦ ρ αμ to catch

▸ **αρπάζομαι** μεσ (= συμπλέκομαι) to come to blows · (= οργίζομαι) to lose one's temper

αρπακτικό το bird of prey

αρπακτικός επίθ predatory

αρραβών|ας ο engagement

αρραβωνιάζ|ω ρ μ to perform an engagement ceremony for

▸ **αρραβωνιάζομαι** μεσ to get engaged

αρραβωνιαστικι|ά η fiancée

αρραβωνιαστικό|ς ο fiancé

αρρενωπ|ός επίθ manly

αρρωσταίν|ω ρ αμ (αορ **αρρώστησ|α**) to become ή fall ill · (= μαραίνομαι) to wilt · (= στενοχωριέμαι) to get upset ♦ ρ μ to upset

αρρωστημέν|ος επίθ (φαντασία) morbid · (κατάσταση) unhealthy · (= υπερβολικός: αγάπη) obsessive

αρρώστι|α η, **αρρώστεια** illness

άρρωστ|ος επίθ sick

▸ **άρρωστος** ο, **άρρωστη** η sick ή ill person

αρσενικ|ός επίθ male

άρσ|η η (= κατάργηση: ασυλίας, μονιμότητας) lifting ▷ **~ βαρών** (ΑΘΛ) weightlifting

αρτηρί|α η artery ▷**οδική ~** arterial ή main road

άρτι|ος, -α, -ο (= πλήρης)

complete · (= τέλειος: έργο, παρουσίαση) perfect

αρτοποιεί|ο το bakery

αρτοποιός ο/η baker

αρτοπωλεί|ο το bakery

αρχαία τα (= μνημεία προχριστιανικών χρόνων) antiquities · (ΕΚΠΛ) ancient Greek lesson ή class

αρχαιοκαπηλί|α η illegal trade in antiques

αρχαιοκάπηλ|ος ο/η illegal trader in antiques

αρχαιολογί|α η arch(a)eology

αρχαιολογικός επίθ arch(a)eological ▷ **~ό μουσείο** arch(a)eological museum ▷ **~ χώρος** arch(a)eological site

αρχαιολόγ|ος ο/η arch(a)eologist

αρχαί|ος (χρόνοι, Έλληνες) ancient · (άγαλμα) antique

▸ **αρχαίοι** οι the ancients

αρχαιότητα η ancient times πληθ.

▸ **αρχαιότητες** πλ antiquities

αρχάρι|ος, -α, -ο inexperienced

αρχείο το archive

αρχ|ή η (= έναρξη: έργου, βιβλίου) beginning · (= αιτία) root · (= επιστημονικός νόμος) principle · (έτους, μήνα) beginning · (= εξουσία) authority · **άνθρωπος με ~ές** man of principle · **στην ~** in the beginning · **κάνω την ~** to set off

αρχηγ|ός ο/η (κόμματος, κράτους) leader · (αποστολής) leader · (ομάδας) captain

αρχιεπίσκοπ|ος ο archbishop

αρχίζ|ω ρ μ to start ♦ ρ αμ to start

αρχικά επίρρ initially, in the beginning

αρχικός επίθ initial · (κατάσταση) original

αρχιπέλαγ|ος το archipelago

αρχιτέκτον|ας ο architect

αρχιτεκτονικ|ή η architecture

αρχιφύλακ|ας ο (σε φυλακή) chief

warden · (στην αστυνομία) sergeant

αρχύτερα επίρρ **μια ώρα ~** as soon as possible

άρωμα το (λουλουδιού, μπαχαρικού) scent · (καλλυντικό) perfume · (κρασιού) bouquet · (τυριού, καφέ) aroma · **φοράω ~** to wear perfume

αρωματίζω ρ μ (ρούχα) to put up · spray perfume on · (δωμάτιο) to spray perfume in · (στόμα, αναπνοή) to sweeten · (φαγητό, γλυκό) to flavour (Βρετ.), to flavor (Αμερ.) · (τρόφιμα) to add flavouring (Βρετ.) · ή flavoring (Αμερ.) to

▶ **αρωματίζομαι** μεσ (= φορώ άρωμα) to wear perfume · (= βάζω άρωμα) to put perfume on

αρωματικός επίθ (καφές, βότανα) aromatic · (σαπούνι) scented

αρωματοπωλείο το perfume shop ή store (κυρ. Αμερ.)

ας μόρ (για προτροπή) let's · **+παρατ. ή υπερσ. should have** · (συγκατάβαση) let · **~ φύγουμε τώρα!** let's go now! · **~ πήγαινες νωρίτερα!** you should have gone earlier! · **~ έλθει κι αυτή!** let her come too!

ασαφής επίθ unclear

ασβέστιο το calcium

ασβός ο badger

ασέβεια η disrespect

ασέλγεια η lust

άσεμνος επίθ obscene

ασήκωτος επίθ (= πολύ βαρύς) heavy · (βάρος) dead · (φορτίο) overweight · (μτφ.: θλίψη, καημός) unbearable · (βάρος) heavy

ασήμαντος επίθ (λεπτομέρεια, υπόθεση) insignificant · (ποσό) trifling · (ζημιά) negligible · (άνθρωπος, υπάλληλος) unimportant

ασημένιος, -α, -ο silver · (σύννεφα, θάλασσα) silvery

ασημής, -ιά, -ί silvery

▶ **ασημί** το silver

ασήμι το silver

άσημος επίθ obscure

ασθένεια η illness

ασθενής επίθ (επία.: ήχος, αντίσταση) feeble · (βούληση) weak · (άνεμος) faint · (μνήμη, όραση) impaired · (χαρακτήρας) weak ◆ ουσ patient

ασθενοφόρο το ambulance

ασθενώ ρ αμ (επία.) to be ill ή sick (Αμερ.)

άσθμα το asthma

Ασία η Asia

Ασιάτης ο Asian

ασιατικός επίθ Asian

Ασιάτισσα η βλ. **Ασιάτης**

ασιτία η (επία.) starvation

ασκέπαστος επίθ uncovered

άσκημος επίθ = **άσχημος**

άσκηση η (= εκγύμναση σώματος) (physical) exercise · (= εξάσκηση) (μνήμης, απαγγελίας) practice (Βρετ.), practise (Αμερ.) · (= επιβολή: βίας, πίεσης) use

άσκοπος επίθ (= χωρίς σκοπό: περιπλάνηση) aimless · (δαπανή) pointless · (= μάταιος: κινήσεις, ενέργειες) pointless

ασκώ ρ μ (σώμα, μνήμη) to exercise · (αθλητές) to train · (μαθητές, στρατιώτες) to drill · (επάγγελμα, χόμπι) to practise (Βρετ.), to practice (Αμερ.) · (δραστηριότητα) to engage in · (έλεγχο) to carry out · (επίδραση, επιρροή) to exert · (γοητεία) to use · (βία) to use · (μέθοδο, σύστημα) to implement · **~ κριτική** to criticize

▶ **ασκούμαι** μεσ (= γυμνάζομαι) to exercise · (= εξασκούμαι) to practise (Βρετ.), to practice (Αμερ.)

ασορτί matching · **είμαι ή πηγαίνω ~ με κτ** to go with sth

άσ|ος ο (αριθμός) one · (στα χαρτιά) ace · (στα ζάρια) one · (μτφ.: ποδοσφαίρου) ace

ασπίδ|α η shield

ασπίλ|ος επίθ (= δίχως κηλίδα) spotless · (μτφ.: = αγνός) pure · (μτφ.: = καθαρός: υπόληψη, όνομα) spotless · (παρελθόν) blameless

ασπιρίν|η η aspirin

ασπλαχν|ος επίθ (= ανελέητος) cruel · (μητριά) wicked (ανεπ.)

ασπράδ|ι το (= λευκό στίγμα) white mark · (αβγού) (egg) white · (ματιού) white

ασπρίζ|ω ρ μ (επιδερμίδα) to whiten · (τοίχο, αυλή) to whitewash ◆ ρ αμ (μαλλιά, μουστάκι) to go ή turn white · (= ασπρίζουν τα μαλλιά μου: για πρόσ.) to go grey (Βρετ.) ή gray (Αμερ.) · (= ξάνω το φυσικό μου χρώμα: πρόσωπο) to go ή turn white · (= φαίνομαι άσπρος) to be white

άσπρ|ο το white

ασπροπρόσωπ|ος επίθ **βγαίνω ~** to come out on top · **βγάζω κπν ~ο** to do sb credit

άσπρ|ος επίθ white

άσσ|ος ο = **άσος**

αστάθεια η (βαδίσματος, βήματος) unsteadiness, fickleness · (θερμοκρασίας) variability · (οικονομίας, αγοράς) volatility

ασταθής επίθ (βήμα) unsteady · (υλικό) unstable · (τραπέζι) shaky · (μτφ.: χαρακτήρας) fickle · (βάση) shaky · (χώρα) unstable

αστακ|ός ο lobster

ασταμάτητα επίρρ continuously

ασταμάτητ|ος επίθ constant

άστατ|ος επίθ (βήμα) unsteady · (χαρακτήρας) fickle · (καιρός) changeable · (ύπνος) troubled · (άντρας) unfaithful

άστεγ|ος επίθ homeless ◆ ουσ homeless person

αστειεύ|ομαι ρ αμ απ to joke · **δεν ~** to mean business · **~ το be** joking ή kidding (ανεπ.) · **~εσαι;** you must be joking!

αστεί|ο το joke · **λέω ~ο** to tell jokes · **(λέω/κάνω κτ) για ~ ή στα ~α** (to say/do sth) as a joke ή for fun · **το ~ είναι ότι** the funny thing is that · **(δε) σηκώνω ~α, δεν καταλαβαίνω από ~α** he can't take a joke · **δεν είναι ~ αυτά!** it's no joke!

αστεί|ος (= διασκεδαστικός) amusing · (= γελοίος: καπέλο, γυαλιά) funny · (= ασήμαντος: κέρδος, δικαιολογία) paltry · (λόγος) trivial

αστέρ|ας ο star · **ξενοδοχείο/κονιάκ τεσσάρων ~ων** four-star hotel/brandy

αστέρ|ι το star

αστερισμ|ός ο (ΑΣΤΡΟΝ) constellation · (ζώδιο: του Κριού, του Σκορπιού) (star) sign

αστεροσκοπεί|ο το observatory

αστήρικτ|ος επίθ, **αστήριχτος** (συμπέρασμα) unjustified · (θεωρία, ισχυρισμός) unfounded · (κατηγορίες) groundless · (επιχείρημα) untenable · (τοίχος) unsupported

αστικ|ό το (city) bus

αστικ|ός, -ή, -ό urban · (ιδεολογία) bourgeois · (συνείδηση) civic ▷ **ή συγκοινωνία** public transport

αστοχία η (βολής, σκοπευτού) miss · (μτφ.) error

άστοχ|ος επίθ (βολή, σουτ) unsuccessful · (μτφ.: ερωτήσεις) that miss the point · (επτώσεις, κρίσεις) misplaced · (προβλέψεις) off the mark

αστοχώ ρ αμ (σκοπευτής) to miss (one's target) · (σφαίρα, βόμβα) to miss (its target) · (ποδοσφαιριστής, *παίχτης*) to miss

αστράγαλ|ος *ο* (*για πρόσ.*) ankle·
(*για ζώα*) hock

αστραπή *η* (*φυσικό φαινόμενο*)
flash of lightning· (*μτφ.*) flash
◆ *επίρρ* like greased lightning

αστραπιαία *επίρρ* in a flash

αστραπιαί|ος, -α, -ο (*ταχύτητα,*
επέμβαση) lightning· (*κίνηση*)
swift

αστράφτ|ω *ρ αμ* (*ουρανός*) to be
lit up· (*πολύτιμα πετράδια*) to
gleam· (*μτφ.*) to sparkle·
(*χαρακτήρας, ήθος*) to shine
through· **~ από χαρά** to be
radiant *η* glowing with joy
▸ **αστράφτει** *απρόσ* it's lightning

άστρο *το* star

αστρολογία *η* astrology

αστροναύτης *ο* astronaut

αστυνομ|ία *η* (= *αστυνομικοί*)
police *πληθ.·* (= *αστυνομικό σώμα*)
police force· (= *αστυνομικό τμήμα*)
police station· **καλώ την ~** to call
the police

αστυνομικίν|α *η* police officer

αστυνομικ|ός *ο/η* (*άνδρας*)
policeman, policewoman
◆ *επίθ* (*διεύθυνση,*
δυνάμεις) police· (*έργο, ταινία*)
detective

αστυνόμ|ος *ο/η* police captain

αστυφύλακ|ας *ο/η* (police)
constable (*Βρετ.*), patrolman
(*Αμερ.*)

ασυγκίνητ|ος *επίθ* unmoved

ασυγκράτητ|ος *επίθ*
uncontrollable· (*γέλια*) helpless·
(*ενθουσιασμός*) irrepressible

ασύγκριτ|ος *επίθ* (*ομορφιά, χάρες*)
unequalled (*Βρετ.*), unequaled
(*Αμερ.*)· (*ποιότητα*) outstanding·
(*επίτευγμα*) unparalleled

ασυλί|α *η* immunity

ασύλληπτ|ος *επίθ* (*δραπέτης,*
φονιάς) not caught· (*μτφ.:*
πραγματικότητα, γεγονός)

inconceivable· (*φόβος, αγωνία*)
unimaginable· (*τιμές*)
preposterous· (*μνήμη*) incredible

άσυλ|ο *το* (= *φιλανθρωπικό ίδρυμα
περίθαλψης*) home· (*μτφ.:* =
καταφύγιο) sanctuary· **ζητώ**
~ (*γενικότ.*) to seek sanctuary
▸**πολιτικό ~** political asylum

ασυμβίβαστ|ος *επίθ*
(= *αταίριαστος*) incompatible·
(= *αυτός που δε συμβιβάζεται*)
uncompromising

ασύμφορ|ος *επίθ* (*αγορά*)
uneconomical· (*επένδυση*)
unprofitable· (*επιχείρηση*)
unprofitable

ασυναγώνιστ|ος *επίθ* (*τιμές*)
unbeatable· (*ομορφιά, αισθητική*)
unrivalled (*Βρετ.*), unrivaled
(*Αμερ.*)

ασυναρτησί|α *η* incoherence·
(= *ακατανόητες φράσεις*) raving·
λέω ~ες to talk nonsense

ασυνάρτητ|ος *επίθ* incoherent

ασυνείδητο *το* unconscious

ασυνείδητ|ος *επίθ* (*κίνητρο,*
επιθυμία) unconscious·
(*άνθρωπος*) unprincipled

ασυνεπής *επίθ* inconsistent

ασυνήθης, -η, ασύνηθες (*ουδ*
ασύνηθες) (*επίσ.*) unusual

ασυνήθιστ|ος *επίθ* (= *ασυνήθης*)
unusual· (*πολυτέλεια, ομορφιά*)
uncommon· (= *ανεξοικείωτος*)
unaccustomed· **είμαι ~ σε κτ** to
be unaccustomed *η* unused to
sth

ασύρματ|ο *το* cordless phone

ασύρματ|ος *επίθ* (*επικοινωνία,*
συσκευή) wireless· (*τηλέφωνο*)
cordless
▸ **ασύρματος** *ο* radio

ασφάλει|α *η* (*γενικότ.*) safety·
(*ζωής, πυρός*) insurance· (= *η*
ασφαλιστική εταιρεία) insurance
company· (*σε πόρτα σπιτιού,*
αυτοκινήτου) safety catch· (*ΗΛΕΚ*)

fuse (*Βρετ.*), fuze (*Αμερ.*) • **παρέχω**
~ **to** offer security • **μέτρα**
σφαλείας safety measures *πληθ.*

▶ **Ασφάλεια** *η* = CID

ασφαλ|ής *επίθ* safe • (*θεμέλια*)
solid • (*πληροφορία, ένδειξη*)
reliable

ασφαλίζω *ρ μ* = (*προφυλάσσω από
ενδεχόμενο κίνδυνο*) to secure •
(*αυτοκίνητο*) to insure

ασφάλιση *η* insurance

ασφαλιστήρι|ο, -α, -ο insurance
policy

▶ **ασφαλιστήριο** *το* insurance
policy

ασφαλιστικ|ός *επίθ* (*εταιρεία,
οργανισμός*) insurance • (*μέτρα*)
safety

άσφαλτ|ος *η* (*γενικότ.*) asphalt •
(= *δρόμος*) asphalt road

ασφαλώς *επίρρ* certainly

ασφράγιστ|ος *επίθ* (*επιστολή,
γράμμα*) without a postmark •
(*δόντι*) unfilled

ασφυκτικ|ός *επίθ* suffocating

ασφυξία *η* suffocation

άσχετα *επίρρ* regardless (*από* of)

άσχετ|ος *επίθ* (*σύγγραμα, θέμα*)
irrelevant • (*για πρόσ.*)
incompetent • **είσαι** ~ (*μειωτ.*)
you're useless! • (*ανεπ.*) • **είναι** ~
it's irrelevant

άσχημα *επίρρ* badly • **νιώθω** ~ to
feel bad

ασχημαίν|ω *ρ μ* (*αορ* **ασχήμυνα**)
~ **κτ** to make sth look ugly ♦ *ρ
αμ* to grow ugly

άσχημ|ος *επίθ* (*για πρόσ.*) ugly •
(*ντύσιμο, χτένισμα*) not nice •
(*συμπεριφορά*) bad • (*λόγος*) nasty •
(*καιρός*) bad • (*ανάμνηση,
κατάσταση*) bad

ασχολία *η* occupation

ασχολ|ούμαι *ρ μ απ* ~ **με** to be
busy with • (= *επαγγέλομαι*) to be
in • (= *καταπιάνομαι*) to deal with

αταίριαστ|ος *επίθ* (*ζευγάρι*)

ill–suited • (*διαγωγή*)
inappropriate

ατάκ|α *η* line

ατακτοποίητ|ος *επίθ* (*δωμάτιο,
σπίτι*) untidy • (*βιβλία*) not put
away

άτακτ|ος *επίθ* (*φυγή*) disorderly •
(*παιδί*) badly behaved

αταξί|α *η* = *έλλειψη τάξης*)
disorder • (= *παρεκτροπή*)
misbehaviour *χωρίς πληθ.* (*Βρετ.*),
misbehavior *χωρίς πληθ.* (*Αμερ.*)

ατάραχ|ος *επίθ* calm

αταχτοποίητ|ος = **ατακτοποίητος**

άταχτ|ος = **άτακτος**

ατελείωτ|ος *επίθ*, **ατέλειωτ|ος**
endless • (= *ημιτελής*) unfinished

ατέχν|ος *επίθ* (*μετάφραση*)
sloppy • (*απομίμηση, διασκευή*)
crude

ατημέλητ|ος *επίθ* scruffy

ατίθασ|ος *επίθ* (*άλογο*) untamed •
(*για πρόσ.*) unruly • (*ύφος,
συμπεριφορά*) rebellious • (*μαλλιά*)
unruly

ατιμί|α *η* (= *ανήθικη πράξη*)
outrage • (= *ντροπή*) shame

άτιμ|ος, -η, -ο (= *ανήθικος:
προδοσία, διαγωγή*) dishonourable
(*Βρετ.*) • dishonorable (*Αμερ.*) •
(= *αυυπόληπτος*) disreputable

Ατλαντικ|ός *ο ο* = **(Ωκεανός)** the
Atlantic (Ocean)

ατμ|ός *ο* steam

ατμόσφαιρ|α *η* atmosphere

ατμοσφαιρικ|ός *επίθ* (*φαινόμενο*)
atmospheric • (*ρύπανση*) air

άτοκ|ος *επίθ* interest–free

ατομικ|ός *επίθ* (*δικαιώματα*)
individual • (*θέμα, σκοπό*)
personal • (*αθλήματα, παιχνίδια*)
individual • (*ΦΥΣ, ΧΗΜ*) atomic

▷ **~ή ενέργεια** atomic energy

άτομ|ο *το* (*ΧΗΜ*) atom • (= *ο
άνθρωπος ως μονάδα*) individual •
(= *άνθρωπος*) person

ατόφι|ος, -α, -ο (= *ακέραιος*)

complete · (χρυσάφι) solid

ατρόμητος επίθ fearless

ατσαλένι|ος, -α, -ο (= από ατσάλι) steel · (καρδιά) steely · (κορμί) sinewy · **ατσάλινα νεύρα** nerves of steel

ατσάλι το steel

ατσάλινος επίθ = **ατσαλένιος**

άτσαλ|ος (= που κάνει ατσαλιές) sloppy · (κίνηση) clumsy · (γραπτό) untidy

αττικός επίθ Attic

ατύχημα το accident

ατυχής επίθ unhappy

ατυχί|α (= κακή τύχη) bad luck · (= ατυχές γεγονός) misfortune

άτυχ|ος (άδικος) unhappy · (έρωτας) ill-fated · (ενέργεια, απόπειρα) unsuccessful · (για πρόσ.) unfortunate · **στέκομαι** ~ to fail

ατυχώ ρ αμ to fail

αυγή η dawn

αυγό το = **αβγό**

αυγοκόβ|ω ρ μ = **αβγοκόβω**

αυγολέμονο το = **αβγολέμονο**

αυγουστιάτικ|ος επίθ August

Αύγουστος ο August

αυθαίρετα επίρρ (= χωρίς άδεια) without permission · (= παράνομα) unlawfully

αυθαίρετ|ος επίθ (συμπέρασμα, ερμηνεία) arbitrary · (κατασκευή, δόμηση) construction of a building in breach of planning regulations

αυθεντικός επίθ genuine

αυθημερόν επίρρ on the same day

αυθόρμητα επίρρ spontaneously

αυθόρμητος επίθ spontaneous

αυλαί|α η curtain (Θεατρ.), drape (Αμερ.)

αυλάκι το ditch

αυλ|ή η (σπιτιού) courtyard · (σχολείου) playground · (= αυλικοί) court

αυλόπορτα η gate

αυξάν|ω ρ μ to increase ◆ ρ αμ to increase

▶ **αυξάνομαι** μεσ to increase

αύξησ|η η increase (σε in) · (μισθού) rise (Βρετ.), raise (Αμερ.)

αϋπνί|α η insomnia χωρίς πληθ. · **υποφέρω από** ~**ες** to suffer from insomnia

άυπν|ος επίθ sleepless · **είμαι** ~ I haven't had any sleep

αύρ|α η breeze · **θαλάσσια ή θαλασσινή** ~ sea breeze

αύριο επίρρ tomorrow · (= στο μέλλον) in the future · (= ...μεθ-, σήμερα-** = όπου να 'ναι) any day now · (= μια απ' αυτές τις μέρες) one of these days

▶ **αύριο** το future

αυστηρ|ός (τιμωρία, ποινές) harsh · (δάσκαλος, νόμος) strict · (καθορισμός, κριτήρια) strict · (ήθη, αρχές) strict · (οδηγίες, δίαιτα) strict · (μέτρα) stringent · (= σοβαρός) stern

Αυστραλέζ|α η βλ. **Αυστραλός**

αυστραλέζικ|ος επίθ = **αυστραλιανός**

Αυστραλέζ|ος ο = **Αυστραλός**

Αυστραλ|ή η βλ. **Αυστραλός**

Αυστραλί|α η Australia

αυστραλιανός επίθ Australian

Αυστραλός ο Australian

Αυστρί|α η Austria

Αυστριακ|ή η βλ. **Αυστριακός**

Αυστριακός ο Austrian

αυστριακ|ός επίθ Austrian

αυταπάτ|η η self-deception · **τρέφω** ~**ες** to delude oneself

αυτάρκ|ης, -ης, αύταρκες (ουδ **αύταρκες**) self-sufficient

αυταρχικ|ός επίθ (καθεστώς, ηγέτης) authoritarian · (γονείς) domineering · (συμπεριφορά, ύφος) high-handed · (χαρακτήρας) domineering

αυτί *το* = **αφτί**

αυτοάμυν|α *η* self-defence (*Βρετ.*), self-defense (*Αμερ.*)

αυτοβιογραφί|α *η* autobiography

αυτόγραφ|ο *το* autograph

αυτοδημιούργητ|ος *επίθ* self-made

αυτοκινητάκ|ι *το* small car ▶ **αυτοκινητάκια** *το* dodgems (*Βρετ.*), bumper cars (*Αμερ.*)

αυτοκινητιστικ|ός *επίθ* motor

αυτοκίνητ|ο *το* car ▷ αγωνιστικό ~ racing car ▷ ~ **αντίκα** vintage car

αυτοκινητόδρομ|ος *ο* motorway (*Βρετ.*), interstate (highway *ή* freeway) (*Αμερ.*)

αυτοκόλλητ|ο *το* sticker

αυτοκόλλητ|ος *επίθ* (self-)adhesive

αυτοκράτειρ|α *η* empress

αυτοκράτορ|ας *ο* emperor

αυτοκρατορί|α *η* empire

αυτοκρατορικ|ός *επίθ* imperial

αυτοκτονί|α *η* suicide

αυτοκτον|ώ *ρ αμ* to commit suicide

αυτόματα *επίρρ* = **αυτομάτως**

αυτόματ|ο *το* automatic (weapon)

αυτόματ|ος *επίθ* automatic · (*ανάφλεξη*) spontaneous ▷ ~ **τηλεφωνητής** answering machine

αυτομάτως *επίρρ* automatically

αυτονόητ|ος *επίθ* self-evident · **είναι ~ο ότι** it's self-evident that

αυτονομί|α *η* autonomy · **η μπαταρία έχει ~** δύο ωρών the battery life is two hours

αυτόνομ|ος *επίθ* (*κράτος, οργανισμός*) autonomous · (*θέρμανση*) independent · (*διαμέρισμα*) self-contained

αυτοπεποίθηση|η *η* confidence

αυτοπροσώπως *επίρρ* in person

αυτόπτ|ης *ο/η* ~ **μάρτυς** *ή* **μάρτυρας αυτόπτης** eyewitness

---

<u>ΛΕΞΗ-ΚΛΕΙΔΙ</u>

αυτός *αντων* (α) (*προσωπική*) he/she/it · (*στον πληθυντικό*) they · (*στην αιτιατική*) him/her/it · (*στον πληθυντικό*) them (β) (*δεικτική*) this · (*στον πληθυντικό*) these · (= *εκείνος*) that · (*στον πληθυντικό*) those · **αυτά:** that's it! · **αυτά και άλλα** this and more · **αυτά κι αυτά** things like that! · **αυτό θα πει τύχη!** what a stroke of luck! · **αυτοί που ...** those who ... · **αυτό που σου λέω!** I'm telling you! · **αυτός καθαυτόν/αυτή καθαυτή(ν)/αυτό καθαυτό** himself/herself/itself · **αυτός κι όχι άλλος** he and nobody else · **αυτός ο ίδιος** he himself/the same · **δος μου το αυτό, πώς το λέγε;** (*προφ.*) give me that thingummy (*ανεπ.*) · **κι αυτός ο ...!** that damned ...! · **μας μίλησε κι ο αυτός, πώς τον λένε;** (*προφ.*) what's his name talked to us (*ανεπ.*) · **μ' αυτά και μ' αυτά** with all that · **ποιος τον σκότωσε, αυτό να μου πεις** just tell me this: who killed him? · **το αυτό(ν)** the same

---

αυτοσεβασμ|ός *ο* self-respect

αυτοσυγκεντρών|ομαι *ρ αμ* to concentrate

αυτοσυγκέντρωσ|η *η* concentration

αυτοσχεδιάζ|ω *ρ αμ* to improvise

αυτοσχεδιασμ|ός *ο* improvisation

αυτοσχέδι|ος, -α, -ο (*βόμβα*) home-made · (*κατασκευή*) improvised · (*παράσταση, στίχος*) impromptu

αυτοτελ|ής *επίθ* (= *ανεξάρτητος*; *μελέτη, υπηρεσία*) independent ·

(= πλήρης: έργο) complete ·
(διαιρέσιμα) self-contained

αυτοτραυματίζ|**ομαι** ρ αμ to
injure oneself

αυτουργ|**ός, -ός, -ό** perpetrator
▷ηθικός ~ accessory

αυτούσι|**ος, -α, -ο** (κείμενο,
έγγραφο) full · (λέξεις) unaltered

αυτόφωρ|**ο** το police court ·
πιάνω κπν επ' αυτοφώρω to
catch sb red-handed

αυτόχειρ|**ας** ο/η suicide

αυτόχθ|**ων** ο/η (πληθυσμός,
κάτοικος) indigenous · (ομιλητής)
native

αυτοψί|**α** η personal inspection

αυχέν|**ας** η nape

αφαίρεσ|**η** η (ζωής) taking ·
(οργάνου, όγκου) removal ·
(καλύμματος, καλουπιού) taking
off · (φύλλου) tearing out ·
(δοντιών) extraction · (ναρκών)
clearing · (καθηκόντων, προνομίων)
suspension · (ΜΑΘ) subtraction

αφαιρ|**ώ** ρ μ (κάλυμμα, σκέπασμα)
to take off · (πόρτα) to take off its
hinges · (έδαφος, κτήσεις) to take ·
(όργανο, νεφρό) to take out ·
(δόντι) to take out · (λέξη, γραμμή)
to take out · (άδεια κυκλοφορίας)
to suspend · (πινακίδες) to take
away · (ΜΑΘ) to subtract · (μτφ.:
ελπίδα, τίτλο) to take away · **~ τη
ζωή κποιου** to take sb's life
▶ **αφαιρούμαι** μεσ to be distracted

αφαλ|**ός** ο (ανεπ.) belly button
(ανεπ.)

αφάνει|**α** η obscurity

αφαν|**ής** επίθ (συμφέροντα,
δυνάμεις) invisible · (πολιτικός,
ποιητής) obscure · **~ ήρωας**
unsung hero

αφανίζ|**ω** ρ μ (στρατό, χώρα) to
destroy · (λαό) to exterminate ·
(δάση) to destroy · (= εκμηδενίζω:
άνθρωπο) to ruin · (περιουσία) to
squander · (πολιτισμό, κράτος) to

destroy

άφαντ|**ος** επίθ (= που έχει
εξαφανιστεί) vanished · (ΝΟΜ)
missing, presumed dead · **γίνομαι
~** to vanish

Αφγανιστάν το Afghanistan

αφέλει|**α** η (= απλοϊκότητα)
innocence · (= ευπιστία)
gullibility · (= ανοησία) naivety
▶ **αφέλειες** πλ fringe εν. (Βρετ.),
bangs (Αμερ.)

αφελ|**ής** επίθ (= εύπιστος) gullible ·
(= ανόητος) ingenuous · (= απλός)
innocent

αφεντικ|**ία** α βλ. **αφεντικό**

αφεντικ|**ό** το (= εργοδότης)
employer · (σπιτιού, σκύλου)
master · (μαγαζιού) owner

αφετηρί|**α** η (λεωφορείου)
terminal · (ΑΘΛ) starting line · (για
χρόνο, τόπο) starting point ·
(κρίσης, ταραχής) trigger

αφ|**ή** η touch

αφήγησ|**η** η narration

αφηγητ|**ής** ο narrator

αφηγήτρι|**α** η βλ. **αφηγητής**

αφηγ|**ούμαι** ρ μ απ to relate

αφήν|**ω** ρ μ = παύω να κρατώ:
χειρολαβή, χέρι) to let go of ·
(πιάτο, δίσκο) to drop · (= βάζω,
τοποθετώ: βιβλίο) to leave ·
(κραυγή, αναστεναγμό) to let out ·
(= πληρεξούσιο) to leave ·
(= εγκαταλείπω: άνθρωπο, δουλειά)
to leave · (σπουδές, θέμα) to drop ·
(= επιτρέπω) to let · (= παύω να
σφίγγω) to let go of ·
(= ελευθερώνω: κρατούμενο,
αιχμάλωτο) to let go · (= δίνω,
παραχωρώ: περιθώρια, επιλογές) to
give · (= κατεβάζω από όχημα) to
drop off · **ας τ' αφήσουμε** let's
leave it · **~ ίχνη** to leave prints ·
~ κπν ήσυχο ή στην ησυχία του
to leave sb alone · **~ κπν να κάνει
κτ** to let sb do sth · **~ την πόρτα
ανοιχτή το παράθυρο ανοιχτό**

leave the door/the window
open · **~ κτ να πέσει** to drop sth
▶ **αφήνομαι** *μεσ* **~ομαι σε** to put
oneself in · (*αγκαλιά*) to sink
into · (= *χαλαρώνω*) to relax · **ασ'
τα/ασ' τα να πάνε!** drop it/ let it
be! · **άσ' τα αυτά** come off it · **άσε/
αφήστε τα αστεία!** stop joking!
αφηρημέν|ος *επίθ* (*άνθρωπος,
ύφος*) absent-minded · (*σύνθεση,
ζωγραφική*) abstract · (*έννοια,
νόημα*) abstract
άφθαρτ|ος *επίθ* (*αιωνιότητα,
ομορφιά*) everlasting · (*δόξα*)
undying · (*ύλη*) indestructible ·
(*ρούχο, παπούτσια*) hard-wearing
άφθαστ|ος *επίθ* = **άφταστος**
αφθονί|α *η* abundance · **σε** = in
abundance · **υπάρχει ~ φαγητών
και ποτών** there's plenty of food
and drink
άφθον|ος *επίθ* (*αγαθά, δώρα*)
abundant · (*δακρυά*) copious ·
(*αγάπη, φροντίδα*) ample
αφιερώμα *το* (*σε θεό, σε άγιο*)
offering · (*για βιβλίο, εφημερίδα*)
special edition · (*για εκπομπές*)
special feature · (*για καλλιτεχνική
εκδήλωση*) festival
αφιερώνω *ρ μ* (*εικόνα*) to offer ·
(*ναό*) to consecrate · (*χρόνο, χώρο*)
to devote · (*τεύχος, βιβλίο*) to
dedicate · (*ζωή*) to dedicate
▶ **αφιερώνομαι** *μεσ* **~ομαι σε κτ** to
devote oneself to sth
αφιερωμέν|ος *επίθ* **σε** dedicated to
αφιέρωση *η* (*σε βιβλίο*)
dedication · (*για τραγούδι*)
request · (= *προσφορά: σε ναό, σε
εικόνα*) offering
αφιλοκερδή|ς *επίθ* disinterested
αφιλόξεν|ος *επίθ* (*άνθρωπος,
χώρα*) inhospitable · (*γη, ακτή*)
hostile
αφιλότιμ|ος *επίθ* shameless
άφιξη *η* arrival
▶ **αφίξεις** *πλ* (*πίνακας*) arrivals

board *εν.* · (*χώρος*) arrivals hall *εν.*
αφίσα *η* poster
άφλεκτ|ος *επίθ* incombustible
αφοπλίζω *ρ μ* to disarm
αφοπλισμό|ς *ο* disarmament
αφόρητ|ος *επίθ* unbearable
αφορμ|ή *η* (= *αιτία*) reason ·
(= *πρόφαση*) pretext · **δίνω ~ για
κτ** to give rise to sth
αφορολόγητα *ταδη* duty free
αφορολόγητ|ος *επίθ* (*ποσό,
εισόδημα*) tax-free · (*προϊόντα*)
duty-free
αφορ|ώ *ρ μ* **~εί/~ούν** *τριτοπρόσ* to
concern ♦ *ρ αμ* **σε ό, τι ~ά**
regarding · **όσον ~ά σε** *κπν/κτ*
regarding sb/sth
αφοσιωμέν|ος *επίθ* (*φίλος,
σύζυγος*) devoted · (*οπαδός*)
staunch · **είμαι ~ σε κτ** to be
committed to sth
αφοσιών|ομαι *ρ μ απ* **~ σε** *κπν/κτ*
to devote oneself to sb/sth
αφοσίωση *η* (*σε ιδέα, πίστη*)
dedication · (= *αγάπη*) devotion
αφού *σύνδ* after
άφραγκ|ος *επίθ* (*ανεπ.*) broke
(*ανεπ.*)
αφράτ|ος *επίθ* (*πρόσωπο, δέρμα*)
soft and white, plump · (*ψωμί,
γλυκό*) fluffy · (*καρπός*) soft
Αφρικάν|α *η* (*προφ.*) *βλ.*
Αφρικανή
Αφρικαν|ή *η* *βλ.* **Αφρικανός**
αφρικανικ|ός *επίθ* African
αφρικάνικ|ος *επίθ* = **αφρικανικός**
Αφρικαν|ός *ο* African
Αφρικάν|ος *ο* (*προφ.*) =
Αφρικανός
Αφρικ|ή *η* Africa
αφρόγαλα *το* cream
αφροδισιακ|ός *επίθ* (*νόσος*)
venereal · (*τροφές, ποτό*)
aphrodisiac
αφροδίσι|ος, -α, -ο sexual ▷ **~ο
νόσημα** venereal disease

▶ **αφροδίσια** τα venereal diseases

αφρόκρεμα η cream

αφρόντιστ|ος επίθ (εμφάνιση) unkempt · (ντύσιμο) sloppy · (ζώα, σπίτι) neglected

αφρός ο (θάλασσας, νερού) foam · (μπίρας) head · (με σαπούνι) lather · (= η επιφάνεια της θάλασσας) surface of the sea · (= το καλύτερο πράγμα) pick of the bunch ▶ ~ ξυρίσματος shaving foam

άφταστ|ος επίθ (κορυφή, στόχος) unattainable · (μτφ.: για πρόσ.) second to none · (χάρη, ομορφιά) unequalled · (Αμερ.), unequaled · (ποιότητα) outstanding · **είμαι ~ στο κολύμπι** to be an exceptionally good swimmer

αφτί η το ear · **ανοίγω τ' ~ά μου** to listen carefully · **από ~ σε ~** by word of mouth · **δεν πιστεύω στ' ~ά μου** I can't believe my ears · **είμαι όλος ~ιά** to be all ears · **λέω κτ στ' ~ κποιου** to whisper sth in sb's ear · **οι τοίχοι έχουν ~ιά** walls have ears · **στήνω ή βάζω ~** to eavesdrop

αφυδάτωση η dehydration

αφυπνίζ|ω ρ μ (= ξυπνώ) to wake up · (μτφ.: ενδιαφέρον) to arouse

▶ **αφυπνίζομαι** μεσ to wake up

αφύπνιση η awakening

αφύσικ|ος επίθ (μέγεθος, συμπεριφορά) unnatural · (στίχος, ερμηνεία) stilted · (κινήσεις) wooden

άφων|ος επίθ (= άλαλος) mute · (από έκπληξη) speechless · **αφήνω κπν ~ο** to leave sb speechless · **μένω ~** to be left speechless

αχαλίνωτ|ος επίθ (άλογο) unbridled · (μτφ.: πάθη, ερωτισμός) unbridled · (γλώσσα) loose · (= χωρίς ηθικούς περιορισμούς) wild

αχανής επίθ vast

αχάριστ|ος επίθ ungrateful

άχαρ|ος επίθ (κοπέλα) plain · (ηλικία) awkward · (ρούχο) drab · (ζωή) joyless · (δουλειά) tedious

αχθοφόρ|ος ο porter

αχινός ο sea urchin

αχλάδα η big pear

αχλάδι το pear

αχνιστ|ός επίθ (σούπα, φαγητό) steaming ή piping hot · (χορταρικά, κρέας) steamed

αχόρταγος επίθ greedy

αχρησιμοποίητ|ος επίθ unused

αχρηστεύ|ω ρ μ (= καταστρέφω) to make useless · (τοίχο) to take down · (μτφ.: νιάτα) to waste · (= θέτω σε αχρησία) to make obsolete

▶ **αχρηστεύομαι** μεσ to become useless

άχρηστ|ος επίθ useless

άχρωμ|ος επίθ (= χωρίς χρώμα) colourless (Βρετ.), colorless (Αμερ.) · (μτφ.: φωνή) flat · (λόγια, συμπεριφορά) lifeless · (ζωή) dull

αχτένιστ|ος επίθ (για πρόσ.) with one's hair uncombed · (μαλλιά, τρίχωμα) uncombed

αχτίδ|α η ray

αχτίνα η = ακτίνα

αχτύπητ|ος επίθ (αυτοκίνητο) undamaged · (κρέμα) unbeaten · (καφές) not stirred · (μτφ.: ομάδα, παίχτης) ace (ανεπ.)

αχυρένι|ος, -α, -ο (καπέλο, στρώμα) straw · (μαλλιά) flaxen

άχυρο το straw

αχώριστ|ος επίθ inseparable

άψητ|ος επίθ (κρέας) underdone · (ψωμί) underbaked · (πηλός, αγγείο) not baked · (κρασί, μπίρα) immature

αψηφώ ρ μ (νόμους, κινδύνους) to flout · (θάνατο) to risk · (συμβουλή) to brush aside

αψίδ|α η arch

άψογ|ος επίθ (εμφάνιση,

παρουσιαστικό) impeccable ·
(μαθητής, φοιτητής) perfect ·
(ελληνικά) impeccable · (πρόσωπο)
perfect · (συμπεριφορά, τρόποι)
irreproachable

άψυχ|ος επίθ (κόσμος, ον)
inanimate · (σώμα, πτώμα)
lifeless · (μτφ.: παίξιμο ηθοποιού)
lifeless · (σουτ, κίνηση) feeble ·
(παρέλαση) dull

B β

B, β beta, *second letter of the Greek
alphabet*

βαγόν|ι το (επιβατών) carriage
(Βρετ.), car (Αμερ.) ·
(εμπορευμάτων) goods wagon
(Βρετ.), freight car (Αμερ.)
▷ ~ **καπνιστών** smoking
compartment (Βρετ.), smoking
car (Αμερ.) ▷ ~ **προϊσταμένου** η
υπεύθυνου αμαξοστοιχίας
guard's van

βαδίζ|ω ρ αμ (= περπατώ) to walk ·
(= κατευθύνομαι) to move

βάδισμα το walk

βαζελίνη η Vaseline ®

βάζο το (για λουλούδια) vase · (για
τρόφιμα) jar

───────────────
ΛΕΞΗ-ΚΛΕΙΔΙ
───────────────

βάζω ρ μ (α) **βάζω κτ σε κτ** (μέσα
σε) to put sth in sth · (πάνω σε) to
put sth (down) on sth · **βάζω κπν
για ύπνο** to put sb to bed
(β) (για φαγητά και ποτά: =
προσθέτω) to put
(γ) (= φορώ): φόρεμα, μέικ-απ) to
wear
(δ) **βάζω κπν να κάνει κτ**
(= παρακινώ) to put sb up to sth ·
(= αναθέτω) to get sb to do sth
(ε) (= ορίζω: κανόνες, προθεσμία)
to set · (όρο) to lay down
(στ) (για ηλεκτρική συσκευή: =

ανάβω) to turn on
(ζ) (= επενδύω: κεφάλαιο, χρήματα)
to put
(η) (= επιβάλλω: φόρους) to
impose · **βάζω πρόστιμο/τιμωρία
σε κπν** to impose a fine/a
penalty on sb
(θ) (= διορίζω) to make
(ι) (για δουλειά: = κάνω) to do
(ια) (= επιτυγχάνω: γκολ, καλάθι)
to score
(ιβ) (για παίκτη: = χρησιμοποιώ) to
use
(ιγ) (= βαθμολογώ) to give
(ιδ) (σε εξετάσεις: θέματα,
διαγώνισμα) to set
(ιε) (= εγκαθιστώ: ρεύμα,
τηλέφωνο) to install
(ιστ) (για παραγγελίες: = φέρνω) to
bring
(ιζ) (= συνεισφέρω: χρήματα) to
give
(ιη) (για αυτοκίνητα: = επιλέγω:
ταχύτητα) to select
(ιθ) (για την ώρα: = ρυθμίζω) to
set
(κ) **βάζω για** (βουλευτής, δήμαρχος)
to run for
◆ *μεσ* **βάλθηκα** ή **έχω βαλθεί να
κάνω κτ** to be set on doing sth

βαθαίν|ω ρ αμ (θάλασσα, λίμνη) to
get deeper · (μάγουλα) to grow
hollow · (φωνή) to get deeper ·
(χάσμα γενεών, κρίση) to widen
◆ *ρ μ* to make deeper

βαθιά επίρρ (κρύβω, σκάβω) deep ·
(προχωράω) deep down · (αναπνέω,
αναστενάζω) deeply · **κοιμάμαι
~** to be fast ή sound asleep

βαθμολογί|α η (= βαθμός) grades
πληθ. · (= έντυπο) detailed
breakdown of grades · (ΑΘΛ)
rankings πληθ. · (στο ποδόσφαιρο,
μπάσκετ) league table

βαθμ|ός ο (για θερμοκρασία,
φούρνου) degree · (για έγκαυμα)
degree · (μαθητή, μαθήματος) mark

βάθος (*Βρετ.*), grade (*Αμερ.*) ·
(*απολυτηρίου*) grade ·
(*διαγωνιζόμενου, αθλητή*) point ·
(*στρατιωτικού*) rank · (*υπαλλήλου*)
grade · (*εμπιστοσύνης, ακριβείας*)
degree · (*γνώσης*) extent · (ΓΛΩΣΣ,
ΜλΘ) degree · **σε ή ως κάποιο ~ό**
to a certain extent · **σε μεγάλο
~ό** to a great extent · **ως έναν ~ό**
to a certain extent
▷ ~ **συγγενείας** degree of relation
▶ **βαθμοί** *πλ* grades

βάθ|ος *το* (= *πάτος*) bottom ·
(*θάλασσας, λίμνης*) depth ·
(*χαράδρας, συρταριού*) depth ·
(*διαδρόμου*) far end · (*δρόμου*)
bottom · (*δωματίου, αίθουσας*)
back · (*πίνακα, ζωγραφιάς*)
background
▶ **βάθη** *πλ* bottom *εν.*

βάθρ|ο *το* (*αγάλματος*) pedestal ·
(ΑΘΛ) podium · (*μτφ.*) basis

βαθ|ύς, -ιά ή -εία, -ύ deep ·
(*σκοτάδι*) pitch · **παίρνω ~ιά
εισπνοή** to take a deep breath ·
στα ~ιά (*σε θάλασσα*) in the deep
water · (*σε πισίνα*) at the deep
end · (= *στα δύσκολα*) out of one's
depth ▷ **~ύ υπόκλιση** low bow
▷ **~ύ κάθισμα** (ΓΥΜ) squat

βακαλάο|ς *ο* = **μπακαλιάρος**

βακτηρίδι|ο *το* bacterium

βαλανίδι|α ή ~κα (*βαλανιδιά*) oak (tree)

βαλανίδι| *το* acorn

βαλβίδ|α *η* (*επίσης*: ΜΗΧ, ΑΝΑΤ)
valve (*Βρετ.*), tube (*Αμερ.*) · (ΑΘΛ)
starting-point

βαλίτσ|α *η* (suit)case · **ετοιμάζω ή
φτιάχνω τη ~/τις ~ες μου** to
pack (one's case/bags) ▷ **ιατρική
~** medical bag

Βαλκάνι|α² *τα τα* ~ the Balkans

βαλκανικ|ός *επίθ* Balkan ▷ **οι ~οί
πόλεμοι** the Balkan wars
▶ **Βαλκανική** *η* the Balkan
Peninsula
▶ **Βαλκανικοί** *οι* the Balkan Games

βάλτ|ος *ο* swamp
βαμβακερ|ός *επίθ* cotton
▶ **βαμβακερά** *τα* cottons
βαμβάκ|ι *το* (*γενικότ.*) cotton · (*για
επαλείψη/ουγγιή*) cotton wool
(*Βρετ.*), cotton (*Αμερ.*)
βαμμέν|ος *επίθ* (*μαλλιά, ύφασμα*)
dyed · (*πρόσωπο*) made-up ·
(*ξύλο*) painted · (= *φανατικός*)
die-hard
βάναυσ|ος *επίθ* rough
βάνδαλ|ος *ο* vandal
βανίλι|α *η* (*φυτό, αρωματική σκόνη*)
vanilla · (*γλυκό*) sweet vanilla icing
served on a spoon in chilled water
βαπόρ|ι *το* steamship
βαπτίζ|ω *ρ μ* = **βαρτίζω**
βάπτισ|μα *το* baptism · **~ του
πυρός** baptism of fire
βαραίν|ω *ρ μ* (*καταναλωτές,
φορολογούμενους*) to be a burden
on · (*στομάχι, οργανισμό*) to lie
heavy on · (*συνείδηση*) to burden ·
(*για χρόνια, ηλικία*) to tell on ·
(*βλέφαρα*) to make heavy ·
(*ατμόσφαιρα*) to make tense ·
(= *γίνομαι βάρος*) to trouble ♦ *ρ
αμ* (= *γίνομαι βαρύτερος*) to put
on weight · (= *γίνομαι δυσκίνητος*)
to stiffen up · (*φωνή*) to get
deeper · (*νους*) to become
clouded · (*λόγια, κουβέντες*) to
carry weight
βαρ|ώ (*ανεπ.*) *ρ μ* (*πόρτα, τοίχο*)
to bang on · (*πόδι, χέρι*) to bang ·
(= *δέρνω*) to beat · (*σουτ, μπάλα*)
to kick · (*κεφαλιά*) to do · (*για
ποτό*) to give a thick head to ·
(*κουδούνι, καμπάνα*) to ring ·
(= *τραυματίζω*) to hit · (*με πιστόλι*)
to shoot · (= *σκοτώνω: λαγό,
πέρδικα*) to shoot ♦ *ρ αμ*
(= *τραυματίζομαι*) to be hurt ·
(*ούζο, βότκα*) to be strong stuff ·
(*καμπάνα, κουδούνι*) to ring ·
(*ρολόι*) to go off · (= *πυροβολώ*) to
fire

βάρβαρ|ος επίθ barbaric
▶**βάρβαρος** ο, **βάρβαρη** η
barbarian

βαρέλ|ι το (για κρασί, μπίρα)
barrel · (για πετρέλαιο, τοξικά
απόβλητα) drum

βαρετ|ός επίθ boring

βαριέ|μαι ρ μ (δεξιώσεις,
εκδηλώσεις) to be bored with ·
(μουσμούρα) to be fed up with
♦ ρ αμ to get bored · **~ να κάνω
κτ** (= δεν έχω διάθεση) I can't be
bothered to do sth · (= δεν αντέχω
πια) I'm fed up of doing sth

βαριεστημάρ|α η boredom

βαριεστημέν|ος επίθ bored

βάρκ|α η boat ▷**φουσκωτή**
~ rubber dinghy

βαρκάδ|α η boating · **κάνω ~** to
go boating

Βαρκελών|η η Barcelona

βάρ|ος το (ανθρώπου, ζώου)
weight · (μτφ.: εξελίξεων)
pressure · (παρουσίας) burden ·
(= υποχρέωση) obligation ·
(προσωπικότητας) strength · **εις ή
σε ~ κποιου** against sb · (γελώ) at
sb's expense · **έχω ένα ~ στο
στομάχι/στο κεφάλι** my stomach/
head feels heavy · **παίρνω/χάνω
~** to put on ή gain/lose weight ·
πόσο ~ έχεις; how much do you
weigh? ▷**ειδικό ~** relative density
▷**μικτό ~** gross weight
▷**οικογενειακά ~η** family
obligations ▷**σωματικό ~** body
weight ▷**φορολογικά ~η** tax
burden εν.
▶**βάρη** πλ weights ▷**άρση βαρών**
weightlifting

Βαρσοβί|α η Warsaw

βαρ|ύς, -ιά ή εία-, -ύ (άνθρωπος,
αντικείμενο) heavy · (δουλειά)
hard · (φορολογία) heavy · (ποινή)
severe · (μυρωδιά, άρωμα) strong ·
(μελαγχολία, στενοχώρια) deep ·
(για φαγητό) stodgy · (με πολλά

μπαχαρικά) spicy · (για ρόφημα,
ποτό) strong · (κεφάλι, πόδια)
heavy · (στομάχι) bloated · (ύπνος)
deep · (φωνή) deep · (κρύο) bitter
(χειμώνας) harsh · (ρούχα,
κουβέρτα) heavy · (παράπτωμα,
συνέπειες) serious · (απώλειες,
κόστος) heavy · (γρίπη) bad ·
(λόγος, κουβέντα) harsh ·
(χαρακτήρας, συμπεριφορά) stern ·
(ταινία, βιβλίο) obscure · (= αργός:
τραγούδι, μουσική) solemn ·
(= μελαγχολικός) gloomy ·
(= δυσανάητος) heavy · **-ύ κλίμα**
unhealthy climate · (μτφ.) tense
atmosphere · **-ιά βιομηχανία**
heavy industry ▷**-ύ πυροβολικό**
(κυριολ., μτφ.) heavy artillery

βαρύτητ|α η (ΦΥΣ) gravity · (λόγου,
γνώμης) weight · (μαρτυρίας)
significance

βαρ|ώ ρ μ = **βαράω**

βασανίζ|ω ρ μ (κρατούμενο,
αιχμάλωτο) to torture · (γονείς) to
be a worry to · (υπόθεση, στοιχεία)
to scrutinize
▶**βασανίζομαι** μεσ
(= ταλαιπωρούμαι) to struggle ·
(= ταλαιπωρούμαι ψυχικά) to
torture oneself

βασανιστήρι|ο το torture

βάσαν|ο το (= καημός) trial ·
(πείνας) torment · (φτώχειας,
ξενιτιάς) misery

βάσ|η η (κολόνας, αγάλματος)
base · (κτηρίου) foundations
πληθ. · (υπόθεσης, θεωρίας) basis ·
(= αφετηρία, δεδομένο) basis ·
(εταιρείας, εργαζόμενου) base ·
(τούρτας, χημού) base · (βουνού,
λόφου) foot · (ΣΧΟΛ) pass · (ΣΤΡ)
base · **σε εικοσιτετράωρη ~, επί
εικοσιτετραώρου ~εως**
twenty-four hours a day
▶**βάσεις** πλ (οικογενείας)
foundations · (κοινωνίας) bedrock
εν. · (για εισαγωγή σε πανεπιστήμιο)
grades · (ΣΤΡ) bases

βασίζ|ω ρ μ to base
▶ **βασίζομαι** *μεσ* **~ομαι σε κτ** to be based on sth • **~ομαι σε κπν/κτ** (= στηρίζομαι) to rely on sb/sth • (οικονομικά) to depend on sb/sth • **~ομαι σε κπν** (= εμπιστεύομαι) to trust sb

βασικ|ά *επίρρ* basically
βασικ|ός *επίθ* (αρχή, προϋπόθεση) basic • (χαρακτήρας) basic • (παράγοντας, αιτία) chief • (χρώμα) primary • (εντελώδια, παίκτης) main ▷ **~ή εκπαίδευση** primary (Βρετ.) ή elementary (Αμερ.) education • (Αμερ.) ή basic training

βασίλει|ο *το* kingdom • (ύπνου) realms *πληθ.*

βασιλι|άς *ο* king • (πετρελαίου, διαμαντιών) tycoon
βασιλικ|ός¹ *ο* basil
βασιλικ|ός², **-ή ή -ιά**, **-ό** (στέμμα, εξουσία) royal • (υποδοχή) sumptuous ▷ **~ό γεύμα** a feast for a king ▷ **πολτός** royal jelly
▶ **βασιλικός** *ο*, **βασιλική ή -ιά** *η* royalist

βασίλισσα *η* queen ▷ **~ της ομορφιάς** beauty queen
βασιλόπιτ|α *η* New Year's cake
βάσιμ|ος *επίθ* valid • (φόβος) well-founded • (αποδείξεις) tangible

βαστ|ώ ρ μ (βιβλία, κιβώτιο) to hold • (γέλια, δάκρυα) to hold back • (θυμό) to contain • (αψίδα, κτήριο) to support • (λεφτά) to have on me • (λογιστικά βιβλία, σπίτι) to keep • (μυστικό, σπίτι) to keep • (μίσος, κακία) to harbour (Βρετ.), to harbour (Αμερ.) ▷ ρ αμ (= αντέχω) to stand it • (χλαιδί, σχοινί) to hold • (= συγκρατούμαι) to hold on • (= διαρκώ: επανάσταση, καραμπίλα) to last • (δουλειά) to take • (ρούχο, φρούτο) to last • (άρωμα) to linger
▶ **βαστιέμαι** *μεσ* to control oneself

Βατικαν|ό *το* Vatican
βατόμουρ|ο *το* blackberry
βάτ|ος *ο/η* bramble
βατραχ|ί *το* (= βάτραχος) frog • (αργκ.: = βατραχάνθρωπος) frogman
βατραχοπόδαρ|α *τα* frog's legs
βάτραχ|ος *ο* frog
βαφ|ή *η* (= μπογιά: πόρτας) (ξύλου) stain • (μαλλιών) dye • (= βάψιμο: πόρτας, σπιτιού) painting • (ξύλου) staining • (υφάσματος, μαλλιών) dyeing
βαφτίζ|ω ρ μ (παιδί) to baptize • (= δίνω όνομα) to name • (= αποκαλώ) to call
▶ **βαφτίζομαι** *μεσ* to be baptized
βάφτισ|η (μυστήριο) baptism • (επίσης **βάφτιση**: τελετή) baptism • (πλοίου) christening • (ηπείρου) naming
βαφτισιμι|ά *η* goddaughter
βαφτισι|ός *ο* godson
βάφτισ|μα *το* = **βάπτισμα**
βάφ|ω ρ μ (τοίχο, κάγκελα) to paint • (αυτοκίνητο) to spray • (μαλλιά) to dye • (μάτια) to make up • (χείλη) to put lipstick on • (νύχια) to varnish • (παπούτσια) to polish • (μτφ.: τοπίο) to colour (Βρετ.), to color (Αμερ.)
▶ **βάφομαι** *μεσ* to put one's make-up on
βάψιμο *το* (τοίχου) painting • (ματιών, χειλιών) making up • (μαλλιών) dyeing • (νυχιών) varnishing • (παπουτσιών) polishing • (= μακιγιάζ) make-up

---

ΛΕΞΗ-ΚΛΕΙΔΙ

βγάζ|ω ρ μ (α) **βγάζω κτ από κάπου** to take sth out of somewhere
(β) **βγάζω κπν σε** to take sb to
(γ) (= αφαιρώ: ρούχα, παπούτσια) to take off
(δ) (= εξαφανίζω: λεκέ,

μουντζούρα) to get out •

(ε) (= εξάγω: δόντι) to take out •
(φρύδια) to pluck • (καρφί,
κόκκαλα) to take out • (λέπια) to
remove

(στ) (= κάνω εξαγωγή) to take out •

(ζ) (= απομακρύνω: μαθητή, σκύλο)
to get out • **βγάζω κπν από το
μυαλό μου** (= παύω να σκέπτομαι)
to get sb out of one's mind •

(η) (= κάνω αφαίρεση) to take
away •

(θ) (= παίρνω από κάτω:
παιχνίδια, ρούχα) to take •

(ι) **βγάζω κπν έξω** (σύζυγο,
σύντροφο) to take sb out •

(ια) (= εξαρθρώνω: ώμο, λεκάνη) to
dislocate • (χαρπό, αστράγαλο) to
sprain •

(ιβ) (= οδηγώ: μονοπάτι, δρόμος) to
take • **βγάζω κπν μέχρι ή ως την
πόρτα** to show ή see sb to the
door • **όπου μας βγάλει η άκρη**
wherever it may lead us •

(ιγ) (= αφήνω: κραυγή, φωνή) to
let out •

(ιδ) (= εμφανίζω) **βγάζω άνθη** to
bud • **βγάζω δόντια** to be
teething • **βγάζω λουλούδια** to
flower • **βγάζω σπυριά** to have
spots • (οικ.) to get annoyed •

(ιε) (= παράγω: για δέντρα, φυτά)
to produce •

(ιστ) **βγάζω κτ από κτ άλλο** to
make ή extract sth from sth else •

(ιζ) (= κυκλοφορώ: δίσκο) to bring
out • (βιβλίο, εφημερίδα) to bring
out •

(ιη) (= αναδεικνύω: επιστήμονες,
καλλιτέχνες) to produce •

(ιθ) (= δημοσιοποιώ: αποτελέσματα)
to publish •

(κ) (= εκλέγω: βουλευτή, πρόεδρο)
to elect •

(κα) (= δίνω όνομα) to name •

(κβ) (= καταλήγω: απόφαση) to
make • (συμπέρασμα) to draw •

(κγ) (= διακρίνω: γράμματα) to

make out •

(κδ) (= κερδίζω) to earn •

(κε) (= τελειώνω: δουλειά) to do •
(λύκειο, πανεπιστήμιο) to finish •
βγάζω το σχολείο to finish
school •

(κστ) (= διανύω: μήνα, εβδομάδα)
to get through • **πόσα έχεις για
να βγάλεις τον μήνα;** how much
have you got to get through the
month? • (κζ) (για μύτη, πληγή: =
τρέχω) to run • (κη) (= παθαίνω:
ιλαρά, ανεμοβλογιά) to have •

(κθ) (οικ.: = κάνω εμετό) to throw
up (ανεπ.) • (λ) (= αντλώ) to pump •
(νερό από πηγάδι) to draw •

(λα) (= αποβιβάζω: επιβάτες,
ταξιδιώτες) to drop off •

(λβ) (= αναδίδω: μυρωδιά, άρωμα,)
to give off • (φως) to give out •

(λγ) (= απολύω) to sack •

(= αλλάζω καθήκοντα) to relieve •

(λδ) (= κάνω: μπαλιά, σέντρα) to
deliver • (γκολ) to score • **βγάζω
σε κπν το όνομα** to give sb a
reputation • **βγάζω την Παναγία
σε κπν** to tire sb • **πόσο βγάζεις;**
(για υπολογισμό πράξης) what do
you make it?

ΛΕΞΗ-ΚΛΕΙΔΙ

βγαίνω|ω ρ αμ (α) (από δωμάτιο,
αίθουσα) to come out • (έξω) to
go out • (ήλιος) to rise • (φεγγάρι,
αστέρια) to come out • **βγαίνω
από τα όρια** to go too far •

(β) (καρφί, πάσσαλος) to come
out • (τακούνι) to come off •
(ώμος) to be dislocated • (καρπός)
to be sprained •

(γ) **μου βγήκαν τα μάτια** my eyes are
tired •

(δ) **βγαίνω από** (οργάνωση,
συμφωνία) to pull out of •
(αφάνεια, αδράνεια) to emerge
from • (τέλμα) to extricate oneself

from
(ε) (= απομακρύνομαι: παίχτης) to be sent off · (μαθητής) to be sent out

(στ) (= εξαφανίζομαι: λεκέδες, μουντζούρα) to come off ή out · **κραγιόν** to come off

(ζ) (= πηγαίνω στα ανοιχτά: πλοίο, βάρκα) to leave

(η) (= διασκεδάζω) to go out · **βγαίνω μαζί με κπν** (για ξενιφασί) to date sb · **βγαίνω με κπν** (για φίλους) to go out with sb

(θ) **βγαίνω σε** (= φτάνω) to get to

(ι) (= καταλήγω: δρόμος, μονοπάτι) to lead · (ιστορία, υπόθεση) lead

(ια) (πόνος, παράπονο) to come out

(ιβ) (= προέρχομαι: λέξη, όνομα) to come

(ιγ) (= αναδίδομαι: μυρωδιά, άρωμα) to come

(ιδ) (= φυτρώνω: λουλούδια) to come out · (σπυράκι, εξάνθημα) to appear · (τρίχες, γένια) to grow

(ιε) (= εμφανίζομαι) to appear · (ξαφνικά: αυτοκίνητο, πεζός) to appear from nowhere

(ιστ) (= αναδεικνύομαι: μουσικοί, καλλιτέχνες) to come from

(ιζ) (= παράγομαι: αυτοκίνητα, υπολογιστές) to be made

(ιη) (= κυκλοφορώ: εφημερίδα, βιβλίο) to come out · (δίσκος) to come out

(ιθ) (= εκδίδομαι: νόμισμα, διάταγμα) to be issued

(κ) (αποτελέσματα) to be out · (σκάνδαλο) to break out · **βγήκε μια φήμη ότι...** there's a rumour (Βρετ.) ή rumor (Αμερ.) that...

(κα) (για εκλογές: = εκλέγομαι) to be elected · (= κερδίζω) to win

(κβ) (= αποδεικνύομαι: πρόσθεση, εξίσωση) to work out

(κγ) +κατηγορ. (= επαληθεύομαι: όνειρο, προβλέψεις) to come true · **βγαίνω λάθος/σωστός** to be

proved wrong/right
(κδ) (= προκύπτω: κέρδος) to be made · (συμπέρασμα) to derive
(κε) (= τελειώνω: δουλειά, διατριβή) to finish · (= αποφοιτώ: φοιτητής, σπουδαστής) to become
(κστ) (= φτάνω στο τέλος: χρόνος, μήνας) to end · (κ ξ) (= επαρκώ: ύφασμα, μερίδες) to be enough · **βγήκα!** (σε χαρτοπαίγνιο) out! · **δεν βγαίνει** τίποτα it's pointless ή meaningless · **δεν μου (τη) βγαίνει κανείς (σε κτ)** (αργκ.) to be unbeatable (at sth) · **μου βγαίνει το όνομα ότι** to have a reputation for

βγαλμέν|ος, η, -ο (ώμος) dislocated · (χέρι) sprained
βγάλσιμο το (δοντιού) extraction · (ματιού) taking out · (ποδιού, χεριού) spraining · (ώμου) dislocating
βδομάδ|α η = **εβδομάδα**
βδομαδιάτικ|ος επίθ weekly
▸**βδομαδιάτικο** το weekly wage
βέβαια επίρρ of course · **και ~!** of course! · **όχι ~** of course not
βέβαι|ος, η, -ο, -αία, -ο certain · **είμαι ~ για κτ** to be sure about sth · **είμαι ~ ότι** to be sure that
βεβαιότητ|α η certainty
βεβαιών|ω ρ μ (= επιβεβαιώνω) to confirm · (= διαβεβαιώνω) to assure
▸**βεβαιώνομαι** μεσ to make sure
βεβαίως επίρρ = **βέβαια**
βεβαίωσ|η η (αιτήματος, πολιτικής) confirmation · (ιατρού, εγγραφής) certificate
βεγγαλικ|ό το firework
βελανίδ|ι το = **βαλανίδι**
βελανίδ|ιά η = **βαλανιδιά**
Βέλγα, Βελγίδα η βλ **Βέλγος**
βελγικός, -ή, -ό Belgian
βελγικ|ός, -ή, -ό = **βελγικός**
Βέλγι|ο το Belgium

Βέλγος *o* Belgian

βελόν|α *η* (*γενικότ.*) needle · (*πικάπ*) stylus ▷**μαγνητική ~** magnetic needle

βελόν|ι *το* (small) needle

βελονισμός *o* acupuncture

βέλ|ος *το* arrow · (*μτφ.*) shaft

βελουδένι|ος, -ια, -ιο = **βελούδινος**

βελούδιν|ος *επίθ* (*ύφασμα, παλτό*) velvet · (*φωνή, δέρμα*) velvety

βελούδ|ο *το* velvet

βελτιών|ω *ρ μ* (*ποιότητα, γνώσεις*) to improve · (*θέση*) to better · (*εμφάνιση, γεύση*) to enhance
  ▶ **βελτιώνομαι** *μεσ* (*καιρός*) to get better · υγεία, κατάσταση ασθενούς) to improve

βελτίωση *η* improvement · **~ της υγείας κποιου/του καιρού** improvement in sb's health/in the weather
  ▶ **βελτιώσεις** *πλ* improvements

βενζίν|α *η* = **βενζίνη**

βενζινάδικ|ο *το* petrol station (*Βρετ.*), gas station (*Αμερ.*)

βενζινάκατ|ος *η* motorboat

βενζίν|η *η* petrol (*Βρετ.*), gasoline (*Αμερ.*), gas (*Αμερ.*)

βεντάλια *η* fan

βέρ|α *η* (*γάμου*) wedding ring · (*αρραβώνα*) engagement ring

βεράντ|α *η* verandah

βερίκοκ|ο *το* apricot

βερνίκ|ι *το* (*επίπλων, ξύλων: προστατευτικό*) varnish · (*για γυάλισμα*) polish · (*παπουτσιών*) polish ▷ **~ νυχιών** nail polish

Βερολίν|ο *το* Berlin

βέσπ|α *η* moped

βέτο *το* veto

βήμα *το* (= *δρασκελιά*) step · (*μεγάλο*) stride · (= *ταχύτητα μετακίνησης ποδιών*) pace · (= *απόσταση ανοίγματος ποδιών*) foot · (*χορού*) step · (= *βάθισμα*) walk · (= *βάθρο*) podium · **ανοίγω**

το ~ μου to lengthen one's stride · **με αργά ~τα** slowly

βηματίζ|ω *ρ αμ* to walk · **~ πάνω κάτω** to pace up and down

βηματισμός *o* (= *περπάτημα*) walk · (= *ήχος βημάτων*) footstep

βήξιμ|ο *το* (= *το να βήξει κανείς*) coughing · (= *βήχας*) cough

βήτα *το* beta, *second letter of the Greek alphabet* · **~ κατηγορίας** *η* **διαλογής** second-rate

βήχ|ας *o* cough · **με πιάνει ~** to get a cough

βήχ|ω *ρ αμ* to cough

βί|α *η* (= *εξαναγκασμός*) violence · (= *πίεση*) rush · **ασκώ ~** **χρησιμοποιώ ~** to use force · **δια (της) ~ς** by force

βιάζ|ω¹ *ρ μ* (= *κακοποιώ σεξουαλικά*) to rape · (*μτφ.*) to violate

βιάζ|ω² *ρ μ* to rush
  ▶ **βιάζομαι** *μεσ* (= *επείγομαι*) to be in a hurry · (= *πάνω γρήγορα*) to hurry (up) · (*κατ.* = *επισπεύδω*) to rush · (= *χρειάζομαι επειγόντως*) to need urgently · **~ομαι να κάνω κτ** (= *προτρέχω*) to be in a hurry to do sth · (= *ανυπομονώ*) I can't wait to do sth

βίαι|ος *επίθ* violent

βιασμ|ός *o* rape

βιαστής *o* rapist

βιαστικ|ός *επίθ* (*διαβάτης*) in a hurry · (*ματιά, βάδισμα*) hasty · (*επίσκεψη*) flying · (*καφές*) quick · (*απόφαση, συμπέρασμα*) hasty

βιασύν|η *η* haste

βιβλιάρι|ο *το* book ▷ **~ επιταγών** chequebook (*Βρετ.*), checkbook (*Αμερ.*) ▷ **~ καταθέσεων** pass book ▷ **εκλογικό ~** voting card

βιβλί|ο *το* book · **~ ιστορίας/ γραμματικής** history/grammar book ▷ **~ επισκεπτών** visitors' book ▷ **~ τσέπης** paperback ▷ **παιδικό ~** children's book

⊳σχολικό ~ school book
βιβλιοθήκη η (έπιπλο) bookcase ·
(δήμου, Βουλής) library
⊳δανειστική ~ lending library
⊳Εθνική Βιβλιοθήκη National
Library
βιβλιοπωλείο το book shop
(Βρετ.), bookstore (Αμερ.)
Βίβλος η Bible
βίδα η screw
▸ **βίδες** πλ twists
Βιέννη, Βιέννη η Vienna
βίζα η visa · **βγάζω ~** to get a visa
βίλα η villa
βίντεο το (συσκευή) video
(recorder) · (= βιντεοκασέτα) video
(tape)
βιντεοκάμερα η video camera
βιντεοκασέτα η video tape
βιογραφία η biography
βιολέτα η violet
βιολί το violin
βιολογικός επίθ biological
βιολόγος ο/η biologist
βιομηχανία η (καλλυντικών,
τροφίμων) industry ·
(= εργοστάσιο) factory
βιομηχανικός επίθ (περιοχή,
μονάδα) industrial · (προϊόν)
manufactured · (παραγωγή) mass ·
(κλάδος) of industry · (χώρα)
industrialised · (έπιπλα, χαλιά)
mass-produced ⊳**η Βιομηχανική
Επανάσταση** the Industrial
Revolution
βίος ο (= ζωή) life · (= τρόπος
ζωής) lifestyle · (= διάρκεια ζωής)
lifespan · (= βιογραφία) life ⊳**-οι
παράλληλοι** parallel lives ⊳**~ και
πολιτεία** (για περιπετειώδη ζωή)
exciting life
βιοτεχνία η (οικ) small industry ·
(κτήριο) workshop
βιοτεχνολογία η biotechnology
βιοτικός επίθ living ⊳**-ό επίπεδο**
standard of living
βιοχημεία η biochemistry

βιταμίνη η vitamin
βιτρίνα η (μαγαζιού,
ζαχαροπλαστείου) (shop) window ·
(μουσείου) showcase · (μτφ.)
shining example
βλαβερός επίθ harmful ·
(συνήθεια) unhealthy
βλάβη η (γενικότ.) damage χωρίς
πληθ. · (αυτοκινήτου) breakdown ·
(ψυγείου, καλοριφέρ) failure ·
παθαίνω ~ to be damaged ·
(αυτοκίνητο) to break down ·
⊳**σωματική ~** physical harm
βλάκας ο (ΙΑΤΡ) retarded person ·
(μειωτ.) idiot
βλακεία η (ΙΑΤΡ) retardation ·
(= χαζομάρα) stupidity · (= πράξη)
stupid thing to do · (= λόγος)
stupid thing to say
βλάπτω ο μ μ (υγεία, καλλιέργειες)
to damage · (συμφέροντα,
υπόληψη) to harm · (δικαιώματα)
to prejudice · (ανάπτυξη, εξέλιξη)
to impair ♦ ο αμ to be bad for
the health
βλαστήμια η swear word
βλάστημος επίθ = **βλάσφημος**
βλάστηση η (φυτού)
germination · (περιοχής)
vegetation
βλασφημία η (= ύβρις)
blasphemy · (= αισχρολογία) oath
βλάσφημος επίθ (= που βρίζει τα
θεία) blasphemous · (χειρονομία)
rude
βλασφημώ ο μ to blaspheme
against ♦ ο αμ to be
blasphemous
βλάχικος επίθ (γάμος, έθιμα)
Vlach · (μειωτ.: συμπεριφορά)
boorish · (προφορά, ντύσιμο) hick
(ανεπ.)
βλέμμα το (= ματιά) look ·
(επίμονο) stare · (μελαγχολίας,
ανησυχίας) look
βλέπω ο μ (άνθρωπο, πράγμα) to
see · (= παρακολουθώ: τηλεόραση,

παράσταση) to watch · (= *κρίνω*)
to see · (= *διαπιστώνω*: *σφάλμα,
άδικο*) to see · (= *κατανοώ*: *λόγους,
στάση*) to see · (= *εξετάζω*:
κατάσταση, τα πράγματα) to see ·
(*γιατρός*) to examine ·
(= *προβλέπω*) to foresee ·
(= *αποφασίζω*) to see · (= *προσέχω*)
to watch · (*φαγητό*) to keep an
eye on · (*παιδί*) to look after ·
(= *σκέπτομαι*: *συμφέρον, κέρδος*) to
have an eye for · (= *συναντώ*:
γνωστό, προϊστάμενο) to see ·
(= *επισκέπτομαι*: *φίλο*) to see ·
(*μουσείο*) to visit ◆ **για να δούμε**
για να δούμε let's see · **θα δούμε**
we'll see · **το δωμάτιό μου/το**
παράθυρο ~ει στον κήπο my
room/the window looks onto the
garden · **το σπίτι ~ει στη**
θάλασσα the house has a sea
view

▶ **βλέπομαι** *μεσ* (= *συναντιέμαι*) to
see each other · (*ταινία, άνθρωπος*)
to be seen

βλεφαρίδες *οι* eyelashes
βλέφαρο *το* eyelid
βλή|μα *το* (*γενικότ.*) missile ·
(*όλμου, πυροβόλου*) shell ·
(= *σφαίρα*) bullet · (*υβρ.*) idiot
βλητό *το* = **βλήτο**
βλίτο *το* (*χορταρικό*) dandelion
leaf · (*υβρ.*) idiot
βόας *ο* boa (constrictor)
βογγητό *το* (*ανθρώπου*) groan ·
(*θάλασσας, μηχανής*) roar
βογγητό *το* = **βογγητό**
βόδι *το* ox
βοδινός *επίθ* ox
▶ **βοδινό** *το* beef
βο|ή *η* (*βροντής*) rumble ·
(*χυμάτων, ανέμων*) roar · (*πλήθους,
μαγαζιού*) hubbub
βοήθει|α *η* (= *υποστήριξη*) help ·
(*στρατιωτική, ιατρική*) aid ·
(= *βοήθημα*) aid · ~! help!
▷ **πρώτες ~ες** first aid ▷ **σταθμός**

πρώτων βοηθειών first–aid
station *η* post
βοήθη|μα *το* (= *υποστήριξη*) aid ·
(*φοιτητή, μελετητή*) study aid · (*για
σχολικά μαθήματα*) answer book
βοηθητικ|ός *επίθ* (*στοιχείο, μέσο*)
helpful · (*υπηρεσία*) ancillary ·
(*προσωπικό, υπάλληλος*) auxiliary ·
(*πηγή, σύγγραμμα*) additional · **~ό**
ρήμα auxiliary verb ▷ **~οι χώροι**
storage space *οι*
βοηθ|ός *ο/η* (= *συμπαραστάτης*)
helper · (*λογιστή, δικηγόρου*)
assistant · (= *μαθητευόμενος*)
apprentice
βοηθ|ώ *ρ μ* (*γενικότ.*) to help ·
(*φτωχό*) to give relief to ◆ *ρ αμ* to
help
βολάν *το* steering wheel
βολβ|ός *ο* (BOT) bulb · (*ματιού*)
eyeball
βολεί, βόλεϊ-μπολ *το* volleyball
βολεύ|ω *ρ μ* (*έπιπλα*) to fit ·
(*αντικείμενα, βιβλία*) to fit (*σε in*) ·
(*πόδια, χέρια*) to fit in · (*πελάτη,
φιλοξενούμενο*) to make
comfortable
▶ **βολεύει, βολεύουν** *τριτ* to suit ·
δεν με ~ει it doesn't suit me
▶ **βολεύομαι** *μεσ* (*σε σπίτι*) to settle
in · (*σε κάθισμα*) to settle ·
(= *εξυπηρετούμαι προσωρινά*) to
make do (*με with*)
βολ|ή *η* (*δίσκου, λίθου*) throw ·
(*στην καλαθοσφαίριση*) shot ·
(= *πυροβολισμός*) shot
βολικ|ός *επίθ* (*έπιπλο*)
comfortable · (*χώρος, σημείο*)
convenient · (*παιδί, χαρακτήρας*)
easy–going
βόλ|ος *ο* (= *σφαίρα*) ball ·
(*χώματος*) clod · (= *γυάλινο*
σφαιρίδιο) marble
▶ **βόλοι** *πλ* marbles
βόλτ|α *η* (= *περίπατος*) walk · (*με
όχημα*) drive · (*βίδας*) thread
βγάζω ή πηγαίνω κπν to take

sb for a walk · κάνω (μια) ~ (με το αυτοκίνητο/με τα πόδια) to go for a drive/walk ◈ ῆ stroll · **πάω** ~ to go for a walk · **πάω ~ στα μαγαζιά** to go down to the shops

βόμβ|α η bomb

βομβαρδίζ|ω ρ μ (ΣΤΡ) to bomb · (μτφ.) to bombard

βομβαρδισμ|ός ο (ΣΤΡ) bombing · (μτφ.) bombardment

βομβητής ο pager

βόρεια επίρ (κοιτάζω, πηγαίνω) north · (βρίσκομαι) in the north

Βόρεια Αμερική η North America

Βόρεια Αφρική η North Africa

βορειοανατολικά επίρ (κοιτάζω, πηγαίνω) north-east · (βρίσκομαι) in the north-east

βορειοανατολικός επίθ (παράθυρο, δωμάτιο) north-east facing · (άνεμος) north-east

βορειοδυτικά επίρ (κοιτάζω, πηγαίνω) north-west · (βρίσκομαι) in the north-west

βορειοδυτικός επίθ (πρόσοψη, δωμάτιο) north-west facing · (άνεμος) north-west

βόρειος, -α, -ο (ακτή, ημισφαίριο) northern · (παράθυρο) north-facing · (άνεμοι) north
▸ **Βόρειος, η, Βόρεια** η Northerner

Βόρειος Πόλος ο ο ~ the North Pole

βοριάς ο (άνεμος) north wind · (= ψυχρός καιρός) cold weather · (= βορράς) north

βορράς ο north
▸ **Βορράς** ο North

βοσκή η (= βοσκότοπος) pasture · (= χορτάρι) grass

βοσκός ο shepherd

βοτάνι το herb

βοτανικός επίθ herbal ▸ ~ κήπος botanical garden

βότανο το herb

βοτανολόγος ο/η botanist

βότκ|α η vodka

βότσαλο το pebble

βουβάλι το = **βούβαλος**

βούβαλος ο buffalo

βουβός επίθ silent ▸ ~ ή βωβός κινηματογράφος silent films πληθ.

Βουδαπέστη η Budapest

βουδιστής ο Buddhist

βουή η = **βοή**

βουίζω ρ αμ (μέλισσες) to buzz · (σφήκες) to buzz · (ποτάμι, θάλασσα) to roar · ~ουν τα αφτιά μου my ears are ringing · ~ει το κεφάλι μου my head's buzzing · ~ει (ακουστικό τηλεφώνου) it's engaged (Βρετ.), the line's busy (Αμερ.)

Βουλγάρ|α η βλ. **Βούλγαρος**

Βουλγαρί|α η Bulgaria

βουλγαρικός επίθ Bulgarian
▸ **Βουλγαρικά, Βουλγάρικα** τα Bulgarian

βουλγάρικος επίθ = **βουλγαρικός**

Βούλγαρος ο Bulgarian

βουλευτής ο/η deputy · (στην Μ. Βρετανία) member of parliament · (στις Η.Π.Α.) representative

βουλή η (= κοινοβούλιο) parliament · (= απόφαση) will
▸ **Άνω Βουλή** Lower House
▸ **Βουλή των Αντιπροσώπων** House of Representatives
▸ **Βουλή των Ελλήνων** Hellenic Parliament ▸ **Βουλή των Κοινοτήτων** House of Commons
▸ **Κάτω Βουλή** Upper House

βουλιάζ|ω ρ μ (βάρκα, πλοίο) to sink · (στέγη) to bring down ◆ ρ αμ (χαράκι) to sink · (δρόμος, έδαφος) to subside · (πόρτα, λαμαρίνα) to be dented

βουλιμί|α η (= λαιμαργία) insatiable appetite · (ΙΑΤΡ) bulimia

βουλκανιζατέρ το vulcanizer

βούλωμα το (δοχείου, τρύπας)

(μπουκαλιού) cork · (= σφράγιση) sealing

βουλών|ω ρ μ (μπουκάλι) to put the cork in · (βαρέλι, δοχείο) to put the bung in · (γράμμα) to seal · (σωλήνες) to block ♦ ρ αμ (υπόνομοι, νιπτήρας) to be blocked (or) clogged up · (μύτη) to be blocked

βουνό το mountain

βουνοκορφή η summit

βούρκος ο (= λάσπες) mud · (= βάλτος) swamp · (μτφ.) gutter

βουρκώνω ρ αμ (ανθρώπος) to feel the tears welling up · (μάτια) to fill η/ mist with tears

βούρτσα η (μαλλιών) (hair)brush · (ρούχων) (clothes) brush · (παπουτσιών) brush · (βαψίματος) (paint)brush

βουρτσίζω ρ μ to brush

βούρτσισμα το brush

βουτήματα τα biscuits (Βρετ.), cookies (Αμερ.)

βουτιά η dive

βούτυρο το butter · **νωπό ή φρέσκο** ~ fresh butter

βουτ|ώ ρ μ (σε γάλα, νερό) to dip · (από τα μαλλιά, το χέρι) to grab · (οικ.: = συλλαμβάνω) (ανεπ.) · (οικ.: = κλέβω) to collar (ανεπ.) ♦ ρ αμ (= κάνω βουτιά) to pinch (ανεπ.) ♦ ρ αμ (= κάνω βουτιά) to dive · (= πηδώ) to jump
▸ **βουτιέμαι** μεσ to fight

βραβείο το prize ▹ ~ **Νόμπελ** Nobel prize ▹ ~ **Όσκαρ** Academy Award

βραβευμέν|ος επίθ prize-winning
▸ **βραβευμένοι** οι prize-winners

βράβευση η (= επιβράβευση) reward · (= τελετή επιβράβευσης) prize-giving

βραβεύ|ω ρ μ (= απονέμω βραβείο) to award a prize to · (= επιβραβεύω) to reward

βράγχια τα gills

βραδάκι το early evening · **(κατά) το** ~ in the early evening

βραδιά η (= βράδυ) evening · (κινηματογραφική, όπερας) night · (= νύχτα) night ▹ **μουσική** ~ musical evening

βραδιάζ|ω ρ αμ to be overtaken by night
▸ **βραδιάζει** απρόσ it's getting dark

βραδινός επίθ (ύπνος) night's · (μάθημα, εκπομπή) evening · **τις πρώτες ~ές ώρες** in the early evening
▸ **βραδινή** η evening performance
▸ **βραδινό** το evening meal

βράδ|υ το (= βραδιά) evening · (= νύχτα) night · **από το πρωί ως το** ~ from dawn till dusk · **πρωί, μεσημέρι,** ~ morning, noon and night · **φεύγω/ξεκινώ** ~ to leave/set off in the evening

Βραζιλία η Brazil

βράζ|ω ρ μ to boil ♦ ρ αμ to boil

βρακί το (= εσώρουχο: γυναικείο) pants πληθ. (Βρετ.), panties πληθ. (Αμερ.) · (ανδρικό) (under)pants πληθ. (Βρετ.), shorts πληθ. (Αμερ.) · (= παντελόνι) trousers πληθ. (Βρετ.), pants πληθ. (Αμερ.)

βράσιμο το boiling

βραστήρας ο (νερού) kettle · (= λέβητας) boiler

βραστός επίθ (κρέας, πατάτες) boiled · (= ζεματιστός) boiling
▸ **βραστό** το boiled food

βράχια τα rocks · βλ. κ. **βράχος**

βραχιόλι το bracelet

βραχίον|ας ο (= μπράτσο) upper arm · (= χέρι) arm · (γερανού, πικάπ) arm

βραχνιάζ|ω ρ αμ to go hoarse

βραχνός επίθ (φωνή: εκ φύσεως) husky · (από κρυολόγημα) hoarse · (για τρόλα) hoarse

βράχ|ος ο (= μεγάλη πέτρα) rock · (σε ακτή) cliff · (μτφ.) rock

βραχυκύκλωμα το short circuit

παθαίνω ~ (αργκ.) to be confused

βραχ|ύς, -εία, -ύ (επίθ.) short
▸ **βραχέα** τα short waves

βραχώδ|ης επίθ rocky

βρε μόρ hey • (ως υποτιμητική έκφραση) hey you

βρεγμέν|ος, βρεμένος επίθ (γη, χέρια) wet • (παξιμάδι, φέτα) soggy • (στρώμα) wet

Βρετανή η British woman

Βρετανία η Brittany

Βρετανί|α (= Μεγάλη Βρετανία) Britain • (κατ.: = Ηνωμένο Βασίλειο) United Kingdom

βρετανικ|ός επίθ British ▷ **~ά** Αγγλικά English ▷ **Βρετανικά** English

Βρετανός ο British man • **οι ~οί** the British

βρεφικ|ός επίθ infantile ▷ **~ή ηλικία** infancy ▷ **~ σταθμός** crèche ή creche (Βρετ.), day nursery (Αμερ.) ▷ **~ές τροφές** baby food εν.

βρέφ|ος το baby

βρέχ|ω ρ αμ **~ο ουρανός** it's raining • ρ αμ (πρόσωπο, χέρια) to wet • (παξιμάδι, ψωμί) to dip • (ρούχα, σεντόνι) to dampen • (χείλη) to moisten • (αυλή, χορτάρι) to sprinkle • (ιδρώτας, αίμα: μέτωπο, πρόσωπο) to trickle down • (ενφημ.: = κατουριέ: σεντόνι) to wet • (για θάλασσα: ακτές) to wash
▸ **Βρέχει** απρόσ it's raining • **~ει καρεκλοπόδαρα** ή **καταρρακτωδώς** it's pouring down • **~ει με το τουλούμι** it's bucketing ή pelting down • **~ει συνέχεια εδώ** it rains all the time here
▸ **βρέχομαι** μεσ (θεατές, κοινό) to get wet • (ενφημ.: = κατουριέμαι) to wet oneself

βρίζ|ω ρ μ to insult ♦ ρ αμ to swear

βρισι|ά η (= ύβρις) insult •

(= αισχρολογία) swearword

βρίσι|μο το abuse χωρίς πληθ.

βρίσκ|ομαι ρ αμ (χώρα, μνημείο) to be • (φάρμακο, εμβόλιο) to be found ή discovered • (ληστής, δολοφόνος) to be found • (χρήματα, κεφάλαια) to be found • (= είμαι) to be • **~ με κπν** to meet sb
▸ **βρίσκεται, βρίσκονται** τριτοπρόσ
▸ **βρέθηκε κανείς για την αγγελία;** has anyone answered the ad?

βρίσκ|ω ρ μ (= περιουσία) to come into • (σχέδιο) to come up with • (κακό, συμφορά) to befall • (προβλήματα, δυσκολίες) to come up against • (εχθρό, αντίπαλο) to meet • (στόχο, κέντρο) to hit • (σφαίρα) to hit • (αίνιγμα, γρίφο) to solve • ρ αμ (καρφί, ρόδα) to be sticking • (αυτοκίνητο, ρόδα) to be dented • **απ' τον Θεό να το 'βρεις** let God be your judge • **καλώς σε/σας βρήκα!** I'm glad to see you! • **τα ~ με κπν** to make up with sb • **το βρήκα!** I've got it!

βρογχίτιδ|α η bronchitis

βρόμ|α (ανεπ.) η (= δυσοσμία) stink • (= ρύπος) dirt • (υβρ.: για γυναίκα) slut (χυδ.)

βρομερ|ός επίθ = **βρόμικος**

βρομι|ά η (σπιτιού, ρούχων) dirt • (= ανομία) dirty trick • (= διαφθορά) sleaze

βρομιάρης, -α, -ικο (ρούχα, άνθρωπος) dirty • (μτφ.) vulgar
▸ **βρομιάρης** ο, **βρομιάρα** η (υβρ.) filthy person • (μτφ.) scum

βρόμικ|ος επίθ (ρούχα, τοίχος) dirty • (ατμόσφαιρα, αέρας) polluted • (μτφ.: άνθρωπος) sleazy • (λόγια) foul • (δουλειά, κόλπο) foul •

βρομόλογ|α τα foul language εν.

βρομ|ώ ρ αμ (ρούχα, άνθρωπος) to stink • (υπόθεση, ιστορία) to be fishy • (δουλειά) to be

dodgy (ανεπ.) ◆ ρ μ to stink of
βροντερός επίθ booming
βροντή η thunder χωρίς πληθ.
βροντ|ώ ρ μ (πόρτα) to slam·
(τραπέζι) to bang on· (ακουστικό)
to slam down · (λαστιχ,
αντίπαλο) to slam down ◆ ρ αμ
(κανόνια) to boom · (βουνό,
αίθουσα) to ring (από with)
βροχερός επίθ rainy
βροχή η (μετεωρολογικό
φαινόμενο) rain· (προτάσεων,
ερωτήσεων) flood· (μετεωριτών)
shower
▸ **βροχές** πλη rains
βροχόπτωση η rainfall
Βρυξέλλες οι Brussels
βρύση η (μπάνιου, νεροχύτη) tap
(Βρετ.), faucet (Αμερ.)· (πλατείας,
χωριού) fountain · (βουνού,
δάσους) spring · **η ~ στάζει** the
tap is dripping · **η ~ τρέχει** the
tap's on
βρώμα|α η = **βρόμα**
βρωμερός επίθ = **βρομερός**
βρωμιά η = **βρομιά**
βρωμιάρης, -α, -ικο = βρομιάρης
βρώμικος επίθ = **βρόμικος**
βρωμ|ώ ρ αμ = **βρομώ**
βρώσιμος (επίσ.) επίθ edible
βυζαίν|ω ρ μ (γάλα) to suckle·
(μωρό, μικρό) to breastfeed·
(πιπίλα, δάχτυλο) to suck ◆ ρ αμ
to suckle
βυζαντιν|ός επίθ Byzantine
▸**Βυζαντινή Αυτοκρατορία**
Byzantine Empire
βυζί (ανεπ.) το (γυναίκας) boob
(ανεπ.)· (ζώου) udder
βυθίζ|ω ρ μ (πλοίο, βάρκα) to sink·
(σώμα, κεφάλι) to immerse·
(νύχια) to sink· (δάχτυλο, μαχαίρι)
to stick
▸ **βυθίζομαι** μεσ **–ομαι στην
απαισιοδοξία** to be deeply
pessimistic
βύθιση η (σώματος) submersion·

(φρεγάτας, αντιτορπιλικού) sinking
βυθισμέν|ος επίθ sunken
βυθ|ός ο (θάλασσας) seabed·
(ποταμού) riverbed· (λίμνης)
bottom (κατάπτωσης, παρακμής)
depths πληθ. · (= βάθη) deep sea
βυσσινάδ|α η cherry juice
βύσσιν|ο ο sour cherry
βυτί|ο το (υγρών) barrel· (αερίων)
canister
βυτιοφόρο|ο το tanker
βωβ|ός επίθ = **βουβός**
βώλ|ος ο = **βόλος**
βωμ|ός ο altar

Γ γ

Γ, γ gamma, third letter of the
Greek alphabet
γαβάθ|α η (σκεύος) (large) bowl·
(= περιεχόμενο γαβάθας) bowl(ful)
γαβγίζ|ω ρ αμ (σκύλος) to bark·
(ενοχλητικά) to yap· (από πόνο) to
yelp· (μτφ.: άνθρωπος) to yell ◆ ρ
μ to bark at· **σκύλος ή σκυλί που
~ει δεν δαγκώνει** his/her bark is
worse than his/her bite (παροιμ.)
γάβγισ|μα το (σκύλου) bark·
(ενοχλητικό) yap· (πόνου) yelp·
(μτφ.: ανθρώπου) bark
γάβρ|ος ο = **γαύρος**
γάζ|α η gauze
γαζών|ω ρ μ to machine–stitch
γάιδαρ|ος ο (ζώο) donkey· (υβρ.:
για ηλίθιο, λout · **~ με
περικεφαλαία ή σέλλα** (υβρ.) a
real lout · **δένω ή έχω δεμένο
τον -ó μου** to be sitting pretty
(ανεπ.)· **δυο –οι μαλώνανε σε
ξένο αχυρώνα** (παροιμ.) they're
squabbling over something that
doesn't even belong to them·
είπε ο ~ τον πετεινό κεφάλα
(παροιμ.) it's the pot calling the
kettle black · **ήταν(ε) στραβό το**

κλήμα, το 'φαγε κι ο ~ (παροιμ.) that was the last straw · **κάποιου του χάριζαν (ένα) ~ο, και (αυτός) τον κοίταζε στα δόντια** (παροιμ.) don't look a gift horse in the mouth (παροιμ.) · **~ πετάει ο ~; · πΠετάει!** (για αναγνωστική παραδοχή ή υποχώρηση) a man's got to do what a man's got to do · (για εύπιστο άνθρωπο) he'll/she'll believe anything you tell him/her · **σκάω ~ο** (ανεπ.) to try the patience of a saint

γαϊδούρ|α η (= θηλυκό γαϊδούρι) female donkey · (υβρ.: για γυναίκα) cow (ανεπ.)

γαϊδούρ|ι το (= γάιδαρος) donkey · (υβρ.: = πα πρόα.) lout

γάλ|α το (γενικότ.) milk · (συκιάς) latex · **βγάζω ή κατεβάζω ~** to produce milk · **μου κόβεται το ~** (ανεπ.) to stop producing milk · **φτύνω της μάνας μου το ~** to wish one had never been born
▷ **αρνάκι ~κτος** spring lamb
▷ **~ άπαχο** low-fat milk
▷ **~ αποβουτυρωμένο** skimmed milk (Βρετ.), skim milk (Αμερ.)
▷ **~ εβαπορέ** evaporated milk
▷ **~ μακράς διαρκείας** long-life milk ▷ **~ ομογενοποιημένο** homogenized milk
▷ **~ παστεριωμένο** pasteurized milk ▷ **~ πλήρες** full-cream milk
▷ **~ σκόνη** dried ή powdered milk
▷ **~ σοκολατούχο** chocolate milk
▷ **~ συμπυκνωμένο** condensed milk ▷ **~ του κουτιού** tinned milk
▷ **~ φρέσκο ή νωπό** fresh milk
▷ **~ χωρίς λιπαρά** non-fat milk
▷ **γουρουνόπουλο ~κτος** suckling pig ▷ **μοσχαράκι ~κτος** milk-fed veal ▷ **σοκολάτα ~κτος** milk chocolate

γαλάζιος, -α, -ο blue
▷ **γαλάζιο το** blue

γαλακτοκομικός επίθ dairy
γαλακτοπωλείο το (για πώληση)

dairy · (για κατανάλωση) milk bar
γαλακτοπώλης ο (= ιδιοκτήτης γαλακτοπωλείου) owner of a dairy · (= διανομέας γάλακτος) milkman
γαλακτοπώλισσα η = **γαλακτοπώλης**
γαλάκτω|μα το (ΧΗΜ) emulsion · (προσώπου) cleansing lotion · (σώματος) moisturizer
γαλανός επίθ pale–blue
▷ **γαλανό** το pale ή light blue
γαλαξί|ας ο galaxy
▷ **ο Γαλαξίας** ο the Galaxy
γαλαρί|α η (θεάτρου, κινηματογράφου) gallery · (λεωφορείου) back seat · (ορυχείου) gallery · (σιδηροδρομικής γραμμής) tunnel
γαλατάδικο το (= όχημα γαλατά) milk float · (= γαλακτοπωλείο: για πώληση) dairy · (για κατανάλωση) milk bar
γαλατ|άς ο (= ιδιοκτήτης γαλακτοπωλείου) dairyman · (= διανομέας γάλακτος) milkman
γαλατόπιτα, γαλακτόπιτα η milk pie
γαλέος ο dogfish
γαλέτ|α η (= παξιμάδι) hardtack · (= τριμμένη φρυγανιά) breadcrumbs πληθ.
γαλήνη η (θάλασσας) calm · (νύχτας) quiet · (εξοχής) peace and quiet · (προσώπου, βλέμματος) serenity · (χώρας, κράτους) peace · **ψυχική ~** peace of mind
γαλήνιος, -α, -ο (θάλασσα) calm · (ουρανός) clear · (νύχτα) quiet · (φωνή, πρόσωπο) calm · (ζωή) quiet
Γαλλία η France
Γαλλίδα η Frenchwoman
γαλλικός επίθ French · **την κάνω ή στρίβω ή το σκάω ή φεύγω αλά ~á** to cut and run (ανεπ.) · **~ó κλειδί** wrench ▷ **~ó φιλί** French

kiss ▷ **η Γαλλική Επανάσταση** the French Revolution
▶ **Γαλλικά** τα French

Γάλλος ο Frenchman

γαλοπούλα η turkey (hen)

γάμα το gamma, *third letter of the Greek alphabet* · **σχηματίζω** ή **κάνω (ένα) Γ** to be L-shaped

γαμήλιος, -α, -ο ▷ wedding ▷ **~ο ταξίδι** honeymoon

γάμος ο (= *νόμιμη ένωση και συμβίωση*) marriage · (*τελετή*) wedding · (*μυστήριο*) matrimony · (*μτφ.: εταιρειών*) merger · **δίνω υπόσχεση ~ου** to become engaged · **ενώνομαι με τα δεσμά του ~ου** to unite in wedlock · **πάρ' τον στον ~ο σου, και του πει "και του χρόνου"** (*παροιμ.*) you can rely on him to say the wrong thing · **προτείνω ~ο** ή **κάνω πρόταση ~ου σε κπν** to propose to sb ▷ **αδαμάντινοι ~οι** diamond wedding (anniversary) εν. · **άδεια ~ου** marriage licence (*Βρετ.*) ή license (*Αμερ.*) ▷ **άκυρος ~** annulment ▷ **ανοικτός ~** big wedding ▷ **αργυροί ~οι** silver wedding (anniversary) ▷ **επέτειος του ~ου** wedding anniversary ▷ **ημέρα του ~ου** wedding day ▷ **θρησκευτικός ~** church wedding ▷ **κλειστός ~** private wedding ▷ **λευκός ~** white wedding ▷ **πιστοποιητικό ~ου** marriage certificate ▷ **πολιτικός ~** civil wedding ▷ **χρυσοί ~οι** golden wedding (anniversary)

γάμπα η calf

γαμπρός ο (= *νεόνυμφος*) bridegroom · (= *μελλόνυμφος*) eligible bachelor · (ο *σύζυγος της κόρης*) son-in-law · (= ο *σύζυγος της αδελφής*) brother-in-law · **ντύνομαι σαν ~** to put on one's Sunday best

γαμώ ρ μ (*χυδ.: = συνουσιάζομαι*)

to fuck (*χυδ.*) · (*μτφ.: = νικώ ταπεινωτικά*) to wipe the floor with (*ανεπ.*) · **γάμα** ή **γάμησέ τα** fuck it! (*χυδ.*) · **(και ~** (*αργ.κ.: = πολύ καλός*) fucking (*χυδ.*) ή bloody (*Βρετ.*) (*χυδ.*) great · (= *πολύ ωραίος*) fucking (*χυδ.*) ή bloody (*Βρετ.*) (*χυδ.*) beautiful
▶ **γαμιέμαι** μεσ (= *εξαντλούμαι*) to work one's arse (*Βρετ.*) (*χυδ.*) ή ass (*Αμερ.*) (*χυδ.*) off · **άι ξ' άντε ξ' τράβα (και) ~ήσου!** (*υβρ.*) fuck off! (*χυδ.*) · **δεν ~ιέται!** (*υβρ.*) I don't give a fuck! (*χυδ.*) ή damn! (*χυδ.*)

γαμώ το, γαμώ τη επιφών (*ανεπ.*) damn (it)! (*χυδ.*)
▶ **γαμώ το** self-respect

γάντζος ο hook

γαντζώνω ρ μ (*αντικείμενο*) to hook · (*κρέας*) to hang (*on a hook*) · (*μτφ.: = αρπάζω*) to grab
▶ **γαντζώνομαι** μεσ

γάντι το glove · **με το ~** with kid gloves · **μου έρχεται** ή **πάει ~** it fits me like a glove · **ρίχνω ή πετάω το ~ σε κπν** to provoke sb

γαργαλητό το tickle

γαργαλίζω ρ μ = **γαργαλώ**

γαργαλώ ρ μ (*μωρό, πατούσες*) to tickle · (*μτφ.: αισθήσεις*) to excite · **η μυρωδιά τού φαγητού μου ~άει το στομάχι** the smell of the food is making my mouth water · **με ~άει ο λαιμός μου** I've got a tickly throat
▶ **γαργαλιέμαι** μεσ to be ticklish

γαργάρα η gargle · **κάνω ~ες (με κτ)** to gargle (with sth) · **κάνω κτ ~** to let sth lie

γαρδένια η gardenia

γαρίδα η prawn (*Βρετ.*), shrimp (*Αμερ.*) · **~ το μάτι του!** his eyes were out on stalks! · **έγινε το μάτι μου ~ να βρω ξενοδοχείο** I had to look long and hard to find a hotel

γαρίφαλο το (= άνθος) carnation ·
(ΜΑΓΕΙΡ) clove

γαρνίρισμα το (φαγητού)
garnish · (τούρτας) topping

γαρνίρω ρ μ (φαγητό) to garnish ·
(γλυκό, τούρτα) to decorate

γαρνιτούρα η (φαγητού) garnish ·
(γλυκού, τούρτας) topping ·
(φορέματος) trimming · (κάγκελου,
επίπλου) decorative work

γαρύφαλλο το = **γαρίφαλο**

γάστρα η (= μαγειρικό σκεύος)
casserole dish · (= γλάστρα)
flowerpot · (ΝΑΥΤ) bottom

γαστρίτιδα η gastritis

γαστρονομικός επίθ
gastronomic

γάτα η (ζώο) cat · ~ **με πέταλα**
crafty devil (ανεπ.) · **όσο πατάει η**
~ (αγγίζω, πατώ) very gently ·
(βρέχομαι, βουτάω) just a little bit ·
όταν λείπει η ~, χορεύουν τα
ποντίκια (παροιμ.) when the cat's
away, the mice will play
(παροιμ.) · **ούτε ~ ούτε ζημιά**
there's no harm done · **σαν**
βρεγμένη ~ (= με ενοχές) with
one's tail between one's legs ·
σκίζω τη ~ to wear the trousers
(Βρετ.) ή pants (Αμερ.)

γατάκι το (υποκ.: = μικρή γάτα)
kitten · (χαϊδ.) puss

γατί το (= γάτα) cat · (= μικρή
γάτα) kitten

γάτος ο tomcat
▷**παπουτσωμένος ~** Puss in
Boots

γαυγίζω ρ αμ = **γαβγίζω**

γαύρος ο anchovy

γδέρνω ρ μ (ζώο) to skin · (δέρμα,
επιφάνεια) to scratch · (παπούτσια)
to scuff · (λαιμό) to make raw
(μτφ.) to swindle

γδύνω ρ μ (= αποσπώ μεγάλο
ποσό) to bleed sb dry · (= κλέβω)
to rob sb · **οι ληστές μάς**
έγδυσαν τη νύχτα the burglars
stripped the house bare in the
night

▸**γδύνομαι** μεσ to get undressed

γδύσιμο το (= ξεντύσιμο)
undressing · (= γύμνωμα)
stripping

γδυτός επίθ naked · **είμαι** ~ to
have nothing on

γεγονός το (= συμβάν) event ·
(= περιστατικό) incident ·
(= δεδομένο) fact · **από το** ~ **ότι,**
εκ του ~**τος ότι** (επίσ.) based on
the fact that · **ζω τα** ~**ότα** to
experience events at first hand ·
κατά τη φυσική πορεία των
~**ότων** in the normal course of
events · **τα** ~**ότα μιλούν από**
μόνα τους the facts speak for
themselves

γεια η/το (χαιρετισμός) hello ·
(αποχαιρετισμός) goodbye · ~ **στα**
χέρια σου! well done! · ~ **στο**
στόμα σου! well said! · **με**
(~ σου)! wish made to someone
who has just bought something · **με**
~ **σου (και) με χαρά σου** and
good luck to you

γειρτός επίθ (επιφάνεια) slanting ·
(πύργος) leaning · (δέντρο)
bowed · (ώμος) rounded · (πλάτη)
hunched · (πόρτα, παράθυρο) ajar

γείσο, γείσωμα το (στέγης) eaves
πληθ. · (τζαμιού) mantelpiece ·
(πληκίου) peak

γείτονας ο neighbour (Βρετ.),
neighbor (Αμερ.)

γειτονεύω ρ αμ (άνθρωποι) to be
neighbours (Βρετ.) ή neighbors
(Αμερ.) · (χώρες) to share a border

γειτονιά η (= τμήμα συνοικίας)
neighbourhood (Βρετ.),
neighborhood (Αμερ.) ·
(= γείτονες) neighbours (Βρετ.),
neighbors (Αμερ.) · **της ~ς** local

γειτονικός επίθ (σπίτι) next ·
(σπίτι, αυλή) adjacent · (λαός,
χώρα) neighbouring (Βρετ.),
neighboring (Αμερ.),

γειτόνισσ|α η βλ. **γείτονας**

γείτες επιφών bless you!

γελάδ|α η = **αγελάδα**

γελαστ|ός επίθ (παιδί, πρόσωπο) smiling · (μτφ.: τύπος, άτομο) cheerful

γέλι|ο το laugh · **αφήνω ένα δυνατό ~** to laugh out loud · **~ μέχρι τ' αυτιά** big grin · **δεν κρατιέμαι απ' τα ~** to be helpless with laughter · **δεν μπορώ να κρατήσω τα ~ μου** I can't stop laughing · **είναι για ~** it's laughable · **είναι και για κλάματα** it's both funny and sad · **θα πέσει (πολύ) ~** it'll be good fun! η a good laugh (ανεπ.) · **κάνω πολλά ~** to have a lot of fun · **κατουριέμαι απ' τα ~** (ανεπ.) to be in stitches (ανεπ.) · **με πιάνει νευρικό ~** to get the giggles · **με πιάνουν τα ~ βάζω τα ~** to start laughing · **ξεσπώ (σε δυνατά ή τρανταχτά ~** to burst out laughing · **πεθαίνω στα ~** to laugh one's head off! · **πιάνω την κοιλιά μου απ' τα ~** to hold one's sides with laughter · **ρίχνω κάτι ~** to roar with laughter · **σκάω στα ~** (= ξεσπώ σε γέλιο) to burst out laughing · (= γελώ μέχρι δακρύων) to fall about laughing · **τα ~ μού βγαίνουν ξινά** to laugh on the other side of one's face

▸ **γέλια** πλ laughter εν.

γελοιογραφί|α η (σε εφημερίδα, περιοδικό) cartoon · (γνωστού προσώπου) caricature

γελοιοποι|ώ ρ μ (νόμο, θεσμούς) to make a mockery of · (ιδέες) to ridicule · (άτομο) to make a fool of · (οικογένεια) to show up

γελοί|ος, -α, -ο (= κωμικός) ridiculous · (= άξιος περιφρόνησης: αυτοκριτική, κατακραυγή) pathetic · (μαγαζί) awful · (ποσό) piffling

▸ **γίνομαι ~** to look ridiculous · **μη**

γίνεσαι ~ don't be ridiculous

▸ **το γελοίον** το the funny side

γελ|ώ ρ αμ (= ξεσπώ σε γέλιο) to laugh · (μτφ.: μάτια) to twinkle with laughter · (πρόσωπο) to be all smiles ◆ ρ μ (τύχη) to smile on · (= ξεγελώ) to deceive · **ας μη ~ιόμαστε** let's not kid ourselves · **~άει καλύτερα, όποιος ~άει τελευταίος** (παροιμ.) he who laughs last, laughs longest (παροιμ.) · **~άει κι ο κάθε πικραμένος** it's completely laughable · **~άει το χειλάκι κποιου** to be all smiles · **~ούν και τα μουστάκια ή τα αφτιά μου** to grin from ear to ear · **~ με την καρδιά μου ή με την ψυχή μου** to laugh heartily · **~ μέχρι δακρύων** to laugh till ή until one cries · **~ σε ή εις βάρος κποιου** to laugh at sb · **είναι να ~άει κανείς!** it's laughable! · **θα σε ~άσω** don't take my word for it! · **μου γέλασε η τύχη** fortune smiled on me · **μου γέλασε κατάμουτρα** he laughed in my face · **με ~άσανε** you're mistaken

▸ **γελιέμαι** μεσα (= απατώμαι) to be deceived · (= λαθεύω) to be mistaken

γεμάτ|ος επίθ (μπουκάλι, ποτήρι) full · (μπαταρία) fully charged · (όπλο) loaded · (μήνας, χρόνος) full · (μτφ.: αίματα, τρίχες) covered in · (ευτυχία, δυστυχία) full of · (δυσκολίες) fraught with · (ευφημ.) plump · **είμαι ~ ερωτηματικά** to be full of questions · **ένα βλέμμα ~ ερωτηματικά** a questioning look · **η ζωή μου είναι ~** to have a full life

▸ **~ αστέρια** starry

▸ **~ ζωή** ή **ζωντάνια** full of life

▸ **~ λακκούβες** bumpy ▸ **~ο φεγγάρι** full moon

γεμίζ|ω ρ μ (= πληρώ) to fill (με with) · (μαξιλάρι, πιπεριά) to stuff (με with) · (όπλο) to load ·

(μπαταρία) to charge ♦ ϱ αμ to be full · **αισιοδοξία/μίσος** to be filled with optimism/hatred · **~ κπν (με) δώρα** to shower sb with gifts · **~ τα παπούτσια (με) λάσπες** to get one's shoes muddy · **~ τα ρούχα μου αίμα** to get blood on one's clothes · **~ το κεφάλι κπιου (με) ιδέες** to fill sb's head with ideas · **~ το πιάτο μου με φαγητό** to fill one's plate (with food) · **~ το τραπέζι νερά** to spill water on the table · **~ το τραπέζι/το πάτωμα (με) ψίχουλα** to get crumbs on the table/floor · **γέμισα το πουκάμισό μου (με) λεκέδες** I stained my shirt · **ο αέρας γέμιζε μυρωδιές** the air was heavy with aromas · **ο αέρας γέμιζε ιαχές/ζητωκραυγές** the air filled with cries/cheers · **τα μάτια μου γέμισαν δάκρυα** my eyes filled with tears · **το τραπέζι/πάτωμα έχει γεμίσει νερά** the table/floor is covered in water · **το φεγγάρι θα γεμίσει/γεμίσε** there's going to be/it's a full moon

γέμιση η stuffing ▸ **~ του φεγγαριού** first quarter

γεμιστ|ός επίθ stuffed ▸ **γεμιστά** τα stuffed vegetables

Γενάρης ο = **Ιανουάριος**

γενε|ά η (επία.) generation

γενεαλογία η (οικογένειας) genealogy · (πολιτικού) lineage · (χάτλογος) family tree · (μτφ.: κινήματος, ιδέας) development

γενέθλι|ος, -α, -ο (πόλη, χώρα) native · (πάρτι, δώρα) birthday ▸ **-α** ημέρα birthday ▸ **γενέθλια** τα birthday εν. ▸ **πάρτι/τούρτα γενεθλίων** birthday party/cake

γενέτειρα η (= χώρα καταγωγής) homeland · (= ιδιαίτερη πατρίδα) native town ή village · (μτφ.: δημοκρατίας, τέχνης) birthplace

Γενεύη η Geneva

γέν|ι το beard · **ο παπάς πρώτα τα ~α του βλογάει** (παροιμ.) every man for himself (and God for us all) ή the Devil take the hindmost) (παροιμ.) · **όποιος έχει τα ~α, έχει και τα χτένια** (παροιμ.) fame comes at a price ▸ **γένια** πλ beard εν.

γενι|ά η (ανθρώπων, ζώων) family · (Ελλήνων, Ιταλών) race · (του '60, του '70) generation

γενικά, γενικώς επίρ generally · (= σε γενικές γραμμές) in general

γενίκευση η (για παρατήρηση) generalization · (ταραχών, πολέμου) spread

γενικεύ|ω ϱ μ to generalize ▸ **γενικεύομαι** μεσ (καταστροφή, πόλεμος) to spread · (κατάσταση, χρήση) to become more widespread · (συζήτηση) to open up · (μόδα) to be popular · (τεχνολογία) to come into general use

γενικός επίθ general · **είναι στο ~ό συμφέρον** it's in the general interest · **η ~ή εικόνα** the general picture · **η ~ή άποψη** overview ▸ **-ή διεύθυνση** general management ▸ **-ή κατακραυγή** outcry ▸ **-ή συνέλευση** general meeting ▸ **Γενικός** ο (επίσης ~ **διευθυντής**) general manager ▸ (επίσης ~ **γραμματέας**) Secretary General ▸ **ο γενικός** ο (γκαζιού, νερού) the mains πληθ. · (επίσης ~ **διακόπτης**) cutoff switch ▸ **γενική** η genitive ▸ **γενικό** το secondary school

γέν|να η birth · **οι πόνοι της ~ς** labour (Βρετ.) ή labor (Αμερ.) pains

γενναιοδωρία η generosity

γενναιόδωρος επίθ generous

γενναί|ος, -α, -ο (στρατιώτης, λαός) brave · (αμοιβή, ποσό) generous · (αύξηση, μερίδα) substantial · (ατμ.: γλέντι, συμπόσιο) sumptuous

γενναιότητ|α η bravery

γεννημέν|ος επίθ born · **είναι ~ απατεώνας!** he's an out-and-out ή absolute crook!

γέννησ|η η birth
▸ η **Γέννηση** η the Nativity

γεννητικ|ός επίθ genital ▷**~ά όργανα** genitals

γεννήτρι|α η generator

γενν|ώ ρ μ (παιδί) to give birth to · (αβγό) to lay · (ατμ.: δυστυχία, πόνο) to cause · (γκρίνια) to give rise to · (υπονοίες) to arouse · (αμφιβολίες, ερωτηματικά) to raise · **έχω ~ήσει κπν** (ατμ.) to know sb too well · **όπως τον/τη γέννησε η μάνα του/της** as naked as the day he/she was born
▸ **γεννιέμαι** μεσ (= έρχομαι στη ζωή) to be born · (ατμ.: κράτος, έθνος) to be born · (προβλήματα) to arise · (ελπίδες, αμφιβολίες) to be raised · **~ιέμαι έξυπνος/βλάκας** to be born stupid/clever

γέν|ος ο (= γενιά) family · (= έθνος) nation · (= πατρικό όνομα μητέρας) maiden name · (ΒΙΟΛ) genus · (ΓΛΩΣΣ) gender · **εν ~ει** overall ▷**το ανθρώπινο ~** mankind ▷**φυσικό ~** (ΓΛΩΣΣ) natural gender

γερά επίρρ (κρατώ) tight(ly) · (χτυπώ) hard · (φτιάχνω, χτίζω) solidly · (πληρώνομαι) very well · (οικονομάω) a lot

γεράκ|ι το falcon

γεράματα τα (ανεπ.) old age εν. · **καλά ~!** (ως ευχή) may you live to a ripe old age! · **με παίρνουν τα ~** old age is catching up with me

γεράν|ι το geranium

γερανός ο (πτηνό) crane · (μηχάνημα) crane · (όχημα) tow truck

γερασμέν|ος επίθ (άνθρωπος) aged · (φωνή, όψη) of an old person · (απόψεις, ιδέες) old-fashioned

γερατειά τα = **γηρατειά**

γέρικ|ος επίθ (ζώο, δέντρο) old · (μάτια, φωνή) of an old person · (δέρμα) wrinkled · (πρόσωπο) age-worn

Γερμανί|α η Germany

Γερμανίδ|α η βλ. **Γερμανός**

γερμανικ|ός επίθ German
▸ **Γερμανικά** το German

Γερμαν|ός ο German

γερμ|ός ο = **γιαρμάς**

γερν|ώ ρ αμ to age ◆ ρ μ to age

γέρν|ω ρ μ (βαρέλι, κανάτι) to tip · (ώμο) to dip · (πλάτη) to bend · (πόρτα, παράθυρο) to push to ◆ ρ αμ (δέντρο, κλαδιά) to bow · (βάρκα) to list · (πλάτη) to be bent · (άνθρωπος: προς τα κάτω) to stoop · (προς τα πλάγια) to turn over · (= πλαγιάζω) to lie down · (ήλιος) to set · (= ακουμπώ) to lean (σε on) · **~ το κεφάλι (μου)** (= πλαγιάζω) to lie down · (= χαμηλώνω τα μάτια) to bow one's head · (ατμ.: = υποτάσσομαι) to bow down

γέροντ|ας ο (= γέρος) old man · (= μοναχός) father

γερόντισσα η (= γριά) old lady · (= μοναχή) mother superior

γεροντοκόρη η (μειωτ.: = άγαμη) spinster · **είμαι ή κάθω σαν ~** (ατμ.) I'm like an old maid

γερ|ός επίθ (για πρόσα.: = υγιής) fit · (κράση, νεύρα) strong · (θεμέλια, σπίτι) solid · (σπίτι) well-built · (παπούτσια) sturdy · (ποτήρι) unbroken · (επιστήμονας, μαθητής) capable · (μυαλό) excellent · (μεροκάματο) hefty · (κομπόδεμα) substantial · (καβγάς) violent · (δεσμός, αέρας) strong · (βροχή) heavy · (γλέντι, απάτη) big · (φαΐ) big · **-ή μπάζα** tidy sum · **είναι ~ό σκαρί** (*για πλοίο*) it's a sturdy boat (*μτφ.: για άνθρωπο*) he's as strong as an ox · **είμαι ~ό πιρούνι** *ή* **κουτάλι** to be a hearty eater · **είμαι ~ο ποτήρι** to be a heavy drinker · **έχω ~ές πλάτες** *ή* **-ό δόντι** *ή* **-ό μέσον** to have friends in high places · **ρίχνω ένα (~ό) χέρι ξύλο σε κπν** to give sb a good thrashing · **τρώω ένα (~ό) χέρι ξύλο** to get a good thrashing

γέρ|ος *ο* (= *ηλικιωμένος*) old man · **ο ~ μου** (*αργκ.*) my old man (*ανεπ.*) · **οι ~οι μου** (*αργκ.*) my folks (*ανεπ.*) · **ο ~ πατέρας μου** (*ανεπ.*) my old father

γερουσί|α *η* (= *σύγκλητος*) senate (*μειωτ.*) old folks (*ανεπ.*) · ► **Γερουσία** *η* Senate

γεύ|μα *το* (= *φαγητό*) meal · (= *μεσημεριανό φαγητό*) lunch · (*επίσ.*) banquet ▷ **~ εργασίας** working lunch ▷ **επίσημο ~** formal dinner

γευματίζ|ω *ρ αμ* (= *τρώω*) to eat · (= *τρώω το μεσημέρι*) to have lunch · (*επίσ.*) to dine

γεύ|ομαι *ρ αμ απ* to taste

γεύση *η* (= *φαγητό*) taste · **πρώτη ~** *+γεν.* to have one's first taste *ή* experience of

γευστικ|ός *επίθ* (*όργανα, κατηγορίες*) taste · (*φαγητό*) tasty · (*κρασί*) palatable

γέφυρ|α *η* bridge

γεφύρι, γιοφύρι *το* bridge

γεωγραφί|α *η* (*επιστήμη*) geography · (*μάθημα*) geography (lesson) · (*βιβλίο*) geography book

γεωγραφικ|ός *επίθ* geographic(al) · **-ή θέση** geographical location ▷ **-ό μήκος** longitude ▷ **-ό πλάτος** latitude ▷ **-ές συντεταγμένες** geographic(al) coordinates

γεωλογί|α *η* geology

γεωλόγ|ος *ο/η* geologist

γεωμετρί|α *η* (*επιστήμη*) geometry · (*μάθημα*) geometry (lesson) · (*βιβλίο*) geometry book

γεωπονί|α *η* agriculture

γεωπόν|ος *ο/η* agriculturist

γεωργί|α *η* (= *καλλιέργεια της γης*) farming · (*χώρας*) agriculture · ► **Υπουργείο Γεωργίας** Ministry of Agriculture

γεωργικ|ός *επίθ* agricultural

γεωργ|ός *ο* farmer

γεώτρηση *η* drilling

γη *η* (*πλανήτης, επιφάνεια*) earth · (= *ανθρωπότητα, οικουμένη*) world · (= *έδαφος*) ground · (= *χώμα*) earth · (= *ξηρά, οικόπεδο*) land *χωρίς πληθ.* · **ανοίξε η ~ και τον κατάπιε** he vanished into thin air · **~ς Μαδιάμ** havoc · **πατάω στη ~ (από τη χαρά μου)** (I'm so happy) my feet haven't touched the ground · **κινώ ~ και ουρανό** to move heaven and earth · **να ανοίξει η ~ να με καταπιεί** I wanted the ground to open up and swallow me · **στην (άλλη) άκρη της ~ς** to the ends of the earth · **στον ουρανό σε γύρευα (και) στη ~ σε βρήκα!** you were heaven-sent! ▷ **Γη του Πυρός** Tierra del Fuego ▷ **η Γη της Επαγγελίας** the Promised Land

γηγενής, -ής, -ές indigenous

γήιν|ος *επίθ* (*ατμόσφαιρα*) earth's · (*μαγνητισμός, ακτινοβολία*) terrestrial · (*αγαθά*) worldly · (*κόσμος*) earthly ▷ **-η σφαίρα** globe · ► **γήινος** *ο,* **γήινη** *η* earthling

γήπεδο *το* (*ποδοσφαίρου*) field · (*καλαθοσφαίρισης, αντισφαίρισης*) court · (*γκολφ*) course · (= *θεατές*) spectators *πληθ.*

γηπεδούχ|ος, -ος, -ο home

▸**γηπεδούχος** η, **γηπεδούχοι** οι home team

γηρατειά τα (= γεράματα) old age εν. • (= ηλικιωμένοι) elderly ή old people

γηροκομεί|ο το old people's home

ΛΕΞΗ-ΚΛΕΙΔΙ

για, γι' πρόθ (α) (για τόπο) to
(β) (για σκοπό) for
(γ) (για χρόνο, καταλληλότητα) for • **για την ώρα** for the time being • **για σένα** for you
(δ) (για αναφορά) about
(ε) (για αντικατάσταση) instead of
♦ μόρ (α) (προτρεπτικά) **για να** let's
(β) +προστ. if • **για ελάτε εδώ!** (you) come here! • **για στάσου!** wait a minute!
♦ σύνδ (= επειδή) because

γιαγιά η (παιδιού) grandmother • (υβρ.) granny (ανεπ.)

γιακάς ο collar

γιαλός ο seashore • **πηγαίνω ~ό-~ό** to go along the shoreline • **κάνε το καλό και ρίξ' το στον ~ό** cast your bread upon the waters

για να σύνδ (= με τον σκοπό να) (in order) to • (= επειδή) because (= ώστε να) to • (= μέχρι να) before

γιαούρτι το, **γιαούρτη** η yog(h)urt

Γιαπωνέζα η βλ. **Ιάπωνας**

γιαπωνέζικ|ος επίθ = **ιαπωνικός**

Γιαπωνέζ|ος ο = **Ιάπωνας**

γιαρμάς ο yellow cling peach

γιασεμί το jasmine

γιατί σύνδ (ερωτηματικός) why • (αιτιολογικός) because
▸**γιατί** το question

γιατρεύω ρ μ (άρρωστο, αρρώστια) to cure • (πληγή) to heal • (μτφ.: πόνο, ψυχή) to heal
▸**γιατρεύομαι** μεσ to be cured

γιατρικό το medicine

γιατρίν|α η doctor

γιατρός ο/η (επάγγελμα) doctor • (μτφ.) healer • **ο χρόνος είναι ο καλύτερος ~** time is the best healer • **ήγαινε να σε δει κανένας ~!** you need your head examined!

γιαχνί το casserole (with onions and tomatoes) ▷**πατάτες ~** potatoes baked with onions and tomatoes

Γιβραλτάρ ▷ο Gibraltar • **ο Πορθμός του ~**, **τα Στενά του ~** the Straits of Gibraltar

γίγαντ|ας ο (κυριολ., μτφ.) giant
▸**Γίγαντας** (ΜΥΘΟΛ) Giant
▸**γίγαντες** πλ butter beans in tomato sauce • ~ **baked beans**

γιγαντιαί|ος, -α, -ο (κτήριο, κατασκευή) gigantic • (πρόοδος) enormous • (έργο, αναμέτρηση) colossal • **~α μορφή της τέχνης** a giant of the art world

γιγάντι|ος, -ια, -ιο (διαστάσεις) gigantic • (έργο, επιχείρηση) colossal

γίδ|α η goat

γίδ|ι το (= κατσικάκι) kid • (υβρ.) lout
▸**γίδια** πλ flock of goats

γιδίσι|ος, -α, -ο goat's

γιλέκ|ο το waistcoat (Βρετ.), vest (Αμερ.)

ΛΕΞΗ-ΚΛΕΙΔΙ

γίνομαι ρ συνδετ απ
(α) (= δημιουργούμαι: κόσμος) to be created • (προϊόντα) to be made • (φαγητό) to be ready • (κτήριο, μνημείο) to be built
(β) (= είμαι) to become
(γ) (= μετατρέπομαι) to turn into • (με κτήρια) to be turned into
(δ) (= πραγματοποιούμαι) to happen • (δύση, διαπραγματεύσεις) to be held

γιόγκα

(ε) (αρν.: = καταντώ) to end up · (στ) (= μεστώνω) to become ripe · **αυτό γίνεται/δεν γίνεται** that's possible/impossible
▶ **γίνεται** απόφα (= αρμόζει) it is right · (= είναι δυνατόν) it is possible

γιόγκα η yoga
γιορτάζω ρμ/αμ to celebrate
γιορταστικός επίθ (κάρτα) greeting · (ατμόσφαιρα, όψη) festive
γιορτή η (επετείου, Χριστουγέννων) holiday · (= αργία) public holiday · (= ονομαστική εορτή) name day · (= τελετή) celebration · **Κυριακή κοντή ~** (= η Κυριακή είναι σύντομη αργία) Monday comes around all too quickly · (= σύντομα θα ξέρω τα αποτέλεσμα γεγονότος) we'll soon find out
▶ **γιορτές** πλ holidays
γιορτινός επίθ festive ▷ **–ή μέρα** holiday
▶ **γιορτινά** τα Sunday best
γι|ος ο son
γιοτ το yacht
γιουβαρλάκια, γιουβαρελάκια τα rice meatballs
γιουβέτσι το lamb or beef casserole with pasta and tomatoes
Γιουγκοσλαβία η Yugoslavia
Γιουροβίζιον η (= Ευρωπαϊκή Ραδιοτηλεοπτική Ένωση) Eurovision · (= διαγωνισμός τραγουδιού) Eurovision song contest
γιρλάντα η garland
γιωτ το = γιοτ
γιώτα το iota, ninth letter of the Greek alphabet
γκαβιός επίθ (= αλλήθωρος) cross-eyed · (= στραβός) blind
▶ **γκαβά** τα (υβρ.) eyes
γκάζι το (= φωταέριο) gas · (στα

αυτοκίνητα) accelerator ·
(το) ~ to take one's foot off the accelerator
▶ **γκάζια** πλ (αργκ.) full speed εν. · **με τέρμα τα ~** flat out (ανεπ.)
γκαζόζα η lemonade
γκαζόν το lawn
γκαλερί η gallery
γκάμα η range
γκαμήλα η = καμήλα
γκαράζ το garage
γκάρισ|μα το (γαϊδάρου) braying χωρίς πληθ. · (μτφ.) bellowing χωρίς πληθ.
γκαρνταρόμπα η (= βεστιάριο) cloakroom (Βρετ.), checkroom (Αμερ.) · (= φούσκα) wardrobe (Βρετ.), closet (Αμερ.)
γκαρσόν το waiter
γκαρσόνα η waitress
γκαρσόνι το = γκαρσόν
γκαρσονιέρα η studio (flat (Βρετ.) ή apartment (Αμερ.))
γκαστρών|ω ρ μ (= καθιστώ έγκυο) to get ή make pregnant · (= αφήνω σε ανυπομονησία) to keep waiting · (= πρήζω) to pester
γκάφ|α η blunder
γκέι ο gay
γκέμι|α τα reins · **κρατώ τα ~** to hold the reins
γκέτ|ο το ghetto
γκίνι|α η bad luck
γκισέ το, **γκισέδ**ες counter
γκολ το (στο ποδόσφαιρο) goal ·
γίνομαι/είμαι ~ (αργκ.) to get/be legless (ανεπ.)
γκόφρετα η waffle
γκρέιπ-φρουτ το grapefruit
γκρεμίζ|ω ρ μ (σπίτι, τοίχο) to demolish · (= ρίχνω κάτω) to throw down · **~ κπν από τις σκάλες** to throw sb down the stairs · **γρεμίζω κπν στη χαράδρα** to throw sb off a cliff
▶ **γκρεμίζομαι** μεσ (κόσμος, αυτοκρατορία) to collapse ·

(ιδανικά) to be destroyed ·
γρεμίζομαι από άλογο/σκαμπό to
fall off a horse/a stool ·
γρεμίζομαι από ύψος to fall from
a height · **γρεμίζομαι σε χαράδρα/
γκρεμό** to fall into a ravine/off a
cliff

γκρέμισ|μα *το* demolition
▸ **γκρεμίσματα** *πλ* (= ερείπια)
ruins · (= συντρίμμια) rubble *εν.*

γκρεμ|ός *ο* cliff · **μπρος ~ και
πίσω ρέμα** between the devil and
the deep blue sea · **ρίχνω κπν
στον ~ό** to throw sb off the edge
of a cliff

γκρι grey (*Βρετ.*), gray (*Αμερ.*)
▸ **γκρι** *το* grey (*Βρετ.*), gray (*Αμερ.*)

γκρίζ|ος, -α, -ο (μαλλιά, ουρανός)
grey (*Βρετ.*), gray (*Αμερ.*) · (καιρός)
dull · (μτφ.) dull
▸ **γκρίζο** *το* grey (*Βρετ.*), gray
(*Αμερ.*)

γκρίνια *η* (ανεπ.: = κλάψα)
whining χωρίς πληθ. ·
(= μουρμούρα) moaning χωρίς
πληθ. · (μωρού) grizzling χωρίς
πληθ.

γκρινιάζ|ω *ρ αμ* (σύζυγος, γυναίκα)
to moan · (μωρό) to grizzle
(= μεμψιμοιρώ) to grumble ♦ *ρ μ*
to nag

γκρουπ *το* group

γλάρ|ος *ο* (sea)gull · **μη φας, (θα)
έχουμε ~ο!** forget it!

Γλασκώβη *η* Glasgow

γλάστρ|α *η* flowerpot · (μειωτ.)
bimbo (ανεπ.)

γλαφυρ|ός επίθ (ύφος) elegant ·
(περιγραφή) vivid · (ομιλητής,
ποιητής) eloquent

γλειφιτζούρι *το* lollipop

γλείφ|ω *ρ μ* (δάχτυλα, γλειφιτζούρι)
to lick · (φλόγες) to lick ·
(θάλασσα: βράχια) to lap against ·
(= κολακεύω, ανώτερο) to
crawl: · **να ~εις τα δάχτυλά
σου** mouth-watering

▸ **γλείφομαι** *μεσ* to lick one's lips
γλείψιμο *το* (παγωτού,
γλειφιτζουριού) licking · (μειωτ.)
bootlicking (ανεπ.) · (καθηγητή)
sucking up to (ανεπ.)

γλεντζ|ής *ο* fun-lover

γλέντι *το* party

γλεντ|ώ *ρ αμ* to have fun ♦ *ρ μ*
(ζωή, νιάτα) to enjoy · (νίκη) to
celebrate · (λεφτά) to fritter away ·
~ κπν (= διασκεδάζω) to take sb
out · (γυναίκα, άνδρα) to play
around with sb

γλιστερ|ός, -ή, -ο slippery

γλιστρ|ώ *ρ αμ* (άνθρωπος, χέρι) to
slip · (σκιέρ, διαφυγή) to glide ·
(ποτήρι) to slip · (φως, βροχή) to
come in (από through) · (δρόμος,
πάτωμα) to be slippery · (χέρι) to
slip · **~ από το σπίτι/το
δωμάτιο** to slip out of the house/
the room · **~ από μια δύσκολη
κατάσταση** to get out of a
difficult situation · **ξέρω να ~** to
be able to wriggle out of things ·
~άω σαν χέλι to be as slippery as
an eel · **~ μέσα από τα χέρια
κποιου** to slip through sb's
fingers · **φεξε μου και γλίστρησα**
(ειρ.) better late than never
▸ **γλιστράει** απρόσ it's slippery · **το
έδαφος ~άει κάτω από τα πόδια
μου** the floor went from under
my feet

γλιτών|ω *ρ μ* (άνθρωπο, χώρα) to
save · (τιμωρία, πρόστιμο) to
escape · (καταδίκη) to get off ·
(χρήματα, κόπο) to save ♦ *ρ μ*
(= ξεφεύγω) to escape (από from) ·
(= σώζομαι) to survive · **~ από
έκρηξη** to survive an explosion ·
~ με κτ to get off with sth ·
~ παρά τρίχα ή **στο παρα πέντε**
ή **στο τσακ** to have a close
shave · **τη ~** (= απαλλάσσομαι) to
get away with it · (= σώζομαι) to
make it

γλοιώδης επίθ (υγρό, ψαροκόλλα)

γλόμπος

slimy · (κηλίδα) sticky · (μτφ.: τύπος, άνθρωπος) unctuous (επίσ.)
γλόμπ|ος ο (= λάμπα) light bulb · (μτφ.: ειρ.) ~ **βλέπω ή καταλαβαίνω τη** — (ειρ.) to see what life is all about · **μου**!) sweetheart! · **είσαι σκέτη ~** — you're so sweet · **μένω με τη ~** to be disappointed
► **γλύκες** pl (ειρ.) billing and cooing χωρίς πληθ. · **είμαι όλο ~ες** to be all lovey-dovey (ανεπ.)
γλυκαίν|ω ρ μ (κρέμα, καφέ) to sweeten · (καρδιά, τόνο της φωνής) to soften · (πόνο) to ease ◆ ρ αμ (κρασί) to mellow · (σταφύλια) to become sweet · (καιρός) to become milder · (άνθρωπος) to mellow · (πόνος, μάτια) to soften · (πόνος) to ease · (πρόσωπο) to relax
► **γλυκαίνομαι** μεσ **~ομαι με κτ** to get used to sth
γλυκάνισο το, **γλυκάνισος** ο (φυτό) anise · (αρωματικό συστατικό) aniseed
γλυκερίνη η glycerine
γλύκισ|μα το sweet
γλυκό το sweet · **του γλυκού** dessert
γλυκόλογα τα sweet nothings
γλυκομίλητ|ος επίθ softly-spoken
γλυκομιλ|ώ|ώ ρ αμ to speak tenderly
γλυκόξιν|ος επίθ sweet-and-sour
γλυκ|ός, -ιά, -ό (κρασί, φρούτο) sweet · (βλέμμα, φωνή) sweet · (νύχτα, καιρός) mild · (αεράκι, θαλπωρή) gentle · (χρώματα) soft · (λόγος) kind · **κάνω τα ~ά μάτια σε κπν** to make eyes at sb ·

όνειρα ~ά! sweet dreams! · **του ~ού νερού** (για ψάρια, φύτα) freshwater · (μειωτ.: για άνθρωπο) phoney (ανεπ.) ▷ **~ά νερά** fresh water εν.
γλύπτης ο sculptor
γλυπτός επίθ carved
► **γλυπτό** το sculpture
γλύπτρια η βλ. **γλύπτης**
γλυτώνω ρ μ/αμ = **γλιτώνω**
γλύφ|ω ρ μ (επίσ.) to sculpt
γλώσσα η (ΑΝΑΤ) tongue · (= κώδικας επικοινωνίας) language · (παπουτσιού, φωτιάς) tongue · (ψάρι) sole · **βγάζω ~** to be cheeky (Βρετ.), to act fresh (Αμερ.) · **βγάζω τη ~ μου σε κπν** to stick one's tongue out at sb · **βγάζω τη ~ μου σε κτ** to thumb one's nose at sth · **δεν βάζω ~ μέσα μου** ή **στο στόμα μου** to talk non-stop · **δεν πάει η ~ μου να πω κτ** I can't bring myself to say sth · **έχω κτ στην άκρη της ~ς μου** to have sth on the tip of one's tongue · **έχω μακριά ή μεγάλη ~** to be lippy (ανεπ.) · **η ~ κόκαλα δεν έχει και κόκαλα τσακίζει** (παροιμ.) sticks and stones may break my bones, but words will never hurt me (παροιμ.) · **η ~ του στάζει μέλι/ φαρμάκι** his words are dripping with honey/poison · **η ~ μου πάει ροδάνι** ή **ψαλίδι** to talk nineteen to the dozen (Βρετ.), to talk like crazy (Αμερ.) · **θα σου κόψω τη ~** (ως απειλή σε παιδί) I'll wash your mouth out with soap! · **κόβει και ράβει η ~ του** to have the gift of the gab · **μάζεψε ή κράτησε τη ~ σου!** watch your tongue! · **με τρώει η ~ μου** (μτφ.) to be dying to spit it out · **μιλάμε άλλη ~** (μτφ.) we don't speak the same language · **μου βγαίνει η ~** (= λαχανιάζω) to be out of breath (μτφ.: = ξεθεώνομαι) to be

worn out · **οι κακές ~ες** the gossips ▷~ **προγραμματισμού** programming language ▷~ **της δημοσιογραφίας** journalese ▷~ **του σώματος** body language ▷**μητρική** ~ mother tongue

γλωσσάρι|ο, γλωσσάρι το glossary

γλωσσολογί|α η linguistics εν.

γλωσσολόγ|ος ο/η linguist

γλωσσομαθ|ής επίθ multilingual

γνέφω ρ αμ to signal ◆ ρ μ (με το κεφάλι) to nod to · (με το χέρι) to wave to · (με τα μάτια) to wink at

γνήσι|ος, -α, -ο (υπογραφή, νόμισμα) genuine · (έγγραφο) authentic · (μετάξι, χρυσάφι) pure · (θέμα) genuine · (έρωτας) true · (απόγονος, καλλιτέχνης) true

γνησιότητ|α η authenticity

γνώμ|η η opinion · **εκφράζω ~** to express an opinion · **έχω το θάρρος της ~ς μου** to have the courage of one's convictions

γνωμικ|ό το saying

γνωρίζω ρ μ (= ξέρω) to know · (= μαθαίνω) to learn about · (= κάνω γνωριμία) to meet · (επιτυχία, απογοήτευση) to meet with · (χαρά, λύπη) to know · (πίκρα) to feel · (δόξα) to know · (ανάπτυξη) to undergo · (= αναγνωρίζω) to recognize · (= αντιλαμβάνομαι) to realize · (κατ.: = πληροφορώ) to inform · (= συστήνω) to introduce · **~ άνθηση** to flourish

▸ **γνωρίζομαι** μεσ (= συστήνομαι) to meet (each other) · (= ξέρω) to know each other

γνωριμί|α η acquaintance · familiarity · **μεγάλες ~ες** friends in high places

γνώσ|η η (γεννήτ.) knowledge · **βάζω ~** to come to one's senses · **βάζω ~** to κπν to make sb see sense · **είμαι ή τελώ εν ~ει** +γεν. to be aware of ·

εν ~ει +γεν. in full knowledge of · **προς ~ και συμμόρφωση, προς ~ν και συμμόρφωσιν** (επίσ.) let that be a lesson to you

▸ **γνώσεις** πλ knowledge εν.

γνώστης ο +γεν. expert on

γνωστικ|ός επίθ (επίσ.) cognitive · (ανεπ.: = συνετός) sensible · (= λογικός) rational

γνωστοποι|ώ ρ μ to announce

γνωστ|ός επίθ (γεγονός) known · (βιομήχανος, διηγηρός) noted · (τραγουδιστής, καλλιτέχνης) well-known · (φωνή, φυσιογνωμία) familiar · **ο ~ και μη εξαιρετέος** (ειρ.) the one and only · **είναι ~ό ότι** it is known that · **ως ~όν** (επίσ.) as is well known

▸ **γνωστός** ο, **γνωστή** η acquaintance

γόβ|α η court shoe ▷~**ες** στιλέτο stilettos (Βρετ.), spike heels (Αμερ.)

γογγύλι το, **γογγύλη** η turnip

γόης ο charmer

γοητεί|α η (άντρα, γυναίκας) charm · (βιβλίου, μουσικής) appeal · (χρωμάτων) attractiveness · (εξωνισις) lure · **η ~ των ματιών της** her attractive eyes

γοητευτικ|ός επίθ (άντρας, γυναίκα) charming · (μάτια, χρώματα) attractive · (πίνακας, βιβλίο) enchanting

γοητεύ|ω ρ μ (άντρας, γυναίκα) to charm · (πίνακας, βιβλίο) to enchant · (μουσική, τραγούδι) to appeal to

γόητρ|ο το prestige

γόμ|α η (= γομολάστιχα) eraser · (= κόλλα) glue

γόμμ|α η = **γόμα**

γονατίζ|ω ρ αμ (στο έδαφος, στο πάτωμα) to kneel (down) · (στο Θεό, στην ομορφιά) to kneel · (από την πείνα, τις κακουχίες) to be

brought to one's knees ◆ ρ μ
~ **κπν** to force sb to their knees
γόνατ|ο το knee · **γραμμένο στο**
~ written quickly · **μεγαλώνω κπν
στα ~ά μου** to bring sb up from a
baby · **παίρνω κπν στα ~ά μου** to
sit sb on one's lap · **πέφτω στα
~α** to fall on (ή to one's knees ·
**πήγε το γλέντι (ή η φωνή)
~** (ανεπ.) to have a whale of a
time (ανεπ.)
γον|έας ο/η parent
· **γονείς** πλ parents
γονιμοποίηση η (ΒΙΟΛ)
fertilization · (ΒΟΤ) pollination
▷**τεχνητή ~** artificial
insemination
γονιμοποιώ ρ μ (ωάριο) to
fertilize · (φυτά) to pollinate
γόνιμ|ος επίθ (χώμα, γη) fertile ·
(μτφ: συζήτηση, συνεργασία)
fruitful · (σταδιοδρομία) prolific ·
(κριτική) constructive · (για
γυναίκα: μέρες) fertile · **~ο
έδαφος** (μτφ.) fertile ground
γονιμότητ|α η fertility
γονι|ός ο = **γονέας**
γόν|ος ο (επίσ.: = παιδί)
descendant · (= σπέρμα) seed ·
(= αβγά ψαριών) spawn χωρίς
πληθ. · (= νεογνά ψαριών) fry πληθ.
γόπ|α η (ψάρι) bogue ·
(= αποτσίγαρο) cigarette end
γοργόν|α η mermaid
γοργ|ός επίθ (βήματα,
διασκελισμοί) swift · (πνεύμα,
μυαλό) nimble
γορίλ|ας ο gorilla
γούβ|α η hollow
γουδί το mortar · **το ~ το ~οχέρι
(και τον κόπανο στο χέρι)** the
same old story
γουδοχέρι το pestle
γουλί το stalk · **είμαι κουρεμένος
~** to have one's head shaved
γουλι|ά η sip · **~~~** a sip at a time
γούν|α η fur · **έχω ράμματα για τη**

~ **κποιου** to have the goods on
sb · **καίω της ~ κποιου** to show sb
up
γουναράδικ|ο το furrier's shop
γουνίν|ος επίθ fur
γούρ|ι το (ανεπ.: = καλή τύχη)
(good) luck · (= αντικείμενο που
φέρνει τύχη) lucky charm · **γύρισε
το ~** my/his/her luck turned ·
φέρνω ~ σε κπν to bring sb luck
γουρούν|α η (ανεπ.: = θηλυκό
γουρούνι) sow · (για γυναίκα: υβρ.)
cow (ανεπ.) · (αργκ.: μοτοσυκλέτα)
trike (ανεπ.)
γουρούν|ι το (= χοίρος) pig · (υβρ.:
= χυδαίος) swine (ανεπ.) ·
(= βρόμικος) pig (ανεπ.) · **αγοράζω
ή παίρνω ~ στο σακί** to buy a pig
in a poke · **όλα τα ~α την ίδια
μύτη (ή μια μούρη) έχουν** (μειωτ.)
they're all the same
γουστάρ|ω ρ μ (αργκ.: = μου
αρέσει) to like · (= θέλω) to
want(ανεπ.) ◆ ρ αμ to like it
γούστ|ο το (= αντίληψη) taste ·
(= ό,τι διασκεδάζει) fun · **~ μου
και ~ σου** there's no accounting
for tastes · **~ μου και καπέλο μου**
that's how I like it and that's
how it's going to be · **δεν είναι
του ~ μου** it's not to my taste ·
είναι θέμα ~υ it's a matter of
taste · **έχει ~** (= είναι ευχάριστος)
to be fun · **έχει ~ να με
απολύσουν/με άκουσαν** I hope
they don't fire me/didn't hear
me · **κάνω κπν ~** to take a liking
to sb · **κάνω το ~ μου** to do as
one pleases · **είναι του ~υ μου** I
like it · **ο καθένας με το ~ του**
each to his own · **χάριν ~υ, για
το ~** (just) for fun
▶ **γούστα** πλ tastes · **βγάζω ~α** to
do what one wants
γοφ|ός ο hip
γραβάτ|α η tie
γράμμ|α το letter · **άνθρωπος των
γραμμάτων** a man of letters

διαβάζω βουλωμένο ~ to be very perceptive · **παίζω κτ κορώνα-~τα** to gamble with sth · **το ~ του νόμου** the letter of the law

►γράμματα πλ (= φιλολογία) literature εν. · (= μόρφωση) education εν. · (= γραφικός χαρακτήρας) (hand)writing εν. · (= τίτλοι ταινίας) credits · (= υπότιτλοι ταινίας) subtitles · **μ' όποιον δάσκαλο καθίσεις, τέτοια ~τα θα μάθεις** (παροιμ.) like master like man · **ξέρω ~τα** to be able to read and write · **(τα) παίρνω τα ~τα** to be a quick learner

γραμμάριο το gram
γραμματέας ο/η secretary
γραμματεία η (σχολής) secretary's office · (ιδρύματος) secretariat · (= λογοτεχνία) literature
γραμματεύς ο/η (επίσ.) = **γραμματέας**
γραμματική η (ΓΛΩΣΣ) grammar · (βιβλίο) grammar book
γραμμάτιο το promissory note
▷**τραπεζικό ~** bank draft
▷**~ Δημοσίου** government bond
γραμματοκιβώτιο το letter box (Βρετ.), mailbox (Αμερ.)
γραμματόσημο το stamp
γραμμένος επίθ (λόγια) written · (τετράδιο, πίνακας) covered in writing · (για μαθητή) well-prepared · (σε κατάλογο) registered · **έχω κπν ~ο** (χυδ.) to ignore sb
▶**γραμμένο** το, **γραμμένα** τα destiny · **της μοίρας τα ~** it's written in the stars
γραμμή η line · (θερμομέτρου) degree · (οργάνου) mark · (πελατών) queue (Βρετ.), line (Αμερ.) · (δέντρων) row · (φορέματος, παντελονιού) cut · (= δρομολόγιο) route · (σώματος, τοπικού) outline · **ανοιχτή ~ (επικοινωνίας)** (μτφ.)

communication · **διαβάζω μέσα ή κάτω από τις ~ές** to read between the lines · **είμαι στην πρώτη ~ της επικαιρότητας/ ενδιαφέροντος** to be highly topical/the focus of interest · **έχει ωραία ~** she has a nice figure · **η πρώτη ~ (μάχης)** the front line (αγώνα ή κινήματος) the forefront · **η πρώτη ~ της δημοσιογραφίας** the front page · **μπαίνω στην ~** (= στοιχίζομαι: μαθητές) to queue (up) (Βρετ.), to stand in line (Αμερ.) · (στρατιώτες) to fall in line · (= παρατάσσομαι δίπλα σε άλλους) to get in line · (= παρεμβάλλομαι σε τηλεφωνική συνομιλία) to be on the line · **παίρνω τα μαγαζιά/σπίτια** to go to one shop/house after another · **πρώτης ~ς** first-rate · **σε γενικές ~ές** in broad outline · **τραβάω ~** to draw a line (μτφ.) · **το ~** to turn the page · **φεύγω ή πηγαίνω ~ για το σπίτι** to go straight home
▷**~ του ορίζοντα** skyline
▷**σιδηροδρομική ~** railway line (Βρετ.), railroad (Αμερ.)
▷**τηλεφωνική ~** telephone line
▷**~ παραγωγής** production line
▶**γραμμές** πλ tracks
γραμμικός επίθ linear ▶**Γραμμική (γραφή) Α** Linear A ▷**Γραμμική (γραφή) Β** Linear B ▷**~ό σχέδιο** graphic design
γραμμόφωνο το gramophone
γρανίτα η water ice
γρανίτης ο (πέτρωμα) granite · **είμαι/παραμένω ~** (μτφ.) to be/ remain unbending
γραπτός επίθ written
▶**γραπτό** το paper · βλ. κ. **γραφτός**
γραπτώς, γραπτά επίρρ in writing
γρασίδι το grass
γρατζουνιά η scratch
γρατζουνίζω ρ μ to scratch
γρατζούνισμα το scratch

γρατσουνι|ά η = **γρατζουνιά**

γρατσουνίζ|ω ρ μ = **γρατζουνίζω**

γρατσούνισ|μα το = **γρατζούνισμα**

γραφεί|ο το (έπιπλο) desk ▪
(= δωμάτιο σπιτιού) study ▪
(επιχείρηση και χώρος εργασίας)
office ▷ **Γραφείο Ευρέσεως
Εργασίας** job centre (Βρετ.),
unemployment office (Αμερ.)
▷ ~ **συνοικεσίων** dating agency
▷ ~ **δασκάλων** ή **καθηγητών** staff
room ▷ **διαφημιστικό**
~ advertising agency
▷ **ταξιδιωτικό** ~ travel agency
▷ **τουριστικό** ~ tourist office
▷**υπάλληλος** ~υ office worker
▸ **γραφεία** πλ (κόμματος) central
office ▪ (υπηρεσίας, ιδρύματος)
headquarters εν. ή πληθ. ▪
(επιχείρησης) head office

γραφειοκράτης ο bureaucrat

γραφειοκρατί|α η bureaucracy

γραφειοκράτισσα η βλ.
γραφειοκράτης

γραφή η (= αποτύπωση λόγου)
writing ▪ (μάθημα) writing lesson ▪
(= γράψιμο) writing ▷ **Αγία Γραφή**
Holy Scripture
▷ **Γραφές** πλ **οι Γραφές** the
Scriptures

γραφικ|ός επίθ (εργασίες, εξέταση)
written ▪ (κήπος, τοπίο)
picturesque ▪ (σπίτι) quaint ▪
(άνθρωπος, τύπος) colourful
(Βρετ.), colorful (Αμερ.) ▪
(καλλιτέχνης) eccentric ▪ (ύφος,
διήγηση) graphic ▷ **-ή ύλη**
stationery
▸ **γραφικά** τα graphics

γραφίτης ο (ορυκτό) graphite ▪
(χρώμα) dark grey (Βρετ.) ή gray
(Αμερ.)

γραφομηχανή η typewriter

γραφτ|ός επίθ (ανεπ.) written ▪
(γραπτό το destiny ▪ είναι -ό it's
meant to be ▪ είναι -ό μου να

κάνω κτ to be destined to do
sth ▪ **είναι -ό από τη μοίρα** ή **της
μοίρας** it's written in the stars

γράψ|ω ρ μ (έκθεση, γράμμα) to
write ▪ (= κρατώ σημείωση) to
write (down) ▪ (για εφημερίδα,
βιβλίο) to say ▪ (= σχεδιάζω: σχήμα,
κύκλο) to draw ▪ (= διαγράφω) to
describe ▪ (για μετρητή) to read ▪
(για παράβαση) to book ▪ (παιδί,
μαθητή) to enrol (Βρετ.), to enroll
(Αμερ.) ▪ (έσοδα, έξοδα) to enter ▪
(για ορθογραφία) to spell ▪ **ρ αμ**
(γενικότ.) to write ▪ (= συμμετέχω
σε εξετάσεις) to have exams ▪ **αν
με ξαναδείς, γράψε μου!** you'll
never set eyes on me again! ▪
~ **κπν/κτ** (στα παλιά μου τα
παπούτσια ή κανονικά και με το
νόμο) τι εκεί που δεν πιάνει
μελάνι not to care two hoots
about sb/sth ▪ ~ **κπν/κτ στ'
αρχίδια μου** (χυδ.) not to give a
fuck about sb/sth (χυδ.) ▪ ~ **κπν**
στα μαύρα τα κατάστιχα ή στη
μαύρη λίστα to blacklist sb ▪ ~' τα
(στον λογαριασμό μου) put it on
my account ▪ ~' το καλά στο
μυαλό σου don't forget it ▪ ~ την
περιουσία/το σπίτι σε κπν to
leave one's fortune/the house to
sb ▪ ~ει τίποτε ενδιαφέρον η
εφημερίδα; is there anything
interesting in the paper? ▪ (και)
να μας ~εις (= αν μας ξεχάσεις)
keep in touch ▪ (ειρ.) good
riddance ▪ **έγραψε!** (προφ.) right
on! (ανεπ.) ▪ **τι ~ουν για το θέμα
οι εφημερίδες;** what do the
papers say about the matter?
▸ **γράφομαι** μεσ (= εγγράφομαι) to
enrol (Βρετ.), to enroll (Αμερ.) ▪
(βιβλίο, εργασία) to be written
▸ **γράφει** επίθ ατ it says ▪ **ό, τι ~ει
δεν ξε ~ει** (για το μέλλον) what
will be, will be ▪ (για το παρελθόν)
what's done is done

γράψιμ|ο το (= γραφή) writing ▪

(= γραφικός χαρακτήρας)
(hand)writing · **έχω κπν ίπ στο
~** (ανεπ.) not to give a damn
about sb (ανεπ.)
▸ **γραφίματα** πλ written exams

γρήγορα επίρρ (= με μεγάλη
ταχύτητα) quickly · (= σύντομα:
καταλαβαίνω, τελειώνω) soon ·
διαβάζω ~ to read quickly

γρήγορ|ος επίθ (άλογο, καράβι)
fast · (βήμα) quick · (ρυθμός) fast ·
(κοίταγμα, νεύμα) quick · (μυαλό)
quick · (προαγωγή, αφίξεις)
quick · (ανάπτυξη, εξελίξεις) rapid ·
είμαι ~ο πιστόλι to be a sharp
shooter · (μτφ.: ανεπ.) to be on
the ball · **είμαι ~ σε κτ** to be fast
ή quick at sth · **με ή σε ~ους
ρυθμούς** at a rapid pace
γρι|ά η old woman · **~ κότα/
φοράδα** old hen/mare

γρίλια η louvre (Βρετ.), louver
(Αμερ.)

γρίπη η flu

γρίφ|ος ο (= αίνιγμα) riddle · (μτφ.:
για άνθρωπο) enigma · (για
κατάσταση) puzzle

γροθι|ά η (= κλειστή παλάμη) fist ·
(= μπουνιά) punch

γρονθοκοπ|ώ ρ μ to punch

γρουσούζης, -α, -ικο jinxed

▸ **γρουσούζης** ο, **γρουσούζα** η
unlucky person

γρουσουζι|ά η bad luck

γρυ το grunt · **δεν βγάζω ~** not to
breathe a word · **δεν
καταλαβαίνω ή σκαμπάζω ξέρω
~** to understand/to know
nothing

γρύλ|ος ο (= τριζόνι) cricket ·
(εργαλείο) jack · (= σύρτης
παραθύρου) latch

γυαλ|α ο (ψαριών) bowl · (ανεπ.:
για μωρό) incubator

γυαλάδα η shine

γυαλ|ί το (βιτρίνας) glass · (= τζάμι)
pane · (μτφ.: μειωτ.: = τηλεόραση)

TV · **είμαι από ~** (ειρ.) to be
fragile · **σπάει ή ραγίζει το
~** (μτφ.) it's all over between
them · **τον/την(ν) θέλει ή πάει το
~** he/she looks good on TV · **το
πάτωμα είναι ~** the floor is
sparkling clean

▸ **γυαλιά** πλ (για την όραση)
glasses · (= κομμάτια) glass εν. ·
βάζω ή φοράω (τα) ~ιά σε κπν to
get the better of sb · **τα κάνω
~ιά-καρφιά** to smash everything
up ▷ **~ιά ηλίου** sunglasses

γυαλίζω ρ μ to polish ♦ ρ αμ
(κουμπιά, μάτια) to shine · **αυτά
τα παπούτσια μου γυάλισαν το
μάτι** these shoes caught my eye ·
~ει το μάτι μου to have a wild
look in one's eye · **~ τον πάγκο**
(ΑΘΛ: αργκ.) to be sidelined ·
**μου
~ει κπς** to take a shine to sb

γυάλινος επίθ glass

γυάλισμα το polishing

γυαλιστερός επίθ shiny

γυαλοπωλείο το = **υαλοπωλείο**

γυμνάζω ρ μ (σώμα, πόδια) to
exercise (παίκτη, άλογο) to train ·
(στρατιώτη) to drill · (μαθητή) to
school

▸ **γυμνάζομαι** μεσ (στο τρέξιμο, στην
πάλη) to train · **~ κάνω
γυμναστική** to exercise

γυμνάσι|ο το (ΣΧΟΛ) secondary
school (Βρετ.), high school
(Αμερ.) · (ΑΡΧ ΙΣΤ) gymnasium

▸ **γυμνάσια** πλ exercises · **κάνω ~α
σε κπν** to put sb through the
mill

γυμνασμένος, -η, -ο trained

γυμναστήρι|ο το (= χώρος
άθλησης) gym · (= γήπεδο)
stadium

γυμναστής ο (= αθλητής
γυμναστικής) gymnast ·
(= προπονητής αθλητών) trainer ·
(= καθηγητής φυσικής αγωγής) PE
teacher

γυμναστικ|ή η (= σωματική άσκηση) exercise· (άθλημα) gymnastics εν.· (μάθημα) PE lesson

γυμνάστρι|α η βλ. **γυμναστής**

γύμνι|α η (αρν.: σώματος) nudity· (μτφ.: πνεύματος, ψυχής) emptiness· (τοπίου, εικόνας) bareness

γυμνισμ|ός ο nudism

γυμνιστ|ής ο nudist

γυμνίστρια η βλ. **γυμνιστής**

γυμν|ός επίθ (άνθρωπος, σώμα) naked· (πλάτη, ώμος) bare· (σπαθί, ξίφος) drawn· (μτφ.: τοπίο, βράχος) bare· (δάσος) denuded· (μτφ.: = φτωχικός) poor· (φωτογραφία, πόζα) nude· **δια ~ού οφθαλμού** (επίσ.) **με ~ό μάτι** (ανεπ.) with the naked eye· **είμαι ~ από κτ** (= ανεπαρκής) to be devoid of sth

▸ **γυμνά** τα (= φωτογραφίες) nude photographs· (= σκηνές) nude scenes

▸ **γυμνό** το (= γύμνια) nudity· (τεχν) nude

γυμνόστηθ|ος επίθ topless

γυμνών|ω ρ μ (άνθρωπο) to strip (στήθη) to bare· (σπαθί) to draw· (μτφ.: σπίτι) to strip· **~ τα πόδια μου** to take one's shoes and socks off

▸ **γυμνώνομαι** μεσ to take one's clothes off

γυναίκ|α η (= θηλυκό πρόσωπο) woman· (ανεπ.: = σύζυγος) wife· **κάνω κποια ~ μου** to marry sb· **κλείνω ως ~** (= γερνώ) to grow old· (= σταματώ να ψάχνω για άνδρα) not to be looking for a husband any more

γυναικάς ο womanizer

γυναικεί|ος, -α, -ο (φύλο, σώμα) female· (διαίσθηση) feminine· (φύση) woman's· (σπουδές, θέματα) women's· (κίνημα)

feminist· (εσώρουχα, ρούχα) women's· (χτένισμα, δάχτυλα) feminine· (μειωτ.: ασχολίες) feminine· (δουλειές) woman's· (= θηλυπρεπής: περπάτημα, φωνή) effeminate· (πληθυσμός) female· (οργάνωση) women's· **-ες συζητήσεις** girl talk ▷ -**ο μοναστήρι** convent

γυναικολογί|α η gynaecology (Βρετ.), gynecology (Αμερ.)

γυναικολόγ|ος ο/η gynaecologist (Βρετ.), gynecologist (Αμερ.)

γύπ|ας ο vulture

γυρεύω ρ μ (δραπέτη, κλειδιά) to look for· (βοήθεια, χρήματα) to ask for· (δικαιοσύνη, το δίκιο μου) to want· (παντρειά) to want· (μπλεξίματα) to be looking for· **~ να κάνω κτ** to want to do sth· **πάω ~οντας για κτ** to be asking for sth· **πάει ~οντας να φάει το κεφάλι του** he's asking for trouble· **τρέχα γύρευε!** forget about it!

γυρίζω ρ μ (κλειδί, διακόπτη) to turn· (όπλο, κάμερα) to point (κατά πάνω ή προς at)· (κανάλι, σταθμό) to switch· (ανεπ.: φίλο, φιλοξενούμενο) to show around· (χώρα, κόσμο) to travel· (μαγαζιά, εταιρείες) to go around· (ανάποδα: παντελόνι, μπλούζα) to turn inside out· (μτφ.: παιχνίδι, αποτέλεσμα) to turn around· (λεφτά, βιβλίο) to give back· (συναλλαγματική) to endorse· (ταινία, σκηνή) to shoot ♦ αμ ρ (πλανήτες, δίσκος) to spin· (ψωδείκτης) to turn· (μτφ.: κεφάλι) to spin· (= αλλάζω κατεύθυνση) to turn· (στα μπαρ, κέντρα) to hang around· (άσκοπα) to wander about· (= επιστρέφω) to go back· (κόσμος, κοινή γνώμη) to turn· (υπέρ/ εναντίον in favour of/against)· (κατάσταση, πράγματα) to change·

~ει ο τροχός things change·
~ κτ στο αστείο to make a joke
out of sth· **~ με κπν** (ανεπ.) to
go out with sb· **~ μπροστά/πίσω**
(ταινία, κασέτα) to forward/
rewind· **~όλο τον κόσμο** to
travel all over the world· **~ σαν
(τη) σβούρα** (= είμαι
υπερκινητικός) to run around·
(= είμαι πολυάσχολος) to be in a
flat spin· **~ στο σοβαρό** to turn
serious· **~ το κεφάλι ή τα μυαλά
κποιου** (= μεταπείθω) to turn
sb's mind· **~ την πλάτη (μου) σε
κπν** (κυριολ., μτφ.) to turn one's
back on sb· **~ φύλλο** to change
one's tune· **να πας και να μη
γυρίσεις!** (κατάρα) good
riddance!· **όταν εσύ πήγαινες,
εγώ γύριζα** (μτφ.) don't teach
your grandmother to suck eggs·
τα ~ to go back on one's word

γύρισμα *το* (σελίδας, διακόπτη)
turn· (όπλου, κάμερας) pointing·
(δρόμου) turn· (στην πατρίδα, στο
χωριό) return· (χρημάτων, βιβλίων)
return· (μπάλας) return·
(φορέματος, παντελονιού) taking
up· (ταινίας, σκηνής) shoot·
(τύχης) reversal· **έχει ο καιρός
γυρίσματα** life has its ups and
downs· **του χρόνου τα
γυρίσματα** things change

γυρισμ|ός *ο* return· **παίρνω τον
δρόμο του ~ού** to start back

γυρν|ώ *ρ μ* = **γυρίζω**

γύρ|ος *ο* (λιμανιού, χωραφιού)
perimeter· (βαρελιού) hoop·
(φούστας) hem· (καπέλου) brim·
(ωροδείκτη) turn· (χώρας) tour·
(συνομιλιών, εκλογών) round·
(αγώνα δρόμου) lap· (φαγητού)
pork gyros· **ο ~ της Γαλλίας**
(ποδηλατικό αγώνισμα) the Tour
de France

γύρω επίρ (= περιφερειακά)
around· (= σχετικά με) about·
έχει ~ του/της ικανούς

ανθρώπους he/she is surrounded
by capable people· **τα ~** the
outskirts **▷ ~~~ όλοι** (παιδικό
παιχνίδι) = ring a ring o'roses

γύψιν|ος επίθ plaster
▷ γύψινα τα mouldings (Βρετ.),
moldings (Αμερ.)

γύψος *ο* (ορυκτό) plaster (of
Paris)· (ν νάρθηκας) cast

γωβιός *ο* = **κωβιός**

γωνι|ά *η* (= σπίτι) home· **κάθομαι
στη ~ μου** (ανεπ.) to mind one's
own business· βλ. κ. **γωνία**

γωνί|α *η* (τριγώνου) angle
(τραπεζιού, βιβλίου) corner· (μτφ.:
= τοποθέτηση) angle· (σοκολάτας,
γλυκού) end· (= απομακρυσμένο
τμήμα χώρας) out-of-the-way
spot· (εργαλείο) set square· **βάζω
κπν/κτ στη ~** to push sb/sth
aside· **πήγαινε στη ~ να δεις αν
έρχονται** (αργκ.) tell me about it
(ανεπ.) **▷ μαγαζί ~** corner shop
▷ οπτική ~ point of view
▷ γωνίες στ angles

γωνιακ|ός επίθ corner· (σπίτι) on
the corner

γώπ|α *η* = **γόπα**

Δ δ

Δ, δ delta, *fourth letter of the Greek
alphabet*

δαγκανιά *η* = **δαγκωνιά**

δαγκάν|ω *ρ μ/αμ* = **δαγκώνω**

δάγκω|μα *το* bite

δαγκωματι|ά *η* bite

δαγκωνι|ά *η* (ζώου) bite·
(= δαγκωματιά) bite (mark)· (από
φιλί) lovebite· (ψωμιού, μήλου)
bite

δαγκών|ω *ρ μ* (πόδι, χέρι) to bite·
(μήλο) to bite into· (ψωμί) to bite
off a piece of ◆ *ρ αμ* to bite·
"προσοχή! Ο σκύλος ~ει"

"beware of the dog!"
► **δαγκώνομαι** *μεσ* to bite one's lip · *η* tongue
δαίδαλ|ος *ο* maze
δαίμον|ας *ο* (= διάβολος) devil · (ΜΥΘΟΛ) demon · **άι στον ~α!** go to hell! · **που να πάρει ο ~!** to hell with it!
► **δαίμονες** *πλ* demons
δαιμόνι|ο, -α, -ο (= διαβολικό) demonic · (έμπορος, επιχειρηματίας) resourceful · (σχέδιο) cunning · (εφεύρεση) ingenious
δαιμονισμέν|ος *επίθ* (= που κατέχεται από δαίμονες) possessed · (= παράφρων) like one possessed · (θόρυβος) deafening · (φασαρία) tremendous
δάκρ|υ *το* tear
δακρύζ|ω *ρ μ* (άνθρωπος) to cry · (μάτια) to water
δακρυσμέν|ος *επίθ* (άνθρωπος) in tears · (μάτια) filled with tears · (πρόσωπο) tear-stained
δακτυλάκι *το* = **δαχτυλάκι**
δακτυλίδι *το* = **δαχτυλίδι**
δακτυλικ|ός *επίθ* dactylic · **~ά αποτυπώματα** fingerprints · **παίρνω (τα) ~ά αποτυπώματα από κπν** *ή* κποιου to fingerprint sb
δακτύλι|ος *ο* (επίσ.) ring
▷ (κυκλοφοριακός) = *area in the centre of a town where traffic restrictions apply*
δάκτυλ|ο *το* = **δάχτυλο**
δακτυλογράφηση *η* (σε γραφομηχανή) typing · (σε ηλεκτρονικό υπολογιστή) keying
δακτυλογράφ|ος *ο/η* (σε γραφομηχανή) typist · (σε ηλεκτρονικό υπολογιστή) keyboarder
δακτυλογραφ|ώ *ρ μ* (σε γραφομηχανή) to type · (σε ηλεκτρονικό υπολογιστή) to key

δαμάζ|ω *ρ μ* (άλογο) to break in · (λιοντάρι, τίγρη) to tame · (παιδί, μαθητή) to discipline · (σχολική τάξη) to bring under control · (στρατιώτες, πλήθος) to bring under control
δαμάσκηνο *το* plum
Δανέζα *η* βλ. **Δανός**
δανέζικος, -η, -ο = **δανικός**
Δανέζος *ο* = **Δανός**
δανείζ|ω *ρ μ* to lend · **~ κτ σε κπν** to lend sth to sb
► **δανείζομαι** *μεσ* to borrow
δανεικ|ός *επίθ* (βιβλίο) on loan · (ρούχο) borrowed
► **δανεικά** *τα* loan *εν*. · **ζητώ ~ά** to ask for a loan
δάνει|ο *το* loan (word)
δάνει|ος, -α, -ο loan
δανειστής *ο* creditor
Δανή *η* βλ. **Δανός**
Δανί|α *η* Denmark
δανικ|ός *επίθ* Danish
► **Δανικά, Δανέζικα** *τα* Danish *εν*.
Δαν|ός *ο* Dane · **οι ~οί** the Danes
δαντέλ|α *η* lace
δαντελένι|ος, -ια, -ιο lace
δαπάν|η *η* (προϋπολογισμού, άμυνας) expenditure · (δικαστηρίου, διαδίκων) costs πληθ. · (μισθοδοσίας, θυρωρού) expenses πληθ. · (χρημάτων) outlay · (χρόνου, ενέργειας) expenditure
δαπανηρ|ός *επίθ* costly
δαπαν|ώ *ρ μ* to spend
δάπεδ|ο *το* (σπιτιού, εκκλησίας) floor · (= υλικό πατώματος) flooring
δασικ|ός *επίθ* forest ▷ **~ή έκταση** forest ▷ **~ή υπηρεσία** forestry commission (Βρετ.), ≈ forest service (Αμερ.) ▷ **~ πλούτος** forest resources
► **δασικός** *ο* forester
δασκάλ|α *η* teacher · βλ. κ. **δάσκαλος**

δάσκαλ|ος ο (Αγγλικών, μουσικής) teacher · (τένις, σκι) instructor · (= δεξιοτέχνης) master · (στις δικαιολογίες, στην απάτη) past master (σε at) ▷ ~ **δημοτικού σχολείου** primary (Βρετ.) ή elementary (Αμερ.) school teacher ▷ ~ **κατ' οίκον** private tutor

δασμ|ός ο duty

δάσ|ος το wood

δασοφύλακ|ας ο forest ranger

δασοφυλακ|ή η (= κρατική δασική υπηρεσία) forestry commission (Βρετ.), forest service (Αμερ.) · (= σώμα δασοφυλάκων) forest rangers πληθ.

δασώδ|ης επίθ wooded

δαυλ|ί το (= μικρός δαυλός) small torch · (= καυσόξυλο) firewood

δαυλ|ός ο torch

δάφν|η η (= δέντρο) bay tree · (στη μαγειρική) bay leaf
▶ **δάφνες** πλ laurels

δαχτυλάκ|ι το (γενικότ.: χεριού) finger · (ποδιού) toe · (= το πιο μικρό δάχτυλο: χεριού) little finger · (ποδιού) little toe

δαχτυλίδ|ι το ▷ ~ **αρραβώνων** engagement ring

δαχτυλικ|ός επίθ = **δακτυλικός**

δάχτυλ|ο ο (του χεριού) finger · (ποδιού) toe · (ζώου) claw · (για ποτά) finger · (για ύψος) centimetre (Βρετ.), centimeter (Αμερ.)

δεδομέν|ο το (κατάστασης, υπόθεσης) fact · (προβλήματος, άσκησης) data ▷ **βάση** ~ων database ▷ **τράπεζα** ~ων databank

δεδομέν|ος επίθ given

δέηση η supplication (επίσ)
▷ **επιμνημόσυνη** ~ memorial service

δείγμ|α το (κρασιού) sample · (υφάσματος) swatch · (χρωμάτων)

sampler · (αρώματος, κρέας)

tester · (ούρων, αίματος)

specimen · (αδυναμίας, προόδου)

sign · (εκτίμησης, καλής θέλησης)

token · (αρχιτεκτονικής) example · (κατοίκων) cross-section

δειγματολόγι|ο το (γενικότ.) range of samples · (χρωμάτων) sampler · (αρωμάτων) selection · (χαλιών, κουρτινών) swatch book

δείκτ|ης ο (ρολογιού) hand · (ζυγαριάς) pointer · (πυξίδας, γαλβανόμετρου) needle · (βαρομέτρου) gauge · (δάχτυλο) index finger · (ΠΛΗΡΟΦ) cursor
▷ **οδικός** ~ road sign ▷ ~ **ανεργίας/εγκληματικότητας** unemployment/crime figures πληθ. ▷ ~ **ευφυΐας ή νοημοσύνης** intelligence quotient ▷ ~ **λαδιού** oil gauge ▷ ~ **προστασίας** protection factor ▷ ~ **τηλεθέασης** ratings πληθ.

δειλί|α η (στρατιώτη) cowardice · (νεαρού, εραστή) shyness · (παιδιού, μαθητή) timidity

δειλιάζ|ω αμ (= λιποψυχώ) to shrink back · (= διστάζω) to hesitate

δειλιν|ό το (επίσης **δείλι**: σούρουπο) late afternoon · (επίσης **δείλι**: δύση) sunset (Βρετ.), sundown (Αμερ.) ·
(= νυχτολούλουδο) night-flower

δειλ|ός επίθ (στρατιώτη) cowardly · (νεαρός, εραστής) shy · (παιδί, μαθητή) timid · (πράξη) cowardly · (φιλί, χαιρετισμός) timid

δειν|ός επίθ (κατάσταση) dire · (καταστροφή, δοκιμασία) terrible · (ήττα) crushing · (ομιλητής, χορευτής) accomplished
▶ **δεινά** τα suffering

δεινόσαυρ|ος ο dinosaur

δείπν|ο το dinner ▷ **επίσημο** ~ official dinner ▷ **λιτό** ~ a light supper ▷ **φιλικό** ~ dinner with friends

δεισιδαιμονί|α *η* superstition
δεισιδαίμ|ων, -ων, -ον
superstitious
▸**δεισιδαίμονας** *ο/η* superstitious
person
δείχν|ω *ρ μ* (= εντοπίζω: άνθρωπο,
αντικείμενο) to point to ・
(κατεύθυνση) to indicate ・
(= εμφανίζω: εισιτήριο, πρόσκληση)
to show ・ (= παρουσιάζω: συλλογή,
ρούχα) to show ・ (= επιδεικνύω) to
display ・ (= αποδεικνύω) to show ・
(χαρά, λύπη) to show ・ (καινούργιο
αυτοκίνητο) to show off ・
(= επεξηγώ) to show ・ = εμφανίζω
ένδειξη: ρολόι, ζυγαριά) to say ・
(θερμόμετρο) to show ・ (ένδειξη:
σειρά) to indicate ・ (= σημαίνω) to
stand for ◆ **φ αμ** (= δείχνω με το
δάχτυλο) to point ・ (= φαίνομαι:
αδύνατος, νέος) to look ・
(= συμπεριφέρομαι συγκεκριμένα:
νευρικός, ανήσυχος) to look ・ **▸ τον
δρόμο σε κπν** to show sb the
way ・ **▸ υπομονή to be patient ・ τι
ώρα ~ει το ρολόι σου;** what time
do you make it? **・ το θερμόμετρο
~ει δέκα βαθμούς κάτω από το
μηδέν** the thermometer reads
ten degrees below zero
▸**δείχνομαι** *μεσ* (ανεπ.) to show off
δείχτ|ης *ο* = **δείκτης**
δέκα *αριθ απόλ* (αριθμός) ten ・
(ΣΧΟΛ) Α (ΠΑΝ) first (Βρετ.),
first-class degree (Βρετ.), summa
cum laude (Αμερ.) ・
(τραπουλόχαρτο) ten
δεκάδ|α *η* ten
δεκαδικ|ός *επίθ* (κλίμακα) of ten
▷**~ αριθμός** (ΜΑΘ) decimal
number ▷**~ό μετρικό σύστημα**
(ΜΑΘ) metric system ▷**~ό
σύστημα** (ΜΑΘ) decimal system
δεκαεννέα, δεκαεννιά *αριθ
απόλ* nineteen
δεκαέξι *αριθ απόλ* sixteen
δεκαεπτά *αριθ απόλ* seventeen

δεκαετηρίδ|α *η* (= δεκαετία)
decade ・ (= εορτασμός) tenth
anniversary
δεκαετής *επίθ* ten-year
δεκαετία *η* decade
δεκαεφτά *αριθ απόλ* = **δεκαεπτά**
δεκαήμερο *το* ten days πληθ.
δεκαήμερ|ος *επίθ* ten-day
δέκαθλο *το* decathlon
δεκάλεπτο *το* ten minutes πληθ.
δεκάλεπτ|ος *επίθ* ten-minute
δεκανέας *ο/η* corporal
δεκανίκι *το* crutch
δεκάξι *αριθ απόλ* = **δεκαέξι**
δεκαοκτώ, δεκαοχτώ *αριθ απόλ*
eighteen
δεκαπενθήμερο *το* two weeks
πληθ., fortnight (Βρετ.)
δεκαπενθήμερ|ος *επίθ* (άδεια,
προθεσμία) two-week ・ (περιοδικό,
επιθεώρηση) fortnightly (Βρετ.),
biweekly (Αμερ.)
δεκαπενταριά *η καμιά ~* about
fifteen
Δεκαπενταύγουστ|ος *ο*
Assumption, *feast celebrated on
15th August*
δεκαπέντε *αριθ απόλ* fifteen
δεκάρα *η* (παλ.) ten-lepta coin ・
(ειρ.: = ασήμαντο ποσό) penny,
cent (Αμερ.)
δεκαριά *η καμιά ~* about ten
δεκατέσσερα *αριθ απόλ* fourteen
δεκατέσσερ|εις, -εις, -α *αριθ
απόλ πλ* fourteen
δεκατέσσερ|ις, -ις, -α *αριθ απόλ
πλ* = **δεκατέσσερεις**
δέκατος, -η ή -άτη, -ο *αριθ τακτ*
tenth
▸**δέκατος** *ο* October
▸**δεκάτη** *η* tenth
▸**δέκατο** *το* tenth
δέκατος έβδομος, -η, -ο *αριθ
τακτ* seventeenth
δέκατος έκτος, -η, -ο *αριθ τακτ*
sixteenth

δέκατος ένατος, -η, -ο *αριθ τακτ* nineteenth

δέκατος όγδοος, -η, -ο *αριθ τακτ* eighteenth

δέκατος πέμπτος, -η, -ο *αριθ τακτ* fifteenth

δέκατος τέταρτος, -η, -ο *αριθ τακτ* fourteenth

δέκατος τρίτος, -η, -ο *αριθ τακτ* thirteenth

δεκατρείς, -είς, -ία *αριθ απόλ πλ* thirteen

δεκατρία *αριθ απόλ* thirteen

δεκάωρο *επίθ* ten hours *πληθ*

δεκάωρο|ο *επίθ* ten-hour

Δεκέμβρης *ο* = **Δεκέμβριος**

Δεκέμβριος *ο* December

δέκτης *ο* (= *λήπτης*) recipient · (*ιδεών*) receiver · (*μηνυμάτων*) recipient · (*ΤΕΧΝΟΛ*) receiver

δεκτικ|ός *επίθ* (*άνθρωπος, νους*) receptive · ~ +γεν. (*νέων απόψεων, νέων τάσεων*) receptive *ή* open to · (*βελτιώσεως*) open to

δεκτ|ός *επίθ* (*πρόταση, άποψη*) accepted · (*για επίσημο, προσκεκλημένο*) received

δελεάζ|ω *ρ μ* to entice · (*υπόσχεση, θέλγητρα*) to seduce

δελεαστικ|ός *επίθ* (*ευκαιρία, υπόσχεση*) tempting · (*γυναίκα, χαρακτήρας*) alluring

δέλτα *το* (*γράμμα*) delta, *fourth letter of the Greek alphabet* · (*ποταμού*) delta

δελτί|ο *το* (*ενημέρωσης, πληροφόρησης*) bulletin · (*συλλόγου, σωματείου*) newsletter · (*ΠΡΟ-ΠΟ*) coupon · (*Λόττο*) ticket · (*τράπεζας*) exchange rate ▷ **αστυνομικό** ~ crime news *πληθ* ▷ ~ **αποστολής** consignment note ▷ ~ (*αστυνομικής*) **ταυτότητας** identity card ▷ ~ **ειδήσεων** news bulletin ▷ ~ **εισόδου/εξόδου** admission/ release form ▷ ~ **καιρού** weather

forecast ▷ ~ **παραγγελίας** order form ▷ ~ **παράδοσης** delivery note ▷ ~ **παραλαβής** receipt ▷ ~ **παροχής υπηρεσιών** invoice ▷ ~ **πορείας νόσου** medical progress report ▷ ~ **Τύπου** press release

δελφίν|ι *το* dolphin

Δελφ|οί *οι* Delphi

Δελχί *το* Delhi

δέμα *το* parcel · **ένα ~ με βιβλία/ ρούχα** a bundle of books/clothes

δεμάτ|ι *το* (*ξύλα*) bundle · (*στάχυα*) sheaf

δεμέν|ος *επίθ* (= *παροπλισμένος*) out of commission · (= *γεροδεμένος*) stocky

δεν *αρνητ μόρ* not · **νόστιμο ~ είναι;** tasty, isn't it? · **κάθεσαι να φάμε μαζί το μεσημέρι;** (*ανεπ.*) why don't you stay *ή* why not stay and have lunch with me? · **θα πάμε σινεμά, έτσι ~ είναι;** we're going to the cinema, aren't we? · **προλαβαίνουμε ~ προλαβαίνουμε το λεωφορείο** we only just caught the bus

δένδρο *το* = **δέντρο**

δέντρ|ο *το* (*ΒΟΤ*) tree · (= *σχηματική παράσταση*) tree (diagram) ▷ **οικογενειακό** ~ family tree ▷ **χριστουγεννιάτικο** ~ Christmas tree

δέν|ω *ρ μ* (*άνθρωπο*) to tie (up) · (*άλογο*) to tether · (*σκύλο*) to tie *ή* chain up · (*χορδόνια, γραβάτα*) to do up · (*ζώνη*) to fasten · (*δέμα*) to tie up · (*μαλλιά*) to tie back · (*βάρκα*) to moor · (*μτφ.: χέρια*) to clasp (together) · (= *συσκευάζω: αντικείμενα*) to package · (*βιβλίο, τεύχη*) to bind · (*μηχανή*) to assemble · (*τραύμα, πληγή*) to dress · (*πόδι, χέρι*) to bandage · (*μαργαριτάρι, ρουμπίνι*) to mount · (*φιλία, παρελθόν*) to bind · (*με*

δεξαμενή

όρκο, διαθήκη) to bind · (με συμβόλαια) to bind **♦** ρ αμ (σιρόπι, σάλτσα) to thicken · (γλυκό) to set · (= αιχμηετοποιούμαι: πλοίο) to be laid up · (= αράζω) to moor · (φυτό, άνθος) to fruit · (= ωριμάζω σωματικά) to fill out · (χρώμα, μονωκή) to go (με with) · **~ ένα ζώο σε κτ** to tether ή tie an animal to sth · **~ κπν/κτ με αλυσίδες** to chain sb/sth · **~ κπν/κτ με σκοινί** to tie sb/sth up with a rope · **~ τα μάτια κποιου** to blindfold sb · **παρακαλώ δέστε τις ζώνες σας** please fasten your seat belts

▸ **δένομαι** μεσ to become attached (με to)

δεξαμεν|ή η (νερού) tank · (κτιστή) cistern · (επισκευής πλοίων) dock · (σε πλοίο: αποθήκευσης καυσίμου) tank · (αποθήκευσης αντικειμένων) container ▹ **~ καυσίμου** fuel tank ▹ **~ σκέψης** think tank

δεξαμενόπλοιο το tanker

δεξής, -ιά, -ί = δεξιός

δεξιά (επίρ.) η right hand

δεξιά² επίρρ (πηγαίνω, στρίβω) right · (κάθομαι, οδηγώ) on the right · (ΠΟΛ: κλίνω, κινούμαι) to the right · **από ~** on the right · **~ κι αριστερά** (κυριολ.) (on the) right and left · (μτφ.) left and right · **προς τα ~** to the right

δεξι|ός, -ά, -ό (πλευρά) right(-hand) · (πεζοδρόμιο) right-hand · (μάτι, όχθη) right · (ΠΟΛ) right-winger

▸ **δεξιός** ο, **δεξιά** η right-hander

▸ **δεξί** το (= χέρι) right hand · (= πόδι) right foot

δεξιότητ|α η (= ικανότητα: συγγραφική) skill · (πνευματική, σωματική) ability

δεξιόχειρ|ας ο/η

▸ **δεξιόχειρας** ο/η right-hander

δεξίωση η reception ▹ **γαμήλια ~** wedding reception

δέ|ος το awe

δέρμ|α το (ανθρώπου, ζώου) skin · (αλόγου) hide · (λεοπάρδαλης) skin · (κάστορα) pelt · (βάτραχος) pelt · (για παπούτσια, ρούχα) leather · **από γνήσιο ~** made of ή from genuine ή real buffalo leather

δερματικ|ός επίθ skin

▸ **δερμάτινο** το leather

▸ **δερμάτινο** το leather jacket

δερματολόγ|ος ο/η dermatologist

δέρν|ω ρ μ (άνθρωπο) to beat · (ως τιμωρία) to thrash

▸ **δέρνομαι** μεσ to mourn

δέσι|μο το (ανθρώπου) tying (up) · (σκύλου) tying up · (αλόγου) tethering · (παπουτσιού) doing up · (πακέτου, γραβάτας) tying · (ζώνης) fastening · (μαλλιών) tying back · (= συσκευασία) doing up · (βιβλίου) binding · (πληγής, τραύματος) dressing · (ποδιού, χεριού) bandaging · (σιροπιού, σάλτσας) thickening · (γλυκού) setting · (κοσμήματος, πολύτιμου λίθου) mounting · (συναισθηματικός, ψυχικός) bond · (για ανθρώπων και φυτά) fruiting · (αρχιτεκτονικών ρυθμών, ήχων) blend

δεσμ|ά τα βλ. **δεσμός**

δέσμευση η = ανάληψη υποχρέωσης) commitment · (= περιορισμός) restriction

δεσμεύ|ω ρ μ to bind

▸ **δεσμεύομαι** μεσ (= περιορίζομαι) to be bound · (από δουλειά) to be tied up

δέσμη η (λουλουδιών) bunch · (χαρτιών) pack · (εγγράφων) bundle

δεσμίδ|α η (χαρτονομισμάτων) bundle · (χαρτιού) ream · (εισιτηρίων) book · (φυσιγγίων) round

δέσμι|ος, -α, -ο tied up

δεσμ|ός *ο* (φιλίας, γάμου) bond · (αίματος) tie · (= ερωτική σχέση) relationship · (εξουσυζυγικός) affair

► **δεσμά** *τα* (= αλυσίδες) chains · (= ζυγός) shackles · (= φυλάκιση) imprisonment *εν*.

δεσμοφύλακ|ας *ο/η* (prison) guard

δεσπόζ|ω *ϱ μ* to dominate

δεσποινίδ|α (*ανεπ.*) = **δεσποινίς**

δεσποινίς *η* (= ανύπαντρη γυναίκα) Miss · (*παλ.*: = κοπέλα) young lady

δεσπότ|ης *ο* (*ανεπ.*: = επίσκοπος) bishop · (= δυνάστης) despot · (*μτφ.*) tyrant

δετ|ός *επίθ* (παπούτσια) lace-up · (μαλλιά) tied back

Δευτέρ|α *η* Monday · **τη ~ (το πρωί/το απόγευμα)** on Monday (morning/afternoon) · **την επόμενη/προηγούμενη ~** next/ last Monday ▷ **Καθαρά ή Καθαρή ~** Monday before Shrove Tuesday

δευτερεύ|ων, -ουσα, -ον secondary

δευτεροβάθμι|ος, -α, -ο ▷ **~α εκπαίδευση** secondary education

δευτερόλεπτ|ο *το* second · **ανά ή το ~** a ή per second · **σε κλάσμα ή κλάσματα δευτερολέπτου** in a fraction of a second

δεύτερον *επίρ* secondly

δεύτερ|ος, -η ή -έρα, -ο ή - αρί takt (γύρος, βραβείο) second · (για ποιότητα) inferior · **έρχομαι ~** to come second ▷ **τα η εν ~ο(ν)** (*μλσ*) half ▷ **~ συγγένεια δευτέρου βαθμού** second–degree relations ▷ **~ (ε)ξαδέλφη** second cousin ▷ **~ (ε)ξάδελφος** second cousin

► **δεύτερος** *ο* (= όροφος) second floor (*Βρετ.*), first floor (*Αμερ.*) · (= Οκτώβριος) October

► **δευτέρα** *η* (= ταχύτητα) second (gear) · (= σχολική τάξη) second

year · (ημέρα) second

► **δεύτερο** *το* second

δέχ|ομαι *ϱ μ απ* (= παίρνω) to receive · (= γίνομαι δέκτης) to accept · (= υποδέχομαι: πρέσβη, τιμώμενα πρόσωπα) to receive · (φίλους) to entertain · (= βλέπω: ασθενείς, κοινό) to see · (= παραδέχομαι) to accept · (όρους, σχέδιο) to accept · (= ανέχομαι: σχόλια, κριτική) to take · (περιορισμούς) to tolerate · (στομάχι: υγρά, τροφή) to tolerate ◆ *ϱ αμ* (γιατρός) to see patients · (δικηγόρος) to see clients · **δεν ~ κουβέντα** I don't want to hear another word about it! · **~I** you're on! · **~ να κάνω κτ** to agree to do sth

δεκτός, -ή, -ό = **δεκτός**

δήθεν *επίρ* (*εω.*) ostensibly · **κάνω ~ πως ή ότι δεν ακούω/ βλέπω κπν** to pretend not to hear/see sb

► **δήθεν** *οι* (*μειωτ.*) posers

δηλαδή *σύνδ* (επεξηγηματικός) namely · (συμπερασματικός) then · (για έμφαση) then

δηλητηριάζ|ω *ϱ μ* to poison · (άνθρωπο) to embitter

δηλητηρίαση *η* (ανθρώπου, ζώου) poisoning · (σχέσης) poisoning · (ατόμων) embitterment · (νεολαίας) polluting

δηλητήρι|ο *το* (φιδιού, φυτού) poison · (φιδιού, σκορπιού) venom · **αυτός ο καφές είναι** ~ this coffee is really bitter

δηλητηριώδ|ης *επίθ* (ουσία, φυτό) poisonous · (φίδι) venomous · **~ες αέριο** poison gas · **~εις αναθυμιάσεις** noxious fumes

δηλωμένος, -η, -ο (οπαδός, ομοφυλόφιλος) open · (δεξιός, αριστερός) declared · (εχθρός) avowed

δηλών|ω *ϱ μ* (= φανερώνω: πρόθεση) to declare · (προτίμηση, *γνώμη*) to state · (*αδιαφορία, ευχαρίστηση*) to display · (*απόφαση, μέτρα*) to announce · (*άγνοια, αδυναμία*) to admit · (*συμπαράσταση, μετάνοια*) to express · (*πίστη*) to declare · (*υποταγή*) to pledge · (*κλοπή, απαγωγή*) to report · (*εισόδημα, εισαγωγή προϊόντος*) to declare · (*γέννηση παιδιού*) to register · (*λέξη, παροιμία*) to mean · (*σύμβολο, γράμμα*) to stand for

δήλωση *η* (*αιτίας*) statement · (*προέδρου, υπουργού*) statement · (*υπουργού*) announcement · (*κλοπής, απαγωγής*) report · (*εισοδήματος, φόρου ακίνητης περιουσίας*) declaration · (*γέννησης, θανάτου*) registration ▷ ~ **αποποιήσεως ή αγνοίας** (NOM) disclaimer ▷ ~ **παραιτήσεως** (NOM) waiver

δημαρχείο *το* city hall
δήμαρχος *ο/η* mayor
δημεύω *ρ μ* to confiscate
δημητριακά *τα* cereals
δήμιος *ο* (= *εκτελεστής*) (public) executioner · (*για απαγχονισμό*) hangman

δημιούργημα *το* creation · ~ **της φαντασίας** κποιου a figment of sb's imagination
δημιουργημένος, -η, -ο (= *κατασκευασμένος*) created · (= *καταξιωμένος*) successful
δημιουργία *η* creation ▸ **Δημιουργία** *η* (the) Creation
δημιουργικός *επίθ* (*καλλιτέχνης, πνεύμα*) creative · (*ημέρα*) productive
δημιουργός *ο/η* (*νόμου, θεωρίας*) founder · (*επανάστασης*) instigator · (*καλλιτεχνικού είδους*) originator · (*καλλιτεχνήματος*) creator
δημιουργώ *ρ μ* (*κόσμο, φυτά*) to create · (*κτήριο, πλατεία*) to build ·

(*επιχείρηση, εταιρεία*) to generate · (*κατ.: = προκαλώ: αναστάτωση, διαφορές*) to create · (*αρνητικές εντυπώσεις*) to create · (*καταστροφές, αντιθέσεις*) to cause · (*προβλήματα, δυσκολίες*) to make · (*χρέος*) to run up ▷ *ρ αμ* to create

δημοκράτης *ο* democrat
δημοκρατία *η* (= *πολίτευμα*) democracy · (= *έθνος ή κράτος*) republic ▷ **αβασίλευτη** ~ republic ▷ **άμεση** ~ direct ή pure democracy ▷ **Ελληνική Δημοκρατία** Hellenic Republic ▷ **έμμεση ή αντιπροσωπευτική** ~ representative democracy ▷ **κοινοβουλευτική** ~ parliamentary democracy ▷ **λαϊκή** ~ people's republic ▷ **ομοσπονδιακή** ~ federal republic
δημοκρατικός *επίθ* (= *λαοκρατικός*) democratic · (= *φιλελεύθερος*) liberal
δημοκράτισσα *η βλ* **δημοκράτης**
δημοπρασία *η* auction · **βγάζω κτ σε** ~ to put sth up for auction ▷ **οίκος δημοπρασιών** auction house
δήμος *ο* (= *διοικητική περιφέρεια*) municipality · (= *σύνολο κατοίκων*) local community
δημόσευμα *το* publication
δημόσευση *η* publication
δημοσιεύω *ρ μ* to publish · (*αγγελία*) to run
Δημόσιο *το* civil service
δημοσιογραφία *η* (= *συγκέντρωση και διάδοση ειδήσεων*) journalism · (= *έντυπα και ηλεκτρονικά μέσα*) media
δημοσιογράφος *ο/η* journalist
δημόσιος, -α ή -ια, -ο public · (*σχολείο*) state, public (*Αμερ.*) · (*νοσοκομείο*) public, NHS (*Βρετ.*) · (*λειτουργός*) civil ▷ ~ **άνδρας**

public figure ▷ ~**α αρχή** the public authorities ▷ ~**α διοίκηση** public administration ▷ ~**α επιχείρηση** public utility ▷ ~ **οργανισμός** public corporation ▷ ~**α έργα** public works ▷ ~**κίνδυνος** public enemy · (*ειρ.*) public enemy number one ▷ ~**ο πρόσωπο** public figure ▷ ~**ες σχέσεις** (*ια πρόσωπο, εταιρεία*) public relations · (*υπηρεσία*) public relations ή PR department (*επιστήμη*) public relations · (*μτφ.*) networking ▷ ~ **τομέας** the public sector ▷ ~**α υγιεινή** public health ▷ ~ **υπάλληλος** public–sector employee · (*σε κρατική υπηρεσία*) civil servant ▷ ~**α υπηρεσία** civil service

δημοσιότητ|α η publicity
δημοσκόπηση η (opinion) poll
δημότης ο citizen
δημοτικ|ή η demotic (Greek)
δημοτικός επίθ (*θέατρο, έργα*) municipal · (*υπάλληλος, εκλογές*) municipal · (*νοσοκομείο*) district · (*άρχοντας*) civic · (*μουσική, παράδοση*) folk ▷ ~**ή αρχή** local ή district authorities ▷ ~**ή βιβλιοθήκη** city library ▷ ~**ή εκπαίδευση** primary (*Βρετ.*) ή elementary (*Αμερ.*) education ▷ ~**ό συμβούλιο** town ή borough council ▷ ~ **σύμβουλος** councillor (*Βρετ.*), councilor (*Αμερ.*) ▷ ~**ά τέλη, ~ φόρος** municipal taxes, ~ council tax (*Βρετ.*)

▶ **Δημοτικό** *το* primary (*Βρετ.*) ή elementary (*Αμερ.*) school
▶ **δημοτικό** *το* folk song
δημοτικότητα η popularity
δημότ|ισσα, δημότις η βλ. **δημότης**
δημοφιλής επίθ (*ηθοποιός, πολιτικός*) popular · (*κατ.: = διάσημος*) well–known

δημοψήφισ|μα *το* referendum
δια, δι' (*επίσ.*) προθ (= διέλευση) +γεν. by · (= χρονική διάρκεια) +γεν. for · (= όργανο, μέσο) +γεν. by · (= για) +αιτ. for · (ΜΑΘ) divided by

διαβάζ|ω ρ μ (*εφημερίδα, περιοδικό*) to read · (*μάθημα*) to study · (*μαθητή*) to coach ◆ ρ αμ (= ξέρω ανάγνωση) to read · (= μελετώ) to study ▷ **δυνατά** to read out ▷ ~ **κτ στα πεταχτά** to skim through sth ▷ ~ **τα χείλη** to lip–read

διαβάθμισ|η η (*δημοσίων υπαλλήλων, αξιωματούχων*) grading · (*χρωμάτων*) gradation
διαβαίν|ω ρ μ (*ποταμό, γέφυρα*) to cross · (*δάσος*) to go ή walk through · (*μονοπάτι*) to walk along ◆ ρ αμ (= διέρχομαι) to pass by · (*καιρός, μέρες*) to pass · (*λύπες, στενοχώριες*) to pass
διαβάλλ|ω ρ μ to slander
διάβασ|η η (*ποταμού, βουνού*) crossing · (= πέρασμα) crossing · (= γέφυρα) bridge · (= σηγό σημείο ποταμού) ford · (= μονοπάτι) pass ▷ **αvιόπεδη** ~ flyover (*Βρετ.*), overpass (*Αμερ.*) ▷ **ορεινή** ~ mountain pass ▷ **σιδηροδρομική** ~ level (*Βρετ.*) ή grade (*Αμερ.*) ή railroad (*Αμερ.*) crossing ▷ **υπόγεια** ~ underpass ▷ ~ **πεζών** zebra crossing (*Βρετ.*), pedestrian crossing (*Αμερ.*), crosswalk (*Αμερ.*)
διάβασ|μα *το* (*βιβλίων, εφημερίδων*) reading · (*μαθημάτων*) study
διαβασμένος επίθ (*γράμμα, βιβλίο*) read · (*μαθητής*) well–prepared
διαβατήριο *το* passport ▷**έκδοση** διαβατηρίου passport issue ▷**έλεγχος** διαβατηρίων passport control ▷**θεώρηση** διαβατηρίου visa
διαβάτ|ης ο passer–by

διαβεβαιών|ω, διαβεβαιώ (επίσ.) _ρ μ_ to assure

διαβεβαίωσ|η _η_ assurance

διάβημα _το_ step

διαβήτης _ο_ (ΓΕΩΜ) (pair of) compasses · (ΙΑΤΡ) diabetes _εν._

διαβιβάζω (επίσ.) _ρ μ_ (οδηγία, είδηση) to send · (αναφορά) to pass on · (επιστολή) to forward · (ευχές, χαιρετίσματα) to send

διαβίβασ|η _η_ transmission

διαβίωσ|η _η_ living

διαβολικ|ός _επίθ_ (άνθρωπος) fiendish · (τέχνη) satanic · (σχέδιο, ενέργεια) fiendish · (χαμόγελο, έκφραση) malicious

διάβολ|ος _ο_ (= δαίμονας) devil (= κόλαση) hell · (= ζωηρό παιδί) little devil · **(δει ή άντε ή πήγαινε ή τράβα) στον διά(β)ολο!** (υβρ.) go to hell! (ανεπ.) · (για έκφραση έκπληξης) I'll be damned! (ανεπ.) · **διά(β)ολε!** damn! (χυδ.)

διαβουλεύομαι _ρ αμ_ to consult

διαβρών|ω _ρ μ_ (πέτρωμα, έδαφος) to erode · (μέταλλο) to corrode

διάβρωσ|η _η_ (εδάφους, πετρώματος) erosion · (μετάλλου) corrosion

διάγνωσ|η _η_ diagnosis

διάγραμμ|α _το_ (σπιτιού) plan · (μηχανήματος) diagram · (πυρετού, σεισμού) chart · (ΜΑΘ) diagram ▷ ~ **θερμοκρασίας** temperature chart ▷ ~ **ροής** flow chart

διαγραφ|ή _η_ (λέξεων, φράσεων) deletion · (αδιενεργειών) eradication · (χρέους, οφειλής) cancellation · (μέλους) expulsion · (σχήματος, τριγώνου) drawing

διαγράφ|ω _ρ μ_ (λέξεις, φράσεις) to delete · (χρέη) to write off · (μέλος, βουλευτή) to expel · (κύκλο, σχήμα) to draw · (τροχιά) to describe ▶ **διαγράφομαι** _μεσ_ (μτφ.: κίνδυνος) to loom · (βουνά) to stand out

διαγωγ|ή _η_ behaviour (Βρετ.), behavior (Αμερ.)

διαγωνίζ|ομαι _ρ αμ απ_ (μαθητής, φοιτητής) to take an examination · (αθλητής) to compete

διαγωνιζόμεν|η _η βλ._ **διαγωνιζόμενος**

διαγωνιζόμεν|ος _ο_ (σε εξετάσεις) candidate · (σε διαγωνισμό ομορφιάς) contestant

διαγώνι|ος¹ _η_ diagonal

διαγώνι|ος², -α ή -ος _-ος_ diagonal

διαγώνισμ|α _το_ test

διαγωνισμ|ός _ο_ (ομορφιάς, τραγουδιού) contest · (ζωγραφικής, φωτογραφίας) competition · (κατασκευής έργου) competition · (για μαθητές) exam

διαδεδομέν|ος _επίθ_ (αντίληψη, ιδέα) prevalent · (άθλημα, είδος) popular · (ιστορία, μύθος) widespread

διαδέχ|ομαι _ρ μ απ_ to succeed

διαδηλών|ω _ρ αμ_ to demonstrate ◆ _ρ μ_ (πίστη) to declare · (άποψη, συμπαράσταση) to express · (θέση) to state

διαδήλωσ|η _η_ (φοιτητών, ανέργων) demonstration · (αγανάκτησης, οργής) expression · **κάνω** ~ to demonstrate

διαδίδ|ω _ρ μ_ to spread ▶ **διαδίδομαι** _μεσ_ (ασθένεια, πυρκαγιά) to spread · (εμπόριο) to expand · (νέα, ασθένεια) to spread · (μυστικό) to be divulged _ή_ revealed

διαδικασί|α _η_ (δίκης) proceedings _πληθ._ · (εκλογής προέδρου, χορήγησης αδειών) procedure · (πέψης, μεταβολισμού) process

διαδικτυακ|ός _επίθ_ **-ή τοποθεσία, ~ τόπος** website **Διαδίκτυο** _το_ Internet

διάδοσ|η _η_ spreading · (ναρκωτικών) spread

▶ **διαδόσεις** πλ rumours (Βρετ.), rumors (Αμερ.)

διαδοχή η succession · (γεγονότων, εικόνων) sequence

διαδοχικ|ός επίθ successive

διάδοχ|ος ο/η (προέδρου, διευθυντού) successor · (θρόνου) heir

διαδραματίζ|ω ρ μ to play ▶ **διαδραματίζεται, διαδραματίζονται** μεσ τριτ (γεγονότα, σκηνές) to take place · (εξελίξεις) to unfold

διαδρομ|ή η (= δρόμος) route · (= απόσταση: με τα πόδια) walk · (με όχημα) trip · (ιστορικά, αιώνων) course · (ΠΛΗΡΟΦ) path · (εμβόλου, πιστονιού) stroke · η **~ είναι δύο ώρες με το αυτοκίνητο/το τρένο** it's a two-hour drive/train journey

διάδρομ|ος ο (σπιτιού, σχολείου) corridor (Βρετ.), hall (Αμερ.) · (θεάτρου) aisle · (αεροδρομίου) runway · (όργανο γυμναστικής) treadmill ▷ **~ απογείωσης/ προσγείωσης** take-off/landing runway

διάζευξ|η η (εννοιών, στοιχείων) separation · (= διαζύγιο) divorce

διαζύγι|ο το (ΝΟΜ) divorce · (= χωρισμός) separation

διάζωμ|α το (θεάτρου, σταδίου) aisle (ΑΡΧΙΤ, ΑΡΧ) frieze

διάθεσ|η η (χρόνου, ώρας) use · (προϊόντων, περιοδικού) distribution · (= ψυχική κατάσταση) mood · (= ευθυμία) good spirits πληθ · **δεν έχω ~ για κτ/να κάνω κτ** not to feel like doing sth · **είμαι σε καλή/άσχημη ~** to be in a good/bad mood · **έχω κτ στη ~ μου** to have sth ▶ **διαθέσεις** πλ intentions

διαθέσιμ|ος επίθ (προϊόν, κεφάλαιο) available · (χρόνος) spare · **είμαι ~** to be available

διαθέτ|ω ρ μ (= έχω: περιουσία, αυτοκίνητο) to own · (χρόνο, πείρα) to have · (χύρος) to carry · (= χρησιμοποιώ: χρήματα, κονδύλια) to use · (= αφιερώνω: ζωή, χρόνο) to give · (= δίνω: σπίτι, αυτοκίνητο) to give · (= δίνω: χώρο) to spare · (αίθουσα, χώρο) to allocate · (= πουλάω: εμπόρευμα, προϊόντα) to sell

διαθήκ|η η will

διάθλαση η diffraction

διαίρεση η division

διαιρώ ρ μ to divide

διαισθάν|ομαι ρ μ απ to sense

διαίσθηση η intuition

δίαιτ|α η diet · **κάνω ~** to be on a diet

διαιτητής ο (ΝΟΜ) arbitrator · (ποδοσφαίρου, μπάσκετ) referee · (τένις, κρίκετ) umpire

διαιτήτρια η βλ. **διαιτητής**

διαιτολόγ|ος ο/η dietician · **ισορροπημένο ~** balanced diet

διαιωνίζ|ω ρ μ to perpetuate

διακατέχ|ω ρ μ to grip ▶ **διακατέχομαι** μεσ **~ομαι από κτ** to be gripped by sth

διακεκομμέν|ος επίθ (γραμμή) dotted · (φωνή) staccato · (εργασία) interrupted

διακεκριμέν|ος επίθ (θέματα, ζητήματα) distinct · (επιστήμονας) eminent · (καλλιτέχνης, ομιλητής) distinguished · (μέλος) prominent · (οικογένεια) of note

διακήρυξ|η η (ιδέας, πίστης) declaration · (πολιτικού, προέδρου) proclamation · (οργάνωσης, κινήματος) manifesto

διακινδυνεύ|ω ρ μ to risk · (ευτυχία) to jeopardize · (πρόβλεψη, σχόλιο) to hazard

διακίνηση η (αγαθών, προϊόντων) transport · (κεφαλαίων) movement · (αλληλογραφίας, εγγράφων) handling (ναρκωτικών) traffic · (όπλων) trafficking

διακιν|ώ ρ μ (προϊόντα, επιβάτες) to transport · (χρήματα) to move around · (μετοχές) to trade · (ναρκωτικά, όπλα) to traffic in · (ιδέες) to put across

διακλάδωσ|η η (δέντρου) branch · (δρόμου) fork · (ποταμού) branch · (σιδηροδρομικής γραμμής) branch line

διακοπ|ή η (κυκλοφορίας, κίνησης) disruption · (ταξιδιού) interruption · (αγώνα) stoppage · (διπλωματικών σχέσεων, διαπραγματεύσεων) breakdown · (δέης) adjournment · (συμβολαίου, κνήσεως) termination · (= διάλειμμα) break · (ρεύματος) shutdown · (νερού) cut ▸ ~ ρεύματος power cut η failure
▸**διακοπές** πλ holiday εν. (Βρετ.), vacation εν. (Αμερ.) · **είμαι σε ~ές** to be on holiday (Βρετ.) ή vacation (Αμερ.) · **κάνω ή πηγαίνω ~ές** to go on holiday (Βρετ.) ή vacation (Αμερ.) · **οι ~ές των Χριστουγέννων/του Πάσχα** the Christmas/Easter holidays (Βρετ.) ή vacation (Αμερ.)

διακόπτης ο switch

διακόπτ|ω ρ μ (εργασία, πρόγραμμα) to disrupt · (σχέσεις) to sever · (αγώνα) to stop · (διαπραγματεύσεις) to break off · (ταξίδι) to break · (ηλεκτροδότηση) to cut off · (ομιλητή, συζήτηση) to interrupt

διακόσια αριθ απόλ two hundred

διακόσι|οι, -ες, -α αριθ απόλ πλ two–hundred

διακόσμησ|η η (= εξωραϊσμός) decoration · (βιτρίνας) dressing · (= διάκοσμος) decor

διακοσμητής ο decorator

διακοσμήτρι|α η βλ. **διακοσμητής**

διάκοσμ|ος ο (= στολίδια) decor ·

(Χριστουγέννων, Αποκριάς) decoration

διακοσμ|ώ ρ μ to decorate

διακρίν|ω ρ μ (= ξεχωρίζω) to distinguish · (κάμψη, αλλαγή) to detect · (είδη) to identify · (πρόσωπα, φιγούρα) to make out
▸**διακρίνομαι** μεα (πλοίο, σημάδι) to be visible · (= παίρνω διάκριση) to make a mark · (= ξεχωρίζω) to stand out

διάκρισ|η η (θεωριών, επιστημών) distinction · (= τιμή) honour (Βρετ.), honor (Αμερ.) ▸**τιμητική ~** honour (Βρετ.), honor (Αμερ.)
▸**διακρίσεις** πλ discrimination εν. ▸**κοινωνικές διακρίσεις** social discrimination εν. ▸**φυλετικές διακρίσεις** racial discrimination εν.

διακριτικ|ός επίθ (γνώρισμα, χαρακτηριστικό) distinguishing · (ντύσιμο, βάψιμο) discreet · (ζωή) quiet · (χρώμα) muted · (ήχος) unobtrusive · (άρωμα) delicate · (άνθρωπος, συμπεριφορά) tactful
▸**διακριτικά** ~ a stripe εν.

διακύμανσ|η η (τιμής, κόστους) fluctuation · (εδάφους) undulation · (κατάστασης) variation

διακωμωδ|ώ ρ μ to make fun of

διαλεγμέν|ος επίθ selected

διαλέγ|ω ρ μ (φόρεμα, φίλους) to choose · (έργα, θέματα) to select · (καρπούς, φρούτα) to sort

διάλειμ|μα το (διάλεξης, συνεδρίου) break · (χρόνων, ήχων) interval · (χαράς) period · (ευημερίας, ελευθερίας) period · (στο σχολείο) break · (έργου, ταινίας) interval (Βρετ.), intermission (Αμερ.)
▸**διαφημιστικό ~** commercial break ▸**μουσικό ~** musical interlude

διάλεκτ|ος η (Κρήτης, Θεσσαλίας) dialect · (ποδοσφαίρου, δημοσιογράφων) jargon

▷ **δημοσιογραφική** ~ journalese

διάλεξη η (σε πανεπιστήμιο) lecture · (γενικότ.) talk · (ειρ.) lecture

διαλεχτός επίθ (έπιπλα, σταφύλι) choice · (αποσπάσματα) selected · (φίλος) special · (συνεργάτης) outstanding

διαλλακτικός επίθ conciliatory

διαλογή η (δελτίων ΠΡΟ-ΠΟ) drawing · (ψήφων) counting · (φρούτων, μεταλλευμάτων) sorting · **προϊόντα πρώτης/δεύτερης ~ς** top–quality/standard products

διαλογίζομαι ρ μ απ to ponder
♦ ρ αμ to meditate

διαλογισμός ο (= στοχασμός) reflection · (ΘΡΗΣΚ) meditation

διάλογος ο (γενικότ.) dialogue (Βρετ.), dialog (Αμερ.) · (μεταξύ φίλων) conversation ▷ **πλατωνικοί ~οι** Platonic dialogue (Βρετ.) ή dialog (Αμερ.)

διάλυμα το solution

διαλυμένος επίθ (μηχανή, καράβι) dismantled · (καρέκλα, μύτη) broken · (δωμάτιο, πρόσωπο) in a mess · (παπούτσια, ρούχα) falling apart · (μτφ.) shattered · (κράτος, χώρα) in upheaval · (οικονομία) wrecked · (εταιρεία, επιχείρηση) liquidated · (σύνδεσμος) dissolved · (γάμος, δεσμός) broken · (ζάχαρη, αλάτι) dissolved

διάλυση η (μηχανής) dismantling · (κράτους, κόμματος) break–up · (οικονομίας) wrecking · (ομίχλης, συννεφιάς) dispersal · (επιχείρησης) liquidation · (Βουλής) dissolution · (συμφωνίας) cancellation · (αρραβώνα) breaking off · (σχέσης) breakdown · (αλατιού, ζάχαρης) solution · (μπογιάς) dilution

διαλυτός επίθ soluble

διαλύω ρ μ (μηχανή, πλοίο) to dismantle · (σπίτι, έπιπλο) to

wreck · (παπούτσια, ρούχα) to wear out · (μτφ.: εχθρό, αντίπαλο) to beat · (για κούραση) to wear out · (κράτος, κόμμα) to break up · (οικονομία, φιλία) to wreck · (απεργούς, πλήθος) to disperse · (γάμο) to dissolve · (πάγο) to break up · (ομίχλη, σύννεφα) to clear · (εταιρεία, επιχείρηση) to liquidate · (Βουλή) to dissolve · (συμφωνία, σύμβαση) to cancel · (αρραβώνα) to break off · (ζάχαρη, αλάτι) to dissolve

διαμαντένι|ος, -ια, -ιο diamond

διαμάντι το (δαχτυλιδιού, στέμματος) diamond · (μτφ.) gem

διαμαρτυρία η protest

διαμαρτύρ|ομαι ρ αμ απ to protest

διαμαρτυρόμενη η βλ. **διαμαρτυρόμενος**

διαμαρτυρόμεν|ος ο Protestant

διαμάχη η (καθηγητών, φοιτητών) dispute · (κομμάτων, κρατών) conflict · (διαδοχής) contention

διαμέρισ|μα το (πολυκατοικίας) flat (Βρετ.), apartment (κυρ. Αμερ.) · (χώρας) region · (πόλης) district

διαμερισμ|ός (επία.) ο sharing out

δια μέσου προθ +γεν. (για τόπο) via · (για τρόπο) through · (για χρόνο) over

διαμέτρημα το calibre (Βρετ.), caliber (Αμερ.) · **άνθρωπος μεγάλου διαμετρήματος** person of high calibre (Βρετ.) ή caliber (Αμερ.)

διάμετρ|ος η diameter

διαμονή η stay · **έξοδα ~ς** living expenses · **τόπος ~ς** place of residence

διαμορφών|ω ρ μ (χώρο) to arrange · (δωμάτιο) to convert (σε into) · (προσωπικότητα, χαρακτήρα) to mould (Βρετ.), to mold (Αμερ.) · (ήθος: γνώμη, *πολιτική*) to shape · (*κατάσταση, συνθήκες*) to influence · (*σκορ*) to contribute to · (*τιμές, ενοίκια*) to set

διανέμ|ω ρ μ to distribute · (*περιουσία, κληρονομιά*) to share out · (*αλληλογραφία*) to deliver

διανόηση η (= *διαλογισμός*) thought · (*διανοούμενοι*) intelligentsia

διανοητικ|ός επίθ (*λειτουργίες, υγεία*) mental · (*τύπος*) intellectual

διάνοι|α η (= *πνεύμα*) intellect · (= *μυαλό*) mind · (= *μεγαλοφυΐα*) genius

διανοίγ|ω ρ μ to cut
▸ **διανοίγομαι** μεσ to open up

διανομέας ο/η distributor
▷ **ταχυδρομικός** ~ (*επίσ.*) postman (*Βρετ.*), mailman (*Αμερ.*)

διανομή η (*βιβλίων, εισιτηρίων*) distribution · (*επιστολών, φαγητού*) delivery · (*ταχυδρομική υπηρεσία*) sorting office · ~ **κατ' οίκον** home delivery ▷ **δίκτυο** ~ς distribution network

διανοούμεν|ος ο intellectual

διανυκτερεύ|ω ρ μ (= *κατ αλύω*) to stay overnight · (*φαρμακείο, νοσοκομείο*) to be open all night

διανυκτερεύ|ων, -ουσα, -ον all-night

διανύ|ω ρ μ (*απόσταση, χιλιόμετρα*) to cover · (*χρόνο, περίοδο*) to be in

διαπασών η/το (*ΜΟΥΣ = ογδόη*) octave · **στη** ~ (*για ραδιόφωνο, τηλεόραση*) at full blast
▸ **διαπασών** το tuning fork

διαπεραστικ|ός επίθ (*κρύο*) biting · (*βλέμμα, ματιά*) piercing · (*φωνή, κραυγή*) shrill

διαπερν|ώ ρ μ (*ξίφος, βέλος*) to go through · (*φως*) to penetrate

διαπιστών|ω ρ μ to discover · (*άγνοια, προθυμία*) to note · ~ **ότι** to ascertain that

διαπίστωσ|η η discovery

διάπλασ|η η moulding (*Βρετ.*), molding (*Αμερ.*) ▷ **σωματική** ~ physique

διάπλατα επίρρ wide open ·
ανοίγω ~ **την πόρτα/την αγκαλιά μου** to open the door/one's arms wide

διαπλάτυνσ|η η widening

διαπλέ|ω ρ μ (*ποταμό, ωκεανό*) to sail across · (*ακτές*) to ply ◆ ρ αμ to sail

διαπληκτισμ|ός ο argument

διάπλους ο crossing

διαπραγματεύ|ομαι ρ μ απ to negotiate ◆ ρ αμ to negotiate

διαπραγμάτευσ|η η negotiation

διαπραγματευτ|ής ο negotiator

διαπραγματεύτρι|α η βλ.
διαπραγματευτής

διαπράττ|ω ρ μ to commit · ~ **σφάλμα** to commit an error

διαπρεπ|ής επίθ (*επιστήμονας, πολιτικός*) eminent · (*επισκέπτης, προσκεκλημένος*) distinguished

διαπρέπ|ω ρ μ to excel

διάρθρωσ|η η structure

διάρκει|α η (*έργου, ταινίας*) length · (*τρικυμίας, πολέμου*) duration · **έχω μεγάλη** ~ (*ταινία, έργο*) to be very long · (*σχέση*) to last a long time · **κατά τη** ~ **γεν.** during ▷ **γάλα διαρκείας** long-life milk ▷ **εισιτήριο διαρκείας** season ticket

διαρκ|ής επίθ (*πόλεμος*) constant · (*καβγάς, εργασία*) endless · (*ειρήνη*) lasting · (*απασχόληση, σχέση*) permanent

διαρκ|ώ ρ αμ to last

διαρκώς επίρρ constantly

διαρρήκτ|ης ο burglar

διαρρήκτρι|α η βλ. **διαρρήκτης**

διάρρηξ|η η (*γραφείου, τράπεζας*) break-in · (*πετρωμάτων, τοίχων*) fissure ▷ ~ **χρηματοκιβωτίου** safe-breaking

διαρρο|ή η leak
διάρροι|α η diarrhoea (Βρετ.), diarrhea (Αμερ.)
διαρρυθμίζω ρ μ to arrange
διαρρύθμισ|η η arrangement
Δίας ο (ΜΥΘΟΛ) Zeus · (ΑΣΤΡΟΝ) Jupiter
διασαφηνίζω ρ μ to clarify
διάσεισ|η η concussion
▷ ~ εγκεφάλου, εγκεφαλική ~ concussion
διάσημ|ος επίθ famous
διασημότητ|α η (= καλή φήμη) fame · (= γνωστή προσωπικότητα) celebrity
διασκεδάζω ρ μ (κοινό, φίλους) to entertain · (φόβους, ανησυχίες) to dispel ♦ αμ to have fun · **το ~** to enjoy it
διασκέδασ|η η (= γλέντι) fun χωρίς πληθ. · (= ψυχαγωγία) pastime · **καλή ~!** have fun!
▷ **κέντρο διασκεδάσεως** night club
διασκεδαστικ|ός επίθ (βιβλίο, ταινία) entertaining · (παιχνίδι, απασχόληση) fun · (ιστορίες, καταστάσεις) amusing · (άνθρωπος) funny
διασκευάζω ρ μ (λογοτεχνικό έργο) to adapt · (μουσικό έργο) to arrange
διασκευ|ή η (έργου, μυθιστορήματος) adaptation · (τραγουδιού) arrangement
διάσκεψ|η η (πολιτικών αρχηγών) conference · deliberation ▷ ~ **κορυφής** summit (conference ή meeting)
διασκορπίζω ρ μ (έγγραφα, βιβλία) to scatter · (διαδηλωτές) to disperse · (περιουσία, χρήματα) to squander
▶ **διασκορπίζομαι** μεσ to scatter
διάσπασ|η η (κράτους, ενότητας) split · (μετώπου, αμυντικής γραμμής) breach · (προσοχής) distraction

▷ ~ **του ατόμου** (ΦΥΣ) splitting the atom
διασπορ|ά η (ναρκών) spread · (θραυσμάτων) scattering · (αιμοσφαιρίων, όπλων) deployment · (λαών) diaspora · (ψευδών, φημών) spreading
διασπ|ώ ρ μ (κράτος, κόμμα) to split · (μέτωπο, εχθρικές γραμμές) to break through
διάστασ|η η (κτηρίου, τοίχου) dimension · (ζητήματος) dimension · (απόψεων) difference · (ιδεών) divergence · (για ανδρόγυνα) separation
▶ **διαστάσεις** πλ (= σωματικές αναλογίες) proportions · (= όρια θέματος) dimensions
διασταυρών|ω ρ μ to cross · (πληροφορίες, ειδήσεις) to crosscheck
▶ **διασταυρώνομαι** μεσ (δρόμος) to intersect · (γραμμές) to cross · (τρένα) to cross · (γνωστοί, φίλοι) to bump into each other · (βλέμματα, ματιές) to cross
διασταύρωσ|η η (πασσάλων, ξιφών) crossing · (φυτών, ζώων) cross · (οδών, γραμμών) crossing · (πληροφοριών, στοιχείων) crosschecking
διάστ|ημα το (= χρονική απόσταση) interval · (= τοπική απόσταση) distance · (= άπειρο) space
διαστημικ|ός επίθ space
διαστημόπλοι|ο το spacecraft
διαστολ|ή η (καρδιάς) diastole · (πνευμόνων) expansion · (αιμοφόρων αγγείων) dilation · (ΦΥΣ) expansion
διαστρεβλών|ω ρ μ to distort
διαστροφ|ή η (= αλλοίωση) distortion · (= διαφθορά) corruption
διασχίζ|ω ρ μ (δρόμο, χώρα) to cross · (ποταμό) to flow through
διασώζ|ω ρ μ (όμηρο, ναυαγό) to

διάσωση rescue · (αρχείο, χειρόγραφα) to preserve · (φορτίο) to salvage

διάσωσ|η η (πληρώματος, πλοίου) rescue · (αγαλμάτων, χειρογράφων) preservation · (πανίδας, χελώνας) conservation ▷ **ομάδα** η **συνεργείο** ~ς rescue party ή team

διαταγ|ή η order

διάταγμα το (έγγραφη εντολή) order · (NOM) decree

διατάζω ρ μ to order ♦ ρ αμ to give orders

διάταξ|η η (επίπλων, εκθεμάτων) arrangement · (πλοίων, στρατιωτικών δυνάμεων) position · (ιδεών) order · (NOM) clause

διαταράσσ|ω ρ μ (τάξη, κλίμα) to disturb · (ισορροπία) to upset · (όραση, ακοή) to affect

διαταραχ|ή η (αναταραχή) disturbance · (IATP) disorder

διατάσσ|ω ρ μ (πίνακες, έπιπλα) to arrange · (στρατιώτες) to position (επίσ.: = διατάζω) to order

διατεθειμέν|ος επίθ ~**α** (= πρόθυμος) willing · ·έτοιμ. = διακείμενος disposed

διατηρημέν|ος επίθ (χτήριο) preserved · (τρόφιμα) that must be refrigerated or frozen

διατήρησ|η η (τάξης, ηρεμίας) maintenance · (προσωπικού) keeping · (κρέατος, γάλακτος) preservation · (ενδιαφέροντος, retention · (περιβάλλοντος, conservation · (υγείας, παράδοσης) preservation

διατηρ|ώ ρ μ (φόρμα, ισορροπίες) to keep · (τιμές, θερμοκρασία) to keep up · (ορθογραφία, ονομασία) to keep up · (τρόφιμα, φάρμακα) to keep · (θέση, αξίωμα) to keep · (ηθικό) to keep up · (σχέσεις, φιλία) to keep up · (υποψίες, αμφιβολίες) to have · **~ επαφή με κπν** to keep in touch with sb

~ **την ψυχραιμία μου** to keep cool

▸ **διατηρούμαι** μεσ (τρόφιμα) to be kept ή preserved · (θερμοκρασία) to hold · (κακοκαιρία, ηλιοφάνεια) to continue · (χτήριο) to preserve

διατίμηση η price control

διατιμώ ρ μ to fix

διατρέφω ρ μ to support

διατριβ|ή η treatise ▷ **διδακτορική** ~ doctoral thesis

διατροφ|ή η (= τροφή) diet · (= διαιτολόγιο) diet · (NOM: συζύγου) alimony · (παιδιού) maintenance ▷ **πλήρης** ~ (σε ξενοδοχείο) full board

διατρυπ|ώ ρ μ (τοίχο) to drill · (χαρτί) to punch · (πνεύμονα, σώμα) to perforate

διατυπών|ω ρ μ (αντίρρηση, επιφύλαξη) to express · (θέση) to declare · (ερώτηση, απορία) to ask · (πρόταση, θεωρία) to formulate · (φράση) to word · (ορισμό, αρχές) to set out

διατύπωσ|η η (αντιρρήσεων, απόψεων) expression · (προτάσεων, θεωρίας) formulation · (αρχών) setting out · (αιτήματος, διεκδίκησης) statement · (ερώτησης) phrasing · (έκθεσης, ποιήματος) style

▸ **διατυπώσεις** πλ formalities

διαύγεια η clarity · (πνεύματος, νου) lucidity ▷ **πνευματική** ~ mental lucidity

διαφανής επίθ (ρούχο, ύφασμα) see-through · (γυαλί, πλαστικό) transparent · (νερά) clear

διάφαν|ος επίθ = **διαφανής**

διαφέρω ρ μ to be different

διαφεύγ|ω ρ μ to escape ♦ ρ αμ to escape · (βενζίνη) to leak

διαφημίζ|ω ρ μ (προϊόν, κατάσταση) to advertise · (ηθοποιό, τραγούδι) to promote

διαφήμιση η (προϊόντων, ταινίας)

advertisement · (= εμπορική δραστηριότητα) advertising · (προσώπου, ιδέας) publicity

διαφθείρ|ω ρ μ (χαρακτήρα, κοινωνία) to corrupt · (= αποπλανώ) to lead astray

διαφθορ|ά η (αστυνομικού, δικαστή) corruption · (= ακολασία) immorality

διαφορ|ά η (ιδεών, απόψεων) difference · (προϊόντων) superiority · (ΜΑΘ) difference · (χρημάτων) balance · (ώρας, πόντων) difference · **~ ύψους/ θερμοκρασίας** difference in height/in temperature
► **διαφορές** πλ differences

διαφορετικά επίρρ (= αλλιώς) differently · (= σε αντίθετη περίπτωση) otherwise · **δεν γίνεται ~** there's no other way

διαφορετικ|ός επίθ different (από from)

διαφορικ|ός επίθ differential
► **διαφορικό** το differential (gear)

διαφοροποίηση η (πληθυσμού, κοινωνίας) diversification · (ΒΙΟΛ) differentiation

διάφορ|ος επίθ various
► **διάφορο** το (= όφελος) profit · (= τόκος) interest

διάφραγ|μα το (ΑΝΑΤ) diaphragm · (ΦΩΤ) shutter

διαφύλαξη η (έργων, κληρονομιάς) preservation · (ειρήνης) keeping · (δικαιωμάτων, συμφερόντων) safeguarding · (περιουσίας, βιβλίων) safekeeping · (επικοινωνίας, συγχνότητων) securing

διαφωνί|α η (παίδων) disagreement · (κομμάτων) dissent · (απόψεων, ιδεών) clash · (δικαστηρίων, διαδίκων) dispute

διαφων|ώ ρ αμ to disagree

διαχειρίζ|ομαι ρ μ απ (περιουσία, χρήματα) to manage · (θέμα,

υπόθεση) to handle · (οικονομικά, πολιτική) to administer

διαχείρισ|η η management, handling · (κοινών, πολιτικής) administration

διαχειριστής ο (χρημάτων, περιουσίας) financial manager · (πολυκατοικίας) manager

διάχυσ|η η diffusion
► **διαχύσεις** πλ outpourings

διάχυτ|ος επίθ (ζεστασιά, αγανάκτηση) general · (αίσθημα) pervasive

διαχωρίζ|ω ρ μ (δωμάτιο, οικόπεδο) to partition · (φορτία, μόρια) to split · (ψάρια, φρούτα) to sort out · (θέση, ευθύνες) to dissociate (από from) · (είδος, σημασία) to differentiate

διαψεύδ|ω ρ μ (κατανγελία, δήλωση) to deny · (επίπαλο) to prove wrong · (όραμα) to give the lie to · (ελπίδες, προσδοκίες) to frustrate · (ανησυχίες) to prove unfounded · (πατέρα, υποστηρικτές) to disappoint
► **διαψεύδομαι** μεσο to prove wrong

διάψευση η (δήλωσης, λόγου) denial · (ελπίδων) frustration · (υπονιών, προβλέψεων) disproving · (εφημερίδας, επιστημόνων) disclaimer · (προσδοκιών, αισθημάτων) disappointment

διγαμί|α η bigamy

δίγαμ|ος επίθ bigamous
► **δίγαμοι** οι bigamists

δίγλωσσ|ος επίθ bilingual

δίδαγ|μα το (πείρας, ζωής) lesson · (Ευαγγελίου) teaching
► **διδάγματα** πλ teachings

διδακτικ|ός επίθ (έργο) educational · (ώρα, στόχοι) teaching · (έτος) school · (μύθος, ιστορία) didactic · (ταινία) educational · (εμπειρία) learning
▷ **~ά βιβλία** schoolbooks

διδάκτορ|ας o/η doctor
διδάκτρ|α τα tuition εν.
διδασκαλί|α η teaching
διδάσκ|ω ρ μ to teach ♦ ρ αμ to teach

δίδυμ|ος επίθ twin
▶ **δίδυμο** το (ομάδας) pair · (κινηματογράφου) duo
▶ **δίδυμα** τα twins
▶ **Δίδυμοι** οι Gemini
▶ **δίδυμοι** οι, **δίδυμες** οι twins

διεγείρ|ω ρ μ (ενδιαφέρον) to excite · (προσοχή) to catch · (ζήλο, αισθήσεις) to arouse · (φαντασία, νεύρα) to stimulate · (άνδρα, γυναίκα) to arouse · (ψυχικά) to stimulate · (πλήθη, όχλο) to whip up

διέγερση η (νευρικού συστήματος) stimulation · (παθών, επιθυμίας) stirring · (φαντασίας) stimulation
διεθνής επίθ international
▷ **Διεθνής Αστυνομία** Interpol
▷ **Διεθνές Εμπορικό Επιμελητήριο** International Chamber of Commerce
▶ **διεθνής** o/η international (player) (Βρετ.), player on the national team (Αμερ.).
διεθνώς επίρρ internationally
διείσδυση η (νερού) seepage · (ξένης κουλτούρας, πληροφοριών) penetration
διεισδύ|ω ρ αμ ~ σε (φως) to filter in · (μυρωδιά) to permeate · (νερό) to seep into · (σκόνη) to get into · (επιχείρηση, εταιρεία) to penetrate
διεκδίκηση η (ακινήτου, δικαιωμάτων) claim · (αξιώματος, βραβείου) contending
διεκδικ|ώ ρ μ (αίτημα) to make · (δικαίωμα, αποζημίωση) to claim · (θέση, έδρα) to contest
διεκπεραίωση η (υποθέσεως, εργασίας) completion · (εντολής) execution · (= εγγράφων, αλληλογραφίας) dispatching

διέλευση η (πεζών, οχημάτων) passage · (ηλεκτρισμού) passage · (συνόρων) crossing · (= διάβαση) crossing
διένεξη η dispute
διεξάγ|ω ρ μ (έλεγχο, εργασία) to carry out · (ανάκριση, έλεγχο) to hold · (δίκη) to conduct · (πόλεμο, εκστρατεία) to wage · (αγώνα) to put up
▶ **διεξάγομαι** μεσ to take place
διεξοδικ|ός επίθ (απάντηση, αναφορά) detailed · (ανάλυση, συζήτηση) detailed · (ανάπτυξη) extensive · (έρευνα) thorough · (εργασία) thorough · (διαδικασία) exhaustive
διέξοδ|ος η way out (από, σε of)
διερευνητικ|ός επίθ (βλέμμα, πνεύμα) enquiring · (διαπραγμάτευση) exploratory
διερευν|ώ ρ μ (αίτια, κίνητρα) to look into · (σκάνδαλο) to inquire into
διερμηνέας o/η interpreter
κάνω τον ~**εα** to act as interpreter
διερμηνεύ|ω ρ μ to interpret
διεστραμμέν|ος επίθ perverse
διετ|ής επίθ (= δύο χρόνων) two-year-old · (συμβόλαιο, σύμβαση) two-year
διετί|α η two years πληθ.
διευθέτηση η settlement
διευθετ|ώ ρ μ (αντικείμενα, αίθουσα) to arrange · (θέμα, πρόβλημα) to settle
διεύθυνση η (= τόπος διαμονής) address · (= διοίκηση: επιχείρησης, γραφείου) management · (ορχήστρας) conducting · (ανέμου, πεδίου) direction ▷**αστυνομική** ~ police headquarters ▷**σύστημα διεύθυνσης** steering system ▷~ **κατοικίας** home address
διευθυντής o (εταιρείας, οργανισμού) manager · (σχολείου)

head · (ορχήστρας) conductor ·
(αστυνομίας) police commissioner
▷ ~ προσωπικού personnel
manager ▷ ~ πωλήσεων sales
manager ▷ ~ σύνταξης
editor–in–chief
▷ ~ ταχυδρομείου postmaster
▷ ~ τράπεζας bank manager

διευθύντρι|α η βλ. **διευθυντής**

διευθύν|ω ρ μ (εταιρεία,
οργανισμό) to manage · (σχολείο)
to be head of · (διαπραγματεύσεις,
ενέργειες) to direct · (αγώνα) to
referee · (ορχήστρα, χορωδία) to
conduct · (βλέμμα, κινήσεις) to
direct

διευκόλυνση η (πολιτών,
εργαζομένων) facilitating ·
(νυκλοφορίας) easing
▶ διευκολύνσεις πλ facilities

διευκολύνω ρ μ (συναλλαγές,
ενέργειες) to facilitate ·
(νυκλοφορία) to ease · (παράνομο)
to abet · (= παρέχω οικονομική
εξυπηρέτηση) to help out · ~ κπν
σε κτ to make life easy for sb

διευκρινίζω ρ μ to clarify

διευκρίνιση η clarification
▶ διευκρινίσεις πλ clarifications εν.

διεύρυνση η (δρόμου, τάφρου)
widening · (δυνατοτήτων,
ευκαιριών) increase · (δακτυλίου,
εμπορίου) expansion · (έννοιας)
widening

διευρύν|ω ρ μ (χώρο, δρόμο) to
widen · (σύνορα, επιρροή) to
extend · (ορίζοντες, όρια) to
broaden · (ακροατήριο, πελατεία)
to increase

διεφθαρμένος επίθ corrupt

δίζυγο το parallel bars πληθ.

διήγημα το short story

διήγηση η narrative

διηγούμαι ρ αμ απ (ιστορία, μύθο)
to tell · (γεγονότα) to relate

διήθηση η filtering

διήμερο το two days πληθ.

διήμερ|ος επίθ two–day

διίστ|αμαι (επίσ.) ρ αμ απ to
diverge

δικάζ|ω ρ μ (υπόθεση, έφεση) to
hear · (διαφορές) to adjudicate ·
(κατηγορούμενο) to try
▶ δικάζομαι μεσ (= κρίνομαι) to
stand trial · (κατ.: =
καταδικάζομαι) to be condemned

δίκαια επίρρ (= σύμφωνα με το
νόμο) justly · (= σωστά) rightly

δίκαι|ο το (χώρας, περιοχής) law ·
(= ορθό) right ▶ άγραφο
~ unwritten law ▶ γραπτό
~ statute law ▷ Διεθνές Δίκαιο
international law ▷ Οικογενειακό
Δίκαιο family law
▶ Δίκαιο το law

δικαιοδοσί|α η jurisdiction

δικαιολογημέν|ος επίθ justifiable

δικαιολογητικ|ός επίθ justifiable
▶ δικαιολογητικά τα
documentation εν.

δικαιολογί|α η excuse
▶ δικαιολογίες πλ (ευφ.) excuses

δικαιολογ|ώ ρ μ (= δικαιώνω) to
excuse · (= υπεραπολίζομαι) to
justify
▶ δικαιολογούμαι μεσ to make
excuses

δίκαι|ος επίθ fair · (νόμος) just

δικαιοσύν|η η (= δίκαιο) justice ·
(κατ.: = ορθό) right
▶ Δικαιοσύνη η justice
▷ Υπουργείο Δικαιοσύνης
Ministry of Justice

δικαιούμαι ρ μ απ to be entitled
to · ~ να κάνω κτ to be entitled
to do sth

δικαίωμα το right
▶ δικαιώματα πλ (συγγραφέα)
royalties · (μετάδοσης, διανομής)
(exclusive) rights ▶ πνευματικά
δικαιώματα copyright εν.
▷ συγγραφικά δικαιώματα
royalties

δικαιών|ω ρ μ (γεγονός, εξελίξεις)

to justify · (φήμη, όνομα) to live up to
▸ **δικαιώνομαι** μεσ to be vindicated

δικαίως επίρρ = **δίκαια**

δίκανν|ο το double-barrelled (Βρετ.) ή double-barreled (Αμερ.) shotgun

δικαστήρι|ο το court · (= δίκη) trial ▷ **Διεθνές Δικαστήριο** International Court of Justice
▷ **ποινικό ~** criminal court
▷ **πολιτικό ~** civil court
▷ **στρατιωτικό ~** military court

δικαστής ο/η judge

δικαστικ|ός επίθ (απόφαση, ενέργεια) judicial · (έξοδα) court ▷ **~ αγώνας** legal battle ▷ **ή εξουσία** judicial power ▷ **~ επιμελητής** bailiff ▷ **ή πλάνη** miscarriage of justice ▷ **ό σώμα** judiciary
▸ **δικαστικός** ο/η (= δικαστής) judge · (= εισαγγελέας) public prosecutor

δίκη η trial

δικηγόρ|ος ο/η lawyer

δίκι|ο το right · **έχω ~** to be right

δίκλιν|ος επίθ twin
▸ **δίκλινο** το twin room

δικογραφί|α η brief

δικ|ός, -ή ή **-ιά, -ό** αντων κτητ **~ μου/σου/του/της/μας/σας/τους** my/your/his/her/our/your/their · **οι ~οί μου** one's family · **~ σου/σας** yours

δικτατορί|α η (πολ) dictatorship · (των Μ.Μ.Ε., του Τύπου) tyranny

δικτυακ|ός επίθ (εγκατάσταση) network · (κατ.: = διαδικτυακός) Internet

δίκτυ|ο το (πληροφοριών, μεταφορών) network · (= Διαδίκτυο) Internet · (αντίστασης, πρακτόρων) network · **είμαι στο ~** to be on the Internet · **μπαίνω στο ~** to go on the Internet · **συνδέομαι σε ~** to

connect to the Internet

δικτυωτ|ός επίθ fishnet
▸ **δικτυωτό** το trellis

δίκυκλ|ο το (= ποδήλατο) bicycle · (= μοτοσυκλέτα) (motor)bike

δίλημμ|α το dilemma

δίλιτρ|ος επίθ (μπουκάλι) two-litre (Βρετ.), two-liter (Αμερ.) · (κινητήρας) with a two-litre (Βρετ.) ή two-liter (Αμερ.) engine

δίμην|ο το two months πληθ.

δίμην|ος επίθ (ξεκούραση) two-month · (συνυλάκι) two-month-old

δίνη η eddy

ΛΕΞΗ-ΚΛΕΙΔΙ

δίν|ω ρ μ (α) **δίνω κτ σε κπν** to give sb sth · (στο τραπέζι) to pass sb sth · **δίνω πίσω** to give back
(β) (= προσφέρω: ευκαιρία, άδεια) to give
(γ) (= πουλώ) to sell
(δ) (= πληρώνω: για εργοδότη) to pay · (για αγοραστή) to give
(ε) (= διοργανώνω: δεξίωση, δείπνο) to give · (χορό) to hold
(στ) (χαρά, πόνο) to give
(ζ) (= εκδίδω: διαταγές, οδηγίες) to give · **δίνω κπν (στο τηλέφωνο)** to put sb through
▸ **δίνομαι** μεσ **δίνομαι σε κπν** to give oneself to

διογκών|ω ρ μ (μπαλόνι) to inflate · (έλλειμα, χρέος) to increase · (προϋπολογισμό) to inflate · (περιστατικό, γεγονός) to exaggerate
▸ **διογκώνομαι** μεσ (κοιλιά, αδένας) to swell · (πρόβλημα, αριθμός) to grow · (εταιρεία) to expand

διόδι|α τα toll εν.

διόδ|ος η passage · **ανοίγω ~ο** to open a passage

διοίκηση η (κράτους)

διοικητής ο (αστυνομίας) chief · (τράπεζας) manager ▷**γενικός** ~ general manager ▷**στρατιωτικός** ~ commanding officer

διοικητικ|ός επίθ (ικανότητες, έλεγχος) administrative · (καθήκοντα) executive · (τομέας) management ▷**Διοικητικό Δίκαιο** administrative law ▷**το στέλεχος** manager ▷**-ό συμβούλιο** board of directors

▶ **Διοικητική** η management

διοίκ|ώ ρ μ (επιχείρηση, τράπεζα) to manage · (οργανισμό, αυτονομία) to run · (στρατό) to command · (κράτος) to be at the head of

δίολου επίρρ not at all

διόρασ|η η insight

διορατικός επίθ perceptive

διοργανών|ω ρ μ to organize

διοργάνωσ|η η (εκθέσεων, αγώνα) organization · (= εκδήλωση) event

διοργανωτ|ής ο organizer

διοργανώτρια η organizing

διορθών|ω ρ μ (παπούτσια) to mend · (ήχο, χρώματα) to readjust · (οικονομικά) to improve · (κατάσταση) to rectify · (κείμενο, λάθη) to correct · (κατ.: = βαθμολογώ) to mark (Βρετ.), to grade (Αμερ.) · **- το λάθος ή το σφάλμα** to make amends

διόρθωσ|η η (πορείας, σχεδίου) readjusting · (χαρακτήρα) reforming · (γραπτών, εκθέσεων) correction · (κειμένων) proof-reading

▶ **διορθώσεις** πλ corrections

διορθωτ|ής ο (γενικότ.) corrector ·

(τυπ) proofreader

διορί|α η βλ. **διωρία**

διορίζ|ω ρ μ to appoint

διορισμ|ός ο appointment

διότι σύνδ because

διοχετεύ|ω ρ μ (νερό) to channel · (αέρα) to conduct · (ρεύμα) to conduct · (πληροφορίες, ειδήσεις) to convey · (χρήμα, μετοχές) to channel

δίπλα¹ επίρρ ~ **σε** (= πλάι σε) next to · (= σε σχέση με) in comparison to · ~~~ side by side · **είχα πάει** ~ I was next door · **κάθησε** ~ **μου!** sit next to me!

δίπλα² η (= πτύχωση) fold · (γλυκό) turnover

διπλαν|ός επίθ adjoining · **το -ό σπίτι** the house next door

▶ **διπλανός** ο, **διπλανή** η (= γείτονας) next-door neighbour (Βρετ.) ή neighbor (Αμερ.) · (στο σχολείο) neighbour (Βρετ.), neighbor (Αμερ.) · **ο ~ μου** one's fellow man

διπλασιάζ|ω ρ μ to double

διπλάσι|ος, -α, -ο double

διπλ|ός επίθ double (λεωφορείο) double-decker · (προσωπικότητα) dual · (δρόμος) two-way · (χαρά, λύπη) twofold · **= διπλωμένος:** κουβέρτα, σεντόνι) doubled up ▷**-ό ποδήλατο** tandem ▷**δρόμος -ής κατευθύνσεως** two-way road

▶ **διπλό** το two

▶ **διπλές** οι twos

δίπλ|ωμα το (χαρτιού, εφημερίδας) folding · (τροφίμων, πακέτων) wrapping · (σχολή) diploma · (πανεπιστημίου) diploma ▷**διδακτορικό** ~ doctorate ▷**~ ευρεσιτεχνίας** patent ▷**~ οδήγησης** driving licence (Βρετ.), driver's license (Αμερ.)

διπλωμάτ|ης ο/η diplomat

διπλωματί|α η (πολ) diplomacy ·

(μτφ.) tact

διπλώνω ρ μ (εφημερίδα, ρούχα) to fold · (τρόφιμα, πακέτα) to wrap ◆ ρ αμ to double up
▸**διπλώνομαι** μεσ to curl up

διπρόσωπ|ος επίθ two–faced

δισέγγον|ος ο great–grandson

δισεκατομμύριο το billion

δισεκατομμυριούχ|ος, -ος, -ο (= που έχει πάνω από ένα δις) billionaire · (= πάμπλουτος) multimillionaire

δίσεκτ|ος επίθ **-ο έτος** leap year · **-α χρόνια** ή **καιροί** hard times

δισκέτα η diskette

δισκί|ο το tablet

δισκοβολία η discus

δισκοβόλ|ος ο/η discus thrower

δισκοθήκη η (για δίσκο βινυλίου) record sleeve · (για σιντί) CD case · (= συλλογή δίσκων) record library

δισκοπωλεί|ο το music shop (Βρετ.) ή store (Αμερ.)

δίσκ|ος ο (σερβιρίσματος) tray · (πιάτο) record · (αντί) CD · (ΑΘΛ) discus · (ΠΛΗΡΟΦ) disk · (ηλίου) disc · (ρολογιού) face ▸**σκληρός ~** (ΠΛΗΡΟΦ) hard disk ▸**ψηφιακός ~ CD**

δισταγμ|ός ο hesitation

διστάζω ρ αμ to hesitate

διστακτικ|ός επίθ (άνθρωπος, τρόπος) hesitant · (στάση) ambivalent

δισύλλαβ|ος επίθ two–syllable

διυλίζω ρ μ to refine

διύλιση η refinement

διυλιστήρι|ο το refinery

δίφθογγ|ος η diphthong

διφορούμεν|ος επίθ ambiguous

διχάζ|ω ρ μ (οπαδούς, πολιτικούς) to divide · (κοινότητα, κόμμα) to split
▸**διχάζομαι** μεσ (κοινή γνώμη) to be split · (πολιτικοί, απόψεις) to be divided ▸**διχασμένη προσωπικότητα** split personality

διχασμ|ός ο (απόψεων, κόμματος) division · (προσωπικότητας) split

διχόνοι|α η discord · **σπέρνω ~** to sow discord

διχοτομ|ώ ρ μ (γωνία) to bisect · (οικόπεδο) to split in two · (χώρα) to partition · (κόμμα) to split

δίχρωμ|ος επίθ in two colours (Βρετ.) ή colors (Αμερ.)

δίχτ|υ το (ψαρά, κυνηγού) net · (για τα μαλλιά) hairnet · (τέρματος) net · (παραθύρων) screen · (αράχνης) web

διχτυωτ|ός επίθ = **δικτυωτός**

δίχως πρόθ without

δίψ|α η thirst · (για δόξα, χρήμα) lust · **έχω ~** to be thirsty

διψασμέν|ος επίθ (άνθρωπος, ζώο) thirsty · (χώμα) dry · (για εκδίκηση, δόξα) eager · (για εξουσία) hungry

διψ|ώ ρ αμ (άνθρωπος, ζώο) to be thirsty · (χώμα, γη) to be dry ◆ ρ μ **~ για κτ** (χρήμα, δόξα) to be hungry for sth · (δράση, εκδίκηση) to be eager for sth

διώκ|ω ρ μ (λαό, θρησκεία) to persecute · (δολοφόνο, ληστή) to seek · (έγκλημα, φοροδιαφυγή) to fight · (ΝΟΜ) to prosecute

δίωξη η (= καταπολέμηση) fight · (αντιφρονούντων) persecution
▸**Δίωξη** η crime squad ▸**Δίωξη Ναρκωτικών** Drug Squad

διωρία η (για προειδοποίηση) notice · (για αποπεράτωση έργου) deadline

δίωρ|ο το two hours πληθ.

δίωρ|ος επίθ two–hour

διώροφ|ος επίθ two–storey (Βρετ.), two–storied (Αμερ.)
▸**διώροφο** το two–storey (Βρετ.) ή two–story (Αμερ.) building

διώρυγα η canal

διώχν|ω ρ μ (κόσμο, καλεσμένους) to send away · (αγελάδες, πρόβατα) to chase away ·

(υπάλληλο) to dismiss · (στρατιωτικό) to discharge · (σκέψη, φόβο) to dismiss · (πόνο) to get rid of · (ενοικιαστή) to evict · (μαθητή, ταραξίες) to expel · (ερωτικό σύντροφο) to finish with · (πινυρίδα) to get rid of · (έντομα) to repel · **~ κπν από το δωμάτιο** to send sb out of the room

δόγμα το (ΦΙΛΟΣ) doctrine · (= αξίωμα) principle · (ΠΟΛ) doctrine · (ΣΤΡ) strategy · (ΘΡΗΣΚ) denomination

δογματικός επίθ (διαφορά) in belief · (ζήτημα) of belief · (άνθρωπος, στάση) dogmatic

δοκάρι το (πατώματος) joist · (στέγης) beam · (από μέταλλο, μπετόν) girder · (στο ποδόσφαιρο· οριζόντιο) crossbar · (κάθετο· goal)post

δοκιμάζω ρ μ (άρωμα, αποροφυπαντικό) to try (out) · (παίκτη, υπάλληλο) to try out · (φρένα, λάστιχα) to test · (φαγητό, κρασί) to taste · (ρούχα, παπούτσια) to try on · (ικανότητες, γνώσεις) to try · (υπομονή) to try · (στερήσεις, κακουχίες) to experience · (χαρά, θλίψη) to feel ◆ ρ αμ to try
▶ **δοκιμάζομαι** μεσ to suffer

δοκιμασία η (ψυχοψηφισμών, μαθητών) test · (= ζόρισμα) strain · (= δεινοπάθεια) ordeal

δοκιμασμένος επίθ (μέθοδος, σύστημα) tried and tested · (φίλος) staunch · (τεχνίτης, μάστορας) experienced

δοκιμαστικός επίθ (πρόγραμμα) test · (περίοδος) trial · **~ή εξέταση** mock exam · **~ή οδήγηση** test drive · **~ή πτήση** test flight · **~ σωλήνας** test tube
▶ **δοκιμαστικό** το trial

δοκιμή η (όλου) test · (έργου, συναυλίας) rehearsal

δοκός (επίσ.) η (= δοκάρι· πατώματος) joist · (στέγης) beam · (ΓΥΜ) balance beam

δόκτορας ο/η (= διδάκτορας) Doctor · (= τίτλος γιατρού) doctor

δολάριο το dollar

δόλιος¹, -α, -ο (άνθρωπος, τέχνασμα) deceitful

δόλιος², -α, -ο (= ταλαίπωρος) wretched

δόλιος ο (= τέχνασμα) deceit · (ΝΟΜ) intention

δολοφονία η (= ανθρωποκτονία) murder · (πολιτική) assassination

δολοφόνος ο/η murderer
▷ **μανιακός** = crazed killer
▷ **πληρωμένος** = hired killer ή assassin ▷ **φάλαινα·** = killer whale
▷ **~ κατά συρροή** serial killer

δολοφονώ ρ μ (άνθρωπο) to murder · (πολιτικό) to assassinate

δόλωμα το bait ▷ **ζωντανό** ~ live bait

δομή η structure

δόνηση η (από σεισμό) tremor · (χορδής) vibration ▷ **σεισμική** ~ earth tremor

δόντι το (ανθρώπου, ζώου) tooth · (χτένας) tooth · (γραναζιού) cog · (πριονιού) notch · **βγάζω ~α** (για μωρό) to teethe

δόξα η (συγγραφέα, ηθοποιού) fame · (= καύχημα) pride · (κηπματογράφου, τραγουδιού) star

δόρυ το pike

δορυφορικός επίθ (σύνδεση, εικόνα) satellite ▷ **~ή κάλυψη** satellite coverage ▷ **~ό κανάλι** satellite channel ▷ **~ή κεραία, ~ό πιάτο** (προφ.) satellite dish ▷ **~ή λήψη** satellite reception ▷ **~ό πρόγραμμα** programme (Βρετ.) ή program (Αμερ.) on satellite TV ▷ **~ή τηλεόραση** satellite television ή TV

δορυφόρος ο satellite

δόση η (φαρμάκου, ναρκωτικού)

dose · (δανείου, φόρου) instalment (Βρετ.), installment (Αμερ.)
▷**υπερβολική** ~ overdose
▶**δόσεις** πλ instalments (Βρετ.), installments (Αμερ.) · **αγοράζω με ~εις** to pay for sth in instalments (Βρετ.) ή installments (Αμερ.)
▷**άτοκες** ~εις interest-free instalments (Βρετ.) ή installments (Αμερ.)

δοσοληψία η transaction
▶**δοσοληψίες** πλ (αργ.) dealings

Δουβλίνο το Dublin

δούκ|ας ο duke

δουλειά η (= επάγγελμα) job · (= εργασία) work · (= έργο) work · (= τόπος εργασίας) workplace · (= κίνηση) business · **αναλαμβάνω μια** ~ to take on a job · **κάνει τη** ~ **του** it'll do the job · **κλείνω μια** ~ to close a deal · **πέφτει (πολλή)** ~ business is brisk · **πιάνω** ~ to start work · **πνίγομαι στη** ~ to be up to one's ears in work · **σκοτώνομαι στη** ~ to work one's fingers to the bone · **~ές του σπιτιού** housework εν.
▶**δουλειές** πλ business εν. · **πώς πάνε οι ~ες;** how's business?

δουλεί|α η (= σκλαβιά) slavery (μτφ.) enslavement

δουλεύ|ω αμ to work · (μαγαζί, επιχείρηση) to do well ◆ μ (υλικό, ζύμη) to work on · (ιδέα, κείμενο) to work on · (σχέδιο) to work out · (μαγαζί) to run

δουλοπρεπής επίθ obsequious

δούλ|ος ο (= σκλάβος) slave · (παλ.: = υπηρέτης) servant

δοχείο το (υγρών, ρευστών) pot · (τροφίμων) container · (απορριμμάτων) bin (Βρετ.), can · (= γλάστρα: λουλουδιών) pot · (= βάζο) vase · ~ **νυκτός** bedpan

δράκοντ|ας ο dragon
δράκ|ος ο (= ανθρωπόμορφος δαίμονας) ogre · (= δράκοντας) dragon

δράμα το drama · (= τραγικό γεγονός) tragedy

δραματικός επίθ (τέχνη, ύφος) dramatic · (ειρ.) melodramatic · (γεγονότα, καταστάσεις) tragic ▷ ~ό **έργο** drama ▷ ~**ή σχολή** drama school ▷ ~ **συγγραφέας** playwright ▷ ~**ή ταινία** drama

δραπέτευση η escape

δραπετεύ|ω αμ to escape

δραπέτ|ης ο fugitive

δραπέτισσα η επίθ βλ. **δραπέτης**

δράσ|η η (πολιτικού, συνδικαλιστή) activity · (φαρμάκου, δηλητηρίου) action · (σε έργο, ταινία) action ▷ **πεδίο** ~**ς** field of activity

δρασκελιά η (= διασκελισμός) stride · (= απόσταση που διανύει κανείς) foot

δραστηριοποι|ώ ρ μ to activate
▶**δραστηριοποιούμαι** μεσο to take action

δραστήρι|ος, -α, -ο (άνθρωπος, πολιτικός) active · (ενέργεια) strong · (παρέμβαση) forceful

δραστηριότητα η activity
▶**δραστηριότητες** πλ activities

δράστ|ης ο (φόνου, κλοπής) perpetrator · (ειρ.) culprit

δραστικός επίθ (φάρμακο) potent · (θεραπεία) effective · (αποφυγοϊαντικό) powerful · (ενέργεια, μέτρα) drastic · (μείωση, περικοπές) drastic

δράστις, δράστρια (επίσ.) η βλ. **δράστης**

δραχμή η drachma

δρεπάνι το scythe

δριμύς, -εία, -ύ (κρύο, ψύχος) bitter · (χειμώνας) harsh · (πόνος) severe · (κριτική) harsh · (σχόλιο) caustic

δρομάκι το lane

δρομέ|ας ο/η (αθλητής) runner · (ΠΛΗΡΟΦ) cursor

δρομολόγιο το (λεωφορείων, σιδηροδρόμων) route · (= πρόγραμμα) timetable (Βρετ.), schedule (Αμερ.) · (ταχυδρόμου) route

δρόμος ο (= οδός) road · (= δρομολόγιο) way · (= διαδρομή) journey · (ΑΘΛ) race · **από το σταθμό ως το κέντρο της πόλης είναι ~ δέκα λεπτών** it's a ten-minute journey from the station to the town centre (Βρετ.) / ή center (Αμερ.) · **είμαι στον ~ο (προς)** to be on one's way (to) · **κόβω ~ο** to take a shortcut · **μένω στον ~ο** (από βλάβη, καύσιμα) to break down · **ο ~ της επιστροφής** the way back · **ποιον ~ο παίρνεις για να πας στο σχολείο;** which way do you go to get to school? · ▷**ταινία ~ου** road movie

δροσερός επίθ cool

δροσιά η (= ήπια ψύχρα) coolness · (= υγρασία) dew · (ίσκιος) shade

δροσίζω ρ μ (πρόσωπο, χείλη) to cool · (φύλλα, έδαφος) to refresh ♦ ρ αμ to get cooler

δροσιστικός επίθ refreshing

δρυμός ο (= δάσος βαλανιδιών) oak forest / (= δάσος) forest ▷**εθνικός ~** national park

δρω ρ αμ (= αναπτύσσω δράση) to take action · (στρατιώτης, κακοποιός) to act · (φάρμακο) to take effect · (περιβάλλον) to have an effect (σε on)

δυάδα η pair

δυαδικός επίθ binary

δυάρι το (διαμέρισμα) two-roomed flat (Βρετ.) / ή apartment (Αμερ.) · (τραπουλόχαρτο) two · (καλαθοσφαίριση) number two position

δύναμη η (σώματος, χεριών)

strength · (= ευφυΐα) mental powers πληθ. · (ψυχής, χαρακτήρα) strength · (ηθική, έκφρασης) force · (ανέμου) strength · (φαρμάκου) potency · (συνήθειας, τηλεόρασης) power · (= εξουσία) power · (= ισχυρό κράτος) power · **με ~** (πέφτω) heavily · (χτυπώ) hard · (σπάω, εκσφενδονίζω) violently · **χάνω τις δυνάμεις μου** my strength is failing ▷**δυνάμεις** πλ forces

δυναμικό το resources πληθ. ▷**έμψυχο ~** human resources πληθ. ▷**εργατικό ~** workforce

δυναμικός επίθ (διευθυντής, επιχειρηματίας) dynamic · (πωλητής) forceful · (επέμβαση) forceful · (λύση) drastic

δυναμικότητα η dynamite

δυναμίτιδα η = **δυναμίτης**

δυναμό το dynamo

δυναμώνω ρ μ (ηθικό) to boost · (ραδιόφωνο, τηλεόραση) to turn up ♦ ρ αμ (= αποκτώ μυϊκή δύναμη) to get stronger · (ασθενής) to build oneself up · (αέρας) to get stronger · (κλίμα, φωνή) to get louder · **η βροχή ~ει** it's raining even harder

δυναστεία η (Ισαύρων, Φαραώ) dynasty · (= δεσποτισμός) tyranny

δυνατά επίρρ (πέφτω, χτυπώ) hard · (μιλώ) loudly

δυνατός επίθ (άνθρωπος, προσωπικότητα) strong · (μυαλό) good · (πολιτικός, βασιλιάς) powerful · (διηγόρος, μαθητής) capable · (λαμαρίνα) strong · (σκοινί) strong · (πόρτα) heavy · (μηχανή, κινητήρας) powerful · (φάρμακο) potent · (αέρας, φως) strong · (ήλιος) strong · (πυρετός) high · (φωτιά) fierce · (πόνος, πάθος) intense · (έρωτας) deep · (φωνή, θόρυβος) loud · (χρώμα, μπίρα) strong · (λύση, περίπτωση) possible · **βάζω τα ~ά μου** to do

one's best · **δεν είναι ~όν!**
impossible! · **όσο το ~όν**
γρηγορότερα as soon as possible

δυνατότητ|α η (συμφωνίας,
επιλογής) possibility · (= μέσο)
capability

▸ **δυνατότητες** πλ potential εν.

δύο, δυο αριθ από two · **ανά**
~ in twos · **δυο-δυο** two by two ·
δυο φορές twice · **ένας-δυο,**
δυο-τρεις, κάνα δυο (τρεις) one
or two · **και οι δυο (μας)** both of
us · **μπαίνω στα** ~ to turn in two ·
στις ~ **το μεσημέρι** at two in the
afternoon

δυόμισι two and a half · **στις** ~ **το**
μεσημέρι/τη νύχτα at two thirty
ή half past two in the afternoon/
at night

δυόσμ|ος ο mint

δυσανάγνωστ|ος επίθ illegible

δυσανάλογ|ος επίθ
disproportionate

δυσανασχετ|ώ ρ αμ to be
indignant

δυσαρέσκει|α η displeasure

δυσάρεστ|ος επίθ unpleasant ·
(συντροφιά) bad

δυσαρεστ|ώ ρ μ to displease

δύσβατ|ος επίθ (όρος, περιοχή)
inaccessible · (δρόμος, περιοχή)
rough

δυσεύρετ|ος επίθ rare

δύση η (ηλίου) sunset · (σημείο του
ορίζοντα) west · (πολιτισμού,
αυτοκρατορίας) decline · (ζωής,
καριέρας) end

▸ **Δύση** η **η Δύση** the West

δυσκοιλιότητ|α η constipation

δυσκολεύ|ω ρ μ (ζωή, κατάσταση)
to make difficult ή hard ·
(υλοποίηση σχεδίου) to hamper
▸ ρ αμ to get harder

▸ **δυσκολεύομαι** μεσ (= ζορίζομαι)
to have difficulties · **~ομαι να**
κάνω κτ (= έχω δυσκολία) to have
trouble ή difficulty doing sth

(= διστάζω) to find it hard to do
sth

δυσκολί|α η difficulty
▸ **δυσκολίες** πλ problems

δύσκολ|ος επίθ difficult ·
(αγώνας) tough · (δρόμος) rough ·
(αντίπαλος) tough · **είμαι/φέρνω**
κπν σε ~η θέση to be/to put sb
in a difficult position · **είμαι**
~ **στο φαγητό** to be a fussy eater
▸ **δύσκολα** τα problems

δυσκολοχώνευτ|ος επίθ (φαγητό)
hard to digest · (άνθρωπος)
unpalatable

δυσλειτουργί|α η (προγράμματος,
υπηρεσίας) malfunction · (καρδιάς,
πεπτικού συστήματος) dysfunction

δυσμεν|ής επίθ (κρίση)
unfavourable (Βρετ.), unfavorable
(Αμερ.) · (σχόλια, καιρικές
συνθήκες) adverse

δυσνόητ|ος επίθ (ομιλητής,
συγγραφέας) abstruse · (ταινία)
obscure

δυσοσμί|α η stench

δύσπεπτ|ος επίθ heavy

δυσπεψί|α η indigestion

δυσπιστί|α η incredulity

δύσπιστ|ος επίθ (πελάτης,
ψηφοφόρος) wary · (βλέμμα)
incredulous

δύσπνοι|α η difficulty breathing

δύστροπ|ος επίθ (χαρακτήρας,
άνθρωπος) bad–tempered · (παιδί)
wayward

δυστροπ|ώ ρ αμ (γέρος) to be
cantankerous · (παιδί) to be
wayward · (= αντιδρώ αρνητικά) to
object

δυστύχημα το (= ατύχημα)
accident · (= πλήγμα) tragedy
▸ **αυτοκινητιστικό** ~ car accident
▸ **αεροπορικό** ~ air crash

δυστυχ|ής επίθ unfortunate

δυστυχί|α η (οικογένειας, λαού)
misfortune · (= στερημένη ζωή)
unhappiness

δυστυχισμένος, -η, -ο
(= δύσμοιρος) unhappy·
(= καημένος) unfortunate

δύστυχ|ος επίθ = **δυστυχής**

δυστυχ|ώ ρ αμ (άνθρωπος) to be
unhappy· (χώρα, λαός) to suffer·
(= στερούμαι) to be destitute

δυστυχώς επίρρ (= για κακή τύχη)
unfortunately· (ως μονολεκτική
απάντηση) I'm afraid not · (= είναι
αλήθεια) I'm afraid so

δυσφήμηση η defamation

δυσφημίζω ρ μ = **δυσφημώ**

δυσφήμιση η = **δυσφήμηση**

δυσφημώ ρ μ (υπουργό) to
defame· (χώρα, εταιρεία) to
discredit

δυσφορία η (= δυσαρέσκεια)
displeasure· (= αδιαθεσία) malaise

δυσφορ|ώ ρ αμ (γονείς, παρέα) to
be displeased · (= αδιαθετώ) to
have a malaise

δυσχέρεια η (στην ομιλία,
διευθέτηση προβλήματος)
impediment · (= δύσκολη
κατάσταση) difficulty

δύσχρηστ|ος επίθ (εργαλείο,
μηχάνημα) hard to use · (λέξη,
όρος) rare

δύτης ο diver

δυτικός, -ή, -ό (πτέρυγα, παραλίες)
west · (επαρχίες) western · (άνεμος)
west · (προέλευση) western

δυτρ|α η βλ **δύτης**

δύω ρ αμ (ήλιος, φεγγάρι) to set ·
(ζωή, δόξα) to decline · (ηθοποιός,
τραγουδιστής) to be on the wane

δώδεκα αριθ απόλ twelve

δωδεκάδ|α η dozen

δωδεκάμηνο το twelve months
πληθ.

δωδεκάμην|ος επίθ
twelve–month

δωδεκάρι (κιλά, γαλόνια) twelve
and a half · (για ώρα) twelve
thirty

Δωδεκάνησ|α τα **τα ~** the

Dodecanese

δωδεκαρι|ά η καμιά **~** about a
dozen ή twelve

δωδέκατ|ος αριθ τακτ twelfth

► **δωδέκατος** ο December

► **δωδεκάτη** η (= ημέρα) twelfth ·
(= μεσημέρι ή μεσάνυχτα) twelve o'
clock

► **δωδέκατο** το twelfth

δωμάτι|ο το room · **ενοικιαζόμενα
~α** rooms for rent ή to let
(Βρετ.) · **κλείνω ή κρατάω ένα
~ σε ξενοδοχείο** to book a room
in a hotel

δωρε|ά η (= δώρο) gift · (ιδιώτη,
ευεργέτη) donation

δωρεάν επίρρ free (of charge) ·
~ διακοπές/εισιτήρια/ταξίδι free
holiday (Βρετ.) ή vacation (Αμερ.)/
tickets/trip

δωρίζω ρ μ (= κάνω δώρο) to
give · (= κάνω δωρεά) to donate

δώρ|ο το (γενικότ.) present · (για
εργαζόμενους) bonus · (ελευθερίας,
ζωής) gift · **κάνω ~ σε κπν** to give
sb a present ▷ **γαμήλιο ~** wedding
present

δωροδοκί|α η bribery

E ε

E, ε epsilon, *fifth letter of the Greek
alphabet*

ε επιφών hey! · **θα ερθ~ις, ~;**
you're coming, aren't you?

εαυτ|ός αντων oneself · **αφ' ~ού
μου** by oneself · **ο ~ μου/σου/του/
της/μας/σας/τους** myself/
yourself/himself/herself/
ourselves/yourselves/themselves

εβδομάδ|α η week · **Μεγάλη
Εβδομάδα, Εβδομάδα των
Παθών** Holy Week

εβδομαδιαί|ος, -α, -ο weekly

εβδομηκοστ|ός αριθ τακτ

seventieth

εβδομήντα αριθ απόλ seventy

εβδομ|ος, -η -ό -όμη, -ο seventh
▸ **έβδομος** ο (= Ιούλιος) July·
(= όροφος) seventh floor (Βρετ.),
eighth floor (Αμερ.)
▸ **εβδόμη** η seventh

εβίβα επιφων cheers!

Εβραία η βλ **Εβραίος**

εβραϊκ|ός επίθ (νόμος, γλώσσα)
Hebrew · (θρησκεία) Jewish
▸ **Εβραϊκά** τα Hebrew

Εβραί|ος ο Jew

έγγαμ|ος, -ος, -ο (επίθ.) married

εγγεγραμμέν|ος μτχ (δικηγόρος)
registered · (μέλος) signed up ·
(μαθητή, φοιτητή) enrolled

εγγίζ|ω ρ μ βλ **αγγίζω**

Εγγλέζα η Englishwoman

εγγλέζικ|ος επίθ English
▸ **Εγγλέζικα** τα English

Εγγλέζ|ος ο Englishman · **οι ~οι**
the English

εγγον|ή η granddaughter

εγγόν|ι το grandchild

εγγον|ός ο grandson

εγγραφ|ή η (μαθητή, φοιτητή)
enrolment (Βρετ.), enrollment
(Αμερ.) · (συνδρομητή)
subscription · (χασέτας) recording

έγγραφ|ο το document
▸ **απόρρητο** ~ confidential
document

εγγράφ|ω ρ μ (μαθητή) to enrol
(Βρετ.), to enroll (Αμερ.) · (σε in) ·
(χασέτα, δίσκο) to record
▸ **εγγράφομαι** μεσ **-ομαι** ρ to
subscribe to

εγγράφως επίρρ in writing

εγγύηση η guarantee ·
(κατασκευαστή, προϊόντος)
warranty

εγγυητ|ής ο guarantor

εγγυήτρι|α η βλ **εγγυητής**

εγγυώμαι ρ μ απ to guarantee

εγκαθίδρυση η (δημοκρατίας,
μεθόδου) establishing

(επιχείρησης) setting up

εγκαθιστ|ώ ρ μ (ανσανσέρ,
καλοριφέρ) to install · (πυραύλους,
φρουρά) to deploy · (κληρονόμο,
διευθυντή) to appoint
▸ **εγκαθίσταμαι** μεσ to settle down

εγκαίνι|α τα (ιδρύματος)
inauguration εν. · (έκθεσης)
opening εν.

έγκαιρα επίρρ = **εγκαίρως**

εγκαίρ|ος επίθ timely

εγκαίρως επίρρ in (good) time

εγκάρδι|ος, -α, -ο (χαρακτήρας)
warm-hearted · (υποδοχή,
χαιρετισμός) warm · (ατμόσφαιρα)
friendly

εγκαταλείπ|ω ρ μ to abandon ·
(χώρα, σπίτι) to leave ·
(προσπάθεια, αγώνα) to give up

εγκατάλειψ|η η (παιδιού,
οικογένειας) abandonment ·
(πλοίου) abandoning · (χώρας)
leaving · (προσπάθειας, σπουδών)
giving up

εγκατάστασ|η η (καλωδίου,
καλοριφέρ) installation ·
(εργοστασίου) plant · (= μόνιμη
διαμονή) settlement · **αθλητικές
εγκαταστάσεις** sports facilities ·
ξενοδοχειακές εγκαταστάσεις
hotel facilities · **υδραυλικές
εγκαταστάσεις** plumbing εν.

έγκαυ|μα το burn · **πρώτου
βαθμού έγκαυμα** first-degree burn
▸ ~ **δεύτερου βαθμού**
second-degree burn ▸ ~ **τρίτου
βαθμού** third-degree burn

εγκεκριμέν|ος επίθ approved

εγκέφαλ|ος ο (ANAT) brain ·
(επιχείρησης, εξέγερσης)
mastermind · **πλύση εγκεφάλου**
brainwashing

έγκλη|μα το crime · **διαπράττω**
~ to commit a crime · ~ **πολέμου**
war crime

εγκληματί|ας ουσ αρσ/η criminal
▸ ~ **πολέμου** war criminal

εγκληματικός επίθ criminal
εγκληματικότητα η criminality
εγκοπή η notch
εγκράτεια η abstinence
εγκρίνω ρ μ to approve of
έγκριση η approval
εγκυκλοπαίδεια η encyclopaedia (Βρετ.), encyclopedia (Αμερ.)
εγκυμοσύνη η pregnancy
έγκυ|ος η pregnant · **είμαι** ~ to be pregnant · **μένω** ~ to get pregnant
έγκυρος επίθ (έντυπο, πληροφορία) reliable · (ΝΟΜ: διαθήκη, συμβόλαιο) valid
εγκυρότητα η (πληροφοριών) reliability · (διαθήκης, συμβάσεως) validity
εγκωμιάζω ρ μ to praise
εγκώμιο το praise
έννοια η = **έγνοια²**
εγχείρημα το (= προσπάθεια) venture · (= απόπειρα) attempt
εγχείρηση η (ΙΑΤΡ) operation · **κάνω** ~ (ασθενής) to have an operation · (γιατρός) to operate
εγχειρίδιο το (= στιλέτο) dagger · (αστρονομίας, λογιστικής) manual ▷**διδακτικό** = textbook
εγχείρηση η βλ. **εγχείρηση**
έγχορδος επίθ (όργανο) stringed ▶**έγχορδα** τα strings
έγχρωμ|ος επίθ (σελίδα) in colour (Βρετ.), ή color (Αμερ.) · (έκδοση, εκτύπωση) colour (Βρετ.), color (Αμερ.) · (εκτυπωτής, φιλμ) colour (Βρετ.), color (Αμερ.) · (για προσ.) coloured (Βρετ.), colored (Αμερ.)
εγχώριος, -α, -ο domestic
εγώ¹ αντων **Ι** · ~ **ο ίδιος** I myself · ~, **ο** Παύλος **και ο** Γιάννης me, Pavlos and Giannis · ~ **φταίω** it's my fault · **κι** ~ me too · **όχι** ~ not me · **ποιος θέλει ποτό;** – ~! who wants a drink? – I do!
εγώ² το ego
εγωισμ|ός ο (= φιλαυτία) egoism ·

(= αξιοπρέπεια) pride
εγωιστικός επίθ selfish
εδαφικ|ός επίθ (μεταβολές, καθίζηση) land · (ακεραιότητα) territorial · **-ή έκταση** tract of land
έδαφ|ος το (γενικότ.) ground · (για χώρα, ήπειρο) territory · (για σύσταση) soil · (για μορφολογία) terrain · **αμμώδες/πετρώδες** ~ sandy/stony soil · **ομαλό/ανώμαλο** ~ even/uneven ground · **χάνω/κερδίζω** ~ to lose/gain ground
έδεσμα το (επίσ.: = φαγητό) food · (= λιχουδιά) delicacy
Εδιμβούργο το Edinburgh
έδρ|α η (αίθουσας) podium · (δικαστηρίου) bench · (σε πανεπιστήμιο: φιλολογίας, φυσικής) chair · (επιχείρησης, εταιρείας) head office · (δήμου) central office · (κυβέρνησης) seat · (Ο.Η.Ε.) headquarters εν. · (ΑΘΛ) home ground (βρετ.), home field (Αμερ.)
εδραιώνω ρ μ (χιναρχία, κύρος) to consolidate · (πίστη) to confirm · (αξίες, πεποίθηση) to strengthen
εδραίωση η (δημοκρατίας) establishing · (ελευθερίας) securing · (κυβέρνησης) strengthening · (κυβέρνησης, κινήματος) consolidation
έδρανο το (Βουλής) bench · (αμφιθεάτρου) podium
εδρεύω ρ μ ~ **σε** (εταιρεία) to have its head office in · (κυβέρνηση) to have its seat in · (οργανισμός) to have its headquarters in
εδώ, **δώ**επίρρ here · **αυτός/αυτή/αυτό** ~ this · **από δώ**from here · **από δώ η σύζυγός μου** this is my wife · **από δώκι από κει** from here to there · **από δώ κει** ~, **κι** εκεί here and there · **από δώ** ~ **γύρω**

around here · **~ και εφτά χρόνια μένει στο Παρίσι** he has lived in Paris for seven years · **μετακόμισε ~ και πέντε χρόνια** he moved five years ago · **~ πάνω** up here · **~ κάτω** down here · **~ πάνω** up here · **~ πέρα** over here · **ως ~** (για τόπο) up to here · (για χρόνο) up until ή to now · (εμφατικά) enough · **ως ~ και μη παρέκει!** that's the limit!

εδώδιμ|ος, -ος, -ο edible
► **εδώδιμα** τα victuals
εδώθε επίρρ here
εδώλι|ο το bench · **το ~ του κατηγορουμένου** the dock
Ε.Ε. συντομ EU
εθελοντής ο (= ενημέρωση) volunteer
εθελοντικ|ός επίθ voluntary
εθελόντρια η βλ. **εθελοντής**
εθίζ|ω ρ μ **~ κπν σε κτ** to accustom sb to sth
► **εθίζομαι** μεσ **~ομαι σε κτ** to get used to sth
έθιμ|ο το custom
εθνικισμ|ός ο nationalism
εθνικιστής ο nationalist
εθνικίστρια η βλ. **εθνικιστής**
εθνικ|ός επίθ national · **Εθνικό Θέατρο** National Theatre (Βρετ.) ή Theater (Αμερ.) · **Εθνική Πινακοθήκη** National Gallery
► **Εθνική** η Greek national team
εθνικότητα η nationality
έθν|ος το nation
εθνότητ|α η nationality
εθνοφρουρ|ά η militia
ειδ|α αόρ βλ. **βλέπω**
ειδάλλως επίρρ otherwise
ειδεμή σύνδ otherwise
ειδήμων ουσ αρσ/θηλ expert
είδηση η news εν. · **παίρνω ~ κπν/ κτ** to notice sb/sth
► **ειδήσεις** πλ news εν.
ειδικευμέν|ος επίθ (συνεργείο, προσωπικό) skilled · (επιστήμονας) specialized

ειδίκευση η specialization · **~ σε κτ** specialization in sth
► **ειδικεύω|ω** ρ μ to specify
► **ειδικεύομαι** μεσ **~ομαι σε** to specialize in
ειδικ|ός επίθ (σχεδιασμός, άδεια) special · (σύμβουλος) expert · (επιστήμονας, προσωπικό) specialist · (επιτροπή) ad hoc · (θήκη, θυρίδα) special · **παιδιά με -ές ανάγκες** children with special needs · **Ολυμπιάδα για άτομα με -ές ανάγκες** Special Olympics
► **ειδικός** ο, **ειδικός** η expert
ειδικότητ|α η speciality (Βρετ.), specialty (Αμερ.)
ειδοποίηση η (= ενημέρωση) notice · (προφορική) warning · (= έγγραφο) notification
ειδοποιώ|ω ρ μ (ενδιαφερόμενο, θεατή) to inform · (αρχές) to notify
είδ|ος το (φυτών, ζώων) species · (ανθρώπου, ζώου) kind · (διακυβέυνησης) form · **κάθε ~ους** all kinds of · **όλων των ειδών** ή all kinds · **πληρώνω σε ~** to pay in kind ▷**-η ταξιδίου/ πολυτέλειας** travel/luxury goods ▷**παιδικά/αθλητικά -η** children's/ sports wear
είδωλ|ο το idol
ειδωλολάτρης ο idolater
ειδωλολάτρισσα η βλ. **ειδωλολάτρης**
εικασία η conjecture
εικόν|α η picture · (αποχωρισμού, συνάντησης) scene · (μτφ: προσώπου, αντικειμένου) image · (ΘΡΗΣΚ) icon · (APX) pictorial decoration · (επιχείρησης, πολιτικού) image · (κατάστασης, κρίσης) picture · **καθαρή ~** (για τηλεόραση) clear picture · **ρύθμιση ~ς** image ή picture control · **τρέμει η ~** (για τηλεόραση) the

picture is flickering

εικονίδιο το icon

εικονικ|ός επίθ (δικαιούχος, αγοραστής) bogus · (γάμος) sham · (ενδιαφέρον) feigned · (αντίπαλος) fictitious · **~ή πραγματικότητα** (ΠΛΗΡΟΦ) virtual reality

εικόνισ|μα το icon

εικονογραφημέν|ος επίθ illustrated

εικονογράφησ|η η (βιβλίου, περιοδικού) illustration · (ναού) iconography · (χειρογράφου) illustration

εικοσαετί|α η twenty years πληθ.

εικοσαήμερ|ο το twenty days πληθ.

εικοσάλεπτ|ο το twenty minutes

εικοσάλεπτ|ος επίθ twenty-minute

εικοσάρι| αριθ απόλ twenty · **μπαίνω στα ~** to be in one's twenties

εικοσιτετράωρ|ο το twenty-four hours πληθ.

εικοσιτετράωρ|ος επίθ twenty-four-hour

εικοστ|ός αριθ τακτ twentieth

ειλικρίνει|α η (φοιτητή, φίλου) sincerity · (προθέσεων, κινήτρων) sincerity · (λόγου) outspokenness · **με κάθε ~** in all sincerity

ειλικριν|ής επίθ (φίλος) sincere · (συνεργάτης) honest · (αισθήματα, ευχές) sincere · **για να είμαι (απόλυτα ή απολύτως) ~** to be (absolutely) frank with you

ειλικρινά, ειλικρινώς επίρρ (χαίρομαι) sincerely · (ντρέπομαι) truly

---

ΛΕΞΗ-ΚΛΕΙΔΙ

εί|μαι ρ συνδετ (α) (= υπάρχω) to be · **ποιος είναι; - εγώ (είμαι)!** who is it? – it's me!

(β) (= έχω ιδιότητα) to be

(γ) (βρίσκομαι σε κατάσταση) to

be · **είμαι μια χαρά!** I'm ή I feel fine! · **πώς είσαι; - καλά!** how are you? – fine!

(δ) (= βρίσκομαι) to be · **ποιος ήταν στο τηλέφωνο;** who was on the phone?

(ε) · **τγεν** (= σχετίζομαι) to be · (= ανήκω) to belong to · **είμαι από** to be ή come from · **είμαι 25 χρονών** I'm 25 years old · **τίνος είσαι;** who is your father?

(στ) **+για** (= προορίζομαι) to be for · **είσαι για...;** (οικ.) do you want ή feel like..?

(ζ) (= υποστηρίζω) to support

(η) (= αξίζω) **δεν είναι να κάνω κτ** it's not worth doing sth · **δεν είμαι για κτ** not to be up to sth · **είμαι για να 'μαι!** (ειρ.) look at the state of me! · **είσαι** (μέσα); (οικ.) are you in? · **τι είναι;** (οικ.) what is it?, what's up? (ανεπ.) · **τι είναι (πάλι);** (οικ.) what (now)?

είναι το *+άρθρο.* being

είπ|α ρ αόρ βλ. **λέγω**

ειρήν|η η peace · **παγκόσμια ~** world peace · **συνθήκη ~ς** peace treaty

Ειρηνικ|ός ο the Pacific Ocean

ειρηνικ|ός επίθ peaceful · (άνθρωπος, πολίτης) peaceable

ειρωνεί|α η (ύφους, χαρακτήρα) irony · (= σχόλιο) sarcasm

ειρωνεύ|ομαι ρ μ απ to make fun of

ειρωνικ|ός επίθ (τόνος, ματιά) ironic · (σχόλιο, διάθεση) sarcastic

εισαγγελ|έας ο/η public prosecutor

εισαγόμεν|ος επίθ imported

εισάγ|ω ρ μ (προϊόν) to import · (μέτρο, αρχή) to introduce

▶ **εισάγομαι** μεσ to be admitted

εισαγωγ|ή η (κειμένου, έργου) introduction · (προϊόντων) import

εισβάλλ|ω ρ μ (για χώρα) to

invade · (μτφ.: = μπαίνω ορμητικά) to burst in · (τουρίστες, πλήθος) to pour in · (πλειόραση) to invade

εισβολή η (εχθρού, στρατού) invasion · (= ορμητική είσοδος) incursion · (τουριστών, προσφύγων) inrush

εισέρχ|ομαι ρ αμ απ to enter
► **εισερχόμενα** τα incoming documents

εισιτήρι|ο το (μουσείου, λεωφορείου) ticket · **~ με επιστροφή** return (ticket) (Βρετ.), round-trip ticket (Αμερ.) · **~ χωρίς επιστροφή** single (ticket) (Βρετ.), one-way ticket (Αμερ.) · **έλεγχος εισιτηρίων** ticket inspection · **κόβω ~** (θεάτης, επιβάτης) to buy a ticket · (πράκτορας) to issue a ticket · **μειωμένο ~** reduced price ticket · (για λεωφορείο, τρένο) reduced fare · **μισό/ολόκληρο ~** half-price/full-price ticket · (για λεωφορείο, τρένο) half-fare/full-fare ticket · **φοιτητικό ~** student concession · (για λεωφορείο, τρένο) student fare

είσοδ|ημα το (μετόχου, παραγωγού) income · (χώρας) revenue · **φόρος εισοδήματος** income tax

είσοδ|ος η (σπιτιού, σχολείου) entrance · (στρατού, κοινού) entry · (μαθητή) admission · (= εισιτήριο) ticket · **«απαγορεύεται η ~»** ˝no entry˝ · **ελεύθερη ~** free admission · **κύρια** ή **κεντρική ~** main entrance

εισπνέ|ω ρ μ to breathe in ◆ ρ αμ to breathe in

εισπνοή η (= ανάσα) breath · (οξυγόνου, καπνού) inhalation

εισπράκτορ|ας ο/η (γενικότ.) collector · (σε λεωφορείο, τρένο) conductor

είσπραξη η (τόκων, φόρων) collection · (επιταγών) cashing

► **εισπράξεις** πληθ. proceeds

εισπράττ|ω ρ μ (γραμμάτιο, φόρο) to collect · (αποζημίωση) to receive

εισφορά η contribution

εισχωρ|ώ ρ αμ **~ σε** to penetrate

είτε σύνδ **~... ~...** either... or...

είτζ ους το AIDS

εκάστοτε επίρρ (επίσ.) each ή every time

εκατό αριθμ απόλ hundred · **καλώ το ~** = to call 999 (Βρετ.) ή 911 (Αμερ.) · **τοις ~** per cent

εκατομμύρι|ο το million

εκατομμυριούχ|ος ο/η millionaire

εκατοντάδ|α η hundred

εκατονταετί|α η century

εκατοστ|ός αριθμ τακτ hundredth

► **εκατοστό** το centimetre (Βρετ.), centimeter (Αμερ.)

έκβαση η outcome

εκβιάζ|ω ρ μ to blackmail

εκβιασμός ο blackmail

εκβολή η mouth

εκδηλών|ω ρ μ (χαρά, ενδιαφέρον) to show · (επιθυμία) to express

► **εκδηλώνομαι** μεσ (νόσος, σύμπτωμα) to manifest itself · (για πρόσ.) to make one's feelings known

εκδήλωσ|η η (χαράς, ενθουσιασμού) show χωρίς πληθ. · (διαμαρτυρίας) demonstration · (νόσου) onset · (επιδημίας) outbreak · (συμπτώματος) appearance · (δήμου, συλλόγου) event · **εορταστική ~** festival

εκδίδ|ω ρ μ (βιβλίο, σύγγραμμα) to publish · (βιβλιάριο, άδεια) to issue · (απόδειξη, τιμολόγιο) to make out

► **εκδίδομαι** μεσ to be a prostitute

εκδίκηση η revenge · **παίρνω ~** to take revenge

εκδικητικ|ός επίρρ (διάθεση)

εκδικ|ούμαι ρ μ απ (φονιά) to avenge · (εχθρό) to take (one's) revenge on ♦ ρ αμ to take (one's) revenge

έκδοσ|η η (βιβλίου, εφημερίδας) publication · (κατ.: = ανατύπωση) edition · (βιβλιαρίου, αδείας) issue · **αναθεωρημένη ~** revised edition · **πρώτη/δεύτερη ~** first/second edition

εκδότ|ης ο (βιβλίου, εφημερίδας) publisher · (εισιτηρίων, διαβατηρίων) issuer

εκδότρια η βλ. **εκδότης**

εκδοχή η version

εκδρομ|ή η trip · **ημερήσια/διήμερη ~** day/two–day trip

εκεί επίρρ there · **ακούς ~!** (προσ.: για αποδοκιμασία) what cheek! (Βρετ.) · **από κει προς τα κει** that way · **~ που** (= καθώς) (just) as

εκείθε επίρρ (over) there

εκείν|ος αντων that · **~/–η που** the one who ή that

εκθαμβωτικ|ός επίθ (φως) dazzling · (ομορφιά) stunning

έκθεμα το exhibit

έκθεσ|η η (αυτοκινήτου) show · (βιβλίων) fair · (ζωγραφικής, γλυπτικής) exhibition · (σχολ) essay · (= εκθετήριο) showroom · (στον ήλιο) exposure · (= αναφορά) report

εκθέτ|ω ρ μ (έργα, πίνακες) to exhibit · (αυτοκίνητα, βιβλία) to display · (σώμα, άνθρωπο) to expose (σε το) · (γεγονότα, ιδέες) to set out · (παράπονο) to put · (συνάδελφο, προϊστάμενο) to expose · **~ στ στον ήλιο** to expose sth to the sun

εκτίθεμαι μεσ (πίνακας, έργο τέχνης) to be on show · (βιβλία) to

be on display · (λόγοι, αιτίες) to be set out · **εκτίθεμαι (απέναντι) σε κπν** to be exposed to sb ·
εκτίθεμαι σε κτ to be exposed to sth

εκκαθάρισ|η η (= καθαρισμός) cleaning · (υπόθεσης) clearing up
▸ **εκκαθαρίσεις** πλ purges

εκκεντρικ|ός επίθ eccentric

εκκεντρικότητ|α η eccentricity

εκκενών|ω ρ μ (περιοχή, πόλη) to evacuate · (βόθρο) to empty out

εκκένωσ|η η (δωματίων, αίθουσας) clearing · (πόλης, περιοχής) evacuation · (βόθρου) emptying

εκκίνησ|η η (= ξεκίνημα) start · (ΑΘΛ) starting line · (ΠΛΗΡΟΦ) start–up

έκκλησ|η η appeal · **απευθύνω/κάνω ~** to launch/make an appeal

εκκλησί|α η (= ναός) church · (= ακολουθία) Mass · (Ελλάδος, Αμερικής) Church · **Ορθόδοξη/Καθολική/ Αγγλικανική Εκκλησία** Orthodox/Catholic/Anglican Church · **Εκκλησία του Δήμου** assembly of the city

εκκρεμές το pendulum

εκκρεμ|ής, –ής, –ές pending

εκκρεμότητ|α η abeyance · **είμαι ή βρίσκομαι σε ~** to be pending

εκκρεμ|ώ ρ αμ to be pending

εκκωφαντικ|ός επίθ deafening

εκλέγ|ω ρ μ to elect
▸ **εκλέγομαι** μεσ to be elected

έκλειψ|η η eclipse · **ολική/μερική ~** total/partial eclipse

εκλεκτικ|ός επίθ selective · **είμαι ~ σε κτ** to be particular about sth

εκλεκτ|ός επίθ (επιστήμονας, συνεργάτης) distinguished · (πελατεία) select · (κρασί) fine · (μεζές, φαγητά) choice
▸ **εκλεκτός** ο, **εκλεκτή** η chosen one · **οι ~οί** the elite · **οι ~οί του Θεού** God's chosen people · **ο ~/**

η ~ή της **καρδιάς** μου my heart's desire

εκλεπτυσμέν|ος επίθ refined · **ο εκλιπών/η εκλιπούσα** the late

εκλογή η (= επιλογή) choice · (καθηγητού, βουλευτού) election ▶ **εκλογές** πλ elections · **βουλευτικές/δημοτικές/ φοιτητικές ~ες** parliamentary/ local/student elections · **κερδίζω/ χάνω τις ~ες** to win/lose the elections

εκμάθηση η learning

εκμεταλλεύο|μαι ρ μ απ (= αξιοποιώ) to exploit · (επιχείρηση) to operate · (αρν.: γονείς, αξίωμα) to take advantage of · (φοιτητή, υπάλληλο) to exploit · ~ **μια ευκαιρία** to make the most of an opportunity

εκμετάλλευση η (= αξιοποίηση: γνώσεων, δυνατοτήτων) using · (ηλιακής ακτινοβολίας, αικινήτου) exploitation · (κτημάτων, αγρού) farming · (αρν.: υπαλλήλου) exploitation · (γονέα) taking advantage of · (= κατάχρηση: ευαισθησίας, αισθημάτων) playing on

εκμυστηρεύο|μαι ρ μ απ to confide

εκνευρίζω ρ μ (θόρυβος, συμπεριφορά) to annoy · (καιρός) to put on edge · ~ **κπν** to get on sb's nerves

εκνευρισμ|ός ο irritation

εκνευριστικ|ός επίθ irritating

εκούσι|ος, -α, -ο voluntary

εκπαιδευόμεν|η η βλ. **εκπαιδευόμενη**

εκπαιδευόμεν|ος ο trainee

εκπαίδευση η (προσωπικού, υπαλλήλων) training · (ΣΧΟΛ, ΠΑΝ) education · **ανωτάτη** = higher education · **ανωτέρα** = further education · **δημόσια/ιδιωτική ~** public/private education ·

δωρεάν ~ free education

εκπαιδευτ|ής ο (προσωπικού, οδηγών) instructor · (σκύλων) trainer

εκπαιδευτικ|ός επίθ educational ▷ **-ό σύστημα** educational system ▶ **εκπαιδευτικός** ο/η teacher

εκπαιδεύτρι|α η βλ. **εκπαιδευτής**

εκπαιδεύ|ω ρ μ (μαθητή, υπάλληλο) to educate · (στρατιώτη, σκύλο) to train

εκπέμπ|ω ρ μ to emit ♦ ρ αμ to transmit

εκπηγάζ|ω ρ αμ ~ **από** to come from

εκπληκτικ|ός επίθ amazing · (επιτυχία) astounding

έκπληκτ|ος επίθ surprised · **μένω ~** to be surprised

έκπληξη η surprise · **κάνω ~ σε κπν** to give sb a surprise

εκπληρών|ω ρ μ to fulfil (Βρετ.), to fulfill (Αμερ.) · (στρατιωτικές υποχρεώσεις) to do · (έργο) to accomplish

▶ **εκπληρώνομαι** μεσ (επιθυμία, όνειρο) to come true · (στόχος) to be achieved · (προφητεία) to be fulfiled (Βρετ.), to be fulfilled (Αμερ.)

εκπλήρωση η (καθήκοντος, υπόσχεσης) fulfilment (Βρετ.), fulfillment (Αμερ.) · (επιθυμίας, ονείρου) realization

εκπλήσσω, εκπλήττω ρ μ to surprise

εκπνέ|ω ρ αμ (= βγάζω αναπνοή) to breathe out · (προθεσμία, τελεσίγραφο) to expire · (αιώνας, δεκαετία) to draw to an end · (χρόνος) to run out

εκπνο|ή η (για προσ.) exhalation · (προθεσμίας) expiry · (αιώνα, δεκαετίας) end

εκπομπή η (σήματος, προγράμματος) transmission · (σταθμού, τηλεόρασης) programme

(Βρετ.), program (Αμερ.) ·
(ραδιενέργειας, ακτινοβολίας)
emission · **ζωντανή ~ live
broadcast** · **μουσική ~ music
programme** (Βρετ.) ή **program**
(Αμερ.)

εκπρόθεσμ|ος επίθ late

εκπροσώπηση η representation

εκπρόσωπ|ος η/ο representative

εκπροσωπ|ώ ρ μ to represent

έκπτωση η discount · **κάνω ~** to
give a discount
▸ **εκπτώσεις** πληθ. sales ·
**χειμερινές/καλοκαιρινές
εκπτώσεις** winter/summer sales

εκρήγνυ|μαι ρ αμ απ (βόμβα,
πύραυλος) to explode · (ηφαίστειο)
to erupt · (πόλεμος, απεργία) to
break out · (πάθος, απρόβλ.) to blow up

εκρηκτικ|ός επίθ explosive ·
(γυναίκα) hot (ανεπ.)
▸ **εκρηκτικά** τα explosives

έκρηξ|η η (οβίδας, νάρκης)
explosion · (ηφαιστείου) eruption ·
(πολέμου, επανάστασης) outbreak ·
(βίας, χαράς) outburst · (τιμών)
explosion

εκσκαφ|ή η excavation

έκσταση η ecstasy

έκστασι|ς το ecstasy

εκστρατεί|α η campaign · **~ κατά**
campaign against

εκσυγχρονίζ|ω ρ μ to modernize ·
(νομοθεσία) to update

εκσυγχρονισμ|ός ο (εργοστασίου,
συστήματος) modernization ·
(νομοθεσίας) updating

εκσφενδονίζ|ω ρ μ to hurl
▸ **εκσφενδονίζομαι** μεσ to be
hurled ή flung

έκτακτα επίρρ **περνώ ~** to have a
wonderful time · **ήταν ~ απόψε!**
it was wonderful tonight!

έκτακτ|ος επίθ (υπάλληλος,
καθηγητής) temporary · (έλεγχος)
emergency · (συνέλευση,
στρατοδικείο) extraordinary ·

(παράρτημα, εμφάνιση) special ·
(= υπέροχος) exceptional

εκτάκτως επίρρ as a change of
schedule

έκταση η (γης) tract · (οικοπέδου,
ακινήτου) size · (κειμένου, γραπτού)
length · (εφαρμογής, ζημιών)
extent · **βραχώδης ~** rocky area ·
δίνω ~ σε κτ to make much of
sth · **παίρνω ~** to spread

εκτεθειμέν|ος επίθ (εμπορεύματα)
on display · (στο κρύο, στη βία)
exposed · **είμαι ~ σε κτ** to be
exposed to sth · **είμαι ~ σε κπν**
(για υπόληψη) to be compromised
in sb's eyes · (για υποχρέωση) to
be under an obligation to sb

εκτείν|ω ρ μ to stretch
▸ **εκτείνομαι** μεσ (για χώρο) to
extend · (για χρόνο) to last ·
(δραστηριότητες, συναλλαγές) to
extend

εκτέλεσ|η η (καταδίκου, ομήρου)
execution · (εργασίας, έργου)
carrying out · (καθηκόντων)
fulfilment · (βολής, πέναλτι)
taking · (MOYΣ) performance

εκτελ|ώ ρ μ (κατάδικο) to
execute · (εντολές, οδηγίες) to
carry out · (πτήση, δρομολόγιο) to
operate · (καθήκον) to carry out ·
(πέναλτι, βολή) to take · (μουσικό
κομμάτι) to perform

εκτεταμέν|ος επίθ (καταστροφές)
extensive · (δίκτυο) extended

εκτίθε|μαι ρ αμ **βλ. εκθέτω**

εκτίμηση η (= σεβασμός) respect ·
(ζημιών, καταστροφής)
assessment · (οικοπέδου, έργου
τέχνης) valuation · (κατάστασης,
περίστασης) evaluation · **ανεβαίνω
στην ~ κποιου** to go up in sb's
estimation · **έχω κπν σε μεγάλη
~** to have the utmost respect for
sb · **(ξε)πέφτω στην ~ κποιου** to
go down in sb's estimation ·
χάνω την ~ κποιου to lose sb's
respect

εκτιμ|ώ ρ μ (συνάδελφο, άνθρωπο) to respect · (αξία, ραπτική) to appreciate · (κατάσταση) to evaluate · (αντίκες) to value

εκτονών|ω ρ μ (κρίση, ένταση) to defuse · (συναισθήματα) to vent
▶ **εκτονώνομαι** μεσ (= ψυχαγωγούμαι) to unwind · (= αποφορτίζομαι) to let off steam

εκτόνωσ|η η (κρίσης, κατάστασης) defusing · (για προσ.) relaxation

εκτόξευσ|η η (πυραύλου, φωτοβολίδας) launching · (βέλου, βλήματος) shooting · (κατηγοριών, απειλών) hurling

εκτοξεύ|ω ρ μ (βλήμα, βέλος) to shoot · (πύραυλο, διαστημόπλοιο) to launch · (απειλές, κατηγορίες) to hurl

εκτός πρόθ (για εξαίρεση) except · (= μακριά από) out of ◆ επίρρ (είμαι, βρίσκομαι) out · ~ αν unless · ~ απfrom · ~ αυτού besides · ~ έδρας αγώνας away match · ~ θέματος beside the point · ~ κινδύνου out of danger · ~ τόπου out of place · ~ τόπου και χρόνου inopportune · ~ του ότι apart from the fact that · ~ υπηρεσίας off duty · ~ χρόνου untimely · ζω είμαι ~ πραγματικότητας to live/ be in a dream world · θέτω κπν ~ μάχης to put sb out of action

μένω ~ (για εξετάσεις, διαγωνισμό) not to pass

έκτ|ος αριθ τακτ sixth
▶ **έκτος** ο (= όροφος) sixth floor (Βρετ.), seventh floor (Αμερ.) · (= Ιούνιος) June

έκτη η (= ημέρα) sixth · (= τάξη δημοτικού) sixth year ή grade (Αμερ.) · **εκτράπηκα από την πορεία μου** to go off course

εκτροπή α τα rioting

εκτροχιάζ|ω ρ μ to derail
▶ **εκτροχιάζομαι** μεσ (τρένο, όχημα) to be derailed · (μτφ.: παρέα, νέος)

to run wild · (συζήτηση, ομιλία) to digress

εκτροχιασμός ο, **εκτροχίαση** η (τρένου) derailment · (μτφ.: νέου, παρέας) misconduct · (πολιτικής) derailment · (συζήτησης) digression

έκτρωση η abortion

εκτυλίσσ|ω ρ μ to tell
▶ **εκτυλίσσομαι** μεσ to unfold

εκτυπών|ω ρ μ to print

εκτύπωση η printing

εκτυπωτής ο printer

εκτυφλωτικός επίθ dazzling

εκφοβίζ|ω ρ μ to intimidate

εκφοβισμός ο intimidation

εκφράζ|ω ρ μ to express
▶ **εκφράζομαι** μεσ to express oneself · ~ομαι ανοιχτά to speak openly

έκφραση η expression · (ΓΛΩΣΣ) articulation · **έχω μια έκφραση αμηχανίας στο πρόσωπό μου** to have an embarrassed look on one's face · **ιδιωματική** ~ idiomatic expression · **στερεότυπη** ~ set phrase

εκφώνηση η (λόγου) delivery · (ειδήσεων) announcement · (ονομάτων) roll call · (θεμάτων) reading out

εκφωνητ|ής ο newsreader (Βρετ.), newscaster (Αμερ.)

εκφωνήτρια η < **εκφωνητής**

εκφων|ώ ρ μ (λόγο, ομιλία) to deliver · (ονόματα) to call out · (θέματα) to read out · (ειδήσεις) to read

εκχωρ|ώ ρ μ to transfer

έλα ρ βλ **έρχομαι**

έλαιο το (γενικότ.) oil · (επίσ.: = ελαιόλαδο) olive oil · **αρωματικά έλαια** essential oils

ελαιόδεντρο το olive tree

ελαιόλαδ|ο το olive oil · **παρθένο** ~ virgin olive oil

ελαιοχρωματιστ|ής ο painter

and decorator

ελαιώνας ο olive grove

ελαστικ|ός επίθ (ύφασμα, φούστα) stretch · (υλικό) elastic · (μτφ.) flexible

▶ **ελαστικό** το tyre (Βρετ.), tire (Αμερ.)

ελαστικότητ|α η (υφάσματος, υλικού) elasticity · (μτφ.: μεθόδου, προγράμματος) flexibility

ελατήρι|ο το spring

έλατ|ο το, **έλατ|ος** ο fir (tree)

ελάττω|μα το (προϊόντος) defect · (ρούχου) flaw · (ανθρώπου) fault · (σωματικό, διανοητικό) defect

ελαττωματικ|ός επίθ (προϊόν) defective · (ρούχο) with flaws · (λειτουργία, διάπλαση) imperfect

ελαττών|ω ρ μ (βάρος, θόρυβο) to reduce · (έξοδα, φαγητό) to cut down on · (πόνο) to alleviate · (παραγωγή) to slow down

▶ **ελαττώνομαι** μεσ to diminish

ελάττωσ|η η (εξόδων, βάρους) reduction · (καπνίσματος) cutting down on · (πόνου) alleviation · (παραγωγής) slowdown

ελάφ|ι το deer

ελαφίν|α η doe

ελαφραίν|ω ρ μ/αμ βλ. **ελαφρώνω**

ελαφρός, -ιά ή **-ά, -ό** (βαλίτσα, κιβώτιο) light · (φαγητό, γεύμα) light · (καφές, τσιγάρο) mild · (ύπνος) light · (αεράκι) light · (άρωμα, γεύση) mild · (τιμωρία, φορολογία) light · (πυρετός, γρίπη) mild

ελαφρύν|ω ρ μ/αμ βλ. **ελαφρώνω**

ελαφρύς, -ιά, -ύ (ποτό) weak · (κρασί) light · βλ. κ. **ελαφρός**

ελαφρών|ω ρ μ (βαλίτσα) to make lighter · (λύπη, πόνο) to alleviate

◆ ρ αμ to become lighter

ελάχιστα επίρρ very little

ελαχιστοποι|ώ ρ μ to minimize

ελάχιστ|ο το minimum ·
περιορίζω κτ στο ~ to keep sth

to the minimum

ελάχιστ|ος επίθ minimum · **~η κατανάλωση** minimum consumption

Ελβετή η Swiss woman

Ελβετία η Switzerland

Ελβετίδα η Swiss woman

ελβετικ|ός επίθ Swiss

Ελβετός ο Swiss man · **οι Ελβετοί** the Swiss

ελεγκτής ο (εισιτηρίων) conductor · (διαβατηρίων) inspector · (σε τελωνείο) inspector

▷ **~ εναέριας κυκλοφορίας** air-traffic controller

ελεγκτρία η βλ. **ελεγκτής**

έλεγχ|ος ο (τροφίμων, υπαλλήλων) inspection · (τιμών) control · (χειμένου) checking · (βιβλίων) audit · (συναισθημάτων, κατάστασης) control · (σχολ: μαθητή) report (Βρετ.), report card (Αμερ.) · **είμαι υπό ~** to be under control · **~ διαβατηρίων** passport control · **εξονυχιστικός ~** thorough inspection · **θέτω κπν υπό ~o** to bring sb under control · **περνώ από ~o** to be inspected · **ποιοτικός ~** quality control · **σωματικός ~** body search · **τελωνειακός ~** customs inspection · **χάνω τον ~o** to lose control

ελέγχ|ω ρ μ (αποσκευές, διαβατήρια) to inspect · (κείμενο) to check · (αυτοκίνητο, κατάσταση) to be in control of · (βάρος) to watch · (φωτιά, πληθωρισμό) to bring under control

ελεεινός επίθ (αρν.: για πρόσ.) deplorable · (θέαμα) pitiful · (συνθήκες, θάνατος) wretched

ελεημοσύν|η η charity

έλε|ος το (= ευσπλαχνία) mercy · (= συμπόνια) compassion · (= ελεημοσύνη) charity · **είμαι στο ~ κποιου** to be at sb's mercy

ελευθερί|α η freedom · **~ του λόγου** free speech

ελεύθερ|ος επίθ free · (= άγαμος) single · (χώρος) open · (ώρα) spare ▷ **~η μετάφραση** (λογ) free translation

ελευθερών|ω ρ μ to free ▸ **ελευθερώνομαι** μεσ to give birth

ελέφαντ|ας ο elephant

ελεφαντένι|ος, -ια, -ιο = ελεφάντινος

ελεφάντιν|ος επίθ ivory

ελεφαντόδοντ|ο το (= ελεφαντοστό) tusk · (υλικό) ivory

ελεώ ρ μ (ζητιάνο, άπορο) to give to · (θεός) to have mercy on

ελι|ά η (ελαιόδεντρο) olive tree · (καρπός) olive · (= κηλίδα του δέρματος) mole

ελιγμός ο (οκιέρ) zig-zag · (πλοίου, αυτοκινήτου) manoeuvre (Βρετ.), maneuver (Αμερ.) · (μτφ.) manoeuvre (Βρετ.), maneuver (Αμερ.)

έλικ|ας ο propeller

ελικόπτερ|ο το helicopter

ελίτ η elite · **κοινωνική/ πνευματική ~** social/intellectual elite

έλκηθρ|ο το sledge (Βρετ.), sled (Αμερ.)

έλκ|ος το ulcer

ελκυστικ|ός επίθ (άντρας, γυναίκα) attractive · (χρώμα, ρούχο) fetching · (χαμόγελο) engaging

ελκύ|ω ρ μ to attract

Ελλάδ|α η Greece

ελλαδικ|ός επίθ Greek

Ελλά|ς η (επίσ.) Greece

έλλειμ|μα το deficit

έλλειψ|η η (σεβασμού, ευαισθησίας) lack · (νερού, προσωπικού) shortage · **έχω ~ από κτ** to be short of sth

Έλλην|ας ο Greek man · **οι ~ες**

the Greeks

Ελληνίδ|α η Greek woman

ελληνικ|ός επίθ Greek ▸ **Ελληνικά** τα, **Ελληνική** η Greek

ελληνισμ|ός ο Greek nation

ελληνιστικ|ός επίθ Hellenistic

ελληνοαγγλικ|ός επίθ Greek–English

Ελληνοκύπρι|ος ο

ελλιπ|ής επίθ (πληροφορίες, απάντηση) inadequate · (γνώση) imperfect · (αιτιολογία, κρίση) poor · (προστασία, βοήθεια) insufficient

έλξ|η η attraction · **αισθάνομαι ~ για κπν** to be attracted to sb · **ασκώ ~ σε κπν** to attract sb · **ερωτική ή σεξουαλική ~** sex appeal ▸ **έλξεις** πλ pull–ups

ελονοσί|α η malaria

έλ|ος το marsh

ελπίδ|α η hope · **δίνω ~ες σε κπν** to raise sb's hopes · **έχω την ~ ότι ή πως** to hope that · **μοναδική ~** only hope · **υπάρχουν ~ες** there is hope · **χάνω κάθε ~** to lose all hope

ελπιδοφόρ|ος, -α ή -ος, -ο promising

ελπίζ|ω ρ μ to hope · **~ να** to hope that ▸ ρ αμ to hope · **~ ότι ή πως** to hope that · **~ σε κτ** to count on sth · **θέλω να ~ ότι** I would like to believe that · **μην ~εις!** don't get your hopes up! · **το ~!** I hope so!

Ελσίνκι το Helsinki

εμάς αντων us · **από ~** from us · **από όλους ~** from all of us · **τους δύο ~** the two of us · **με ή μαζί με ~** with us · **σαν (κι) ~** like us · **στη ~** area

εμβέλει|α η range

εμβολιάζ|ω ρ μ to vaccinate

εμβολιασμ|ός ο vaccination

εμβόλι|ο το (ΙΑΤΡ) vaccine

(= εμβολιασμός) vaccination ·
κάνω ~ to get vaccinated
εμβρόντητ|ος επίθ **μένω** ~ to be
flabbergasted ή dumbfounded
έμβρυ|ο το embryo
εμείς αντων we · **δεν φταίμε** ~ it's
not our fault · **οι δύο** the two
of us · ~ **κι** ~ just a few of us · **κι**
~ us too
εμένα αντων me · **μ'** ~ with me ·
~ **μου αρέσει** I like it
εμετός, έμετ|ος (επίσ.) ο vomit ·
κάνω ~ό to vomit · **μου έρχεται**
~ to feel sick (Βρετ.) ή nauseous
(Αμερ.)
εμμέν|ω ρ αμ ~ **σε κτ** to persist in
sth
έμμεσα επίρρ (προκαλώ,
συνδέομαι) indirectly · (μιλώ) in a
roundabout way
έμμεσος επίθ indirect
εμμηνόπαυσ|η η menopause
εμμηνόρροι|α η menstruation
εμμονή η persistence
έμμον|ος επίθ persistent
εμπαιγμός ο (= χλευασμός)
ridicule · (= εξαπάτηση) deception
εμπαίζ|ω ρ μ (= περιπαίζω) to
ridicule · (= εξαπατώ) to deceive
εμπεδών|ω ρ μ (μάθημα, ύλη) to
assimilate · (γνώσεις) to
consolidate
εμπέδωσ|η η (ύλης, μαθήματος)
assimilation · (γνώσεων)
consolidation
εμπειρί|α η experience · **διδακτική**
~ teaching experience ·
προσωπική ~ personal
experience · **τραυματική**
~ traumatic experience
εμπειρικ|ός επίθ empirical
εμπειρογνώμον|ας,
εμπειρογνώμ|ων ο/η expert
έμπειρ|ος επίθ experienced
εμπιστεύ|ομαι ρ μ απ (άνθρωπο)
to trust · (μυστικό) to confide ·
(αποστολή, υπόθεση) to entrust

(μνήμη, ένστικτο) to trust
εμπιστευτικ|ός επίθ confidential
έμπιστ|ος επίθ trustworthy
εμπιστοσύν|η η trust · **αμοιβαία**
~ mutual trust · **ανάξιος ~ς**
untrustworthy · **αποκτώ την**
~ **κποιου** to gain sb's trust ή
confidence · **κερδίζω/χάνω την**
~ **κποιου** to win/lose sb's trust
έμπνευσ|η η inspiration
εμπνευσμέν|ος επίθ inspired
εμπνέ|ω ρ μ to inspire
εμποδίζ|ω ρ μ to prevent · ~ **κπν**
να κάνει κτ to prevent sb from
doing sth · **σας** ~ **am I in your**
way?
εμπόδι|ο το (γενικότ.) obstacle ·
(ΑΘΛ) hurdle · **μετ εμποδίων**
(ΑΘΛ) hurdle race
εμπόρευ|μα το commodity
► **εμπορεύματα** πληθ. goods
εμπορεύ|ομαι ρ μ (υφάσματα,
αυτοκίνητα) to deal in · (ψήμη,
όνομα) to prostitute ◆ ρ αμ to be
a trader
εμπορικ|ός επίθ (σύλλογος,
αντιπρόσωπος) commercial ·
(σχολή) business · (ισοζύγιο,
συμφωνία) trade · (ναυτικό, πλοίο)
merchant
► **εμπορικό** το shop
εμπόρι|ο το (καπνού, σιτηρών)
trade · (ναρκωτικών) trafficking ·
ελεύθερο ~ free trade · **λιανικό/**
χονδρικό ~ retail/wholesale trade
έμπορ|ος ο/η (μπαχαρικών)
merchant · (χονδρικής, λιανικής)
trader · (όπλων, αυτοκινήτων)
dealer · (ναρκωτικών) trafficker
έμπρακτ|ος επίθ real
εμπρησμ|ός ο arson
εμπρόθεσμ|ος επίθ made in time
εμπρός επίρρ (= μπροστά)
forward · (μτφ.: κοιτώ) ahead · (σε
τηλεφωνική κλήση) hello! ·
(προτερήματα) come on · **από 'δώ**
κι ~ from now on · **βάζω μπρος**

(*για μηχανές*) to start

εμφανής *επίθ* (*λόγος, λόγοι*)
clear · (*αντίθεση, αντιπάθεια*)
evident · (*μέρος, βλάβη*) visible ·
είναι ~ές ότι it is clear that

εμφανίζω ρ μ (*σύμπτωμα*) to
present · (*ύφεση*) to show · (*φιλμ*)
to develop · (*εισιτήριο, διαβατήριο*)
to show

► **εμφανίζομαι** *μεσ* (*γενικότ.*) to
appear · (*σε πάρτι, γιορτή*) to show
up · (*ιδέες, δυσκολίες*) to emerge ·
(*πλοίο, τρένο*) to come into view ·
(*αρρώστια*) to manifest itself ·
(*επιδημία*) to break out · **~ομαι**
στον ορίζοντα to loom on the
horizon

εμφάνιση *η* (*γενικότ.*)
appearance · (*βίας, νόσου*)
outbreak · (*ιδεών*) emergence ·
(*φιλμ*) developing ·
(*παρουσιαστικό*) appearance ·
κάνω την ~ή μου to make an
appearance

εμφανίσιμ|ος *επίθ*
(= *ευπαρουσίαστος*) presentable ·
(*κυρίως για γυναίκα*) pretty

έμφαση *η* emphasis · **δίνω ~ σε**
κτ to emphasize sth

εμφιαλώνω ρ μ to bottle
▷ **εμφιαλωμένο νερό** bottled
water

εμφιάλωση *η* bottling

έμφραγμα *το* heart attack ·
παθαίνω ~ to have a heart attack

εμφύλιος, -α, -ο civil
► **εμφύλιος ~** civil war

έμφυτ|ος *επίθ* (*κακία, θάρρος*)
innate · (*χαρίσματα*) natural

εμψυχώνω ρ μ to encourage

ένα *αριθ απόλ* one · ~ one by
one · **~ κι ~** the very thing · **και**
το αυτό one and the same ·
~ προς ~ one by one

εναέρι|ος, -α, -ο (*κυκλοφορία,*
μεταφορές) air · (*καλώδιο*)
overhead · (*τρένο*) elevated

▷ **~ χώρος** airspace

εναλλαγή *η* (*εποχών*) succession ·
(*φαινομένων*) alternation

εναλλακτικ|ός *επίθ* alternative

εναλλάξ *επίρρ* alternatively

ενάμισης, μιάμιση, ενάμισι one
and a half

έναντι *επίρρ* +*γεν.* (= *απέναντι*)
opposite · (= *συγκριτικά με*)
compared to · (= *αντί*) against

ενάντια *πρόθ* **~ σε** against

εναντίον *πρόθ* +*γεν.* against ·
στρέφομαι ~ κποιου to turn
against sb · **το ~ ή τουναντίον** on
the contrary

εναντιών|ομαι ρ μ αρ **~ σε κπν/**
κτ to be opposed to sb/sth

εναντίωση *η* opposition

έναρξη *η* (*αγώνα*) beginning ·
(*πολέμου*) outbreak · (*δίκης*)
initiation · (*διαπραγματεύσεων*)
opening

ΛΕΞΗ-ΚΛΕΙΔΙ

ένας, μία, ένα *αριθ απόλ*
(α) (= *μονάδα*) one
(β) (*για μοναδικότητα*) one · **είναι**
μία και μοναδική she's one of a
kind · **ο ένας και μοναδικός** the
one and only
(γ) (*πριν από ονόματα*) **μόνο ένας**
Μπετόβεν θα μπορούσε να
γράψει μουσική ενώ ήταν
κουφός only Beethoven could
have written music when he was
deaf
(δ) (= *ίδιος*) the same
♦ **αρθρ αόριστ** (α) a · **μια φορά κι**
έναν καιρό ... once upon a
time ...
(β) (= *κάποιος*) someone · **ένας**
κάποιος some person called ·
έναν προς έναν one by one ·
ένας-ένας one by one · **ένας κι**
ένας in a class of their own · **ο**
ένας τον άλλον each other · **ο**
ένας κι άλλος everyone · **μια για**

πάντα, μια και καλή once and for all · **μια φορά ...** (*προφ.*: = πάντως) anyway...

έναστρ|ος *επίθ* starry
ένατ|ος, -η ή -άτη, -ο *αριθ τακτ* ninth
➤ **ένατος** *ο* September
➤ **ενάτη** *η* ninth
ενδεδειγμέν|ος *επίθ* appropriate
ένδειξ|η *η* (*διαμαρτυρίας, αδυναμίας*) sign · (*ευγνωμοσύνης*) token · (*σε όργανο*) reading
➤ **ενδείξεις** *πλ* signs
ένδεκα *αριθ απόλ* = **έντεκα**
ενδέκατ|ος, -η ή -άτη, -ο *αριθ τακτ* eleventh
➤ **ενδέκατος** *ο* November
➤ **ενδεκάτη** *η* eleventh
ενδέχεται *ρ αμ* **ενδέχεται να** *απρόσ* it may
ενδεχόμεν|ος *επίθ* potential
➤ **ενδεχόμενο** *το* eventuality · **για κάθε ~ο** just in case
ενδιάμεσ|ος *επίθ* (*για τόπο*) in–between · (*για χρόνο: θέση, στάδιο*) intermediate · **~ σταθμός** way station
ενδιαφερόμεν|ος *μτχ* interested
◆ *ουσ* interested party
ενδιαφέρ|ον *το* interest · **έχω ή παρουσιάζω ~** to be interesting
ενδιαφέρ|ω *ρ μ* to interest · **δεν με ~ει!** I don't care!
➤ **ενδιαφέρομαι** *μεσ* **~ομαι για** to be interested in · **~ομαι προσωπικά** to take a personal interest
ενδιαφέρ|ων, -ουσα, -ον interesting · **είμαι σε ~ουσα** to be expecting ή pregnant
ενδίδ|ω *ρ αμ* to give in · **~ σε κτ** to give in to sth
ενδοιασ|ός *ο* (= *δισταγμός*) hesitation · (*ηθικός*) qualm
ένδοξ|ος *επίθ* glorious
ένδυ|μα *το* (*επίσ.*: = *ρούχο*)

garment · (*χορού, γάμου*) dress · **βραδυνό/επίσημο ~** evening/ formal dress
ενδυμασί|α *η* clothes *πληθ* · **εθνική/παραδοσιακή ~** national/ traditional costume
ενέδρ|α *η* ambush · **στήνω ~ σε κπν** to set up an ambush for sb
ενενηκοστ|ός *αριθ τακτ* ninetieth
ενενήντα *αριθ απόλ* ninety
ενέργει|α *η* (*γενικότ.*) act · (= *δραστηριότητα*) action · (ΦΥΣ) energy · (*για πρόσ., τρόφιμα*) energy · **εν ενεργεία** active
➤ **βομβιστική ~** bombing
➤ **εγκληματική ~** criminal act
➤ **τρομοκρατική ~** act of terrorism
ενεργητικ|ός *επίθ* (*άνθρωπος*) dynamic · (*ρόλος*) active · (*φάρμακα*) laxative
ενεργητικότητ|α *η* (= *ενέργεια*) energy · (*πολιτικού, υπαλλήλου*) dynamism
ενεργοποίησ|η *η* (*συναγερμού, μηχανισμού*) activation · (*εντάλματος, νόμου*) using
ενεργοποιώ *ρ μ* (*μηχανισμό*) to activate · (*συναγερμό, φοιτητές*) to mobilize · (*νόμο, κεφάλαιο*) to use · (*εντάλμα*) to issue
ενεργ|ός, -ός ή -ή, -ό (*μέλος, συμμετοχή*) active · (*πληθυσμός*) working · **δράση** active duty
➤ **~ό ηφαίστειο** active volcano
➤ **~ό παράθυρο** active window
ενεργ|ώ *ρ αμ* (*άνθρωπος, κυβέρνηση*) to act · (*φάρμακο, δηλητήριο*) to work ◆ *ρ μ* to make · **~ για λογαριασμό κποιου** to act on behalf of sb
➤ **ενεργούμαι** *μεσ* to defecate
ένεσ|η *η* (*νοσοκόμας, γιατρού*) injection · (= *σύριγγα*) syringe (*μτφ.*) boost · **κάνω ~ σε κπν** to give sb an injection

ενέχυρ|ο *το* pawn · **βάζω κτ** ~ to pawn sth

ενεχυροδανειστήρι|ο *το* pawnshop

ενήλικ|ας *ο/η (προφ.)* = **ενήλικος**

ενηλικίωσ|η *η* maturity

ενήλικ|ος *επίθ* adult ♦ *ουσ* adult · **~ ζωή** adult life

ενήμερ|ος *επίθ* informed · **κρατώ κπν ~ο** to keep sb informed *ή* posted

ενημερωμέν|ος *επίθ (για πρόσ.)* informed · *(βιβλιοθήκη, κατάλογος)* up-to-date

ενημερών|ω *ρ μ (γεν.)* to inform · *(βιβλία)* to bring up to date

ενημέρωσ|η *η (πολίτη, κοινού)* informing · *(βιβλιοθήκης, καταλόγου)* updating

ενημερωτικ|ός *επίθ (δελτίο, έντυπο)* information · *(εκπομπή)* informative

ενθάρρυνσ|η *η* encouragement · *(οικονομίας)* stimulation

ενθαρρυντικ|ός *επίθ* encouraging

ενθαρρύν|ω *ρ μ* to encourage · *(επενδύσεις)* to stimulate

ένθερμ|ος *επίθ (ενθουσιασμό, υπερασπιστής)* fervent · *(συμπαράσταση)* loyal

ένθετ|ο *το* pull-out

ενθουσιάζ|ω *ρ μ* to fill with enthusiasm

▶ **ενθουσιάζομαι** *μεσ* to be excited

ενθουσιασμ|ός *ο* enthusiasm · **νεανικός ~** youthful enthusiasm

ενθουσιώδης *επίθ (νέοι, κοινό)* enthusiastic · *(χειροκροτήματα, υποδοχή)* rapturous · *(άρθρο, λόγος)* rousing · *(υποστηρικτής, οπαδός)* keen · *(χαρακτήρας)* enthusiastic

ενθύμι|ο *το* memento · **για ~** as a memento *ή* keepsake

ενιαί|ος, -α, -ο *(χώρος, συγκέντρωση)* united · *(γλώσσα)* unified · *(πολιτική, κόσμος)* uniform · **~ μισθολόγιο** *(ΔΙΟΙΚ)* flat rate of pay · **~ σύνολο** single unit ▷ **~ο νόμισμα** single currency

ενικ|ός *ο* singular · **μιλάω σε κπν στον ~ό** to address sb in the familiar form

ενίσχυσ|η *η (οικονομική)* aid · *(από φίλο)* support · *(κατασκευής)* support · *(παντελονιού, μανικιού)* patch

▶ **ενισχύσεις** *πλ* reinforcements

ενισχύ|ω *ρ μ (= τονώνω)* to boost · *(ομάδα, οργανισμό)* to strengthen · *(αλλαγές)* to encourage · *(φόβους)* to heighten · *(τοίχο)* to buttress · *(μπετόν, ανισότητα)* to reinforce · *(στρατεύματα)* to reinforce · *(οικονομικά)* to assist

εννέα *αριθ απόλ* nine · **στις ~** at nine (o'clock)

εννιά *αριθ απόλ* = **εννέα**

εννιακόσι|α *αριθ απόλ* nine hundred

εννιακόσι|οι *αριθ απόλ πλ* nine hundred

έννοι|α[1] *η (ωραίου, Θεού)* concept · *(λέξης)* meaning · **έχω την ~ \$** to aim at · **κατά ή υπό μία ~** in a sense · **με την ευρεία ~ (τού)** in the broad sense (of) · **με την καλή ~** in a good sense · **με ή υπό την ~ ότι...** in the sense that...

έννοι|α[2] *η (= ενδιαφέρον)* concern · *(= ανησυχία)* worry · **βάζω κπν σε ~ ή έννοια** to worry · **έννοια σου!** *(καθησυχαστικά)* don't worry! · *(απειλητικά)* just you wait! · **έχω την ~ ή έννοια κποιου** to worry about sb · **με τρώει η ~ ή έννοια για κτ** to be worried sick about sth

εννο|ώ *ρ μ (γεν/κότ.)* to mean · *(= καταλαβαίνω)* to understand · **~ να κάνω** *(= σκέπτομαι)* to intend to do · **δεν ~ να κάνω** to intend ή mean to do · **~ αυτά που λέω!** I mean what I say! · **με ~είς;** do you understand me? · **τι ~είς;** what do you mean? · **το ~!** I mean it!

▶ **εννοούμαι** μεσο to be perceived · **αφήνω να ~νθεί** to insinuate

▶ **εννοείται!** απρόσ of course!

ενοικιάζ|ω ρ μ (ενοικιαστής: δωμάτιο, μαγαζί) to rent (ποδήλατο, αυτοκίνητο) to hire · (εκμισθωτής: σπίτι) to rent (out) · (αυτοκίνητα, στολές) to hire out · **~ονται δωμάτια** rooms to let ή rent

ενοικίαση η renting · **προς** ή **για ~ το let** · **~ αυτοκινήτων** car hire ή rental

ενοικιαστήρι|ο το 'to let' notice

ενοικιαστ|ής ο tenant

ενοικιάστρ|ια η βλ. **ενοικιαστής**

ενοίκι|ο το rent · **χαμηλό/υψηλό ~** low/high rent

ένοικ|ος ο/η occupant

ένοπλ|ος επίθ armed ◆ ονσ armed person ▷ **~ες δυνάμεις** armed forces πληθ.

ενοποίηση η (γενικότ.) unification · (εταιρειών, φορέων) merger

ενόργαν|ος επίθ organic ▷ **~η γυμναστική** apparatus gymnastics ▷ **~η μουσική** instrumental music

ενορία η parish

ένορκ|ος επίθ sworn ◆ ονσ member of the jury · **οι ~οι** the jury

ενότητ|α η (χρόνου, χώρας) unity · (βιβλίου) unit

ενοχή η guilt

▶ **ενοχές** πλ guilt εν. · **έχω ~ές** to feel guilty

ενόχληση η nuisance · **έχω ενοχλήσεις** to have trouble · **έχω ενοχλήσεις στο στομάχι** to have an upset stomach · **ζητώ**

συγγνώμη για την ~! I'm sorry to bother you!

ενοχλητικ|ός επίθ (θόρυβος, παρουσία) annoying · (επίσκεψη) inconvenient · (αποτελέσματα, συνέπειες) worrying · **γίνομαι ~** to become annoying

ενοχλώ ρ μ (δημοσιότητα, κάπνισμα) to bother · (θόρυβο) to annoy · (ασθενή, ηλιωμένο) to disturb ◆ ρ αμ to be annoying · **~; am I disturbing you?** · **«μην ~είτε»** 'do not disturb'

ενοχοποιητικ|ός επίθ

ενοχοποι|ώ ρ μ to incriminate · **~ κπν για κτ** to accuse sb of sth

ένοχ|ος επίθ guilty · (σχέσεις) unlawful · **αισθάνομαι** ή **νιώθω ~** to feel guilty · **είμαι ~** to be guilty · **κρίνομαι ~** to be found guilty

ένταση η objection · **κάνω ~** to object

ένστικτ|ο το instinct · **από ~** by instinct · **το ~ό μου μού λέει...** my instinct tells me...

ενσωματώνω ρ μ (ιδεολογία, στοιχεία) to incorporate · (προσωπικό, μέλος) to integrate

▶ **ενσωματώνομαι** μεσο (απόικος, μετανάστες) to integrate · (μέλη) to be integrated

ένταλ|μα το warrant ▷ **~ συλλήψεως** arrest warrant

εντάξει επίρρ all right · **είμαι ~** to be all right · **είμαι ~ σε κτ** (οικ.) to be good at sth · **λέω ~** to say it's all right ή O.K. · **~πολύ ~ τύπος** (οικ.) a decent/a great guy (ανεπ.) · **φέρομαι ~** to behave well

ένταξη η integration

ένταση η (ήχου, φωνής) volume · (ΦΥΣ) intensity · (κακοκαιρίας, μάχης) intensity · (ανέμων) force · (= αντιπαλότητα) tension · (συναισθηματική) stress ·

εντάσσω

χαμηλώνω την ~ (ραδιοφώνου) to turn down the volume

εντάσσ|ω ρ μ to place · **~ κπν/κτ κάπου** to place sb/sth somewhere

▸ **εντάσσομαι** μεσ **~ομαι σε** (περίβαλλον, κατηγορία) to fit into · (κόμμα) to be a member of

εντατικ|ός επίθ (ρυθμός, παρακολούθηση) intensive · (διαφήμιση, κινητοποίηση) extensive · (εξάσκηση, προσπάθεια) strenuous ⊳ **-ά μαθήματα** intensive ή crash course εν.

▸ **εντατική** ή intensive care ⊳ **μονάδα ~ής θεραπείας** intensive care unit

εντείν|ω ρ μ (προσπάθειες) to step up · (προσοχή) to concentrate · (αγωνίες) to heighten

▸ **εντείνομαι** μεσ (κακοκαιρία, προβλήματα) to get worse · (αισιοδοξία) to grow · (διαμάχη) to intensify

έντεκα αριθ απόλ eleven

εντέλει|α ή στην ~ to perfection

εντελώς επίρρ completely

έντερ|ο το intestine

▸ **έντερα** πλ intestines

εντευκτήριο το (ξενοδοχείου) lounge · (νοσοκομείου, ιδρύματος) visitors' room · (για συναντήσεις) meeting place · (σχολής) hall

έντεχν|ος επίθ (επεξεργασία, μεθόδευση) skilful (Βρετ.), skillful (Αμερ.) · (εργασία) artistic · (έκφραση, διατύπωση) sophisticated

έντιμ|ος επίθ (άνθρωπος, συνεργάτης) honest · (πολίτης) respectable · (επάγγελμα) reputable · (πράξη, απόφαση) honest

εντιμότητ|α ή honesty

εντοιχισμέν|ος επίθ built-in

εντολ|ή η (= διαταγή) order · (= οδηγία) instruction · (ΠΛΗΡΟΦ) command · **δίνω σε κπν ~ να**

κάνει κτ to order ή instruct sb to do sth · **Δέκα Εντολές** (ΘΡΗΣΚ) the Ten Commandments

έντομ|ο το insect

εντομοκτόν|ο το insecticide

έντον|ος επίθ (φόβος, συγκίνηση) intense · (πίεση, αναγκάτηση) intense · (ρυθμοί) intensive · (προσπάθεια) strenuous · (παρουσία) strong · (κίνηση) heavy · (πόνος, ζαλάδα) acute · (χρώμα) bright · (τρόπος, φωνή) sharp · (αντίθεση, ανάγκη) fierce · (συζήτηση, καβγάς) heated

εντοπίζ|ω ρ μ (αιτία, μεταβολή) to pinpoint · (εξέλιξη) to trace · (φυγά, αγνοούμενο) to locate · (πυρκαγιά, ζημιά) to localize · (λάθη, βλάβη) to spot

εντός προθ **+γεν.** (επίσ.: για χρόνο) within · (για τόπο) inside ♦ επίρρ inside · **~ έδρας παιχνίδι** home game · **~ ολίγου** shortly

εντόσθι|α τα (ζώου, ανθρώπου) entrails · (ΜΑΓΕΙΡ) offal χωρίς πληθ.

εντριβ|ή ή massage · **κάνω ~** to massage

έντυπ|ο το (= περιοδικό) magazine · (= εφημερίδα) newspaper · (αιτήσεως, συμμετοχής) form

εντύπωσ|η ή impression · **αφήνω/ προκαλώ ~** to leave/make an impression · **δίνω την ~ ότι** to give the impression that · **έχω την ~ ότι** to have the feeling ή impression that · **κακή/καλή ~** bad/good impression · **κάνω ~ σε κπν** to impress sb

εντυπωσιάζ|ω ρ μ to impress

εντυπωσιακ|ός επίθ (εμφάνιση, ομοιότητα) striking · (θέαμα, επιτεύγματα) impressive

ενυδατών|ω ρ μ (για κρέμες) to moisturize

ενυδρεί|ο το aquarium

ενώ σύνδ (εναντιωματικός)

although · (χρονικός) while

ενωμέν|ος επίθ (έθνος, χώρα) united · (οικογένεια) close-knit · (χέρια, κομμάτια) entwined · (χείλη) touching · **ΜΕΝΟΥΜΕ ~ΟΙ** (για πρόσ.) to stick together

ενών|ω ρ μ (όχθες) to join · (λέξεις) to hyphenate · (σημεία) to join up · (υλικά, τούβλα) to fit · (ή put together · (οικογένεια, πολίτες) to unite · (στοιχεία, υγρά) to combine · (δυνάμεις, αγώνα) to join · **~ομαι με κπν** to join with sb

ενώπιον προθ +γεν. before

ένωση η (καλωδίων) splicing · (συμφερόντων) union · (δυνάμεων) joining · (προσπαθειών) combining · (= συμβολή: ποταμών, δρόμων) junction · (βιομηχάνων, ελαιουργικών συνεταιρισμών) union · (διεηγόρων, αθλητικών) association · (κρατών, εθνών) union · (= γάμος) union · (ΧΗΜ) compound

εξαγγέλλ|ω ρ μ to announce

εξαγορ|ά η (επιχείρησης) takeover · (μετοχών) buying up · (ποινής, θητείας) buying one's way out of · (αιχμαλώτων, ομήρων) ransom (αρν.: ψήφων, δικαστών) bribery · (συνειδήσεων) buying off

εξαγοράζ|ω ρ μ (μετοχές) to buy up · (επιχείρηση, μερίδιο) to buy out · (ποινή, θητεία) to buy one's way out of · (αρν.: ψήφο, μάρτυρα) to bribe · (συνειδήσεις) to buy off · (αιχμαλώτους) to ransom

εξαγριών|ω ρ μ (κοινό, λαό) to outrage · (πλήθος, διαδηλωτές) to incense
▶ **εξαγριώνομαι** μεσ to go wild

εξάγ|ω ρ μ (προϊόντα) to export · (συμπεράσματα, τεκμήρια) to draw · (συνάλλαγμα, ναρκωτικά) to smuggle out · (δόντι, αλάτι) to extract

εξαγωγή η (προϊόντων) export ·

(συναλλάγματος, κερδών) smuggling out · (κουλτούρας) exportation · (δοντιού) extraction · (συμπεράσματος) inference

εξάδ|α η half a dozen

εξαδέλφη η βλ. **εξάδελφος**

εξάδελφ|ος ο cousin

εξαερισμ|ός ο airing

εξαεριστήρ|ας ο ventilator

εξαετής επίθ (πρόγραμμα, φοίτηση) six-year · (παιδί) six-year-old

εξαετία η six years πληθ.

εξαήμερ|ο το six days πληθ.

εξαήμερ|ος επίθ six-day

εξαθλιωμέν|ος επίθ (πρόσφυγας, κάτοικος) poverty-stricken · (εικόνα) wretched · (παιδεία, οικονομία) in decline

εξαθλίωση η (κατοίκων, εργαζομένων) impoverishment · (παιδείας, θεσμού) decline

εξαίρεση η (γενικότ.) exception · (από φορολογία) exemption · **αποτελώ ~** to be an exception · **κάνω ~ (για κπν)** to make an exception (for sb) · **με ~** with the exception of · **χωρίς ~** without exception

εξαιρετικ|ός επίθ (επιστήμονας) eminent · (ερευνητής, μαθητής) brilliant · (ποιότητα, ικανότητα) outstanding · (περίπτωση, περίσταση) exceptional

εξαίρετ|ος επίθ (άνθρωπος, φίλος) excellent · (επιστήμονας) eminent

εξαιρ|ώ ρ μ (χώρα) to exclude · (από φόρο) to exempt · (ένορκο, μάρτυρα) to challenge · **~ούμαι από** (γενικότ.) to be excluded from · (φορολογία, υποχρεώσεις) to be exempt from · **μηδενός ~ουμένου** without exception

εξαίρ|ω ρ μ (σημασία, σπουδαιότητα) tο stress · (εργατικότητα, θάρρος) to praise

εξαίσι|ος, -α, -ο beautiful

εξαιτίας *πρoθ* +*γεν.* because of

εξακολουθ|ώ *ρ μ* (παιχνίδι, απεργία) to continue · (πίεσεις, γκρίνια) to keep up ♦ *ρ αμ* to continue · **~ να κάνω κτ** to carry on ή continue doing sth

εξακόσι|α *αριθ απόλ* six hundred

εξακόσι|οι *αριθ απόλ πλ* six hundred

εξακριβωμέν|ος *μτχ* (μαρτυρία, στοιχείο) proven · (γεγονός) established

εξακριβών|ω *ρ μ* (πληροφορία, είδηση) to verify · (αλήθεια) to find out · **~ ότι** to ascertain that · **~ τι/πώς/πόσο** to find out what/how/how much

εξακρίβωσ|η *η* verification

εξαλείφ|ω *ρ μ* (ίχνος) to obliterate · (επιδημία, δεισιδαιμονίες) to stamp out · (φόβους) to dispel

εξάλειψ|η *η* (ιχνών) obliteration · (επιδημίας, τρομοκρατίας) stamping out · (όπλων, διαχωρίσεων) doing away with · (φόβων) dispelling

έξαλλ|ος *επίθ* (για πρόσ.) beside oneself · (ενθουσιασμός, χαρά) wild · (οικ.: χτένισμα, ρούχα) way-out (ανεπ.) · **γίνομαι ~** to hit the roof · **είμαι σε ~η κατάσταση** to be beside oneself

εξάλλου *επίρρ* besides

εξάμην|ο *το* (= περίοδος 6 μηνών) six months *πληθ* · (ΠΑΝ) term (*Βρετ.*), semester (*Αμερ.*)

εξάμην|ος *επίθ* six-month

εξαναγκάζ|ω *ρ μ* to force · **~ κπν να κάνει κτ** to force sb to do sth

εξάνθη|μα *το* rash

εξάντλησ|η *η* (τροφίμων, χρημάτων) depletion · (σώματος, οργανισμού) exhaustion · (υπομονής) wearing out · (αντοχής) wearing down

εξαντλητικ|ός *επίθ* (προσπάθεια, έρευνα) exhaustive · (δουλειά, ταξίδι) exhausting · (δίαιτα) debilitating

εξαντλ|ώ *ρ μ* (τρόφιμα, κεφάλαια) to use up · (δυνατότητες, μέσα) to exhaust · (υπομονή) to wear out · (εργασία, πνρετός) to exhaust

▸ **εξαντλούμαι** *μεσ* to run out

εξαπάτησ|η *η* deceiving

εξαπατ|ώ *ρ μ* to deceive

εξαπλών|ω *ρ μ* to spread

▸ **εξαπλώνομαι** *μεσ* (επιδημία, φωτιά) to spread · (εμπόριο, κράτος) to expand

εξάπλωσ|η *η* (ιδεών, φωτιάς) spreading · (εμπορίου, κράτους) expansion

εξαπολύ|ω *ρ μ* (επίθεση) to launch · (ύβρεις) to hurl

εξάπτ|ω *ρ μ* (πάθος) to excite · (φαντασία) to fire · (περιέργεια) to arouse

▸ **εξάπτομαι** *μεσ* to flare up

εξαργυρών|ω *ρ μ* to cash

εξαρθρών|ω *ρ μ* (πόδι) to twist · (απείρα) to break up

εξάρθρωσ|η *η* (ΙΑΤΡ. στο πόδι) sprain · (στον ώμο) dislocation · (απείρα) breaking up

εξάρ|ι *το* (διαμέρισμα) six-roomed flat (*Βρετ.*) ή apartment (*Αμερ.*) · (τραπουλόχαρτο) six

έξαρσ|η *η* (ακμής, επιδημίας) spread · (ανεργίας, ασιτυφιλίας) sharp rise · (περιέργειας, ενδιαφέροντος) arousal · **είμαι σε ~ επιδημία** to be at its peak

εξάρτη|μα *το* (μηχανής, αυτοκινήτου) part · (εργοστασίου) equipment *χωρίς πληθ.* · (= αξεσουάρ) accessory

εξαρτημέν|ος *επίθ* (χώρα, παιδιά) dependent · (για ναρκομανείς) addicted · **είμαι ~ από κπν** to be dependent on sb

εξάρτησ|η *η* (γενικότ.)

dependence (από on) · (για ναρκωμανείς) addiction

εξαρτ|ώ ρ μ **~ κτ από κτ** to make sth dependent on sth
► **εξαρτώμαι** μεσ **~μαι από** to depend on
► **εξαρτάται** απρόσ. it depends

εξαρχής επίρρ from the very beginning

εξασθένηση η (σώματος) weakening · (δύναμης) flagging · (μνήμης) fading · (οικονομίας) decline · (ανέμου) dying down

εξασθενίζ|ω ρ μ to weaken

εξασθεν|ώ ρ αμ (άνθρωπος) to grow weak · (μνήμης) to fade · (δύναμη, δραστηριότητα) to flag · (ανέμος) to die down

εξάσκηση η (σώματος) exercise · (μνήμης) training · (γνώσεων) practice · **κάνω ~ σε κτ** to practise (Βρετ.) ή practice (Αμερ.) sth · **πρακτική ~** practice

εξασκ|ώ ρ μ (μνήμης) to train · (σώμα) to exercise · (ιατρικό, δικηγορία) to practise (Βρετ.), to practice (Αμερ.)

εξασφαλίζ|ω ρ μ (σύνταξη, διαμονή) to secure · (διατροφή) to provide · (επιτυχία) to ensure · (μέλλον) to provide for · (υποστήριξη, συμπαράσταση) to enlist

εξασφάλιση η (οικονομικών πόρων, καριέρας) securing · (διατροφής, στέγης) provision · (αξιοπιστίας, εμπιστοσύνης) ensuring

εξασφαλισμέν|ος επίθ (επιτυχία) assured · (καριέρα, μέλλον) secure

εξατμίζ|ω ρ μ to evaporate
► **εξατμίζομαι** μεσ (νερό) to evaporate · (γενναιοδωρία, καλοσύνη) to cease

εξάτμιση η (νερού, κολόνιας) vaporization · (αυτοκινήτου) exhaust (pipe) · (= αέρια) exhaust

fumes πληθ.

εξαφανίζ|ω ρ μ (ίχνος, σημάδι) to obliterate · (πιστόλι) to hide · (εχθρό) to wipe out · (λεκέδες, ρυτίδες) to get rid of · (χλωρίδα, πανίδα) to kill off
► **εξαφανίζομαι** μεσ (άνθρωπος, αγωνία) to disappear · (είδη ζώων) to become extinct · **εξαφανίσου!** (υβρ.) get lost! · (προειδοποιητικά) make yourself scarce!

εξαφάνιση η (ανθρώπου, πορτοφολιού) disappearance · (όπλων) concealing · (λαού, εχθρού) wiping out · (ρυτίδων, ακμής) getting rid of · (ζώου) extinction · (λεκέδων) vanishing

εξάψ|η η excitement

εξάωρο επίθ to six hours πληθ.

εξάωρο επίθ six-hour

εξεγείρ|ω ρ μ to rouse
► **εξεγείρομαι** μεσ (πλήθος) to revolt · (αγανακτώ) to be indignant

εξέγερση η uprising

εξέδρα η (γηπέδου) grandstand · (για παρελάσεις, γιορτές) platform

εξειδίκευση η specialization

εξελιγμέν|ος επίθ (κράτος, χώρα) developed · (για πρόσ.) up-to-date

εξέλιξη η (για πρόσ.) advancement · (πολιτισμού, κατάστασης) development · (γλώσσας) evolution · (βιομηχανίας, τεχνολογίας) progress χωρίς πληθ. · (νόσου) progression · (διαπραγματεύσεων) progress · **βρίσκομαι σε ~** to be in progress · **θεωρία της ~ς** theory of evolution
► **εξελίξεις** πλ developments

εξελίσσ|ομαι ρ αμ (γλώσσα) to evolve · (γεγονότα, συζήτηση) to develop · (υγεία) to improve · (τεχνολογία, επιστήμες) to advance · (για πρόσ.:

επαγγελματικά) to advance · ~ **σε** to develop into

εξερεύνηση *η* exploration
εξερευνητής *ο* explorer
εξερευνήτρι|α *η βλ.* **εξερευνητής**
εξερευν|ώ *ρ μ* to explore
εξετάζ|ω *ρ μ* (*μηχανή, συσκευή*) to overhaul · (*επιχείρηση*) to examine · (*κατάσταση*) to look into · (*ασθενή*) to examine · (*αίμα, μάτια*) to test · (*μάρτυρα*) to question · (*αιχμάλωτο*) to interrogate · (*μαθητές, φοιτητές*) to examine · ~ **λεπτομερώς** to examine in detail

εξέταση *η* examination · (*ισχυρισμών*) investigation · (*μαρτύρων, κατηγορουμένου*) questioning · **γραπτή/προφορική** ~ written/oral exam *η* examination · ~ **αίματος** blood test

▸ **εξετάσεις** *πλ* (*μαθητών, υποψηφίων*) exams · (*για δίπλωμα οδήγησης*) driving test *η* · **ιατρικές** ~**εις** medical tests

εξεταστής *ο* examiner
εξεταστικ|ός *επίθ* (*βλέμμα*) inquiring · (*επιτροπή*) examining · (*περίοδος*) exam
εξετάστρια *η βλ.* **εξεταστής**
εξευτελίζ|ω *ρ μ* (*όνομα, οικογένεια*) to bring shame on · (*άνθρωπο*) to humiliate

▸ **εξευτελίζομαι** *μεσ* to hit rock-bottom
εξευτελισμός *ο* humiliation
εξευτελιστικ|ός *επίθ* (*ήττα*) humiliating · (*δουλειά*) degrading · (*τιμή*) knockdown
εξέχ|ων, -ουσα, -ον prominent
εξήγηση *η* (*συμπεριφοράς*) explanation · (*νόμου, ονείρου*) interpretation · (*κειμένου*) translation · **λογική** ~ logical explanation · **τι** — **δίνεις**; how can you explain it?

▸ **εξηγήσεις** *πλ* explanation *εν.* · **δίνω εξηγήσεις για** to explain · **ζητώ εξηγήσεις** to demand an explanation

εξηγώ *ρ μ* (*στάση, αντίδραση*) to explain · (*όνειρο, σύμβολο*) to interpret · (*φράση, κείμενο*) to translate

▸ **εξηγούμαι** *μεσ* to explain oneself · ~**ούμαι με κπν** to have it out with sb

εξηκοστός *αριθ τακτ* sixtieth
εξημερών|ω *ρ μ* (*γάτα*) to domesticate · (*άλογο*) to break in · (*λιοντάρι*) to tame · (*μτφ.: ήθη*) to civilize

εξημέρωση *η* (*γάτας, σκύλου*) domestication · (*αλόγου*) breaking in · (*λιονταριού*) taming
εξήντα *αριθ απόλ* sixty
εξηντάρης *ο* sixty–year–old man
εξής *επίρρ* **και** ~ onwards ▸*με άρθρο* **The following · στο** ~ **from now on · ως** ~ as follows
έξι *αριθ απόλ* six
εξισορροπ|ώ *ρ μ* (*σχέσεις*) to even out · (*συμφέροντα*) to balance · (*ζημιά, έλλειμμα*) to counterbalance
εξίσου *επίρρ* equally
εξιστόρηση *η* recounting
εξίσωση *η* (*μισθών, επιδομάτων*) equality · (*ΜΑΘ*) equation
εξιχνιάζ|ω *ρ μ* (*αιτίες, λόγους*) to trace · (*έγκλημα*) to investigate · (*μυστήριο*) to solve
εξιχνίαση *η* (*εγκλήματος, φόνου*) investigation · (*αιτιών*) tracing · (*μυστηρίου*) solving
εξόγκω|μα *το* (*πόδι, χέρι*) swelling · (*σε δρόμο*) bump
έξοδ|ο *το* expense · **βάζω κπν σε** ~**α** to put sb to a lot of expense · **έχω** ~**α** to have expenses · **καλύπτω τα** ~**ά μου** to cover one's expenses · **με** ~**ά μου** at my expense

έξοδ|ος η (κτηρίου, θεάτρου) exit · (σπηλιάς) opening · (= διασκέδαση) outing · (το βράδυ) night out · (κατοίκων, Αθηναίων) going away · (ΘΡΗΣΚ) Exodus · (στο αρχαίο θέατρο) exodus · **έχω ~ο** to go out

εξοικειώνω ρ μ ~ **κπν με κτ** to familiarize sb with sth
▸ **εξοικειώνομαι** μεσ ~**ομαι με κτ** to get used ή accustomed to sth
εξοικείωση η familiarization · **έχω ~ με κτ** to be familiar with sth

εξοικονόμηση η (ενέργειας) saving · (χρημάτων) finding · (αναγκαίων) covering

εξοικονομ|ώ ρ μ (ενέργεια, συνάλλαγμα) to save · (δαπάνες, κόπο) to spare · (κονδύλια, χρήματα) to find · (αναγκαία) to cover

εξολοθρεύω ρ μ to wipe out
εξομολόγηση η confession · **κάνω ~** to confess
εξομολογ|ώ ρ μ to hear the confession of
▸ **εξομολογούμαι** μεσ to confess

εξοντ|ώνω ρ μ (λαό) to exterminate · (εχθρούς) to wipe out · (αντιπάλους) to get rid of · (εργαζομένους, μαθητές) to exhaust

εξόντωση η (λαού, έθνους) extermination · (αντιπάλων) dispatching · (= εξάντληση) exhaustion

εξοντωτικ|ός επίθ (πόλεμος, αγώνας) destructive · (δουλειά) exhausting · (μέτρα) fatal

εξονυχιστικ|ός επίθ thorough

εξοπλίζ|ω ρ μ (αντάρτες, στρατό) to arm · (εργαστήριο, νοσοκομείο) to equip · (γραφείο) to fit out

εξοπλισμός ο (χώρας, κράτους) arming · (νοσοκομείου, γραφείου) equipment · (= σύνολο πολεμικού υλικού) arsenal

εξοπλισμ|οί πλ arms πληθ.

εξοργίζω ρ μ to make angry
εξοργιστικ|ός επίθ infuriating
εξορία η exile
εξορίζω ρ μ to exile
εξόριστ|ος επίθ exiled

εξουδετερών|ω ρ μ (δηλητήριο) to neutralize · (ιό) to get rid of · (αντίπαλο, εχθρό) to overpower · (κίνδυνο) to overcome

εξουδετέρωση η (εχθρού, αντιπάλου) overpowering · (νάρκης) disposal

εξουθενών|ω ρ μ (για αρρώστια, δουλειά) to exhaust · (για ζέστη) to drain · (για άγχος) to overwhelm

εξουθενωτικ|ός επίθ (ζέστη) overpowering · (δουλειά) exhausting · (ωράριο) punishing · (αγώνας, ανταγωνισμός) cut-throat

εξουσί|α η (= αρχή) power · (για πρόσ.) authority · **ανώτατη ~** supreme authority · **δίνω την ~ σε κπν να κάνει κτ** to give sb the power to do sth

εξουσιάζ|ω ρ μ (πολίτη, χώρα) to rule · (πάθη, φόβους) to master ◆ ρ αμ to rule · **~ τον εαυτό μου** to be one's own master

εξουσιοδότηση η authorization · **έχω ~ να κάνω κτ** to be authorized to do sth

εξουσιοδοτ|ώ ρ μ to authorize · **~ κπν να κάνει κτ** to authorize sb to do sth

εξόφληση η payment
εξοφλ|ώ ρ μ (δάνειο) to pay off · (χρέη) to pay off · (λογαριασμό) to settle · (μτφ.: χρέος) to repay
εξοχ|ή η country(side)
εξοχικ|ός επίθ (σπίτι) country · (κέντρο) country
▸ **εξοχικό** το (σπίτι) country house · (ΜΑΓΕΙΡ) lamb with vegetables

cooked in foil

έξοχ|ος επίθ (γιατρός, δικηγόρος) excellent · (ιδέα, ταινία) superb

έξτρα, εξτρά (αμείβομαι, πληρώνω) extra · (ανεπ.: ελαιόλαδο) extra virgin · (ουίσκι) quality

▶ **έξτρα, εξτρά** τα extras

εξύβριση η insulting · (ανωτέρων) disrespect · (αρχών, υπουργού) vilification

εξυπηρέτηση η (κοινού, επιχείρησης) service · (σκοπού) furtherance · (αναγκών) serving · (συναλλαγών, συμβίωσης) serving the interests of · **κάνω μια ~ σε κπν** to do sb a favour (Βρετ.) ή favor (Αμερ.)

εξυπηρετικός επίθ (υπάλληλος) helpful · (εργαλείο) useful · (μέσο συγκοινωνίας) convenient · (τακτική, πολιτική) accommodating

εξυπηρετ|ώ ρ μ to serve · **μπορώ να σας ~ήσω (σε τίποτα);** (σε κατάστημα) can I help you? · **σας ~ούν;** (σε κατάστημα) are you being served?

εξυπνάδα η (= ευφυΐα) intelligence · **~ες!** (ειρ.) very clever! · **άσε τις ~ες!** (προφ.) stop being such a smart aleck! (ανεπ.) · **κάνω ή πουλάω ~ες** (προφ.) to try to be smart

έξυπν|ος επίθ (άνθρωπος) intelligent · (διηγήσεις) shrewd · (σάτιρα, αστείο) clever · **κάνω τον ~ο** to try to be clever

έξω επίρρ (= σε εξωτερικό χώρο) out · (= εκτός σπιτιού) out · (παίζω, κοιμάμαι) outside · (= στο εξωτερικό) abroad · **από** ~ outside · (= εκτός) apart from · **~ ~ ~** on the edge · **μια κι ~** in one go · **πήγαινε να πάω ~, κύριε;** may I be excused, sir? · **προς τα ~** outwards · **σπουδάζω ~** to study abroad ◆ **ο/η/το** ~ the outside

▶ **έξω το το** ~ the outside

εξωγήινος επίθ (πλάσμα) alien · **εξωγήινος ο, εξωγήινη η** extraterrestrial

εξώπορτ|α η (σπιτιού) front door · (ναού) main door

εξωπραγματικός επίθ unrealistic

έξωση η eviction · **κάνω ~ σε κπν** to evict sb

εξώστης ο (ΑΡΧΙΤ: σπιτιού) balcony · (θεάτρου) circle

εξωστρεφής επίθ extrovert

εξωτερικά επίρρ externally

εξωτερικό το (κτηρίου) exterior · (= αλλοδαπή) abroad · **στο** ~ abroad

εξωτερικός επίθ (χώρος, αγωγός) outside · (τοίχος) exterior · (εμφάνιση) outward · (ειδήσεις, εχθρός) foreign · (γυρίσματα, σκηνές) outdoor · **η ~ή πλευρά** the outside

εξωτικός επίθ exotic

εξωφρενικός επίθ (τιμές) exorbitant · (διαστάσεις, κατάσταση) preposterous

εξώφυλλο το cover

εορτάζω ρ μ/μ = **γιορτάζω**

εορτασμός ο celebration

εορτή η (επίσ.: γενεθλίων) birthday · (Πάσχα, απελευθέρωσης) holiday · (Αγίου) feast day · **εθνική** ~ national holiday · βλ. κ. **γιορτή**

Ε.Ο.Τ. συντομ Greek Tourist Board

επαγγέλλομαι ρ μ απ to practise (Βρετ.), to practice (Αμερ.)

επάγγελμα το profession · **εξ επαγγέλματος** (μτφ.) professional · **κατ** ~ (για ακαθημαϊκούς) by profession · (για εργάτες) by trade.

επαγγελματίας ο/η professional · **ελεύθερος** ~ freelancer

επαγγελματικός επίθ (πείρα, μυστικό) professional · (ταξίδι)

έπαθλο business · (κατάρτιση) vocational · (στέγη, αυτοκίνητο) company · **~ή εκπαίδευση** vocational training

έπαθλο το prize

επαινετικός επίθ flattering

έπαινος ο (= εγκώμιο) praise · (= ηθική αμοιβή) commendation

επαινώ ρ μ (= εγκωμιάζω) to praise · (θάρρος, πράξη) to commend

επακόλουθος επίθ ensuing
▸ **επακόλουθο** το consequence · **έρχομαι ως ~ο** to result

επακρο το **στο ~** extremely

επάλειψη η (δέρματος, εγκαύματος) rubbing cream into · (επιφάνειας) coating

επαληθεύση η checking

επαληθεύω ρ μ to check

έπαλξη η συνήθ. πληθ. (πύργου, φρουρίου) rampart · (μτφ.) bastion

επανάκτηση η recovery

επανακτώ ρ μ to recover

επαναλαμβανόμενος επίθ repeated

επαναλαμβάνω ρ μ (λόγια, πείραμα) to repeat · (μαθήματα) to revise

επαναληπτικός επίθ (όπλο) repeating · (ψηφοφορία) second · (διαγώνισμα) revision · **~ αγώνας** play-off

επανάληψη η (επεισοδίων, λάθος) repetition · (αγώνα) replay · (ψηφοφορίας) rerun · (μαθήματος) revision

επαναπαύομαι ρ αμ απ to be complacent · **~ σε** to count ή rely on

επανάσταση η (= λαϊκή εξέγερση) revolution · (μτφ.) rebellion ▸**η Επανάσταση του 1821** (ΙΣΤ) the Greek War of Independence

επαναστάτης ο (= στασιαστής) revolutionary · (μτφ.) rebel

επαναστατικός επίθ revolutionary

επαναστάτρια η βλ. **επαναστάτης**

επαναστατώ ρ αμ (λαός, χώρα) to revolt · (μτφ.) to rebel

επαναφέρω ρ μ (θεσμό) to bring back · (θέμα) to bring up again · (αίτημα) to reiterate · (απολυμένους) to reinstate · **~ κπν στη ζωή** to resuscitate sb · **~ την τάξη** to restore order

επαναφορά η (μοναρχίας, ειρήνης) restoration · (αιτήματος) reiteration

επανδρώνω ρ μ (πλοίο) to man · (νοσοκομείο, εργαστήριο) to staff

επάνδρωση η (πλοίου) manning · (νοσοκομείου, υπηρεσίας) staffing

επανειλημμένα επίρρ repeatedly

επανειλημμένος επίθ repeated

επανειλημμένως επίρρ = **επανειλημμένα**

επανεκκίνηση η restart

επανεμφάνιση η (προβλήματος, φαινομένου) recurrence · (πολιτικού, καλλιτέχνη) reappearance · (φιλμ) redevelopment

επανεξετάζω ρ μ (κατάσταση, υπόθεση) to reconsider · (μάρτυρα, μαθητή) to re-examine

επανέρχομαι ρ αμ απ **~ σε** (εργασία) to return to · (θέμα, συζήτηση) to come back to

επανιδείν το **εις το ~** goodbye

επάνοδος η return

επανορθώνω ρ μ (λάθος) to put right · (αδικία) to redress ♦ ρ αμ to put things right

επανόρθωση η (αδικίας) redress · (σφάλματος) rectification

επάνω επίρρ = **πάνω**

επάρκεια η adequate supply

επαρκής επίθ (τρόφιμα, καύσιμα) sufficient · (εκπαίδευση, γνώσεις) adequate

επαρκώ ρ αμ to be sufficient

επαρχία η (νομού) province ·

επαρχιακός
(= ύπαιθρος) countryside

επαρχιακός επίθ (νοσοκομείο)
provincial · (δρόμος) country
(μειωτ.)

επαρχιώτης ο (μειωτ.) provincial
(μειωτ.)

επαρχιώτισσα η βλ. **επαρχιώτης**

έπαυλη η villa

επαφ|ή η (γενικότ.) contact ·
(οπτική) contact · (= συνουσία)
intercourse · **είμαι η βρίσκομαι σε**
~ **(μαζί) με** κπν to be in touch
with sb · **έρχομαι σε** ~ **(μαζί) με**
κπν to get in touch with sb ·
έρχομαι σε ~ **με κτ** to come into
contact with sth · **φέρνω κπν σε**
~ **με** κπν to put sb in touch with
sb · **χάνω** ~ **(μαζί) με** κπν to lose
touch ή contact with sb

▸ **επαφές** πλ contacts

επειγόντως επίρρ urgently ·
μεταφέρομαι ~ **στο νοσοκομείο**
to be rushed to hospital

επείγω ϱ αμ ~**ει**, ~**ουν** τριτ to be
urgent

▸ **επείγομαι** ϱ μ με ~**ομαι να κάνω**
κτ to be in a hurry to do sth

▸ **επείγομαι** ϱ αμ to be in a hurry

επείγ|ων, ~ουσα, ~ον urgent

▸ **επείγον** το (για δέμα) express ·
(για επιστολή, γράμμα) urgent

επειδή σύνδ because · **κι** ~; (οικ.)
so what?

επεισοδιακ|ός επίθ (αναχώρηση,
είσοδος) unexpected · (διαδήλωση,
παιχνίδι) eventful

επεισόδιο το (= συμβάν)
incident · (αίμα, βιβλίου)
episode · **διπλωματικό**
~ diplomatic incident

▸**εγκεφαλικό** ~ stroke ▸**καρδιακό**
~ heart attack

▸ **επεισόδια** πλ clashes · **προκαλώ**
~**α** to cause disturbances

έπειτα επίρρ (= ύστερα) then ·
(= άλλωστε) besides · **από κείθι**
~ after that · **από αίτερ** ~ · **απ**
αυτό after that · **από λίγο** after

a while · **κι** ~; (ειρωνικά ή με
αδιαφορία) and?

επέκταση η (πολέμου, βίας)
spreading · (κτηρίου, οικοδομής)
extension · (ορίων, συνόψων)
expansion · (δραστηριοτήτων,
ενεργειών) expansion

επεκτείνω ϱ μ to extend ·
(δραστηριότητες, επιχείρηση) to
expand

επεμβαίνω ϱ αμ (κυβέρνηση,
πολιτικός) to intervene · (σε
υποθέσεις, διαμάχες) to interfere

επέμβαση η (= μεσολάβηση)
intervention · (αυτόκλητη)
interference · (= εγχείρηση)
operation

επένδυση η (πόρτας) coating ·
(τοίχου) facing · (καλωδίων)
casing · (σωλήνων) lagging ·
(μπουφάν, παλτού) lining · (οικ)
investment · **μουσική** ~ (ταινίας)
score

επενδυτής ο investor

επενδύτρια η βλ. **επενδυτής**

επενδύω ϱ μ (χρήματα, κεφάλαιο)
to invest · (πόρτα) to coat · (τοίχο)
to face · (σακάκι, παλτό) to line

επεξεργάζομαι ϱ μ απ to
process · (σύγγραμμα, νομοσχέδιο)
to work on

επεξεργασί|α η processing ·
(συγγράμματος, εργασίας)
elaboration · **περνώ κτ από** ~ to
process sth ▸**ηλεκτρονική**
~ **κειμένου** word processing

επεξήγηση η explanation

επέτει|ος η anniversary · **εθνική**
~ national holiday · ~ **γάμου**
wedding anniversary

επευφημ|ώ ϱ μ to cheer

επευφημία η cheer

επηρεάζω ϱ μ (για προσ.) to
influence · (στα συναισθήματα) to
affect · (σύστημα, ζωή) to affect ·
(αποφάσεις) to influence · **είμαι**

επηρεασμένος (από κτ) to be

influenced (by sth) · (συναισθηματικά) to be affected (by sth) · **~ομαι εύκολα** to be susceptible

επί, επ, εφ *πρόθ*+*γεν. για τόπο* on ·+*γεν. για χρονικό περίοδο* during · (*για χρονικό σημείο*) for ·+*αιτ. για χρονικό διάστημα ή διάρκεια* for ·+*γεν. για αναφορά* on · (*= με αφορμή*) on · (*ποσοστό*) per · (*ΜΑΘ*) times · **~ σκοπόν!** aim! · **~ τη ονομαστική σου εορτή** on your name day · **~ τοις εκατό** per cent · **~ του θέματος** on the subject *ή* matter · **~ του παρόντος** for the time being · **~ τρία χρόνια** for three years · **~ των ημερών κποιου** in sb's day · **κλίνατε ~ δεξιά/αριστερά!** turn right/left!

επιβαίν|ω *ρ. αμ* **~ σε** (*αυτοκίνητο*) to get in · (*λεωφορείο*) to get on

επιβάλλ|ω *ρ. μ* (*πρόστιμο, περιορισμό*) to impose · (*μέτρα*) to enforce · **~ ποινή σε κπν** to penalize sb

▸ **επιβάλλομαι** *μεσ* to command respect · **~ομαι**+*σε ή γεν.* to keep under control · **~ομαι στον εαυτό μου** to pull oneself together

▸ **επιβάλλεται** *απρόσ* **~εται να κάνω κτ** I must do sth

επιβάρυνσ|η *η* (*πελάτη*) extra expense *ή* charge · (*υγείας*) deterioration

επιβαρύν|ω *ρ. μ* (*πολίτες, φορολογουμένους*) to burden · (*υγεία, περιβάλλον*) to damage further · (*θέση, κατάσταση*) to aggravate

επιβατηγ|ός, -ός, -ό *passenger* ▸ **επιβατηγό** *το* passenger ship

επιβάτ|ης *ο* passenger

επιβάτιδα *η βλ.* **επιβάτης**

επιβατικ|ός *επίθ* passenger · **-ό κοινό** travelling (*Βρετ.*) *ή* traveling (*Αμερ.*) public

επιβεβαιών|ω *ρ. μ* to confirm

▸ **επιβεβαιώνομαι** *μεσ* (*για πρόσ.: σε προβλέψεις*) to be proved right · **~ομαι ως** (*επιστήμονας, πολιτικός*) to be recognized as

επιβεβαίωσ|η *η* (*πληροφορίας, υπονοίας*) confirmation · (*στοιχείων*) corroboration · (*άποψης*) affirmation

επιβεβλημέν|ος *επίθ* imperative

επιβήτορ|ας *ο* (*άλογο*) stallion · (*ειρ.: για πρόσ.*) stud

επιβιβάζ|ω *ρ. μ* to take aboard

▸ **επιβιβάζομαι** *μεσ* **~ομαι σε** to board

επιβίβασ|η *η* (*σε πλοίο*) embarkation · (*σε αεροπλάνο, τρένο*) boarding

επιβιών|ω *ρ. αμ* to survive

επιβίωσ|η *η* survival

επιβλέπ|ω *ρ. μ* (*παιδί*) to keep an eye on · (*μαθητή, εργάτη*) to supervise · (*εργασίες, κατασκευή*) to oversee

επιβλέπ|ων, -ουσα, -ον supervising ◆ *ουσ* supervisor

επίβλεψ|η *η* supervision · **υπό την ~** +*γεν.* under the supervision of

επιβλητικ|ός *επίθ* imposing

επιβολ|ή *η* (*φόρων, προστίμων*) imposition · (*ποινής*) infliction · (*τάξης*) enforcement · (*καθηγητή*) imposing presence

επιβράβευσ|η *η* reward

επιβραβεύ|ω *ρ. μ* to reward

επιβράδυνσ|η *η* (*αυτοκινήτου*) slowing down · (*= καθυστέρηση*) delay

επιβραδύν|ω *ρ. μ* (*αυτοκίνητο, ρυθμό*) to slow down · (*= καθυστερώ*) to delay

επίγνωσ|η *η* (*θέσης, καθήκοντος*) awareness · **έχω πλήρη ~** +*γεν.* to be fully aware of

επιγραφ|ή *η* (*ναού, τάφου*) inscription · (*καταστήματος*) sign · **φωτεινή ~** illuminated sign

επιδεικνύ|ω *ρ. μ* (*ικανότητα*) to

display · (πλούτη) to show off ·
(ομορφιά) to flaunt · (θάρρος,
ζήλο) to show · (έγγραφα,
δικαιολογητικά) to show
► **επιδεικνύομαι** μεσ to show off
επιδεινώ|ω ρ μ to make worse
► **επιδεινώνομαι** μεσ (καιρός) to get
worse · (υγεία, καιρικές συνθήκες)
to deteriorate
επιδείνωση η (καιρού, ασθένειας)
worsening · (υγείας) deterioration
επίδειξη η (μόδας) show · (νέων
προϊόντων) demonstration ·
(καλλυντικών) display ·
(ικανότητας) demonstration ·
(θάρρους) show · **κάνω ~** (αρν.) to
show off
επιδέξι|ος, -α, -ο (πολιτικός,
τεχνίτης) skilful (Βρετ.), skillful
(Αμερ.) · (ελιγμός, κινήσεις) deft
επιδεξιότητα η skill
επιδερμίδα η skin · **απαλή/λεπτή/
ασκόρα** ~ soft/thin/dark skin ·
ευαίσθητη ~ sensitive skin · **ξηρή/
λιπαρή** ~ dry/oily skin
επίδεση η dressing
επίδεσμος ο dressing
επιδημία η epidemic · **εκδήλωση/
έξαρση ~ς** outbreak/spread of an
epidemic
επιδιορθών|ω ρ μ (σπίτι,
αυτοκίνητο) to repair · (φούστα,
καρέκλα) to mend
επιδιόρθωση η repair
επιδιώκ|ω ρ μ to seek
επιδίωξη η pursuit
► **επιδιώξεις** πλ plans
επιδοκιμασία η approval
► **επιδοκιμασίες** πλ cheers
επίδο|μα το allowance ·
οικογενειακό ~ family allowance ·
▷**~ ανθυγιεινής εργασίας** danger
money
επίδορπιο το dessert
επίδοση η (μαθητή, φοιτητή)
record · (αθλητή) performance ·
παγκόσμια ~ (ΑΘΛ) world record

επίδρασ|η η (για προσ.) influence ·
(κλίματος) effect · (πολέμου,
βιβλίου) impact · **ασκώ** ~ **σε** κπν
to influence sb · **δέχομαι** ~ **από**
κπν to be influenced by sb ·
θετική/αρνητική ~ positive/
negative influence η impact · **υπό
την ~ κποιου** under sb's
influence
επιδρομή η invasion · (στο
ψυγείο) raid
επιδρώ ρ αμ **~ σε** (μέτρα,
αντιλήψεις) to affect · (φάρμακο) to
act on
επιεικής επίθ (άνθρωπος)
lenient · (αξιολόγηση, βαθμολογία)
generous
επιζήμι|ος, -α, -ο harmful
επιζώ ρ αμ+από ή γεν. άνθρωπος)
to survive · (μτφ.) to survive
(όνομα) to live on
επιζών, -ώσα, -ών surviving
◆ ουσ survivor
επίθεση η attack · **βίαια**
~ onslaught · **τρομοκρατική**
~ terrorist attack
επιθετικός επίθ (πόλεμος,
ενέργεια) offensive · (ύφος,
χαρακτήρας) aggressive · (ΑΘΛ:
μέσος) attacking
► **επιθετικός** ο attacker
επιθετικότητα η aggression
επίθετ|ο το (= επώνυμο) surname ·
(ΓΛΩΣΣ) adjective
επιθεώρηση η (λογαριασμού,
εργαστηρίου) inspection ·
(θεατρικό είδος) revue · (περιοδικό)
review
επιθεωρητής ο (γενικότ.)
inspector · (εργασίας) supervisor ·
αστυνομικός ~ police inspector ·
γενικός ~ inspector general
επιθεωρήτρια η βλ.
επιθεωρητής
επιθεωρώ ρ μ to inspect
επιθυμητός επίθ (αποτέλεσμα)
desired · (συμπεριφορά) desirable

(επισκέπτης) welcome ·
(διευθυντής) popular
επιθυμί|α η (= βούληση) wish ·
(= αντικείμενο απόλαυσης) desire ·
εκφράζω την ~ να κάνω κτ to
express the wish ή desire to do
sth · **ικανοποιώ την ~ κ'ποιου** to
grant sb's wish · **με πιάνει η ~ να
κάνω κτ** to want to do sth
επιθυμ|ώ ρ μ (= θέλω πολύ) to
long for · (= θέλω) to want ·
(= νοσταλγώ) to miss · **~ πολύ να
κάνω κτ** to long to do sth
επίκαιρ|ος επίθ (θέμα, ερώτηση)
topical · (βοήθεια, επέμβαση)
timely · (σημείο, θέση) strategic
▶ **επίκαιρα** τα current affairs
επικαιρότητ|α η (είδησης,
προβλήματος) topicality ·
(= γεγονότα) news εν.
επίκεντρ|ο το (συζήτησης, δράσης)
focal point · (κοινωνίας, κόσμου)
centre (Βρετ.), center (Αμερ.) ·
~ της προσοχής centre (Βρετ.) ή
center (Αμερ.) of attention
▷ **~ σεισμού** (ΓΕΩΛ) epicentre
(Βρετ.), epicenter (Αμερ.)
επικεντρών|ω ρ μ to focus (σε on)
▶ **επικεντρώνομαι** μεσ to be
focused (σε on)
επικερδής επίθ (συνεργασία,
επιχείρηση) profitable · (δουλειά)
lucrative
επι κεφαλής, επικεφαλής επίρρ
(βαδίζω) in front ·· γεν. at the
head of · **μπαίνω ~** to take the
lead ◆ **ο/η επικεφαλής** the head
επικεφαλίδ|α η title
επικήρυξ|η η (ληστή, δραπέτη)
putting a price on the head of ·
(= ποσό) reward
επικίνδυν|ος επίθ dangerous ·
είναι ~ο να κάνω κτ it is
dangerous to do sth
επικοινωνί|α η communication
▶ **επικοινωνίες** πλ **έχω ή κρατώ
~ με κπν** to keep in contact ή

touch with sb
επικοινων|ώ ρ αμ · **~ με** (γνωστοί,
φίλοι) to keep in touch with ·
(γονείς, παιδιά) to communicate
with · (δωμάτια, κτήρια: μέρος) to
be connected to · (μεταξύ τους) to
be connected by · **~ τηλεφωνικώς/
γραπτώς** to communicate by
phone/ by letter
επικόλληση η (γραμματοσήμου,
χαρτοσήμου) sticking · (ΠΛΗΡΟΦ)
paste
επικολλ|ώ ρ μ (γραμματόσημο) to
stick on · (ΠΛΗΡΟΦ) to paste
επικ|ός επίθ epic
επικράτει|α η state
επικράτησ|η η (κινήματος,
θεωρίας) prevalence · (δικτατορίας)
dominance · (ομάδας, εχθρού)
victory · (τεχνολογίας, αντιλήψεων)
spread
επικρατ|ώ ρ αμ (θεωρία, έθιμο) to
be prevalent · (ησυχία) to reign ·
(στράτευμα, ομάδα) to win ◆ ρ μ
·· γεν. to get the better of · **θα
~ήσει ηλιοφάνεια** there will be
sunshine everywhere · **~εί
πανικός/αναβρασμός** there is
widespread panic/unrest
επικρατ|ών, -ούσα, -ούν
prevailing
επικρίν|ω ρ μ (συνάδελφο,
πολιτικό) to criticize · (βιβλίο,
ταινία) to pan · **~ κπν/κτ για κτ** to
criticize sb/sth for sth
επίκρισ|η η criticism
επικριτ|ής ο critic · **αυστηρός
~** harsh critic
επικρίτρι|α η βλ. **επικριτής**
επικυρών|ω ρ μ (έγγραφο) to
validate · (αίτηση) to uphold ·
(αντίγραφο) to certify
επικύρωσ|η η certification
επιλέγ|ω ρ μ to choose · **~ μεταξύ**
to choose between
επίλεκτ|ος επίθ (ακροατήριο)
select · (συνεργάτες)

hand–picked · (φρουρά, σώμα) crack

επιληψία η epilepsy

επιλογή η (= εκλογή) choice · **δεν έχω άλλη** ~ to have no other choice · **κάνω την** ~ ή τις ~**ές μου** to make one's choice · **με ερωτήσεις πολλαπλής** ~**ς** (για εξέταση) multiple–choice

επίλογος ο (έκθεσης) conclusion · (βιβλίου) epilogue (Βρετ.), epilog (Αμερ.) · (μτφ.) upshot

επίλυση η (διαφορών, διαφωνίας) resolution · (προβλήματος) solution

επιλύω ρ μ (διαφορές, διαφωνία) to resolve · (πρόβλημα) to solve

επίμαχος επίθ controversial

επιμέλεια η (μαθητή, φοιτητή) diligence · (βιβλίου, έργου) editing · (ΝΟΜ: παιδιών) custody

επιμελής επίθ hard–working

επιμελητής ο (εκδόσεων) editor · (τάξης) monitor

επιμελήτρια η βλ. **επιμελητής**

επιμελούμαι ρ μ αт (υποθέσεις) to take care of · (υγεία) to look after · (έκδοση, εργασία) to be in charge of

επιμένω ρ αμ (= επιμένω ♦ ρ μ ~ **να κάνω κτ** to insist on doing sth · ~! I insist! · ~ **ότι** to insist that · ~ **σε κτ** to insist on sth, -ης, **επίμηκες** elongated

επιμηκύνω ρ μ (ράβδο, γραμμή) to lengthen · (διάρκειας ζωής, παραμονής) to prolong

▸ **επιμηκύνομαι** μεσ to be prolonged

επιμονή η (= εμμονή) insistence · (= σταθερότητα) perseverance · **υπομονή και** ~ patience and perseverance

επίμονος επίθ (άνθρωπος, άτομο) obstinate · (αγώνας, προσπάθεια) persistent

επινόηση η (τροχού, γραφής)

invention · (ηθοποιού, παίκτη) inspiration · (αρν.) fabrication · ~ **της φαντασίας** figment of the imagination

επινοητικός επίθ inventive

επινοώ ρ μ (τεχνική, μηχάνημα) to invent · (σχέδιο, μύθο) to make up · (δικαιολογία) to come up with

επίπεδο το (ΓΕΩΜ) plane · (ετοιμότητας) level · (για πρόσ, υπηρεσίες) standard · **πνευματικό ή διανοητικό** ~ mental ή intellectual level

▸ **επίπεδα** πλ levels

επίπεδος επίθ (γη, έκταση) level · (δρόμος) smooth · (ΓΕΩΜ: σχήμα, επιφάνεια) plane · (οθόνη) flat

επιπλέον επίρρ besides ♦ extra

επιπλέω ρ αμ (πάγος, ξύλο) to float · (μτφ.) to survive

επίπληξη η reprimand

έπιπλο το furniture χωρίς πληθ.

επιπλοκή η complication

επιπλώνω ρ μ to furnish · **επιπλωμένο διαμέρισμα** furnished flat (Βρετ.) ή apartment (Αμερ.)

επίπλωση η (= έπιπλα) furniture · (= εφοδιασμός με έπιπλα) furnishing · **μοντέρνα/κλασική** ~ modern/classic furniture

επιπόλαιος επίθ superficial · (άνθρωπος, συμπεριφορά) shallow · **παίρνω κτ** ~ not to take sth seriously

επίπονος επίθ (εργασία, προσπάθεια) strenuous · (έργο, έρευνα) laborious

επίπτωση η repercussions πληθ.

επιρρεπής επίθ **είμαι** ~ **σε κτ** (αρν.) to be given to sth

επίρρημα το adverb

επιρροή η (οικογένειας, φίλων) influence · (= δύναμη) pull · **ασκώ** ~ **σε** κπν to influence sb

επισημαίνω ρ μ (λάθος) to point

out · (κίνδυνο) to stress · (πρόβλημα) to locate

επισήμανση η (λαθών) pointing out · (κινδύνου, παραγόντων) stressing

επισημοποιώ ρ μ (σχέση) to make official · (συμφωνία) to ratify

επίσημ|ος επίθ (συζητήσεις) formal · (αντιπρόσωπος) official · (γλώσσα, νόμισμα) official · (ένδυμα, γεύμα) formal · (τελετή) official · (ύφος, μορφή) formal · (ανακοίνωση, έγγραφο) official

επισημότητα η formality

επίσης επίρρ (= επιπλέον) also · ~! (ως απάντηση) the same to you! · **χαίρω πολύ! - Επίσης!** nice to meet you! – (Nice to meet you) too!

επισκεπτήριο το visiting hours πληθ.

επισκέπτ|ης ο visitor

επισκέπτ|ομαι ρ μ απ to visit

επισκέπτρια η βλ. **επισκέπτης**

επισκευάζω ρ μ to repair

επισκευή η repair · **-ές αυτοκινήτων** car repairs

επίσκεψη η visit · **έχουμε/ περιμένουμε επισκέψεις** we have/are expecting visitors · **κάνω ~ σε κπν** to visit sb

επίσκοπ|ος ο bishop

επιστάτ|ης ο (έργων) supervisor · (σχολείου) caretaker

επιστάτρια η βλ. **επιστάτης**

επιστήθι|ος, -α, -ο bosom

επιστήμη η science · **έχω αναγάγει κτ σε ~** (ειρ.) to have sth down to a fine art

επιστήμονας ο/η (κυριολ.) scientist · (μτφ.) past master

επιστημονικός επίθ scientific

επιστήμων (ε) = **επιστήμονας**

επιστολή η (= γράμμα) letter · (ΘΡΗΣΚ) epistle · **ερωτική ~** love letter · **συστημένη ~** registered letter

επιστράτευση η mobilization

επιστρατεύ|ω ρ μ (ΣΤΡ) to mobilize · (μτφ.: πονηριά, κουράγιο) to summon up

επιστρέφ|ω ρ μ to return · (δανεικά, χρήματα) to pay back · ◆ **αμ ~ σε** to go back to · **~ δριμύτερος** to return with a vengeance

επιστροφή η return · (χρημάτων) repayment · (μτφ.) comeback · (σε θέμα) coming back to · ► **επιστροφές** πλ rebates πληθ.

επισυνάπτ|ω ρ μ to attach

επισύναψη η attachment

επιταγή το cheque (Βρετ.), check (Αμερ.)

επιτακτικός (ανάγκη) urgent · (ύφος, φωνή) commanding

επιτάφι|ος, -α, -ο funeral ▷ **-ο επίγραμμα** epitaph ▷ **~ λόγος** funeral oration ▷ **-α στήλη** tombstone

► **επιτάφιος** ο representation of the crucifixion of Christ

επιτάχυνση η (ΦΥΣ) acceleration · (αλλαγών, ρυθμού) speeding up

επιταχύν|ω ρ μ (διαδικασίες, ρυθμούς) to speed up · (βήμα) to quicken

επιτέλους επίρρ at last

επίτευγμα το achievement

επίτευξη η achievement

επιτήδει|ος, -α, -ο (δυσηγόρος) shrewd · (αρν.) cunning

επίτηδες επίρρ deliberately

επιτήρηση η (σε εξετάσεις: μαθητών) invigilation · (έργων, προγράμματος) supervision · **υπό ~** under surveillance

επιτηρητής ο (σε εξετάσεις) invigilator · (έργων) supervisor

επιτηρήτρια η βλ. **επιτηρητής**

επιτηρ|ώ ρ μ (μαθητές) to invigilate · (κτήμα, κήπο) to keep an eye on · (έργα, εργάτες) to supervise

επιτίθ|εμαι ρ αμ απ (για στρατό, πρόσ.) to attack · (για ζώα) to charge · (για τύπο, Μ.Μ.Ε.) to lash out (κατά at)

επιτίμι|ος (προέδρου, δημότη) honorary · (καθηγητή) emeritus

επιτόκι|ο το interest rate · **υψηλό/χαμηλό** ~ high/low interest rate

επιτραπέζι|ος, -α, -ο table · **-ο παιχνίδι** board game

επιτρέπ|ω ρ μ (γενικότ.) to allow · (= δίνω τη δυνατότητα) to enable · **αν μου ...ετε...** if I may... · ~ **να κάνω** to allow to do · **επιτρέψτε μου να κάνω** allow me to do · **– την είσοδο** to let in · **μου ~ετε να καθίσω;** may I sit down?

▸ **επιτρέπεται** απρόσ to be allowed · ή permitted · **~εται το κάπνισμα;** are you allowed to smoke?

επιτροπή η committee

▷ **Επιτροπή Ολυμπιακών Αγώνων** Olympic Games committee

επιτυγχάν|ω ρ μ to achieve ♦ ρ αμ to succeed

επιτυχημέν|ος επίθ successful

επιτυχής επίθ successful

επιτυχί|α η (προσπαθειών, ταινίας) success · (για τραγούδι) hit · **έχω ~ σε κτ** to succeed in sth · **καλή ~!** good luck! · **σημειώνω ~** (ταινία, φεστιβάλ) to be a success

επιφάνεια η surface · **βγαίνω στην ~** to surface · **φέρνω κτ στην ~** to dredge sth up

επιφανειακ|ός επίθ (καθάρισμα, σεισμός) surface · (τραύμα) superficial · (μτφ.) superficial

επιφυλακή η (για στρατό, αστυνομία) standby · (για κράτος) state of alert · **είμαι η βρίσκομαι σε ~** to be on alert · **μπαίνω σ ~** to go on alert

επιφυλακτικ|ός επίθ (άνθρωπος, χαρακτήρας) cautious · (ματιά) wary

επιφύλαξ|η η reservation · **έχω τις επιφυλάξεις μου για κτ** to have reservations about sth · **με κάθε ~** for what it's worth

επιφυλάσσ|ω ρ μ (προβλήματα, εκπλήξεις) to have in store · (υποδοχή) to reserve

▸ **επιφυλάσσομαι** μεσ ~**ομαι να κάνω κτ** to reserve the right to do sth

επιφώνη|μα το exclamation

επιχείρη|μα το argument · **ισχυρό ~ strong argument · προβάλλω ~** to put forward an argument · **φέρνω ~** to present an argument

επιχειρηματί|ας ο/η businessman/woman

επιχειρηματικ|ός επίθ entrepreneurial

επιχείρηση η (οικ) enterprise · (= εταιρεία) firm · (διάσωσης, κατάσβεσης) operation · (στρ) operation · **διοίκηση επιχειρήσεων** business management · **δημόσια ~** public utility · **ελεύθερη/ιδιωτική ~** free/private enterprise · **πολυεθνική ~** multinational (company)

επιχειρ|ώ ρ μ (= επιδιώκω) to undertake · **~ να κάνω κτ** (= δοκιμάζω) to try to do sth

επίχρυσος επίθ (ρολόι, καρφίτσα) gold-plated · (χρονίζω) gilt

εποικοδομητικ|ός επίθ constructive

έπ|ομαι ρ μ+γεν. to follow ♦ ρ αμ to follow

▸ **έπεται ότι** απρόσ it follows that

επομέν|η η ~ the following day

επόμεν|ος επίθ (μέρα, εβδομάδα) next · (άρθρο, διατάξεις) following ♦ ο ~! next! · **είναι ~ ο** it is natural

επομένως επίρρ therefore

επόπτ|ης ο supervisor

▷ ~ (γραμμών) linesman

επόπτρι|α η βλ. **επόπτης**

έπ|ος το epic · **Ομηρικά Έπη**

επουλώνω

Homer's Epics

επουλώνω ρ μ to heal
► **επουλώνομαι** μεσ to heal

επούλωση η healing (διαφορά, λεπτομέρεια) insignificant · (εργασία, τμήμα) unimportant · (λάθος) trifling

εποχή η (έτους) season · (ειρήνης, λιτότητας) period · (βυζαντινή, κλασική) era · (= καιρός) time · (ΓΕΩΛ) age · **εκτός ~ς** out of season · (= έξω από τη μόδα) out of fashion · **κοστούμι ~ς** period costume · **λάθος ~** at the wrong time · **στην ~ μου** in my day ή time · **ταινία ~ς** costume drama · **της ~ς μου** of my day ή time

εποχικός, εποχιακός επίθ seasonal

επτά αριθ απόλ seven

επταετ|ής επίθ (πόλεμος, ανάπτυξη) seven-year · (παιδί) seven-year-old

επταήμερο το seven days πληθ.

επταήμερος επίθ seven-day

επτακόσια αριθ απόλ seven hundred

επτακόσιοι αριθ απόλ πλ seven hundred

επτάμισι αριθ (κιλά, μήνες) seven and a half · (για ώρα) half past seven

Επτάνησα τα Ionian Islands

επώδυν|ος επίθ painful

επώνυμο το surname

επώνυμ|ος επίθ (ρούχα) designer · (προϊόν) branded · (δημοσιεύσιμα) eponymous · (καταγγελία) signed
► **επώνυμος ο, επώνυμη** η celebrity

έραν|ος ο collection · **αντικαρκινικός ~** collection for cancer research · **κάνω ~ο** to raise money

ερασιτέχνης ο amateur
ερασιτεχνικ|ός επίθ (ραδιοσταθμός, παράσταση)

amateur · (αρν.) amateurish

ερασιτέχνι|ς η βλ. **ερασιτέχνης**

εραστ|ής ο (κυριολ.) lover · (κατ.: = γυναικάς) womanizer · **έχω ~ή** to have a lover

εργάζ|ομαι ρ αμ απ to work · **~ ως** to work as

εργαζόμεν|ος, -η ή -ένη, -ο working ♦ ουσ employee · **~η μητέρα** working mother · **~η γυναίκα** working woman

εργαλείο το tool

εργασία η work · **άδεια ~ς** work permit · **ομαδική ~** (γενικότ.) team work · (ΠΑΝ) group assignment

εργάσιμ|ος επίθ working

εργαστήρι το = **εργαστήριο**

εργαστήρι|ο το (βιολογίας, χημείας) laboratory · (εταιρείας, επιχείρησης) workshop · (καλλιτέχνη) studio · (μάθημα) practical

εργάτ|ης ο (γενικότ.) worker · (μτφ.) creator · **ανειδίκευτος/ εξειδικευμένος ~** non-skilled/ skilled worker

εργατικ|ός επίθ (σύλλογος, σωματείο) labour (Βρετ.), labor (Αμερ.) · (διεκδίκηση, απεργία) workers' · (ατύχημα) industrial · (μαθητής, υπάλληλος) hard-working

εργατικότητα η diligence

εργένης ο single man

εργένισσα η single woman

έργ|ο το (= εργασία) work · (= καθήκον) task · (γλυπτικής, ζωγραφικής) work · (= ταινία) film (κυρ. Βρετ.), movie (Αμερ.) · **επί το ~!** get to work! · **έργα** πλ (= δράμα) actions · (κατασκευής, μετρό) works · **~α και όχι λόγια** (it's time for) action, not words

εργοδότης ο employer
εργοδότρι|α η βλ. **εργοδότης**

εργολάβ|ος ο (οικοδομών, δημοσίων έργων) contractor · (ΜΑΓΕΙΡ) macaroon ▷ **~ κηδειών** undertaker

εργοστάσι|ο το (γενικότ.) factory · (χαρτοποιίας, υφαντουργίας) mill

εργόχειρ|ο το handicraft

ερεθίζ|ω ρ μ (επιδερμίδα, μάτια) to irritate · (= εκνευρίζω) to annoy · (μτφ.: περιέργεια, φαντασία) to arouse · (άνδρα, γυναίκα) to arouse

ερέθι|σμα το (= διέγερση) stimulus · (= έναυσμα) spark · (= ερεθισμός) irritation · **δίνω το ~** to provide the stimulus

ερεθισμ|ός ο (επιδερμίδας, ματιού) irritation · (οπτικού οργάνου) stimulation · (= εκνευρισμός) irritation · (= ερωτική διέγερση) arousal

ερείπι|ο το (για κτήρια) ruin · (μτφ.) wreck
▶ **ερείπια** πλ ruins

ερειπωμέν|ος μτχ (κάστρο, πόλη) ruined · (σπίτι) derelict

ερειπώνω ρ μ (= to reduce to ruins

Ερέτρι|α η Eritrea

έρευν|α η (αστυνομίας) investigation · (αρχείων, πηγών) inquiry · (διαστήματος) exploration · (επιστημονική) research · (για χρυσό, πετρέλαιο) prospecting · (για προσώπου) search · (κοινής γνώμης, οικονομικής κατάστασης) survey · **κάνω ή διεξάγω ~ ή ~ες** (αστυνομία) to investigate · **εξονυχιστικές ~ες** thorough search εν. · **σωματική ~** body search

ερευνητής ο researcher

ερευνήτρι|α η βλ. **ερευνητής**

ερευν|ώ ρ αμ (βιβλία, αρχεία) to research · (αίτια, φαινόμενο) to investigate · (δωμάτιο, αρχεία) to search · **~ για** to search for

sth · **~ εις ή σε βάθος** κτ to look into sth in detail

Ερέχθειο το Erechtheum

ερημιά η (= έρημος τόπος) wilderness · (= μοναξιά) isolation

ερημικ|ός επίθ (χωριό, τοποθεσία) isolated · (ζωή) solitary

ερήμ|ος η desert

έρημ|ος, έρμος επίθ (νησί, τόπος) desert · (πόλη) ghost · (δρόμοι) deserted · (για πρόσ.) alone

ερίδ|α η dispute · **το μήλο(ν) της Έριδος** the apple of discord

ερμηνεί|α η (γεγονότος, φαινομένου) interpretation · (τραγουδιού, ρόλου) performance · explanatory

ερμηνεύ|ω ρ μ (γεγονός, φαινόμενο) to interpret · (= ρόλο) to play · (= τραγούδι) to sing

Ερμής ο (ΜΥΘΟΛ) Hermes · (ΑΣΤΡΟΝ) Mercury

ερμητικά, ερμητικώς επίρρ hermetically · **είμαι κλεισμένος ~** to be hermetically sealed · **κλείνω** κτ **~** to seal sth hermetically

έρμ|ος επίθ wretched · βλ. κ. **έρημος**

ερπετ|ό το reptile

έρπη|ς ο herpes

έρπ|ω ρ αμ to crawl

Ερυθρά Θάλασσα η η ~ the Red Sea

ερυθρ|ός, -ά ή ή -ό red

έρχ|ομαι ρ αμ απ (να) to come · (τρένο, αεροπλάνο) to arrive · (= επιστρέφω) to come ή get back · (ρούχο, δαχτυλίδι) to fit · **~ πάνω στην ώρα** to come on time · **~ προς** to come towards (Βρετ.) ή toward (Αμερ.) · **~ σε** (χώρα) to come to · (συμφωνία) to come to · **μου ~εται να κάνω** κτ to feel like doing sth

ερχομ|ός ο (για πρόσ.) arrival · (νύχτας, άνοιξης) coming

ερωμέν|η η lover

ερωμέν|ος ο βλ. **εραστής** η question and answer

έρωτ|ας ο (= πόθος) love · (= σχέση) love affair · (= σεξουαλική πράξη) sex · (μτφ.) love · **κάνω ~α με κπν** to make love with sb

ερωτευμέν|ος μτχ in love · **είμαι (τρελά) ~ με κπν** to be (madly) in love with sb

ερωτεύ|ομαι ρ μ απ to fall in love with ♦ ρ αμ to fall in love

ερώτη|μα το question · **θέτω το ~** to raise the question · **το ~ είναι...** the question is... · βλ. κ. **ρώτημα**

ερωτηματικ|ός επίθ (βλέμμα, ύφος) inquiring ▷ **~ή πρόταση** (ΓΛΩΣΣ) interrogative sentence

► **ερωτηματικό** το question mark · **προκύπτουν ~ά** questions are being asked

ερωτηματολόγι|ο το questionnaire

ερώτησ|η η question · **αδιάκριτη ~** indiscreet question · **κάνω μια ~** to ask a question · **προσωπική ~** personal question · **είμαι ερωτιάρης** to fall in love easily

ερωτικ|ός επίθ (επιστολή, δράμα) love · (κατ.: = σεξουαλικός) erotic · **~ή εξομολόγηση** declaration of love ο eroticism

ερωτ|ώ ρ μ to ask · βλ. κ. **ρωτώ**

εσάρπ|α η scarf

εσάς αντων you

εσείς αντων you · **δεν φταίτε ~** it's not your fault · **~ είστε;** is that you?

εσένα αντων you · **μ ~** with you · **~ σου αρέσει;** do you like it?

Εσθονία η Estonia

εσκεμμένα επίρρ deliberately

εσκεμμέν|ος επίθ deliberate

έσοδ|ο το (εργαζομένου) income · (συναυλίας) receipts πληθ. η

(τοίχου) recess · (βράχου) niche

εσπεριδοειδή τα (= δέντρα) citrus trees · (= φρούτα) citrus fruits

εσπρέσσ|ο ο/το espresso

εστί|α η (= τζάκι) fireplace · (= σπίτι) home · (πόνου, μόλυνσης) centre (Βρετ.), center (Αμερ.) · (κουζίνας) hotplate · (στο ποδόσφαιρο) goal · **οικογενειακή ~** family home · **φοιτητική ~** halls πληθ. of residence

εστιάζ|ω ρ μ to focus

εστιάτορ|ας ο/η restaurant owner

εστιατόρι|ο το restaurant

έστω επίρρ (= ας είναι) very well · (= τουλάχιστον) at least

εσύ αντων you · **προσπάθησε κι ~!** you try!

εσφαλμέν|ος επίθ (αντίληψη) mistaken · (υπολογισμός, συμπέρασμα) wrong

έσχατ|ος, -η ή -άτη, -ο (λύση, διέξοδος) last final · (όριο, χώρες) furthest · (ημέρα) last · (γήρας) extreme · (ταπείνωση) utter · **η εσχάτη των ποινών** (ΝΟΜ) death penalty · (στο ποδόσφαιρο) penalty · **μέχρις εσχάτων** until ή to the end

εσώρουχ|ο το underwear χωρίς πληθ.

εσωτερικ|ός επίθ (σκάλα) inside · (αυλή) inner · (οργάνωση) internal · (χώρος) indoor · (πτήσεις, εμπόριο) domestic · (χόρως) inner · **για ~ή χρήση** for internal use · **~ή (τηλεφωνική) γραμμή** extension

► **εσωτερικός** ο, **εσωτερική** η boarder

► **εσωτερικό** το interior ▷ **Υπουργείο Εσωτερικών** Ministry of the Interior

εταιρεία, εταιρία η company · **ασφαλιστική ~** insurance company

ετεροθαλ|ής *επίθ* **~ αδελφός**
half–brother · **~ αδελφή**
half–sister

ετεροφυλόφιλ|ος *επίθ*
heterosexual ♦ *ουσ* heterosexual

ετήσι|ος, -α, -ο annual

ετικέτ|α *η* (*σε προϊόν*) label ·
(= *ευθμοτυπία*) etiquette ·
αυτοκόλλητη ~ adhesive label

ετοιμάζ|ω *ρ μ* (*φαγητό*) to
prepare · (*λογαριασμό*) to make
out · (*σχέδια*) to make · (*σπίτι,
δωμάτιο*) to tidy up · **~ (μια)
έκπληξη** to plan a surprise · **τα
πράγματά μου** to pack one's
things

► **ετοιμάζομαι** *μεσ* to get ready

ετοιμασί|α *η* (*εκδήλωσης, ομάδας*)
preparation · (*αποσκευών*)
packing · (*διατριβής*) writing ·
(*σπιτιού, δωματίου*) tidying up

► **ετοιμασίες** *πλ* preparations ·
κάνω ~ες to make preparations

ετοιμοθάνατ|ος *επίθ* dying

ετοιμόρροπ|ος *επίθ* dilapidated

έτοιμ|ος *επίθ* ready · **είμαι ~ για
όλα** to be ready for anything · **~α
φαγητά** ready meals · **~α
ενδύματα** ready–to–wear
(clothes)

ετοιμότητ|α *η* readiness · **είμαι ή
βρίσκομαι σε (πλήρη) ~** to be
(fully) prepared

έτ|ος *το* year · **ημερολογιακό
~** calendar year · **νέο ~** new year

έτσι *επίρρ* (= *με αυτόν τον τρόπο*)
like this · **αφήνω κπν ~** to leave
sb in the lurch · **δίνω κτ ~** to give
sth away (for free) · **είτε ~ είτε
αλλιώς** one way or another ·
~ δεν είναι; isn't that right? ·
~ και... if.. · **~ κι αλλιώς** anyway ·
~ κι ~ so–so · **~μου ρχεταινα...**
to have a good mind to... ·
~ μπράβο! that's the spirit! · **~ το
παι!**(*ουκ.*) I was only joking! ·
~ ώστε να so that · **θα έρθεις, ~;**

you're coming, aren't you? · **μην
κάνεις ~!** (*ουκ.*) don't get so
worked up! · **όχι κι ~!** that's
enough! · **ώστε ~;** is that so?

ευαγγέλι|ο *το* gospel

ευάερ|ος *επίθ* airy

ευαισθησί|α *η* sensitivity · **δεν
έχω την ~ να κάνω κτ** not to
have the sensitivity to do sth ·
έχω (μια) ~ σε κτ to be
susceptible to sth

ευαίσθητ|ος *επίθ* sensitive · **είμαι
~ σε** to be sensitive to · **είναι το
~ο σημείο μου** it's my weak spot

ευάλωτ|ος *επίθ* vulnerable

ευανάγνωστ|ος *επίθ* legible

εύγε *επιφών* well done!

ευγένει|α *η* politeness

► **ευγένειες** *πλ* (*ειρ.*) formalities

ευγενικ|ός *επίθ* (*άνθρωπος, νέος*)
polite · (*αγώνας, προσπάθεια*)
noble

► **ευγενής** *ο/η* nobleman

ευγενικ|ός *επίθ* (*άνθρωπος,
συμπεριφορά*) polite ·
(*παρουσιαστικό, εμφάνιση*) noble

εύγευστ|ος *επίθ* tasty

ευγλωττί|α *η* eloquence

εύγλωττ|ος *επίθ* (*ομιλητής*)
eloquent · (*κείμενο*) lucid

ευγνωμον|ώ *ρ μ* to be grateful to

ευγνωμοσύν|η *η* gratitude ·
χρωστώ ~ σε κπν to owe sb one's
thanks

ευγνώμ|ων, -ων, -ον grateful ·
είμαι ~ σε κπν to be grateful to
sb

ευδαιμονί|α *η* (= *ευμάρεια*)
prosperity · (= *ευτυχία*) happiness

ευδιάθετ|ος *επίθ* cheerful

ευδιάκριτ|ος *επίθ* distinct

ευέλικτ|ος *επίθ* (*αεροσκάφος*)
manoeuvrable · (*Βρετ.*),
maneuvrable (*Αμερ.*) · (*παίκτης*)
agile · (*υπάλληλος*) flexible ·

(διπλωμάτης, ομιλητής) skilful (Βρετ.), skillful (Αμερ.)

ευελιξί|α η (αεροσκάφους) manoeuvrability (Βρετ.)(Αμερ.) · (παίκτη) agility · (διπλωμάτη) flexibility · (ομιλητή) skill

ευέξαπτ|ος επίθ quick-tempered

ευεργεσί|α η kindness

ευεργέτη|ς ο benefactor · **εθνικός ~** national benefactor

ευεργετίδ|α η βλ **ευεργέτης**

ευεργετ|ώ ρ μ to benefit

ευήλι|ος, -α, -ο sunny

ευημερί|α η prosperity

ευημερ|ώ ρ αμ to prosper

ευθεί|α¹ η line

ευθεία² επίρρ straight on

ευθέως επίρρ (= στα ίσια) straight · (= απερίφραστα) frankly

εύθραυστ|ος επίθ fragile

ευθυγράμμιση η alignment

ευθύγραμμ|ος, -η η ος -ο straight

ευθυμί|α η cheerfulness · **έρχομαι σε ~** to get merry

εύθυμ|ος επίθ (για πρόσ.) cheerful · (διάθεση) good

ευθύνη η (= υπευθύνωση) responsibility · (= ενοχή) blame · **αναλαμβάνω την ~ (για κτ)** to accept responsibility (for sth) · **δεν φέρω (καμιά) ~** not to be responsible · **με δική μου ~** on one's own head · **ρίχνω ~ες σε κπν** to put ή lay the blame on sb

ευθύν|ομαι ρ αμ απ to be responsible (για for)

ευθύς¹, -εία, -ύ (γραμμή, δρόμος) straight · (χαρακτήρας, άτομο) straightforward · (συλλογισμός) straightforward · (απάντηση) straight

ευθύς² επίρρ straight away · **~ αμέσως** straight away · **~ εξαρχής** right from the beginning

ευκαιρί|α η (= ευνοϊκή περίσταση)

opportunity · (= δυνατότητα) chance · (= ελεύθερος χρόνος) time · **αρπάζω την ~** to seize ή grasp the opportunity · **βρίσκω (την) ~ να κάνω κτ** to get a chance to do sth · **δίνω μια ~ σε κπν** to give sb a chance · **επί τη ~, επ ~ με την ~** by the way · **έχω την ~ να κάνω κτ** to have the chance to do sth · **μου δίνεται η ~ να κάνω κτ** to be given the chance to do sth · **σε κάθε ~** at every opportunity · **σε πρώτη ~** at the first opportunity · **χάνω την ~** to miss one's chance

εύκαιρ|ος επίθ free

ευκαιρ|ώ ρ αμ to have time ◆ ρ μ **~ να κάνω κτ** to be able to do sth

ευκάλυπτ|ος ο eucalyptus

ευκατάστατ|ος επίθ well-off

ευκινησί|α η agility

ευκίνητ|ος επίθ agile

ευκοίλι|ος, -α, -ο (για πρόσ.) with loose bowels · (φάρμακο) laxative · (φρούτο, τροφή) laxative

▶ **ευκοιλία** η diarrhoea (Βρετ.), diarrhea (Αμερ.)

ευκοιλιότητ|α η diarrhoea (Βρετ.), diarrhea (Αμερ.)

εύκολ|α επίρρ easily

ευκολί|α η ease · **για ~** for convenience · **~ες πληρωμής** easy terms · **με ~** with ease

▶ **ευκολίες** πλ comforts

ευκολονόητ|ος επίθ simple

εύκολ|ος επίθ (δουλειά, άσκηση) easy · (για πρόσ.) easy-going · (αρν.: γυναίκα) easy · **-η ζωή** easy life · **η ~η λύση** the easy solution

ευκολύν|ω ρ μ (= βοηθώ: φίλο) to help (out) · (κατάσταση, δουλειά) to make easier · (= βοηθώ οικονομικά) to help out

▶ **ευκολύνομαι** μεσ (για χρήματα) to be able to afford · (για χρόνο) to be able to

εύκρατ|ος επίθ temperate

ευλογημέν|ος *επίθ* blessed
ευλογιά *η* smallpox
ευλογί|α *η* blessing · **με τις ~ες
μου** with my blessing
ευλυγισί|α *η* (κορμιού)
suppleness · (κλαδιού) flexibility
ευλύγιστ|ος *επίθ* (άνθρωπος,
μέση) supple · (βέργα, κλαδί)
flexible
ευμενής *επίθ* favourable (Βρετ.),
favorable (Αμερ.)
ευνόητ|ος *επίθ* (λόγος, συνέπεια)
obvious · (αντίδραση)
understandable · **είναι ~ο ότι** it is
obvious that
εύνοι|α *η* (υπουργού, διευθυντή)
favour (Βρετ.), favor (Αμερ.) ·
(αγν.) favouritism (Αμερ.),
favoritism (Αμερ.) · **αποκτώ/χάνω
την ~** to find/lose favour (Βρετ.)
ή favor (Αμερ.) · **κερδίζω την ~** to
win favour (Βρετ.) ή favor (Αμερ.)
ευνοϊκ|ός *επίθ* favourable (Βρετ.),
favorable (Αμερ.) · (καιρός) good
ευνοούμεν|ος *επίθ* favourite
(Βρετ.), favorite (Αμερ.)
ευνοώ *ρ μ* (διαγωνιζόμενο, ομάδα)
to favour (Βρετ.), to favor
(Αμερ.) · (σχέδιο) to be in favour
(Βρετ.) ή favor (Αμερ.) of
Εύξεινος Πόντος *ο* Black Sea
ευοίων|ος *επίθ* (ενδείξεις)
auspicious · (μέλλον) promising
ευπαρουσίαστ|ος *επίθ* (για προσ.)
good-looking · (σπίτι) presentable
εύπιστ|ος *επίθ* gullible
εύπορ|ος *επίθ* (οικογένεια)
wealthy · (τάξη) moneyed
ευπρέπει|α *η* (= καλή εξωτερική
εμφάνιση) smartness · (= καλοί
τρόποι) propriety
ευπρεπής *επίθ* (άνθρωπος)
decent · (εμφάνιση, παρουσία)
smart · (συμπεριφορά) proper ·
(δωμάτιο) tidy · (σχολείο)
respectable
ευπροσάρμοστ|ος *επίθ*

adaptable
ευπρόσδεκτ|ος *επίθ* welcome
ευπρόσιτ|ος *επίθ* accessible
εύρεση *η* (εργασίας) finding ·
(φαρμάκου) discovery
ευρετήρι|ο *το* (μουσείων, έργων)
catalogue (Βρετ.), catalog (Αμερ.) ·
(στο τέλος βιβλίου) index ·
(τηλεφώνων) directory
εύρετρα *τα* reward
ευρέως *επίρ* widely επιφών
eureka!
εύρημα *το* (= ό, τι βρίσκει κανείς)
find · (= επινόηση) brainwave
(Βρετ.), brainstorm (Αμερ.)
εύρ|ος *το* (ποταμού, δρόμου)
width · (γνώσεων, εφαρμογών)
breadth
ευρύν|ω *ρ μ* (γνώσεις, ορίζοντες) to
broaden · (ινύκλο, χάσμα) to widen
ευρύς, -εία, -ύ (μέτωπο) wide ·
(περιφέρεια) vast · (έννοια,
ορισμός) broad · (εννοούμεν)
wide · (απήχηση) big · (κοινό)
general · **σε ~εία κλίμακα** on a
large scale
ευρύχωρ|ος *επίθ* spacious
ευρώ *το* euro
Ευρωβουλή *η* European
Parliament
Ευρωκοινοβούλι|ο *το* =
Ευρωβουλή
Ευρωπαί|α *η βλ.* **Ευρωπαίος**
ευρωπαϊκ|ός *επίθ* European
▷**Ευρωπαϊκή Ένωση** European
Union
Ευρωπαί|ος *ο* European
Ευρώπη *η* Europe ▷**Ενωμένη
~** European Union
ευσεβ|ής *επίθ* devout · **~ πόθος**
wishful thinking χωρίς πληθ.
ευστάθεια *η* stability
ευστοχία *η* (βολής) accuracy ·
(μτφ.) effectiveness
εύστοχ|ος *επίθ* (βολή, χτύπημα)
well-aimed · (πυρά) accurate ·
(μτφ.: απάντηση) apt · (χειρισμός)

effective · (*παρατήρηση*) trenchant

ευστοχ|ώ *ρ αμ* (*σκοπευτής*) to hit the target · (*παίκτης*) to score

ευσυνείδητος *επίθ* conscientious · (*απόφαση, ενέργεια*) responsible

εύσωμος *επίθ* stout

ευτυχής *επίθ* happy

ευτυχί|α *η* happiness · **έχω την ~ να κάνω κτ** to have the luck ή good fortune to do sth

ευτυχισμέν|ος *επίθ* happy

ευτυχ|ώ *ρ αμ* (*= ευημερώ*) to prosper · (*= πετυχαίνω*) to be successful ♦ *ρ μ* · **κάνω κτ** to have the good fortune to do sth

ευτυχώς *επίρρ* luckily

ευυπόληπτος *επίθ* respectable

ευφημισμός *ο* euphemism · **κατ ~όν** euphemistically

εύφλεκτος *επίθ* (*υλικό, ύλη*) inflammable · (*μτφ.: περιοχή*) combustible

ευφορί|α *η* (*γης, εδάφους*) fertility · (*μτφ.: ψυχής*) euphoria

εύφορος *επίθ* fertile

ευφράδεια *η* eloquence

ευφυής *επίθ* (*φοιτητής, πολιτικός*) intelligent · (*κίνηση, χειρισμός*) clever

ευφυΐα *η* (*= εξυπνάδα*) intelligence · (*για πρόσ*.) genius *το* quip

ευχαριστημέν|ος *μτχ* pleased

ευχαρίστηση *η* pleasure · **αν έχετε την ~** (if you) please · **βρίσκω ~ σε κτ** to enjoy sth · **~ίς μου!** it's my pleasure!

ευχαριστί|α *η* thanks *πληθ*

ευχάριστα *επίρρ* happily · **περνώ ~** to have a good time

ευχάριστ|ος *επίθ* (*για πρόσ*.) pleasant · (*ταινία, βιβλίο*) enjoyable · (*γεγονός, ανάμνηση*) happy · (*αποτέλεσμα, νέο*) pleasing · (*βραδιά*) pleasant

ευχαριστ|ώ *ρ μ* (*= ευγνωμονώ*) to

thank (*για* for) · (*= ικανοποιώ*) to please · **~ πολύ!** thank you very much! · **(σας) ~!** thank you!

ευχαρίστως *επίρρ* with pleasure

ευχέρεια *η* fluency · **οικονομική ~** financial ease

ευχετήρι|ος, -α, -ο congratulatory · **~α κάρτα** greetings (*Βρετ*.) ή greeting (*Αμερ*.) card

ευχή ή (*= έκφραση ελπίδας*) wish · (*= ευλογία*) blessing · **κάνω μια ~** to make a wish · **κατ ~ν** like a dream · **να πάρει η ~!** (*ευφημ*.) damn! (*ανεπ*.)

εύχ|ομαι *ρ μ απ* · **σε κπν κτ** to wish sb sth · **~ να** to hope that · ♦ *ρ αμ* to give one's best wishes · **~ κτ** to wish sth

εύχρηστος *επίθ* (*λεξικό*) user-friendly · (*εργαλείο*) easy to use · (*λέξη*) common

ευωδιά ή, ευωδία (*λουλουδιών, λιβαδιού*) scent · (*καφέ*) aroma

ευωδιαστός *επίθ* fragrant

εφάμιλλος *επίθ* +*γεν*. ή *με* equal to

εφαρμογή *η* (*παντελονιού, φούστας*) fit · (*προγράμματος, σχεδίου*) implementation · (*μεθόδων, νέων τεχνολογιών*) application · (*ΠΛΗΡΟΦ*) application

▸ **εφαρμογές** *ουσ πλ* applications

εφαρμόζω *ρ μ* (*πολιτική, πρόγραμμα*) to implement · (*δίκαιο, μέθοδο*) to apply · (*θεραπεία*) to use · (*επίδεσμο*) to apply ♦ *ρ αμ* to fit

εφέ *το* (*ΚΙΝ*) effect · **κάνω ~** to make an impression · (*μειωτ*.) to show off

εφεδρικ|ός *επίθ* (*δυνάμεις*) reserve · (*τροχός, λάστιχο*) spare

εφετινός *επίθ* = **φετινός**

εφέτος *επίρρ* = **φέτος**

εφεύρεση *η* invention

εφευρέτης ο inventor

εφευρετικ|ός επίθ inventive

εφευρέτρι|α η βλ. **εφευρέτης**

εφευρίσκ|ω ρ μ to invent

εφηβεία η puberty

έφηβη η βλ. **έφηβος**

εφηβικός επίθ (σώμα) adolescent · (χρόνια, ρούχα) teenage · (είδωλα) teen

έφηβος ο adolescent

εφημερεύ|ω ρ αμ (γιατρός) to be on call · (νοσοκομείο) to be open round the clock · (εκπαιδευτικός) to be on duty

εφημερίδα η newspaper · **εβδομαδιαία/τοπική ~** weekly/ local (news)paper · **κυριακάτικη/ απογευματινή/καθημερινή ~** Sunday/evening/daily (news)paper · **πολιτική/αθλητική/ οικονομική ~** political/sports/ financial (news)paper

εφημεριδοπώλ|ης ο newsagent (Βρετ.), news vendor (Αμερ.)

εφήμερος επίθ (σχέση) short-lived · (ομορφιά) ephemeral (επισ.) · (εντύχία) fleeting

εφησυχάζ|ω ρ αμ **~ με** to rely on

εφιάλτης ο nightmare

εφιαλτικός επίθ (σκέψεις, σκηνή) nightmarish · (σενάριο) nightmare · **~ό όνειρο** nightmare

εφικτός επίθ feasible · **είναι ~ό** it is feasible

έφιππ|ος επίθ (αστυνομία) mounted · (για πρόσ.) on horseback

εφοδιάζ|ω ρ μ (στρατό, κατάστημα) to supply · (μαθητή) to kit out

εφοδιασμός ο (στρατού) supplying · (πλοίου) fitting out

εφόδι|ο το supply · **απαραίτητα ~α** necessities

έφοδος ο (στρατού) charge · (αστυνομίας) raid · (για κτ: καθηγητή) spot check · (σε ψυγείο) raid · **κάνω ~ο** to launch an

attack

εφορεία η = **εφορία**

εφορία η (υπηρεσία) tax department · (κτήριο) tax office

έφορ|ος ο (βιβλιοθήκης) chief librarian · (μουσείου) curator · (= προϊστάμενος εφορίας) tax inspector · **~ αρχαιοτήτων** curator of antiquities · **οικονομικός ~** tax inspector

εφόσον σύνδ (= υπό τον όρο να) as long as · (= αφού) since

εφτά αριθ απόλ = **επτά**

εφταήμερ|ο το = **επταήμερο**

εφταήμερ|ος επίθ = **επταήμερος**

εφτακόσια αριθ απόλ = **επτακόσια**

εφτακόσιοι αριθ απόλ πλ = **επτακόσιοι**

εφτάρι| το seven

εχεμύθεια η discretion · **απόλυτη ~** absolute discretion

εχέμυθ|ος επίθ discrete

εχθές επίρρ = **χθες**

έχθρα η animosity · **τρέφω ~ για κπν** to hate sb

εχθρεύ|ομαι ρ μ απ to hate

εχθρικός επίθ (στράτευμα, πλοίο) enemy · (συμπεριφορά, βλέμμα) hostile

εχθροπραξία η hostility · **εχθροπραξίες** πλ hostilities

εχθρός ο enemy · **κάνω ~ούς** to make enemies

εχθρότητα η βλ. **έχθρα**

ΛΕΞΗ-ΚΛΕΙΔΙ

έχ|ω ρ μ (α) (= είμαι ιδιοκτήτης: σπίτι, αυτοκίνητο) to have · (εμπορικό, κομμωτήριο) to own · **ό, τι έχω και δεν έχω** everything I own

(β) (= κρατώ ή φέρω: στυλό, βιβλίο) to have

(γ) (= κρατώ σε ορισμένη θέση) to have

(δ) (για σχέσεις) to have · **τα έχω**

καλά με κπν to get on well with sb · **τα έχω με κπν** (= *έχω σχέση*) to go out with sb · (= *είμαι δυνωμένος*) to be angry with sb
(ε) (*για γνώρισμα, ιδιότητα: μνήμη, προφορά*) to have
(στ) (*για συναισθήματα: ελπίδες, φόβους*) to have
(ζ) (= *φέρω: γραμματόσημο, όνομα*) to have
(η) (= *πάσχω: πνευμονία, πυρετό*) to have · **τι έχεις;** what's wrong?
(θ) (= *περιέχω: νερό, λάδι*) to contain
(ι) (*για χρονικό σημείο*) to be · **ο μήνας έχει 12** it's the 12th · **πόσο έχει ο μήνας;** what's the date today? · **έχουμε καλοκαίρι/χειμώνα** it's summer/winter
(ια) (= *θεωρώ*) **έχω κπν σαν** to treat sb like · **δεν το έχω σε τίποτα να κάνω** to think nothing of doing · **έχω κπν για** to think sb is · **το έχω σε καλό/κακό να** to consider it good/bad luck when
(ιβ) +*πλάγια ερώτηση* **δεν έχω τι να κάνω** to have nothing to do
(ιγ) (= *οφείλω*) **έχω κ να κάνω κτ** to have to do sth
(ιδ) (= *συνηθίζω*) **έτσι το έχουμε στο σπίτι/στη χώρα μας** that's what we usually do at home/in our country
(ιε) (*ως περίφραση ρήματος*) **έχω γιορτή** to celebrate · **έχω εμπιστοσύνη** to trust · **έχω ευθύνη** to be responsible
◆ **ρ αμ** to cost
♦ **βοηθ έχουμε κουραστεί** we are ή we're tired · **έχει πάει στον κινηματογράφο** he has ή he's gone to the cinema · **έχω φάει** I have ή I've eaten · **θα έχω τελειώσει** I will ή I'll have finished
▸ **έχει ουράνιο** there is ή **έχει γάλα στο ψυγείο;** is there any milk in the fridge? · **έχει ήλιο/βροχή** it's

sunny/raining · **έχει κρύο/ζέστη** it's cold/hot · **είχε δεν είχε** one way or the other · **έχουμε και λέμε** so · **ως έχει** as it is

έψιλον *το* epsilon, *fifth letter of the Greek alphabet*

έως *πρόθ+αιτ./επίρρ. για τόπο* to ·+*αιτ./επίρρ. για χρόνο* until · (*για προθεσμία*) by ·+*αριθ. για ποσό* up to · (*για προσέγγιση*) about · **έφτασαν (έως) το τέλος** they got to ή reached the end · (*έως) αύριο** by tomorrow · **~ ότου** until · **~ 100 ευρώ** up to 100 euros · **περιμένουμε ~ 50 άτομα** we're expecting about 50 people · **πήγαμε (έως) εκεί** we went there · **πώς ήρθατε (έως) εδώ;** how did you get here?

Ζ ζ

Ζ, ζ zeta, *sixth letter of the Greek alphabet*

ζαβολιά *η* (= *απάτη*) cheating *εν.* · (= *αταξία*) mischief

ζακέτα *η* jacket ▸ **μάλλινη ή πλεκτή** – cardigan

Ζάκυνθος *η* Zakynthos

ζαλάδα *η* dizzy spell · **νιώθω ή με πιάνει ~** to feel dizzy ▸ **ζαλάδες** *πλ* worries

ζάλη *η* (= *ζαλάδα*) dizzy spell (*μτφ.*) confusion · **φέρνω ~ σε κπν** to make sb dizzy · (*μτφ.*) to make sb's head spin

ζαλίζω *ο μ* (*ύψος, κρασί*) to make dizzy · (*θάλασσα, πλοίο*) to make seasick · (*αυτοκίνητο*) to make carsick · (= *ενοχλώ*) to bother · (*φλυαρία, θόρυβος*) to drive crazy
▸ **ζαλίζομαι** *μεσ* (= *έχω ζάλη*) to feel dizzy · (*σε πλοίο*) to get seasick · (*σε αυτοκίνητο*) to get carsick ·

ζαλισμένος
(= τα χάνω) to be taken aback

ζαλισμέν|ος επίθ (από ύψος) dizzy · (από ποτό) light-headed · (από έρωτα) light-headed · (από φλυαρία, θόρυβο) dazed · (από πλοίο, θάλασσα) seasick · (από αυτοκίνητο) carsick · (από αεροπλάνο) airsick

ζαμπόν το ham

ζαμπονοτυρόπιτ|α η ham and cheese pie

ζάντ|α η (wheel) rim

ζάρι|α η (υφάσματος) crease · (προσώπου, δέρματος) wrinkle · (ματιού) crease

ζαρζαβατικ|ά τα vegetables

ζάρ|ι το dice

▸ **ζάρια** πλ dice

ζαρκάδ|ι το roe deer

ζάρω|μα το (ρούχου) crease · (φρυδιών) frown · (προσώπου, μετώπου) wrinkles πληθ.

ζαρών|ω ρ μ (φούστα, πουκάμισο) to crease · (ρούχο) to screw up · (χείλη) to purse ♦ ρ αμ (πουκάμισο, παντελόνι) to crease · (πρόσωπο, μέτωπο) to wrinkle · (χείλη) to pucker · (άνθρωπος) to crouch · (από φόβο) to cringe

ζαφείρ|ι το sapphire

ζάχαρη η sugar

ζαχαροπλαστεί|ο το cake shop (Βρετ.), confectioner's (shop) (Αμερ.)

ζαχαρών|ω ρ μ (γλυκό· με ζάχαρη) to sprinkle with sugar · (με σιρόπι) to coat in syrup ♦ ρ αμ to crystallize

ζαχαρωτ|ό το sweet (Βρετ.), candy (Αμερ.)

ζέβρ|α η zebra

ζέβριος ο βλ. **ζέβρα**

ζελατίν|α η (για βιβλία) plastic book cover · (για περιτύλιγμα) clingfilm (Βρετ.), plastic wrap (Αμερ.)

ζελατίνη η gelatin(e)

ζελέ το jelly (Βρετ.), Jell-O ® (Αμερ.) · (καλλυντικό) gel

ζεματίζ|ω ρ μ (ρούχα) to soak in boiling water · (χόρτα) to blanch · (μακαρόνια) to pour hot butter/oil over · (χέρι, γλώσσα) to burn ♦ ρ αμ (σούπα, καφές) to be scalding hot · (ψωμί) to be piping hot · (άνθρωπος) to be burning up (with fever)

ζενίθ το (ΑΣΤΡΟΝ) zenith · (μτφ.) peak

ζεσταίν|ω ρ μ (πόδια, χέρια) to warm · (άνθρωπο, μικρό) to keep warm · (παλτό, γάντια) to keep warm · (ποτό) to warm up · (φασόλια, γάλα) to warm up · (μηχανή) to warm up · (ατμόσφαιρα, συζήτηση) to liven up · (καρδιά, ψυχή) to warm ♦ ρ αμ to warm up

▸ **ζεσταίνομαι** μεσ (= αισθάνομαι ζέστη) to feel hot · (= θερμαίνομαι) to warm oneself up · (φαγητό) to heat up · (αθλητής) to warm up · (μηχανή) to overheat · (μτφ.) to feel better about things · (αγώνας, παιχνίδι) to liven up

ζεστασι|ά η warmth · (κοινού, ακροατηρίου) warm reception

ζέστη η heat · **κάνει ή έχει ~** it's warm

▸ **ζέστες** πλ hot days

ζεστός επίθ hot · (μαγαζί) welcoming

ζεστ|ό το herbal tea

ζευγαράκ|ι το couple

ζευγάρ|ι το (επίσ.· για πράγματα) pair · (για πρόσωπα) couple · (μουσικών, τραγουδιστών) duo ▸ **νιόπαντρο ~** newlyweds πληθ

ζεύγ|ος το (επίσ.· για πρόσωπα· συζυγικό) couple · (επαγγελματικό) (two-person) team · (για ζώα, πράγματα) pair · **ανά ή κατά ~η** in pairs

ζήλεια η = **ζήλια**

ζηλεύω ρ μ to envy · (σύζυγο, σύντροφο) to be jealous of ♦ ρ αμ to be envious ή jealous

ζήλια η (= φθόνος) envy · (= ζηλοτυπία) jealousy
▸**ζήλιες** πλ jealous scenes

ζηλιάρης, -α, -ικο (= ζηλόφθονος) envious · (= ζηλότυπος) jealous

ζηλοτυπία η jealousy · **σκηνή ~ς** jealous scene

ζηλόφθονος επίθ envious

ζημιά η (= φθορά) damage εν. · (= αταξία) mischief εν. · (= κόστος) cost of the damage · **πληρώσε τη ~** to pay for the damage · (μτφ.) to pay for it

ζημιώνω ρ μ (εταιρεία, επιχείρηση) to cause losses to · (= βλάπτω) to damage
▸**ζημιώνομαι** μεσ (επιχείρηση, επιχειρηματίας) to make a loss · (άνθρωπος) to be harmed

ζήτα το zeta, sixth letter in the Greek alphabet

ζήτημα το (= θέμα) matter · (= πρόβλημα) problem · **δημιουργώ ~** to make a fuss · **κάνω κτ ~** to make an issue of sth

ζήτηση η (= αναζήτηση) search · (προϊόντων, μετοχών) demand

ζητιανεύω ρ μ to beg ♦ ρ μ to beg for

ζητιάνος ο beggar

ζητώ ρ μ (άνθρωπο, καταφύγιο) to look for · (ευκαιρία, αφορμή) to look for · (φαγητό, χρήματα) to ask for · (άδεια) to ask (for) · (χάρη) to ask · (έλεος) to beg for · (δικαιώματα, αλήθεια) to demand · (επιτυχία, πλούτη) to be after ♦ ρ αμ (= θέλω κτ χωρίς κόπο) to take · (παιδιά) to have increasing needs · (= ζητιανεύω) to cadge · **~ κπν (στο τηλέφωνο)** to call for sb · **~ κτ από κπν** to ask sb for sth
▸**ζητούμαι, ζητιέμαι** μεσ to be in demand

ζήτω επιφών long live!
▸**ζήτω** το cheer

ζητωκραυγάζω ρ μ/αμ to cheer

ζητωκραυγή η cheer

ζιζάνιο το (χόρτο) weed · (= ταραξίας) pest (ανεπ.)

ζόρι το (ανεπ.: = βία) force · (= δυσκολία) toughness

ζορίζω ρ μ (ανεπ.) to push · (ψυχείο) to overload ♦ ρ αμ to get tougher
▸**ζορίζομαι** μεσ to struggle

ζόρικος επίθ (παιδί, μαθητής) wild · (= σκληρός: διαπραγματευτής, αφεντικό) tough · (πελάτης) difficult · (= επιθετικός) aggressive · (δουλειά, υπόθεση) tough · (αργκ.: = πολύ καλός) wicked (χυδ.)

ζούγκλα η jungle · (= χαώδης κατάσταση) chaos

ζουζούνι το (ανεπ.) insect · (μτφ.) live wire (ανεπ.)

ζουλώ ρ μ (ανεπ.: σπυρί, σωληνάριο) to squeeze · (φρούτο) to squash · (μάγουλο) to press

ζουμ το zoom (lens) · **κάνω ~ (σε)** to zoom in (on)

ζουμερός επίθ (ανεπ.: πορτοκάλι, ροδάκινο) juicy

ζουμί το (φαγητού, φρούτου) juice · (υπόθεσης, κειμένου) meat

ζουμπούλι το hyacinth

ζυγαριά η (όργανο) scales πληθ. · (μτφ.) balance

ζυγίζω ρ μ to weigh · (πράγματα) to weigh up · (άνθρωπο) to size up · (στρατιώτες, μαθητές) to line up ♦ ρ μ to weigh
▸**ζυγίζομαι** μεσ to fall in rank

ζύγισμα το weighing · (ανθρώπου) sizing up

ζυγός ο (επίσ.: = ζυγαριά) balance · (ΑΣΤΡΟΝ, ΑΣΤΡΟΛ) Libra · (στο αλέτρι) yoke ▸**ασύμμετροι ~οί** (ΑΘΛ) asymmetric bars πληθ.

ζυγ|ός² επίθ (εξάτμιση, καρμπιρατέρ) twin • (αριθμός) even

ζυθεστιατόρι|ο το (επίσ.) restaurant (where beer is served)

ζυθοπωλεί|ο το (επίσ.) beerhouse

ζύθ|ος ο (επίσ.) beer

ζυμάρ|ι το (ψωμιού, γλυκού) dough • (μτφ.) paste

ζυμαρικ|ά τα pasta εν.

ζύμ|η η (= ζυμάρι) dough • (= προζύμι) yeast

ζυμών|ω ρ μ το knead ◆ ρ αμ to knead dough
▸ **ζυμώνομαι** μεσο to ferment

ζύμωσ|η η (ψωμιού) kneading • (χημ) fermentation

ζυματ|ός επίθ home–made

ζω ρ αμ (= είμαι στη ζωή) to live• (= είμαι ακόμα ζωντανός) to be alive • (ανάμνηση, μορφή) to live on • (= κατοικώ) to live • (= σιζώ) to live (με with) • (= περνώ) to live (από, με on) ◆ ρ μ (ρόλο) to live • (πόλεμο, πείνα) to live through • (δύσκολες ώρες) to go through • (φρίκη, έρωτα) to experience • (ζωή) to lead (ανεπ.: οικογένεια, αδέλφια) to support ▸ **να ~ήσεις!** (σε γενέθλια) happy birthday! • (σε ονομαστική εορτή) happy name day! • **να ~ήσετε!** (σε νεονύμφους) congratulations! • **να (σας) ~ήσει!** (σε βαπτίσια, γιορτή) congratulations!

ζω|άκι το (= μικρό ζώο) little animal • (παιχνίδι) cuddly toy

ζωγραφι|ά η picture

ζωγραφίζ|ω ρ μ (τοπίο, μοντέλο) to paint • (τοίχο) to draw a picture on • (ναό) to decorate with paintings ◆ ρ αμ to paint

ζωγραφική η painting (ναού) decorating with pictures

ζωγραφιστ|ός επίθ (= διακοσμημένος) decorated with pictures • (= ζωγραφισμένος)

painted

ζωγράφ|ος ο/η painter

ζωδιακ|ός επίθ (σημείο) of the zodiac (αστερισμός, ημερολόγιο) zodiacal ▸ **–ή ζώνη, ~ κύκλος** zodiac ring

ζώδι|ο το (αστερισμός) zodiacal constellation • (σύμβολο) star sign

ζωή η life• **αυτή είναι ~!** that's really living! • **είμαι όλο ή γεμάτος ~** to be full of life • **έτσι είναι η ~!** that's life! • **κάνω τη ~ μου** to lead one's own life
▸γλυκιά ~ life of luxury
▸μέγιστη διάρκεια –ς lifespan
▸μέσος όρος –ς average lifespan
▸πιθανή διάρκεια –ς life expectancy

ζωηρεύ|ω ρ μ (πάρτι, συζήτηση) to liven up • (κέφι) to lift • (χρώμα) to brighten • (ενδιαφέρον) to arouse ◆ ρ αμ (άνθρωπος, φυτό) to perk up • (πάρτι, συζήτηση) to liven up • (ενδιαφέρον) to increase • (σφυγμός) to quicken • (παιδί) to become unruly

ζωηρ|ός επίθ (άνθρωπος) lively • (βήμα) brisk • (κίνηση) brisk • (βλέμμα) bright • (παιδί) naughty • (ενδιαφέρον) keen • (συζήτηση) animated • (χρώμα, φαντασία) vivid • (φως) bright • (διαμαρτυρίες) energetic • (φωνές, γέλια) exuberant

ζωμ|ός ο (βοδινού, κότας) stock
▸μέλας ~ (ΑΡΧ ΙΣΤ) an extract of pork boiled in blood, eaten in ancient Sparta

ζών|η η (γενικότ.) belt • (από ύφασμα) sash • (καθίσματος) seat belt • (στις πολεμικές τέχνες) belt • (ΤΗΛΕΟΡ, ΡΑΔΙΟΦ) slot
▸~ αγνότητας chastity belt
▸~ ασφαλείας safety belt
▸~ πρασίνου green belt
▸~ υψηλής ακροαματικότητας (ΡΑΔΙΟΦ) prime time ▸~ υψηλής τηλεθέασης (ΤΗΛΕΟΡ) prime time

ζωντανεύ|ω ρ μ (νεκρό) to bring back to life · (άνθρωπο) to revive · (αναμνήσεις, μνήμες) to bring back · (γιορτή, παράδοση) to liven up · (έθιμο, παράδοση) to revive ♦ ρ αμ (= αναζωογονούμαι: άνθρωπος) to perk up · (φυτό) to revive · (= ζωηρεύω: άνθρωπος, συντροφιά) to perk up · (χέρι) to lift · (παιχνίδι, εμπόριο) to pick up · (συζήτηση) to increase · (ενδιαφέρον) to liven up · (έθιμο, παράδοση) to be revived

ζωντάνι|α η (ανθρώπου) liveliness · (περιγραφής) vividness

ζωνταν|ός επίθ (= εν ζωή) alive · (= ζωηρός) lively · (χρώμα, ανάμνηση) vivid · (ομιλία) evocative · (μύθος, γλώσσα) living · (εκπομπή, μετάδοση) live ▸ **ζωντανοί** οι **οι ~οί** the living

ζωντοχήρ|ος ο/η divorcee

ζώ|ο το (= έμβιο ον) animal · (επίσης **~ν**: = βλάκας) ass (ανεπ.) · (= άξεστος) lout

ζωολογί|α η zoology

ζωολογικ|ός επίθ zoological ▸ ~ **κήπος** zoo ▸ **~ό πάρκο** wildlife park

ζώ|ον το = **ζώο**

ζωύφι|ο το insect

Η η

Η, η eta, seventh letter of the Greek alphabet

η άρθρ ορ βλ. **ο, η, το**

ή σύνδ οτ · **~ το ένα ~ το άλλο** either one or the other

ηγεσί|α η (ΠΟΛ) leadership · (ΣΤΡ) command · (χώματος) leadership · (αγώνα) leaders πληθ. · (Ενόπλων Δυνάμεων) commanders πληθ.

ηγέτ|ης ο leader

ηγούμεν|ος ο abbot

ήδη επίρρ already

ηδον|ή η pleasure

ηθελημέν|ος επίθ deliberate

ηθικ|ή η (επιστήμη) ethics εν. · (= ηθικές αρχές) ethics πληθ. ▸ **αστική** ~ civics εν. ▸ **ιατρική** ~ medical ethics πληθ.

ηθικ|ό το morale

ηθικ|ός επίθ (αρχές, υποστήριξη) moral · (συμπεριφορά: για επαγγελματία) ethical · (κανονοποίηση) spiritual ▸ **~ αυτουργός** accessory · (χιουμ.) culprit ▸ **~ό δίδαγμα** moral

ηθοποιΐ|α η (τέχνη και επάγγελμα) acting · (μτφ.) play-acting

ηθοποι|ός ο/η (επάγγελμα) actor/actress · (μτφ.) play-actor (ανεπ.)

ήθ|ος το (οργάνωσης, επανάστασης) ethos · (= ηθικό ανάστημα) morals πληθ. · (= χαρακτήρας) character ▸ **ήθη** πλ morals ▸ **~η και έθιμα** manners and customs

ηλεκτρικ|ός επίθ (συσκευή, γεννήτρια) electric · (είδη, αντίσταση) electrical ▸ **~ ενέργεια** electric power ▸ **~ θερμοσίφωνας** immersion heater ▸ **~ή καρέκλα** electric chair ▸ **~ πίνακας** fuse box ▸ **~ό ρεύμα** electric current ▸ **~ή σκούπα** vacuum cleaner ▸ **ηλεκτρικά** τα (ανεπ.) electrics εν. ▸ **ηλεκτρικό** το electricity · (= σύνδεση) electricity supply · (= λογαριασμός) electricity bill ▸ **ηλεκτρικός** ο (επίσης **~ σιδηρόδρομος**) electric railway · (= σταθμός) station

ηλεκτρισμέν|ος επίθ (σώμα) charged · (κατάσταση) electrified · (ατμόσφαιρα, κλίμα) electric

ηλεκτρισμ|ός ο (ΦΥΣ) electricity · (= παροχή ηλεκτρικού ρεύματος) electricity supply

ηλεκτροδότησ|η η (= σύνδεση)

ηλεκτροκίνητος

connection to the power supply ·
(= παροχή) power supply
ηλεκτροκίνητ|ος επίθ electric
ηλεκτρολόγ|ος ο/η (επιστήμονας)
physicist specializing in the study of
electricity · (τεχνίτης) electrician
ηλεκτρονικ|ός επίθ (σύστημα,
ήχος) electronic · (στοιβάδα, δομή)
electron
▸ **ηλεκτρονικά** τα (επίσης ~ά
παιχνίδια) computer games ·
(επιστήμη) electronics εν. ·
(κατάστημα) arcade
▸ **ηλεκτρονικός** ο/η electronics
scientist ▷~ές τραπεζικές
συναλλαγές online banking ▷~ή
δημοσιογραφία electronic media
▷~ή εφημερίδα online ή
electronic newspaper ▷~ό
εμπόριο e-commerce ▷~ό
κατάστημα online store, e-shop
(Βρετ.) ▷~ό λεξικό electronic
dictionary ▷~ό ταχυδρομείο
e-mail ▷~ υπολογιστής
computer
ηλεκτροπληξί|α η electric shock
ηλεκτροφόρ|ος, -α ή -ος, -ο live
▷~ο χέλι electric eel
ηλιακ|ός επίθ solar ▷~οι ~ές
ακτίνες the sun's rays ▷~ές
ακτίνα sunbeam ▷~ό ημερολόγιο
solar calendar ▷~ό σύστημα solar
system ▷~ό φως sunlight
▷~ συσσωρευτής ή συλλέκτης
solar panel
▸ **ηλιακός** ο solar heater
ηλίαση η sunstroke
ηλίθι|ος, -α, -ο (άνθρωπος,
απάντηση) stupid · (παπούτσια,
ρούχα) silly ◆ ουσ idiot
ηλιθιότητ|α η (= βλακεία)
stupidity · (= ανοησία) stupid
thing
▸ **ηλιθιότητες** πλ nonsense εν.
ηλικί|α η (ανθρώπου, φυτού) age ·
▸ βρεφική ή νηπιακή ~ infancy
▷ εφηβική ~ teens πληθ. ▷μέση
~ (ατόμου) middle age · (συνόλου)

average age ▷νόμιμη ~ legal age
▷όριο ~ς age limit ▷παιδική ~
childhood ▷τρίτη ~ old age
ηλικιωμέν|ος επίθ elderly
▸ **ηλικιωμένος** ο senior citizen
▸ **ηλικιωμένη** η senior citizen
▸ **οι ηλικιωμένοι** οι the elderly
ηλιοβασίλε|μα το sunset
ηλιοθεραπεί|α η (= έκθεση στον
ήλιο) sunbathing · (ΙΑΤΡ)
heliotherapy · **κάνω ~** to
sunbathe
ηλιοκαμέν|ος επίθ (sun)tanned
ηλιοροφή η (σε όχημα) sunroof ·
(σε κτήριο) skylight
ήλι|ος ο (ΑΣΤΡΟΝ) sun · (ΒΟΤ)
sunflower · **έχει ~** το it's sunny
ηλιοτρόπι|ο το (ΒΟΤ) heliotrope ·
(ΧΗΜ) litmus ▷δείκτης
ηλιοτροπίου litmus test
ηλιοφάνει|α η (για καιρό)
sunshine · (= διάρκεια ημέρας)
daylight
ημέρ|α η (εβδομάδας, μήνα) day ·
(= φως) daylight · (ως επίρρημα)
early in the day · **από τη μια
μέρα στην άλλη** overnight ·
εντός των ημερών (επίσ.) within
days · **κάθε μέρα** every day ·
**μέρα με τη μέρα, ~ την ~, από
μέρα σε μέρα** day by day ·
μέρα-νύχτα ή νύχτα-μέρα night
and day · **μέρα παρά μέρα** every
other day · **μια μέρα** one day ·
προ ημερών a few days
ago · **της ~ς** of the day ·
▷εργάσιμη ~ working day
▷~ λαϊκής market day
▷~ πληρωμής pay day ▷~ των
Χριστουγέννων Christmas Day
▸ **ημέρας** γεν. day
▸ **ημέρες** πλ days
ημερήσι|ος, -α ή -ία, -ο daily ·
▷~ σε ~ α βάση on a daily basis ▷~ α
διάταξη ή διάταξις agenda ▷~ α
εκδρομή, ~ο ταξίδι day trip ▷ο
~ Τύπος the daily papers πληθ.

ημεροδείκτ|ης *ο* block calendar

ημερολόγι|ο *το* (γενικότ.) calendar · (= ημεροδείκτης) block calendar · (βιβλίο) diary · (αεροπλάνου, πλοίου) log · **κρατώ** ~ to keep a diary ▷ **επιτραπέζιο** ~ desk calendar ▷ ~ **τοίχου** wall calendar

ημερομηνί|α *η* date
▷ ~ **γεννήσεως** date of birth
▷ ~ **έκδοσης** publication date
▷ ~ **θανάτου** date ή time of death
▷ ~ **λήξεως** ή **λήξης** (τροφίμων) best-before date · (διαβατηρίου) expiry date

ημερομίσθι|ος, -α, -ο day's
▷ ~ **εργάτης** day labourer (Βρετ.) ή laborer (Αμερ.)
▶ **ημερομίσθιο** *το* wage

ημερονύκτι|ο *το* a day and a night

ήμερ|ος *επίθ* (ζώο) tame · (φυτό, χόρτα) cultivated

ημερών|ω *ρ μ* (τίγρη, λιοντάρι) to tame · (άλογο) to break in · (είδος ζώου) to domesticate · (φυτό) to cultivate ♦ *ρ αμ* to calm down

ημιαργία *η* half day

ημικρανία *η* migraine

ημικύκλι|ο *το* semicircle

ημισέληνος *η* (επίσ.: = μισοφέγγαρο) half moon · (σύμβολο) crescent ▷ **Ερυθρά Ημισέληνος** Red Crescent

ημισφαίρι|ο *το* hemisphere
▷ **αριστερό/δεξί** ~ (ΑΝΑΤ) left/right hemisphere ▷ **βόρειο/νότιο** ~ (ΓΕΩΓΡ) northern/southern hemisphere

ημιτελικ|ός *επίθ* semifinal
▶ **ημιτελικά** *τα* semifinals
▶ **ημιτελικός** *ο* (= αγώνας) semifinal · (= φάση) semifinals *πληθ.*

ημιφορτηγό *το* van

ημίφως *το* (φυσικό) twilight · (τεχνητό) half light

ημίχρον|ο, ημιχρόνιο *το* half–time

ημίωρ|ος *επίθ* half-hour
▶ **ημίωρο** *το* half an hour

Ηνωμένες Πολιτείες Αμερικής *οι* **οι Ηνωμένες Πολιτείες της Αμερικής** the United States of America

Ηνωμένο Βασίλειο *το* **το** ~ the United Kingdom

ηνωμέν|ος *επίθ* (επίσ.) united ▷ **τα Ηνωμένα Έθνη** the United Nations

Η.Π.Α. *συντομ* USA

ηπατίτι|δα *η* hepatitis

Ήπειρ|ος *η* Epirus

ήπειρ|ος *η* (= στεριά) mainland · (= γεωγραφική περιοχή) continent ▷ **η γηραιά** ~ Europe

ηπειρωτικ|ός *επίθ* continental
▷ ~ **η Ελλάδα** mainland Greece
▷ ~ **η Ευρώπη** continental Europe
▷ ~ **ό κλίμα** continental climate
▶ **ηπειρωτικά** *τα* mainland

ήπι|ος, -α, -ο (άνθρωπος, χαρακτήρας) gentle · (καιρός, χειμώνας) mild · (αντίδραση, κριτική) mild · (στάση) mild · (τόνος) calm · ▷ ~ **ες μορφές ενέργειας** alternative forms of energy ▷ ~ **ο κλίμα** mild climate · (μτφ.) calm atmosphere
▷ ~ **τουρισμός** eco-tourism

ήρεμα *επίρρ* quietly · (πεθαίνω) peacefully

ηρεμία *η* (θάλασσας, φύσης) calm · (εξοχής, σπιτιού) peace and quiet · (κατάστασης, εκλογών) calm · (έκφρασης, προσώπου) calmness ▷ **ψυχική** ~ peace of mind

ηρεμιστικ|ός *επίθ* sedative
▶ **ηρεμιστικό** *το* sedative

ήρεμ|ος *επίθ* (άνθρωπος, τόνος) calm · (βλέμμα) serene · (ατμόσφαιρα, περιβάλλον) calm · (πέλαγος, ποτάμι) calm · (περίοδος, εποχή) peaceful · (ζωή) peaceful ·

(μουσική) sedate

ηρεμ|ώ ρ αμ (= ξεθυμαίνω) to calm down · (= χαλαρώνω) to unwind · (θάλασσα, νερά) to grow calm · (ζωή, κατάσταση) to calm down ♦ ρ μ (= ξεθυμαίνω) to calm (down) · (= χαλαρώνω) to relax

ήρωας ο hero

ηρωίδ|α η heroine

ηρωικ|ός επίθ heroic

ησυχάζ|ω ρ αμ (= ηρεμώ) to calm down · (= χαλαρώνω) to relax · (= κάνω ησυχία) to quieten down (Βρετ.), to quiet down (Αμερ.) · (θάλασσα) to grow calm · (άνεμος) to die down · (= αναπαύομαι) to rest ♦ ρ μ to calm down

ησυχί|α η (= γαλήνη) calm · (= ηρεμία) peace and quiet · (= σιωπή) quiet **αφήνω κπν/κτ σε ~** to leave sb/sth alone · **τα λέω με την ~ μου** to have a quiet talk ▷**διατάραξη κοινής ~ς** breach of the peace ▷**ώρες κοινής ~ς** hours during which it is forbidden to make a lot of noise

ήσυχ|ος επίθ (άνθρωπος, θάλασσα) calm · (ζωή, βραδιά) quiet · (μέρος) quiet · (= σιωπηλός) quiet **αφήνω κπν ~ο** to leave sb alone · **κάτσε ~!** (= μείνε ακίνητος) keep still! · (= σώπασε) be quiet! **μένω ή μπορώ να είμαι ~** not to worry

ήτα το eta, seventh letter of the Greek alphabet

ήττ|α η defeat

ηττημέν|ος επίθ defeated ► **ηττημένος** ο loser

ηφαιστειακ|ός επίθ volcanic **ηφαίστει|ο** το volcano · (μτφ.) explosive situation

ηχείο το (συσκευή) (loud)speaker · (οργάνου) soundbox

ηχογράφησ|η η recording **ηχογραφ|ώ** ρ μ to record

ήχ|ος ο sound ♦ **ένταση του ~ου** volume

ηχώ η (γεν. εν. **ηχούς**) echo

ηχ|ώ ρ αμ to sound

Θ ϑ

Θ, ϑ theta, eighth letter of the Greek alphabet

θα μόρ (α) (για τον σχηματισμό μελλοντικών χρόνων) will (β) (δυνητικό) would (γ) (πιθανολογικό) must ► **θα** τα promises

θάβ|ω ρ μ (θησαυρό, κόκαλο) to bury · (σκάνδαλο, υπόθεση) to cover up · (αντ.: = χαντακώνω) to ruin · (αντ.: = κακολογώ) to run down (ανεπ.)

▷**θάβομαι** μεσ to stagnate

θαλαμηγ|ός η yacht

θαλαμπόλ|ος ο η (χα άνδρα: ξενοδοχείου) room attendant · (πλοίου) steward · (χα γυναίκα: ξενοδοχείου) chambermaid · (πλοίου) stewardess

θάλαμ|ος ο (= δωμάτιο) room · (νοσοκομείου) ward · (στρατώνα) barracks εν. ή πληθ. · (πλοίου) cabin · ▷**δοκιμών** test chamber ▷**νεκρικός** burial chamber ▷**νυφικός** bridal suite ▷**σκοτεινός** (φωτογραφικής μηχανής) camera body · (φωτογράφου, κινηματογράφου) darkroom · ▷**τηλεφωνικός** (tele)phone booth ▷**ψυκτικός** freezer compartment (Βρετ.), deep-freeze compartment (Αμερ.)

θάλασσ|α η sea · **έχει ~** the sea is rough · **τα κάνω ~** to make a mess of things

θαλασσιν|ά τα seafood εν.

θαλασσιν|ός επίθ (αέρας, νερό) sea · (μπάνιο) in the sea · (εμπόριο) at sea · (*ιστορία, ζωή*) marine

▶**θαλασσινός** *ο*, **θαλασσινή** *η* (= *κάτοικος νησιού*) islander · (= *κάτοικος παραθαλάσσιου μέρους*) resident of a seaside town or village · (= *ναυτικός*) sailor · (= *ψαράς*) fisherman

θαλάσσιος, **-α**, **-ο** (*ελέφαντας, ανεμώνη*) sea · (*περιβάλλον, πλούτος*) marine

θάμνος *ο* bush

θαμνώδης *επίθ* (*επίσης* **θαμνοειδής**: *φυτό*) bushy · (*έκταση, περιοχή*) scrubby

θαμπός *επίθ* (*καθρέφτης: από πολυκαιρία*) tarnished · (*τζάμι, καθρέφτης: από υδρατμούς*) misted up *ή* over · (*φως*) dim · (*ουρανός*) dull · (*φιγούρα, εικόνα*) blurred · (*μαλλιά, χρώμα*) dull

θαμπώνω *ρ μ* (*τζάμι*) to mist up *ή* over) · (*ομορφιά, πλούτη*) to dazzle ◆ *ρ αμ* (*καθρέφτης: από πολυκαιρία*) to become tarnished · (*καθρέφτης, τζάμια: από υδρατμούς*) to mist up *ή* over · (*μαλλιά*) to become dull · (*μάτια*) to blur

θαμπός|ας *ο/η* patron

θανάσιμος *επίθ* (*τραύμα, ενέδρα*) fatal · (*εχθρός, αντίπαλος*) deadly · (*κίνδυνος*) mortal

θανατηφόρος, **-α**, **-ο** (*ατύχημα*) fatal · (*δηλητήριο, ιός*) deadly

θάνατος *ο* (*γενικότ.*) death · (= *καταστροφή*) disaster ▷"*κίνδυνος*-" "danger of death"

θανατώνω *ρ μ* to kill

θαρραλέος, **-α**, **-ο** brave

θάρρος *το* (= *τόλμη*) courage · (= *οικειότητα*) boldness · **δίνω ~ σε κπν** to encourage sb

θαρρώ *ρ μ* to think

θαύμα *το* miracle · (= *επίτευγμα*) wonder · **~ παράσταση/φαγητό** wonderful show/food · **τα επτά ~τα του κόσμου** the seven

wonders of the world
▷**παιδί-~** child prodigy

θαυμάζω *ρ μ* (= *απολαμβάνω*) to marvel at · (= *εκτιμώ*) to admire

θαυμάσιος, **-α**, **-ο** wonderful

θαυμασμός *ο* (= *έντονη εντύπωση*) wonder · (= *εκτίμηση*) admiration

θαυμαστής *ο* (*τέχνης, πολιτισμού*) admirer · (*ηθοποιού, τραγουδιστή*) fan

θαυμαστικό *το* exclamation mark (*Βρετ.*), exclamation point (*Αμερ.*)

θαυμαστός *επίθ* wonderful

θαυμάστρια *η βλ.* **θαυμαστής**

θεία *η* (*κυριολ.*) goddess · (*μτφ.*) beauty

θέα *η* (= *άποψη*) view · (= *κοίταγμα*) sight · **έχω ~ σε κτ** to have a view of sth

θέαμα *το* (*γενικότ.*) sight · (*για τοπίο, εικόνα*) scene · (*για τηλεόραση, θέατρο*) show

θεαματικός *επίθ* spectacular

θεατής *ο* (*αγώνα, παράστασης*) spectator · (*ταινίας*) viewer · (*φόνου, κλοπής*) witness

θεατρικός *επίθ* (*παράσταση, κοστούμι*) theatrical · (*μονόλογος, τέχνη*) dramatic · (*κοινό*) theatre-going (*Βρετ.*), theater-going (*Αμερ.*) · (*στάση, χειρονομία*) dramatic ▷**-ό έργο** *ή* **κείμενο** play ▷ **~ συγγραφέας** playwright ▷ **~ή σχολή** drama school

θέατρο *το* (*τέχνη, κτήριο*) theatre (*Βρετ.*), theater (*Αμερ.*) · (*λογοτεχνικό είδος*) plays *πληθ.* · (= *θεατές*) audience · (= *επίκεντρο σημαντικού γεγονότος*) stage (*πολεμικών επιχειρήσεων*) theatre (*Βρετ.*), theater (*Αμερ.*) ▷ **~ σκιών** shadow theatre *ή* theater (*Αμερ.*)

θεία *η* = **θεία**

θεία¹ η (= συγγενής) aunt · (ειρ.) old girl (ανεπ.)

θεία² τα ~ all that is holy

θειάφι το sulphur (Βρετ.), sulfur (Αμερ.)

θεϊκός επίθ (πρόνοια, δύναμη) divine · (ομορφιά, κορμί) sublime

θείος ο = θειος¹

θείος¹ ο (= συγγενής) uncle · (ειρ.) old boy (ανεπ.)

θείος², -α, -ο (θέλημα, διδασκαλία) divine · (άνθρωπος, τόπος) holy · (φωνή, ομορφιά) sublime ▷ Θεία Κοινωνία Holy Communion ▷ Θεία Λειτουργία service

θέλημα το will

♦ θελήματα τα errands

θέληση η (= επιθυμία) wish · (= απαίτηση) demand · (= επιμονή) willpower · ενάντια στη ~ αντίθετα από τη ~ μου, χωρίς ή δίχως ή παρά τη ~ μου against one's will · με τη θέληση μου of one's own free will

---

ΛΕΞΗ-ΚΛΕΙΔΙ

θέλ|ω ρ μ (α) (= επιθυμώ) to want · (β) (= δέχομαι) to want ·
(γ) (= επιχειρώ) to try ·
(δ) (= απαιτώ: ενοίκια, χρήματα) to ask for · (σεβασμό, ησυχία) to demand · (εκδίκηση, ικανοποίηση) to seek ·
(ε) (= ζητώ) to look for ·
(στ) (= περιμένω) to expect ·
(ζ) (= χρειάζομαι: ξύρισμα, κούρεμα) to need ·
(η) (= αξίζω: τιμωρία, μάθημα) to need ·
(θ) (προφ.: = οφείλω) to owe ·
(ι) (= υπολείπομαι) to need ·
(ια) (= εννοώ) to be on one's side ·

θέ|μα το (= ζήτημα) matter · (ομιλίας, συζήτησης) subject · (ημερήσιας διάταξης) item · (εξετάσεων) paper · (έκθεσης)

subject · (διατριβής, εργασίας) subject · (ύμνηματος, μυθιστορήματος) theme · (ΜΟΥΣ) theme · δεν είναι δικό σου ~ it's none of your business · δημιουργώ ~ to make a fuss · κάνω κτ ~ to make an issue of sth · το ~ είναι the point is

θεμέλι|ο το foundation

θεμελιώδης επίθ fundamental

θεμελιών|ω ρ μ (ναό, κτήριο) to lay the foundations of · (επιστήμη, έρευνα) to found · (άποψη) to back up

θεμιτός επίθ (σύμβαση) legal · (μίσθωμα, ανταγωνισμός) fair · (φιλοδοξία, σκοπός) legitimate

θεολογία η theology

θεολόγος ο/η (επιστήμονας) theologian · (ΣΧΟΛ) RE teacher · (ΠΑΝ) theology professor

θεοπάλαβος επίθ raving mad

♦ ουσ lunatic

θεόρατος επίθ enormous

θεός ο (ΘΡΗΣΚ) god · (= ινδάλμα) god · (μτφ.: για άνδρα) Greek god · Θεός ο the God, God · για όνομα του ή προς Θεού for God's sake

θεοσκότεινος επίθ pitch-dark

θεότητα η deity

Θεοτόκος η Virgin Mary

θεραπεία η (ασθενούς, ασθένειας) treatment · (για ψυχικές ασθένειες) therapy · (κακού, δεινών) remedy

θεραπευτήριο το hospital

θεραπευτικός επίθ therapeutic

θεραπεύ|ω ρ μ (ασθενή, ασθένεια: = γιατρεύω) to cure · (= νοσηλεύω) to treat · (τραύματα, κακό) to treat · (ζημιά, κακό) to remedy

θέρετρο το (= περιοχή) resort · (= εξοχικό σπίτι) cottage

θερίζ|ω ρ μ (σιτάρι, καλαμπόκι) to reap · (πληθυσμό, ζώα) to decimate

θερινός επίθ (ωράριο, διακοπές) summer · (κινηματογράφος)

open–air ▷ **~ή ώρα** summer time (*Βρετ.*), daylight saving time (*Αμερ.*)

θερισμός *ο* (= *συγκομιδή*) harvest · (= *περίοδος*) harvest (time)

θερμαίνω *ρ μ* (*σπίτι, δωμάτιο*) to heat · (*φαγητό*) to heat (up)

θέρμανση *η* heating ▷**κεντρική ~** central heating

θερμάστρα *η* heater

θερμίδα *η* calorie

θερμοκήπιο *το* greenhouse · **το φαινόμενο του θερμοκηπίου** the greenhouse effect

θερμοκρασία *η* temperature ▷ **~ δωματίου** room temperature

θερμόμετρο *το* thermometer · (*μτφ.*) barometer · **ανεβαίνει το ~** (*μτφ.*) tension is rising · **βάζω το ~** to take one's temperature

θερμοπηγή *η* thermal ή hot spring

θερμ|ός¹ *το* Thermos ®

θερμ|ός² *επίθ* (*κλίμα, χώρα*) warm · (*υποδοχή, χαιρετισμός*) warm · (*χειροκρότημα*) heartfelt · (*ενδιαφέρον*) keen · (*συζήτηση*) intense · (*υποστηρικτής*) ardent · (*γυναίκα, άνδρας*) passionate **ѐàñìὸ ὸçàй**

θερμοσίφωνας *ο* immersion heater

θερμοσίφωνο *το* (*προφ.*) = **θερμοσίφωνας**

θερμοστάτης *ο* thermostat

θερμότητα *η* (*επίσης: ΦΥΣ*) heat · (*χαμόγελου, φωνής*) warmth

θερμοφόρα *η* (*με νερό*) hot–water bottle · (*με ρεύμα*) electric warmer

θέση *η* (= *μέρος*: *καναπέ, τραπεζιού*) part · (= *θήκη*: *ντουλάπας*) place · (= *κάθισμα*: *σε εκδρομή, χρονιάτσα*) seat · (*τρένο, πόλη*) position · (*στο Δημόσιο, σε εταιρεία*) post ·

(= *χώρος*: *σε αυτοκίνητο, ασανσέρ*) room · (*στην κοινωνία, σε βαθμολογία*) position · (= *πρόταση*) stand · (= *άποψη*) view · (ΠΑΝ, ΦΙΛΟΣ) thesis · (ΑΘΛ, ΣΤΡ) position **(αν ήμουν) στη ~ σου** if I were you · **βάζω κτ στη ~ του** to put sth back where it belongs · **κρατάω τη ~ κποιου** to keep sb's place · **μείνε στη ~ σου!** stay where you are! · **πρώτη/ τουριστική ~** first/tourist class

θεσμός *ο* (= *κανόνας*) rule (*Συντάγματος, γάμου*) institution

Θεσσαλία *η* Thessaly

Θεσσαλονίκη *η* Salonica

θετικ|ός *επίθ* (= *οριστικός*) definite · (= *σταθερός*) reliable · (= *επιβεβαιωτικός*) affirmative · (ΜΑΘ, ΦΥΣ) positive ▷ **~ές επιστήμες** exact sciences ▷ **~ή εικόνα** (ΦΩΤ) positive
► **θετικό** *το* positive result
► **θετικό** *ο* positive

θετ|ός *επίθ* (*παιδί*) adopted · (*γονείς*) adoptive

θέτω *ρ μ* (*επίσ.*: = *βάζω*) to put · (*ερώτημα, θέμα*) to raise · (*όρο*) to set · *βλ. κ.* **τίθεμαι**

θεωρείο *το* (*θεάτρου*) box · (*Βουλής*) gallery

θεώρημα *το* theorem

θεωρημέν|ος *επίθ* stamped

θεώρηση *η* (*εργασίας, εντύπου*) inspection · (*ζωής*) outlook · (*κόσμου*) view · (*διαβατηρίου*) visa · (*υπογραφής*) attestation

θεωρητικ|ός *επίθ* (*θέμα, μάθημα*) theoretical · (*κέρδος, κατάσταση*) hypothetical · (*για πρόσ.*) idealistic ▷ **~ές επιστήμες** pure sciences

θεωρία *η* theory

θεωρ|ώ *ρ μ* (= *νομίζω, εξετάζω*) to consider · (*διαβατήριο, απόδειξη*) to stamp · (*δίπλωμα, έγγραφο*) to authenticate · **~ πως** ή **ότι**

think that

θήκ|η *η* (γυαλιών, οργάνου) case · (κασέτας, πούρων) box · (όπλου) holster · (σπαθιού, μαχαιριού) sheath · (= κάλυμμα δοντιού) crown

θηλάζ|ω *ρ μ* (μωρό) to breast-feed · (μικρά) to suckle ♦ *ρ αμ* (μωρό, ζωάκια) to suckle · (για γυναίκα) to breast-feed

θήλασμα *το* = **θηλασμός**

θηλασμ|ός *ο* (μωρού) breast-feeding · (νεογέννητου ζώου) suckling

θηλαστικό *το* mammal

θηλή *η* nipple

θηλι|ά *η* (κρεμάλας) noose · (σχοινιού) noose · (κλειδιών) ring · (= παγίδα πουλιών) snare · (πλεχτού) stitch · (παντελονιού, μπλούζας) eyelet · (διχτυού) mesh

θηλυκ|ός *επίθ* (παιδί, ζώο) female · (ντύσιμο, βλέμμα) feminine · (ΓΛΩΣΣ) feminine

θηλυκότητα *η* femininity

θήρα|μα *το* quarry

θηρί|ο *το* (= άγριο ζώο) wild animal · (= μυθικό τέρας) monster · (για πρόσ.) giant · (για πράγμα) whopper (ανεπ.)

θησαυρ|ός *ο* (= πλούτος) treasure · (= αφθονία) wealth · (ΦΙΛΟΛ) thesaurus · (ΑΡΧ) treasury

θησαυροφυλάκι|ο *το* (τράπεζας) vault · (στη Μ. Βρετανία) Treasury

θήτα *το* theta, *eighth letter of the Greek alphabet*

θητεί|α *η* (ΣΤΡ) military service · (Βουλής, υπουργού) term of office

θίασ|ος *ο* theatre (Βρετ.) ή theater (Αμερ.) company

θίγ|ω *ρ μ* (συμφέροντα, πολίτευμα) to damage · (δικαιώματα) to erode · (αισθήματα, άνθρωπο) to hurt · (αξιοπρέπεια) to offend · (εγωισμό) to damage · (θέμα, πρόβλημα) to touch on

θλιβερ|ός *επίθ* (χρόνια, τραγούδια) sad · (επεισόδια, εμπειρία) distressing · (άνθρωπος, χαρακτήρας) wretched · (κτήριο) dilapidated · (απομίμηση) pitiful · (γαλλικά) deplorable

θλιμμέν|ος *επίθ* (χαμόγελο, τραγούδια) sad · (βλέμμα, έκφραση) sorrowful

θλίψη *η* sorrow

θνητ|ός *επίθ* mortal
► **θνητό** *ο*, **θνητή** *η* mortal

θολ|ός *επίθ* (νερό, κρασί) cloudy · (ατμόσφαιρα) hazy · (ποτάμι) muddy · (ημέρα, πρωινό) hazy

θόλ|ος *ο* dome

θολούρ|α *η* (ποταμού) muddiness · (νερών) cloudiness · (ατμόσφαιρας) haze · (ματιών) blurring

θολών|ω *ρ μ* (νερό, κρασί) to make cloudy · (τζάμι) to mist (up) ή over) · (μάτια) to blur · (κρίση, αντίληψη) to cloud · (μυαλό) to confuse ♦ *ρ αμ* (νερό) to become cloudy · (τζάμι) to mist up ή over · (μάτια) to become blurred · (= συγχύζομαι) to see red

θολωτ|ός *επίθ* vaulted

θόρυβ|ος *ο* (= φασαρία) noise · (μτφ.: = ντόρος) stir · **κάνω ~ο** to make a noise

Θράκη *η* Thrace

θρανίο *το* desk

θράσ|ος *το* audacity · **έχω το ~ να κάνω κτ** to have the audacity to do sth

θρασύς, -εία, -ύ impudent

θρεπτικ|ός *επίθ* (τροφή) nutritious · (αξία) nutritional

θρέφ|ω *ρ μ* (= τρέφω) to feed · (= συντηρώ: οικογένεια, παιδιά) to feed · (ζώα) to fatten up ♦ *ρ αμ* to heal over

θρήν|ος *ο* lament

θρην|ώ *ρ μ* = θρήνος ♦ *ρ αμ* to mourn

Θρησκεί|α η religion

Θρήσκευμ|α το denomination

Θρησκευτικ|ός επίθ religious

Θρήσκ|ος, -α, -ο devout

Θριαμβευτικ|ός επίθ triumphant

Θριαμβεύ|ω ρ αμ (στρατηγός, πολιτικός) to triumph • (ιδέες, πολιτική) to prevail

Θρίαμβ|ος ο triumph

Θρίλερ το (κινωμλ.) thriller • (μτφ.) cliff-hanger

Θρόμβωση η thrombosis

Θρόν|ος ο throne

Θρυλικ|ός επίθ legendary

Θρύλ|ος ο legend

Θρύψαλ|ο το fragment • **γίνομαι ~α** to be smashed to pieces ή smithereens

Θυγατέρ|α η (λογοτ.) daughter

Θύελλ|α η storm ▷**δελτίο θυέλλης** storm warning

Θυελλώδης επίθ stormy ▷ **~ άνεμος** gale

Θύ|μα το (ληστείας, ατυχήματος) victim • (= κορόιδο) dupe • **πέφτω ~γεν.** to fall prey to

Θυμάμαι ρ μ απ to remember ♦ ρ αμ to remember • **αν ~ καλά** if (my) memory serves me correctly· **απ' ό, τι ή απ' όσο ~** as far as I can remember

Θυμάρ|ι το thyme

Θυμιατ|ό το (ΘΡΗΣΚ) censer • (στο σπίτι) incense burner

Θυμίζ|ω ρ μ • **κτ σε κπν** to remind sb of sth • **κάτι μου ~ει αυτό το όνομα** that name rings a bell

Θυμ|ός ο anger

Θυμούμαι ρ μ/αμ απ = **Θυμάμαι**

Θυμωμέν|ος επίθ angry · **είμαι ~ μαζί σου/του** I'm angry ή cross with you/him

Θυμών|ω ρ μ to make angry ♦ ρ αμ (= εκνευρίζομαι) to get angry · (= είμαι θυμωμένος) to be angry ή cross

Θύρ|α η (επίσ.: σπιτιού, ναού) door · (σταδίου) gate · (ΠΛΗΡΟΦ) port ▷ **~ εισόδου/εξόδου** (ΠΛΗΡΟΦ) input/output port

Θυρίδ|α η (= μικρή πόρτα) opening · (σε ταχυδρομείο, γραφείο) window · (σε κινηματογράφο, θέατρο) box office · (επίσης **τραπεζική ~**) safe-deposit box ▷**ταχυδρομική ~ PO box** ▷ **~ εισερχομένων μηνυμάτων** (ΠΛΗΡΟΦ) inbox ▷ **~ (πλαίσιο) διαλόγου** (ΠΛΗΡΟΦ) dialogue (Βρετ.) ή dialog (Αμερ.) box

Θυροτηλέφων|ο το entry-phone

Θυρωρείο το (πολυκατοικίας) caretaker's lodge · (υπηρεσίας, εργοστασίου) porter's lodge

Θυρωρ|ός ο/η (πολυκατοικίας) caretaker · (εταιρίας, εργοστασίου) porter · (κέντρου, ξενοδοχείου) doorman

Θυσί|α η sacrifice

Θυσιάζ|ω ρ μ to sacrifice ▶ **Θυσιάζομαι** μεσ (= στερούμαι χάριν σκοπού) to make sacrifices · (= δίνω τη ζωή μου) to sacrifice oneself

Θώρακ|ας ο (πολεμιστή) breastplate · (αλυσιδωτός) chain mail · (ΑΝΑΤ) thorax

Θωράκιση η equipping with armour (Βρετ.) ή armor (Αμερ.) plate

Θωρακισμέν|ος επίθ (όχημα, μονάδα) armoured (Βρετ.), armored (Αμερ.) · (με θάρρος, υπομονή) armed

Θωρηκτ|ό το battleship

Ι ι

Ι, ι Ιota, *ninth letter of the Greek alphabet*

ιαματικός επίθ (πηγή) mineral ·
(ιδιότητα, νερό) healing ▷ **~ά**
λουτρά spa
Ιανουάριος ο January
Ιάπων|ας ο Japanese
▶ **οι Ιάπωνες** πλ the Japanese
Ιαπωνία η Japan
Ιαπων|ίδα η βλ. **Ιάπωνας**
ιαπωνικός επίθ Japanese
▶ **Ιαπωνικά** τα Japanese
ιατρείο το surgery (Βρετ.), office
(Αμερ.) ▷ **εξωτερικά ~α**
outpatient clinic ή department
▷ **ιδιωτικό ~** private practice
ιατρική η (επιστήμη, σπουδές)
medicine · (σχολή) medical school
ιατρικός επίθ medical
▶ **ιατρικό** το (επία.) medicine
ιατρός ο = **γιατρός**
ιδανικός επίθ ideal
▶ **ιδανικό** το ideal
ιδέα η (γενικότ.) idea · (= γνώμη)
opinion · (δημοκρατίας,
ελευθερίας) notion ▷ **έμμονη**
~ fixed idea
ιδεαλιστής ο idealist
ιδεολογία η (γενικότ.) ideology ·
(= ηθικές αρχές) principles πληθ
ιδιαίτερα επίρρ (επικίνδυνος,
δημιουργικός) highly · (έξυπνος)
exceptionally · (= κυρίως)
especially
ιδιαίτερος, -η η -έρα, -ο
(χαρακτηριστικό, γνώρισμα)
particular · (προφορά) peculiar ·
(προσοχή) special · (λόγος, μέρα)
special · (συζήτηση) private ·
(πρόσκληση) personal ▷ **~η**
πατρίδα home town
▶ **ιδιαίτερα** τα private affairs ή personal
affairs
▶ **ιδιαίτερο** το private lesson
▶ **ιδιαίτερος** ο, **ιδιαιτέρα** η (επίσης
ιδιαίτερος γραμματέας) personal
assistant · (πολιτικού) private
secretary
ιδιαιτέρως επίρρ (= κατ' ιδίαν) in

private · (= κυρίως) especially
ιδιοκτησία η (= κυριότητα
περιουσίας) ownership ·
(= περιουσία) property
▷ **πνευματική ~** intellectual
property
ιδιοκτήτης ο owner
ιδιοκτήτρια η βλ. **ιδιοκτήτης**
ιδιόρρυθμος επίθ (σχέση,
στοιχείο) particular · (άτομο,
συμπεριφορά) eccentric · (ντύσιμο)
odd
ίδιος¹, ίδια, ίδιο (= προσωπικός)
συμφέρον, άποψη) personal ·
(= ιδιαίτερος) unique

ΛΕΞΗ-ΚΛΕΙΔΙ

ίδιος², **-ια**, **-ιο** με άρθρο (α) (= ο
αυτός) the same
(β) (για έμφαση) own · (σε
τηλεφωνική συνομιλία) speaking
(γ) (= όμοιος, the same · (= ίσος)
equal

ιδιοσυγκρασία η (ανθρώπου)
disposition · (λαού) character
ιδιοτέλεια η self-interest
ιδιοτελής επίθ selfish
ιδιότητα η (σώματος, υλικού)
property · (ανθρώπου)
characteristic · (βουλευτή, γιατρού)
status
ιδιοτροπία η (ανθρώπου)
eccentricity · (ντύσιματος,
συμπεριφοράς) eccentricity ·
(= δυστροπία) grumpiness ·
(= καπρίτσιο) whim
ιδιότροπος επίθ (άνθρωπος,
συμπεριφορά) eccentric · (ντύσιμο,
χτένισμα) odd · (= δύστροπος)
bad-tempered · (= καπριτσιόζος)
capricious
ιδιοφυής επίθ (θεωρία, σχέδιο)
ingenious · (άνθρωπος) gifted
ιδιοφυΐα η genius
ιδιωματισμός ο idiom
ιδίως επίρρ especially

ιδιώτης ο private individual

ιδιωτικοποίηση η privatization

ιδιωτικ|ός επίθ (εκπαίδευση, επιχείρηση) private · (σταθμός, τηλεόραση) independent · (ζωή) private · (θέματα) personal ▸**ο ~ τομέας** the private sector

ιδού επίρρ (επίσ.) here is · **~ η Ρόδος ~ και το πήδημα** put your money where your mouth is (ανεπ.) · **~ πώς/τι/γιατί** this is how/what/why

ίδρυμα το (= οργανισμός) institute · (= ορφανοτροφείο) institution

ίδρυση η (οργανισμού, σχολής) foundation · (εταιρείας) creation

ιδρυτής ο founder

ιδρύτρια η βλ. **ιδρυτής**

ιδρύω ρ μ (επιχείρηση, σταθμό) to set up · (οργανισμό) to found

ίδρωμα το sweating

ιδρώνω ρ αμ (άνθρωπος, χέρια) to sweat · (= κοπιάζω) to sweat (blood) (ανεπ.)

ιδρώτ|ας ο sweat

ιεραρχία η (επίσ: ΘΡΗΣΚ) hierarchy · (αξιών) scale · (κριτηρίων) hierarchy

ιερέας ο priest

ιέρεια η (θρησκείας) priestess · (Τέχνης) high priestess

ιερό το (στην αρχαιότητα) shrine · (ΘΡΗΣΚ) sanctuary

ιερός, -ή ή -ά, -ό (κανόνας, κειμήλιο) holy · (βιβλίο, άμφια) sacred · (παράδοση, ναός) sacred ▸**η Ιερά Εξέταση** the Inquisition ▸**Ιερός Λόχος** (ΑΡΧ ΙΣΤ) Sacred Band, elite corps of 300 soldiers in the Theban army

Ιεροσόλυμα τα Jerusalem

ιεροσυλία η (γενικότ.) sacrilege · (ναού, τάφου) desecration · (μτφ.) sacrilege

Ιερουσαλήμ η = **Ιεροσόλυμα**

Ιησούς ο Jesus ▸**~ Χριστός** Jesus

Christ ▸**~ Χριστός** Jesus Christ

ιθαγένεια η citizenship

ιθαγεν|ής επίθ (πολιτισμός, πληθυσμός) indigenous · (ζώο, φυτό) native · (της Αυστραλίας) Aboriginal

▸**ιθαγενής** ο/η (επίσης **~ κάτοικος**) native · (της Αυστραλίας) Aborigine

ικανοποιημέν|ος επίθ (άνθρωπος) satisfied · (βλέμμα, πρόσωπο) contented

ικανοποίηση η satisfaction · (φιλοδοξίας, επιθυμίας) fulfilment (Βρετ.), fulfillment (Αμερ.)

ικανοποιητικ|ός επίθ (αποτελέσματα, λύση) satisfactory · (μισθός, στοιχεία) adequate

ικανοποιώ ρ μ (άνθρωπο) to satisfy · (αίτημα, ανάγκες) to meet · (γούστο) to cater for · (επιθυμία) to fulfil (Βρετ.), fulfill (Αμερ.)

ικαν|ός επίθ (γενικότ.) capable · (επαγγελματίας, επιχειρηματίας) competent · (τεχνίτης) skilled

ικανότητα η (= επιδεξιότητα) ability · (επαγγελματία) competence · (τεχνίτη) skill · (= δυνατότητα) power ▸**αποθηκευτική ~** storage capacity

▸**ικανότητες** οι abilities

ικετεύω ρ μ (Θεό) to supplicate (επίσ.) · (άνθρωπο) to beg

ίκτερος ο jaundice

ιλαρά η measles εν.

ιλιγγιώδ|ης επίθ (ύψος) dizzy · (φαντασία) vivid · (ανάπτυξη) spectacular · (ντελικάτο, μίνι) revealing · **~εις ρυθμοί** dizzy pace · **~ες ποσό** vast amount (of money) · **~ ταχύτητα** breakneck speed

ίλιγγος ο vertigo · **με πιάνει ή μου 'ρχεται ~** to feel dizzy · **παθαίνω ~ο** to get vertigo

Ιμαλάϊα *τα* τα ~ the Himalayas

ιμάμ μπαϊλντί *το* baked aubergines with tomatoes, onions and garlic

ιμάντ|ας *ο* (= λουρί) strap · (ΜΗΧ) belt · **οι ~ες εξουσίας** the levers of power

ιμιτασιόν *η* imitation

ίν|α *η* (επίσ.) fibre (Βρετ.), fiber (Αμερ.)

ίνδαλμα *το* idol

Ινδή *η* βλ. **Ινδός**

Ινδί|α *η* India

Ινδιάν|α *η* βλ. **Ινδιάνος**

Ινδιάν|ος *ο* (American) Indian

Ινδικός *ο* the Indian Ocean

ινδικός επίθ Indian ▷ **~ή κάνναβη ή κάνναβις** Indian hemp ▷ **~ό χοιρίδιο** guinea pig

Ινδονησί|α *η* Indonesia

Ινδ|ός *ο* Indian

ινσουλίν|η *η* insulin

ινστιτούτ|ο *το* institute ▷ **~ αισθητικής** beauty salon

Ιντερνέτ, Ίντερνετ *το* Internet

ίντσ|α *η* inch

Ιόνι|ο *το* the Ionian Sea

ιός *ο* virus

Ιούλ|ης *ο* = **Ιούλιος**

Ιούλι|ος *ο* July

Ιούν|ης *ο* = **Ιούνιος**

Ιούνι|ος *ο* June

ιππασί|α *η* (γενικότ.) (horse) riding · (ΑΘΛ) horse–riding competition · (μετ' εμποδίων) showjumping · **κάνω ~** to go (horse) riding · (επαγγελματικά) to be a professional rider

ιππ|έας *ο* (επίσ.) rider · (ΣΤΡ) horseman
► **ιππείς** *πλ* knights, citizens of the second class in ancient Athens

ιππεύ|ω *ρ* (επίσ.: = καβαλικεύω) to get on · (= πηγαίνω καβάλα) to ride ♦ *ρ αμ* (= καβαλικεύω) to get on · (= πηγαίνω καβάλα) to ride

ιπποδρομί|α *η* (horse) race

άλογο ιπποδρομιών racehorse

ιππόδρομ|ος *ο* (= ιπποδρόμιο) racecourse (Βρετ.), racetrack (Αμερ.) · (= στοιχήματα) the horses

ιπποδύναμ|η *η* horsepower

ιππόκαμπ|ος *ο* sea horse

ιπποπόταμ|ος *ο* hippopotamus

ίππ|ος *ο* (επίσ.: ΖΩΟΛ) horse · (στο σκάκι) knight · (ΜΗΧ) horsepower ▷ **δούρειος ~** Trojan horse ▷ **θαλάσσιος ~** walrus ▷ **~ άλματος** (ΑΘΛ) vaulting horse ▷ **πλάγιος ~** (ΑΘΛ) beam (Βρετ.), balance beam (Αμερ.)

ιππότης *ο* knight ▷ **πλανόδιος ή περιπλανώμενος ~** knight errant

ιπτάμεν|ος επίθ flying ▷ **~ο δελφίνι** hydrofoil ▷ **~ο χαλί** flying carpet ▷ **~ο δίσκος** flying saucer ▷ **~ συνοδός** air steward
► **ιπτάμενη** *η* air hostess
► **ιπτάμενος** *ο* pilot

Ιράκ *το* Iraq

Ιράν *το* Iran

ίριδ|α *η* (ΜΕΤΕΩΡ) rainbow · (ΑΝΑΤ, ΒΟΤ) iris

Ιρλανδ|έζα *η* = **Ιρλανδή**

ιρλανδέζικ|ος, -η -ια, -ο = **ιρλανδικός**

Ιρλανδ|έζος *ο* = **Ιρλανδός**

Ιρλανδ|ή *η* Irishwoman

Ιρλανδί|α *η* Ireland

ιρλανδικ|ός επίθ Irish
► **Ιρλανδικά, Ιρλανδέζικα** *τα* Irish (Gaelic)

Ιρλανδ|ός *ο* Irishman · **οι ~οί** the Irish

ίσα[1] επίρρ (= ισομερώς) equally · (επίσης **ίσα** = ευθεία) straight on · (επίσης **ίσα** = όρθια) straight · (επίσης **ίσα** = αμέσως) straight (away) · **~ ή ίσια πάνω** straight into · **~ που** (= μόλις που) only just · (= ελάχιστα) hardly · **τα λέω σε κπν στα ~ ή ίσια** to tell sb straight out

ίσα[2] επιφών (ως προτροπή) come

on! (*προφ*: ως απειλή) hang on!

ίσα-ίσα *επίρρ* (= ακριβώς) just ·
(*για ποσότητα, μέγεθος*) just
enough · (= τέλεια) perfectly ·
(= απεναντίας) on the contrary

ίσαμε *πρόθ* (*προφ*: = έως) till ·
(= μέχρι) by · (*για τόπο*) as far as ·
(*για ποσό*) about

ισάξι|ος, -α, -ο (= εφάμιλλος)
equal · (*αθλητές, αντίπαλοι*) evenly
matched · (*μόρφωση, βραβεία*)
same · (= ανταξιος) worthy

ισάριθμος *επίθ* equal in number

ισημερί|α *η* equinox ▷~**εαρινή/
φθινοπωρινή** = vernal *η* spring/
autumnal equinox

ισημερινός *επίθ* (*χλωρίδα*)
equatorial · (*έτος, ημέρα*)
equinoctial ▷~**η εποχή** equinox

ισθμός *ο* isthmus

ίσια *επίρρ* *βλ*. **ίσα**

ίσιος, -ια, -ο (*γραμμή, δρόμος*)
straight · (*άνθρωπος, χαρακτήρας*)
straightforward · *βλ. κ.* **ίσα, ίσος**

ίσιωμα *το* (= επίπεδη έκταση γης)
plain · (= δρόμος) metalled (*Βρετ.*)
η metaled (*Αμερ.*) road

ίσκι|ος *ο* (= σκιασμένη επιφάνεια)
shadow · (= σκιασμένος χώρος)
shade · (*μτφ.*) shadow

ισλαμικός *επίθ* Islamic

ισλαμισμ|ός *ο* Islam

Ισλανδί|α *η* Iceland

ισόβι|ος, -α, -ο (*κάθειρξη, ποινή*)
life · (*αποκλεισμός*) for life ·
(*δημόσιος λειτουργός*) for life
▸**ισόβια** *τα* life imprisonment

ισόγει|ος, -α, -ο on the ground
floor (*Βρετ.*) *η* first floor (*Αμερ.*) ·
▸**ισόγειο** *το* ground floor (*Βρετ.*),
first floor (*Αμερ.*)

ισοδύναμ|ος, -η, -ο (*νομίσματα,
μεγέθη*) equivalent · (*ομάδες,
αντίπαλοι*) evenly matched

ίσον *επίρρ* equals
▸**ίσον** *το* equals sign

ισοπαλία *η* tie, draw (*Βρετ.*)

ισόπαλ|ος *επίθ* level

ισόπεδ|ος *επίθ* flat ▷~**η διάβαση**
(*δρόμου*) intersection · (*δρόμου
και σιδηροδρομικής γραμμής*) level
crossing (*Βρετ.*), grade crossing
(*Αμερ.*)

ισοπεδών|ω *ρ μ* (*κτίσμα*) to raze
(to the ground) · (*επιφάνεια*) to
level · (*αξίες, ιδανικά*) to destroy ·
(*μαθητές, φοιτητές*) to bring down
to the same level

ισορροπημέν|ος *επίθ* (*δίαιτα,
γεύση*) balanced · (*πολιτική, ζωή*)
well-balanced

ισορροπί|α *η* (*γενικότ.*) balance ·
(*ΦΥΣ*) equilibrium · (*ψυχική*)
equilibrium · (*κοινωνική*) stability

ισορροπ|ώ *ρ μ* (*αντικείμενα*) to
balance · (*συναισθήματα*) to
control · (*οικονομικά, κατάσταση*)
to sort out ◆ *ρ αμ* (*άνθρωπος*) to
balance · (*μτφ.*) to strike a balance
(*μεταξύ* between)

ίσ|ος *επίθ* (*πολίτες, μερίδια*) equal ·
(*άνθρωπος*) straightforward ·
(*λαϊκ.: δρόμος, τοίχος*) straight ·
(*λαϊκ.: δάπεδο, κτήμα*) level · **μιλώ
σε κπν στα -α η -α** to be
straight with sb · **στα -α** equally
▷~**ες ευκαιρίες** equal
opportunities · *βλ. κ.* **ίσα**

ισότητα *η* equality

ισοτιμί|α *η* (= ισότητα) equality ·
(*πτυχίων*) equivalence · (*ΟΙΚ*)
parity (*με, ως προς* with)
▷**συναλλαγματική** ~ par (of
exchange)

ισοφαρίζ|ω *ρ μ* to recoup ◆ *ρ αμ*
to equalize

ισοφάρισ|η *η* (*εξόδων, ζημιάς*)
recouping · **πετυχαίνω την**
~ (*ΑΘΛ*) to equalize · **το γκολ της**
~ς (*ΑΘΛ*) the equalizer

Ισπαν|ή *η βλ.* **Ισπανός**

Ισπανί|α *η* Spain

Ισπαν|ός *ο* Spaniard

ισπανικ|ός *επίθ* Spanish

► **Ισπανικά** τα Spanish
Ισπαν|ός ο Spaniard
► **οι Ισπανοί** πλ the Spanish
Ισραήλ το Israel
ιστί|ο το (επίσ.) sail
ιστιοπλοΐα η sailing
ιστιοπλοϊκ|ός επίθ yacht
ιστιοφόρ|ο το yacht
ιστορία η (επιστήμη) history ·
(μάθημα) history (lesson) · (βιβλίο)
history book · (= αφήγηση) story ·
(= ερωτική περιπέτεια) love affair ·
(σύντομη) fling · **περνώ ή μένω
στην ~ (ως/για)** to go down in
history (as/for)
► **ιστορίες** οι trouble εν.
ιστορικ|ός επίθ (μελέτη, γεγονός)
historical · (έργο, νίκη) historic
►-**οι χρόνοι** (ΓΛΩΣ) historic
tenses
► **ιστορικό** το (ασθένειας) medical ή
case history · (γεγονότων) record
► **ιστορικός** ο/η (επιστήμονας)
historian · (ΣΧΟΛ) history teacher ·
(ΠΑΝ) history professor
ιστ|ός ο (πλοίου, κεραίας) mast ·
(σημαίας) flagpole · (αράχνης)
web · (ΒΙΟΛ) tissue · (κοινωνίας)
structure · (κοινωνίας) fabric ►ο
(Παγκόσμιος) Ιστός (ΠΛΗΡΟΦ) the
(World Wide) Web
ιστοσελίδα η web page
ισχιαλγία η sciatica
ισχυρίζ|ομαι μ (= υποστηρίζω) to
maintain · (για επιχειρήματα,
θεωρία) to contend
ισχυρισμός ο claim
ισχυρογνώμ|ων, -ων, -ον
obstinate
► **ισχυρογνώμονας** ο/η obstinate ή
pig-headed person
ισχυρ|ός επίθ (τάση, θέληση)
strong · (αντίσταση) spirited ·
(όπλο) powerful · (άμυνα) robust ·
(στρατεύματα, κίνημα strong ·
(απόδειξη, επιχείρημα) strong ·
(άνεμος) strong · (σεισμός, δόνηση)

powerful · (πυρετός) high ·
(βασίλειο, κράτος) powerful ·
(φάρμακο) potent · (οικονομική
βοήθεια) effective · (διαθήκη,
γάμος) valid
► **ισχυροί** οι leaders
ισχύς η (χώρας, κράτους) power ·
(ανθρώπου, τηλεόρασης)
influence · (νομική) validity ·
(πρακτική) force
ισχύω ρ αμ (διαβατήριο,
συμβόλαιο) to be valid · (νόμος,
μέτρα) to be in force ή effect ·
(= τίθεμαι σε ισχύ) to come into
force ή effect · (λόγια, συμβουλή)
to apply
ισχύων, -ουσα, -ον (νομικά)
valid · (πρακτικά) in force
► **ισχύοντα** τα regulations
ίσω|μα το = **ίσιωμα**
ίσως επίρ perhaps
Ιταλία η Italy
Ιταλίδα η βλ **Ιταλός**
ιταλικ|ός επίθ Italian
► **Ιταλικά** τα Italian
Ιταλ|ός ο Italian
► **οι Ιταλοί** πλ the Italians
ιτιά η willow (tree)
ιχθυοπωλείο το (επίσ.)
fishmonger's (shop) (Βρετ.), fish
dealer's (Αμερ.)
ιχθύς ο (επίσ.) fish · (ΑΣΤΡΟΝ,
ΑΣΤΡΟΛ) Pisces
ιχνογραφία η (= σκίτσο) sketch ·
(= ζωγραφιά) drawing · (ΣΧΟΛ:
μάθημα) drawing lesson · (βιβλίο ή
τετράδιο) sketchbook
ίχν|ος το (ανθρώπου, ζώου) trail ·
(ποδιού) (foot)print · (σε σώμα)
mark · (παρουσίας) trace ·
(πολιτισμού) vestige · (λύπης)
tinge · (υφής, υγρασίας) trace ·
(προφοράς, δυσαρέσκειας)
trace · **ακολουθώ τα ~η κποιου** to
track sb · **χάνω τα ~η κποιου**
(δραπέτη, κακοποιού) to lose sb's
trail · (φίλου, γνωστού) to lose

track of sb

ιώδι|ο το (ΧΗΜ, ΦΑΡΜ) iodine ·
(= θαλασσινός αέρας) ozone
▷**βάμμα ιωδίου** tincture of iodine

ιωνικός επίθ Ionic ▷**-ή**
φιλοσοφία Ionic school of
philosophy

ίωση η virus

ιώτα το = **γιώτα**

K κ

Κ, κ kappa, *tenth letter of the Greek*
alphabet

κ.ά. συντομ et al.

κα (επίσ.) συντομ Mrs

κάβ|α η (= κελάρι, συλλογή) (wine)
cellar · (= κατάστημα
οινοπνευματωδών) off-licence
(Βρετ.), package store (Αμερ.) · (σε
τυχερά παιχνίδια) kitty

καβάλα επίρρ (πηγαίνω, μπαίνω)
on horseback · (κάθομαι) astride

καβαλάρης ο rider

καβαλά|ω ρ μ (= καβαλικεύω) to
mount · (ποδήλατο, μηχανάκι) to
ride · (φράχτη) to sit astride

καβαλιέρος ο (= συνοδός) escort ·
(σε χορό) partner

καβαλικεύω ρ μ to mount

καβάλ|ο το crotch

καβαλ|ώ ρ μ = **καβαλάω**

καβγαδίζω ρ αμ to quarrel

καβγάς ο quarrel

κάβ|ος¹ ο (= ακρωτήριο) cape

κάβ|ος² ο (= παλαμάρι) cable

καβούκι το shell

κάβουρας ο (ΖΩΟΛ) crab ·
(εργαλείο) monkey wrench

καβούρι το crab

καγιανάς ο fried egg and tomato

καγκελάρι|ος ο chancellor

κάγκελο το rail
▸**κάγκελα** πλ railings

καγκουρό το kangaroo

καδένα η chain

κάδ|ος ο bin ▷**- πλυντηρίου**
drum (*of a washing machine*)

κάδρο το (= κορνίζα) frame ·
(= πίνακας ή εικόνα) picture

καδρόνι το beam

Κ.Α.Ε. συντομ (= Κατάστημα
Αφορολογήτων Ειδών) duty-free
shop

καζάκα η jacket

καζίν|ο το casino

καημένος επίθ poor

καημός ο (= λύπη) sadness ·
(= πόθος) greatest wish

καθαιρ|ώ ρ μ (αστυνομικό) to
dismiss · (στρατιωτικό) to cashier

καθαρίζω ρ μ (σπίτι, φακούς) to
clean · (φακές) to sort · (ψάρια) to
scale · (χορτάρια) to peel · (μήλο,
πορτοκάλι) to peel · (συρτάρια,
γραφείο) to clear out · (μυαλό,
σκέψη) to clear ◆ ρ αμ (παντελόνι,
χαλί) to be cleaned · (ουρανός,
μυαλό) to clear · (κατάσταση) to
clear up · (αργκ.: = ξεκαθαρίζω) to
sort things out

καθαριότητα η cleanliness

καθάρισμα το cleaning
▷**σκόνη -ού** washing powder
▷**- προσώπου** facial

καθαριστήρι|ο το cleaner's

καθαριστής ο cleaner

καθαρίστρι|α η βλ. **καθαριστής**

κάθαρμα το (υβρ.) to creep (ανεπ.)

καθαρόαιμος επίθ (ζώο)
thoroughbred · (επιθετικός,
κομουνιστής) full-blooded

καθαρός επίθ (σεντόνι, δωμάτιο)
clean · (αναπνοή) fresh ·
(άνθρωπος, ζώο) clean · (αλκοόλ,
χρυσάφι) pure · (πετρέλαιο)
refined · (ψυχή, έθνος)
pure-blooded · (ουρανός,
ορίζοντας) clear · (χρώμα) bright ·
(προφορά) distinct · (περίγραμμα,

άρθρωση) distinct · (*εικόνα*) clear ·
(*γράμματα*) clear · (*απάντηση,
κουβέντες*) straight · (*υπαινιγμός*)
clear · (*ειρωνεία, τέχνη*) pure ·
(*ανοησία, τρέλα*) pure · (*υπογραφή*)
blatant · (*νόηση*) clear–cut · **είναι
~ή ληστεία!** it's daylight robbery!
▷ –ό **βάρος** net weight ▸ **Καθαρή**
ή **Καθαρά Δευτέρα** first day of
Lent, ≈ Ash Wednesday

κάθαρση η (ΘΡΗΣΚ) expiation ·
(*δημόσιου βίου, κοινωνίας*)
purging · (ΨΥΧΟΛ, ΦΙΛΟΛ) catharsis

καθαρτικό το laxative

ΛΕΞΗ-ΚΛΕΙΔΙ

κάθε αντων (α) (= *καθένας*) each
(β) (*για επανάληψη*) every · **κάθε
πότε;** how often? · **κάθε που**
(= *όποτε*) when · **κάθε τόσο** fairly
often · **κάθε φορά** every time
(γ) (= *οποιοσδήποτε*) any · **με
κάθε τίμημα** at any price
(δ) (*μειωτ.*) every

καθεδρικ|ός επίθ ~ **ναός**
cathedral

καθ|ένας, –μία ή **–μια, –ένα**
αντων (= *ένας-ένας*) each ·
(= *οποιοσδήποτε*) anybody ·
(*μειωτ.* = *τυχαίος*) just anybody ·
ο –μας each of us · **ο – με τη
σειρά του** each one in turn

καθεστώς το (= *πολίτευμα*)
regime · (= *επικρατούσα
κατάσταση*) established order

καθετί αντων everything

κάθετ|ος, –η ή –ος, –ο (*τοίχος,
άξονας*) vertical · (*βράχος*) sheer ·
(*πλευρές, τομή*) vertical ·
(*δρόμος*) perpendicular · (*σε* το) ·
(*κατ.* = *κατακόρυφος· αύξηση*) steep ·
(*πτώση*) sharp · **ο δρόμος που
μένω είναι ~ στην Οδό Σταδίου**
the road I live on is off Stadiou
Street

▸ **κάθετη, κάθετος** η (ΓΕΩΜ)
perpendicular · (ΤΥΠ) forward

slash

καθηγητής ο (*γυμνασίου, λυκείου*)
teacher · (*Αγγλικών, Ελληνικών*)
teacher · (*κατ' οίκον*) tutor ·
(*πανεπιστημίου*) professor

καθηγήτρια η βλ. **καθηγητής**

καθήκον το duty
▸ **καθήκοντα** πλ duties
▸ **παράβαση ~τος** breach of duty

καθηλών|ω ο μ (*ασθενή,
τραυματία*) to immobilize ·
(*μισθούς, τιμές*) to freeze ·
(*αεροσκάφος*) to ground · (*εχθρό*)
to pin down · (*τηλεθεατές,
ακροατές*) to captivate

καθημερινός επίρρ every day

καθημεριν|ός επίθ daily · **η ~ή
ζωή** everyday ή daily life
▸ **καθημερινά** τα everyday clothes
▸ **καθημερινή** η workday

καθημερινώς επίρρ =
καθημερινά

καθησυχάζ|ω ο μ (*επιβάτες,
γονείς*) to reassure · (*μωρό, παιδί*)
to calm · (*φόβους, υποψίες*) to
allay · (*αμφιβολίες*) to dispel

καθιερωμένος επίθ (*θεσμός*)
established · (*δικαίωμα*)
institutional · (*εορτασμός*)
official · (*συνήθεια, έθιμο*)
established · (*πρότυπο, έκφραση*)
standard · (*ηθοποιός, επιστήμονας*)
recognized

καθιερών|ω ο μ to establish

καθίζηση η (*εδάφους, θεμελίων*)
subsidence · (ΧΗΜ) settling

κάθισμα το seat

καθιστικός επίθ sedentary
▸ **καθιστικό** το living room

καθιστός επίθ sitting

καθιστ|ώ (*επίσ.*) ο μ (*για πρόσ.*) to
appoint · (*για συμφωνία,
κατάσταση*) to make
▸ **καθίσταμαι** ρ αμ to become

καθοδηγ|ώ ο μ (*στρατιώτες*) to
lead · (*παιδιά, νέους*) to guide ·
(*σχέση*) to control · (*κίνημα*) to

lead

κάθοδ|ος η (επιβατών) descent · (φορτίου) unloading · (για οδό) road going to the centre (Βρετ.) ή center (Αμερ.) of town

καθολικός, -ή, ή -ιά, -ό (συμμετοχή, ενδιαφέρον) general · (κίνημα, θεωρία) all–embracing · (ισχύς, χαρακτηριστικά) all–embracing · (ΘΡΗΣΚ) Catholic ▷**Καθολική Εκκλησία** Catholic Church

▸**καθολικός** ο, **καθολική** η Catholic

καθόλου επίρρ at all · **δεν έχω ~ χρήματα** I haven't got any money at all · **δεν είμαι ~ κουρασμένος** I'm not at all tired · **δεν θέλω ~ θορύβους** I don't want to hear a sound

κάθ|ομαι ρ αμ αμτ (= είμαι καθιστός) to be sitting · (= τοποθετούμαι σε κάθισμα) to sit down · (κατ.: = στέκομαι) to stand · (= κατοικώ) to live · (= παραμένω) to stay · (σκόνη, φαγητό) to settle · ▸ **φρόνιμα** to behave oneself · **κάτσε λίγο να τα πούμε** stay and talk a while · **κάτσε καλά!** be careful! · **κάτσε!** (= περίμενε) hold on!

καθομιλουμένη η vernacular

καθορίζ|ω ρ μ (ποινή) to specify · (στάση) to define · (ποσό) to determine · (πορεία) to set

καθορισμέν|ος επίθ (συνάντηση) fixed · (στάση) defined · (ποινή) set · (ποσότητα) prescribed · **-η ώρα** appointed time

καθοριστικ|ός επίθ (παράγοντας, ρόλος) decisive · (απόφαση) formative

καθρέπτ|ης ο = **καθρέφτης**
καθρεπτίζω ρ μ = **καθρεφτίζω**
καθρέφτ|ης ο (= κάτοπτρο) mirror · (κοινής γνώμης) reflection
καθρεφτίζ|ω ρ μ to reflect

▸**καθρεφτίζομαι** μεσ to be reflected

καθυστερημέν|ος επίθ (= αργοπορημένος) late · (= υπανάπτυκτος) backward · (= με ανεπαρκή νοητική ανάπτυξη) backward

καθυστέρηση η (απόφασης, πληρωμής) delay · (τρένου, πλοίου) delay · (στο ποδόσφαιρο) extra time χωρίς πληθ (Βρετ.), overtime χωρίς πληθ. (Αμερ.) · (= ανεπαρκής νοητική ανάπτυξη) backwardness · **δίχως ή χωρίς** ~ without delay

καθυστερώ ρ μ (οδηγό, μαθητή) to hold up · (απόφαση, πληρωμή) to delay · (ενοίκιο, μισθούς) to be late with ◆ ρ αμ to be late

καθώς σύνδ as · (+μέλλ.) when · ~ **έβγαινα απ' το σπίτι...** (just) as I was going out of the house...

ΛΕΞΗ-ΚΛΕΙΔΙ

και, κι σύνδ (α) (συμπλεκτικός) and
(β) (= επίσης) also
(γ) (για συμπέρασμα) and
(δ) (= ενώ) while
(ε) (για έμφαση) even
(στ) (= όταν) when
(ζ) (= γιατί) because
(η) (για εισαγωγή τελικής πρότασης) to
(θ) (αντί του "ότι") **βλέπω και** I see that · **και ... και** both ... and · **και να ... και να** (= είτε ... είτε) whether ... or · **και οι δύο** both · **και οι τρεις** all three · **ακόμη και αν** ή (= και even if · **ε, και;** so what? · **λες ή θαρρείς και** as though · **σαν ή όπως και** (just) like

και αν, κι αν σύνδ **όποιος** ~ no matter who · **όσο** ~ no matter how much · **και ή κι αν** ακόμη, **ακόμη και ή κι αν** even if · **ό, τι και ή κι αν** no matter what **και ας, κι ας** σύνδ even if
καίγ|ομαι ρ αμ βλ.

καΐκι *το* caique

καϊμάκι *το* (γάλακτος) cream · (καφέ) froth ◆ **παγωτό** ~ *ice-cream flavoured with Chios gum mastic*

και να *σύνδ* όποιος ~ no matter who · **όσο** ~ no matter how much · **ό, τι** ~ no matter what

καινοτομία *η* innovation

καινούργι|ος, καινούριος, -ια, -ιο new

καιρικ|ός *επίθ* weather

καίρι|ος, -α, -ο (επέμβαση, παρέμβαση) timely · (θέση, θέμα) key · (σημασία, πρόβλημα) crucial · (χτύπημα, πλήγμα) fatal

καιρ|ός *ο* (= μετεωρολογικές συνθήκες) weather · (= δελτίο καιρού) weather report · (προφ.: = κακοκαιρία) bad weather · (= ευκαιρία) time · (= χρόνος) time · (= εποχή) times *πληθ.* · (= ορισμένο χρονικό διάστημα) time · (= μεγάλο χρονικό διάστημα) a long time · (= διαθέσιμος χρόνος) time · **από ~ό σε ~ό, κατά ~ούς** from time to time · **δεν έχω ~ό για χάσιμο** to have no time to lose · **έχουμε ~ό (ακόμα)** we've got plenty of time · **είχαμε να μιλήσουμε** ~ we hadn't spoken for a long time · **κάνει καλό/κακό** ~ό the weather is fine/bad · **με τον** ~ό in *η* with time · **μένω εδώ/το ξέρω από** ~ό I've known/I've lived here for a long time · **μετακόμισα στο Παρίσι/έκλεισα θέση από** ~ό I moved to Paris/booked a seat a long time ago · **μια φορά κι έναν** ~ό once upon a time · ~ο **περνάει γρήγορα** time flies · **χάνω τον** ~ό **μου** to waste one's time · ~ **καιροί** *επίρ* times

καισαρικ|ή *η* Caesarean (Βρετ.) ή Cesarian (Αμερ.) (section)

καί|ω *ρ μ* (ξύλο, φωτογραφίες) to burn · (δάσος, σπίτι) to burn down · (ρεύμα, βενζίνη) to use ·

(θερμίδες, λίπη) to burn up · (πουκάμισο, παντελόνι) to singe · (φαγητό) to burn · (πάγος: ελιές, σπαρτά) to damage · (μπαταρίες) to use up · (άνθρωπο, πλάτη) to burn · (οινόπνευμα) to sting · (νεκρό) to cremate ◆ *ρ αμ* (φωτιά) to burn · (ήλιος, πιπεριές) to be hot · (τσάι, σούπα) to be scalding · (μηχανή, καλοριφέρ) to be on · (σόμπα, καντήλι) to be lit · **έχω πυρετό** to be burning up · (λαιμός, χέρι) to be sore · (μάτια) to sting

▸ **καίγομαι** *μεσ* (ξύλα) to burn up · (δάσος, σπίτι) to burn down · (ασφάλεια, λάμπα) to blow · (χέρι, γλώσσα) to be burnt

κακαβιά *η* = **κακκαβιά**

κακά|ο *το* (= σκόνη ώριμων κακαόδεντρου) cocoa · (= ρόφημα) chocolate

κακί|α *η* (= μοχθηρία) malice · (= κακεντρεχής λόγος) malicious *ή* spiteful words *πληθ.*

κακκαβιά *η* fish soup

κακ|ό *το* (= στοιχείο αντίθετο στον ηθικό νόμο) evil · (= ζημιά) harm · (= δυσάρεστη κατάσταση) evil · (= συμφορά) trouble · (= μειονέκτημα) bad point · **βροχή και** ~ torrential rain · **φασαρία και** ~ almighty fuss ή din

κακόβουλ|ος *επίθ* malicious

κακόγουστ|ος *επίθ* (αστείο, ντύσιμο) tasteless · (άνθρωπος) vulgar

κακοήθεια *η* (= αθλιότητα) wickedness · (= άθλια πράξη) malicious thing to do · (= άθλιος λόγος) malicious thing to say

κακοήθης *επίθ* (άνθρωπος, συμπεριφορά) malicious · (όγκος, πάθηση) malignant

κακοκαιρί|α *η* bad weather

κακόκεφι|α *η* bad mood

κακόκεφ|ος *επίθ* moody

κακολογ|ώ ρ μ (= διαβάλλω) to speak ill of · (= κατηγορώ) to criticize

κακομαθαίν|ω ρ μ to spoil ◆ ρ α μ to be spoiled

κακομαθημέν|ος επίθ (= που έχει κακές συνήθειες) spoiled, spoilt (Βρετ.) · (= αγενής) rude

κακομεταχειρίζ|ομαι ρ μ απ to mistreat

κακομοίρ|ης, -α, -ικο (ανεπ.: = καημένος) poor · (μειωτ.: = αξιολύπητος) wretched

κακόμοιρ|ος (ανεπ.) επίθ = **κακομοίρης**

κακοποίηση η (παιδιών) abuse · (κρατουμένων) ill-treatment · (= βιασμός: γυναικών) rape · (ανηλίκων) abuse · (λόγου, αλήθειας) distortion

κακοποιός, -ός, -ό criminal
▶ **κακοποιός** ο criminal

κακοποι|ώ ρ μ (αιχμαλώτους) to assault · (γυναίκα) to rape · (ανήλικο) to molest · (αλήθεια) to distort · (γλώσσα) to abuse

κακός, -ή ή -ιά, -ό (παιδί, παρέα) bad · (λέξεις) dirty · (νέα, ειδήσεις) bad · (σκέψεις) unpleasant · (προαίσθημα) bad · (σχέσεις) poor · (πνεύματα) evil · (άνθρωπος, κριτική) malicious · (τύχη, μοίρα) bad · (υγεία) ill · (δίαιτα, διατροφή) poor · (γνώμη) poor · (χειρισμός) clumsy · (επιλογή, ταχτική) wrong · (γιατρός, κυβερνήτης) bad · (μνήμη, ποιότητα) bad · (ενημέρωση, λειτουργία) poor · (γραψίμου, ντύσιμο) awful · **~οί τρόποι** rudeness εν.
▶ **κακός** ο baddie (Βρετ.), bad guy (Αμερ.)

κακοσμί|α η bad smell

κακότροπ|ος επίθ stroppy

κακοτυχί|α η misfortune

κακούργ|ος ο criminal

κακουχί|α η hardship

κακόφων|ος επίθ (τραγούδι, νότα) discordant · (για πρόσ.) who can't sing

κάκτ|ος ο cactus

κακώς επίρρ mistakenly

καλά επίρρ (= σωστά: φέρομαι, παίζω) well · (μιλώ) clearly · (λέω) right · (σκέπτομαι) carefully · (= φιλικά: μιλώ, υποδέχομαι) well · (σε καλή κατάσταση: νιώθω, αισθάνομαι) well · (= εντελώς: χτίζω) solidly · (φράζω, βουλώνω) thoroughly · (καρφώνω) properly · (= επαρκώς: γνωρίζω, διαβάζω) well · (μαθαίνω) properly · (καταλαβαίνω) really · (ντύνομαι) properly · (= αποτελεσματικά: συνεργάζομαι) well · (λειτουργικά, καίω) properly · (συναινετικά) all right · (απειλητικά) right · (σκέψη: για έκπληξη) what? · (για έμφαση) my word · **γίνομαι** ~ to get well · **δεν αισθάνομαι και πολύ** ~ I don't feel very well · **είμαι** ~ to be well · **είστε** ~, **κύριε**; are you all right, madam? · **να είσαι** ~ **για** ~ (προσ.) you're welcome! · **όλα** ~; is everything all right ή OK? · **όλα** ~ all's well ή OK? · **περνώ** ~ to have a good ή nice time

καλάθ|ι το basket · **~ των αχρήστων** wastepaper basket

καλαθοσφαίρισ|η (επίσ.) η basketball

καλαισθησί|α η good taste

καλαμάκ|ι το (= μικρό καλάμι) small rod · (= σουβλάκι) skewer · (= κρέας) kebab · (για ποτά, αναψυκτικά) straw

καλαμαράκ|ι το squid χωρίς πληθ. ▷ **-α τηγανητά** fried squid

καλαμάρ|ι το (κεφαλόποδο μαλάκιο) squid χωρίς πληθ. · (παλ.: = μελανοδοχείο) inkwell

καλάμ|ι το (φυτό) reed (για κατασκευές) cane · (ψαρέματος) rod · (ανεπ.: = κόκαλο κνήμης) shin

καλαμπόκ|ι το (= καλαμποκιά) maize (Βρετ.), corn (Αμερ.) • (= καρπός καλαμποκιάς) sweet corn • (= καλαμποκάλευρο) cornflour (Βρετ.), cornstarch (Αμερ.)

καλαμποκι|ά η maize (Βρετ.), corn (Αμερ.)

καλαμπούρ|ι (ανεπ.) το joke

κάλαντ|α τα carols

κάλεσ|μα το (= πρόσκληση) invitation • (= κλήση) call

καλεσμέν|ος επίθ invited • **το μεσημέρι είσαι ~η μου για φαγητό** I'll treat you to lunch
▸ **καλεσμένος** ο, **καλεσμένη** η guest • **έχω ~ους** to have guests

καλημέρα επιφων good morning • **~ σας!** good morning!
▸ **καλημέρα** η good morning • **λέω ~** to say good morning

καλημερίζω ρ μ to say good morning to

καληνύχτα επιφων goodnight • **~ σας!** goodnight!
▸ **καληνύχτα** η goodnight • **λέω ~** to say goodnight

καληνυχτίζω ρ μ to say goodnight to

καλησπέρα επιφων good evening • **~ σας!** good evening!
▸ **καλησπέρα** η good evening • **λέω ~** to say good evening

καλησπερίζω ρ μ to say good evening to

καλλιέργεια η (γης, χωραφιού) cultivation • (καπνού, ελιάς) growing • (γραμμάτων, τεχνών) development • (= μόρφωση) culture
▸ **καλλιέργειες** πλ crops

καλλιεργημέν|ος επίθ (εδάφη) cultivated • (περιοχή) farming • (για πρόσ.) cultured

καλλιεργώ ρ μ (γη, εκτάσεις) to farm • (ντομάτα, καρπούζι) to grow • (γράμματα, τέχνες) to

develop

καλλιτέχνη|μα η work of art

καλλιτέχνη|ς ο artist

καλλιτέχνιδα η βλ. **καλλιτέχνης**

καλλιτεχνικ|ός επίθ (φύση) artistic • (γεγονός, εκδηλώσεις) art

καλλιτέχνι|ς (επίσ.) η βλ. **καλλιτέχνης**

καλλον|ή η beauty

καλλυντικ|ός επίθ cosmetic
▸ **καλλυντικό** το cosmetic

καλλωπίζω ρ μ (άνθρωπο, πρόσωπο) to make more attractive • (σπίτι, κήπο) to do up
▸ **καλλωπίζομαι** μεσ to do oneself up

καλλωπιστικ|ός επίθ ornamental
▷ **-ά φυτά** ornamental plants

καλμάρ|ω ρ μ to calm down ♦ ρ αμ (θυμός, οργή) to wear off • (άνεμος) to drop • (θάλασσα) to become calm

καλντερίμ|ι το cobbles πληθ.

καλ|ό το (= αγαθό) good • (= ενεργεσία) good deed • (= συμφέρον) good • (= πλεονέκτημα) good point • (= ωφέλεια) good thing • (= αστείο) good joke • **για ~ και για κακό,** **-ού κακού** for better or (for) worse • **στο ~!** so long!

καλά πλ (= αγαθά) goods • (επίσης **-ά ρούχα**) best clothes

καλόβολ|ος επίθ easy-going

καλόγερ|ος, καλόγηρος ο (= μοναχός) monk • (κορ.) monk • (= κρεμάστρα) hat stand (Βρετ.), hat tree (Αμερ.) • (ανεπ.: απόστημα) boil

καλόγουστ|ος επίθ tasteful

καλοήθης επίθ benign

καλοκαιριάκ|ι (υποκ.) το summer

καλοκαίρ|ι το summer

καλοκαιρί|α η fine ή good weather

καλοκαιριάζω ρ αμ (ανεπ.) to spend the summer

▶ **καλοκαιριάζει** απρόσ the summer is here

καλοκαιριάτικ|ος επίθ = **καλοκαιρινός**

▶ **καλοκαιριν|ός** επίθ summer ·

▶ **καλοκαιρινά** τα summer clothes

καλόκαρδ|ος επίθ (άνθρωπος) kind-hearted · (χαμόγελο) good-natured

καλομαθημέν|ος επίθ (= καλοαναθρεμμένος) well-brought-up · (αρν.) spoiled, spoilt (Βρετ.)

καλοντυμέν|ος επίθ well-dressed

καλοπέραση η (= καλοζωία) good life · (= ζωή με απολαύσεις) high life

καλοπερν|ώ ρ αμ (= καλοζώ) to live well · (= διασκεδάζω) to have a good time

καλοπιάν|ω ρ μ to cajole

καλοριφέρ το (= κεντρικό σύστημα θέρμανσης) central heating · (μεταλλικό σώμα θέρμανσης) radiator · (συσκευή θέρμανσης) heater · (αυτοκινήτου) radiator

καλ|ός επίθ good · (= ευγενικός) kind · (γεράματα) pleasant · (= κερδοφόρος) profitable · (= ευχάριστος: γραμμή, παρουσιαστικό) nice · (λόγια) kind · (μερίδα) big · (= βολικός: παπούτσια, ρούχα) comfortable · **είμαι ~ με κπν** to be kind to sb · **~ό ταξίδι!** have a good journey! · **~ή διασκέδαση!** have fun! · **~ή ανάρρωση!** get well soon! · ▷ **~ή θέληση** goodwill

▶ **καλός** ο (= ηθικός άνθρωπος) goodie (Βρετ.), good guy (Αμερ.) · (= αγαπημένος) sweetheart

▶ **καλή** η (= ηθικός άνθρωπος) goodie (Βρετ.), good guy (Αμερ.) · (= αγαπημένη) sweetheart

κάλ|ος ο corn

καλοσύν|η η kindness · **έχω την ~ να κάνω κτ** to be kind enough to do sth · **~ σας που ή να μας βοηθήσατε** it's very kind of you to help us

καλούπι το (= μήτρα) mould (Βρετ.), mold (Αμερ.) · (σε οικοδομή) form

καλοψημέν|ος επίθ (ψάρι, φαγητό) well-cooked · (κρέας) well-done · (ψωμί) well-baked

καλπασμ|ός ο canter

κάλπη η ballot box

▶ **κάλπες** πλ polls

κάλπικ|ος επίθ counterfeit

καλσόν το tights πληθ. (Βρετ.), pantyhose χωρίς πληθ. (Αμερ.)

κάλτσ|α|α η sock

καλτσόν το = **καλσόν**

καλύβ|α η hut

κάλυμμα το (καναπέ, αυτοκινήτου) cover · (βιβλίου) (dust) jacket · **~ κρεβατιού** bedspread

καλυμμέν|ος επίθ covered ▷ **~η επιταγή** good cheque (Βρετ.) ή check (Αμερ.)

καλύπτ|ω ρ μ (πρόσωπο, φαγητό) to cover · (ίχνη, παίχτη) to cover · (ατέλειες, υπόθεση) to cover up · (υπενθύμιση, δράστες) to conceal · (συνάδελφο) to cover for · (σώμα, επιφάνεια) to cover · (ανάγκες, όρο) to meet · (διαμονή, διατροφή) to cover · (θέση) to fill · (κενό) to fill in · (ελλειψη) to make up · (θόρυβο, φωνές) to drown out · (απόσταση, χιλιόμετρα) to cover · (δημοσιογράφος, Μ.Μ.Ε.: γεγονός, αγώνα) to cover · (ραδιοσταθμός: πόλη, επικράτεια) to broadcast in · (επιταγή) to cover (Αμερ.)

καλύτερα επίρρ better

καλυτέρευσ|η η improvement

καλυτερεύ|ω ρ μ to improve ◆ ρ αμ to improve

καλύτερ|ος επίθ better · (είμαι) ο ~ (to be) the best · **είναι ~ο να**

κάνω κτ it's better to do sth · **ό, τι ~ο** the best · **στην ~η περίπτωση** at best · **το ~ο δυνατό** the best possible

κάλυψ|η (προσώπου, πληγής) covering · (= κάλυμμα) cover · (παραγωγών, απασθαλιών) covering up (συναδέλφων, ανωτέρου) covering for · (αναγκών, απαιτήσεων) meeting · (έλλειψης) making up · (φαρμακευτικών προϊόντων) supply · (δαπανών, εξόδων) covering · (αγώνα, είδησης) coverage[2] · (απόστασης) covering · (επιταγής) covering

καλώ ρ μ (= προσκαλώ) to invite · (γιατρό, υδραυλικό) to call · (ταξί) to hail · (= τηλεφωνώ) to call · (αριθμό) to dial · ρ αμ to ring · **~ (κπν) σε βοήθεια** to call ή shout (to sb) for help
▸ **καλούμαι** μεσ to be called

καλωδιακ|ός επίθ cable ▷ **~ό κανάλι** cable TV channel ▷ **~ή τηλεόραση** cable TV ή television

καλώδι|ο το cable

καλώς επίρρ (= σωστά, ευνοϊκά) well · (= εντάξει) all right

καλωσόριζ|ω ρ μ to welcome · **καλωσόρισες/καλωσορίσατε!** welcome!

καλωσόρισ|μα το welcome

καμάκ|ι το (αλιευτικό εργαλείο) harpoon · (οικ.: = φλερτ) flirting · (= αυτός που φλερτάρει) gigolo

καμάρ|α η arch

κάμαρ|α η (= δωμάτιο) room · (= υπνοδωμάτιο) bedroom

καμαριέρ|α η (chamber)maid

καμαριέρ|ης ο valet

καμαρίν|ι το dressing room

καμαρότ|ος ο steward

καμαρών|ω ρ μ (γιο, κόρη) to be proud of · (περιουσία, αυτοκίνητο) to show off ♦ ρ αμ to be proud (για of)

καμέλι|α η camelia

κάμερ|α η camera

κάμερα-μαν ο cameraman

καμήλ|α η (ΖΩΟΛ) camel · (μειωτ.) old cow (ανεπ.)

καμηλοπάρδαλ|η η giraffe

καμινάδ|α η chimney

καμουφλάζ το camouflage

καμουφλάρ|ω ρ μ to camouflage

καμπάν|α[1] η (εκκλησίας) bell · (αρχιτ.: = τιμωρία) punishment ▷ **παντελόνι ~** flares πληθ.

καμπάν|α[2] η bungalow

καμπαναριό το belfry

καμπανίτ|ης ο Champagne

καμπαρέ το cabaret

κάμπι|α η caterpillar

καμπίν|α η (πλοίου, τρένου) cabin · (παραλίας) beach hut · (λουτρών) cubicle · **~ πιλότου** flight deck

κάμπιγκ το camping

καμπινέ|ς (ανεπ.) ο toilet, bathroom (Αμερ.)

κάμπ|ος ο plain

καμπούρ|α η (ανθρώπου) hunchback · (καμήλας) hump (μτφ.) bulk

καμπούρης, -α, -ικο hunchbacked

καμπουριάζ|ω ρ αμ (= έχω καμπούρα) to be hunchbacked · (= λυγίζω την πλάτη) to stoop

κάμπριο, καμπριολέ το convertible

κάμπτ|ω ρ μ (σίδερο, βέργα) to bend · (γόνατα) to bend · (αντίσταση, αδιαλλαξία) to overcome · (ηθικό) to sap
▸ **κάμπτομαι** μεσ to give in

καμπύλ|η η curve
▸ **καμπύλες** πλ curves

καμπύλ|ος επίθ curve

κάμψ|η η (μετάλλου, ξύλου) bending · (τιμών) fall · (πληθωρισμού) decline · (εξαγωγών) decline

let-up
▸ **κάμψεις** πλ press-ups (Βρετ.),
push-ups (Αμερ.)
καν επίρρ even
Καναδ|άς ο Canada
Καναδέζ|α η βλ. **Καναδός**
καναδέζικ|ος επίθ = **καναδικός**
Καναδέζ|ος ο = **Καναδός**
Καναδ|ή η βλ. **Καναδός**
καναδικ|ός επίθ Canadian
Καναδ|ός ο Canadian
κανάλ|ι το channel·
(= ραδιοφωνικός σταθμός) station·
(Βενετίας, Μπέρμιγνχαμ) canal·
αλλάζω ~ to turn over· **παίζω με
τα ~α** to channel-hop (Βρετ.), to
channel-surf (Αμερ.) ▷ **το ~ τού
Σουέζ** the Suez Canal
καναπ|ές ο sofa ▷– **κρεβάτι** sofa
bed
καναρίν|ι το canary
κάνας, καμιά, κάνα (προφ.)
αντων (= κανένας) some· (σε
αρνητικές ή ερωτηματικές
προτάσεις) any
κανάτ|α η jug
κανάτ|ι το jug

ΛΕΞΗ-ΚΛΕΙΔΙ

κανείς, καμιά ή –μιά, κανένα
αντων αόριστ (α) (= ούτε ένας· για
πρόσ.) nobody
(β) (= κάποιος· για πρόσ.) anybody
(γ) (= οποιοσδήποτε) you
(δ) (= περίπου) about· **με
κανέναν τρόπο!** no way!· **καμιά
φορά** sometimes

κανέλ|α η cinnamon
κανέν|ας, καμιά ή –μιά, κανένα
αντων αόριστ = **κανείς**
κανίβαλ|ος ο/η cannibal
κάνναβ|η η hemp
κάνναβ|ις (επίσ.) η = **κάνναβη**
κάνν|η η barrel
κανό το (= βάρκα) canoe·
(άθλημα) canoeing

κανόν|ας ο (= υπόδειγμα) model·
(ορθογραφικός, γραμματικός) rule·
(μαθηματικός) principle· (φυσικός)
law· (= νόμος) rule· **τηρώ/
παραβιάζω τους ~ες** to obey/
break the rules
κανόν|ι το cannon
κανονίζ|ω ρ μ (ζωή) to sort out·
(σχέσεις, δικαιώματα) to
determine· (κυκλοφορία) to
regulate· (έξοδα, συμπεριφορά) to
adjust· (ταξίδι, πάρτι) to
organize· (γάμο) to set a date
for· (ραντεβού) to arrange·
(υποθέκη, πληρωμή) to settle
κανονικά επίρρ (πληρώνομαι,
ενεργώ) regularly· (κοιμάμαι,
τρώω) as normal· (παρκάρω)
legally· (μιλώ) properly·
(αναπνέω) properly· (χτυπώ,
αυξάνομαι) regularly
κανονικ|ός επίθ (άδεια, αποδοχές)
regular· (διακοπή) routine·
(δρομολόγια) regular· (άνθρωπος,
ζωή) normal· (βάρος, ύψος)
normal· (θερμοκρασία, ρυθμός)
even· (αναπνοή, σφυγμός)
regular· (λειτουργία) normal·
(παρκάρισμα) legal· (προετοιμασία)
standard
κανονισμ|ός ο (νοσοκομείου,
κυκλοφορίας) regulation·
(σχολείου, πολυκατοικίας) rule·
(Βουλής) ruling· ▸ **βιβλίο
κανόνων** regulations πληθ.
κάνουλ|α η tap
κανταδ|α η serenade
κανταΐφ|ι το kataifi
καντήλ|ι το oil lamp
καντίν|α η (= κυλικείο) canteen·
(= κινητό αναψυκτήριο) snack
van· (με σουβλάκια) kebab van·
(με παγωτά) ice-cream van

ΛΕΞΗ-ΚΛΕΙΔΙ

κάν|ω ρ μ (α) (= πράττω) to do
(β) (= φτιάχνω: καφέ, έπιπλο) to

make · **ο Θεός έκανε τον κόσμο**
God created the world
(γ) (= διαπράττω: φόνο, έγκλημα)
to commit
(δ) (= διενεργώ: συνέλευση,
συγκέντρωση) to hold · **κάνω
διαδήλωση** to hold a
demonstration
(ε) (ως περίφραση ρήματος) to
make · **κάνω επίσκεψη** to make / to
pay a visit · **κάνω περίπατο** to go
for a walk · **κάνω προσπάθεια** to
make an effort · **κάνω ταξίδι** to
make a journey · **κάνω
γυμναστική** to take exercise ·
κάνω μάθημα/Αγγλικά (για
μαθητή) to have a lesson / to study
English · (για δάσκαλο) to give a
lesson / to teach English · **κάνω
εντύπωση σε κπν** to make an
impression on sb
(στ) **κάνω παιδί** to give birth to ·
κάνω αβγό to lay (an egg) · **κάνω
μήλα** to produce apples
(ζ) (= μεταποιώ) **έκανε το ισόγειο
μαγαζί** he turned the ground
floor into a shop · **έκανε τον
λαγό στιφάδο** he made a stew
with ή out of the hare
(η) (= διορίζω) to appoint
(θ) (= υποκρίνομαι) to pretend ·
κάνει τον άρρωστο/τον κουφό
he's pretending to be ill / deaf ·
κάνω τον βλάκα to act stupid ·
κάνω πως ή **ότι** to pretend
(ι) (= κάνω σε έναν τόπο)
(ια) (= διατελώ) to be · **τα κάνω
πάνω μου** (ανεπ.) to shit oneself
(χυδ.) · (μτφ.) to be scared shitless
(χυδ.) · **το κάνω με κπν** (οικ.) to
have it off with sb (ανεπ.) · **την
κάνω** (οικ.) to sneak off · **κάνω
κπν να κάνει κτ** to make sb do
sth · **κάνω να** (= επιχειρώ) to try ·
κάνω λεφτά to make money ·
κάνω φίλους to make friends ·
κάνω καλό/κακό to benefit /
harm · **κάνω σαν τρελός/σαν**

παιδί to behave ή act like a
madman / a child · **δεν κάνω φυλακή**
to do time · **δεν κάνω χωρίς κπν/
κτ** not to be able to do without
sb/sth · **κάνω τον δάσκαλο/τον
βοηθό** to work as a teacher/as an
assistant · **δεν κάνω με κπν** not
to get on with sb · **έχω να κάνω
με κπν/κτ** to deal with sb · **δεν
έχει να κάνει τίποτα με σένα**
this has nothing to do with you ·
δεν μου κάνει η φούστα the skirt
doesn't fit me · **μας κάνει αυτό
το εργαλείο** this tool is suitable ·
πόσο κάνει; how much does it
cost? · **τι κάνεις;/κάνετε;** how are
you? · **το ίδιο κάνει** it doesn't
make any difference · **το ίδιο
μου κάνει** it's all the same to
me
♦ *απρόσ* **δεν κάνει να** it's not
good to · **κάνει καλό/κακό καιρό**
the weather is good/bad · **κάνει
κρύο/ζέστη** it's cold/hot

κάπ|α¹ *το* kappa, *tenth letter of the
Greek alphabet*
κάπ|α² *η* (βοσκού) cloak ·
(= επέτεια) cape
καπάκ|ι *το* (κατσαρόλας, δοχείου)
lid · (μπουκαλιού) top
καπαμά|ς *ο* lamb or veal cooked
with tomatoes and spices
καπέλο *το* (= κάλυμμα κεφαλής)
hat · (= αθέμιτη αύξηση τιμής)
overcharging
καπετάνι|ος *ο* captain
καπνίζ|ω *ρ μ* to smoke ♦ *ρ αμ* to
smoke
κάπνισ|μα *το* smoking ·
"απαγορεύεται το ~" "no
smoking"
καπνιστ|ής *ο* smoker
καπνιστ|ός *επίθ* smoked
▸ **καπνιστό** *το* smoked meat
καπνίστρι|α *η βλ* **καπνιστής**
καπνοδόχ|ος *η* chimney

καπνοπωλεί|ο το tobacconist's
καπνοπώλης ο tobacconist
καπνοπώλισσα η βλ. **καπνοπώλης**
καπν|ός ο (φωτιάς, τσιγάρου)
smoke • (φυτό) tobacco • (πίπας,
πούρου) tobacco ▷**προπέτασμα**
~ού smokescreen
καπό το bonnet (Βρετ.), hood
(Αμερ.)

ΛΕΞΗ-ΚΛΕΙΔΙ

κάποιος, -οια, -οιο αντων
(α) (= ένας) someone • (αόριστα) a
(β) (μετά από αόριστο άρθρο) some
(γ) (= σημαντικός) someone
(δ) (= λίγος: παρ/φραση, γνώσεις)
some • (χρήματα) a little • **κάποιοι**
some

καπότ|α η (χυδ.: = προφυλακτικό)
condom • (παλ.: = κάπα) cloak
κάποτε επίρρ (στο παρελθόν)
once • (στο μέλλον) sometime • (ως
διαζευκτικό) sometimes •
~~ once in a while
κάπου επίρρ (= σε κάποιο μέρος)
somewhere • (= περίπου) some •
(= σε κάποιον βαθμό) somehow •
~ τον ξέρω I know him from
somewhere • **~~** occasionally
καπουτσίνο ο/το cappuccino
καπρίτσι|ο το (ανθρώπου) whim •
(έρωτα, τύχης) vagary
κάπως επίρρ (= με κάποιον τρόπο)
somehow • (= λίγο) rather •
(= περίπου) about • **~ αλλιώς**
somewhat differently
καράβ|ι το (γενικότ.) boat •
(= ιστιοφόρου/ού) sailing ship
καραβίδ|α η crayfish (Βρετ.),
crawfish (Αμερ.)
καραμέλ|α η (βουτύρου) toffee •
(λεμονιού) sweet (Βρετ.), candy
(Αμερ.) • (λαιμού) pastille • (σιρόπι)
caramel

caramel
καραμπίν|α η shotgun
καραμπόλ|α η (οχημάτων)
pile-up • (στο μπιλιάρδο) cannon
καραντίν|α η quarantine
καράτε το karate
καράτ|ι το carat
καράφα|α η carafe
καραφάκ|ι το small carafe
καραφλιάζω ρ αμ (= κάνω
φαλάκρα) to go bald • (αργκ. =
μένω άναυδος) to be struck dumb
♦ ρ μ (αργκ.) to leave speechless
καραφλ|ός επίθ = **φαλακρός**
καρβέλ|ι το loaf
κάρβουν|ο το coal
καρδι|ά η (μυϊκό όργανο) heart •
(σχήμα) heart • (= κουράγιο)
courage • (πόλης, χωριού) heart •
(καλοκαιριού, μήνα) middle •
(χειμώνα) depths πληθ. •
(προβλήματος) heart • (μαρουλιού)
heart • (καρπουζιού) middle
▷**ανακοπή ή συγκοπή ~ς** heart
failure ▷**εγχείρηση ανοιχτής ~ς**
open heart surgery
καρδιοκατακτητ|ής ο
heart-throb
καρδιολόγ|ος ο/η heart specialist
καρέκλ|α η chair
καρεκλάκ|ι το stool
κάρ|ι το curry
καριέρ|α η career • **κάνω ~** to
make a career
καρίν|α η keel
καρκίν|ος ο (IATP) cancer • (ΖΩΟΛ)
crab • (ΑΣΤΡΟΝ, ΑΣΤΡΟΛ) Cancer
καρμπόν το carbon paper
καρναβάλ|ι το carnival
Κάρντιφ το Cardiff
καρό το (= τετράγωνο) check •
(στην τράπουλα) diamond • **δέκα /
ντάμα ~** ten/queen of diamonds •
~ φούστα/πουκάμισο check skirt/
shirt
κάρ|ο τυ (όχημα) cart • (προφ. =

καρότο: για άτομο) old crock
(ανεπ.) · (για αυτοκίνητο) old
banger (ανεπ.)
καρότ|ο το carrot
καρότσ|α η back
καροτσάκ|ι το (= μικρό καρότσι)
barrow · (μωρού) pushchair
(Βρετ.), (baby) stroller (Αμερ.) ·
(νηπίου) pram (Βρετ.), baby
carriage (Αμερ.) · (αναπήρων)
wheelchair
καρότσ|ι το (γενικότ.)
(wheel)barrow · (για αποσκευές,
ψώνια) trolley · (μωρού) pushchair
(Βρετ.), (baby) stroller (Αμερ.) ·
(νηπίου) pram (Βρετ.), baby
carriage (Αμερ.) · (αναπήρων)
wheelchair
καρούμπαλ|ο το lump
καρπάζ|α (ανεπ.) η slap
καρπ|ός ο (φυτού) fruit · (= σπόρος
σιτηρών) grain · (μτφ.) fruit ·
(ΑΝΑΤ) wrist
καρπούζ|ι το watermelon
κάρτ|α η (γενικότ.) card ·
(= ταχυδρομικό δελτάριο)
(post)card · (επαγγελματία)
business card · (καρτοτηλεφώνου)
phonecard · (κινητού τηλεφώνου)
top-up card ▷**ευχετήρια**
~ **greetings** card ▷~ **βίντεο**
(ΠΛΗΡΟΦ) video card ▷~ **εισόδου/**
εξόδου entry/exit card ▷~ **ήχου**
(ΠΛΗΡΟΦ) sound card ▷~ **μέλους**
membership card ▷~ **νέου**
young person's card ▷**κίτρινη/**
κόκκινη ~ (ΑΘΛ) yellow/red card
▷**πιστωτική** ~ credit card
▷**πράσινη** ~ green card
▷(**χρονική**) ~ **απεριόριστων**
διαδρομών travel card
καρτέλ|α η (πελάτη) data card ·
(ασθενούς) chart
καρτοκινητό το pay-as-you-go
mobile phone
καρτοτηλέφων|ο το card phone
καρτούν το cartoon

καρτ ποστάλ η postcard
καρύδ|α η coconut
καρύδ|ι το (= καρπός καρυδιάς)
walnut · (ανεπ.) Adam's apple
καρύκευμα το spice
καρφ|ί το (= πρόκα) nail · (ανεπ.: =
προδότης) informer · (= έξυπνο και
καυστικό σχόλιο) barb · (στο ποδήλ.)
spike · (στο τένις, πινγκ-πονγκ)
smash
▶ **καρφιά** πλ (παπουτσιών
ποδοσφαιριστή) studs ·
(παπουτσιών σπρίντερ) spikes
καρφίτσ|α η (= μεταλλική βελόνα)
pin · (κόσμημα) brooch
▷~ **ασφαλείας** safety pin
καρφιτσών|ω ρ μ to pin
καρφών|ω ρ μ (σανίδες, κάδρο) to
nail · (μαχαίρι, σπαθί) to plunge ·
(τυρί) to stab · (= καταδίδω) to
inform against · (= κοιτάζω
επίμονα) to stare at · (στο μπάσκετ)
to dunk · (στο βόλεϊ) to hit
▶ **καρφώνομαι** μεσ to stick
καρχαρί|ας ο shark
κασέλ|α η chest
κασέρ|ι το kasseri cheese,
*semi-hard yellow cheese made from
sheep's and cow's milk*
κασερόπιτα η kasseri cheese pie
κασέτ|α η cassette
κασετίν|α η (κοσμημάτων)
jewellery (Βρετ.) η jewelry (Αμερ.)
box · (μαθητή) pencil case
κασετόφων|ο το cassette ή tape
player
κασκόλ το scarf
κασμίρ|ι το cashmere
κάσταν|ο το chestnut
κασταν|ός επίθ brown
κάστορ|ας ο beaver
καστόρ|ι το (= δέρμα κάστορα)
beaver skin · (για παπούτσια,
γάντια) suede
καστόριν|ος επίθ suede
κάστρ|ο το (= φρούριο) castle ·
(= τείχος) city wall

ΛΕΞΗ-ΚΛΕΙΔΙ

κατά, κατ', καθ' *πρόθ* (α) *(για κίνηση σε τόπο)* towards
(β) *(για τοπική προσέγγιση)* close to
(γ) *(για μέρος που γίνεται κάτι)* along
(δ) *(για χρόνο)* during
(ε) *(για χρονική προσέγγιση)* around
(στ) *(για τρόπο)* by
(ζ) *+γεν.* (= *εναντίον*) against ·
είμαι κατά κποιου to be against sb/sth
(η) *(για αναφορά)* in · **κατά τα άλλα** otherwise
(θ) (= *σύμφωνα με*) according to ·
κατά τη γνώμη μου in my opinion
(ι) *(για επιμερισμό)* in
(ια) *(για κριτήριο επιμερισμού)* by
(ιβ) *(για ποσότητα διαφοράς)* by ·
τα υπέρ και τα κατά the pros and cons

καταβάλλ|ω *ρ μ* (= *νικώ*) to beat ·
(= *εξαντλώ*) to wear down ·
(= *πληρώνω*) to pay
κατάβαση *η* descent
καταβολ|ή *η* (*κόπων*) going to ·
(*προσπάθεια*) making ·
(= *εξάντληση*) exhaustion · (*φόρου, δόσης*) payment
▸ **καταβολές** *πλ* nature *εν.*
καταβρέχ|ω *ρ μ* (*ρούχα*) to spray ·
(*αυλή*) to sprinkle · (*περαστικό*) to drench
καταγγελί|α *η* (= *μήνυση*) charge ·
(= *γνωστοποίηση παρανομίας*) denunciation
καταγγέλλ|ω *ρ μ* (= *κάνω μήνυση*) to charge · (= *γνωστοποιώ παρανομία*) to denounce
κάτα|γω *το* fracture
κατάγ|ομαι *ρ αμ απ* **– από** to come from
καταγωγ|ή *η* (= *γενιά*) descent ·

(= *τόπος ή έθνος καταγωγής*)
origins *πληθ.* (*σκέψης, λέξης*)
origin · **είμαι Έλληνας/Βρετανός στην ~** to come from Greece/Britain
καταδεκτικ|ός *επίθ* (= *προσηνής*) friendly · (= *συγκαταβατικός*) condescending
καταδέχ|ομαι *ρ μ απ* (= *είμαι καταδεκτικός*) to be friendly or ·
(= *είμαι συγκαταβατικός*) to condescend to
καταδεχτικός *επίθ* = **καταδεκτικός**
καταδικάζ|ω *ρ μ* (*για δικαστήριο*) to sentence · (= *κατακρίνω: επέμβαση*) to censure · (*έργο*) to slate · (*άτομο*) to condemn · (*μτφ.: προσπάθεια, εγχείρημα*) to condemn
καταδίκ|η *η* (= *ποινή*) sentence · (= *αποδοκιμασία*) censure
κατάδικ|ος *ο/η* convict
καταδιώκ|ω *ρ μ* (*κακοποιούς*) to look for · (*εχθρό*) to hunt down · (= *κατατρέχω*) to persecute
καταδίωξ|η *η* (*ληστών*) chase · (*εχθρού*) pursuit · (*αίρεσης, εργαζόμενων*) persecution
καταδότ|ης *ο* informer
καταδότρι|α *η* *βλ.* **καταδότης**
καταδύ|ομαι *ρ αμ απ* to dive
κατάδυση *η* (*υποβρυχίου*) dive · (*ΑΘΛ*) diving
καταζητούμεν|ος *επίθ* wanted
▸ **καταζητούμενος** *ο* wanted man
καταζητ|ώ *ρ μ* to search for
κατάθεσ|η *η* (*στεφάνου*) laying · (*χρημάτων*) deposit · (*ΝΟΜ*) testimony · **κάνω ~** to make a deposit
καταθέτ|ω *ρ μ* (*στεφάνι*) to lay · (*ένσταση, έρεση*) to lodge · (*χρήματα, ποσό*) to deposit · (= *δίνω κατάθεση*) to testify
κατάθλιψ|η *η* depression
καταιγίδ|α *η* (*κυριολ.*)

(thunder)storm · (μτφ.) storm

καταίφι το = **κανταΐφι**

κατακλυσμ|ός ο (ΙΣΤ) flood ·
(= νεροποντή) deluge

κατακόκκιν|ος επίθ (χρώμα,
φόρεμα) bright red · (μάτια)
bloodshot

κατάκοπ|ος επίθ exhausted

κατακόρυφ|ος επίθ (πτώση,
άνοδος) vertical · (αύξηση, μείωση)
sharp

► **κατακόρυφο** το **φτάνω στο ~ο** to
reach a peak

► **κατακόρυφος** η vertical (line)

κατακρατ|ώ ρ μ (ύποπτο, μάρτυρα)
to detain illegally · (όμηρο) to
hold · (έγγραφα) to withhold ·
(ούρα, υγρά) to retain

κατακρίν|ω ρ μ to criticize

κατάκτησ|η η (εξουσίας, πλούτου)
acquisition · (νίκης, χρυσού
μεταλλίου) winning · (= επίτευγμα)
achievement · (χώρας, εδαφών)
conquest · (= ερωτική επιτυχία)
conquest

► **κατακτήσεις** πλ colonies

κατακτητ|ής ο (χώρας, εδαφών)
conqueror · (τροπαίου) winner

κατακτήτρια η βλ. **κατακτητής**

κατακτ|ώ ρ μ (χρυσό μετάλλιο)
to win · (ελευθερία) to gain · (πλούτο)
to acquire · (χώρα, εδάφη) to
conquer · (άνδρα, γυναίκα) to
conquer

καταλαβαίν|ω ρ μ (πρόταση,
Αγγλικά) to understand · (λάθος)
to realize · (= αντιλαμβάνομαι με
αισθήσεις) to realize · (για πρόσ.: =
νιώθω) to understand · **δίνω σε
κπν να καταλάβει** (= εξηγώ) to
get sb to understand · (= δίνω
εντύπωση) to give sb to
understand · **~εις τίποτα από
Αγγλικά;** do you know any
English? · **~ κπν** (= επικοινωνώ) to
understand sb ·
(= αντιλαμβάνομαι) to see through

sb · **κατάλαβες;** do you
understand?

καταλαμβάν|ω (επίσ.) ρ μ (χώρα)
to occupy · (κάστρο, πλοίο) to
take · (αεροπλάνο) to hijack ·
(= κάνω κατάληψη: σπίτι) to
squat · (σχολείο, γραφεία) to
occupy · (για εκτάσεις ή
αντικείμενα: δέκα στρέμματα,
όροφο) to take up · (για βιβλίο,
άρθρο: σελίδες) to comprise ·
(θέση, κάθισμα) to take · (εξουσία,
αρχή) to seize

καταλήγ|ω ρ αμ (δρόμος, ποταμός)
to lead (σε to) · (επιστολή, κείμενο)
to end · (= φτάνω σε συμπέρασμα:
συμβούλιο) to conclude · (για
πρόσ.: = καταντώ) to end up ·
(ΓΛΩΣΣ: ρήμα) to end (σε in) · **πού
θέλεις να καταλήξεις;** what are
you driving at?

κατάληξη η (ομιλίας) conclusion ·
(βιβλίου) ending · (σύσκεψης,
διαβουλεύσεων) outcome ·
(ρήματος, επιθέτου) ending

κατάληψη η (πόλης, οχυρού)
capture · (εξουσίας) takeover ·
(σχολής, εργοστασίων) occupation

κατάλληλ|ος επίθ (ρούχα,
ενδυμασία) suitable · (άνθρωπος,
άτομο) right · (μέτρα, ώρα)
appropriate · **~ για κατανάλωση**
fit for consumption

κατάλογ|ος ο (θυμάτων,
αγνοουμένων) list · (βιβλίων)
catalogue (Βρετ.), catalog (Αμερ.) ·
(= μενού) menu · (μουσείου,
πινακοθήκης) catalogue (Βρετ.),
catalog (Αμερ.) · (καθηγητή)
register · (πλήρθ) menu · **~ για
ψώνια** shopping list · **~ κρασιών**
wine list · ► **τηλεφωνικός**
· telephone directory

κατάλυ|μα το lodging · **βρίσκω
~** to find lodgings

καταλύ|ω ρ μ (κράτος) to
overthrow · (δημοκρατία, τάξη) to
break down ◆ ρ αμ (ταξιδιώτες,

εκδρομείς) to stay · (στρατιώτες) to be quartered

κατάμαυρ|ος επίθ (μαλλιά, δέρμα) jet black · (σύννεφα) dark black · (αυτοκίνητο, ρούχα) deep black · (δόντια) blackened

καταναλώ|νω ρ μ (ενέργεια, ηλεκτρικό) to consume · (βενζίνη) to use · (θερμίδες) to burn · (τρόφιμα, νερό) to consume · (φάρμακα) to take · (χρόνο, χρήματα) to spend

κατανάλωση η (ηλεκτρισμού, καυσίμων) consumption · (θερμίδων) burning · (δυνάμεων) using · (φαρμάκων) taking · (χρόνου, διακοπών) spending

καταναλωτής ο consumer

καταναλώτρι|α η βλ. **καταναλωτής**

κατανέμ|ω ρ μ (χρέος, λεία) to divide · (πιστώσεις, κεφάλαια) to distribute · (καθήκοντα, εργασία) to allocate

κατανόηση η (μαθήματος, κειμένου) comprehension · (κατάστασης) understanding

κατανοητ|ός επίθ (κείμενο, γλώσσα) intelligible · (αντίδραση, δισταγμός) understandable · **γίνομαι ~** to make oneself understood

κατανο|ώ ρ μ to understand

καταντ|ώ ρ αμ to end up · (= γίνομαι) to become ♦ ρ μ to make

καταξιωμέν|ος επίθ (καλλιτέχνης, πολιτικός) accomplished · (επιχειρηματίας, ιστορικός) prominent · (προϊόν, επιχείρηση) successful

καταξίωση η accomplishment

καταπακτ|ή η trap door

καταπατ|ώ ρ μ (οικόπεδο, καμένη περιοχή) to encroach on · (νόμους,

ελευθερίες) to infringe · (συμφωνίες) to violate · (αξιοπρέπεια, ιδανικά) to trample on · (όρκο, υπόσχεση) to break

καταπιέζ|ω ρ μ (παιδιά, σύζυγο) to tyrannize · (εργαζόμενους, λαό) to oppress · (αισθήματα, επιθυμίες) to repress

καταπίεση η (παιδιών, συζύγου) tyranny · (υπαλλήλων, πολιτών) oppression · (επιθυμιών, αισθημάτων) repression

καταπίν|ω ρ μ to swallow ♦ ρ μ to swallow

καταπληκτικ|ός επίθ (εμφάνιση, σπίτι) fantastic · (εγχείρημα, λόγια) brilliant · (ταλέντο) extraordinary · (άνθρωπος) extraordinary

κατάπληκτ|ος επίθ amazed

κατάπληξη η amazement

καταπολεμ|ώ ρ μ (πληθωρισμό, φοροδιαφυγή) to fight · (ασθένεια, πυρκαγιά) to fight against · (ναρκωτικά) to combat

καταπραΰν|ω ρ μ (πόνο) to relieve · (θυμό) to control

κατάπτωση η (= εξάντληση) exhaustion · (= κατάθλιψη) depression · (= παρακμή) decline

κατάρ|α η (= ανάθεμα) curse · (δυστυχία) disaster

καταραμέν|ος επίθ (= αναθεματισμένος) cursed · (κλειδιά, ψυγείο) damned

κατάργηση η (νόμου) abolition · (απόφασης) quashing · (διακρίσεων) end · (εξετάσεων, ελέγχων) invalidation

καταργ|ώ ρ μ (νόμο) to abolish · (απόφαση) to quash · (υπηρεσία) to end · (εξετάσεις) to invalidate · (τυπικότητες) to do away with

καταρράκτ|ης ο (χυσιολ.) waterfall · (ιατρ) cataract ▷**οι ~ες του Νιαγάρα** Niagara Falls

καταρρακτώδης επίθ torrential

κατταρράχτης ο = **κατταρράκτης**

κατάρρευσ|η η collapse

κατταρρέ|ω ρ αμ to collapse

κατταρρίπτ|ω ρ μ (αεροπλάνο, ελικόπτερο) to shoot down · (επιχειρήματα, θεωρία) to shoot down · (ρεκόρ) to break

κατάρριψ|η η shooting down · (ρεκόρ) breaking

κατάρτ|ι το mast

κατταρτίζ|ω ρ μ (σύμβαση, συμβόλαιο) to draw up · (χρονοδιάγραμμα, πρόγραμμα) to work out · (νομοσχέδιο) to draft · (εργαζόμενους, υπαλλήλους) to train · (κατ.: = συγκροτώ: επιτροπή, ομάδα) to form

κατασκευάζ|ω ρ μ (κτήριο, αεροσκάφος) to build · (προϊόντα) to manufacture · (αργ.: ιστορίες, κατηγορίες) to make up

κατασκευαστής ο manufacturer

κατασκευάστρι|α η manufacturer · **~ εταιρεία/χώρα** manufacturing company/country

κατασκευ|ή η (πλοίου, δρόμου) construction · (= δημιουργία) structure · (αντικειμένου) design · (σώματος) physique · (κατηγορίας, ψευδών ειδήσεων) fabrication · **υπό ~** under construction

κατασκήνωσ|η η (= κάμπινγκ) camping · (εγκαταστάσεις) camp site · (= κατασκηνωτές) camp
▸ **κατασκηνώσεις** πλ camp εν.

κατασκοπεί|α η = **κατασκοπία**

κατασκοπί|α espionage

κατάσκοπ|ος ο/η spy

κάτασπρ|ος επίθ (σεντόνι, πουκάμισο) pure white · (επιδερμίδα) snow white · (δόντια) sparkling white

κατάστασ|η η (τραυματία, ασθενούς) condition · (απελπισίας, ετοιμότητας) state · (χώρας, ατόμων) situation · (εισόδων, εξόδων) record · (μισθοδοσίας

payroll · **είμαι σε καλή/κακή ~** to be in good/bad condition

κατάστημα το (= μαγαζί) shop, store (κυρ. Αμερ.) · (τράπεζας, ταχυδρομείου) office · **κεντρικό ~** head office

κατταστηματάρχης ο shopkeeper (Βρετ.), store owner (Αμερ.)

κατταστηματάρχισσα η βλ. **κατταστηματάρχης**

κατταστρεπτικ|ός επίθ (συνέπειες, επιπτώσεις) disastrous · (σεισμός, πυρκαγιά) devastating

κατταστρέφ|ω ρ μ (πόλη, πολιτισμό) to destroy · (υγεία, μάτια) to damage · (υπόληψη, μέλλον) to ruin · (επιχείρηση, οικονομία) to wreck
▸ **κατταστρέφομαι** μεσ to be ruined

κατταστροφ|ή η (δάσους) destruction · (οικονομίας) collapse · (= συμφορά) disaster
▸ **κατταστροφές** πλ damage εν.

κατταστροφικ|ός επίθ = **κατταστρεπτικός**

κατάστρωμα το deck

κατταστρών|ω ρ μ to formulate

κατάσχεσ|η η confiscation

κατάταξ|η η (βιβλίων, εγγράφων) classification · (μαθητών, υπαλλήλων) grading · (= στράτευση) enlistment · (ΑΘΛ) rankings πληθ.

κατατάσσ|ω ρ μ (= ταξινομώ: βιβλία, έγγραφα) to classify · (μαθητές, υπαλλήλους) to grade · (= συγκαταλέγω) to rank
▸ **κατατάσσομαι** μεσ (ΣΤΡ) to enlist · (ΑΘΛ) to be ranked

κατατεθέν μτχ βλ. **σήμα**

κατατοπίζ|ω ρ μ to brief

κατατοπιστικ|ός επίθ (σημείωμα, εισήγηση) explanatory · (απάντηση, ανάλυση) informative · (χάρτης) detailed · (οδηγίες) clear

κατατρομάζω ρ μ to terrify ♦ ρ αμ to be terrified

καταυλισμός *ο* (= κατασκήνωση) camping · (προσφύγων, σεισμοπλήκτων) camp

καταφατικ|ός *επίθ* (απάντηση) affirmative · (στάση) positive

καταφέρν|ω *ρ μ* (= κατορθώνω: σπουδαία πράγματα) to accomplish · (= χειρίζομαι επιτυχώς) to manage · (= πείθω) to persuade · (ερωτικά) to win over · (= καταβάλλω) to beat · (για φαγητό) to manage to eat · **τα** ~ to manage

καταφέρ|ω *ρ μ* (χτύπημα, γροθιά) to land · (πλήγμα) to inflict
▶ **καταφέρομαι** *μεσ* ~**ομαι εναντίον** *ή* **κατά** κποιου to strike *ή* lash out at sb

καταφεύγ|ω *ρ αμ* (= βρίσκω καταφύγιο) to take refuge · (= προσφεύγω) to have recourse (σε to) · (= χρησιμοποιώ) to resort (σε to)

καταφθάν|ω *ρ αμ* to turn up

καταφτάν|ω *ρ αμ* = **καταφθάνω**

καταφύγι|ο *το* (= τόπος προστασίας) shelter · (προσφύγων) refuge · (= υπόγειος χώρος) bunker · (μτφ.) refuge
▷ **αντιαεροπορικό** ~ air-raid shelter ▷ **πυρηνικό** ~ nuclear bunker *ή* shelter

κατάχρηση *η* (αλκοόλ, φαρμάκων) abuse · (δημοσίου χρήματος) misappropriation ▷ ~ **εξουσίας** abuse of power
▶ **καταχρήσεις** *πλ* excess *εν.*

καταψυγμέν|ος *επίθ* = **κατεψυγμένος**

καταψύκτ|ης *ο* freezer (*Βρετ.*), deep freezer (*Αμερ.*)

κατάψυξ|η *η* (προϊόντων, φαγητών) freezing · (ψυγείου) freezer (*Βρετ.*), deep freezer (*Αμερ.*) · (= ειδικός θάλαμος) freezer compartment

κατεβάζ|ω *ρ μ* (κιβώτιο) to get down · (φορτίο, χέρι) to lower ·

(καναπέ) to pull out · (φούστα, παντελόνι) to pull down · (γιακά, διακόπτη) to put down · (περσίδες, σημαία) to lower · (τέντα, κάδρο) to take down · (φωνή, τόνο) to lower · (τιμή, ενοίκιο) to put down · (επίβαη) to drop (off) · (ιδέες) to come up with · (ανεπ.: φαγητό, νερό) to gulp down · (ποτό) to knock back (ανεπ.) · (επίπεδο, ποιότητα) to lower · (ΠΛΗΡΟΦ: αρχείο, πληροφορίες) to download · (θεατρικό έργο, παράσταση) to take off

κατεβαίν|ω *ρ μ* (σκάλα) to go down · (παράδαιο, χρήμα) to hand over ◆ *ρ αμ* (= κατέρχομαι) to come down · (στο κέντρο, στην πόλη) to go down · (από αυτοκίνητο) to get out · (από τρένο, πλοίο) to get off · (τιμές) to come down · (ήλιος, νερό) to go down · (θερμόμος) to fall · (ομίχλη) to come down

κατέβασ|μα *το* (κιβωτίου) getting down · (καναπέ) pulling out · (φούστας, χεριού) lowering · (φούστας, παντελονιού) taking down · (γιακά) putting down · (τέντας) taking down · (διακόπτη) switching off · (φωνής, τόνου) lowering · (τιμών, ενοικίου) putting down · (επιβάτουη) dropping (off) · (ανεπ.: φαγητού, νερού) gulping down · (ποτού) knocking back (ανεπ.) · (επιπέδου, ποιότητας) lowering · (ΠΛΗΡΟΦ: αρχείου, πληροφορών) downloading

κατεδαφίζ|ω *ρ μ* to pull down

κατεδάφιση *η* (σπιτιού, τοίχου) demolition · (αξιών) tearing down

κατειλημμέν|ος *επίθ* (θέση, τουαλέτα) occupied · (τηλεφωνική γραμμή) engaged (*Βρετ.*), busy (*Αμερ.*)

κατεπείγ|ων, -ουσα, -ον (κλήση,

γράμμα) urgent · (*ζήτημα*) pressing

κατεργάρ|ης, -α, -ικο crafty

▶ **κατεργάρης ο, κατεργάρα** *η*
crafty devil · (*χαϊδ.*) rascal

κατεστημέν|ο *το* establishment

κατεστραμμέν|ος *επίθ* (*πόλη*)
flattened · (*σπίτι*) demolished ·
(*υγεία*) damaged · (*μέλλον,
καριέρα*) ruined · (*οικονομία*)
ailing · (*επιχείρηση*) bankrupt

κατευθείαν, κατ' ευθείαν *επίρρ*
(= *ίσια*) direct(ly) · (= *αμέσως:
ξεκινώ*) straightaway ·
(= *απευθείας*) directly · **πάω ~ στο
σπίτι** to go straight home

κατεύθυνσ|η *η* (= *φορά*)
direction · (*δραστηριότητας,
ενεργειών*) area · (*ερευνών*)
avenue · (*επιστήμης, ιατρικής*) aim

κατευθύν|ω *ρ μ* (*αυτοκίνητο*) to
drive · (*πλοίο*) to steer ·
(*αεροπλάνο*) to fly · (*στρατό, λαό*)
to lead · (*άνθρωπο, εξελίξεις*) to
guide · (*κράτος*) to steer · (*δράση,
σκέψη*) to direct

▶ **κατευθύνομαι** *μεσ* **~ομαι προς**
(*άνθρωπος, στρατός*) to head for ·
(*πλοίο*) to be bound for

κατέχ|ω *ρ μ* (*περιουσία, μετοχές*) to
have · (*πόλη, χώρα*) to occupy ·
(*θέση, αξίωμα*) to hold · (*τέχνη,
γλώσσα*) to master

κατεψυγμέν|ος *επίθ* frozen

κατηγορηματικ|ός *επίθ*
(*απάντηση, τόνος*) categorical ·
(*άρνηση*) flat · (*διάψευση*)
vehement · (*απόφαση, βεβαίωση*)
firm · (*για πρόσ.*) categorical ·
(*γλωσσ*) predicative

κατηγορί|α *η* (*επίσης* **κατηγόρια**:
χρηματισμού, δωροδοκίας) charge:
(*επίσης* **κατηγόρια**: = *ενόχληση*)
accusation · (*νομ*) charge ·
(*εργαζομένων, υπαλλήλων*)
category · (*ανθρώπων*) class · (*για
πράγματα*) grade · (*αθλ*) division

κατηγορουμέν|η *η* *βλ.*

κατηγορούμενος

κατηγορούμεν|ο *το* predicative

κατηγορούμεν|ος *ο* (*γενικότ.*)
accused · (= *εναγόμενος*)
defendant

κατηγορ|ώ *ρ μ* (*αντίπαλο, εχθρό*)
to accuse · (*κοινωνία, τηλεόραση*)
to blame · (*νομ*) to charge

κατηφόρ|α *η* (= *κατωφέρεια*)
slope · (= *κατήφορος*) downhill
slope · (*μτφ.*) dive

κατηφορίζ|ω *ρ μ* to go down ♦ *ρ
αμ* to go down

κατηφορικ|ός *επίθ* sloping

κατήφορ|ος *ο* (= *κατηφόρα*)
downhill slope · (*μτφ.*) decline

κατοικημέν|ος *επίθ* inhabited

κατοικί|α *η* (= *επίσης*) residence (*επίσ.*)
▷ **εργατική ~** workers' residence
▷ **μόνιμη ~** permanent residence
▷ **τόπος ~ς** place of residence

κατοικίδι|ος, -α, -ο domestic

κάτοικ|ος *ο/η* inhabitant

κατοικ|ώ *ρ αμ* to live

▶ **κατοικούμαι** *μεσ* to be inhabited

κατολίσθησ|η *η* landslide

κατονομάζ|ω *ρ μ* (*υπερπτυχερό*) to
name · (*δημιουργό, στοιχείο*) to
mention · (*ένοχο, υπαίτιο*) to
name

κατόπιν *πρόθ* +γεν. after

κατόρθω|μα *το* (= επίτευγμα) achievement · (= ανδραγάθημα) deed · (ειρ.) exploit

κατορθώνω *ρ μ* to achieve

κατούρη|μα (οικ.) *το* to pee (ανεπ.) ·
πάω για ~ to go for a pee (ανεπ.) ·
ή leak (ανεπ.)

κάτουρο (ανεπ.) *το* (= ούρα) pee (ανεπ.) · (για ποτά) cat's pee (ανεπ.) · *ή* piss (χυδ.)

κατουρώ (ανεπ.) *ρ αμ* to pee (ανεπ.) ♦ *ρ μ* to pee on (ανεπ.) ·
► **κατουριέμαι** *μεσ* (= τα κάνω πάνω μου) to wet oneself · (= επείγομαι για ούρηση) to need a pee (ανεπ.) ·
ή the toilet

κατοχή *η* (τίτλου, ναρκωτικών) possession · (χώρας, περιοχής) occupation

κάτοχ|ος *ο/η* (πτυχίου, τίτλου) holder · (περιουσίας) owner · (βραβείου, κυπέλλου) winner ·
είμαι ~ ξένης γλώσσας to be proficient in a foreign language

κατρακυλώ *ρ αμ* (άνθρωπος, βράχος) to fall · (οικονομία) to collapse · (ήθη) to decline ·
(δείκτης τιμών) to fall ♦ *ρ μ* to roll

κατσαβίδι *το* screwdriver

κατσαρίδ|α *η* cockroach

κατσαρόλα *η* (μαγειρικό σκεύος) (sauce)pan · (= περιεχόμενο σκεύους) pan(ful)

κατσαρόλ|ι *το* (sauce)pan

κατσαρ|ός *επίθ* curly

κατσίκ|α *η* (= γίδα) (nanny) goat · (υβρ.: για γυναίκας) cow (ανεπ.)

κατσικάκ|ι *το* (= κατσί κατσίκι) kid · (φαγητό) goat's meat

κατσίκ|ι *το* goat

κατσικίσι|ος, -ια, -ιο goat's

κατσούφ|ης, -α ή -ισσα, -ικο sullen

κατσουφιασμέν|ος *επίθ* sullen

κάτω *επίρρ* (= χάμω: κάθομαι, ρίχνω) down · (κοιμάμαι) on the floor · (σε χαμηλό ή χαμηλότερο επίπεδο: κοιτάζω) down · (σε νότιο σημείο) down · (= λιγότερο) under · (για θερμοκρασία) below ·
από ~ down below · **από τη μέση και ~** from the waist down · **εκεί ~** down there · **έλα ~!** come down! · **~ από τα γόνατα** below the knee · **~ από το μηδέν** below zero · **~ από το παράθυρο** beneath the window · **~ από το τραπέζι/τα βιβλία** under the table/the books · **~ από τρία εκατομμύρια** less than three million · **μένω (από) ~** (σε πολυκατοικία) to live downstairs *ή* on the floor below · **μένω ~** (= ένοικος κάτω ορόφου) the person who lives on the floor below · **παιδιά ~ των δέκα ετών** children under ten (years old) · **πέφτω ~** (= σωριάζομαι) to fall down · (= αρρωσταίνω) to fall ill · **πιο ~** (= πιο πέρα) a bit *ή* little further · (σε κείμενο ή διήγηση) below · **ο όροφος** floor below ·
Κάτω... (σε τοπωνύμια) Lower...

κατώτερ|ος, -η ή -έρα, -ο (σημείο, επίπεδο) lower · (υλικό, ποιότητα) inferior · (απόδοση, βαθμίδα) lower · (ένσ τ ικτα, άνθρωπος) baser · (μοίρα) worse · (υπάλληλος, αξιωματικός) junior · (όντα, μορφές ζωής) lower

κατώφλ|ι *το* threshold

Κάτω Χώρες *οι* **οι ~** the Netherlands · *βλ. κ.* **Ολλανδία**

καυγαδίζ|ω *ρ αμ* = **καβγαδίζω**

καυγ|άς *ο* = **καβγάς**

καυσαέρι|ο *το* fumes *πληθ.*

καύση *η* (ξύλου, άνθρακα) burning · (ΧΗΜ) combustion
▷~ **νεκρών** cremation

καύσιμ|ος *επίθ* combustible
► **καύσιμο** *το* fuel

καυσόξυλ|ο *το* firewood *χωρίς πληθ.*

καυστικ|ός *επίθ* (νάτριο, ποτάσα)

caustic · (λόγια, κριτική) scathing · (χιόνιου) caustic

καύσωνας ο heat wave

καυτερός επίθ (σάλτσα, λουκάνικο) spicy · (πιπεριά) hot ► **καυτερά** τα spicy food ɛν.

καυτ|ός επίθ (νερό) boiling hot · (σούπα, τσάι) scalding (hot) · (ήλιος, άμμος) scorching (hot) · (σίδερο, κάρβουνα) red hot · (δάκρυα) scalding · (φιλί, βλέμμα) passionate · (ερώτημα, προβλήματα) burning · (είδηση) hot off the press · (φωτογραφίες, κομμά) provocative

καυχ|ιέμαι, καυχ|ώμαι ρ αμ απ το boast (για about)

καφάσι| το crate

καφάσι|² (ανεπ.) το skull · **μου φεύγει το ~** (οικ.) to lose one's mind

καφέ¹ το café

καφέ² brown ► **καφέ** το brown

καφέ μπαρ το café bar

καφενεδάκι| το βλ. **καφενείο**

καφενεί|ο το (= καφέ) café · (= χώρος χωρίς τάξη) madhouse (ανεπ.)

καφ|ές ο coffee · **ελληνικός/ γαλλικός ~** Greek/French coffee ▷**~ σκέτο** black coffee without sugar ▷**~ μέτριος/γλυκός** semi–sweet/sweet black coffee ▷**~ φίλτρου** filter coffee ▷**κόκκοι –έ** coffee beans ▷**μύλος τού –έ** coffee grinder

καφετερία η = **καφετέρια**

καφετέρι|α η coffee bar

καφετζ|ής ο (= ιδιοκτήτης καφενείου) café owner · (= υπάλληλος καφενείου) waiter

καφετζού| η (= ιδιοκτήτρια καφενείου) café owner · (= υπάλληλος καφενείου) waitress · (= μάντισσα του καφέ) fortune teller

καφετιέρ|α η (συσκευή) coffee machine · (σκεύος) coffee pot

καχεκτικός επίθ (άνθρωπος) frail · (παιδί) frail · (δέντρο) stunted · (οικονομία) ailing

καχύποπτ|ος επίθ suspicious

κάψιμο το (= καύση) burning · (= έγκαυμα) burn · (= σημάδι εγκαύματος) burn mark · (= καούρα) heartburn · (στον λαιμό, λάρυγγα) burning sensation

κάψουλα η capsule

κέδρ|ος ο cedar (tree)

κέικ το cake

κειμενικός επίθ textual ▷**αποστολή –ού μηνύματος** text messaging ▷**–ό μήνυμα** text message

κείμεν|ο το text

κειμήλι|ο το (γενικότ.) souvenir · (οικογενειακό) heirloom · (ιστορικό, ιερό) relic

κείνος, -η, -ο αντων = **εκείνος**

κελαηδ|ώ ρ αμ = **κελαϊδώ**

κελάϊδημα, κελαΐδισμα το singing

κελαϊδ|ώ ρ αμ (= τραγουδώ) to sing · (= φλυαρώ) to chatter · (ειρ.: = αποκαλύπτω) to talk

κελάρ|ι το cellar

κελ|ί το cell

κέλυφ|ος το shell

κεν|ό το (= χάσμα) (empty) space · (στο στομάχι) emptiness · (γνώσεων, κατάθεσης) gap · (χρόνου) gap · **πέφτω στο ~** to fall through the air · (= αποτυγχάνω) to come to nothing ▷**~ αέρος** (= διαρροά υγροαεριώσης πίεσης) air pocket ▷**συσκευασία –ού** vacuum packaging

κεν|ός επίθ (μπουκάλι, κιβώτιο) empty · (δωμάτιο ξενοδοχείου, αίθουσα) vacant · (ώρες) free · (υποσχέσεις, λόγια) empty · (ελπίδες) vain · (άνθρωπος) vacuous ▷ **~ή εστία** (στο ποδόσφαιρο) open goal ▷ **~ή θέση** vacancy

κέντη|μα το (τέχνη) needlework · (= εργόχειρο) embroidery · (μέλισσας) sting · (αλόγου) kick (with spurs)

κεντητ|ός επίθ embroidered

κεντρί το sting

κεντρικ|ός επίθ (Ασία, Ευρώπη) central · (κατάστημα, πλατεία) main · (ιδέα, νόημα) main · (ρόλος) central · (κεραία) main ▷ **~ αγωγός** mains πληθ. ▷ **~ό δελτίο ειδήσεων** main news πληθ. ▷ **~ δρόμος** main road, high (Βρετ.) ή main (Αμερ.) street ▷ **~ή θέρμανση** central heating
► **κεντρικά** τα head office εν.

κέντρ|ο το centre (Βρετ.), center (Αμερ.) · (ενδιαφέροντος) focus · (εταιρείας) head office · (οργανισμού) central office · (διασκέδασης) club · (εμπορίου, πολιτισμού) hub · (ΑΘΛ: ομάδας) midfield ▷ **εμπορικό ~** shopping centre (Βρετ.) ή center (Αμερ.) ▷ **~ βάρους** (ΦΥΣ) centre (Βρετ.) ή center (Αμερ.) of gravity · (μτφ.) focal point

κεντώ ρ μ (τραπεζομάντηλο, σχέδια) to embroider · (για μέλισσα) to sting · (άλογο: με σπιρούνια) to kick · (ενδιαφέρον, περιέργεια) to arouse · (φαντασία) to stir

κεραία η (ραδιοφώνου, τηλεόρασης) aerial (Βρετ.), antenna (Αμερ.) · (εντόμου) antenna

κεραμίδ|α η (= πλάκα για κάλυψη στέγης) tile · (= στέγη) roof

κερασ|ιά το cherry

κερασιά η cherry tree

κέρασ|μα το (καλεσμένων, φίλων) treat · (= ό,τι προσφέρεται) round · **για το ~** as a treat · **είναι ~ του**

καταστήματος it's on the house

κερατ|άς (υβρ.) ο (= απατημένος σύζυγος) cuckold · (προσφώνηση ή χαρακτηρισμός) bastard (Βρετ.) (χυδ.), son of a bitch (Αμερ.) (χυδ.)

κέρατ|ο το (ταύρου, ρινόκερου) horn · (ελαφιού) antler · (= κεράτωμα) cheating (ανεπ.)

κεράτω|μα το (οικ.) το cheating (ανεπ.)

κεραυνοβόλ|ος, -ος ος ή **-α, -ο** (αντίδραση, ενέργεια) lightning · (ασθένεια) acute · (βλέμμα) fierce · ▷ **~ έρωτας** love at first sight

κεραυνός ο thunderbolt

κερδί|ζω ρ μ (δόξα, φήμη) to win · (αναγνώριση) to gain · (χρήματα) to earn · (λεφτά, πέναλτι) to win · (αγώνα, δίκη) to win · (εμπιστοσύνη, εκτίμηση) to earn · (οπαδούς, κοινό) to gain · (άνθρωπο) to win over ♦ ρ αμ (= ωφελούμαι) to benefit · (= νικώ) to win · (= κάνω καλή εντύπωση) to look good

κερδισμέν|ος επίθ **βγαίνω ~ από κτ** to gain from sth · **είμαι ο ~ της υπόθεσης** to be the one that stands to gain

κέρδ|ος το (= όφελος) profit · (λαχείου) winnings πληθ. · (μτφ.) benefit ▷ **βγάζω ~** to make a profit ▷ **καθαρό/μικτό ~** net/gross profit

κερδοσκοπί|α η speculation

κερδοφόρ|ος, -α ή -ος profitable

κερήθρ|α η = **κηρήθρα**

κερ|ί το (μελισσών) wax · (= λαμπάδα) candle · (= έκκριμα αφτιού) earwax · (για αποστρίχωση) wax

κερίν|ος επίθ (κούκλα, ομοίωμα) wax · (πρόσωπο) ashen

κερκίδ|α η (σταδίου) stand · (θεάτρου) tier · (= θεατές) crowd

Κέρκυρ|α η (νησί) Corfu · (πόλη)

Corfu (town)

κέρμα *το* coin

κερματοδέκτης *ο* coin slot·
τηλεφώνο με ~η pay phone

κερν|ώ *ρ μ* (*επισκέπτες,
καλεσμένους*) to offer · (*παρέα,
φίλους*) to treat

κέρσορας *ο* cursor

κεσεδάκι *το* pot

κέτσαπ *το* ketchup (*Βρετ.*), catsup
(*Αμερ.*)

κεφαλαί|ο *το* capital (letter) · **με
~α** in block capitals

κεφάλαι|ο *το* (*καταστηματάρχη,
ιδιώτη*) capital ·
(= *κεφαλαιοκράτες*) capitalists
πληθ. · (*βιβλίου*) chapter ·
(*ιστορίας*) chapter

κεφάλ|ι *το* (*ανθρώπου, ζώου*)
head · (*καρφίτσας, καρφιού*) head ·
(*για τυρί*) ball · (*για σκόρδο*) bulb ·
γυρίζει το ~ μου my head's
spinning · (**με**) **πονάει το ~ μου**
to have a headache

κεφαλι|ά *η* (*στο ποδόσφαιρο*)
header · (= *κοντουλιά*) head butt

Κεφαλληνία *η* = **Κεφαλλονιά**

Κεφαλλονιά *η* Cephalonia

κεφαλόπον|ος *ο* headache

κέφαλ|ος *ο* grey (*Βρετ.*) ή gray
(*Αμερ.*) mullet

κεφαλοτύρι *το* kefalotiri, hard
cheese made from sheep's milk

κεφάτ|ος *επίθ* cheerful · (*ιστορία,
τραγούδι*) jolly · (*πείραγμα*)
playful

κέφ|ι *το* (= *ενδιαθεσία*) good
mood · (= *διάθεση*) good humour
(*Βρετ.*) ή humor (*Αμερ.*) · **έχω/δεν
έχω ~α** to be in a good/bad
mood

κεφτ|ές *ο* meatball

κεχριμπάρι *το* (= *ήλεκτρο*)
amber · (*για κρασί*) nectar

κηδεί|α *η* (= *εκφορά*) funeral ·
(= *νεκρική πομπή*) funeral
procession

κηδεμόν|ας *ο/η* (*ανήλικου*)
guardian · (*περιουσίας*) trustee

κηδεύ|ω *ρ μ* to bury

κηλίδ|α *η* stain · (*χρώματος*) spot ·
(*μτφ.*) stain · **~ πετρελαίου** oil
slick

κήπ|ος *ο* garden ▷**εθνικός ~** park

κηπουρ|ός *ο/η* gardener

κηρήθρ|α *η* honeycomb

κηροπήγι|ο *το* candlestick

κήρυγ|μα *το* (*ΘΡΗΣΚ*) sermon ·
(*αργ.*) lecture

κήρυκ|ας *ο* (*ΘΡΗΣΚ*) preacher ·
(*αδελφοσύνης, ιδεών*) advocate ·
(*μίσους*) messenger

κηρύσσ|ω, κηρύττω *ρ μ*
(*Ευαγγέλιο, ιδέες*) to preach ·
(*πόλεμο, πτώχευση*) to declare ·
(*απεργία*) to call ◆ *ρ αμ* to preach
a sermon

κι *σύνδ* = **και**

κιάλι|α *τα* binoculars

κίβδηλ|ος (*επία.*) *επίθ* counterfeit

κιβώτι|ο *το* box · **~ ταχυτήτων**
gearbox

κιγκλίδω|μα *το* (*σκάλας, σταδίου*)
railings *πληθ.* · (*τζακιού*) fireguard

κιθάρ|α *η* guitar · **μαθαίνω ~** to
learn to play the guitar · **παίζω
~** to play the guitar

κιλ|ό *το* kilo · **αγοράζω/πουλώ κτ
με το ~** to buy/sell sth by the
kilo · **έχω παραπάνω** ή **περιττά
~ά** to be overweight · **παίρνω/
χάνω ~ά** to put on/lose weight

κιλότ|α (*οικ.*) *η* pants *πληθ.* (*Βρετ.*),
panties *πληθ.* (*Αμερ.*)

κιλοτάκι (*υποκ., οικ.*) *η* briefs
πληθ.

κιλότ|ο *το* rump

κιμ|άς *ο* mince(meat) (*Βρετ.*),
ground beef (*Αμερ.*)

κιμωλί|α *η* chalk

Κίν|α *η* China

κινδυνεύ|ω *ρ αμ* (*χώρα, πόλη*) to
be threatened · (*εταιρεία*) to be at
risk · (*εργάτης, ασθενείς*) to be in

danger ♦ ϱ μ to risk
κίνδυνο|ς *ο* (*πολέμου, πνιγμού*)
danger · (*καταστροφής, αποτυχίας*)
risk · (*ναρκωτικών*) danger ·
(*διαδρομής*) hazard · (*θάλασσας*)
peril · (= *ρίσκο*) risk · **διατρέχω ~ο**
to be in danger · (*υγεία*) to be at
risk · **~ για την υγεία** health
hazard ▷**έξοδος κινδύνου**
emergency exit ▷**προσοχή–~!**
danger, beware!
Κινέζι|α *η* βλ. **Κινέζος**
κινεζικ|ός *επίθ* Chinese
▶**Κινεζικά, Κινέζικα** *τα* Chinese
εν. · **αυτά μου φαίνονται
Κινέζικα!** it's all Greek to me!
▶**κινέζικο** *το* (*εστιατόριο*) Chinese
restaurant · (*φαγητό*) Chinese
food
κινέζικ|ος *επίθ* = **κινεζικός**
Κινέζ|ος *ο* Chinese · **οι ~οι** the
Chinese
κίνη|μα *το* (*συνταγματαρχών*)
coup · (*ειρήνης, ισότητας*)
movement · (*υπερρεαλισμού,
Διαφωτισμού*) movement
κινηματογράφο|ς *ο* (= *σινεμά*)
cinema (*κυρ. Βρετ.*), movies
(*Αμερ.*) · (= *κινηματοθέατρο*)
cinema (*κυρ. Βρετ.*), movie
theater (*κυρ. Αμερ.*)
κίνησ|η *η* (*σώματος, αυτοκινήτου*)
movement · (*νερού, αίματος*)
flow · (*κεφαλιού*) nod · (*κορμιού,
ανθρώπου*) gesture · (*ματιών*)
blink · (*τουριστών, εκδρομέων*)
traffic · (*προϊόντων, αγαθών*)
traffic · (= *κυκλοφορία οχημάτων*)
traffic · (= *κυκλοφορία πεζών*)
bustle · (= *κινητικότητα*) activity ·
(*οικολόγων, δημοκρατών*)
movement · (*αγοράς,
χρηματιστηρίου*) trade · (*βιβλίου,
εφημερίδας*) circulation · (*στο
σκάκι*) move · **μην κάνεις
απότομες κινήσεις** don't make
any sudden moves ▷**~ στους
τέσσερεις τροχούς** four-wheel

drive ▷**μπροστινή ~** front–wheel
drive
▶**κινήσεις** *πλ* movements
κινητήρ|ας *ο* engine ▷**δίχρονος/
τετράχρονος ~** two–stroke/
four-stroke engine
κινητικ|ός *επίθ* (*ενέργεια*) kinetic ·
(*νευρώνας, διαταραχή*) motor ·
(*τύπος*) active
κινητικότητ|α *η* (*αρθρώσεων*)
mobility · (= *δραστηριοποίηση*)
mobilization
κινητ|ό *το* mobile (phone)
κινητοποίησ|η *η* mobilization
χωρίς πληθ.
▶**κινητοποιήσεις** *πλ* action *εν.*
κινητ|ός *επίθ* (*γέφυρα*) movable ·
(*σκάλα*) moving · (*καντίνα,
συνεργείο τηλεόρασης*) mobile
κίνητρ|ο *το* (*μελέτης*) motivation ·
(*φόνου*) motive · (*εργαζομένων,
εταιρείας*) incentive
κινούμεν|ος *επίθ* (*στόχος*)
moving · (*αυτοκίνητο*) in motion
▷**~η άμμος** quicksand ▷**~α
σχέδια** (*τέχνη*) animation ·
(= *καρτούν*) animated cartoon
κιν|ώ *ϱ μ* (*πόδια, άκρα*) to move ·
(*μηχανή*) to start · (*περιέργεια,
ενδιαφέρον*) to arouse ·
(*διαδικασία, έρευνα*) to start ·
(*πιόνι, στρατεύματα*) to move ♦ *ϱ
αμ* (*λογοτ.*) to set off ή out
▶**κινούμαι** *μεσ* to move ·
(*ταξιδιώτες, αεροσκάφος*) to travel ·
~ούμαι με βενζίνη to run on
petrol (*Βρετ.*) ή gas (*Αμερ.*) ·
**~ούμαι με μικρή/μεγάλη
ταχύτητα** to go ή travel at low/
high speed
κιόλας *επίρρ* (= *ήδη*) already ·
(= *επιπλέον*) as well · **αύριο
~** tomorrow · **τώρα ~** right now
κίον|ας *ο* pillar
κιονόκραν|ο *το* capital
κιονοστοιχί|α *η* colonnade
κιόσκ|ι *το* kiosk

κιτρινίζω ρ αμ (φύλλα, δάχτυλα) to go ή turn yellow · (για πρόσ.) to go pale ♦ ρ μ to turn yellow

κίτριν|ος επίθ (φρούτα, φύλλα) yellow · (για πρόσ.) pale ▷ **~ η φυλή** Asians πληθ. ▷ **~ πυρετός** yellow fever ▷ **~ Τύπος** gutter press
► **κίτρινο** το yellow

κλάδε|μα το (ελιάς, αμπελιού) pruning · (στο ποδόσφαιρο) hard tackle

κλαδεύ|ω ρ μ (δέντρο, αμπέλι) to prune · (λουλούδι) to cut back · (στο ποδόσφαιρο) to tackle hard

κλαδί το branch

κλάδ|ος ρ μ (= κλαδί) branch · (βιομηχανίας) branch · (γλωσσολογίας) discipline · (= συγκεκριμένη επαγγελματική ομάδα) profession

κλαίω ρ αμ to cry ♦ ρ μ to mourn
► **κλαίγομαι** μεσ (μειωτ.) to complain

κλάμα το crying χωρίς πληθ. · **βάζω τα ~τα** to start crying

κλαμέν|ος επίθ (πρόσωπο) tear–streaked · (για πρόσ.) tearful

κλαμπ το (= κέντρο) club · (οπαδών ομάδας) fan club

κλάμπινγκ το clubbing

κλάν|ω (οικ.) ρ αμ to fart (ανεπ.)
♦ ρ μ not to give a damn about (ανεπ.)

κλάρ|α η (= μεγάλο κλαρί) branch · (για ύφασμα) flowery material

κλαρί το twig

κλαρίνο το clarinet

κλασικ|ός επίθ (συγγραφέας, βιβλίο) classical · (για πρόσ.) classic (συνθέτης, μουσικός) classical · (αρχιτεκτονική, περίοδος) classical · (επιχείρημα, απάντηση) classic · (τεμπέλης, ψεύτης) complete · (παράδειγμα, ευκαιρία) classic · (ντύσιμο, γραμμή) classic (μέθοδος διδασκαλίας) traditional ▷ **~ά εικονογραφημένα** classic comics ▷ **~ή εποχή** classical age ▷ **~ές σπουδές** classical studies
► **κλασικοί** οι classics

κλάσμα το fraction

κλασσικός επίθ = **κλασικός**

κλατάρ|ω ρ αμ (λάστιχο) to burst · (τραπέζι) to give way · (για πρόσ.) to be worn out

κλαψιάρ|ης, -α, -ικο· είμαι ~ (= κλαίω εύκολα) to be a crybaby · (= παραπονιέμαι) to be always whining

κλάψιμο το (= κλάμα) crying (μειωτ.: = κλάψα) whining

κλέβ|ω ρ μ (λεφτά, πορτοφόλι) to steal · (κατάστημα, σπίτι) to burgle (Βρετ.), to burglarize (Αμερ.) · (περαστικό) to rob (εφορία, εργαζόμενο) to cheat · (ιδέα, εφεύρεση) to steal · (παιδί) to kidnap · (γυναίκα) to elope with ♦ ρ αμ (= είμαι κλέφτης) to steal · (στα χαρτιά) to cheat

κλειδαριά η lock ▷ **ηλεκτρονική ~** electronic lock ▷ **~ ασφαλείας** safety lock

κλειδαρότρυπα η keyhole

κλειδί το (πόρτας, γραφείου) key · (εργαλείο) spanner (Βρετ.), wrench (Αμερ.) ▷ **θέση~** key position ▷ **λέξη-~** key word

κλειδώμα το (πόρτας, αυτοκινήτου) locking · (σπιτιού) locking up

κλειδωνιά η = **κλειδαριά**

κλειδών|ω ρ μ (πόρτα, χρηματοκιβώτιο) to lock · (σπίτι) to lock up ♦ ρ αμ to lock
► **κλειδώνομαι** μεσ to lock oneself away

κλείδωση η joint · (χεριού) wrist · (ποδιού) ankle

κλείν|ω ρ μ (πόρτα, συρτάρι) to close · (φάκελο) to seal · (βάζο, κατσαρόλα) to cover · (= γεμίζω: τρύπα) to fill (in) · (βιβλίο,

περιοδικό) to close · (εφημερίδα, χάρτη) to fold up · (παντελόνι, σακάκι) to do up · (σπίτι, όραση, δρόμο) to close (off) · (επιχείρηση, εταιρεία) to close down · (κατάστημα: οριστικά) to close down · (προσωρινά) to close · (βρύση, τηλεόραση) to turn off · (φως) to turn off · (για σημάδια) to obstruct · (τραπέζι, δωμάτιο) to book · (= κανονίζω: αγώνα) to arrange · (υπόθεση) to close · (θέμα) to put an end to · (συμφωνία, δουλειά) to finalize · (διάλεξη, ομιλία) to end · (για ηλικία) to reach ♦ ρ αμ (πόρτα, παντζούρι) to close · (σακάκι, φούστα) to do up · (πληγή, τραύμα) to close · (οθόνη, τηλεόραση) to go off · (υπόθεση) to be closed · (συμφωνία) to be finalized · (σχολεία) to close · (μαγαζιά) to close · (= πτωχεύω: επιχείρηση, εταιρεία) to fold · (πτήση, ξενοδοχείο) to be fully booked · (κέντρο πόλης, δρόμοι) to be closed off · (ταινία, βιβλίο) to end · (δεκαετία, φάση) to end ·
~ ραντεβού to arrange to meet ·
~ το τηλέφωνο to hang up
▶ κλείνομαι μεσ (= δεν βγαίνω) to lock oneself away · (πόλη, χωριό) to be hemmed in

κλείσι|μο το (πόρτας, συρταριού) closing · (τηλεόρασης) turning off · (υπολογιστή) shutting down · (προγράμματος, εφαρμογών) ending · (συνόψων, δρόμων) closure · (σχολείων, εμπορικών) closing · (εργοστασίων, εταιρείας: λόγω πτώχευσης) closure · (συμφωνίας) finalizing · (δωματίου, θέσης) booking · (υπόθεσης) conclusion · (λογαριασμού) settling · (διάλεξης, ομιλίας) end · (πληγής, τραύματος) healing
▷~ ματιού wink

κλειστ|ός επίθ (σπίτι) shut ή

closed up · (ντουλάπα, σεντούκι) closed · (πόρτα, παράθυρο) closed · (κουρτίνα) drawn · (φερμουάρ) done up · (μπλούζα, φόρεμα) with a high neckline · (φάκελος) sealed · (μπουκάλι) closed · (οδός, σύνορα) closed · (βλέφαρα, μάτια) closed · (υπολογιστής, τηλεόραση) off · (εργοστάσιο, εταιρεία) closed · (γυμναστήριο) covered · (λέσχη, σωματείο) private · (αριθμός υποψηφίων, φοιτητών) fixed · (αρραβώνας, γάμος) private · (τύπος, άνθρωπος) withdrawn · (κοινωνία, αγορά) closed
▷-ό κύκλωμα closed circuit ▷-ή στροφή hidden bend

κλειτορίδ|α η clitoris

κλέφτης ο thief

κλέφτικ|ο το kleftiko, *spiced meat baked in tin foil*

κλέφτρ|α η βλ. **κλέφτης**

κλεψι|ά η theft

κλέψι|μο το theft

κλεψύδρ|α η hourglass

κλή|μα το (= κληματόβεργα) vine · (= αμπέλι) (grape)vine

κληματαρι|ά η = αναρριχώμενο αμπέλι climbing vine · (κατασκευή στήριξης) arbour (Βρετ.), arbor (Αμερ.)

κληματόφυλλ|ο το vine leaf

κληρικ|ός ο clergyman

κληρονομι|ά η (πατέρα, μητέρας) inheritance · (εθνική, πολιτιστική) heritage

κληρονόμ|ος ο m/f heir

κληρονομ|ώ ρ μ to inherit

κληρών|ω ρ μ (δικαστές) to choose by lot · (δώρα, αυτοκίνητο) to put in a draw
▶ κληρώνει τριτ to be drawn
▶ κληρώνομαι μεσ (λαχνός) to be drawn · (αριθμός) to come up · (ομάδες) to be drawn

κλήρωσ|η η (ενόρκων, δώρων) selection · (λαχείου, δώρων) draw

κλήσ|η η (στρατεύσιμου) call-up · (μάρτυρα, κατηγορουμένου) summons εν. · (για τροχαία παράβαση) ticket · (τηλεφωνική) call

κλητήρ|ας ο/η errand boy ▷**δικαστικός** ~ bailiff

κλίβαν|ος ο (επίσ.: = φούρνος: αρτοποιίας, οικιακός) oven · (βιομηχανικός) furnace · (νοσοκομείου) sterilizer

κλικ το click

κλίμ|α το (ΜΕΤΕΩΡ) climate · (ανησυχίας, οικογένειας) atmosphere · (πολιτικό, οικονομικό) climate · (συζήτησης) tone

κλίμακ|α η scale ▷~ **Ρίχτερ** Richter scale

κλιματιζόμεν|ος επίθ air-conditioned

κλιματισμός ο air-conditioning

κλιματιστικ|ός επίθ air-conditioning ▷~**ή εγκατάσταση** air-conditioning · **κλιματιστικό** το air-conditioner

κλινικ|ή η (νοσοκομείου) department · (κατ.: = νοσοκομείο) hospital ▷**χειρουργική** ~ surgical department

κλίν|ω ϱ μ (κεφάλι) to incline · (σώμα) to bend · (ρήμα) to conjugate · (ουσιαστικό) to decline ♦ ϱ αμ to incline

κλισέ το cliché · (= στερεότυπο) stereotype

κλίσ|η η (κεφαλιού) inclination · (σώματος) bending · (πλοίου) listing · (δρόμου, εδάφους) slope · (= ροπή) aptitude · (ΓΛΩΣΣ: ουσιαστικού) declension · (ρήματος) conjugation

κλοιός ο cordon

κλονίζ|ω ϱ μ (σπίτι, γη) to shake · (μτφ.: = ταράζω) to shake up · (υγεία, γάμο) to weaken · (εμπιστοσύνη, πίστη) to shake ·

(νεύρα) to unsettle

κλόουν ο clown

κλοπ|ή η theft

κλοπιμαίος, -α, -ο stolen ▷**κλοπιμαία** τα stolen goods

κλοτσιά η kick

κλοτσι|ώ ϱ μ (μπάλα, πέτρα) to kick · (ευκαιρία) to pass up · (τύχη) to turn one's back on ♦ ϱ αμ to kick

κλούβ|α η (= μεγάλο κλουβί) cage · (αστυνομίας) police van (Βρετ.), patrol wagon (Αμερ.)

κλουβ|ί το (παπαγάλου, λιονταριού) cage · (κουνελιού) hutch · (κοτόπουλων) coop

κ.λπ. συντομ etc.

κλωνοποι|ώ ϱ μ to clone

κλωστ|ή η thread

κλωτσιά η = κλοτσιά

κλωτσι|ώ ϱ μ/αμ = κλοτσώ

κνήμ|η η (= γάμπα) leg · (οστό γάμπας) tibia

κόβ|ω ϱ μ (σκοινί, καλώδιο) to cut · (δεσμά) to sever · (ψητό) to carve · (ντομάτα, ψωμί) to cut · (άρθρο εφημερίδας) to cut out · (κλαδί απ' το δέντρο) to cut off · (κεφάλι, μύτη) to cut off · (λουλούδια, μήλα) to pick · (σελίδες από το τετράδιο) to tear out · (= λογοκρίνω: τολμηρές σκηνές, τμήμα βιβλίου) to cut · (δέντρα) to cut ή chop down · (ξύλα) to chop (up) · (δάχτυλο, χέρι) to cut · (τιμή) to knock down · (δέκα ευρώ) to knock off · (= μειώνω διάρκεια: ταινία) to cut · (απόσταση) to cut short · (= μειώνω σε μήκος: μαλλιά) to cut · (ελαφρά) to trim · (νύχια) to cut · (γένια, φαβορίτες) to trim · (γμυσίδι) to cut · (= ξυρίζω: μουστάκι, μούσι) to shave off · (νόμισμα) to mint · (εισιτήριο: θεατής) to get · (κινηματογράφος, ταινία) to sell · (απόδειξη) to give · (συνεδρίαση, τηλεφώνημα) to cut

short · (συζήτηση, ομιλητή) to
interrupt · (θέα) to block · (ήλιο)
to block out · (κυκλοφορία) to
stop · (μαθητή, φοιτητές) to fail ·
(τσιγάρο, ποτό) to give up ·
(= περικόπτω: συντάξεις, επίδομα)
to cut · (δαπάνες) to cut back ·
(νερό, ρεύμα) to cut off · (τιμόνι)
to turn · (καφέ, πιπέρι) to grind ·
(κιμά) to mince (Βρετ.), to grind
(Αμερ.) · (προφ.: = χτυπώ: πεζό,
γάτα) to hit · (για παπούτσια) to
pinch ◆ ρ αμ (στα χαρτιά) to cut ·
(σούπα, γάλα) to go off · (μαχαίρι,
ξυράφι) to be sharp · (αέρας) to
drop · (βροχή) to stop · (κύμα) to
be calm · (ανεπ.: πρόσωπο, μούρη)
to look worse · (χρώμα) to fade
▶ **κόβομαι** μεσ (φοιτητής,
εξεταζόμενος) to fail · (τηλεφωνική
γραμμή, σύνδεση) to be cut ·
(κρέας, βούτυρο) to cut

κόγχ|η η (ΑΝΑΤ) socket · (επίσης
κόχη: = κοίλωμα τοίχου) niche

κοιλάδ|α η valley

κοιλι|ά η (ανθρώπου) abdomen ·
(= στομάχι) stomach · (ψαριών,
ζώων) belly · (= έντερα: ψαριών)
guts πληθ. · (ζώων) offal ·
(αεροσκάφους) belly

κοιλόπον|ος ο stomachache

κοίλ|ος επίθ (κάτοπτρο) concave ·
(έδαφος) hollow
▶ **κοίλο(ν)** το auditorium

κοιλότητ|α η hollow

κοιμ|άμαι ρ αμ (= βρίσκομαι σε
κατάσταση ύπνου) to be asleep ·
(= αδρανώ) to do nothing · **~ με
κπν** (= κάνω έρωτα) to sleep with
sb

κοιμητήρι|ο το graveyard

κοιμίζ|ω ρ μ to send to sleep

κοιμισμέν|ος επίθ (= οκνηρός)
dozy · (αισθήσεις) dormant

κοιν|ό το (γενικότ.) public ·
(τραγουδιστή) fans πληθ. ▷**ευρύ
~** general public

κοινοβουλευτικ|ός επίθ
parliamentary

κοινοβούλι|ο το parliament

κοιν|ός επίθ (καλό) common ·
(φίλος) mutual · (λογαριασμός)
joint · (μπάνιο, κουζίνα) shared ·
(αντίληψη, στοιχεία) common ·
(ιδέες, απόψεις) similar · (όνομα,
έκφραση) common · (ύφασμα)
ordinary · (άνθρωπος) common ·
(αναγνώστης) average · (μέτρο)
usual · (απόφαση, προσπάθεια)
joint · (μέτωπο) united · (δράση)
joint · **~ νόημα** public opinion
▶ **Κοινή** η vernacular ▷**Κοινή
Ελληνιστική ή Αλεξανδρινή**
Koine ▷**Κοινή Νεοελληνική**
Modern Greek

κοινότητ|α η (Ελλήνων, Ινδών)
community · (ΔΙΟΙΚ) commune ·
(στην Αγγλία) parish · (στη Σκωτία,
Ουαλία) community
▷**θεραπευτική** ~ help group

κοινόχρηστ|ος επίθ communal ·
κοινόχρηστα τα communal
charges

κοινωνί|α η (γενικότ.) society ·
(μελισσών) swarm · (μυρμηγκιών)
colony ▷**Θεία** ~ Holy
Communion ▷**κλειστή** ~ closed
community ▷**τοπική** ~ local
community

κοινωνικ|ός επίθ social · (δράση,
προσφορά) community · (για
πρόσ.) sociable · (ταινία, σίριαλ)
dealing with social issues
▷**~ λειτουργός** social worker
▶ **κοινωνικά** τα society column εν.

κοιτάζ|ω ρ μ (= βλέπω) to look at ·
(= φροντίζω: παιδιά, γονείς) to
look after · (μέλλον) to look to ·
(= ελέγχω: έγγραφα) to look over
ή at · (θέμα) to look into ·
(ασθενή, τραύμα) to examine ◆ ρ
αμ (= βλέπω) to look · (= χαζεύω)
to stare · **κοίτα να μην αργήσεις!**
don't be late! · **~ τη δουλειά μου**
to mind one's own business

▶κοιτάζομαι *μεσ* (= παρατηρώ τον εαυτό μου) to look at oneself · (= κάνω εξετάσεις) to have a check–up

κοίτη *η* bed

κοιτώ *ρ μ* = **κοιτάζω**

κοιτώνας *ο* · (= υπνοδωμάτιο) bedroom · (σχολείου) dormitory

κοκ *το* chocolate doughnut (Βρετ.) ή donut (Αμερ.)

κόκα *η* (φυτό) coca · (= κοκαΐνη) cocaine · (αναψυκτικό) Coke ®

κοκαΐνη *η* cocaine

κόκα-κόλα *η* Coca-Cola ®

κόκαλο *το* = **κόκκαλο**

κοκαλώνω *ρ αμ* = **κοκκαλώνω**

κόκκαλο *το* bone

κοκκαλώνω *ρ αμ* (από φόβο) to be rooted to the spot · (από κρύο) to be numb ♦ *ρ μ* to stop

κοκκινέλι *το* red wine

κοκκινίζω *ρ αμ* (πρόσωπο) to go red · (μάτια) to go red · (από ντροπή) to blush · (ντομάτες) to ripe ♦ *ρ μ* to redden

κοκκινίλα *η* red mark ή spot

▶κοκκινίλες *πλ* red spots

κοκκινιστός *επίθ* in tomato sauce

▶κοκκινιστό *το* meat in tomato sauce

κοκκινογούλι *το* beetroot (Βρετ.), beet (Αμερ.)

κοκκινομάλλης, -α, -ικο redheaded

▶κοκκινομάλλης, ο, κοκκινομάλλα *η* redhead

κόκκινος *επίθ* red

▶κόκκινο *το* red

κόκκος *ο* grain

κόκορας *ο* · (= πετεινός) cock (Βρετ.), rooster (Αμερ.) · (όπλου) hammer

κοκορέτσι *το* spit–roasted lamb's offal

κοκτέιλ *το* cocktail ▷~**πάρτι** cocktail party

κοκώβιος *ο* gudgeon

κολακεία *η* flattery χωρίς πληθ.

κολακευμένος *επίθ* flattered

κολακευτικός *επίθ* flattering

κολακεύω *ρ μ* to flatter · (= ικανοποιώ) to please

▶κολακεύομαι *μεσ* to be pleased

κολάν *το* (ποδηλασίας, χορού) leggings πληθ. · (= καλσόν) tights πληθ. (Βρετ.), pantyhose χωρίς πληθ. (Αμερ.) ▷ ~ **παντελόνι** skintight trousers (Βρετ.) ή pants (Αμερ.)

κολάρο *το* collar

κόλαση *η* hell · (αργκ.) mayhem

κολατσίζω *ρ αμ* to have a mid–morning snack

κολατσιό *το* mid–morning snack

κολέγιο *το* (ιδιωτικα δευτεροβάθμιας εκπαίδευσης) private school, public school (Βρετ.) · (ιδρύμα τριτοβάθμιας εκπαίδευσης) college

κολιέ *το* necklace

κολικός *ο* colic

κολιός *ο* = **κολοιός**

κόλλα *η* · (= κάθε ουσία που κολλά) glue · (= φύλλο χαρτιού) sheet of paper

κολλητικός *επίθ* (ταινία, ουσία) adhesive · (αρρώστια) contagious

κολλητός *επίθ* (= κολλημένος) glued down · (σπίτια) adjacent · (παντελόνι, φούστα) tight

▶κολλητός, ο, κολλητή *η* (οικ.) bosom buddy

κολλώ *ρ μ* (γραμματόσημο) to stick (σε on) · (αφίσες) to put up · (κομμάτια, βάζο) to glue together · (αρρώστια, μικρόβιο) to catch · (πάθος, όνομα) to give · (σώμα, χείλη) to press · (= προσθέτω) to add · (= ενοχλώ) to bother ♦ *ρ αμ* (= μπλοκάρω) to be stumped ή stuck · (πάτωμα, τραπέζι) to be sticky · (φαγητό, κατσαρόλα) to stick · (ταξιδιώτες, ομάδα) to stuck • (διαπραγματεύσεις) to be deadlocked • (φρένο) to jam • (παράθυρο, πόρτα) to be stuck • (υπολογιστής) to freeze • (μυαλό) to go blank • (για σχήματα) to bump into each other • (πουκάμισο, μαλλιά) to stick • **κόλλα το!** put it there! • ~ **σε** κπν (σε παρέα) to press sb • (σε βουλευτή) to press sb • (σε άνδρα, γυναίκα) to come on to sb • (= ενοχλώ) to bother sb

κολοι|ός ο mackerel

κολοκύθ|α η = μεγάλο κολοκύθι) pumpkin • (= νεροκολοκύθα) gourd

κολοκυθάκ|ι το courgette (Βρετ.), zucchini (Αμερ.) • βλ. κ. **κολοκύθι**

κολοκύθ|ι το marrow (Βρετ.), squash (Αμερ.)

κολοκυθοκεφτές ο marrow (Βρετ.) ή squash (Αμερ.) patty

κολοκυθοκορφάδες οι pumpkin flowers and shoots

κολόν|α η (ναού, σπιτιού) column • (φωτισμού) pillar • (πάγου) tower

κολόνι|α η cologne

κόλπ|ο το (= τέχνασμα) trick • (= κομπίνα) scheme • (= απάτη) confidence trick

κόλπ|ος¹ ο (ΓΕΩΓΡ) gulf • (ΑΝΑΤ) vagina ▷ **το ρεύμα του Κόλπου** the Gulf Stream

κόλπ|ος² ο (= αποπληξία) stroke • **μου 'ρχεται ~** (μτφ.) to have a fit

κολύμβηση η swimming

κολυμβητήρι|ο το swimming pool

κολυμβητ|ής ο swimmer ▷ **χειμερινός ~** winter swimmer

κολυμβήτρι|α η βλ. **κολυμβητής**

κολύμπ|ι το swimming • **πηγαίνω για ~** to go for a swim

κολυμπ|ώ ρ μ, ρ α to swim • **~άει στο λάδι** it's swimming in oil

κολών|α η = κολόνα

κολώνι|α η = κολόνια

κομβ|ί το = κονβόι

κόμβ|ος ο (συγκοινωνίας) junction • (ΝΑΥΤ) knot • (εμπορίου, πολιτισμού) hub

κόμης ο count

κομ|ήτης ο comet

κόμικς, κόμιξ τα comic

κόμιστρ|ο το (ταξί) fare

κόμμ|α το (ΠΟΛ) party • (ΓΛΩΣΣ) comma • (ΜΑΘ) point

κομμάτ|ι το (χρυσού, χαρτιού) piece • (τυριού, πίτας) piece • (ζωής, κοινωνίας) part • (= θραύσμα) piece • (= εμπόρευμα) item • (ΜΟΥΣ) piece (of music) • (σε σιντί) track • (στο σκάκι: = αξιωματικός) bishop • (= πύργος) castle • (= ίππος) knight • **χίλια δολλάρια το ~** ten euros each ή a piece

κομματιάζ|ω ρ μ (κρέας) to cut up • (χαρτί) to tear up • (παράταξη) to break up • (μηρό) to shatter

κομμέν|ος επίθ (σκοινί, καλώδιο) cut • (ντομάτα, ψωμί) sliced • (δεσμά) severed • (άρθρο εφημερίδας) cut out • (κεφάλι, μύτη) severed • (λουλούδια, μήλα) picked • (τολμηρές σκηνές, τμήμα βιβλίου) edited out • (δέντρο) felled • (ξύλα) chopped • (δάχτυλο, χέρι) cut • (= μειωμένος διάρκεια: ταινία, ομιλία) cut short • (μαλλιά, γωαίδι) cut • (νύχια) clipped • (γένια, φαβορίτες) trimmed • (μουστάκια, μούσι) shaved off • (κυκλοφορία) at a standstill • (μαθητές, φοιτητές) failed • (ταχύτητα, επίδοση) reduced • (για νερό, ρεύμα) cut off • (χαφές, πιπέρι) ground • (χυμός) minced (Βρετ.), ground (Αμερ.) • (σούπα, μαγιονέζα) spoiled • (γάλα) sour

κόμμωση η hairstyle

κομμωτήρι|ο το hairdresser's

κομμωτ|ής ο hairdresser

κομμώτρι|α η βλ. **κομμωτής**

κομοδίν|ο το bedside table

κομουνιστ|ής ο communist

κομπίν|α η (= απάτη) fiddle · (= πονηριά) scheme

κομπινεζόν το slip

κομπιούτερ το computer

κομπιουτεράκ|ι το calculator

κομπλέ (= πλήρης) full · (= ολοκληρωμένος) finished

κόμπλεξ το complex

κομπλιμέντο το compliment · **κάνω ~ σε** κπν to pay sb a compliment

κόμπ|ος ο (σχοινιού, γραβάτας) knot · (χεριών) knuckle · (στον λαιμό) lump · **δένω/λύνω έναν ~ο** to tie/untie a knot

κομπόστ|α η stewed fruit

κόμπρ|α η cobra

κομπρέσ|α η compress

κομφόρ τα comforts

κομψά επίρρ (ντύνομαι) smartly · (εκφράζομαι, μιλώ) elegantly

κομψός επίθ (για πρόσ.) smart · (ντύσιμο, ρούχο) stylish · (μοντέλο, εμφάνιση) elegant · (σώμα, χειρονομία) graceful · (βιβλίο, σπίτι) smart · (έκφραση) elegant

κονβόι το convoy

κονδύλ|ι το allocation

κονιάκ το brandy

κονσέρβ|α η can, tin (Βρετ.) · **σε ~ canned, tinned** (Βρετ.)

κονσερβοκούτι το tin

κονσερβοποιημέν|ος επίθ canned, tinned (Βρετ.)

κονσόλ|α η (τεχνολ) console · (έπιπλο) console table

κοντά επίρρ (= σε μικρή απόσταση) near · (= μαζί) +μον/τον/της/μας/ σας/τους with · (= σχεδόν: για χρόνο) nearly · (για ποσότητα) about · **από ~** (γνωρίζω, βλέπω) close up · (εξετάζω) closely · (ζω) at first hand · (ακολουθώ) behind · **εδώ ~** somewhere near here ή nearby · **κάθομαι ~ σε** κπν to sit next to sb · **κατοικώ ~**

κπν/κτ to live close to ή near sb/ sth · **~ σε** (= εκτός από) on top of

κοντάρ|ι το (γενικότ.) pole · (σημαίας) flagpole · (= όδον) spear · (ακοντισμού) javelin · (επί κοντώ) pole

κοντέρ το mileometer

κοντεύ|ω ρ αμ to draw near ◆ ρ μ to be getting on for · **~ τα τριάντα** to be getting on for thirty

κοντιν|ός επίθ (χωριό, ταβέρνα) neighbouring (Βρετ.), neighboring (Αμερ.) · (δρόμος, μονοπάτι) short · (ματιά, σουτ) close · (μέλλον, στόχος) immediate · (συγγενής, φίλος) close ▷ **~ό πλάνο** close-up

κοντομάνικ|ος επίθ short-sleeved
▶ **κοντομάνικο** το (πουκάμισο) short-sleeved shirt · (μπλουζάκι) short-sleeved top

κοντ|ός¹ (επίσ.) ο (γενικότ.) pole · (δόρατος) shaft · (ΑΘΛ) pole

κοντ|ός² επίθ short · **μου έρχεται ~ό** it's too short for me

κοντοσούβλ|ι το (= μικρή σούβλα) small skewer · (φαγητό) pork kebab

κοπάδ|ι το (προβάτων) flock · (βοδιών) herd · (ψαριών) shoal

Κοπεγχάγη η Copenhagen

κοπέλ|α η (νεαρή γυναίκα) girl · (= ερωμένη) girlfriend

κοπελι|ά η girl · **~!** miss!

κόπι|α η copy · (= φωτοτυπία) photocopy · (ταινίας, εκπομπής) recording

κοπιάζ|ω ρ αμ (= μοχθώ) to work hard · (= επισκέπτομαι) to drop by

κοπιαστικ|ός επίθ (δουλειά, εργασία) tiring · (μελέτη) painstaking · (πορεία) uphill · (προσπάθεια) hard

κοπλιμέντο το = **κομπλιμέντο**

κόπ|ος ο (= κούραση) effort

(= μόχθος) hard work χωρίς πληθ. ·
(= αμοιβή) wages πληθ. · **δε θα
ήθελα να σας βάλω σε ~ο** I
don't want to put you to any
trouble · **για τον ~ο σου** for your
pains · **με ~ο** with difficulty ·
χαμένος ή **μάταιος** ή **άδικος** ~ in
vain

κόπραν|α τα faeces (Βρετ.), feces
(Αμερ.)

κοπρι|ά η (= κόπρος) manure ·
(= λίπασμα) fertilizer

κόπωσ|η η tiredness

κόρακ|ας ο crow

κοράκ|ι το (= κόρακας) crow ·
(μειωτ.: = νεκροθάφτης)
grave-digger

κοράλλ|ι το coral

κορδέλ|α η (για μαλλιά, περιτύλιξη)
ribbon · (για μέτρηση) tape
measure

κορδόν|ι το (κουδουνιού,
κουρτίνας) cord · (παπουτσιών)
lace

κόρ|η η (= θυγατέρα) daughter ·
(= κοπέλα) girl · (ΑΝΑΤ) pupil ·
(ΑΡΧ) kore, ancient Greek statue of
a young woman

κοριό|ς ο (έντομο) (bed)bug ·
(συσκευή υποκλοπής) bug

κοριτσάκ|ι το (= μικρό κορίτσι)
little girl · (= μωρό) baby girl

κορίτσ|ι το (= κοπέλα) girl ·
(= κόρη) daughter · (= φιλενάδα)
girlfriend

κορμ|ί το body

κορμ|ός ο (δέντρου) trunk ·
(ανθρώπου) torso · (γλυκό)
chocolate crunch

κόρν|α το horn

κορνάρ|ω ρ αμ to hoot

κορνίζ|α η frame

κορνιζάρ|ω ρ μ to frame

Κορνουάλ|η η Cornwall

κορν-φλέικς τα cornflakes

κοροϊδευτικ|ός επίθ mocking

κοροϊδεύ|ω ρ μ (= εμπαίζω) to

laugh at · (= κάνω γκριμάτσες) to
take off · (= ξεγελώ) to cheat

κοροϊδί|α η (= εμπαιγμός) mockery
χωρίς πληθ. · (= εξαπάτηση) con
(ανεπ.)

κορόιδ|ο (μειωτ.) το (= περίγελος)
laughing stock · (= αφελής) dupe

κορόν|α η = **κορώνα**

κορυφαίο|ς, -α, -ο (παίκτης,
αρχιτέκτονας) leading · (έργο)
outstanding · (διοργάνωση,
αγώνας) top-level · (εκδήλωση)
perfect · (στιγμές) crowning

κορυφ|ή η (επίσης **κορφή:** βουνού)
summit · (επίσης **κορφή:**
κεφαλιού) crown · (δέντρου,
σπάλας) top · (νύματος) crest ·
(ΓΕΩΜ: πυραμίδας, κώνου) vertex ·
(βαθμολογίας) top · (επιτυχίας,
σταδιοδρομίας) peak

κορφ|ή η top · βλ. κ. **κορυφή**

κορώνα η crown · (νόμισμα:
Δανίας) krone · (Σουηδίας) krona

κος (επίσ.) συντ/ση Mr

κόσκιν|ο το sieve

κόσμημα το jewel

κοσμηματοπωλεί|ο το jeweller's
(shop) (Βρετ.), jeweler's (Αμερ.)

κοσμηματοπώλ|ης ο jeweller
(Βρετ.), jeweler (Αμερ.)

κοσμηματοπώλισσα η βλ.
κοσμηματοπώλης

κοσμικ|ός επίθ (εξουσία, τέχνη)
secular · (γάμος, συγκέντρωση)
society · (κέντρο, ταβέρνα)
fashionable · (κυρία, κύριος)
sociable ▷ **-ή** κίνηση social life
▷ **-ός** κύκλος social circle ▷ **-τύπος**
socialite

κόσμιο|ς, -α ή -ία, -ο decent

κοσμοπολίτικ|ος επίθ
cosmopolitan

κόσμ|ος ο (υφήλιος) world ·
(= σύμπαν) cosmos ·
(= ανθρωπότητα) world ·
(= κοινωνικός περίγυρος) people
πληθ. · (= εγκόσμια) world ·

(παιδιού, ιδεών) world ·
(= πολιτικής, τηλεόρασης) world ·
(= πλήθους) people πληθ. ·
(= επισκέπτες) guests πληθ. ·
(= πελάτες) customers πληθ. · **έχει
~ο** it's busy · **όλος ο
~ everybody** · **ταξιδεύω σ' όλο
τον ~ο** to travel (all over) the
world

κοστίζ|ω ρ μ to cost ◆ ρ αμ
(μεγάλη ζωή, ελευθερία) to come
at a price · (ταξίδια) to be
expensive · **~ ακριβά** to cost a
lot · **~ φθηνά** not to cost much

κόστ|ος ο (= αξία) cost ·
(κατασκευής, μεταφοράς) costs
πληθ. · (ρύπανσης, πυρκαγιών)
cost · (επιλογών) consequences
πληθ. · **σε τιμή ~ους** at cost price
▷ **~ συντήρησης** running costs
πληθ.

κοστούμ|ι το suit
▸ **κοστούμια** πλ costumes

κότ|α η (πτηνό) hen · (μειωτ.:
= φοβητσιάρης) chicken (ανεπ.) ·
(υβρ.: για γυναίκα) featherbrain
(ανεπ.)

κότερο το yacht

κοτέτσι το coop

κοτολέτα η cutlet

κοτόπουλο το chicken · **~ ψητό**
roast chicken

κοτσάνι το stem

κοτσίδα η plait

κότσυφας ο blackbird

κουβαλ|ώ ρ μ (ψώνια, ρούχα) to
carry · (για ποτάμι: κλαδιά, λάσπη)
to carry along · (παρέα, φίλους) to
bring
▸ **κουβαλιέμαι** μεσ to turn up
uninvited

κουβάρ|ι το (για πλέξιμο) ball of
wool · (για σκέψεις) confusion ·
(για ρούχα) heap

κουβαριάστρα η bobbin

κουβ|άς ο bucket

κουβέντα (ανεπ.) η (= συζήτηση)

conversation · (= λόγος) word ·
αλλάζω (την) ~ to change the
subject · **ανοίγω (την) πιάνω (την)
~ (με κπν για κτ)** to start talking
(to sb about sth)

κουβεντιάζ|ω (ανεπ.) ρ αμ to talk
◆ ρ μ (= διαπραγματεύομαι) to
discuss · (= κουτσομπολεύω) to
talk about · **~ με κπν** to talk to sb

κουβέρ το ο, τι συγκεκριμένα
επιπλέον) cover · (= χρέωση
εξυπηρέτησης) cover charge

κουβέρτα η blanket

κουδούν|ι το bell

κουζίν|α η (σπιτιού, καταστήματος)
kitchen · (ηλεκτρική συσκευή)
cooker · (= τρόπος μαγειρέματος)
cooking

κουκέτα η (πλοίου) berth ·
(τρένου) bunk

κούκλα η (παιδιού) doll ·
(= καλλονή) beauty · (μοδίστρας,
βιτρίνας) dummy

κουκλοθέατρ|ο το (= θέατρο με
μαριονέτες) puppet theatre (Βρετ.)
ή theater (Αμερ.) · (= παράσταση)
puppet show

κουκουβάγια η owl

κουκούλ|α η (παλτού, μπουφάν)
hood · (αυτοκινήτου) hood

κουκουνάρ|ι το (πεύκου, ελάτου)
cone · (για γέμιση) pine nut ή
kernel

κουκούτσι το (κερασιού) stone ·
(σταφυλιού) pip

κουλούρ|ι το (= αρτοσκεύασμα)
bread roll with sesame seeds,
~ pretzel · (= βούτημα) biscuit
(Βρετ.), cookie (Αμερ.)

κουλτούρα η culture

κουμπάρ|α η (σε γάμο) chief
bridesmaid (Βρετ.), maid of
honour (Αμερ.) · (σε βαπτίσια)
godmother

κουμπαράς ο piggy bank

κουμπάρος ο (σε γάμο) best
man · (σε βάπτιση) godfather

κουμπί _το_ button · (στέρεο) control

κουμπότρυπ|α _η_ buttonhole

κουμπών|ω _μ_ to do up
► **κουμπώνομαι** _μεσ_ = κλείνω τα ρούχα μου με κουμπιά) to button up · (= είμαι διστακτικός) to be stand-offish

κουνέλι _το_ rabbit

κούνελ|ος _ο_ buck (rabbit)

κούνη|μα _το_ (πλοίου, βάρκας) rocking χωρίς πληθ. · (κεφαλιού) nod · (μαντηλιού) wave · (γυναίκας, άνδρα) wiggle (of the hips)

κούνι|α _η_ (= λίκνο) cradle, cot (Βρετ.), crib (Αμερ.) · (= αιώρα) swing · **κάνω ~** to swing to and fro
► **κούνιες** _πλ_ swings

κουνιάδ|ος _ο_ brother-in-law

κουνούπ|ι _το_ mosquito · **με τρώνε τα ~α** to be bitten by mosquitoes

κουνουπίδι _το_ cauliflower

κουνουπιέρα _η_ mosquito net

κουν|ώ _ρ_ _μ_ (δάχτυλο) to move · (απειλητικά) to shake · (κεφάλι) to shake · (καταφατικά) to nod · (χέρι) to wave · (ώμους) to shrug · (σώμα) to sway · (ουρά) to wag · (μωρό) to rock · (για σεισμό) to shake · (τραπέζι, γραφείο) to move · (για στέλεχος, υπάλληλο) to move ♦ _ρ_ _αμ_ to roll
► **κουνιέμαι** _μεσ_ = μετακινούμαι) to move · (= κάνω γρήγορα) to hurry up · (= δραστηριοποιούμαι) to stir oneself

κούπ|α _η_ (= μεγάλο φλιτζάνι) mug · (στην τράπουλα) heart · **ντάμα/δύο ~** the queen/two of hearts

κουπαστή _η_ (πλοίου) rail · (σκάλας, μπαλκονιού) handrail

κουπέ _το_ coupé

κουπ|ί _το_ oar

κουπόν|ι _το_ (εφημερίδας, περιοδικού) coupon · (έκπτωσης) voucher · (δωρεάν παροχής)

token · (εράνου) receipt (for a donation)

κουράγι|ο _το_ courage · **~!** chin up!

κουράζ|ω _ρ_ _μ_ (= καταπονώ) to tire out · (= ενοχλώ) to annoy
► **κουράζομαι** _μεσ_ (= είμαι κουρασμένος) to be tired · (μάτια) to be tired

κουραμπιέ|ς _ο_ (γλυκισμα) sugar-coated almond butter biscuits, traditionally eaten at Christmas · (μειωτ.) wimp (ανεπ.)

κούρασ|η _η_ tiredness · **είμαι πτώμα απ' την ~** to be dead tired

κουρασμέν|ος _επίθ_ (= καταπονημένος) tired · (= ενοχλημένος) weary

κουραστικ|ός _επίθ_ (δουλειά, ημέρα) tiring · (έργο) heavy-going · (μονόλογος) tiresome · (για πρόσ.) tiresome

κουρδίζ|ω _ρ_ _μ_ (ρολόι, παιχνίδι) to wind up · (κιθάρα, πιάνο) to tune · (φίλο, γνωστό) to irritate

κουρ|έας _ο_ barber

κουρείο _το_ barber shop

κουρέλ|ι _το_ (= ράκος) rag · (μειωτ.: = παλιόρουχο) old rag

κούρε|μα _το_ (μαλλιών) haircut · (τριχώματος) shearing · (γκαζόν) mowing · (γρασιδιού) cutting · (= στιλ) haircut

κουρεύ|ω _ρ_ _μ_ (για ζώα) to shear · (για γρασίδι) to cut · (για φυτά) to cut back · **~ κπν** to cut sb's hair

κούρσα _η_ race, fare ▷**άλογο ~ς** racehorse

κουρτίν|α _η_ curtain

κουστούμ|ι _το_ = **κοστούμι**

κούτ|α _η_ (= μεγάλο κουτί) box · (τσιγάρων) carton

κουτάβ|ι _το_ (σκύλου) pup · (λύκου, αλεπούς) cub

κουτάλ|α _η_ ladle

κουταλάκ|ι _το_ teaspoon

κουτάλ|ι _το_ spoon

κουταλι|ά η spoonful

κουταμάρα η (= βλακεία) stupidity • (= ανόητη κουβέντα) stupid remark • (= ανόητη πράξη) stupid thing to do • **~ες!** nonsense! • **λέω ~ες** to say stupid things

κούτελ|ο (ανεπ.) το forehead

κουτ|ί το (γενικότ.) box • (τσιγάρων, ρυζιού) packet • (γάλακτος) carton • (μπίρας, κόκα-κόλας) can • **μου έρχεται ή πέφτει ~** (οικ.: για ρούχα) it fits me like a glove • (για κατάσταση) it suits me down to the ground • **του ~ιού** (αυτοκίνητο, κοστούμι) brand new

κουτ|ός επίθ (= βλάκας) stupid • (= αφελής) foolish • (ερώτηση, απορία) silly

κουταίν|ω ρ μ ~ **κπν** (= αφήνω κουτσό) to leave sb crippled • (= τραυματίζω) to make sb limp ◆ ρ αμ to limp

κουτσομπόλα η βλ. **κουτσομπόλης**

κουτσομπολεύ|ω ρ μ to gossip about

κουτσομπόλης ο gossip

κουτσομπολι|ό το gossip χωρίς πληθ.

κουτσ|ός επίθ (= χωλός) lame • (καρέκλα, τραπέζι) rickety

▸ **κουτσό** το hopscotch

κουτσός ο, **κουτσή** η person with a limp

κούτσουρ|ο το (= κορμός) (tree) stump • (= καυσόξυλο) log • (= αμόρφωτος) dunce

κουφαίν|ω ρ μ (κυριολ.) to make deaf • (γειτονιά, κατοίκους) to deafen • (αργκ.: = καταπλήξω) to stun

▸ **κουφαίνομαι** μεσ to go deaf

κουφέτ|ο το sugared almond

κούφι|ος, -ια, -ιο (τοίχος, κολοκύθες) hollow • (καρύδια, κάστανα) rotten • (δόντι) decayed •

(για πρόσ.) shallow

▸ **κούφια** η (χυδ.) smelly fart (χυδ.)

κουφ|ός επίθ deaf

▸ **κουφό** το (αργκ.) crazy talk χωρίς πληθ. (αργκ.)

κούφω|μα το frame

κοφίν|ι το wicker basket

κοφτερ|ός επίθ sharp

κοφτ|ός επίθ (μακαρονάκι) cut up • (βράχος) abrupt • (κοντιαλιά) level • (κίνηση) abrupt • (ματιά) swift • (απάντηση, κουβέντες) abrupt

κοχλάζ|ω ρ αμ (νερό) to boil • (από θυμό) to fume • (αίμα) to boil

κοχλαστός επίθ boiling

κοχύλ|ι το (θαλάσσιο μαλάκιο) conch • (= κέλυφος) seashell

κόψη η (cutting) edge

κόψι|μο το (τυριού) cutting • (κρέατος) carving • (τούρτας, ψωμιού) cutting • (υφάσματος, χαρτιού) cutting • (μαλλιών) cutting • (νυχιών) cutting • (κλαδιού δέντρου) cutting off • (λουλουδιών, αχλαδιών) picking • (μισθών, αμοιβών) cut • (για μπλούζα) cut • (για αυτοκίνητο) design • (= τραύμα) cut • (τσιγάρου, ποτού) giving up • (στα χαρτιά) cut • (σε εξετάσεις, διαγωνισμό) failing • (γάλακτος, μαγιονέζας) going off • **με πιάνει ~** (οικ.) to get the runs (ανεπ.)

κραγιόν το (καλλυντικό) lipstick • (επίσης **~:** = χρωμολογία) crayon

κραδασμ|ός ο (γης) tremor • (αυτοκινήτου) jolt

κράκερ το cracker

κρά|μα το (= μείγμα) mixture • (χημ.) alloy

κράμπα η cramp • **παθαίνω ή με πιάνει ~** to get cramp

κρανί|ο το (ΑΝΑΤ) cranium • (= κεφάλι) head • (= νεκροκεφαλή) skull

κράν|ος το helmet

κράση η constitution

κρασ|ί το wine

κράσπεδ|ο το (πεζοδρομίου) kerb (Βρετ.), curb (Αμερ.) · (υφάσματος, ρούχου) hem

κράτησ|η η (δωματίου, θέσεων) reservation · (ΝΟΜ) custody · **κάνω ~** to make a reservation

κρατητήρι|ο το jail · (σε στρατόπεδο) detention cell · (σε στρατιωτικό νοσοκομείο) detention ward

κρατικ|ός επίθ state · (τηλεόραση, τράπεζα) state–owned · (δάνειο) government · (διαγωνισμός, προϋπολογισμός) national · (έργα) public

κράτ|ος το state · **~-μέλος της Ε.Ε.** EU member state

κρατ|ώ ρ μ (μπαστούνι, λουλούδι) to hold · (= στηρίζω: βάρος) to hold · (= έχω αγκαλιά: παιδί, φιλενάδα) to hold · (= συγκρατώ: νερό) to retain · (= έχω μαζί μου: χρήματα, αναπτήρα) to have (on one) · (= θέτω υπό κράτηση: υπόπτους) to hold · (= φυλάω: λεφτά, κρασί) to save · (= διατηρώ σε κατάσταση) to keep · (αξιοπρέπεια, ποσοστά) to keep · (προσχήματα) to keep up · (επιφυλάξεις) to have · (= διατηρώ στη μνήμη) to remember · (θέση, κάθισμα) to save · (στρατιωτικές θέσεις) to hold · (μυστικό, υπόσχεση) to keep · (παραδόσεις, ήθη και έθιμα) to keep up · (πατρώνυμο) to keep · (οικογένεια, ομάδα) to hold together · (γέλια) to suppress · (θυμό, οργή) to control · (σημειώσεις: τηλέφωνο, στοιχεία) to write down · (ημερολόγιο, πρακτικά) to keep · (απουσίες) to mark down · (μαγαζί, νοικοκυριό) to run · (ταμείο) to manage · (= φροντίζω: λωρίδα, μωρό) to look after · (δωμάτιο, τραπέζι) to book ·

(= αφαιρώ ή κρύβω: αλληλογραφία) to keep hold of · (στοιχεία, πληροφορίες) to keep back · (= κατέχω: πόλη, περιοχή) to hold ♦ ρ αμ (ρούχα, γάλα) to last · (= αντέχω: μάνα, πατέρας) to keep going · (συζήτηση, ταινία) to last · (καιρός) to hold · (= αντιστέκομαι: εχθρός, οχυρό) to hold out · **κράτα/ –είστε τα ρέστα!** keep the change!

▸ **κρατιέμαι** μεσ (= στηρίζομαι) to hold on (από το) · (= συγκρατούμαι) to contain oneself

κραυγ|ή η (γενικότ.) cry · (βοηθείας) call · (αγωνίας) scream · (αποδοκιμασίας) shout

κρέα|ς το (= σάρκα) flesh · (για βρώση) meat

κρεατόσουπα η broth

κρεβάτ|ι το bed · **(είμαι/μένω) στο ~** (to be/stay) in bed

κρεβατοκάμαρα η bedroom

κρέμα η cream ▷ **αντηλιακή ~** sun cream ▷ **~ βανίλιας** vanilla cream ▷ **~ γάλακτος** cream ▷ **~ ενυδατική** moisturizing cream ▷ **~ μους** mousse ▷ **~ προσώπου** face cream ▷ **~ ξυρίσματος** shaving cream

κρεμάλ|α η (= αγχόνη) gallows · (= κρέμασμα) hanging · (παιχνίδι) hangman

κρέμασμ|α το (φώτων, φαναριών) hanging · (σκουλαρικιών) putting on · (= απαγχονισμός) hanging

κρεμασμέν|ος επίθ (πανό, ετικέτες) suspended · (για πρόσ.) hanged

κρεμαστ|ός επίθ (σκουλαρίκια) dangling · (ράφια) suspended · (καθρέφτης) hanging · (λάμπα, φως) overhead ▷ **~ή γέφυρα** suspension bridge ▷ **~οί κήποι** hanging gardens ▷ **~ή τσάντα** shoulder bag

κρεμάστρ|α η (= κρεμαστάρι)
(coat) hanger · (= καλόγερος)
stand · (τοίχου) pegs πληθ.

κρεμμύδ|ι το onion

κρεμμυδόσουπ|α η onion soup

κρέμ|ομαι ρ αμ to hang

κρεμ|ώ ρ μ (ρούχα) to hang (up) ·
(για στέγνωμα) to hang out ·
(παλτό, πίνακα) to hang ·
(σκουλαρίκια, κοσμήματα) to put
on · (χέρια, πόδια) to hang ·
(γλώσσα) to loll · (κατάδικο) to
hang ♦ ρ αμ (ανεπ.: στήθος,
λαιμός) to sag · (ανεπ.: σακάκι,
τραπεζομάντηλο) to hang down
▶ **κρεμιέμαι** μεσ (= πιάνομαι) to
hang on (από το) · (πολυέλαιος,
φωτιστικό) to hang (από from) ·
(= απαγχονίζομαι) to hang oneself

κρεοπωλεί|ο το butcher's

κρεοπώλ|ης ο butcher

κρεοπώλισσ|α η βλ. **κρεοπώλης**

κρέπ|α η pancake

Κρήτ|η η Crete

κριάρ|ι το (= κριός) ram · (προφ.:
ΑΣΤΡΟΛ) Aries

κριθάρ|ι το barley

κρίκ|ος ο (αλυσίδας, κλειδιών)
ring · (= σκουλαρίκι) earring
▷**συνδετικός** ~ connecting link
▶ **κρίκοι** πλ rings

κρίμ|α το sin · ~ είναι · (να κάνω
κτ) it's a shame ή pity (to do
sth) · **(τι) ~!** what a shame!

κρίν|ο το = **κρίνος**

κρίν|ος ο lily

κρίν|ω ρ μ to judge · (= καθορίζω)
to decide ♦ ρ αμ to pass
judgment

κρι|ός (επίσ.) ο (= κριάρι) ram ·
(ΑΣΤΡΟΝ, ΑΣΤΡΟΛ) Aries

κρίσ|η η (= κριτική ικανότητα)
judgment · (= άποψη) opinion ·
(= αξιολόγηση) assessment · (για
δικαστήριο: = απόφαση) verdict ·
(= δοκιμασία) crisis · (ΙΑΤΡ) attack
▷**επιληπτική** ~ epileptic fit

▷ ~ **ταυτότητας** identity crisis
▷**νευρική** ~ fit of hysterics · (μτφ.)
angry outburst ▷**υστερική** ~ fit
of hysterics ▷**ψυχολογική**
~ nervous breakdown

κρίσιμ|ος επίθ critical ·
(απαντήσεις, συνάντηση) crucial

κρισιμότητ|α η (κατάστασης,
προβλήματος) seriousness ·
(διάσκεψης) significance

κρις-κραφτ το speedboat

κριτήρι|ο το criterion

κριτ|ής ο judge

κριτικ|ή η (= σχολιασμός)
judgment · (= αξιολόγηση)
criticism · (= εφημερίδας)
review · (αρν.) criticism

κριτικ|ός επίθ critical
▶ **κριτικ|ός** ο/η critic ▷ ~ **θεάτρου/
κινηματογράφου/λογοτεχνίας**
drama/film/literary critic

Κροάτ|ης ο Croatian

Κροατί|α η Croatia

κροατικ|ός επίθ Croatian
▶ **Κροατικά, Κροάτικα** τα Croatian
εν.

κροκόδειλ|ος ο = **κροκόδιλος**

κροκόδιλ|ος ο crocodile

κροκ|ός ο βλ. **κρόκος**

κρόκ|ος ο yolk

κρόουλ το crawl

κρόταφ|ος ο temple

κρότ|ος ο (πυροτεχνήματος,
πιστολιού) bang · (κανονιού)
boom · (βροντής) crash · (χατ.: =
σύντομος δυνατός ήχος) bang ·
(μεταλλικός) clang · (ξύλων που
καίγονταν) crackle

κρουαζιέρ|α η cruise

κρουασάν το croissant

κρού|σμα το case

κρούστ|α η (γάλατος, κρέμας)
skin · (πάγου, τυριού) crust ·
(πληγής) scab

κρύβ|ω ρ μ (χρήματα, δραπέτη) to
hide · (μάτια) to cover · (ήλιο) to
blot out · (θέα) to block ·

(συναίσθημα, επιθυμία) to hide ·
(κίνδυνο, έκπληξη) to hold ·
(δύναμη, θάρρος) to have
▶ **κρύβομαι** μεσ (δραπέτες, παιδιά)
to hide · (= δεν εκδηλώνομαι) to
hide things

κρύο το cold · **έχει ή κάνει ~** it's
cold

κρυολόγημα το cold

κρύ|ος, -α, -ο cold · (κρασί)
chilled · (αστείο, ανέκδοτα) bad
▷ **~ο πιάτο** cold dishes πληθ.

κρυστάλλιν|ος, -ή, -ό crystal

κρύσταλλο το crystal χωρίς πληθ.

κρυφά επίρρ secretly · (καπνίζω)
on the sly · (κινούμαι) stealthily

κρυφ|ός επίθ (συνάντηση, πόρτα)
secret · (ματιά) surreptitious

κρυψώνα η = **κρυψώνας**

κρυψώνας ο hiding place

κρύω|μα το cold

κρυών|ω ρ αμ (άνθρωπος, χέρια) to
be cold · (σούπα, καφές: όταν δεν
είναι πια ζεστό) to go cold · (όταν
είναι πολύ ζεστό) to cool down ·
(καιρός) to turn cold ·
(= κρυολογώ) to catch a cold ·
(δεσμός, φιλία) to cool ▶ ρ μ to
chill

κτή|μα το (= ιδιόκτητο αγρόκτημα)
land χωρίς πληθ. · (= ιδιοκτησία)
property
▶ **κτήματα** πλ (farm)land εν.

κτηνιατρεί|ο το veterinary clinic

κτηνίατρ|ος ο/η vet (Βρετ.),
veterinarian (Αμερ.)

κτήν|ος ο animal

κτηνοτροφί|α η stock farming

κτηνοτρόφ|ος ο/η stock farmer

κτήρι|ο το building

κτίζ|ω ρ μ = **χτίζω**

κτίρι|ο το = **κτήριο**

κτίσι|μο το = **χτίσιμο**

κτίσ|μα το (= οικοδόμημα)
building · (= δημιούργημα)
creation

κτίστ|ης ο = **χτίστης**

κ.τ.λ. συντομ etc.

κυβέρνηση η government

κυβερνήτ|ης ο/η (χώρας) leader ·
(πλοίου, αεροσκάφους) captain

κυβερν|ώ ρ μ (χώρα, κράτος) to
rule · (πλοίο, αεροσκάφος) to
captain

κύβ|ος ο cube ▷ **~ ζάχαρης** sugar
lump

κυδών|ι το quince · **γλυκό**
~ quince jelly

κύηση η gestation

Κυκλάδ|ες οι Cyclades

κυκλάμιν|ο το cyclamen

κυκλικ|ός επίθ circular

κύκλ|ος ο (ΓΕΩΜ) circle · (σπουδών)
course · (ζωής, εποχών) cycle ·
(γυναίκας) period

κυκλοφορί|α η (αυτοκινήτων,
αεροπλάνων) traffic · (= διάδοση:
δίσκου) release · (= πώληση) sales
πληθ. · (λαθραίων αντικειμένων)
traffic · (περιοδικού, εφημερίδας)
circulation · (αίματος) circulation ·
(εμπορευμάτων) trade · (φήμης,
μυστικού) spreading · (κεφαλαίων,
χρήματος) circulation

κυκλοφοριακ|ός επίθ (πρόβλημα,
συμφόρηση) traffic · (κόμβος) road

κυκλοφορικ|ός επίθ (πρόβλημα,
διαταραχές) circulatory ▷ **-ό**
σύστημα (ΑΝΑΤ) circulatory
system

κυκλοφορ|ώ ρ μ (χαρτονόμισμα,
ομόλογα) to put into circulation ·
(δίσκο) to release · (λαθραία
τσιγάρα) to traffic in · (βιβλίο,
μεταφράσεις) to publish · (οικ.:
φίλο, φιλοξενούμενος) to take ·
(οικ.: αυτοκίνητο) to drive around
in ◆ ρ αμ (αυτοκινήτω, πεζοί) to
move · (= γυρίζω) to go around ·
(φήμες) to go around · (ανέκδοτο)
to go around · (είδηση, νέα) to go
ή get around · (χαρτονόμισμα,
γραμματόσημο) to be in
circulation · (φάρμακο) to be

κύκλωμα το (ΦΥΣ) circuit · (αρν.: για επαγγελματικό χώρο) circle · (διακίνησης ναρκωτικών) ring

κυκλώνας ο cyclone

κυκλών|ω ρ μ (περιοχή, εχθρικές δυνάμεις) to surround · (σωστή απάντηση) to circle

κύκνος ο swan

κυλικείο το (εταιρείας) canteen · (σταθμού, πλοίου) buffet bar

κύλινδρος ο (ΓΕΩΜ) cylinder · (ΜΗΧ) cylinder · (χαρτιού, χαλιού) roll

κυλ|ώ ρ μ to roll ♦ ρ αμ (νόμισμα, ρόδα) to roll along · (νερά, ποτάμι) to flow · (ιδρώτας, δάκρυ) to run · (ζωή, χρόνια) to go by · (συζήτηση) to go on

▸ **κυλιέμαι** μεσ (= περιστρέφω το σώμα μου) to roll · (από πόνο) to writhe · (= σέρνομαι: κουρτίνες, παλτό) to drag on the ground

κύμα το (θάλασσας, λίμνης) wave · (λαού, προσφύγων) wave · (λάβας) stream · (κακοκαιρίας, απεργών) spate · (ενθουσιασμού, πανικού) wave · (οργής) surge · (μεταναστών, μετανάστευσης) influx ▸ **μήκος ~τος** (ΦΥΣ) wavelength · (= συχνότητα) frequency ▸ **καύσωνα ή ζέστης** heat wave

κυμαίν|ομαι ρ αμ απ (θερμοκρασία, τιμές) to fluctuate · (απόψεις) to vary

κυματίζ|ω ρ μ (μαντήλι) to wave · (φούστα) to flap ♦ ρ αμ (σημαία) to fly · (μαλλιά) to wave

κυματιστός επίθ (γραμμή, μαλλιά) wavy · (γενειάδα) curly · (επιφάνεια) undulating · (φωνή) singsong · (περπατησιά) rolling

κυματοθραύστης ο breakwater

κύμινο το cumin

κυνηγητό το (δράστη) (man)hunt · (ελαφιού, λαγού) chase · (= αναζήτηση) searching · (παιδικό παιχνίδι) tag

κυνήγι το (ζώων) hunting · (πουλιών) shooting · (= θήραμα) game · (ηδονής, ουσίας, δράστη) chase · (δόξας, επιτυχίας) pursuit

κυνηγός ο/η (ζώων, πουλιών) hunter · (για σκύλο) hunting dog · (πλούτου, τύχης) hunter · (ευτυχίας) seeker · (στο ποδόσφαιρο) striker ▸ **ταλέντων** talent scout

κυνηγ|ώ ρ αμ to go hunting ♦ ρ μ (λαγούς) to hunt · (πέρδικες) to shoot · (= καταδιώκω: θήραμα) to hunt down (δραστήρη), το chase · (φονιά, κακοποιό) to hunt down · (= διώχνω βίαια) to chase away · (= κατατρέχω: τύχες) to haunt · (= νοιάζομαι: δουλειές) to be interested in · (πλούτο, δόξα) to pursue · (υποψήφιο σύζυγο) to look for · (γυναίκες, άνδρες) to chase after

κυπαρίσσι το (ΒΟΤ) cypress · (= κυπαρισσόξυλο) cypress (wood)

κύπελλο το (= κούπα) cup · (από μέταλλο) goblet · (= βραβείο) cup

κυπριακός επίθ Cypriot ▸ **Κυπριακά** τα Cypriot εν.

Κύπριος ο Cypriot

Κύπρος η Cyprus

κυρία η (= γυναίκα) lady · (προσφώνηση και ιδιότητα) madam · (πριν από όνομα) Mrs · (= αξιοπρεπής γυναίκα) lady · (= σύζυγος) wife · (προσφώνηση από μαθητές) Miss · **~ μου!** madam!

Κυριακή η Sunday

κυριαρχία η (= εξουσία) rule · (= απόλυτη επιβολή) domination · (ΝΟΜ: κράτος) sovereignty

κυριεύ|ω ρ μ (κράτος) to conquer · (πόλη, φρούριο) to take

κύρι|ος¹, -α ή -ία, -ο main ·
(ύποπτος) prime · **κατά ~ο λόγο**
primarily · **πρώτον και ~ον** first
and foremost ▷~**ο άρθρο** (σε
εφημερίδα) lead story · (σε
περιοδικό) main feature ▷**κυρία
είσοδος** main entrance ▷~**ο
όνομα** proper noun ▷~**ο πιάτο**
main course

κύρι|ος² ο (= άντρας) gentleman ·
(προσφώνηση) sir · (πριν από
όνομα) Mr · (προσφώνηση από
μαθητές) Sir · (= αξιοπρεπής
άνθρωπος) gentleman
▶**Κύριος** ο Lord

κυρίως επίρρ (= κατεξοχήν)
mainly · (= ιδίως) especially

κύρ|ος ο (εταιρείας, πανεπιστημίου)
prestige · (προέδρου) weight ·
(συμβολαίου, εγγράφου) validity

κυρτ|ός επίθ (τοίχος, γραμμή)
curved · (μύτη) hooked · (φακός,
κάτοπτρο) convex · (γέροντας,
μεσήλικας) stooped · (ώμοι) bowed
▷~**ά γράμματα** italics

κύρωση η (εγγράφου)
authentication · (συμβάσεως)
ratification
▶**κυρώσεις** πλ (= ποινή) penalties ·
(εναντίον χώρας) sanctions

κύστη η (ANAT) sac · (ουροδόχος)
bladder · (IATP) cyst

κυτταρίτιδ|α η cellulite

κύτταρ|ο το (BIOΛ) cell ·
(= φωτοκύτταρο) photoelectric
cell · (μτφ.) unit

κυψέλη η (bee)hive

κωβιός ο gudgeon

κώδικ|ας ο code ▷~**ASKII** ASCII
Code ▷**Κώδικας Οδικής
Κυκλοφορίας** Highway Code
(Βρετ.)

κωδικ|ός επίθ (γράμμα) encoded ·
(όνομα, αριθμός) code
▶**κωδικός** ο (επίσης ~ **αριθμός**)
code

κωδωνοστάσι|ο το bell tower

κώλ|ος (χυδ.) ο (= πρωκτός)
arsehole (Βρετ.) (χυδ.), asshole
(Αμερ.) (χυδ.) · (= πισινός) arse
(Βρετ.) (χυδ.), ass (Αμερ.) (χυδ.) ·
(παντελονιού, φούστας) bottom

κωλότσεπη (ανεπ.) η back ή hip
pocket

κώλυ|μα το obstacle

κώμα το coma · **πέφτω/βυθίζομαι/
βρίσκομαι σε ~** to fall into/sink
into/be in a coma

κωμικός επίθ (ηθοποιός, ταλέντο)
comic · (γκριμάτσα, κατάσταση)
funny · (αρν.: ισολογισμός,
επιχείρηση) ridiculous ·
(δημοσιεύματα) laughable
▶**κωμικ|ός** ο/η (ηθοποιός) comic
actor/actress · (= γελωτοποιός)
comedian

κωμόπολη η market town

κωμωδί|α η (ΤΕΧΝ) comedy · (μτφ.)
farce

κώνος ο cone

Κωνσταντινούπολη η Istanbul

κωπηλασί|α η rowing

κωφάλαλος επίθ deaf–mute

Λ λ

Λ, λ lamda, *eleventh letter of the
Greek alphabet*

λα το A

λάβα η lava

λαβαίν|ω ρ μ = **λαμβάνω**

λαβ|ή η (δοχείου, τσεκουριού)
handle · (όπλου) stock · (πιστολιού)
grip · (σπαθιού) hilt · (αλετριού)
ploughstaff (Βρετ.), plowstaff
(Αμερ.) · (ΑΘΛ) hold

λαβίδ|α η (= τσιμπίδα) clip ·
(χειρουργική) forceps πληθ. · (για
τα κάρβουνα, για τον πάγο) tongs
πληθ. · (για τα γραμματόσημα)
tweezers πληθ.

λαβράκ|ι το sea bass

λαβύρινθ|ος ο (ΜΥΘΟΛ) labyrinth · (για κτήριο, χώρο) maze · (γραφειοκρατίας) maze · (για υπόθεση) tangled affair · (σκέψεων, ονείρου) intricacy · (ΑΝΑΤ) cochlea

λαγάν|α η sesame flatbread (*eaten traditionally on Good Friday*)

λαγ|ός ο hare ▷ ~ **στυφάδο** jugged hare

λαγωνικ|ό το (= κυνηγετικός σκύλος) tracker dog · (για αστυνομικό) sleuth (ανεπ.)

λαδερ|ό ο (επιτραπέζιο) cruet (*of olive oil*) · (= λαδωτήρι) oilcan

λαδερ|ός επίθ oily ▸ **λαδερά** τα oily foods

λάδ|ι το (ελιάς) olive oil · (ως λιπαντικό, αντηλιακό) oil · **βάζω ~ σε κτν** (= αλείφω με αντηλιακό) to rub oil on sb · (= βαπτίζω) to be godfather to sb · **η θάλασσα είναι ~** the sea is dead calm · **η ~ σαν λάδι** like a millpond ▷ ~ **μαυρίσματος** suntan oil ▷ ~ **μηχανής** engine η motor oil

λαδικ|ό το (επιτραπέζιο) cruet (*of olive oil*) · (= λαδωτήρι) oilcan

λαδολέμον|ο το oil and lemon sauce

λαδομπογιά η oil paint

λαδόξιδ|ο το vinaigrette

λαδορίγανη η oil and oregano sauce

λαδοτύρι το type of full-fat cheese made especially in the Greek islands

λαδόχαρτ|ο το greaseproof paper

λαδόψωμο το olive-oil bread

λαδών|ω ρ μ (ταψί) to oil · (φύλλο μαγειρικής) to coat in oil · (φόρεμα, τραπεζομάντιλο) to stain with oil · (μηχανή, μεντεσέ) to oil · (= δωροδοκώ) to bribe ♦ ρ αμ to become greasy

λάθ|ος το (= σφάλμα) mistake · (ΜΑΘ) error · (κατ.: = λανθασμένα)

wrong · **αν δεν κάνω ~** if I'm not mistaken · **έχω ~** to be wrong η mistaken · **κάνω ~** to make a mistake · **κατά ~** by mistake · **πρόκειται για ~ πρόσωπο** it's a case of mistaken identity ▷ **ορθογραφικό ~** spelling mistake

λαθραίος, -αία, -αίο (εισαγωγή, ψάρεμα) illegal · (τσιγάρα, ποτά) contraband · (όπλα) smuggled ▸ **λαθραίο κυνήγι** poaching ▸ **λαθραία** τα contraband εν.

λαθρεμπόρι|ο το, **λαθρεμπορία** η (ετία: ναρκωτικών, ζώων) smuggling · (όπλων) gunrunning

λαθρεπιβάτης ο stowaway

λαθρεπιβάτισσα η βλ. **λαθρεπιβάτης**

λαθρομετανάστ|ης ο illegal immigrant

λαθρομετανάστρια η βλ. **λαθρομετανάστης**

λάιβ live

λαϊκ|ός επίθ (κίνημα, εξέγερση) popular · (παράδοση, έθιμα) folk · (τάξεις) working · (γειτονιά, βάση) working-class · (άνθρωπος, τύπος) common ▷ **~ή γλώσσα** vernacular ▷ **~ή τέχνη** Greek folk art ▷ **~ή μουσική** folk music ▷ **~ό τραγούδι** folksong ▸ **λαϊκά** τα folk music εν. ▸ **λαϊκή** η street market ▸ **λαϊκός** ο layman

λαιμ|ός τα throat εν. · **έχω ή πονάνε τα ~** to have a sore throat βλ. κ. **λαιμός**

λαιμαργι|ά η (για φαγητό) greed · (μτφ.: για χρήμα) greed · (για φήμη, δόξα) hunger

λαίμαργ|ος επίθ (= αχόρταγος,) greedy · (μτφ.: για χρήμα) greedy · (για δόξα, εξουσία) hungry

λαιμός ο (ΑΝΑΤ) neck · (= εσωτερικό μέρος) throat · (φορέματος) neck(line) ·

λάιτ (πουκάμισου, μπλούζας) collar · (μπουκαλιού, ανθοδοχείου) neck · **κλείνει ο ~ μου** to lose one's voice

λάιτ light

λακέρδα η salted tuna

λάκκ|ος ο (= λακκούβα) hole · (στο δρόμο) pothole · (αργ.: = τάφος) grave

λακωνικός επίθ (πόλεμοι, έθιμα) Laconian · (δήλωση, ύφος) terse

λαλαγγίτα, λαλαγγίδα η pancake

λαλιά η (ανεπ.: για πρόσ.) voice · (για πουλιά) singing

λαλώ ρ αμ (ανθρωπος) to speak · (πετεινός) to crow · (πουλί) to sing · (μουσικό όργανο) to play

λάμα¹ η (= μεταλλικό έλασμα) thin steel plate · (= λεπίδα) blade

λάμα² το llama

λαμαρίνα η (αυτοκινήτου) bodywork · (φούρνου) large baking tin

λαμβάνω ρ μ (επίσ.: επίδομα, δώρο) to get · (ειδήσεις, νέα) to get · (διαταγή) to receive · (απόφαση) to take · (πρόνοια) to make · (= προσλαμβάνω: διαστάσεις) to reach · (μορφή) to take on · **λάβετε θέσεις!** (σε αγώνες) on your marks! · **~ μέρος (σε κτ)** (σε εκλογές) to stand (Βρετ.) ή run (Αμερ.) (in sth) · (σε διαγωνισμό, αγώνες) to compete (in sth) · **το θάρρος να** may I be so bold as to · **~ τον λόγο** to speak · **υπ' όψιν ή υπόψη (μου)** to take into account ή consideration

λάιδα, λάμβδα το lamda, eleventh letter of the Greek alphabet

λάμπα η lamp ▷ **~ δαπέδου** floor lamp ▷ **θυέλλης** hurricane lamp ▷ **πετρελαίου** paraffin lamp

λαμπάδα η candle

λαμπάκι το (warning) light

λαμπερ|ός επίθ (χρυσάφι, μάτια) shining · (φως) brilliant

λαμπόγυαλο το lamp chimney

Λαμπρή η Easter

λαμπρ|ός επίθ (ήλιος) bright · (μτφ.: βλέμμα, μάτια) bright · (μτφ.: επιστήμονας, μαθητής) brilliant · (νόηη) dazzling · (πολιτισμός, φήμη) glorious

λαμπτήρ|ας ο electric lamp

λάμπ|ω ρ αμ (κηριού, μτφ.) to shine · (σπίτι, δωμάτιο) to be spotlessly clean · (επιστήμονας, καλλιτέχνης) to excel · **~ από καθαριότητα** to be spotlessly clean

λάμψη η (φωτιάς) shine · (εκπυρσολιτική) glare · (απαλή) glow · (πετραδιού, βλέμματος) sparkle · (= αστραπής) flash of lightning · (μτφ.: χαράς) beam · (προσωπικότητας: ελπίδας) ray · (νίκης, πολιτισμού) splendour (Βρετ.), splendor (Αμερ.) · **~ του ήλιου** sunlight · **~ του φεγγαριού** moonlight

λανθασμέν|ος επίθ wrong · (κινήσεις) false · (πολιτική) misguided

λαογραφ|ία η folklore

λαός ο (= πολίτες) people · (= πληθυσμός) population · (= λαϊκές τάξεις) populace · (= κόσμος) crowd · (κατ.: = έθνος) people

λαούτο το lute

λάρυγγ|ας ο (ανεπ.) throat

λαρυγγίτι|δα η laryngitis

λάσπ|η η (γενικότ.) mud · (= χαμαλού) mortar · (= ίζημα: ποταμού, λίμνης) silt · (βαρελιού) dregs πληθ. · (για μακαρόνια, ρύζι) mush

λασπόνερο το sludge

λασπωμέν|ος επίθ (γήπεδο, παπούτσια) muddy · (μακαρόνια, ρύζι) soggy

λασπών|ω ρ μ to get muddy ◆ ρ αμ to go soggy

λαστιχάκι το (στα υδραυλικά) washer · (για μαλλιά, συγκράτηση αντικειμένων) elastic band

λαστιχένι|ος, -ια, -ιο rubber

λάστιχ|ο το (= καουτσούκ) rubber· (αυτοκινήτου, ποδηλάτου) tyre (Βρετ.), tire (Αμερ.)· (νερού, βενζίνης) hose · (ρούχου, σεντονιού) elasticated band · **με πιάνει ή μένω από ή παθαίνω ~** to have a flat tyre (Βρετ.)· ή tire (Αμερ.)· ή a puncture

λατινικ|ός επίθ Latin ▶ **Λατινική Αμερική** Latin America ▷ ~ **αριθμός** Roman numeral ▶ **λατινικά** τα, **Λατινική** η Latin

λατομείο το quarry

λατρεί|α η (ΘΡΗΣΚ) worship · (μτφ.) adoration

λατρεύ|ω ρ μ (ΘΡΗΣΚ) to worship · (χρήμα, δόξα) to adore · (τραγουδιστή) to worship, to love

λαυράκι το = **λαβράκι**

λαφυρ|ώ το to loot χωρίς πληθ.

λαχανάκι το (υποκ.) baby vegetable ▷ ~**α Βρυξελλών** Brussels sprouts

λαχανιάζ|ω ρ αμ to pant

λαχανιασμέν|ος επίθ breathless

λαχανικ|ό το vegetable

λάχαν|ο το cabbage

λαχανόκηπος ο vegetable ή kitchen (Βρετ.) garden

λαχανοντολμάδ|ες οι stuffed cabbage leaves

λαχανόπιτ|α η vegetable pie

λαχανόρυζο το dish made of rice and cabbage

λαχεί|ο το (= τυχερό παιχνίδι) lottery · (= λαχνός) lottery ticket · (= χρηματικό ποσό) (lottery) prize ▷ **Εθνικό Λαχείο** National Lottery (drawn once a fortnight) ▷ **Λαϊκό Λαχείο** National Lottery (drawn once a week)

λαχν|ός ο (= κλήρος λαχείου) lottery ticket · (= αριθμός) winning number · (= κέρδος) (lottery) prize

λαχτάρ|α η (= πόθος) longing · (= ανυπομονησία) longing · (= δυνατή συγκίνηση) scare · (= μεγάλος φόβος) fright

λαχταρίζ|ω ρ μαμ = **λαχταρώ**

λαχταριστ|ός επίθ (φαγητό, γλυκό) tempting · (άνδρας, γυναίκα) desirable

λαχταρ|ώ ρ μ (= ποθώ) to lust after · (= επιθυμώ πολύ) to yearn for · (= φοβίζω) to scare ◆ ρ αμ to get a fright

λεβάντα η lavender

λεβέντης ο dashing young man

λέβητας ο boiler

λεβιές ο lever ▷ ~ **ταχυτήτων** gear lever ή stick (Βρετ.), gearshift (Αμερ.)

λεγόμεν|ος επίθ so-called ▶ **λεγόμενα, λεχθέντα** τα τα ~**α** κποιου what sb says

λέγ|ω ρ μ (καλημέρα, καληνύχτα) to say · (ιστορία, ανέκδοτο) to tell · (= συζητώ) to talk about · (= ισχυρίζομαι) to say · (= σημαίνω) to mean · (= μνημονεύω: για κείμενο, νόμο) to say · (για συγγραφέα) to mention · (= αξίζω: για ταινία, βιβλίο) to be good · (= ρωτώ) to ask · (= απαντώ) to say · (= υποδεικνύω) to show · (= παρακαλώ) to ask · (= αποκαλώ) to call · (για ρολόι: δείχνω την ώρα) to say · **ας πούμε** (= ας υποθέσουμε) let's say · (= για παράδειγμα) for example · **δεν λέει να σταματήσει η βροχή** it doesn't look like the rain is going to stop · **δεν ξέρω τι να πω!** I don't know what to say! · **είπες τίποτα;** did you say anything? · **εσύ τι λες;** what do you think? · **η τηλεόραση/το ραδιόφωνο είπε ότι** the

the TV/radio that · **θα τα πούμε!** (αποχαιρετισμός) see you later! · **λένε πως ή ότι ...** they ή people say that ... · **λες/λέτε να ...;** (για έντονη απορία) do you (really) think (that) ...? · **λέω σε κπν κτ/να κάνει κτ** to tell sb sth/to do sth · **με λένε Γιώργο** my name is Giorgos · **πώς είπατε;** I beg your pardon? · **τα λέμε!** (οικ.) see you! · **τι είπες;** what did you say? · **τι θα πει αυτό;** what does that mean? · **τι θα έλεγες/λες για κανένα ποτό/σινεμα;** how would you like a drink/going to see a film? · **τι λένε σήμερα οι εφημερίδες;** what do the papers say today? · **του είπα ότι ...** I told him that ...

▶ **λέγομαι** μεσ my name is · **πώς ~εστε;** what's your name?

λεζάντ|α η caption

λεία η (= λάφυρα) booty χωρίς πληθ. · (= προϊόν κλοπής ή ληστείας) loot χωρίς πληθ. · (= θήραμα) prey

λειαίν|ω ρ μ to smooth

λέιζερ το laser

λεί|ος, -α, -ο (= ομαλός στην αφή) smooth · (= γυαλιστερός) sleek

λείπ|ω ρ αμ (= απουσιάζω) not to be there · (για μαθητή, φοιτητή) to be absent · (σε δουλειά, διακοπές) to be away · (για πράγματα) to be missing · **δεν μας ~ει τίποτε** we don't want for anything · **~ για δουλειές** to be away on business · **μου ~ει κπς** (= νοσταλγώ) to miss sb

λειτουργί|α η (= μηχανής, συσκευής) operation · (υπηρεσίας, επιχείρησης) running · (τρόπος κίνησης: μηχανής) start · (συστήματος) bringing into operation · (καρδιάς, πνευμόνων) function · (= σκοπός, προορισμός: εργαλείου, κυκλώματος) function · (ΘΡΗΣΚ: επίσης **Θεία Λειτουργία**)

service · **εκτός ~ς** out of order

λειτουργ|ός ο/η public official ▷ **δικαστικός ~** judge ▷ **εκπαιδευτικός ~** teacher

λειτουργ|ώ ρ μ (μηχανή, συσκευή) to work · (υπηρεσία, ίδρυμα) to work · (εστιατόριο, κινηματογράφος) to be open · (για άνθρωπο) to act · (= ενεργώ φυσιολογικά) to function · (εγκέφαλος, καρδιά) to function · (ιερέας) to officiate · **δεν ~εί** (σε επιγραφές) out of order

▶ **λειτουργούμαι, λειτουργιέμαι** μεσ to go to church/Mass

λειχούδ|ης, -α, -ικο greedy

λιχουδι|ά η delicacy

λειών|ω ρ μ/αμ · **λιώνω**

λεκάν|η η (σκεύος) bowl · (αποχωρητηρίου) bowl · (= πεδιάδα) basin · (ΑΝΑΤ) pelvis

λεκ|ές ο stain

λεκιάζ|ω ρ μ to stain ♦ ρ αμ (ρούχο) to be stained · (υγρό, κρασί) to (leave a) stain · (για υφάσματα) to stain

λέμβ|ος η (επίσ.: ΝΑΥΤ) boat ▷ **σωσίβια ή ναυαγοσωστική ~** (κυριολ.) lifeboat · (μτφ.) lifeline

λεμονάδ|α η lemonade

λεμόν|ι το lemon

λεμονι|ά η lemon tree

λεμονίτα η lemonade

λέξ|η η word · **δεν βγάζω ~** (= σωπαίνω) not to say ή breathe a word · (για κείμενο) I can't understand a word ▷ **~-κλειδί** keyword

λεξικ|ό το dictionary

λεξιλόγι|ο το (γλώσσας) vocabulary · (επιστήμης, επιστημονικού κλάδου) terminology · (= γλωσσάριο) glossary

λέοντ|ας ο · **λέων**

λεοπάρδαλ|η η, **λεόπαρδος** ο leopard

λέπι|ι το scale

λεπίδ|α η (μαχαιριού, σπαθιού) blade · (= ξυραφάκι) razor blade ▷ ~ ξυρίσματος razor blade

λεπτά τα = **λεφτά**

λεπταίν|ω ρ αμ (για πρόσ.) to lose weight · (για πράγματα) to get thinner ♦ ρ μ (επιφάνεια αντικειμένου) to rub down · (φαβορίτες, μούσι) to thin out

λεπτό το (= υποδιαίρεση ώρας) minute · (= υποδιαίρεση ευρώ) cent · (παλ.) lepton **από ~ σε** ~ any minute now · **μισό ~!** (ως παράκληση να μας περιμένουν) wait a moment! · **σε ένα ή μισό** ~ in next to no time · **στο** ~ (= αμέσως) in a jiffy ή minute

λεπτοκαμωμέν|ος επίθ delicate

λεπτομέρει|α η detail
▶ **λεπτομέρειες** πλ details

λεπτομερής επίθ (έλεγχος, εξέταση) minute · (καθορισμός) precise · (περιγραφή, ανάλυση) detailed

λεπτ|ός επίθ (άνθρωπος, μέση) slim · (λαιμός, δάχτυλα) slender · (= λεπτεπίλεπτος) delicate · (μτφ.: άνθρωπος, τρόποι συμπεριφοράς) refined · (αίσθηση, ειρωνεία) subtle · (πνεύμα) keen · (για φωνή, ήχο) sweet · (για υφάσματα) flimsy · (άρωμα) delicate · (χαρτί, φλοιός) thin · (ζάχαρη, σκόνη) fine · (έδαφος, χώμα) thin · (μτφ.: θέμα, υπόθεση) delicate · (όργανα, μηχανισμοί) sensitive · (γεύση, όσφρηση) keen · (μύτη μολυβιού) sharp · (μτφ.: ισορροπία) fine **~ό γούστο** refined tastes πληθ

λεπτότητα η (= ισχνότητα) slenderness · (δέρματος) thinness · (μτφ.) sensitivity

λερωμέν|ος επίθ (ρούχα, πρόσωπο) dirty · (μτφ.: όνομα, τιμή) tarnished

λερών|ω ρ μ to get dirty · (μτφ.:

όνομα, τιμή) to blacken ♦ ρ αμ (ρούχο, ύφασμα) to stain · (σοκολάτα) to (leave a) stain · **~ει!** wet paint!
▶ **λερώνομαι** μεσ to soil oneself

λεσβία η lesbian

λέσχη η (= κλαμπ) club · (= κέντρο χαρτοπαιξίας) gambling house ▷ **φοιτητική** ~ students' union

λεύκα η poplar

λευκαίν|ω ρ μ (δόντια) to whiten · (ρούχα) to clean ♦ ρ αμ to go ή turn white

λευκαντικ|ός επίθ bleaching
▶ **λευκαντικό** το bleach

λευκοπλάστης ο sticking plaster (Βρετ.), Band-Aid ® (Αμερ.)

λευκ|ός επίθ (= άσπρος) white · (σελίδα, χαρτί) blank · (μτφ.: παρελθόν, ποινικό μητρώο) clean · (φυλή, δέρμα) white **~ό κρασί ή οίνος** white wine ▷ ο **Λευκός Οίκος** the White House
▶ **λευκά** τα whites
▶ **λευκό** το white
▶ **λευκοί** οι whites

λευκόχρυσ|ος ο platinum

λεύκωμα το (αναμνήσεων, φωτογραφιών) album · (= ασπράδι αυγού) white

Λευκωσία η Nicosia

λευτεριά η = **ελευθερία**

λεφτά τα money εν. **κάνω** ~ to make a lot of money

λέω ρ μ/αμ = **λέγω**

λέων ο (επίσ.) lion ▷ **θαλάσσιος** ~ sea lion

λεωφορειατζής ο (προφ.) bus driver

λεωφορειατζού η (προφ.) βλ. **λεωφορειατζής**

λεωφορεί|ο το (αστικό) bus · (υπεραστικό) coach (Βρετ.), bus (Αμερ.) ▷ **ηλεκτροκίνητο** ~ tram (Βρετ.), streetcar (Αμερ.)

λεωφόρος η avenue

λήγ|ω ρ αμ (προθεσμία) to expire ·

(διαβατήριο, δίπλωμα) to expire ·
(συζήτηση, απεργία) to end ·
(ρήματα, ονόματα) to end

λήμ|μα *το* entry

λήξ|η *η* (= τέλος) end ·
(διαβατηρίου, διπλώματος) expiry ·
(γραμματίου) maturity

ληστεί|α *η* (= κλοπή με χρήση βίας)
robbery · (*μτφ.*) daylight robbery
(*ανεπ.*) ▷ **ένοπλη ~** armed robbery

ληστεύ|ω *ρ μ* (= κλέβω με βία:
άνθρωπο) to rob · (σπίτι,
κατάστημα) to burgle (*Βρετ.*), to
burglarize (*Αμερ.*) · (*μτφ.*) to
overcharge

ληστ|ής *ο/η* (= αυτός που κάνει
ληστεία) robber · (*μτφ.*) crook
(*ανεπ.*)

λήψ|η *η* (διαταγής, επιταγής)
receipt · (βοήθειας, αίματος)
receiving · (μέτρων, πρωτοβουλίας)
taking · (φαρμάκου) use · (τροφής)
consumption · (για κεραία)
reception · (φωτογραφίας) taking

λιακάδ|α *η* sunshine · **έχει ~** it's a
sunny day

λιανικ|ός *επίθ* retail

λιαν|ός *επίθ* (ξύλο) thin ·
(δάχτυλο) slender
▶ **λιανά** *τα* small change · **κάνω ~ά**
to get some change

λιβάδι *το* meadow

λιβάν|ι *το* incense

Λίβαν|ος *ο* Lebanon

Λιβύ|η *η* Libya

λιγάκι *επίρρ* (υποκ.) βλ. **λίγο**

λίγδ|α *η* (= λεκές από λίπος) grease
stain · (= λιπαρή βρομιά) grease

λιγδιάζ|ω *ρ μ* (ρούχο) to get grease
stains on · (νεροχύτη) to coat in
grease ◆ *ρ αμ* (ρούχο) to be
grease–stained · (γένια, μαλλιά)
to be coated in grease · (γένια,
μαλλιά) to be greasy

λιγδών|ω *ρ μ* = **λιγδιάζω**

λιγν|ός *επίθ* (άνθρωπο) slim ·
(χέρι, πόδι) thin

λιγοστεύ|ω *ρ μ* to reduce ◆ *ρ αμ*
(άγχος) to lessen · (ταξιδιώτες,
θέσεις) to decrease · (τροφές) to be
in short supply · (προμήθειες) to
get smaller · (φως) to fail · (ζωή)
to get shorter

λιγοστ|ός *επίθ* meagre (*Βρετ.*),
meager (*Αμερ.*)

λιγότερο *επίρρ* less · **~ ή
περισσότερο** more or less · **το
~ at least** · **αυτό είναι το ~ που
θα μπορούσα να κάνω** it's the
least I could do

λιγότερ|ος *επίθ* **~** (με αριθμητά
ουσιαστικά) less · (με αριθμητά
ουσιαστικά) fewer

λιγουρι|ά *η* (= ενόχληση λόγω
πείνας) faintness (*from hunger*) ·
(= αναγούλα) nausea

λιγών|ω *ρ μ ~ κπν* (= προκαλώ
τάση προς έμετο) to make sb feel
sick ή nauseous · (= προκαλώ τάση

προς ζάλη) to make sb feel dizzy
◆ ϱ αμ (= ξελιγώνομαι) to feel
faint with hunger · (= αισθάνομαι
κορεσμό) to feel sick ή nauseous
▶ λιγώνομαι μεσ (= ξελιγώνομαι) to
feel faint with hunger · (= έχω
τάση προς έμετο) to feel sick ή
nauseous · (= έχω τάση προς
λιποθυμία) to feel faint
λιθάρ|ι το (= μικρή πέτρα) pebble ·
(= πέτρα) rock
λιθογραφί|α η (τέχνη)
lithography · (εικόνα) lithograph
λίθ|ος ο/η (επίσ.: = πέτρα) stone
▷η εποχή του ~ου the Stone Age
▷θεμέλιος ~ foundation stone
▷φιλοσοφική ~ philosopher's
stone
λιθόστρωτ|ος επίθ cobbled
▶ λιθόστρωτο το cobbles πληθ.
λιθρίν|ι το = λυθρίνι
λικέρ το liqueur
λικνίζ|ω ϱ μ to rock
▶ λικνίζομαι μεσ (= κουνιώ το σώμα
μου) to sway · (σε καρέκλα) to
rock
λίκνισ|μα το (βάρκας, μωρού)
rocking · (κορμιού) swaying
λίμ|α η (εργαλείο) file · (νυχιών)
nail file
λιμάν|ι το harbour (Βρετ.), harbor
(Αμερ.) · = πόλη (με λιμάνι) port ·
(μτφ.) haven
λιμεναρχεί|ο το (δημόσια
υπηρεσία) port authority · (κτήριο)
harbour master's (Βρετ.) ή
harbormaster's (Αμερ.) office
λιμένας ο (επίσ.) = λιμάνι
λιμενικ|ός επίθ harbour (Βρετ.),
harbor (Αμερ.)
▶ Λιμενικό το Harbour (Βρετ.) ή
Harbor (Αμερ.) Police
▶ λιμενικός ο harbour (Βρετ.) ή
harbor (Αμερ.) official
λιμενοφύλακ|ας ο/η harbour
(Βρετ.) ή harbor (Αμερ.) guard
λιμήν ο (επίσ.) = λιμάνι

λίμν|η η lake · (μτφ.: αίματος) pool ·
(δακρύων) flood
λιμνίσι|ος, -α, -ο (ψάρι, χελώνα)
lake · (ουικμός) lakeside
λιμνοθάλασσ|α η lagoon
λιμουζίν|α η limousine
λιν|ός επίθ linen
▶ λινό το linen
λιοντάρ|ι το lion
λιπαρ|ός επίθ (επιδερμίδα) oily ·
(μαλλιά) greasy · (τροφή) fatty
▶ λιπαρά τα fats
λίπασ|μα το fertilizer
λιποθυμί|α, λιποθυμιά η
blackout · μου έρχεται ~ to feel
faint
λιποθυμ|ώ ϱ αμ to faint
λίπ|ος το fat ▷μαγειρικό ~
- cooking fat
λιποτάκτ|ης ο deserter
λίρ|α η pound
λιρέτ|α η (παλ.) lira
Λισαβόνα η Lisbon
λίστ|α η list ▷ ~ γάμου wedding
list
λιτανεί|α η litany
λιτ|ός επίθ (γεύμα, σπιτικό) frugal ·
(ομορφιά, σύνθεση) austere ·
(διατύπωση, φράση) terse ·
(επίπλωση) spartan · (σκηνικό,
ένδυμα) plain
λιτότητ|α η (γεύματος) frugality ·
(ύφους) plainness
λίτρ|ο το litre (Βρετ.), liter (Αμερ.)
λιφτίνγκ το facelift
λιχούδ|ης, -α, -ικο = λειχούδης
λιχουδι|ά η = λειχουδιά
λιών|ω επίϱϱ γίνομαι ~ (ντομάτες,
πατάτες) to turn to mush
γίνομαι ή είμαι ~ (προφ.: = είμαι
μεθυσμένος) to be as drunk as a
skunk (ανεπ.)
λιών|ω ϱ μ (πάγο, χιόνι) to melt ·
(ασπιρίνη, χάπι) to dissolve ·
(πατάτες) to mash · (σταφύλια) to
crush · (παπούτσια, ρούχα) to wear
out · (έντομο) to crush ◆ ϱ αμ

(κερί, βούτυρο) to melt · (χιόνι, πάγος) to thaw (out) · (ζάχαρη) to dissolve · (παπούτσια, ρούχα) to be worn out · (στο βράσιμο: κρέας) to be tender · (χαρτά) to be mushy · (νεκρός, φύλλα) to decay · (από ζέστη) to melt

λογαριάζω ρ αμ to count ◆ ρ μ (= κρίνω) to reckon ·
(= υπολογίζω: έξοδα) to work out ·
(= συνυπολογίζω) to count ·
(= λαμβάνω υπόψη μου) to take into account · (= δεν αγνοώ: άνθρωπο) to show consideration for · (κοινή γνώμη, βαρύτητα) to consider · (= θεωρώ) to consider
▶ **λογαριάζομαι** μεσ to get even

λογαριασμός ο (δαπανών, εξόδων) invoice · (ηλεκτρικού, νερού) bill · (εστιατορίου) bill (Βρετ.), check (Αμερ.) ·
(= υπολογισμός) calculation · (σε τράπεζα, ταμιευτήριο) account · **για -ό** κποιου on behalf of sb
▷ **τραπεζικός** ~ bank account

λόγια τα (= κουβέντες) words ·
(= στίχοι) lyrics · (μειωτ.: = κενές κουβέντες) talk εν · **δεν βρίσκω ή έχω** ~ **να σε ευχαριστήσω** I can't thank you enough · **με δυο** ~ in a word · **μπερδεύω τα** ~ **μου** to get one's words mixed up

λογικεύομαι ρ αμ απ to come to one's senses

λογική η (= ορθή σκέψη) reason ·
(= τρόπος σκέψης: ατόμου) logic ·
(= νοοτροπία: λαού) mentality ·
(= φιλοσοφία: παιγνιώδους, αθλήματος) spirit · (απόφασης, πολιτικής) rationale
▶ **Λογική** η logic

λογικό το (= λογική) reason ·
(ανεπ.: = μυαλό) mind

λογικός επίθ (= που έχει λογική: ον) rational · (= σώφρων: άτομο) sensible · (= μετριημένος: πελάτης, άνθρωπος) reasonable · (απόφαση, κίνηση) sensible · (επακόλουθο)

logical · (τιμές, ποσό) reasonable
▶ **λογικός** ο, **λογική** η sane person

λογιστής ο accountant

λογιστική η accounting

λογίστρια η βλ. **λογιστής**

λογοκρισία η censorship

λογοπαίγνιο το pun

λόγος ο (= συγκεκριμένο χώρο) language · (= γλώσσα) language · (= κουβέντα) words ·
(= αιτία) reason · **δεν μου πέφτει** ~ to have no say in the matter · **~ου χάρη ή χάριν** for instance · **χωρίς ~ο** for no reason ▷ **πεζός**
~ prose ▷ **ποιητικός ή έμμετρος**
~ verse

λογοτέχνης ο writer (of fiction or poetry)

λογοτεχνία η literature

λογότυπος ο, **λογότυπο** το logo

λογοφέρνω ρ αμ to argue

λόγχη η (όπλα) lance ·
(στρατιώτη) spear · (όπλου) bayonet

λοιμώδης επίθ infectious

λοίμωξη η infection

λοιπόν, το λοιπόν σύνδ
(= επόμενος) so · (για δήλωση απόφασης) right · (για εισαγωγή θέματος ή μετάβασης σε άλλο θέμα) so · (ως κατακλείδα) then · (= για έκφραση απορίας) then · (για ενίσχυση προτροπής) then · (στην αρχή λόγου: για σκέψη, αμηχανία) well · **άντε ~!** come then! · **και**
~; so what? · **~;** well then?

λοιπός επίθ (επίσ.: = υπόλοιπος) remaining · **και ~ά, και τα ~ά** etcetera

Λονδίνο το London

λόξιγκας ο = **λόξυγγας**

λοξός επίθ (γραμμή, πορεία) oblique · (μτφ.: για άνθρωπο) eccentric · (βλέμμα, ματιά) sidelong

λόξυγγας ο hiccup · **με πιάνει** ~ to have (the) hiccups

λοσιόν η lotion

λοστός ο, **λοστάρι** το crowbar

λοταρί|α η raffle

ΛΟΤΤΟ, λόττο το lottery

λούζω ρ μ (μαλλιά, κεφάλι) to wash • (= καταβρέχω: με σαμπάνια) to spray • (βροχή, υδρατμοί) to drench

▸ **λούζομαι** μεσ to wash one's hair

λουκάνικο το sausage

▷ ~ **Φρανκφούρτης** frankfurter

λουκέτο το padlock • **κλειδώνω κτ με** ~ to padlock sth

λούκι το drainpipe

λουκουμάς ο deep-fried dough ball served with honey and cinnamon

λουκούμι το Turkish delight

λουλούδι το flower

λούνα παρκ το amusement park

Λουξεμβούργο το Luxembourg

λουράκι το (ρολογιού) watchstrap • (παπουτσιού) strap

λουρί το (βαλίτσας, τσάντας) strap • (αλόγου) rein • (σκύλου) lead (Βρετ.), leash (Αμερ.) • (μηχανής) belt

λουρίδα η (επίσης **λωρίδα**: = από δέρμα, ύφασμα) strip • (= παντελονιού, φορέματος) belt • (επίσης **λωρίδα**: γης) strip

λούσιμο το wash

λουστρίνι το patent leather

▸ **λουστρίνια** πλ patent leather shoes

λουτρό το (= μπάνιο) bath • (= τουαλέτα) bathroom

λουτρόπολη η spa (town)

λόφος ο hill

λοχαγός ο captain

λοχίας ο sergeant

λόχος ο company

λυγίζω ρ μ (μέση, γόνατο) to bend • (μτφ.: για πρόσ.) to wear down ♦ ρ αμ (γόνατα) to buckle • (χέρι) to flex • (βέργα, κλαδί) to bend • (μτφ.: = υποκύπτω) to

yield • (μτφ.: = χάνω το θάρρος μου) to give up

λυγιστός επίθ (= εύκαμπτος) supple • (= λυγισμένος) bent • (κλαδί) bowed

λυγμός ο sob

λυγώ ρ μ (= λυγίζω) to bend • (με χάρη: κορμί, μέση) to sway ♦ ρ αμ to bend

▸ **λυγιέμαι** μεσ to sway

λυθρίνι το red sea bream

λύκειο το = secondary school (Βρετ.), = high school (Αμερ.) (for 15 to 18 year olds)

λυκόπουλο το (= νεογνό λύκου) wolf cub • (= μικρός πρόσκοπος) cub (scout)

λύκος ο (ζώο) wolf • (= λυκόσκυλο) Alsatian (Βρετ.), German shepherd (Αμερ.)

λύνω ρ μ (γραβάτα) to undo • (ζώνη) to undo • (παπούτσια, κορδόνια) to untie • (μαλλιά) to let down • (βάρκα) to untie • (σκύλο, βάρκα) to let loose • (άλογο) to let loose • (χειρόφρενο) to release • (μηχανή, όπλο) to strip (down) • (ρολόι) to take apart ▸ to pieces • (απορία) to answer • (εξίσωση, πρόβλημα) to solve • (μυστήριο) to solve • (παρεξήγηση, διαφωνία) to clear up • (διαφορές) to resolve • (απεργία) to bring to an end • (πολιορκία) to raise • (γλώσσα) to loosen • (πόδια) to loosen up

▸ **λύνομαι** μεσ (ζώο, άνθρωπος) to break loose • (πρόβλημα, ζήτημα) to have a solution

λυόμενος επίθ (= προκατασκευασμένος) flat-pack • (κρεβάτι) foldaway • (κατασκευή, σπίτι) prefabricated

▸ **λυόμενο** το prefab

λυπάμαι ρ μ/αμ βλ. **λυπώ**

λύπη η (= ψυχικός πόνος) sorrow • (= οίκτος) pity • (= συμπόνια) compassion

λυπημένος επίθ sad

λυπηρ|ός επίθ (επίσ.: γεγονός)
regrettable · (σκηνή) distressing

λύπη|ση η (= οίκτο:) pity ·
(= συμπόνια) compassion

λυπητερός επίθ sad
► **λυπητερή** η (αργκ.) bill (Βρετ.),
check (Αμερ.)

λυπούμαι ρ α/μ βλ. **λυπώ**

λυπ|ώ ρ μ to sadden
► **λυπάμαι, λυπούμαι** ρ μ μεσ
(= συμπονώ) to feel sorry for ·
(= αισθάνομαι οίκτο) to take pity
on · (= υπολογίζω: νιάτα, ζωή) to
value · (= τσιγγουνεύομαι: λεφτά)
to be mean with · (λάδι, τυρί) to
skimp on ♦ ρ αμ μεσ to be sorry

λύσ|η η (εξίσωσης, άσκησης)
solution · (απορίας) answer ·
(αινίγματος, μυστηρίου) solving ·
(όπλου) stripping · (ρολογιού)
dismantling · (διαφοράς, απορίας)
settlement · (προβλήματος)
solution · (κρίσης) resolution ·
(παρεξήγησης) clearing up ·
(γάμου) annulment · (σύμβασης)
termination · (πολιορκίας) raising
▷ **~ ανάγκης** Hobson's choice

λύσιμο το (σχοινιού, κάβων)
untying · (κορδονιού) untying ·
(κοτσίδας) undoing · (άσκησης)
solution

λύσσα|η η (ασθένεια) rabies εν. ·
(= τρέλα) fury · (= μεγάλη οργή)
rage

λυτ|ός επίθ (ζώο, μαλλιά) loose ·
(παντελόνι, παπούτσι) undone

λύτρα τα ransom εν.

λυτρών|ω ρ μ (= απαλλάσσω: από
δεινά) to release · (από βάρος) to
relieve · (από πάθος) to liberate
► **λυτρώνομαι** μεσ to be relieved

λύτρωση η release

λύ|ω ρ μ (επίσ.: όρκο) to take back ·
(σύμβαση, συμφωνία) to cancel ·
~εται η συνεδρίαση (στο
δικαστήριο) the court is
adjourned · (γενικότ.) the meeting

is adjourned · βλ. κ. **λύνω**

λωποδύτ|ης ο petty thief

λωρίδα το strip ▷ **~ κυκλοφορίας**
lane · βλ. κ. **λουρίδα**

λωτ|ός ο lotus

Μ μ

Μ, μ mu, *12th letter of the Greek
alphabet*

μα¹ σύνδ (= αλλά) but · (για
υπερβολή) even · (για αλλαγή
συζήτησης) but · **~... well...** · **~ πού
πήγε επιτέλους;** where on earth
has he gone? · **~ τι κάνεις εκεί;**
what on earth are you doing?

μα² μα² μόρ +αιτ. · **~ τον Θεό!** by
God! · **~ την αλήθεια!** honestly!

μαγαζάτορ|ας ο shopkeeper
(Βρετ.), store owner (Αμερ.)

μαγαζί το (= κατάστημα) shop
(κυρ. Βρετ.), store (κυρ. Αμερ.) ·
(= νυχτερινό κέντρο) night club ·
(= μπαρ) bar
► **μαγαζιά** πλ τα **~ιά** the shops

μαγγών|ω ρ μ (δάχτυλο) to catch ·
(= πιάνω δυνατά) to grab ♦ ρ αμ
to jam

μαγεί|α η (= μάγια) magic ·
(φεγγαριού) beauty · (φύσης)
wonder · (μουσικής, στιγμής)
magic

μάγειρ|ας ο (γενικότ.) cook ·
(εστιατορίου) chef

μαγείρεμα το (κρέατος,
λαχανικών) cooking · (αρν.)
scheme

μαγειρευτ|ός επίθ cooked
► **μαγειρευτά** τα ready meals

μαγειρεύ|ω ρ μ (κρέας, ψάρια) to
cook · (αρν.) to plot ♦ ρ αμ to
cook

μαγειρικ|ή η cookery ▷ **οδηγός ~ς**
cookbook

μαγείρισσα η βλ. **μάγειρας**

μαγειρίτσα η traditional soup made from tripe eaten on Easter night

μάγειρ|ος ο = **μάγειρας**

μαγευτικ|ός επίθ (εικόνα, ομορφιά) captivating · (μουσική) entrancing · (ταξίδι) fascinating · (στιγμή) magical · (ηλιοβασίλεμα) spectacular

μαγεύ|ω ρ μ (= κάνω μάγια) to cast ή put a spell on · (ακροατήριο, κοινό) to captivate · (νου) to bewitch · (καρδιά) to captivate

μάγι|α τα spell εν.

μαγικ|ός επίθ magic · (βραδιά, πόλη) magical

▸**μαγικά** τα = τεχνάσματα: μάγου, ταχυδακτυλουργού) magic εν. · (= λόγια) magic words · (= ταχυδακτυλουργίες) magic tricks

μαγιό το (γυναικείο) swimsuit · (ανδρικό) swimming trunks πληθ.
▷**ολόσωμο** ~ one–piece swimsuit

μαγιονέζα η mayonnaise

μάγισσα η (παραμυθιού) witch · (= γόησσα) enchantress ▸**κυνήγι μαγισσών** (αρν.) witch–hunt

μαγκάλ|ι το brazier

μαγκούρ|α η stick

μαγκών|ω ρ μ = **μαγγώνω**

μαγνήσιο το magnesium

μαγνήτης ο magnet

μαγνητίζ|ω ρ μ (σώμα, ράβδο) to magnetize · (μτφ.) to mesmerize

μαγνητικ|ός επίθ (κύκλωμα, πόλος) magnetic · (βλέμμα) mesmerizing ▸**-ό πεδίο** magnetic field

μαγνητοσκοπημένος, -η, -ο (pre–)recorded

μαγνητοσκόπηση η recording

μαγνητοσκοπ|ώ ρ μ to record

μαγνητοφωνημένος, -η, -ο recorded

μαγνητόφωνο το tape recorder

μαγνητοφων|ώ ρ μ to record

μάγ|ος ο (παραμυθιού) wizard · (φυλής) witch doctor · (= ταχυδακτυλουργός) magician ▷**οι τρεις Μάγοι** the Three Wise Men

μαγουλάδ|ες οι mumps εν.

μάγουλ|ο το (ανθρώπου) cheek · (πλοίου) bow

Μάγχ|η η **το Στενό της ~ς** the English Channel

μαδέρ|ι το plank

Μαδρίτ|η η Madrid

μαδ|ώ ρ μ (μαλλιά) to pull out · (πούπουλα) to pluck · (φύλλα) to pull off · (κότα) to pluck · (μαργαρίτα) to pull the petals off · (= εκμεταλλεύομαι οικονομικά) to clean out ♦ ρ αμ (για πρόσ.) to lose one's hair · (σκύλος) to moult (Βρετ.), to molt (Αμερ.) · (φυτό) to shed its leaves · (λουλούδι) to shed its petals · (πουλόβερ) to be worn

μαέστρ|ος ο (= διευθυντής ορχήστρας) conductor · (= οργανοπαίκτης) maestro

μάζ|α η (αέρα, άμμου) mass · (ΦΥΣ) mass ▷**οι λαϊκές ~ες** the masses ▸**μάζες** πλ οι **~ες** the masses

μάζε|μα το (μήλων, φρούτων) picking · (καλαμποκιού) gathering · (ρούχων) getting in · (πληροφοριών, στοιχείων) gathering · (γραμματοσήμων) collecting · (σπασμένων κομματιών) picking up · (χυμένων νερών) wiping up · (πελατείας) attracting · (δωματίου, σπιτιού) tidying up · (φούστας, παντελονιού) taking in · (τέντας) taking down · (από ταύσιμο: ψυχών) shrinking

μαζεμέν|ος επίθ (πλήθος) assembled · (άτομο) withdrawn · (ζωή) secluded

μαζεύ|ω ρ μ (σοδειά) to get in · (ελιές, φρούτα) to pick · (χόρτα) to

pull up · (ξύλα) to gather ·
(σπασμένα κομμάτια) to pick up ·
(νερά) to wipe up ·
(γραμματόσημα, νομίσματα) to
collect · (πελατεία) to collect · (για
εκδρομή): χρήματα to raise ·
(= αποταμιεύω) to save · (σκόνη,
βρομιά) to attract · (δωμάτιο, σπίτι)
to tidy up · (πιάτα) to put away ·
(τραπέζι) to clear · (= αναασήκώνω):
κέματα, καρφίτσες) to pick up ·
(ορφανό, άστεγο) to take in ·
(φουστάνι, παντελόνι) to take up ·
(δίχτυα, πανιά) to take in · (πόδια)
to draw in · (παιδί) to control ♦ ρ
αμ (= συρρικνώνομαι) to shrink · **~ τα μαλλιά** to put
one's hair up
▸ **μαζεύομαι** μεσ (κόσμος, πλήθος)
to gather · (δουλειά) to build up ·
(= γίνομαι συνεσταλμένος) to settle
down · (από φόβο) to cringe ·
(= επιστρέφω) to get back ·
(= περιορίζω έξοδα) to start saving
μαζί επίρρ (πηγαίνω, φεύγω)
together · (= συγχρόνως) at the
same time
μαζικ|ός επίθ (διαδήλωση, απεργία)
mass · (επενδύσεις) massive ·
(παραγγελίες) bulk ▸ **~ή
παραγωγή** mass production
Μάης ο (= Μάιος) May · (= στεφάνι
πρωτομαγιάς) May crown ▸ **~ του
'68** (ΙΣΤ) May 1968
μαθαίνω ρ μ (Αγγλικά, μάθημα) to
learn · (= διδάσκω) to teach ·
(= απομνημονεύω) to learn ·
(= εμπεδώνω) to revise · (νέα) to
hear · (χαθέλκεια, αλήθεια) to
find out · (= γνωρίζω τον
χαρακτήρα) to get to know ♦ ρ αμ
(= αποκτώ γνώση) to learn ·
(= πληροφορούμαι) to hear ·
~ κολύμπι/οδήγηση/τένις to
learn how to swim/to drive/to
play tennis · (= συνηθίζω) to get
used to doing sth

μαθεύ|ομαι ρ αμ απ (είδηση,
γεγονός) to become known ·
(ιστορία) to come out
▸ **μαθεύτηκε** απρόσ **~τηκε πως** it's
said that
μάθη|μα το (= γνώση) lesson ·
(= διδασκαλία) class · (ΣΧΟΛ, ΠΑΝ)
subject · (= ενότητα για μελέτη)
homework χωρίς πληθ. ▸ **βασικό
~** core subject ▸ **~ υποχρεωτικό/
επιλογής** compulsory/optional
subject
▸ **μαθήματα** πλ lessons
μαθηματικ|ά τα mathematics εν.
μαθηματικ|ός επίθ mathematical ·
▸ **μαθηματικός** ο/η (επιστήμονας)
mathematician · (καθηγητής)
maths (Βρετ.) ή math (Αμερ.)
teacher
μαθητευόμεν|ος επίθ (τεχνίτης)
apprentice · (οδηγός) learner ·
▸ **μαθητευόμενος** ο,
μαθητευόμενη ο, apprentice
μαθητεύ|ω ρ αμ to be
apprenticed (κόντα σε to) ♦ ρ μ
(ειρ.) to teach
μαθητής ο pupil · (Σωκράτη,
Ιησού) disciple
μαθητικ|ός επίθ school
μαθήτρια η βλ. **μαθητής**
μαί|α η midwife
μαιευτήρ|ας ο obstetrician
μαιευτήρι|ο το maternity hospital
μαϊμ|ού η monkey
μαϊντανός ο parsley
Μάι|ος ο May
μακάρι μόρ (= είθε) if only ·
(= ακόμα και αν) even if
μακάρι|ος, -α, -ο (= ευτυχισμένος)
happy · (= γαλήνιος) blissful
μακαρίτης (ευφημ.) ο ο ~ the
deceased · **ο ~ ο πατέρας μου** my
late father
μακαρί|τισσα (ευφημ.) η βλ.
μακαρίτης
μακαρονάδ|α η spaghetti εν.
μακαρόνι|α τα spaghetti εν.

Μακεδόνας ο Macedonian
Μακεδονία η (= ελληνικό γεωγραφικό διαμέρισμα) Macedonia · (κατ.) (Former Yugoslav Republic of) Macedonia
μακεδονικός επίθ Macedonian
Μακεδόνισσα η βλ. **Μακεδόνας**
Μακεδονίτης ο = **Μακεδόνας**
μακεδονίτικος επίθ = **μακεδονικός**
Μακεδονίτισσα η βλ. **Μακεδόνας**
μακέτα η model
μακιγιάζ το make-up
μακιγιάρισμα το making-up
μακιγιάρω ρ μ to put make-up on
▸ **μακιγιάρομαι** μεσ to be made-up
μακραίνω ρ μ (φούστα, κουρτίνες) to lengthen · (περιγραφή, συζήτηση) to draw out · (ζωή) to lengthen ◆ ρ αμ (μαλλιά, γένια) to grow · (σκιά) to get longer · (διάλεξη, συζήτηση) to drag on
μακριά επίρρ (= σε μεγάλη απόσταση) far away · (για δήλωση απόστασης) far · (στο μέλλον) a long way off · (στο παρελθόν) a long time ago · **από** ~ from afar · **βρίσκομαι** ή **είμαι** (πολύ) ~ to be far away · **πόσο** ~ **είναι από** σας; how far is it from here?
μακρινός επίθ (χώρα, πόλη) distant · (χωριό) remote · (ταξίδι, εκδρομή) long · (κίνδυνος, απειλή) distant · (περίοδος, εποχή) far-off · (παρελθόν) distant · (συγγενής) distant
μακροβούτι το dive
μακροπρόθεσμος επίθ long-term
μάκρος το length · (= επιμήκυνση) lengthening
μακροχρόνιος, -α, -ο (σχέση, αρρώστια) long-standing · (συνέπεια, αποτέλεσμα) long-lasting

μακρύνω (επίσ.) ρ μ/αμ = **μακραίνω**
μακρύς, -ιά, -ύ long
μαλάκας (χυδ.) ο/η (= αυνανιστής) wanker (χυδ.) · (υβρ.) wanker (χυδ.) · (= κορόιδο) idiot · (οικ.: προσφώνηση) you idiot (ανεπ.)
μαλακία (χυδ.) η (= αυνανισμός) masturbation · (υβρ.) bullshit (χυδ.)
μαλακός, -ή -ιά, -ό soft · (= ήπιος: άνθρωπος) gentle · (φωνή, λόγος) gentle · (νερό) soft
▸ ̄ά **μαλακά** soft drugs
▸ **μαλακά** τα bottom εν.
μαλακτικό η conditioner
μαλακτικό το fabric softener
μαλακώνω ρ μ (χώμα, χέρια) to soften · (λαιμό, βήχα) to relieve · ◆ ρ αμ (κρέας) to become tender · (παξιμάδι, ρούχα) to become soft · (άνθρωπος, φωνή) to soften · (θυμός, οργή) to die down · (κρύο, καιρός) to ease off
μάλαξη η massage
μαλθακός (μειωτ.) επίθ (άνθρωπος) flabby · (ζωή) soft
μάλιστα επίρρ (= βεβαίως) yes · (= για κατανόηση) right · (= επιπλέον) even · (για επιδοκιμασία) of course
μαλλί το (προβάτου) wool · (φυτών) hair · (χαλμπτσοού) beard · (πτηνών) down · (ανεπ.: μαλλιά) hair
μαλλιά τα hair εν. ▸ **ίσια/σγουρά** ~ straight/curly hair
μαλλιαρός επίθ (σκύλος) hairy · (γάτα) long-haired
μάλλινος επίθ woollen (Βρετ.), woollen (Αμερ.)
▸ **μάλλινα** τα woollens (Βρετ.), woolens (Αμερ.)
μάλλον επίρρ (= πιθανόν) probably · (για μετριασμό) a bit · (= περισσότερο) more · **ή** ~ or rather

Μάλτ|α _η_ Malta

μαλωμένος, -η, -ο • είμαι ~ με κπν to have fallen out with sb

μαλών|ω _ρ μ_ to tell off ♦ _ρ αμ_ (= καβγαδίζω) to argue • (= διακόπτω σχέσεις) to fall out

μαμά _η (ανεπ.)_ mum _(Βρετ.)_, mom _(Αμερ.)_

μάνα _η (ανεπ.)_ mum _(Βρετ.)_, mom _(Αμερ.)_ • _(στα χαρτιά)_ bank • _(στο τάβλι)_ ace–point checker

μανάβ|ης _ο_ greengrocer _(Βρετ.)_, produce dealer _(Αμερ.)_

μανάβικ|ο _το_ greengrocer's (shop) _(Βρετ.)_, produce store _(Αμερ.)_

μανάβ|ισσα _η βλ._ **μανάβης**

μάνγκ|ο _το_ mango

μανεκέν _το_ (fashion) model

μανέστρ|α _η_ noodles _πληθ._

μανί|α _η (ΙΑΤΡ)_ mania • _(φυγής, καταστροφής)_ obsession • (= πάθος) passion

▸ **μανιακός** _ο_, **μανιακή** _η_ maniac

μανιακ|ός _επίθ (δολοφόνος, εγκληματίας)_ crazed • (= παθιασμένος) passionate

μάνικ|α _η_ hose

μανίκ|ι _το_ sleeve • **μαζεύω τα ~α** to roll up one's sleeves

μανικιούρ _το_ manicure

μανιτάρ|ι _το_ mushroom

▸**πυρηνικό ~** mushroom cloud

μανιώδ|ης _επίθ (παίκτης, καπνιστής)_ compulsive • _(συλλέκτης)_ fanatical

μάννα¹ _η_ = **μάνα**

μανό _το_ nail polish

μανούβρ|α _η_ manoeuvre _(Βρετ.)_, maneuver _(Αμερ.)_

μανούλα _η (χαϊδευτ.)_ mummy _(Βρετ.) (ανεπ.)_, mommy _(Αμερ.) (ανεπ.)_

μανούρ|ι _το_ cream cheese

μανουσάκ|ι _το_ daffodil

μανταλάκ|ι _το_ clothes peg _(Βρετ.)_, clothes pin _(Αμερ.)_

μάνταλ|ο _το (ξύλινο)_ latch • _(μεταλλικό)_ bolt

μανταρίν|ι _το_ tangerine

μαντάρ|ω _ρ μ_ to mend

μαντεί|ο _το_ oracle

μαντεύ|ω _ρ μ_ (= προφητεύω) to prophesy • • (= εικάζω) to guess ♦ _ρ αμ_ to guess

μαντηλάκ|ι _το_ handkerchief

μαντήλ|ι _το (για τη μύτη, το πρόσωπο)_ handkerchief • (= φουλάρι) scarf

μαντιλάκ|ι _το_ = **μαντηλάκι**

μαντίλ|ι _το_ = **μαντήλι**

μάντρ|α _η (= τοίχος περίφραξης)_ wall • _(υλικών, αυτοκινήτων)_ yard • (= στάνη) stockyard

μαξιλάρ|ι _το_ cushion

μαξιλάρ|ι _το (= προσκέφαλο)_ pillow • _(καναπέ, πολυθρόνας)_ cushion

μαξιλαροθήκ|η _η_ pillowcase

μάπ|α _η_ (= λάχανο) cabbage • _(οικ.:_ = πρόσωπο) face • _(οικ.: για έργο)_ flop

μαραγκ|ός _ο_ carpenter

μάραθ|ο _το_ fennel

μαραθώνι|ος, -α, -ιο _(πεδιάδα)_ of Marathon • _(σύσκεψη, διαπραγματεύσεις)_ marathon

▸ **μαραθώνιος** _ο_ marathon (race)

μαραίν|ω _ρ μ (φυτό)_ to wither • _(νιάτα, ομορφιά)_ to eat away at

▸ **μαραίνομαι** _μεσ (ομορφιά)_ to fade • _(καρδιά)_ to break • _(για φυτό.)_ to waste away

μαργαρίν|η _η_ margarine

μαργαρίτ|α _η_ daisy

μαργαριταρένι|ος, -ια, -ιο _(κολιέ, δαχτυλίδι)_ pearl • _(δόντια)_ pearly

μαργαριτάρ|ι _το (πολύτιμος λίθος)_ pearl • _(ειρ.:_ = γλωσσικό σφάλμα) howler _(ανεπ.)_

▸ **μαργαριτάρια** _πλ_ pearls

μαρίδ|α _η_ whitebait

μαρίν|α _η_ marina

μαρινάτ|ος _επίθ_ marinated

μαριονέτ|α η puppet

μαριχουάνα η marijuana

μάρκ|α η (τσιγάρων, καλλυντικών) brand · (αυτοκινήτου) make · (= σήμα εταιρείας) logo · (σε παιχνίδι) counter · (σε καζίνο, λέσχη) chip

μαρκαδόρ|ος ο felt-tip pen

μαρμαρέν|ιος, -ια, -ιο = **μαρμάρινος**

μαρμάριν|ος επίθ marble

μάρμαρ|ο το marble
▸ **μάρμαρα** πλ marbles

μαρμελάδ|α η jam (Βρετ.), jelly (Αμερ.)

Μαρόκ|ο το Morocco

μαρούλ|ι το lettuce

μαρουλοσαλάτ|α η lettuce salad

Μάρτης ο March

Μάρτι|ος ο March

μάρτυρ|ας ο/η (γεγονότος, τελετής) witness · (αρχιτεκτονικών επιδόσεων) testimony · (NOM) witness · (ΘΡΗΣΚ) martyr
▷ **αυτόπτης ~** eyewitness
▷ **~ κατηγορίας/υπεράσπισης** witness for the prosecution/for the defence (Βρετ.) ή defense (Αμερ.)

μαρτυρί|α η testimony · (πηγών, αρχείων) evidence χωρίς πληθ. · (συγχρόνων) account

μαρτύρι|ο το (βασανιστήριο) torment · (ΘΡΗΣΚ) martyrdom

μαρτυρ|ώ ρ μ · (= επιβεβαιώνω: διαφορά, επίδοση) to reveal · (ταραχή) to bear witness to · (καταγωγή) to reveal · (στοιχεία) to prove · (= φανερώνω: χαρακτήρα, άνθρωπο) to reveal · (συνεργάτη, άνθρωπο) to inform against ♦ ρ αμ (μυστικό, νέο) to give away · (συνένοχο, δίκτυο) to inform against ♦ ρ αμ (= υποφέρω: άνθρωπος, ζώο) to go through hell · (ΘΡΗΣΚ) to be martyred

▸ **μαρτυρείται, μαρτυρούνται** τριτ to be proved

μάρτυ|ς (επίσ.) ο/η = **μάρτυρας**

μας αντων (προσωπική) us · (για κτήση) our · **μας είπαν** they told us · **το παιδί ~** our child

μασάζ το massage

μασέλ|α (= γνάθος) η jawbone · (= οδοντοστοιχία) teeth πληθ. · (= τεχνητή οδοντοστοιχία) dentures πληθ.

μάσκ|α η (γενικότ.) mask · (= κοσμητικό προϊόν) face mask · (αυτοκινήτου) grille ▷ **~ οξυγόνου/καταδύσεων** oxygen/diving mask

μάσκαρ|α η mascara

μασκαρεύ|ω ρ μ to disguise
▸ **μασκαρεύομαι** μεσ to dress up

μασκότ η mascot

μασούρ|ι το (= καρούλι) bobbin · (= κουβαρίστρα) reel · (χαρτονομισμάτων) wad · (κερμάτων) packet

μάστιγ|α η plague

μαστίγι|ο το whip

μαστιγών|ω ρ μ (άνθρωπο, ζώο) to whip · (για βροχή, άνεμο) to lash

μαστίχ|α η mastic (= τσίχλα) (chewing) gum

μάστορ|ας ο (= εξειδικευμένος) qualified workman · (= δεξιοτέχνης) craftsman · (= οικοδόμος) builder · (= αρχιτεχνίτης) foreman

μαστόρε|μα το (από πρακτική τεχνίτη) building work · (από ερασιτέχνη) odd jobs πληθ. (around the house)

μαστορεύ|ω ρ μ to tinker with ♦ ρ αμ to do odd jobs

μαστ|ός (επίσ.) ο (ANAT) breast · (ZOOΛ) udder

μαστουρωμέν|ος (ιδιωτ.) επίθ high (ανεπ.)

μαστουρών|ω ρ μ to be high (ανεπ.) ♦ η stoned (ανεπ.)

μασχάλ|η η (ανθρώπου) armpit · (φορέματος, πουκαμίσου) armhole

μασώ ρ μ to chew · (κασέτα, κλωστή) to chew up

μάταια επίρρ in vain

μάται|ος, -α ή -η, -ο vain
▷ **~ κόσμος** vain world

ματαιώνω ρ μ to cancel · (απεργία) to call off · (σχέδια) to thwart

ματαίως επίρρ = **μάταια**

ματαίωσ|η η (εκδρομής, συναυλίας) cancellation · (σχεδίων) thwarting

μάτι το (= οφθαλμός) eye · (= όραση) eyesight · (= βασκανία) evil eye · (φυτού) bud · (κουζίνας) hotplate · (πόρτας) peephole
κλείνουν τα ~α μου my eyes are closing · **κλείνω το ~ σε κπν** to wink at · **το αυτοκίνητο/ πορτοφόλι και τα ~α σου** take good care of the car/your wallet
▷ **αβγά ~α** fried eggs

μάτι|α η (= βλέμμα) look · (= γρήγορο κοίταγμα) glance · (= οπτική γωνία) view · **ρίχνω μια ~ (σε κπν/κτ)** to have a look (at sb/sth)

ματόφυλλο (λογοτ.) το eyelid

ματς το match

ματσάκ|ι[1] (υποκ.) το (λουλούδια, σέλινα) bunch

μάτσ|ο το (λουλούδια, ρίγανη) bunch · (γράμματα) pile · (χαρτονομίσματα) wad

ματωμέν|ος επίθ bloody

ματών|ω ρ μ to cut ◆ ρ αμ to bleed

μαυριδερ|ός επίθ dark

μαυρίζω ρ μ (ουρανό) to make dark · (για πρόσ.) to tan ◆ ρ αμ (άνθρωπος) to go brown · (ουρανός) to grow dark · (τοίχος, κτήριο) to become black · (χέρια) to get dirty

μαυρίλ|α η (νύχτας, ουρανού) blackness · (καπνού) fug · (από χτύπημα) bruise · (από μουντζούρα) stain

μαύρισ|μα η (τοίχου, σκεύους) blackening · (από ήλιο) (sun)tan

μαυρισμέν|ος επίθ (ουρανός) overcast · (από τον ήλιο) brown · (μάτια) black

μαυροδάφνη η red table wine from Achaia

μαυροπίνακ|ας ο blackboard (Βρετ.), chalkboard (Αμερ.)

μαύρ|ος επίθ black · (= μαυρισμένος) brown · (δόντι) decayed · (τύπ) bold · (ζωή, χρόνια) gloomy · (μέρες) dark · (σκέψεις) dark · (μαντάτα) grim · (απελπισία) black · (πείνα) desperate · (διακοπές) miserable · (ταξίδι) terrible ▷ **~η αγορά** black market ▷ **~η ήπειρος** Africa ▷ **~η κωμωδία** black comedy ▷ **~η λίστα** blacklist ▷ **~η μπίρα** stout ▷ **~ο πρόβατο** (μτφ.) black sheep ▷ **~η τρύπα** (κυριολ., μτφ.) black hole ▷ **~η χήρα** (ζωολ) black widow ▷ **~ο χιούμορ** black humour (Βρετ.), ή humor (Αμερ.) ▷ **~ο ψωμί** brown bread
▶ **μαύρα** τα black εν.
▶ **μαύρο** το black
▶ **μαύρο** ο, **μαύρη** η (αργκ.) hash (ανεπ.)
▶ **μαύρος** ο, **μαύρη** η black person

μαχαίρι το knife

μαχαιριά η (= χτύπημα με μαχαίρι) stab · (= τραύμα) knife wound

μαχαιροπήρουν|ο το knife and fork
▶ **μαχαιροπήρουνα** πλ cutlery εν.

μαχαίρω|μα το stabbing

μαχαιρών|ω ρ μ to stab
▶ **μαχαιρώνομαι** μεσ to have a knife fight

μάχ|η η fight

μαχητ|ής ο (= πολεμιστής) combatant · (ελευθερίας, δημοκρατίας) fighter

μάχ|ομαι ρ μ απ to fight against ◆ ρ αμ to fight

ΛΕΞΗ-ΚΛΕΙΔΙ

με¹, μ' *πρθθ* +αιτ. **(α)** *(για συνοδία ή συντροφιά, συνύπαρξη)* with

(β) *(για τρόπο)* by

(γ) *(για μέσο μεταφοράς)* by · *(για όργανο)* with

(δ) *(για σχέση, αναφορά)* about

(ε) *(για ομοιότητα, ισότητα)* **μοιάζω με κπν** to look like sb

(στ) *(για συνθήκες)* with

(ζ) *(για αιτία)* by

(η) *(για ιδιότητα, περιεχόμενο)* with

(θ) *(για όριο χρονικού διαστήματος)* from ... to

(ι) *(για αντάλλαγμα)* for

(ια) *(για αντίθεση, εναντίωση)* despite

με² *αντων* me

μεγαλειότητα *η* majesty

μεγαλειώδης *επίθ (εκδήλωση, τέχνη)* magnificent · *(τοπίο)* grandiose

μεγαλέμπορος *ο/η* wholesaler

Μεγάλη Βρετανία *η (νησί)* Great Britain · *(κατ.: = Ηνωμένο Βασίλειο)* United Kingdom

μεγαλοποιώ *ρ μ* to exaggerate

μεγαλόπολη *η* = **μεγαλούπολη**

μεγαλοπρέπεια *η* splendour *(Βρετ.)*, splendor *(Αμερ.)*

μεγαλοπρεπής *επίθ (ανάκτορα, τελετή)* magnificent · *(τοπίο)* magnificent · *(παράστημα)* splendid · *(παράδειγμα)* majestic · *(εορτασμός)* lavish

μεγάλος *επίθ (σπίτι, οικογένεια)* big · *(βαθμός)* great · *(ταχύτητα)* high · *(λεξιλόγιο, αριθμός)* large · *(βουνό)* high · *(δέντρο, παιδί)* tall · *(αναστάτωση, ενδιαφέρον)* great · *(πειρασμός)* great · *(καβγάς, σεισμός)* big · *(πίεση, υπέρταση)* high · *(ημέρα, διαδρομή)* big · *(= ώριμος)* adult · *(= γέρος)* old · *(αδελφός, αδελφή)*

older · *(κόρη, γιος)* eldest · *(επιστήμονας, εξερευνητής)* great · *(καπνιστής)* heavy · *(ψεύτης)* big · *(τέχνη, ποίηση)* great · *(αλήθειες, όνομα)* great · *(άνδρες, γυναίκες)* great

► **μεγάλοι** *οι (= ηγέτες ισχυρών κρατών)* world leaders · *(= ενήλικες)* grown-ups

μεγαλόσωμος *επίθ* big

μεγαλούπολη *η* major city

μεγαλοφυής *επίθ (επιστήμονας)* brilliant · *(ιδέα, επινόηση)* ingenious · *(έργο)* of genius

μεγαλοφυΐα *η* genius

μεγαλύτερος *επίθ (σπίτι, οικογένεια)* bigger · *(βαθμός)* greater · *(ταχύτητα)* higher · *(απόσταση)* greater · *(αριθμός, λεξιλόγιο)* larger · *(βουνό)* higher · *(δέντρο, παιδί)* taller · *(αναστάτωση, ενδιαφέρον)* greater · *(πίεση)* greater · *(υπέρταση)* higher · *(ημέρα, διαδρομή)* bigger · *(αδελφός, αδελφή)* older · *(επιστήμονας, εξερευνητής)* greater · *(όνομα, κατόρθωμα)* bigger · **είναι -ός μου κατά έξι χρόνια** he's six years older than me · **ο Όλυμπος είναι το -ο βουνό της Ελλάδα** Mount Olympus is the highest mountain in Greece

μεγαλώνω *ρ μ (δωμάτιο, σπίτι)* to enlarge · *(περιουσία)* to increase · *(παιδί)* to bring up ♦ *ρ αμ (παιδί, άνθρωπος)* to grow up · *(μαλλιά)* to grow · *(σοδειά, λουλούδι)* to grow · *(πόλη)* to develop · *(αγηνσγία, φιλοδοξίες)* to grow · *(ημέρα)* to get longer · *(χρόνο)* to become more intense · *(θόρυβος)* to get louder

μέγαρο *το* mansion ▷ ~ **μουσικής** concert hall

μεγάφωνο *το* loudspeaker

μέγεθος *το (ρούχων, παπουτσιών)* size · *(χωραφιού, οικοπέδου)* size · *(προβλήματος, φιλοδοξίας)* extent (γνώσεων, ομορφιάς) extent

μεγέθυνση η (οδού) widening ·
(κεφαλαίων, προβλήματος) growth ·
(ΦΩΤ) enlargement

μέγιστ|ος, -η, -ή -ιστη, ο(ν)
(= τιμή) highest · (= σημασία)
greatest · (ταχύτητα, όριο)
maximum
▶ **μέγιστο(ν)** το peak

μεδούλ|ι (ανεπ.) το marrow

μέδουσα η jellyfish
▶ **Μέδουσα** η Medusa

μεζεδάκ|ι (υποκ.) το snack

μεζεδοπωλείο το taverna that
serves drinks and snacks

μεζές ο snack · **ούζο με ~έ** ouzo
served with appetizers

μεζούρα η (ράφτη) tape measure ·
(ποτού) measure

μεθαυριανός επίθ the day after
tomorrow

μεθαύριο επίρρ the day after
tomorrow · **αύριο-~** in a day or
two

μέθη (επίσ.) η drunkenness

μεθοδικός επίθ (τρόπος, εργασία)
methodical · (εξέταση, ανάλυση)
systematic · (ταξινόμηση)
systematic · (φοιτητής, ερευνήτρια)
methodical

μέθοδος η method · (= μέσο)
methods πληθ.

μεθόριος, -α ή -ος, -ο on the
border ή frontier ▷**-α ή**
~ **γραμμή** borderline
▶ **μεθόριος** η frontier

μεθύσι το drunkenness · **στουπί**
ή **σκνίπα** ή **τύφλα στο ~** (as)
drunk as a skunk ή lord

μεθυσμένος επίθ drunk

μεθώ ρ αμ to get drunk ♦ ρ μ
(φίλο) to get drunk · (= προκαλώ
ευφορία) to intoxicate

μείγμα το mixture

μέικ-απ το make-up · **βάζω** ή
κάνω ~ to put on one's make-up

μεικτός επίθ = **μικτός**

μείξ|η η mix · (ΚΙΝ) mixing

μείον επίρρ minus
▶ **μείον** το disadvantage

μειονέκτημα το (σχεδίου,
πρότασης) disadvantage ·
(ανθρώπου) defect

μειονότητα η minority ▷**εθνική**
~ ethnic minority

μειωμένος επίθ (τιμές, ταχύτητα)
reduced · (οργατότητα) reduced ·
(έξοδα) lower · (διαφορά) smaller ·
(πόνος, λύπη) diminished ·
(ανθρώπου, κύρος) diminished ·
(αξιοπρέπεια) fallen

μειών|ω ρ μ (τιμές, αριθμό
εργαζομένων) to cut · (έξοδα) to
cut back ή down on · (ταχύτητα,
χολημστερίνη) to reduce · (διαφορά,
οργατότητα) to reduce · (ένταση
ήχου) to lower · (ικανότητα) to
diminish · (αποτελεσματικότητα)
to decrease · (άτομο, κύρος) to
diminish · (αξιοπρέπεια) to take
away · ~ **το φαγητό** to eat less

μείωση η (γεννήσεων, ταχύτητας)
decrease · (τιμών, θέσεων εργασίας)
cut · (εξόδων) cutback ·
(αρτηριακής πίεσης) lowering ·
(προσωπικότητας) humiliation ·
(κύρους) decline · (αξιοπρέπειας)
taint

μελαγχολία η melancholy · **με
πιάνει ~** to feel depressed ή
down

μελαγχολικ|ός επίθ (καιρός)
gloomy · (τραγούδι) melancholy ·
(για πρόσ.) gloomy · (φωνή) glum ·
(ατμόσφαιρα, σπίτι) gloomy

μελαγχολώ ρ αμ to be depressed
ή down ♦ ρ μ to depress

μελαμψός επίθ dark

μελάν|ι (επίσ.) η ink ▷**σινική**
~ Indian ink, India ink (Αμερ.) ·
βλ. κ. **μελάνι**

μελάν|ι το ink

μελανιά η (= λεκές) (ink) blot ·
(= μελάνιασμα) bruise

μελανιάζ|ω ρ μ to bruise ♦ ρ αμ to turn blue

μελανούρι το (ψάρι) saddled bream · (οικ.) beautiful brunette

μελάτ|ος επίθ **αβγό ~ο** soft-boiled egg

μελαχρινός επίθ dark-skinned
▸ **μελαχρινός** ο, **μελαχρινή** η person with dark skin

μελαψός επίθ = **μελαμψός**

μελέτ|η η study · (= πόρισμα έρευνας) findings πληθ.

μελετηρός επίθ studious

μελετ|ώ ρ μ (πρόβλημα, πρόταση) to study · (μάθημα) to study · (κιθάρα, πιάνο) to practise (Βρετ.), to practice (Αμερ.) · (= αναφέρομαι) to talk about · (= μνημονεύω) to think about ♦ ρ αμ to study

μέλη|μα το concern

μέλι το honey

μέλισσα|α η bee

μελίσσι το (= σμάρι) bee colony · (= κυψέλη) (bee)hive
▸ **μελίσσια** πλ apiary εν.

μελισσοκομί|α η beekeeping

μελιτζάν|α η aubergine (Βρετ.), eggplant (Αμερ.)

μελιτζανοσαλάτ|α η aubergine (Βρετ.) ή eggplant (Αμερ.) purée

μελλοθάνατος επίθ dying

μελλοθάνατος ο, **μελλοθάνατη** η condemned man/woman

μέλλ|ον το future · **στο ~** in the future

μελλοντικ|ός επίθ future

μέλλ|ω ρ αμ · **να κάνω κτ** to be going to do sth

μέλλ|ων, -ουσα, -ον (επίσ.) future
▹ **μέλλουσα νύφη** bride-to-be

μελό το melodrama

μελόδρα|μα το (έργο) drama · (μτφ.) melodrama ▸ **λυρικό ~** opera

μελομακάρον|ο το honey cake

μέλ|ος το (οργανισμού, ομάδας)

member · (ανθρώπου, ζώου) limb
▹ **ενεργό ~** active member

μελτέμι (ανεπ.) το Etesian wind

μελωδί|α η (= διαδοχή φθόγγων) melody · (τραγουδιού) tune

μελωδικ|ός επίθ (τραγούδι) tuneful · (ήχος, φωνή) melodious

μεμβράνη η membrane

μεμιάς επίρρ (= με μία φορά) in one go · (= αμέσως) immediately

μεμονωμέν|ος επίθ (εκδρομείς, προσπάθεια) individual · (πρόβλημα, γεγονός) isolated

μεν συνδ **και οι ~ και οι δε, οι ~ και οι δε** both of them

μενεξές ο violet

μέν|ος (επίσ.) το fury · **πνέω ~εα (εναντίον κποιου)** to be livid (with sb)

μενού το menu

μέντα η (φυτό) mint · (ηδύποτο) mint-flavoured (Βρετ.) ή mint-flavored (Αμερ.) drink · (γλυκό) mint

μεντεσ|ές ο hinge

μέν|ω ρ αμ (= κατοικώ) to live (με, σε with, in) · (ως φιλοξενούμενος) to stay · (= παραμένω) to stay · (= αντικαθιστώ) to stand in (για for) · (= σταματώ) to leave off · (= καταλήγω) to be left · (= περισσεύω) to be left · (= απομένω: πτήμα) to be left standing · **δεν ~ πια εδώ** I don't live here any more · **δεν μου μένει χρόνος** I haven't got any time left · **~ μόνος** to be left on one's own · **~ μόνος μου** to live on one's own · **~ σ' ένα φίλο μου/σε ξενοδοχείο** to stay with a friend/ at a hotel · **δεν μένει τίποτε άλλο παρά να...** there's nothing else for it but to...

Μεξικ|ό το Mexico

μεριά η = **ημέρα**

μερί|α η (ανεπ.) place · (δρόμου) side · (πόλης) part · (ρούχου,

υφάσματος) side · **από τη μιά ~...
από την άλλη ~...** on one hand...
on the other hand...

μερίδ|α η (πληθυσμού) section ·
(τύπου) part · (φαγητού,
εστιατορίου) portion

μερίδιο το share

μερικ|ός επίθ (αναπηρία, έκλειψη
ηλίου) partial · (απασχόληση)
part-time
▶**μερικοί, -ές, -ά** πληθ some · **-οί-, -οί**
(ειρ.) some η certain people

μεριμν|ώ ρ αμ ~ **για** to take care
of ◆ ρ μ ~ **να** to see to it that

μέρισ|μα το (επίσ.: = μερίδιο)
share · (OIK) dividend

μερμήγκι το = **μυρμήγκι**

μεροκάματ|ο το (= δουλειά μιας
ημέρας) a day's work ·
(= ημερομίσθιο) a day's wages
πληθ.

μεροληπτικ|ός επίθ biased ·
(κριτήριο, αντιμετώπιση)
discriminatory

μεροληπτ|ώ ρ αμ to be biased

μερόνυχτ|ο το = **ημερονύκτιο**

μέρ|ος το (βιβλίου, σύνθεσης) part ·
(χρημάτων, μισθού) part ·
(σύμβασης, συμφωνίας) party ·
(= τόπος) place · (ενφημ.) toilet ·
από ποιό ~ είστε; where are you
from? · **στα -η μας** in our part of
the world ▷**~ του λόγου** part of
speech

μέσα, μέσ', μες επίρρ in · **βγάζω
κτ ~ από κτ** to take sth out of
sth · **γυρίζω κτ ~ ~ έξω ω** to turn
sth inside out · **η ~ πλευρά** the
inside · **μένω ~** to stay in

μεσαί|ος, -α, -ο (δάχτυλο, πάτωμα)
middle · (ανάστημα, μέγεθος)
average · (αδελφός, στρώματα)
middle ▷**~α τάξη** (ΚΟΙΝ) middle
class
▶**μεσαία** τα medium wave εν.

μεσαιωνικ|ός επίθ medieval ·
(μειωτ.: αντιλήψεις) antiquated

μεσάνυχτα τα midnight

μέσ|η η (δρόμου, χωραφιού)
middle · (ταξιδιού, εκδήλωσης)
middle · (ανθρώπου) waist ·
(ρούχου) waistband · **με πονάει η
~ μου** my back's aching

μεσημβριν|ός επίθ (πρόγραμμα)
midday · (παράθυρο, διαμέρισμα)
south-facing ▷**~ ή ώρα** midday
▶**μεσημβρινός** ο meridian

μεσημέρι το midday

μεσημεριάζ|ω ρ αμ μεσημέριασα
it's almost midday η noon
▶**μεσημεριάζει** απρόσ it's almost
midday η noon

μεσημεριαν|ό το lunch

μεσημεριαν|ός επίθ midday
▷**~ ύπνος** siesta ▷**~ό φαγητό**
lunch

μεσημεριάτικ|ος επίθ =
μεσημεριανός

μεσιτεύ|ω ρ αμ to mediate

μεσίτ|ης ο (για ασφάλειες,
επενδύσεις) broker ·
(= κτηματομεσίτης) estate agent
(Βρετ.), realtor (Αμερ.)

μεσίτρια η βλ. **μεσίτης**

μέσ|ο το (δωματίου, δρόμου)
middle · (αγώνα, καλοκαιριού)
middle · (διακρίματος) medium ·
(προπαγάνδας) vehicle · (πίεσης,
διασκέδασης) means πληθ. ·
(προσέγγισης) manner · **από τα/
στα ~ Ιουνίου/Ιανουαρίου** from/
in mid-June/mid-January
▷**μεταφορικό ~ means of**
transport ▷**Μέσα Μαζικής
Ενημέρωσης** mass media
▷**~ μαζικής μεταφοράς** public
transport

μεσογειακ|ός επίθ Mediterranean

Μεσόγει|ος η the Mediterranean
Sea

μεσολάβησ|η η (φίλου, υπουργού)
mediation · (κατ.: = παρέλευση
χρόνου) lapse

μεσολαβητ|ής ο mediator

μεσολαβήτρια *η* = **μεσολαβητής**

μεσολαβώ *ρ. αμ* (= παρεμβαίνω) to intervene · (= μεσιτεύω) to mediate · (κατ.: διάστημα, χρόνος) to elapse · (απόσταση) to lie between · (= λαμβάνω χώρα) to happen

μέσον *το* = **μέσο**

μέσ|ος *επίθ* (ηλικία, απόσταση) middle · (θερμοκρασία, βεληνεκές) average · (πολίτης, τηλεθεατής) average · (ύψος) average · (μόρφωση) average · (λύση) compromise ▷ **οι Μέσοι Χρόνοι** (ΙΣΤ) the Middle Ages ▷ **η Μέση Ανατολή** the Middle East ▷ **η εκπαίδευση** secondary education ▷ **~ όρος** average · (ΜΑΘ) mean
▸ **μέσος** *ο* (χεριού) middle finger · (ποδιού) middle toe · (στο ποδόσφαιρο) midfielder

μεσοφόρι *το* petticoat

μεστ|ός *επίρ* (= πλήρης: +γεν.) full of · (για καρπούς) ripe

μεστών|ω *ρ. αμ* (καρπός) to ripen · (άνθρωπος) to mature ◆ *ρ. μ* to mature

μέσω *προθ* +γεν. through

μετά¹, **μετ'**, **μεθ** *προθ* +αιτ. after · (επίρ.) +γεν. with · **~ από** after

μετά² *επίρ* (= ύστερα) after · (= αργότερα) later · **~ από δω που θα πας;** where will you go next?

μεταβαίν|ω (επίσ.) *ρ. αμ ~ σε* (= πηγαίνω) to go to · (= περνώ) to turn to

μεταβάλλ|ω *ρ. μ* to change

μεταβατικ|ός *επίθ* transitional
▷ **-ό ρήμα** transitive verb

μεταβιβάζ|ω *ρ. μ* (φάρμακα, τρόφιμα) to transport · (μήνυμα, χαιρετισμούς) to pass on · (παραδόσεις) to hand down · (δικαιώματα, περιουσία) to transfer · (αρμοδιότητα) to devolve

μεταβλητ|ός *επίθ* (σημείο, μήκος) variable · (χαρακτήρας)

changeable

μεταβολή *η* change

μεταγλωττίζ|ω *ρ. μ* (εκπομπή) to dub · (κείμενο) to translate

μεταγλώττισ|η *η* (εκπομπής) dubbing · (κειμένου) translation

μεταγλωττισμός *ο* = **μεταγλώττιση**

μεταγραφ|ή *η* (ξένων ονομάτων) transliteration · (παίκτη, επαγγελματία) transfer · (ταινίας) recording

μεταδίδ|ω *ρ. μ* (ενθουσιασμό) to communicate · (γνώσεις) to pass on · (ενδιαφέρον) to convey · (κέφι) to spread · (ήχο) to transmit · (μόλυνση) to spread · (ειδήσεις, πληροφορίες) to broadcast · (εικόνες, αγώνα) to broadcast
▸ **μεταδίδομαι** *μεσ* to spread

μετάδοση *η* (ενθουσιασμού) communication · (γνώσεων, άχους) transmission · (ειδήσεων, αγώνα) broadcast · (ασθένειας, ιού) transmission · (κίνησης, ηλεκτρικού ρεύματος) transmission

μεταδοτικ|ός *επίθ* (ασθένεια) contagious · (για ενθουσιασμό, χασμουρητό) catching

μετάθεση *η* (υπαλλήλου, στρατιωτικού) transfer · (ημερομηνίας, ταξιδιού) postponement ▷ **~ ευθυνών** scapegoating

μεταθέτ|ω *ρ. μ* (ευθύνες) to shift · (συναισθήματα) to transfer · (υπάλληλο, στρατιωτικό) to transfer · (ημερομηνία, ταξίδι) to postpone

μετακίνησ|η *η* (επίπλων, μηχανήματος) moving · (υπαλλήλων, πληθυσμών) transfer · (γήινων πλακών) shifting · (αερίων μαζών) movement · (εκδρομέων) transport

μετακιν|ώ *ρ. μ* (συσκευές, έπιπλα)

to move · (λαό, υπάλληλο) to transfer

▸ **μετακινούμαι** μεσ to travel

μετακομίζ‖**ω** ρ αμ to move ◆ ρ μ to move · ~ **ένα σπίτι** to move out of a house · ~ **σε καινούργιο σπίτι** to move into a new house

μετακόμιση η (= μεταφορά νοικοκυριού) removal · (αλλαγή κατοικίας) move

μεταλλεί‖**ο** το mine

μετάλλευ‖**μα** το ore

μεταλλικ‖**ός** επίθ (τραπέζι, καρέκλα) metal · (νερό, πηγές) mineral · (ήχος, φωνή) ringing · (χρώμα) metallic

μετάλλι‖**ο** το medal ▷**χρυσό/ αργυρό/χάλκινο ~** gold/silver/ bronze medal

μέταλλ‖**ο** το metal

μεταμορφών‖**ω** ρ μ to transform

μεταμόρφωση η transformation ▷**η Μεταμόρφωση του Σωτήρος** the Transfiguration

μεταμόσχευση η transplant

μεταμφιέζ‖**ω** ρ μ to disguise

▸ **μεταμφιέζομαι** μεσ to disguise oneself ή dress up (σε as)

μεταμφίεση η disguise

μεταμφιεσμέν‖**ος** επίθ disguised ▷**χορός ~ων** masked ball

μετανάστευση η (πληθυσμού, λαού· επίσης **εσωτερική ~**) immigration · (επίσης **εξωτερική ~**) emigration · (πουλιών, ψαριών) migration

μεταναστεύ‖**ω** ρ αμ (άνθρωποι) to emigrate · (χελιδόνια) to migrate

μετανάστ‖**ης** ο immigrant

μετανάστρια η βλ. **μετανάστης**

μετανιωμέν‖**ος** επίθ **είμαι – για κτ** (= έχω αλλάξει γνώμη) to have changed one's mind about sth · (= έχω απογοητευτεί) to be sorry about sth

μετάνοι‖**α** η remorse

μετανο‖**ώ** ρ μ to regret

μεταξένι‖**ος, -ια, -ιο** (ύφασμα, κλωστή) silk · (μαλλιά) silky

μετάξ‖**ι** το silk

▸ **μετάξια** πλ silks

μεταξ‖**ύ** προθ (για τόπο, χρόνο) +γεν. between · (για συμπερίληψη σε ομάδα ή σύνολο) +γεν. among · (για διαφορά) +γεν. between · **εν τω ~ στο ~** (= εγώ γίνεται κάτι) in the meantime · (= ωστόσο) while

μεταποι‖**ώ** ρ μ to alter

μεταρρυθμίζ‖**ω** ρ μ (εκπαίδευση, σύστημα) to reform · (επίπλωση) to rearrange

μετατοπίζ‖**ω** ρ μ (φορτίο) to move · (πλήθυνοσ) to displace · (ευθύνες, φταίξιμο) to shift · (ενδιαφέρον) to shift · (προσοχή) to distract

μετατρέπ‖**ω** ρ μ (σπίτι, χώρο) to convert · (άνθρωπο) to change · (ευρώ, δολάρια) to change

μετατροπή η (σπιτιού) alteration · (σοφίτας, αποθήκης) conversion · (σύστασης, συστήματος) transformation · (νομίσματος) conversion

μεταφέρ‖**ω** ρ μ (επιβάτες) to transport · (εμπορεύματα) to transport · (έδρα επιχείρησης) to transfer · (εκλογικά δικαιώματα) to transfer · (χρήματα, ποσό) to transfer · (ξένο συγγραφέα, κείμενο) to translate · (έργο) to adapt · (για μουσική, ποίηση) to transpose · (μήνυμα, χαιρετισμό) to send

μεταφορά η (ασθενών, επιβατών) transportation · (αποβλήτων) disposal · (εκλογικών δικαιωμάτων, έδρας επιχείρησης) transfer · (χρημάτων, ποσού) transfer · (κειμένου) translation · (μυθιστορήματος) adaptation · (σχήμα λόγου) metaphor · (ΜΟΥΣ) transposition

▸ **μεταφορές** πλ transport εν.

μεταφορ‖**έας** ο carrier

μεταφορικός επίθ (έξοδα, γραφείο) transport • (ΦΙΛΟΛ) figurative ▷ **-ά μέσα** means of transport
► **μεταφορικά** τα transport costs
μεταφράζω ρ μ to translate
► **μεταφράζεται, μεταφράζονται** τριτ to mean
μετάφραση η translation
μεταφραστής ο (επίσης **μεταφράστρια:** κλασικών έργων, κειμένων) translator • (επίσης **μεταφράστρια:** = διερμηνέας) interpreter • (ΠΛΗΡΟΦ) translator
μεταφράστρια η βλ. **μεταφραστής**
μεταφυτεύω ρ μ (λουλούδι: σε γλάστρα) to repot • (σε καινούργιο χώμα) to plant out
μεταχειρίζομαι ρ μ (λέξεις, βία) to use • (με συγκεκριμένο τρόπο) to treat
μεταχείριση η (λέξεων) use • (ατόμου) treatment
μεταχειρισμέν|ος επίθ second-hand
μετεκπαίδευσ|η η postgraduate studies πληθ.
μετέχω ρ αμ to take part ή participate (σε in)
μετοχή η (ΟΙΚ) share • (ΓΛΩΣΣ) participle
μέτοχος, -ος, -ο (επίσ.) participating
► **μέτοχος** ο/η shareholder (Βρετ.), stockholder (Αμερ.)
μετρ ο master
μέτρημα το = **μέτρηση**
μετρημέν|ος επίθ (ψήφοι, βιβλία) counted • (μέρες, ώρες) numbered • (έξοδα, δαπάνες) moderate • (άνθρωπος) sensible • (δηλώσεις, κουβέντα) measured • (κίνηση) careful
μέτρησ|η η measurement • (πόντων, χρημάτων) counting
► **μονάδα -ς** unit of

measurement
μετρητ|ά τα (= ρευστό χρήμα) cash εν. • (= μέρος περιουσίας) money εν. • **τοις ~οίς** in cash
μετρητής ο (τηλεφώνου) counter • (νερού, ηλεκτρικού ρεύματος) meter
μετριάζω ρ μ (χέρδη) to cut • (ποινή) to reduce • (άγχος) to ease • (χαρά) to temper • (πόνο) to ease • (ταχύτητα) to slow down • (κάπνισμα) to cut down on • (ύφος, αντιδράσεις) to tone down • (εντυπώσεις) to soften
μετριοπαθής επίθ moderate • (αντίδραση) reasonable
μέτρι|ος, -α, -ο (δυσκολία, θερμοκρασία) average • (ανάστημα) medium • (άνεμος) moderate • (δόνηση) mild • (αρν.: επίδοση, ποιότητα) mediocre • (εμφάνιση) indifferent • (για καφέ) with a little sugar • (υπολογισμός) modest
μετριοφροσύν|η η modesty
μετρ|ό το underground (Βρετ.), subway (Αμερ.)
μέτρ|ο το (= μονάδα μετρήσεως) measurement • (= μονάδα μετρήσεως μήκους) metre (Βρετ.), meter (Αμερ.) • (= μετροταινία) tape measure • (= κριτήριο αξιολόγησης) measure • (= αποφυγή υπερβολής) moderation • **με ~** in moderation
► **μέτρα** πλ (= μήγεθος) measurements • (κυβέρνησης) measures
μετρ|ώ ρ μ (ύψος, μήκος) to measure • (πίεση, θερμοκρασία) to take • (χρήματα, ρέστα) to count • (σφυγμό) to take • (συμπεριλαμβάνω) to count • (γκολ, καλάθι) to allow • (= αναμετρώ) to measure up • (δυνάμεις, αντίπαλο) to estimate ◆ ρ αμ (= αριθμώ) to count • (γκολ, καλάθι) to be allowed • (= αξίζω) to count

▶ **μετριέμαι** *μεσ* (= συγκρίνομαι) to compare · (= αξιολογούμαι) to be estimated · (= αναμετριέμαι) to take on

μέτωπ|ο *το* (ΑΝΑΤ) forehead · (ΣΤΡ) front line · (= ζώνη μαχών) front · (ΜΕΤΕΩΡ) front

μέχρι, μέχρις *πρόθ* (όριο τοπικό) (up) to · (όριο χρονικό) until · (= προθεσμία) by · (όριο ποσοτικό ή αριθμητικό) up to · **έλα ~ εδώ** come here · **~ να φτάσουμε, θα έχει νυχτώσει** by the time we get there, it'll be dark · **~ς ενός σημείου** up to a point · **περίμενε ~ να τελειώσω** wait until ή till I have finished · **τα νερά ήρθαν ή έφτασαν ~ εδώ** the water came up to here

---

ΛΕΞΗ-ΚΛΕΙΔΙ

μη, μην *μόρ* (α) (για απαγόρευση, συμβουλή) do not
(β) (= μήπως) in case
(γ) (για απορία) by some chance
(δ) (δηλώνει αντίστροφη έννοια) non

μηδέν *το* (= ανυπαρξία) nothing · (ΜΑΘ) zero · (σε θερμόμετρο) zero · (ΑΘΛ) nil (Βρετ.), zero (Αμερ.) · (σε μάθημα) zero

μηδενίζω *ρ μ* (έσοδα) to cancel out · (γραπτό, μαθητή) to give no marks to

μηδενικό *το* zero · (για πρόσ.) nobody

μήκος *ο* length

μηλίτ|ης *ο* cider

μήλ|ο *το* (καρπός) apple · (προσώπου) cheekbone

μηλόπιτ|α *η* apple pie

μήνας *ο* month ▷ ~ **του μέλιτος** honeymoon

μηνιαί|ος, -α, -ο monthly

μηνιγγίτιδ|α *η* meningitis

μήνυμ|α *το* message · (καιρών)

sign · (για μέσα ενημέρωσης) news εν.

μήνυσ|η *η* lawsuit

μηνύω *ρ μ* to prosecute

μήπως *σύνδ* by any chance · **~ είδες το βιβλίο μου;** have you seen my book by any chance? · **~ χάθηκαν;** maybe they got lost · **ρώτησέ τους ~ θέλουν νερό** ask them if they want some water

μηρ|ός *ο* (ΑΝΑΤ) thigh · (ΖΩΟΛ) haunch

μητέρ|α *η* (ανθρώπου, ζώου) mother · (δημοκρατίας, πολιτισμού) cradle · (γεγονότος, κατάστασης) cause /γιορτή της ~ς Mother's Day ▷ **θετή** ~ adoptive mother ▷ **φυσική** ~ birth mother ▷ ~ **-φύση** Mother Nature

μητρι|ά *η* (= μη φυσική μητέρα) stepmother · (= άστοργη μητέρα) bad mother

μητρικ|ός *επίθ* (ένστικτο) maternal · (αγάπη, αγκαλιά) motherly · (χάδια, γάλα) mother's · (μορφή) mother · (συμπεριφορά) maternal ▷ **ή γλώσσα** (ΓΛΩΣΣ) mother tongue ▷ ~**ή κάρτα** (ΠΛΗΡΟΦ) motherboard

μητρικ|ός *επίθ* (κόλπος) uterine · (νόσημα) of the uterus ή womb ▶ **μητρικά** *τα* diseases of the uterus ή womb

μητριό|ς *ο* = **πατριός**

μητρόπολ|η *η* (= χώρα με αποικίες) metropolis · (ΑΡΧ ΙΣΤ) metropolis · (= μεγαλούπολη) capital · (τεχνών, πολιτισμού) capital ▶ **Μητρόπολη** *η* (= καθεδρικός ναός) cathedral · (= έδρα μητροπολίτη) metropolis · (= κατοικία μητροπολίτη) palace · (= περιοχή δικαιοδοσίας μητροπολίτη) diocese

μητροπολίτ|ης *ο* metropolitan bishop

μητρυι|ά *η* = **μητριά**

μητρώο το record

μηχανάκι το (= μοτοσυκλέτα μικρού κυβισμού) scooter · (= μαραφέτι) gadget

μηχανεύομαι ρ μ απ to devise

μηχανή η (γενικότ.) machine · (= κινητήρας) engine · (= μοτοσυκλέτα) motorbike · (βαγόνι τρένου) engine · **χτυπάω κτ στη ~** to type sth
▷~ **αναζήτησης** (ΠΛΗΡΟΦ) search engine ▷ **λήψεως** camera

μηχάνημα το machine

μηχανική η mechanics εν.

μηχανικ|ός ο/η (επάγγελμα) engineer · (αυτοκινήτων) mechanic · (ΝΑΥΤ) engineer
▷~ **ηχοληψίας** sound engineer ▷**πολιτικός** ~ civil engineer

μηχανικ|ός² επίθ mechanical · (παραγωγή, εγκατάσταση) machine · (μετάφραση) machine · (βλέμμα) absent-minded ▷~ **ή βλάβη** engine trouble
▷~ **εξοπλισμός** machinery ▷~ **ή υποστήριξη** life-support machine

μηχανισμός ο mechanism
▷**εκρηκτικός** ~ explosive device ▷**κρατικός** ~ government ή state machine

μία, μια αντων βλ. **ένας**

μιάμιση βλ. **ενάμισης**

μίγμα το = **μείγμα**

μίζα η (αυτοκινήτου, μηχανής) ignition · (αργ.: εταιρείας, πολιτικού) payoff

μιζέρια η (= μεγάλη φτώχεια) extreme poverty · (= κακομοιριά) misery · (= γκρίνια) peevishness · (= τσιγγουνιά) meanness

μικραίν|ω ρ μ (ρούχο, απόσταση) to shorten · (εικόνα) to make smaller · (μτφ.) to diminish ♦ ρ αμ (διαφορά, κόσμος) to get smaller · (ύφασμα) to narrow · (μέρες) to get shorter · (σημασία)

to decline

μικρόβι|ο το (φυματίωσης, πανούκλας) microbe · (μτφ.) bug · (οικ.: = μικρόσωμο άτομο) shrimp (ανεπ.)

μικροκαμωμέν|ος επίθ (άνθρωπος) slight · (σώμα, χέρι) small

μικροπρεπής επίθ petty

μικρ|ός επίθ (σπίτι, πόλη) small · (απόσταση) short · (δείκτης) little · (σε ηλικία) young · (παιδί, σκύλος) small · (αδελφός, αδελφή) younger · (ζώα) baby · (καθυστέρηση, διάλειμμα) short · (δόση, μερίδα) small · (ποσό) small · (κέρδη) low · (αποζημίωση) little · (προσωπικό, κοινό) small · (πόνος, λεπτομέρεια) small · (λάθος) small · (διαφορά) slight · (ταχύτητα) low · (χαρά) little · (γράμμα) small ▷~ **ές αγγελίες** small ads

▶ **μικρό** το (ανθρώπου) child · (ζώου) baby · (αρκούδας, λύκου) cub · (σκύλου) puppy · (γάτας) kitten · (πάπιας) duckling · (αλόγου) foal · (προβάτου) lamb · (αγελάδας) calf

▶ **μικρός** ο (= νεαρός) boy · (= σερβιτόρος) waiter · (= βοηθός) errand boy

▶ **μικροί** οι (= παιδιά) children · (αδύνατοι) little people · **~οί και μεγάλοι** young and old

μικροσκοπικός επίθ (εξέταση) using a microscope · (γράμματα) microscopic · (σώμα, ρούχο) tiny

μικροσκόπιο το microscope

μικρόσωμ|ος, -ή, -ό small

μικρόφωνο το microphone

μικρύν|ω (επίσ.) ρ μ = **μικραίνω**

μικτ|ός επίθ (αποτελέσματα, λοντρά) mixed · (κέρδη, βάρος) gross ▷~ **γάμος** mixed marriage ▷~ **ό σχολείο** co-educational school

μίλι *το* mile ▷ **ναυτικό ~** nautical mile

μιλι|ά (*ανεπ.*) *η* speech

μιλ|ώ *ρ μ* to speak to · (*γλώσσα, διάλεκτο*) to speak ◆ *ρ αμ* (*γενικότ.*) to talk *η* speak (*για, σε about, to*) · (*= έχω τον λόγο*) to speak · (*= εκφράζω δυσαρέσκεια*) to speak out · (*πράξεις, μάτια*) to speak · **~ για κπν/κτ** to talk about sb/sth · (*βιβλίο, ταινία*) to be about sb/sth · **~ με κπν** to talk to sb · **~ σε κπν** to speak to sb

▶ **μιλιέμαι** *μεσ* to be spoken

μιμ|ούμαι *ρ απ* (*συμπεριφορά, τρόπους*) to mimic · (*πρότυπο*) to imitate

μίνι mini ▷ **~ λεωφορείο** minibus

▶ **μίνι** *το* miniskirt

μινιατούρα *η* miniature

μίντια *τα* media

μίξερ *το* (*sound*) mixer

μίξη *η* = **μείξη**

μιούζικαλ *το* musical

μισαλλόδοξος *επίθ* intolerant

μισάνοιχτος *επίθ* (*πόρτα*) ajar · (*χείλη, συρτάρι*) half-open

μισάωρο *το* half an hour

μισθ|ός *ο* (*υπαλλήλου*) salary · (*εργάτη*) wage ▷ **βασικός ή κατώτατος ~** basic pay ή wage ▷ **πρώτος ~** starting salary

μισθώνω (*επίσ.*) *ρ μ* to hire · (*διαμέρισμα, κτήριο*) to rent

μισθωτός *επίθ* (*εργάτης*) paid · (*υπάλληλος*) salaried

▶ **μισθωτοί** *οι* wage earners

μισό *το* half · **~ά-ά** fifty-fifty

μισογεμάτος *επίθ* half-full

μισός *επίθ* half ▷ **ή ώρα** half an hour

μίσος *το* hate

μισοτιμής *επίρρ* (*= στη μισή τιμή*) at half-price · (*πολύ φθηνά*) at a very low price

μισοφέγγαρο *το* (*= ημισέληνος*)

half-moon · (*= μουσουλμανικό σύμβολο*) crescent

μισώ *ρ μ* to hate

μνήμα *το* tomb

μνημείο *το* (*πεσόντων, Αγνώστου Στρατιώτη*) memorial · (*Ακρόπολης, Παρθενώνα*) monument · (*λόγου*) record

μνήμη *η* memory ▷ **~ μόνο ανάγνωσ ιη** (*ΠΛΗΡΟΦ*) read only memory ▷ **~ τυχαίας προσπέλασης** (*ΠΛΗΡΟΦ*) random access memory

▶ **μνήμες** *πλ* memories

μνημονεύω *ρ μ* to mention

μνηστή (*επίσ.*) *η* fiancée

μνηστήρας *ο* (*επίσ.*) fiancé

μοβ mauve

▶ **μοβ** *το* mauve

μόδα *η* fashion · **γίνομαι/είμαι της ~ς** to come into/be in fashion ▷ **επίδειξη ~ς** fashion show ▷ **οίκος ~ς** fashion house ▷ **σχεδιαστής ~ς** fashion designer

μοδίστρα *η* dressmaker

μοιάζ|ω *ρ αμ* (*= φέρνω*) to look alike · (*= φαίνομαι*) to look

μοίρα *η* (*= πεπρωμένο*) destiny · (*οικονομίας, θεάτρου*) fate · (*ΓΕΩΜ*) degree · (*στόλου, αεροσκαφών*) squadron (*Βρετ.*), group (*Αμερ.*) · (*πυροβολικού*) unit

μοιράζ|ω *ρ μ* = *διαμοί*: χρήματα, χρόνο) to divide · (*ψωμί, φαγητό*) to share out · (*= διανέμω*: *περιουσία*) to distribute · (*βοήθεια*) to give · (*παιχνίδια, βραβεία*) to hand out · (*κομπλιμέντα, συμβουλές*) to dish out ◆ *ρ αμ* to deal · **~ τη διαφορά** to split the difference

▶ **μοιράζομαι** *μεσ* (*σπίτι, κέρδη*) to share · (*έξοδα*) to split · (*σκέψεις, συναισθήματα*) to share · (*= διχάζομαι*) to be torn (*ανάμεσα σε* between)

μοιραίος, -α, -ο

(= *προκαθορισμένος*) inevitable ·
(*λάθος, χρονιά*) fatal ▷ **~α γυναίκα**
femme fatale
▸ **μοιραίο** το death

μοιρασιά η division

μοίρασμα το = **μοιρασιά**

μοιρολόγι το (= *θρηνητικό
τραγούδι*) dirge · (*μειωτ.*) moaning
χωρίς πληθ.

μοιρολογώ ρ μ to mourn ♦ ρ αμ
(= *θρηνώ*) to lament · (*οικ.*) to
moan

μοιχεία η adultery

μοκέτα η (fitted) carpet

μολονότι *σύνδ* even though

μόλος ο jetty

μόλυβδος ο lead

μολύβι το (*για γραφή*) pencil ·
(*ματιών*) eyeliner · (*χειλιών*) lip
pencil · (= *μόλυβδος*) lead

μόλυνση η (*πληγής*) infection ·
(*ατμόσφαιρας, θάλασσας*)
pollution

μολύνω ρ μ (*περιβάλλον, θάλασσα*)
to pollute · (IATP) to infect

μονάδα η (*γενικότ.*: ΣΤΡ, ΜΑΘ)
unit · (*στο σχολείο*) lowest grade,
≈ E ▸ **Μονάδες Αποκατάστασεως
της Τάξεως** riot police *χωρίς
πληθ.*

μοναδικός *επίθ* unique · (*τύχη*)
exceptional

Μονακό το Monaco

μοναξιά η solitude · **νιώθω ~** to
feel lonely

μονάρχης ο monarch

μοναρχία η monarchy
▷ **συνταγματική ~** constitutional
monarchy

μοναστήρι το (*ανδρών*)
monastery · (*γυναικών*) convent

μονάχα *επίρρ* only

μοναχή η nun

μοναχικός *επίθ* (*για πρόσ.*)
lonely · (*σπίτι*) isolated · (*πορεία,
περίπατος*) solitary · (*τάγμα,
σχήμα*) monastic

μοναχογιός ο only son

μοναχοκόρη η only daughter

μοναχοπαίδι το only child

μονή (*επίσ.*) η (*ανδρών*)
monastery · (*γυναικών*) convent

μόνιμα *επίρρ* permanently

μόνιμος *επίθ* permanent ·
(*πελατεία*) regular

μόνιτορ το to monitor

μόνο *επίρρ* only · **απλώς ή απλά
και ~** quite simply · **όχι ~..., αλλά
και** not only..., but also · **~ και**
~ only

μονόγραμμα το monogram

μονογραφή η initials *πληθ.*

μονόδρομος ο (*κυριολ.*) one-way
street · (*μτφ.*) only solution

μονοήμερος *επίθ* one-day ▷ **~η
εκδρομή** day trip

μονοκατοικία η detached house
(*Βρετ.*), self-contained house
(*Αμερ.*)

μονόκλινο το single room

μονομιάς *επίρρ* (*μονοκοπανιά*) in
one go · (= *αμέσως*) at once ·
(= *ξαφνικά*) all of a sudden

μονοπάτι το path

μονοπώλιο το monopoly

μονορούφι *επίρρ* in one go ή
gulp

μόνος *επίθ* (*κρεβάτι, κλωστή*)
single · (*αριθμός*) odd

μόνος *επίθ* = χωρίς τη βοήθεια
άλλου) by oneself · (= *μοναχός*)
alone · (*έννοια, φορά*) only · **από
~ μου** by oneself · (*θέλω*) of one's
own free will · **ζω ~** to live alone

μονότονος *επίθ* (*τραγούδι,
ρυθμός*) monotonous · (*αφήγηση*)
flat · (*φωνή, ήχος*) monotonous ·
(*άνθρωπος*) dull

μονόχρωμος *επίθ* (*επιφάνεια,
οθόνη*) monochrome · (*ρούχα*)
plain

μοντέλο το model

μόντεμ το modem

μοντέρνος, -α, -ο modern ·

(ντύσιμο, διακόσμηση) trendy ▷ **~α τέχνη** modern art

μονώνω ρ μ to insulate

μόνωση η insulation · **ηχητική ~** soundproofing

Μοριάς ο **ο ~** the Peloponnese

μορφή η (= σχήμα) form · (= όψη) aspect · (= πρόσωπο) face · (= φυσιογνωμία) figure · (= σύνολο χαρακτηριστικών πράγματος) form

μορφίνη η morphine

μορφολογία η morphology

μορφώνω ρ μ to educate
▸ **μορφώνομαι** μεσ to get an education

μόρφωση η education

Μόσχα η Moscow

μοσχάρι το (ΖΩΟΛ) calf · (νβρ.) dunce ▷ **~ ψητό** roast veal

μοσχαρίσιος, -α, -ο veal

μοσχάτο το muscat(el)

μοσχοβολώ ρ αμ to be fragrant

μοσχοκάρυδο το nutmeg

μοσχολίβανο το frankincense

μοσχομυρίζω ρ αμ to be fragrant

μοτοποδήλατο το moped

μοτοσικλέτα η = **μοτοσυκλέτα**

μοτοσικλετιστής ο = **μοτοσυκλετιστής**

μοτοσικλετίστρια ο βλ. **μοτοσυκλετιστής**

μοτοσυκλέτα η motorcycle

μοτοσυκλετισμός ο motorcycle racing

μοτοσυκλετιστής ο motorcyclist

μοτοσυκλετίστρια η βλ. **μοτοσυκλετιστής**

μου αντων (προσωπική) me · (για κτήση) my

μουγγ|ός, -ή, -ό (= βουβός) dumb · (= αμίλητος) dumbstruck

μουγκ|ός επίθ = **μουγγός**

μουγκρητ|ό το (βοδιού) bellowing χωρίς πληθ. · (τίγρης, λιονταριού) roar · (ανθρώπου) groan · (θάλασσας, χειμάρρου) roar

μουγκρίζω ρ αμ (βόδι, αγελάδα) to bellow · (λιοντάρι, τίγρη) to roar · (άνθρωπος) to groan · (θάλασσα, ποταμός) to roar

μούγκρισμα το = **μουγκρητό**

μουδιάζω ρ αμ to go numb ♦ ρ μ to make numb

μουδιασμέν|ος επίθ numb

μουλάρι το (= ημίονος) mule · (νβρ.) lout

μουλιάζω ρ μ to soak ♦ ρ αμ (πουκάμισο) to soak · (άνθρωπος) to get soaked

μούμια η (ανθρώπου, ζώου) mummy · (μειωτ.) shrivelled-up (Βρετ.) η shriveled-up (Αμερ.) person

μούντζα η contemptuous and insulting gesture made with the open palm

μουντζούρ|α η (από μελάνι) stain · (από καπνιά) smudge

Μουντιάλ το **το ~** the World Cup

μούρη η (οικ.) η (ανθρώπου) face · (ζώου) snout · (αυτοκινήτου) nose

μουρλός (οικ.) επίθ crazy (ανεπ.)
▸ **μουρλός** ο, **μουρλή** η nutter (ανεπ.)

μουρμούρα η (= μουρμουρητό) murmuring · (= γκρίνια) moaning χωρίς πληθ.

μουρμουράω ρ αμ = **μουρμουρίζω**

μουρμουρητ|ό το (= χαμηλόφωνη ομιλία) murmuring · (= ψίθυρος) murmur · (= γκρίνια) moaning χωρίς πληθ.

μουρμουρίζω ρ μ to murmur ♦ ρ αμ (= ψιθυρίζω) to murmur · (= γκρινιάζω) to moan

μούρο το mulberry

μουρούνα η cod

μούσα η (ΜΥΘΟΛ) Muse · (= γυναίκα που εμπνέει) muse
▸ **Μούσες** πλ fine arts

μουσακάς ο moussaka

μουσαμάς ο (φορτηγού)

tarpaulin · (δαπέδου) linoleum ·
(στη ζωγραφική) canvas

μουσεί|ο το (= χώρος φύλαξης και
έκθεσης) museum · (μειωτ.: για
πρόσ.) geriatric

μούσι|η το (= γένι) beard · (οικ.: =
ψέμα) lie

μουσικ|ή η (γενικότ.) music ·
(ΣΧΟΛ) music (lesson) · **γράφω/
παίζω** ~ to write/to play music
▷**κλασική** ~ classical music
▷ ~ **δωματίου** chamber music
▷**χορευτική** ~ dance music

μουσικ|ός επίθ musical ▷ ~ **ή
παράδοση** musical tradition
▸ **μουσικός** ο/η
(= μουσικοδιδάσκαλος) music
teacher · (= μουσικοσυνθέτης)
composer · (= εκτελεστής μουσικών
έργων) musician

μούσκε|μα το soaking · **γίνομαι**
~ to get soaked · **είμαι** ~ to be
soaking · **είμαι** ~ **δριππ** ing wet · **είμαι**
~ **στον ιδρώτα** to be bathed in
sweat

μουσκεύ|ω ρ μ to soak ♦ ρ αμ to
get soaked

μουσκίδι (οικ.) επίρρ **είμαι/γίνομαι**
~ to be/get soaked through

μούσμουλο το loquat

μουσουλμάν|α η βλ.
μουσουλμάνος

μουσουλμάν|ος ο Muslim

μουστάκ|ι το moustache (Βρετ.),
mustache (Αμερ.)
▸ **μουστάκια** πλ whiskers

μουστάρδα η mustard

μούτζα η = **μούντζα**

μούτρ|ο (οικ.) το (= πρόσωπο)
face · (αργ.) crook
▸ **μούτρα** πλ face εν.

μουτρωμένος, -η, -ο (οικ.) sullen

μουτρών|ω (οικ.) ρ αμ to sulk

μούχλ|α η mould (Βρετ.), mold
(Αμερ.) · (= αδράνεια) vegetating

μουχλιάζ|ω ρ αμ (φρούτα, ψωμί) to
go mouldy (Βρετ.),

(Αμερ.) · (τοίχος) to be covered in
mould (Βρετ.) · **η** ~ mildew (Αμερ.) · **η**
mildew · ~ (= αδρανώ) to vegetate

μουχλιασμένος επίθ (ψωμί)
mouldy (Βρετ.), moldy (Αμερ.) ·
(τοίχος) covered in mould (Βρετ.) ·
ή mold (Βρετ.) · (ιδέες) fusty

μόχθ|ος ο labour (Βρετ.), labor
(Αμερ.)

μοχθώ ρ αμ to labour (Βρετ.), to
labor (Αμερ.)

μοχλός ο lever ▷ ~ **ταχυτήτων**
gear stick (Βρετ.), gearshift
(Αμερ.) ▷ ~ **χειρισμού** joystick

μπαγιάτικ|ος επίθ (ψωμί) stale ·
(= φρούτα) dried-up · (αστείο)
stale · (νέο) old

μπάζ|α¹ (οικ.) η haul · **δεν πιάνω**
~ **μπροστά σε κπν/κτ** not to be a
patch on sb/sth · **κάνω (γερή)**
~ to make a packet (ανεπ.)

μπάζα² τα rubble εν.

μπάζ|ω ρ μ (άνθρωπο) to let in ·
(αντικείμενο) to put in ·
(= κατατοπίζω) to brief ♦ ρ αμ
(ρούχα, ύφασμα) to shrink ·
(άμυνα) to be weak ·
(επιχειρήματα) to be full of holes ·
(ινότητα) to crumble · **η πόρτα/
το παράθυρο** ~**ει αέρα** there's a
draught (Βρετ.) · **ή** draft (Αμερ.)
coming from the door/window
▸ **μπάζει** απρόσ there's a draught
(Βρετ.) · **ή** draft (Αμερ.)

μπαίν|ω ρ αμ (= εισέρχομαι: σε
σπίτι, γραφείο) to go in · (σε
μπάνιο) to get in · (άμμος, σκόνη)
to get in · (γυαλί, καλάμι) to go in ·
(σε χώρα, πόλη) to
enter · (= επιβιβάζομαι: σε
αυτοκίνητο, βάρκα) to get in · (σε
αεροπλάνο, τρένο) to get in · (σε
αέρας, φως) to come in ·
(= μαζεύω: ύφασμα, ρούχο) to
shrink · (= χωνό: παντελόνι, γραφείο)
to go in · (παντελόνι, φούστα) to
fit · (= τοποθετούμαι: πίνακας,
φωτιστικό) to go ·

μπακάλης

(= τακτοποιούμαι: αρχείο, βιβλία) to go · (= σημειώνομαι: τόνος, κόμμα) to go · (= συμμετέχω: σε συζήτηση) to join in ·
(= εντάσσομαι: σε πανεπιστήμιο, στο Δημόσιο) to get in · (= εισάγομαι: σε νοσοκομείο) to be admitted (σε to) · (= ορίζομαι: συνέταιρος, μάρτυρας) to become ·
(= εισέρχομαι: στο Διαδίκτυο) to log on · (για εποχές, μήνες) to come · **μου μπήκε ένα αγκάθι στο δάχτυλο** I got a thorn in my finger · **~ στα τριάντα/στα σαράντα** to be coming up to ή pushing (ανεπ.) thirty/forty

μπακάλ|ης ο grocer

μπακαλιάρ|ος ο cod
▷~ **σκορδαλιά** purée of cod, potatoes and garlic

μπακάλικ|ο το grocer's (shop) (Βρετ.), grocery store (Αμερ.)

μπακάλισσ|α η βλ. **μπακάλης**

μπακλαβ|άς ο baklava

μπάλ|α η (γενικότ.) ball · (χώματος) clod · (ποδόσφαιρο) football · (άχυρο, βαμβάκι) bale · **παίζω ~** to play ball ▷~ **ποδοσφαίρου** football ▷~ **τένις/μπιλιάρδου** tennis/billiard ball ▷~ **χιονιού** snowball

μπαλάκ|ι το ball

μπαλάντ|α η ballad

μπαλέτ|ο το ballet ▷**βραδιά ~υ** evening at the ballet ▷**κλασικό ~** classical ballet

μπαλι|ά η shot

μπαλκόν|ι το balcony
▶**μπαλκόνια** πλ (οικ.) big breasts

μπαλόν|ι το balloon

μπαλτ|άς ο axe (Βρετ.), ax (Αμερ.)

μπαλώνω ρ μ (παντελόνι) to patch · (κάλτσες) to darn · (δίχτυα) to mend · (τοίχο) to fill the cracks in

μπάμ (προφ.) το (= δυνατός κρότος) bang · (= αμέσως) hey presto

μπάμια η okra
▶**μπάμιες** πλ baked okra

μπαμπάκ|ι η = **βαμβάκι**

μπαμπ|άς ο dad

μπανάν|α η (καρπός) banana · (τσαντάκι) bum bag (Βρετ.), fanny pack (Αμερ.) · (θαλάσσια ψυχαγωγία) banana, water sled

μπανιέρ|α η bath (Βρετ.), bathtub (Αμερ.) ▷**κλασική ~** classic clawfoot bathtub

μπάνι|ο το (= πλύσιμο) bath · (δωμάτιο) bathroom · (= μπανιέρα) bath (Βρετ.), bathtub (Αμερ.) · (= κολύμπι) swim
▶**μπάνια** πλ spa baths

μπάντ|α η (= πλά, πλευρά) side · (= φιλαρμονική) band · (= ζώνη συχνοτήτων) band

μπαούλ|ο το chest

μπαρ το bar

μπάρ|α η (= αμπάρα) bolt · (= πάγκος μπαρ) bar · (στην άρση βαρών) dumbbell

μπαργούμαν ο αμ
(= ναυτολογούμαι) to join ·
(= επιβιβάζομαι) to embark

μπάρμαν ο bartender

μπαρμπούν|ι το red mullet

μπάσκετ, μπάσκετ-μπολ το = **καλαθοσφαίριση**

μπασκέτ|α η basket (in basketball)

μπάσ|ο το (= κοντραμπάσο) double bass · (= ηλεκτρικό μπάσο) bass (guitar) · (φωνής) bass
▶**μπάσα** πλ bass εν.

μπάσταρδ|η (μειωτ.) η βλ. **μπάσταρδος**

μπάσταρδ|ος (μειωτ.) το (= νόθο παιδί) bastard (χυδ.) ·
(= τέρατεράτος) clever bastard (χυδ.)

μπαστούν|ι το (= μαγκούρα) walking stick · (στην τράπουλα) spade · (γκολφ) club

μπαταρί|α η battery

μπατζάκ|ι το (γενικότ.) trouser leg (Βρετ.), pant leg (Αμερ.) · = (ρεβέρ) turn-up (Βρετ.), cuff (Αμερ.)

μπατζανάκ|ης ο brother-in-law

μπατίρ|ης ο είμαι ~ to be stony ή flat broke (ανεπ.)

μπατίρ|ισσα η βλ. μπατίρης

μπάτσ|ος¹ ο slap

μπάτσ|ος² (μειωτ.) ο cop (ανεπ.)

μπαχαρικ|ό το spice

μπεζ beige
▸ μπεζ το beige

μπέιζμπολ το baseball

μπέικον το bacon

μπεϊμπισίτερ, μπέιμπι-σίτερ η babysitter

μπεκρ|ής ο drunk

μπεκρ|ού η βλ. μπεκρής

μπελ|άς ο (= ενοχλητική κατάσταση) trouble · (για πρόσ.) nuisance

μπέμπ|α η (= θηλυκό μωρό) baby girl · (χαϊδ.: για γυναίκα) baby

μπέμπ|ης ο (= αρσενικό μωρό) baby boy · (χαϊδ.: = μικρό αγόρι) little boy · (μειωτ.) crybaby (ανεπ.)

μπέρδε|μα το (σκοινιών, μαλλιών) tangle · (σύγχυση) mix-up
▸ μπερδέματα πλ trouble εν.

μπερδεμέν|ος επίθ (μαλλιά, κλωστές) tangled · (σημειώσεις, βιβλία) muddled up · (υπόθεση, ορισμός) muddled up · (δουλειά) tricky · (= συγχυσμένος) confused

μπερδεύ|ω ο μ (σχοινιά, καλώδια) to tangle (up) · (χαρτιά, σημειώσεις) to mix up · (χρώματα, μπογιές) to mix · (υπόθεση, ζήτημα) to confuse · (όνομα, λέξεις) to mix up · (= προκαλώ σύγχυση) to confuse · (= μπλέκω) to mix up (σε in)
▸ μπερδεύομαι μεσ (πόδι) to get caught · (= εμπλέκομαι) to get involved

μπερ|ές ο beret

μπερ|έ το = μπερές

μπεστ-σέλερ το bestseller

μπετό το concrete
▸ μπετά πλ concrete

μπετόν το concrete ▷ ~ αρμέ reinforced concrete · βλ. κ. μπετό

μπιζέλ|ι το pea

μπιζού το jewellery (Βρετ.), jewelry (Αμερ.)

μπικίνι το bikini

μπίλι|α η (= βόλος) stud · (= μπάλα μπιλιάρδου) billiard ball

μπιλιάρδ|ο το (αμερικανικό) pool · (γαλλικό) billiards εν.

μπιλιέτ|ο το card

μπιμπελό το ornament

μπιμπερό το baby's bottle

μπιμπίκ|ι το spot

μπιντ|ές ο bidet

μπίρ|α η (γενικότ.) beer · (ξανθή) lager · (μαύρη) stout

μπιραρί|α η pub (Βρετ.)

μπισκότ|ο το biscuit (Βρετ.), cookie (Αμερ.) · ~α γεμιστά cream biscuits (Βρετ.) ή cookies (Αμερ.)

μπιφτέκ|ι το (βοδινό) beefburger · (χοιρινό) hamburger

μπλακάουτ, μπλακ-άουτ το blackout

μπλε blue
▸ μπλε το blue

μπλέκ|ω ο μ (σκοινιά, κορδόνια) to tangle · (κατάσταση, υπόθεση) to confuse · (= προκαλώ σύγχυση) to confuse ♦ ο αμ (= παρασύρομαι) to get involved · (= καθυστερώ) to get held up
▸ μπλέκομαι μεσ (γραμμές, τηλεφώνου) to be crossed · (πόδι) to get caught · (= αναγκινύομαι) to get involved (με with) · (= έχω δεσμό) to be involved (με with)

μπλέντερ το blender

μπλέξι|μο το (σκοινιών, καλωδίων) tangle · (σύγχυση) confusion · (= ανάμειξη) involvement
▸ μπλεξίματα πλ έχω πλεξίματα με κπν/κτ to be in trouble with

sb/sth

μπλοκ *το* (επιταγών) book · (ζωγραφικής) pad · (στο πόλεμι) block · (στο μπάσκετ) blocked shot ▷ **~ σημειώσεων** notepad

μπλοκάρ|ω *ρ αμ* (δρόμος) to be blocked · (μυαλό) to go blank ♦ *ρ μ* to block

μπλόκ|ο *το* roadblock

μπλουζ *το* (= μουσική και τραγούδι) blues *πληθ.* · (= αργός χορός) slow

μπλούζ|α *η* top

μπογι|ά *η* (για τοίχο) paint · (για μαλλιά) dye · (για παπούτσια) polish · (= χρωματιστό μολύβι) crayon

μπογιατίζ|ω *ρ μ* to paint

μπ|ολ *το* (ανεπ.) height

μπολ *το* bowl

μπόλικ|ος *επίθ* (φαγητό, χρώματα) plenty of · (για ρούχα) loose · (μανίκια) wide

μπόμπ|α *η* (= βόμβα) bomb · (αργκ.: = νοθευμένο ποτό) rotgut (ανεπ.)

μποξ *το* boxing ▷ **αγώνας ~** boxing match

μποξεράκι *ο* boxer shorts *πληθ*

μπόουλινγκ *ο* bowling

μπόρ|α *η* (= ξαφνινή και ραγδαία βροχή) shower · (= καταιγίδα) storm · (= παροδικό συμφορά) setback

μπορντέλ|ο *το* = **μπουρδέλο**

μπορντό burgundy

▷ **μπορντό** η = burgundy

─────────────
| ΛΕΞΗ-ΚΛΕΙΔΙ |
─────────────

μπορ|ώ *ρ μ* +*να* (α) (= έχω τη δυνατότητα) to be able to · (β) (= έχω την ικανότητα) to be able to · (γ) (= μου είναι εύκολο) to be able to · (για ευγένεια) may *ρ αμ* **μπορείς αύριο;** can you make it tomorrow?

▶ **μπορεί** *απρόσ* (α) (= ενδέχεται) may (β) (= ίσως) maybe

μποστάν|ι *το* (ανεπ.) vegetable garden

μπότ|α *η* boot

μποτίλι|α *η* bottle

μποτιλιάρισμ|α *το* bottleneck

μπουγάδ|α *η* washing · **βάζω/ κάνω ~** to do the washing

μπουγάτσ|α *η* (γλυκιά) cream–filled pastry · (αλμυρή) cheese pie

μπουζ|ί *το* spark plug

μπουζούκ|ι *το* bouzouki

▶ **μπουζούκια** *τα* pl bouzouki club εν.

μπούκ|α *η* mouth · **έχω κπν στη ~ του κανονιού)** to have sb in one's sights

μπουκάλ|α *η* big bottle · (γκαζιού, οξυγόνου) bottle · (νεανικό παιχνίδι) spinning the bottle

μπουκάλι *το* bottle

μπουκέτ|ο *το* (= ανθοδέσμη) bouquet · (αργκ.) punch

μπουκι|ά *η* mouthful

μπούκλ|α *η* curl

μπουκών|ω *ρ μ* (παιδί) to stuff · (γουλιά) to take · (= μπουχτίζω) to fill up ♦ *ρ μ* (= χορταίνω) to be full · (εξάτμιση, αντλία) to be blocked · (μηχανή) to stall · (μύτη) to be blocked (up)

μπουλντόζ|α *η* bulldozer

μπουμπούκ|ι *το* bud

μπουμπουνητ|ό *το* (= βροντή) roll of thunder · (= συνεχείς βροντές) rumble of thunder

μπουμπουνίζ|ω *ρ μ* **τη ~ κποιου** (οικ.) to shoot sb

▶ **μπουμπουνίζει** *απρόσ* it's thundering

μπουνι|ά *η* (= γροθιά) fist · (= χτύπημα με γροθιά) punch · **δίνω ή ρίχνω ~ σε κπν** to punch sb

μπούρδα *η* nonsense *χωρίς πληθ*.

μπουρδέλο (χυδ.) το (= πορνείο) brothel · (μτφ.: για χώρο) mess · (για κατάσταση) chaos

μπουρέκι το (γλύκισμα) cream pastry · (φαγητό) pasty (Βρετ.), patty (Αμερ.)

μπουρμπουλήθρα η bubble

μπουρνούζι το bathrobe

μπούστο το bust

μπούτι (ανεπ.) το (ανθρώπου) thigh · (ζώου) haunch · (κοτόπουλου) leg

μπουτίκ η boutique

μπουφάν το (αντιανεμικό) jacket · (αδιάβροχο) anorak

μπουφές ο (έπιπλο) sideboard · (δεξίωσης) buffet

μπούφος ο (πουλί) horned owl · (υβρ.) idiot

μπουχτίζω ρ αμ (= χορταίνω) to be full · (= αγανακτώ) to be fed up ♦ ρ μ to be fed up with

μπράβο επιφών well done!
▶ **μπράβο** to praise

μπράβος ο (= σωματοφύλακας) minder · (= ταραξοποιός) henchman

μπράντι το brandy

μπρατσάκι το (= μικρό μπράτσο) arm · (= μικρό σωσίβιο) armband

μπράτσο το arm · (κιθάρας, μπουζουκιού) neck

μπρελόκ το key ring

μπριάμ το baked vegetables and potatoes

μπρίζα (προφ.) η = πρίζα

μπριζόλα η cutlet ▶ **χοιρινή/μοσχαρίσια** ~ pork/veal cutlet

μπρίκι το coffeepot

μπρίκι το (ΝΑΥΤ) brig

μπρόκολο το broccoli χωρίς πληθ.

μπρος (προφ.) επίρρ = εμπρός

μπροστινός επίθ front
▶ **μπροστινός** ο, **μπροστινή** η person in front

μπρούμυτα επίρρ prone

μπρούντζινος, -η, -ο bronze

μπρούντζος ο bronze

μπρούσκος, -α, -ο dry

μπύρα η = μπίρα

μπυραρία η = μπιραρία

μυαλό το (ανθρώπου, ζώου) brain · (οστών) marrow · (= νους) mind · (= εξυπνάδα) sense · (για πρόα.) head **έχω στο ~ μου να κάνω κτ** to intend to do sth · **πού έχεις το ~ σου;** watch what you're doing! · **πού τρέχει το ~ σου;** what are you thinking about?

μυαλωμένος επίθ sensible

μύγα η fly

μύγδαλο το = αμύγδαλο

μύδι το mussel

μυελός ο marrow

μυζήθρα η soft cheese

μυθικός επίθ (ιστορίες, αφήγηση) mythological · (πρόσωπο) imaginary · (αναφορά) fictitious · (ποσά, πλούτη) fabulous

μυθιστόρημα το novel

μυθολογία η mythology

μύθος ο (= τμήμα μυθικής παράδοσης) myth · (= αλληγορική αφήγηση) fable · (= πλάσμα φαντασίας) fiction · (= υπόθεση) plot · (= θρύλος) legend

μυκητίαση η fungal infection

Μύκονος η Mykonos

μύλος ο (= μηχάνημα αλέσεως σιτηρών) mill · (λατομείου) grinder · (= χώρος άλεσης σιτηρών) mill · (πιστολιού) chamber ▷ ~ **του καφέ** coffee grinder ▷ ~ **πιπεριού** pepper mill η grinder

μυλωνάς ο (= ιδιοκτήτης αλευρόμυλου) mill owner · (= εργάτης αλευρόμυλου) miller

μύξα η mucus

μυρίζω ρ μ το smell ♦ ρ αμ to smell
▶ **μυρίζει** απρόσ it smells
▶ **μυρίζομαι** μεσ to sense

μυρμήγκ|ι το ant
μυρουδιά η = **μυρωδιά**
μυρωδι|ά η smell · (λουλουδιών)
scent
μυ|ς ο muscle
μυστήρι|ο το (στην αρχαιότητα)
mysteries πληθ. · (γάμου, βάπτισης)
sacrament · (ζωής, δημιουργίας)
mystery ▸ **ταινία μυστηρίου**
thriller
μυστήρι|ος, -α, -ο (απόφαση,
ενέργεια) mysterious · (άνθρωπος)
enigmatic · (= παράξενος: τύπος,
χαρακτήρας) strange
μυστηριώδης επίθ (έγκλημα,
θάνατος) mysterious · (υπόθεση)
puzzling · (κραυγές, ουρλιαχτά)
unearthly · (σπίτι) eerie
μυστικό το (γενικότ.) secret · (κατ.:
= μυστήριο) mystery · **κρατώ (ένα)**
~ to keep a secret
μυστικ|ός επίθ secret ▷ **-ή**
αστυνομία secret police ▷ **-ή**
υπηρεσία secret service
▸ **μυστικός** ο secret policeman
μυστικότητ|α η (ανάκρισης,
ερευνών) secrecy · (= εχεμύθεια)
discretion
μυτερ|ός επίθ (μαχαίρι, μολύβι)
sharp · (γένια) pointed · (βράχος)
jagged
μυτζήθρα η = **μυζήθρα**
μύτ|η η (ΑΝΑΤ) nose · (βελόνας,
μαχαιριού) point · (μολυβιού) tip ·
(πένας) nib · (παπουτσιού) toe ·
(λιμανιού) point · (αεροσκάφους,
πλοίου) nose · (= όσφρηση) nose ·
ανοίγει ή **ματώνει** ή **λύνεται η**
~ μου my nose is bleeding ·
ρουφώ τη ~ μου to sniff · **τρέχει**
η ~ μου my nose is running ·
φυσώ τη ~ μου to blow one's
nose
μυώδης επίθ muscular
μύωπας ο/η short-sighted person
(Bρετ.), near-sighted person
(Aμερ.)

μύωψ (επίσ.) ο/η = **μύωπας**
μώλος ο = **μόλος**
μώλωπ|ας ο bruise
μωρέ (οικ.) επιφών hey (ανεπ.)
μωρή (υβρ.) επιφών hey (ανεπ.)
μωρό το (= βρέφος) baby ·
(= αφελής) baby · (για άνδρα)
hunk (ανεπ.) · (για γυναίκα) babe
(ανεπ.) · **~ μου!** (οικ.) baby! (ανεπ.)
μωσαϊκ|ό το (= δάπεδο ή
τοιχογραφία) mosaic · (μτφ.)
medley

N ν

N, ν ni, *13th letter of the Greek*
alphabet

ΛΕΞΗ-ΚΛΕΙΔΙ

να σύνδ **(α)** (σε συμπληρωματικές
προτάσεις) to
(β) να μη not to
(γ) (ευχή, κατάρα) to wish · (για
όρκο) to swear · (για ερώτηση ή
απορία) shall I
(δ) το να κάνω κτ doing sth · ...
τού να είναι ... ... of being ...
(ε) (με αναφορ. και ερωτ. αντων.)
who · (με επίρρημα) when
(στ) (για τρόπο) how
(ζ) (τελικός, αιτιολογικός) to
(η) (υποθετικός) if
(θ) (χρονικός) when
(ι) (εναντιωματικός) even if
(ια) (ειδικός) that · **αντί να** instead
of · **μέχρι να** until · **όπου να 'ναι**
any time now · **σαν να** as if ·
χωρίς ή **δίχως να** without · **μόνο**
να (μη) if ♦ **μόρ** (με αιτιατική
αντωνυμίας ή ονομαστική
ουσιαστικού) there · **να!** here! · **να**
τα μας! what do you know!

ναι επίρρ yes
νάιλον το nylon

νάν|ος ο (κυριολ.) dwarf · (μτφ.) small fry χωρίς πληθ.

νανουρίζω ρ μ (μωρό) to sing to sleep · (μτφ.) to lull

ναός ο (= εκκλησία) church · (μουσουλμανικός) mosque · (ιουδαϊκός) synagogue · (ινδουιστικός, ειδωλολατρικός) temple · (μτφ.: τέχνης) temple

νάρθηκ|ας ο (ΙΑΤΡ: από γύψο) cast · (από ξύλο, μέταλλο) splint · (ΑΡΧΙΤ) narthex

νάρκη η (= αποχαύνωση) torpor · (= μούδιασμα) numbness · (= υπνηλία) drowsiness · (μτφ.: = αποβλάκωση) stupor · (ΣΤΡ) mine
▷ **θερινή ~** (ΒΙΟΛ) aestivation (Βρετ.), estivation (Αμερ.)
▷ **χειμερία ~** (ΒΙΟΛ) hibernation

ναρκομανής ο drug addict

ναρκοπέδι|ο το minefield

ναρκών|ω ρ μ (ΙΑΤΡ) to anaesthetize (Βρετ.), to anesthetize (Αμερ.) · (= κοιμίζω) to make drowsy ή lethargic · (μτφ.: = αποχαυνώνω) to dull

νάρκω|ση η (ΙΑΤΡ) anaesthesia (Βρετ.), anesthesia (Αμερ.) · (= αναισθησία) torpor · (μτφ.: πνεύματος, αισθήσεων) dulling

ναρκωτικός επίθ narcotic
▶ **ναρκωτικό** το (= τοξική ουσία) drug · (= αναληπτικό) painkiller
παίρνω ~ά to take drugs ▷ **ήπια ή μαλακά ~ά** soft drugs ▷ **σκληρά ~ά** hard drugs

νάτρι|ο το sodium

ναυάγι|ο το (ΝΑΥΤ) (ship)wreck · (μτφ.: διαπραγματεύσεων, συνομιλιών) breakdown · (επιχείρησης) bankruptcy

ναυαγός ο/η (πλοίου) shipwrecked person · (σε ερημονήσι) castaway

ναυαγοσώστ|ης η (σε παραλία, πισίνα) lifeguard · (= μέλος αποστολής διάσωσης· ναυαγών)

lifeboatman · (πλοίων) salvager

ναυαγοσωστικ|ό το (για ναυαγούς) lifeboat · (για πλοία) salvage vessel

ναυαγοσώστρια η βλ **ναυαγοσώστης**

ναυαγ|ώ ρ αμ (πλοίο) to be wrecked · (μτφ.: άνθρωπος) to be ruined · (εταιρεία) to go under · (σχέδια) to fall through · (διαπραγματεύσεις) to break down · (ελπίδες) to be dashed · (όνειρα) to come to nothing

ναύλο το = **ναύλος**

ναύλ|ος ο (= αντίτιμο μεταφοράς: ανθρώπων) fare · (φορτίου) freight · (= μίσθωσιολού) charter
▶ **ναύλα** τα (ανθρώπων) fare · (φορτίου) freight

ναυλών|ω ρ μ to charter

ναυπηγεί|ο το shipyard

ναυσιπλοΐα η navigation

ναύτ|ης ο (= ναυτικός) sailor · (μη βαθμοφόρος) ordinary seaman

ναυτί|α η (= παθολογική κατάσταση) nausea · (στη θάλασσα) seasickness · (μτφ.: = αηδία) disgust

ναυτικό το navy ▷ **Εμπορικό Ναυτικό** merchant marine (Βρετ.), merchant marine (Αμερ.) ▷ **Πολεμικό Ναυτικό** Navy

ναυτικός ο sailor

ναυτικός' ο/η sailor

ναυτικός' επίθ (στολή, νοσοκομείο) naval · (χάρτης) nautical · (μίλι) nautical · (ιστορία, νομοθεσία) maritime · (ατύχημα) at sea · (έθνος, λαός) seafaring · (καπέλο) sailor's ▷ **~ά αθλήματα** water sports ▷ **~ή βάση** naval base ▷ **Ναυτική Εβδομάδα** week-long summer festival of events in honour of the navy
▶ **ναυτικά** τα sailor's uniform εν.
▶ **ναυτικός** ο/η sailor

ναυτιλί|α η (επίσης **εμπορική ~**) merchant navy (Βρετ.) η marine

(Αμερ.) • (= ναυσιπλοΐα) navigation

ναφθαλίν|η η (ΧΗΜ) naphthalene • (για ρούχα) mothballs πληθ.

Νέα Ζηλανδία η New Zealand

Νεοζηλανδ|ή η βλ. **Νεοζηλανδός**

Νεοζηλανδ|ός ο New Zealander

νεανικ|ός επίθ (ντύσιμο, ενθουσιασμός) youthful • (έρωτας, καρδιά) young • (αισθησιακές, σκέψη) juvenile • (έργο) early • (βιβλίο, σίριαλ) for young people • (ταμπεραμέντο) youthful ▷ **-ή ηλικία** young age

νεαρ|ός επίθ (γυναίκα, παιδί) young • (βλαστάρια) new • (ζώο) baby ▷ **-ή ηλικία** young age
► **νεαρός** ο youth
► **νεαρή** η young woman

Νέα Υόρκη η New York

νέγρ|ος ο black man

νεκρ|ία η (= η ιδιότητα του νεκρού) deadness • (μτφ.: αγοράς, εμπορίου) stagnation • (μτφ.: = απόλυτη σιγή) dead silence

νεκροκεφαλ|ή η death's head

νεκρ|ός ο (άνθρωπος, φύλλα) dead • (τηλέφωνο, αγορά) dead • (θεωρία, ιδέα) defunct • (δρόμος) empty • **-ή περίοδος** dead season ▷ **η Νεκρά Θάλασσα** the Dead Sea ▷ **-ό σημείο** (ΑΥΤ) neutral ▷ **-ή φύση** still life
► **νεκρά** η, **νεκρό** το neutral • **βάζω -ά** ή **την ταχύτητα στο -ό** to go into neutral
► **νεκρός** ο dead man
► **νεκρή** η dead woman

νεκροταφεί|ο το (=πόλης) cemetery • (εκκλησίας) graveyard • (μτφ.) graveyard ▷ **- αυτοκινήτων** scrap yard

νεκροτομεί|ο το morgue

νεκροφόρ|α η hearse

νεκροψί|α η autopsy

νέκταρ το nectar

νεκταρίν|ι το nectarine

νέ|ο το piece of news

► **νέα** πλ news εν. • **τι (άλλα) ~α;** what's new? • **έχω ~α κπιου** ή **από κπν** to hear from sb • **μάθατε τα ~α;** have you heard the news? • **περιμένω ~α τους** I'm expecting to hear from them

νεογέννητ|ος το (παιδί, ζώο) newborn • (μτφ.: κράτος, οργανισμός) newly established
► **νεογέννητο** το newborn (baby)

νεοελληνικ|ός επίθ modern Greek
► **Νεοελληνικά** τα, **Νεοελληνική** η Modern Greek

νεοκλασικ|ός επίθ neoclassical
► **νεοκλασικό** το neoclassical building

νεολαί|α η η ~ young people πληθ. ▷ **μαθητική ~ schoolchildren • σπουδάζουσα** ή **φοιτητική ~** university students

νεόνυμφ|ος επίθ newlywed
► **νεόνυμφοι** οι newlyweds

νεόπλουτ|ος επίθ newly rich
► **νεόπλουτοι** οι nouveaux riches

νέ|ος, -α, -ο (παιδί, γυναίκα) young • (Έλληνα, ελληνισμός) modern • (εψεύρεση, μοντέλο) new • (βιβλίο, δίσκος) new • (υπάλληλος, εργαζόμενος) new ▷ **Νέα Ελληνικά** Modern Greek ▷ **Νέος Κόσμος** New World
► **νέος** ο young man
► **νέα** η young woman

νεοσσ|ός ο (= κλωσσόπουλο) nestling • (= νεογέννητο βρέφος) newborn baby

νεότητ|α η youth ▷ **κέντρο ~ς** youth club

νεοφερμένος, νεόφερτος επίθ new
► **νεοφερμένος** ο, **νεοφερμένη** η newcomer

νεράιδα η fairy

νεράντζ|ι το Seville ή bitter orange

νεραντζ|ιά η Seville ή bitter

orange (tree)

νερ|ό το (= ὕδωρ) water • (= βροχή) rain • **ανοίγω/κλείνω το ~** to turn the tap on/off ▷ **εμφιαλωμένο ~** bottled water ▷ **μεταλλικό ~** mineral water ▷ **~ της βρύσης** tap water ▷ **πόσιμο ~** drinking water

▸ **νερά** πλ marbling εν.

νερόβραστος επίθ (χόρτα, φακές) boiled (in water) • (μτφ.) tasteless • (αστείο) lame

νεροζούμι το (φαγητό) insipid ή tasteless food • (ρόφημα) dishwater

νεροκανάτα η water jug (Βρετ.) ή pitcher (Αμερ.)

νερομπογιά η watercolour (Βρετ.), watercolor (Αμερ.)

νεροποντή η downpour

νερουλ|ός επίθ watery

νεροχελώνα η turtle

νεροχύτης ο (kitchen) sink

νεύμα το (κεφαλιού) nod • (ματιών) wink • (χεριού) wave

νευραλγία η neuralgia

νευριάζω ρ μ **~ κπν** (= εκνευρίζω) to get on sb's nerves • (= εξοργίζω) to make sb angry ♦ ρ αμ (= εκνευρίζομαι) to get irritated • (= εξοργίζομαι) to lose one's temper

νευριασμέν|ος επίθ (εκνευρισμένος) irritated • (= θυμωμένος) angry

νευρικ|ός επίθ nervous • (απόληξη, ίνα) nerve ▷ **~ό σύστημα** nervous system ▷ **~ κλονισμός** nervous breakdown

νευρικότητα η nervousness

νεύρ|ο το (ΑΝΑΤ ΒΙΟΛ) nerve • (μτφ.: = δυναμισμός) drive (Βρετ.) • (άρθρου) punch

▸ **νεύρα** πλ nerves • **έχω** ή **με πιάνουν τα ~α μου** to be in a temper

νευρωτικ|ός επίθ neurotic •

νεφελώδ|ης επίθ (καιρός, ουρανός) cloudy • (μτφ.: υποσχέσεις, σκέψεις) vague • (κατάσταση, υπόθεση) hazy

νέφ|ος ο (κυριολ., μτφ.) cloud • (= συγκέντρωση ρύπων) smog

νεφρό το kidney

νεωτερισμός ο (= καινοτομία) innovation • (= μόδα) latest fashion

νήμα το (= κλωστή) thread • (μάλλινο) yarn ▷ **βαμβακερό ~** cotton thread ▷ **~ τερματισμού** finishing tape ▷ **~ της στάθμης** plumb line ▷ **οδοντιατρικό ~** dental floss

νηοπομπή η convoy (of ships)

νηπιαγωγείο το kindergarten

νηπιακός επίθ (σταθμός) infant • (μτφ.: για ανάπτυξη, βιομηχανία) in its infancy ▷ **~ή ηλικία** infancy

νήπιο το infant

νησάκι το islet

νησί το island

νησίδα η (= νησάκι) islet • (μτφ.) island • (επίσης **διαχωριστική ~**) traffic island

νησιώτης ο islander

νησιωτικός, νησιώτικος επίθ island • **ο ~ χώρος** the islands

▸ **νησιώτικα** τα island songs

νησιώτισσα η βλ. **νησιώτης**

νήσ|ος η (επίσ.) island ▷ **οι Βρετανικές ~οι** the British Isles

νηστεία η fast

νηστεύω ρ αμ to fast

νηστικ|ός, ή, ό hungry

νηφάλι|ος, -α, -ο (λαός, άνθρωπος) calm • (κρίση, εκτίμηση) sober • (δικαστής, κριτικός) astute • (απόφαση) sound • (= ξεμέθυστος) sober

νι το/αμ, 13th letter of the Greek alphabet

νιάτ|α τα (= νεότητα) youth εν. • (= νεολαία) young people

νίβω ρ μ to wash

νίκη η victory · **παίρνω τη ~** to win ▷**Άπτερος Νίκη** Wingless Victory ▷**πύρρειος ~** Pyrrhic ή hollow victory

νικητής ο (*μάχης, πολέμου*) victor · (*αγώνων, διαγωνισμού*) winner · **βγαίνω ~** to come out on top

νικήτρια η winner ▷**~ στήλη** winning numbers · *βλ. κ.* **νικητής**

νικιώ ρ μ (*αντίπαλο, εχθρό*) to beat · (= *υπερισχύω*) to prevail over · (*φόβο, δυσκολίες*) to overcome · (*πάθη, ορμές*) to resist

νιόπαντρος επίθ newlywed ▶ **νιόπαντροι** οι newlyweds

νιότη η (*λόγοτ.*: = *νιάτα*) youth · (= *νεολαία*) young people *πληθ.*

νιπτήρας ο (wash)basin (*Βρετ.*), washbowl (*Αμερ.*)

νιφάδα η snowflake ▷**~ες καλαμποκιού** cornflakes

νιώθω ρ μ (*κρύο, πόνο*) to feel · (*κίνδυνο*) to sense · (*αλήθεια, νόημα*) to be aware of · (= *αντιλαμβάνομαι*) to realize · (= *καταλαβαίνω*) to understand · (= *συμπονώ*) to feel

Νοέμβρης ο = **Νοέμβριος**

Νοέμβριος ο November

νόημα το (*κειμένου, φράσης*) meaning · (*πράξης*) point · (*στάσης, άποψης*) significance · (= *νεύμα*) sign · (*με το κεφάλι* nod · (*με τα χέρια*) signal · (*με τα μάτια*) wink · **κάνω ~ σε** κπν to give sb a sign · (*με το κεφάλι*) to nod to sb · (*με τα χέρια*) to beckon to sb · (*με τα μάτια*) to wink at sb · **χωρίς ~** meaningless

νοημοσύνη η (= *ευφυΐα*) intelligence · (= *μυαλό*) mind ▷**τεχνητή ~** artificial intelligence

νοητός επίθ (= *κατανοητός*) understood · (= *ιδεατός*) imaginary

νόθα η (*ποτού, τροφής*) adulteration · (*εκλογών*) rigging

νοθευμένος επίθ (*τρόφιμα, ποτά*) adulterated · (*έγγραφο*) forged

νοθεύω ρ μ (*τρόφιμα, ποτά*) to adulterate · (*κάυσιμα, χρυσό*) to adulterate · (*νόμισμα, έγγραφο*) to forge · (*εκλογικό αποτέλεσμα*) to rig · (*μορφή, εντύπωση*) to distort · (*νίκη, θεσμό*) to undermine · (*πολίτισσα, αξίες*) to corrupt

νόθος, -ος ή -α, -ο illegitimate

νοιάζω ρ αμ **με ~ει** τρίτ (= *με πειράζει*) to mind · (= *με ενδιαφέρει*) to care · **δεν με ~ει!** (= *δεν με πειράζει*) I don't mind! · (= *δεν με ενδιαφέρει*) I don't care! · **δεν με ~ει καθόλου!** (= *δεν με πειράζει*) I really don't mind! · (= *δεν με ενδιαφέρει*) I couldn't care less! · **(κι εμένα) τι με ~ει;** what do I care? · **μη σε ~ει (γι' αυτό)** don't worry about it! · **να μη σε ~ει!** never you mind!

νοιάζομαι ρ αμ απ to be concerned ◆ ρ μ (= *ενδιαφέρομαι*) to care about · (= *φροντίζω*) to look after

νοίκι το (*ανεπ.*) rent

νοικιάζω ρ μ βλ. **ενοικιάζω**

νοικοκυρά η (= *οικοδέσποινα*) lady of the house · (= *που ασχολείται με το νοικοκυριό*) housewife · (= *ικανή στα οικιακά*) good housewife

νοικοκύρης ο (= *οικοδεσπότης*) head of the household · (= *οικογενειάρχης*) head of the family · (= *ιδιοκτήτης*) landlord · (= *καλός διαχειριστής*) thrifty man · (= *τακτικός*) tidy man

νοικοκυριό το (= *οικιακός εξοπλισμός*) household goods *πληθ.* · (= *σπίτι*) household

νοιώθω ρ μ = **νιώθω**

νομαρχία η prefecture

νομίζω ρ μ to think · **δεν (το) ~ I** don't think so · **έτσι ~ I** think so ·

~ ότι ή **πως** to think (that) ·
όπως ~εις as you please
νομική η law
▸ **Νομική** η Faculty of Law
νομικός επίθ legal · (σχολή, περιοδικό) law ▷ **~ σύμβουλος** legal adviser
▸ **νομικά** τα law εν.
▸ **νομικός** ο/η lawyer
νόμιμος επίθ (κέρδος, τόκος) legal · (κληρονόμος) rightful · (ωράριο) statutory · (τέκνο) legitimate ▷ **~η άμυνα** self-defence (Βρετ.), self-defense (Αμερ.)
νόμισμα το (χώρας) currency · (= κέρμα) coin
νομοθεσία η legislation ▷ **ισχύουσα ~** current legislation ▷ **ποινική ~** penal law
νομός ο prefecture
νόμος ο law · (= κανόνας) rule · (συμπεριφοράς) code · (φωνολογίας, φωνητικής) rule · **παραβαίνω τον ~ο** to break the law · **σύμφωνα με τον ~ο** in accordance with the law ▷ **ισχύων ~** law in force ▷ **της βαρύτητας** law of gravity ▷ **στρατιωτικός ~** martial law
νομοσχέδιο το bill
νομοταγής επίθ law-abiding
νόμπελ, νομπέλ το Nobel prize
νονά η godmother
νονός ο godfather
νοοτροπία η mentality
Νορβηγή η βλ. **Νορβηγός**
Νορβηγία η Norway
Νορβηγίδα η βλ. **Νορβηγός**
νορβηγικός επίθ Norwegian
▸ **Νορβηγικά** τα Norwegian
Νορβηγός ο Norwegian
Νορμανδία η Normandy
νοσηλεία η (hospital) treatment
νοσηλεύω ρ μ to treat
▸ **νοσηλεύομαι** μεσ to be treated
νοσήλια τα hospital expenses

νοσοκόμα η nurse
▷ **αποκλειστική ~** private nurse
νοσοκομειακό το ambulance
νοσοκομείο το hospital ·
διακομίζω ή **μεταφέρω κπν στο ~** to take sb to hospital (Βρετ.) ή to the hospital (Αμερ.) ▷ **κρατικό ~** public hospital ▷ **στρατιωτικό ~** military ή army hospital
νοσοκόμος ο (male) nurse
νόσος η (επίσ.) disease
▷ **επιδημική ~** epidemic
▷ **επάρατη ~** cancer ▷ **~ των δυτών** the bends εν. ▷ **~ των τρελών αγελάδων** mad cow disease
νοσταλγία η (για την πατρίδα) homesickness · (για το παρελθόν) nostalgia
νοσταλγώ ρ μ (άνθρωπο, χώρο) to miss · (κατάσταση, αντικείμενο) to long for
νοστιμάδα η (= νοστιμιά) flavour (Βρετ.), flavor (Αμερ.) · (μτφ.) charm
νοστιμεύω ρ μ (φαγητό) to flavour (Βρετ.), to flavor (Αμερ.) · (μτφ.: = ομορφαίνω) to make more attractive · (ζωή) to add spice to
▸ ρ αμ (φαγητό) to taste better · (μτφ.: = ομορφαίνω) to become prettier ή more attractive
νοστιμιά η (φαγητού) flavour (Βρετ.), flavor (Αμερ.) · (μτφ.: = γοητεία) charm
▸ **νοστιμιές** οι delicacies
νοστιμίζω ρ μ **= νοστιμεύω**
νόστιμος επίθ (τροφή) tasty · (μτφ.: άντρας, γυναίκα) good-looking · (μτφ.: ανέκδοτο, αστείο) good
νότα η note
Νότια Αμερική η South America
Νότια Αφρική η South Africa
νοτιάς ο (άνεμος) south wind · (= θερμός και υγρός καιρός) hot and humid weather · (= νότος)

south

νοτιοανατολικά επίρρ (πηγαίνω, κοιτάζω) south-east · (βρίσκομαι) in the south-west

νοτιοανατολικ|ός επίθ (παράθυρο, δωμάτιο) south-east facing · (άνεμος) south-east

νοτιοδυτικά επίρρ (πηγαίνω, κοιτάζω) south-west · (βρίσκομαι) in the south-west

νοτιοδυτικ|ός επίθ (παράθυρο, πρόσοψη) south-west facing · (άνεμος) south-west

νότι|ος, -ια, -ιο (πολιτεία, τομέας) southern · (μέτωπο, δωμάτιο) south-facing · (άνεμος) south · (ρεύμα) southerly · (για πρόσ.) from the south

Νότιος Πόλος ο **ο ~ the South Pole**

νότος ο south · (επίσ.: = όστρια) south wind
▷ **Νότος** ο **South**

νούμερο το (= αριθμός) number · (για ρούχα, παπούτσια) size · (σε τσίρκο, θέατρο) act · (σατιρικό) sketch · (χορευτικό) routine

νουν|ά η **νονά**

νουν|ός ο **νονός**

νους ο (= διάνοια) mind · (= ξεμυαλάδα) common sense · (εταιρείας) brains εν. · (πείρας) brains εν. · (= φαντασία) imagination ▷ **κοινός ~ common sense**

νούφαρο το water lily

ντάμ|α η (= παρτενέρ) partner · (επιτραπέζιο παιχνίδι) draughts (Βρετ.), checkers (Αμερ.) · (στην τράπουλα) queen

νταντ|ά η nanny

ντελαπάρ|ω (ανεπ.) ο αμ = **ντεραπάρω**

ντεμοντέ old-fashioned

ντεμπούτο το debut

ντεπόζιτ|ο το tank

ντεραπάρ|ω (ανεπ.) ο αμ to turn

over

ντέρμπι το derby

ντίβ|α η diva

ντιβάν|ι το divan

ντι-βι-ντί το (δίσκος) DVD · (συσκευή) DVD player

ντιζέλ το diesel

ντίσκο, ντισκοτέκ η (ΜΟΥΣ) disco music · (κέντρο διασκέδασης) disco

ντι-τζέι ο DJ

ντο το C

ντοκιμαντέρ το documentary

ντοκουμέντ|ο το document

ντολμάδες οι stuffed vine leaves

ντομάτ|α η tomato

ντοματόζουμ|ο το tomato juice

ντοματοσαλάτ|α η tomato salad

ντόπι|ος, -α, -ο local
▷ **ντόπιος** ο, **ντόπια** η locals

ντόρ|ος ο commotion · **κάνω ~ο** to cause a sensation · **κάνω ~** to stir

ντουβάρ|ι το (= τοίχος) wall · (μειωτ.: = στουρνάρι) dunce

ντουέτο το (ΜΟΥΣ) duet · (= ζευγάρι) duo

ντουζ το = **ντους**

ντουζιέρα η = **ντουσιέρα**

ντουζίν|α η dozen · **μισή ~ half a dozen**

ντουλάπ|α η wardrobe
▷ **εντοιχισμένη ~ built-in wardrobe** ▷ **μεταλλική ~ metal cabinet**

ντουλάπ|ι το (για ρούχα) wardrobe · (για σκεύη) cupboard (Βρετ.), closet (Αμερ.) · (του μπάνιου) cabinet

ντους το shower · **κάνω ~ to have ή take a shower**

ντουσιέρα η shower

ντρέπ|ομαι ο μ απ to respect ♦ ο αμ απ to be ashamed (για of) · **~ να κάνω κτ** to feel awkward about doing sth

ντρίμπλ|α η dribble

ντροπαλ|ός, ή, -ό shy

ντροπ|ή η (= αιδώς) shame ·
(= έλλειψη θάρρους) shyness ·
(= αίσχος) disgrace · (= τσίπα)
shame · (= ταπείνωση)
humiliation · **~ σου!** shame on
you!

ντροπιάζ|ω ρ μ (= εξευτελίζω) to
humiliate · (= εκθέτω) to disgrace
▸ **ντροπιάζομαι** μεσ to be disgraced

ντροπιασμέν|ος επίθ (όνομα, τιμή)
disgraced · (παιδί) ashamed

ντύν|ω ρ μ (παιδί, μωρό) to dress ·
(πολυθρόνες) to upholster · (τοίχο,
βιβλίο) to cover · (οικογένεια,
παιδιά) to clothe · (ηθοποιό,
τραγουδιστή) to design clothes for
▸ **ντύνομαι** μεσ (= φορώ ρούχα) to
dress, to dress up · **~ομαι ελαφριά/
βαριά** to dress in light/warm
clothing · **~ομαι καλά** (= φορώ
καλά ρούχα) to dress up · (= φορώ
ζεστά ρούχα) to wrap up warm

ντύσι|μο το (παιδιού, κούκλας)
outfit · (εργάτη) clothes πληθ ·
(πολυθρόνας) upholstery ·
(βιβλίου) cover · **βραδινό
~** nightwear χωρίς πληθ · **καλό
~** best clothes πληθ

νύκτα η (επίσ.) = **νύχτα**

νυκτερin|ός επίθ = **νυχτερινός**

νυκτόβι|ος, -α, -ο nocturnal

νύστ|α η sleepiness · **με πιάνει
~** to be tired ή feel sleepy

νυστάζ|ω ρ αμ to be ή feel sleepy
◆ ρ μ **~ κπν** to send sb to sleep

νύφ|η η (= αυτή που παντρεύεται)
bride · (βαθμός συγγενείας)
daughter-in-law

νυφικ|ός επίθ bridal
▸ **νυφικό** το wedding dress

νύχ|ι το (χεριού) (finger)nail ·
(ποδιού) (toe)nail · (ζώου, πουλιού)
claw · **απ' την κορ(υ)φή ως τα ~α**
from top to toe · **τρώω τα ~α μου**
to bite one's nails

νυχι|ά η scratch

νύχτ|α η night · **δουλεύω ~α** to

work nights · **έρωτες της μιας ~ς**
one-night stand · **η πρώτη
~ του γάμου** the wedding night ·
μένω για τη ~ to stay the night ·
μέσα στη ~ in the night · **όλη
~** all night · **όλη τη ~** all night
long · **πέφτει η ~** it's getting
dark · **ταξιδεύω ~** to travel by
night

νυχτερίδ|α η bat

νυχτερin|ός επίθ night

νυχτικι|ά η = **νυχτικό**

νυχτικ|ό το nightdress (Βρετ.),
nightgown (Αμερ.)

νυχτόβι|ος, -α, -ο nocturnal · βλ.
κ. **νυκτόβιος**

νυχτών|ω ρ αμ to be overtaken by
the night
▸ **νυχτώνει** απρόσ it's getting dark
▸ **νυχτώνομαι** μεσ to be overtaken
by the night

νωπ|ός επίθ (φρούτα, λαχανικά)
fresh · (για χώμα) freshly dug ·
(ρούχα, ύφασμα) damp

νωρίς επίρρ early · **από ~** from
early on · **~ το πρωί** early in the
morning · **πιο ~** earlier · **πολύ
~** very early

νώτ|α τα (= πλάτη) back εν. · (ΣΤΡ)
rear εν.

νωχελικ|ός επίθ (συμπεριφορά)
indolent · (κίνηση) sluggish

Ξ ξ

Ξ, ξ xi, 14th letter of the Greek
alphabet

ξαδέλφη η cousin

ξαδέλφι το = **ξαδέρφι**

ξάδελφ|ος ο cousin

ξαδέρφη η = **ξαδέλφη**

ξαδέρφι το = **ξαδέλφι**

ξάδερφ|ος ο = **ξάδελφος**

ξακουσμέν|ος επίθ famous

ξακουστ|ός επίθ = **ξακουσμένος**

ξαλαφρών|ω _ϱ αμ_ (για πρόσ.) to feel relieved · (κεφάλι, στομάχι) to feel better · (= κάνω την ανάγκη μου) to relieve oneself ◆ _ϱ μ_ (= ξεκουράζω) to relieve (από of) · (πορτοφόλι) to steal · (τσέπη) to empty

ξαλμυρίζω _ϱ μ_ = **ξαρμυρίζω**

ξανά _επίϱϱ_ again ▶ **βάζω κτ ~ στη θέση του** to put sth back in its place · **~ και ~** again and again

ξανα-, ξαν- _πϱόθημ_ (για επανάληψη) again, re– · (για επιστροφή σε προηγούμενη κατάσταση, θέση) back

ξαναβάζ|ω _ϱ μ_ to put back · **~ μπρος** to restart · _βλ. κ._ **βάζω, ξανα-**

ξαναβγάζ|ω _ϱ μ_ to take out again · _βλ. κ._ **βγάζω, ξανα-**

ξαναβγαίν|ω _ϱ αμ_ to come ή go out again · _βλ. κ._ **βγαίνω, ξανα-**

ξαναβλέπ|ω _ϱ μ_ to see again ◆ _ϱ αμ_ to get one's sight back · _βλ. κ._ **βλέπω, ξανα-**

ξαναβρίσκ|ω _ϱ μ_ (τσάντα, γυαλιά) to find again · (λογικό, ισορροπία) to recover · (δύναμη) to get back
▶ **ξαναβρίσκομαι** _μεσ_ **–ομαι με κπν** to meet sb again · _βλ. κ._ **βρίσκω, ξανα-**

ξαναγεννώ _ϱ μ_ (μωρό, ζώο) to have another · (αβγά) to lay another
▶ **ξαναγεννιέμαι** _μεσ_ = **γεννιέμαι πάλι** to be reborn · (αναμνήσεις, μνήμες) to be revived · (= αναζωογονούμαι) to be reborn · _βλ. κ._ **γεννώ, ξανα-**

ξαναγίν|ομαι _ϱ αμ απ_ (= επαναλαμβάνομαι) to happen again · (= ξαναφτιάχνομαι) to be repaired · (= γίνομαι όπως πρώτα) to be the same again · **να μην ~ει!** don't let it happen again! · _βλ. κ._ **γίνομαι, ξανα-**

ξαναγράφω _ϱ μ_ (βιβλίο) to

rewrite · (εργασία) to do again ◆ _ϱ αμ_ (συγγραφέας, αρθρογράφος) to write again · (μαθητής, φοιτητής) to resit (_Βρετ._) ή retake (_Αμεϱ._) an exam · _βλ. κ._ **γράφω, ξανα-**

ξαναγυρίζ|ω _ϱ αμ_ (= επιστρέφω) to come back again · (= περιστρέφομαι) to turn around · (χρόνος, καιρός) to return ◆ _ϱ μ_ (κλειδί, διακόπτη) to turn again · (σκηνές, ταινία) to reshoot · **δεν ~ πια** ή **ποτέ** to never come back · **~ σε κπν/κτ** to go back to sb/sth · _βλ. κ._ **γυρίζω, ξανα-**

ξαναδέν|ω _ϱ μ_ (σχοινί) to tie again · (άνθρωπο, ζώο) to tie up again ◆ _ϱ αμ_ (πλοίο) to return to port · _βλ. κ._ **δένω, ξανα-**

ξαναδιαβάζ|ω _ϱ μ_ to reread ◆ _ϱ αμ_ to revise · _βλ. κ._ **διαβάζω, ξανα-**

ξαναδίν|ω _ϱ μ_ (αλάτι, φαΐ) to give back · (μάθημα) to do again · (εξετάσεις) to resit (_Βρετ._), to retake (_Αμεϱ._) · _βλ. κ._ **δίνω, ξανα-**

ξαναδοκιμάζ|ω _ϱ μ_ (φρένα) to try again · (παύση, υπάλληλο) to try out again · (φαγητό) to try again · (ρούχα, παπούτσια) to try on again ◆ _ϱ αμ_ to try again · _βλ. κ._ **δοκιμάζω, ξανα-**

ξαναζεσταίν|ω _ϱ μ_ (φαγητό) to reheat · (σχέση, δεσμό) to revive ◆ _ϱ αμ_ (= αρχίζω) to warm up again · _βλ. κ._ **ζεσταίνω, ξανα-**

ξαναζητώ _ϱ μ_ (πληροφορίες) to ask for more · (δουλειά) to ask for another · (φίλο) to look for another ◆ _ϱ αμ_ to be hard up · _βλ. κ._ **ζητώ, ξανα-**

ξαναζωντανεύ|ω _ϱ μ_ (= αναστήνω) to come alive again · (περασμένα, σκηνές) to come back to life · (= αναζωογονώ) to be revived ◆ _ϱ αμ_ (= αναστήνω) to revive · (παρελθόν, γεγονότα) to bring

back · βλ. κ. **ζωντανεύω**, ξανα-
ξαναθυμάμαι ρ αμ απ το
remember ◆ ρ αμ (για πρόσ.) to get one's
memory back · βλ. κ. **θυμάμαι**,
ξανα-
ξαναθυμίζω ρ μ to remind
again · βλ. κ. **θυμίζω**, ξανα-
ξανακάνω ρ μ (εργόχειρα) to
make again · (καθήκον, χρέος)
to do again · **δεν** (θα) το ~ I won't
do it again · βλ. κ. **κάνω**, ξανα-
ξανακλείνω ρ μ (πόρτα,
παράθυρο) to close (again) ·
(μπουκάλι, σκεύος) to put the top
back on · (υπολογιστή, τηλεόραση)
to switch off again ◆ ρ αμ
(συρτάρι, ντουλάπα) to close ή
shut again · (πληγή, τραύμα) to
heal again · βλ. κ. **κλείνω**, ξανα-
ξανακοιμάμαι ρ αμ απ το go back
to sleep · βλ. κ. **κοιμάμαι**, ξανα-
ξανακούω ρ μ to hear again ◆ ρ
αμ to get one's hearing back
▶ **ξανακούγομαι** μεσ (φωνή,
θόρυβος) to be heard again ·
(= ξαναδίνω σημεία ζωής) to be
heard of again · βλ. κ. **ακούω**,
ξανα-
ξανακτίζω ρ μ = **ξαναχτίζω**
ξανακυκλοφορώ ρ μ (πλαστά
χρήματα) to pass on · (δίσκο, σιντί)
to re-release ◆ ρ αμ to be on the
road again · βλ. κ. **κυκλοφορώ**,
ξανα-
ξανακυλώ ρ μ to roll again ◆ ρ
αμ (βράχια, δάκρυα) to fall again ·
(νερά) to flow again ·
(= υποτροπιάζω) to relapse
▶ **ξανακυλιέμαι** μεσ to get muddy
again · βλ. κ. **κυλώ**, ξανα-
ξαναλέω ρ μ = **ξαναλέγω** · **λέω**
και ξαναλέω to say again and
again · **μην το ξαναλές** don't say
that again · **τα ξαναλέμε** we'll
talk about it another time · βλ. κ.
λέγω, ξανα-
ξαναλέω ρ μ = **ξαναλέγω**

ξαναμετρώ ρ μ (μήκος, ύψος)
to measure again · (χρήματα, πιάτα)
to re-count ◆ ρ μ to count
▶ **ξαναμετριέμαι** μεσ to compete
again · βλ. κ. **μετρώ**, ξανα-
ξαναμιλώ ρ μ to speak to again
◆ ρ αμ to speak again · **~ σε κπν**
to talk ή speak to sb again
▶ **ξαναμιλιέμαι** μεσ (για πρόσ.) to
speak to each other again · (για
γλώσσα) to be spoken again · βλ.
κ. **μιλώ**, ξανα-
ξαναμμένος επίθ (ανεπ.:
πρόσωπο) flushed · (σεξουαλικά)
turned on (ανεπ.)
ξαναμοιράζω ρ μ (μερίδια) to
divide again · (φαγητό) to serve
again ◆ ρ αμ to deal again
▶ **ξαναμοιράζομαι** μεσ to share · βλ.
κ. **μοιράζω**, ξανα-
ξαναμπαίνω ρ αμ (στο σπίτι) to
get back · (στο αυτοκίνητο) to get
back in · βλ. κ. **μπαίνω**, ξανα-
ξανανεβαίνω ρ μ to go back up
◆ ρ αμ **~ σε** (βουνό, δέντρο) to go
back up · (αεροπλάνο, πλοίο) to
get back in ή on · (λεωφορείο) to
get back on · βλ. κ. **ανεβαίνω**,
ξανα-
ξανανοίγω ρ μ to open again ◆ ρ
αμ to open again
▶ **ξανανοίγομαι** μεσ (= σπαταλώ)
to go out on a limb · (για πλοία)
to set sail again · βλ. κ. **ανοίγω**,
ξανα-
ξαναπαθαίνω ρ μ (ατύχημα,
συμφορά) to have another ·
(ζημιά) to suffer more · **δεν την**
~ (ανεπ.) I won't be had again
(ανεπ.) · βλ. κ. **παθαίνω**, ξανα-
ξαναπαίρνω ρ μ (= παίρνω πάλι)
to take again · (μωρό, βάζο) to
pick up again · (= παίρνω πίσω)
to get back · (= τηλεφωνώ πάλι) to
call back · βλ. κ. **παίρνω**, ξανα-
ξαναπαντρεύομαι ρ αμ to get
married again
ξαναπατώ ρ μ (καρφί) to tread on

again · (λάσπες) to tread in again · (σταφύλια) to tread again ♦ ϱ αμ (= βάζω το πέλμα πάλι) to step one's foot again · (τραπέζι, καρέκλα) to be stable again · **δεν ~ (το πόδι μου)** εκεί I'll never set foot there again · *βλ. κ.* **πατώ,** ξανα-

ξαναπερνάω ϱ μ/αμ = **ξαναπερνώ**

ξαναπερν|ώ ϱ αμ to pass by again ♦ ϱ μ (δρόμο, ποτάμι) to cross (over) again · (εμπόδιο) to get over again · *βλ. κ.* **περνώ,** ξανα-

ξαναπηγαίνω ϱ μ ~ **κπν** to take sb back ♦ ϱ αμ ~ **σε** to go back to · *βλ. κ.* **πηγαίνω,** ξανα-

ξαναπιάν|ω ϱ μ (μπάλα) to catch again · (στυλό) to pick up again · (δραπέτη) to recapture ♦ ϱ αμ to start again · *βλ. κ.* **πιάνω,** ξανα-

ξαναπίν|ω ϱ μ to drink again ♦ ϱ αμ to drink again · *βλ. κ.* **πίνω,** ξανα-

ξαναπληρώνω ϱ μ/αμ (εισιτήριο) to buy another · (λογαριασμό) to pay again ♦ ϱ αμ to pay again · *βλ. κ.* **πληρώνω,** ξανα-

ξαναπροσπαθώ ϱ αμ to try again ♦ ϱ αμ ~ **να κάνω κτ** to try to do sth again · *βλ. κ.* **προσπαθώ,** ξανα-

ξαναρίχν|ω ϱ μ (πέτρα) to throw another · (κλοτσιά) to give another ♦ ϱ αμ to fire again

► **ξαναρίχνει** ατρόσ it's raining again

► **ξαναρίχνομαι** μεσ ~**ομαι σε κπν** (= επιτίθεμαι πάλι) to come at sb again · (= παρενοχλώ σεξουαλικά πάλι) to make another pass at sb · *βλ. κ.* **ρίχνω,** ξανα-

ξαναρχίζ|ω ϱ μ to start sth begin again ♦ ϱ αμ to start all over again · *βλ. κ.* **αρχίζω,** ξανά-

ξαναρωτ|ώ ϱ μ to ask again ♦ ϱ αμ to ask again · **ρωτώ και ~** to ask again and again · *βλ. κ.* **ρωτώ,** ξανα-

ξανασκέπτομαι, ξανασκέφτομαι ϱ μ απ to reconsider ♦ ϱ αμ απ to think again · **θα το ξανασκεφτώ** I'll think it over · *βλ. κ.* **σκέπτομαι,** ξανα-

ξανασμίγ|ω ϱ αμ to get together again ♦ ϱ μ to bring back together · *βλ. κ.* **σμίγω,** ξανα-

ξαναστρών|ω ϱ μ (κρεβάτι) to make again · (χαλιά) to spread again ♦ ϱ αμ to settle down again

► **ξαναστρώνομαι** μεσ (= κάθομαι (μαθητής, φοιτητής) to buckle down again · *βλ. κ.* **στρώνω,** ξανα-

ξανασυναντώ ϱ μ (φίλο, γνωστό) to meet again · (δυσκολίες, εμπόδια) to meet with more

► **ξανασυναντιέμαι, ξανασυναντιώμαι** μεσ to meet again · **θα ήθελα να ξανασυναντηθούμε** I'd like to see you again · *βλ. κ.* **συναντώ,** ξανα-

ξανασυνδέω ϱ μ to reconnect

► **ξανασυνδέομαι** μεσ to get back together · **ξανασυνδέομαι στο ίντερνετ** to reconnect to the Internet · *βλ. κ.* **συνδέω,** ξανα-

ξανατρέχω ϱ αμ to run again ♦ ϱ μ (πρόγραμμα) to run again · (κασέτα, ντι-βι-ντί) to play again · *βλ. κ.* **τρέχω,** ξανα-

ξανατρώγ|ω ϱ μ/αμ = **ξανατρώω**

ξανατρώω ϱ μ to eat again ♦ ϱ αμ to eat again

► **ξανατρώγομαι** μεσ to argue again · *βλ. κ.* **τρώω,** ξανα-

ξαναφορτώνω ϱ μ (πράγματα) to load again · (ΠΛΗΡΟΦ) to reload ♦ ϱ αμ to reload

► **ξαναφορτώνομαι** μεσ (πράγματα, υποχρεώσεις) to take on again · (συνέπειες) to suffer again · *βλ. κ.* **φορτώνω,** ξανα-

ξαναφτιάχν|ω ϱ μ (προϊόν) to make again · (σπίτι) to do up ·

(τραπέζι) to lay again · (μαλλιά) to tidy · (κρεβάτι) to make · (υπολογιστή) to mend ♦ ρ αμ (καιρός, κατάσταση) to get better · (= αποκαθίσταμαι πάλι) to get back on one's feet · (τηλεόραση, υπολογιστής) to be mended ή repaired · **τα ~ με κπν** (= συμφιλιώνομαι πάλι) to make up with sb · (= συνδέομαι πάλι) to get back together with sb · βλ. κ. **φτιάχνω, ξανα-**

ξαναχτίζω ρ μ to rebuild · βλ. κ. **χτίζω, ξανα-**

ξαναθαίν|ω ρ μ to dye blonde ♦ ρ αμ (άντρας) to go blond · (γυναίκα) to go blonde

ξανθομάλλ|ης, -α, -ικο blond(e)
▶ **ξανθομάλλης** ο blond
▶ **ξανθομάλλα** η blonde

ξανθός, -ή ή -ιά, -ό (μαλλιά, γένια) blond(e) · (κορίτσι) blonde · (νεαρός) blond · (στάχυ) golden
▷ **-ιά μπίρα** lager
▶ **ξανθό** το golden brown
▶ **ξανθός** ο blond
▶ **ξανθή** η blonde

ξαπλών|ω ρ μ (τραυματία, μωρό) to lay down · (= πυροβολώ) to bring down · (= χτυπώ) to knock down ♦ ρ αμ to lie down

ξαπλώστρα η deckchair

ξαπλωτ|ός επίθ stretched out

ξαρμυρίζω ρ μ to soak the salt out of

ξάστερα επίρρ clearly · **μίλα καθαρά και** ~ don't beat about the bush

ξάστερος επίθ (ουρανός, νύχτα) starry · (νερό) clear · (κουβέντες, λόγια) plain

ξαφνιάζω ρ μ (= προκαλώ έκπληξη) to surprise · (= αιφνιδιάζω) to take by surprise · (= φοβίζω) to startle
▶ **ξαφνιάζομαι** μεσ to be surprised

ξαφνικά επίρρ suddenly

ξαφνικ|ός επίθ sudden
▶ **ξαφνικό** το bolt from the blue

ξεβάφ|ω ρ μ to discolour (Βρετ.), to discolor (Αμερ.) ♦ ρ αμ to fade · **στο πλύσιμο** to run in the wash
▶ **ξεβάφομαι** μεσ to take off ή remove one's make–up

ξεβγάζω ρ μ to rinse · ~ **κπν μέχρι έξω** to see sb to the door

ξέβγαλμα το rinse

ξεβιδωμέν|ος επίθ (βίδα) unscrewed · (καπάκι) not screwed on · (πόμολο, χερούλι) loose · (ράφι) not screwed in

ξεβιδών|ω ρ μ (βίδα, καπάκι) to unscrew · (ράφι, καθέφτη) to take down

ξεβουλών|ω ρ μ (μπουκάλι, βαρέλι) to uncork · (νιπτήρα, λεκάνη) to unblock

ξεβρακών|ω ρ μ (ανεπ.) ~ **κπν** (= γδύνω) to take sb's trousers (Βρετ.) ή pants (Αμερ.) down · (= γελοιοποιώ) to show sb up
▶ **ξεβρακώνομαι** μεσ to be shown up

ξεβράκωτ|ος επίθ (ανεπ.: παιδί) without pants (Βρετ.) ή underpants (Αμερ.) on · (χωρίς παντελόνι) without trousers (Βρετ.) ή pants (Αμερ.) on · (= πάμφτωχος) penniless

ξεβρομίζω ρ μ to clean · ρ αμ to get clean

ξεγελώ ρ μ to fool
▶ **ξεγελιέμαι** μεσ to be taken in

ξεγράφ|ω ρ μ (λέξεις) to cross out · (χρέος) to write off · (παρελθόν) to put behind one · (φίλο) to give up on · (= ξεχνώ) to forget · (άρρωστο) to give up on · (κασέτα) to record over

ξεδιαλύν|ω ρ μ (υπόθεση, μυστήριο) to solve · (όνειρο) to explain

ξεδιάντροπ|ος επίθ (ανεπ.:

άνθρωπος) shameless · (ψέμα, ψεύτης) barefaced

ξεδίνω ρ αμ (ανεπ.) to let off steam (ανεπ.)

ξεδίπλω|μα το (ρούχου, πετσέτας) unfolding · (σημαίας) unfurling · (αρετών, ταλέντου) revealing

ξεδιπλών|ω ρ μ (χαρτί, εφημερίδα) to unfold · (σημαία) to unfurl · (ταλέντο, αρετές) to reveal

ξεδιψ|ώ ρ αμ to quench one's thirst ◆ ρ μ ~ **κπν** to quench sb's thirst

ξεζουμίζω ρ μ (λεμόνι, πορτοκάλι) to squeeze · (βιβλίο) to devour

ξεθαρρεύ|ω ρ αμ (= παίρνω θάρρος) to take heart · (= αποθρασύνομαι) to become impertinent

ξεθεωμέν|ος επίθ (ανεπ.) worn out

ξεθεών|ω ρ μ to wear out
▸ **ξεθεώνομαι** μεσ to wear oneself out

ξεθυμαίν|ω ρ μ (άρωμα) to evaporate · (αέριο) to leak · (αναγκινωτικά, μπίρα) to go flat · (κολόνια) to go off · (καιρός) to settle · (θύελλα) to die down · (αγάπη) to fade · (αντίδραση) to fizzle out · (άνθρωπος) to let off steam (ανεπ.)

ξεθωριάζω ρ μ to fade · ρ αμ to fade · (ενδιαφέρον) to wane

ξεθωριασμέν|ος επίθ (χρώμα) dingy · (ύφασμα, ρούχο) faded · (ανάμνηση) dim

ξεΐδρών|ω ρ αμ to cool off

ξεκαθαρίζ|ω ρ μ to clear up ◆ ρ αμ (ουρανός) to clear · (καιρός) to clear up · (πράγματα, ζήτημα) to become clear · ~ **σε κπν ότι** to make it clear to sb that

ξεκαθάρισ|μα το (καιρού, υπόθεσης) clearing up · (ουρανού) clearing

ξεκάθαρ|ος επίθ (απάντηση)

clear · (θέση) clear-cut · (λόγια) plain

ξεκαρδίζ|ομαι ρ αμ απ ~ **στα γέλια** to be helpless with laughter

ξεκαρδιστικ|ός επίθ hilarious

ξεκίνη|μα το (παιχνιδιού) start · (καριέρας, επιχείρησης) outset · (ταξιδιού, πορείας) start · (για το σπίτι, τη δουλειά) leaving

ξεκιν|ώ ρ αμ (για ταξίδι, δουλειά) to set off · (για σταδιοδρομία) to start out · (όχημα, πλοίο) to pull away · (αεροπλάνο) to start up · (δρόμος, επιχείρηση) to start ◆ ρ μ to start · ~ **να κάνω κτ** to start doing sth **ή** to do sth

ξεκλειδών|ω ρ μ to unlock

ξεκλείδωτ|ος επίθ unlocked

ξεκολλ|ώ ρ μ (γραμματόσημο, αυτοκόλλητο) to peel off · (χέρια) to take off ◆ ρ αμ (σφάγιωμα, χερούλι) to come off · (βιβλίο) to come apart · (από τόπο, το διάβασμα) to tear oneself away (από from) · (= φεύγω) to go

ξεκουμπών|ω ρ μ (παντελόνι, μπλούζα) to unbutton · (κουμπί) to undo
▸ **ξεκουμπώνομαι** μεσ (παντελόνι, πουκάμισο) to come undone · (άνθρωπος) to undo one's buttons

ξεκουράζ|ω ρ μ (σώμα, μάτια) to rest · (μυαλό) to relax · ~ **κπν** (σωματικά) to give sb a rest · (πνευματικά) to relax sb
▸ **ξεκουράζομαι** μεσ (σωματικά) to rest · (πνευματικά) to relax

ξεκούρασ|η η (σωματική) rest · (ψυχική) relaxation · **πέντε λεπτά** ~ five–minute break

ξεκούραστ|ος επίθ (σωματικά) rested · (πνευματικά) relaxed · (μυαλό) refreshed · (δουλειά, ζωή) easy · (κρεβάτι) comfortable · (περιβάλλον) relaxing · (ύπνος) refreshing

ξεκουρδίζω, ξεκουρντίζω ρ μ (ρολόι) to run down · (κιθάρα, πιάνο) to put out of tune
▸ **ξεκουρδίζομαι** μεσ (όργανο) to be out of tune · (ρολόι) to stop · (= κουράζομαι πολύ) to wear oneself out

ξεκούρδιστος, ξεκούρντιστος, -η, -ο (ρολόι) run down · (πιάνο, κιθάρα) out of tune

ξεκρέμαστ|ος επίθ (κουρτίνα, κάδρο) not hung · (ρούχο) not hung up · (κουβέντα, ιδέες) incoherent

ξεκωλών|ω ρ μ (δέντρο, ρίζα) to uproot · (αργκ.: = κουράζω υπερβολικά) to do in (ανεπ.)
▸ **ξεκωλώνομαι** μεσ (αργκ.) to be done in (ανεπ.)

ξελιγών|ω ρ μ ~ **κπν** to make sb's mouth water · (= κουράζω πολύ) to wear sb out
▸ **ξελιγώνομαι** μεσ sb's mouth is watering

ξελογιάζ|ω ρ μ to seduce

ξεμαλλιάζ|ω ρ μ ~ **κπν** (= βγάζω τα μαλλιά) to pull sb's hair out · (= αναμαλλιάζω) to ruffle sb's hair

ξεμέθυστ|ος επίθ sober

ξεμεθ|ώ ρ αμ to sober up

ξεμέν|ω ρ αμ (= απομένω: για πράσ.) to stay behind · (στην ερημιά) to be stranded · (ποτό, φαγητό) to be left over · (= μένω πίσω) to be left behind · **από κτ** to run out of sth

ξεμοναχιάζ|ω ρ μ ~ **κπν** to get sb on their own

ξεμουδιάζ|ω ρ αμ (άνθρωπος) to get the circulation going · (μυαλό) to clear · (αθλητής) to warm up

ξεμπέρδε|μα ουδ (κλωστής, κουβαριού) untangling · (κατάστασης, προβλήματος) sorting

ξεμπερδεύ|ω ρ μ (κουβάρι, κλωστή) to untangle · (πρόβλημα, κατάσταση) to sort out · (θέμα) to resolve ♦ ρ αμ **ας ή να ~ουμε** let's get it over with

ξεμπλέκ|ω ρ μ (μαλλιά, λάστιχο) to untangle · (δάχτυλα) to disentangle · (πρόβλημα, κατάσταση) to sort out · (θέμα) to resolve · (φίλο) to help out · (επιχείρηση) to get out of difficulties ♦ ρ αμ ~ **από κπν** to finish with sb

ξεμυαλίζ|ω ρ μ ~ **κπν** to turn sb's head
▸ **ξεμυαλίζομαι** μεσ to lose one's head

ξεμυτίζω, ξεμυτώ ρ αμ (άνθρωπος) to venture out · (λουλούδι) to come up · (πλοίο) to come into view

ξενάγηση η guided tour

ξεναγ|ός ο/η guide

ξεναγ|ώ ρ μ ~ **κπν** to show sb around

ξενικ|ός επίθ foreign

ξενιτειά η = **ξενιτιά**

ξενιτιά η (= ξένα) foreign parts πληθ. · (= αποδημία) living abroad ή in a foreign country

ξενοδοχειακ|ός επίθ hotel

ξενοδοχεί|ο ουδ hotel

ξενοδόχ|ος ο/η hotelier

ξενοιάζ|ω ρ αμ (= δεν έχω έννοιες) to be free from care · (= δεν ανησυχώ) not to worry

ξενοιαστ|ος επίθ carefree

ξενοίκιαστ|ος επίθ (ανεπ.) empty

ξενομανί|α η (αρν.) love of everything foreign

ξέν|ος επίθ (ρούχο, σπίτι) strange · (περιουσία) somebody else's · (χώρα, έθιμο) foreign · (= άσχετος) unfamiliar (προς with) · (= άγνωστος) like a stranger
▸ **ξένος** ο, ξένη η (= αλλοδαπός) foreigner · (= φιλοξενούμενος)

visitor · (= άγνωστος) stranger · (= μετανάστης) immigrant

ξεντύν|ω ρ μ to undress
▸ **ξεντύνομαι** ρ αμ to undress

ξενυχτάδικο το all-night bar

ξενύχτ|ι το late night

ξενυχτ|ώ ρ μ (= ξαγρυπνώ) to stay up late · (= διασκεδάζω μέχρι πρωίας) to stay up all night ◆ ρ μ to keep awake all night

ξενών|ας ◆ ο (δωμάτιο) guest room · (χτήριο) guest house
▷ **νεότητας** youth hostel

ξεπαγιάζ|ω ρ αμ to be frozen stiff ◆ ρ μ to freeze

ξεπαγών|ω ρ μ/αμ to defrost

ξεπακετάρ|ω ρ μ to unpack

ξεπερασμέν|ος επίθ old-fashioned

ξεπερν|ώ ρ μ (αντιπάλους, δρομείς) to get ahead of · (όριο, προσδοκία) to go beyond · (εμπόδιο, κρίση) to overcome · (σοκ) to get over
▸ **ξεπερνιέμαι** μεσ to become obsolete

ξεπέφτ|ω ρ αμ (αξίες, ήθη) to decline · (θέατρο) to be in decline · (= ταπεινώνομαι) to demean oneself · (ευγενής, αριστοκρατία) to become impoverished

ξεπλέν|ω ρ μ (ρούχα, μαλλιά) to rinse · (πρόσωπο, φρούτο) to wash · (χρήμα) to launder
▸ **ξεπλένομαι** μεσ to wash oneself down

ξεπληρών|ω ρ μ (φόρο, χρέος) to pay off · (= ανταποδίδω) to repay · (= εκδικούμαι) to pay back

ξεποδαριάζ|ω ρ μ (ανεπ.) ~ **κπν** to walk sb's legs off
▸ **ξεποδαριάζομαι** μεσ to walk one's legs off

ξεπούλη|μα το (προϊόντων, εμπορευμάτων) clearance sale · (κληρονομιάς, κειμηλίων) selling out ▷ **γενικό** ~ sales πληθ.

ξεπουλ|ώ ρ μ (εμπορεύματα, αγαθά) to sell off · (πατρίδα, ιδανικά) to betray

ξεπρήζ|ομαι ρ αμ to be less swollen

ξεπροβάλλ|ω ρ αμ (άνθρωπος, ζώο) to appear · (ήλιος, φεγγάρι) to peep out · (= εμφανίζομαι ξαφνικά) to pop up

ξέρ|α η (= ύφαλος ή σκόπελος) reef · (= ξηρασία) drought · (= ξεροτόπος) arid land χωρίς πληθ.

ξεραίν|ω ρ μ (επίσης **ξηραίνω**: γη) to dry out ή up · (σύκα, λουλούδια) to dry · (= προκαλώ πόνο) to hurt
▸ **ξεραίνομαι** μεσ (στόμα, λαιμός) to be dry · (= κοιμάμαι βαθιά) to be fast asleep · (= εκπλήσσομαι) to be stunned

ξεριζών|ω ρ μ (χορτάρια, φυτά) to pull up · (δόντια, μαλλιά) to pull out · (προκατάληψη, φόβο) to eradicate · (λαό) to uproot

ξερν|ώ ρ αμ (ανεπ.) to throw up (ανεπ.) ◆ ρ μ (αίμα, φάρμακο) to bring up · (πτώμα, ναυάγιο) to wash up · (λάβα, φωτιά) to spew · (μυστικό) to spit out

ξερόβηχ|ας ο (βήχας) hacking cough · (ως ένδειξη αμηχανίας) hemming and hawing · (ως προειδοποίηση) clearing one's throat

ξεροβήχ|ω ρ αμ (= έχω ξερόβηχα) to have a hacking cough · (για να προκαλέσω την προσοχή) to clear one's throat · (από αμηχανία) to hem and haw · (από ντροπή) to cough in embarrassment

ξερόβορ|ι το icy north wind

ξερονήσ|ι το desert island

ξερ|ός επίθ (κλίμα, καιρός) dry · (ποτάμι, πηγάδι) dry · (φύλλα, ξύλα) dry · (γήπεδο) hard · (σύκα, λουλούδια) dried · (τόπος) arid ·

(βουνό) bare · (νησί) desert · (κρότος, ήχος) hollow · (κουβέντα, απάντηση) terse · (άρνηση) blunt · (μισθός) basic · (γνώσεις) rudimentary
▸ **ξερό** το (χορ.: = κεφάλι) head · (υβρ.: = χέρι) paw (ανεπ.) · (= πόδι) foot
ξεροσφύρ|ι επίρρ **πίνω** κτ ~ to drink sth on an empty stomach
ξεροψήν|ω ρ μ (κρέας, μπιφτέκια) to roast slowly · (ψωμί) to bake slowly
ξέρω ρ μ (= γνωρίζω, κατέχω) to know · (για γλώσσα) to speak · ~ **κολύμπι** ή **να κολυμπώ** to know how to swim
ξεσηκών|ω ρ μ (διαμαρτυρίες, θύελλα αντιδράσεων) to raise · (θύελλα ενθουσιασμού) to whip up · (γειτονιά) to rouse · (λαό, μάζες) to rouse · (σχέδιο, ζωγραφιά) to copy · (= ημιδιαφανές χαρτί) to trace · (τρόπους, ύφος) to pick up · (συμπεριφορά) to copy
▸ **ξεσηκώνομαι** μεσ to rise up
ξεσκεπάζ|ω ρ μ (σκεύος) to take the lid off · (άνθρωπο) to uncover · (συνωμοσία, σκάνδαλο) to uncover · (ύποπτο, παρανομία) to expose
ξεσκέπαστ|ος επίθ uncovered
ξεσκίζ|ω ρ μ (ρούχα) to tear · (αφίσα, πορτραίτο) to tear up · (χαρτιά) to break · (για ζώα) to tear apart · (πρόσωπο, μάγουλα) to scratch
▸ **ξεσκίζομαι** μεσ ~**ομαι στη δουλειά/στο χορό** to work/dance till one drops (ανεπ.)
ξεσκονίζ|ω ρ μ (έπιπλα, σπίτι) to dust · (υπόθεση, βιβλίο) to study in detail · (για γλώσσα, γνώσεις) to brush up
ξεσκόνισ|μα το (επίπλου, δωματίου) dusting · (υπόθεσης, βιβλίου) close study · (μτφ.: για

γλώσσα, γνώσεις) brushing up
ξέσπα|σμα το (οργής, χαράς) outburst · (επανάστασης, πολέμου) outbreak
ξεσπ|ώ ρ αμ (επιδημία, πυρκαγιά) to break out · (σκάνδαλο) to break · (καταιγίδα, κακοκαιρία) to blow up · ~ **σε γέλια** to burst into laughter · ~ **σε κλάματα** to burst into tears
ξεστρών|ω ρ μ (κρεβάτι) to strip · (καναπέ) to take the cover off · (τραπέζι) to take the cloth off · (= μαζεύω το τραπέζι) to clear away
ξεσυνηθίζ|ω ρ μ to become unaccustomed to
ξεσφίγγ|ω ρ μ to loosen
ξεσχίζ|ω ρ μ = **ξεσκίζω**
ξετρελαίν|ω ρ μ ~ **κπν** (= ενθουσιάζω) to be a hit with sb · (= ξεμυαλίζω) to drive sb to distraction
▸ **ξετρελαίνομαι** μεσ to be infatuated
ξετρυπών|ω ρ μ (λαγό, αλεπού) to flush out · (φωτογραφίες, χειρόγραφα) to dig out · (τυχαία) to come across ◆ ρ αμ (ποντίκι, φίδι) to come out of its hole · (= εμφανίζομαι ξαφνικά) to pop up · **από πού ξετρύπωσες εσύ;** where did you spring from?
ξετσίπωτ|ος επίθ brazen
ξετυλίγ|ω ρ μ (καλώδιο) to unwind · (κουβάρι) to unravel · (δώρο, πακέτο) to unwrap
▸ **ξετυλίγομαι** μεσ to unfold
ξεφεύγ|ω ρ μ (= γλιτώνω) to get away (από from) · (από ενέδρα, παγίδα) to get out (από of) · (= ξεγλιστρώ) to be evasive · (ομιλητής, μαθητής) to digress · (ηθικά) to stray · (συζήτηση) to drift · (λάθος, λεπτομέρεια) to slip through · **μου** ~ **ένα μυστικό** to let a secret slip · ~ **από τον**

έλεγχο κποιου to be out of control

ξεφλουδίζω ρ μ/αμ to peel

ξεφλούδισ|μα το peeling

ξεφορτών|ω ρ μ to unload ◆ ρ αμ to be unloaded

▸ **ξεφορτώνομαι** μεσ (βαλίτσες, ψώνια) to put down · (άνθρωπο, άχρηστα αντικείμενα) to get rid of · (κατάσταση) to get out of

ξεφουσκών|ω ρ μ to deflate · ρ αμ (λάστιχο, μπάλα) to go down · (στομάχι) to settle

ξεφούσκωτος επίθ flat

ξέφρεν|ος επίθ (γλέντι, ενθουσιασμός) wild · (ρυθμός) frenzied · (κούρσα, αγώνας) frantic

ξεφτέρι το to whizz (ανεπ.)

ξεφτίζω ρ μ to fray the edges of ◆ ρ αμ (χαλί, παντελόνι) to be frayed · (τοίχος, πόρτα) to be the worse for wear

ξεφτίλα η humiliation

ξεφτισμέν|ος επίθ (ύφασμα, ρούχο) threadbare · (τοίχος, παράθυρο) dilapidated

ξεφτώ ρ μ = **ξεφτίζω**

ξεφυλλίζ|ω ρ μ (φυτό, άνθος) to pull the petals off · (περιοδικό, βιβλίο) to flick through

ξεφωνητ|ό το scream

ξεφωνίζω ρ μ to scream ◆ ρ αμ (ανεπ.) to jeer at · **~ από πόνο/ φόβο** to scream in pain/fear

ξέφωτ|ο το clearing

ξεχασμένος, -η, -ο forgotten

ξεχειλίζ|ω ρ μ (δοχείο, νερό) to overflow · (σχολεία, φυλακές) to be overflowing · (χαρά) to bubble over · (θυμός) to erupt ◆ ρ μ to fill to the brim

ξεχειλών|ω ρ μ to pull out of shape ◆ ρ αμ to lose its shape

ξεχν|ώ ρ μ to forget · **~ να κάνω κτ** to forget to do sth

▸ **ξεχνιέμαι** μεσ (= αφαιρούμαι) to

forget oneself · (= ξεχνώ ό, τι με απασχολεί) to forget about everything

ξεχρεών|ω ρ μ (τράπεζα, σπίτι) to pay off · (δανειστή) to settle up with ◆ ρ αμ to be out of debt

ξεχωρίζ|ω ρ μ (= διαχωρίζω) τό separate (από from) · (= διαλέγω) to pick out · (= διαφοροποιώ) to set apart · (= διακρίνω) to tell · (= κάνω διακρίσεις) to differentiate · (= αντιλαμβάνομαι) to make out ◆ ρ αμ (= φαίνομαι) to be visible · (= διακρίνομαι) to stand out

ξεχωριστά επίρρ separately

ξεχωριστ|ός επίθ (κρεβάτια, δωμάτια) separate · (ομορφιά, ικανότητα) exceptional · (επιστήμονας) distinguished · (προσωπικότητα) unique · (γεύση, άρωμα) unique

ξεψυχ|ώ ρ αμ to die ◆ ρ μ to torment

ξηλών|ω ρ μ (ρούχο) to unstitch · (ραφές) to unpick · (ξύλα) to rip out · (πάτωμα) to pull up · (πλάκες) to take down · (αέρας: στέγες) to tear off · (ανεπ.: υπάλληλο, εργαζόμενο) to sack

▸ **ξηλώνομαι** μεσ (φούστα, παντελόνι) to come apart at the seams · (= πληρώνω) to spend a lot

ξημεροβραδιάζ|ομαι ρ αμ απ to spend all day and night

ξημέρωμα το daybreak

ξημερών|ω ρ αμ to stay up till dawn

▸ **ξημερώνει** απρόσ it's dawn · **ξημέρωσε** it's dawn

▸ **ξημερώνομαι** μεσ (ειρ.) to be late · (= μένω άγρυπνος ως την αυγή) to stay up all night

ξηρ|ά η land · **από ή δια ή μέσω ~ς** by land · **βγαίνω στην ~ το** land

ξηραίν|ω ρ μ to dry (out)

ξηρασί|α η drought

ξηρ|ός, -ή ή -ά, -ό (δέρμα, κλαδί) dry · (σύκο, δαμάσκηνο) dried · (σύκο, δαμάσκηνο) arid · (σύκο, δαμάσκηνο) dried ▷ **-ά τροφή** dried foods ▷ **-οί καρποί** (= σύκα) dried fruits · (= φιστίκια) nuts ▷ **-ό κλίμα** dry climate ▷ **-ο οίνος** dry wine ▷ **-ές σταφίδες** currants

ξι το xi, 14th letter of the Greek alphabet

ξιδάτ|ος επίθ pickled (in vinegar)

ξίδι| το vinegar

▶ **Ξίδια** πλ (αργκ.) rotgut εν. (χυδ.)

ξινίζ|ω ρ μ (κρασί) to turn sour · (γάλα) to go η turn sour · (φαγητό) to go off ◆ ρ μ to sour

ξινό το citric acid

▶ **ξινά** πλ citrus fruits

ξινόγαλα, ξινόγαλο το sour ή curdled milk

ξινόμηλ|ο το crab apple

ξιν|ός επίθ sour

ξιφασκί|α η fencing

ξιφί|ας ο swordfish

ξίφ|ος το (γενικότ.) sword · (ξιφασκίας) foil

ξοδεύ|ω ρ μ (χρήματα) to spend · (καύσιμα, υλικά) to use · (χρόνο, ζωή) to spend · (δυνάμεις, ενέργεια) to use · (προσπάθειες, κόπο) to put in

▶ **ξοδεύομαι** μεσ to spend money

ξύδι το = ξίδι

ξυλεί|α η timber, lumber (Αμερ.)

ξύλιν|ος επίθ wooden

ξύλ|ο το (γενικότ.) wood · (= χτυπήματα) beating · **χτύπα ~!** touch wood! (Βρετ.), knock on wood! (Αμερ.)

▶ **ξύλα** πλ (fire)wood εν.

ξυλοκόπ|ος ο woodcutter (Βρετ.), lumberjack (κυρ. Αμερ.)

ξυλουργ|ός ο carpenter

ξύν|ω ρ μ (μύτη, πλάτη) to scratch · (σκουριά, μπογιά) to scrape off ·

(ξύλο, έπιπλο) to sand (down) · (καρότα, κολοκύθια) to scrape · (τυρί) to grate · (ψάρια) to scale · (μολύβι) to sharpen · (για σφαίρα) to graze · (για όχημα, κλαδί) to scrape

▶ **ξύνομαι** μεσ (κυριολ.) to scratch (oneself) · (ανεπ.: = τεμπελιάζω) to loaf around (ανεπ.)

ξύπνη|μα το awakening · **πρωινό ~** getting up early

ξυπνητήρι το alarm clock

ξύπνι|ος, -α, -ο (= ξυπνητός) awake · (= έξυπνος) smart · (ειρ.) clever

ξυπν|ώ ρ μ (αφυπνίζω) to wake up · (ενδιαφέρον) to arouse · (επιθυμία, αναμνήσεις) to stir · (παρελθόν) to bring back ◆ ρ αμ (αφυπνίζομαι) to wake up · (= βλέπω την πραγματικότητα) to open one's eyes · (πόλη, φύση) to come alive · (νεύρα, κορμί) to wake up · (αισθήσεις) to be awakened · **~ κπν από τον ύπνο** to wake sb up

ξυπόλυτ|ος επίθ = ξυπόλυτος

ξυπόλυτ|ος επίθ (παιδί, ψαράς) barefoot · (= πάμφτωχος) destitute · **περπατάω/γυρίζω ~** to walk/to walk around barefoot

ξυραφάκι το (κατ.: = μηχανικό ξυρίσματος) razor · (υποκ.: = λεπίδα) razor blade

ξυράφ|ι το (= ξυριστική μηχανή) razor · (= λεπίδα) razor blade

ξυρίζ|ω ρ αμ to shave ◆ ρ αμ to be bitter

▶ **ξυρίζομαι** μεσ to shave

ξύρισ|μα το (= πράξη) shaving · (= αποτέλεσμα) shave

ξυριστικ|ός επίθ **-ή λεπίδα** razor blade ▷ **-ή μηχανή** (= ξυραφάκι) razor · (ηλεκτρική) shaver

▶ **ξυριστικά** τα shaving kit εν.

ξύσι|μο το (πλάτης, μύτης) scratching · (σκουριάς, μπογιάς)

scraping off · (ξύλου, επίπλου)
sanding down · (ψαμιού) scaling ·
(τυριού) grating · (καρότου)
scraping · (μολυβιού) sharpening ·
(σε όχημα) scrape · (σε πλοίο)
scrape · (από σφαίρα) graze · (από
κλαδί) scratch
ξυστό το scratch card
ξύστρα η (μολυβιού) pencil
sharpener · (εργαλείο) rasp

O o

O, o omicron, *15th letter of the
Greek alphabet*

o, η, το άρθρ οριστ (α) (ορίζει
ουσιαστικά) the
(β) (οικ.: για έμφαση) the
(γ) (ορίζει ομοειδή) the
(δ) (με κύρια ονόματα) the
(ε) (για ιδιότητα) the
(στ) (για επιμερισμό) a
(ζ) (για χρόνο) on
(η) +αριθ. the
(θ) (με επίθετα, αντωνυμίες) the
(ι) (με συγκριτικό βαθμό,
επιρρήματα) the
(ια) (πριν από προτάσεις)
(ιβ) (σε περιγραφές)

ό, τι αντων (α) (= αυτό που)
whatever
(β) (για σύγκριση) than
(γ) **ό, τι κι αν ή και να** whatever ·
**ό, τι καλύτερο/ομορφότερο/
εξυπνότερο** the best/the most
beautiful/the cleverest · **ό, τι
(που)** just about to
◆ (= όποιος: ανοησία, αδιαθεσία)
whatever · (απορία) any

όασ|η η oasis

ογδοηκοστ|ός αριθ τακτ
eightieth
ογδόντα αριθ απόλ eighty
όγδο|ος αριθ τακτ eighth
▸ **όγδοο** η (= ημέρα μήνα) eighth ·
(ΜΟΥΣ) octave
▸ **όγδοος** ο (= όροφος) eighth
floor · (= Αύγουστος) August
όγκ|ος ο (σώματος) volume ·
(= μέγεθος) size · (κάστρου,
εργασίας) bulk · (συναλλαγών,
αιτήσεων) volume · (επιστολών)
pile · (σπουδαστών, διαδήλωσης)
mass · (ΙΑΤΡ) tumour (Βρετ.),
tumor (Αμερ.) ▷ **κακοήθης/
καλοήθης** ~ malignant/benign
tumour (Βρετ.) ή tumor (Αμερ.)
ογκώδ|ης επίθ (έπιπλο, βιβλίο)
bulky · (τοίχο) massive ·
(συγκέντρωση) mass · (μάζα) vast ·
(μτφ.: άντρας) heavy
οδήγηση η (διευθύνσεως)
driving ▷ **άδεια ~ς**
driving licence (Βρετ.), driver's
license (Αμερ.)
οδηγί|α η (διευθυντή,
προϊσταμένου) instructions πληθ. ·
(γονέων) advice χωρίς πληθ. ·
(ιατρού) order · (δικηγόρου) brief
▷ **~ες χρήσης** ή **χρήσεως**
(φαρμάκου, προϊόντος) directions
for use · (μηχανήματος)
instructions · (ρούχου) washing
instructions
οδηγ|ός ο (φορτηγού, λεωφορείου)
driver · (= ξεναγός) guide · (βιβλίο)
guide · (τουριστικός) guide(book) ·
(ΠΛΗΡΟΦ) drive · (= μέλος
οργάνωσης) Guide (Βρετ.), Girl
Scout (Αμερ.) ▷ **χρυσός** ~ Yellow
Pages ®
οδηγ|ώ ρ μ (αυτοκίνητο, φορτηγό)
to drive · (τουρίστες, παιδί) to
guide · (= κατευθύνω) to lead ·
(= καταλήγω) to lead (σε το)
~ **μεθυσμένος** to drink and drive
οδικ|ός επίθ (κυκλοφορία,
ατύχημα) road · (συμπεριφορά) on
the road ▷ **~ό δίκτυο** road

network ▷ **~ χάρτης** (χώρας, περιοχής) road map · (πόλης) street map

οδοιπορί|α η trek

οδοντιατρεί|ο το dentist's surgery

οδοντιατρικ|ή η dentistry

οδοντίατρ|ος ο dentist

οδοντόβουρτσ|α η toothbrush

οδοντογιατρ|ός ο **οδοντίατρος**

οδοντογλυφίδ|α η toothpick

οδοντόκρεμα, οδοντόπαστα η toothpaste

οδοντοστοιχί|α η (set of) teeth
▷**τεχνητή ~ dentures** πληθ.

οδ|ός η (επίσ.) road · (σε πόλη) street · (= τρόπος επικοινωνίας) route · (μτφ.: = μέσο) way ▷**εθνική ~** major road

οδυνηρ|ός επίθ (εγχείρηση, μνήμες) painful · (μτφ.: συνέπειες) devastating · (έκπληξη) unpleasant · (ήττα) crushing

Οδύσσει|α η (= ομηρικό έπος) Odyssey · (μτφ.) odyssey

όζ|ον το ozone ▷**τρύπα του ~τος** hole in the ozone layer

οθόν|η η screen

οίδη|μα το swelling ▷**πνευμονικό ~ pneumonia**

οικειοθελώς επίρρ voluntarily

οικεί|ος, -α, -ο (περιβάλλον, φωνή) familiar · (κακά, συμφορές) personal · (ανθάδεια, αναίδεια) brazen · (οργανισμός, αρχή) appropriate

▶ **οικείοι** οι (= συγγενείς) family εν. · (= άτομα στενού περιβάλλοντος) close friends

οικειότητ|α η intimacy · **έχω ~ με κπν** to be on intimate terms with sb

▶ **οικειότητες** πλ liberties

οίκημα το house

οικί|α η (επίσ.) home

οικιακ|ός επίθ (σκεύος, συσκευές) domestic · (είδη, σκουπίδια)

household ▷**~/~ή βοηθός** domestic help

▶ **οικιακά** τα (επίσ.) housework εν.

οικογένει|α η (γενικότ.: ΒΙΟΛ) family · (= τζάκι) good family

οικογενειακ|ός επίθ family

▶ **οικογενειακά** τα family business εν. ή matters

οικογενειακώς, οικογενειακά επίρρ as a family

οικογενειάρχ|ης ο (= αρχηγός οικογένειας) head of the family · (= που έχει οικογένεια) family man

οικοδέσποιν|α η hostess

οικοδεσπότ|ης ο host

οικοδομ|ή η building · (= κτήριο ,που κτίζεται) building η construction site

οικοδόμη|μα το (= κτίσμα) building · (μτφ.) structure

οικοδόμ|ος ο builder

οικολογικ|ός επίθ ecological · (σπουδές) ecology · (προϊόν, συσκευασία) environment–friendly

οικονομί|α η economy · (= επιστήμη) economics εν. ή πληθ. · (δυνάμεων, χρημάτων) saving · **κάνω ~** to save money

▶ **οικονομίες** πλ savings

οικονομικ|ά¹ τα (κράτους, χώρας) finances · (επιστήμη) economics εν.

οικονομικά² επίρρ cheaply

οικονομικ|ός επίθ (θεωρία, πολιτική) economic · (διευθυντής, οργανισμός) financial · (εταιρεία ,σπουδές) in economics · (έλεγχος, κατάσταση) financial · (για πρόσ.) economical · (αυτοκίνητο) economical · (ζωή, φαγητό) frugal · (διασκέδαση) cheap · (εστιατόριο, διαμέρισμα) inexpensive ▷**~ή συσκευασία** economy pack

▶ **οικονομικό** το (= κόστος) cost ·

οικονόμος (= αμοιβή) wages πληθ.

οικονόμ|ος ο/η (= φειδωλός) thrifty person · (σπιτιού) housekeeper · (ιδρύματος) bursar

οικονομ|ώ ρ μ (= αποταμιεύω) to save · (= προμηθεύομαι) to get

οικόπεδο το (building) plot

οίκ|ος ο (επία.: = σπίτι) house · (για βασιλικές δυναστείες) house
▷~ **μόδας** fashion house
▷**εκδοτικός** ~ publishing house

οικοτροφεί|ο το (= ίδρυμα για διαμονή) boarding house · (= σχολείο) boarding school

οικουμέν|η η world

οικουμενικ|ός επίθ (προβλήματα) worldwide · (αρμονία) world · (αξία, συνείδηση) universal

οίκτ|ος ο (= συμπόνια) pity · (= περιφρόνηση) scorn

οινόπνευ|μα το (ΧΗΜ) alcohol · (για απολύμανση) surgical spirit (Βρετ.), rubbing alcohol (Αμερ.) · (= αλκοόλ) alcohol

οινοπνευματώδης επίθ alcoholic
▶ **οινοπνευματώδες** το alcoholic drink

οίν|ος ο (επία.) ▷**μηλίτης** ~ cider

οιοσδήποτε, οιαδήποτε, οιοδήποτε (επία.) αντων = **οποιοσδήποτε**

οισοφάγ|ος ο oesophagus (Βρετ.), esophagus (Αμερ.)

οιων|ός ο omen

οκτάμερ|ος επίθ eight-day
▶ **οκτάμερο** το eight-day period

οκτακόσια αριθ απόλ eight hundred

οκτακόσιοι, -ες, -α αριθ απόλ πλ eight hundred

οκτάωρ|ο το eight-hour day

οκτάωρ|ος επίθ eight-hour

οκτώ αριθ απόλ eight · **στις** ~ at eight (o'clock)

Οκτώβρ|ης ο = **Οκτώβριος**

Οκτώβρι|ος ο October

ολέθρι|ος, -α, -ο (αποτελέσματα, συνέπειες) devastating · (τακτική, σφάλμα) disastrous · (νοοτροπία, επιρροή) pernicious · (τύψεις) bitter

όλεθρ|ος ο devastation

ολημερίς ολημέρα επίρρ (= κατά τη διάρκεια της ημέρας) all day long · (= κάθε μέρα) every day

ολιγάριθμ|ος επίθ small

ολιγόλεπτ|ος επίθ brief

ολιγόλογ|ος επίθ (= σύντομος) reticent · (απάντηση, ανακοίνωση) brief

ολικ|ός επίθ (αμνησία, δαπάνη) total · (καταστροφή) complete · (ύψος, βάρος) full · (ανακαίνιση) complete

ολισθαίν|ω ρ αμ (επία.: όχημα) to skid · (άσφαλτος, δρόμος) to be slippery · (= κυλώ) to slide · (μτφ.) to lapse

ολισθηρ|ός επίθ (δρόμος, δάπεδο) slippery · (= επικίνδυνος) dangerous

Ολλανδέζ|α η = **Ολλανδή**

ολλανδέζικ|ος επίθ = **ολλανδικός**

Ολλανδέζ|ος ο = **Ολλανδός**

Ολλανδ|ή η Dutch woman

Ολλανδί|α η Holland

ολλανδικ|ός επίθ Dutch
▶ **Ολλανδικά, Ολλανδέζικα** τα Dutch

Ολλανδ|ός ο Dutchman · **οι ~οί** the Dutch

όλο επίρρ always · ~ **και καλύτερα** better and better · ~ **και πιο συχνά** increasingly · **τα πόδια του ήταν ~ γρατζουνιές** his feet were covered in scratches

ολόγυμν|ος επίθ (κοπέλα, παιδί) stark naked · (σώμα) completely naked · (χέρι, πόδι) bare

ολοήμερ|ος επίθ day

ολοίδι|ος, -α, -ο identical (με το)

ολόισια επίρρ straight

ολοκαίνουργι|ος, -ια, -ιο

brand–new

ολοκαίνουρyι|ος _επίθ_ =
ολοκαίνουργος

ολοκαύτω|μα _το_ (= αυτός που
καίγεται τελείως) burnt ashes
πληθ. · (= απόλυτη θυσία)
sacrifice (Καλαβρύτων, Εβραίων)
holocaust

ολόκληρ|ος _επίθ_ whole · **~ο το
βιβλίο** the whole book ▷ **~ο
εισιτήριο** full–price ticket
▸ **ολόκληρο** _το_ (ΜΟΥΣ) semibreve
(Βρετ.), whole note (Αμερ.)

ολοκληρωμέν|ος, -η, -ο completion
formed · (απόψη) fully
σχέδιο) finished · (έργο,
formed · (εικόνα) complete · (μτφ.:
προσωπικότητα, άτομο) rounded ·
(επιστήμονας) fully fledged

ολοκληρών|ω _ρ μ_ (έργο,
διαδικασία) to complete · (κατ.:=
τελειώνω: φράση) to finish ·
(ομιλία) to wind up · (πίνακα) to
put the finishing touches to ♦ _ρ
αμ_ to wind up

ολοκλήρωσ|η _η_ completion

ολόλευκ|ος _επίθ_ (δέρμα, σεντόνι)
snow white · (ρούχο) all white

ολομόναχ|ος _επίθ_ (άτομο) all
alone · (δέντρο, ζώο) all by itself

ολονύχτι|ος _επίθ_ all night long

όλ|ος _επίθ_ (α) (= ολόκληρος) all · **ο
όλος** +ουσ. the whole · **όλοι μαζί**
all together · **όλος–όλος, όλος κι
όλος** in all
(β) (= γεμάτος) **ήταν όλος χαρά**
he was full of joy · **ήταν όλη
λάσπες** she was covered in mud ·
είμαι όλος αφτιά/χαμόγελα to be
all ears/all smiles
▸ **όλα** _τα_ everything · **καλά όλα
αυτά, αλλά ...** that's all fine and
dandy, but ... · **με τα όλα μου**
100% · **όλα κι όλα!** that's the
limit!

ολοστρόγγυλ|ος _επίθ_ (πρόσωπο,
κύκλος) perfectly round ·
(φεγγάρι) full · (μτφ.:= παχουλός)
rotund

ολόσωμ|ος _επίθ_ full–length

ολότελα _επίρρ_ completely

ολόχρυσ|ος _επίθ_ solid gold ·
(φόρεμα) gold · (μτφ.: μαλλιά)
golden

Ολυμπία _η_ Olympia

Ολυμπιάδα _η_ Olympiad

ολυμπιακ|ός _επίθ_ (= σχετικός με
την Ολυμπία) of ή from Olympia ·
(στάδιο, αγώνας) Olympic · **~ή ιδέα**
Olympic idea ▷ **~ή φλόγα**
Olympic flame · **Ολυμπιακοί
Αγώνες** Olympic games
▸ **Ολυμπιακή** _η_ Olympic Airways

ολυμπιονίκ|ης _ο/η_ Olympic
medallist (Βρετ.) ή medalist
(Αμερ.)

Όλυμπ|ος _ο_ Mount Olympus

ομάδα _η_ (ατόμων, μαθητών)
group · (προσκόπων) troop ·
(ασκήσεων, προβλημάτων) set ·
(έρευνας, επιστημόνων) team ·
(δράσης) group · (ΑΘΛ) team
▷ **~ αίματος** blood group
▷ **~ διάσωσης** rescue party

ομαδικ|ός _επίθ_ (πνεύμα) team ·
(προσπάθεια) joint · (εργασία,
άθλημα) team · (έξοδος,
αυτοκτονία) mass · (έκθεση)
collective · (πυρά) grouped ·
(επίθεση) concerted · (αντίδραση)
common

ομαλ|ός _επίθ_ (δρόμος) smooth ·
(επιφάνεια) even · (μτφ.: ρυθμός,
αναπνοή) regular · (λειτουργία,
πορεία) normal · (σχέση) steady ·
(περίοδος) routine

ομελέτα _η_ omelette (Βρετ.),
omelet (Αμερ.)

Όμηρ|ος _ο_ Homer

όμηρ|ος _ο/η_ hostage

όμικρον _το_ omicron, _fifteenth
letter of the Greek alphabet_

ομιλητ|ής *ο* (= αυτός που μιλά)
speaker · (διάλεξης) lecturer

ομιλητικός *επίθ* talkative

ομιλήτρια *η* βλ. **ομιλητής**

ομιλί|α *η* (συγγραφέα) talk ·
(πρωθυπουργού, προέδρου)
speech · (καθηγητή) lecture ·
(= συνομιλία) conversation

ομίλ|ος *ο* = παρέα) group ·
(= σύλλογος) club · (μουσικός,
θεατρικός) society ▷**αθλητικός**
~ sports club ▷**θεατρικός**
~ dramatic society

ομιλ|ώ *ρ αμ* (επίσ.) to speak ◆ *ρ μ*
to speak · βλ. κ. **μιλώ**

ομίχλη *η* (καταχνιά) mist · (πυκνή)
fog · (μτφ.: = ασαφής κατάσταση)
obscurity ▷**σήμα ~ς** foghorn
▷**φώτα ~ς** fog lights

ομογένει|α *η* = ομοεθνία)
common ancestry · (Αμερικής,
Αυστραλίας) expatriate
community

ομογενής *επίθ* = ομοεθνής) of
the same nationality · (μείγμα,
κοινωνία) homogenous
▶ **ομογενής** *ο/η* expatriate Greek

ομοιάζω *ρ αμ* = **μοιάζω**

ομοιογένει|α *η* homogeneity

ομοιοκαταληξί|α *η* rhyme

ομοιόμορφ|ος *επίθ* (στολές,
κτήρια) identical · (σύνολο)
uniform · (κατανομή) equal ·
(κίνηση) smooth

όμοι|ος, -α, -ο *=* (ίδιος) similar ·
(δίδυμοι) identical · (= ισάξιος)
equal · **είναι ~οι μεταξύ τους**
they're identical

ομοίως *επίρρ* (= με όμοιο ή
ανάλογο τρόπο) similarly ·
(= παρομοίως) too

ομολογί|α *η* = προφορική
παραδοχή) admission · (= γραπτή
παραδοχή) confession · (οικ)
bond

ομολογ|ώ *ρ μ* (πράξη) to admit
to · (αλήθεια, ενοχή) to admit ·
(έγκλημα) to confess (to)

(= παραδέχομαι) to admit ◆ *ρ αμ*
to own up

ομόνοι|α *η* harmony

όμορφα *επίρρ* (= ωραία: μιλώ,
γράφω) nicely · (κινώ) well ·
(επιπλώμένο) nicely · (= φρόνιμα:
κάθομαι) quietly ·
(συμπεριφέρομαι) well

ομορφαίν|ω *ρ μ* to make more
beautiful ◆ *ρ αμ* (άντρας) to
become ή grow more handsome ·
(γυναίκα) to become ή grow more
beautiful

ομορφι|ά *η* beauty

όμορφ|ος *επίθ* beautiful · (κορίτσι)
pretty · (νέος) handsome · (εποχή,
χρόνια) wonderful

ομοσπονδιακός *επίθ* (κυβέρνηση,
στρατός) federal · (προπονητής,
τεχνικός) national

ομοφυλοφιλί|α *η* homosexuality

ομοφυλόφιλ|ος *επίθ* homosexual

ομόφυλ|ος *επίθ* of the same sex

ομόφωνα *επίρρ* unanimously

ομόφων|ος *επίθ* unanimous

ομοφώνως *επίρρ* = **ομόφωνα**

ομπρέλ|α *η* (= αλεξιβρόχιο)
umbrella · (= αλεξήλιο) parasol

ομφαλ|ός *ο* navel

όμως *σύνδ* but

ον *το* being ▷**ανθρώπινο**
~ human being

ονειρεμέν|ος *επίθ* (ζωή, τοπίο)
fairy-tale · (πλούτη)
undreamed-of · (διακοπές, μέρες)
fantastic

ονειρεύ|ομαι *ρ μ απ* (= βλέπω σε
όνειρο) to dream of ή about ·
(= δημιουργώ με τη φαντασία) to
dream up ◆ *ρ αμ απ* (= βλέπω
όνειρο) to dream · (μτφ.) to
daydream · **~ να κάνω κτ** to
dream of doing sth

όνειρ|ο *το* dream · **βλέπω ~** to
have a dream · **~ο γλυκά!** sweet
dreams!

ονειροπόλ|ος, -α ή -ος, -ο (ύφος,
έκφραση) dreamy · (άνθρωπος)

κοίτσι) in a world of one's own
- **ονειροπόλος** ο, **ονειροπόλα** η dreamer

ον-λάιν online · **είμαι** ~ to be online

όνο|**μα** το name ▷**μεγάλο** ~ surname ▷**μικρό** ~ first name ▷**πατρικό** ~ maiden name

ονομάζω ρ μ (= δίνω όνομα) to call · (= κατονομάζω) to mention by name · (συνενέχονος) to name · (διάδοχο) to name
- **ονομάζομαι** μεσ to be called · **πως** ~ **εστε**; what is your name?

ονομασία η (= όνομα) name · (= απόδοση ονόματος) naming · (= απόδοση τίτλου ή διωισμός σε αξίωμα) nomination

ονομαστικ|**ός** επίθ (επιτόκια) nominal · (κατάλογος) of names ▷~**ή αξία** face value ▷~**ή εορτή** name day

ονομαστ|**ός** επίθ (γενικότ.) famous · (γιατρός, επιστήμονας) reputable

ονοματεπώνυ|**μο** το full name

οξεί|**α** η acute accent

οξι|**ά** η beech (tree)

οξύ το acid

οξυγόνο το (ΧΗΜ) oxygen · (= καθαρός αέρας) fresh air ▷**μάσκα** ~ oxygen mask

οξυζενέ το hydrogen peroxide

οξύς, -εία, -ύ (= μυτερός) pointed · (ΓΕΩΜ: γωνία) acute · (μτφ.: διένεξη, λογομαχία) heated · (ανταγωνισμός, συναγωνισμός) keen · (κριτική, απάντηση) sharp · (πρόβλημα, πόνος) acute · (πυρετός) high · (αντίληψη) keen · (βλέμμα, όραση) keen · (ήχος, φωνή) strident

οπαδός ο/η (κόμματος) follower · (ιδέας) adherent · (ομάδας) supporter · (αρν.) fanatic · **φανατικός** ~ fan

όπερ|**α** η (= μελόδραμα) opera ·

(θέατρο) opera (house)

οπή η (επία.) aperture

όπισθεν επίρρ (επία.) behind
- **όπισθεν** η reverse · **βάζω (την)** ~ to go into reverse · **κάνω** ~ to reverse

οπίσθι|**ος, -α, -ο** (επία.: = πισινός) rear
- **οπίσθια** τα (= νότια) back εν. · (= πισινά) behind εν.

οπισθοχώρη|**ση** η (ΣΤΡ) retreat · (μτφ.) step backwards

οπισθοχωρ|**ώ** ρ αμ (= βαδίζω προς τα πίσω) to move back · (με φρίκη) to recoil · (ΣΤΡ) to retreat · (μτφ.) to back down

οπλή η hoof

όπλο το (γενικότ.) weapon · (πυροβόλο) gun · (κυνηγετικό) rifle · (μτφ.) weapon

οπλοφορ|**ία** η possession of a firearm

οποί|**ος, -α, -ο** αντων (με άρθρο: για πρόσ.) who · (για ζώο, πράγμα) which · (χωρίς άρθρο) what a

όποι|**ος, -α, -ο** αντων (για πρόσ.: = αυτός που) whoever · (με άρθρο: για πράγματα) whatever · **~ κι αν** (για πρόσ.) whoever · (για πράγματα) whichever · **πάρε ~ο θες!** take whichever one you want!

οποιοσδήποτε, οποιαδήποτε, οποιοδήποτε αντων (για πρόσ.) whoever · (για ζώα, πράγματα) whichever · (με άρθρο: για πρόσ.) anyone · (για ζώα, πράγματα) any

οπότε σύνδ when

όποτε σύνδ (= όταν) when · (= κάθε φορά που) whenever

όπου επίρρ (για τόπο) where · (για χρόνο) when · (κατάσταση ή περίπτωση) that · **~ κι αν** wherever · **~ να 'ναι** any time now

οπουδήποτε επίρρ anywhere · **~ κι αν** wherever

οπτασία η apparition

οπτικ|ός επίθ (νεύρο) optic · (σήμα, έλεγχος) visual · **κατάστημα ~ών** optician's ▷ **~ή απάτη** optical illusion ▷ **~ή γωνία** (μτφ.) point of view ▷ **~ό πεδίο** field of vision
► **οπτικά** τα optician's εν.
► **οπτικός** ο/η optician

οπωρικ|ά τα fruit

οπωροπωλείο το greengrocer's

όπως¹ επίρρ as · (με ουσιαστικό, αντωνυμία) like · **η τουαλέτα είναι ~ μπαίνεις δεξιά** the toilets are on your right as you go in · **~ θες** as you want

όπως² σύνδ ο (= ενώ) as · (επίσ.: = να) to

οπωσδήποτε επίρρ ο (= με κάθε μέσο) come what may · (= ούτως ή άλλως) in any event ή case · (= βέβαια) certainly

όρα|μα η vision

όραση η (eye)sight

ορατός, -ή, -ό (αντικείμενο) visible · (μτφ.: κίνδυνος, απειλή) obvious

ορατότητα η visibility

οργανισμός ο (ΒΙΟΛ) organism · (= κράση) constitution · (υπηρεσία) organization ▷ **διεθνής ~** international organization
▷ **Ελληνικός Οργανισμός Τουρισμού** Greek tourist board
▷ **κρατικός ~** government body
▷ **Οργανισμός Ηνωμένων Εθνών** United Nations Organization
▷ **Οργανισμός Σιδηροδρόμων Ελλάδος** Greek national railway company ▷ **Οργανισμός Τηλεπικοινωνιών Ελλάδος** Greek national phone company

όργανο το (ΑΝΑΤ) organ · (= εργαλείο) instrument · (ΓΥΜ) equipment χωρίς πληθ. · (μτφ.: = μέσο) instrument · (αργκ.) tool · (ενφημ.) (male) organ · (ΜΟΥΣ) instrument · (εκκλησιαστικό) organ

οργανωμέν|ος επίθ (γενικότ.) organized · (σε οργάνωση) signed–up

οργανώνω ρ μ (γενικότ.) to organize · (επιχείρηση, κράτος) to set up · (επανάσταση) to stage · (συνωμοσία) to hatch
► **οργανώνομαι** μεσο (= εντάσσομαι σε οργάνωση) to become a signed–up member (σε σθλ) · (= βάζω πρόγραμμα) to get organized

οργάνωση η (γενικότ.) organization · (έκθεσης, λόγου) structure ▷ **συνδικαλιστική ~ trade union ▷ φιλανθρωπική ~** charity

οργασμός ο (ΙΑΤΡ) orgasm · (μτφ.) climax

οργή η rage · **να πάρει η ~!** blast it! (ανεπ.)

όργιο το (= ακολασία) orgy · (μτφ.: = νοθείας) spate · (συναλλαγών, φημών) flurry
► **όργια** πλ orgies

οργισμέν|ος επίθ irate

ορειβασία η mountaineering · **κάνω ~** to go mountaineering ή climbing

ορειβάτης ο mountaineer

ορειβάτισσα η = **ορειβάτης**

ορειν|ός επίθ (περιοχή, χώρα) mountainous · (χωριό, κλίμα) mountain
► **ορεινά** τα highlands

ορείχαλκος ο bronze

ορεκτικ|ός επίθ appetizing ▷ **~ό ποτό** aperitif
► **ορεκτικό** το hors d'oeuvre, starter (Βρετ.), appetizer (Αμερ.)

όρεξη η (= επιθυμία για φαγητό) appetite · (= διάθεση) mood · **καλή ~!** enjoy your meal! · **ανοίγω την ~ κποιου** (για φαγητό) to give sb an appetite · **μου κόπηκε η ~, χάλασε η ~ μου** I've lost my appetite

ορθάνοιχτ|ος επίθ wide open

όρθι|ος, -α, -ο (χλάτη) straight · (κορμί) erect · (στάση) upright · (άνθρωπος, ζώο) standing (up) · (στήλη, κολόνα) upright ▸ **κοιμάμαι ~** (= νυστάζω πολύ) to be asleep on one's feet · (μτφ.) to be not all there · **στέκομαι ~** to stand (up)

ορθογραφί|α η (λέξης) correct spelling · (μάθημα) spelling lesson · (σύστημα) spelling

ορθογώνι|ος, -α, -ο rectangular ▸ **~ο παραλληλόγραμμο** rectangle ▸ **~ο τρίγωνο** right-angled triangle

ορθόδοξ|ος επίθ (ΘΡΗΣΚ) Orthodox · (πρακτική, μέθοδος) orthodox ▸ **Ορθόδοξη Εκκλησία** Orthodox Church
▸ **ορθόδοξος** ο, **ορθόδοξη** ο person of the Orthodox faith

ορθολογικ|ός επίθ rational

ορθοπεδικός, ορθοπαιδικός επίθ orthopaedic (Βρετ.), orthopedic (Αμερ.)
▸ **ορθοπεδικός, ορθοπαιδικός** ο/η orthopaedist (Βρετ.), orthopedist (Αμερ.)

ορθ|ός επίθ (άνθρωπος) standing (up) · (λόγος, απόφαση) right · (κρίση, γνώμη) sound ▸ **~ή γωνία** right angle

ορθοστασί|α η standing

ορθών|ω ρ μ (τείχη, μνημείο) to put up · (κορμί, πλάτη) to hold straight
▸ **ορθώνομαι** μεσ to rise

οριακ|ός επίθ (αύξηση, σημείο) marginal · (πλειοψηφία) narrow · (μτφ.: κατάσταση) critical

ορίζοντ|ας ο horizon ▸ **σημεία του ~** points of the compass

οριζόντι|ος, -α, -ο horizontal

ορίζ|ω ρ μ (ημερομηνία γάμου) to set · (τόπο συνάντησης) to decide on · (σύνορα) to define · (κτήμα) to border · (εκπρόσωπο, μέλη) to

appoint · (τιμές, δουλειά) to set · (= επιλέγω) to select · (ποινή) to stipulate · **καλώς ορίσες/ορίσατε!** welcome!

ορίστε επιφών **~!** (όταν δίνουμε κάτι) here you are! · (απάντηση σε κάλεσμα) yes (please)! · **~;** (για απορία, έκπληξη) (I beg your) pardon? · **~, (παρακαλώ)** (σε τηλεφωνική συνδιάλεξη) hello

όρι|ο το (αγρού, ιδιοκτησίας) boundary · (δήμου) edge · (χώρας) border · (εξουσίας, υπομονής) limit ▸ **~ αντοχής** breaking point ▸ **~ ταχύτητας** speed limit

ορισμέν|ος επίθ (= καθορισμένος: τιμή, ώρα) set · (συγκεκριμένος) certain
▸ **ορισμένοι, -ες, -α** πλ some

ορισμ|ός ο (λέξης) definition · (σε σταυρόλεξο) clue · (τιμής, χρονολογίας) setting

οριστική η indicative

οριστικ|ός επίθ (απόφαση, λύση) final · (διακοπή) definitive · (απάντηση) definite · (αντωνυμία, άρθρο) definite

όρκ|ος ο vow

ορμ|ή η (ανέμου, κυμάτων) force · (ΦΥΣ) momentum · (ΨΥΧΟΛ) urge
▸ **ορμές** πλ sexual desire εν.

ορμητικ|ός επίθ (άνεμος) violent · (νερά) surging · (επίθεση) all-out · (χαρακτήρας) impetuous

ορμόνη η hormone

όρμ|ος ο bay

ορμ|ώ ρ αμ (= κινούμαι προς τα εμπρός) to rush forward · (πλήθος) to surge forward · (= επιτίθεμαι) to rush (πάνω σε)
▸ **ορμώμαι** μεσ to be driven (από by)

όρνι|ο το (= γύπας) vulture · (υβρ.) dolt

ορολογί|α η terminology

οροπέδι|ο το plateau

ορ|ός ο (ΒΙΟΛ) pus · (ΙΑΤΡ) serum

▷ ~ **της αλήθειας** lie detector

όρ|ος¹ *o* (= προϋπόθεση)
condition · **·** (= επιστημονική λέξη)
term · **εφ' ~ου ζωής** for life ·
μέσος ~ average
▸**όροι** *πλ* (δανείου, συνθήκης)
terms · (διαβήσεως, εργασίας)
conditions · **άνευ ~ων**
(παραδίδομαι) unconditionally ·
(παράδοση) unconditional
όρ|ος² *το* (επίσ.) mountain · (σε
ονομασία) ▷ **Άγιον Όρος**
Mount Athos
οροφή *η* (δωματίου) ceiling ·
(σπιτιού, σχήματος) roof
όροφος *o* (σπιτιού, πολυκατοικίας)
floor · (τούρτας) tier
ορτύκι *το* quail
ορυκτ|ό *το* mineral
ορυκτ|ός *επίθ* mineral ▷ **~ó
καύσιμο** fossil fuel ▷ **~ πλούτος**
mineral wealth
ορυχείο *το* mine
ορφανός *επίθ* orphaned
▸**ορφανό** *το* orphan
ορφανοτροφείο *το* orphanage
ορχήστρα *η* orchestra ▷ **~ τζαζ**
jazz band
όρχις *o* testicle
Ο.Σ.Ε. *συντομ* = **Οργανισμός
Σιδηροδρόμων Ελλάδος**
Όσλο *το* Oslo
οσμή *η* smell
οσμίζομαι *ρ μ απ* (κυριολ.) to
smell · (ναρκωτικές ουσίες) to sniff
out · (μτφ.: κακοτοπιές) to sniff
out
όσο *επίρρ* (= στον βαθμό που: πίνω,
τρώω) as much as · (μένω) as long
as · (προσπαθώ) as hard as ·
(= μέχρι) until · (για προθεσμία) by
the time · (για τον χρόνο που)
during · **~ για** as for · **~ κι αν ή
και να** no matter how much ·
~ να 'ναι (καταφατική απάντηση)
in any case · **~ αφορά σε** as far
as... is concerned · **πουλώ κτ**

~ ~ to sell sth for next to
nothing
όσ|ος *αντων* (με μη αριθμητό
ουσιαστικό) as much as · (με
αριθμητό ουσιαστικό) as many as ·
(= κάθενας) anybody · **~ και να
κι η** (με μη αριθμητό ουσιαστικό)
however much · (με αριθμητό
ουσιαστικό) however many
▸**όσα** *τα* all

**οσοσδήποτε, οσηδήποτε,
οσοδήποτε** *αντων* (με μη
αριθμητά ουσιαστικά) as much ·
(με ουσιαστικά στον πληθυντικό) as
many · **~ κι αν** (με μη αριθμητά
ουσιαστικά) no matter how
much · (με ουσιαστικά στον
πληθυντικό) no matter how
many · **μένω οσοσδήποτε θέλω** to
stay as long as one wants ·
παίρνω οσοσδήποτε θέλω to take
as many as one wants · **τρώω
οσοσδήποτε θέλω** to eat as much
as one wants
όσπρια *τα* pulses
οστό, οστούν *το* (επίσ.) bone
όστρακο *το* (χελώνας, κάβουρα)
shell · (ΑΡΧ) potsherd
όσφρηση *η* sense of smell
Οτάβα *η* = **Οττάβα**
όταν *σύνδ* (γενικότ.) when · (= ενώ)
while
Ο.Τ.Ε. *συντομ* = **Οργανισμός
Τηλεπικοινωνιών Ελλάδος**
ότι *σύνδ* that
οτιδήποτε *αντων* anything · **~ κι
αν** whatever
οτοστόπ *το* hitchhiking · **κάνω
~** to hitchhike
Οττάβα *η* Ottawa
Ουαλή *η* Welsh woman
Ουαλία *η* Wales *εν.*
ουαλικός *επίθ* Welsh
▸**Ουαλικά** *τα* Welsh
Ουαλός *o* Welshman · **οι ~οί** the
Welsh
Ουάσιγκτον *η* Washington

Ουγγαρέζα η βλ. **Ούγγρος**
ουγγαρέζικ|ος επίθ = **ουγγρικός**
Ουγγαρέζικα ο = **ο έδαφος**
Ουγγαρία η Hungary
ουγγρικ|ός επίθ Hungarian
▸ **Ουγγρικά, Ουγγαρέζικα** τα
Hungarian
Ούγγρ|ος ο Hungarian
ουγκιά η ounce
ουδέποτε επίρρ (επίσ.) never
ουδέτερ|ος επίθ neutral ▷ **~ο**
γένος neuter ▷ **~ο έδαφος**
neutral territory ▷ **~η ζώνη**
no-man's-land
▸ **ουδέτερο** το neuter noun
ουδετερότητα η neutrality
ουζάδικο το bar that serves ouzo
and appetizers
ουζερί το βλ. **ουζάδικο**
ούζο το ouzo
ουζομεζές ο appetizer served with
ouzo
ουίσκι το whisky (Βρετ.), whiskey
(Αμερ.)
ουλή η scar
ούλο το gum
ουρ|ά η (ζώου) tail · (= κόκκυγας)
coccyx · (ανθρώπων) queue
(Βρετ.), line (Αμερ.) ·
(αυτοκινήτων) line, tailback
(Βρετ.) · (αεροπλάνου, χαρταετού)
tail · (πορείας, διαδήλωσης) tail
end · (φορέματος) train · (μαλλιών)
ponytail · (γράμματος) tail ·
μπαίνω στην ~ to get in the
queue (Βρετ.) · ή in line (Αμερ.) ·
στέκομαι στην ~ to stand in the
queue (Βρετ.) · in line (Αμερ.)
ούρα τα urine εν.
ουράνιο το uranium
ουρανίσκ|ος ο palate
ουρανοξύστης ο skyscraper
ουρανός ο (= ουράνιος θόλος)
sky · (αυτοκινήτου) roof ·
(κρεβατιού, θρόνου) canopy
▸ **Ουρανός** ο Uranus
ουρητήρι|ο το urinal · **δημόσια**

~a public urinal
ουρλιάζ|ω ρ αμ to howl · (από
φρίκη) to scream
ουρλιαχτ|ό το (ζώου) howl ·
(ανθρώπου) scream
ουρ|ώ ρ αμ to urinate
ουσί|α η (= υλικό σώμα) substance ·
(= πραγματική υπόσταση)
essence · (θέματος, ζητήματος)
heart · (προβλήματος) heart ·
(= σπουδαιότητα λόγου, κειμένου)
gist · (πράγματος, ζωής) meaning
▷ **τοξική** ~ toxic substance
ουσιαστικ|ός επίθ (ανάγκες,
διαφορά) essential · (σκοπός)
main · (λόγος) significant ·
(διάλογος) meaningful
▸ **ουσιαστικό** το noun
ουσιώδης επίθ essential
ούτε σύνδ νσ· ~ **εγώ** nor do I ·
~ (**καν**) not even · ~... ~...
neither... nor...
ουτοπία η utopia
οφειλή η (= χρέος) debt ·
(αποζημίωσης, τόκων) sum due ·
(= υποχρέωση) obligation
οφείλω ρ μ to owe
▸ **οφείλομαι** to be due to
όφελος το (γενικότ.) gain ·
(κέρδος) profit
οφθαλμίατρ|ος ο/η eye specialist
οφθαλμ|ός ο (επίσ.) eye
οφσάιντ το offside
οχ επιφών (για πόνο) ow! · (για
έκπληξη, στενοχώρια) oh!
όχη|μα το vehicle ▷ **δίκυκλο**
~ motorbike ▷ **πυροσβεστικό**
~ fire engine ▷ **ρυμουλκό** ~ tow
truck ▷ **φορτηγό** ~ lorry (Βρετ.),
truck (Αμερ.) ▷ ~ **δημόσιας**
χρήσεως public transport χωρίς
πληθ. ▷ ~ **ιδιωτικής χρήσεως**
private vehicle
όχθη η (ποταμού) bank · (λίμνης)
shore · **περνώ στην απέναντι** ~ to
go over to the other side
όχι επίρρ no · **και** ~ **μόνο** and not

only · **~ μόνο..., αλλά...** not only..., but... · **~ ότι** ή **πως** not that

▶**όχι** *το* no

οχιά η adder

όχλος *ο* (*αρν*.: = ανεξέλεγκτος πλήθος) mob · (πολ: = μάζα) populace · (= συρφετός) rabble

οχταήμερος, -ες, -α = **οκταήμερος**

οχτακόσιος *αριθ απόλ* = **οκτακόσια**

οχτακόσιοι, -ες, -α *αριθ απόλ πλ* = **οκτακόσιοι**

οχτάωρος *επίθ* = **οκτάωρος**

οχτώ *αριθ απόλ* = **οκτώ**

οχυρό *το* fortress

όψη η (ανθρώπου, σπιτιού) appearance · (*μτφ*.: ζωής) aspect · (υφάσματος) top side · (= έκφραση) look · (*μτφ*.: = άποψη: πράγματος) aspect · **είχε σοβαρή ~** she looked serious · **εκ πρώτης ~εως** at first sight

Π π

Π, π pi, *16th letter of the Greek alphabet*

παγάκι *το* ice cube

παγίδα η trap · **πέφτω** ή **πιάνομαι στην ~** to walk ή fall into a trap · **στήνω ~ σε** κπν to set sb up

παγιδεύω ρ μ (ζώο, άνθρωπο) to trap · (τηλέφωνο) to tap · (αυτοκίνητο) to booby-trap ▶**παγιδεύομαι** *μεσ* to be trapped

παγκάκι *το* bench

πάγκος *ο* (για εμπορεύματα) bookstall · (για εργαλεία) tool bench · (κουζίνας) bench · (καταστήματος) counter · (= εργαστηρίου κάθισμα) bench · (αθλ) bench

παγκοσμιοποίηση η globalization

παγκόσμιος, -α, -ο (πόλεμος, ρεκόρ) world · (αναγνώριση, ακτινοβολία) universal ▷**Παγκόσμιος Ιστός** (πληροφ) World Wide Web

παγόβουνο *το* iceberg · **η κορυφή του ~υ** the tip of the iceberg

παγοδρομία η ice-skating

παγοδρόμιο *το* skating rink

παγόνι *το* = **παγώνι**

παγοπέδιλο *το* to skate

πάγος *ο* (= παγωμένο νερό) ice · (*μτφ*.: για θάλασσα, χέρια) ice-cold · (= παγωνιά) frost · **(ένα ποτό) με ~ο** (a drink) with ice · **σπάω τον ~ο** (*μτφ*.) to break the ice

παγούρι *το* flask

παγωμένος *επίθ* (αέρας, λίμνη) frozen · (φωνή, βλέμμα) cold · (χέρια, πόδια) freezing

παγώνι *το* peacock

παγωνιά η frost · **κάνει ~** it's freezing

παγώνω ρ μ to freeze ◆ ρ *αμ* to freeze · **πάγωσα από τον φόβο μου** I froze with fear

παγωτό *το* ice cream ▷**~ ξυλάκι** ice lolly (Βρετ.), popsicle ® (Αμερ.) ▷**~ χωνάκι** ice cream cone

παζαρεύω ρ μ to bargain ◆ ρ *αμ* to bargain

παζάρι *το* bazaar · (= παζάρεμα) bargaining

παθαίνω ρ μ to suffer · **είδα κι έπαθα να...** I had a struggle to... · **την έπαθα!** I am in a fix!

πάθημα *το* suffering

πάθηση η disease

παθιάζομαι ρ *αμ* to become passionate · **~ με κτ** to be passionate about sth

παθιασμένος *επίθ* passionate · **είμαι ~ με κτ** to be passionately fond of sth

πάθος *το* (έρωτα) passion ·

(χαρτοπαιξίας) obsession · **έχω ~ με ή για κτ** to be hooked on sth

▶ **πάθη** *πλ* hardships

παθούσα *η βλ* **παθών**

παθών *ο* victim

παιγνίδ|ι *το* = **παιχνίδι**

παιγνιόχαρτο *το* playing card

παιδάκ|ι *το* little child

παίδαρ|ος *ο* (ανεπ.) hunk

παιδεί|α *η* (= εκπαίδευση) education · (= μόρφωση) culture

παιδεραστής *ο* paedophile (Βρετ.), pedophile (Αμερ.)

παιδεραστί|α *η* paedophilia (Βρετ.), pedophilia (Αμερ.)

παιδεράστρι|α *η βλ* **παιδεραστής**

παιδεύ|ω *ρ μ* to give a hard time

▶ **παιδεύομαι** *μεσ* **~ομαι να κάνω κτ** to have a hard time doing sth

παιδί *το* (γενικότ) child · (= τέκνο) child · (= νεαρότ) lad · (= νεαρή) young girl · (= νεαρός σερβιτόρος ή υπάλληλος) lad · **από ~** since childhood · **κάνω ~** to bear a child · **μου/-άκι μου** (οικ.) oh, my child · **~ιά!** (οικ.) guys!

παιδιάστικος *επίθ* childish

παιδικ|ός *επίθ* (αρρώστια) child · (βιβλίο) children's · (αναμνήσεις, φίλος) childhood ▷ **~ά είδη** children's items ▷ **~ή χαρά** playground

παίζ|ω *ρ αμ* to play ◆ *ρ μ* (παιχνίδι, όργανο) to play · (χρήματα) to gamble · (εκπομπή, έργο) to show · **δεν είναι παίξε-γέλασε** (= είναι σοβαρό) it's no laughing matter · (= είναι δύσκολο) it's no picnic · **εγώ δεν ~!** I am not kidding! · **~ ρόλο σε κτ** to play a part in sth · **~ το κεφάλι μου/τη ζωή μου** to risk my neck/life · **τα ~ όλα για όλα** to risk everything

παίκτ|ης *ο* player

παίκτρι|α *η βλ* **παίκτης**

παινεύ|ω *ρ μ* to praise

παίρν|ω *ρ μ* (α) (= πιάνω) to take · (β) (= μετακινώ: έπιπλο) to move · (μαλλιά, φούστα) to rustle · (γ) (= παρασύρω) to carry off · (δ) (= παραλαμβάνω: γράμμα, δέμα) to get · (ε) (= μεταφέρω από κάπου) to pick up · (στ) (= δέχομαι: δώρο, μισθό) to get · (ζ) (= αμείβομαι) to get · (η) (= αγοράζω: σπίτι, αυτοκίνητο) to buy · (= νοικιάζω) to get · (θ) (= χρησιμοποιώ: λεωφορείο, τρένο) to take · (ι) (= τηλεφωνώ) to call · (ια) (= κλέβω) to take · (ιβ) (= χωρώ: αίθουσα, χώρος) to hold · (αντικείμενο) to seat · (ιγ) (= προσλαμβάνω: υπάλληλο, γραμματέα) to hire · (ιδ) (= κάνω λήψη) to capture · (ιε) (= αποκτώ: χρώμα) to get · (ιστ) (= παντρεύομαι) to marry · (ιζ) (= κληρονομώ: μάτια, μαλλιά) to inherit · (ιη) (= λαμβάνω: φαγητό, φάρμακο) to take · (ιθ) (= πετυχαίνω) to hit · (κ) (= κυριεύω: πόλη, κάστρο) to capture

παιχνίδ|ι *το* (= διασκεδαστική δραστηριότητα) playing · (= αντικείμενο για διασκέδαση) toy · (= αγώνας) game

παίχτ|ης *ο* = **παίκτης**

παίχτρι|α *η βλ* **παίχτης**

πακετάρισ|μα *το* packing

πακετάρ|ω *ρ μ* to wrap up

πακέτ|ο *το* packet

Πακιστάν *το* Pakistan

Πακισταν|ή *η βλ* **Πακιστανός**

πακιστανικ|ός *επίθ* Pakistani

Πακισταν|ός *ο* Pakistani

πάκ|ο *το* (= δέμα) packet ·

(= στοίβα) bundle

παλαβ|ός (ανεπ.) επίθ crazy · **είμαι ~ για ή με κπν** to be nuts about sb (ανεπ.)

παλαβών|ω (ανεπ.) ρ μ to drive mad ♦ ρ αμ to go mad

παλαιοπωλεί|ο ο antique shop

παλαιοπώλης ο secondhand dealer

παλαιός, -ή ή -ά, -ό old ▷ **η Παλαιά Διαθήκη** the Old Testament
▸ **παλαιοί** οι ancestors · βλ. κ. **παλιός**

παλαιστής ο wrestler

παλαίστρ|α η wrestling ring ή arena

παλαιστρι|α η βλ. **παλαιστής**

παλαιώνω ρ αμ to age ♦ ρ μ to age

παλαμάκι|α τα clapping · **χτυπώ ~** to clap one's hands

παλαμάρ|ι το mooring line

παλάμ|η η (χεριού) palm · (= μονάδα μέτρησης) hand

παλάτ|ι το palace

παλεύ|ω ρ αμ (ΑΘΛ) to wrestle · (= αγωνίζομαι) to battle

πάλ|η η (ΑΘΛ) wrestling · (= συμπλοκή) struggle

πάλι επίρρ (= ξανά) again · (= πίσω) back · (= από την άλλοιενφά) on the other hand

παλιά επίρρ in the old days · **από ~** from the past

παλιάτσ|ος ο clown

παλικάρ|ι το young man · (= γενναίος) brave man

παλιόπαιδ|ο το (υβρ.) brat · (χαϊδ.) naughty boy

παλιοπράγματα τα junk

παλι|ός, -ιά, -ιό (έθιμο, κρασί) old · (ήθη, ιδέες) old-fashioned · (έπιπλο, ρούχα) worn out · (τεχνίτης, μάστορας) experienced

παλιόσιδερα τα scraps

παλιόφιλ|ος ο old friend

παλίρροι|α η tide

παλιών|ω ρ αμ (ρούχα, παπούτσια) to become old · (κρασί) to age ♦ ρ μ to age

παλμ|ός ο (καρδιάς) pulse · (εποχής, κοινωνίας) mood

παλούκ|ι το (= πάσσαλος) pole · (οικ.) stinker

παλτ|ό το topcoat

παμπ η pub (Βρετ.), bar (Αμερ.)

παμπάλαι|ος, -η ή -ά, -ο old-fashioned

πάμπλουτ|ος επίθ fabulously ή immensely rich

παμπόνηρ|ος επίθ cunning

παν το everything · βλ. κ. **πας** · **κάνω το ~ ή τα πάντα** to do all ή everything possible · **το ~ είναι ...** the main thing ...

πάν|α η nappy (Βρετ.), diaper (Αμερ.)

Παναγί|α, Παναγιά η – ή **Παναγιά μου!** oh dear!

πανάκριβ|ος επίθ very expensive

πανάρχαι|ος, -α ή -η, -ο ancient

πανδαιμόνι|ο το pandemonium

πανδοχεί|ο το inn

πανέμορφ|ος επίθ exquisite

πανέξυπν|ος επίθ ingenious

πανεπιστημιακ|ός επίθ university
▸ **πανεπιστημιακός** ο/η academic

πανεπιστήμι|ο το (= ανώτατο εκπαιδευτικό ίδρυμα) university · (= εγκαταστάσεις του ιδρύματος) campus

πανεύκολ|ος επίθ very easy

πανευρωπαϊκ|ός επίθ pan-European

πανηγύρ|ι το feast
▸ **πανηγύρια** πλ celebrations

πανηγυρίζ|ω ρ αμ to celebrate ♦ ρ μ to celebrate

πανηγυρισμ|ός ο celebration

πάνθε|ο(ν) το pantheon

πάνθηρ|ας ο panther

πανί| το (= κομμάτι υφάσματος)
cloth · (= ιστιοπλόου) sail
πανικοβάλλ|ω ρ μ to panic ·
~ομαι με κτ to be panic–stricken
about sth
πανικ|ός ο panic · **με πιάνει ή
κυριεύει ~** to be ή get into a
panic
πάνιν|ος επίθ fabric
πανίσχυρ|ος επίθ mighty
πανοπλί|α η a suit of armour (Βρετ.)
ή armor (Αμερ.)
πανόραμ|α το panorama
πανοραμικ|ός επίθ panoramic
πανούργ|ος, -α, -ο crafty
πανσέλην|η η full moon
πάντα επίρρ always · **για
~** forever · **μια για ~** once and for
all
πανταλόν|ι το = **παντελόνι**
παντελόν|ι το trousers πληθ.,
(a pair of) trousers ή pants (Αμερ.)
παντζάρ|ι το to flush (of anger)
παντζούρ|ι το folding shutters
πληθ.
παντοπωλεί|ο το grocery
παντοπώλης ο grocer
πάντοτε επίρρ always
παντού επίρρ everywhere
παντόφλα|α, παντούφλα|α η slipper
παντρεμέν|ος επίθ married
▸ **παντρεμένος** ο married man
▸ **παντρεμένη** η married woman
παντρεύ|ω ρ μ (για, κόρη) to
marry · (μτφ.: = ταιριάζω) to
match
▸ **παντρεύομαι** μεσοπαθ to marry
πάντως επίρρ (= σε κάθε
περίπτωση) anyway · (= όμως) but
πανύψηλ|ος επίθ very tall ή high
πάνω επίρρ (πετάγομαι, σηκώνομαι)
up · (στο δωμάτιο) upstairs · (στο
τραπέζι, στο χορτάρι) on · (από το
τζάκι, τα βιβλία) over ·
(= περισσότερο) · **από ~ σε**
(για χρόνο) while · (λεωφορείο,
τρένο) on · (για αύξηση τιμών) on ·

από ~ (= επιπλέον) as well · **από
~ ως κάτω** from head to toe · **από
τη μέση και ~** from the waist up ·
ο ~ όροφος the upper floor ·
~ απ' όλα above all · **~-κάτω** (για
κίνηση) up and down · (περίπου)
more or less · **~ που…** just as… ·
~ στην ώρα! just in time! · **πίνω
λίγο παρά ~** to have one too
many · **πιο ~** (= παραπάνω)
above · **προς τα ~** upwards ·
σήκω ~! get up! · (= ξύπνα) wake
up!
πανωλεθρί|α η debacle
πανωφόρ|ι το overcoat
παξιμάδ|ι το (ΜΑΓΕΙΡ) biscuit
(Βρετ.), cookie (Αμερ.) · (ΜΗΧ) nut
παπαγάλ|ος ο parrot
παπάκ|ι το (= μικρή πάπια)
duckling · (= παπί) motorbike
παπαρούν|α η poppy
πάπ|ας ο Pope
παπ|άς ο (= ιερέας) priest · (στην
τράπουλα) king
παπί| το duck · **γίνομαι ~** to get
soaking wet
πάπι|α η (ΖΩΟΛ) duck · (= δοχείο
νυκτός για ασθενείς) bedpan ·
κάνω την ~ to keep mum
πάπλωμ|α το quilt
παπούτσ|ι το shoe
παππ|ούς ο (= παππούλης)
grandfather · (= ηλικιωμένος) old
man

ΛΕΞΗ-ΚΛΕΙΔΙ

παρά, παρ' πρόθ (α) (για αντίθεση)
despite
(β) (για αφαίρεση) but for
(γ) (για εξαίρεση) except
(δ) (επίρ.) ·+γεν. (για προέλευση) by
♦ **παρά** επίρ (α) (σαν δεύτερος όρος
σύγκρισης) rather than
(β) (μετά από άρνηση: = μόνο) only

πάρα επίρρ · **πολύς/πολύ** (far)
too much

παραβαίν|ω ϱ μ to break

παραβάν το (= προπέτασμα) screen · (για εκλογές) voting booth

παράβαση η offence (Βρετ.), offense (Αμερ.)

παραβάτ|ης ο offender

παραβατίδα η βλ. **παραβάτης**

παραβγαίν|ω ϱ αμ to compete

παραβιάζ|ω ϱ μ (έδαφος, εναέριο χώρο) to violate · (απόφαση, νόμους) to break · (πόρτα) to force · (προσωπική ζωή) to invade

παραβίαση η (συνθήκης, δικαιωμάτων) violation · (διατάξεως) breaking · (πόρτας) forcing open · (προσωπικής ζωής) invasion

παραβλέπ|ω ϱ μ (ακουσίως) to overlook · (εκουσίως) to ignore

παράβλεψη η omission

παραγγελία η (= μήνυμα) message · (στο εμπόριο) order · **παίρνω ~** to take an order

παραγγέλλ|ω ϱ μ to order

παραγγέλν|ω ϱ μ = **παραγγέλλω**

παραγίν|ομαι ϱ αμ απ to be over-ripe · **παράγινε το κακό!** things have gone too far this time!

παράγκ|α η shack

παράγοντ|ας ο factor

Παραγουά|η η Paraguay

παράγραφ|ος η paragraph

παράγ|ω ϱ μ to produce

παραγωγή η (προϊόντων, ταινίας) production · (ηλεκτρικής ενέργειας) generation

παραγωγικός επίθ productive

παραγωγικότητ|α η productivity

παραγωγ|ός ο/η producer

παράδειγμα το example · **για ~, παραδείγματος χάριν** for example

παράδεισ|ος ο heaven

παραδέχ|ομαι ϱ μ απ to

acknowledge · **το ~** I admit it

παραδίδ|ω ϱ μ (δέμα) to deliver · (υπόπτους) to hand over · (μαθήματα) to give

▸ **παραδίδομαι, παραδίνομαι** μεσ to surrender · **~ομαι σε** to indulge in

παραδίν|ω ϱ μ to spoil · βλ. κ. **παραδίδω**

παράδοξ|ο το paradox

παράδοξ|ος επίθ (ισχυρισμός, άποψη) queer · (σχήμα, κατασκευή) strange

παράδοσ|η η (δέματος) delivery · (κακοποιού, στρατιωτών) surrender · (μαθημάτων) teaching · (= στοιχείο πολιτισμού) tradition ▸ **λαϊκή ~** folklore

▸ **παραδόσεις** πλ traditions

παραδοσιακός επίθ traditional

παραθαλάσσι|ος, -α, -ο coastal

παραθερίζ|ω ϱ αμ to spend ή pass the summer

παραθεριστ|ής ο holidaymaker (Βρετ.), vacationer (Αμερ.)

παράθυρ|ο το window

παραθυρόφυλλ|ο το shutter

παραίσθηση η hallucination

παραίτηση η (υπαλλήλου) resignation · (= έγγραφο) notice of resignation

παραιτ|ούμαι ϱ αμ απ (εργαζόμενος) to resign · (= εγκαταλείπω) to give up

παρακαλ|ώ ϱ μ (= ζητώ) to request · **~!** (απάντηση σε ευχαριστία) you're welcome! · (= ναι) please (do)! · (στο τηλέφωνο) yes (please)! · **σε/σας ~, ...** (ευγενική παράκληση) please, ...

παρακάν|ω ϱ μ to overdo · **το ~** to go too far

παρακάτω επίρρ (για χώρο) further down · (για χρόνο) later on · (= περισσότερο) further ♦ ο **~** the following · **(ας) πάμε ~** let's move on

παρακιν|ώ ρ μ to urge

παράκλ|ηση η entreaty

παρακμάζ|ω ρ αμ to decline

παρακμ|ή η decline

παρακολούθ|ηση η (προγράμματος, ταινίας) watching · (εργαστηρίου, μαθημάτων) attendance · (ασθενούς) observation · (αστυνομίας) surveillance

παρακολουθ|ώ ρ μ (εκπομπή, τηλεόραση) to watch · (μαθήματα, διαλέξεις) to attend · (γεγονότα) to keep up with · (χακοποιό, ύποπτους) to have under surveillance · (ομιλητή, υπόπτους) to follow · (ασθενή) to have sb under observation ◆ ρ αμ to follow

παρακού|ω ρ μ to disobey ◆ ρ μ to hear wrong

παραλαβ|ή η consignment

παραλαμβάν|ω ρ μ (δέματα, πρόσφυγα) to receive · (από αεροδρόμιο, λιμάνι: προσκεκλημένο) to collect

παραλείπ|ω ρ μ (= αποκρύπτω σκοπίμως) to leave out · (= ξεχνώ) to neglect

παράλειψ|η η omission

παραλήπτ|ης ο recipient

παραλήπτ|ρια η βλ. **παραλήπτης**

παραλί|α η beach

παράλι|α τα coastline

παραλιακ|ός επίθ coastal

παραλίγο επίρρ nearly

παραλλαγ|ή η (μύθου, φράσης) variation · (άσκησης) variant

παράλληλ|ος επίθ parallel

▸ **παράλληλος** ο/η parallel

παράλογ|ος επίθ (απαιτήσεις) absurd · (φόβος, άνθρωπος) irrational

παράλυσ|η η (χεριών, ποδιών) paralysis · (μτφ.: κυκλοφορίας, αντίστασης) disruption

▸ **παράλυτος** ο, **παράλυτη** η

paralyzed person

παραλύ|ω ρ αμ (πόδι, καρδιά) to be numb · (από φόβο, συγκίνηση) to be paralyzed ◆ ρ μ to paralyze

παραμάν|α η (= καρφίτσα ασφαλείας) safety pin · (= τροφός) nurse

παραμέν|ω ρ αμ to remain

παραμερίζ|ω ρ μ (χόρτα, χώματα) to push aside · (διαφορές, αντίποχ) to set aside ◆ ρ αμ to stand ή step aside

παραμικρ|ός επίθ the slightest

▸ **παραμικρό** το anything · με το ~ό at the slightest thing

παραμονεύ|ω ρ μ to lie in wait for sb ◆ ρ αμ to lurk

παραμον|ή η (γεγονότος, νίκης) the day before · (γιορτής, Πρωτοχρονιάς) on the eve of · (= διαμονή) stay

▸ **παραμονές** πλ+γεν. the eve of

παραμύθ|ι το (= ιστορία) story · (μτφ.) fairy tale · (= ψέμα) tall story

παρανοϊκ|ός επίθ paranoid

▸ **παρανοϊκός** ο, **παρανοϊκή** η paranoid person

παράνομ|α επίρρ illegally

παρανομί|α η lawlessness

παράνομ|ος επίθ unlawful

▸ **παράνομος** ο, **παράνομη** η outlaw

παρανόμως επίρρ = **παράνομα**

παραξενεύ|ω ρ μ to wonder at ◆ αμ to become eccentric

▸ **παραξενεύομαι** μεσ to be surprised at

παράξεν|ος επίθ eccentric · (έθιμα, πολιτεία) strange

παραπάν|ω επίρρ (= πιο πάνω) further up · (= παραέρα) farther on · (= επιπλέον) extra · (= ανωτέρω) above · **κάτι** ~ slightly more

παραπατ|ώ ρ μ (= σκοντάφτω) to stumble · (μεθυσμένος) to stagger

παραπέφτ|ω ρ αμ to be mislaid

παραπλανητικ|ός επίθ misleading

παραποίηση η distortion

παραπονεμέν|ος επίθ (λόγια, τραγούδι) plaintive · (για πρόσ.) discontented

παραπον|ιέμαι ρ αμ = **παραπονούμαι**

παράπον|ο το complaint · **κάνω ~α** to make complaints

παραπον|ούμαι ρ αμ (= εκφράζω παράπονο) to whine · (= διαμαρτύρομαι) to complain

παράπτω|μα το misdemeanour (Βρετ.), misdemeanor (Αμερ.)

παράρτη|μα το (εγγράφου) annexe (Βρετ.), annex (Αμερ.) · (βιβλίου, κανονισμού) appendix · (οργανισμού, βιβλιοθήκης) branch · **έκτακτο ~** (εφημερίδας) special edition ή issue

παράση|μο το medal

παράσιτ|ο το (ΒΙΟΛ) parasite · (για πρόσ.) leech

παρασκευάζ|ω ρ μ to prepare

Παρασκευ|ή η Friday

παράστασ|η η (= απεικόνιση) representation · (στο θέατρο) performance · **θεατρική ~** play

παραστέκ|ομαι, παραστέκω ρ αμ · **~ σε κπν** to come to sb's aid

παρασύρ|ω ρ μ (= μετακινώ) to lead away · (= πείθω) to inveigle · (πεζό) to run down

παράταξ|η η (= ο ένας δίπλα στον άλλο) line · (= πολιτικό κόμμα) party

παράτασ|η η (άδειας, προθεσμίας) extension · (ΑΘΛ) αγώνα extra time · **παίρνω ~** to get an extension of time

παρατάσσ|ω ρ μ (μαθητές) to line up · (πλοία) to array

παρατ|ώ ρ μ (= αφήνω) to drop · (σύντροφο) to dump · (δουλειά) to quit · **τα ~άω** to quit · **παράτα με!**

(ουκ.) leave me alone!

παρατείν|ω ρ μ to extend

παρατήρηση η (φύσης, συμπεριφοράς) observation · (= επίκριση) remark · (= σχόλιο, σημείωση) comment

παρατηρ|ώ ρ μ (= σημειώνω) to observe · (= σχολιάζω) to comment · (= επικρίνω) to criticize

▶ **παρατηρούμαι** μεσ **–είται ότι** to be noted

παρατσούκλ|ι το (ανεπ.) nickname

παραφέρ|ομαι ρ αμ απ to lose one's temper

παράφορ|ος επίθ passionate

παραχώρηση η grant

παραχωρ|ώ ρ μ (περιουσία) to transfer · (δικαίωμα, νόμιμα) to grant

παρέ|α η group · **~ με** in company with · **κάνω καλή/κακή ~** to be good/bad company · **είμαι με ~** to be in company · **κάνω ~ με κπν** to be friends with sb · **έχω ~** to have friends · **κάνω ~ σε κπν** to keep sb company

παρέλαση η parade

παρελθ|όν το past

παρεμβαίν|ω ρ αμ (= επεμβαίνω) to intervene · (= υπεισέρχομαι) to step in

παρεμβάλλ|ω ρ μ to insert

παρέμβαση η intervention

παρεμβολ|ή η interference

παρεμποδίζ|ω ρ μ to block

παρενέργεια η side effect

παρένθεση η (= παρέκβαση) interposition · (σημείο στίξης) bracket

παρεξήγηση η misunderstanding

παρεξηγ|ώ ρ μ to misinterpret

▶ **παρεξηγούμαι** μεσ to take the wrong way

παρέχ|ω ρ μ (δυνατότητα, δικαίωμα) to give · (αγαθά, απαραίτητα) to provide for

παρηγορι|ά η comfort

παρθέν|α η virgin

παρθενι|ά η virginity

παρθέν|ος, -α, -ο virgin · (ΑΣΤΡΟΝ, ΑΣΤΡΟΛ) Virgo

Παρθενώνα|ς ο Parthenon

Παρί|σι το Paris

παριστάνω ρ μ (= *περιγράφω παραστατικά*) to show · (= *υποκρίνομαι*) to act

παρκάρ|ω ρ μ to park

πάρκ|ο το park · (*για μωρά*) playpen

παρμεζάν|α η Parmesan (cheese)

παρμπρίζ το windscreen (Βρετ.), windshield (Αμερ.)

πάροδ|ος η (= *δευτερεύων στενός δρόμος*) side street · (*ηλικίας, χρόνου*) lapse · (*προθεσμίας, συμφωνίας*) expiration

παροιμί|α η proverb

παρομοιάζ|ω ρ μ to compare to

παρόμοι|ος, -α, -ο similar

παρ|όν το present · **προς το ~** for the time being · *βλ. κ.* **παρών**

παρουσί|α η presence

παρουσιάζ|ω ρ μ (*βιβλίο, τραγούδι*) to introduce · (*εργασία, διατριβή*) to submit · (*δυσκολίες, ενδιαφέρον*) to present · (= *συστήνω*) to introduce · (*εκπομπή*) to host · (= *πιστοποιητικά, αποδείξεις*) to produce

▸**παρουσιάζομαι** *μεσ* to appear · (*ανάγκη, ευκαιρία*) to arise · (= *εκτίθεμαι*) to be presented

παρουσίαση η (*ανθρώπου*) introduction · (*κατάστασης, συνθηκών*) description · (*σχεδίου, θεωρίας*) presentation · (*βιβλίου*) presentation · (*εκπομπής*) hosting · (*εγγράφων, στοιχείων*) presentation

παρουσιαστή|ς ο (*δελτίου*) presenter · (*εκπομπής*) host

παρουσιάστρια η hostess · *βλ. κ.* **παρουσιαστής**

παρτίδ|α η (*παιχνιδιού*) round · (*προϊόντων, παραγωγής*) lot

παρυφή η edge

παρ|ών, -ούσα, -όν present

παρωνύμι|ο το nickname

πας, πάσα, παν *αντων* (= *όλος*) the whole · (= *κάθε*) every · (*με άρνηση*) anybody

▸**πάντες** οι everybody

πάσα¹ η pass

πάσα² αντων (= *όλη*) the whole · (= *κάθε*) everybody · (*με άρνηση*) anybody · **ανά ~ στιγμή** at any moment · **εν ~η περιπτώσει** at any rate · **κατά ~ πιθανότητα** most likely · **~ης φύσεως** of all kinds · **~η θυσία** at all costs

πασάρ|ω (*οικ.*) ρ μ (= *ξεφορτώνομαι*) to fob off with (*Αθλ*) to pass

πασατέμπ|ος ο roasted gourd-seed

πασίγνωστος, -η, -ο well-known

πάσ|ο το (*κάρτα φοιτητών*) pass · (= *χώρισμα ανάμεσα σε δύο χώρους*) hatch · **πάω ~** (*σε τυχερά παιχνίδια*) to pass

πάσσαλ|ος ο stake

πάστ|α η (*γλυκό*) pastry · (= *ζυμαρικά*) pasta

παστέλ|ι το sesame cake

παστίτσι|ο το macaroni pie

παστ|ός *επίθ* salted

Πάσχα το (*χριστιανική γιορτή*) Easter · (*εβραϊκή γιορτή*) Passover · **καλό ~!** (*ευχή*) have a nice Easter!

πασχαλιν|ός *επίθ* Easter

πασχίζ|ω ρ μ to strive towards

πάσχ|ω ρ αμ (= *υποφέρω από ασθένεια*) to suffer · (= *δοκιμάζομαι ή υποφέρω*) to be tried

πάταγ|ος ο (= *ισχυρός κρότος*) bang · (*μτφ.*) uproar · **κάνω ~ο** to cause η create a sensation ή stir

παταγώδης *επίθ* **~ αποτυχία** flop

πατάρ|ι το attic

πατάτ|α η potato
▶ πατάτες πλ chips (Βρετ.), French fries (Αμερ.)
πατατάκ|ια τα (potato) crisps (Βρετ.), chips (Αμερ.)
πατατοκεφτ|έδες οι fried potato croquettes
πατέντ|α η patent
πατέρ|ας ο father · γίνομαι ~ to become a father
▶ πατέρες πλ forefathers
πατερίτσ|α η (= δεκανίκι) crutch · (= ράβδος αρχιερέα) crozier
πάτ|ημα το (κουμπιού, διακόπτη) press · (= πατημασιά: ανθρώπου) footstep · (ζώου) track
πατημασι|ά η (ανθρώπου) footprint · (ζώου) tracks πληθ.
πατήρ ο father
πατινάζ το skating
πατίν|ι το skateboard
▶ πατίνια πλ roller-skates
πάτ|ος ο (πηγαδιού, θάλασσας) bottom · (παπουτσιού) sole · άσπρο ~ο bottoms up!
πατούσ|α η (= πέλμα ποδιού) sole · (= αποτύπωμα πέλματος) footprint
πατριάρχ|ης ο Patriarch
πατρίδ|α η (γενικά) homeland · (= τόπος γέννησης) birthplace · (= χώρα διαμονής) country · (μτφ.: = κοιτίδα) cradle · ιδιαίτερη ~ birthplace
πατρικ|ός επίθ paternal
▶ πατρικό το (= το σπίτι των γονιών) parents' house · (= οικογενειακό όνομα γυναίκας) maiden name
πατρι|ός ο step-father
πάτρι|ος, -α, -ο (επίσ.) ancestral
πατριώτης ο (= συμπατριώτης) compatriot · (= φιλόπατρις) patriot · (ανεπ.: προσφώνηση) mate (Βρετ.), buddy (Αμερ.)
πατριωτικ|ός επίθ patriotic
πατριώτισσα η βλ. πατριώτης
πατριότητα η paternity
πατρυι|ός ο = πατριός

πατρώνυμ|ο το father's name
πατσ|ά η = πατσάς
πατσ|άς ο tripe (soup)
πατσατζίδικ|ο το restaurant serving tripe
πατ|ώ ρ μ (= βάζω το πόδι μου πάνω σε κάτι) to step · (χώρα, νησί) to set foot on · (κουμπί) to push · (σκανδάλη) to pull · (σταφύλια) to tread · (άνθρωπο, πεζό) to run over ◆ ρ αμ (= ακουμπώ τα πόδια μου κάπου) to step · (στη θάλασσα: = πατώνω) to touch bottom · έχω ~ήσει τα 40/50/60 (για ηλικία) to be on the wrong side of 40/50/60 · ~ πόδι to put one's foot down · ~ φρένο to step on the brakes · ~ώ to step on it
πάτω|μα το floor · κάτω/πάνω ~ the floor below/above
πατών|ω ρ αμ (στη θάλασσα) to touch bottom · (σε διαγωνισμό, βαθμολογία) to reach the bottom ◆ ρ μ (σπίτι) to floor · (δοχείο, βαρέλι) to bottom
παύλ|α η dash
παύσ|η η (εργασιών, ερευνών) end · (= διακοπή ομιλίας) pause · κάνω ~ to pause
παυσίπονο το painkiller
παύ|ω ρ μ (παιχνίδι, εργασία) to stop · (επίσ.: πρόεδρο, υπουργό) to relieve of one's duties ◆ ρ αμ to stop
Πάφ|ος η Paphos
παχαίν|ω ρ αμ (= αυξάνεται το βάρος μου) to get fat · (φαγητό, ποτό) to be fattening ◆ ρ μ to fatten
πάχ|ος το (κλαδιού, χαλιού) thickness · (ανθρώπου, ζώου) plumpness · (= λίπος: κρέατος, κοτόπουλου) fat
παχουλ|ός επίθ (άνθρωπος, ζώο) plump · (δάχτυλα, πόδια) fat
παχύρρευστ|ος επίθ thick
παχύς, -ιά ή -εία, -ύ (άνθρωπος,

ζώο) fat · (στρώμα, χορτάρι) thick ·
(κρέας, ψάρι) fat · (σάλτσα, γάλα)
thick

παχύσαρκ|ος επίθ obese

πάω ρ αμ βλ. **πηγαίνω**

πεδίλ|ο το (= σανδάλι) sandal ·
(= βατραχοπέδιλο) flipper ·
(= παγοπέδιλο) ice skate · (πιάνου)
pedal

πεδί|ο το field

πεζοδρόμι|ο το pavement (Βρετ.),
sidewalk (Αμερ.)

πεζ|ός επίθ (στρατιώτης,
ταχυδρόμος) on foot · (κείμενο,
απόσπασμα) prose · (άνθρωπος,
ύφος) dull

► **πεζός** ο, **πεζή** η pedestrian

πεθαίν|ω ρ αμ to die ◆ ρ μ
(= οδηγώ στον θάνατο) to lead to
death · (μτφ.: = βασανίζω) to
torture · **από** (κυριολ., μτφ.) to
die of · **~ για** to die for

πεθερ|ά η mother-in-law

πεθερικά τα in-laws

πεθερ|ός ο father-in-law

πειθαρχί|α η discipline

πειθαρχώ ρ μ to obey

πείθ|ω ρ μ to convince

πείν|α η (ανθρώπου, ζώου)
hunger · (= έλλειψη τροφίμων)
starvation · **πεθαίνω ή ψοφάω
της ~ς ή στην** ~ to starve

πεινασμέν|ος επίθ hungry

πεινώ ρ αμ (= αισθάνομαι πείνα)
to be hungry · (= τρέφομαι
ανεπαρκώς) to be famished

πείρα η experience

πείρα|μα το (χαλοποιήγετο,
ερωτικό) teasing · (ενοχλητικό)
taunt

πειράζ|ω ρ μ (= εκνευρίζω) to vex ·
(= κάνω αστεία) to tease ·
(= βλάπτω) to hurt · (χολόι,
εγκατάσταση) to mess about with
(ανεπ.)

► πειράζει απρόσ to matter · **δεν
-ει** it doesn't matter

πειράζομαι μεσ to be irritated

πειραματίζ|ομαι ρ αμ αμ to
experiment

πειραματικός επίθ experimental

πειρασμ|ός ο temptation

πειρατεί|α η piracy

πειρατ|ής ο pirate

πειστήρι|ο το exhibit

πειστικ|ός επίθ convincing

Πεκίν|ο το Beijing

πέλαγ|ος το sea

πελαργ|ός ο stork

πελατεί|α η (μαγαζιού) custom ·
(επιχείρησης) clientele · (γιατρού,
δικηγόρου) practice

πελάτ|ης ο (καταστήματος)
customer · (εστιατορίου) patron ·
(γιατρού) patient · (δικηγόρου)
client

πελεκάν|ος ο pelican

πελέκ|ι το (επίσ.: = τσεκούρι)
hatchet · (μτφ.) axe (Βρετ.), ax
(Αμερ.)

πέλμα το (ανθρώπου) sole · (ζώου)
paw · (= σόλα) sole · (ΜΗΧ) shoe
pad

Πελοπόννησ|ος η Peloponnese

πελτ|ές ο (ντομάτας) tomato
paste · (φρούτων) fruit purée

πελώρι|ος, -α, -ο enormous

Πέμπτ|η η Thursday

πέμπτ|ος αριθ τακτ fifth

► **πέμπτος** ο (= όροφος) fifth floor
(Βρετ.), sixth floor (Αμερ.) ·
(= Μάιος) May

► **πέμπτη** η (= ημέρα) fifth ·
(= ταχύτητα) fifth (gear) · (= τάξη
δημοτικού) fifth grade

πέν|α¹ η (για γραφή) pen · (ΜΟΥΣ)
pick

πέν|α² η penny

πέναλτι το penalty

πενήντα αριθ απόλ fifty

πενηνταρι|ά η καμιά ~ about fifty

πενθήμερο ... five-day week

πενθήμερος επίθ five-day

πένθιμ|ος επίθ (ρούχα,) mourning · (τελετή, εμβατήριο) funeral · (ύφος, τόνος) gloomy

πένθος το mourning · (= μαύρη ταινία) mourning armband

πενθώ ρ μ to mourn ♦ ρ αμ (= φορώ πένθος) to be dressed in mourning · (= θλίβομαι) to be in mourning

πενικιλίν|η η penicillin

πένσα η pliers πληθ.

πένταθλο το pentathlon

πεντακόσια αριθ απόλ five hundred

πεντακόσι|οι, -ες, -α αριθ απόλ πλ five hundred

πεντάλ το pedal

πεντάλεπτ|ο το five-minute period

πεντάλεπτ|ος επίθ five-minute

πεντάμορφ|ος επίθ ravishing

πεντανόστιμ|ος επίθ delicious

πεντάρα η a five-lepta nickel coin · **δεν δίνω ~** I don't give a damn (ανεπ.)

▸ **πεντάρες** πλ fives

πεντάρι το five · (διαμέρισμα) apartment with five rooms

πεντάωρ|ος επίθ five-hour

πέντε αριθ απόλ five

πεντηκοστ|ός αριθ τακτ fiftieth

πέ|ος ο penis

πέπλ|ο το veil

πεποίθηση η (= ακλόνητη βεβαιότητα) conviction · (= αυτοπεποίθηση) confidence

▸ **πεποιθήσεις** πλ beliefs

πεπόν|ι το melon

πεπρωμέν|ο το fate

πεπτικ|ός επίθ digestive

πέρα επίρρ (για χρόνο) from now on · (για τόπο) far away · **από δω και ~** from now on · **~ από** (για ώρα) after · (για ποσό) more than · **~-δώθε** to and fro · **τα βγάζω**

~ to cope

πέρασ|μα το (ποταμού, γέφυρας) crossing · (= διάβαση) ford · (χρόνων, καιρού) passage

περασμέν|ος επίθ past

περαστικ|ός επίθ brief

▸ **περαστικός** ο passer-by

πέρδικ|α η partridge

περηφανεύ|ομαι ρ αμ απ = **υπερηφανεύομαι**

περηφάνια η = **υπερηφάνεια**

περήφαν|ος επίθ = **υπερήφανος**

περιαυτολογ|ώ ρ αμ to brag

περιβάλλ|ον το environment

περιβάλλ|ω ρ μ (= είμαι γύρω-γύρω) to enclose · (= περιζώνω) to surround · (= δείχνω) to have

περίβλημα το casing

περιβολ|ή η (επίσ.) clothes πληθ.

περιβόλ|ι το (με οπωροφόρα) orchard · (με λουλούδια, λαχανικά) garden

περίγραμμα το outline

περιγραφ|ή η account

περιγράφ|ω ρ μ to describe

περιδέραι|ο το necklace

περιεκτικ|ός επίθ succinct

περιέργεια η curiosity

περίεργ|ος επίθ (= επίμονος να μάθει) inquisitive · (= ιδιόρρυθμος) weird · (= αδιάκριτος) nosey · (= παράδοξος) unusual

περιεχόμεν|ο το (δέματος) content · (μελέτης, κειμένου) subject matter · (= βαθύτερη ουσία) substance

▸ **περιεχόμενα** πλ contents

περιέχ|ω ρ μ to include

περιζήτητ|ος επίθ (much) sought-after

περίθαλψ|η η care · **ιατρική** ~ medical care

περιθώρι|ο το margin · (κοινωνίας) fringe

περικεφαλαί|α η helmet

περικοπή η cut

περικυκλών|ω ρ μ to surround

περιληπτικός επίθ concise

περίληψη η summary

περιμέν|ω ρ μ (φίλο) to wait for · (= προσδοκώ) to expect ◆ ρ αμ to wait

περίμετρ|ος ο (κηπίου, στρατοπέδου) perimeter · (ΓΕΩΜ) circumference

περιοδεί|α η tour

περιοδικό το magazine

περίοδ|ος η period

περιορίζ|ω ρ μ (= περικλείω μέσα σε όρια) to confine · (τσιγάρο, ποτό) to limit · (= συνετίζω, χαλιναγωγώ) to check

▶ **περιορίζομαι** μεσ to be limited

περιορισμέν|ος επίθ limited · (αντίληψη, μυαλό) narrow

περιορισμός ο (χρημάτων, εξόδων) cutting down · (= συνέταση) restriction

περιοριστικός επίθ restrictive

περιουσί|α η estate

περιοχή η (τοπική έκταση) area · (= περιφέρεια) region · (= χώρος πνευματικής δραστηριότητας) domain

περιπαικτικός επίθ ironic

περίπατος ο walk

περιπέτει|α η (= περιστατικό γεμάτο κινδύνους) adventure · (= συμφορά) mishap · (= ερωτικό μπλέξιμο) fling

περιπετειώδ|ης επίθ eventful

περιπλαν|ιέμαι ρ μ και ρ αμ (σκέψη, μυαλό) to wander · (για πρόβ.) to roam · (= χάνω το δρόμο μου) to wander

περιπλαν|ώμαι ρ μ αμ = **περιπλανιέμαι**

περίπλοκ|ος επίθ intricate

περιποιημέν|ος επίθ (δωμάτιο) neat · (κήπο) trim · (χέρια) well-groomed · (για πρόσ.) prim

περιποίηση η attention

περιποιητικός επίθ attentive

περιποι|ούμαι ρ μ απ (κήπο, σώμα) to tend · (= δείχνω εξυπηρετικός) to be attentive towards

περιπολί|α η patrol

περιπολικό το police car

περίπολ|ος η patrol

περίπου επίρρ about

περίπτερ|ο το (γενικώτ.) kiosk · (έκθεσης έργων τέχνης) pavilion · (= αναψυκτήριο) coffee stall

περίπτωση η (= ενδεχόμενο) instance · (= πιθανότητα) chance

περίσσευμα το surplus

περισσότερ|ος επίθ more · βλ. κ. **πολύς**

περίστασ|η η (= περίπτωση) case · (= ευκαιρία) occasion

▶ **περιστάσεις** πλ circumstances

περιστατικό το (= γεγονός, συμβάν) event · (σε νοσοκομείο) case

περιστέρι το dove

περιστρέφ|ω ρ μ to turn

▶ **περιστρέφομαι** μεσ to revolve

περιστροφή η revolution · **χωρίς ~ές** straight out

περίστροφο το revolver

περισυλλέγ|ω ρ μ to collect · (άστεγο, τραυματία) to pick up

περισυλλογή η (= περίσκεψη) contemplation · (ναυαγού, τραυματία) picking up · (χρημάτων, καρπών) collection

περίτεχν|ος επίθ ornate

περιτριγυρίζ|ω ρ μ to surround · (αργ.) to hang around

περιττ|ός επίθ (λόγος, θεσμός) superfluous · (ΜΑΘ) odd

περιτύλιγμα το wrapping

περιφέρει|α η (= περιοχή έξω από το κέντρο) region · (γης, δέντρου) circumference · (ΓΕΩΜ) circumference · (ανεπ.: = ογκώδεις γλουτοί) backside

περιφερειακός επίθ regional

περίφημ|ος επίθ (μάχη, δίκη) celebrated · (πολιτικός, δάσκαλος) eminent

περιφρόνηση η (= προσβλητική αδιαφορία) contempt · (= υπεροψία) disdain

περιφρονητικ|ός επίθ scornful

περιφρον|ώ ρ μ (= αγνοώ) to be disdainful about · (= θεωρώ ανάξιο προσοχής) to sniff at

περίχωρ|α τα outskirts

πέρκ|α η perch

πέρλ|α η pearl

περμανάντ η permanent wave

περν|ώ ρ μ (= διατρυπώ) to pierce · (βελόνα) to thread · (= διασχίζω: δρόμο, ποτάμι) to cross · (= οδηγώ δια μέσου) to go through · (= βάφω) to give another coat of paint · (= ξεπερνώ σε ηλικία) to be older than · (= καταγράφω) to put down · (καιρός, μέρα) to spend · (= υφίσταμαι) to live through ◆ ρ αμ (= παύω: θυμός, πόνος) to blow over · (= διέρχομαι) to pass η blow through · (= επισκέπτομαι) to drop by · (καιρός, εποχή) to pass · **μου πέρασε από το νου/μυαλό** it occurred to me · **μου πέρασε η ιδέα** an idea occurred to me

Περού το Peru

περούκα η wig

περπατ|ώ ρ αμ (= βαδίζω) to walk · (= κάνω περίπατο) to stroll

πέρσι επίρρ = **πέρυσι**

Περσί|α η (στην αρχαιότητα) Persia · (= Ιράν) Iran

Περσικ|ός ο (the Persian) Gulf

περσιν|ός επίθ last year's

πέρυσι επίρρ last year

πέσι|μο το fall

πεσμέν|ος επίθ lying down, sluggish

πέστροφ|α η trout

πέταγμα το (πουλιού, αεροπλάνου) flight · (δίσκου, ακοντίου) throw

πετάλ|ι το pedal

πέταλ|ο το (αλόγου) horseshoe · (λουλουδιού) petal

πεταλούδ|α η butterfly

πεταχτ|ός επίθ (φιλί) fleeting · (για πρόσ.: = ζωηρός) breezy · (= χαρούμενος, εύθυμος: ρυθμός) lively · (αφτιά, μάτια) bulging · **στα ~ά** hastily

πετ|ώ ρ αμ (πέτρα, βέλος) to fly ◆ ρ μ (πέτρα, βέλος) to throw · (ιδέα) to let drop · (άχρηστο ή παλιό αντικείμενο) to throw away · (= δίνω περιφρονητικά: = τοss (λεφτά) to waste · (κλαδιά, φύλλα) to give off · **~άω έξω** to throw out

πετεινός ο rooster

πέτ|ο το lapel

πέτρ|α η (γενικότ.) stone · (μτφ.: = καθετί σκληρό) rock · (δαχτυλιδιού) gem · (ιατρ) calculus

πετραδάκ|ι το grit

πετράδ|ι το gem

πετρέλαι|ο το petrol (Βρετ.), gasoline (Αμερ.)

πετρελαιοπηγή η oil well

πέτριν|ος επίθ (πύργος, σκάλα) stone · (μτφ.: καρδιά, στήθος) stony

πετρώδ|ης επίθ stony

πετρώ|μα το rock

πετσέτ|α η (προσώπου, μπάνιου) towel · (για στέγνωμα αντικειμένων) tea towel ή cloth (Βρετ.), dish towel (Αμερ.) · (φαγητού) napkin

πετσίν|ος επίθ leather
▶ **πέτσινο** το leather jacket

πετυχαίν|ω ρ αμ (παράσταση) to be successful · (επαγγελματίας) to succeed ◆ ρ μ (= βρίσκω το στόχο) to hit · (σκοπό, νίκη) to achieve · (τέρμα) to score · (= συναντώ τυχαία) to come across · (= εκτελώ με επιτυχία) to succeed in

πετυχημέν|ος επίθ = **επιτυχημένος**

πεύκ|η η = **πεύκο**

πεύκ|ο το pine tree

πέφτ|ω ϱ αμ to fall · (= ανατρέπομαι) to fall over · (κεραυνός, αρρώστια) to strike · (= ελαττώνομαι) to drop · **~ σε** to fall into · **~ από** to fall off · **~ έξω** to be out in one's reckoning · **~ άρρωστος** to fall ill · **~ νεκρός** to drop dead · **την ~ σε κπν** (αργκ.: = πλησιάζω εχθρικά) to jump on sb · (= πλησιάζω ερωτικά) to make a pass at sb

πέψη η digestion

πηγάδ|ι το well

πηγάζ|ω ϱ αμ (ποταμός) to rise · **~ από** (μτφ.) to stem from

πηγαινοέρχ|ομαι ϱ αμ απ to come and go

πηγαίν|ω ϱ αμ (= μεταβαίνω κάπου) to go · (= συχνάζω, φοιτώ) to go · (= φεύγω) to be off · (= οδηγώ: δρόμος) to lead · (= λειτουργώ: ϱολόι) to show the time · (= ξοδεύομαι: χρήματα) to go · (= ειμαι: ώρα) to go · ♦ ϱ μ (= μεταφέρω) to take · **πήγαινε από δω!** get out of here! · **τα ~ καλά/άσχημα με κπν/σε κτ** to get on well/badly with sb/sth · **πώς τα πας;** how are you getting on (Βρετ.)· ή along? (Βρετ.)· **πού τα πας;** what are you getting at? · **πάω** κπν (αργκ.: = συμπαθώ) to get on (Βρετ.)· ή along with sb

πηγή η source

πηγούν|ι το = **πιγούνι**

πηδάλι|ο το (πλοίου) helm · (αυτοκινήτου, αεροπλάνου) controls πληθ.

πήδη|μα το to leap · (χυδ.) screwing (χυδ.)

πηδ|ώ ϱ αμ to jump ♦ ϱ μ (τοίχο, μάντρα) to jump over · (αράδα, σελίδα) to leave out · (χυδ.) to screw (χυδ.)

πήζ|ω ϱ αμ to curdle ♦ ϱ αμ (γάλα,

γιαούρτι) to curdle · (δωμάτιο, αίθουσα) to be packed

πηκτ|ός επίθ = **πηχτός**

πήλιν|ος επίθ earthen(ware)

πηλ|ός ο clay

πηχτή η pork jelly

πηχτ|ός επίθ thick

πι το pi, 16th letter of the Greek alphabet · **στο ~ και φι** at the drop of a hat

πια επίρρ no longer · **ποτέ ~** never again! · **αμάν ~!** for God's sake!

πιανίστ|ας ο pianist

πιανίστρι|α η βλ. **πιανίστας**

πιάν|ο το piano

πιάν|ω ϱ μ (= κρατώ) to hold · (= αγγίζω) to touch · (= συλλαμβάνω) to catch · (= καταλαμβάνω) to take up · (= νοικιάζω) to rent · (τρέλα, νεύρα) to possess · **~ κπν να...** to catch sb doing...
▶**πιάνομαι** μεσ to catch

πιασμέν|ος επίθ (θέση) taken · (χέρι, πόδι) stiff

πιατέλα η a large flat dish

πιάτ|ο το (= γεύμα) dish · (= διακοσμητικό αντικείμενο = σχήμα πιάτου) plate

πιάτσ|α η taxi rank (Βρετ.), taxi stand (Αμερ.)

πιγκουίν|ος ο penguin

πιγούν|ι το chin

πιέζ|ω ϱ μ to push

πίεσ|η η pressure

πιθαμ|ή η = **σπιθαμή**

πιθανόν επίρρ maybe · **είναι ~** it is probable ή likely that

πιθαν|ός επίθ likely

πιθανότητα η likelihood

πιθανώς επίρρ possibly

πίθηκ|ος ο ape

πικάντικ|ος επίθ (γεύση, μεζές) piquant · (μτφ.: = ερεθιστικός) titillating · (ταινία) saucy

πίκρ|α η (καφέ, φρούτου) bitter

taste · (μτφ.) bitterness
πικραίν|ω ρ μ to grieve
πικραμέν|ος επίθ embittered
πικρός επίθ bitter
πιλάφ|ι το pilaff
πιλότος ο pilot
πίνακ|ας ο (τάξης) (black)board
(Βρετ.), chalkboard (Αμερ.) ·
(ζωγραφικής, ζωγράφου) painting ·
(= κατάλογος) table · (αεροδρομίου,
γηπέδου) notice board ·
bulletin board (Αμερ.) · (σπιτιού,
ρεύματος) electricity panel ·
~ ανακοινώσεως notice board
(Βρετ.), bulletin board (Αμερ.)
πινακίδ|α η (= ταμπέλα) sign ·
(= σήμα της τροχαίας) traffic sign
πινακοθήκ|η η art gallery
πινέζ|α η tack
πινέλ|ο το brush
πίν|ω ρ μ (νερό, κρασί) to drink ·
(προφ.: τσιγάρο) to smoke ·
(= απορροφώ) to absorb ◆ ρ αμ to
drink · (= είμαι αλκοολικός) to be a
heavy drinker

───────────────
ΛΕΞΗ-ΚΛΕΙΔΙ

πιο επίρρ (α) +επίθ./επίρρ. more ·
πιο καλά/έξυπνα better/more
cleverly
(β) +ουσ. more · **λίγο πιο** +επίθ./
επίρρ. a little · **ο πιο** +ουσ. the
most · **πιο πριν** earlier · **πολύ πιο**
+επίθ./επίρρ. a lot ...
───────────────

πιόν|ι το pawn
πίπ|α η pipe
πιπέρ|ι το pepper
πιπερι|ά η pepper
πιπίλ|α η dummy (Βρετ.), pacifier
(Αμερ.)
πιρούν|ι το fork
πισίν|α η swimming pool
πισιν|ός επίθ back
πισιν|ός² ο (προφ.) backside ·
(= αυτός που στέκεται ή κάθεται
από πίσω) person at the back

πίστ|α η (κέντρου) dance floor ·
(αυτοκινήτων) circuit ·
(ιπποδρόμου) race course (Βρετ.),
race track (Αμερ.) · (πατινάζ) rink ·
(αεροδρομίου, απογείωσης)
runway · **χιονοδρομική ~** ski
slope
πιστεύ|ω ρ μ to believe ·
(θρησκεία, Θεό) to believe in
πίστ|η η faith · (= αφοσίωση)
loyalty
πιστολάκ|ι το (προφ.) hair dryer
πιστόλ|ι το gun
πιστοποιητικ|ό το certificate
πιστοποι|ώ ρ μ to certify
πιστ|ός επίθ (φίλος) loyal ·
(σύζυγος) faithful · (αντιγραφή,
απομίμηση) faithful
πίστωσ|η η credit
πιστωτικ|ός επίθ credit · **~ή κάρτα**
credit card
πίσω επίρρ back · (μτφ.: για
καθυστέρηση) behind · **από**
~ from behind
πισώπλατα επίρρ in the back
πίτ|α η (ΜΑΓΕΙΡ) pie · (= βασιλόπιτα)
New Year cake · (= είδος άζυμου
ψωμιού) pitta bread
πιτζάμ|α η pyjamas πληθ (Βρετ.),
pajamas πληθ (Αμερ.)
πίτσα η pizza
πιτσιλίζ|ω ρ μ to splash
πιτσιρίκ|α η βλ. **πιτσιρίκος**
πιτσιρίκ|ι το (οικ.) kid (ανεπ.)
πιτσιρίκ|ος ο (οικ.) kid (ανεπ.)
πιτυρίδ|α η dandruff
πλαγι|ά η slope
πλάγι|α τα τα ~ flanks
πλαγιάζ|ω ρ αμ to lie down · **~ με**
κπν to go to bed with sb
πλάγι|ος, -α, -ο (γράμμα, γραμμή)
oblique · (= παράλευρος)
sidelong · (λύση, απάντηση)
indirect · (μέσα, ενέργεια) devious
πλαζ η beach
πλάθ|ω ρ μ (κυριολ., μτφ.) to

πλάι shape · (*ιστορίες*) to make up

πλάι *επίρ* · **σε κάποιον/κτ** by sb/sth · **στο ~** on its side · **~~~** side by side

πλαϊνός *επίθ* adjacent ♦ *ουσ* person beside somebody

πλαίσιο *το* (*πόρτας, καθρέφτη*) frame · (= *σύστημα*) framework

πλάκα *η* (*δαπέδου, κήπου*) flagstone · (*τάφου, μνήματος*) tombstone · (*αστείο*) fun · (= *ταράτσα*: *κτηρίου*) flat roof · (*σαπούνι*) bar · (*επίσης* **οδοντική ~**) dental plaque ♦ flat · **για** ~ for fun · **κάνω ~ (σε κπν)** to play a trick ή joke (on sb)

πλακάκι *το* tile

πλακέ flat

πλακί *το* fish or beans baked in the oven

πλακόστρωτος *επίθ* paved

πλακώνω *ρ μ* (= *πιέζω με βάρος*) to press down · (*άνθρωπο, ζώο*) to crush · (*προφ.:* = *χτυπώ*) to beat black and blue · *ρ αμ* (*κρύο, χειμώνας*) to come on · (*πελατεία, κόσμος*) to rush in

πλανήτης *ο* planet

πλάνο *το* plan · (*τοπίου, έργου*) view

πλανόδιος, -α, -ο itinerant (*επίσ.*)

πλαστικό *το* (= *ειδικό υλικό*) plastic · (= *αντικείμενα από πλαστικό*) plastics *πληθ.*

πλαστογραφία *η* (*πίνακα, έργου*) forgery · (*διαθήκης, επιταγής*) falsification

πλαστογραφώ *ρ μ* to forge · (*μτφ.*) to falsify

πλαστός *επίθ* (*έγγραφο, απόδειξη*) false · (*χρήματα*) forged

πλαταίνω *ρ μ* to widen · (*ψυχή, γνώση*) to broaden · *ρ αμ* (*ποτάμι*) to widen · (*νους*) to broaden

πλατάνι *το βλ.* **πλάτανος**

πλάτανος *ο* plane tree

πλατεία *η* (*πόλης, χωριού*) square · (*θεάτρου, ορχήστρας*) stalls *πληθ.*

πλάτη *η* back · **πίσω απ' την ~ μου** (*προφ.*) behind one's back

πλατίνα *η* platinum

πλατινένιος, -α, -ο platinum

πλάτος *ο* (*παραλίας, δρόμου*) width · (*μτφ.*) breadth · (*σήματος, συχνότητας*) amplitude

πλατύς, -ιά -ή -εία, -ύ wide · (*κοινό, στρώματα*) general

πλατφόρμα *η* platform

πλειοψηφία *η* majority

πλειστηριασμός *ο* auction

πλεκτό *το* knitting

πλεκτός *επίθ* = **πλεχτός**

πλέκω *ρ μ* (*μπλούζα, στεφάνι*) to knit · (*χέρια, μαλλιά*) to plait

πλένω *ρ μ* to wash

πλεξίδα *η, πλεξούδα* braid

πλέξιμο *το* (*πουλόβερ*) knitting · (*μαλλιών*) braiding

πλεονέκτημα *το* (= *όφελος*) boon · (*φαρμάκων, νομίσματος*) advantage · (= *προβάδισμα*) advantage · **αφήνω ~ σε κπν** to give sb the advantage

πλευρά *η* side, rib · **από την ~ κποιου** from sb's point of view · **από την άλλη ~** on the other hand

πλευρό *το* side · (= *οστό*: *ανθρώπου, ζώου*) rib

πλεχτός *επίθ* (*γάντια, μπλούζα*) knitted · (*καλάθι*) wicker

πλέω *ρ αμ* to float · (*μτφ.*) to be too big

πληγή *η* (= *τραύμα*) wound · (*μτφ.*) calamity

πλήγμα *το* (= *δυνατό χτύπημα*) blow · (*μτφ.*) wound

πληγώνω *ρ μ* (*άνθρωπο, ζώο*) to wound · (*μτφ.*) to hurt

πληθαίνω *ρ αμ* to increase ♦ *ρ μ* to multiply

πλήθ|ος *το* (ανθρώπων, ζώων) a large number · (= πολλοί άνθρωποι) crowd
πληθυντικ|ός *ο* plural
πληθυσμ|ός *ο* population
πληθωρικ|ός *επίθ* (άνθρωπος, χαρακτήρας) exuberant · (στήθος, γυναίκα) plump · (μτφ.: παρουσία) excessive
πληκτικ|ός *επίθ* (άνθρωπος, ομιλία) boring · (επίπλωση, διακόσμηση) dull
πλήκτρο *το* key
πληκτρολόγιο *το* keyboard
πλημμύρ|α *η* flood · (= νεροποντή) downpour · (μτφ.) spate
πλημμυρίδ|α *η* tide
πλημμυρίζω *ρ μ* (πόλη, δρόμο) to flood · (μτφ.) to swarm ◆ *ρ αμ* to be flooded
πλην *προθ* (ΜΑΘ) minus · (= εκτός από) except
πλήξη *η* boredom
πλήρ|ης *επίθ* full · (κείμενο, εικόνα) complete · **~ες ωράριο** full-time
πληροφορημέν|ος *επίθ* well-informed
πληροφόρηση *η* information
πληροφορί|α *η* piece of information · **ζητώ ~ες** to make inquiries · **παίρνω ~ες** to obtain information · **~ες** information desk
πληροφορ|ώ *ρ μ* to inform
πληρ|ώ *ρ μ* to fulfil (Βρετ.), to fulfill (Αμερ.)
πλήρω|μα *το* crew
πληρωμ|ή *η* payment
πληρών|ω *ρ μ* to pay
πλησιάζ|ω *ρ μ* (= φέρνω κάτι κοντά σε κάτι άλλο) to move/bring near · (= έρχομαι κοντά) to approach · (αργ.) to approach ◆ *ρ αμ* to go near · (εξετάσεις, άνοιξη) to be approaching
πλησ|ώ *ρ αμ* to be bored
πλοηγ|ός *ο* pilot

πλοίαρχ|ος *ο* captain
πλοί|ο *το* boat · **~ της γραμμής** liner
πλοκ|ή *η* plot
πλ|ους *ο* course
πλούσι|ος, -α, -ο rich · (μαλλιά, γένια) voluminous · (λεξιλόγιο, βιβλιογραφία) wide · (γεύμα, διακόσμηση) costly · (φόρεμα) sumptuous
πλουτίζ|ω *ρ μ* to become rich ◆ *ρ μ* to enrich
πλούτ|ος *ο* (= αφθονία υλικών αγαθών) affluence · (γλώσσας, λεξιλογίου) wealth · (πληροφοριών, εμπειριών) wealth
πλυντήρι|ο *το* (πιάτων, ρούχων) washing machine · (κατάστημα) laundry · (εργοστασίου) industrial washer
πλύσ|η *η* washing
πλύσι|μο *το* wash
πλώρ|η *η* bow
πλωτ|ός *επίθ* (γέφυρα) pontoon · (ποταμός) navigable
πνεύμ|α *το* (για πρόσ.) mind · (= ευφυΐα) genius · (εποχής, λαού) spirit · (ο, τι είναι άυλο) spirit · (αγάπης, συνεργασίας) spirit
πνευματικ|ός *επίθ* (ενδιαφέροντα, ικανότητα) intellectual · (= άυλος) spiritual
πνεύμον|ας *ο* lung
πνευμονί|α *η* pneumonia
πνέ|ω *ρ αμ* (επίσ.) to blow
πνιγμ|ός *ο* drowning
πνίγ|ω *ρ μ* (στη θάλασσα ή στο νερό) to drown · (= στραγγαλίζω) to strangle · (μτφ.) to suffocate · (χορτάρια) to smother · (μτφ.: θυμό, οργή) to smother ◆ **πνίγομαι** *μεσ* to choke
πνιξί|μο *το* (σε νερό) drowning · (από φαγητό) choking
πνο|ή *η* breath · (μτφ.) spirit
ποδηλασί|α *η* cycling
ποδηλάτ|ης *ο* cyclist

ποδηλατικ|ός επίθ cycling

ποδήλατο το bicycle

πόδ|ι το (ανθρώπου) leg · (κάτω από τον αστράγαλο) foot · (μονάδα μήκους) foot · **με τα ~α** on foot · **παίρνω** ~ to be fired ή sacked · **σηκώνω στο** ~ to kick up a racket · **στο** ~ (done ή made) anyhow ή in a slipshod manner · **το βάζω στα** ~**α** to take to one's heels

ποδι|ά η apron · (μαθητή) pinafore

ποδοπατ|ώ ρ μ to trample · (= εξευτελίζω) to tread down

ποδοσφαιριστής ο footballer (Βρετ.), soccer player (Αμερ.)

ποδοσφαιρίστρια η βλ. **ποδοσφαιριστής**

ποδόσφαιρ|ο το football (Βρετ.), soccer (Αμερ.)

πόζα η pose

ποζάρ|ω ρ αμ to pose

ποθητ|ός επίθ coveted

πόθ|ος ο (= επιθυμία) wish · (= ερωτική επιθυμία) lust

ποθ|ώ ρ μ (= επιθυμώ) to wish for · (άνθρωπο) to lust for

ποίη|μα το poem · (μτφ.) fantastic ή exquisite thing

ποίηση η poetry

ποιητ|ής ο poet

ποιητικ|ός επίθ poetic

ποικιλί|α η (αρωμάτων, λύσεων) choice · (= φαγητό) assortment · (ζώων, φυτών) diversity

ποικίλλω ρ αμ to vary

ποιν|ή η (= τιμωρία) punishment · (ΝΟΜ) sentence

ποιος, -α, -ο αντων who · ~ **από τους δύο/απ' όλους** which of the two/of them

ποιότητα η quality

ποιοτικ|ός επίθ quality

πολεμικ|ός επίθ war

πολεμιστής ο warrior

πολεμίστρια η βλ. **πολεμιστής**

πόλεμ|ος ο war

πολεμ|ώ ρ αμ to fight ◆ ρ μ to fight · (= μοχθώ) to struggle

πόλ|η η town, townspeople πληθ.

Πόλη του Μεξικού η Mexico City

πολικ|ός επίθ polar

πολιορκί|α η (πόλης, κάστρου) siege · (= συνωστισμός πλήθους) mobbing · (= φορτική ενόχληση) mobbing

πολιορκ|ώ ρ μ (πόλη, κάστρο) to besiege · (= συγκεντρώνομαι) to mob · (= ενοχλώ επίμονα) to besiege

πολιτεί|α η (= κράτος) state · (= χώρα) faraway place

πολίτευ|μα το

πολίτ|ης ο (= που έχει πολιτικά δικαιώματα) citizen · (= ο μη στρατιωτικός ή κληρικός) civilian

πολιτικ|ή η policy

πολιτικ|ός[1] ο/η politician

πολιτικ|ός[2] επίθ (δικαιώματα) civil · (σύστημα, παράταξη) political

πολίτις η βλ. **πολίτης**

πολιτισμέν|ος επίθ civilized

πολιτισμ|ός ο (γενικότ.) civilization · (= κουλτούρα) culture

πολιτιστικ|ός επίθ cultural

πολλαπλασιασμ|ός ο (ΜΑΘ) multiplication · (φυτών, ζώων) propagation · (μτφ.) proliferation

πολλαπλ|ός επίθ multiple

πολλοί, -ές, -ά = **πολύς**

πόλ|ος ο pole

πολτ|ός ο pulp

πολύ επίρρ (= σε μεγάλο βαθμό) very · (ή υπερβολικά) too · (= για μεγάλο χρονικό διάστημα) long · **πάρα** ~ very much · **το** ~ at the latest · **το** ~~~ at the most

πολυάριθμ|ος επίθ large

πολυάσχολ|ος επίθ busy

πολυβόλ|ο *το* machine gun
πολυέλαι|ος *το* chandelier
πολυέξοδ|ος *επίθ* extravagant
πολυήμερ|ος *επίθ* lasting many days
πολυθρόν|α *η* armchair
πολυκατάστη|μα *το* department store
πολυκατοικί|α *η* block of flats (*Βρετ.*), apartment house (*Αμερ.*)
πολυλογί|α *η* chatter
πολύπλοκ|ος *επίθ* (*πρόβλημα*, *νόημα*) complicated · (*μηχάνημα*, *σχέδιο*) complex

---

ΛΕΞΗ-ΚΛΕΙΔΙ

πολ|ύς, πολλή, πολύ (α) (*ζάχαρη*, *αλάτι*) too much · (*χρήμα*, *χώρος*) a lot of · **γίνεται πολύς λόγος για** there's a lot of talk about (β) (= *μεγάλος σε ένταση*: *ζέστη*, *βροχή*) a lot of · (*άνεμος*) high (γ) (*για χρόνο*: *καιρός*, *ώρα*) a lot of · **προ πολλού** a long time ago (δ) (*στον πληθυντικό*: *φίλοι*, *βιβλία*) many
▸ **οι πολλοί** *οι* (= *πλειοψηφία*) the majority · (= *λαός*) most people · **πολλές φορές** many *ή* several times
▸ **πολλά** *τα* a lot · **έχω πολλά-πολλά με κπν** to have a lot to do with sb · **με τα πολλά** after a lot of effort · **πολλά-πολλά** fuss

---

πολυτέλεια *η* luxury
πολυτελής *επίθ* plush
πολύτιμ|ος *επίθ* (*αντικείμενο*, *χρυσαφικά*) valuable · (*φίλος*, *συνεργάτης*) valued · (*εμπειρία*, *βοήθεια*) invaluable
πολύφωτ|ο *το* chandelier
πολύχρωμ|ος *επίθ* multi-coloured (*Βρετ.*), multi-colored (*Αμερ.*)
πολύωρ|ος *επίθ* long

πολυώροφ|ος *επίθ* multi-storey (*Βρετ.*), multi-story (*Αμερ.*)
Πολωνέζ|α *η* βλ. **Πολωνός**
πολωνέζικ|ος *επίθ* = **πολωνικός**
Πολωνέζ|ος *ο* = **Πολωνός**
Πολων|ή *η* βλ. **Πολωνός**
Πολωνί|α *η* Poland
πολωνικ|ός *επίθ* Polish
▸ **Πολωνικά, Πολωνέζικα** *τα* Polish
Πολων|ός *ο* Pole
πομπ|ή *η* procession
πομπ|ός *ο* transmitter
πονηρι|ά *η*, **πονηρί|α** cunning
πονηρ|ός *επίθ* cunning · (= *καχύποπτος*) sly
πονόδοντ|ος *ο* toothache
πονοκέφαλ|ος *ο* headache · (*μτφ.*) arduous task
πονόλαιμ|ος *ο* sore throat
πόν|ος *ο* pain · (= *μεγάλη στενοχώρια*) grief · **δυνατός** ~ sharp pain
▸ **πόνοι** *πλ* pains
πονόψυχ|ος *επίθ* compassionate
ποντίκ|ι *το* (*ΖΩΟΛ*) mouse · (*ανατ.*: = *μυς*) muscle
ποντικ|ός *ο* mouse
πόντ|ος *ο* (= *εκατοστό*) centimetre (*Βρετ.*), centimeter (*Αμερ.*) · (*ΑΘΛ*) point · (*πλεχτού*) stitch · (*κάλτσας*, *καλσόν*) ladder (*Βρετ.*), run (*Αμερ.*)
πον|ώ *ρ αμ* to hurt ◆ *ρ μ* (= *προκαλώ πόνο*) to hurt · (= *νοιάζομαι*) to care about
πορδ|ή *η* fart (*χυδ.*)
πορεί|α *η* course
πορθμ|ός *ο* strait
πορνεί|α *η* prostitution
πορνεί|ο *το* brothel
πόρν|η *η* prostitute
πόρ|ος *ο* pore
▸ **πόροι** *πλ* public revenues
πόρπ|η *η* buckle
πορσελάν|η *η* porcelain
▸ **πορσελάνες** *πλ* china(ware)

πορσελάνιν|ος επίθ porcelain
πόρτ|α η door
πορτάκ|ι το hatch
πορτατίφ το reading lamp
πορτιέρ|ης ο porter
πορτμπαγκάζ πορτ-μπαγκάζ το trunk
Πορτογαλέζ|α η βλ. **Πορτογάλος**
πορτογαλέζικ|ος επίθ = **πορτογαλικός**
Πορτογαλέζ|ος ο = **Πορτογάλος**
Πορτογαλί|α η Portugal
Πορτογαλίδ|α η βλ. **Πορτογάλος**
πορτογαλικ|ός επίθ Portuguese
▶ **Πορτογαλικά, Πορτογαλέζικα** τα Portuguese
Πορτογάλος ο Portuguese
πορτοκαλάδ|α η orange juice
πορτοκαλ|ής, -ιά, -ί orange
▶ **πορτοκαλί** το orange
πορτοκάλ|ι το orange
πορτοκαλι|ά η orange (tree)
πορτοφολάκ|ι το purse (Βρετ.), change purse (Αμερ.)
πορτοφολ|άς ο pickpocket
πορτοφόλ|ι το wallet (Βρετ.), billfold (Αμερ.)
πορτρέτ|ο το portrait
ποσό το amount
πόσο επίρρ how much ◆ επιφών how
πόσ|ος αντων how much
ποσοστ|ό το percentage
ποσότητ|α η amount
πόστ|ο το post
ποτάμ|ι το river
ποταμ|ός ο river
ποτέ επίρρ ~ **πια!** never again!
πότε επίρρ when
ποτήρ|ι το glass
ποτίζ|ω ρ μ (γη, δέντρα) to water · (μτφ.) to give a drink to ◆ ρ αμ to saturate
πότισ|μα το watering
ποτ|ό το drink · **το ρίχνω στο ~** to take to drinking

ποτοπωλεί|ο το off–licence (Βρετ.), liquor store (Αμερ.)

ΛΕΞΗ-ΚΛΕΙΔΙ

που αντων (α) (= οποίος) that
(β) (= όπου) where
(γ) (= όπως) as
(δ) (προφ.: για τόπο) where · (για πρόσ.) with whom
◆ **σύνδ** (α) (= όταν) when ·
(= αφότου) for · **με το που** as soon as
(β) (= επειδή, ώστε) that
(γ) (αντί του "να")
(δ) (= ακόμη κι αν) **που να** even if
(ε) (= να) by
▶ **μόρ** (α) (= είθε) I hope · **που να μη σώσεις!** damn you! · **που να μην** I wish I hadn't
(β) (για θαυμασμό) how · **που λες** so

ΛΕΞΗ-ΚΛΕΙΔΙ

πού επίρρ (α) (για τόπο) where
(β) (για απορία) how (on earth) ·
από πού κι ως πού how come · **που να...;** how
(γ) (για έντονη άρνηση) **αραιά και πού** occasionally · **πού είχα μείνει;** where was I? · **πού και πού** sometimes · **πού το πας;** what are you driving ή getting at?

πούδρ|α η face powder
πουθενά επίρρ (με άρνηση) anywhere · (απόλυτο) nowhere · (για κίνηση) somewhere · **δεν βγάζω ~** not to get anywhere
πουκάμισ|ο το shirt
πουλάκ|ι το (= μικρό πουλί) little bird · (για φωτογραφία) birdie · (οικ.: = παιδικό πέος) birdie
πουλ|άω ρ μ/αμ βλ. **πουλώ**
πουλερικ|ά τα poultry
πούλημα το sale

πουλί το bird

πουλώ ϱ μ το sell ♦ ϱ αμ to sell

πούπουλο το feather

πουρ|ές ο mash

πουρμπουάρ το tip

πούρο το cigar

πουτάν|α (χυδ.) η (= πόρνη) tramp · (υβρ.) harlot

πουτίγκ|α η pudding

πράγμα το (= αντικείμενο) thing · (= υπόθεση) matter · (= εμπόρευμα) goods πλ · **δεν είναι μικρό** ~ it's no small thing to · **όπως και να 'χει το** ~ in any case · **σπουδαίο πράμα!** big deal! · **τι** ~; what?

πράγματι επίρρ indeed

πραγματικά επίρρ really

πραγματικός επίθ real

πραγματικότητ|α η reality · **στην** ~ in reality η fact

πραγματοποιώ ϱ μ to realize

πρακτικ|ή η practice

πρακτικός επίθ practical

πράκτορ|ας ο/η agent · **μυστικός** ~ secret agent

πρακτορεί|ο το (στο θέατρο) agency · **ταξιδιωτικό** ~ travel agency

πρά|μα το (ευφημ.: = πέος) penis · (= αιδοίο) vulva · βλ. κ. **πράγμα**

πράξ|η η (= ενέργεια) act · (= εκτέλεση έργου) deed · (= δοσοληψία) transaction · (ΜΑΘ) operation · (στο θέατρο) act

πράος, -α, -ο (άνθρωπος) sweet-tempered · (βλέμμα, ύφος) gentle

πράσιν|ο το (χρώμα) green · (φωτεινού σηματοδότη) green light · (= βλάστηση) greenery

πράσιν|ος επίθ green

πράσ|ο το leek

πράττ|ω ϱ μ (επίσ.) to do

πρεμιέρ|α η first ή opening night

ΛΕΞΗ-ΚΛΕΙΔΙ

πρέπει ϱ απρόσ (α) (= είναι υποχρεωτικό) to have to · (= είναι

σωστό) should · (= είναι απαραίτητο) must
• (β) **πρέπει να** must · **(θα) έπρεπε να** I should have ή ought to have · (γ) **μου πρέπει** to deserve · **όπως πρέπει** properly · **ό, τι πρέπει** just the thing

---

πρέπ|ον το the right thing

πρεσβεί|α η (χώρας) embassy · (= αντιπροσωπεία) deputation

πρεσβευτ|ής ο ambassador

πρέσβ|ης ο, **πρέσβυς** ο ambassador

πρεσβύωπας ο/η long-sighted person (Βρετ.), far-sighted person (Αμερ.)

πρήζ|ω ϱ μ to pester
► **πρήζομαι** μεσ to become swollen

πρήξιμο το swelling

πρίγκιπ|ας ο prince

πριγκίπισσα η princess

πρίζα η socket

πριόν|ι το saw

πριονίζ|ω ϱ μ to saw

προάγ|ω ϱ μ (υπάλληλο) to promote · (προσωπικότητα, συμφέρον) to develop

προαγωγ|ή η promotion · **παίρνω** ~ to be promoted

προαιρετικός επίθ optional (Βρετ.), elective (Αμερ.)

προαισθάν|ομαι ϱ μ απ to have a presentiment of · ~ **ότι** ή **πως** to herald that

προάλλες επίρρ **τις** ~ the other day

προάστι|ο το suburb

προαύλι|ο το forecourt

πρόβ|α η (για θέατρο, ορχήστρα) rehearsal · (= δοκιμή ρούχου) fitting · **κάνω** ~ to rehearse

προβάδισ|μα το precedence

προβαίν|ω ϱ μ to proceed

προβάλλ|ω ϱ μ (κεφάλι, πόδι) to stick out · (φιλμ, διαφάνεια) to show · (αξία, ιδανικό) to highlight · (*άποψη, δικαιολογία*) to highlight ♦ *ρμ* to appear

▶ **προβάλλομαι** *μεσ* to push *ή* sell oneself

προβάρ|ω *ρ μ* to try on

πρόβατ|ο *το* sheep · (*μτφ.*) lamb

πρόβει|ος, -α, -ο sheep's

προβιά *η* (= *δέρμα προβάτου*) sheepskin · (= *δέρμα ζώου*) pelt

προβιβάζ|ω *ρ μ* (*υπάλληλο, στρατιωτικό*) to promote · (*μαθητή, φοιτητή*) to move up

▶ **προβιβάζομαι** *μεσ* (*υπάλληλος, αξιωματούχος*) to be promoted · (*μαθητής*) to move up

προβλέπ|ω *ρ μ* (= *προϋπολογίζω*) to contemplate · (= *προμαντεύω*) to anticipate · (= *κανονίζω*) to plan ♦ *ρ αμ* · **για** to provide *ή* allow for

▶ **προβλέπεται, προβλέπονται** *μεσ τριτ* to be anticipated

πρόβλεψ|η *η* (= *εκτίμηση*) anticipation · (*καιρού*) forecast · (= *πρόνοια*) provision

πρόβλη|μα *το* problem · **αυτό είναι -μά σου** (*προφ.*) that's your problem · **έχω -** (*ανεπ.*) to have a problem

προβληματίζ|ω *ρ μ* to puzzle over

▶ **προβληματίζομαι** *μεσ* (= *ανησυχώ*) to be concerned · (= *βρίσκομαι σε εγρήγορση*) to ask oneself questions

προβληματισμέν|ος *επίθ* concerned

προβληματισμ|ός *ο* speculation

προβλήτα *η* pier

προβολέας *ο* (*αυτοκινήτου*) headlight · (ΚΙΝ) cinema projector (*Βρετ.*), movie projector (*Αμερ.*)

προβολή *η* (= *παρουσίαση φωτεινών εικόνων*) projection · (*ταινίας*) showing · (= *κοινωνική αναγνώριση*) acknowledgement

προβοσκίδ|α *η* trunk

πρόγευ|μα *το* breakfast

πρόγνωση *η* forecast

πρόγον|ος *ο/η* ancestor

▶ **πρόγονοι** *πλ* ancestors

πρόγραμ|μα *το* (*διακοπών*) programme · (*μαθημάτων*) curriculum · (*για μουσικές εκδηλώσεις*) bill · (*κυβέρνησης*) plan · (*εργαζόμενου*) timetable · (ΠΛΗΡΟΦ) program · **βάζω -** to plan · **είναι στο -** it is expected

προγραμματίζ|ω *ρ μ* (*ενέργεια, ζωή*) to plan · (ΠΛΗΡΟΦ) to program

προγραμματισμ|ός *ο* (*εργασιών, στόχων*) planning · (ΠΛΗΡΟΦ) programming (*Βρετ.*), programing (*Αμερ.*)

προδίδ|ω *ρ μ* (*αρχές, πατρίδα*) to betray · (*προτίμηση, πρόθεση*) to reveal · (*μυστικό, σχέδιο*) to give away

▶ **προδίδομαι** *μεσ* to fail

προδίν|ω *ρ μ* = **προδίδω**

προδοσία *η* betrayal · **εσχάτη ~** high treason

προδότης *ο* traitor

προδότρια *η* βλ. **προδότης**

προεδρικ|ός *επίθ* presidential

πρόεδρ|ος *ο/η* (*δικαστηρίου, εταιρείας*) chairman · (*τάξης*) president

προειδοποίηση *η* notice

προειδοποιητικ|ός *επίθ* warning

προειδοποι|ώ *ρ μ* (*για κίνδυνο*) to warn · (= *προαναγγέλλω*) to notify in advance · **~ κπν για κτ** to warn sb of sth

προέκταση *η* extension

προεκτείν|ω *ρ μ* to extend

προέλευση *η* origin

προεξέχ|ω *ρ αμ* to jut *ή* stick out

προεξόφληση *η* discount

προέρχομαι *ρ αμ απ* (= *κατάγομαι*) to come of · (*χρήματα, επιδημία*) to come from · (*ιδέα, πληροφορία*) to originate

προετοιμάζ|ω ρ μ (μαθητή, αθλητή) to train · (δρόμο, μέλλον) to prepare the ground for · (= προδιαθέτω) to prepare

προετοιμασί|α η preparation

προηγμέν|ος επίθ advanced

προηγούμεν|η η the day before

προηγούμεν|ος επίθ preceding

προημιτελικ|ά τα quarter-finals πληθ.

προημιτελικ|ός επίθ quarter-final

προθέρμανσ|η η (φούρνου, θαλάμου) warming up · (ομάδας, ποδοσφαιριστή) limbering ή loosening up

πρόθεσ|η η intention · (ΓΛΩΣΣ) preposition

προθεσμί|α η deadline · **εντός (της) ~ς** within the prescribed ή allotted time

προθυμί|α η willingness · **με ~** willingly

προθυμοποι|ούμαι ρ μ απ **~ να κάνω κτ** to be willing ή eager ή ready

πρόθυμ|ος επίθ willing · **είμαι ~ να...** to be willing ή prepared to...

προικισμέν|ος επίθ gifted

προϊόν το to produce

προϊσταμέν|η η βλ. **προϊστάμενος**

προϊστάμεν|ος ο head

πρόκ|α η (προφ.) nail

προκαλ|ώ ρ μ = καλώ σε αναμέτρηση) to challenge · (= εξοργίζω) to provoke · (θυμό, πανικό) to cause · (προσοχή, ενδιαφέρον) to rouse

προκαταβολ|ή η down payment

προκαταβολικά επίρρ in advance

προκαταβολικ|ός επίθ advance

προκαταβολικώς επίρρ = **προκαταβολικά**

προκατάληψ|η η prejudice

προκατειλημμέν|ος επίθ prejudiced

πρόκειται ρ απρόσ **~ για** it's about · **~ να** to be going to · **περί τίνος ~;** what is it about? · **επαναστατική/τρομοκρατική προκήρυξη** revolutionary/ terrorist leaflet

πρόκλησ|η η challenge · (από εχθρό) provocation · (ασθενειών, προβλημάτων) causing

προκλητικ|ός επίθ provocative

προκριματικ|ός επίθ qualifying

▶ **προκριματικά** τα qualifying round

προκρίν|ω ρ μ to choose

▶ **προκρίνομαι** μεσ to qualify

πρόκρισ|η η success in a preliminary test

προκυμαί|α η wharf

προλαβαίν|ω ρ μ to catch · (αρρώστια, κακό) to avert · **~ να κάνω κτ** to have time to do sth

προληπτικ|ός επίθ precautionary · (έλεγχος, μέτρα) preventive

πρόληψ|η η (ασθενειών, δυσκολιών) prevention · (= δεισιδαιμονία) superstition

προμήθει|α η (υλικού, εμπορευμάτων) procurement · (μεσάζοντα) commission

▶ **προμήθειες** πλ supplies

προμηθευτ|ής ο supplier

προμηθεύτρι|α η βλ. **προμηθευτής**

προμηθεύ|ω ρ μ to supply

▶ **προμηθεύομαι** μεσ to get

προνοητικ|ός επίθ provident

προνόμι|ο το privilege

προνο|ώ ρ αμ to provide

προξενεί|ο το consulate

πρόξεν|ος ο/η consul

προξεν|ώ ρ μ (βλάβη, ζημιά) to cause · (χαρά, έκπληξη) to give

προοδευτικ|ός επίθ progressive · (μείωση, αύξηση) gradual

προοδεύ|ω ρ αμ to progress

πρόοδος η progress

προοπτική η prospect

προορίζω ρ μ to intend

προορισμός ο (οργάνωσης, ιδρύματος) aim · (= αποστολή: ανθρώπου) destination · (= τέρμα: ταξιδιού) destination

προπαγάνδα η propaganda

προπαντός επίρρ first of all

προπέλα η propeller

πρόπερσι επίρρ two years ago

προπληρωμή η advance payment

προπληρών|ω ρ μ to pay in advance

πρόποδες οι foot εν.

προπόνηση η training

προπονητής ο trainer

προπονήτρια η βλ. **προπονητής**

προπον|ώ ρ μ to coach

▸ **προπονούμαι** μεσ to train

πρόποση η toast

προσανατολίζω ρ μ to direct

▸ **προσανατολίζομαι** μεσ to find one's bearings · **~ομαι προς** to move ή turn towards

προσαρμόζ|ω ρ μ to fit

▸ **προσαρμόζομαι** μεσ to adjust to

πρόσβαση η access

προσβολή η (= υβριστική συμπεριφορά) insult · (= βλάβη υγείας) attack

προσγειωμένος επίθ down-to-earth

προσγειών|ω ρ μ (αεροπλάνο, ελικόπτερο) to land · (= επαναφέρω στην πραγματικότητα) to bring down to earth

▸ **προσγειώνομαι** μεσ to land

προσγείωση η (αεροπλάνου, αεροσκάφους) landing · (= αντιμετώπιση της πραγματικότητας) rude awakening

προσδέν|ω ρ μ to attach · **προσδεθείτε!** fasten your seatbelts, please!

προσδιορίζ|ω ρ μ to determine

προσδιορισμός ο definition

προσδοκία η expectation · **ανταποκρίνομαι στις ~ες** to meet expectations

προσδοκ|ώ ρ μ to expect

προσεγγίζ|ω ρ μ to come near · ρ αμ to approach

προσέγγιση η approach · **κατά ~** approximately

προσεκτικ|ός επίθ (μαθητής, γιατρός) meticulous · (μελέτη, αξιολόγηση) close · (= συνετός) prudent

προσευχή η prayer

προσεύχ|ομαι ρ μ/αμ απ to pray

προσεχής επίθ next

προσεχτικός επίθ = **προσεκτικός**

προσέχ|ω ρ μ (μάθημα, κίνηση) to observe · (= επιτηρώ) to look after · (= προφυλάσσω) to be careful of ◆ ρ αμ to be careful

προσεχώς επίρρ shortly

πρόσθεση η addition

προσθέτ|ω ρ μ to add · (= λαμβάνω υπόψη) to take into account · ρ αμ to add

προσιτ|ός επίθ (κορυφή, βιβλιογραφία) accessible · (τιμές) within one's means · (για πρόσ.) approachable

προσκαλ|ώ ρ μ to invite

προσκεκλημέν|ος επίθ invited ◆ ονσ guest

πρόσκληση η invitation

προσκυν|ώ ρ μ to bow to · (μτφ.: = δηλώνω υποταγή) to kowtow to

προσλαμβάν|ω ρ μ to employ

πρόσληψη η employment

προσιόν το merit

▸ **προσόντα** πλ qualifications πληθ.

προσοχή η (= προσήλωση) attention · (= προφύλαξη) caution · **~!** be careful! · **δίνω ~** to pay attention · **προκαλώ την ~** to attract attention

πρόσοψη η front

προσπάθει|α η (= καταβολή κόπων για την επίτευξη σκοπού) effort • (= απόπειρα) attempt

προσπαθ|ώ ρ μ (= κάνω απόπειρα) to make an attempt • (= καταβάλλω κόπους για την επίτευξη σκοπού) to try one's hardest ◆ ρ αμ to try

προσπερν|ώ ρ μ (αυτοκίνητο) to overtake • (εμπόδιο, δυσκολία) to overcome • (= περνώ μπροστά) to pass on

προσποίηση η affectation

προσποι|ούμαι ρ μ απ to feign

προστασί|α η protection

προστατευόμενη η βλ. **προστατευόμενος**

προστατευόμενος ο protégé

προστατευτικός επίθ protective

προστατεύω ρ μ to protect

προστάτης ο (πολιτισμού, τέχνης) protector • (φτωχού, ορφανού) support • (ΑΝΑΤ) prostate

προστατίδ|α η βλ. **προστάτης**

πρόστιμ|ο το fine

πρόστυχ|ος επίθ (συμπεριφορά, χειρονομία) vulgar • (για πρόσ.) gross

πρόσφατ|ος επίθ recent

προσφέρ|ω ρ μ to offer
▸ **προσφέρομαι** μεσ (= θέτω τις υπηρεσίες μου στη διάθεση κποιου) to offer • (= είμαι κατάλληλος) to be suitable for

προσφεύγω ρ αμ (αορ **προσφεύγα**) • ~ **σε** to resort to

προσφορ|ά η (γενικότ.) offer • (ανθρώπου, θεωρίας) contribution
▸ **προσφορές** πλ sales πληθ

πρόσφυγ|ας ο/η refugee

προσωπικά¹ τα personal matters • **έχω ~ με** κπν there is friction between me and sb

προσωπικά² επίρρ personally

προσωπικό το staff

προσωπικ|ός επίθ personal

προσωπικότητα η personality

πρόσωπ|ο το (γενικότ.) face • (δράματος, έργου) character • (ρήματος) person

προσωρινός επίθ temporary

πρότασ|η η (γενικότ.) proposal • (ΓΛΩΣΣ) clause • ~ **γάμου** marriage proposal

προτείν|ω ρ μ to propose • (όπλο, χέρι) to point • ~ **να** to suggest

προτελευταί|ος, -α, -ο last but one

προτεραιότητ|α η priority • **έχω** ~ to have priority • **κατά σειρά** ~ς in order of precedence

προτέρημα το merit

προτίθε|μαι ρ μ απ (επίσ.) to intend

προτίμηση η preference • **κατά** ~ preferably

προτιμότερ|ος επίθ preferable • **είναι -ο να** I would rather

προτιμ|ώ ρ μ to prefer • ~ **να** I would rather

προτομή η bust

προτρέπ|ω ρ μ to urge

προτροπή η urge

πρότυπ|ο το model

πρότυπ|ος επίθ (σχολή) model • (παραγωγή, συμπεριφορά) exemplary

προϋπαντ|ώ ρ μ to meet

προϋπηρεσί|α η previous working experience

προϋπόθεση η condition • **οικογενειακός/κρατικός προϋπολογισμός** family/state budget

προφανώς επίρρ apparently

προφέρ|ω ρ μ to pronounce

προφητεί|α η (= πρόβλεψη) prediction • (ΘΡΗΣΚ) prophecy

προφήτης ο prophet

προφορά η (λέξης, φράσης) pronunciation • (γλώσσας) accent

προφορικός επίθ verbal

προφταίν|ω ρ μ/αμ to have time

to · **~ τα νέα ή την είδηση σε κπν** to break the news to sb
προφυλακτήρ|ας *ο* bumper
προφυλακτικ|ό *το* condom
προφύλαξ|η *η* caution · **παίρνω προφυλάξεις** to take precautions
προφυλάσσω *ρ μ* to protect
▸ **προφυλάσσομαι** *μεσ* to protect oneself
πρόχειρ|α *επίρρ* roughly · **ντύνομαι** ~ to dress casually
πρόχειρ|ος *επίθ* (φαγητό, γεύμα) scratch · (ερμηνεία, υπολογισμός) rough · (ρούχο) casual · **έχω κτ ~ο** to have sth at hand
προχθές *επίρρ* the day before yesterday
προχτές *επίρρ* = **προχθές**
προχωρημέν|ος *επίθ* advanced
προχωρ|ώ *ρ αμ* (αυτοκίνητο, άνθρωπος) to advance · (μτφ.: = προοδεύω, εξελίσσομαι) to progress · (μτφ.: δουλειά, συζήτηση) to progress · (έρευνα) to move forward · (ώρα, νύχτα) to move on
προωθ|ώ *ρ μ* to promote (συμφέρον, ανάπτυξη) to forward
πρόωρ|ος *επίθ* (σύνταξη, εκλογές) early · (τοκετός) premature
πρύμν|η *η* stern
πρύταν|ης *ο/η* rector
πρώην *επίρρ* · **ο/η ~ μου** my ex
πρωθυπουργ|ός *ο/η* Premier
πρωί *το* morning ◆ *επίρρ* in the morning · **από το ~ έως το βράδυ** from morning till night · **~ ~** very early in the morning
πρωινό *το* (= πρωί) morning · (= πρόγευμα) breakfast
πρωινό|ς *επίθ* morning
πρώτα *επίρρ* (= κατ' αρχάς) first · (= άλλοτε) in the old days · **όπως ~ before** · **~ ~** first and foremost · **~ απ' όλα** first of all · **σαν** ~ before
πρωταγωνιστ|ής *ο* (= αυτός που έχει τον πρώτο ρόλο) leading

actor · (μτφ.) protagonist
πρωταγωνιστικ|ός *επίθ* leading
πρωταγωνίστρι|α *η* βλ. **πρωταγωνιστής**
πρωτάθλη|μα *το* championship · **παίρνω το ~** to win in the championship
πρωταθλητ|ής *ο* champion
πρωταθλήτρι|α *η* βλ. **πρωταθλητής**
Πρωταπριλι|ά *η* first of April
πρωταπριλιάτικ|ος *επίθ* April
πρωτεύουσ|α *η* capital
πρωτόγον|ος *επίθ* primitive
πρωτοετής *επίθ* first-year
▸ **πρωτοετής** *ο/η* first-year student
Πρωτομαγι|ά *η* May Day
πρώτ|ον *επίρρ* (= κατ' αρχάς) first · (= κατά πρώτιστο λόγο) in the first place *ή* instance
πρώτ|ος *αριθ τακτ* first · **έρχομαι** ~ to come first · **με την ~η** *ή* **το ~ο** (κατολαβαίνω) at once · (επιτυγχάνω, πετρνώ) the first time around · **~ ~** first of all
▸ **πρώτος** *ο* (= όροφος) first floor (Βρετ.), second floor (Αμερ.) · (= Ιανουάριος) January
▸ **πρώτη** *η* (= ημέρα) first · (= ταχύτητα) first (gear) · (= σχολική τάξη) first year
πρωτότυπ|ο *το* original
πρωτότυπ|ος *επίθ* original
πρωτοχρονι|ά *η* New Year's Day
πρωτοχρονιάτικ|ος *επίθ* New-Year, New Year's (Αμερ.)
πτέρυγ|α *η* wing
πτερύγι|ο *το* (ψαριού) fin · (χελώνας, φώκιας) flipper · (αεροπλάνου) flap
πτηνό *το* (επίσ.) bird
πτήση *η* flight · **εν ~ει** during the flight
πτοώ *ρ μ* to intimidate
▸ **πτοούμαι** *μεσ* to be intimidated
πτυχή *η* (φορέματος, σημαίας) crease · (εδάφους) depression

πτυχίο *το* (μτφ.) aspect

πτυχί|ο *το* degree · **παίρνω το ~ μου** to graduate

πτυχιούχ|ος *ο/η* graduate

πτώμα *το* corpse

πτώση *η* fall · **ελεύθερη ~** free fall

πτώχευση *η* bankruptcy

πυγμαχία *η* boxing

πυγμάχ|ος *ο/η* boxer

πυθμέν|ας *ο* bottom

πύθων|ας *ο* python

πυκν|ός *επίθ* (χορτάρι, δάσος) rank · (βλάστηση, φύλλωμα) luxuriant · (ακροατήριο, κυκλοφορία) dense · (τρίχωμα, μαλλιά) bushy · (σκοτάδι, ομίχλη) dense · (μυστήριο) dense · (πυρά, επισκέψεις) thick and fast · (ύφος, έκφραση) compact

πυκνότητ|α *η* (ΦΥΣ) density · (νοήματος, έκφρασης) compactness

πυκνών|ω *ρ αμ* to become dense · (μαλλιά, γενειάδα) to become bushy · (επισκέψεις, τηλεφωνήματα) to become more frequent · (οργάνωση, παράταξη) to become thicker

πύλη *η* gate

πυξίδα *η* compass

πυρ *το* fire · **ανοίγω ~** to commence firing · **είμαι ή γίνομαι ~ και μανία** the fat is in the fire · **παύσατε ~!** cease fire! · **~! fire!**

▸ **πυρά** *πλ* fire *εν.*

πυρακτωμέν|ος *επίθ* red-hot

πυραμίδ|α *η* pyramid

πύραυλ|ος *ο* rocket · **παγωτό ~** ice-cream cone

πύργ|ος *ο* (τείχους, ακρόπολης) tower · (άρχοντα, φεουδάρχη) castle · (στο σκάκι) castle · **ο ~ του 'ιφελ** the Eiffel Tower · **ο ~ της Πίζας** the Leaning Tower of Pisa · **~ ελέγχου** control tower

πυρετ|ός *ο* fever · **ψήνομαι στον**

~ό to have a raging fever

Πυρηναία *τα* Pyrenees

πυρήν|ας *ο* (καρπού) pit · (κυττάρου) nucleus · (ατόμου) nucleus · (γης, ήλιου) core · (μτφ.) nucleus

πυρηνικ|ός *επίθ* nuclear

πύριν|ος *επίθ* (βέλος) burning · (γλώσσες, λόγια) fiery

πυρίτιδα *η* gunpowder

πυρκαγιά *η* fire

πυροβολισμός *ο* gunshot

πυροβόλο *το* gun

πυροβολ|ώ *ρ αμ* to shoot ◆ *ρ μ* to fire at

πυροσβεστήρ|ας *ο* fire extinguisher

πυροσβέστης *ο* fire fighter

Πυροσβεστική *η* fire brigade (Βρετ.), fire department (Αμερ.)

πυροσβεστικ|ός *επίθ* fire

πυροτέχνημα *το* firework

πυτζάμα *η* = **πιτζάμα**

πώληση *η* sale · **προς ~** for ή on sale

πωλητής *ο* salesman · **πλανόδιος ~** street vendor

πωλήτρια *η βλ.* **πωλητής**

πωλ|ώ *ρ μ* (επίσ.) to sell · *βλ. κ.* **πουλώ**

πώμα *το* cap

πώς *επίρρ* (= για τρόπο, εξέλιξη) how· (για εντύπωση, απορία) what · **~ και (δεν)** how come (= ευτυχώς που) it was lucky · (ειρ.) like hell · **κάνω ή περιμένω ~ και ~ ή και τι** to be all agog · **~/ ~ είπατε;** excuse me? · **~ πάνε ή είναι τα πράγματα;** how are things? · **~ είστε;** how are you? · **~ (κι) έτσι;** how come? · **~ πάει;** (οικ.) how is it going? (ανεπ.) · **~ σε λένε;** what's your name? · **~ σου φαίνεται το καινούργιο αυτοκίνητο;** what do you think of the new car?

πως *σύνδ* that · **όχι ~...** not that...

P ρ

P, ρ rho, *17th letter of the Greek alphabet*

ραβανί *το* cake coated in syrup

ραβδί *το* stick

ράβω *ρ μ* (κουμπί, φερμουάρ) to sew on · (φύλλα) to sew ‖ stitch together · (κάλτσες) to darn · (ασθενή) to give stitches to · (πληγή, τραύμα) to stitch up ♦ *ρ αμ* to sew · **~ ένα κοστούμι/ φόρεμα** to have a suit/dress made · **~ στη ραπτομηχανή** to use a sewing machine

▸ **ράβομαι** *μεσ* to have one's clothes made (σε by)

ράγα *η* rail

ραγδαί|ος, -α, -ο (βροχή) pelting · (χιονοπτώσεις) heavy · (μτφ.) rapid · (αλλαγές) abrupt

ραγίζω *ρ αμ* to crack ♦ *ρ μ* to crack

ράγισμα *το* (σε τοίχο, πέτρα) crack · (σε κόκαλο) fracture

ραδιενέργεια *η* radiation

ραδίκι *το* chicory, endive (Αμερ.)

ράδιο¹ *το* radio · **στο ~** on the radio

ράδιο² *το* radium

ραδιολογί|α *η* (= κλάδος φυσικής) radiation physics *εν.* · (= κλάδος ιατρικής) radiology

ραδιοσταθμ|ός *ο* radio station

ραδιοφωνί|α *η* radio (broadcasting)

ραδιοφωνικ|ός *επίθ* radio
▸ **~ σταθμός** radio station
▸ **~ χρόνος** airtime

ραδιόφων|ο *το* (συσκευή) radio · (= ραδιοσταθμός) radio station · (= ραδιοφωνία) radio

ραΐζω *ρ αμ* = **ραγίζω**

ρακέτ|α *η* (τένις) racket ·

(πινγκ-πονγκ) bat
▸ **ρακέτες** *πλ* beach tennis

ράκ|ος *το* (επία.: = κουρέλι) rag · (μτφ.: για πρόσ.) wreck

ράλι *το* rally ▸ **~ "Ακρόπολις"** Acropolis rally ▸ **~-αντίκα** vintage car rally

ράμμα *το* stitch

ράμπα *η* (σε κήρια, οικοδομές) ramp · (σε συνεργείο αυτοκινήτων) rack

ράμφος *το* beak

ραντεβού *το* (γενικότ.) appointment · (μυστικό) rendez-vous · (επίσης **ερωτικό ~**) date · **βγαίνω ~ με κπν** to go out with sb · **είμαι Άγγλος ή Εγγλέζος στα ~ μου** to be very punctual · **κλείνω ~** to make an appointment

ραντίζω *ρ μ* (= περιβρέχω) to sprinkle · (= ψεκάζω) to spray

ραπ *η* rap (music)

ραπανάκι *το* (υποκ.: = μικρό ραπάνι) small radish

ραπάνι *το* radish

ραπτομηχανή *η* sewing machine

ράσ|ο *το* (μοναχού) habit · (κληρικού) cassock

ράτσα *η* (= γένος) race · (για ζώα) breed ▸**άλογο ~ς** pedigree ή thoroughbred horse ▸**σκύλος ~ς** pedigree dog

ρατσισμ|ός *ο* racism

ρατσιστής *ο* racist

ρατσιστικός, -ή, -ό racist

ρατσίστρια *η* = **ρατσιστής**

ραφείο *το* tailor's (shop)

ραφ|ή *η* (= ράψιμο) sewing *εν.* · (= γραμμή ραψίματος) seam · (ΙΑΤΡ) suture

ράφ|ι *το* shelf

ράφτης *ο* tailor

ράχ|η *η* (ανθρώπου, ζώου) back · (= ραχοκοκκαλιά) backbone · (καρέκλας) back · (κρεβατιού) bed head · (μαχαιριού, φακέλου) back

ράψιμο *(βιβλίου)* spine · *(βουνού)* ridge

ράψιμο το sewing · *(κουμπιού)* sewing on · *(τραύματος, πληγής)* stitching (up)

ρεαλισμός ο realism

ρεβεγιόν το New Year's Eve feast

ρεβέρ το *(σε μανίκια)* cuff · *(σε παντελόνι)* turn-up *(Βρετ.)*, cuff *(Αμερ.)* · *(στο τένις, πινγκ-πόνγκ)* backhand

ρεβίθι το chickpea
▸ **ρεβίθια** πλ chickpeas ▷ **σούπα ~α** chickpea soup

ρέγγα η = **ρέγκα**

ρέγκα η herring

ρέγκε η reggae

ρεζέρβα η *(= εφεδρεία)* spare · *(= ρόδα)* spare tyre *(Βρετ.)* ή tire *(Αμερ.)* ▷ **αλλαξιά ~** change of clothes ▷ **κλειδί ~** spare key
▸ **ρεζέρβες** πλ reserves

ρεζερβέ reserved

ρεζερβουάρ το petrol tank *(Βρετ.)*, gas tank *(Αμερ.)*

ρεζίλι το *(= γελοιοποίηση)* ridicule · *(= εξευτελισμός)* humiliation

Ρέικιαβικ το = **Ρέικιαβικ**

ρεκόρ το record

ρέμα το *(= κοίτη χειμάρρου)* river bed · *(= χείμαρρος)* stream

ρεμβάζω ρ αμ to daydream

ρεντίκολο το laughing-stock

ρεπάνι το = **ραπάνι**

ρεπερτόριο το repertoire

ρεπό το day off

ρεπορτάζ το report

ρεπόρτερ ο/η reporter

ρεσεψιόν η reception

ρεσεψιονίστ ο/η receptionist

ρεσιτάλ το *(χυμολ.)* recital · *(μτφ.)* dazzling performance

ρέστα τα change εν.

ρεστοράν το restaurant

ρετιρέ το penthouse

ρετσίνα η retsina, *resinated Greek wine*

ρετσίνι το resin

Ρέικιαβικ το Reykjavik

ρεύμα το *(θάλασσας, ποταμού)* current · *(= ρέμα)* stream · *(ΜΕΤΕΩΡ)* airstream · *(= φύσημα αέρα)* draught *(Βρετ.)*, draft *(Αμερ.)* · *(ΗΛΕΚΤΡ)* current · *(= ηλεκτρισμός)* electricity · *(= λογαριασμός)* electricity bill · *(κόσμου, διαδηλωτών)* flow · *(τέχνης)* trend ▷ **διακοπή ~τος** power cut ▷ - **κυκλοφορίας** traffic lane ▷ **μεταναστευτικό ~** flow of immigrants ▷ **συνεχές/ εναλλασσόμενο ~** direct/ alternating current

ρευματισμοί οι rheumatism εν.

ρεύομαι ρ αμ αμ to burp

ρευστός επίθ *(για σώματα)* liquid · *(μτφ.: σχέδια)* up in the air · *(κατάσταση)* unstable
▸ **ρευστό** το cash

ρέψιμο το burp

ρέω ρ αμ to flow · *(χρόνος)* to go by · *(= ξεχύνομαι: αίμα, νερό)* to gush

ρήγας ο king

ρήγμα το *(= ρωγμή)* crack · *(μτφ.)* rift

ρήμα το verb ▷ **ανώμαλο/ομαλό ~** irregular/regular verb ▷ **βοηθητικό ~** auxiliary verb

ρήξη η *(= σπάσιμο)* break · *(ΙΑΤΡ)* rupture · *(= διάσπαση)* break–up · *(= διατάραξη: σε κόμμα, οικογένεια)* rift · *(με φίλους)* falling out

ρητό το saying

ρηχός επίθ shallow
▸ **ρηχά** τα shallows

ρίγα η *(= γραμμή)* line · *(υφάσματος)* stripe

ρίγανη η oregano

ριγέ *(χαρτί, τετράδιο)* ruled · *(κουστούμι, πουκάμισο)* striped

ρίγος το *(από κρύο, πυρετό)* shiver · *(από συγκίνηση)* thrill · *(από ηδονή, επιθυμία)* quiver · *(από*

φόβο) shudder
ριγωτ|ός επίθ (χαλί) ruled · (ύφασμα) striped
ρίζ|α η root · (= δέντρο) tree · (μτφ.: βράχου, τοίχου) foot · (κολόνας) base · (βουνού) foothill · (λόφου) bottom ▷ **τετραγωνική/κυβική ~** square/cube root
▸ **ρίζες** πλ roots
ριζικ|ός επίθ (BOT, ANAT) root · (αλλαγή, ανακατάταξη) radical · (διαφωνία) fundamental · (ανακαίνιση) complete
ριζοσπαστικ|ός επίθ radical
ρινόκερος, ρινόκερως ο rhinoceros
ρισκάρ|ω ρ μ to risk · ▷ ρ αμ to take risks
ρίσκ|ο το risk · **παίρνω ~** to take a risk
ρίχν|ω ρ μ (ποτήρι, βάζο) to drop · (φύλλα) to shed · (άγκυρα) to drop · (παραγάδι, δίχτυ) to cast · (αεροπλάνο) to bring down · (σπίτι, τοίχο) to pull down · (κυβέρνηση) to overthrow · (ομάδα) to topple · (τιμές, θερμοκρασία) to bring down · (επίπεδο συζήτησης) to lower · (πέτρα, ακόντιο) to throw · (σφαίρα, βολή) to fire · (βόμβες) to drop · (ρύζι, κονφέτα) to spread · (λάδι, κρασί) to pour · (ανεπ.: = ξεγελάω) to take in · (= πείθω) to talk around · (ανεπ.: άνδρα, γυναίκα) to pull (Βρετ.) · (ανεπ.: για ποινή) to give ◆ ρ αμ to fire (εναντίον at) · **~ ένα βλέμμα σε κπν** to give sb a look · **~ κτ κάτω** to drop sth · **~ κπν κάτω** to throw sb to the ground · **~ τα σκουπίδια στον κάδο** to throw the rubbish in the bin (Βρετ.), to throw the garbage in the trash can (Αμερ.) · **~ κτ πάνω μου** to put sth on
▸ **ρίχνει** απρόσ it's raining
▸ **ρίχνομαι** μεσ **~ομαι σε κπν** to

throw oneself at sb
ρίψ|η η (σκουπιδιών, πετρών) throwing · (βομβών) dropping · (αλεξιπτωτιστών, τροφίμων) drop · (νομίσματος) insertion
▸ **ρίψεις** πλ throwing events
ριψοκινδυνεύ|ω ρ μ (ζωή, περιουσία) to risk · (υγεία) to endanger · (μτφ.: πρόβλεψη) to hazard ◆ ρ αμ to take risks
ριψοκίνδυν|ος επίθ (για πρόσ.) daring · (για πράξεις) risky · (οδηγός, οδήγηση) reckless
ρο ο ήτα, *17th letter of the Greek alphabet*
ρόδ|α η wheel
ροδάκινο το peach
ροδ|ιά η (= δέντρο) pomegranate tree · (= ίχνος ρόδας) tyre (Βρετ.) ή tire (Αμερ.) track
ρόδιν|ος επίθ (στεφάνι) of roses · (μάγουλα) rosy · (ουρανός, σύννεφα) pink · (μτφ.: μέλλον, προοπτικές) rosy
ρόδ|ο το rose
Ρόδος η Rhodes
ροζ pink
▸ **ροζ** το pink
ροζέ rosé
ρο|ή η (γενικότ.) flow · (μτφ.: πορεία) course
ροκ η/το rock
ρολ|ό το (= κύλινδρος) roll · (φαγητό) roulade · (πόρτας, παράθυρου) roller blind · (ελαιοχρωματιστή) roller
ρολό|ι το (για μέτρηση χρόνου) clock · (χειρός) watch · (= για μέτρηση κατανάλωσης) metre (Βρετ.), meter (Αμερ.)
ρόλ|ος ο role
ρομάντζο το romance
ρομαντικ|ός επίθ romantic
ρόμβ|ος ο rhombus
ρόμπ|α η (= πρόχειρο γυναικείο ένδυμα) dressing gown · (γιατρού) gown · (κουρέα) smock

ρομπότ *το* robot
ρόπαλο *το* club
ροπή *η* (ΦΥΣ) moment · (*μτφ.*: = τάση) tendency
ρότα *η* course
ρούβλι *το* rouble (Βρετ.), ruble (Αμερ.)
ρουζ *το* rouge
ρουθούνι *το* nostril
ρουκέτα *η* rocket
ρουλέτα *η* roulette
Ρουμάνα *η* βλ. **Ρουμάνος**
Ρουμανία *η* Romania
ρουμανικός *επίθ* Romanian
▸ **Ρουμανικά**, **Ρουμάνικα** *τα* Romanian
ρουμάνικος *επίθ* = **ρουμανικός**
Ρουμάνος *ο* Romanian
ρούμι *το* rum
ρουμπίνι *το* ruby
ρουσφέτι *το* favour (Βρετ.), favor (Αμερ.)
ρουτίνα *η* routine
ρουφηξιά *η* (= ρούφηγμα) sucking · (= γουλιά) sip · (για τσιγάρο) puff
ρουφηχτός *επίθ* (αβγά) soft–boiled · (φιλί) smacking
ρουφήχτρα *η* (ανεπ.: = δίνη) whirlpool · (*μτφ.*) heavy drinker
ρουφώ *ρ μ* (καφέ, γάλα) to sip · (από μπιμπερό, με καλαμάκι) to suck · (*μτφ.*: δύναμη) to drain · (σούπα, καφέ) to slurp · (αέρα, μυρωδιά) to breathe in · (καπνό) to inhale · (= απορροφώ: υγρασία, νερό) to soak up · (μάγουλα) to suck in · (στομάχι, κοιλιά) to pull in · (= πίνω λαίμαργα) to gulp · (*μτφ.*: = φιλώ με πάθος) to kiss passionately
ρουχισμός *ο* clothing
ρούχο *το* garment
▸ **ρούχα** *πλ* (= ενδύματα) clothes · (= κλινοσκεπάσματα) bedclothes · **γυναικεία/ανδρικά/παιδικά ~α** women's/men's/children's

clothes · **έχω τα ~α μου** (ανεπ.) to be having one's period
ρόφημα *το* beverage
ροχαλητό *το* (= το να ροχαλίζει κανείς) snoring · (= θορυβώδης αναπνοή) snore
ροχαλίζω *ρ αμ* to snore
ρυάκι *το* creek
ρύγχος *το* (ζώων) snout · (ψαριού) jaw · (αεροσκάφους, εργαλείου) nozzle
ρύζι *το* rice
ρυζόγαλο *το* rice pudding
ρυθμιζόμενος *επίθ* adjustable
ρυθμίζω *ρ μ* (χρόνο, πρόγραμμα) to set · (θερμοκρασία, κλιματιστικό) to set · (φωτογραφική μηχανή, τηλεσκόπιο) to focus · (κυκλοφορία, παραγωγικότητα) to regulate · (εικόνα, χρώματα) to adjust · (λεπτομέρειες) to arrange · (θέμα, ζητήματα) to settle · (ζωή) to sort out · (μέλλον) to plan for · (σχέση) to clarify
ρυθμικός *επίθ* rhythmic(al)
▸ **ρυθμική** *η* rhythmic gymnastics *εν.*
ρύθμιση *η* (ρολογιού, στάθμης) setting · (θερμοκρασίας, μηχανήματος) adjustment · (κυκλοφορίας) control · (προβλήματος, ζωής) sorting out · (χρέους, πληρωμής) settling · (μέλλοντος) planning
ρυθμός *ο* (κολύμβησης, κωπηλασίας) stroke · (χούρσας) pace · (κινήσεων, σώματος) rhythm · (καρδιάς) beat · (γεννήσεων, θανάτων) rate · (ζωής, ομάδας) pace · (εργασίας, διαβάσματος) rate · (ΜΟΥΣ) rhythm · (ΠΟΙΗΣ) rhythm · (ΤΕΧΝ) style · (αρχιτεκτονικός) order
▷ **~ ανάπτυξης** growth rate
ρυμουλκό *το* (επίσης ~ **πλοίο**) tug (boat) · (επίσης ~ **όχημα**) tow truck

ρυμουλκ|ώ ρ μ to tow
ρυπαίν|ω ρ μ to pollute
ρύπανση η pollution
ρύπ|ος o (επίσ.: = ακαθαρσία) dirt · (= ουσία που μολύνει) pollutant
ρυτίδ|α η wrinkle · κάνω ~ες to become wrinkled
ρώγ|α η (σταφυλιού) grape · (ανεπ.: = θηλή στήθους) nipple · (μτφ.: = εσωτερικό άκρης δακτύλων) tip
ρωγμ|ή η (σε τοίχο, έδαφος) crack · (σε κόκαλο) fracture · (μτφ.) rift
Ρωμαία η βλ. Ρωμαίος
ρωμαϊκ|ός επίθ Roman ▷ Ρωμαϊκή Εκκλησία Roman Catholic Church
ρωμαιοκαθολικ|ός επίθ Roman Catholic ▷ Ρωμαιοκαθολική Εκκλησία Roman Catholic Church
▶ ρωμαιοκαθολικός o, ρωμαιοκαθολική η (Roman) Catholic
Ρωμαίος o Roman
ρωμαλέ|ος, -α, -ο (άνθρωπος, σώμα) strong · (υγεία, νιότη) robust
Ρώμη η Rome
Ρωσία η Russia
Ρωσίδ|α η βλ. Ρώσος
ρωσικ|ός επίθ Russian
▶ Ρωσικά, Ρώσικα τα Russian
ρώσικ|ος επίθ = ρωσικός
Ρώσος o Russian
ρώτη|μα το question
ρωτ|ώ ρ μ to ask (για about) ◆ ρ αμ to ask a question ή questions

Σ σ ς

Σ, σ/ς sigma, 18th letter of the Greek alphabet
Σάββατο το Saturday
σαββατόβραδ|ο το Saturday night

σαββατοκύριακ|ο το weekend
σαβούρα η (= έρμα) ballast · (ανεπ.: = σκουπίδια) junk (ανεπ.)
σαγανάκ|ι το (ΜΑΓΕΙΡ) fried cheese · (σκεύος) small frying pan with two handles · γαρίδες/μύδια ~ fried prawns (Βρετ.)/ ή shrimps (Αμερ.)/mussels
σαγηνεύ|ω ρ μ to enchant
σαγιονάρ|α η flip-flops πληθ. (Βρετ.), thongs πληθ. (Αμερ.)
σαγκουίν|ι το blood orange
σαγόν|ι το (= σιαγόνα) jaw · (= πιγούνι) chin
σαϊζλόνγκ η = σεζλόνγκ
σαϊζόν η = σεζόν
σάκ|α η school bag
σακάκ|ι το jacket ▷ μονόπετο ~ single-breasted jacket ▷ σταυρωτό ~ double-breasted jacket
σακατεύ|ω (ανεπ.) ρ μ (= καθιστώ ανάπηρο) to cripple · (= ταλαιπωρώ) to wear out
σακ-βουαγιάζ το travel bag
σακ|ί το (= μικρός σάκος) bag · (= τσουβάλι) sack · (= περιεχόμενο τσουβαλιού) sack(ful)
σακίδι|ο το (= δισάκι) bag · (= γυλιός: στρατιώτη) kitbag · (πεζοπόρου) backpack
σάκ|ος o (= τσουβάλι) sack · (= τσουβάλι) sack
σακούλ|α η (= τσάντα) bag · (από πλαστικό) carrier bag · (= περιεχόμενο σακούλας) bag(ful) ·
γιαούρτι ~ς strained yoghurt
▶ σακούλες πλ bags (under the eyes)
σακουλιάζ|ω ρ μ to put in a bag ◆ ρ αμ to be baggy
σάλ|α η (= σαλόνι) living room · (= αίθουσα εκδηλώσεων) hall
σαλάμ|ι το salami
Σαλαμίν|α η (νησί) Salamis · (πρωτεύουσα) Salamina
σαλάτ|α η (= σαλατικό) salad · (μτφ.) mess

σαλατιέρ|α η salad bowl

σαλατικ|ό το salad

σαλεύ|ω ρ αμ (φίλλο) to stir · (χείλη) to move ♦ ρ μ to move

σάλ|ι το shawl

σαλιάρ|α η bib

σαλιγκάρ|ι το snail

σαλίγκαρος ο = **σαλιγκάρι**

σάλι|ο το saliva χωρίς πληθ.

σαλιών|ω ρ μ to lick

σαλόν|ι το (= σάλα) living room · (= έπιπλα σάλας) living room furniture χωρίς πλ · (αυτοκινήτου) interior · (= διεθνής έκθεση) show

Σαλονίκ|η η = **Θεσσαλονίκη**

σάλος ο uproar

σαλπάρ|ω ρ αμ to set sail

σάλπιγγ|α η (ΜΟΥΣ) trumpet · (στρατιωτική) bugle · (ΑΝΑΤ) Fallopian tube

σάλτ|ο το leap

σάλτσ|α η sauce

▸ **σάλτσες** πλ window dressing εν.

σαλτσιέρ|α η sauce boat

σαματάς (ανεπ.) ο racket (ανεπ.)

σαμπάνι|α η champagne

σαμπό το clog

σαμποτάζ το sabotage

σαμποτάρ|ω ρ μ to sabotage

σαμπουάν το shampoo

σαμπρέλ|α η (ποδηλάτου, αυτοκινήτου) inner tube · (μπάλας) bladder

σαν¹ μόρ (= όπως) like · (κατ.: = ως) as · (= σάμπως) as if · (= άραγε) I wonder · ~ **να** as if

σαν² (λογοτ.) σύνδ (= όταν) when · (= μόλις) as soon as · (= κάθε φορά που) when · (= εάν) if

σανατόρι|ο το sanatorium (Βρετ.), sanitarium (Αμερ.)

σανδάλ|ι το sandal

σανίδ|α η (wooden) plank · (πατώματος) floorboard · (κρεβατιού) slat · ~ **για βουτιές** diving board ▸ **σέρφινγκ**

surfboard ▸ ~ **του ψωμιού** breadboard

σανιδένι|ος, -ια, -ιο (πάτωμα) wooden · (ταβάνι) timbered

σανίδ|ι το (= σανίδα) (wooden) plank · (πατώματος) floorboard · (κρεβατιού) slat · (= σκηνή θεάτρου) stage

σάντουιτς το sandwich

σαντούρι το dulcimer

Σαουδική Αραβία η Saudi Arabia

σάουνα η sauna

σάουντρακ το (= μουσική ταινίας) soundtrack · (= βασικό μουσικό θέμα ταινίας) theme music ή song

σαπίζ|ω ρ μ το rot ♦ ρ αμ (φρούτα) to go rotten · (κρέας) to spoil · (πάτωμα, πόρτα) to rot · (δόντι) to decay · (πτώμα, ψοφίμι) to decompose · (άνθρωπος, κοινωνία) to go to the bad

σάπι|ος, -ια, -ιο (φρούτα, λαχανικά) rotten · (πάτωμα, σανίδα) rotten · (έπιπλο) dilapidated · (δόντι) decayed · (κοινωνία, σύστημα) rotten · (μυαλό) corrupt ▸ ~**ο μήλο** (χρώμα) reddy brown

σαπουνάδ|α η (= σαπουννόνερο) soapy water · (= αφρός σαπουννόνερου) (soap)suds πληθ.

σαπούν|ι το soap ▸ **υγρό** ~ liquid soap ▸ ~ **σε σκόνη** soap powder

σαπουνίζ|ω ρ μ το wash with soap

σαπουνόπερα η soap (opera)

σαράκ|ι το (= σκόρος) woodworm · (μτφ.) canker

σαράντα αριθ απόλ forty · **είμαι στα** ~ **μου** to be in one's forties

σαραντάκατωρο ρ μ forty-eight hours πληθ.

σαραντάκατωρ|ος επίθ fourty-eight hour

σαρανταποδαρούσ|α η centipede

σαρδέλ|α η (ψάρι) sardine · (αργκ.: = σιρίτι) stripe

σαρίκ|ι το turban

σάρκ|α η flesh

σαρκασμ|ός ο sarcasm

σαρκαστικ|ός επίθ sarcastic

σαρκοφάγ|ος¹ η (ΑΡΧ) sarcophagus

σαρκοφάγ|ος², -ος, -ο (= σαρκοβόρος) carnivorous ⊳ ~α φυτά carnivorous plants

σαρών|ω ρ μ (για άνεμο, θύελλα) to sweep through · (βομβαρδ, όσκαρ) to make a clean sweep of · (= σκανάρω) to scan · (πάτωμα) to sweep · (φύλλα) to sweep up ♦ ρ αμ to sweep the board

σας αντων you · **~ παρακαλώ** please

σασί το chassis

σαστίζ|ω ρ μ to confuse ♦ ρ αμ (= είμαι σε αμηχανία) to be confused · (= μένω έκπληκτος) to be taken aback

σάστισ|μα το confusion

σατανάς ο (ΘΡΗΣΚ) Satan · (= πανέξυπνο άτομο) sharp-witted person · (χαϊδ.: = διαβολάκι) little devil

σατέν satin

▶ **σατέν** το satin

σάτιρα η satire

σατιρίζ|ω ρ μ to satirize

σατιρικ|ός επίθ satirical

σαύρα η lizard

σαφάρι το safari

σαφήνει|α η clarity

σαφηνίζ|ω ρ μ to clarify

σαφ|ής επίθ (οδηγίες, προειδοποίηση) clear · (γνώμη) definite · (βελτίωση) distinct · (δείγματα) clear · **γίνομαι ~** to make oneself clear

σαφώς επίρρ (= ξεκάθαρα) clearly · (= φανερά) obviously

Σαχάρα η η (έρημος) **~** the Sahara (Desert)

σαχλαμάρ|α η (= σάχλα) nonsense · χωρίς πληθ. · (= ανόητη πράξη)

fooling around χωρίς πληθ.

σαχλ|ός επίθ (νεαροί) foolish · (= κρύος) who tells corny jokes · (βιβλίο, ταινία) corny

σβέλτ|ος (ανεπ.) επίθ agile

σβέρκ|ος ο neck

σβήν|ω ρ μ (πυρκαγιά) to put out · (τσιγάρο) to put out · (κερί) to put out · (φωτιά) to blow out · (φως, μηχανή) to turn ή switch off · (τηλεόραση) to turn ή put off · (λάθος, λέξεις: με γομμολάστιχα) to erase · (με πίνακα) to cross out · (πίνακα) to wipe · (δίψα) to quench · (επιθετικό, αντιπάλους) to wipe the floor with · (μνήμη, ντροπή) to wipe out ♦ ρ αμ (φωτιά) to go out · (φως) to go ή blow out · (φως, λάμπα) to go out · (σπίρτο) to go out · (μηχανή) to stall · (έρωτας, ανάμνηση) to fade · (παραδόσεις) to die out · (ήχος) to fade (away) · (= λιποθυμώ) to pass out · (= πεθαίνω) to die

σβήσι|μο το (= σβέση: φωτιάς, τσιγάρου) putting out · (= παύση καύσης) dying out · (κλείσιμο: φώτων, λάμπας) turning ή switching off · (= παύση λειτουργίας: μηχανής) stalling · (οθόνης) going off

σβησμέν|ος επίθ (φωτιά) (put) out · (κερί) snuffed (out) · (τσιγάρο) stubbed out · (ηφαίστειο) extinct · (φως) out · (μηχανή) (switched) off · (γράμματα, επιγραφή) faded

σβηστ|ός επίθ (φωτιά) (put) out · (τσιγάρο) stubbed out · (φως, φανάρι) out · (μηχανή) (switched) off

σβούρα η (παιχνίδι) (spinning) top · (για πρόσ.) live wire (ανεπ.)

σγουραίν|ω ρ μ to curl ♦ ρ αμ to curl

σγουρ|ός επίθ (μαλλιά) curly · (= κατσαρομάλλης) curly-haired (βασιλικός) bushy

---
ΛΕΞΗ-ΚΛΕΙΔΙ

σε¹, σ' *πρόθ* (α) (για κίνηση ή θέση σε χώρο) into
(β) (= ανάμεσα) in
(γ) (= γύρω από) at
(δ) (= μπροστά) at
(ε) (= κοντά) at
(στ) (= επάνω) on
(ζ) (για δήλωση τόπου) +γεν. (για δήλωση τόπου)
(η) (για χρόνο) in
(θ) (για κατάσταση) in
(ι) (για τρόπο) in
(ια) (για αναφορά) in
(ιβ) (για σκοπό) to
(ιγ) (για αποτέλεσμα) to
(ιδ) (για ποσό, αξία) up to
(ιε) (για μέσο ή όργανο) in
(ιστ) (για αναλογία, ποσοστό) out of
(ιζ) +ρηματικό επίθετο by

σε² *αντων* you

σεβασμός *ο* respect (*σε, προς* for)

σεβαστ|ός *επίθ* (*γέροντα*) venerable · (*δάσκαλος*) respected · (*απόψεις, επιχειρήματα*) worthy of respect · (*ποσό, εισόδημα*) sizeable

σέβ|ομαι *ρ μ απ* to respect (*κανόνες, νόμους*) to abide by · (*υπόσχεση*) to keep · (*μόχθο, κούραση*) to appreciate

σεζλόνγκ *η* deck chair

σεζόν *η* season

σειρ|ά *η* (*καθισμάτων, δέντρων*) row · (*στρατιωτών*) column · (*σε κατάσταση, στάση* Βρετ.), queue · (*ποιήματος, σελίδας*) line (Αμερ.) · (*αριθμός, βιβλίων*) series · (*ερωτήσεων*) series · (*απεργιών*) series · (*μέτρων*) package · (*γραμμάτων*) (*στην τηλεόραση*) series · (*ομιλητή, διαγωνιζομένου*) turn · (= κατάταξη) order · (= κοινωνική θέση) class · **όλοι θα πάρετε με τη ~!** everyone will have a turn!

παίρνω ~ (*για διορισμό*) to be next in line · (= *ετοιμάζομαι να ακολουθήσω*) to follow after
▷ **τηλεοπτική** ~ TV series
▷ ~ **μαθημάτων** course

Σειρήν|α *η* (ΜΥΘΟΛ) Siren · (*μεταινννίω*) siren

σειρήν|α *η* siren

σεις *αντων* = **εσείς**

σεισμικ|ός *επίθ* seismic ▷ ~ές δονήσεις earth tremors ▷ ~ή ζώνη earthquake zone

σεισμογενής *επίθ* seismic

σεισμογράφος *ο* seismograph

σεισμ|ός *ο* (*κυριολ.*) earthquake · (*μτφ.*) uproar

σεί|ω *ρ μ* (= *κουνώ*) to shake · (*μτφ.*) to rock
▶ **σείεμαι** *μεσ* to sway

σέλα *η* saddle

σελάχι *το* ray

Σελήνη *η* moon

σεληνιασμός (*ανεπ.*) *ο* epilepsy

σελίδ|α *η* (*βιβλίου, εφημερίδας*) page · (*φύλλον χαρτιού*) side · (*στο Διαδίκτυο*) web page
▶ **σελίδες** *πλ* (*δόξας, ηρωισμού*) deeds ▷ *πρότυπη* ~ (ΠΛΗΡΟΦ) page layout ▷ *ρύθμιση* ~ς (ΠΛΗΡΟΦ) page setup

σελιδοδείκτης *ο* bookmark

σελίν|ι *το* shilling

σέλιν|ο *το* celery

σελφ-σέρβις *το* self-service

σεμινάρι|ο *το* seminar

σεμν|ός *επίθ* modest

σένα *αντων βλ.* **εσύ**

σενάρι|ο *το* (*ταινίας*) script · (*μτφ.*) scenario

σεντόν|ι *το* sheet

σεντούκ|ι *το* chest

σέντρ|α *η* (= *μπαλιά*) chip shot · (= *κέντρο γηπέδου*) centre (Βρετ.), center (Αμερ.) · (= *λευκό σημάδι στο κέντρο*) spot · (= *εναρκτήριο λάκτισμα*) kickoff

σεξ το sex ▷**σύμβολο του** ~ sex symbol

σέξι sexy

σεξιστ|ής (αρν.) ο sexist

σεξιστικ|ός (αρν.) επίθ sexist

σεξίστρι|α (αρν.) η βλ. **σεξιστής**

σεξουαλικ|ός επίθ sexual · (ζωή, σκάνδαλο) sex ▷~**ή κακοποίηση** sex abuse ▷~**ή αγωγή** sex education ▷~**ή παρενόχληση** sexual harassment

σεξουαλικότητ|α η sexuality

Σεπτέμβρης ο = **Σεπτέμβριος**

Σεπτέμβριος ο September

σέρβερ ο server

Σερβί|α η Serbia

σερβιέτ|α η sanitary pad

σερβιετάκ|ι το panty liner

σερβικ|ός επίθ Serbian

σερβίρισ|μα το (φαγητού, γλυκού) serving · (ΑΘΛ) serve

σερβίρ|ω ρ μ (ποτό, γεύμα) to serve · (θεωρίες, ιδέες) to come out with · (ΑΘΛ) to serve

σερβίς το serve

σερβίς το service

σερβιτόρ|α η waitress

σερβιτόρ|ος ο waiter

σερβίτσι|ο το (dinner) service ▷~**τσαγιού** tea set

σέρν|ω ρ μ (άμαξα, βαλίτσα) to pull · (παιδιά) to pull along · (φορτίο, καρότσι) to pull · (τραπέζι, ντουλάπα) to drag ◆ ρ αμ (ανεπ.) to go

▶**σέρνομαι** μεσ (στρατιώτες, μωρό) to crawl · (φυτό) to creep · (φόρεμα, παλτό) to drag · (παιδιά) to roll · (ομάδα, παίκτες) to play badly · (γρίπη, ιλαρά) to be going around

σερφ το (= ιστιοσανίδα) sailboard · (= σανίδα σέρφινγκ) surfboard

σερφάρ|ω ρ αμ (με ιστιοσανίδα) to windsurf · (με σανίδα σέρφινγκ) to surf · (αργκ.: ΠΛΗΡΟΦ) to surf (the Net)

σέρφερ ο/η (με ιστιοσανίδα) windsurfer · (με σανίδα σέρφινγκ) surfer · (αργκ.: ΠΛΗΡΟΦ) surfer

σέρφινγκ το surfing

σεσουάρ το hairdryer

σεφταλι|ά η seftalia, minced meat wrapped in suet

σηκών|ω ρ μ (κεφάλι, σκόνη) to raise · (χέρι) to put up · (για να καλέσω ταξί) to put out · (μανία) to roll up · (μολύβι, βιβλίο) to pick up · (τοίχο, φράχτη) to raise · (τσάντες, βαλίτσες) to carry · (= ξυπνώ) to wake up · (λεφτά) to withdraw · (βάρος κατασκευής, όροφο) to support · (αστεία, πλάκα) to tolerate · (έξοδα) to afford · (μαγαζί, σπίτι) to rob · (μαθητή) to examine · **~ κπν** (επιβάτη) to make sb get up · **~ το τραπέζι** to clear the table

▶**σηκώνει** τριτ to call for

▶**σηκώνομαι** μεσ (επιβάτης, μαθητής) to stand up · (άρρωστος) to be up and about · (τρίχα, μαλλιά) to stand on end · (αέρας) to pick up

σήμ|α το (προϊόντων) trademark · (αυτοκινήτου) badge · (καναλιού, ραδιοφωνικού σταθμού) signature tune · (συλλόγου, οργάνωσης) logo · (στρατιωτικού, αστυνομικού) insignia · (πομπού, εκπομπής) signal · (Αστυνομίας, Διωκτικών Αρχών) message · (προειδοποίησης) sign · **εκπέμπω ή στέλνω ~ κινδύνου** to send an S.O.S. · **κάνω ~ σε κπν** to signal sb · (σε ταξί) to hail sb · **κατεβέν** registered trademark · (μτφ.) trademark ▷~ **κινδύνου** (σε τρένο) communication cord · (για πλοίο) S.O.S.

▶**σήματα** πλ traffic signs

σημαδεμέν|ος επίθ (ζώο, κοπάδι) branded · (πόρτα) marked · (πρόσωπο, πόδια) bruised · (για πρόσ.: κυριολ., μτφ.) scarred

σημαδεύ|ω ρ μ (ζώο) to brand · (σπίτια, πόρτα) to mark · (στόχο, στρατιώτη) to aim at · (τέλος, ζωή) to mark

σημάδ|ι το (οικοπέδου, κτήματος) mark · (βασανιστηρίων, αρρώστιας) mark · (ακμής) scar · (αλλαγής, προόδου) sign · (= ίχνος: ζώου) track

σημαδούρ|α η buoy

σημαί|α η flag · (= σύμβολο προσπάθειας: αγώνα) banner

σημαιάκ|ι το flag

σημαίν|ω ρ μ to mean · (σύμβολο) to stand for (ευρήματα, ανακάλυψη) to signify · (= χτυπά: μεσάνυχτα, μεσημέρι) to ring · (εγερτήριο, επίθεση) to sound ♦ ρ αμ (καμπάνες, σήμαντρο) to ring · (ΝΑΥΤ) to signal

σημαντικ|ός επίθ (πρόσωπο, εξελίξεις) important · (αύξηση) significant · (βοήθημα) considerable

σήμαντρ|ο το bell

σημασί|α η (= έννοια) meaning · (= σπουδαιότητα) importance **άνευ ~ς** of no importance · **δεν έχει ~** it doesn't matter · **έχει ~** it's important · **έχει ~;** does it matter? · **τι ~ έχει;** what difference does it make?

σηματοδότ|ης ο (σε σταυροδρόμι) traffic lights πληθ · (σιδηροδρομικών διαβάσεων) signal · (τρένων) signal

σημεί|ο το (εκκίνησης, άφιξης) point · (σώματος) place · (διαφωνίας, βιβλίου) point · (παράστασης) part · (= βαθμός: ανδρείας, χαράς) level · (ΦΥΣ, ΧΗΜ) point · (αναγνώρισης, γήρανσης) sign · (ΝΑΥΤ) signal · (= οιωνός) sign · (ΜΑΘ) sign · **δεν έχει δώσει ~α ζωής** he hasn't shown any sign of life · **τα τέσσερα ~α του ορίζοντα** the four points of the horizon ▷ **~ ελέγχου** checkpoint

▷ **~ στίξης** punctuation mark

▷ **~ τονισμού** accent

σημείωμα το note · (εφορίας, Δ.Ε.Η.) bill

σημειωματάρι|ο το notebook

σημειών|ω ρ μ (λάθη, θέση) to mark · (απονοία) to mark down · (σταυρό, σημείο ΠΡΟ-ΠΟ) to put · (διεύθυνση, έξοδα) to jot down · (σκορ) to keep · (= τονίζω) to point out · (πρόοδο) to make · (τέρμα, καλάθι) to score · (ρεκόρ) to set · (για πωλήσεις: κάμψη) to show · **η θερμοκρασία θα σημειώσει πτώση** temperatures will fall

▸ **σημειώνεται, σημειώνονται** τριτ there is/are

σημείωση η (πληροφορίας, στοιχείων) note · (στο τέλος σελίδας) footnote · (στο τέλος κεφαλαίου, κειμένου) end note · **κρατώ ~** to make a note

▸ **σημειώσεις** πλη notes

σήμερα επίρρ today · **από ~ και στο εξής** from this day forward ή on · **~-αύριο** any day now

σημερινός επίθ (ψωμί, αβγά) fresh · (μενού, εφημερίδα) today's · (προβλήματα, θέματα) current · (γυναίκα) today's · (εντυπώσεις) present

σηπτικός, -ή, -ό septic

σήραγγ|α η tunnel

σήτ|α η (παράθυρου) screen · (= κρησάρα) fine sieve

σηψαιμί|α η septicaemia (Βρετ.), septicemia (Αμερ.)

σήψ|η η (δέντρου, ξύλου) decay · (πτώματος) decomposition · (χοινωνίας, ηθών) corruption

σθεναρός επίθ (αντίδραση) spirited · (στάση) firm · (για πρόσ.) strong

σθέν|ος το strength

σι το si

σιαγόν|α η jaw

σιάζ|ω (ανεπ.) ρ μ to straighten
♦ ρ αμ to get better
▸ **σιάχνομαι** μεσ to straighten one's clothes

σιάτσου το shiatsu

σιγά επίρρ (= χαμηλόφωνα) quietly · (κατ.: = αργά) slowly · **πιο ~!** slow down! ·
~ ~ (= λίγο-λίγο) gradually ·
(= προσεκτικά) carefully

σιγανός επίθ (φωνή, κλάμα) soft · (ρυθμός) gentle · (φωτιά) low

σιγαστήρας ο silencer

σιγή η silence

σίγμα το sigma, 18th letter of the Greek alphabet · **με το νι και με το ~** in every detail

σιγοβράζ|ω ρ μ to simmer · ρ αμ to simmer

σιγοβρέχ|ω ρ αμ **~ει** απρόσ it's drizzling

σίγουρα επίρρ definitely · **~!** definitely!

σιγουρι|ά η (= ασφάλεια) safety · (= βεβαιότητα) certainty

σίγουρ|ος επίθ (μέρος, καταφύγιο) safe · (θέση, δονλειά) secure · (= που αισθάνεται ασφαλής) secure · (= που αισθάνεται βέβαιος) sure · (νίκη, επιτυχία) certain · **είναι ~ο ότι ή πως** it is certain that

σιδεράκια τα braces

σιδερένι|ος, -ια, -ιο iron · (νεύρα) of steel

σίδερο το iron · (= σιδέρωμα) ironing
▸ **σίδερα** πλ (ανεπ.) bars

σιδέρωμα το ironing

σιδερωμέν|ος επίθ ironed

σιδερώνω ρ μ to iron

σιδερώστρα η ironing board

σιδηροδρομικός επίθ (γέφυρα) railway (Βρετ.), railroad (Αμερ.) · (δυστύχημα, δίκτυο) rail · (συγκοινωνία, μεταφορές) rail · (ταξίδι) train · ▸ **σταθμός** railway

(Βρετ.) ή railroad (Αμερ.) station
▸ **σιδηροδρομικός** ο railwayman (Βρετ.), railroad worker (Αμερ.)

σιδηροδρομικώς επίρρ by rail

σιδηρόδρομ|ος ο = οδός αμαξοστοιχίας) railway (Βρετ.), railroad (Αμερ.) · (= αμαξοστοιχία) train · (για λέξεις) mouthful
▸ **σιδηρόδρομοι** πλ railways (Βρετ.), railroads (Αμερ.)

σιδηρ|ους ο iron **▸Εποχή του Σιδήρου** Iron Age

σιδηροτροχι|ά η rail

σιδηρουργείο το blacksmith's

σιδηρουργός ο ironworker

σιθρού see-through

σικ (κυρία, ντύσιμο) chic · (τρόποι) refined · **ντύνομαι ~** to be chic ή stylish

σίκαλη η rye · **ψωμί σικάλεως** rye bread

Σικελία η Sicily

σιλουέτ|α η (ΤΕΧΝ: ανθρώπου) silhouette · (κτηρίου, πλοίου) outline · (= γραμμές σώματος) figure · (= λεπτό σώμα) figure

σιμιγδάλι το semolina

σιμών|ω (ανεπ.) ρ μ to approach ♦ ρ αμ to approach

σινεμά το (= κινηματογράφος) cinema · (= αίθουσα προβολής) cinema (Βρετ.), movie theater (Αμερ.) · **πηγαίνω ~** to go to the cinema (Βρετ.), to go to the movies (Αμερ.) ▸**Θερινό ~** open-air cinema (Βρετ.) ή movie theater (Αμερ.), = drive-in (Αμερ.)

σινιάλο το signal · **κάνω ~ (σε κπν)** to signal (to sb)

σιντί το (= ψηφιακός δίσκος) CD · (= συσκευή ψηφιακού δίσκου) CD player

σιντιρόμ το CD-ROM

σιντριβάνι το fountain

σίριαλ το (= σειρά) serial · (μτφ.) long-drawn-out affair

σιρόπ|**ι** *το* syrup (*Βρετ.*), sirup (*Αμερ.*)
▸ **σιρόπια, σορόπια** *πλ* (*ειρ.*) soppiness *εν.*

σιτάρ|**ι** *το* wheat

σιτηρ|**ά** *τα* cereals

σιτίζ|**ω** *ρ μ* to feed

σιφονιέρ|**α** *η* chest of drawers

σίφουν|**ας** *ο* (*ΜΕΤΕΩΡ*) tornado · (*μτφ.*) whirlwind

σιχαίν|**ομαι** *ρ μ απ* (μυρωδιά, ακαθαρσίες) to hate · (κατάσταση, συμπεριφορά) to be sick of

σιχαμέν|**ος** *επίθ* disgusting

σιχαμερ|**ός** (*ανεπ.*) *επίθ* (θέαμα, μυρωδιά) disgusting · (άνθρωπος) repulsive · (εγκληματίας, κατάσταση) sickening

σιωπ|**ή** *η* silence

σιωπηλ|**ός** *επίθ* silent · (= λιγόλογος) quiet

σιωπ|**ώ** *ρ αμ* (= σωπαίνω) to remain silent · (= σιγώ) to fall silent

σκάβ|**ω** *ρ μ* (χώμα, κήπο) to dig · (βράχια) to erode · (ξύλο, μάρμαρο) to carve

σκάζ|**ω** *ρ μ* (μπαλόνι, σακούλα) to burst · (για πρόσ.) to be the death of · (οικ.: λεπτά) to fork out (ανεπ.) ♦ *ρ αμ* (δέρμα, χείλι) to be chapped · (φρυγανιά) to burst · (τοίχος) to crack · (λάστιχο, μπάλα) to burst · (οβίδα, βόμβα) to go off · (χαρτούλς, πεπόνι) to burst open · (για πρόσ.: = στενοχωριέμαι) to be in a state · (μπουμπούκια) to burst open · (στο φαγητό) to be bursting · (οικ.: = σωπαίνω) to shut up (ανεπ.) · **σκάσε!** (οικ.) shut up! (ανεπ.)

σκαθάρ|**ι** *το* (έντομο) beetle · (για παιδί) handful

σκάκ|**ι** *το* chess

σκάλ|**α** *η* (= κλίμακα) stairs *πληθ.* · (= σκάλα) step · (μτφ: αξιών) scale · (για μαλλιά) layers *πληθ.* · (φώτων

αυτοκινήτου) position · (= αναβαθέας) stirrup · (ΜΟΥΣ) scale · (= λιμάνι) port

σκαλ|**ί** *το* (σκάλας) step · (εξουσίας, ιεραρχίας) rung

σκαλίζ|**ω** *ρ μ* (χώμα, κήπο) to hoe · (μύτη, δόντια) to pick · (για ζώα: χώμα) to scratch · (φωτιά, κάρβουνα) to poke · (επίπλου, δέντρο) to carve · (χαρτιά, σημειώσεις) to rummage through · (βίντεο, υπολογιστή) to tamper with · (υπόθεση, παρελθόν) to dig up

σκάλισμα *το* (λουλουδιών, χώματος) hoeing · (μύτης, δοντιών) picking · (για ζώα: χώματος) scratching · (φωτιάς) poking · (επίπλου, ξύλου) carving · (χαρτιών, προσωπικών αντικειμένων) rummaging · (τηλεόρασης, βίντεο) tampering · (υπόθεσης, παρελθόντος) digging *ή* raking up

σκαλιστήρ|**ι** *το* hoe

σκαλιστ|**ός** *επίθ* carved

σκαλοπάτ|**ι** *το* (= σκαλί) step · (μτφ: ιεραρχίας) rung · (επιτυχίας) stepping stone

σκαλών|**ω** *ρ αμ* (φόρεμα, μπλούζα) to snag · (δουλειά, υπόθεση) to hit a snag

σκαλωσι|**ά** *η* scaffolding χωρίς πληθ.

σκαμν|**ί** *το* stool

σκαμπίλ|**ι** (ανεπ.) *το* slap

σκαμπιλίζ|**ω** (ανεπ.) *ρ μ* to slap

σκαμπό *το* stool

σκανδάλ|**η** *η* trigger

σκανδαλι|**ά** *η* = **σκανταλιά**

σκανδαλι|**άρης, -α, -ικο** = **σκανταλιάρης**

σκανδαλίζ|**ω** *ρ μ* (= σοκάρω) to shock · (= προκαλώ) to tease

σκάνδαλ|**ο** *το* scandal ▸ **ρος** ~ sex scandal

σκανδαλώδ|**ης** *επίθ* scandalous

Σκανδιναβή *η βλ.* **Σκανδιναβός**

Σκανδιναβ|ία *η* Scandinavia

σκανδιναβικός *επίθ*
Scandinavian ▷ **-ές γλώσσες**
Scandinavian languages ▷ **η**
Σκανδιναβική Χερσόνησος
Scandinavia

Σκανδιναβ|ός *ο* Scandinavian

σκάνερ *ο/το* scanner

σκανταλιά *το* mischief *χωρίς πληθ.*

σκανταλιάρ|ης, -α, -ικο
(*πολιτικός, καλλιτέχνης*)
trouble-making · (*για παιδιά*)
mischievous · (*γυναίκα, άνδρας*)
seductive

σκαντζόχοιρ|ος *ο* hedgehog

σκαρ|ί *το* (ΝΑΥΤ) slipway ·
(= *σκελετός πλοίου*) hull · (*πλοίο
ship*) · (= *σωματική διάπλαση*)
constitution · (= *ιδιοσυγκρασία*)
temperament

σκάρτ|ος *επίθ* (*πράγματα, δουλειά*)
shoddy · (*μηχανή*) faulty ·
(*φρούτα*) bad · (*για παιδί*) bad

σκαρφάλωμα *το* (= *αναρρίχηση*)
climbing · (*τιμών*) rise

σκαρφαλών|ω *ρ αμ*
(= *αναρριχώμαι*) to climb · (*τιμές*)
to rise

σκαρών|ω *ρ μ* (*ιστορία,
δικαιολογία*) to make up ·
(*ζαβολιά*) to be up to

σκασμέν|ος *επίθ* (*λάστιχο*) flat ·
(*τοίχος*) cracked ·
(= *στενοχωρημένος*) stressed · (*από
το κακό μου*) beside oneself ·
(= *κακομαθημένος*) rude

σκασμός (*οικ.*) *ο* **~!** shut up!
(*ανεπ.*)

σκατό (*χυδ.*) *το* (= *ακαθαρσία*) shit
(*χυδ.*) · (= *μικρό αντικείμενο*) crap
χωρίς πληθ. (*χυδ.*) · (*μεταφ.: για
παιδί*) little shit (*χυδ.*)
▸ **σκατά** *πλ* shit *εν.*

σκαφανδρο *το* diving suit

σκάφ|η *η* (*για πλύσιμο*) tub · (*για*

ζύμωμα) bowl · (*για τρόφιμα ζώων*)
trough

σκάφος *το* (= *πλοίο*) boat ·
(= *αεροσκάφος*) plane · (= *κύριο
σώμα πλοίου*) hull · (ΜΟΥΣ)
soundbox ▷ **πολεμικό ~** warship
▷ **~ αναψυχής** pleasure craft

σκάψιμο *το* digging

σκάψ|ω *ρ μ* = **σκάβω**

σκελετ|ός *ο* skeleton · (*γέφυρας*)
framework · (*γυαλιών*) frames
πληθ. · (*ομιλίας, έκθεσης*)
framework

σκελίδ|α *η* clove

σκέλ|ος *το* (*ανθρώπου*) leg · (*ζώου*)
back leg · (*συζήτησης,
προβλήματος*) part · (*ταξιδιού*) leg ·
(*διαβήτη, ζυγαριάς*) arm

σκεπάζ|ω *ρ μ* to cover ·
(*κατσαρόλα*) to put the lid on ·
(*σπίτι*) to put a roof on ·
(*σκάνδαλο, λάθος*) to cover up
▸ **σκεπάζομαι** *μεσ* to cover oneself
up · **κάνει κρύο, σκεπάσου** it's
cold, wrap up warm

σκέπασμα *το* (= *κάλυψη*)
(*προσώπου, φαγητού*) covering ·
(= *κάλυμμα: κατσαρόλας*) lid ·
(*επίπλου*) cover
▸ **σκεπάσματα** *πλ* bedclothes

σκεπαστ|ός *επίθ* covered

σκεπ|ή *η* roof

σκεπτικ|ός *επίθ* (= *συλλογισμένος*)
pensive · (*φιλόσοφος, φιλοσοφία*)
sceptic (*Βρετ.*), skeptic (*Αμερ.*)

σκέπτ|ομαι *ρ μ απ* (= *κάνω
σκέψεις*) to think about ·
(= *επινοώ*) to think of ·
(= *λογαριάζω*) to think of ·
(= *αναπολώ*) to think about ◆ *ρ
αμ* to think ▸ **ούτε να το
σκέφτεσαι!** don't even think
about it! · **~ να κάνω κτ** to be
thinking about doing sth

σκέρτσο *το* coquetry
▸ **σκέρτσα** *πλ* flirtation *εν.*

σκέτ|ος *επίθ* (*μακαρόνια,*

μπιφτέκια) plain · (καφές) black · (ούίσκι) straight · (φόρεμα, έπιπλο) plain · (αποτυχία) complete · (απογοήτευση) utter · (παλιάνθρωπος) out-and-out

σκετς το sketch

σκεύος το utensil ▷ επιτραπέζια ~η tableware ▷ μαγειρικά ~η cooking utensils

σκευοφόρος η luggage car ή van

σκευωρία η scheming ή plht.

σκεπτικός επίθ = **σκεπτικός**

σκέφτομαι ρ μ/αμ απ = **σκέπτομαι**

σκέψη η thought · **βάζω κπν σε ~εις** to get ή set sb to thinking

σκηνή η (τέντα) tent · (θεάτρου) stage · (έργου, ταινίας) scene · (υστερίας, καβγά) scene · **κάνω ~ (σε κπν)** to make a scene (in front of sb) ▷ διευθυντής ~ς stage manager

σκηνικός επίθ (εφέ, οδηγίες) stage · (τέχνη) dramatic

▸ **σκηνικό** το scene

▸ **σκηνικά** τα scenery εν.

σκηνοθεσία η (ΤΕΧΝ) direction · (μτφ.) act

σκηνοθέτης ο director

σκηνοθέτρια η βλ. **σκηνοθέτης**

σκηνοθετώ ρ μ (ταινία, έργο) to direct · (αρν.: θάνατο, διάρρηξη) to orchestrate

σκήπτρο το sceptre (Βρετ.), scepter (Αμερ.)

σκι το (πέδιλο) ski · (άθληση) skiing ▷ θαλάσσιο ~ water-skiing

σκιά η (σκιασμένος χώρος) shade χωρίς πληθ. · (σκιασμένη επιφάνεια) shadow · (= σκοτεινή σιλουέτα) shadow · (για πρόσ.) shadowy form · **35 βαθμοί υπό ~ν** 35 degrees in the shade ▷ ~ ματιών eye shadow

σκιάζω¹ ρ μ (μάτια, ντίσκο) to shade (in)

σκιάζω² (ανεπ.) ρ μ to frighten

▸ **σκιάζομαι** μεσ to be scared ή frightened shading

σκιάτρο το (σε καλλιέργειες) scarecrow · (φόβητρο) bugbear · (= άσχημος άνθρωπος) gargoyle

σκιερός επίθ shady

σκιερός επίθ shady

σκίζω ρ μ/αμ = **σχίζω**

σκίουρος ο squirrel

σκιρτώ ρ αμ (= αναπηδώ) to start · (καρδιά) to hammer

σκίσιμο το = **σχίσιμο**

σκιστός επίθ = **σχιστός**

σκίτσο το (= σκιαγράφημα) sketch · (= γελοιογραφία) cartoon · (= σύντομη περιγραφή) outline

σκλάβος ο slave

σκλαβώνω ρ μ (= υποδουλώνω) to enslave · (μτφ.: = κατακτώ) to enthral

▸ **σκλαβώνομαι** μεσ to be tied down

σκληρά επίρρ (φέρομαι, συμπεριφέρομαι) roughly · (μιλώ) harshly · (μεταχειρίζομαι) roughly · (δουλεύω, προπονούμαι) hard

σκληραίνω ρ μ (χώμα) to make hard · (ψυχή, στάση) to harden ♦ ρ αμ (ψωμί, έδαφος) to go hard · (τρόπους, φωνή) to harden

σκληρός επίθ (έδαφος, χώμα) hard · (τροφή, κρέας) tough · (δέρμα) hard · (σεντόνι, μαλλιά) rough · (ζωή, γεγονός) hard · (χειμώνας, πραγματικότητα) harsh · (μοίρα) cruel · (αλήθεια) hard · (ανταγωνισμός) fierce · (γλώσσα, λόγια) harsh · (νόμος, γονιός) harsh · (μεταχείριση) tough · (εργοδότης) tough · (έθιμο, καρδιά) cruel · (βλέμμα) hard · (στάση, πολιτική) tough · (δουλειά, προπόνηση) hard · (διάβασμα) serious · (προσπάθεια) strenuous · (νερό, ναρκωτικά) hard

▷ ~ πυρήνας hard core

σκληρύν|ω ρ /μαμ = **σκληραίνω**

σκνίπα η gnat

σκοινένι|ος, -ια, -ιο = **σχοινένιος**

σκοιν|ί το = **σχοινί**

σκόν|η η (= κονιορτός) dust χωρίς πληθ. (σαπουνιού, γάλακτος) powder

σκονίζ|ω ρ μ to cover in dust

σκοντάφτ|ω ρ αμ (διαβάτης, περαστικός) to trip up · (υπόθεση, προσπάθεια) to hit a snag

σκόντο το discount

σκόπελ|ος ο (κυριολ.) reef · (μτφ.) obstacle

σκοπεύ|ω ρ μ to aim ◆ ρ μ (στόχο, λαγό) to aim at · (με τηλεσκόπιο, κιάλια) to observe

σκόπιμα επίρρ on purpose

σκόπιμ|ος επίθ deliberate · (= που εξυπηρετεί σκοπό) worthwhile

σκοπίμως επίρρ = **σκόπιμα**

σκοπ|ός ο (ενεργειών, πράξεων) aim · (για γάμο, προσωπικά σχέδια) intention · (ελευθερίας, δημοκρατίας) cause · (στρατοπέδου, κτηρίου) guard · (ΜΟΥΣ) tune

σκορ το score

σκοράρ|ω ρ μ to score

σκορδαλιά η mashed potatoes πληθ. with garlic

σκόρδο το garlic

σκοροστούμπι το (= ψητό κρέας με σκόρδο) roast meat with garlic · (= σκορδόξιδο) garlic and vinegar paste

σκορδόψωμο το garlic bread

σκόρερ ο scorer

σκόρ|ος ο moth

σκορπίζ|ω ρ μ (λουλούδια, στάχτη) to scatter · (σύννεφα, καπνό) to disperse · (διαδηλωτές, πλήθος) to disperse · (μυρωδιά) to give off · (ήχους) to make · (μελωδία) to play · (διαλύει: φόβους, αμφιβολίες) to dispel · (γέλιο, ευτυχία) to spread · (θλίψη) to

exude · (χρήματα, περιουσία) to squander ◆ ρ αμ (γυαλιά, καφές) to scatter · (σύννεφα, κεφτέδες) to break up · (διαδηλωτές) to disperse · (παρέα) to break up

σκορπ|ιός ο (ΖΩΟΛ) scorpion · (ψάρι) scorpion fish · (ΑΣΤΡΟΝ, ΑΣΤΡΟΛ) Scorpio

σκόρπι|ος, -ια, -ιο (χαρτιά, σελίδες) scattered · (λόγια, λέξεις) disjoint

σκορπ|ώ ρ /μαμ = **σκορπίζω**

σκοτάδ|ι το black · **πέφτει (το) ~** to get dark · **φοβάμαι το ~** to be afraid of the dark

σκοτεινιά επίρρ dark

σκοτεινιάζ|ω ρ μ to darken ◆ ρ αμ (ουρανός, ορίζοντας) to grow dark · (δωμάτιο) to go dark · (πρόσωπο) to cloud over · (βλέμμα, μάτια) to darken

▶ **σκοτεινιάζει** απρόσ it's getting dark · **μόλις ~ει** as soon as it gets dark

σκοτειν|ός επίθ (νύχτα, ουρανός) dark · (χρώμα) dark · (υπόθεση, ιστορία) mysterious · (παρελθόν) murky · (ύφος, έννοια) obscure · (μυαλό, ψυχή) dark · (σχέδια) sinister · (δουλειές, συναλλαγές) shady · (μέλλων) uncertain · (εποχή, μέρες) dark · (ζωή) dismal · **στα -ά** (κυριολ., μτφ.) in the dark

σκοτίζ|ω ρ μ (δωμάτιο) to darken · (φίλους, γνωστού) to bother

▶ **σκοτίζομαι** μεσ to worry

▶ **σκοτοδίνη** η dizziness

σκοτούρα η (ανεπ.) dizziness · **σκοτούρες** πλ worries

σκότω|μα το (= θανάτωση) killing · (= εξάντληση) hassle

σκοτωμ|ός ο (= φόνος) murder · (= συνωστισμός) crush

σκοτών|ω ρ μ (άνθρωπο, ζώο) to kill · (με πιστόλι, τουφέκι) to shoot · (= στενοχωρώ) to be the death of · (χέρι, πόδι) to hurt ·

σκούζω (= απογοητεύω) to upset ·
(τραγούδι, μελωδία) to murder ·
▶ **σκοτώνομαι** μεσ (= χάνω τη ζωή
μου) to be killed · (= αυτοκτονώ)
to kill oneself · (= τραυματίζομαι)
to hurt oneself · (= εξαντλούμαι)
to wear oneself out

σκούζω (ανεπ.) ρ αμ to scream

σκουλαρίκι το earring

σκουλήκι το (ζωολ) worm · (σε
σάπια τροφή) maggot ·
(= μεταξοσκώληκας) silkworm ·
(= προνύμφη) larva · (μειωτ.: για
πρόσ.) worm

σκουντ|ώ ρ μ (= σπρώχνω με τον
αγκώνα) to nudge · (= παροτρύνω)
to push

σκούπα η (απλή) broom ·
(ηλεκτρική) vacuum cleaner ·
βάζω ~ to vacuum

σκουπιδαριό (ανεπ.) το rubbish
dump (Βρετ.), garbage dump
(Αμερ.)

σκουπίδι το (= ακαθαρσία)
rubbish χωρίς πληθ. (Βρετ.), trash
χωρίς πληθ. (Αμερ.) · (μειωτ.: για
πρόσ.) scum · (για ταινία, βιβλίο)
rubbish (Βρετ.), trash (Αμερ.)
▶ **σκουπίδια** πλ rubbish εν. (Βρετ.),
garbage εν. (Αμερ.), trash εν.
(Αμερ.) · **κάνω ~α** to make a
mess · **πετάω ή ρίχνω κτ στα ~α**
to bin sth

σκουπιδο(ν)τενεκές ο dustbin
(Βρετ.), garbage ή trash can
(Αμερ.)

σκουπίζ|ω ρ μ (πάτωμα,
πεζοδρόμιο) to sweep · (με
ηλεκτρική σκούπα) to vacuum ·
(έπιπλα, τζάμια) to clean ·
(τραπέζι) to wipe · (για υγρασία:
πιάτα, ποτήρια) to dry · (για
ακαθαρσίες: πρόσωπο, στόμα) to
wipe · (δάκρυα) to wipe away

σκούπισμα το (πατώματος, αυλής)
sweeping · (με ηλεκτρική σκούπα)
vacuuming · (τραπεζιού) wiping ·
(γυαλιών, επίπλων) cleaning · (για

υγρασία: πιάτων, ποτηριών)
drying · (για ακαθαρσίες: χειλιών,
δακρύων) wiping

σκουριά η rust

σκουριάζ|ω ρ αμ (σίδερο, κάγκελα)
to go rusty · (μτφ.) to be rusty ◆ ρ
μ to make rusty

σκουριασμέν|ος επίθ (σίδερο,
λουκέτο) rusty · (ιδέες, αντιλήψεις)
stuffy

σκούρ|ος, -α, -ο dark

σκούτερ το scooter

σκουφάκι το cap ▷ **~ του μπάνιου**
bathing cap

σκούφι το cap

σκούφος ο cap

σκύβ|ω ρ αμ (προς τα κάτω) to
bend down · (προς ταύ) to lean
over · **~ για να αποφύγω κτ** to
duck out of the way of sth ·
~ έξω από το παράθυρο to lean
out of the window · **~ κάτω** to
bend down

σκύλα η (= θηλυκό σκυλί) bitch ·
(υβρ.: για γυναίκα) bitch (χυδ.)

σκυλάκι το (= μικρόσωμο σκυλί)
small dog · (= κουτάβι) puppy

σκυλί το (= σκύλος) dog · (μειωτ.:
για πρόσ.) animal

σκυλιάζ|ω ρ αμ to fly into a rage
◆ ρ μ to infuriate

σκύλ|ος ο (= αρσενικό σκυλί) dog ·
(= σκυλόψαρο) dogfish

σκυλόσπιτο το kennel (Βρετ.),
doghouse (Αμερ.)

σκυλόψαρο το dogfish

σκυμμένος επίθ bent

σκυτάλη η baton

σκυταλοδρομία η relay race

σκυφτ|ός επίθ stooping

σκωληκοειδ|ίτης (ανεπ.) ο =
σκωληκοειδίτιδα

σκωληκοειδίτιδα η appendicitis

Σκωτία η Scotland

Σκωτσέζα η Scot

σκωτσέζικ|ος επίθ (ιστορία,

μουσική) Scottish · *(προφορά)*
Scots
Σκωτσέζ|ος *ο* Scot · **οι ~οι** the
Scots
σλάλομ *το* slalom
σλιπ *το* briefs *πληθ.*
σλίπινγκ-μπαγκ *το* sleeping bag
Σλοβακί|α *η* Slovakia
σλοβακικός, -ή, -ό Slovak
▶**Σλοβακικά, Σλοβάκικα** *τα* Slovak
Σλοβάκ|ος *ο* Slovak
Σλοβενί|α *η* Slovenia
σλοβενικός, -ή, -ό Slovene
▶**Σλοβενικά, Σλοβένικα** *τα*
Slovene
Σλοβέν|ος *ο* Slovene
σμάλτο *το* enamel
σμαράγδ|ι *το* emerald *(stone)*
σμέρνα *η* moray (eel)
σμήν|ος *το (μελισσών, ακρίδων)*
swarm · *(χελιδονιών, σπουργιτιών)*
flock · *(αεροπλάνων)* flight
σμίγω *ρ αμ (= συναντιέμαι: φίλοι,
συνεργάτες)* to meet (up) · *(= κάνω
σχέση)* to get together ·
(= ενώνομαι: δρόμοι, ωκεανοί) to
meet ♦ *ρ μ* to bring together
σμίκρυνση *η* reduction
σμικρύνω *ρ μ* to reduce
σμίλη *η* chisel
σμόκιν *το* dinner jacket *(Βρετ.),*
tuxedo *(Αμερ.)*
σμπάρος *ο (ανεπ.)* shot
σνακ *το* snack
σοβαρά *επίρρ (= χωρίς αστεία)*
seriously · *(= ευπρεπώς)* soberly ·
(= σε κρίσιμη κατάσταση)
seriously · *(για έκπληξη, απορία:
κερδίζω, γίνομαι)* really ·
(= υπεύθυνα και συστηματικά)
conscientiously · **είμαι
~** *(ασθενής, τραυματίας)* to be in a
critical condition · **μιλάς ~;** are
you serious? · **~;** really?
σοβαρεύ|ω *ρ αμ* to get ή become
serious
▶**σοβαρεύομαι** *μεσ (= παίρνω*

σοβαρό ύφος) to get ή become
serious · *(= ωριμάζω)* to settle
down
σοβαρ|ός *επίθ (= αξιοπρεπής:
άνθρωπος)* reliable ·
(οικογενειάρχης) decent · *(πελάτης)*
good · *(= πον έχει αυστηρό ύφος)*
serious · *(επιστήμονας)* eminent ·
(καλλιτέχνης) serious · *(τραύμα,
αρρώστια)* serious · *(εγκαύματα)*
severe · *(προτάσεις, έρευνα)*
serious · *(πρόβλημα, απόφαση)*
serious · *(λόγοι)* good · *(βοήθεια)*
real · *(ύφος, πρόσωπο)* serious ·
(ρούχα) sober · *(χρώματα)* quiet ·
(βιβλίο, μουσική) serious · *(ποσό)*
considerable · **παίρνω κπν/κτ στα
~ά** to take sb/sth seriously · **το
λες στα ~ά;** do you really mean
that?
σοβαρότητα *η (= υπευθυνότητα)*
conscientiousness · *(προβλήματος,
κρίσης)* gravity · *(ασθένειας,
τραύματος)* severity
σοβινισμ|ός *ο* chauvinism
▷**ανδρικός ~** (male) chauvinism
σοβινιστής *ο* chauvinist
σοβινίστρι|α *η βλ.* **σοβινιστής**
σόγι|α *η (φυτό)* soya *(Βρετ.),* soy
(Αμερ.) · *(σπόρος)* soya bean
(Βρετ.), soybean *(Αμερ.)*
σόδ|α *η* fizzy drink *(Βρετ.),* soda
(Αμερ.) · **ουίσκι με ~** whisky
(Βρετ.) ή whiskey *(Αμερ.)* and
soda ▷**μαγειρική/φαρμακευτική
~** bicarbonate of soda
σοδειά *η (= συγκομιδή)* harvest ·
(= καρπό συγκομιδής) crop
σοδιάζ|ω *ρ μ* to harvest
σό|ι *το (= καταγωγή)* family ·
(= συγγενείς) relatives *πληθ.* ·
(μειωτ.: = ποιόν) kind
σοκάκ|ι *το* alley
σοκάρ|ω *ρ μ* to shock
▶**σοκάρομαι** *μεσ* to be shocked
σοκολάτ|α *η (γάλακτος,
αμυγδάλων)* chocolate · *(ζεστό*

ρόφημα) hot chocolate

σοκολατάκι το chocolate

σοκολατένι|ος, -ια, -ιο chocolate

σόλ|α η sole

σόλοικ|ος επίθ ungrammatical

σολομ|ός ο salmon

σόμπα η (πετρελαίου, γκαζιού) heater · (με ξύλα) stove

σόου το show

σορτ(ς) το shorts πληθ.

σος η sauce

σοσιαλιστ|ής ο socialist

σου¹ το choux bun

σου² αντων (προσωπική αντωνυμία) you · (κτητική αντωνυμία) your · **είναι δικό** ~ it's yours · ~ **είπα τι θέλω!** I told you what I want! · **τα βιβλία** ~ your books

σουβενίρ το (= ενθύμιο) memento · (για τουρίστες) souvenir

σούβλ|α η spit

σουβλάκι το souvlaki · ~ **με πίτα** shish kebab

σουβλερ|ός επίθ sharp · (μύτη) pointed

σουβλί το (= μικρή σούβλα) small spit · (εργαλείο) bradawl

σουβλίζω ρ μ (κρέας) to skewer · (αρνί) to roast on a spit ◆ ρ αμ το spend Easter

σουγιάς ο penknife

Σουηδί|α η Sweden

σουηδικ|ός επίθ Swedish ⊳ **-ή γυμναστική** Swedish gymnastics εν.

▶ **Σουηδικά, Σουηδέζικα** τα Swedish

Σουηδ|ός ο Swede

σουλτανίν|α η (σταφύλι) sultana grape · (σταφίδα) sultana

σουζέ το (για τραγούδι) hit · (για ταινία) box-office success

σούπ|α η soup

σούπερ-μάρκετ, σουπερμάρκετ το supermarket

σουπι|ά η (θαλασσινό μαλάκιο) cuttlefish · (για πρόσ.: = πονηρός) sly fox

σούρ|α¹ η pleat

σούρα² (ανεπ.) η **γίνομαι ή είμαι** ~ to be smashed (ανεπ.)

σούρουπο το dusk

σουρών|ω¹ ρ μ (μακαρόνια) to drain · (χαμομήλι) to strain · (φούστα, φόρεμα) to pleat ◆ ρ αμ to pleat

σουρών|ω² (ανεπ.) ρ αμ to get smashed (ανεπ.)

σουρωτήρ|ι το (για χαμομήλι, τσάι) strainer · (για μακαρόνια) colander

σουσάμι το sesame

σούστ|α η (καναπέ, κρεβατιού) spring · (φορέματος) press stud

σουτάρ|ω ρ αμ to shoot

σουτζουκάκ|ια τα spicy meatballs

σουτιέν το bra

σούφρω|μα (ανεπ.) το (= ζάρωμα) crease · (γηρατειών) wrinkling · (αγκ.: χρημάτων, πορτοφολιού) pinching (ανεπ.)

σουφρών|ω (ανεπ.) ρ αμ (ρούχο, ύφασμα) to crease · (για πρόσ.) to become wrinkled ◆ ρ μ (φόρεμα) to crease · (αγκ.: = κλέβω) to pinch (ανεπ.)

σοφί|α η wisdom

σοφίτ|α η loft

σοφ|ός επίθ (άνθρωπος, γέροντας) wise · (επιστήμονας, δάσκαλος) learned · (νέος, παιδί) clever · (κουβέντα, λόγια) wise

▶ **σοφός** ο wise man

σπαγγέτι το = **σπαγκέτι**

σπάγγ|ος ο = **σπάγκος**

σπαγκέτι το spaghetti

σπάγκ|ος ο (= λεπτό σχοινί) string · (αρν.: για πρόσ.) miser

σπάζω ρ μ to break · (κώδικα) to crack · (μονοτονία) to relieve · (γεύση) to counteract · (προκαταλήψεις) to break down · (παράδοση) to break with ◆ ρ αμ

σπαθί to break · (λάστιχο) to burst · (πόδι, χέρι) to be broken · (δέρμα, πρόσωπο) to wrinkle · (γκίνια, γκαντεμιά) to stop

▸ **σπάζομαι** μεσ (αργκ.) to be pissed off (Βρετ.) (χυδ.), to be pissed (Αμερ.) (ανεπ.)

σπαθ|ί το (= ξίφος) sword · (στην τράπουλα) club · **ντάμα/δέκα ~** queen/ten of clubs

σπανάκ|ι το spinach

σπανακόπιτα η spinach pie

σπάνια επίρρ rarely

σπανίζ|ω ρ αμ to be rare

σπάνι|ος, -ια, -ιο (γραμματόσημο, είδος) rare · (χαρακτήρας, ομορφιά) exceptional

σπανίως επίρρ = **σπάνια**

σπαράγγι το asparagus

σπαράζ|ω ρ αμ to tear apart ή to pieces ♦ ρ αμ (επίσης **σπαράσσω**: = σπαρταρώ) to shiver violently · (από τον πόνο) to writhe · (επίσης **σπαράσσω**: = καταθλίβομαι) to be heartbroken

σπαρταρ|ώ ρ αμ to writhe

Σπάρτη η Sparta

σπάσι|μο το (τζαμιού, ξύλου) breaking · (χεριού) breaking · (αργκ.: = έντονος εκνευρισμός) damn nuisance (ανεπ.) · (χώδικα) cracking

σπασμέν|ος επίθ broken · (αργκ.: = εκνευρισμένος) pissed off (Βρετ.) (χυδ.), pissed (Αμερ.) (ανεπ.)

σπασμός ο spasm

σπαστ|ός επίθ folding · (Αγγλικά, Ελληνικά) broken · (μαλλιά) wavy ▷ **-ό** ωράριο flexitime (Βρετ.), flextime (Αμερ.)

σπατάλη η (χρημάτων, χρόνου) waste · (εταιρείας, χρόνου) overspending

σπάταλ|ος επίθ extravagant · (επιχείρηση, διαχείριση) wasteful

σπαταλ|ώ ρ μ to waste

σπά|ω ρ μ/αμ = **σπάζω**

σπείρ|α η (λαθρεμπόρων, αρχαιοκαπήλων) ring · (βίδας) thread · (σχοινιού, ελατηρίου) coil · (δακτυλικών αποτυπωμάτων) whorl · (αγγείου) helix · (κιονόκρανου) volute

σπέρμ|α το (ΒΙΟΛ, ΙΑΤΡ) semen · (ΒΟΤ) seed · (διχόνοιας, κακού) seed

σπέρν|ω ρ μ (χωράφι, σιτάρι) to sow · (πανικό, τρόμο) to spread · (ιδέες) to disseminate

σπέσιαλ special

σπεσιαλιτέ η speciality (Βρετ.), specialty (Αμερ.)

σπετζοφάι το casserole with sausage, tomatoes and green peppers

σπήλαι|ο το cave

σπηλιά η cave

σπίθ|α η (= σπινθήρας) spark · (πολέμου) trigger · (έρωτα) spark · (για πρόσ.) bright spark

σπιθαμ|ή η (= ανοιχτή παλάμη) span · (μτφ.) inch

σπιθούρ|ι το (ανεπ.) το spot

σπινθήρ|ας ο spark

σπίρτ|ο το (ασφαλείας) match · (ανεπ.: = δυνατό ποτό) strong stuff (ανεπ.) · **ανάβω ένα ~** to strike a match

σπίτ|ι το (= κατοικία) house · (= οικογένεια) family · (= σπιτικό) home · (= νοικοκυριό) household · **κάθομαι ~** to stay at home · **κάνω ή μαζεύω ή τακτοποιώ το ~** to tidy up the house · **πάω ~** to go home · **σαν στο ~ σου!** make yourself at home! ▷ **εξοχικό ~** country house

σπιτικ|ό το (= σπίτι) home · (= νοικοκυριό) household

σπιτικ|ός επίθ (φαγητό, γλυκό) homemade · (ζωή) home · (ατμόσφαιρα) homely (Βρετ.), homey (Αμερ.) · **-ές δουλειές** housework εν.

σπιτονοικοκυρά _η_ landlady
σπιτονοικοκύρης _ο_ landlord
σπλήνα _η_ (_επίσης_ **~ς**: ANAT) spleen · (_φαγητό_) spleen
σπλήνας _ο βλ_. **σπλήνα**
σπόγγος _ο_ sponge
σπονδυλικός _επίθ_ vertebral ▷ **~ή στήλη** spinal ▷ **~ή** vertebral column
σπόνδυλος _ο_ vertebra
σπορ _το_ sport · **ντύνομαι ~** to dress casually ▷ **~ αυτοκίνητο** sports car
▶ **σπορ** _τα_ sports
Σποράδες _οι_ **οι ~** the Sporades
σποραδικός _επίθ_ (_βροχοπτώσεις_) scattered · (_πυρά_) sporadic
σπόρος _ο_ (BOT) seed · (= _σπέρμα_) sperm · (_ανεπ._: = _απόγονος_) offspring
σποτ _το_ (= _σύντομο διαφημιστικό_) commercial · (= _φορητό φωτιστικό_) spotlight
σπουδάζω _ρ αμ_ (= _ακολουθώ κύκλο σπουδών_) to study · (= _μορφώνομαι_) to get an education ♦ _ρ μ_ to study
σπουδαίος, -α, -ο (_απόφαση, υπόθεση_) important · (_νέα_) big · (_παράγοντας_) important · (_ηθοποιός_) top · (_επιστημόνας_) top · (_γιατρός, έργο_) excellent · (= _κερδοφόρος: δουλειάς_) big · (= _σωστός: άνθρωπος, χαρακτήρας_) decent · **~α δικαιολογία βρήκες!** (_ειρ._) that's a fine excuse! · **~ φίλος είσαι!** (_ειρ._) you're a fine friend!
σπουδαιότητα _η_ importance
σπουδασμένος _επίθ_ educated
σπουδαστής _ο_ student
σπουδάστρια _η βλ_. **σπουδαστής**
σπουδή _η_ (= _μελέτη_) study · (= _γρηγοράδα_) haste
▶ **σπουδές** _πλ_ studies ▷ **~κύκλος ~ών** course ▷ **μεταπτυχιακές ~ές** post–graduate studies ▷ **οδηγός ~ών** course prospectus ▷ **τίτλος**

~ών qualification
σπουργίτης _ο_ = **σπουργίτι**
σπουργίτι _το_ sparrow
σπρέι _το_ spray
σπρίντερ _ο/η_ sprinter
σπρωξιά _η_ push
σπρώξιμο _το_ push
σπρώχνω _ρ μ_ to push · (= _παρασύρω_) to drive ♦ _ρ αμ_ to push
σπυράκι _το_ spot
σπυρί _το_ (= _εξάνθημα_) spot · **βγάζω ~ιά** (_οικ._) it turns my stomach
στάβλος _ο_ (_αλόγων_) stable · (_αγελάδων_) stall · (_μτφ._) mess
σταγόνα _η_ drop · **~ βροχής** raindrop
▶ **σταγόνες** _πλ_ drops
σταδιακός _επίθ_ gradual
στάδιο _το_ (ΑΘΛ) stadium · (_ανάπτυξης, διαδικασίας_) stage
σταδιοδρομία _η_ career
σταθερά[1] _η_ constant
σταθερά[2] _επίρρ_ steadily
σταθεροποιώ _ρ μ_ to stabilize
σταθερός _επίθ_ (_χέρι, φωνή_) steady · (_γέφυρα, σκάλα_) stable · (_θερμοκρασία_) even · (_ταχύτητα, πτώση τιμών_) steady · (_καιρός_) settled · (_τιμές, νόμισμα_) stable · (_απασχόληση, παράγοντας_) constant · (_απόφαση_) firm · (= _πιστός: φίλος_) firm · (_σχέση_) stable · (_απόνειες, αρχές_) unwavering ▷ **~ό τηλέφωνο** land line
σταθερότητα _η_ (_χεριού, φωνής_) steadiness · (_γέφυρας_) stability · (_καιρού, τιμών, φωνής_) stability · (_θερμοκρασίας_) evenness · (_ταχύτητας_) steadiness · (_απόφασης_) firmness
σταθμάρχης _ο_ stationmaster
στάθμευση _η_ parking
σταθμεύω _ρ αμ_ (_οδηγός, όχημα_) to park · (_ταξιδιώτες, στρατιώτες_)

στάθμη η (= αλφάδι) plumb line · (νερού, λίμνης) level · (= επίπεδο) level

σταθμίζω ρ μ (= ζυγίζω) to weigh · (= αλφαδιάζω) to plumb · (μτφ.) to weigh up

σταθμός ο station ▷ηλεκτρικός ~ power plant ▷τηλεοπτικός ~ TV station

στάλα (λογοτ.) η drop

σταλαγματιά (λογοτ.) η drop

σταλάζω ρ μ (κονιάκ, φάρμακο) to drip · (μτφ.) to instil (Βρετ.), to instill (Αμερ.) ♦ ρ αμ to drip

σταματ|ώ ρ αμ to stop · (μαθήματα) to end · (ταξιδιώτες) to stop off ♦ ρ μ to stop · (εχθρό) to intercept · (εργασίες) to drop out · **σταμάτα (πια)!** stop it! · (= μη μιλάς) be quiet!

στάμν|α η pitcher

σταρ ο/η star ▷~ Ελλάς Miss Greece

στάρ|ι το = **σιτάρι**

στάσ|η η (σώματος) position · (= σταμάτημα: οδηγού, οχήματος) stop · (πληρωμών, συναλλαγών) suspension · (= συμπεριφορά) attitude · (= εξέγερση) rebellion · (για πλήρωμα, στρατιώτες) mutiny · **κάνω** ~ (οδηγός, λεωφορείο) to stop ▷~ εργασίας stoppage ▷~ λεωφορείου bus stop

στάσιμος επίθ stagnant · (κατάσταση υγείας) stable · (μαθητής) not progressing · **κρίνομαι ~ για προαγωγή** to be judged unfit for promotion

στασιμότητα η stagnation · (συναλλαγών) deadlock

στατιστική η statistics εν.

σταύλος ο = **στάβλος**

σταυροδρόμι το crossroads πληθ.

σταυρόλεξ|ο το crossword (puzzle)

σταυροπόδι επίρρ **κάθομαι** ~ to sit cross–legged

σταυρός ο cross ▷Ερυθρός Σταυρός Red Cross ▷Τίμιος Σταυρός Holy Cross

σταυροφορία η (ιστ) Crusade · (μτφ.) crusade

σταυρών|ω ρ μ (= θανατώνω με σταύρωση) to crucify · (= ταλαιπωρώ) to pester · (ξύλα, πόδια) to cross · ~ **τα χέρια** to cross one's arms · (μτφ.) to do nothing

σταφίδ|α η (αμπέλι) vineyard · (καρπός) raisin

σταφιδόψωμ|ο το raisin ή currant bread

σταφυλ|ή η uvula

σταφύλ|ι το grapes πληθ.

στάχτ|η η (ξύλου, τσιγάρου) ash χωρίς πληθ. · (νεκρού) ashes πληθ.

σταχτής, –ιά, –ί grey (Βρετ.), gray (Αμερ.)
▸ **σταχτί** το ash (grey (Βρετ.) ή gray (Αμερ.))

σταχτοδοχείο το ashtray

σταχτοθήκη η = **σταχτοδοχείο**

στάχυ το ear (of corn)

στεγάζ|ω ρ μ (σεισμοπαθείς, πρόσφυγες) to shelter · (σπίτι) to roof · (γήπεδο) to cover
▸ **στεγάζομαι** μεσο to be housed

στεγανός επίθ watertight
▸ **στεγανά** τα bulkheads

στέγ|η η (= σκεπή) roof · (= σπίτι) house

στεγνοκαθαριστήριο το dry–cleaner's

στεγνός επίθ (ρούχα, ξύλα) dry · (άνθρωπος, φωνή) dull ▷~ό **καθάρισμα** dry–cleaning

στέγνωμα το drying

στεγνών|ω ρ μ to dry ♦ ρ αμ (άνθρωπος) to dry oneself · (σεντόνι) to dry · (λαιμός, στόμα) to go dry

στείβ|ω ρ μ = **στύβω**

στέκα|α η (μπιλιάρδου) cue · (για μαλλιά) hairpin · (μειωτ.: για πόδι.) beanpole (ανεπ.)

στέκ|ι το haunt

στέκ|ομαι ρ αμ (επίσης **~ω**: = παύω να προχωρώ) to stop · (επίσης **~ω**: = είμαι ορθιος.) to stand (up) · (επίσης **~ω**: κάστρο, εκκλησία) to stand · (πορτατίφ, βάζο) to stand up · (= αποδεικνύομαι) to be ♦ **στάσου ένα λεπτό!** wait a minute!

στέκ|ω (προφ., λογοτ.) ρ αμ **~ει, ~ουν** τρίτ to stand up · βλ. κ. **στέκομαι**

στέλεχ|ος το (επιχείρησης, τράπεζας) executive · (κόμματος) official · (ΣΤΡ) cadre · (= τμήμα διπλότυπου μπλοκ) counterfoil

στέλν|ω ρ μ to send

στέμμα το crown

στεναγμ|ός ο (= αναστεναγμός) sigh · (= θρήνος) lamenting

στενάζ|ω ρ αμ (= αναστενάζω) to sigh · (= θρηνώ) to lament

στεναχωρ|εμένος επίθ = **στενοχωρημένος**

στεναχώρι|α η = **στενοχώρια**

στεναχωρ|ώ ρ μ = **στενοχωρώ**

στένεμα το (παντελονιού, φούστας) taking in · (δρόμου) narrowing · **χρειάζεται η θέλει ~** (ρούχο) it needs taking in

στενεύ|ω ρ μ (παντελόνι, φούστα) to take in · (δρόμο, φούστα) to be too tight for ♦ ρ αμ (δρόμος) to narrow · (περιθώρια, ορίζοντες) to be narrow

στεν|ό το alley
▸ **στενά** πλ straits

στενογραφί|α η shorthand

στενοκέφαλ|ος επίθ (= στενόμυαλος) narrow-minded · (= ξεροκέφαλος) stubborn

στενόμυαλ|ος επίθ = **στενοκέφαλος**

στεν|ός, -ή, -ό (παπούτσια, ρούχα)

tight · (δρόμος) narrow · (δωμάτιο) cramped · (χώρος) confined · (συγγενείς, συνεργασία) close · (φίλος) close · (σχέσεις) intimate · (κύκλος) close · (αναλό) narrow

στενότητ|α η (χώρου, δωματίου) crampedness · (δρόμου) narrowness · (πνεύματος) narrowness · (χρημάτων, χρόνου) lack · (σχέσης) closeness

στενοχωρημέν|ος επίθ sad · **είμαι/φαίνομαι ~** to be/look sad ή upset

στενοχώρι|α η sadness
▸ **στενοχώριες** πλ troubles

στενοχωρ|ος επίθ (σπίτι, δωμάτιο) cramped · (= που δυσφορεί εύκολα) easily upset · (απασχόληση, δουλειά) distressing

στενοχωρ|ώ ρ μ to upset
▸ **στενοχωριέμαι, στενοχωριέμαι** μεσ ρ to be upset

στερε|ός, -ή ή -ά, -ό (σώμα, καύσιμα) solid · (επίσης **στέρεος**: επιχ σηματολογία, λογική) sound · (επίσης **στέρεος**) firm ▸ **Στερεά Ελλάδα** Central Greece

στέρε|ος βλ. **στερεός**

στερεοφωνικ|ός επίθ stereo ▸ **~ς (συγκρότημα)** stereo (sound)

στερεύ|ω ρ μ (ποταμό, πηγή) to dry up · (μτφ.: δάκρυα) to dry

στερεών|ω ρ μ (τραπέζι) to make stable · (ράφι) to fix · (παράθυρο) to prop up · (μαλλιά) to pin up ή back · (φιλία) to cement ♦ ρ αμ **στεριώνω ή ~ σε μια δουλειά** to have a steady job

στέρησ|η η loss ▸ **συναισθηματική ~** emotional deprivation
▸ **στερήσεις** πλ deprivation εν.

στεριά η land

στερλίν|α η sterling

στέρν|α η water tank

στέρν|ο το sternum

στερ|ώ ρ μ **~ κποιου κτ** ή **από κπν κτ** to deprive sb of sth

▸**στερούμαι** μεσ (οικογένεια) to miss · (φαγητό, ρούχα) to want for · (υπηρεσίες) to do without

στέφαν|α τα wedding wreaths

στεφάνη η (βαρελιού) hoop · (τροχού) rim · (στην καλαθοσφαίριση) rim

στεφάν|ι το (γενικότ.) wreath · (στην καλαθοσφαίριση) rim · (βαρελιού) hoop · (= νυφικός στέφανος) wedding wreath · (= νόμιμος σύζυγος) spouse

στεφανώνω ρ μ (νικητή, αθλητή) to crown · (= παντρεύω) ≈ to be best man to

▸**στεφανώνομαι** μεσ to get married

στηθόδεσμ|ος ο bra

στήθ|ος το (ANAT) chest · (= μαστοί γυναίκας) breasts πληθ. · (ΜΑΓΕΙΡ) breast

στήλ|η η (ΑΡΧ) pillar · (καπνού) pillar · (εφημερίδας) column
▹επιτύμβια ~ headstone
▹ηλεκτρική ~ battery

στήν|ω ρ μ (κοντάρι, μπουκάλι) to stand · (τέντα) to pitch · (καταυλισμό) to set up · (άγαλμα, μνημείο) to put up · (επιχείρηση, εταιρεία) to set up · (παράσταση) to put on · (αρν.: αγώνα, διαγωνισμό) to fix · (= μοντάρω: μηχανή) to mount · (πλατφόρμα) to erect · **~ κπν** (σε ραντεβού) to stand sb up

▸**στήνομαι** μεσ to hang around

στήριγμ|α το support · (= μέσο στήριξης) prop

στηρίζ|ω ρ μ (= υποβαστάζω) to support · (σκάλα) to stand · (αγκώνες, κεφάλι) to rest · (οικονομικά) to support · (ιδέα, κόμμα) to support · (απόφαση, επιχείρημα) to base · (ελπίδες) to pin

▸**στηρίζομαι** μεσ **~ομαι σε** to rely on

στήριξ|η η (= στερέωση) support ·

στήσιμ|ο το (πασσάλου, σημαίας) putting up · (τέντας) pitching · (χεραίας) putting up · (επιχείρησης, νοικοκυριού) setting up · (παράστασης) putting on · (σε ραντεβού) standing up · (αγώνα) fixing

στιβάδ|α η layer

στίβ|ος ο (σταδίου) track · (ιπποδρόμου) racecourse (Βρετ.), racetrack (Αμερ.) · (ΑΘΛ: = αγωνίσματα πληθ. (Βρετ.), track and field (Αμερ.) · (μτφ.) arena

στίγμ|α το (= κηλίδα) spot · (σπάν.: = λεκές) mark · (= ηθική κηλίδα) disgrace · (για πλοίο, αεροπλάνο) position · (ΒΟΤ) stigma

στιγματίζ|ω ρ μ (= σημειώνω με στίγματα) to spot · (= στηλιτεύω) to condemn · (= επιδιοκ: ζωή, περιοχή) to mark · (υπόληψη, φήμη) to tarnish · (επέτειο) to cast a pall over

στιγμ|ή η moment · **ανά πάσα ~** at any time · **από ~ σε ~** any moment ή time (now) · **από τη μια ~ στην άλλη** from one moment to the next · **από τη ~ που** (= αφότου) from the moment (that) · (= εφόσον) seeing as · **μέχρι ~ς** up until ή to now · **μια ~!** ≈ hang on a minute! · **την τελευταία ~** at the last minute

στιγμιαί|ος, -α, -ο (λάμψη) brief · (ξέσπασμα) momentary · (καφές) instant

στιλέτ|ο το stiletto (knife)

στιφάδ|ο το meat stewed in onions and tomato sauce

στίφ|ος το horde

στίχ|ος ο verse
▸**στίχοι** πλ lyrics

στοά η (ΑΡΧ) stoa · (= πέρασμα) passageway · (= λαγούμι) gallery

▷ **εμπορική ~** shopping arcade
▷ **τεκτονική ~** Masonic lodge

στοίβ|α η pile

στοιβάζω ο μ (βιβλία, ρούχα) to put in a pile • (= στριμώχνω σε στενό χώρο) to cram
► **στοιβάζομαι** μεσ to cram

στοιχεί|ο το (= μέρος συνόλου) element • (ΦΥΣ, ΧΗΜ) element • (ΤΥΠ) type • (προόδου, ευημερίας) factor • (= απόδειξη) proof χωρίς πληθ. • (= πληροφορίες) information χωρίς πληθ. • (= θεμελιώδεις γνώσεις) basics πληθ. ▷ **αποδεικτικό ~** proof χωρίς πληθ. ▷ **περιουσιακά ~a** assets
► **στοιχεία** πλ (= δεδομένα) data

στοιχειώδ|ης επίθ (γραμματική, αρχή) basic • (ανάγκη, δικαιώματα) basic • (γνώσεις) basic
▷ **~ εκπαίδευση** primary education (Βρετ.), elementary education (Αμερ.)

στοίχη|μα το bet • (= ποσό) stake • **βάζω ~** to make a bet • (επίσης **μτφ.**) to bet

στοιχηματίζω ο μ to bet ◆ ρ αμ to bet

στοιχίζω ο μ (= κοστίζω) to cost • (= προξενώ λύπη: θάνατος, χωρισμός) to upset • (= διατάσσω σε στοίχους) to line up ◆ ρ αμ (= κοστίζω) to cost • (= έχω υψηλό κόστος) to cost a lot • **~ φθηνά** to be cheap • **~ ακριβά ή πολύ** to cost a lot

στοίχ|ος ο line

στολ|ή η uniform ▷ **αστυνομική ~** police uniform ▷ **~ για καταδύσεις** wet suit ▷ **~ δύτη** diving suit ▷ **~ του σκι** ski suit ▷ **στρατιωτική ~** military uniform

στολίδ|ι το (= κόσμημα) jewel • (= μπιχλιμπίδι) bauble ▷ **χριστουγεννιάτικα ~a** Christmas decorations

στολίζω ο μ (χριστουγεννιάτικο

δέντρο, σπίτι) to decorate • (νύφη) to dress up • (δρόμο, λόφο) to adorn
► **στολίζομαι** μεσ to dress up

στόλισμα το (δέντρου, σπιτιού) decorating • (= στολίδι) adornment

στόλισμός ο (δέντρου, σπιτιού) decorating • (= στολίδι) adornment

στόλ|ος ο fleet

στόμα το mouth • **από το ~ μου το πήρες** you took the words (right) out of my mouth • **μ' ένα ~** with one voice

στομάχι το stomach

στοπ το (γενικότ.) stop • (σήμα της Τροχαίας) stop sign • (αυτοκινήτου) brake light • **κάνω ~** to stop

στοργή η affection

στοργικ|ός επίθ (φροντίδα, περιποίηση) loving • (φιλί, λόγος) affectionate • (ματιά) affectionate • (μάνα, αδελφός) loving

στοχάζομαι ρ μ to think of ◆ ρ αμ to reflect (για on)

στοχασμός ο thought

στόχ|ος ο target • (= σκοπός) aim

στραβά επίρρ (= λοξά) crookedly • (= εσφαλμένα) wrongly

στραβομάρα η = **στραβαμάρα**

στραβ|ός επίθ (μύτη, γραμμές) crooked • (τοίχος, κολόνα) leaning • (στέγη) sloping • (μειωτ.: = τυφλός) blind

στραβωμάρα η (οικ.) blindness

στραβώνω ο μ (κλειδώ) to bend • (ξύλο) to warp • (κεφάλι, λαιμό) to twist (around) • (δουλειά) to mess up • (= τυφλώνω) to blind • (με φώτα) to dazzle ◆ ρ αμ (= γίνομαι στραφός) to bend • (ξύλο) to warp • (= χαλάω: δουλειά) to go wrong
► **στραβώνομαι** μεσ (= γίνομαι τυφλός) to go blind • (= κουράζω πολύ τα μάτια) to strain one's

στραγάλι το eyes

στραγάλι| το roasted chickpea

στραγγαλίζω ρ μ to strangle

στραγγίζω ρ μ (ρούχα, νερό) to wring out · (γάλα, χυμό) to strain ◆ ρ αμ (ρούχα) to drip · (πιάτα) to drain

στραγγιστήρι το draining board (Βρετ.), drain board (Αμερ.)

στραμπουλίζω ρ μ to sprain

στραπατσάρω ρ μ (αυτοκίνητο) to wreck · (φόρεμα, ζωή) to ruin · (= εξευτελίζω) to humiliate

στρατάρχης ο field marshal

στράτευμα το army

στρατεύομαι ρ αμ to join the army

στρατηγείο το headquarters

στρατηγική η strategy

στρατηγός ο general

στρατιά η army

στρατιώτης ο (ΣΤΡ) soldier · (μτφ.: ειρήνης) advocate

στρατιωτική το military service

στρατιωτικός επίθ (θητεία, εξοπλισμός) military · (νοσοκομείο, βάση) army

▸ **στρατιωτικός** ο commissioned officer

στρατολογία η (= κλήση) enlistment · (υπηρεσία) (army) recruiting service

στρατόπεδο το camp
▷ **~ συγκεντρώσεως** concentration camp

στρατός ο army

στρείδι το oyster

στρες το stress

στρέφω ρ μ to turn · (προσπάθειες) to direct
▸ **στρέφομαι** μεσ to turn (προς τη ή towards)

στρίβω ρ μ (σβούρα, τιμόνι) to spin · (νήμα, σπάγκο) to twist · (μουστάκι) to twirl · (κεφάλι) to turn · (λαιμό: με συναίσθημα πόνου) to crick ◆ ρ αμ (τιμόνι) to

στριμμέν|ος επίθ (τσιγάρο) rolled · (σχοινί) twisted · (για πρόσ.) grouchy

στριμωγμέν|ος μτχ (επιβάτες) crushed · (έπιπλα) crammed in · (οικονομικά) in a tight spot · **~οι σαν σαρδέλες** packed in ή crammed in like sardines

στριμώχνω ρ μ (ρούχα, έπιπλα) to squeeze in · (= σπρώχνω) to crush · (= φέρνω σε αδιέξοδο) to corner · (= φέρνω σε δύσκολη θέση) to put on the spot · (για σωματική βία) to pin down · (για ερωτικό σκοπό) to get alone · (= κολλάω πάνω) to squeeze up
▸ **στριμώχνομαι** μεσ (οικονομικά) to be hard up · (= βρίσκομαι σε δύσκολη θέση) to be in a tight spot

στριφογυρίζω ρ μ to spin ◆ ρ αμ (= περιστρέφομαι) to spin · (στο κρεβάτι) to toss and turn

στριφογυρνώ ρ μ/αμ = **στριφογυρίζω**

στριφτός επίθ twisted ▷-**ό τσιγάρο** roll-up

στρογγυλός επίθ round
▷ **~ αριθμός** round number

στροφή η (= περιστροφή) turn · (μηχανής, κινητήρα) revolution · (= αλλαγή κατευθύνσεως) turn · (= στρίψιμο: σώματος, οχήματος) turning · (πλοίου) tacking · (για δρόμο: = καμπή) bend · (= διακλάδωση) turning · (ποιήματος) stanza · (τραγουδιού) verse **ανοιχτή/κλειστή ~** wide/ sharp bend ή turn **παίρνω ανοιχτά/κλειστά μια ~** to take a wide/sharp turn

στρόφιγγα η tap

στρυμώχνω ρ μ = **στριμώχνω**

στρυφνός επίθ (για πρόσ.) grouchy · (φυσιογνωμία, έκφραση) sour · (ύφος, κείμενο) abstruse

στρώ|μα η (για κρεβάτι) mattress · (λάσπης, σκόνης) layer · (πάγου) layer · (χιονιού, ομίχλης) blanket · (φύλλων) carpet · (= κρεβάτι) bed

στρών|ω ρ μ (σεντόνια, κουβέρτα) to spread · (= καλύπτω επιφάνεια: αυλή, δρόμο) to cover · (με πλακάκια, μωσαϊκό) to tile · (με μάρμαρο, πλάκες) to pave · (με μπετόν) to lay · (μαλλιά) to tidy · (μουστάκια) to smooth down · (σακάκι) to smooth down ή out · (μτφ.: για πρόσ.) to bring into line ♦ ρ αμ (φόρεμα, φούστα) to fit · (μαλλιά, τσουλούφια) to lie flat · (πράγματα, δουλειά) to settle down · (μηχανή) to run smoothly · (καιρός) to clear up · (για πρόσ.) to settle down · **θα σου στρώσω το κρεβάτι** I'll make a bed up for you · **~ το κρεβάτι** to make the bed · **~ το τραπέζι** to set the table
▸ **στρώνομαι** μεσ (αργ.) to install oneself

στρώσ|η η layer

στρωτ|ός επίθ (επιφάνεια, δρόμος) smooth · (βάδισμα) even · (ζωή) regular · (γλώσσα, ύφος) flowing · (φόρεμα) well-fitting

στύβ|ω ρ μ (ντομάτες, λεμόνια) to squeeze · (σταφύλια) to press · (ρούχα, πετσέτα) to wring out · (άνθρωπο: σωματικά, πνευματικά) to drain · (οικονομικά) to bleed dry

στυλ το style · **έχω ~** to have style

στυλό το pen

στύλ|ος ο (= κολόνα) post · (σκηνής) pole · (ναού) pillar · (ηλεκτροδοτήσεως) pylon

στυλών|ω ρ μ (σπίτι, τοίχο) to prop up · (μτφ.: φαγητό, εμπιστοσύνη) to give strength to · (κρασί) to buck up · (αρτιά) to pick up · (βλέμμα) to fix
▸ **στυλώνομαι** μεσ to get one's

strength back

στύσ|η η erection · **έχω ~** to have an erection

στυφ|ός επίθ sour · (γεύση) bitter

στωικ|ός επίθ (φιλοσοφία, αντίληψη) Stoic · (ύφος, απάθεια) stoic(al)
▸ **στωικός** ο Stoic

συγγένει|α η (κυριολ.) relationship · (μτφ.: = ομοιότητα) similarity · (γλωσσών) common roots πληθ. · **~ εξ αίματος** blood relationship · **~ εξ αγχιστείας** relationship by marriage

συγγενεύ|ω ρ αμ (= είμαι συγγενής) to be related · (μτφ.) to be related (με το) · (= μοιάζω) to be similar

συγγενής¹ επίθ (= παρεμφερής) related · (νόσος, διαταραχή) congenital

συγγενής ο/η relative · **στενός/ μακρινός ~** close/distant relative
▸ **συγγενείς** οι relatives

συγγνώμ|η η forgiveness · **ζητώ ~ (από σε** κπν**)** to apologize (to sb) · **~!** I'm sorry!

συγγραφέ|ας ο η writer
▷**θεατρικός ~** playwright

συγγράφ|ω ρ μ (επία.) to write

συγκαλύπτ|ω ρ μ (αλήθεια) to cover up · (γεγονός) to disguise · (σκάνδαλο) to hush up

συγκαλ|ώ ρ μ (συνέλευση) to call · (επιτροπή, συμβούλιο) to convene

συγκατάθεσ|η η consent · **δίνω τη ~ή μου** to give one's consent

συγκατατίθε|μαι ρ μ απ to accept

συγκατοίκησ|η η (γενικότ.) living together · (= συνοίκηση) sharing · **ζητείται φοιτητής για ~** looking for a student to share

συγκάτοικ|ος ο/η flatmate (Βρετ.), roommate (Αμερ.)

συγκατοικ|ώ ρ μ to live together

συγκεκριμένος επίθ (οδηγίες,

έννοια) precise · (= *καθορισμένος:* *αριθμός, πρόταση*) specific · (= *ο εν λόγω*) particular · (= *σαφής: για πράξ.*) clear

συγκεντρών|ω ρ μ (*στοιχεία, πληροφορίες*) to gather · (*φίλους, συνεργάτες*) to gather · (*στρατεύματα*) to mass · (*υπογραφές, χρήματα*) to collect · (*βαθμολογία*) to get · (*χαρίσματα, προσόντα*) to have · (*προσοχή*) to focus · (*δυνάμεις*) to gather · (*ενδιαφέρον*) to draw
▸ **συγκεντρώνομαι** μεσ (*διανοητικά*) to concentrate · (= *συναθροίζομαι*) to gather

συγκέντρωσ|η η (*στρατευμάτων*) concentration · (= *σύναξη*) meeting · (= *συνάθροιση*) get-together · (*οικογενειακή*) gathering · (= *πρόσωπα που συναθροίζονται*) crowd · (*πληροφοριών, αποδεικτικών στοιχείων*) gathering · (*χρημάτων, υπογραφών*) collection

συγκίνησ|η η (*γενικότ.*) emotion · (= *έντονη χαρά*) excitement · (*αναγνώστη*) moving · **νιώθω ~** to feel moved

συγκινητικός επίθ moving

συγκιν|ώ ρ μ (*ιστορία, δράμα*) to move · (*ταξίδια, ιδέες*) to appeal to · (*θάνατος φίλου, γονιών*) to affect
▸ **συγκινούμαι** μεσ to be emotional

συγκλίν|ω ρ αμ to converge

συγκλονίζ|ω ρ μ (= *ταράσσω: χώρα: σεισμός*) to shake · (*σκάνδαλο, γεγονός*) to rock · (= *προκαλώ έντονη ψυχική ταραχή*) to shock

συγκλονιστικός επίθ shocking

συγκοινωνί|α η (= *σύνδεση*) communications πληθ · (= *μεταφορά προσώπων, πραγμάτων*) transport · (= *λεωφορείο, τρόλεϊ*) public transport

συγκολλ|ώ ρ μ (*με κόλλα*) to glue · (*με καλάι*) to solder · (*με οξυγόνο*) to weld

συγκομιδ|ή η (= *σοδειά*) crop · (= *μάζεμα*) harvesting

συγκοπ|ή η (*ΙΑΤΡ*) fainting · (*καρδιάς*) failure · (*ΓΛΩΣΣ*) contraction · (*ΜΟΥΣ*) syncopation

συγκρατημέν|ος μτχ (*άνθρωπος, γέλιο*) restrained · (*αισιοδοξία*) mild · (*αύξηση*) moderate · (*εκτιμήσεις*) conservative

συγκρατ|ώ ρ μ (= *στερεώνω*) to hold (in place) · (= *στηρίζω*) to support · (= *κρατώ μέσα: νερό*) to retain · (*διαδηλωτές, δράστη*) to hold back · (*θυμό, ορμές*) to hold in check · (*χαρά, ενθουσιασμό*) to contain · (*δάκρυα*) to hold back · (*ανάσα*) to hold · (*πληθωρισμό*) to curb · (*τιμές*) to hold down · (*γεγονός, κατάσταση*) to remember
▸ **συγκρατούμαι** μεσ to control oneself

συγκρίν|ω ρ μ to compare
▸ **συγκρίνομαι** μεσ **~ομαι με** (= *παραβάλλομαι προς*) to be compared to · (= *θεωρούμαι ισάξιος*) to compare with

σύγκρισ|η η comparison · **σε ~ με** compared to · ▷**μέτρο ~ς** benchmark

συγκριτικός επίθ comparative · ▷ **~ (βαθμός)** comparative (degree)

συγκρότη|μα το (*συνόλο κτηρίων, κατοικιών*) complex · (*επίσης* **μουσικό ~:** *ποπ, λαϊκής μουσικής*) group · (*ροκ*) group · (*τζαζ, χορευτικό*) band

συγκρού|ομαι ρ αμ απ (*αυτοκίνητο, αεροσκάφη*) to collide · (*με wth*) (*με into*) · (*συμφέροντα*) to clash · (= *συμπλέκομαι*) to clash · (= *έρχομαι σε ρήξη*) to clash

σύγκρουσ|η η (*αεροπλάνων, πλοίων*) collision · (= *συμπλοκή*) clash · (*συμφερόντων, απόψεων*) clash

συγκυρί|α η circumstances πληθ.

συγνώμη (= **συγγνώμη**

συγυρίζω ρ μ to tidy up · (μτφ.) to deal with ◆ ρ αμ to tidy up
▶ **συγυρίζομαι** μεσ to tidy oneself up

συγχαίρω ρ μ to congratulate (για on)

συγχαρητήρια τα congratulations · **δίνω ~ σε** κπν to congratulate sb

συγχρονίζω ρ μ to synchronize

σύγχρον|ος επίθ (= τωρινός: θεωρίες, κόσμος) contemporary · (τέχνη, μουσική) modern · (ζωή) modern-day · (= μοντέρνος: σύστημα, λεξικό) up-to-date · (τεχνολογία, απόψεις) modern · (για πρόσ.) modern ·
(= ταυτόχρονος: δράση, συζητήσεις) simultaneous
▶ **σύγχρονος** ο, **σύγχρονη** η contemporary

συγχρόνως επίρρ at the same time

συγχύζω ρ μ to upset
▶ **στυχίζομαι** μεσ to get upset

σύγχυση η (= αναταραχή) commotion · (= μπέρδεμα) confusion · (= στενοχώρια) upset

συγχυσμέν|ος επίθ (= εξοργισμένος) upset · (= μπερδεμένος) confused

συγχώρηση η, **συγχώρεση** η forgiveness

συγχωρ|ώ ρ μ (= δίνω τη συγγνώμη) to forgive · (= επιτρέπω: αναβολή, αδιαφορία) to tolerate · **με ~είτε, επαναλαμβάνετε;** excuse me ή I'm sorry, can you repeat that?

συζήτηση η (= ανταλλαγή απόψεων) discussion · (= κάθε συνομιλία) conversation · (= ζωηρός και εκτενής διάλογος) argument · (δημόσια) debate ·

(= διαμάχη) controversy · **πιάνω ~ με** κπν to fall into conversation with sb

συζητ|ώ ρ μ (θέμα, πρόβλημα) to discuss · (προσωπικά, διαφορές) to talk about · (= σχολιάζω) to talk about ◆ ρ αμ to talk (για about)
▶ **συζητιέμαι** μεσ (πρόταση, ζήτημα) to be discussed · (ηθοποιός) to be talked about

συζυγικός επίθ (απιστία, δεσμός) marital · (αγάπη) married · (αγάπη, κλίνη) conjugal

σύζυγος ο/η spouse · (= άντρας) husband · (= γυναίκα) wife
▶ **σύζυγοι** πλ couple εν.

συζ|ώ ρ αμ to live together · **~ με** κπν to live with sb

συκιά η fig tree

σύκο το fig

συκώτι το liver

συλλαβή η syllable

συλλαμβάνω ρ μ (άνθρωπο) to arrest · (για ψάρεμα, ζώο) to catch · (ιδέα) to conceive · (θεωρία) to think up

συλλέγω ρ μ (δίσκους, γραμματόσημα) to collect · (στοιχεία, πληροφορίες) to gather · (τροφή) to gather · (καρπούς) to pick

συλλέκτ|ης ο (βιβλίων, γραμματοσήμων) collector · (καρπών) picker

σύλληψη η (κατασκόπων) capture · (ενόχου, κακοποιού) arrest · (ζώου) capture · (ιδέας, θεωρίας) conception

συλλογή η (καρπών, πορτοκαλιών) picking · (δίσκων, νομισμάτων) collection

συλλογίζομαι (προφ.) ρ μ απ βλ. **συλλογίζομαι**

συλλογ|ίεμαι (προφ.) ρ μ απ βλ. **συλλογίζομαι**

συλλογίζομαι ρ μ απ (= σκέφτομαι) to think about · (= λογαριάζω) to consider ◆ ρ αμ to think

συλλογισμ|ός ο reasoning

σύλλογ|ος ο (εργατικός, εμπορικός) association · (ιστορικός, θεατρικός) society · (ορειβατικός) club

συλλυπητήρια τα condolences

συμβαδίζ|ω ρ μ to keep up with

συμβαίν|ω ρ αμ ~ει, ~ουν τριτ to happen · **~ουν αυτά** these things happen · **~ει τίποτε**; is anything the matter? · **τι ~ει**; (= τι γίνεται) what's happening? · (= τι τρέχει) what's wrong?

συμβάλλ|ω ρ αμ ~ σε (= βοηθώ) to contribute to · (ποτάμι) to flow into

συμβ|άν το incident

σύμβαση η (= συμφωνία) contract · (= συνθήκη) treaty

συμβατικ|ός επίθ (υποχρέωση, ημερομίσθιο) contractual · (Δίκαιο) contract · (γάμος, συνήθεια) conventional · (για πρόσ.) conventional

συμβιβάζ|ω ρ μ to reconcile
▸ **συμβιβάζομαι** μεσ (= υποχωρώ) to compromise · (= ταιριάζω) to be reconciled (με with)

συμβιβασμ|ός ο compromise · **κάνω ~ούς** to make compromises

συμβιών|ω ρ αμ to coexist · ~ **με κπν** to live with sb

συμβίωση η living together

συμβόλαι|ο το (εργασίας, αγοράς) contract · (μεταβίβασης) deed · (ασφάλισης) policy

συμβολαιογράφ|ος ο/η notary (public) · ▸ solicitor (Βρετ.)

συμβολ|ή η (οδών, ποταμών) junction · (αγωγού) joint · (= συνεισφορά: ανθρώπου, επιστήμης) contribution

συμβολίζ|ω ρ μ to symbolize

συμβολικ|ός επίθ (παρουσία, απεικόνιση) symbolic · (σύστημα) of symbols · (αμοιβή) nominal · (χειρονομία) symbolic

σύμβολ|ο το symbol

συμβουλεύ|ω ρ μ to advise
▸ **συμβουλεύομαι** μεσ to consult

συμβουλ|ή η advice χωρίς πληθ.

συμβούλι|ο το committee
▸**Συμβούλιο της Ευρώπης** Council of Europe

σύμβουλ|ος ο/η (= συμβουλάτορας) adviser · (= μέλος συμβουλίου: δημοτικός) councillor (Βρετ.), councilor (Αμερ.) · (εταιρείας) director

συμμαζεύ|ω ρ μ (= συγκεντρώνω: βιβλία) to pick up · (ακαταστασία) to pick up · (σημειώσεις) to get together · (= τακτοποιώ: δωμάτιο, σπίτι) to tidy up · (σκέψεις) to order · (μαλλιά) to tidy up · (χαλιναγωγώ: άνθρωπο) to restrain · (έξοδα) to curb · (για φούχα) to take in ◆ ρ αμ to tidy up
▸ **συμμαζεύομαι** μεσ to cringe

συμμαθητ|ής η (στο ίδιο σχολείο) schoolmate · (στην ίδια τάξη) classmate

συμμαχ|ία η alliance

σύμμαχ|ος ο/η ally

συμμερίζ|ομαι ρ μ απ (λύπη, κατάσταση) to sympathize with · (γνώμη, άποψη) to share

συμμετέχ|ω ρ αμ ~ σε (έργο, προσπάθεια) to participate in · (παιχνίδι, εκδήλωση) to take part in · (συζήτηση) to join in · (εξετάσεις, διαγωνισμό) to go in for · (κέρδη) to share in · (πόνους, χαρές) to share

συμμετοχ|ή η (ανθρώπου, κράτους) participation · (σε συνέδριο) attendance · (σε διαγωνισμό) entry · **δηλώνω ~ σε διαγωνισμό** to enter oneself in a competition

συμμέτοχ|ος επίθ γίνομαι ή είμαι ~ **σε** (πράξεις, γεγονότα) to be party to · (έγκλημα) to be an accomplice in · (κέρδη) to share in

συμμετρί|α η symmetry

συμμετρικ|ός επίθ symmetrical

συμμορί|α η gang

συμμορφώνω ρ μ (παιδί, μαθητή) to bring into line · (συμπεριφορά) to improve · (έκθεση) to knock into shape · (φόρεμα) to smarten up

▶ **συμμορφώνομαι** μεσ to tidy oneself up · **~ομαι με ή προς κτ** to comply with sth

συμπάθει|α η (= συμπόνια) sympathy · (= αγάπη) fondness · (= φιλική ή ερωτική έλξη) attraction

συμπαθής επίθ likeable

συμπαθητικ|ός επίθ nice

συμπαθώ ρ μ (= αισθάνομαι συμπάθεια) to like · (= συμπονώ) to feel for

σύμπαν το universe

συμπαράστασ|η η support

συμπαραστέκ|ομαι ρ μ απ to support

συμπατριώτ|ης ο (= ομοεθνής) compatriot · (= συγχωριανός) person from the same village · (= συμπολίτης) person from the same town

συμπεραίν|ω ρ μ (= διαμορφώνω κρίση) to conclude · (= υποθέτω) to suppose

συμπέρασμ|α το conclusion

συμπεριλαμβάν|ω ρ μ to include

συμπεριφέρ|ομαι ρ αμ απ to behave

συμπεριφορ|ά η behaviour (Βρετ.), behavior (Αμερ.) · (μηχανήματος, κυκλώματος) performance

συμπίπτ|ω ρ αμ (προτάσεις, απόψεις) to coincide · (κατάθεση) to tally (με with) · (= συντωτίζομαι χρονικά) to happen ή take place at the same

time · (για ατυχή σύμπτωση) to clash · (για μερική κάλυψη) to overlap

συμπλέκτ|ης ο clutch

συμπλήρωμ|α το (διατροφής) supplement · (φαγητού) extra helping · (βιβλίου) supplement

συμπληρών|ω ρ μ (θέση) to fill · (αριθμό, προτάσεις) to fill in · (αίτηση, έντυπο) to fill in (Βρετ.), to fill out (Αμερ.) · (ποσό) to make up · (εισόδημα) to supplement · (= ολοκληρώνω) to complement · **~ τα τριάντα** to be thirty

συμπλήρωσ|η η (θέσης) filling · (αριθμού, κενών) filling in · (αίτησης) filling in (Βρετ.), filling out (Αμερ.) · (= ολοκλήρωση) completion

συμπλοκ|ή η (= τσακωμός) fight · (διαδηλωτών, αστυνομικών) clash

σύμπνοι|α η concord

συμπολιτεί|α η confederacy

συμπολίτ|ης ο fellow citizen

συμπόνι|α η compassion

συμπον|ώ ρ μ to sympathize with

συμπόσι|ο το (= συνεστίαση) banquet · (= συνέδριο) symposium

σύμπραξ|η η collaboration

συμπρωταγωνιστ|ής ο co-star

συμπτύσσ|ω ρ μ (κείμενο, άρθρο) to shorten · (λόγο) to cut short · (αποτελέσματα) to summarize · (= συγκεντρώνω) to gather

▶ **συμπτύσσομαι** μεσ to retreat

σύμπτωμ|α το (ασθένειας) symptom · (μτφ.) sign

σύμπτωσ|η η coincidence · **κατά ~** by coincidence

συμπυκνών|ω ρ μ (τροφές) to concentrate · (γάλα) to condense

συμφέρ|ον το interest

συμφέρ|ων, -ουσα, -ον (προσφορά) attractive · (τιμή) good

συμφιλιών|ω ρ μ to reconcile

▶ **συμφιλιώνομαι** μεσ to become

reconciled (**με** with)

συμφιλίωση η reconciliation

συμφορ|ά η (= δυστυχία) calamity · (ανεπ.: για πρόσ.) walking disaster (ανεπ.)

συμφόρηση η congestion

σύμφορ|ος, -ος, -ο βλ. **συμφέρων**

σύμφωνα επίρρ · ~ **με** according to

συμφωνητικό το contract

συμφωνί|α η (γενικότ.) agreement · (= συνομολόγηση συμβάσεων) deal · (= όρος) condition · (χαρακτήρων) accord · (χρωμάτων) match · (ΜΟΥΣ) symphony · **κάνω ~** to make a deal

σύμφωνο το (ΓΛΩΣΣ) consonant · (= συμφωνητικό) contract · (φιλίας, συνεργασίας) pact

σύμφων|ος επίθ (για πρόσ.) in agreement · (γνώμη, απόφαση) favourable (Βρετ.), favorable (Αμερ.) · (= συνεπής) consistent · (**είμαστε**) **~οι;** (is that) agreed?

συμφων|ώ ρ αμ (= έχω την ίδια γνώμη) to agree (**με** with) · (= ταιριάζω) to match · (= παρουσιάζω συνέπεια) to be consistent (**με** with) ♦ ρ μ (αμοιβή) to agree on · **~ με κτ** (= ταιριάζω) to match sth · **~ σε κτ** to agree on sth

συν (επία.) πρόθ plus
► **συν** το plus

συναγερμ|ός ο (γενικότ.) alarm · (κτηρίου) burglar alarm

συναγωγή η (= συσσώρευση) gathering · (ΘΡΗΣΚ) synagogue

συναγωνίζ|ομαι ρ αμ (= ανταγωνίζομαι) to compete · (= μάχομαι από κοινού) to fight together ♦ ρ μ rival

συναγωνισμός ο competition

συναγωνιστής ο (= αγωνιστής σε κοινό αγώνα) comrade-in-arms · (= ανταγωνιστής) competitor

συνάδελφ|ος ο/η colleague

συναισθάν|ομαι ρ αμ (σφάλμα) to realize · (ευθύνη, υποχρέωση) to be aware of

συναισθη|μα το feeling · (= καρδιά) emotion · **έχω το ~ ότι...** I have / I get the feeling that... · **τρέφω συναισθήματα για κπν** to have feelings for sb

συναισθηματικ|ός επίθ emotional · (= ευαίσθητος) sentimental

συναίσθηση η (καθήκοντος, ευθύνης) sense · (δυσκολιών, κινδύνου) awareness
► **συναλλαγές** πλ dealings

συναλλαγή η transaction

συνάλλαγ|μα το foreign exchange · **τιμή συναλλάγματος** exchange rate

συναλλάσσ|ομαι ρ αμ to do business · **~ με κπν** to do business with sb

συνάμα επίρρ at the same time

συναναστρέφ|ομαι ρ αμ to associate (**με** with)

συναναστροφή η (= παρέα) company · (= φιλική συγκέντρωση) get-together

συνάντηση η meeting · (= ματς) match · **μια τυχαία/απρόοπτη ~** a chance/an unexpected encounter

συναντ|ώ ρ μ (= ανταμώνω) to meet · (αντίσταση) to meet with · (εμπόδια) to encounter · (δυσκολίες) to come up against · (κινδύνους) to face · (= βρίσκω κατά τύχη) to come across · **~ κπν τυχαία** to bump / run into sb

συνάπτ|ω (επίσ.) ρ μ (= συνενώνω: δικαιολογητικά) to attach · (γάμο) to contract · (συνθήκη, συμμαχία) to enter into · (δάνειο) to take out · (ειρήνη, γνωριμία) to make · (σχέσεις) to establish

συναρμολόγηση η assembly

συναρμολογ|ώ ρ μ (κάτι) to assemble

συναρπαστικ|ός επίθ (ιστορία,

ταινία) gripping · (*ομορφιά*) arresting · (*ομιλητής, θέμα*) fascinating

συνάρτησ|η *η* (= *αλληλεξάρτηση*) interrelation · (*πολλών παραγόντων*) combination · (ΜΑΘ) function · **σε ~ με** in relation to

συνασπισμ|ός *ο* alliance

συναυλία *η* concert · **δίνω ~** to give a concert

συνάφεια *η* link

συνάχ|ι *το* cold · **αρπάζω ~** to catch a cold

συναχώνομαι *ρ αμ* to catch a cold

σύναψη *η* (*συμφωνίας, συνθήκης*) entering into · (*δανείου*) taking out · (*γάμου*) contracting · (*σχέσεων*) establishing

συνδεδεμέν|ος *μτχ* (*καλώδιο, σύρμα*) connected (*με* to) · (= *που έχει σχέση*) close (*με* to)

σύνδεσ|η *η* (= *συνένωση*) link · (*υπολογιστή, γεννήτριας*) connection · (*βαγονιών*) coupling · (*στις τηλεπικοινωνίες*) link · (*για κράτος: με την Ε.Ε.*) joining · (*πολιτική*) affiliation · (*εμπορική, πολιτική*) link

σύνδεσμ|ος *ο* (*φοιτητών, εμπόρων*) union · (*για πρόσ.*) contact · (ΓΛΩΣΣ) conjunction · (ΠΛΗΡΟΦ) link · (ΜΗΧ) coupler

συνδετήρ|ας *ο* (paper) clip

συνδετικ|ός *επίθ* connective

συνδέ|ω *ρ μ* (= *ενώνω*) to connect · (*τηλέφωνο, ρεύμα*) to connect · (= *σχετίζω*) to link · (ΨΥΧΟΛ) to associate · (= *ενώνω σε στενή σχέση*) to bind (together) · **με ~ετε με τον κύριο διευθυντή, παρακαλώ;** can you put me through to the manager, please?

▸ **συνδέομαι** *μεσ* (*για φίλους*) to be close · (*για ερωτευμένους*) to be going out together · (*στις τηλεπικοινωνίες*) to link up (*με*

with) · (= *σχετίζομαι*) to be linked · **~ομαι με το Διαδίκτυο** to connect to the Internet

συνδιαλέγ|ομαι (*επίσ.*) *ρ αμ απ* to converse

συνδιάλεξη *η* conversation · **τηλεφωνίδες** ~ telephone call

συνδικάτ|ο *το* syndicate · **εργατικό** ~ (trade) union (*Βρετ.*), (labor) union (*Αμερ.*)

συνδρομή *η* (*σε περιοδικά, εφημερίδες*) subscription · (= *βοήθεια*) help

συνδρομητ|ής *ο* subscriber

συνδρομήτρ|ια *η βλ.* **συνδρομητής**

σύνδρομ|ο *το* syndrome

συνδυάζ|ω *ρ μ* (= *ενώνω*) to combine · (= *ταιριάζω*) to match · (= *συνδέω*) to link

▸ **συνδυάζομαι** *μεσ* to match · **~ομαι με κτ** to match sth

συνδυασμ|ός *ο* combination · **σε ~ό** together ▷ **κλειδαριά ~ού** combination lock ▷ ~ **χρηματοκιβωτίου** combination ▷ **~οί χρωμάτων** colour (*Βρετ.*) ή color (*Αμερ.*) scheme

συνεδριάζ|ω *ρ μ* to sit

συνεδρίασ|η *η* (*συμβουλίου, επιτροπής*) meeting · (*Βουλής*) session

συνέδρι|ο *το* congress

σύνεδρ|ος *ο/η* congress ή conference participant

συνείδησ|η *η* (= *επίγνωση*) awareness · (ΨΥΧΟΛ) consciousness · (*πολιτική, εθνική*) consciousness · (= *ιδιότητα να διακρίνει κανείς το καλό από το κακό*) conscience

συνειδητοποι|ώ *ρ μ* to realize

συνειδητ|ός *επίθ* (*αγώνας, επιλογή*) conscious · (*ογκολόγος, φεμινίστρια*) committed

▸ **συνειδητό** *το* consciousness

συνεισφέρ|ω ρ μ to contribute
♦ ρ αμ to contribute (σε to)

συνέλευσ|η η meeting ▷ **Εθνική
Συνέλευση** National Assembly

συνεννόησ|η η (= επικοινωνία)
communication · (= συμφωνία)
understanding · (= ανταλλαγή
απόψεων) consultation

συνεννο|ούμαι ρ αμ απ (=
επικοινωνώ, γίνομαι κατανοητός)
to communicate · (= συμφωνώ) to
have an understanding ·
(= ανταλλάσσω σκέψεις) to
exchange views · **~ηθήκαμε;** do
we understand each other?

συνένοχ|ος ο/η accomplice

συνέντευξ|η η interview · **δίνω
~ σε κπν** to give sb an interview ·
παίρνω ~ από κπν to interview sb

συνεπαίρν|ω ρ μ (μουσική, θέαμα)
to bowl over · (χαρά, αγάπη) to
transport

συνέπει|α η (πράξεων)
consequence · (= λογική
αλληλουχία) consistency · (=
ιδιότητα του συνεπούς) reliability ·
έχω κτ ως ή σαν ~ to result in
sth

συνεπ|ής επίθ (υπάλληλος,
σύστημα) reliable · (επιχείρημα)
coherent · (πορεία) consistent ·
είμαι ~ στα ραντεβού μου to be
punctual

συνεπώς επίρρ therefore

σύνεργα τα tools

συνεργάζ|ομαι ρ αμ απ
(= εργάζομαι μαζί) to work
together · (= αλληλοβοηθούμαι) to
cooperate · (= συμμετέχω σε
ομαδικό έργο) to contribute ·
(αρν.) to collaborate

συνεργασί|α η (= σύμπραξη)
working together · (= βοήθεια)
cooperation · (= προσφορά
εργασίας) contribution · (αρν.: με
τον εχθρό) collaboration

συνεργάτ|ης ο (= συνέταιρος)

(work) colleague · (κατ.: = βοηθός)
assistant · (περιοδικού, εφημερίδας)
contributor · (αρν.) collaborator

συνεργεί|ο το (τηλεοπτικό,
κινηματογραφικό) crew
(μαστόρων, καθαριότητας του
δήμου) party · **~ αυτοκινήτων** car
repair shop

συνέρχ|ομαι ρ αμ (από
αδιαθεσία) to come around · (από
αρρώστια) to recover · (από ψυχική
ταραχή) to rally · (μτφ.: παίκτες,
οικονομία) to recover ·
(= συνεδριάζω) to meet · **~ από κτ**
(τραυματισμό) to recover from
sth · (σοκ, χωρισμό) to get over sth

σύνεσ|η η caution

συνεταιρισμ|ός ο cooperative

συνέταιρ|ος, συνεταίρ|ος ο/η
partner

συνετ|ός επίθ sensible

συνέχει|α¹ η (= εσωτερική συνοχή)
continuity · (γιορτής, συνήθειας)
follow-up · **στη ~, εν συνεχεία**
(επίσ.) then

▸ **συνέχειες** πλ instalments (Βρετ.),
installments (Αμερ.)

συνέχεια² επίρρ (= διαρκώς: πίνω,
ενοχλώ) all the time · (μιλώ)
nonstop · **τη μια στιγμή** (= στη
συνέχεια) in a row

συνεχ|ής επίθ (= διαρκής: αγώνας,
αγωνογία) constant · (πορεία)
continuous · (προσπάθεια)
sustained · (= επαναλαμβανόμενος)
continual · (= διαδοχικός)
successive

συνεχίζ|ω ρ μ to continue ♦ ρ αμ
to carry on · **συνεχίστε,
παρακαλώ** please go on

▸ **συνεχίζομαι** μεσ (αγώνας,
παράσταση) to go on · (βροχή) to
keep up

συνεχόμεν|ος επίθ (φόνοι,
αγώνες) successive · (παραβιάσεις)
continual · (δωμάτια, αγροί)
adjacent

συνεχώς επίρρ constantly

συνήγορ|ος ο/η (ΝΟΜ) counsel ·
(μτφ.) advocate

συνήθει|α η (= έξη) habit ·
(= έθιμο) custom

συνήθης, -ης, σύνηθες usual

συνηθίζω ρ μ to get used to ♦ ρ
αμ to become accustomed
▸ **συνηθίζεται** απροσ it is the
custom
▸ **συνηθίζεται** τριτ to be common

συνηθισμέν|ος επίθ (= συνήθεις:
προβλήματα, σύμπτωμα) common ·
(ώρα, μποτιλιάρισμα) usual ·
(γιορτές, τελετές) ordinary
(= που δεν ξεχωρίζει) ordinary

συνήθως usually

σύνθεσ|η η (= ένωση: θεωριών,
γνώσεων) synthesis · (ήχου και
φωτός) combination · (αέρα,
εδάφους) composition ·
(κυβέρνησης, επιτροπής) members
πληθ · (ομάδας) line-up · (ΜΟΥΣ
ΤΕΧΝ) composition

συνθέτης ο composer

συνθετικ|ός επίθ synthetic

σύνθετ|ος επίθ (εικόνα, έργο)
composite · (υλικά, σώματα)
compound · (πρόβλημα,
διαδικασία) complex · (λέξη, ρήμα)
compound

συνθέτω ρ μ (ποίημα, στίχους) to
compose · (σύνολο) to make up

συνθήκη η treaty
▸ **συνθήκες** πλ conditions

σύνθημα το (= σήμα) signal ·
(= προσυμφωνημένη φράση) code
word · (= σλόγκαν) slogan ·
(διαδηλωτών, πλήθους) chant

συνθλίβω ρ μ to crush

συνίσταμαι ρ αμ **- από** to be
composed of · **~ται, ~νται σε** to
consist in

συνιστ|ώ ρ μ (= συμβουλεύω) to
advise · (= αποτελώ) to constitute ·
(= ιδρύω: εταιρεία, σύλλογο) to
form

συννεφιάζω ρ αμ (ουρανός) to

become cloudy ή overcast ·
(πρόσωπο, βλέμμα) to cloud over
▸ **συννεφιάζει** απροσ it's getting
cloudy

συννεφιασμέν|ος επίθ (ουρανός,
καιρός) cloudy · (μτφ.: βλέμμα,
πρόσωπο) grim

σύννεφο το cloud · (ακρίδων)
swarm

συννυφάδ|α η sister-in-law

συνοδεί|α η (= ακολουθία) escort ·
(βασιλική) retinue · (ΜΟΥΣ)
accompaniment

συνοδεύ|ω ρ μ (= ακολουθώ) to
accompany · (= συμπληρώνω) to
go with · (γυναίκα, κορίτσι) to
escort · (ΜΟΥΣ) to accompany · **το
ψάρι ~εται από λευκό κρασί** fish
is served with white wine

συνοδός ο/η (ασθενή,
ηλικιωμένου) companion ·
(παιδιού) chaperone ·
(= καβαλιέρος, ντάμα) escort
▷**ιπτάμενη** = flight attendant
▷**ιπτάμενος** = flight attendant

σύνοδ|ος η (ΘΡΗΣΚ) synod · (της
Βουλής) session · (πολιτικών,
χωρών) meeting · (ΑΣΤΡΟΝ)
conjunction ▷**Οικουμενική
Σύνοδος** Ecumenical Synod
▷**Ιερά Σύνοδος** (της Εκκλησίας
της Ελλάδας) Holy Synod (of the
Church of Greece)

συνοικί|α η neighbourhood
(Βρετ.), neighborhood (Αμερ.)

συνολικ|ός επίθ (ποσό, τιμή) total ·
(απόδοση, εικόνα) overall ·
(αποτέλεσμα) end

σύνολ|ο το (= σώμα: κρατών,
ανθρώπων) group · (= πραγμάτων)
whole · (= συνολικό ποσό) total ·
(για ρούχα) outfit · (ΜΑΘ: αριθμών)
set

συνομήλικ|ος επίθ of the same
age
▸ **συνομήλικος** ο, **συνομήλικη** η
peer

συνομιλητ|ής ο (γενικός)
interlocutor (επία.) · (πολ)
negotiator

συνομιλία η conversation
► συνομιλίες πλ talks

συνομιλ|ώ ρ αμ to talk

συνοπτικ|ός επίθ (έκθεση,
ανάλυση) concise · (παρουσίαση,
επισκόπηση) summary

συνορεύ|ω ρ αμ (χώρες, περιοχές)
to share a border · ~ με (κράτος,
περιοχή) to border (on)

σύνορ|ο το (περιοχής, έκτασης)
border · (μτφ.) boundary
► σύνορα πλ border εν.

συνουσί|α (επία.) η sexual
intercourse

συνοχ|ή η (κόμματος, οικογένειας)
cohesion · (κειμένου, σκέψεων)
coherence

σύνοψ|η η summary

συνταγ|ή η (ΜΑΓΕΙΡ) recipe · (για
φάρμακα) prescription · (μτφ.)
recipe

σύνταγ|μα το (πολ) constitution ·
(στρ) regiment

συνταγματικ|ός επίθ
constitutional

συντάκτ|ης ο (άρθρου, σχεδίου)
writer · (εφημερίδας λεξικού) editor

σύνταξ|η η (έκθεσης, βιβλίου)
writing · (διάθήκης) drawing up ·
(νόμου, νομοσχεδίου) drafting ·
(= σύνολο συντακτών εφημερίδας)
editorial staff · (= μηνιαία
χρηματική επιχορήγηση) pension ·
βγαίνω στη ~ to retire on a
pension

συνταξιούχ|ος ο/η pensioner

συνταρακτικ|ός επίθ shocking

συντάσσ|ω ρ μ (έκθεση, αναφορά)
to write · (νομοσχέδιο) to draft ·
(διάθήκη, συμβόλαιο) to draw up ·
(πόρισμα) to write up ·
(στρατιώτες) to line up

συντελ|ώ ρ αμ ~ σε to contribute
to

► συντελούμαι μεσ (αλλαγές) to
take place · (έργο) to be realized ·
(πρόοδος) to be made

συντεχνί|α η (ιστ) guild · (αρν.)
corporation

συντήρησ|η η (πλοίου,
αυτοκινήτου) maintenance ·
(μνημείου) conservation ·
(τροφίμων) preservation ·
(οικογένειας) upkeep

συντηρητικ|ός επίθ (διάλυμα)
preservative · (αρχές, αντιλήψεις)
conservative

συντηρ|ώ ρ μ (τρόφιμα, κήπο) to
preserve · (ελπίδα) to keep up ·
(μύθο) to preserve · (παράδοση) to
preserve · (ανισότητες) to
maintain · (= παιδιά, οικογένεια)
to support

► συντηρούμαι μεσ –ούμαι με to
live on

σύντομα επίρρ soon

σύντομ|ος ρ μ (κείμενο) to
abridge · (λέξεις) to abbreviate ·
(απόσταση) to reduce · (διαδρομή,
ταξίδι) to cut short ♦ ρ αμ to be
quick

σύντομ|ος επίθ (αφήγημα, δρόμος)
short · (διακοπές, παύση) short ·
(ανακοίνωση, απάντηση) brief ·
(ανασκόπηση) quick · (για πρόσ.)
brief

συντόμως επίρρ = σύντομα

συντονίζ|ω ρ μ (ενέργειες,
δραστηριότητες) to coordinate ·
(συχνότητα) to tune in

► συντονίζομαι μεσ –ομαι με to be
in tune with

συντονισμέν|ος επίθ
(προσπάθεια) concerted · (έρευνες)
joint

συντονισμ|ός ο coordination

συντρέχ|ω ρ μ to help · δεν ~ει
λόγος there's no reason · ~ει
εξαιρετική περίπτωση in
exceptional circumstances
πρέπει να συντρέξουν ειδικές

προϋποθέσεις certain conditions must apply

συντριβάν|ι το fountain

συντριβή η *(αεροσκάφους)* crash · *(= ολοκληρωτική νίκη)* crushing defeat

συντρίβ|ω ρ μ *(αντίπαλο, εχθρό)* to crush · *(ηθικά)* to shatter
▸ **συντρίβομαι** μεσ to crash

συντροφιά η *(= φιλική συναναστροφή)* company · *(= σύνολο φίλων)* party · **κρατώ ~ σε** κπν to keep sb company

σύντροφ|ος ο/η *(σε ερωτική σχέση)* partner · *(= φίλος)* companion

συνύπαρξη η coexistence

συνυπάρχ|ω ρ αμ to coexist

συνωμοσία η conspiracy

συνωμοτώ ρ αμ to plot

συνωνυμ|ία η *(= ταυτότητα ονόματος)* sharing the same name · *(ΓΛΩΣ)* synonymy

συνωστισμός ο throng

Συρία η Syria

σύριγγα η syringe

σύρ|μα το *(= μεταλλικό νήμα)* wire · *(για σκεύη)* scourer · *(= καλώδιο)* wire

συρμάτιν|ος επίθ wire

συρματόπλεγμα το wire netting

συρματόσχοιν|ο το cable

συρόμεν|ος επίθ sliding

σύρραξη η conflict

συρραπτικό το stapler

συρροή η influx

συρτάρ|ι το drawer

σύρτης ο bolt

συρτ|ός επίθ *(βήμα)* dragging · *(σουτ)* rolling

σύρ|ω ρ μ = **σέρνω**

συσκευάζ|ω ρ μ to pack

συσκευασία η packaging

συσκευή η apparatus · *(ηλεκτρική)* appliance · *(τηλεοπτική, ραδιοφωνική)* set · **οικιακές ~ές** household η domestic

appliances · **τηλεφωνική ~** telephone

σύσκεψη η conference

συσκότιση η blackout

σύσπαση η spasm
▸ **συσπάσεις** πλ contractions

συσσώρευση η accumulation

σύσταση η *(επιτροπής)* formation · *(εταιρείας)* setting up · *(ομάδας)* forming · *(εδάφους, φαρμάκου)* composition · *(= συμβουλή)* advice χωρίς πληθ.
▸ **συστάσεις** πλ *(για δουλειά)* references · *(= γνωριμία)* introductions

συστατικό το component

συστατικός επίθ constituent

συστέλλω ρ μ to contract
▸ **συστέλλομαι** μεσ to contract

σύστη|μα το system · **με ~** systematically

συστηματικός επίθ systematic · *(παρενόχληση)* habitual

συστημένο[1] επίθ recommended

συστημένο[2] επίθ *(φοιτητής, υποψήφιος)* with references · *(γράμμα, δέμα)* registered

συστήνω ρ μ *(= γνωρίζω)* to introduce · *(= προτείνω ως αξιόλογο)* to recommend

συστολή η *(= ντροπή)* shyness · *(ΦΥΣ)* contraction

συσφίγγω ρ μ *(σκοινιά, γροθιά)* to tighten · *(σίδερα)* to clamp · *(σχέσεις, δεσμούς)* to strengthen

συσχετίζω ρ μ to connect

συσχέτιση η connection

σύφιλη η syphilis

συχνά επίρρ often · **πόσο ~;** how often?

συχνός επίθ frequent

συχνότητα η frequency

σφαγείο το slaughterhouse

σφαγή η *(ζώων)* slaughter · *(ανθρώπων)* massacre

σφάζω ρ μ *(= φονεύω με μαχαίρι)* to stab · *(πρόβατα, βόδια)* to slaughter

σφαίρ|α η (ΓΕΩΜ) sphere · (όπλου) bullet · (ΑΘΛ: = μπάλα) shot · (= άθλημα) shot put · (μτφ.: φαντασίας) realms πληθ.

σφαιρικ|ός επίθ (επιφάνεια, θόλος) spherical · (μτφ.) global

σφαιριστήρι|ο το billiard room (Βρετ.), poolroom (Αμερ.)

σφαιροβολί|α η shot put

σφαιροβόλ|ος ο/η shot putter

σφαλιάρ|α η slap

σφάλλ|ω ρ αμ (= κάνω λάθος) to make a mistake · (= αμαρτάνω) to do wrong

σφάλμα το mistake · **κάνω ~** to make a mistake · **το ~ είναι δικό τους** it's their fault

σφάξιμο το to slaughter

σφήκα η wasp

σφήν|α η wedge · (μτφ.) interruption

σφηνών|ω ρ μ to wedge ◆ ρ αμ to be jammed ή stuck

▸ **σφηνώνομαι** μεσ to get stuck

σφίγγ|ω ρ μ (= συσφίγγω) to squeeze · (χλιού) to tighten · (= στενεύω: για παπούτσια) to pinch · (για παντελόνι) to be too tight for · (= δένω σφιχτά: κορδόνια, σπάγκο) to tighten · (μηρούς) to firm · (βίδα, κόμπο) to tighten · (βρύση) to turn off tight · (λαιμό) to wring · (μτφ.: = κίνδυνος, ανάγκη) to close in on ◆ ρ αμ (χλιού) to tighten · (μέτρα) to pinch · (μνς) to become firm · (τσιμέντο) to set · (ασπράδι αβγού) to form stiff peaks · **το ~ το χέρι κποιου** to shake sb's hand

▸ **σφίγγομαι** μεσ (προφ.: = καταβάλλω μεγάλη προσπάθεια) to try hard · (= πιέζομαι οικονομικά) to be hard up · (= προσπαθώ να αφοδεύω) to strain

σφίξιμο το (= το να σφίγγει κανείς

κτ) squeezing · (βίδας) tightening · (στο στήθος) pressure

σφιχτότης η (= σφίξη) pressure

σφιχτ|ός επίθ (ζώνη, παντελόνι) tight · (βίδα, κόμπος) tight · (σάλτσα, μπεσαμέλ) thick · (μνς, σώμα) firm · (μτφ.: για πρόσ.) thrifty

σφοδρ|ός επίθ fierce · (σύγκρουση) violent · (έρωτας, πόνος) intense · (αντιρρήσεις) strenuous · (επίθεση) ferocious

σφουγγάρ|ι το sponge

σφουγγαρίστρα η mop

σφουγγαρόπαν|ο το mop

σφραγίδ|α η stamp

σφραγίζ|ω ρ μ (έγγραφα, βιβλία) to stamp · (φάκελο, δέμα: με βουλοκέρι) to seal · (δόντι) to fill

σφράγιση η (για δόντι) filling · (φακέλων, εγγράφων) stamping · (μπουκαλιού, πόρτας) sealing

σφραγισμέν|ος επίθ (δόντι) filled · (πόρτα, δωμάτιο) sealed · (μτφ.: χείλια) sealed

σφυγμ|ός ο pulse

σφύζ|ω ρ αμ to throb · **~ από ζωή** ή **ζωντάνια** to pulse ή throb with life · **~ από δραστηριότητα** to be bustling with activity

σφυρί το hammer

σφύριγμα η whistle

σφυρίζ|ω ρ μ (σκοπό, μελωδία) to whistle · (απάντηση) to whisper · (= αποδοκιμάζω) to hiss at ◆ ρ αμ (για πρόσ.) to whistle · (αφτιά) to ring · (σφαίρα, άνεμος) to whir

σφυρίχτρα η whistle

σχεδί|α η raft

σχεδιάγραμμα το (έκθεσης, διάλεξης) outline · (= απεικόνιση) drawing

σχεδιάζ|ω ρ μ (εικόνες, σκίτσα) to draw · (ρούχα, κτήρια) to design · (= σκοπεύω) to plan · (εκστρατεία, επίθεση) to plan

σχεδιαστής (ρούχων,

αυτοκινήτων) designer · (σπιτιών)
draughtsman (*Βρετ.*), draftsman
(*Αμερ.*)

σχέδι|ο *το* (= πρόγραμμα, σκοπός)
plan · (= σκίτσο) drawing ·
(= διάγραμμα: οικοδομής) plan ·
(= διακοσμήσεις: σε χαρτί, φόρεμα)
pattern · (βιβλίου, ομιλίας)
outline · (συμφωνίας, νόμου) draft
▸ **σχέδια** *πλ* plans

σχεδόν *επίρρ* almost

σχέσ|η *η* (= δεσμός) relationship ·
(= συσχέτιση) relation
▸ **σχέσεις** *πλ* (= δεσμός)
relationship · (= ερωτική επαφή)
intercourse χωρίς πληθ.

σχετικά *επίρρ* relatively

σχετικ|ός *επίθ* (= συναφής)
related · (= με κτ που έχει ήδη
αναφερθεί) relevant · (ποσό,
βάρος) proportional · (επιτυχία,
ηρεμία) relative

σχή|μα *το* (= μορφή) shape · (ΓΕΩΜ,
ΜΑΘ) figure · (= ομάδα) team ·
(μονωκών) group · (ΤΥΠ) format

σχηματίζ|ω *ρ μ* (φάλαγγα, ουλάκια)
to form · (σήμα) to make ·
(νούμερο τηλεφώνου) to dial ·
(γνώμη, εντύπωση) to form
▸ **σχηματίζομαι** *μες* (έμβρυο,
πυρήνες) to be formed · (ρυτίδες)
to form

σχίζ|ω *ρ μ* (έγγραφο, χαρτιά) to
tear up · (ξύλα) to tear · (μανίκι,
ρούχο) to tear · (φάκελο) to tear
open · (αποσπώ: σελίδα) to tear
out · (κεφάλι, φρύδι) to cut open ·
(= προκαλώ ρωγμή) to split · (μτφ.:
= διαπερνώ) to tear through ·
(= κατανικώ) to thrash ◆ *ρ αμ*
(παράσταση) to be a hit · (ομάδα)
to win hands down
▸ **σχίζομαι** *μες* (για ρούχα,
υφάσματα) to tear · (ποταμός,
μονοπάτι) to split · (στη δουλειά,
στο διάβασμα) to knock oneself
out · (για να εξυπηρετήσω κπν) to
bend over backwards

σχίσι|μο *το* (= ενέργεια του σκίζω)
tearing · (γονάτου, χεριού) cut ·
(υφάσματος) tear · (φούστας,
φορέματος) slit

σχίσι|μα *το* (= διαφορά απόψεων)
rift · (ΘΡΗΣΚ) schism

σχισμ|ή *η* (κερματοδέκτη,
μηχανήματος) slot · (βράχου)
crevice · (στην πόρτα) crack

σχιστός *επίθ* slit

σχοινένιος, -ια, -ιο rope

σχοιν|ί *το* rope · **~ για τα ρούχα**
clothes line

σχόλασ|μα *το* (μαθητή) end of the
school day · (εργαζομένου) end of
the (working) day · (= απόλυση)
dismissal

σχολαστικ|ός *επίθ* (= τυπικός)
meticulous · (= υπερβολικά
λεπτολόγος) fastidious ·
(λεπτομερούς) meticulous ·
(έλεγχος) thorough

σχολεί|ο *το* school · **έχω ~** to
have school · **πηγαίνω ή πάω ~** to
go to school ▷ **δημόσιο ~** state
(*Βρετ.*) *ή* public (*Αμερ.*) school
▷ **δημοτικό ~** primary (*Βρετ.*) *ή*
elementary (*Αμερ.*) school
▷ **ιδιωτικό ~** private school

σχολ|ή *η* (τεχνική, γεωργική)
college · (εμπορικού, χορού) school ·
(μουσικής) academy · (= διδακτικό
προσωπικό) faculty

σχολιάζ|ω *ρ μ* (= κρίνω) to
comment on · (= κριτικάρω) to
criticize

σχολιασμ|ός *ο* (πράξεων,
λεγομένων) commenting ·
(= υπομνηματισμός) annotation

σχολιαστ|ής *ο* (= δημοσιογράφος)
editor · (ραδιοφώνου, τηλεόρασης)
commentator · (κειμένου)
annotator

σχολικό *το* school bus

σχολικ|ός *επίθ* (τάξη, πρόγραμμα)
school · (γνώσεις, εμπειρίες)
acquired at school

σχόλι|ο *το* comment · **ουδέν ~ν!** no comment!

σχολιώ ρ μ *(αργκ.)* to fire ♦ ρ αμ *(εργαζόμενος)* to get off work · *(μαθητής)* to finish school · *(σχολείο, υπηρεσία)* to be let out

σωβινισμ|ός *ο* = **σοβινισμός**

σωβινιστ|ής *ο* = **σοβινιστής**

σωβινίστρια *η* βλ. **σοβινιστής**

σώβρακο *το (ανεπ.)* underpants *πληθ.*

σώζω ρ μ *(γενικότ.)* to save
► **σώζομαι** *μεσ* · *(= διασώζομαι)* to survive · *(= εξασφαλίζομαι)* to be home and dry

σωθικ|ά *τα (για πρόσ.)* intestines · *(για ζώο)* entrails

σωληνάρι|ο *το* tube

σωλήν|ας *ο* pipe

σώμ|α *το* body · *(= συσκευή θερμάνσεως)* heater > **αστυνομικό ~** police force > **ουράνιο ~** celestial body

σωματεί|ο *το* association

σωματικ|ός *επίθ* physical · *(βάρος, λίπος)* body

σωματοφύλακ|ας *ο/η* bodyguard

σωματώδης *επίθ* hefty

σών|ω[1] ρ μ = **σώνω**

σών|ω[2] ρ μ *(προφ.)* to be enough
► **σώνομαι** *μεσ* to run out

σώ|ος, -α, -ο safe · **~ και αβλαβής** safe and sound

σωπαίνω ρ αμ to be silent · *(= παύω να μιλώ)* to fall silent

σωριάζω ρ μ · *(= βάζω πάνω)* to pile
► **σωριάζομαι** *μεσ* to collapse

σωρ|ός *ο* pile

σωσίβι|ο *το (κυριολ.)* life jacket · *(μτφ.: = μέσο σωτηρίας)* buoy

σωστά *δίκιο* right · **αν θυμάμαι ~** if I remember correctly · **~, έχετε δίκιο** indeed, you're right

σωστ|ό *το* **το ~** the right thing

σωστ|ός *επίθ (απάντηση)* right · *(δουλειά)* proper · *(= ακέραιος)*

intact · *(= ακριβής: ώρα)* right · *(φίλος, δημοκράτης)* true · *(= κατάλληλος: άνθρωπος, απόφαση)* right · *(= ηθικός)* fair

σωτήρ|ας *ο* saviour *(Θρησκ.)*, savior *(Αμερ.)*

σωτηρί|α *η* salvation

σωφρονίζω ρ μ *(παιδί)* to bring into line · *(φυλακισμένο)* to undergo reform

---

T τ

Τ, τ tau, *19th letter of the Greek alphabet*

τα[1] *άρθρ* οριστ the · βλ. **ο, η, το**

τα[2] *αντων* them

ταβάν|ι *το* ceiling

ταβέρν|α *η* taverna

ταβερνιάρ|ης *ο* taverna owner

ταβερνιάρ|ισσα *η* βλ. **ταβερνιάρης**

τάβλ|α *η (= σανίδα)* plank · *(= χαμηλό τραπέζι)* table

τάβλ|ι *το* backgammon

ταγέρ *το* suit

ταγκό *το* = **τανγκό**

τάγ|μα *το (στρ)* battalion · *(θρησκ)* order

ταγματάρχ|ης *ο/η* major

τάδε *αόριστ αντων (για πρόσ.)* so-and-so · *(για πράγμα)* such-and-such

τάζω ρ μ · *(= υπόσχομαι)* to promise · *(= υπόσχομαι αφιέρωμα)* to dedicate

ταΐζω ρ μ to feed

τάιμινγκ *το* timing

ταινί|α *η (= κορδέλα: μονωτική)* tape · *(για μαλλιά, γραφομηχανής)* ribbon · *(για πένθος)* band · *(από δέρμα, χαρτί)* strip · *(= μετροταινία)* tape measure · *(= φιλμ)* film

ταίρ|ι *το (για πρόσ.)* companion · *(για ζώο)* mate

ταιριάζ|ω ρ μ (βάζω) to match up • (κάλτσες) to put into pairs • (χρώματα) to connect ♦ ρ αμ (χρώματα) to match • (φωνές) to go well together • (= κλειδί, κομμάτι παζλ) to fit • (για πρόσ.) to get on
▸ **ταιριάζει** τριτ to be becoming

ταιριαστ|ός επίθ (καπέλο, ρούχα) matching • (ζευγάρι, ανδρόγυνο) compatible

τακούν|ι το heel

τακτ το tact

τακτικά επίρρ (= συχνά) often • (= με τάξη) neatly

τακτικ|ή η (ατόμου, προπονητή) tactics πληθ • (κυβέρνησης) policy • (στρ) tactics πληθ.

τακτικ|ός επίθ (περίπτωση) usual • (πελάτης, επισκέπτης) regular • (μέλος, υπάλληλος) permanent • (σε δουλειές) steady • (μαθητής) neat • **είμαι ~ στα ραντεβού μου** to be punctual ▸ **-ό αριθμητικό** ordinal (number)

τακτοποίηση η (δωματίου, σπιτιού) tidying up • (επίπλων, λουλουδιών) arranging • (γραφάτας) straightening • (χρέους) settling • (= εγκατάσταση) putting up

τακτοποι|ώ ρ μ (δωμάτιο, γραφείο) to tidy up • (γραβάτα) to straighten • (λουλούδια, έπιπλα) to arrange • (βιβλία) to put away • (θέμα, εκκρεμότητα) to settle • (ζωή, δουλειές) to sort out • (= εγκαθιστώ) to put up
▸ **τακτοποιούμαι** μεσ (= εγκαθίσταμαι) to settle down • (= προσωρινά) to stay • (= αποκαθίσταμαι) to settle • **~ούμαι σε ένα διαμέρισμα** to move into an apartment ή flat (Βρετ.)

ταλαιπωρ|ία η (= βάσανο) hassle • (= κακουχία) hardship

ταλαίπωρ|ος επίθ poor

ταλαιπωρ|ώ ρ μ to plague
▸ **ταλαιπωρούμαι** μεσ to have a lot of trouble

ταλαντούχ|ος, -α ή -ος, -ο talented

ταλέντ|ο το talent

ταλκ το medicated talc

ταμειακός επίθ fiscal ▷ **-ή μηχανή** cash register

ταμεί|ο το (καταστήματος) cash desk • (τράπεζας) cashier's desk • (κινηματογράφου, θεάτρου) box office • (συλλόγου, λέσχης) funds πληθ. • (= οικονομικη διαχείριση) money management

ταμί|ας ο/η (μαγαζιού) cashier • (τράπεζας) teller • (συλλόγου, εταιρείας) treasurer • (πλοίου) purser • (κολεγίου) bursar

ταμιευτήρι|ο το savings bank ▷ **κατάθεση ταμιευτηρίου** deposit account (Βρετ.), savings account (Αμερ.)

ταμπέλ|α η (= πινακίδα) sign • (= ετικέτα) label

ταμπεραμέντ|ο το temperament

ταμπλέτ|α η (= χάπι) tablet • (= εντομοαπωθητικό) insect repellent tablet

ταμπλό το (ανακοινώσεων) notice board (Βρετ.), bulletin board (Αμερ.) • (διαφημίσεων) hoarding • (= πίνακας οργάνων) instrument panel • (αυτοκινήτου) dashboard

ταμπόν το tampon

ταμπού το taboo

ταμπούρλ|ο το drum

τανάλι|α η pliers πληθ.

τανγκό το tango

τανκ το tank

τάξ|η η (= τήρηση κανόνων) obedience • (= ευταξία) order • (κοινωνίας, αστών) class • (= επίπεδο σπουδών) year (Βρετ.), grade (Αμερ.) • (= μαθητές) class • (= αίθουσα) classroom • **με ~ in**

an orderly way ▷**εργατική**
~ working class
ταξί το taxi ▷**πιάτσα των ~** taxi
rank (Βρετ.) ή stand (Αμερ.)
ταξιδεύ|ω ρ αμ to travel · (καράβι)
to sail · (= ονειροπολώ) to drift ◆ ρ
μ (λογοτ.: για πλοίο, μυθιστόρημα)
to transport · **~ με αεροπλάνο** to
fly · **~ με πλοίο/τρένο** to travel
by sea/rail
ταξίδι| το journey · **καλό ~!** have a
good trip! · **λείπω (σε) ~** to be
away ▷**γραφείο ταξιδίων** travel
agency ▷**~-αστραπή** lightning
trip
ταξιδιώτ|ης ο traveller (Βρετ.),
traveler (Αμερ.)
ταξιδιωτικ|ός επίθ (σάκος,
έγγραφο) travel · (εντυπώσεις,
περιγραφή) of one's journey ·
(ντύσιμο) travelling (Βρετ.),
traveling (Αμερ.) ▷**-ό γραφείο**
travel agency ▷**-ή επιταγή**
traveller's cheque (Βρετ.),
traveler's check (Αμερ.) ▷**-ή**
οδηγία travel guidelines πληθ.
▷**- οδηγός** tour guide
▷**- πράκτορας** travel agent
ταξιδιώτ|ισσα η βλ. **ταξιδιώτης**
ταξιθέτ|ης ο usher
ταξιθέτρια η βλ. **ταξιθέτης**
ταξικ|ός επίθ (πάλη, διακρίσεις)
class · (κοινωνία) class-based
ταξίμετρο το meter
τάξιμο το (= υπόσχεση) vow · (σε
άγιο) offering
ταξινόμηση η classification
ταξινομ|ώ ρ μ (βιβλία, έγγραφα)
to classify · (φακέλους) to sort
ταξιτζής ο taxi driver
ταξιτζού η βλ. **ταξιτζής**
τάπα¹ η (βαρελιού, μπουκαλιού)
bung · (μπάνιου, νεροχύτη) plug ·
(χορ.) shorty (ανεπ.) · (στην
καλαθοσφαίριση) block
τάπα² η stud
ταπεινός επίθ humble (ζωή)

abject · (συνοικία) poor · (αρν.:
κόλακας, ένστικτα) base
ταπεινών|ω ρ μ to humiliate
▸ **ταπεινώνομαι** μεσ to be humbled
ταπεινωτικός επίθ humiliating
ταπεραμέντο το =
ταμπεραμέντο
ταπετσαρία η (τοίχου) wallpaper ·
(αυτοκινήτου, επίπλων) upholstery
τάπητ|ας (επίσ.) ο (= χαλί) carpet ·
(γηπέδου) ground
ταπητουργία η (τέχνη) carpet
making · (= ταπητουργείο) carpet
factory
ταπί το (στην πάλη) canvas · (στη
γυμναστική) mat
ταραγμέν|ος επίθ (θάλασσα,
λίμνη) rough · (νους, άνθρωπος)
agitated · (ύπνος) restless · (ζωή)
turbulent
ταράζ|ω ρ μ (νερό) to disturb ·
(ύπνο) to disturb · (ψυχική γαλήνη)
to upset · (στην πολυλογία, στο
ψέμα) to wear out · (γλυκά,
φαγητό) to gobble
▸ **ταράζομαι** μεσ to get upset
ταρακούνη|μα το jolt
ταρακουν|ώ ρ μ to shake
ταραμάς ο fish roe
ταραμοκεφτέ|ς ο roe fish cake
ταραμοσαλάτα η taramosalata
ταράτσ|α (επίσ.) ρ μ = **ταράζω**
ταράτσα η flat roof
ταραχ|ή η (= συγκίνηση) agitation ·
(= αναστάτωση) riot
▸ **ταραχές** πλ disturbances
ταρίφα η (= τιμή) tariff · (για ταξί)
fare ▷**διπλή ~** night rate
τάρτ|α η (γλυκιά) tart · (αλμυρή)
pie
τασάκι το ashtray
τάσ|η η (αγοράς, ανεξαρτησίας)
trend · (= ροπή) tendency ·
(ΗΛΕΚΤΡ) voltage
τάσ|ι το (= ποτήρι) goblet · (σε
αυτοκίνητο) hubcap
τάσσ|ω ρ μ (επίσ.) to lay down

τατού *το* = **τατουάζ**

τατουάζ *το* tattoo

ταυ *το* (*γράμμα*) tau, *19th letter of the Greek alphabet* • (*εργαλείο*) T-square

ταυρομαχί|**α** *η* bullfighting

ταύρ|**ος** *ο* (= *αρσενικό βόδι*) bull • (ΑΣΤΡΟΝ, ΑΣΤΡΟΛ) Taurus

ταυτίζ|**ω** *ρ μ* (= *θεωρώ ίδιο*) to equate • (= *εξακριβώνω*) to identify

▸ **ταυτίζομαι** *μεσ* to agree

ταυτόσημ|**ος** *επίθ* (*όροι, λέξη*) synonymous • (*διακοίνωση, αντίδραση*) identical

ταυτότητ|**α** *η* (*απόψεων, θέσεων*) similarity • (*θύματος, πολιτισμού*) identity • (*πολίτη*) identity card • (*δημοσιογράφου*) press card • (= *βραχιόλι ή μενταγιόν*) identity bracelet ▸ **αστυνομική** ~ identity card

ταυτόχρονα *επίρρ* = **ταυτοχρόνως**

ταυτόχρον|**ος** *επίθ* simultaneous

ταυτοχρόνως *επίρρ* simultaneously

ταφ|**ή** *η* burial

τάφ|**ος** *ο* (= *μνήμα*) grave • (*κατ.*: = *μνημείο*) tomb • (= *θάνατος*) death ▸ **Άγιος ή Πανάγιος Τάφος** Holy Sepulchre ▸ **οικογενειακός** ~ family grave ▸ **ομαδικός** ~ mass grave

τάφρ|**ος** *ο* ditch

τάχα *επίρρ* (= *δήθεν*) supposedly • (= *μήπως*) maybe • (= *άραγε*) I wonder

τάχατε(ς) *επίρρ* = **τάχα**

ταχεία *η* express

ταχίν|**ι** *το* tahini

ταχτικός, -ή, -ό = **τακτικός**

ταχτοποίησ|**η** *η* = **τακτοποίηση**

ταχτοποι|**ώ** *ρ μ* = **τακτοποιώ**

ταχυδρομεί|**ο** *το* to mail, post (*Βρετ.*) • (*γραφείο ή παράρτημα*) post office • **λαμβάνω ή παίρνω**

το ~ to get the mail ▸ **σφραγίδα του** ~**υ** postmark

ταχυδρομικ|**ός** *επίθ* (*υπηρεσία, δίκτυο*) postal • (*όχημα, γραφείο*) post ▸ ~**ή επιταγή** postal order ▸ ~**ή θυρίδα** PO Box ▸ **Ταχυδρομικός Κώδικας ή Κωδικός** postcode (*Βρετ.*), zip code (*Αμερ.*) ▸ ~**ή σφραγίδα** postmark ▸ ~**ό ταμιευτήριο** post-office savings bank ▸ ~**ό τέλος** postage

▸ **ταχυδρομικός** *ο/η* postal worker

ταχυδρομικώς *επίρρ* by post

ταχυδρόμ|**ος** *ο/η* (= *ταχυδρομικός διανομέας*) postman/woman (*Βρετ.*), mailman/woman (*Αμερ.*) • (*μτφ.*) messenger

ταχυδρομ|**ώ** *ρ μ* to post (*Βρετ.*), to mail (*Αμερ.*)

ταχύν|**ω** *ρ μ/αμ* = **επιταχύνω**

ταχύπλο|**ο** *το* speedboat

ταχ|**ύς, -εία, -ύ** (*αύξηση, εξέλιξη*) rapid • (*εκμάθηση*) intensive • (*βήμα, ρυθμός*) brisk • (*σκάφος*) fast • (*αλλαγή*) sudden • (*αναπνοή, σφυγμός*) quick ▸ **δρόμος** ~**είας κυκλοφορίας** expressway ▸ **λωρίδα** ~**είας κυκλοφορίας** fast lane

ταχύτητ|**α** *η* speed • (*ανώτατο*) **όριο** ~** είας** speed limit • **αναπτύσσω** ~ to pick up speed • **κόβω** ~ to reduce speed • **βάζω/αλλάζω** ~ to go into/change gear • **έχω πρώτη/ δεύτερη/τρίτη** ~ to be in first/ second/third gear ▸ **αγώνας** ~**ς** race

▸ **ταχύτητες** *πλ* gears ▸ **κιβώτιο ταχυτήτων** gearbox ▸ **αυτόματη αλλαγή ταχυτήτων** automatic gear shift

ταψί *το* baking tin

τεθωρακισμέν|**ος** *επίθ* armoured (*Βρετ.*), armored (*Αμερ.*)

▸ **τεθωρακισμένο** *το* armoured (*Βρετ.*) ή armored (*Αμερ.*) vehicle

τείν|ω (επία.) ϱ μ (χορδή) to stretch · (χέρι, βιβλίο) to hold out ♦ ϱ αμ (= αποσκοπώ) to aim · (= κλίνω) to tend

τείχος το wall ▷**το Σινικό ή Μέγα** ~ the Great Wall of China ▷**το** ~ **του Βερολίνου** the Berlin wall

τεκίλα η tequila

τελάρ|ο το (= κάφασι) crate · (ζωγραφικού πίνακα, κεντήματος) frame

τελεία η (σημείο στίξης) full stop (Βρετ.), period (Αμερ.) · (= κουκκίδα) dot ▷**άνω και κάτω** ~ colon ▷**άνω** ~ semicolon

τέλεια επίρρ perfectly · **περνώ** ~ to have a marvellous (Βρετ.) ή marvelous (Αμερ.) time

τελειοποι|ώ ϱ μ (τεχνική) to perfect · (κατ.: = βελτιώνω) to improve

τέλει|ος, -α, -ο (συνεργασία, εκτέλεση) perfect · (φίλος, εραστής) ideal · (απατεώνας, γυναίκα) complete · (αδιαφορία) complete · (εκβιασμός) out-and-out ▶**τέλειο(ν)** το perfection

τελειότητα η perfection

τελείω|μα, τελείωμα το (περιόδου, έργου) end · (ρούχου, κουρτίνας) hem

τελειωμένος, -η, -ο finished

τελείωσ|η το end

τελειών|ω ϱ μ (εργασία, διάβασμα) to finish · (συζήτηση) to end · (προσπάθεια) to give up · (σχολή, Νομική) to graduate from · (Λύκειο, Δημοτικό) to leave · (φαγητό, ποτό) to finish ♦ ϱ αμ (= φτάνω στο τέλος) to finish · (αγώνας, εκπομπή) to end · (γιορτή, διακοπές) to end · (δοκιμασία) to come to an end · (έτος, σεζόν) to come to an end · (χρήματα, χρόνος) to run out · (δυνάμεις) to give out · (ανεπ.: = φτάνω σε οργασμό) to come (ανεπ.)

τελείως επίρρ completely

τελειωτικ|ός επίθ (ήττα, νίκη) decisive · (θρίαμβος) crowning · (απάντηση, απόφαση) final · (θέση) rigid · (ρήξη, εξάντληση) complete

τέλεσ|η η (εγκλήματος, αδικήματος) commission · (πράξης, καθήκοντος) performance · (αγώνα) playing · (μυστηρίων) celebration

τελετ|ή η ceremony

τελευταί|ος, -α, -ο (μέρα, θρανίο) last · (βιβλίο, φάρμακο) latest · (ενέργεια, καιρός) recent · (μαθητής) bottom · (οπαδός, υπάλληλος) lowliest · (= που μνημονεύθηκε στο τέλος) latter · **για** ~**α φορά** for the last time · ~ **η λέξη της μόδας** the latest thing

τέλεφαξ το fax

τελεφερίκ το cable car

τελικά επίρρ eventually

τελικ|ός επίθ final ▷**η ευθεία** (κυριολ., μτφ.) home straight (κυρ. Βρετ.), home stretch (κυρ. Αμερ.) ▶**τελικοί** ο, **τελικά** τα finals ▶**τελικός** ο final ▷**μεγάλος** ~ cup final ▷**μικρός** ~ third-place play-off

τέλ|μα το (= έλος) swamp · (μτφ.) impasse

τέλ|ος το end · (προθεσμίας) expiry · (= φόρος: χαρτοσήμου) duty · (κυκλοφορίας, ακίνητης περιουσίας) tax · **προς το** ~ towards the end · **στο** ~ in the end · (= τελικά) finally ▷**ταχυδρομικά** ~ postal rates

τέλος πάντων επίρρ anyway

τελ|ώ (επία.) ϱ μ (γάμο) to celebrate · (μνημόσυνο) to hold · (τελετή) to perform · (έγκλημα) to commit ♦ ϱ αμ to be

τελωνειακ|ός επίθ customs ▶**τελωνειακός** ο customs officer

τελωνεί|ο το customs

εν · (παράρτημα) customs house ·
(= δασμοί) duty

τελών|ης *ο* customs inspector

τεμαχίζ|ω (επίσ.) *ρ μ* (κρέας:
se φέτες) to carve · (σε κύβους) to
chop up · (= διαιρώ) to divide

τεμάχι|ο (επίσ.) *το* piece

τέμεν|ος *το* (στην αρχαιότητα)
temple · (μουσουλμανικό τζαμί)
mosque

τεμπέλ|ης, -α, -ικο lazy

τεμπελιάζ|ω *αμ* (= φυγοπονώ) to
idle · (χασομερώ) to laze around

τενεκεδένι|ος, -α, -ο tin

τενεκ|ές *ο* (= λευκοσίδηρος) tin ·
(λαδιού, τυριού) can · (υβρ.)
good-for-nothing

τένις *το* = **αντισφαίριση**

τενίστας *ο* tennis player

τενίστρια *η βλ.* **τενίστας**

τένοντ|ας *ο* tendon ▷**αχίλλειος**
~ Achilles tendon

τενόρ|ος *ο* tenor

τέντ|α *η* (= αντίσκηνο) tent ·
(μεγάλη σκηνή) marquee ·
(τσίρκου) big top · (σπιτιού)
awning · (= τεντόπανο) canvas

τέντζερης *ο* copper pan

τέντωμα *το* (λάστιχου) inflating ·
(μπλούζας) stretching · (χεριών,
ποδιών) opening wide

τεντωμένος, -η, -ο (νεύρα)
strained · (για πρόσ.) tense

τεντών|ω *ρ μ* (ύφασμα, λάστιχο) to
stretch · (σχοινί, χορδή) to
tighten · (λαιμό) to crane · (χέρι,
πόδι) to stretch out ·
(τραπεζομάντηλο, σεντόνι) to
spread out · (δέρμα) to tone ◆ *ρ
αμ* (σχοινί, χορδή) to be taut ·
(ρούχο, σεντόνι) to be smoothed
out · (πόδι) to flex · (δέρμα) to be
toned

▶ **τεντώνομαι** *μεσ*
(= ανακλαδίζομαι) to stretch ·
(= τείνω το σώμα μου) to strain

τέρα|ς *το* (= έκτρωμα) freak ·
(= φανταστικό πλάσμα) monster ·
(= πολύ άσχημο άτομο) ugly
monster · (για κήπιο)
monstrosity · (= άνθρωπος κακός)
monster · (χαϊδ.: για παιδί) little
monster · ▶ **μορφώσεως/γνώσεων/
σοφίας** fountain of learning/
knowledge/wisdom

τεράστι|ος, -α, -ο enormous
(στράτευμα) huge · (πλούτος)
immense · (αποθέματα) vast ·
(νέα, ανάπτυξη) tremendous ·
(κύκλος γνωριμιών) vast

τερηδόν|α *η* decay · ~ **των
δοντιών** tooth decay

τέρμ|α *το* (δρόμου, ομιλίας) end ·
(= σκοπός) end · (ΑΘΛ.: = εστία)
goalpost · (= γκολ) goal · (αγώνα
δρόμου, αγώνα ταχύτητας)
finishing line · (λεωφορείου,
τρένου) terminus · **πατάω ~ το
γκάζι** to floor the accelerator

τερματίζ|ω *ρ μ* (ομιλία, καριέρα) to
conclude · (συνεργασία,
εγκυμοσύνη) to terminate ·
(συνεδρίαση) to wind up ·
(υπόθεση) to put an end to ◆ *ρ
αμ* to finish

τερματικ|ό *το* (ΠΛΗΡΟΦ) terminal ·
(= θέση εργασίας) computer
department

τερματισμ|ός *ο* (σχολικού έτους,
λόγου) end · (= αγώνας) finish

τερματοφύλακ|ας *ο/η* goalkeeper

τερπν|ός (επίσ.) επίθ delightful ·
το -όν μετά του ωφελίμου
business before pleasure

τες *αντων* them

τεσσαρακοστ|ός αριθ τακτ
fortieth

τεσσάρ|ι *το* four · (διαμέρισμα)
four-room(ed) apartment ή flat
(Βρετ.)

τέσσερα αριθ απόλ four

τεσσεράμισι αριθ απόλ four and
a half

τέσσερ|εις, -εις, -α *αριθ απόλ πλ* four

τέσσερ|ις, -ις, -α *αριθ απόλ πλ* = **τέσσερεις**

τεσσερισήμισι *αριθ απόλ* = **τεσσεράμισι**

τεστ *το* test ▷ ~ **εγκυμοσύνης/ αντοχής/νοημοσύνης** pregnancy/ endurance/intelligence test ▷~ **Παπανικολάου, Παπ~** smear (*Βρετ.*), pap smear *ή* test (*Αμερ.*)

τέταν|ος *ο* tetanus

Τετάρτη *η* Wednesday

τέταρτ|ος *αριθ* τακτ fourth
▸**τέταρτος** *ο* (= *όροφος*) fourth floor (*Βρετ.*), fifth floor (*Αμερ.*) · (= *Απρίλιος*) April
▸**τέταρτη** *η* (= *ταχύτητα*) fourth (gear) · (= *ημέρα*) fourth · (= *σχολική τάξη*) fourth year
▸**τέταρτο** *το* (= *τεταρτημόριο*) quarter · (*ώρας*) quarter of an hour · **η ώρα είναι τρεις και ~ο** it's quarter past three

τετατέτ, τετ-α-τετ *επίρρ* face to face

τελελεσμέν|ος *επίθ* accomplished

τέτοι|ος, -οια, -οιο *αντων δεικτ* (= *όμοιος*) like that · (*εποχή*) same · (*φόβος, ένταση*) such · (*ειρ.*) like that (*αυεπ.: αντί ονόματος: για άντρα*) what's-this-name · (*για γυναίκα*) what's-her-name · **κι έγω έχω ~ο** αυτοκίνητο I've got a car like that too · **πέρυσι ~α εποχή** this time last year

τετραγωνικ|ός *επίθ* square
▸**τετραγωνικό** *το* square metre (*Βρετ.*) *ή* meter (*Αμερ.*)

τετράγων|ο *το* square

τετράγων|ος *επίθ* (*χαλί, επιφάνεια*) square · (*λογική, συλλογισμός*) sound

τετράδι|ο *το* exercise book

τετραήμερ|ο *το* four-day period

τετραήμερ|ος *επίθ* four-day

τετρακόσια *αριθ απόλ* four hundred

τετρακόσι|οι, -ιες, -ια *αριθ απόλ πλ* four hundred

τετραπέρατ|ος *επίθ* astute

τετράπορτ|ος *επίθ* saloon (*Βρετ.*), sedan (*Αμερ.*)

τετράτροχ|ος *επίθ* four-wheeled

τετραώροφ|ος *επίθ* four-storey (*Βρετ.*), four-story (*Αμερ.*)
▸**τετραώροφο** *το* four-storey (*Βρετ.*), *η* four-story (*Αμερ.*) building

τεύχ|ος *το* (*περιοδικού*) issue · (*βιβλίου*) volume

τέφρ|α (*επίσ.*) *η* (= *στάχτη*) ash (*νεκρού*) ashes *πληθ.*
▷**ηφαιστειακή ~** volcanic ash

τέχνασ|μα *το* ploy

τέχν|η *η* (*γενικότ.*) art · (= *καλλιτεχνικό δημιούργημα*) work · (= *τεχνοτροπία*) style · (= *δημιουργική ικανότητα*) talent · (*για μαστοριά*) artistry · (*για χειροτέχνη*) craftsmanship · (= *επάγγελμα*) trade ▷**δραματική ~** theatre (*Βρετ.*), theater (*Αμερ.*) ▷**έβδομη ~** cinema ▷**εικαστικές ~ες** visual arts ▷**ένατη ~** comics *πληθ.* ▷**έργο ~** (*κυριολ., μτφ.*) work of art ▷**καλές ~ες** fine arts ▷**όγδοη ~** photography

τεχνητ|ός *επίθ* (*λίμνη, μέλος σώματος*) artificial · (*διώρυγα*) man-made · (*δόντια*) false · (*μεταξι*) synthetic · (*ανάγκες, κρίση*) artificial

τεχνική *η* technique

τεχνικ|ός *επίθ* technical term ▷ **~ έλεγχος** (*σε όχημα*) MOT test (*Βρετ.*), inspection (*Αμερ.*) ▷ **~ όρος** technical term
▸**τεχνικός** *ο* (*σταθμού*) technician · (*τηλεόρασης*) engineer · (*ομάδας*) manager

τεχνίτης *ο* (= *μάστορας*) craftsman · (*για υδραυλικό,*

ηλεκτρικά) workman · *(μτφ.)* master · *(ειρ.)* past master
τεχνίτρι|α *η βλ.* **τεχνίτης**
τεχνολογί|α *η* technology
τέως *(επίθ.) επίρρ* former
τζαζ *η* jazz ▷ ~ **κομμάτι/ συγκρότημα** jazz number/band
τζάκ|ι *το* fireplace
▶ **τζάκια** *πλ* elite *εν.*
τζακούζι *το* Jacuzzi ®
τζακπότ, τζακ-πότ *το* rollover
τζαμαρί|α *(σπιτιού)* picture window · *(καταστήματος)* window · *(θερμοκηπίου)* glass χωρίς *πληθ.* · *(σαλονιού)* French window *(Βρετ.)*, French door *(Αμερ.)*
τζαμ|ί *το* mosque
τζάμ|ι *το* = *(γυαλί)* glass · *(πόρτας, πούλμαν)* window ▷ ~ **παραθύρου** window pane
▶ **τζάμια** *πλ (κοιν.)* glasses
τζάμπα *(ανεπ.) επίρρ* = *(δωρεάν)* for free · *(= πολύ φθηνά)* for next to nothing · *(= μάταια)* in vain
τζαμπατζής *(= που αποκτά χωρίς να πληρώνει)* freeloader *(ανεπ.)* · *(μειωτ.)* cheapskate *(ανεπ.)* · *(= σε συναυλία, αγώνα)* person who sneaks in without paying
τζαμπατζ|ού *η βλ.* **τζαμπατζής**
τζάμπο, τζάμπο-τζετ *το* jumbo jet
τζατζίκ|ι *το* tzatziki
τζελ *το* gel
τζέντλεμαν *ο* gentleman
τζετ *το* jet
τζετ-λαγκ *το* jet lag
τζετ-σκι *το* jet ski
τζιν[1] *το* = *(ανθεκτικό ύφασμα)* denim · *(= παντελόνι)* jeans *πληθ.* · *(= κάθε τέτοιο ρούχο)* denims *πληθ.* · ~ **πουκάμισο/φούστα** denim shirt/skirt ▷ ~ **παντελόνι** jeans *πληθ.*
τζιν[2] *το* gin

τζίν|ι *η* = *(φανταστικό πνεύμα)* genie · *(μτφ.)* genius
τζιπ *το* jeep
τζίρ|ος *ο* turnover
τζίτζικας *ο* cicada
τζιτζίκ|ι *το* = **τζίτζικας**
τζίτζιρ|ας *ο* = **τζίτζικας**
τζογαδόρ|ος *ο* gambler
τζόγκινγκ *το* jogging
τζόγ|ος *ο* = *(χαρτοπαιξία)* cards *πληθ.* · = *(κάθε τυχερό παιχνίδι)* gambling χωρίς *πληθ.*
τζοκεί *ο* jockey
▶ **τζόκεϊ** *το* cap
τζόκινγκ *το* = **τζόγκινγκ**
τζούντο *το* judo
τηγανητ|ός *επίθ* fried
▶ **τηγανητά** *τα* fried foods
τηγάν|ι *το* frying pan
τηγανίζ|ω *ρ μ το* fry ◆ *ρ αμ* to fry
τηγανόψωμο *το* fried bread roll filled with cheese
τήκ|ω *(επίσ.) ρ μ* to melt
τηλεγράφημ|α *το* telegram
τηλεγραφ|ώ *ρ μ* to cable ◆ *ρ αμ* to send a telegraph
τηλεθέασ|η *η* viewers *πληθ.*
τηλεθεατ|ής *ο* viewer
τηλεθεάτρι|α *η βλ.* **τηλεθεατής**
τηλεκάρτα *η* phone card
τηλεκατευθυνόμεν|ος *επίθ (βλήμα)* guided · *(αυτοκίνητο)* remote-controlled
τηλεκοντρόλ *το* = **τηλεχειριστήριο**
τηλεομοιοτυπί|α *η* fax
τηλεοπτικ|ός *επίθ* television
τηλεόρασ|η *η* television · **ανοίγω/ κλείνω την** ~ to turn the television *ή* TV on/off ▷ **κλειστό κύκλωμα τηλεοράσεως** closed-circuit television
τηλεπάθει|α *η* telepathy
τηλεπαιχνίδι *το* game show
τηλεπαρουσιαστ|ής *ο* TV presenter

τηλεπαρουσιάστρι|α η βλ.
τηλεπαρουσιαστής

τηλεπικοινωνί|α η
telecommunications εν.
▸**τηλεπικοινωνίες** πλ
telecommunications εν.

τηλεσκόπι|ο το telescope

τηλεφώνημ|α το (phone) call·
κάνω ένα ~ σε κπν to give sb a
call ▷**τοπικό/υπεραστικό ~** local/
long–distance call

τηλεφωνητής ο (= υπάλληλος
τηλεφωνικού κέντρου) operator·
(επίσης **αυτόματος ~**) answering
machine

τηλεφωνήτρι|α η βλ.
τηλεφωνητής

τηλεφωνί|α η (= σύνολο
τηλεφωνικών εγκαταστάσεων)
telephone network·
(= επικοινωνία μέσω τηλεφώνου)
telephony ▸**κινητή ~** mobile
telephony

τηλεφωνικ|ός επίθ telephone·
(επαφή, συνομιλία) phone
▷**~ θάλαμος** phone box (Βρετ.),
phone booth (Αμερ.)
▷**~ κατάλογος** phone book ▷**~ό
κέντρο** call centre (Βρετ.) ή
center (Αμερ.)

τηλέφων|ο το (συσκευή)
telephone· (= τηλεφώνημα)
(phone) call· (= αριθμός κλήσης)
phone number· (λογαριασμός)
phone bill· **παίρνω** κπν **~ to**
phone sb· **βάζω ~ to** have a
phone put in· **είμαι στο ~ to** be
on the phone ή telephone· **κάνω
ένα ~ to** make a phone ή
telephone call· **σηκώνω το ~ to**
answer the phone ή telephone
▷**φορητό ή ασύρματο ~** cordless
phone

τηλεφων|ώ ρ αμ to be on the
phone ◆ ρ μ to phone
▸**τηλεφωνιέμαι** μεσ to speak on
the phone

τηλεχειριστήρι|ο το remote

control

τήρησ|η η (εθίμων, παράδοσης)
upholding· (νόμου) observance·
(συμφωνίας, υπόσχεσης) keeping·
(ανωνυμίας) preservation·
(βιβλίου, αρχείου) keeping

τηρ|ώ (επία.) ρ μ (ήθη, έθιμα) to
uphold· (συμφωνία) to honour
(Βρετ.), to honor (Αμερ.)·
(συνθήκη, διαδικασία) to adhere
to· (νόμο, κανόνα) to abide by·
(λόγο, υπόσχεση) to keep· (δίαιτα)
to keep to· (αρχή) to uphold·
(ανωνυμία) to preserve· (βιβλία,
αρχείο) to keep· (πρόσχημα) to
keep up· (τύπους) to observe·
(στάση, θέση) to take

της΄ άρθρ οριστ of· βλ. **ο, η, το**

της² αντων **~ η μητέρα ~** her
mother· **~ έδωσα κάτι** I gave her
something

ΛΕΞΗ-ΚΛΕΙΔΙ

τι ερωτ αντων (α) (για ερώτηση)
what?· **τι δουλειά κάνεις;** what
job/kind of job do you do?· **και
τι έγινε;** so what?· **και τι μ'αυτό!**
what of it?· **ξέρεις τι;** know
what?· **προς τι;** what for?· **τι;**
what?· **τι άλλο** what else
(β) (σε ερώτηση με άρνηση)
anything· **τι κι αν** so what if
(γ) (για έμφαση) what!
(δ) (επιδοκιμαστικά ή μειωτικά)
how
(ε) (για αποδοκιμασία ή αντίρρηση)
what do you mean
(στ) +άρθρ. (= πόσα πολλά) all the
things · (= αυτό που) what
◆ (= τι είδους) what kind ή sort
of · (= ποιος) what kind ή sort of ·
τι λεφτά παίρνεις; what do you
get paid?
◆ επίρ (= γιατί) why · (= σε τι)
what

τίγρ|η η tiger

τίθε|μαι ρ αμ (= τοποθετούμαι) to

be placed · (θέμα, ζήτημα) to be raised · (αρχές, προδιαγραφές) to be laid down

τιμαλφή (επίθ.) τα valuables πληθ.

τιμάριθμ|ος ο retail price index (Βρετ.), cost-of-living index (Αμερ.)

τιμή η (προϊόντος, καυσίμων) price · (= υπόληψη) honour (Βρετ.), honor (Αμερ.) · (= ένδειξη σεβασμού) honour (Βρετ.), honor (Αμερ.) · (= καμάρι) pride · ανεβάζω/κατεβάζω την ~ to raise/lower the price · είναι καλή ~ at a good price · ~ μου! it's my pleasure! ▷ ~ ευκαιρίας bargain price ▷ ~ κόστους cost price ▷ τιμές πλ honours (Βρετ.), honors (Αμερ.)

τίμη|μα το price

τίμι|ος, -α, -ο honourable (Βρετ.), honorable (Αμερ.) · (κουβέντες, μοιρασιά) fair · (ΘΡΗΣΚ: ξύλο, σταυρός) holy

τιμιότητα η honesty

τιμοκατάλογ|ος ο price list

τιμολόγι|ο το (υπηρεσίας) rates πληθ. · (προϊόντος) tariff · (= απόδειξη πώλησης) invoice

τιμόν|ι το (αυτοκινήτου) steering wheel · (ποδηλάτου) handlebars πληθ. · (πλοίου) helm

τιμώ ρ μ (ήρωα, μνήμη) to honour (Βρετ.), to honor (Αμερ.) · (έργο, θυσία) to pay tribute to · (πολιτικό, λογοτέχνη) to recognize (με with) · (= εξυψώνω: γονείς, δασκάλους) to be a credit to · (για φαγητό) to do justice to · (όρκο, υπόσχεση) to keep
▶ **τιμάται, τιμώνται** τριτ (επίθ.) to cost

τιμώμενος, -η, -ο honorary

τιμωρία η punishment · (για μαθητή) detention

τιμωρώ ρ μ to punish

τίναγμα το (κεφαλιού, μαλλιών)

toss · (σεντονιών, κουβέρτας) shaking · (χαλιών) beating · (σώματος, τρένου) jolt

τινάζω ρ μ (κεφάλι, μαλλιά) to toss · (σεντόνια, κουβέρτες) to shake (out) · (με χτυπητήρι: χαλί, μοκέτα) to beat · (δέντρο) to shake · (χαρέκλα, ποτήρι) to fling
▶ **τινάζομαι** μεσ (= αναπηδώ) to start · (= σπώνομαι) to shake

τίποτε, τίποτα αντων (α) (= κάτι) anything · (= καθόλου) nothing (β) +ουσ. πληθ. (σε ερωτ. προτάσεις) any · **άλλο τίποτε** nothing but · **από το τίποτα** from scratch · **για ή με το τίποτα** about nothing · **δεν γίνεται τίποτα** nothing doing · **δεν έχω τίποτα εναντίον κιποιου** to have nothing against somebody · **δεν έχει τίποτα (για πρόσ.)** there is nothing wrong with him/her · **δεν κάνει τίποτε!** (= παρακαλώ) you're welcome! · **δεν το 'χω σε τίποτα να** it's no big deal for me to ... · **(είναι) ένα τίποτα** to be insignificant · **με τίποτα** no way · **με τίποτα (στον κόσμο)** for anything in the world · **πολύ κακό για το τίποτα** a storm in a teacup · **τίποτε άλλο, ευχαριστώ** I don't want anything else, thank you · **(τίποτε) άλλο από** anything else apart from · **τίποτα άλλο (εκτός ή παρά)** nothing else (apart from) · **τίποτα απολύτως** anything at all · **τίποτα το λες εσύ να ...** you say it's nothing but ...

τιράντ|α η (πανταλονιού) braces πληθ. (Βρετ.), suspenders πληθ. (Αμερ.) · (σουτιέν, νυχτικού) strap

τιρμπουσόν το corkscrew

τις[1] άρθρ οριστ the · **άκουσα ~ εκρήξεις** I heard the explosions · **ήρθε σ~ πέντε** he came at five o'clock · **κατά ~ τρεις** around three o'clock · **σ~ δέκα Απριλίου** on the tenth of April · *βλ.* **ο, η, το**

τις² *αντων* them · **~ ήξερα** I knew them

τίτλος *ο* (*βιβλίου, περιοδικού*) title · (*κεφαλαίου*) heading · (= *βιβλίο*) title · (*επιχείρησης, οργανισμού*) name · (*σπουδών*) qualification · (= *αξίωμα*) title ▷**κύριος ~** headline
▶ **τίτλοι** *πλ* credits

τμή|μα *το* (*κορμού, οστών*) piece · (*γλυκού*) portion · (*πόλης, χώρας*) part · (*βιβλίου*) section · (*πωλήσεων, ερευνών*) department · (*σε σχολείο*) class ▷**αστυνομικό ~** police station ▷**εκλογικό ~** polling station

το¹ *άρθρ οριστ* · *βλ.* **ο, η, το**

το² *αντων* (*για έμψυχα*) him · (*για άψυχα*) it · **~ είδα** I saw him/her/it

τοιχογραφί|α *η* mural

τοιχοκόλληση *η* billposting

τοιχοκολλ|ώ *ρ μ* to post

τοίχος *ο* wall

τοίχωμα *το* side

τοκετός *ο* childbirth

τοκίζ|ω *ρ μ* ~ **κπν** to lend money to sb at interest
▶ **τοκίζομαι** *μεσ* to accrue interest

Τόκιο, Τόκυο *το* Tokyo

τοκομερίδιο *το* dividend

τόκ|ος *ο* (*τραπεζικού λογαριασμού*) interest · (= *επιτόκιο*) interest

τοκοσόου, τοκ-σόου *το* chat show (*Βρετ.*), talk show (*Αμερ.*)

τόλμη *η* daring

τολμηρ|ός *επίθ* (*άνθρωπος*) daring · (*μέτρο, απόφαση*) bold · (*εγχείρημα*) daring · (*αρν.*: = *θρασύς*) presumptuous · (*εικόνα*) naughty · (*σκηνή, ταινία*) racy · (*ντύσιμο*) revealing

τολμ|ώ *ρ μ* to dare ♦ *ρ αμ* to take risks

τομάρ|ι *το* (*κατσίκας, προβάτου*) hide · (*αρν.*: = *παλιάνθρωπος*) swine

τομάτα *η* = **ντομάτα**

τοματοσαλάτ|α *η* = **ντοματοσαλάτα**

τομέ|ας *ο* (*ερευνας*) field · (*δράσης*) sphere · (*πρόνοιας, οικονομίας*) sector · (*υπηρεσίας*) section · (*γνώσης, μαθηματικών*) field · (*πόλης*) district · (*περιοχής*) sector · (*σε πανεπιστήμιο*) department ▷**δημόσιος/ιδιωτικός ~** pubic/private sector

τομή *η* (= *κόψιμο*) cut · (= *το σημείο κοπής*) cut · (= *χειρουργική διάνοιξη*) incision · (= *ίχνος χειρουργικής διάνοιξης*) incision ▷**καισαρική ~** Caesarean (*Βρετ.*) ή Cesarean (*Αμερ.*) section

τόμος *ο* volume

τον¹ *άρθρ οριστ* · *βλ.* **ο, η, το**

τον² *αντων* (*για έμψυχα*) him · (*για άψυχα*) it · **~ είδα** I saw him/it

τονίζ|ω *ρ μ* to stress · (*πρόσωπο, μάτια*) to highlight · (*μέση*) to show off

τονισμ|ός *ο* (= *εκφώνηση λέξης*) intonation · (= *υπόθεση τόνου*) accentuation · (*χρωμάτων, μορφής*) prominence · (*αδυναμιών*) showing up

τόνν|ος *ο* tuna

τοννοσαλάτα *η* tuna salad

τόν|ος¹ *ο* (*ΓΛΩΣΣ:* = *ύψος ή ένταση φωνής*) stress · (= *σημείο δήλωσης έντασης*) accent · (*για φωνή:* = *ένταση*) pitch · (= *τρόπος της ομιλίας*) tone (of voice) · (*χρώματος*) shade

τόν|ος² *ο* (*μονάδα βάρους*) tonne · (*μέτρο χωρητικότητας πλοίων*) tonnage

τονών|ω *ρ μ* (*οργανισμό*) to build up · (*οικονομία, ηθικό*) to boost (σχέσεις) to strengthen

τόνωση η boost

τονωτικ|ός επίθ (καλλυντικό, λοσιόν: για το δέρμα) toning · (για τα μαλλιά) conditioning ▷ **-ό ποτό** tonic ▷ **-ό φάρμακο** tonic

τοξικομαν|ής ο/η drug addict

τοξικός επίθ toxic

τόξ|ο το (όπλο) bow · (ΑΘΛ) bow · (σήμα) arrow · (ΑΡΧΙΤ) arch

τοξότης ο (στρατιώτης) archer · (ΑΣΤΡΟΝ, ΑΣΤΡΟΛ) Sagittarius

τόπι το (= μπάλα) ball · (= ρολό υφάσματος) roll

τοπικός επίθ (πάχος, θεραπεία) localized ▷ **-ή συγκοινωνία** local transport

τοπίο το landscape · (= σκηνικό) scene

τόπλες επίρρ topless

τοπογραφί|α η (επιστήμη) topography · (περιοχής) survey

τοποθεσί|α η (χωριού, πόλης) location ▷ **(διαδικτυακή)** ~ (ΠΛΗΡΟΦ) website

τοποθέτηση η (πιάτων, βιβλίων) putting (away) · (ρόπτας, ντουλαπιών) putting in · (δράσης) location · (υπαλλήλου, υπουργού) appointment · (= άποψη) stand

τοποθετ|ώ ρ μ (γενικότ.) to put · (βόμβα) to plant · (= κατατάσσω) to class · (= θέτω) to put · (= ορίζω σε θέση) to appoint (σε to)
▸ **τοποθετούμαι** μεσ (= παίρνω θέση) to position oneself · (= εκφράζω άποψη) to take a stand

τόπ|ος ο (= τοποθεσία) place · (= πατρίδα) country · (= πόλη) town · (= χωριό) village · (= θέση) place · (στο Διαδίκτυο) site ▷ ** οι Άγιοι Τόποι** the Holy Land ▷ **-** γεννήσεως birthplace

τοπωνύμι|ο το (για χώρα, πόλη) place name · (ποταμού, δρόμων) name

τος αντων (για έμψυχα) he · (για άψυχα) it · **να ~!** here he/it is!

τόσο επίρρ (για μέγεθος, ύψος) so · (για έμφαση: αργά, γρήγορα) so · (θόρυβος, ανάγκη) such · (αγαπώ, καπνίζω) so much

τόσ|ος αντων δεικτ (= πάρα πολύς: με μη αριθμητό ουσιαστικό) so much · (με ουσιαστικό στον πληθυντικό) so many · **είχα ~η ανάγκη να τα πω κάπου** I so badly needed to talk about it · **κάνω το ~ο (άλλο) ~ο** to exaggerate · **~οι και ~οι (άνθρωποι)** so many people · **~ καιρός, ~η ώρα** such a long time · **~... ώστε ή που...** so... that... · **τριακόσιες ~ες χιλιάδες** three hundred thousand plus

τοστ το toasted sandwich

τοστάδικ|ο το toasted sandwich shop

τότε επίρρ (γενικότ.) then · (= εκείνη τη στιγμή ή περίοδο) then · **από ~** since then · **ο ~ πρόεδρος** the then president · **~, θα τους καλέσω αύριο** I'll invite them tomorrow then

του άρθρ οριστ of · βλ. **ο, η, το**

του αντων (προσωπικό) him · (κτητική) **η μηχανή ~** his bike · **~ έδωσα κάτι** I gave him something

τουαλέτα η (= αποχωρητήριο) toilet (Βρετ.), rest room (Αμερ.) · (έπιπλο) dressing table · (= επίσημο φόρεμα) evening gown ▷ **δημόσιες ~ες** public convenience εν. (Βρετ.), rest room εν. (Αμερ.)

τουλάχιστον επίρρ at least

τουλίπα η tulip

τουλούμι το **βρέχει με το ~** it's pouring down

τούμπα η (= περιστροφή σώματος)

τούβλ|ο το (δομικό υλικό) brick · (μειωτ.) dunce

somersault · (= πτώση) fall

τούμπα[2 η tuba

τουμπάν|ω το drum · **γίνομαι ~** (για κοιλιά) to be as tight as a drum · (για πόδι, χέρι) to be all swollen · **κάνω κτ ~** to shout sth from the rooftops · **ο κόσμος το 'χει ~ (κι εμείς κρυφό καμάρι)** (παροιμ.) it's an open secret

τουμπάρ|ω ρ μ (τραπέζι, καρέκλα) to overturn · (μτφ.: = καταφέρνω) to talk around · (= ξεγελώ) to cheat ♦ ρ αμ (αυτοκίνητο) to roll over · (βάρκα) to capsize

τούνελ το tunnel

τουρισμ|ός ο tourism ▷**μαζικός ~** mass tourism

τουρίστ|ας ο tourist

τουριστικ|ός επίθ (βιομηχανία, κατάστημα) tourist · (για νησί, χώρα) popular with tourists ▷**~ή αστυνομία** tourist police ▷**~ό γραφείο ή πρακτορείο** travel agency ▷**~ή θέση** tourist class ▷**~ό λεωφορείο** tour coach ▷**~ος οδηγός** guidebook ▷**~ή περίοδος** tourist season ▷**~ πράκτορας** travel agent

τουρίστρι|α η βλ. **τουρίστας**

Τουρκάλα η βλ. **Τούρκος**

Τουρκία η Turkey

τουρκικ|ός επίθ Turkish ▶**Τουρκικά, Τούρκικα** τα Turkish

τούρκικ|ος επίθ = **τουρκικός**

Τουρκοκύπρι|α η βλ. **Τουρκοκύπριος**

Τουρκοκύπρι|ος ο Turkish Cypriot

Τούρκος ο Turk

τουρνουά το tournament

τουρσί το pickle ▷**αγγούρια / πιπεριές** ~ pickled cucumbers / peppers

τούρτα η cake

τουρτουρίζω ρ αμ to shiver

τους[1 άρθρ οριστ · βλ. **ο, η, το**

τους[2 αντων (προσωπική) them ·

(κτητική) their · **αυτό είναι δικό ~** it's theirs · **ήρθαν με τις γυναίκες** ~ they came with their wives. ~ **είδα** I saw them

τούτ|ος αντων δεικτ (λογοτ.) this · **~ο είναι το βιβλίο μου** that's my book · **~ο το καλοκαίρι** this summer

τούφα η lock

τουφέκ|ι το rifle

τράβηγμα το (πόρτας, παραθύρου) pulling · (τραπεζιού, καρέκλας) dragging · (φρυδιών) plucking · (δοντιού) pull · (νερού, κρασιού) drawing · (χαλωδίου, σχοινιού) pulling · (για παλίρροια) pull · (γραμμών, μολυβιάς) drawing · (φωτογραφίας) taking · (σκηνής) shooting · (ANAT) wrench · (στην τζάπουλα) drawing

▶**τραβήγματα** πλ trouble

τραβ|ώ ρ μ (καρέκλα, τραπέζι) to pull · (αυτοκίνητο, βάρκα) to tow · (δίχτυα) to pull in · (χειρόφρενο) to pull on · (πιστόλι, μαχαίρι) to draw · (μαλλιά, γένια) to pull · (τρίχες) to pull out · (φούστα) to pull down · (για μαγνήτη) to attract · (= αντλώ: νερό, κρασί) to draw · (= απορροφώ: νερό) to absorb · (= πίνω) to drink · (χρήματα) to take out · (τόκους) to get · (φωτογραφίες) to take · (σκηνές) to shoot · (ενδιαφέρον) to catch · (προσοχή, άνδρα) to attract · (= υποφέρω) to go through · (= επιθυμώ) to want · (= τραβολογώ) to drag · (γραμμές, μολυβιά) to draw ♦ ρ αμ (τζάκι, αντλία) to draw · (κατάσταση, υπόθεση) to drag on · (μηχανή, κινητήρας) to pull · **τον τράβηξε η θάλασσα/η ομορφιά της** he was drawn by the sea/her beauty

▶**τραβιέμαι** μεσ (= αποσύρομαι) to retire · (για παλίρροια) to go out · (= οπισθοχωρώ) to pull back · (= ταιριάζω) to go well with ·

(= ταλαιπωρούμαι) to have trouble
τραγανιστός επίθ crunchy
τραγανιστ|ός επίθ (μπισκότα)
crunchy· (κεράσια) hard
τραγικ|ός επίθ tragic · (γονείς)
grief-stricken
▸ **τραγικός** ο tragic poet
τράγος ο billy goat
τραγούδ|ι το (= άσμα) song ·
(βιολιού, φλάουντο) melody · (=
να τραγουδά κανείς) singing
τραγουδιστ|ής ο singer
τραγουδίστρι|α η βλ.
τραγουδιστής
τραγουδ|ώ ρ αμ to sing ♦ ρ μ
(τραγούδι) to sing · (έρωτα, αγάπη)
to sing of
τραγωδί|α η tragedy
τραγωδ|ός ο/η (= τραγικός
ποιητής) tragic poet · (= ηθοποιός
τραγωδίας) tragedian
τρακ το nerves πληθ.
τρακάρ|ω¹ ρ μ (αυτοκίνητο,
μηχανάκι) to crash · (= συναντώ
τυχαία) to bump into ♦ ρ αμ to
have a crash · **~ σε κτ** to crash
into sth
τρακάρ|ω² ρ μ ~ κπν (= προκαλώ
τρακ) to make sb nervous
▸ **τρακάρομαι, τρακαρίζομαι** μεσ ρ
to get nervous ή the jitters (ανεπ.)
τράκο το (= τρακάρισμα) crash ·
(= ζημιά) blow
τρακτέρ το tractor
τραμ το tram (Βρετ.), streetcar
(Αμερ.)
τραμπολίνο το trampoline
τρανζίτ το transit
τρανός (λόγιος.) επίθ (για πρόσ.)
important · (απόδειξη, τεκμήριο)
clear · (παράδειγμα) prime ·
(αλήθεια) absolute
τράνταγ|μα το (σπιτιού, θεάτρου)
shaking χωρίς πληθ. ·
(αυτοκινήτου) jolt · (ψυχικό) jolt
τραντάζ|ω ρ μ (σπίτι) to shake ·
(βροχή: στέγη) to hammer on ·

(μτφ.) to shake
τράπεζ|α η bank ▸ **Αγία Τράπεζα**
high altar ▸ **~ αίματος/
σπέρματος** blood/sperm bank
▸ **~ πληροφοριών** database
τραπεζαρί|α η (δωματίου) dining
room · (έπιπλο) dining table
τραπέζ|ι το table · **καλώ κπν σε
~ το** to ask ή invite sb to dinner ·
κάνω το ~ σε κπν to have sb to
dinner · **κλείνω ~** to book ή
reserve a table · **μαζεύω το ~** to
clear the table
τραπεζικ|ός επίθ bank ▸ **-ό
απόρρητο** banking ή bank
secrecy
▸ **τραπεζικός** ο bank clerk
τραπεζίτης ο (επάγγελμα)
banker · (ANAT) molar
τραπεζιτικ|ός επίθ (σύστημα,
συμφέροντα) banking · (επιταγή)
banker's
**τραπεζομάντηλο,
τραπεζομάντιλο** το tablecloth
τράπουλα η pack of cards
τραπουλόχαρτ|ο το (playing)
card
τρατάρ|ω ρ μ to offer
τραυλίζ|ω ρ αμ to stammer ♦ ρ μ
to stammer (out)
τραυλ|ός επίθ **είμαι ~** to stammer
▸ **τραυλός** ο, **τραυλή** η person
who stammers ή stutters
τραύμα το (IATP) injury · (από
σφαίρα, μαχαίρι) wound · (μτφ.)
blow
▸ **τραύμα** το trauma εν.
τραυματί|ας ο/η wounded person
τραυματίζ|ω ρ μ (στρατιώτη,
φύλακα) to wound · (αξιοπρέπεια,
υπερηφάνεια) to wound ·
(αξιοπιστία) to damage ·
(νοημοσύνη) to be an insult to ·
(= προκαλώ ψυχικό τραύμα) to
traumatize
τραυματικ|ός επίθ traumatic ·
τραυματισμ|ός ο wounding ·

(κύρος, προσωπικότητας) damage

τραχεία η trachea

τράχηλος ο neck

τραχύς, -ιά ή **-εία, -ύ** (έδαφος, τοίχος) rough • (υφασμα) coarse • (κρύο) bitter • (χειμώνας) harsh • (άνθρωπος, τόνος) gruff

τρέιλερ το trailer

τρεις, τρεις, τρία αριθ απόλ πλ three • **στις ~ του μηνός** on the third of the month

τρεισήμισι three and a half

τρέλ|**α** η (IATP) insanity • (= ανοησία) foolish act • (= παράτολμη ενέργεια) reckless act • (νιότης) folly
▸ **τρέλες** πλ high jinks

τρελαίν|**ω** ρ μ ~ **κπν** (= μουρλαίνω) to drive sb insane • (= ταλαιπωρώ) to drive sb mad • (= ενθουσιάζω) to drive sb wild
▸ **τρελαίνομαι** μεσ to go mad • ~**ομαι για κπν/κτ** to be mad about sb/sth

τρελοκομεί|**ο** το (= τρελάδικο) mental hospital • (μτφ.: για χώρο) madhouse

τρελ|**ός** επίθ (= μουρλός) mad • (= παθιασμένος) mad (με, about) • (ρυθμοί, επιδόσεις) crazy • (σκέψη, άτομο) crazy • (φιλιά, έρωτας) passionate • (πάρτι, παρέα) wild
▸ **τρελός** ο madman
▸ **τρελή** η madwoman

τρεμούλ|**α** η (από φόβο, ένταση) shudder • (από κρύο, πυρετό) shiver • **με πιάνει** ~ (από φόβο, ένταση) to start trembling • (από κρύο, πυρετό) to start shivering

τρέμ|**ω** ρ αμ (άνθρωπος, μέλος σώματος) to shake • (χείλια) to quiver • (έδαφος, γη) to shake • (εικόνα) to flicker • (φωνή) to quaver • (= φοβάμαι υπερβολικά) to tremble (with fear)

τρένο το train • **παίρνω το** ~ to

take the train • **χάνω το** ~ to miss the boat

τρέξιμο το (γενικότ.) running • (ΑΘΛ) race • (= μεγάλη προσπάθεια) effort • (= ροή νερού) flow
▸ **τρεξίματα** πλ trouble εν.

τρέπ|**ω** ρ μ (= κατευθύνω) to divert • (κλάσμα, δεκαδικούς) to convert • (νομίσματα) to change

τρέφ|**ω** ρ μ (μωρό, παιδί) to feed • (= παρέχω τα προς το ζην) to provide for • (εγκληματικότητα) to foster • (εκτίμηση, προσδοκίες) to have • (αγάπη, μίσος) to feel • (ελπίδες) to cherish • (πρόβατα, αγελάδες) to raise • (πληγή) to heal
▸ **τρέφομαι** μεσ to feed (με on) ♦ ρ μ to be raised (με on)

τρεχούμεν|**ος** επίθ (νερό) running • (λογαριασμός) current

τρέχ|**ω** ρ αμ (= κινούμαι γρήγορα) to run • (σε αγώνα δρόμου) to run • (σε αγώνα ταχύτητας) to race • (για οδηγό) to speed • (= σπεύδω) to hurry • (μυαλό, νους) to race • (για δουλειές, υποθέσεις) to run about ή around • (για φίλο, γνωστό) to run around • (= εργάζομαι πολύ) to be rushed off one's feet • (στα μπαρ, πάρτι) to go to • (= περιπλανιέμαι άσκοπα) to hang out • (νερό, αίμα) to pour • (χαιρός) to fly • (ώρα, χρόνος) to fly past ή by • (ρολόι) to be fast • (γεγονότα, εξελίξεις) to unfold • (μισθός) to be paid • (τόκοι) to accumulate ♦ ρ μ (στο νοσοκομείο, στο γιατρό) to rush • (= ταλαιπωρώ) to hector • (= σέρνω) to drag • (οικ.: πρόγραμμα) to run • (κασέτα, σιντί) to fast forward • (αυτοκίνητο, μηχανή) to race
▸ **τρέχει** τριτ **τι** ~**ει;** (= τι συμβαίνει) what's happening? • (= τι συμβαίνει) what's wrong? • **δεν** ~**ει τίποτα** (καθησυχαστικά) there's nothing wrong • (για

αδιαφορία) so what?

τρία *αριθ απόλ* three

τρικόσι|α *αριθ απόλ* three hundred

τριακόσι|οι, -ες, -α *αριθ απόλ πλ* three hundred

▶**τριακοστ|ός** *αριθ τακτ* thirtieth
  ▶**τριακοστή** *η* thirtieth (*of the month*)
  ▶**τριακοστό** *το* thirtieth (*fraction*)

τριάμισι = τρεισήμισι

τριάντα *αριθ απόλ* thirty

τριανταφυλλιά *η* rose(bush)

τριαντάφυλλο *το* rose

τριάρ|ι *το* three (*διαμέρισμα*) three-room(ed) apartment *ή* flat (*Βρετ.*)

τριβή *η* (ΦΥΣ) friction · (= *τρίψιμο*) rubbing · (= *λιώσιμο*) wear · (*μτφ.*) friction

τρίβ|ω *ρ μ* to scrub (*για να ανακουφίσω*) to rub · (*ξύλο*) to sand (*τυρί, κρεμμύδι*) to grate · (*καφέ, πιπέρι*) to grind (*κουλούρι, παξιμάδι*) to crumble · (*πουκάμισο*) to wear out
  ▶**τρίβομαι** *μεσ* (*αγκώνες*) to rub (*γλυκό*) to crumble · (*παντελόνι, γιακάς*) to be worn out

τριγωνικ|ός *επίθ* triangular

τρίγωνο *το* triangle · (*σχεδιαστικό όργανο*) set square ▷**ερωτικό ~** love triangle

τρίζ|ω *ρ αμ* (*πόρτα, κρεβάτι*) to creak · (*παπούτσια*) to squeak (*ξεροκλαδα*) to crack · (*φρένα*) to squeal · (*θεμέλια*) to shake (*επιχείρηση*) to collapse ◆ *ρ μ* (*δόντια*) to grind · (*αρθρώσεις*) to crack

τρίημερο *το* three days *πληθ.*

τριήμερ|ος *επίθ* three-day

τρίκλιν|ο *το* room with three beds

τρικλοποδι|ά *η* βάζω **~ σε κπν** to trip sb up

τρικυμί|α *η* (= *θαλασσοταραχή*) storm · (= *αναταραχή*) turmoil

τρικυμιώδ|ης *επίθ* (*θάλασσα*) heavy · (*σχέση*) stormy · (*ζωή, καριέρα*) chequered (*Βρετ.*), checkered (*Αμερ.*)

τρίλεπτ|ο *το* three minutes *πληθ.*

τριμηνί|α *η* three months *πληθ.*

τριμηνιαί|ος, -α, -ο (*περίοδος*) three-month · (*περιοδικό*) quarterly

τρίμην|ο *το* (= *διάστημα τριών μηνών*) quarter · (*ΣΧΟΛ*) term

τρίμην|ος *επίθ* three-month

τρίμμα *το* crumb

τριμμέν|ος (*τυρί, μυζήθρα*) grated · (*πιπέρι, καφές*) ground · (*ρούχα*) fraying

τρίξιμο *το* (*ξύλου*) crack · (*πόρτας, ξύλου*) creaking · (*αλυσίδων*) rattle · (*παπουτσιών*) squeak · (*δοντιών*) grinding χωρίς *πληθ.* · (*αρθρώσεων*) cracking χωρίς *πληθ.*

τρίπλ|α *η* = **ντρίμπλα**

τριπλασιάζ|ω *ρ μ* to treble
  ▶**τριπλασιάζομαι** *μεσ* to treble

τριπλάσι|ος, -α, -ο threefold

τριπλ|ός *επίθ* (*επένδυση*) three-way · (*δόση, χτύπημα*) triple

τρίποδ|ας *ο* tripod · (= *καβαλέτο*) easel

τρίποδ|ο *το* tripod · *βλ. κ.* **τρίποδας**

τρισδιάστατ|ος *επίθ* three-dimensional

Τρίτη *η* Tuesday · **~ και δεκατρείς** = Friday the thirteenth

τρίτον *επίρρ* thirdly

τρίτ|ος *αριθ τακτ* third · **προϊόν ~ης διαλογής** poor quality product ▷**Τρίτος Κόσμος** Third World

▶**τρίτος** *ο* (= *άσχετος*) third party · (*ΝΑΥΤ*) third mate · (= *όροφος*) third floor (*Βρετ.*), fourth floor (*Αμερ.*) · (= *Μάρτιος*) March
  ▶**τρίτη** *η* (= *ταχύτητα*) third gear · (= *ημέρα*) third · (*Δημοτικού, Γυμνασίου*) third year

▶**τρίτο** το third

τρίφτης ο grater

τριφύλλι το clover

τρίχ|α η (ανθρώπου, ζώου) hair · (οδοντόβουρτσας) bristle · **παρά ~** by a whisker

τριχι|ά η thick rope · **κάνω την τρίχα ~** to make a mountain out of a molehill

τρίχωμα το (ανθρώπου) hair · (ζώου) fur

τριχωτ|ός επίθ (πόδι, χέρι) hairy · (ζώο) furry

τρίψιμο το (επιφάνειας, ρούχων) scrubbing · (ξύλου, επίπλου) sanding · (πλάτης, ποδιών) rubbing · (τυριού) grating · (πιπεριού, καφέ) grinding · (φρυγανιάς, ψωμιού) crumbling

τρίωρο το three hours πληθ.

τρίωρος επίθ three-hour

τριώροφ|ος επίθ three-storey (Βρετ.), three-story (Αμερ.)

▶**τριώροφο** το three-storey (Βρετ.) ή three-story (Αμερ.) building

Τροία η Troy

τρόλεϊ το trolley bus

τρομαγμέν|ος επίθ frightened

τρομάζ|ω ρ μ to frighten · ♦ ρ αμ to be frightened ή scared

τρομακτικ|ός επίθ (γεννικότ.) scary · (εμπειρία, θέαμα) frightening · (εχθρός) terrific · (θάρρος, θέληση) tremendous

τρομακτικός επίθ = **τρομακτικός**

τρομερ|ός επίθ (θέαμα, οδύνη) terrible · (καυγάς) terrific · (μνήμη) incredible · (ικανότητα) extraordinary · (έξοδα) enormous · (θόρυβος) tremendous · (αθλητής) superb · (ομιλήτρια, δάσκαλος) brilliant · (αντίπαλος) formidable · **κάνει -ό κρύο** it's terribly cold

τρομοκρατημέν|ος επίθ terrified

τρομοκρατία η (παράνομων ομάδων) terrorism · (εργοδότη)

bullying tactics πληθ.

τρομοκρατ|ώ ρ μ (= τρομάζω) to terrify · (πληθυσμό) to panic · (μαθητές) to bully · (υπαλλήλους) to intimidate · (περιοχή, συνοικίες) to terrorize

▶**τρομοκρατούμαι** μεσ to be terrified

τρόμ|ος ο terror

τρόμπα η pump

τρομπέτα η trumpet

τρομπόν|ι το trombone

τρόπαι|ο το trophy · (= θριαμβευτική νίκη) triumph

τροπ|ή η (= αλλαγή κατεύθυνσης) turn · (κλάσματος, φωνήεντος) conversion

τροπικ|ός επίθ tropical

▶**τροπικός** ο tropic

τροπολογία η amendment

τροποποιημέν|ος επίθ modified · ▷**γενετικά** ~ genetically modified

τροποποίησ|η η amendment

τροποποι|ώ ρ μ (απόψεις) to change · (νομοσχέδιο, καταστατικό) to amend

τρόπ|ος ο (= μέσο) way · (= διαγωγή, φέρσιμο) manner · (= ικανότητα) knack · **με κάθε -ο, παντί ~ω** (επίσ.) at all costs · **με κανέναν -ο** by no means ▷ **~ ζωής** lifestyle

▷**τρόποι** πλ manners

τρούλ|ος ο dome

τροφ|ή η (= φαγητό) food · (για χοίρους) feed · (για αγελάδες) fodder · (για σχόλια, κουτσομπολιά) fodder ▷ **~ για γάτες/σκύλους** cat/ dog food

τροφικ|ός επίθ food ▷**-ή αλυσίδα** food chain

τρόφιμα τα foods ▷**νωπά/ κατεψυγμένα ~** fresh/frozen foods

τρόφιμ|ος ο/η (= οικότροφος: σχολείου) boarder · (ασύλου, φρενοκομείου) inmate

τροφοδότ|ης ο (πλοίου)
chandler · (στρατού)
quartermaster · (= προμηθευτής)
supplier

τροφοδοτ|ώ ρ μ (στρατό, στόλο) to
supply · (μηχανή, κινητήρα) to
fuel · (κύκλωμα) to feed · (κλίβανο)
to stoke · (μτφ.) to provide ·
(φαντασία) to fire · (ΑΘΛ) to feed

τροχαί|ος, -α, -ο (ατύχημα, κίνηση)
road · (παράβαση) traffic
▸ **τροχαία** το road accident

τροχιά η (ΑΣΤΡΟΝ) orbit · (ΦΥΣ:
βλήματος) trajectory · (μτφ.) path

τροχονόμος ο/η traffic warden

τροχοπέδη (επίσ.) η (= φρένο)
brake · (μτφ.) obstacle

τροχός ο (αυτοκινήτου,
αεροπλάνου) wheel · (οδοντιάτρου)
polisher ▷ ~ **αγγειοπλάστη**
potter's wheel

τροχόσπιτ|ο το (ρυμουλκούμενο
caravan (Βρετ.), trailer (Αμερ.) ·
(αυτοκινούμενο) camper (van) ·
(= λυόμενο) mobile home

τρύγ|ος ο grape harvest

τρύπα η hole

τρυπάν|ι το drill

τρύπη|μα το (σε λάστιχο)
puncture · (σε αρτιά) piercing · (σε
έδαφος) making a hole in ·
(βελόνας, αγκαθιού) prick

τρυπητήρ|ι το punch

τρυπητός επίθ slotted
▸ **τρυπητή** η slotted spoon
▸ **τρυπητό** το colander

τρυπ|ώ ρ μ (έδαφος, τοίχο) to make
a hole in · (αρτιά) to pierce ·
(λάστιχα) to puncture · (εισιτήριο)
to punch · (δάχτυλο, μπράτσο) to
prick · (για πόνο, κρύο) to pierce
♦ ρ αμ (μπάλα, λάστιχα) to have a
puncture · (παπούτσια, βάρκα) to
be full of holes · (βελόνα, αγκάθια)
to prick
▸ **τρυπιέμαι** μεσ (αργκ.) to shoot
up (ανεπ.)

τρυπών|ω ρ αμ (= κρύβομαι) to
hide · (= μπαίνω σε δουλειά) to
wangle a job (with) ♦ ρ μ
(βιβλίο, κάλτσες) to hide ·
(στρίψιμο) to tack

τρυφερ|ός επίθ (δέρμα, χέρια)
soft · (κρέας, κλωνάρι) tender ·
(χαδιά, ψυχή) tender · (λόγια,
στιγμή) tender · (φιλία) loving ·
(μητέρα) fond · (φιλί, ματιά) loving

τρυφερότητα η (δέρματος,
χρειών) softness · (κρέατος)
tenderness · (μητέρας, φωνής)
tenderness
▸ **τρυφερότητες** πλ petting χωρίς
πληθ.

τρών|ω ρ μ/αμ = **τρώω**

τρώ|ω ρ αμ (γενικότ.) to eat ·
(= κλέβω να γεμίσω) to line
one's pockets ♦ ρ μ (φαγητό) to
eat · (δαγκώνω ή τσιμπώ: σκύλος,
έντομα) to bite · (νύχια) to bite ·
(στυλό, μολύβι) to chew ·
(= παραλείπω: παράγραφο,
πρόταση) to miss out · (ιστορίες,
παραμύθια) to swallow · (ψέματα)
to fall for · (= διαβρώνω ή φθείρω:
μέταλλο, βράχια) to erode ·
(μάλλινα, έπιπλα) to wear out ·
(= καταστρέφω) to destroy ·
(= καταναλώνω: χρήματα) to use
up · (τρόφιμα) to get through ·
(βενζίνη) to use · (= σπαταλώ:
περιουσία, κληρονομιά) to
squander · (= ξοδεύω: νιάτα, ζωή)
to spend · (= καταχρώμαι:
χρήματα) to embezzle · (χονδύλιο)
to pilfer · (= βασανίζω: καημός,
φθόνος) to eat away at ·
(= ταλαιπωρώ: με γκρίνια,
ιδιοτροπίες) to bug · (= νικώ:
αντίπαλο) to beat · (= σκοτώνω) to
kill · (= πυροβολώ) to shoot ·
(= καταποθρώνω: λύκος, λιοντάρι)
to eat · (μαγνητόφωνο, βίντεο:
κασέτα) to snarl up · (μηχανή:
δάχτυλα) to catch · (= δέχομαι: γκολ,
κέρμα) to eat · (= δέχομαι: γκολ,

κaλάθι) to let in · (πρόστιμο, τιμωρία) to get · **με ~ει η μύτη μου** (= είμαι προκλητικός) to be looking for trouble

▸ **τρώει, τρώνε** τρπ to itch

▸ **τρώγομαι** μεσ (= είμαι φαγώσιμος) to be edible · (= είμαι υποφερτός) to be all right · (= καθαρίζω) to quarrel · βλ. κ. **φαγωμένος**

τσαγιέρ|α η teapot

τσαγκάρης ο shoemaker

τσάι το tea

τσακάλι το (ζωολ) jackal · (= επιτήδειος) shrewd person

τσακίζω ρ μ (κλαδί) to snap · (πλοίο) to break up · (χέρι, πόδι) to break · (χαρτί) to fold · (= καταβάλλω) to take it out of (εχθρό) to crush ♦ ρ αμ (άνεμος, κρύο) to let up · (= καταβάλλομαι) to break down · (καρδιά) to break · (υγεία) to fail

▸ **τσακίζομαι** μεσ (πλοίο) to break up · (= τραυματίζομαι βαριά) to hurt oneself badly · (= προθυμοποιούμαι) to bend over backwards · (οικ.: = εκτελώ πολύ γρήγορα) to put one's skates on (ανεπ.)

τσάκιση η crease

τσάκισμα το (χαρτιού) fold

τσακιστός επίθ crushed

τσακμάκ|ος ο row

τσακών|ω ρ μ (= συλλαμβάνω) to catch · (= αρπάζω) to grab

▸ **τσακώνομαι** μεσ to quarrel

τσακωτ|ός επίθ **κάνω κπν ~ό** to catch sb red-handed

τσαλακών|ω ρ μ (φούστα, παντελόνι) to crease · (χαρτί) to crumple · (= πατσοκίνητο, λαμαρίνα) to dent · (αξιοπρέπεια, υπόληψη) to destroy ♦ ρ αμ to crease

τσάμπα (ανεπ.) επίρρ = **τζάμπα**

τσαμπί το bunch

τσάντα η (γενικότ.) bag · (γυναικείο αξεσουάρ) handbag (Βρετ.), purse (Αμερ.) · (μαθητή)

school bag · (για ψώνια) shopping bag

τσάρτερ το charter ▸ **πτήση ~** charter flight

τσατσάρα η comb

τσεκ το cheque (Βρετ.), check (Αμερ.)

τσεκάρ|ω ρ μ to check

τσεκούρι το axe (Βρετ.), ax (Αμερ.)

τσελεμεντές ο cookbook

τσέπη η pocket · **αντέχει η ~ μου** I can afford it · **πληρώνω (κτ) απ' την ~ μου** to pay (for sth) out of one's own pocket

τσεπών|ω ρ μ to pocket

Τσέχα η βλ. **Τσέχος**

Τσεχία η Czech Republic

τσεχικός, -ή, -ο Czech

▸ **Τσεχικά, Τσέχικα** τα Czech

τσέχικος επίθ = **τσεχικός**

Τσέχ|ος ο Czech

τσιγαρίζ|ω ρ μ (κρεμμύδια, κρέας) to brown · (μτφ.) to torment

τσιγαριλίκ|ι το joint

τσιγάρι|σμα το browning

τσιγαριλίκ|ι το = **τσιγαριλίκι**

τσιγάρ|ο το (= λεπτό κυλινδρικό χαρτί με καπνό) cigarette · (= αποτσίγαρο) (cigarette) butt · (= κάπνισμα) smoking · **ένα πακέτο με ~α** a packet of cigarettes · **κάνω ένα ~** to have a cigarette · **κόβω** το ~ to give up smoking

▸ **τσιγάρα** πλ cigarettes

τσιγαροθήκ|η η (= ταμπακιέρα) cigarette case · (κaτ.: = σταχτοδοχείο) ashtray

τσιγαρόχαρτ|ο το (= χαρτί τυλίγματος καπνού) cigarette paper · (= χαρτί για σχέδιο) tissue paper

Τσιγγάν|α η βλ. **Τσιγγάνος**

Τσιγγάν|ος ο gipsy

τσιγγούν|ης, -α, -ικο mean ♦ ουσ miser

τσίγκ|ος *o* zinc

τσιγκούν|ης, -α, -ικο = **τσιγγούνης**

τσίκν|α *η* smell of burning meat

τσικνίζ|ω *ρ αμ* (φαγητό) to burn · (= τσιγαρίζω) to brown ◆ *ρ αμ* (= βγάζω τσίκνα) to smell burnt · (= εορτάζω την Τσικνοπέμπτη) to eat grilled meat

τσικουδιά *η* raki

τσίλ|ι *το* chilli (Βρετ.), chili (Αμερ.)

τσιμεντένι|ος, -α, -ιο concrete

τσιμέντ|ο *το* cement

τσιμουδιά *η* whisper

τσίμπη|μα *το* (σφήκας) sting · (κουνουπιού) bite · (βελόνας) prick · (με τα δάχτυλα) pinch · (= πόνος) pain

τσιμπημέν|ος *επίθ* (= ερωτευμένος) smitten · (= ακριβός) pricey

τσιμπίδ|α *η* (= λαβίδα) tongs *πληθ.* · (για τη φωτιά) poker

τσιμπιδάκ|ι *το* (για τα φρύδια) tweezers *πληθ.* · (για τα μαλλιά) hair clip

τσιμπούκ|ι *το* (= είδος πίπας) pipe (χυδ.) · blow job (χυδ.)

τσιμπούσι *το* feast

τσιμπ|ώ *ρ αμ* (ψάρια) to bite · (= τρώω λίγο) to peck at one's food ◆ *ρ αμ* (με τα δάχτυλα) to pinch · (σφήγγα) to sting · (κουνούπι) to sting · (με καρφίτσα, βελόνα) to prick · (πουλί: καλαμπόκι, κανναβούρι) to peck at
► **τσιμπιέμαι** *μεσ* to be smitten

τσινόρ|ο *το* eyelash

τσιπούρ|α *η* bream

τσίπουρ|ο *το* raki

τσίριγ|μα *το* shriek

τσίρκ|ο *το* circus

τσίρλ|α *η* **με πάει ~** to have the runs (ανεπ.) · **it** trots (ανεπ.)

τσίρ|ος *o* dried mackerel

τσιρότ|ο *το* (sticking) plaster (Βρετ.), Band-Aid ® (Αμερ.)

τσιτών|ω *ρ μ* (σκοινί) to tighten · (δέρμα, επιδερμίδα) to stretch · (= πιέζω) to push

τσιφλίκ|ι *το* (παλ.) estate · (μτφ.) property

τσόκαρ|ο *το* (= ξύλινο πέδιλο) clog · (υβρ.: για γυναίκα) slut (χυδ.)

τσόντ|α *η* (= προσθήκη υφάσματος) additional length of material · (= συμπλήρωμα) addition · (= πορνό ταινία) blue movie · (= σκηνή πορνό) pornographic scene

τσοντάρ|ω *ρ μ* (= προσθέτω τσόντα) to add on · (λεφτά) to contribute

τσουβάλ|ι *το* (= σάκος) sack · (= περιεχόμενο σάκου) sack(ful)

τσουγκράν|α *η* rake

τσουγκρίζ|ω *ρ μ* (ποτήρια) to clink · (αβγά) to crack ◆ *ρ αμ* to collide

τσούζ|ω *ρ αμ* (μάτια) to sting · (αέρας) to be bitterly cold · (λόγια, αλήθεια) to hurt · (τιμές) to be high ◆ *ρ μ* to hurt

τσουκάλ|ι *το* earthenware pot

τσουκνίδ|α *η* nettle

τσούλ|α *η* (= πόρνη) tart (χυδ.) · (= ανήθικη γυναίκα) tramp (ανεπ.)

τσουλήθρ|α *η* slide · **κάνω ~** to play on the slide

τσουλί *το βλ.* **τσούλα**

τσουλ|ώ *ρ μ* to push ◆ *ρ αμ* (= γλιστρώ) to slide down · (αυτοκίνητο, τρένο) to trundle along · (υπόθεση, ζήτημα) to be in hand · (εκπομπή, προϊόν) to be popular

τσούξι|μο *το* sting

τσουρέκ|ι *το* brioche

τσουρουφλίζ|ω *ρ μ* (μαλλιά) to singe · (δέρμα) to burn · (= προξενώ κακό) to sting (ανεπ.)
► **τσουρουφλίζομαι** *μεσ* to get burnt

τσουχτερ|ός επίθ (άνεμος) biting · (λόγια, παρατήρηση) scathing · (τιμές, λογαριασμός) steep · **κάνει ~ό κρύο** it's bitterly cold

τσούχτρα η jellyfish

τσόφλι το (αβγού) (egg)shell · (καρπού) shell · (φρούτων) skin

τσόχα η (= μάλλινο ύφασμα) felt · (= πράσινο ύφασμα χαρτοπαιξίας) baize

τυλίγ|ω ρ μ (σύρμα, σκοινί) to coil · (κλωστή, καλώδιο) to wind · (χαλί, χάρτη) to roll up · (δώρο, τρόφιμα) to wrap · (μαλλιά) to put in rollers ▸ **τυλίγομαι** μεσ (= περιστρέφομαι: φιλμ, καλώδιο) to wind · (= μαζεύομαι: γάτα, λουντρί) to curl up · (στη γούνα, στο παλτό) to wrap oneself up · (= καλύπτομαι) to be engulfed

τυλών|ω (οικ.) ρ μ **την τύλωσα** I stuffed myself (ανεπ.)

τύμπαν|ο το (ΜΟΥΣ) drum · (ΑΝΑΤ) eardrum

Τυνησί|α η Tunisia

τυπικ|ός επίθ (συμφωνία, ενέργεια) formal · (διαδικασία) established · (σύμπτωση, γνώρισμα) typical · (περίπτωση, παράδειγμα) typical · (χριστουγεννιάτικο έθιμο) traditional · (= που ακολουθεί τους κανονισμούς) particular (σε about) · (επικύρωση, προσόντα) formal · (μορφές επικοινωνίας, γνωριμία) formal · (χαμόγελο, χαιρετισμός) stiff · (επιφανειακός: έρευνα, έλεγχος) perfunctory · (διαδικασία) routine · (γλώσσα) formal · **είμαι πολύ ~** = ακολουθώ τους κοινωνικούς τύπους) to be very courteous

τυπικότητ|α η (διαδικασίας) formality · (απόδρασης, προσόντων) formal nature · (συνέπεια) diligence

τυπογραφεί|ο το print shop

τυπογραφί|α η printing

τυπογράφ|ος ο/η printer

τύπ|ος ο (= κατηγορία: ανθρώπων, κοινωνιών) type · (χαρακτήρας) type · (αργκ.: = άτομο) guy (ανεπ.), bloke (Βρετ.) (ανεπ.) · (= πρότυπο: εργαζόμενου) perfect example · (= σχέδιο: αιτήσεως, αναφοράς) form

▸ **Τύπος** ο **ο Τύπος** the press ▷ **κίτρινος Τύπος** gutter press (Βρετ.), scandal sheets (Αμερ.) ▷ **πρακτορείο Τύπου** press agency ▷ **συνέντευξη Τύπου** press conference

τυπών|ω ρ μ to print

τυρί το (= γαλακτοκομικό προϊόν) cheese · (μειωτ.) yokel

τυροκαυτερ|ή η spicy cheese and onion salad

τυροκροκέτ|α η cheese croquette

τυρόπιτ|α η cheese pie

τυροπιτάδικ|ο το shop selling cheese pies

τυροσαλάτ|α η cheese salad

τυφλοπόντικ|ας ο mole

τυφλ|ός επίθ (= στραβός) blind · (πάθος, έρωτας) blinding · (φανατισμός) blind · (βία) indiscriminate · (υπακοή, πίστη) blind · (πεποίθηση) absolute · (εμπιστοσύνη) implicit ▷ **ραντεβού στα ~ά** blind date

▸ **τυφλός, τυφλή** η blind person

τυφλών|ω ρ μ to blind · (χρήμα) to dazzle

▸ **τυφλώνομαι** μεσ (= στραβώνομαι) to go blind · (από προβολείς, τον ήλιο) to be dazzled η blinded

τύφλωση η blindness

τύφ|ος ο typhus

τυφών|ας ο typhoon

τυχαίν|ω ρ μ (= συμβαίνω τυχαία) to chance by · (παράξενα γεγονότα) to happen

▸ **τυχαίνει** απρόσ **~ει να την ξέρω** I happen to know her

τυχαί|ος, -α, -ο (συνάντηση)

chance · (γεγονός) chance · (επιλογή, αριθμός) random · (γνωριμία) casual · (= ασήμαντος) ordinary

τυχερό το destiny
▸ **τυχερά** πλ (επαγγέλματος) perks · (= φιλοδωρήματα) tips

τυχερός επίθ lucky ▷ **~ά παιχνίδια** games of chance

τύχη η (= μοίρα) fate · (= καλή τύχη) luck · (= σύμπτωση γεγονότων) luck · **κακή ~** bad luck · **καλή ~!** (ευχή) good luck! · **κατά ~** by chance
▸ **τύχες** πλ fortunes

τυχοδιώκτης ο opportunist

τυχοδιώκτρια η βλ **τυχοδιώκτης**

τύψη η remorse χωρίς πληθ.

τώρα επίρρ (= αυτή τη στιγμή, αμέσως) now · (= αυτόν τον καιρό, περίπτωση) then · **από ~** already? · **έλα εδώ, ~!** come here right now! · **έλα ~!** come on! **(και) ~ τι κάνουμε;** what shall we do now? · **μόλις ~** just now · **~!** (ως απάντηση σε προσφώνηση) all right!

τωρινός επίθ (καιρός, κατάσταση) present · (γενιά) today's · (εποχή, ζωή) contemporary · (δουλειά) current

Y υ

Y, υ upsilon, *20th letter of the Greek alphabet*

υαλοπωλείο το glassware store

υαλοπώλης ο glassware vendor

υαλουργία η glass-blowing

υαλουργός ο/η glass-blower

υβρίζω ο μ (επίσ.) to insult

ύβρις η (επίσ.) insult

υβριστικός επίθ (λόγος, σχόλια) insulting · (γλώσσα) abusive ·

(συμπεριφορά, άρθρο) offensive

υγεία η = υγιεία

υγεία το health · **εις ~ν, στην υγειά σας** to your health · **με τις ~ες σου/σας!** (= γείτσες) bless you! · (ευχή σε κπν που έφαγε και ήπιε) I hope you enjoyed your meal! · (ειρ.: σε αποτυχόντα) that's life! ▷ **Εθνικό Σύστημα Υγείας** public health service, ≈ National Health Service (Βρετ.)

υγειονομικός επίθ (σύστημα, υπηρεσία) health · (επιτροπή, μονάδα) medical · (έλεγχος, εξέταση) hygiene ▷ **~ή ταφή** sanitary landfill
▸ **υγειονομικό** το department of health

υγιαίνω ο αμ to be healthy · **υγίαινε!, ~ετε!** (ευχή) to your (good) health! · (αποχαιρετισμός) goodbye!

υγιεινή η hygiene ▷ **προσωπική ~** personal hygiene ▷ **~ τροφίμων** food hygiene ▷ **~ των δοντιών** dental hygiene

υγιεινός επίθ (τροφή, κλίμα) healthy · (διαβίωση) hygienic

υγιής επίθ (γενικότ.) healthy · (πνευματικά) sane · (μτφ.: οικονομία, επιχείρηση) healthy

υγραίνω ο μ (χείλη, γλώσσα) to moisten · (ρούχα) to dampen
▸ **υγραίνομαι** μεσ (μάτια) to grow moist · (ρούχα) to get damp

υγρασία η (ΜΕΤΕΩΡ) damp ή wet weather · (με ζέστη) humidity · (δωματίου, σπιτιού) damp · (= σταγονίδια νερού) moisture · (τοίχου) damp · (στα παράθυρα) condensation

υγρό το fluid

υγροποιώ ο μ to liquefy

υγρός επίθ (τροφή, διάλυμα) liquid · (κλίμα, δωμάτιο) damp · (μέρος, χώρα) wet · (μάτια) moist

υδαταγωγός ο water main

υδατικ|ός *επίθ* water ▷**~ή κρέμα**
moisturizing cream

υδάτιν|ος *επίθ* (όγκος) of water ·
(αποθέματα, ορίζοντας) water ·
(βαφή, διάλυμα) water-based ·
(μτφ.: γραμμή) faint

υδατοστεγής *επίθ* waterproof

υδατοσφαίριση *η* water polo

υδατοφράκτης *ο* (καναλιού)
sluice (gate) · (ποταμού) floodgate

υδραγωγείο *το* (= δεξαμενή
νερού) reservoir · (= σύστημα
ύδρευσης ή άρδευσης) water mains
πληθ.

υδραντλία *η* water pump

υδράργυρος *ο* mercury ·
**ανεβαίνει/κατεβαίνει ο
~** (χημ.) the temperature is
rising/falling · (μτφ.) things are
hotting up/cooling down

υδρατμός *ο* steam *χωρίς πληθ.*

υδραυλική *η* hydraulics *εν.*

υδραυλικ|ός *επίθ* (σωλήνας)
water · (πιεστήριο, σύστημα)
hydraulic · **~ή εγκατάσταση**
plumbing *χωρίς πληθ.*
▶ **υδραυλικός** *ο* (= τεχνίτης)
plumber · (= μηχανικός) hydraulic
engineer
▶ **υδραυλικά** *τα* plumbing *εν.*

ύδρευση *η* water supply

υδρόγειος *η* globe

υδρογόνο *το* hydrogen

υδροδότηση *η* laying on a water
supply

υδροηλεκτρικός *επίθ*
hydroelectric

υδρόμυλ|ος *ο* water mill

υδροπλάνο *το* hydroplane

υδρορροή, υδρορρόη *η* gutter

υδροφοβία *η* hydrophobia

Υδροχόος *ο* Aquarius

υδρόχρωμα *το* water colour
(Βρετ.), water color (Αμερ.)

ύδωρ (επίσ.) *το* water

υιοθεσία *η* adoption

υιοθέτηση *η* adoption

υιοθετ|ώ *ρ μ* to adopt

υιός *ο* (επίσ.) son

ύλ|η *η* = θεμελιώδης ουσία του
σύμπαντος) matter *χωρίς πληθ.* ·
(= ουσία κατασκευής) material ·
(= περιεχόμενο βιβλίου ή εντύπου)
contents *πληθ.* · (ΣΧΟΛ) syllabus ·
▷ **υλικά αγαθά**) material things ·
(= υλικές επιδιώξεις) material
world ▷**γραφική ~** stationery
▷**πρώτη ~** (OIK) raw material ·
(για μαγειρική) basic ingredient
▷**αέρια ~** gases *πληθ.* ▷**στερεή
~** solids *πληθ.* ▷**υγρή ~** liquids
πληθ.

υλικ|ό *το* (δομικό) material · (για
μαγειρική) ingredient · (έντυπο,
διαφημιστικό) matter *χωρίς πληθ.* ·
(για φιλμ, ιστορία) material · (για
συζήτηση) subject matter
▷**οικοδομικά ~ά** building
materials

υλικ|ός *επίθ* material

υλισμός *ο* materialism

υλιστής *ο* materialist

ύμν|ος *ο* (προς τιμήν θεού, ήρωα)
hymn · (= εγκωμιαστικό ποίημα ή
τραγούδι) ode · (μτφ.) praise
▷**εθνικός ~** national anthem
▷**εκκλησιαστικός ~** hymn

υμν|ώ *ρ μ* (= ψάλλω ύμνους) to
sing hymns to · (= εξυμνώ) to
praise

υπαγόρευση *η* (= εκφώνηση)
dictation · (= υπόδειξη) dictate

υπαγορεύω *ρ μ* to dictate

υπάγ|ω *ρ μ* (επίσ.) to place under
♦ *ρ αμ* to go · **ύπαγε εν ειρήνη**
go in peace · **ύπαγε οπίσω μου
Σατανά!** get behind me Satan!
▶ **υπάγομαι** *μεσ* –**ομαι** *ρ μ*
(= κατατάσσομαι) to be classified
as · (= ανήκω) to be answerable to

υπαίθρι|ος, -α, -ο (θέατρο, χώρος)
open-air · (ζωή, παιχνίδι)
outdoor · (αγορά) open-air ·
(γιορτή, γεύμα) alfresco

ύπαιθρ|ο το outdoors εν.

ύπαιθρ|ος η countryside

υπαινιγμ|ός ο (= έμμεση παρατήρηση) allusion ·
(= υπονοούμενο) insinuation ·
(= νύξη) hint

υπαινίσσ|ομαι ρ μ απ to insinuate

υπαίτι|ος, -α, -ο responsible

υπακο|ή η obedience (σε to)

υπάκου|ος επίθ obedient

υπακού|ω ρ αμ to obey

υπάλληλ|ος ο/η (γενικότ.)
employee · (σε κατάστημα)
assistant (Βρετ.), clerk (Αμερ.)
▷**δημόσιος** – public-sector
employee · (σε κρατική υπηρεσία)
civil servant ▷**δημοτικός**
~ municipal worker ▷**τραπεζικός**
~ bank clerk ▷**τελωνειακός**
~ customs officer ▷**ταχυδρομικός**
~ post-office worker
▷ ~ **γραφείου** office worker
▷ ~ **μαγαζιού** sales assistant
(Βρετ.), sales clerk (Αμερ.)

υπανάπτυκτ|ος επίθ (χώρα, λαός)
underdeveloped · (για πρόσ.)
uneducated

υπαξιωματικ|ός ο/η
non-commissioned officer

υπαρκτ|ός επίθ real

ύπαρξ|η η (= υπόσταση) existence ·
(= η ανθρώπινη ζωή) life ·
(= άνθρωπος) person

υπάρχοντ|α τα belongings

υπάρχ|ω ρ αμ (= έχω υπόσταση)
to be · (= ζω) to exist · (= διατελώ)
to be · (μτφ.: = έχω αξία) to exist (για
for) · **δεν ~ει ελπίδα** there's no
hope · **~ει κανένα εστιατόριο
εδώ κοντά;** is there a restaurant
nearby?

ύπατ|ος¹ ουσ consul

ύπατ|ος² επίθ (αρχηγός) supreme ·
(αξιώματα) highest · (αρμοστεία)
high ▷ ~ **αρμοστής** high
commissioner ▷ **Ύπατη
Αρμοστεία του Ο.Η.Ε. για τους**

Πρόσφυγες United Nations High
Commission for Refugees

υπεκφεύγ|ω ρ αμ to hedge

υπενθυμίζ|ω ρ μ to remind

υπενθύμισ|η η reminder

υπενοικιάζ|ω ρ μ to sublet

υπέρ προθ (+γεν.) for, in favour
(Βρετ.) of · **υπέρ** favour (Αμερ.) of · (+αιτ.)
more than

υπεραμύν|ομαι ρ μ απ +γεν.
(επία.) to defend

υπεράνθρωπ|ος επίθ
superhuman
▶ **υπεράνθρωπος** ο superman

υπεράνω (επία.) επίρρ +γεν. above

υπεραρκετ|ός επίθ more than
enough

υπερασπίζ|ω ρ μ to defend ·
(αρχής) to stand up for · (αλήθεια,
δικαιοσύνη) to fight for ·
(υπόληψη) to protect

υπεράσπισ|η η defence (Βρετ.),
defense (Αμερ.)
▶ **η υπεράσπιση** η the defence
(Βρετ.), the defense (Αμερ.)

υπεραστικ|ός επίθ (συγκοινωνία)
long–distance · (σιδηρόδρομος)
intercity
▶ **υπεραστικό** το (λεωφορείο) coach
(Βρετ.), intercity bus (Αμερ.) ·
(τηλεφώνημα) long–distance call

υπερατλαντικ|ός επίθ
transatlantic

υπερβαίν|ω ρ μ (λόφο, βουνό) to
go over (εμπόδιο) to get over ·
(μέσο όρο) to be above · (ηλικία)
to be over · (ποσό, αριθμό) to
exceed · (δυνατότητα) to be
beyond

υπερβάλλ|ω ρ αμ to exaggerate
◆ ρ μ (= ξεπερνώ) to surpass ·
(δυσκολία) to overcome

υπερβάλλ|ων, -ουσα, -ον (επία.)
excessive

υπέρβαρ|ος επίθ overweight
▷ ~ **ες αποσκευές** excess baggage
εν.

υπέρβαση η (κρίσης, στασιμότητας) overcoming · (ορίου ταχύτητας) exceeding · (προϋπολογισμού, ορίων άσκησης) exceeding (έξεδων) excess · (δικαιωμάτων, αρμοδιοτήτων) abuse · (ποταμού, φαραγγιού) crossing ▷ ~ **λογαριασμού** overdraft

υπερβολή η (= υπεράνω του κανονικού, ακρότητα) excess · (στο ντύσιμο) extravagance · (= εξόγκωση) exaggeration · **χωρίς ~, άνευ ~ς** (επίσ.) without η no exaggeration

υπερβολικά επίρρ too much · (χοντρός, ισχυρογνώμων) too

υπερβολικ|ός επίθ (αγάπη, ποσότητα) excessive · (θόρυβος, ενθουσιασμός) too much · (βάρος) excess · (τιμή) exorbitant · (ευγένεια) exaggerated · (φιλοδοξίες) overblown · (εμπιστοσύνη) undue · **γίνομαι** ~ to exaggerate

υπέργει|ος, -α, -ο (ρίζα, βλαστός) above ground · (σιδηρόδρομος) elevated

υπερδύναμ|η η superpower

υπερέντασ|η η tension

υπερευαίσθητ|ος επίθ (άνθρωπος) oversensitive · (ραντάρ, μηχάνημα) highly sensitive · (δέρμα) sensitive

υπερέχ|ω ρ αμ to be superior ◆ ρ μ +γεν. to be better than

υπερηφάνεια η (= αυτοεκτίμηση) pride · (= αξιοπρέπεια) dignity · (αρν.) arrogance

υπερηφανεύ|ομαι ρ αμ απ (= είμαι υπερήφανος) to be proud · (αρν.) to boast (για, ότι about, that)

υπερήφαν|ος επίθ (= που νιώθει υπερηφάνεια) proud · (= αξιοπρεπής) dignified · (αρν.) arrogant

υπερηχητικ|ός επίθ (αεροπλάνο, πτήση) supersonic · (κύμα) ultrasonic ▷ ~**ή ταχύτητα** supersonic speed

υπερθέαμα το blockbuster

υπερθετικ|ός επίθ superlative

υπερίπταμαι ρ αμ απ to cruise

υπερισχύ|ω ρ αμ to prevail ◆ ρ μ +γεν. (αντιπάλων) to triumph over · (πάθους) to conquer

υπεριώδης επίθ ultraviolet

υπερκόπωσ|η η fatigue

υπέρμαχ|ος ο/η champion

υπερμεγέθ|ης, -ης, -ες (επίσ.) huge

υπερμετρ|ος επίθ excessive

υπερνικ|ώ ρ μ to conquer · (εμπόδια, δυσκολίες) to overcome

υπέρογκ|ος επίθ (δέμα, κιβώτιο) huge · (τιμή) exorbitant

υπερόπτης ο (επίσ.) haughty person

υπεροπτικ|ός επίθ haughty

υπεροπτρία η (επίσ.) βλ. **υπερόπτης**

υπεροχ|ή η superiority

υπέροχ|ος επίθ (άνθρωπος, συναίσθημα) wonderful · (τέχνη) exquisite · (καθηγητής, συμπεριφορά) excellent · (φωνή, αυτοκίνητο) fabulous · (θέα, τοπίο) magnificent

υπεροψί|α η haughtiness

υπερπαραγωγ|ή η (οικ) overproduction · (= θεατρικό έργο) spectacular · (= ταινία) big-budget production

υπερπηδ|ώ ρ μ (τάφρο, χαντάκι) to jump over · (μτφ.) to overcome

υπερπόντι|ος, -α ή -ος, -ο overseas ▷ ~ **αλιεία** deep-sea fishing

υπερσύγχρον|ος επίθ state-of-the-art

υπέρτασ|η η high blood pressure

υπέρτατ|ος επίθ (κακό, αρχή) supreme · (αγαθό) most precious ·

(*θυσία*) supreme · (*βαθμός*) superlative

υπερτερώ ρ αμ +γεν. (επία.) to be superior to

υπερτιμημένος, -η, -ο (*ταλέντο*) overrated · (*αξία*) overestimated · (*νόμισμα*) overvalued

υπερτιμώ ρ μ (*άνθρωπο, επίδραση*) to overrate · (*τρόφιμα, είδη διατροφής*) to put up the price of · (*νόμισμα*) to overvalue

υπερτροφία η (IATP) hypertrophy · (= *υπερβολική λήψη τροφής*) overeating · (= *υπερβολική θρέψη*) overfeeding · (μτφ.) excessive growth

υπερτυχερός, -ή, -ό very lucky
► **υπερτυχερός** ο, **υπερτυχερή** η (*prize*)winner

υπέρυθρ|ος επίθ infrared ⊳ **-ες ακτίνες** infrared rays ⊳ **-η ακτινοβολία** infrared radiation

υπερυψωμένος επίθ elevated ⊳ **-η διάβαση** overpass ⊳ **-η σιδηροδρομική γραμμή** elevated railway

υπερφυσικ|ός επίθ (*ον, δυνάμεις*) supernatural · (μτφ.: *ύψος, μέγεθος*) colossal · (*δύναμη*) superhuman

υπερωρία η overtime *χωρίς πληθ.*

υπεύθυν|ος επίθ (*γενικότ.*) responsible (*για* for) · (*σε κατάστημα*) in charge
► **υπεύθυνος** ο, **υπεύθυνη** η (*τμήματος πωλήσεων, λογιστηρίου*) head · (*καταστήματος, τροφοδοσίας*) manager · **ποιος είναι ο ~ εδώ;** who is in charge here?

υπευθυνότητα η responsibility

υπήκο|ος ο/η (*πολίτης κράτους*) citizen · (= *που υπόκειται στην εξουσία*) subject ⊳ **ξένος ~** foreign national

υπηκοότητα η citizenship

υπηρεσί|α η (= *εργασία*) duty ·

(= *χρόνος εργασίας*) service · (= *κλάδος: εταιρείας, ιδιωτικού οργανισμού*) department · (*στρατού, δημοσίου οργανισμού*) service · (= *προσφερόμενη παροχή εταιρείας*) service · (= *εξυπηρέτηση*) service · (= *υπηρετικό προσωπικό*) domestic staff · (= *υπηρέτης*) (man)servant · (= *υπηρέτρια*) maid · **είμαι ~** to be on duty ⊳ **αξιωματικός ~ς** duty officer ⊳ **αρχαιολογική ~** archaeology department ⊳ **δημόσια/ιδιωτική ~** public/private sector ⊳ **ενεργός ~** active service ⊳ **μυστική ~** secret service ⊳ **τελωνειακή ~** customs service

υπηρεσιακ|ός επίθ (*έγγραφο, αλληλογραφία*) departmental · (*καθήκον*) official · (*αυτοκίνητο, όπλο*) service · (*μονάδα*) active

υπηρέτης ο servant

υπηρέτρια η maid

υπηρετώ ρ μ to serve ♦ ρ αμ (*στρατιώτης*) to serve · (*υπάλληλος, καθηγητής*) to work

υπναλέ|ος, -α, -ο sleepy

υπνοβάτης ο sleepwalker

υπνοβατώ ρ αμ to sleepwalk

υπνοδωμάτιο το bedroom

ύπν|ος ο (= *νάρκη*) sleep · (μτφ.: = *νωθρότητα*) torpor · (μειωτ.: *για πρόξα*) sleepyhead (*ανεπ.*) · **με παίρνει ο ~** to fall asleep · **πάω ή πέφτω για ~** to go to bed

υπνόσακος ο sleeping bag

ύπνωση η hypnosis

υπνωτίζω ρ μ (= *κοιμίζω*) to hypnotize · (μτφ.) to mesmerize
► **υπνωτίζομαι** μεσ to be hypnotized

υπνωτικό το soporific

υπό, υπ', υφ' πρόθ +γεν. (*ποιητικό αίτιο*) by +αιτ. under

υποανάπτυκτος επίθ = **υπανάπτυκτος**

υποβαθμίζω ρ μ (= *υποβιβάζω*:

ρόλο) to undermine · (_σπουδές, πτυχίο_) to debase · (= _μειώνω: επεισόδιο, συμβάν_) to play down · (_μτφ.: = περιβάλλον_) to degrade · (= _πόλη, περιοχή_) to spoil

υποβάθμιση η = _υποβιβασμός: παιδείας_) dumbing down · (_σπουδών, πανεπιστημίων_) debasement · (_ρόλου_) undermining · (= _υποτίμηση: επεισοδίου, συμβάντος_) playing down · (_μτφ.: περιοχής, περιβάλλοντος_) degradation · (_ζωής_) decline in quality

υπόβαθρο το (= _υποστήριγμα: σπιτιού_) foundations πληθ. · (_εξέδρας, κατασκευής_) base · (= _ατόμων_) background · (_για ανάπτυξη, φαινόμενο_) backdrop

υποβάλλω ρ μ (_αίτηση, αξιώσεις_) to put in · (_μήνυση_) to file · (_αποδείξεις, δήλωση_) to submit · (_πρόταση, σχέδιο_) to put forward · (_προσφορά_) to put in · (_παραίτηση_) to hand in · (_έκθεση_) to hand in · (_ερώτηση_) to ask

▸ **υποβάλλομαι** _μεσ_ to be open to suggestion · **–ομαι σε κτ** to undergo sth

υποβαστάζω ρ μ to support

υποβιβάζω ρ μ (_αξιωματικό, υπάλληλο_) to demote · (_ομάδα_) to relegate · (_άνθρωπο_) to degrade · (_μτφ.: = υποτιμώ_) to insult · **–ει τη νοημοσύνη μας** it's an insult to our intelligence

υποβολή η (_πρότασης, σχεδίου_) submission · (_αίτησης, αξιώσεων_) filing · (_παραίτησης, έκθεσης_) handing in · (_ερώτησης_) asking · (_σε έλεγχο, σε χειρουργική επέμβαση_) subjecting (_σε_ to) · (= _επίδραση_) suggestion

υποβρύχιο το (_πλοίο_) submarine · (= _βανίλια_) vanilla–flavoured sweet served on a spoon in a glass of water

υποβρύχιος, -α, -ο (_φυτά, ζωή_)

submarine · (_ψάρεμα, φωτογράφιση_) underwater

υπόγειο το basement

υπόγειος, -α, -ο underground · ▸ **υπόγειος** ο underground (_Βρετ._), subway (_Αμερ._)

υπογραμμίζω ρ μ (_λέξη, φράση_) to underline · (_μτφ._) to emphasize

▸ **υπογραμμίζεται** _απρόσ_

υπογραφή η (_ανάθεση ονόματος και επωνύμου_) signature · (= _συνομολόγηση: συνθήκης, ειρήνης_) ratification · (_συμβολαίου, διαθήκης_) signing · **βάζω την ~ μου** (_κυριολ._) to sign · (= _συμφωνώ απόλυτα_) to be in complete agreement

υπογράφω ρ μ (_έγγραφο, επιστολή_) to sign · (_ταινία_) to make · (_βιβλίο_) to write · (_μτφ.: = εγκρίνω_) to approve · (_συνθήκη, συμφωνία_) to ratify

υπόδειγμα το (_ερμηνείας, αίτησης_) model · (_μτφ.: για άνθρωπο_) paragon

υποδειγματικός επίθ (_συμπεριφορά, εργασία_) exemplary · (_πατέρα, μητέρα_) model · (= _πρότυπο: διδασκαλία, καλλιέργεια_) model · (_συγγραφέας, ταινία_) original

υποδεικνύω ρ μ (= _υποδηλώνω: λάθη, αβλεψίες_) to point out · (= _δείχνω φανερά, καθοδηγώ: σημείο, πέναλτι_) to indicate · (_διάδοχο, αντικαταστάτη_) to appoint · (= _συμβουλεύω: άτομο_) to advise · (_ενέργειες, λύσεις_) to recommend

υπόδειξη η (= _δείξιμο_) indication · (= _συμβουλή_) recommendation

υποδέχομαι ρ μ απ (_δοχείο, δεξαμενή_) to collect · (= _προϋπαντώ: καλεσμένους, πρωθυπουργό_) to receive (_επίσ._) · (_φίλους, συγγενείς_) to welcome · (_ομάδα_) to host · (_άνοιξη_) to

υπόδημα το (επίσ.) footwear χωρίς πληθ.

υπόδημα το (επίσ.) footwear χωρίς πληθ.

υποδηματοποιεί|ο το (επίσ.) shoemaker's (shop)

υποδιαιρ|ώ ρ μ to subdivide
▶ **υποδιαιρούμαι** μεσ to be subdivided (σε into)

υποδιαστολή η (ΜΑΘ) decimal point · (ΓΛΩΣΣ) comma

υποδιευθυντής ο (καταστήματος, τράπεζας) assistant manager · (σχολείου) deputy head (Βρετ.), assistant principal (Αμερ.)

υπόδικ|ος επίθ (ΝΟΜ) awaiting trial · (μτφ.) responsible

υποδομή η (= βάση) infrastructure · (= υπόγειο τμήμα δομικού έργου) substructure · (= κατασκευή ως βάση μεγαλύτερου τεχνικού έργου) skeleton

υποδοχή η reception · (= φιλοξενία) welcome · (ρεύματος) socket · (θυρίδας) slot

υπόθε|μα το (= υπόβαθρο) stand · (= υπόθετο) suppository

υπόθεση η (= εικασία) hypothesis · (= θέμα) matter · (= ζήτημα: υποκλοπών) affair · (λαθρομεταναστών, ναρκωτικών) issue · (επιχειρηματιών) business · (επαγγελματία, ατόμων) work · (ΝΟΜ) case · (βιβλίου, ταινίας) plot · αυτό δεν είναι δική μου/δική σου ~ that's none of my/your business · είναι προσωπική μου ~! that's my business!

υποθετικ|ός επίθ (= υποτιθέμενος) hypothetical · (= φανταστικός) imaginary ▷ **~ λόγος** conditional sentence ▷ **~ή πρόταση** conditional clause ▷ **~ σύνδεσμος** conditional conjunction

υποθέτ|ω ρ μ (= θεωρώ κτ πραγματικό) to suppose ·

(= εικάζω) to imagine
▶ **υποτίθεται** απρόσ supposedly

υποθηκεύ|ω ρ μ to mortgage

υποθήκη η (ΝΟΜ) mortgage · (= συμβουλή) counsel

υποκαθιστ|ώ ρ μ (επίσ.: λίπη, καφέ) to substitute · (κηπουρό, υπάλληλο) to replace · (διευθυντή) to stand in for

υποκατάστημα το branch

υπόκει|μαι ρ αμ απ (επίσ.) to underlie

υποκειμενικ|ός επίθ subjective

υποκείμενο το (έρευνας, πειράματος) subject · (συζήτησης) topic · (φροντίδας) object · (μειωτ.) individual · (ΓΛΩΣΣ) subject

υποκλίν|ομαι ρ αμ απ (κυριολ., μτφ.) to bow · (γυναίκα, κοπέλα) to curts(e)y

υπόκλιση η bow

υπόκοσμος ο underworld

υποκρίν|ομαι ρ αμ (= προσποιούμαι) to pretend · (στο θέατρο: ρόλο) to play ◆ ρ αμ to pretend

υπόκριση η (= ηθοποιία) acting · (= υποκρισία) hypocrisy

υποκρισία η hypocrisy

υποκριτής ο (= ανειλικρινής) hypocrite · (στο θέατρο) actor

υποκριτικ|ός επίθ (συμπεριφορά) hypocritical · (χαμόγελο) feigned · (στο θέατρο: προσόντα, ικανότητα) acting · (ταλέντο) as an actor

υποκύπτ|ω ρ μ to give in (σε to)

υπόκωφ|ος επίθ deep

υπόλειμμα το (τροφής) leftovers πληθ. · (σαπουνιού) end · (καφέ) dregs πληθ. · (αρχαίων πολιτισμών) vestige

υπολείπ|ομαι ρ αμ απ (χρόνος, ποσό) to be left · (= υστερώ) to be inferior · (σε τεχνολογία) to be behind

υπόληψη η (= εκτίμηση) esteem · (= καλή φήμη) reputation

υπολογίζ|ω ρ μ (= λογαριάζω: δαπάνη, κόστος) to calculate · (= εκτιμώ κατά προσέγγιση: αριθμό, βάρος) to estimate · (= συμπεριλαμβάνω: άτομο, χώρα) to count (ανάμεσα σε among ή as) · (μτφ.: γνώμη, άποψη) to take into account (λύση, συνέπειες) to consider · (= σέβομαι: ομάδα, εταιρεία) to rate highly · (= φοβάμαι) to be in awe of · **~εται ότι** it is estimated that

υπολογισμ|ός ο (κέρδους, ποσού) calculation · (= εκτίμηση) estimate

υπολογιστής ο (= συμφεροντολόγος) calculating person · επίσης **ηλεκτρονικός ~** (= αριθμομηχανή) computer · ▷**προσωπικός ~** personal computer ▷**φορητός ~** portable computer
▸ **υπολογιστές** πλ computer science εν.

υπόλογ|ος επίθ accountable

υπόλοιπο το remainder
▷**~ (τραπεζικού λογαριασμού** (bank) balance

υπόλοιπ|ος επίθ rest of

υπομέν|ω ρ μ to endure ◆ ρ αμ to be patient

υπόμνη|μα το (εντός εταιρείας, οργανισμού) memo · (σε βιβλίο, σε κείμενο) notes πληθ. · (σε χάρτη) key

υπόμνηση η (επίσ.) reminder

υπομονετικ|ός επίθ patient

υπομον|ή η patience · **κάνω ή έχω ~** to be patient

υπονομεύ|ω ρ μ (κράτος, πολιτική) to undermine · (έδαφος) to dig a tunnel in

υπόνομ|ος ο (= βόθρος) drain · (= βρομόστομα) mouth like a sewer

υπονο|ώ ρ μ to insinuate
▸ **υπονοείται** τριτ it's understood

υποπρόϊόν το by-product

υποπρόξεν|ος ο vice-consul

υποπτεύ|ομαι ρ μ απ to suspect

ύποπτ|ος επίθ (κινήσεις, πρόσωπο) suspicious (χαστιά) incriminating · (χαλώματα, δραστηριότητα) dubious · (στέκια, δρόμοι) seedy
▸ **ύποπτος** ο, **ύποπτη** η suspect

υποσίτισμός ο undernourishment

υποσκελίζ|ω ρ μ (συνάδελφο, αντίπαλο) to supplant · (προσπάθεια) to thwart

υπόστα|ση η (= οντότητα) existence · (μτφ.: φημίσεων, λόγων) substance · (= προσωπικότητα) character ▷**νομική ~** legal entity

υπόστεγ|ο το awning

υποστέλλ|ω ρ μ (σημαία) to lower · (ταχύτητα) to reduce · (κέρδη) to cut

υποστηρίζ|ω ρ μ (τοίχο, κτήριο) to shore up · (άποψη, θέση) to defend · (ιδέες) to stand up for · (ισχυρισμούς) to back up · (μτφ.: φίλο, οικογένεια) to support · (= είμαι υπέρ) to support

υποστηρικτής ο supporter (θεωρίας, ιδεών) exponent

υποστηρίκτρια η βλ. **υποστηρικτής**

υποστήριξ|η η (κτηρίου) shoring up · (οροφής, στέγης) propping up · (= ενίσχυση, βοήθεια) support · (θεωρίας, ιδέας) defence (Βρετ.), defense (Αμερ.)

υπόσχεση η promise

υπόσχ|ομαι ρ μ απ to promise · **σου το ~** I promise you

υποταγ|ή η (κράτους, λαού) submission · (μτφ.: = υπαγωγή) subordinating · (μτφ.: = πέρασμα σε δεύτερη μοίρα) reducing · (= υπακοή) obedience

υποταγμέν|ος επίθ (κράτος, περιοχή) subjugated · (ζώο) subdued · (μτφ.) downtrodden

υποτακτικ|ή η subjunctive

υπόταση η low blood pressure

υποτάσσ|ω ρ μ (κράτος, χώρα) to subjugate · (μτφ.: πάθη, αδυναμίες) to overcome
▶ **υποτάσσομαι** μεσ to be subjugated (σε by)

υποτεταγμέν|ος επίθ = **υποταγμένος**

υποτίθεμεν|ος επίθ alleged

υποτίμηση η (μετοχών) depreciation · (προϊόντων) fall in price · (νομίσματος) depreciation · (μτφ.: αντιπάλου, εχθρού) underestimation · (γυναίκας) degradation

υποτιμητικ|ός επίθ (παρατήρηση) derogatory · (συμπεριφορά) disrespectful

υποτιμ|ώ ρ μ (μετοχές) to depreciate · (προϊόν) to mark down · (νόμισμα) to devalue · (μτφ.: αντίπαλο, εχθρό) to underestimate

υπότιτλ|ος ο subtitle
▶ **υπότιτλοι** πλ subtitles

υποτροφία η grant

ύπουλ|ος επίθ (άνθρωπος, εχθρός) devious · (σύμμαχος) treacherous · (επίθεση) sneak · (μτφ.: ασθένεια, αρρώστια) insidious

υπουργείο το ministry (Βρετ.), department (κυρ. Αμερ.)

υπουργικ|ός επίθ ministerial ▷ **-ό συμβούλιο** cabinet

υπουργ|ός ο/η minister

υποφερτ|ός επίθ (ζωή, καθημερινότητα) bearable · (= μέτριος: εμφάνιση, ομιλητής) passable

υποφέρ|ω ρ μ (ζέστη, κρύο) to stand · (ψευτιά) to tolerate · (μαρτύρια, κακουχίες) to suffer

υποχρεών|ω ρ μ to oblige
▶ **υποχρεώνομαι** μεσ (από τις αρχές μου, από τη συνείδησή μου) to be compelled (από by) · (από νόμο)

to be bound ή obliged (από by) · (= είμαι ευγνώμων) to be grateful

υποχρέωση η (οικονομική, ηθική) obligation · (οικογενειακή, επαγγελματική) commitment · (στρατιωτική) duty · (= ηθική οφειλή) debt of gratitude
▶ **υποχρεώσεις** πλ commitments

υποχρεωτικ|ός επίθ compulsory · (απόφαση) mandatory · (γείτονες, άνθρωπος) obliging

υποχώρηση η (στρατεύματος) retreat · (= πτώση: τιμών, ενοχ) fall · (εδάφους) subsidence · (μτφ.) concession · **~ ζέστης** fall ή drop in temperature

υποχωρ|ώ ρ αμ (στρατός) to retreat · (έδαφος) to give way · (στέγη) to cave in · (τιμές, νόμισμα) to fall · (ζέστη, πυρετός) to subside · (μτφ.: = παραιτούμαι) to back down · (= συμβιβάζομαι) to compromise

υπόψη επίρρ **έχω ~ (μου)** to remember sth · **έχω ~ (μου) να κάνω** to intend to do sth · βλ. κ. **όψη**

υποψήφιος, -α, -ο prospective ▷ **~ γαμπρός** suitor
▶ **υποψήφιος** ο, **υποψήφια** η (κόμματος, για θέση εργασίας) candidate · (πανεπιστημιακού ιδρύματος) applicant · (διαγωνισμού) entrant

υποψία η (= αμφιβολία) suspicion · (μτφ.) touch

υποψιάζ|ομαι ρ μ απ to suspect

ύπτι|ος, -α, -ο supine
▶ **ύπτιο** το backstroke

ύστατ|ος επίθ (επιθυμία, στιγμή) last · (απόδειξη) final · (προσπάθεια, αγώνα) last–ditch

ύστερα επίρρ then · **κι ~** so what? · **~ από** after

υστέρημα το **από το ~μά μου** from the little that one has

υστερία η hysteria ▷ **μαζική**

~ mass hysteria

ύστερος επίθ later

υστερώ ρ αμ +γεν./έναντι (= μειονεκτώ) to be inferior to · (= έχω ελλείψεις) to be lacking (σε in)

▸ **υστερούμαι** μεσ to lack

υφαίνω ρ μ (χαλί, κουβέρτα) to weave · (μτφ.: αράχνη; ιστό) to spin · (μτφ.: συνωμοσία) to hatch

ύφαλος ο reef

υφαντός επίθ woven

υφαντουργία η (= τέχνη και τεχνική) weaving · (= κλάδος οικονομίας) textiles πληθ. · (κτήριο) textile mill

ύφασμα το material

υφή η (υφάσματος) weave (χαστιού, ξύλου) texture · (= αίσθηση επαφής) touch

υφήλιος η world ▸ **Μις Υφηλίου** Miss World

υφιστάμενος επίθ existing

▸ **υφιστάμενος** ο, **υφισταμένη**, **υφιστάμενη** (επία.) η subordinate

ύφος το (ατόμου) air · (= έκφραση τού προσώπου) look · (= τρόπος ομιλίας) tone · (= έκφραση, στυλ) style

υψηλός επίθ (γενικότ.) high · (κέφη, ποσό) large · (βάρος, κίνδυνος) great · (θέση) superior · (ποιότητα) top · (αίσθημα ευθύνης) keen · (ιδανικά, ιδεώδη) high · (στόχοι, ιδέες) lofty · (καλεσμένοι, προσκεκλημένοι) VIP · (έργο, καθήκον) worthy ▸ **~ές προσωπικότητες, ~ά πρόσωπα** VIPs

ύψιλον το upsilon, 20th letter of the Greek alphabet

υψίπεδο το plateau

υψίφωνος επίθ soprano

▸ **υψίφωνος** ο/η (γυναίκα) soprano · (άντρας) alto · (παιδί) treble

υψόμετρο το (για τόπο) elevation · (οργανωοίηγησης)

altimeter

ύψος το (κτηρίου, βουνού) height · (χωριού) elevation · (αεροπλάνου) altitude · (ΑΘΛ) high jump · (συναλλαγών) volume · (τιμών, δαπανών) level · **παίρνω/χάνω ~** (αεροπλάνο) to gain/lose altitude

ύψωμα το (= ψήλωμα) rise · (ΘΡΗΣΚ) wafer

υψώνω ρ μ to raise · (μτφ.) to elevate

▸ **υψώνομαι** μεσ to climb

Φ φ

Φ, φ phi, 21st letter of the Greek alphabet

φα το F

φάβ\|α η broad bean (Βρετ.), fava bean (Αμερ.), broad (Βρετ.) ή fava (Αμερ.) bean purée

φαβορί το favourite (Βρετ.), favorite (Αμερ.)

φαγητό το (= τροφή) food · (= γεύμα) lunch · (= δείπνο) dinner · **βγαίνω για ~** to eat out · (το μεσημέρι) to go out to lunch · (το βράδυ) to go out to dinner · **η ώρα του ~ού** (το μεσημέρι) lunchtime · (το βράδυ) dinnertime ▸ **έτοιμο ~** ready meal ▸ **βραδινό ~** dinner ▸ **μεσημεριανό ~** lunch ▸ **~ σε πακέτο** takeaway (food) (Βρετ.), takeout (food) (Αμερ.)

φαγκότο το bassoon

φαγοπότι το feasting · **το ρίχνω στο ~** to eat and drink

φαγούρ\|α η itch · **με πιάνει ~** to itch · **με πιάνει ~ στην πλάτη/στο λαιμό** my back/my neck is itching

φάγωμα το (φαγητού, γλυκού) eating · (βράχου, τοίχου) erosion (σίδερου) corrosion · (ελαστικών αυτοκινήτου) wear · (νιχιών) biting · (= φαγωμάρα) squabbling · (σε ομάδα, κόμμα) in-fighting

φαγωμέν|ος επίθ (φαγητό) eaten · (τοίχος, βράχος) eroded · (σίδερο) corroded · (ελαστικά αυτοκινήτου) worn · (μπράτσα, πρόσωπο) weather-beaten

φαγώσιμ|ος επίθ edible
▸ **φαγώσιμα** τα food εν.

φαΐ το βλ. **φαγητό**

φαιδρός επίθ (= χαρούμενος) cheerful · (= αστείος) funny · (= γελοίος) foolish

ΛΕΞΗ-ΚΛΕΙΔΙ

φαίν|ομαι ρ αμ απ
(α) (= διακρίνομαι) to be seen · (= εμφανίζομαι) to appear
(β) (= δείχνω) to look
(γ) (= αποδεικνύομαι) to prove · **είσαι και φαίνεσαι!** (ανεπ.) and the same to you too! (ανεπ.), and the same to you with knobs on! (Βρετ.) (ανεπ.)
▸ **φαίνεται** απρόσ it seems · **από πού φαίνεται ότι είναι ειδικός;** how do you know he's an expert? · **δεν πρόλαβα να χτενιστώ. - Φαίνεται!** I didn't have time to comb my hair. – It shows! · **δεν σου φαίνεται ότι είσαι τριάντα χρονών** you don't look thirty · **δεν του φαίνονται τα χρόνια** he doesn't look his age · **μου φαίνεται ότι** it seems to me that · **φαίνεται από μακριά!** (μτφ.) it sticks out a mile!

φαινομενικά επίρρ seemingly

φαινόμεν|ο το phenomenon
▸**καιρικά/φυσικά ~α** weather/natural phenomena

φάκα η mousetrap

φάκελ|ο το βλ. **φάκελος**

φάκελ|ος ο (επίσης **~ο**: για

επιστολές, γράμματα) envelope · (= θήκη για έγγραφα) folder · (για θέμα, άτομο) file

φακή η lentil
▸ **φακές** πλ lentils

φακίδα η freckle

φακ|ός ο (γενικότ.) lens · (= ηλεκτρική λυχνία) torch (Βρετ.), flashlight (Αμερ.) · ▷ **~οί επαφής** contact lenses

φάλαγγα η (ΣΤΡ: στρατιωτών) column · (πλοίων) convoy · (ανθρώπων, αυτοκινήτων) line · (οχημάτων, φορτηγών) convoy

φάλαιν|α η (ΖΩΟΛ) whale · (υβρ.: για γυναίκα) tub of lard (ανεπ.)

φαλακρός επίθ (άνδρας) bald · (βουνό, έδαφος) bare

φαλλοκρατία η (male) chauvinism

φανάρι το (= φανός) lamp · (αυτοκινήτου) light · (= σηματοδότης) traffic lights πληθ. (Βρετ.), traffic light (Αμερ.) · **με πιάνει ~** to come to a red light

φαναρτζής ο (ανεπ.: για αυτοκίνητα) body shop worker

φανατίζ|ω ρ μ to stir up

φανατισμέν|οι οπαδοί fanatical ή ardent supporters

φανατικ|ός επίθ (οπαδός, υποστηρικτής) fanatical · (καπνιστής) heavy · (θαυμαστής) ardent

φανατισμός ο fanaticism

φανέλ|α η (ύφασμα) flannel (Βρετ.), washcloth (Αμερ.) · (εσώρουχο) vest (Βρετ.), undershirt (Αμερ.) · (= μπλούζα) shirt · (στο ποδόσφαιρο) strip · (= ομάδα) team

φανερ|ός επίθ (κίνδυνος, αιτία) obvious · (αποδείξεις) clear · (εχθρός) open · **είναι ~ό ότι** it is obvious ή clear that

φανερών|ω ρ μ (θησαυρό,

αντικείμενο) to show · (μυστικό, σχέδιο) to reveal · (αισθήματα, σάστισμα) to show · (επιθυμία) to express · (απάτη, δολοπλοκία) to uncover

▸ **φανερώνομαι** μεσ to appear

φανοποιείο το (επίσ: αυτοκινήτων) body shop

φαντάζ|ομαι ρ μ απ (= πλάθω με την φαντασία μου) to imagine · **για φαντάσου!** just fancy! · **~ ότι /η πως** (= νομίζω) to think (that) · (= υποθέτω) to suppose (that)

φαντασία η (γενικότ.) imagination · (μειωτ.) fantasy ▷**επιστημονική** ~ science fiction

φαντασίωση η fantasy

φάντασ|μα το (= στοιχειό) ghost · (= πολύ αδύνατος) skeleton ▷**εταιρεία-/οργάνωση~** bogus company/organization ▷**πόλη-/πλοίο~** ghost town/ship

φαντασμέν|ος επίθ conceited

φανταστικ|ός επίθ (κίνδυνος, εμπόδια) imaginary · (διήγημα, ιστορία) fictional · (φαγητό, θέα) fantastic · (άνθρωπος, χαρακτήρας) incredible · (τιμές) incredibly low

φανταχτερ|ός επίθ (ρούχα, κόσμημα) flamboyant · (χρώμα) loud

φαξ το (συσκευή) fax (machine) · (μήνυμα) fax

φάουλ το (= παράβαση) foul · (= βολή: στο ποδόσφαιρο) free kick · (στην καλαθοσφαίριση) free throw

φάπα η slap

φαράγγι το gorge

φαράσι το dustpan

φαρδαίν|ω ρ μ (δρόμο) to widen · (φούστα, φόρεμα) to let out ♦ ρ αμ (μονοπάτι, δρόμος) to widen · (ρούχα) to be too big

φάρδος ο width

φαρδύς, -ιά, -ύ (δρόμος, σκάλα) wide · (ώμος, πλάτη) broad ·

(φούστα, ζώνη) loose–fitting · (παντελόνι) baggy · **αυτό το παντελόνι είναι -ύ για μένα** these trousers are too big for me

φάρμ|α η farm

φαρμακεί|ο το (κατάστημα) chemist's (Βρετ.), drugstore (Αμερ.) · (= κουτί) first–aid kit · (= ντουλάπι) medicine cabinet · (μτφ.) rip–off (ανεπ.)

φαρμακερ|ός επίθ (φίδι) venomous · (φυτό) poisonous · (λόγια, κουβέντα) venomous · (κρύο) bitter

φαρμάκ|ι το (= δηλητήριο) poison · (φιδιού) venom · (= πικρία) disappointment

φάρμακ|ο το (= γιατρικό) medicine · (μτφ.) remedy

φαρμακοποιός ο/η pharmacist

φαρμακών|ω ρ μ (= δηλητηριάζω) to poison · (= κατασπενοχωρώ) to hurt deeply

▸ **φαρμακώνομαι** μεσ to poison oneself

φάρ|ος ο (= φωτιστική συσκευή) beacon · (κτήριο) lighthouse · (μτφ.) beacon

φάρσ|α η (= πλάκα) practical joke · (για ανθρώπους) hoax · (θεατρικό έργο) farce ▷**πρωταπριλιάτικη** ~ April Fool · **τηλεφωνική** ~ hoax call

φασαρί|α η (= έντονος θόρυβος) noise · (= αναστάτωση) fuss χωρίς πληθ. · (= ταραχή) disturbance · (= καβγάς) trouble · (= κόπος) bother · **γίνεται** · (για θόρυβο) there's a lot of noise · (για καβγά) there's trouble · **κάνω ~** (= θορυβώ) to make a noise · (= κάνω σκηνή) to make a fuss · **μη μπαίνετε σε ~** don't go to any trouble

▸ **φασαρίες** πλ (= μπελάδες) trouble εν. · (= ταραχές) disturbances

φάση η (= στάδιο) phase · (ΑΣΤΡΟΝ, ΗΛΕΚΤΡ) phase · (ΑΘΛ) passage of

play · (= *περίσταση*) circumstances
πληθ. ▷ **οι καλύτερες ~εις**
(*αγώνα*) the highlights

φασιανός *ο* pheasant

φασίν|α *η* clean-up

φασισμ|ός *ο* fascism

φασιστικ|ός *επίθ* fascist

φασκόμηλ|ο *το* (*φυτό*) sage ·
(*αφέψημα*) sage tisane

φάσκ|ω *ρ μ* – **και αντι-**
contradict oneself

φάσ|μα *το* spectrum · (*πολέμου,*
πείνας) spectre (*Βρετ.*), specter
(*Αμερ.*)

φασολάδ|α *η* white bean soup

φασολάκ|ια *τα* green beans

φασόλ|ι *το* (white) bean
▶ **φασόλια** *πλ* white bean soup

φαστ-φούντ *το* fast-food
restaurant

φαστφουντάδικ|ο *το* (*ανεπ.*) =
φαστ-φούντ

φάτσ|α *η* (*ανεπ.*: = *μούρη*) face ·
(= *ύποπτο άτομο*) shady character
(*ανεπ.*) · (*για κτήρια*) facade · **~ σε**
opposite

φαύλ|ος *επίθ* (*επία.*) unscrupulous

φαφλατ|άς *ο* (= *φλύαρος*)
chatterbox · (= *καυχησιάρης*)
boaster

Φεβρουάρι|ος *ο* February

φεγγάρ|ι *το* (= *Σελήνη*) moon ·
(= *φεγγαρόφωτο*) moonlight

φεγγαρόφωτ|ο *το* moonlight

φεγγίζ|ω *ρ αμ* (= *φωτίζω αμυδρά*)
to glimmer · (*για ρούχα*) to be
see-through

φεγγίτης *ο* (*σε στέγη*) skylight ·
(*σε τοίχο*) dormer

φέγγ|ω *ρ αμ* (*φεγγάρι, αστέρια*) to
shine · (= *αδυνατίζω πολύ*) to
waste away ◆ *ρ μ* – **τον δρόμο** *σε*
κπν to light sb's way
▶ **φέγγει** *απρόσ* dawn is breaking

φείδ|ομαι (*επία.*) *ρ μ απ* +*γεν.* to
spare

φειδωλ|ός *επίθ* thrifty

φελλ|ός *ο* (*μπουκαλιού, διχτύων*)
cork · (*υβρ.*) airhead (*ανεπ.*)

φεμινισμ|ός *ο* feminism

φεμινιστ|ής *ο* feminist

φεμινίστρι|α *η* *βλ.* **φεμινιστής**

φέρετρ|ο *το* coffin, casket (*Αμερ.*)

φέρι *το* = **φεριμπότ**

φεριμπότ, φέρι-μποτ *το* ferry

φερμέν|ος *επίθ* brought

φερμουάρ *το* zip (*Βρετ.*), zipper
(*Αμερ.*)

φέρν|ω *ρ μ* (= *μεταφέρω*) to bring ·
(= *εισάγω*) to introduce ·
(*προϊόντα*) to import · (= *οδηγώ:*
κατάσταση) to lead · (*δρόμος,*
μονοπάτι) to go · (*παιδιά, φίλους*)
to bring · (*γιατρό, ηλεκτρολόγο*) to
call · (= *προκαλώ: αποτέλεσμα*) to
produce · (*πόλεμο*) to cause ·
(*τύχη, ατυχία*) to bring ·
(= *αποφέρω: κέρδη, λεφτά*) to
bring in · (= *προβάλλω:*
αντιρρήσεις) to raise ◆ *ρ αμ* **~ σε**
κπν to look like sb
▶ **φέρνομαι** *μεσ* to behave · **μου**
~εται καλά/άδικα/με σεβασμό he
treats me well/fairly/with respect

φέρσι|μο *το* manner

φέρ|ω *ρ μ* (*επία.*: = *βαστάζω:*
βάρος) to carry · (*ευθύνη*) to bear ·
(= *έχω: χρήματα, τίτλο*) to have ·
(*σημάδια, ίχνη*) to bear · (*μπουφάν,*
φόρεμα) to wear

φεστιβάλ *το* festival

φέτ|α *η* (*ψωμιού, φρούτου*) slice ·
(*τυρί*) feta (cheese) · (*καλοριφέρ*)
bar

φετιν|ός *επίθ* this year's · **-ό**
καλοκαίρι this summer ·
~ χειμώνας this winter

φέτος *επίρρ* this year

φευγάλ|α *η* escape

φευγάτ|ος *επίθ* (= *που έχει φύγει*)
gone · (*κσφ.*) in a world of one's
own · **είναι ήδη -η** she has
already gone

φεύγ|ω *ρ αμ* (= *αναχωρώ:*

άνθρωπος, αεροπλάνο) to leave ·
(= *απομακρύνομαι με τη βία: από χώρα*) to flee · *(από ομάδα, δουλειά)* to be forced to leave ·
(= *απομακρύνομαι βιαστικά*) to flee · (= *δραπετεύω: κρατούμενος, καταζητούμενος*) to escape ·
(= *γλιστράω: ποτήρι, βάζο*) to slip *(από out of)* · *(κουβέντα)* to slip out · (= *εγκαταλείπω οριστικά: ενοικιαστής, σύζυγος*) to leave ·
(= *αποχωρώ: εργαζόμενος, υποστηρικτής*) to leave · *(μτφ.: κυβέρνηση)* to go · *(επιθυμία, δίψα)* to go away · *(ενφημ.: = πεθαίνω: ζωή)* to pass · (= *περνώ: νιάτα, ζωή*) to pass · (= *αποσπώμαι: σελίδα)* to come out · (= *βγαίνω: λεκές*) to come out · *(χρώμα)* to fade · **~ από τη χώρα** to flee the country · **~ για διακοπές** to go on holiday *(Βρετ.)*, ή vacation *(Αμερ.)* · **ώρα να ~ουμε!** it's time we were off!

φήμη η (= *διάδοση*) rumour *(Βρετ.)*, rumor *(Αμερ.)* ·
(= *υπόληψη*) reputation · (= *δόξα*) renown

φημίζομαι ρ αμ απ to be renowned *(για* for)

φημισμένος επίθ renowned

φθάνω ρ αμ (= *έρχομαι: τρένο, πλοίο)* to arrive · (= *πλησιάζω: χειμώνας*) to be coming · *(τέλος)* to be near · *(επαρκεί: φαγητό, χρήματα)* to be enough · (= *πιάνω*) to reach ♦ ρ μ (= *προφθάνω*) to catch up with · (= *πιάνω*) to reach · *(ανταγωνιστή, συμμαθητή)* to be as good as · *(χρέη)* to amount to · **έφτασα!, έφτασε!** coming! · **υπομονή, φτάνουμε!** be patient, we're nearly there! · **~ ως** *(πεδιάδα, πάρκο)* to extend to

φθαρμένος επίθ *(έπιπλωση, ρουχισμός)* shabby · *(μηχάνημα)*

battered

φθαρτός επίθ perishable

φθείρω ρ μ (= *καταστρέφω: κτήριο)* to erode · *(υγεία)* to ruin · *(δυνάμεις, νιάτα)* to waste · *(ρούχο)* to wear out · (= *διαφθείρω*) to corrupt

▸ **φθείρομαι** μεσ *(ήθη, γλώσσα)* to become corrupted · *(θεσμοί)* to weaken

φθηνά επίρρ cheaply

φθηνός, -ή, -ό *(προϊόν, ξενοδοχείο)* cheap · *(ενοίκιο, τιμή)* low · *(άνθρωπος, χιούμορ)* cheap · *(επιχείρημα, δικαιολογία)* lame

φθινοπωριάτικος επίθ =
φθινοπωρινός

φθινοπωρινός επίθ autumn
▸ **φθινοπωρινά** τα autumn clothes

φθινόπωρο το autumn

φθίνω ρ αμ *(δυνάμεις, αριθμός)* to decline · *(γεννήσεις)* to be on the decline · *(δάση)* to be disappearing · *(επιρροή)* to wane · (= *παρακμάζω*) to go into decline

φθίση η (= *φθορά*) decline · (IATP) tuberculosis

φθόγγος ο (ΓΛΩΣΣ) speech sound · (ΜΟΥΣ) note

φθονερός επίθ *(για πρόσ.)* envious · *(ματιά, σχέδιο)* malicious · *(ψυχή)* malevolent

φθόνος ο envy

φθονώ ρ μ to envy

φθορά η (= *βαθμιαία καταστροφή)* decay · *(στις σχέσεις)* deterioration · (= *βλάβη από χρήση*) wear (and tear) · (= *παρακμή*) decline · *(ζημιά)* damage

φι το phi, *21st letter of the Greek alphabet*

φιάλη η bottle

φιγούρα η (= *εικόνα, ομοίωμα*) figure · *(στα τραπουλόχαρτα)* face card, court card *(Βρετ.)* · *(χορού)* figure · (= *επίδειξη*) show

φιγουράρ|ω ο αμ to appear

φιδ|ές ο noodles πληθ.

φίδ|ι το (χυριολ.) snake · (μτφ.) snake in the grass

φιδωτ|ός επίθ winding

φιέστ|α η celebration

φίλαθλ|ος επίθ sporting
▶ **φίλαθλος** ο/η fan

φιλαλήθης επίθ truthful

Φιλανδέζ|α η βλ. **Φινλανδός**

φιλανδέζικ|ος επίθ = **φινλανδικός**

Φιλανδέζ|ος ο = **Φινλανδός**

Φιλανδ|ή η βλ. **Φινλανδός**

Φιλανδί|α η = **Φινλανδία**

φιλανδικ|ός = **φινλανδικός**

Φιλανδ|ός ο = **Φινλανδός**

φιλανθρωπία η (= αγάπη προς συνάνθρωπο) philanthropy · (= αγαθοεργία) charity εν.

φιλανθρωπικ|ός επίθ (ίδρυμα, σωματείο) charitable · (έργο) charity

φιλάνθρωπ|ος επίθ philanthropic

φιλαράκι το to mate (Βρετ.) (ανεπ.), buddy (χυρ. Αμερ.) (ανεπ.)

φιλαράκ|ος ο (ειρ.) to mate (Βρετ.) (ανεπ.), buddy (χυρ. Αμερ.) (ανεπ.)

φιλαρμονικ|ή η band
▶ **Φιλαρμονική** η Philharmonic

φιλέ το = **φιλές**

φιλελευθερισμ|ός ο liberalism

φιλελεύθερ|ος επίθ liberal
▶ **φιλελεύθερος** ο liberal

φιλέλλην|ας ο philhellene

φιλενάδ|α η (ανεπ.: = φίλη) (girl)friend · (ανύπαντρου) girlfriend · (παντρεμένου) mistress

φιλ|ές ο (για μαλλιά) hairnet · (ΑΘΛ) net

φιλέτ|ο το fillet ▷**κόντρα** ~ sirloin

φιλεύ|ω ο μ to give

φίλ|η η (= φιλενάδα) friend · (κατ.: = γνωστή) acquaintance · (ανύπαντρου) girlfriend ·

(παντρεμένου) mistress

φίλημα το to kiss

φιλήσυχ|ος επίθ (= ήρεμος) quiet · (= νομοταγής) law-abiding

φιλ|ί το to kiss · **δίνω ~ σε κπν (στο στόμα/μάγουλο)** to kiss sb (on the mouth/cheek) · **(πολλά) ~ιά!** lots of love!

φιλί|α η (= σχέση φίλων) friendship · (= εύνοια) favour (Βρετ.), favor (Αμερ.) · **πιάνω ~ ή ~ες με κπν** to make friends with sb

φιλικ|ός επίθ (γενικότ.) friendly · (επίσκεψη, συζήτηση) informal · (διάθεση) amiable · (ακροατήριο) sympathetic · (ΑΘΛ) friendly · **είναι ~ μαζί μου** he's friendly to me · **~ προς το περιβάλλον** environmentally-friendly · **~ προς τον χρήστη** user-friendly
▶ **φιλικό** το friendly (match)

φιλμ το film

φίλντισι το mother-of-pearl

φιλοδοξί|α η ambition

φιλόδοξ|ος επίθ ambitious

φιλοδοξ|ώ ο μ ~ **να γίνω/κάνω** to aspire to be/to do

φιλοδώρημα το tip

φιλοκερδ|ής επίθ greedy

φιλολογί|α η (επιστήμη) philology · (= γραμματεία) literature
▶ **φιλολογίες** πλ hot air (ανεπ.)

φιλόλογ|ος ο/η (επιστήμονας) philologist · (ΣΧΟΛ) humanities teacher

φιλονικί|α η argument

φιλονικ|ώ ο μ to argue

φιλοξενί|α η (= υποδοχή και περιποίηση ξένων) hospitality · (= παροχή στέγης και περιποίησης) accommodation

φιλόξεν|ος επίθ hospitable

φιλοξενούμενη η = **φιλοξενούμενος**

φιλοξενούμεν|ος ο (= ξένος)

guest · (ΑΘΛ) visitor

φιλοξεν|**ώ** ρ μ (ξένο, επισκέπτη) to put up · (άστεγο) to take in · (επί πλημμύρη) to accommodate · (εκδήλωση, έκθεση) to host · (σε έντυπο) to publish · (σε ραδιοφωνική ή τηλεοπτική εκπομπή) to have as a guest

φιλοπατρί|**α** η patriotism

φιλόπον|**ος** επίθ diligent

φίλ|**ος** ο (γενικ.) friend · (κατ.: = γνωστός) acquaintance · (αντίπαντρης) boyfriend · (παντρεμένης) lover · (τεχνών, γραμμάτων) lover · (ανεπ.: = αυτός) our friend · **γίνομαι ~ με κπν** to become friends with sb · **-ε (μου)** (ανεπ.) mate (Βρετ.) (ανεπ.), buddy (Αμερ.) (ανεπ.) ⊳ **-η χώρα** friendly nature

φιλοσοφί|**α** η philosophy

φιλοσοφικ|**ός** επίθ philosophical ▶ **Φιλοσοφική** η philosophy school

φιλόσοφ|**ος** ο/η philosopher

φιλοτελισμ|**ός** ο philately (επίσ.)

φιλοτέχνη|**μα** ο work of art

φιλότεχν|**ος** επίθ **είμαι ~** to be an art lover

φιλοτιμί|**α** η = τιμή, αξιοπρέπεια pride · (= ευσυνειδησία) conscientiousness

φιλότιμ|**ος** επίθ (= υπερήφανος) proud · (= ευσυνείδητος) conscientious · (προσπάθεια) spirited

φιλοφρόνη|**ση** η compliment

φίλτρ|**ο**[1] το filter

φίλτρ|**ο**[2] το (= ελιξήριο) potion · (= στοργή) love

φιλ|**ώ** ρ μ to kiss · **σε/σας** with love
▶ **φιλιέμαι** μεσ to kiss

φιμών|**ω** ρ μ (ζώο) to muzzle · (άνθρωπο) to gag · (μτφ.) to silence · (τον τύπο) to gag

φίμωτρ|**ο** το (ζώου) muzzle · (ανθρώπου) gag · (μτφ.) gag

φινάλε το (παράστασης, γιορτής) finale · (κινηματογραφικού έργου) ending · (προσπάθειας, υπόθεσης) outcome · (ιστορίας) conclusion

φινέτσ|**α** η (για πρόσ.) finesse · (ντυσίματος) good taste · (λόγων, τρόπων) delicacy · (συμπεριφοράς) tact

Φινλανδέζ|**α** η βλ. **Φινλανδός**

φινλανδέζικ|**ος** επίθ = **φινλανδικός**

Φινλανδέζ|**ος** ο = **Φινλανδός**

Φινλανδ|**ή** η βλ. **Φινλανδός**

Φινλανδί|**α** η Finland

φινλανδικ|**ός** επίθ Finnish
▶ **Φινλανδικά, Φινλανδέζικα** τα Finnish

Φινλανδ|**ός** ο Finn

φίν|**ος, -α, -ο** (για πρόσ.) refined · (χέρια, δάχτυλα) delicate · (γούστο, συμπεριφορά) refined · (τέχνη, ύφασμα) fine · (ρούχο) chic · (φίλος, παρέα) great (ανεπ.)

φιόγκ|**ος** ο (= κόμπος) knot · (= κορδέλα) bow · (μειωτ.) fop

φίρμ|**α** η (= επωνυμία εταιρείας) trade name · (= εταιρεία) firm · (= μάρκα) trademark · (= διασημότητα) celebrity

φιστίκ|**ι** το (επίσης **~α Αιγίνης**) pistachio · (επίσης **~ αράπικο**) peanut

φλάουτ|**ο** το flute

φλας το (φωτογραφικής μηχανής) flash · (αυτοκινήτου) indicator (Βρετ.), blinker (Αμερ.)

φλασκ|**ί** το flask

φλέβ|**α** η seam · (= κλίση) talent

Φλεβάρ|**ης** ο (ανεπ.) = **Φεβρουάριος**

φλέγ|**μα** το (επίσης **φλέμα**) phlegm

φλεγματικ|**ός** επίθ phlegmatic

φλεγμον|**ή** η inflammation

φλέγ|**ω** ρ μ to consume
▶ **φλέγομαι** (= καίγομαι) to be on fire · (από πυρετό) to burn

φλέγων, -ουσα, -ον burning

φλέμα το (προφ.) βλ. **φλέγμα**

φλέρτ το (= ερωτοτροπία) flirting χωρίς πληθ. · (= δεσμός) romance · (= φίλος) boyfriend · (= φίλη) girlfriend · **~ του καλοκαιριού** holiday romance

φλερτάρ|ω ρ μ to flirt with ◆ ρ αμ to flirt · **~ με κπν/κτ** to flirt with sb/sth

φλις το fleece

φλιτζάν|ι το = **φλυτζάνι**

φλόγ|α η (φωτιάς, κεριού) flame · (μτφ.) ardour (Βρετ.), ardor (Αμερ.)
► **φλόγες** πλ flames

φλογέρ|α η pipe

φλογερ|ός επίθ (άνθρωπος, εραστής) passionate · (μάτια, βλέμμα) fiery · (επιθυμία) burning · (πατριωτισμός, υποστηρικτής) ardent

φλογίζω ρ μ to fire
► **φλογίζομαι** μεσ (= κοκκινίζω) to go ή turn red · (= φλέγομαι) to be burning up

φλόγωση η inflammation

φλοι|ός ο (δέντρου) bark · (καρπού) peel · (της γης) crust

φλοκάτη η flokati (rug), handwoven shaggy woollen rug

φλούδ|α η (ανεπ.: δέντρου, κλαδιού) bark · (καρπού) peel · (αβγού) shell

φλούδ|ι το (ανεπ.: δέντρου, κλαδιού) bark · (καρπού) peel
► **φλούδια** πλ shells

φλουρί το florin

φλυαρία η chatter

φλύαρ|ος επίθ chatty

φλυαρώ ρ αμ to chatter

φλυτζάν|ι το cup · **~ του καφέ/ τσαγιού** coffee/tea cup

φοβάμαι ρ μ απ = (τρομάζω) to be afraid · (= έχω αγωνία) to be worried (για about) ◆ ρ μ (άνθρωπο, σκοτάδι) to be afraid

of · (= υποψιάζομαι: επεισόδια) to fear · **~ να κάνω κτ** to be afraid to do sth · **~ πως ή ότι** to be afraid that

φοβέρ|α η threat

φοβερίζω ρ μ to threaten

φοβερ|ός επίθ (άνθρωπος, όψη) fearsome · (κρότος, θέαμα) horrendous · (κατ.: ψεύτης, απατεώνας) monumental · (ζέστη) tremendous · (σφάλμα, καταστροφές) terrible · (κατ.: = εκπληκτικός) terrific · **-ό!** (έκφραση έκπληξης ή θαυμασμού) terrific!

φοβητσιάρης, -α, -ικο cowardly

φοβί|α η phobia

φοβίζω ρ μ to scare

φόβ|ος ο fear

φοβούμαι ρ μ/αμ απ = **φοβάμαι**

φόδρα η lining

φοίνικ|ας ο palm (tree)

φοινικι|ά η (ανεπ.) = **φοίνικας**

φοινικόδεντρο το palm tree

φοίτηση η course

φοιτητής ο (undergraduate) student

φοιτητικ|ός επίθ student

φοιτήτρι|α η βλ. **φοιτητής**

φοιτ|ώ ρ αμ to study

φονεύω ρ μ (επίσ.) to kill

φονι|άς ο killer

φονικ|ός επίθ (ενέργεια, τάσεις) homicidal · (νέφος, όπλο) lethal · (βλέμμα) murderous
► **φονικό** το (ανεπ.) murder

φόνισσα η killer

φόν|ος ο murder

φόντ|ο το background

φορ|ά η (= πορεία: ρεύματος, ποταμού) flow · (δεικτών ρολογιού) direction · (= εξέλιξη: γεγονότων) course · (= περίπτωση) time · (ΜΑΘ) times · αυτή τη ~ this time · **δυο -ές** twice · **μια ~** once · **πρώτη ~** the first time

φόρα¹ η speed

φόρα² η **βγάζω κτ στη** ~ to bring sth out into the open

φοράδ|α η (= το θηλυκό άλογο) mare · (υβρ.) cow (ανεπ.)

φορ|έας ο (αλλαγής, προόδου) vehicle · (ασθένειας, μικροβίων) carrier · (για υπηρεσία, οργανισμό) body

φορείο το stretcher

φορ|ώ με (ένδυμα) dress · (= η ενέργεια του φορώ) wearing

φορεσι|ά η outfit

φορητός επίθ (κασετόφωνο, τηλέφωνο) portable · (όλο) hand ▷~ **υπολογιστής** laptop (computer)

φόρμ|α η (= μορφή) form · (ρούχου) shape · (γλυκού) cake tin (Βρετ.), pan (Αμερ.) · (εργασίας) overalls πληθ. · (γυμναστικής) tracksuit (Βρετ.), sweatsuit (Αμερ.) · (μωρού) crawlers πληθ.

φοροδιαφυγή η tax evasion

φορολογί|α η taxation

φορολογούμεν|ος επίθ
▶**φορολογούμενος** ο, **φορολογούμενη** η taxpayer

φορολογ|ώ ρ μ to tax

φόρ|ος ο ταχ ▷**Φόρος Προστιθέμενης Αξίας (Φ.Π.Α.)** value added tax

φορτηγατζής ο lorry driver (Βρετ.), trucker (Αμερ.)

φορτηγατζού η = **φορτηγατζής**

φορτηγ|ό ο lorry (Βρετ.), truck (Αμερ.), cargo boat

φορτίζω ρ μ (μπαταρία) to charge · (σχέσεις, κλίμα) to make tense · (ατμόσφαιρα) to charge

φορτί|ο το (φορτηγού) load · (τρένου) freight · (πλοίου, αεροπλάνου) cargo · (μτφ.) burden

φόρτισ|η η (μπαταρίας) charging · (ατμόσφαιρας, κλίματος) tension

φορτιστής ο charger

φόρτ|ος ο load ▷~ **εργασίας** workload

φορτσάρ|ω ρ αμ (ανεπ.) to buckle down (ανεπ.)

φορτωμένος, -η, -ο (= υπερβολικά καλυμμένος) loaded · (= επιβαρυμένος) busy

φορτών|ω ρ μ (αυτοκίνητο, προϊόντα) to load · (δουλειά, έργο) to palm off · (μαθητή) to burden · (= παίρνω φορτίο) to take on · (ΠΛΗΡΟΦ) to load ♦ ρ αμ to take on cargo
▶**φορτώνομαι** μεσ (φορτίο) to carry · (συνέπειες) to bear · (= γίνομαι φορτικός) to be a nuisance

φορ|ώ ρ μ (= έχω πάνω μου: ρούχο, κόσμημα) to wear · (= βάζω) to put on · (= χρησιμοποιώ: κολόνια, μέικ-απ) to wear · (αποσμητικό) to use · **•έται πολύ** to be in fashion

φουγάρ|ο το (πλοίου) funnel · (εργοστασίου, τζακιού) chimney

φουλάρ|ι το scarf

φουλάρ|ω ρ μ to fill · ρ αμ (= τρέχω πολύ) to go flat out · **ή** at full speed · (= βάζω τα δυνατά μου) to pull out all the stops

φουμάρ|ω ρ μ to smoke ♦ ρ αμ to smoke · **ξέρουν/έχουν μάθει τι καπνό** ~ they know/they've found out what kind of person I am

φουντάρ|ω ρ μ (ανεπ.: καράβι) to sink · (άνθρωπο) to throw in the water · (άγκυρα) to drop · (επιχείρηση, μαγαζί) to ruin ♦ ρ αμ (= βυθίζομαι: επιχείρηση) to go under

φουντούκ|ι το hazelnut

φουντών|ω ρ αμ (δέντρο, φυτό) to grow · (φωτιά) to spread · (εξέγερση, μάχη) to spread · (έρωτας, αγάπη) to grow · (θόρυβος) to grow louder · (= ερεθίζομαι) to become excited ·

(= _οργίζομαι_) to flare up

φουντωτός επίθ (δέντρο, φυτό) bushy · (μαλλιά) thick · (γένια) bushy

φουρκέτα η (για μαλλιά) hairpin · (= κλειστή στροφή) hairpin bend

φούρναρης ο baker

φουρνάρισσα η βλ. **φούρναρης**

φούρνος ο (για ψήσιμο) oven · (= αρτοποιείο) bakery · ~ είναι εδώ μέσα! it's like an oven in here! ▷ **μικροκυμάτων** microwave oven

φουρτούνα η (= τρικυμία) storm · (= αναστάτωση) turmoil · (= φοβερή περιπέτεια, συμφορά) misfortune

φουρτουνιασμένος επίθ (θάλασσα, πέλαγος) rough · (χρόνια, καιροί) troubled · (= αναστατωμένος) in turmoil

φούσκα η (= φουσκάλα) blister · (= μπαλόνι) balloon · (προφ.: = κύστη) bladder

φουσκάλα η (στο δέρμα) blister · (καφέ, νερού) bubble

φούσκωμα το (ελαστικών) inflating · (στο πρόσωπο, χέρι) swelling · (= βαρυστομαχιά) bloated stomach · (λογαριασμού) inflation · (κάρτας) building up

φουσκωμένος επίθ (μπαλόνι, λάστιχο) inflated · (από χτύπημα) swollen · (για στομάχι) bloated · (λογαριασμός) inflated · (για ποτάμι) swollen · (για θάλασσα) rough

φουσκώνω ρ μ (μπαλόνι, λάστιχο) to inflate · (μάγουλα) to puff out · (πανί) to fill · (στομάχι, κοιλιά) to bloat · (λογαριασμό) to inflate · (κάρτα) to build up · (πράγματα, κατάσταση) to exaggerate · (γάλα, καφές) to bubble up ♦ ρ μ (ξύλο, ποτάμι) to swell · (ψωμί) to rise · (μάτια, φλέβες) to bulge · (= λαχανιάζω) to be out of

breath · (= φουρτουνιάζω: θάλασσα) to become rough · (= αισθάνομαι κορεσμό) to be bloated

φούστα η skirt

φουστανέλα η skirt of the traditional Greek costume

φουστάνι το dress

φούχτα η = **χούφτα**

φράγκο το (παλ.) franc · (= δραχμή) drachma

φραγκοστάφυλο το gooseberry

φραγκοσυκιά η prickly pear

φραγκόσυκο το prickly pear

φράγμα το (ποταμού) dam · (μτφ.) barrier

φραγμός ο barrier

φράζω ρ μ (χωράφι, αυλή) to enclose · (πέρασμα, δρόμο) to block · (στόμα) to cover ♦ ρ αμ (στόμα) to be blocked

φράκο το tailcoat

φράντζα η fringe (Βρετ.), bangs πληθ. (Αμερ.)

φραντζόλα η loaf

φράουλα η (φρούτο) strawberry · (= ποικιλία σταφυλιού) type of grape

φραουλιά η strawberry plant

φραπέ = **φραπές**

φραπές ο iced coffee

φράση η (ΓΛΩΣ, ΜΟΥΣ) phrase · (χατ.: = έκφραση) expression

φράσσω ρ μ (επίσ.) = **φράζω**

φράχτης ο (τεχνητός) fence · (φυσικός) hedge · (πέτρινος) wall

φρεάτιο το (αποχέτευσης) manhole · (ασανσέρ) shaft

φρενάρισμα το (= τροχοπέδηση) braking · (= ίχνος τροχοπέδησης) skid mark

φρενάρω ρ αμ to brake ♦ ρ μ (όχημα) to apply the brakes of · (μτφ.) to put a brake on

φρένες οι **έξω φρενών** furious

φρένο το brake · **πατώ** ~ to put the brakes on · **τα ~α δεν**

έπιασαν the brakes failed

φρενοκομεί|ο *το* mental hospital

φρεσκάδ|α *η* freshness

φρεσκάρ|ω *ρ μ* (πρόσωπο) to freshen up · (ξένη γλώσσα) to brush up · (δωμάτιο, τοίχους) to redecorate · (μνήμη) to refresh
▸ **φρεσκάρομαι** *μεσ* to freshen up

φρέσκ|ο *το* (ΤΕΧΝ) fresco · (αργκ.) jail

φρέσκ|ος, ια, -ο (λαχανικά, φρούτα) fresh · (μπογιά) wet · (εντυπώσεις, εικόνα) vivid · (ειδήσεις, νέα) latest

φρίκ|η *η* horror

φρικιάζ|ω *ρ αμ* to shudder

φρικιαστικ|ός *επίθ* (θέαμα, έγκλημα) gruesome · (κραυγή) blood-curdling

φρικτ|ός *επίθ* terrible

φριχτ|ός *επίθ* = **φρικτός**

φρόκαλο *το* (ανεπ.: = σκουπίδι) rubbish · (= σκούπα) broom

φρόνη|μα *το* morale
▸ **φρονήματα** *πλ* beliefs

φρόνησ|η *η* wisdom

φρονιμάδ|α *η* (= σύνεση) wisdom · (= λογική) sense

φρονιμίτης *ο* wisdom tooth

φρόνιμ|ος *επίθ* (= συνετός: για πράξ.) sensible · (λόγια) wise · (συμβουλές) sound · (παιδί) well-behaved · (πολίτης) law-abiding

φροντίδ|α *η* (= μέριμνα) care · (εκδήλωσης, έργου) responsibility

φροντίζ|ω *ρ μ* (καριέρα, σπουδές) to attend to · (οικογένεια, παιδί) to take care of · (σιλουέτα) to watch · (ντύσιμο, εμφάνιση) to care about · (αυτοκίνητο, σπίτι) to look after · (κήπο) to look after

φροντιστήρι|ο *το* (= ιδιωτικού εκπαιδευτηρίου) tutorial college · (= μάθημα) tuition
▸ **φροντιστήριο** *το* language school

φρουρ|ά *η* (= φρούρηση) guarding · (πρωτευούσης, υπουργού) guard · (πόλης) garrison · (τιμητική) ~ guard of honour (Βρετ.), ή honor (Αμερ.)

φρούρησ|η *η* guarding

φρούρι|ο *το* (= κάστρο) fort · (μτφ.) fortress

φρουρός *ο* guard · (μτφ.) guardian

φρουρ|ώ *ρ μ* to guard

φρούτ|ο *το* (= καρπός) fruit · (ειρ.) freak

φρουτοσαλάτ|α *η* fruit salad

φρουτοχυμός *ο* fruit juice

φρυγανι|ά *η* toast

φρυγανιέρ|α *η* toaster

φρύδ|ι *το* eyebrow

φταίξι|μο *το* fault · δικό μου το ~ it's my fault

φταίχτης *ο* culprit

φταίχτρα *η* = **φταίχτης**

φταί|ω *ρ αμ* (= είμαι ένοχος) to be to blame · (= κάνω σφάλμα) to be in the wrong · **δεν ~ εσύ** it isn't your fault · **τα ~** it's my fault

φτάν|ω *ρ μ/αμ* = **φθάνω**

φταρνίζ|ομαι *ρ αμ* to sneeze

φτάρνισ|μα *το* sneeze

φτέρν|α *η* heel

φτερνίζομαι *ρ αμ* = **φταρνίζομαι**

φτέρνισ|μα *το* = **φτάρνισμα**

φτερ|ό *το* (= πούπουλο) feather · (= φτερούγα) wing · (ανεμόμυλου) sail · (αεροπλάνου) wing · (για ξεσκόνισμα) feather duster · (αυτοκινήτου) wing (Βρετ.), fender (Αμερ.)

φτερούγ|α *η* wing

φτερουγίζ|ω *ρ μ* (= κουνώ τα φτερά μου) to flap its wings · (= πετώ κουνώντας τα φτερά μου) to fly

φτερουγίζ|ω *το* flutter

φτηναίν|ω *ρ αμ* to decline

φτηνι|ός *επίθ* = **φθηνός**

φτιαγμέν|ος επίθ
(= κατασκευασμένος) made •
(= αποκατεστημένος) established •
(αργκ.: = εύθυμος από αλκοόλ)
tipsy • (αργκ.: = μαστουρωμένος)
stoned (ανεπ.) • (αργκ.: =
ερεθισμένος) horny (ανεπ.)

φτιάχν|ω ρ μ (= κατασκευάζω:
έπιπλα, σχέδια) to make • (σπίτι,
γέφυρα) to build • (εικόνες,
ατμόσφαιρα) to create •
(τραγούδια, ποιήματα) to write •
(θεωρία, ιστορίες) to make up •
(ομάδα, συγκρότημα) to form •
(= ετοιμάζω: φαγητό, γλυκό) to
make • (βαλίτσα) to pack •
(= τακτοποιώ: δωμάτιο, συρτάρια)
to tidy • (κρεβάτι) to make •
(μαλλιά, μακιγιάζ) to do •
(γραβάτα) to straighten •
(= διορθώνω: παπούτσια, ρολόι) to
mend • (= βελτιώνω: διάθεση, κέφι)
to improve • (στομάχι) to settle
◆ ρ αμ (= βελτιώνομαι) to get
better • **τα ~ με** κπν (προφ.: =
συνάπτω ερωτικό δεσμό) to be
going out with sb •
(= συμφιλιώνομαι) to make up
with sb

▶ **φτιάχνομαι** μεσ
(= αποκαθίσταμαι) to establish
oneself • (= καλλωπίζομαι) to tidy
oneself up • (αργκ.: = έρχομαι σε
κέφι) to cheer up • (= μεθώ
ελαφρά) to get tipsy • (αργκ.: =
ερεθίζομαι) to get turned on
(ανεπ.) • (αργκ.: = μαστουρώνω) to
be stoned (ανεπ.) ή high (ανεπ.)

φτιαχτός επίθ (= τεχνητός)
artificial • (= προσποιητός:
κατηγορία) trumped-up • (απορία)
feigned • (ύφος, γέλιο) false •
(αποτέλεσμα, αγώνας) fixed •
(ανεπ.: = σπιτικός) home-made

φτυάρ|ι το (εργαλείο) shovel • (για
φούρνισμα) peel, long-handled
shovel for putting bread in an oven

φτύν|ω ρ αμ to spit ◆ ρ μ

(άνθρωπο) to spit at • (φαγητό,
κουκούτσι) to spit out • (μοίρα,
τύχη) to curse • (αργκ.: =
περιφρονώ) to spit on

φτύσι|μο το (σάλιου) spitting •
(φαγητού) spitting out • (αργκ.: =
περιφρόνηση) contempt

φτυστός (ανεπ.) επίθ **είμαι ο ~ ο
πατέρας/η μητέρα μου** to be the
spitting image of one's father/
mother

φτωχαίν|ω ρ αμ (= γίνομαι φτωχός)
to become poor • (λεξιλόγιο,
παράδοση) to become
impoverished ◆ ρ μ (= κάνω
φτωχό: άνθρωπο) to make poor •
(λεξιλόγιο, έργο) to impoverish

φτώχει|α, φτώχια η poverty

φτωχικός επίθ (ρούχο, σπίτι)
shabby • (φαγητό) meagre (Βρετ.),
meager (Αμερ.) • (γειτονιά) poor •
▶ **φτωχικό** το humble home

φτωχός επίθ (άνθρωπος, χώρα)
poor • (δώρο) cheap • (έπιπλα,
ρούχα) shabby • (έδαφος,
μετάλλευμα) poor • (βλάστηση)
sparse • (= συντηρής) poor
▶ **φτωχοί** οι οι **~οί** the poor

φυγάς ο fugitive

φυγή η (ατόμων, πληθυσμού)
flight • (καταζητούμενου) escape •
(μτφ.) escape

φυγόπον|ος επίθ lazy

φύκι το seaweed

φυλάγ|ω ρ μ (πόλη, σύνορα) to
guard • (μυστικό) to keep •
(πράγματα, βαλίτσες) to look
after • (κοπάδι) to watch over •
(= προστατεύω) to protect •
(γράμματα) to keep • (χρήματα,
φαγητό) to save ◆ ρ αμ to be on
guard duty

▶ **φυλάγομαι** μεσ to look after
oneself • **~ομαι από τη βροχή** to
take cover from the rain

φύλακας ο/η (εργοστασίου, πύλης)
gatekeeper • (κήπου, μουσείου)

attendant · (σε φυλακή) guard · (γνώσης, πολιτισμού) guardian

φυλακή η (= σωφρονιστικό ίδρυμα) prison · (ποινή φυλάκισης) imprisonment · (μτφ.) prison · **κλείνω ή βάζω κπν (στη)** ~ to imprison sb
▸ **φυλακές** πλ prison εν.

φυλακίζω ρ μ (εγκληματία, ένοχο) to jail · (= περιορίζω) to restrict

φυλάκιο το (= οίκημα φρουρών) guardhouse · (= προκεχωρημένη θέση) outpost

φυλάκιση η imprisonment

φυλακισμένος επίθ imprisoned
▸ **φυλακισμένος** ο, **φυλακισμένη** η prisoner

φύλαξη η (συνθηκών, κρατουμένων) guarding · (δάσους) protection · (παιδιού) looking after · (τροφίμων, ποτών) keeping

φυλάσσω ρ μ/αμ = **φυλάγω**

φυλαχτό το lucky charm

φυλετικός επίθ racial

φυλή η (μαύρων, λευκών) race · (ζώων) breed · (= έθνος) nation · (ιθαγενών) tribe

φυλλάδα η rag (ανεπ.)

φυλλάδιο το (ενημερωτικό) booklet · (διαφημιστικό) brochure

φύλλο το (φυτού) leaf · (μετάλλου) sheet · (χρυσού, ασημιού) leaf · (μαγειρικής, ζαχαροπλαστικής) (sheet of) filo pastry · (= κομμάτι χαρτιού) sheet of (paper) · (βιβλίου) leaf · (= αντίτυπο εφημερίδας) edition · (= εφημερίδα) paper · (στην τράπουλα) card · (πόρτας, παραθύρου) panel · (τραπεζιού) leaf · **δεν κουνιέται** ~ there's not a breath of wind · (μτφ.) there's no sign of life

φύλλωμα το foliage χωρίς πληθ.

φυλλωσιά η foliage χωρίς πληθ.

φύλο το (ανθρώπου, ζώου) sex · (= φυλή) tribe

φυλώ ρ μ/αμ = **φυλάγω**

φυραίνω ρ αμ (στάρι) to lose volume · (χόρτα) to shrink · (άνθρωπος) to lose one's mind · (μυαλό, νους) to slip

φυσαλίδα η (= μπουμπουλήθρα) bubble · (ΙΑΤΡ) blister

φυσαρμόνικα η (όργανο) harmonica · (για λεωφορείο) articulated bus

φύση η nature · (= εξοχή) country(side)

φύσημα το (= ενέργεια του φυσώ) breathing · (= αέρας που φυσά κανείς) breath · (ανέμου) puff

φυσικά επίρρ (= μη τεχνητά, αυθόρμητα) naturally · (ως επιβεβαίωση) of course

φυσική η physics εν. · (μάθημα) physics (lesson) · (βιβλίο) physics book

φυσικό το (ανεπ.) nature

φυσικοθεραπεία η physiotherapy (Βρετ.), physical therapy (Αμερ.)

φυσικοθεραπευτής ο physiotherapist (Βρετ.), physical therapist (Αμερ.)

φυσικοθεραπεύτρια η βλ. **φυσικοθεραπευτής**

φυσικός επίθ (γεννήτ.) natural · (γλώσσα) native · (εξήγηση, ερμηνεία) physical · **πεθαίνω από** ~ **θάνατο** to die of natural causes · ~ **ή επιστήμη** natural science · ~ **ή κατάσταση** health · ▸ ~ **ή σωματική αγωγή** (ΣΧΟΛ) PE · ▸ ~ **ό αέριο** (ΧΗΜ) natural gas · ▸ ~ **αριθμός** (ΜΑΘ) natural number
▸ **φυσικός** ο/η (επιστήμονας) physicist · (ΣΧΟΛ) physics teacher · (ΠΑΝ) physics professor

φυσικότητα η naturalness

φυσιογνωμία η (= μορφή) face · (= εξέχουσα προσωπικότητα) personage

φυσιοθεραπεία η =

φυσικοθεραπεία
φυσιοθεραπευτ|ής ο = **φυσικοθεραπευτής**
φυσιοθεραπεύτρι|α η βλ. **φυσικοθεραπευτής**
φυσιολογί|α η physiology
φυσιολογικ|ός επίθ normal
φυσούν|α η (= φυσερό) bellows πληθ. · (λεωφορείου) articulation · (σε γήπεδο) tunnel · (σε αεροδρόμιο) jet bridge
φυστίκ|ι το = **φιστίκι**
φυσ|ώ ρ μ (καπνό, μύτη) to blow · (τσάι, σούπα) to blow on ♦ ρ αμ (άνεμος) to blow
▶ **φυσάει** απρόσ it's windy
φυτεία η plantation
φυτεύ|ω ρ μ (δέντρο, λουλούδια) to plant · (μειωτ.) to bury
φυτίν|η η vegetable butter
φυτό το (ΒΙΟΛ) plant · (μτφ.) vegetable · (για μαθητή, σπουδαστή) swot (Βρετ.) (ανεπ.), nerd (Αμερ.) (ανεπ.)
φυτοκομί|α η horticulture
φύτρ|α η (πατάτας) eye · (ντομάτας) seed · (= γενιά) family
φυτρών|ω ρ αμ (χορτάρι, σπόρος) to germinate · (γένια, κέρατα) to grow · (μτφ.) to turn up
φώκι|α η (θηλαστικό) seal · (υβρ.) tub of lard (ανεπ.)
φωλι|ά η (πουλιού, φιδιού) nest · (αετού) eyrie (Βρετ.), aerie (Αμερ.) · (λαγού) burrow · (αλεπούς) hole · (λιονταριού, λύκου) den · (ληστών) den · (πειρατών) lair ▷ **πυροσβεστική ~ fire extinguisher**
φωνάζ|ω ρ αμ (= κραυγάζω) to shout · (= ουρλιάζω) to yell ♦ ρ μ (= λέω ινπ δυνατά) to shout · (= απενθύνομαι προς κπν) to shout to · (= μαλώνω) to shout at · (= καλώ ονομαστικά) to call · (γιατρό, τεχνίτη) to call · (ταξί) to hail

φων|ή η (= λαλιά) voice · (= κραυγή) cry ▷ **βάζω ή μπήγω τις ~ές (σε κπν)** to scream (at sb) ▷ **ενεργητική/παθητική/μέση ~** (ΓΛΩΣΣ) active/passive/middle voice ▷ **πρώτη/δεύτερη/τρίτη ~ (ΜΟΥΣ)** first/second/third voice
▶ **φωνές** πλ shouting εν.
φωνήεν το vowel
φωνητική η phonetics εν.
φωνητικ|ός επίθ (όργανα, άσκηση) vocal · (ΓΛΩΣΣ) phonetic ▷ **διεθνές ~ό αλφάβητο** international phonetic alphabet ▷ **~ές χορδές** vocal cords
φως το (= φέγγος, λαμπτήρας) light · (= όραση) eyesight ▷ **~ του ηλίου** sunlight ▷ **~ της ημέρας** daylight ▷ **~ των κεριών** candlelight ▷ **~ της σελήνης** moonlight
▶ **φώτα** πλ insight εν.
φωταγωγ|ώ ρ μ to illuminate
φωταέρι|ο το gas
φωτάκ|ι το (= μικρό λάμπα) lamp · (σε πίνακα ελέγχου) warning light
φωτα|ίω ρ μ αμ (ανεπ.) = **φωτίζω**
φωτειν|ός επίθ (ουρανός, αστέρι) bright · (δείκτες, σταυρός) luminous · (ακτίνα, πηγή) of light · (δωμάτιο, χώρος) well-lit · (μέλλον, χαμόγελο) bright ▷ **~ σηματοδότης** traffic lights πληθ.
φωτι|ά η (= πυρκαγιά) fire · (για τσιγάρο) light · (= φλόγα) flame · **έχω κτ στη ~** to be cooking sth
φωτίζ|ω ρ μ (δωμάτιο, δρόμο) to light up · (υπόθεση, μυστήριο) to shed light on ♦ ρ αμ to shine
▶ **φωτίζει** απρόσ it's getting light
φωτισμός ο lighting χωρίς πληθ.
φωτιστικ|ός επίθ (εφέ, ενοικία) lighting · (πετρέλαιο, οινόπνευμα) lighter
▶ **φωτιστικό** το light ▷ **~ό δαπέδου** standard lamp (Βρετ.), floor lamp

(Αμερ.) ▷ ~ό επιτραπέζιο table
lamp

φωτοαντίγραφ|**ο** *το* photocopy

φωτοβολίδ|**α** *το (για πανηγυρικό
φωτισμό)* rocket · *(για
σηματοδότηση)* flare

φωτογραφεί|**ο** *το* photographic
studio

φωτογραφί|**α** *η (τέχνη)*
photography · *(= εικόνα)* photo

φωτογραφί|**ζω** *ρ μ (άνθρωπο,
τοπίο)* to take a photo of · *(μτφ.)*
to portray

φωτογραφικ|**ός** *επίθ*
photographic ▷ ~ θάλαμος photo
booth ▷ ~ή μηχανή camera

φωτογράφ|**ος** *ο/η* photographer

φωτομοντέλο *το* model

φωτοστέφαν|**ο** *το* (ΘΡΗΣΚ) halo·
(ΜΕΤΕΩΡ) corona · *(μτφ.: αρετής,
επιτυχίας)* aura

φωτοτυπί|**α** *η (μέθοδος)*
photocopying·
(= φωτοαντίγραφο) photocopy

φωτοτυπικ|**ός** *επίθ* photocopying
▶**φωτοτυπικό** *το* photocopier

Χ χ

Χ, χ chi, *22nd letter of the Greek
alphabet* ▷ **άγνωστος Χ** (ΜΑΘ)
unknown quantity ▷ **ακτίνες Χ**
(ΦΥΣ) X-rays

χαβιάρ|**ι** *το* caviar

Χάγη *η* **η ~** the Hague

χάδ|**ι** *το (μητέρας, πατέρα)* pat·
(εραστή, συντρόφου) caress·
(= καλόπιασμα) wheedling

χαζεύ|**ω** *ρ αμ (= ξεκουτιαίνω)* to be
stupid · *(σπαταλώ τον χρόνο μου)*
to waste time · *(= μένω με το
στόμα ανοιχτό)* to gape ♦ *ρ μ* to
stare at · **~ τις βιτρίνες** to go
window shopping

χάζ|**ι** *το* **έχω ~** to be funny *ή*

amusing

χαζομάρ|**α** *η* stupidity

χαζ|**ός** *επίθ* stupid

χαϊδεμέν|**ος** *επίθ* pampered

χαϊδεύ|**ω** *ρ μ (πρόσωπο)* to stroke
(μωρό) to cuddle · *(εραστή,
ερωμένη)* to caress · *(ζώο)* to
stroke · *(χορδές)* to strum · *(τιμόνι)*
to touch · *(= περιποιούμαι: παιδί)*
to pamper

▶ **χαϊδεύομαι** *μεσ (παιδί)* to want a
cuddle · *(γάτα)* to want to be
stroked · *(εραστές)* to caress each
other

χαιρέκακ|**ος** *επίθ* malicious

χαιρετίζ|**ω** *ρ μ (= απευθύνω
χαιρετισμό)* to greet *(επίσ.)*·
(= αποχαιρετώ) to say goodbye
to · *με κίνηση του κεφαλιού)* to
nod at · *(κουνώντας το χέρι)* to
wave at · *= στέλνω χαιρετίσματα*
to send one's regards to

χαιρετίσ|**ματα** *τα (= χαιρετισμοί)*
regards · *(ειρ.)* forget it *(ανεπ.)*

χαιρετισμ|**ός** *ο* greeting · *(βασιλις)*
bowing to · *(σημαίας)* saluting
▶**χαιρετισμοί** *πλ (= χαιρετίσματα)*
regards · **με εγκάρδιους** *ή*
φιλικούς ~ούς *(σε γράμματα,
επιστολές)* kind *ή* best regards

χαιρετ|**ώ** *ρ μ (= χαιρετίζω)* to greet
(επίσ.) · *(= αποχαιρετώ)* to say
goodbye to · *(με μια κίνηση του
κεφαλιού)* to nod at · *(κουνώντας
το χέρι)* to wave at · *(= στέλνω
χαιρετίσματα)* to send one's
regards to · *(βασιλιά)* to bow to·
*(στρατιώτης: σημαία,
πρωθυπουργό)* to salute·
(εορτάζοντα, νεόνυμφο) to visit

χαίρ|**ομαι** *ρ αμ (= είμαι
ευτυχισμένος)* to be happy·
(= είμαι χαρούμενος) to be glad
· *(= παιδιά, ζωή)* to enjoy · **να
~εσαι την γιορτή σου!** *(ευχή)*
happy name day! · **χάρηκα
(πολύ) για την γνωριμία** nice
meeting you

χαίρ|ω ρ μ (επίσ.: = είμαι
ευτυχισμένος) to be happy ·
(= είμαι χαρούμενος) to be glad ·
~ετε! (προσφώνηση χαιρετισμού)
hello! · (προσφώνηση
αποχαιρετισμού) goodbye! ·
~ πολύ pleased to meet you
χαίτ|η η (λιονταριού, αλόγου)
mane · (για πρόσ.) long hair εν.
χαλάζ|ι το hail
χαλάκ|ι το (κρεβατιού, κουζίνας)
rug · (εξώπορτας) doormat
χαλαρ|ός επίθ (σκοινί, σχοινί) slack ·
(κόμπος, δεσμός) loose · (εμπορική
κίνηση) slack · (φρούρηση,
πολιτική) lax · (ήθη) lax
χαλαρών|ω ρ μ (σκοινί, γραβάτα)
to loosen · (πρόγραμμα, πολιτική)
to relax · (ατμόσφαιρα) to lighten
◆ ρ αμ (επίδεσμος, δεσμό) to come
loose · (σκοινί) to go slack · (σώμα,
μυς) to loosen up · (για απώλεια
σφριγηλότητας: δέσμα) to lose its
firmness · (δεσμός, επιτήρηση) to
ease off · (ενδιαφέρον) to flag ·
(ήθη, πειθαρχία) to become lax ·
(για πρόσ.) to relax
χαλάρωσ|η η (ζώνης) loosening ·
(σκοινιού) slackening · (μυών)
loosening · (δέρματος) sagging ·
(πειθαρχίας, ηθών) slackness ·
(IATP) relaxation
χάλασ|μα το (μηχανής, συσκευής)
breakdown · (= γκρέμισμα)
demolition · (= ερείπιο) ruin
χαλασμέν|ος επίθ (αυτοκίνητο,
μηχανή) broken-down · (παιχνίδι,
τηλεόραση) broken · (τηλέφωνο)
out of order · (δόντια) decayed ·
(φρούτα) rotten · (τυρί) rancid ·
(σοκολάτα) stale · (κρέας, ψάρι)
stale · **το κρέας/ψάρι είναι ~ο** the
meat/fish is off
χαλασμ|ός ο (= καταστροφή)
devastation · (= γενική
αναστάτωση) chaos ·
(= κακοκαιρία) bad weather
χαλβά|ς ο (γλυκό) halva(h) ·

(μειωτ.) idiot
χαλ|ί το carpet
χάλ|ι το sorry state · **έχω το ~ ή τα
~α μου** to be in a bad way ή
sorry state
▸ **χάλια** πλ **είμαι ή γίνομαι ~α**
(ρούχα) to be a mess · (δουλειές)
to be bad · **νιώθω ή είμαι/
φαίνομαι ~α** to feel/look awful
χαλίκ|ι το (= μικρή πέτρα) pebble ·
(για στρώσιμο δρόμου,
σιδηροδρομικής γραμμής) gravel
χωρίς πληθ.
χαλιναρ|ι το (= χαλινός) bridle ·
(= στομίδα) bit
Χαλκιδική η Chalkidiki
χάλκιν|ος επίθ (νόμισμα, σκεύος)
copper · (άγαλμα) bronze · (MOYΣ
όργανα) brass
▸ **χάλκινο** το bronze (medal)
χαλκογραφί|α η copper
engraving
χαλκ|ός ο copper ▸ **Εποχή του
Χαλκού** Bronze Age
χαλούμ|ι το haloumi, hard white
cheese from Cyprus
χάλυβ|ας ο steel
χαλύβδιν|ος επίθ (ράβδος, σφαίρα)
steel · (θέληση) iron ·
(αποφασιστικότητα) steely · (ψυχή)
indomitable · (πίστη) unshakeable
χαλ|ώ ρ μ (τηλεόραση, παιχνίδι)
to break · (παπούτσια, ρούχα)
to wear out · (τοίχο) to pull down · (σπίτι)
to demolish · (φιλία, σχέσεις)
to break off · (συμφωνία) to break ·
(σχέδια, βραδιά) to ruin · (ησυχία)
to disturb · (έκπληξη) to spoil ·
(χτένισμα, μαλλιά) to mess up ·
(ομορφιά) to mar · (όρεξη) to
spoil · (= κακομαθαίνω) to spoil ·
(= διαφθείρω) to lead astray ·
(χαρτονόμισμα) to change ·
(περιουσία, πολλά λεφτά) to
squander · (χρόνο, καιρό) to
waste · (στομάχι) to upset · (υγεία,
μάτια) to ruin ◆ ρ αμ (ρολόι,

βίντεο) to be broken · (αυτοκίνητο) to break down · (μπότες, μάλλινα) to wear out · (σχέδια, δουλειά) to fall through · (γάμος) to break up · (χτένισμα) to be a mess · (δόντια) to decay · (κρέας, τυρί) to go off · (φρούτα) to go bad · (= διαφθείρομαι) to go to the bad · (καιρός) to change for the worse · **~ την διάθεση ή το κέφι κποιου** to bring sb down

χαμέν|ος επίθ (πορτοφόλι, βιβλίο) lost · (άνθρωπος) missing · (= που έχει χάσει τον προσανατολισμό του) lost · (άνθρωπος, ώρα) wasted · (σε τυχερά παιχνίδια, επιχειρήσεις) ruined · (ευκαιρία) lost · (ελπίδες) dashed · (όνειρα) vanished · **τα 'χω ~α** (= έχω σαστίσει) to be stunned · (= έχασα τα λογικά μου) to have lost it (ανεπ.) ▷ **~ο έδαφος** lost ground ▷ **~κόπος** a waste of effort ▷ **~ο κορμί** good-for-nothing ▷ **~η υπόθεση** lost cause ▷ **~χρόνος** a waste of time

▸ **χαμένος** ο (υβρ.) low life
χαμηλ|ός επίθ (γενικότ.) low · (βλέμμα, ματιά) lowered · (νότα) base
χαμηλών|ω ρ μ (τοίχο, φράχτη) to lower · (φρούτα, κουρτίνες) to let down · (τέντα) to take down · (γυαλιά) to take off · (κεφάλι) to lower · (ραδιόφωνο, τηλεόραση) to turn down · (φωνή, φως) to lower · (θερμοκρασία, ταχύτητα) to lower ♦ ρ αμ (= κοντταίνω) to come down · (ποτάμι, νερό) to go down · (= σκύβω) to bend down · (αεροπλάνο) to make its descent · (ήλιος) to go down · (φως) to dim · (ένταση, θερμοκρασία) to go down · (φωνή) to drop to a whisper

χαμογελαστ|ός επίθ smiling
χαμογέλα|ο το smile
χαμογελ|ώ ρ αμ to smile ♦ ρ μ to

smile · **~ σε κπν** to smile at sb
χαμομήλ|ι το (φυτό) camomile · (αφέψημα) camomile tea
Χανιά τα Chania
χαντάκ|ι το (σε δρόμο, χωράφι) ditch · (για τοποθέτηση καλωδίων) trench
χάντμπολ το handball
χάντρ|α η bead
χάν|ω ρ μ (κλειδί, χρήματα) to lose · (αγώνα, πόλεμο) to lose · (αέρα, λάδια) to leak · (λεωφορείο, καράβι) to miss · (καιρό, ώρα) to waste · (ευκαιρία) to miss · (δικαίωμα) to forfeit ♦ ρ αμ (= νικιέμαι) to lose · (= ζημιώνομαι) to lose out · (= στερούνμαι κτ σημαντικό) to miss out · (ρολόι) to be slow (μειωτ.: άνθρωπος) to go soft · **τα ~** (ανεπ.) · (μυαλό) to lose it (ανεπ.) · (μυαλό) to be stunned
▸ **χάνομαι** μεσ (= εξαφανίζομαι) to vanish (= λιποθυμώ) to pass out · (= πεθαίνω) to perish · (= καταστρέφομαι) to be finished · (= βυθίζομαι) to sink · (= χαραμίζομαι) to throw oneself away · (= αποπροσανατολίζομαι) to be ή get lost · **άι χάσου!** (υβρ.) get lost! (ανεπ.)
χάο|ς το (= το άπειρο) chaos · (= άβυσσος) abyss · (= σύγχυση) chaos · (= ακαταστασία) mess
χαοτικ|ός επίθ chaotic
χάπ|ι το pill
χαρ|ά η joy · **γεια (και) ~** (ως χαιρετισμός) hello · (ως αποχαιρετισμός) goodbye · **μετά ~ς** with pleasure · **μια ~** very well
▸ **παιδική ~** playground
χαράδρ|α η ravine
χαράζ|ω ρ μ (όνομα, επιγραφή: σε δέντρο) to carve · (σε βέρα, σε πλάκα) to engrave · (τραπέζι, έπιπλο) to scratch · (σελίδα) to rule lines on · (δρόμο, όρια) to mark out ♦ ρ αμ the

χαράζει *απρόσ* the day is breaking

χάρακ|ας *ο* ruler

χαρακι|ά *η* (*σε δέντρο*) notch · (*σε έπιπλο*) scratch · (*σε σώμα*) cut · (= *γραμμή από χάρακα*) ruled line

χαρακτήρ|ας *ο* character · (= *ιδιαίτερο γνώρισμα*) nature · (*καλλιτέχνη, λογοτέχνη*) style

χαρακτηρίζ|ω *ρ μ* (= *προσδιορίζω ιδιαίτερα γνωρίσματα*) to characterize · (= *αποτελώ ιδιαίτερο γνώρισμα*) to be characteristic of

▶ **χαρακτηρίζομαι** *μεσ* to be characterized

χαρακτηρισμ|ός *ο* characterization

χαρακτηριστικός *επίθ* (= *αντιπροσωπευτικός*) characteristic · (*τυπικός*) typical

▶ **χαρακτηριστικά** *τα* features

▶ **χαρακτηριστικό** *το* characteristic

χαρακών|ω *ρ μ* to cut · (= *έπιπλο*) to scratch · (= *χαράζω γραμμές με χάρακα*) to rule

χάρα|μα *το* dawn

χαραμάδ|α *η* crack

χαραμίζ|ω *ρ μ* to waste · (*περιουσία*) to squander

▶ **χαραμίζομαι** *μεσ* to throw oneself away

χάραξ|η (*αφιέρωσης, ονόματος*) engraving · (= *τράβηγμα γραμμών με χάρακα*) ruling · (*δρόμου, ορίων*) marking out

χαράσσ|ω *ρ μ* = **χαράζω**

χαραυγ|ή *η* dawn

χάρ|η *η* (*για πρόσ.*) grace · (*αφήγησης, λόγου*) elegance · (= *προτέρημα*) gift · (= *εξυπηρέτηση ή μεροληψία*) favour (*Βρετ.*), favor (*Αμερ.*) · (= *ευγνωμοσύνη*) gratitude · (NOM) pardon · **~ ή ~ις σε** thanks to

χαρίζ|ω *ρ μ* (*παιχνίδι, δαχτυλίδι*) to give · (= *εξασφαλίζω*: *βραβείο, υγεία*) to guarantee · (*ζωή*) to give · (*παιδιά*) to bear · (*τραγούδι*) to dedicate · (*χρέος*) to let off · (*ποινή*) to pardon

▶ **χαρίζομαι** *μεσ*

χάρι|σμα *το* gift

χαριτωμέν|ος *επίθ* (= *συμπαθής*: *άνθρωπος, πρόσωπο*) lovely · (*κίνηση*) graceful · (*κουβέντα, αστείο*) enjoyable

χαροποι|ώ *ρ μ* to make happy

χάρ|ος *ο* death

▶ **Χάρος** *ο* Charon

χαρούμεν|ος *επίθ* (= *ευχαριστημένος*) happy · (*βλέμμα, φωνή*) cheerful · (*ανάμνηση*) happy · (*φόρεμα, χρώμα*) bright

χαρταετ|ός *ο* kite

χαρτζιλίκ|ι *το* pocket money (*Βρετ.*), allowance (*Αμερ.*)

χάρτ|ης *ο* map

χαρτ|ί *το* (*γραφής, αλληλογραφίας*) paper · (= *πτυχίο*) degree · (= *δίπλωμα*) diploma · (= *απολυτήριο Λυκείου*) school certificate · (= *απολυτήριο στρατού*) discharge papers *πληθ.* · (= *τραπουλόχαρτο*) (playing) card · **μοιράζω ή κάνω ~ιά** to deal (the cards) ▷ **γυαλιστερό ~** glossy paper ▷ **~ κουζίνας** paper towel ▷ **~ περιτυλίγματος** wrapping paper ▷ **~ υγείας ή τουαλέτας** toilet paper

▶ **χαρτιά** *πλ* (= *επίσημα έγγραφα*) papers · (= *τράπουλα*) cards

χαρτικά *τα* stationery *εν.*

χάρτιν|ος *επίθ* paper

χαρτόδεμα *το* parcel (*Βρετ.*), package (*Αμερ.*)

χαρτομάντηλο, **χαρτομάντιλο** *το* tissue

χαρτόν|ι *το* cardboard

χαρτονόμι|σμα *το* paper money

χαρτοπαίγνιο *το* (*επίσ.*: = *παιχνίδι με χαρτιά*) card game · (= *χαρτοπαιξία*) gambling *χωρίς* πληθ.

χαρτοπαιξί|α η gambling χωρίς πληθ.

χαρτοπετσέτ|α η serviette (Βρετ.), napkin (Αμερ.)

χαρτοπωλείο το stationer's

χαρτόσημο το stamp

χαρτοφύλακ|ας ο briefcase

χασάπ|ης ο (κυριολ., μτφ.) butcher · (για χειρουργό: μειωτ.) sawbones (ανεπ.)

χασάπικ|ο το butcher's shop

χάσιμο το (βιβλίο, ψυχραιμίας) losing · (λεωφορείου) missing

χασίς το cannabis

χασίσ|ι το = **χασίς**

χάσμα το (= βάραθρο) chasm · (= κενό) gap · (= διαφορά) gulf
▷ ~ (των) γενεών generation gap

χασμουρητό το yawn

χασμουριέμ|αι ρ αμ απ to yawn

χασομερώ ρ αμ (= σπαταλώ χρόνο) to waste one's time · (= χρονοτριβώ) to dawdle ♦ ρ μ ~ κπν to hold sb up

χαστούκι το (= σκαμπίλι) slap (μτφ.) blow

χατίρι το (ανεπ.) favour (Βρετ.), favor (Αμερ.)

χαώδης επίθ chaotic

χέζ|ω (χυδ.) ρ αμ to shit (χυδ.) ♦ ρ μ to shit on (χυδ.)
▸ **χέζομαι** μεσ to shit oneself (χυδ.)

χείλ|ι το lip · βλ. κ. **χείλος**

χείλ|ος το (ΑΝΑΤ) lip · (ποτηριού, μπουκαλιού) rim · (γκρεμού) edge
φιλώ κπν στα ~η to kiss sb on the lips ή on the mouth

χείμαρρ|ος ο (= ορμητικό ρεύμα νερού) torrent · (δακρύων) floods πληθ. · (λέξεων) stream · (οργής) surge

χειμερ|ινός επίθ winter
▸ **χειμερινά** τα winter clothes

χειμέρι|ος, -ια ή -ία, -ιο (επίσ.) winter · πέφτω σε χειμερία νάρκη to hibernate ▷ **χειμερία**

νάρκη hibernation

χειμών|ας ο winter

χειμωνιάτικ|ος επίθ winter
▸ **χειμωνιάτικα** τα winter clothes

χειραποσκευή (επίσ.) η hand luggage χωρίς πληθ.

χειραψί|α η handshake · **ανταλλάσσω ~ με κπν** to shake hands with sb

χειρίζ|ομαι ρ μ απ (εργαλείο, όπλο) to handle · (μηχάνημα) to operate · (γλώσσα) to use · (θέμα, υπόθεση) to handle

χειρισμ|ός ο (μηχανήματος) operation · (οργάνου) handling · (αυτοκινήτου) manoeuvre (Βρετ.), maneuver (Αμερ.) · (γλώσσας) use · (θέματος, θέματος) handling

χειριστήριο το control

χειριστ|ής ο (μηχανήματος, γερανού) operator · (αεροσκάφους) pilot

χειρίστρια η βλ. **χειριστής**

χειροβομβίδ|α το (hand) grenade

χειρόγραφο το manuscript

χειρόγραφ|ος επίθ handwritten

χειροκρότη|μα το applause χωρίς πληθ.

χειροκροτ|ώ ρ μ (ηθοποιό, τραγουδιστή) to applaud · (πρωτοβουλία, πρόταση) to approve of ♦ ρ αμ to clap

χειρομαντεί|α η palm reading

χειρονομί|α η (γενικότ.) gesticulation · (= συνειδητή κίνηση χεριού) gesture · (= προσβλητικό άγγιγμα) pawing χωρίς πληθ. · (μτφ.) gesture

χειροπέδ|ες οι handcuffs

χειροποίητ|ος επίθ handmade

χειροσφαίριση (επίσ.) η handball

χειροτέρευση η deterioration

χειροτερεύ|ω ρ μ to make worse ♦ ρ αμ to deteriorate

χειρότερ|ος επίθ worse · ο ~ βαθμός the worst grade · ~ από worse than

▶**χειρότερο** το **τόσο** το **~ο** so much the worse

χειροτεχνί|α η handicraft

χειρουργεί|ο το operating theatre (*Βρετ.*), room (*Αμερ.*)

χειρουργικ|ή η surgery
▷**κοσμητική ~** cosmetic surgery
▷**πλαστική ~** plastic surgery

χειρουργικ|ός επίθ surgical ▷**~ή επέμβαση** operation ▷**~ό τραπέζι** operating table

χειρουργ|ός *o/η* surgeon
▷**~ οδοντίατρος** dental surgeon

χειρόφρεν|ο το handbrake (*Βρετ.*), parking brake (*Αμερ.*)
▷**βάζω/λύνω το ~** to apply/release the handbrake (*Βρετ.*) ή the parking brake (*Αμερ.*)

χειρωνακτικ|ός επίθ manual

χέλ|ι το eel

χελιδόν|ι το swallow

χελώνα η tortoise ▷**θαλάσσια ~** turtle (*Βρετ.*), sea turtle (*Αμερ.*)

χεράκ|ι το (little) hand

χέρ|ι το (= *παλάμη*) hand • (= *μπράτσο*) arm • (*μοίρας, νόμου*) hand • (= *χερούλι*) handle • (*στο ποδόσφαιρο*) handball • **αλλάζω ~α** to change hands • **από δεύτερο ~** secondhand • **από πρώτο ~** firsthand • **από ~ σε ~** from hand to hand • **βάζω ή δίνω ένα ~** to lend ή give a hand • **δίνω τα ~α με** κπν (= *κάνω χειραψία*) to shake hands with sb • (= *συμφιλιώνομαι*) to make up with sb • **κάτω τα ~α!** hands off! • **παίρνω ή πιάνω** κπν **από το ~** to take sb by the hand • **τα ~α μου είναι δεμένα** my hands are tied • **τρώω με τα ~** to eat with one's hands

▶**χέρια** πλ labour (*Βρετ.*), labor (*Αμερ.*) ▷**εργατικά ~α** labour (*Βρετ.*), labor (*Αμερ.*)

χερούλ|ι το (*γενικότ.*) handle •

(*πόρτας*) door handle • (*συρταριού*) doorknob

χερσαί|ος, -α, -ο land

χερσόνησ|ος η peninsula

χημεία η (*επιστήμη*) chemistry • (*μάθημα*) chemistry (lesson)

χημικ|ός επίθ (*διάλυμα, μέθοδος*) chemical • (*εργαστήριο*) chemistry
▶**χημικά** τα chemicals
▷**χημικός** *o/η* (*επιστήμονας*) chemist • (*καθηγητής*) chemistry teacher

χήν|α η goose

χήρ|α η widow • **μένω ~** to be widowed

χήρ|ος o widower

χθες επίρρ yesterday • **μέχρι ~** until recently
▶**χθες** το

χθεσιν|ός επίθ (*ψωμί, γεγονός*) yesterday's • (= *πολύ πρόσφατος*) recent

χι το chi, *22nd letter of the Greek alphabet*

Χιλή η Chile

χίλια αριθ απόλ thousand

χιλιάδα η thousand

χιλιετηρίδ|α η (= *χίλια χρόνια*) millennium • (= *χιλιοστή επέτειος*) thousandth anniversary

χιλιετί|α η = **χιλιετηρίδα**

χιλιόγραμμ|ο το (= *επία.*) kilogramme (*Βρετ.*), kilogram (*Αμερ.*)

χίλι|οι, -ες, -α αριθ απόλ πλ
▷**~ άνθρωποι** a thousand people

χιλιόλιτρ|ο το thousand litres (*Βρετ.*) ή liters (*Αμερ.*)

χιλιομετρικ|ός επίθ in kilometres (*Βρετ.*) ή kilometers (*Αμερ.*)

χιλιόμετρ|ο το kilometre (*Βρετ.*), kilometer (*Αμερ.*) • **ανά ~** per kilometre (*Βρετ.*) ή kilometer (*Αμερ.*) ▷**τετραγωνικό ~** square kilometre (*Βρετ.*) ή kilometer (*Αμερ.*)

χιλιοστόμετρ|ο το millimetre

(Βρετ.), millimeter (Αμερ.)

χιλιοστός αριθ τακτ (βιβλίο, αυτοκίνητο) thousandth · (για έμφαση) umpteenth

▶**χιλιοστό** το (= ένα από χίλια ίσα μέρη) thousandth ·
(= χιλιοστόμετρο) millimetre (Βρετ.), millimeter (Αμερ.)

χιμίζω ρ αμ = **χιμώ**

χιμπαντζής, χιμπατζής ο chimpanzee (μτφ.) dog (ανεπ.)

χιμώ ρ αμ (= ορμώ) to rush · (με επιθετικές διαθέσεις) to pounce

χιονάνθρωπος ο snowman

χιονάτ|ος (-η, -ο) επίθ snow-white · **η Χιονάτη και οι εφτά νάνοι** Snow White and the Seven Dwarfs

χιόν|ι το snow · **ρίχνει** ή **πέφτει ~** it's snowing

▶**χιόνια** πλ snow εν.

χιονισμέν|ος επίθ (βουνό) snow-capped · (στέγη) covered in snow

χιονοδρομία η (επία.) ski race

χιονοδρομικ|ός επίθ (πίστα) ski · (ρούχα, εξοπλισμός) skiing ▷ **-ό κέντρο** ski resort

χιονοθύελλα η snowstorm

χιονόμπαλα η snowball

χιονοπέδιλο το ski

χιονοστιβάδα η avalanche

Χίος η Chios

χιούμορ το (επία.) humour (Βρετ.), humor (Αμερ.) · **έχω ~** (ανθρωπος) to have a sense of humour (Βρετ.) ή humor (Αμερ.) · (ταινία) to be funny ή humorous

χιουμορίστ|α η βλ **χιουμορίστας**

χιουμορίστ|ας ο (= που έχει χιούμορ) wit · (= ευθυμογράφος) humorist

χιουμοριστικ|ός επίθ (σκηνή, διάλογος) funny · (διάθεση) joky

χιπ-χοπ η/το hip-hop

χλευάζω ρ μ (αντίπαλο, επιστήμονα) to mock · (θεωρία,

άποψη) to scoff at

χλευαστικός επίθ (σχόλιο) derisive · (συμπεριφορά) mocking

χλιαρός επίθ lukewarm

χλιδή η luxury

χλοερ|ός επίθ grassy

χλόη η (= γρασίδι) grass · (= γκαζόν) lawn

χλομιάζω ρ αμ to go ή turn pale

χλομός, -ή, -ό (πρόσωπο, άνθρωπος) pale · (φως) dim · (χαμόγελο) faint · (βλέμμα) lifeless

χλωμιάζω ρ αμ = **χλομιάζω**

χλωμός επίθ = **χλομός**

χλωρίδα η flora

χλωρίν|η η (= απορρυπαντικό) bleach · (ΧΗΜ) chlorine

χλώριο το chlorine

χλωρ|ός επίθ (κλαδί, χορτάρι) green · (τυρί) fresh

χλωροφόρμιο το chloroform

χνούδι το (προσώπου) fuzz · (νεοσσών, φυτού) down · (υφάσματος, ρούχου) fuzz · (χαλιού) fluff · (= σκόνη) dust

χνουδωτός επίθ (μάγουλο) fuzzy · (πετσέτα) fluffy · (φρούτο) downy

χοιρινό|ς επίθ pork

▶**χοιρινό** το pork

▶**χοιρινό** το pork ▷ **καπνιστό -ό** smoky bacon

χοιρομέρ|ι το ham

χοίρ|ος ο (επία.) pig

χόκεϊ το hockey (Βρετ.), field hockey (Αμερ.) ▷ **~ επί πάγου** ice hockey (Βρετ.), hockey (Αμερ.) ▷ **~ επί χόρτου** hockey (Βρετ.), field hockey (Αμερ.)

χολ το hall

χολ|ή η (= πεπτική ουσία) bile · (= χοληδόχος κύστη) gall bladder · (έντονη πικρία) venom

χοληστερίνη η cholesterol

χοληστερόλη η = **χοληστερίνη**

χολιάζω ρ αμ (ανεπ.) = **οργίζομαι** to be indignant ◆ ρ μ to make indignant

χόμπι το hobby

χονδρικά επίρ = **χονδρικώς**

χονδρικ|ός επίθ wholesale

χονδρικώς επίρ (για επαγγελματία) wholesale · (για καταναλωτή) in bulk

χονδρός επίθ = **χοντρός**

χοντραίν|ω ρ μ (σοκολάτα, γλυκά) to make fat · (= δείχνω πιο χοντρό) to make look fatter ◆ ρ αμ (= παχαίνω) to put on weight · (φωνή) to get deeper

χοντροκέφαλ|ος επίθ (= βλάκας) stupid · (= ξεροκέφαλος) pig-headed

χοντροκομμέν|ος επίθ (καφές) coarsely ground · (τυρί) coarsely chopped · (κρεμμύδι, ντομάτες) roughly chopped · (έπιπλο) crudely made · (άτομο, συμπεριφορά) crude · (αστείο) rude

χοντρ|ός επίθ ο παχύσαρκος) fat · (χέρια, πόδια) big · (τζάμια, βιβλίο) thick · (ύφασμα, ρούχα) heavy · (σταγόνες) fat · (αλεύρι, σιμιγδάλι) coarse · (φωνή) deep · (ψέματα) blatant · (παρεξήγηση, λάθος) big · (αστείο, τρόπο) coarse ▷ **-ό αλάτι** sea salt ▷ **-ό πιπέρι** peppercorns πληθ.

▸ **χοντρά** τα paper money εν.

▸ **χοντρό** το (ευφημ.) number two

χορδή η string

χορευτής ο dancer

χορευτικ|ός επίθ dance

▸ **χορευτικό** το choreography

χορεύτρι|α η βλ. **χορευτής**

χορεύω ρ μ (χορό) to dance · (= κινώ ρυθμικά: μωρό) to bounce up and down ◆ ρ μ (άνδρας, γυναίκα) to dance · (καράβι) to pitch and toss · **~ κπν** to dance with sb

χορήγηση η (φαρμάκου, βιταμίνης) administration · (υποτροφίας) award · (αδειών, δανείου)

granting · (βοήθειας, τροφίμων) provision

χορηγί|α η (= προσφορά χρημάτων) sponsorship · (για εκπομπή, έργο) grant · (= χρηματικό ποσό) grant

χορηγ|ός ο (εκπομπής, αγώνων) sponsor · (κοινωφελούς έργου) benefactor · (χαράς, ζωής) provider

χορηγ|ώ ρ μ (αγώνες, εκπομπή) to sponsor · (φάρμακα) to administer · (τρόφιμα) to supply · (δάνειο, υποτροφία) to grant · (σύνταξη, αποζημίωση) to provide · (άδεια, πιστοποιητικό) to give

χορογραφία η choreography

χορογράφος ο/η choreographer

χοροπηδ|ώ ρ μ (= αναπηδώ) to jump · (αρνάκι, κατσικάκι) to gambol · (καράβι, βάρκα) to bob up and down

χορ|ός ο (γενικότ.) dance · (= το να χορεύει κάποιος) dancing · (= χοροεσπερίδα) dance · (ΘΡΗΣΚ) choir · (ΑΡΧ ΙΣΤ) chorus · **δεν ξέρω ~ό** I can't dance · **τρελαίνομαι για -ό** to love dancing ▷ **αίθουσα -ού** (ξενοδοχείου) ballroom ▷ **πίστα -ού** dance floor ▷ **- της κοιλιάς** belly dance

χορταίν|ω ρ αμ to be full ◆ ρ μ (πείνα) to satisfy · (δίψα) to quench · (ψυχή) to have enough · (= τρώω σε μεγάλη ποσότητα) to eat one's fill of · (βροχή, κρύο) to have had enough of · **χόρτασα** I'm full · **χόρτασες;** have you had enough to eat?

χορτάρι το grass

χορταρικά τα greens

χόρτ|ο το (= πρασινάδα) grass χωρίς πληθ. · (= γκαζόν) lawn · (= ζωοτροφή) hay χωρίς πληθ. · (αργκ.) grass (ανεπ.)

▸ **χόρτα** πλ greens

χορτόπιτ|α η herb and vegetable

pie

χορτόσουπ|α *η* vegetable soup

χορτοφάγος, -ος, -ο herbivorous · **είμαι ~** I'm (a) vegetarian

▸**χορτοφάγος** *ο/η* vegetarian

χορῳδί|α *η* choir

χουζουρεύω *ρ αμ* to lie in (*Βοετ.*), to sleep in (*Αμερ.*)

χούλιγκαν *ο* hooligan

χουρμάς *ο* date

χούφτ|α *η* (= *παλάμη*) palm · (= *όσο χωρά μια παλάμη*) handful

χουφτών|ω *ρ μ* (= *πιάνω δυνατά*) to grip · (= *αρπάζω*) to grab · (= *βάζω χέρι*) to grope

χοχλάζω *ρ αμ* = **κοχλάζω**

χόχλος *ο* boiling

χρειάζ|ομαι *ρ μ απ* to need ◆ *ρ αμ απ* to be necessary · **~ καθάρισμα** to need cleaning

▸**χρειάζεται** *απροσ* **αν χρειαστεί** if necessary · **όλη θ, τι ~εται για το κρύο/την κούραση** it's just what you need for the cold weather/to relax · **~εται να έρθω κι εγώ μαζί;** do I have *η* need to come with you? · **~εται προσοχή** you have *η* need to pay attention

χρεοκοπί|α *η* = **χρεωκοπία**

χρεοκοπ|ώ *ρ αμ* = **χρεωκοπώ**

χρέ|ος *το* (= *χρηματική οφειλή*) debt · (= *καθήκον*) duty · **βάζω ~** (= *δανείζομαι*) to take out a loan · (= *αγοράζω με δόσεις*) to buy on credit

χρεῶν πλ

χρεωκοπί|α *η* (= *πτώχευση*) bankruptcy · (= *αποτυχία*) failure

χρεωκοπ|ώ *ρ αμ* (= *πτωχεύω*) to go bankrupt · (= *αποτυγχάνω*) to fail

χρεωμέν|ος *επίθ* (*εταιρεία, άνθρωπος*) in debt · (*σπίτι*) mortgaged · (*αυτοκίνητο*) on credit

χρεών|ω *ρ μ* (*αγοραστή*) to

charge · (*προϊόν, υπηρεσία*) to cost · **δεν έχω χρήματα μαζί μου, χρεώσέ τα** I don't have any money on me, put it on my account · **πόσο με χρέωσες;** how much do I owe you?

▸**χρεώνομαι** *μεα* (= *αποκτώ χρέη*) to get into debt · (= *δανείζομαι*) to take out a loan · (*αποτυχία*) to be blamed for

χρέωσ|η *η* (= *επιβάρυνση με χρέος*) charge · (= *εγγραφή χρέους σε λογαριασμό*) debit

χρεώστ|ης *ο* debtor

χρήμ|α *το* money *χωρίς πληθ*. · **ο χρόνος είναι ~** time is money (*παροιμ.*) · ▸**βρόμικο ~** dirty money · ▸**πλαστικό ~** plastic (money)

χρήματα *πλ* money *εν*.

χρηματίζ|ω *ρ αμ* (*επία.*) to serve as

χρηματικ|ός *επίθ* (*παροχές, εγγύηση*) cash · (*ενίσχυση*) financial · ▸**-ό βραβείο** prize money · ▸**-ές κυρώσεις**, **-ό πρόστιμο**, **-ή ποινή** fine · ▸**-ό ποσό** amount *η* sum of money

χρηματιστήριο *το* stock exchange · ▸**Χρηματιστήριο Αξιών** stock exchange

χρηματιστής *ο* stockbroker

χρηματοδότης *ο* financier

χρηματοδοτ|ώ *ρ μ* to finance

χρηματοκιβώτιο *το* safe

χρήσ|η *η* use · **είμαι σε ~** to be in use · **πολλαπλές ~εων** multiple use

χρησιμεύ|ω *ρ μ* to be useful

χρησιμοποιημέν|ος *επίθ* (*συσκευή, ρούχο*) used · (*φυσίγγια, σπίρτα*) spent

χρησιμοποίησ|η *η* use

χρησιμοποι|ώ *ρ μ* to use

χρήσιμ|ος *επίθ* useful

χρησιμότητ|α *η* usefulness

χρήστ|ης *ο user* · ▸**αριθμός ~η** user number · ▸**όνομα ~η** user name

χρηστ|ός επίθ (επίσ.: άνθρωπος, χαρακτήρας) upright · (πολίτης) upstanding

χριστιαν|ή η βλ. **χριστιανός**

χριστιανικ|ός επίθ Christian

χριστιανισμ|ός ο Christianity

χριστιαν|ός ο Christian

Χριστ|ός ο Christ · **προ ~ού/μετά ~όν** BC/AD

Χριστούγενν|α τα Christmas εν. · **καλά ή ευτυχισμένα ~!** Merry Christmas!

χριστουγεννιάτικ|ος επίθ Christmas

χροι|ά η (= απόχρωση) hue · (ΜΟΥΣ) timbre · (= χαρακτήρας) tone

χρονι|ά η (= χρόνος) year · (= σχολικό έτος) school year · **καλή ~!** (ευχή) Happy New Year!

χρόν|ια τα (= έτη) years · (= εποχή) times · (= ηλικία) age εν. · **~ πολλά!** (ευχή σε γενέθλια) Happy Birthday! · (την πρωτοχρονιά) Happy New Year! · βλ. κ. **χρόνος**

χρονικ|ό το (= αφήγηση ιστορικών γεγονότων) chronicle · (στη δημοσιογραφία) report
▶ **χρονικά** πλ (στήλη εφημερίδας) news in brief · (= περιοδικέ έκδοση ιδρύματος ή σωματείου) annals πληθ.

χρονικ|ός επίθ time

χρόνι|ος, -ια, -ιο (έλλειμα, χρέος) permanent · (πρόβλημα) perennial · (ασθένεια) chronic

χρονοβόρ|ος, -α ή -ος, -ο time-consuming

χρονοδιάγραμμ|α το schedule

χρονοκάρτ|α η phonecard

χρονολόγηση η dating

χρονολογί|α η date

χρονολογ|ώ ρ μ to date
▶ **χρονολογούμαι** μεσ to date back

χρονόμετρ|ο το stopwatch

χρονομετρ|ώ ρ μ to time

χρόν|ος ο (επίσης: ΦΥΣ, ΑΘΛ) time · (= έτος) year · (ΓΛΩΣΣ) tense · **είμαι είκοσι ~ων ή χρονών** I'm twenty (years old) · **του ~ου** next year · **~ο με τον ~ο** over the years
▶ **χρόνοι** πλ times

χρυσάνθεμ|ο το chrysanthemum

χρυσάφ|ι το gold

χρυσαφικ|ό το gold jewel
▶ **χρυσαφικά** πλ gold jewellery εν. (Βρετ.), ή jewelry εν. (Αμερ.)

χρυσή η jaundice

χρυσ|ός¹ ο (ΧΗΜ) gold ▶ **καθαρός ~** pure gold

χρυσ|ός² επίθ (δαχτυλίδι, λίρα) gold · (μαλλιά) golden · (άνθρωπος, γυναίκας) lovely · (εποχή, μέρες) golden · (κέρδη) handsome · (ζωή) high · (χρυσός αθλητής) gold medallist (Βρετ.), ή medalist (Αμερ.) ▶ **αιώνας** golden age ▷ **~ δίσκος** gold record ▷ **ή ευκαιρία** golden opportunity ▷ **~ κανόνας** golden rule ▷ **ή τομή** golden mean
▶ **χρυσό** το gold (medal)

χρυσοχοεί|ο το jeweller's (Βρετ.), jeweler's (Αμερ.), jewellery shop (Βρετ.), jewelry store (Αμερ.)

χρυσοχ|όος ο/η goldsmith

χρυσόψαρ|ο το goldfish

χρυσών|ω ρ μ (= επιχρυσώνω) to gild · (νύφη, συμπληγώνω) to deck in gold · (= χρυσοπληρώνω) to pay a fortune to

χρώμ|α το colour (Βρετ.), color (Αμερ.) ▷ **~ ή μπογιά** paint · (στην τράπουλα) flush
▶ **χρώματα** πλ colours (Βρετ.), colors (Αμερ.)

χρωματίζ|ω ρ μ (σχέδιο, τοίχο) to paint · (τοπίο, ορίζοντα) to colour (Βρετ.), to color (Αμερ.) · (μάγουλα, πρόσωπο) to colour (Βρετ.), to color (Αμερ.) · (λόγο,

ομιλία) to give colour (Βρετ.) ή color (Αμερ.) to · (φωνή) to modulate · (κατάσταση) to paint
χρωματικ|ός επίθ colour (Βρετ.), color (Αμερ.)
χρωματιστ|ός επίθ (ύφασμα, ρούχα) coloured (Βρετ.), colored (Αμερ.) · (τοίχοι) painted
χρώμι|ο το chromium
χρωστ|ώ ρ μ to owe · **τι σου ~άω;** what have I done to you?
χταπόδι το octopus
χτέν|α η comb
χτενάκι το (small) comb
χτέν|ι το = χτένα) comb · (στον αργαλειό) reed · (= τσουγκράνα) rake
χτενίζω ρ μ to comb · **~ κπν** to comb sb's hair
▸ **χτενίζομαι** μεσ to comb one's hair
χτένισμα το (= στιλ) hairstyle · (περιοχής) combing
χτες επίρρ = **χθες**
χτεσιν|ός επίθ = **χθεσινός**
χτήμα το = **κτήμα**
χτίζω ρ μ (σπίτι, εκκλησία) to build · (επιχείρηση) to build up · (σχέση) to build on · (άνοιγμα, παράθυρο) to block up · (πόλη) to found
χτίσιμο το (σπιτιού) building · (επιχείρησης) building up · (σχέσης) building on · (παραθύρου, πόρτας) blocking up · (πόλης) foundation
χτίσμα το building
χτίστης ο builder
χτύπη|μα το (= κρούση) knocking · (= ήχος) πόρτας, παραθύρου) knock · (καμπάνας, τηλεφώνου) ring · (βροχής) patter · (ρολογιού) stroke · (χεριών) clap · (ποδιών) stamp · (δοντιών) chattering χωρίς πληθ. · (φτερών) flap · (αυγών, κρέμας) beating · (καφέ) stirring · (σπαθιού, σφυριού) blow ·

(μαστιγίου) lash · (σε κόμμα, αντίπαλο) blow · (= γροθιά) punch · (στο κεφάλι, στην πλάτη: = τραύμα) cut · (= μελανιά) bruise · (σε αυτοκίνητο) dent · (εχθρού, στρατού) attack · (= αποδυνάμωση) blow · (φοροδιαφυγής) clamping down on · (πληθωρισμού) curbing · (μοίρας) blow
▸ **πέναλτι** penalty kick
χτυπητ|ός επίθ (αυγά, κρόκοι) beaten · (ρούχα) loud · (χρώματα) garish · (αντιθέσεις, ομοιότητες) striking
χτυποκάρδι το heartbeat
χτύπ|ος ο (στην πόρτα) knock · (βροχής) patter · (τακουνιών) click · (ρολογιού) stroke · (καρδιάς) beat
χτυπ|ώ ρ μ (πόρτα) to knock at ή on · (κουδούνι, καμπάνα) to ring · (τύμπανο) to bang on · (ελαφρά) to tap at ή on · (χέρια, παλαμάκια) to clap · (πόδια) to stamp · (πλήκτρα) to hit · (άντρα, γυναίκα) to hit · (σίδηρος) to pound · (= δέρνω) to beat · (αέρας) παραθυρόφυλλα, πόρτα) to bang · (κύματα: πλοίο) to batter · (βροχή: στέγη) to patter on · (κεραυνός: δέντρο, άνθρωπο) to strike · (ήλιος: σπίτι, μπαλκόνι) to shine on · (αβγά, αβγολέμονο) to beat · (καφέ) to stir · (φτερά) to flap · (ουρά: για άλογο) to swish · (για σκύλο) to wag · (στόχο, αεροπλάνο) to hit · (με σπαθί, καραμπίνα) to hit · (με μαχαίρι) to stab · (εχθρό, αντίπαλο) to attack · (φοροδιαφυγή) to clamp down on · (πληθωρισμό) to tackle · (πληθωρισμό, ανεργία) to hit · (= ανταγωνίζομαι: ομάδα, οπαδό) to touch · (αυτοκίνητο, πεζό) to hit · (ρολόι: μεσάνυχτα) to strike · (σειρήνα: συναγερμό) to sound · (ποσοστά τηλεθέασης, μεγάλη ακροαματικότητα) to get · (εκπρ πωλήσεων) to achieve · (τιμές) to

knock down · (για παπούτσια) to **pinch** · (αρχιτ.: προκτάβλημα, θέση στο τσάμπιονς λιγκ) to **win** · (παντελόνι, φούστα) to **pick up for a song** (ανεπ.) · (γκόμενα, γκόμενο) to **pick up** (ανεπ.) · (σφηνάκια, ποτά) to **down** · (πίτες) to **eat** ◆ ρ αμ (πόρτα, παράθυρα) to **bang** · (ρολόι) to **strike** · (ξυπνητήρι) to **go off** · (κουδούνι, τηλέφωνο) to **ring** · (ντόντια) to **chatter** · (σπαθιά) to **clang** · (τύμπανα) to **sound** · (καρδιά) to **beat** · (μηνίγγια) to **throb** · (στο πόδι, στο κεφάλι) to **hurt oneself** · (κρασί, βότκα) to **have a kick to it** · **~ στο κεφάλι** to **bang one's head** · (ποτά) to **go to one's head**

▶ **χτυπιέμαι** μεσα (= συγκρούομαι) to **fight** · (για διαδηλωτές, αστυνομία) to **clash** · (= βασανίζομαι) to **struggle** · (= δέρνομαι) to **beat one's chest** · (= διαμαρτύρομαι έντονα) to **shout**

χυδαί|ος, -α, -ο vulgar

χυδαιότητα η vulgarity

χυλοπίτ|ες οι noodles

χυλός ο (γενικότ.) pulp · (φαγητό) gruel · (= πολτοποιημένο φαγητό) mush

χύμα επίρρ (= χωρίς συσκευασία) loose · (= ανάκατα) in a heap

χυμίζω ρ αμ = **χιμώ**

χυμ|ός ο (φρούτων) juice · (δέντρου) sap ▷**φυσικός ~** natural juice

χυμώ ρ αμ = **χιμώ**

χυμώδ|ης επίθ (επίσ.: φρούτα, πορτοκάλια) juicy · (γυναίκα) luscious

χύν|ω ρ μ (νερό, καφέ) to **spill** · (για μέταλλα) to **cast** · (φως) to **shed** · (μυρωδιές, αρώματα) to **give off** ◆ ρ αμ (χυδ.) to **come** (χυδ.)

▶ **χύνομαι** μεσα (= εκβάλλω) to **flow** · (= ορμώ) to **dash**

χύσιμο το (για υγρά, ζάχαρη)

spilling · (για μέταλλα) casting · (χυδ.: = εκσπερμάτιση) coming (ανεπ.)

χυτήριο το foundry

χυτ|ός επίθ (μαλλιά) loose · (μέταλλο) cast · (κορμί, πόδια) shapely

χυτοσίδηρ|ος ο cast iron

χύτρα η pan ▷ **~ ταχύτητας** pressure cooker

χωλ το = **χολ**

χωλαίν|ω ρ αμ (επίσ.: = κουτσαίνω) to **limp** · (μτφ.) to **make no progress**

χώμα το (= λεπτό στρώμα εδάφους) earth · (για λουλούδια) compost · (= γη) ground · (= πατρίδα) land · (= σκόνη) dirt

χωματένιος, -ια, -ιο = **χωμάτινος**

χωμάτινος, -η, -ο dirt

χωνάκι το cone ▷ **παγωτό ~** ice-cream cone

χώνευση η digestion

χωνεύ|ω ρ μ to **digest** · (μέταλλο) to **cast** ◆ ρ αμ (= ολοκληρώνω την πέψη) to **digest** · (κάρβουνα) to **burn to ashes**

χώνεψ|η η (ανεπ.) = **χώνευση**

χωνί το funnel

χών|ω ρ μ (πασσάλους, μαχαίρι) to **stick** · (βάζω) to **put** · (= θάβω) to **bury** · (σφαλιάρα, μπουνιά) to **give**

▶ **χώνομαι** μεσα (= τρυπώνω) to **get** ή **go into** · (= κρύβομαι) to **hide** · (= ανακατεύομαι) to **meddle** (σε in)

χώρ|α η (= κράτος) country · (= πρωτεύουσα νησιού) main town · **οι Κάτω Χώρες** the Netherlands

χωράφι το field

χωρητικότητα η (αίθουσας) (seating) capacity · (δοχείου) capacity

χώρια επίρρ (= χωριστά: ζω) apart · (βάζω, πλένω) separately ·

(= εκτός) apart from · **~ που** on top of the fact that

χωριάτ|ης ο (= χωρικός) villager (μειωτ.) boor

χωριάτικ|ος επίθ (ζωή, ήθη) country · (σπίτι) rustic · (φαγητό) home–cooked · (μειωτ.: τρόποι, συμπεριφορά) uncouth ▷ **-ο ψωμί** farmhouse loaf

▸ **χωριάτικη** η Greek salad

χωρίζ|ω ρ μ (χρωματιστά, λευκά) to separate (από from) · (φίλους) to separate · (τοίχος, ποτάμι) to separate · (μίσος) to tear apart · (σε καβγά) to separate · (κοινωνία, κοινή γνώμη) to divide · (= διασπώ: βαγόνι) to unhitch · (χημική ένωση) to break down · (περιουσία, γη) to divide · (μαλλιά) to part · (σύζυγο) to divorce ◆ ρ αμ (ποτάμι) to divide · (στα δύο) to fork · (μαλλιά) to be parted · (φίλοι, παρέα) to part · (συνεργάτες, συνέταιροι) to go their separate ways · (= παίρνω διαζύγιο) to divorce · (= τα χαλάω) to break up

▸ **χωρίζομαι** αμ (ποταμός) to divide · (στα δύο) to fork · (χώρα) to break up · (φίλοι) to part · (ζευγάρι) to break up

χωρικ|ός επίθ village ▷ **-ά ύδατα** territorial waters

▸ **χωρικός** ο, **χωρική** η villager

χωριό το (οικισμός, χωρικοί) village · (ανεπ.: = ιδιαίτερη πατρίδα) home town (Βρετ.), hometown (Αμερ.)

χωρίς προθ without

χώρισ|μα το (περιουσίας, γης) division · (ζευγαριού) separation · (δωμάτιου, διαμερίσματος) partition

χωρισμέν|ος επίθ separated

χωρισμ|ός ο separation · (γης, περιουσίας) division · (εμπορικής, επιχωνίας, συνεργασίας) breaking off · (= διακοπή σχέσης) break–up

χωριστά επίρρ (ζω) apart · (εξετάζω, κοιτάζω) separately · (= εκτός από) apart from

χωριστός επίθ separate

χωρίστρα η parting (Βρετ.), part (Αμερ.)

χώρ|ος ο (= περιβάλλον) environment · (= περιοχή) space · (= κενή έκταση) room · (= αισθητή έκταση) space · (επιστημών, παιδείας) domain · (ΦΥΣ, ΦΙΛΟΣ) space · **κάνω ή ανοίγω -ο** to make room ▷ **αγωνιστικός** – playing field ▷ **αρχαιολογικός** – arch(a)eological site ▷ **– αθλοπαιδιών** sports ground ▷ **– αναμονής** waiting room ▷ **– αναψυχής** recreation area ▷ **– εργασίας** workplace ▷ **– στάθμευσης** parking area

▸ **χώροι** πλ room εν.

χωροφύλακ|ας ο gendarme

χωρ|ώ ρ μ (θεατές, επιβάτες) to hold · (δεδομένα) to take ◆ ρ αμ (περιέχομαι) to fit in · (= αναλογώ) to go into · **δεν ~εί αμφιβολία (ότι)** there is no doubt (that)

Ψ ψ

Ψ, ψ psi, *23rd letter of the Greek alphabet*

ψάθ|α η (φυτό) bulrush · (= στρώμα) rush matting · (για την πόρτα) doormat · (για την παραλία) beach mat · (παραθύρου) blind · (καπέλο) straw hat

ψαθί το (φυτό) bulrush · (= στρώμα) rush matting · (για την πόρτα) doormat · (για την παραλία) beach mat · (= ψαθάκι) straw hat

ψάθιν|ος επίθ (καρέκλα, τσάντα) wicker · (καπέλο) straw · (σκεπή) thatched

ψαλίδ|α η (εργαλείο) shears πληθ.

(= σαρανταποδαρούσα) centipede ·
(έντομο) earwig · (= ασθένεια της
τρίχας) split ends πληθ. · **έχω ~** to
have split ends
ψαλιδάκι το (= μικρό ψαλίδι)
scissors πληθ. · (νυχιών)
ψαλίδι το (εργαλείο) scissors
πληθ. · (κηπουρού) shears πληθ. ·
(αυτοκινήτου) wishbone · **ένα ~**
a pair of scissors
ψαλιδίζω ρ μ (ρούχο, χαρτί) to
cut · (μαλλιά, γένια) to cut ·
(ελαφρώς) to trim · (μισθούς,
φόρους) to cut · (δραστικά) to
slash · (δαπάνες, έξοδα) to cut
back on · (αρμοδιότητες) to
reduce · (ελπίδες) to dash ·
(ενθουσιασμό) to dampen ·
(κείμενο, βιβλίο) to cut · (κεφάλαιο,
σκηνή) to cut (out)
ψάλλω ρ μ (= τραγουδώ) to sing ·
(δόξα, ηρωισμό) to praise ◆ ρ αμ
to be a cantor
ψαλμός ο psalm
▸ **Ψαλμοί** οι Psalms εν. ▷ **Βιβλίο
των Ψαλμών** Book of Psalms
ψάξιμο το search
ψαράδικ|ος επίθ fishing ▷ **~ο
πανταλόνι** short trousers πληθ.
▷ **~ο χωριό** fishing village
▸ **ψαράδικα** τα fish market εν.
▸ **ψαράδικο** το (= ιχθυοπωλείο)
fishmonger's (Βρετ.), fish dealer's
(Αμερ.) · (= ψαρόκαικο) fishing
boat
ψαράκι το (= μικρό ψάρι) little
fish · (ζώδιο) Pisces εν.
ψαράς ο (= αυτός που ψαρεύει)
fisherman · (= ιχθυοπώλης)
fishmonger (Βρετ.), fish dealer
(Αμερ.)
ψάρε|μα το (= αλιεία) fishing ·
(μτφ.) fishing for information ·
πηγαίνω για ~ to go fishing
▷ **καλάμι ψαρέματος** fishing rod
(Βρετ.), fishing pole (Αμερ.)
▷ **σύνεργα ψαρέματος** fishing
tackle ▷ **υποβρύχιο ~** spear

fishing
ψαρεύω ρ μ (ψάρια) to fish ·
(σφουγγάρια, μαργαριτάρια) to
dive for · (= κουλούχω από τον
βυθό) to hook · (μυστικό, είδηση)
to try to find out · (πληροφορίες)
to fish for ◆ ρ αμ to fish ·
~ πελάτες to tout for custom
ψάρ|ι το (= ιχθύς) fish · (κοτ.: =
αφελής) sucker (ανεπ.) ·
(= καινούργιος) greenhorn
(ανεπ.) · (στον στρατό) rookie
(ανεπ.) · (ζώδιο) Pisces εν.
ψαριά η (κυριολ.) catch · (μτφ.)
results πληθ.
ψαρόβαρκα η fishing boat
ψαροκάικο το fishing boat
ψαρός επίθ (μαλλιά, ζώα) grey
(Βρετ.), gray (Αμερ.) · (για πρόσ.)
grey-haired (Βρετ.), grey-haired
(Αμερ.)
ψαρόσουπα η fish soup
ψαροταβέρνα η fish taverna
ψαχνό το (= κρέας χωρίς κόκαλα)
fillet · (= ουσία) essence ·
(= κέρδος) gain
ψάχνω ρ μ (= προσπαθώ να βρω:
φίλες, σημειώματα) to look for ·
(λύση, τρόπο) to try to find · (σε
τηλεφωνικό κατάλογο, λεξικό) to
look up · (ύποπτο, επιβάτη) to
search · (γραφείο, δωμάτιο) to
search · (συρτάρι) to search ·
(στήριγμα) to look for · (το νόημα
της ζωής) to look for · (τον δρόμο
μου) to try to find ◆ ρ αμ to look
(για λογ) · **~ να βρω κτ** to try to
find sth · **~ τις τσέπες μου για κτ**
to search one's pockets for sth
▸ **ψάχνομαι** μεσ (= αναζητώ κτ
επάνω μου) to search one's
pockets · (= σκέπτομαι) to think
about it (= προβληματίζομαι) to
ask oneself questions
ψαχουλεύω ρ μ (τσέπη,
πορτοφόλι) to fumble in ·
(συρτάρι) to rummage through ·

(τοίχο) to feel

ψεγάδι το (σώματος) blemish · (κειμένου, χαρακτήρα) flaw

ψείρα η (έντομο) louse · (= ψείρας) nit-picker

▶**ψείρες** πλ (για γράμματα) cramped handwriting εν. · (= λεπτομέρειες) trifles

ψεκάζω ρ μαι to spray

ψέκασμα το = **ψεκασμός**

ψεκασμός ο spraying

ψεκαστήρας ο (ΒΟΤ) spray · (ΤΕΧΝΟΛ) spray gun

ψελλίζω ρ μι to mumble ♦ ρ αμ to stammer

ψέμα το lie

ψευδαίσθηση η (ΨΥΧΟΛ) delusion · (οπτική) hallucination · (= απατηλή) illusion

ψευδάργυρος ο zinc

ψευδής επίθ (επίσ.) false · (αγάπη, φιλία) sham

ψεύδομαι ρ αμ (επίσ.) to lie

ψευδομαρτυρώ ρ αμ (επίσ.) to give false evidence

ψευδορκία η perjury

ψευδορκώ ρ αμ to perjure oneself

ψευδώνυμο ο (γενικότ.) pseudonym · (λογοτέχνη) pen name · (κακοποιού) alias

ψεύτης ο (= αυτός που ψεύδεται) liar · (= απατεώνας) crook

ψευτιά η lie

ψεύτικος, -η, -ο (πληροφορία, είδηση) false · (αγάπη, φιλία) sham · (δήλωση, κατάθεση) false · (συμπεριφορά) deceitful · (λόγια, υποσχέσεις) hollow · (αδιαφορία) feigned · (επίδεση) false · (δόντια, μάτια) false · (μαλλιά, λουλούδια) artificial · (κόσμημα) fake · (πιστόλι) fake · (χαρτονόμισμα, διαθήκη) forged · (προϊόν) cheap · (δουλειά) shoddy

ψεύτρα η βλ **ψεύτης**

ψηλά επίρρ (= σε υψόμετρο) high (up) · (= προς τα πάνω) up · (= σε

ανώτερο επίπεδο: στοχεύω) high ·

από ~ (= από τον ουρανό) from above · (= από τον Θεό) from on high

ψηλαφίζω ρ μι (ύφασμα, ρούχο) to feel · (θέμα, πρόβλημα) to touch on

ψηλαφώ ρ μι = **ψηλαφίζω**

ψηλός επίθ (άνθρωπος, καμινάδα) tall · (τοίχος, φράχτης) high ▷ **-ό καπέλο** top hat

▶**ψηλά** τα high ground εν.

ψηλώνω ρ αμ (άνθρωπος, δέντρο) to grow (taller) · (λογοτ.: ήλιος, αστέρια) to rise ♦ ρ μι to make higher

ψημένος επίθ (γενικότ.) cooked · (στον φούρνο: ψωμί, γλυκό) baked · (κρέας) roasted · (στα κάρβουνα) barbecued · (στη σχάρα) grilled (Βρετ.), broiled (Αμερ.) · (στη σούβλα) spit-roasted · (κρασί, μπίρα) matured · (από ήλιο, αέρα) weather-beaten · (= έμπειρος, δοκιμασμένος) hardened

ψήνω ρ μι (γενικότ.) to cook · (ψωμί, γλυκό) to bake · (κρέας: στον φούρνο) to roast · (στα κάρβουνα) to barbecue · (στη σχάρα) to grill (Βρετ.), to broil (Αμερ.) · (στη σούβλα) to spit-roast · (καφέ, χαμομήλι) to make · (ήλιος, ζέστη) to make too hot · (= βασανίζω) to torment · (με γκρίνια, μουρμούρα) to pester · (= πείθω) to persuade

▶**ψήνομαι** μεσ (κρασί, μπίρα) to mature · (τυρί) to ripen · (εξελίξεις) to be in the pipeline · (= καίγομαι) to have a fever (ανεπ.)

~ομαι στον πυρετό to be burning up with fever

ψήσιμο το (γενικότ.) cooking · (ψωμιού, γλυκού) baking · (κρέατος: στον φούρνο) roasting · (στη σχάρα: κρασιού, μπίρας) maturing · (τυριού) ripening

ψησταριά η (συσκευή) barbecue ·

(κατάστημα) grill

ψητ|ό το (σε φούρνο) roast (meat) · (στα κάρβουνα) barbecued meat · (σε σούβλα) spit-roast meat · (= ουσία) essence · (= κέρδος) profit

ψητοπωλεί|ο το grill

ψητ|ός επίθ (στον φούρνο) roast · (στη σχάρα) grilled (Βρετ.), broiled (Αμερ.) · (στα κάρβουνα) barbecued ▷ **~ό μοσχάρι** roast beef ▷ **~ό σούβλας** spit roast ▷ **~ό της κατσαρόλας** casserole

ψηφιακ|ός επίθ digital ▷ **~ βιντεοδίσκος** DVD
▶ **ψηφιακή** η digital TV ή television

ψηφιδωτ|ός επίθ mosaic
▶ **ψηφιδωτό** το mosaic

ψηφίζ|ω ϱ αμ, ϱ μ αμ ♦ ϱ μ αμ to vote ♦ ϱ μ αμ **~ει** απρόσ it's to vote for

ψηφί|ο το (= αϱαβικός αϱιθμός) digit · (= αϱιθμός ή γϱάμμα) character · (τυπ) type

ψήφισ|μα το (συμβουλίου, οϱγανισμού) resolution · (διαδηλωτών, φοιτητών) petition · **εκδίδω ή βγάζω ~** to get up a petition

ψηφοδέλτι|ο το ballot paper

ψηφοδόχ|ος η ballot-box

ψήφ|ος η (= ψηφοδέλτιο) ballot paper · (= ψηφοφοϱία) vote · (= δικαίωμα ψήφου) franchise

ψηφοφορί|α η vote ▷ **καθολική ~** universal suffrage ▷ **μυστική ~** secret ballot

ψηφοφόρ|ος ο/η voter

ψι επίφων hey!

ψιθυρίζ|ω ϱ μ (= μιλώ σιγανά) to whisper · (= μουϱμουϱίζω) to murmur ♦ ϱ αμ (= μιλώ σιγανά) to whisper · (= μουϱμουϱίζω) to murmur ♦ ϱ αμ (ϱνάκι) to babble
▶ **ψιθυρίζεται** απρόσ it is rumoured (Βρετ.) ή rumored

(Αμερ.)

ψίθυρ|ος ο (= μουϱμούϱισμα) whisper · (ϱνακιού) babbling · (θάλασσας) lapping χωϱίς πληθ. · (φύλλων) rustle
▶ **ψίθυροι** πλ rumours (Βρετ.), rumors (Αμερ.)

ψιλά τα (= κέϱματα) loose ή small change εν. · (= ευτελές ποσό) pittance εν. · (εφημεϱίδας) news εν. in brief · **κάνω ~** to get some change

ψιλικ|ά τα (= φθηνά μικϱοαντικείμενα) small and cheap goods · (= ψιλικατζίδικο) shop selling small and cheap goods · (που πουλά και οινοπνευματώδη) off-licence (Βρετ.), package store (Αμερ.)

ψιλοβρέχ|ω ϱ μ αμ **~ει** απρόσ it's drizzling

ψιλοκόβ|ω ϱ μ (κϱέας, λαχανικά) to dice · (κϱεμμύδια, σκόϱδα) to chop finely · (καπνό) to cut finely · (μπαχαϱικά) to grind finely

ψιλοκομμέν|ος, -η, -ο (κϱέας) diced · (κϱεμμύδια) finely chopped · (καπνό) finely cut · (μπαχαϱικά) finely ground

ψιλολογ|ώ ϱ μ αμ to scrutinize

ψιλ|ός επίθ (χαϱτί, φέτα) thin · (άμμος, κλωστή) fine · (δουλειά) delicate · (αλάτι, πιπέϱι) finely ground · (ήχος, φωνή) shrill · (ϱούχα) thin ▷ **~ή βϱοχή** drizzle

ψίχ|α η (ψωμιού) crumb · (καϱπού) pith · (δέντϱου) core

ψιχάλ|α η (= σταγόνα βϱοχής) raindrop · (= ψιλή βϱοχή) drizzle

ψιχαλίζ|ω ϱ αμ αμ **~ει** απρόσ it's drizzling

ψίχουλ|ο το = **ψίχουλο**

ψίχουλ|ο το to crumb
▶ **ψίχουλα** πλ tiny bit εν.

ψόφι|ος, -ια, -ιο (για ζώα) dead · (για πϱόσ.) worn out

(χαιρετισμός, κοινό)
unenthusiastic · (κινήσεις)
languid · **είμαι ~ από την** ή **στην**
κούραση to be worn out

ψόφος ο (για ζώα) death · **κακό**
~ να 'χεις! (κατάρα) may you
rot in hell! · (κρύο) ή **έχει ~** ο it's
freezing (cold)

ψοφ|**ώ** ρ αμ (για ζώα) to die ·
(υβρ.) to kick the bucket (ανεπ.) ·
(= εξαντλούμαι) to be worn out
♦ ρ μ to kill, to wear out

ψυγείο το (ηλεκτρική συσκευή)
fridge (Βρετ.), refrigerator, icebox
(Αμερ.) · (θάλαμος) refrigerated
room · (αυτοκινήτου) radiator ·
(φορτηγό) refrigerated lorry ·
(πλοίο) refrigerated ship · **~ είναι**
εδώ μέσα! it's freezing in here!

ψυγειοκαταψύκτ|**ης** ο
fridge–freezer

ψυκτικ|**ός** επίθ (μηχάνημα)
refrigerating ▷ **~ θάλαμος**
(ψυγείου) freezer compartment
(Βρετ.), deep freezer
compartment (Αμερ.)
▸ **ψυκτικό** το coolant
▸ **ψυκτικός** ο refrigeration
specialist

ψύλλ|**ος** ο flea

ψύξη η (τροφίμων: σε ψυγείο)
refrigeration · (σε καταψύκτη)
freezing · (= καταψύκτης) freezer
(Βρετ.), deep freezer (Αμερ.) ·
(ΙΑΤΡ) frostbite

ψυχαγωγί|**α** η recreation ·
αίθουσα ~ς recreation room

ψυχαγωγικ|**ός**, **-ή**, **-ό** recreational

ψυχαγωγ|**ώ** ρ μ to entertain
▸ **ψυχαγωγούμαι** μεσ to enjoy
oneself

ψυχανάλυσ|**η** η (psycho)analysis

ψυχ|**ή** η (ΦΙΛΟΣ, ΘΡΗΣΚ) psyche ·
(ΨΥΧΟΛ) the · (= ηθική φύση)
soul · (= συναισθηματική φύση)
heart · (= ιδιαίτερα χαρακτηριστικά)
spirit · (= σθένος) spirit ·

(= άνθρωπος) soul · (παρέας,
συντροφιάς) life and soul · **γλεντώ**
με την ~ μου to have the time of
one's life

ψυχιατρείο το mental ή
psychiatric hospital

ψυχιατρικ|**ή** η psychiatry

ψυχίατρ|**ος** ο/η psychiatrist

ψυχικ|**ός** επίθ (διάθεση, ηρεμία)
mental · (μεγαλείο) moral
▷ **~ κόσμος** psyche ▷ **~ή νόσος**/
διαταραχή mental illness/
disorder ▷ **~ό τραύμα** trauma

ψυχολογί|**α** η (επιστήμη)
psychology · (μάθημα)
psychology (class) · (= ψυχισμός)
psychology · (= ψυχική κατάσταση)
mental state

ψυχολογικ|**ός** επίθ psychological
▷ **~ πόλεμος** psychological
warfare

ψυχολόγ|**ος** ο/η (επιστήμονας)
psychologist · (μτφ.) perceptive
person

ψύχ|**ος** το (επίσ.) cold ▷ **πολικό**
~ freezing cold weather

ψύχρ|**α** η chill · **έχει** ή **κάνει ~** it's
chilly

ψυχραιμί|**α** η coolness · **κρατώ** ή
διατηρώ την ~ μου to keep one's
composure ή cool (ανεπ.) · **χάνω**
την ~ μου to lose one's
composure ή cool (ανεπ.)

ψύχραιμ|**ος** επίθ cool · (ενέργεια,
συμπεριφορά) level–headed ·
παραμένω ~ to remain cool

ψυχραίν|**ω** ρ μ to spoil ♦ ρ αμ to
get cooler
▸ **ψυχραίνομαι** μεσ to fall out (με
κπν, για κτ with sb, over sth)

ψυχρ|**ός** επίθ cold ·
(= απλησίαστος) standoffish ·
(τρόπος, υποδοχή) frosty · (για
γυναίκα) frigid ▷ ο **Ψυχρός**
Πόλεμος the Cold War

ψυχρότητ|**α** η coldness · (τρόπων,
υποδοχής) frostiness · (για

γυναίκα) frigidity

ψυχρούλα η (υποκ.) chill

ψύχω ρ μ (= κρυώνω: χώρο) to cool • (τσάι) to cool down • (φαγητό, ποτό) to chill • (= παγώνω) to freeze

ψωμάκι το (υποκ.: = μικρή φέτα ή μικρό κομμάτι) piece of bread • (= μικρό ψωμί) roll
▶ **ψωμάκια** πλ cellulite εν.

ψωμάς ο baker

ψωμί το (= άρτος) bread • (= φαγητό) food

ψωμοτύρι το (= ψωμί και τυρί) bread and cheese • (= φτωχό γεύμα) bread and water

ψώνια τα shopping χωρίς πληθ. • **κάνω τα ~** to do the shopping • **κάνω ~, πάω για ~** to go shopping

ψωνίζω ρ μ to buy ♦ ρ αμ (= αγοράζω) to do the shopping • (αργκ.: πόρνη) to pick up (ανεπ.)
▶ **ψωνίζομαι** μεσ to tout for custom

Ω ω

Ω, ω omega, 24th letter of the Greek alphabet

ω επιφών oh!

ωδείο το (= μουσική σχολή) music school • (στην αρχαιότητα) odeum

ωδικός επίθ **-ά πτηνά** songbirds

ώθηση η (επίσ.: = σπρώξιμο) push • (ΦΥΣ) thrust • (= παρακίνηση) encouragement • (στις εξαγωγές) boost

ωθώ ρ μ (επίσ.: = σπρώχνω) to push • (μτφ.) to drive • **"~ήσατε"** "push"

ωκεανός ο (κυριολ.) ocean • (ΜΥΘΟΛ) Oceanus

ωλένη η ulna

ωμέγα το omega, 24th letter of the Greek alphabet

ωμοπλάτη η shoulder blade

ωμός επίθ (χιμός, κρέας) raw • (άνθρωπος) brutal • (αλήθεια, άρνηση) blunt • (πραγματικότητα) stark • (βία) brute • (συμπεριφορά) coarse • (εκβιασμός) blatant

ώμος ο shoulder • **σηκώνω τους ~ους** to shrug (one's shoulders)

ωοειδής επίθ oval

ωοθήκη η ovary

ΛΕΞΗ-ΚΛΕΙΔΙ

ώρα η (α) (= χρονική μονάδα) hour • **κάθε ώρα** every hour (β) (= χρόνος) time • **από ώρα** for some time • **από ώρα σε ώρα** (= από στιγμή σε στιγμή) any time • (= με την πάροδο του χρόνου) with time • **με τις ώρες, ώρες ολόκληρες** for hours on end • **μετράω ώρες** to be at death's door • **όλη την ώρα** all the time • **περνάω την ώρα μου, περνάει η ώρα (μου)** to pass the time • **σκοτώνω την ώρα μου** to kill time • **είμαι στην ώρα μου** to be on time • **τρώει η θέλει ή παίρνει ώρα** it takes hours ή ages (ανεπ.) • **τρώω την ώρα μου** to waste one's time • **ώρα με την ώρα** by the minute (γ) (= συγκεκριμένο σημείο ημέρας) time • **μαθαίνω την ώρα** to learn how to tell the time (δ) (= σημείο αναφοράς ημερονυκτίου) hour (ε) (= στιγμή τέλεσης γεγονότος) time • **από ώρα σε ώρα** (= από τότε που) since • (= εφόσον) if • **βρήκες την ώρα!** you've picked your moment! • **για την ώρα** for the time being • **δεν βλέπω την ώρα να κάνω κτ** to be eager to do sth • **δεν είναι της ώρας** now isn't the time • **είμαι με τις ώρες μου** to blow hot and cold • **ήγγικεν η ώρα** (επίσ.) the time has come • **ήρθε ή έφτασε η ώρα**

μου my time has come · **η ώρα η καλή!** (ευχή) congratulations! (to an engaged couple) · **καλή του/της ώρα!** God bless him/her! · **καλή ώρα σαν** just like · **πάνω στην ώρα** just in time · **ήρθε η ώρα της** it's time · **της ώρας μου** before one's time · **κάθε πράγμα στην ώρα του** one thing at a time · **τέτοια ώρα τέτοια λόγια** there's a time and a place for everything · **την ίδια ώρα** at the same time · **της κακιάς ώρας** (δικαιολογία) lame · (αυτοκίνητο, υπολογιστής) lousy · (ρούχα) shoddy · **της ώρας** (= φρέσκος) fresh · (για κρεατικά) cooked to order · **ώρα καλή!** take care! · **ώρες-ώρες** sometimes ▷**ώρες γραφείου/επισκέψεων** office/visiting hours (στι) (= ξεχωριστή περίσταση ή συγκεκριμένη στιγμή) time · **για ώρα ανάγκης** for a rainy day

ωραία επίρρ (μιλώ, γράφω) well · (ως συγκατάβαση) fine · **περνάω ~** to have a good ή nice time

ωραί|ος, -α, -ο (γυναίκα, κορίτσι) pretty · (= όμορφος) beautiful · (άνδρας, αγόρι) handsome · (τοπίο, μαλλιά) nice · (= όμορφος) lovely · (συζήτηση, παρέα) nice · (αστείο, ηλικία) good · (καιρός) good · (ημέρα) nice · (λόγια, ειρωνεία) nice · (προσπάθεια, ιδέα) good · (επιχείρημα, παίκτης) good · (αναμνήσεις) good · (ειρ.: δικαιολογία, φίλος) fine
▶**ωραίο** το beauty
▶**ωραίος** ο handsome man
▶**ωραία** η beauty

ωραιότητα η beauty

ωράρι|ο το (= σύνολο ωρών εργασίας: υπηρεσίας, εταιρείας) office hours πληθ. · (εργοστασίου) working hours πληθ. · (καταστήματος) opening hours

πληθ. · (= πίνακας ωρών εργασίας ή λειτουργίας: υπηρεσίας, εταιρείας) office hours πληθ. · (καταστήματος) opening hours πληθ. · (συγκοινωνιών) timetable
▷**ελεύθερο ~** flexitime (Βρετ.), flextime (Αμερ.) ▷**~ εργασίας** working hours

ωριαί|ος, -α, -ο (μάθημα, εκπομπή) one–hour · (αμοιβή, αναχωρήσεις) hourly

ωριμάζ|ω ρ αμ (καρπός) to ripen · (τυρί, κρασί) to mature · (παιδί, σχέδιο) to mature · (συνθήκες) to be ripe ◆ ρ μ to make mature

ώριμ|ος επίθ (καρπός, φρούτο) ripe · (τυρί, κρασί) mature · (άνθρωπος, έργο) mature · (κατάσταση, συνθήκες) ripe · (ιδέα, αντιλήψεις) fully developed · (στάδιο) later · (ηλικία, ζωή) adult

ωριμότητα η maturity

ωρολογοποι|ός ο/η watchmaker

ωροσκόπι|ο το horoscope

ωρύ|ομαι ρ αμ (για ζώα) to howl · (για πρόσ.) to scream

ως¹ επίρρ as

ως² πρόθ = έως

ώσπου σύνδ χρον until

ώστε σύνδ (= για να) so that · (= με αποτέλεσμα) that · (= επομένως) so

ωστόσο σύνδ αντίθ nevertheless

ωταλγί|α η earache

ωτίτιδ|α η inflammation of the ear

ωτορινολαρυγγολόγ|ος ο/η ear, nose and throat surgeon ή specialist

ωτοστόπ το = οτοστόπ

ωφέλεια η (= ωφελιμότητα) effectiveness · (= κέρδος) profit · (= όφελος) benefit

ωφέλιμ|ος επίθ (τροφή, βιταμίνες) beneficial · (άτομο) useful · (μέτρα) effective ▷**~ο φορτίο** ή **βάρος** payload

ωφελ|ώ ρ μ to benefit · **δεν ~εί**

(να κάνω κτ) it's no use (doing sth)· **~ την υγεία (μου)** to be good for one's health
▸**ωφελούμαι** *μεσ* to profit
ωχ *επιφών* = **οχ**
ώχρ|α *η* ochre (*Βρετ*.), ocher (*Αμερ*.)
ωχρι|ώ *ρ αμ* (= *κιτρινίζω*) to turn yellow· (*για πρόσ*.) to turn pale·

(*μτφ*.) to pale into insignificance (*μπροστά σε* beside)
ωχρ|ός *επίθ* (*πρόσωπο, όψη*) sallow· (*τοίχος, χαρτί*) yellowing· (*λουλούδι*) yellow· (*για άνθρωπο*) pale· (*ανάμνηση*) vague
ωχρότητ|α *η* (*χαρτιού, τοίχου*) yellowness· (*προσώπου, όψης*) pallor

Phrasefinder | Χρήσιμες φράσεις

TOPICS | Θέματα

TOPICS | Θέματα

Hello!	Γεια σας!, Χαίρετε! ya sas!, kherete!
Good evening!	Καλησπέρα! kaleemera!
Good night!	Καληνύχτα! kaleeneekhta!
Goodbye!	Γεια σας!, Αντίο! ya sas!, anteeo!
What's your name?	Πώς σας λένε; pos sas lene?
My name is ...	Με λένε ... me lene ...
This is my wife.	Από 'δω η σύζυγός μου. apo dho ee seezeeghos moo
This is my husband.	Από 'δω ο σύζυγός μου. apo o seezeeghos moo
This is my partner.	Από 'δω ο/η σύντροφός μου. apo dho o/ee seentrofos moo
Pleased to meet you.	Χαίρω πολύ. khero polee
Where are you from?	Από πού είσαι; apo poo eese?
I come from ...	Είμαι από ... eeme apo ...
How are you?	Πώς είστε; pos eeste?
Fine, thanks.	Πολύ καλά, ευχαριστώ. polee kala, efkhareesto
And you?	Κι εσείς; kee esees?
Do you speak English?	Μιλάτε Αγγλικά; meelate angleeka?
Sorry, I don't understand.	Με συγχωρείτε αλλά δεν καταλαβαίνω. me seenkhoreete ala dhen katalaveno
Thanks very much!	Ευχαριστώ πολύ! efkhareesto polee!

The gas has run out.	Το γκάζι τελείωσε.
	to g**a**zee tel**ee**ose
There is no electricity.	Δεν έχουμε ρεύμα.
	dhen **e**khoome r**e**fma
Do we have to clean the house before we leave?	Πρέπει να καθαρίσουμε το σπίτι πριν φύγουμε;
	pr**e**pee na kathar**ee**soome to sp**ee**tee preen f**ee**ghoome?
Hotel	Ξενοδοχείο
Do you have a single/double room for tonight?	Έχετε ένα μονόκλινο/δίκλινο γι' απόψε;
	ekhete **e**na mon**o**kleeno/ dh**ee**kleeno yee ap**o**pse?
Do you have a room with a bath/shower?	Έχετε δωμάτιο με μπανιέρα/ντους;
	ekhete dhom**a**tio me bani**e**ra/doos?
Is there an internet connection in the room?	Έχετε σύνδεση στο Διαδίκτυο εδώ;
	ekhete s**ee**ndhese sto dhiadh**ee**ktio edho?
I want to stay for one night/ ... nights.	Θέλω να μείνω για ένα βράδυ/... βράδια.
	th**e**lo na m**ee**no ya **e**na vr**a**dhee/... vr**a**dhia
I booked a room in the name of ...	Έκλεισα δωμάτιο στο όνομα ... **e**kleesa dhom**a**tio sto **o**noma ...
I'd like another room.	Θα ήθελα (ένα) άλλο δωμάτιο.
	tha **ee**thela (**e**na) **a**lo dhom**a**tio
What time is breakfast?	Τι ώρα είναι το πρωινό;
	tee **o**ra **ee**ne to proeen**o**?

Can I have breakfast in my room?	Μπορώ να πάρω πρωινό στο δωμάτιό μου; boro na paro proeeno sto dhomatio moo?
I'd like an alarm call for tomorrow morning at 7 o'clock.	Θα ήθελα μία αφύπνιση για αύριο το πρωί στις 7 (η ώρα). tha **ee**thela mia af**ee**pneesee ya afrio to pro**ee** stees ept**a** (ee **o**ra)
I'd like to get these things cleaned.	Αυτά είναι για καθαριστήριο. afta **ee**ne ya kathareest**ee**rio
I'd like to get these things washed.	Αυτά είναι για πλύσιμο. afta **ee**ne ya pl**ee**seemo
Room number ...	Δωμάτιο (νούμερο) ... dhom**a**tio (n**oo**mero) ...
Are there any messages for me?	Υπάρχει κάποιο μήνυμα για μένα; eep**a**rkhee k**a**pio m**ee**neema ya m**e**na?
Please prepare the bill.	Ετοιμάστε μου τον λογαριασμό παρακαλώ. eteem**a**ste moo ton loghariasm**o** parakal**o**

I'd like ...	Θα ήθελα ... tha **ee**thela ...
Do you have ...?	Έχετε ...; **e**khete ...?
Do you have this in another size/colour?	Το έχετε αυτό σε άλλο μέγεθος/χρώμα; to **e**khete aft**o** se **a**lo m**e**yethos/khr**o**ma?
I take size ...	Φοράω το ... (νούμερο) for**a**o to ... (n**oo**mero)
I'll take it.	Θα το πάρω. tha to p**a**ro
Do you have anything else?	Έχετε κάτι άλλο; **e**khete k**a**tee **a**lo?
That's too expensive.	Είναι πολύ ακριβό. **ee**ne pol**ee** akreev**o**
I'm just looking.	Απλώς κοιτάζω. apl**o**s keet**a**zo
Do you take credit cards?	Δέχεστε πιστωτικές κάρτες; dh**e**kheste peestoteek**e**s k**a**rtes?

Food Shopping | Ψωνίζοντας τρόφιμα

Where is the nearest supermarket?	Πού είναι το πλησιέστερο σουπερμάρκετ; poo **ee**ne to pleesi**e**stero s**oo**permarket?
When is the market on?	Πότε έχει λαϊκή (αγορά); p**o**te **e**khee laeek**ee** (aghor**a**)?
A kilo/a pound of ...	Ένα κιλό/μισό κιλό ... **e**na keel**o**/mees**o** keel**o** ...
200 grams of ...	200 γραμμάρια ... dhiak**o**sia ghram**a**ria ...
6 slices of ...	6 φέτες ... **e**ksee f**e**tes ...
A litre of ...	Ένα λίτρο ... **e**na l**ee**tro ...
A bottle of ...	Ένα μπουκάλι ... **e**na book**a**lee ...
A packet of ...	Μία σακούλα ... mia sak**oo**la ...

SHOPPING | ΨΩΝΙΑ

Post Office	**Ταχυδρομείο**
When does the post office open?	Πότε ανοίγει το ταχυδρομείο;
	pote an**ee**yee to takheedhrom**ee**o?
Where can I buy stamps?	Πού μπορώ να αγοράσω γραμματόσημα;
	p**oo** bor**o** na aghor**a**so ghramat**o**seema?
I'd like ... stamps for postcards/letters to Britain/United States.	Θα ήθελα ... γραμματόσημα για καρτ ποστάλ/ γράμματα για Βρετανία/ Ηνωμένες Πολιτείες.
	tha **ee**thela ... ghramat**o**seema ya kart post**a**l/ghr**a**mata ya vretan**ee**a/eenom**e**nes poleet**ee**-es
I'd like to post this letter.	Θα ήθελα να ταχυδρομήσω αυτό το γράμμα.
	tha **ee**thela na takheedhrom**ee**so aft**o** to ghr**a**ma
I'd like to send this parcel.	Θα ήθελα να στείλω αυτό το δέμα. tha **ee**thela na st**ee**lo afto to dh**e**ma
airmail	αεροπορικώς aeroporeek**o**s
registered mail	συστημένο (γράμμα) seesteem**e**no (ghr**a**ma)
Is there any mail for me?	Μήπως έχω αλληλογραφία;
	m**ee**pos **e**kho aleeloghraf**ee**a?
Where is the nearest postbox?	Πού είναι το πλησιέστερο γραμματοκιβώτιο;
	p**oo** **ee**ne to pleesi**e**stero ghramatokeev**o**tio?

Sightseeing	**Περιήγηση σε αξιοθέατα**
Where is the tourist office?	Πού είναι το τουριστικό γραφείο; **poo ee**ne to tooreesteek**o** ghraf**ee**o?
Are there any sightseeing tours of the town?	Γίνονται ξεναγήσεις στην πόλη; **yee**nonte ksenay**ee**sees steen p**o**lee?
When is the museum/castle open?	Πότε είναι ανοιχτό το μουσείο/κάστρο; p**o**te **ee**ne aneekht**o** to moos**ee**o/k**a**stro?
How much does it cost to get in?	Πόσο κοστίζει η είσοδος; p**o**so kost**ee**zee ee **ee**sodhos?
Is there a guided tour in English?	Υπάρχει ξενάγηση στα Αγγλικά; **ee**parkhee ksen**a**yeesee sta angleek**a**?
Can I take photos?	Μπορώ να τραβήξω φωτογραφίες; bor**o** na trav**ee**kso fotograf**ee**-es?
Could you take a photo of us, please?	Μπορείτε να μας τραβήξετε μία φωτογραφία, παρακαλώ; bor**ee**te na mas trav**ee**ksete mia fotoghraf**ee**a, parakal**o**?
Can I film here?	Μπορώ να βιντεοσκοπήσω εδώ; bor**o** na veedeoskop**ee**so edh**o**?

LEISURE | ΑΝΑΨΥΧΗ

Entertainment	Διασκέδαση
What is there to do here?	Τι δραστηριότητες μπορεί να κάνει κάποιος εδώ; tee dhrasteerio**teetes boree na kanee kapios edho
Where is there a nice bar?	Πού υπάρχει κάποιο καλό μπαρ; poo eep**arkhee kapio kalo bar?
What's on tonight at the theatre?	Ποιο έργο παίζεται στο θέατρο απόψε; pio **ergho pezete sto theatro apopse?
Where can I buy tickets for the concert?	Πού μπορώ να αγοράσω εισιτήρια για τη συναυλία; poo bor**o na aghoraso eeseeteerio ya ta seenavleea?
How much is it to get in?	Πόσο είναι η είσοδος; p**oso eene ee eesodhos?
I'd like a ticket/... tickets for ...	Θα ήθελα ένα εισιτήριο/ ... εισιτήρια για ... tha **eethela ena eeseeteerio/ ... eeseeteeria ya ...

At the Beach	Στην παραλία
Where is the nearest beach?	Πού είναι η πλησιέστερη παραλία; poo **eene ee pleesiesteree paraleea?
Is it safe to swim here?	Είναι ασφαλές να κάνεις μπάνιο εδώ; **eene asfales na kanees banio edho?
Is there a lifeguard?	Υπάρχει ναυαγοσώστης; eep**arkhee navaghosostees?

Where can you go ...?	Πού μπορείς να κάνεις ...; poo bor**ee**s na k**a**nees ...?
surfing	σέρφινγκ s**e**rfing
waterskiing	γουότερ–σκι w**a**terskee
diving	καταδύσεις katadh**ee**sees
paragliding	αλεξίπτωτο θαλάσσης aleks**ee**ptoto thal**a**sees
I'd like to hire a deckchair/sunshade.	Θα ήθελα να νοικιάσω μια ξαπλώστρα/ομπρέλα. tha **ee**thela na neeki**a**so mia ksapl**o**stra/ombr**e**la
I'd like to hire a jet-ski.	Θα ήθελα να νοικιάσω ένα τζετ–σκι. tha **ee**thela na neeki**a**so **e**na tz**e**tskee
Sport	Αθλητικές δραστηριότητες
Where can we play tennis?	Πού μπορούμε να παίξουμε τένις; poo bor**oo**me na p**e**ksoome t**e**nees?
Where can we go swimming?	Πού μπορούμε να πάμε για κολύμβηση; poo bor**oo**me na p**a**me ya kol**ee**mveesee?
Where can we go riding?	Πού μπορούμε να κάνουμε ιππασία; poo bor**oo**me na k**a**noome eepas**ee**a?
How much is it per hour?	Πόσο είναι την ώρα; poso **ee**ne teen **o**ra?
Where can I book a court?	Πού μπορώ να κλείσω ένα γήπεδο τένις; poo bor**o** na kl**ee**so **e**na y**ee**pedho t**e**nees?
Where can I hire rackets?	Πού μπορώ να νοικιάσω ρακέτες; poo bor**o** na neeki**a**so rak**e**tes?

A table for 4 people, please.	Ένα τραπέζι για τέσσερις, παρακαλώ. **e**na trap**e**zee ya t**e**serees, parakal**o**
The menu/wine list please.	Το μενού/τον κατάλογο με τα κρασιά, παρακαλώ. to men**oo**/ton kat**a**logho me ta krasi**a**, parakal**o**
What do you recommend?	Εσείς τι (μας/μου) προτείνετε; edh**ee**s tee (mas/moo) prot**ee**nete?
Do you have any vegetarian dishes?	Έχετε πιάτα για χορτοφάγους; **e**khete pi**a**ta ya khortafa**gh**oos?
Do you have children's portions?	Έχετε παιδικές μερίδες; **e**khete pedheek**e**s mer**ee**dhes?
Does that contain peanuts?	Αυτό περιέχει φιστίκια; aft**o** peri**e**khee feest**ee**kia?
Does that contain alcohol?	Αυτό περιέχει αλκοόλ; aft**o** peri**e**khee alko**o**l?
Can you bring more bread, please?	Μπορείτε να μας φέρετε κι άλλο ψωμί, παρακαλώ; bor**ee**te na mas f**e**rete kee **a**lo psom**ee**, parakal**o**?
I'll have the fish.	Θα πάρω το ψάρι. tha p**a**ro to ps**a**ree
The bill, please.	Τον λογαριασμό, παρακαλώ. ton loghariasm**o**, parakal**o**
Keep the change.	Κρατήστε τα ρέστα. krat**ee**ste ta r**e**sta
This isn't what I ordered.	Δεν παρήγγειλα αυτό. dhen par**ee**ngeela aft**o**

Where can I make a phone call?	Πού μπορώ να κάνω ένα τηλεφώνημα; poo bor**o** na k**a**no **e**na teelef**o**neema?
I'd like a twenty-five euro phone card.	Θα ήθελα μια χρονοκάρτα των 25 ευρώ. tha **ee**thela mia khronok**a**rta ton eekoseep**e**nde evr**o**
I'd like to make a reverse charge call.	Θα ήθελα να κάνω ένα τηλεφώνημα πληρωτέο προορισμού. tha **ee**thela na k**a**no **e**na teelef**o**neema pleerot**e**o pro-oreesm**oo**
Hello.	Γεια σας. ya sas
This is ...	Είμαι ο/η ... **ee**me o/ee ...
Who's speaking, please?	Ποιος είναι, παρακαλώ; pios **ee**ne, parakal**o**?
Can I speak to Mr/to Ms ...?	Μπορώ να μιλήσω στον κύριο/στην κυρία ...; bor**o** na meel**ee**so steen k**ee**rio/ steen keer**ee**a ...?
Extension ..., please.	Εσωτερική γραμμή ..., παρακαλώ. esotereek**ee** gram**ee** ..., parakal**o**
I'll phone back later.	Θα ξαναπάρω αργότερα. tha ksanap**a**ro argh**o**tera
Where can I buy a top-up card?	Πού μπορώ να αγοράσω μια κάρτα ανανέωσης χρόνου; poo bor**o** na aghor**a**so mia k**a**rta anan**e**osees khr**o**noo?

Passport/Customs	Έλεγχος Διαβατηρίων/ Τελωνείο
Here is my passport.	Ορίστε το διαβατήριό μου. or**ee**ste to dhiavat**ee**rio moo
Here is my identity card.	Ορίστε η ταυτότητά μου. or**ee**ste ee taft**o**teeta moo
Here is my driving licence.	Ορίστε η άδεια οδήγησης. or**ee**ste ee **a**dhhia odh**ee**yeesees
This is for my own personal use.	Αυτό είναι για προσωπική χρήση. afto **ee**ne ya prosopeek**ee** khr**ee**see
At the Bank	Στην τράπεζα
I'd like 200 euros.	Θα ήθελα 200 ευρώ. tha **ee**thela dheeak**o**seea evr**o**
I'd like to change 100 euros into pounds/dollars.	Θα ήθελα να αλλάξω 100 ευρώ σε λίρες/δολάρια. tha **ee**thela na al**a**kso ekat**o** evro se l**ee**res/dhol**a**ria
I'd like to cash these traveller's cheques.	Θα ήθελα να εξαργυρώσω αυτές τις ταξιδιωτικές επιταγές. tha **ee**thela na eksaryeer**o**so aftes tees takseedhioteek**e**s epeetay**e**s
What's the commission?	Πόση είναι η προμήθεια; p**o**see **ee**ne ee prom**ee**thia?
Can I use my card to get cash?	Μπορώ να βγάλω χρήματα με την κάρτα μου; bor**o** na vgh**a**lo me teen k**a**rta moo?
Is there a cash machine?	Υπάρχει μηχάνημα ανάληψης χρημάτων; eep**a**rkhee meekh**a**neema an**a**leepsees khreem**a**ton?

The cash machine swallowed my card.	Το μηχάνημα κράτησε την κάρτα μου. to meekhaneema krateese teen karta moo
Emergency Services	**Σώματα Ασφαλείας και Πρώτες Βοήθειες**
Help!	Βοήθεια! voeethia!
Fire!	Φωτιά! fotia!
Please call ...	Παρακαλώ καλέστε ... parakalo kaleste ...
the emergency doctor.	τον εφημερεύοντα ιατρό. ton efeemerevonta yatro
the fire brigade.	την Πυροσβεστική. teen peerosvesteekee
the police.	την Αστυνομία. teen asteenomeea
Where is the police station/ hospital?	Πού είναι το αστυνομικό τμήμα/το νοσοκομείο; poo eene to asteenomeeko tmeema/to nosokomeeo?
My wallet has been stolen.	Μου έκλεψαν το πορτοφόλι. moo eklepsan to portofolee
There's been an accident.	Συνέβη κάποιο ατύχημα. seenevee kapio ateekheema
My location is ...	Είμαι στον/στη(ν)/στο ... eeme ston/stee(n)/sto ...
I've been robbed.	Με λήστεψαν. me leestepsan
I've been attacked.	Μου επιτέθηκαν. moo epeetetheekan
I've been raped.	Με βίασαν. me veeasan
I'd like to phone my embassy.	Θα ήθελα να τηλεφωνήσω στην πρεσβεία μου. tha eethela na teelefoneeso steen presveea moo

Pharmacy	Φαρμακείο
Where is the nearest pharmacy?	Πού είναι το πλησιέστερο φαρμακείο; p**oo ee**ne to pleesi**e**stero farmak**ee**o?
Which pharmacy provides emergency service?	Ποιο φαρμακείο παρέχει πρώτες βοήθειες; pio farmak**ee**o par**e**khee pr**o**tes vo**ee**thies?
I'd like something for diarrhoea/a headache/a cold.	Θα ήθελα κάτι για τη διάρροια/τον πονοκέφαλο/ το κρύωμα.　tha **ee**thela k**a**tee ya tee dhi**a**ria/ton ponok**e**falo/to kr**ee**oma
I'd like plasters.	Θα ήθελα χανζαπλάστ. tha **ee**thela khanzapl**a**st
I'd like some paracetamol.	Θα ήθελα παρακεταμόλη. tha **ee**thela paraketam**o**lee
I can't take aspirin/penicillin.	Δεν μπορώ να πάρω ασπιρίνη/πενικιλίνη. dhen bor**o** na p**a**ro aspeer**ee**nee/peneekeel**ee**nee
Is it safe to give to children?	Είναι ασφαλές να το δώσω σε παιδιά; **ee**ne asfal**e**s na to dh**o**so se pedhi**a**?
At the Doctor's	Στον γιατρό
I need a doctor.	Χρειάζομαι γιατρό. khri**a**zome yatr**o**
Where is casualty?	Πού είναι τα επείγοντα; p**oo ee**ne ta epe**e**ghonta?
I have a pain here.	Πονάω εδώ.　pon**a**o edh**o**

I feel hot.	Ζεσταίνομαι.	zest**e**nome
I feel cold.	Κρυώνω.	kri**o**no
I feel sick.	Αναγουλιάζω.	anaghooli**a**zo
I feel dizzy.	Ζαλίζομαι.	zal**ee**zome
I am pregnant.	Είμαι έγκυος.	**ee**me **e**nkios
I am diabetic.	Είμαι διαβητικ|ός/-ή.	
	eeme dhiaveeteek|**o**s/-**ee**	
I'm on this medication.	Παίρνω αυτά τα φάρμακα.	
	perno aft**a** to f**a**rmaka	
My blood group is ...	Έχω ομάδα αίματος ...	
	ekho om**a**dha **e**matos ...	

At the Hospital   Στο νοσοκομείο

I'd like to speak to a doctor.	Θα ήθελα να μιλήσω με έναν γιατρό.
	tha **ee**thela na meel**ee**so me **e**nan yatr**o**
When will I be discharged?	Πότε θα βγω; p**o**te tha vgho?

At the Dentist's   Στον οδοντίατρο

I need a dentist.	Χρειάζομαι οδοντίατρο.
	khri**a**zome odhont**ee**atro
This tooth hurts.	Με πονάει αυτό το δόντι.
	me pon**a**ee aft**o** to dh**o**ntee
One of my fillings has fallen out.	Μου έφυγε ένα σφράγισμα.
	moo **e**feeye **e**na sfray**ee**sma
I have an abscess.	Έχω ένα απόστημα.
	ekho **e**na ap**o**steema
I need a receipt for the insurance.	Θέλω μια απόδειξη για την ασφαλειά μου.
	th**e**lo mia ap**o**dheeksee ya teen asf**a**lia moo

TRAVELLERS | ΤΑΞΙΔΙΩΤΕΣ

Business Travel	**Επαγγελματικά ταξίδια**
I'd like to arrange a meeting with ...	Θα ήθελα να κανονίσω μία συνάντηση με ...
	tha **ee**thela na kanon**ee**so mia seen**a**nteesee me ...
I have an appointment with ...	Έχω ραντεβού με ...
	ekho randev**oo** me ...
I work for ...	Εργάζομαι για τον/τη(ν)/το ...
	erg**a**zome ya ton/tee(n)/to ...
How do I get to your office?	Πώς θα έλθω στο γραφείο σας; pos tha **e**ltho sto ghraf**ee**o sas?
I need an interpreter.	Χρειάζομαι έναν διερμηνέα.
	khri**a**zome **e**nan dhiermeen**ea**
May I use your phone/ desk/computer?	Μπορώ να χρησιμοποιήσω το τηλέφωνό/το γραφείο/ τον υπολογιστή σας;
	bor**o** na khreeseemopee-**ee**so to teel**e**fono/to ghraf**ee**o/ ton eepoloyeest**ee** sas?
Disabled Travellers	**Ταξιδιώτες με κινητικές δυσκολίες**
Is it possible to visit ... with a wheelchair?	Μπορώ να επισκεφθώ τον/ τη(ν)/το ... με καροτσάκι;
	bor**o** na epeeskefth**o** ton/tee(n)/ to ... me karots**a**kee?
Where is the wheelchair-accessible entrance?	Πού είναι η είσοδος για τα καροτσάκια; p**oo** **ee**ne ee **ee**sodhos ya ta karots**a**kia
I need a room on the ground floor.	Θέλω ένα δωμάτιο στο ισόγειο.
	th**e**lo **e**na dhom**a**tio sto ees**o**yio

Where is the disabled toilet?	Πού είναι η τουαλέτα για άτομα με κινητικές δυσκολίες; poo **ee**ne ee tooal**e**ta ya **a**toma me keen**ee**tee**ke**s dheeskol**ee**-es?

Travelling with Children
Ταξιδεύοντας με παιδιά

Is it OK to bring children here?	Μπορώ να φέρω παιδιά εδώ; bor**o** na f**e**ro pedh**ia** edh**o**?
Is there a reduction for children?	Υπάρχει κάποια έκπτωση για παιδιά; eep**a**rkhee k**a**pia **e**kptosee ya pedh**ia**?
Do you have a high chair/ a cot?	Μήπως έχετε μια ψηλή καρέκλα/ένα κρεβατάκι για μωρό; m**ee**pos **e**khete mia psee**lee** kar**e**kla/**e**na krevatakee ya mor**o**?
Where can I change/ breast-feed the baby?	Πού μπορώ να αλλάξω/ θηλάσω το μωρό; puo bor**o** na al**a**kso/ theel**a**so to mor**o**?
Can you warm this up, please?	Μπορείτε να το ζεστάνετε αυτό, παρακαλώ; bor**ee**te na to zest**a**nete aft**o**, parakal**o**?
Is there a child-minding service?	Υπάρχει υπηρεσία μπέιμπι–σίτινγκ; eep**a**rkhee eepeeres**ee**a baby-sitting?
My child is ill.	Το παιδί μου είναι άρρωστο. to pedh**ee** moo **ee**ne **a**rosto

COMPLAINTS | ΠΑΡΑΠΟΝΑ

I'd like to make a complaint.	Θα ήθελα να κάνω ένα παράπονο. tha **ee**thela na k**a**no **e**na par**a**pono
I'd like to speak to the manager, please.	Θα ήθελα να μιλήσω στον υπεύθυνο, παρακαλώ. tha **ee**thela na meel**ee**so ston eep**e**ftheeno, parakal**o**
The light/shower doesn't work.	Το φως/το ντους δεν λειτουργεί. to fos/to doos dhen leetoorg**ee**
The room is dirty/ too small/too cold.	Το δωμάτιο είναι βρώμικο/ πολύ μικρό/πολύ κρύο. to dhom**a**tio **ee**ne vr**o**meeko/ pol**ee** meekr**o**/pol**ee** kr**ee**o
Can you turn down the TV, please?	Μπορείτε να χαμηλώσετε την τηλεόραση, παρακαλώ; bor**ee**te na khameel**o**sete teen teele**o**rasee, parakal**o**?
The food is cold/too salty.	Το φαγητό είναι κρύο/πολύ αλατισμένο. to fayeet**o ee**ne kr**ee**o/pol**ee** alateesm**e**no
We've been waiting for a very long time.	Περιμένουμε πάρα πολύ ώρα. pereem**e**noome p**a**ra pol**ee** o**ra**
The bill is wrong.	Ο λογαριασμός είναι λάθος. o logariasm**os ee**ne l**a**thos
I want my money back.	Θέλω να μου επιστρέψετε τα χρήματά μου. th**e**lo na moo epeestr**e**psete ta khr**ee**mat**a** moo
I'd like to exchange this.	Θα ήθελα να το αλλάξω. tha **ee**thela na to al**a**kso

Bangers and mash Τηγανητά λουκάνικα με πουρέ πατάτας, τηγανητά κρεμμύδια και σάλτσα γκρέιβι.

Banoffee pie Τάρτα με γέμιση μπανάνα, καραμέλα βουτύρου και κρέμα.

BLT (sandwich) Σάντουιτς με μπέικον, μαρούλι, ντομάτα και μαγιονέζα.

Butternut squash Είδος χειμερινού κολοκυθιού, μακρύ, με κιτρινωπό χρώμα, με γλυκιά γεύση και το οποίο συνήθως τρώγεται ψητό.

Caesar salad Μεγάλη σαλάτα με μαρούλι, διάφορα λαχανικά, αβγό, τυρί παρμεζάνα και μια ειδική σος. Σερβίρεται ως συνοδευτικό ή ως κυρίως πιάτο.

Chocolate brownie Μικρό, τετράγωνο κέικ σοκολάτας με ξηρούς καρπούς.

Chowder Ψαρόσουπα με παχύρρευστο ζωμό.

Chicken Kiev Στήθος κοτόπουλου με γέμιση βούτυρο, σκόρδο και μαϊντανό, με κρούστα από τριμμένη φρυγανιά, ψημένο στον φούρνο.

Chicken nuggets Μικρά κομμάτια κοτόπουλο με κρούστα από τριμμένη φρυγανιά, τηγανητά ή στον φούρνο, τα οποία σερβίρονται ως παιδικό γεύμα.

Club sandwich Σάντουιτς με τρεις φέτες ψωμί, συνήθως ψημένες. Η γέμιση συνήθως συμπεριλαμβάνει κρέας, τυρί, μαρούλι, ντομάτες και κρεμμύδια.

Cottage Pie Πίτα με μοσχαρίσιο κιμά, λαχανικά και επίστρωση πουρέ πατάτας και τυριού, ψημένη στον φούρνο.

English breakfast Αβγά, μπέικον, λουκάνικα, φασόλια, τηγανισμένες φέτες ψωμιού και μανιτάρια.

Filo pastry Λεπτή και πλατιά ζύμη.

Haggis Σκωτσέζικο πιάτο που γίνεται από τον κιμά του συκωτιού και της καρδιάς προβάτου, βρώμη και καρυκεύματα, βρασμένα μέσα σε μια μεμβράνη φτιαγμένη από το στομάχι του ζώου.

Hash browns Μαγειρεμένες πατάτες, ψιλοκομμένες

και τσιγαρισμένες μαζί
με κρεμμύδια, οι οποίες
σερβίρονται συχνά με το
πρωινό.

Hotpot Βραστό κρέας με
λαχανικά, σερβιρισμένα
με πατάτες.

Irish stew Αρνί ραγού με
πατάτες και κρεμμύδια.

Monkfish Πίνα. Ψάρι με
σκληρό, λευκό κρέας.

Oatcake Αλμυρό παξιμάδι
από βρώμη, το οποίο
τρώγεται συχνά με τυρί.

Pavlova Μαρέγκα με
επίστρωση φρούτων και
σαντιγί.

Ploughman's lunch Σάντουιτς
με τυρί και πίκλες.

Quorn Πρωτεΐνη λαχανικών
η οποία χρησιμοποιείται ως
υποκατάστατο του κρέατος.

Savoy cabbage Είδος λάχανου
με σκούρα πράσινα και
κατσαρά φύλλα.

Sea bass Λαβράκι. Ψάρι με
νόστιμο, λευκό κρέας.

Scotch broth Ζεστή
κρεατόσουπα με ψιλοκομμένα
λαχανικά και κριθάρι.

Scotch egg Κρύο, σφιχτό
αβγό τυλιγμένο σε μείγμα
λουκάνικου, βουτηγμένο
σε τριμμένη φρυγανιά και
τηγανισμένο σε φριτέζα.

Spare ribs Χοιρινά παϊδάκια,
σερβίρονται συνήθως με
σάλτσα μπάρμπεκιου.

Spring roll Κινεζικό πιάτο
από ένα μείγμα λαχανικών
και κρέατος, τυλιγμένο σε
ρολό από λεπτή ζύμη και
τηγανισμένο.

Stilton Τυρί που μοιάζει
με ροκφόρ, με πλούσια
και δυνατή γεύση.

Sundae Παγωτό γαρνιρισμένο
με σιρόπι, ξηρούς καρπούς,
σαντιγί, κ.λπ.

Thousand Island dressing
Σος από κέτσαπ, μαγιονέζα,
σάλτσα Γούρστερ και
λεμόνι. Σερβίρεται συνήθως
με γαρίδες.

Toad in the hole Λουκάνικα
τυλιγμένα με ζύμη από
αλεύρι, αβγά και γάλα,
ψημένα στον φούρνο.

Waldorf salad Σαλάτα από
λεπτοκομμένες φέτες μήλου
και σέλινο, ψιλοκομμένα
καρύδια και σάλτσα με βάση
τη μαγιονέζα.

Welsh rarebit Μείγμα από
λιωμένο τυρί και αβγά σε
φρυγανισμένο ψωμί.

Yorkshire pudding Πουτίγκα
από αβγά, γάλα και αλεύρι,
ψημένη στον φούρνο.
Σερβίρεται με ροζμπίφ.

αεριούχος aeree**oo**khos fizzy

ανθρακούχο νερό anthra**koo**kho ner**o** sparkling water

αρνί arn**ee** lamb

αρνί γιουβέτσι arn**ee** yoov**e**tsee roast lamb with small pasta in tomato sauce

αρνί λεμονάτο arn**ee** lemon**a**to lamb braised in sauce with herbs and lemon juice

αρνί ψητό arn**ee** pseet**o** roast lamb, often served with potatoes

αφέλια af**e**leea diced fried pork, braised in red wine, often with coriander seasoning

γαλακτομπούρικο ghalaktob**oo**reeko filo pastry filled with a mixture of milk, eggs, semolina, (vegetable) butter and vanilla, baked and left in syrup to steep

γλυκά κουταλιού ghleek**a** kootaly**oo** boiled fruits preserved in syrup

γραβιέρα ghravy**e**ra cheese resembling gruyère

κάππαρη or κάπαρη k**a**paree pickled capers

καρυδόπιτα kareedh**o**peeta walnut cake left in syrup to steep

κόκκινο κρασί k**o**keeno kras**ee** red wine

κολοκυθόπιτα kolokeeth**o**peeta courgette/ zucchini pie

κουπέπια koop**e**pya stuffed vine leaves (*Cyprus*)

κούπες koop**e**s deep fried meat pasties

λούντζα l**oo**ndza loin of pork, marinated and smoked

μαυρομάτικα (φασόλια) mavrom**a**teeka (fas**o**lia) black-eyed peas

μελιτζάνες ιμάμ meleetz**a**nes eem**a**m aubergines (eggplants) stuffed with garlic, tomato, onion and parsley

μεταλλικό νερό metalik**o** ner**o** still water

μεταξά metaks**a** Metaxa (Greek brandy-type spirit)

μέτρια ψημένο m**e**treea pseem**e**no medium-grilled (meat)

μπριζόλα αρνίσια breez**o**la arn**ee**sya lamb chop/cutlet

νεροκάρδαμο σαλάτα nerok**a**rdamo sal**a**ta watercress salad

νες, νεσκαφέ nes, nescaf**e** hot instant coffee (of any brand)

νες με γάλα nes me gh**a**la hot instant coffee (with milk)

ντάκος d**a**kos barley bread roll, served with a mixture of tomato, feta cheese, olive oil, olives and oregano.

παϊδάκια paeedh**a**kya grilled lamb chops

παντζάρια pandz**a**rya beetroot with seasonings

παπουτσάκια papoots**a**kya stuffed aubergines (eggplants) with mince in tomato sauce, topped with béchamel sauce

παστιτσάδα pasteets**a**da beef with tomatoes, onions, red wine, herbs, spices and pasta

πίτα, πίττα p**ee**ta pitta (flat unleavened bread); pie with different fillings, such as meat, cheese, vegetables

πουργούρι πιλάφι poorgh**oo**ree peel**a**fee cracked wheat mixed with vermicelli and onions, boiled in water or tomato sauce (Cyprus)

ραβιόλι ravy**o**lee pastry stuffed with cheese (Cyprus)

ρακή, ρακί rak**ee** raki, strong spirit

σικαλένιο ψωμί, ψωμί σικάλεως seekal**e**nyo psom**ee**, psom**ee** sik**a**leos rye bread

συκώτι seek**o**tee liver

σουβλατζίδικο soovlats**ee**deeko shop selling souvlakia, doner kebabs, etc

σπαράγγια σαλάτα spar**a**ngya sal**a**ta asparagus salad

σχάρας skh**a**ras grilled

τραχανάς trakhan**o**s soup made of a dried mixture of cracked wheat and yoghurt (Cyprus)

φλαούνες fla**oo**nes Easter pastry stuffed with specially made cheese, mint and raisins (Cyprus)

φιστίκια Αιγίνης feest**ee**kya ey**ee**nees pistachios

φραπές, φραπέ frap**e**s, frap**e** iced coffee (of any brand)

φραπέ(ς) με γάλα frap**e**(s) me gh**a**la iced coffee (with milk)

χούμους kh**oo**moos dip made with puréed chickpeas, hummus (Cyprus)

χταπόδι khtap**o**dhee octopus

χταπόδι κρασάτο khtap**o**dhee kras**a**to octopus in red wine sauce

ENGLISH–GREEK
ΑΓΓΛΟΕΛΛΗΝΙΚΟ

A a

A, a [eɪ] n (letter) το πρώτο γράμμα του αγγλικού αλφαβήτου • (scol: mark) άριστα nt inv • = A • **A road** (BRIT: AUT) οδική αρτηρία

KEYWORD

a [eɪ, ə] (before vowel or silent h: **an**) indef art (a) ένας m, μια f, ένα nt • **she's a doctor** είναι γιατρός
(b) (instead of the number "one") ένας m, μια f, ένα nt • **a hundred/thousand pounds** εκατό/χίλιες λίρες
(c) (expressing ratios, prices etc: translated by the accusative) **3 a day/a week** 3 την ημέρα/την εβδομάδα • **10 km an hour** 10 χλμ. την ώρα • **£5 a person** 5 λίρες το άτομο • **30p a kilo** 30 πέννες το κιλό

AA n abbr (BRIT) (= Automobile Association) = Ε.Λ.Π.Α. • (US) (= Associate in/of Arts) πανεπιστημιακός τίτλος πτυχίου • (= Alcoholics Anonymous) σύλλογος που ασχολείται με τη θεραπεία από τον αλκοολισμό

AAA n abbr (= American Automobile Association) = Ε.Λ.Π.Α.

aback [əˈbæk] adv **to be taken ~** σαστίζω

abandon [əˈbændən] vt εγκαταλείπω • (car) παρατάω ♦ n **with ~** ξέφρενα

abbey [ˈæbɪ] n αββαείο n

abbreviation [əbriːvɪˈeɪʃən] n συντομογραφία f

abdomen [ˈæbdəmən] n κοιλιά f

abide [əˈbaɪd] vt **I can't ~ it/him** δεν

το/τον ανέχομαι • **by** vt fus συμμορφώνομαι με

ability [əˈbɪlɪtɪ] n ικανότητα f • **to the best of my ~** όσο μπορώ καλύτερα

able [ˈeɪbl] adj ικανός • **to be ~ to do sth** μπορώ να κάνω κτ

abnormal [æbˈnɔːməl] adj ανώμαλος • (child) μη φυσιολογικός

aboard [əˈbɔːd] prep (NAUT) πάνω σε • (AVIAT, bus) μέσα σε ♦ adv μέσα

abolish [əˈbɒlɪʃ] vt καταργώ

abolition n κατάργηση f

abortion [əˈbɔːʃən] n έκτρωση f • **to have an ~** κάνω έκτρωση

KEYWORD

about [əˈbaʊt] adv (a) (= roughly) περίπου • **at about 2 o'clock** γύρω στις 2 • **I've just about finished** κοντεύω να τελειώσω
(b) (referring to place) εδώ κι εκεί • **to run/walk about** τρέχω/τριγυρίζω εδώ κι εκεί
(c) **to be about to do sth** είμαι έτοιμος να κάνω κτ
♦ prep (a) (= relating to) για • **what is it about?** περί τίνος πρόκειται; • **what or how about going out?** πώς σας φαίνεται or τι λέτε να βγούμε έξω;
(b) (referring to place) **to walk about the town** τριγυρίζω στην πόλη • **her clothes were scattered about the room** τα ρούχα της ήταν σκορπισμένα εδώ κι εκεί στο δωμάτιο

above [əˈbʌv] adv (= higher up,

overhead) από πάνω • (= *greater, more*) πάνω ♦ *prep* πάνω από •
~ **mentioned** = προαναφερθείς •
~ **criticism/suspicion** υπεράνω κριτικής/υποψίας • **all** πάνω απ'όλα

abroad [əˈbrɔːd] *adv* στο εξωτερικό

abrupt [əˈbrʌpt] *adj* (*action, ending etc*) αιφνίδιος • (*person, behaviour*) απότομος

absence [ˈæbsəns] *n* (*of person*) απουσία *f* • (*of thing*) έλλειψη *f*

absent [ˈæbsənt] *adj* απών • **to be** ~ λείπω

absolute [ˈæbsəluːt] *adj* απόλυτος •
~**ly** *adv* (= *totally*) απόλυτα •
(= *certainly*) βεβαίως

absorb [əbˈzɔːb] *vt* απορροφώ •
(*changes, information*) αφομοιώνω • **to be** ~**ed in a book** με έχει απορροφήσει ένα βιβλίο • ~**ing** *adj* συναρπαστικός

abstain [əbˈsteɪn] *vi* (*in vote*) απέχω •
to ~ **from** απέχω από

abstract [ˈæbstrækt] *adj* αφηρημένος

absurd [əbˈsɜːd] *adj* παράλογος

abundance [əˈbʌndəns] *n* αφθονία *f* •
abundant *adj* άφθονος

abuse *n* [əˈbjuːs] *vb* [əˈbjuːz] *n*
(= *insults*) βρισιές *fpl* •
(= *ill-treatment*) κακομεταχείριση *f* •
(*of power, drugs etc*) κατάχρηση *f* •
♦ *vt* (= *insult*) προσβάλλω •
(= *ill-treat*) κακομεταχειρίζομαι •
(= *misuse*) κάνω κατάχρηση +*gen* •
abusive *adj* προσβλητικός

abysmal [əˈbɪzməl] *adj* (*performance*) κάκιστος • (*failure*) παταγώδης •
(*conditions, wages*) απαράδεκτος

academic [ækəˈdemɪk] *adj* ακαδημαϊκός • (*pej: issue*) θεωρητικός ♦ *n* ακαδημαϊκός *mf* •
~ **year** *n* ακαδημαϊκό έτος *nt*

academy [əˈkædəmɪ] *n* (= *learned body*) ακαδημία *f* • (= *school*) ινστιτούτο *f* • ~ **of music** ωδείο *n* •
military/naval = στρατιωτική/ναυτική σχολή

accelerate [ækˈseləreɪt] *vt* επισπεύδω
♦ *vi* (*AUT*) αυξάνω ταχύτητα

acceleration (*AUT*) *n* επιτάχυνση *f* •
accelerator (*AUT*) *n* γκάζι *nt*

accent [ˈæksent] *n* (*pronunciation*) προφορά *f* • (*written mark*) τόνος *m* •
(*fig*) έμφαση *f*

accept [əkˈsept] *vt* δέχομαι • (*fact, situation*) αποδέχομαι • (*risk, responsibility*) παίρνω • ~**able** *adj* (*offer, risk etc*) αποδεκτός • (*gift*) ευπρόσδεκτος • ~**ance** *n* αποδοχή *f*

access [ˈækses] *n* πρόσβαση ♦ *vt* (*COMPUT*) αποκτώ πρόσβαση σε • **to have** ~ **to** έχω πρόσβαση σε • ~**ible** *adj* προσιτός

accessory [əkˈsesərɪ] *n* (*AUT, COMM*) εξάρτημα *nt* • (*DRESS*) αξεσουάρ *nt inv* • (*JUR*) ~ **to** ο συνεργός σε

accident [ˈæksɪdənt] *n* (= *chance event*) τυχαίο περιστατικό *nt* •
(= *mishap, disaster*) ατύχημα *nt* • **by**
~ (= *unintentionally*) κατά λάθος •
(= *by chance*) κατά τύχη • ~**al** *adj* (*death, damage*) τυχαίος • ~**ally** *adv* (= *by accident*) τυχαία

acclaim [əˈkleɪm] *n* επιδοκιμασία *f*
♦ *vt* **to be** ~**ed for one's achievements** εξυμνούμαι για τα επιτεύγματά μου

accommodate [əˈkɒmədeɪt] *vt* φιλοξενώ • (= *oblige, help*) εξυπηρετώ • **accommodation** *n* στέγη *f*

► **accommodations** *npl* (*US*) ενοικιαζόμενα δωμάτια *ntpl*

accompaniment [əˈkʌmpənɪmənt] *n* συνοδεία *f* • (*MUS*) ακομπανιαμέντο *nt*

accompany [əˈkʌmpənɪ] *vt* (*also MUS*) συνοδεύω

accomplice [əˈkʌmplɪs] *n* συνένοχος *mf*

accomplish [əˈkʌmplɪʃ] *vt* (*goal*) επιτυγχάνω • (*task*) ολοκληρώνω •
~**ment** *n* (= *completion*) ολοκλήρωση *f* • (= *achievement*)

katórthōma nt · (= skill) ikanótētes fpl

▶ **accomplishments** npl charísmata ntpl

accord [ə'kɔːd] nt n symfōnía f ♦ vt paréchō · **of his own** ~ me tē thélēsē tou · **to** ~ **with sth** symfōnō me kt · ~**ance** n in ~**ance with** sýmfōna me · **~ing** · **~ing to** prep (person, account) sýmfōna me · **~ing to plan** sýmfōna me to schédio · **~ingly** adv (= appropriately) análogōs · (= as a result) katá synépeia

account [ə'kaunt] n (in bank: also COMM) logariasmós m · (= report) anaforá f · **by all ~s** katá genikē omología · **it is of no ~** den échei kamía simasía · **on ~** me pístōsē · **on no ~** se kanénan trópo · **on ~ of** lógō +gen · **to take into ~**, **take ~ of** lambánō upópsē
▶ **accounts** npl (COMM) logariasmós m · (BOOK-KEEPING) logistiká ntpl
▶ ~ **for** vt fus (= explain) exēgō · (= represent) apotelō · ~**able (for)** upólogos (gia) · ~**ant** n logistēs/tria m/f · ~ **number** n arithmós m logariasmoú

accumulate [ə'kjuːmjuleit] vt syssōreúō ♦ vi syssōreúomai

accuracy ['ækjurəsi] n akríbeia f

accurate ['ækjurit] adj akribēs · **~ly** adv me akríbeia

accusation [ækjuː'zeiʃən] n katēgoría f

accuse [ə'kjuːz] vt to ~ **sb (of sth)** katēgorō kn (gia kt) · **the ~d** (JUR) o/ē katēgoroúmenos (ē katēgorouménē)

accustomed [ə'kʌstəmd] adj synēthisménos · **to be** ~ **to** échō synēthísei na

ace [eis] n (CARDS, TENNIS) ásos m

ache [eik] n (pónos m ♦ vi (= be painful) ponáō · (= yearn) psofáō

achieve [ə'tʃiːv] vt (aim, result)

petychaínō · (victory, success) sēmeiōnō · ~**ment** n (= fulfilment) epíteuxē f · (= success) epíteugma nt

acid ['æsid] adj (soil etc) óxinos · (taste) xinós n (CHEM) oxú nt

acknowledge [ək'nɔlidʒ] vt (letter, parcel) bebaiōnō · (fact, situation) paradéchomai · (person) dínō simasía · ~**ment** n (of letter, parcel) bebaiōsē f paralabēs
▶ **acknowledgements** npl (in book) eucharistíes fpl

acne ['ækni] n akmē f

acorn ['eikɔːn] n belanídi nt

acoustic [ə'kuːstik] adj akoustikós

acquaintance [ə'kweintəns] n (person) gnōstós/ē m/f · (with person) gnōrimía f · (with subject) exoikeíōsē f · **to make sb's** ~ gnōrízō kn

acquire [ə'kwaiə] vt apoktō

acquisition n (of property, goods) ktēsē f · (of skill, language) katáktēsē f · (= purchase) apóktēma nt

acre ['eikə] n = 4047 t.m.

acronym ['ækrənim] n akrōnymo nt

across [ə'krɔs] prep (= from one side to the other of) apó tē mía pleurá stēn állē · (= on the other side of) apénanti · (= crosswise over) kátheta ♦ adv (to a particular place/person) apénanti · **to run/swim** ~ tréchō/kolympáō apó tē mia pleurá stēn állē · **to walk** ~ **the road** diaschízō to drómo · **the lake is 12 km** ~ ē límnē eínai 12 chlm platiá · ~ **from** apénanti apó · **to get sth** ~ **to sb** kataférnō na katalábei kps kt

acrylic [ə'krilik] adj akrylikós ♦ n akrylikó nt

act [ækt] n (= action) enérgeia f · (THEAT, of play) práxē f · (of performer) noúmero nt · (JUR) diátagma nt ♦ vi (= take action) energō · (= behave) symperiféromai · (= have effect) (ep)energō · (THEAT) paízō

acting (= *pretend*) προσποιούμαι ♦ vt (THEAT: *part*) παίζω • (fig) παριστάνω • **in the ~ of** τη στιγμή που • **to ~ as** κάνω +acc • **~ on** vt fus ενεργώ με βάση • **~ out** n (*event*) αναπαράσταση • (*fantasies*) εκδηλώνω • **~ing** (*manager, director etc*) αναπληρωτής ♦ n (*profession*) ηθοποιία f • (*activity*) παίξιμο nt

action ['ækʃən] n πράξη f • (MIL) μάχη f • (JUR) αγωγή f • **out of ~** (*person*) εκτός μάχης • (*machine etc*) εκτός λειτουργίας • **to take ~** αναλαμβάνω δράση • **~ replay** (TV) n ριπλέι nt inv

activate ['æktɪveɪt] vt ενεργοποιώ

active ['æktɪv] adj (*person, life*) δραστήριος • (*volcano*) ενεργός • **~ly** adv (*involved*) ενεργά • (*discourage, dislike*) έντονα

activist ['æktɪvɪst] n ενεργό μέλος nt

activity [æk'tɪvɪtɪ] n δραστηριότητα f • (= *action*) δράση f

actor ['æktə'] n ηθοποιός m

actress ['æktrɪs] n ηθοποιός f

actual ['æktjuəl] adj (= *real*) πραγματικός • (*emph*) κανονικός • **~ly** adv (= *really*) στην πραγματικότητα • (= *in fact*) στην ουσία

acupuncture ['ækjupʌŋktʃə'] n βελονισμός m

acute [ə'kju:t] adj (*anxiety*) έντονος • (*illness, pain*) οξύς • (*mind, person*) οξυδερκής • (MATH: *angle*) οξύς • (LING: *accent*) τόνος m

AD adv abbr (= *Anno Domini*) μ.Χ.

ad [æd] (*inf*) n abbr = **advertisement**

adamant ['ædəmənt] adj ανένδοτος

adapt [ə'dæpt] vt αναπροσαρμόζω • (*novel, play*) διασκευάζω ♦ vi **to ~ (to)** προσαρμόζομαι (σε)

add [æd] vt προσθέτω ♦ vi **to ~ up** αυξάνω • **~ on** vt προσθέτω • **~ up** vt (*figures*) αθροίζω ♦ vi **it doesn't ~ up** (fig) δεν βγάζει νόημα

addict ['ædɪkt] n (*to drugs*) τοξικομανής mf • (*to alcohol, heroin etc*) εθισμένος/η mf • (= *enthusiast*) εθισμένος/η mf • **~ed** adj **to be ~ed to** (*drugs, drink etc*) είμαι εθισμένος σε • (*chocolate etc*) έχω αδυναμία σε • **~ion** n εθισμός m • **~ive** adj που προκαλεί εθισμό

addition [ə'dɪʃən] n (*arithmetic*) πρόσθεση f • (= *process of adding*) προσθήκη f • (= *thing added*) συμβολή f • **in ~** επιπλέον • **in ~ to** πέρα από • **~al** adj πρόσθετος

additive ['ædɪtɪv] n προσθετικό nt

address [ə'dres] n (= *postal address*) διεύθυνση f • (= *speech*) λόγος m ♦ vt (*letter, parcel*) απευθύνομαι • (*person, audience*) μιλάω σε • **to ~ (o.s. to) a problem** ασχολούμαι με ένα πρόβλημα • **~ book** n καρνέ nt inv με διευθύνσεις

adequate ['ædɪkwɪt] adj (*amount*) επαρκής • (*performance, response*) ικανοποιητικός

adhere [əd'hɪə'] vi **to ~ to** κολλάω σε • (fig) τηρώ

adhesive [əd'hi:zɪv] n αυτοκόλλητο nt ♦ adj αυτοκόλλητος

adjacent [ə'dʒeɪsənt] adj **to be ~ to** είμαι δίπλα σε

adjective ['ædʒɛktɪv] n επίθετο nt

adjoining [ə'dʒɔɪnɪŋ] adj διπλανός

adjust [ə'dʒʌst] vt (*approach etc*) τροποποιώ • (*clothing*) φτιάχνω • (*machine, device*) ρυθμίζω ♦ vi **to ~ (to)** προσαρμόζομαι (σε) • **~able** adj ρυθμιζόμενος • **~ment** n (*to machine*) ρύθμιση f • (*of prices, wages*) αναπροσαρμογή f • (*of person*) προσαρμογή f

administer [əd'mɪnɪstə'] vt (*country, department*) διοικώ • (*justice, punishment*) απονέμω • (*test*) διεξάγω • (MED: *drug*) χορηγώ

administration [ədmɪnɪs'treɪʃən] n διοίκηση f • **the A~** (US) n κυβέρνηση f

administrative [əd'mɪnɪstrətɪv] adj

διοικητικός

administrator [ədˈmɪnɪstreɪtə^r] n
διοικητικός/ή υπάλληλος m/f

admiral [ˈædmərəl] n ναύαρχος m

admiration [ædməˈreɪʃən] n
θαυμασμός m

admire [ədˈmaɪə^r] vt θαυμάζω • **~r** n
θαυμαστής/τρια m/f

admission [ədˈmɪʃən] n
(= admittance) άδεια f εισόδου • (to
exhibition, night club etc) είσοδος f •
(= entry fee) είσοδος f • (= confession)
ομολογία f

admit [ədˈmɪt] vt (= confess)
ομολογώ • (= permit to enter)
επιτρέπω την είσοδο σε • (to club,
organization) γίνομαι δεκτός • (to
hospital) **to be ~ted** μπαίνω • (defeat,
responsibility etc) αποδέχομαι • **to**
vt fus (murder etc) ομολογώ • **~tedly**
adv κατά γενική ομολογία

adolescence [ædəʊˈlesns] n εφηβεία
f • **adolescent** adj στην εφηβεία
♦ n έφηβος m/f

adopt [əˈdɒpt] vt υιοθετώ • **~ed** adj
υιοθετημένος • **~ion** n (of child)
υιοθεσία f • (of policy, attitude)
υιοθέτηση f

adore [əˈdɔː^r] vt (person) λατρεύω •
(film, activity etc) τρελαίνομαι για

adorn [əˈdɔːn] vt διακοσμώ

Adriatic [eɪdrɪˈætɪk] n **the ~ (Sea)** η
Αδριατική (Θάλασσα)

adrift [əˈdrɪft] adv (NAUT)
ακυβέρνητος • (fig) χαμένος

adult [ˈædʌlt] n ενήλικος m ♦ adj
(life) του ενήλικα • (animal) ενήλικος

adultery [əˈdʌltərɪ] n μοιχεία f

advance [ədˈvɑːns] n (= movement,
progress) κίνηση f (προς τα εμπρός) •
(= money) προκαταβολή f • (in
booking, notice) εκ των προτέρων
♦ vt (money) προκαταβάλλω • (theory,
idea) υποστηρίζω ♦ vi (= move
forward) προχωρώ • (= make
progress) προοδεύω • **to make ~s
(to sb)** (amorously) κάνω ανήθικες

προτάσεις (σε κπν) • **in ~** (book,
prepare etc) εκ των προτέρων •
(arrive) νωρίτερα • **~d** adj (course,
studies) προχωρημένος • (country)
προηγμένος

advantage [ədˈvɑːntɪdʒ] n (= benefit)
πλεονέκτημα nt • (= supremacy) ισχύς
f • (TENNIS) πλεονέκτημα nt • **to take
~ of** (person) εκμεταλλεύομαι •
(opportunity) επωφελούμαι από

advent [ˈædvənt] n (of innovation)
εμφάνιση f • (REL) **A~** το
σαραντάημερο πριν τα
Χριστούγεννα

adventure [ədˈventʃə^r] n περιπέτεια
f • **adventurous** adj τολμηρός

adversary [ˈædvəsərɪ] n αντίπαλος mf

adverse [ˈædvɜːs] adj δυσμενής

advert [ˈædvɜːt] (BRIT) n abbr =
advertisement

advertise [ˈædvətaɪz] vi (COMM) βάζω
διαφημίσεις ♦ vt διαφημίζω • **to
~ for** βάζω αγγελία για • **~ment**
(COMM) n διαφήμιση f • (in classified
ads) μικρή αγγελία f • **~r** n
διαφημιστής/τρια m/f • **advertising**
n (= advertisements) διαφημίσεις fpl
• (= industry) διαφήμιση f

advice [ədˈvaɪs] n (= counsel)
συμβουλές fpl • (= notification)
ειδοποίηση f • **a piece of ~** μια
συμβουλή

advisable [ədˈvaɪzəbl] adj φρόνιμος

advise [ədˈvaɪz] vt συμβουλεύω • **to
~ sb of sth** ενημερώνω κν για κτ •
to ~ sb against sth αποτρέπω κν
από κτ • **to ~ sb against doing sth**
συμβουλεύω κν να μην κάνει κτ • **~r**
n σύμβουλος m/f • **advisory** adj
συμβουλευτικός

advocate vb [ˈædvəkeɪt] n [ˈædvəkɪt]
vt υποστηρίζω ♦ n συνήγορος m/f •
to be an ~ of είμαι υπέρμαχος +gen

aerial [ˈɛərɪəl] n κεραία f ♦ adj
εναέριος

aerobics [ɛəˈrəʊbɪks] n αερόμπικ nt
inv

aeroplane

aeroplane ['eərəpleɪn] (BRIT) n
αεροπλάνο nt

aerosol ['eərəsɒl] n (for paint,
deodorant) σπρέι nt inv · (for fly spray
etc) αεροζόλ nt inv

affair [ə'feə] n (= matter) υπόθεση f ·
(also **love** ~) σχέση f
▶ **affairs** npl ζητήματα ntpl

affect [ə'fekt] vt (= influence)
επηρεάζω · (= afflict) προσβάλλω ·
(= move deeply) συγκινώ · (= concern)
αφορώ · **~ed** adj (behaviour)
προσποιητός · (person)
επιτηδευμένος

affection [ə'fekʃən] n στοργή f · **~ate**
adj στοργικός

affluent ['æfluənt] adj πλούσιος

afford [ə'fɔːd] vt έχω αρκετά
χρήματα · (time) διαθέτω (risk etc)
αντέχω · (= provide) παρέχω σε ·
~able [ə'fɔːdəbl] adj που
μπορεί να αγοράσει · (price)
προσιτός

Afghanistan [æf'gænɪstæn] n
Αφγανιστάν nt inv

afraid [ə'freɪd] adj φοβισμένος · **to be
~ of sb/sth** (person, thing) φοβάμαι
κν/κτ · **to be ~ of doing sth**
φοβάμαι μήπως κάνω κτ · **to be
~ to** φοβάμαι να · **I am ~ that**
φοβάμαι ότι · **I am ~ so/not**
φοβάμαι πως ναι/όχι

Africa ['æfrɪkə] n Αφρική f · **~n**
adj αφρικανικός ◆ n Αφρικανός/ή
m/f

after ['ɑːftə] prep (of time) μετά · (of
place, order) δίπλα από ◆ adv
αργότερα ◆ conj αφού · **the day
~ tomorrow** μεθαύριο · **what/why
are you ~?** τι/πιον θέλετε; · **~ he
left/having done** αφού έφυγε/
έκανε · **to name sb ~ sb** δίνω το
όνομα κου σε κν · **it's twenty
~ eight** (US) είναι οχτώ και είκοσι ·
to ask ~ sb ρωτάω για την υγεία
κου · **~ all** στο κάτω-κάτω · **~ you!**
μετά από σας! · **~math** n

ago

επακόλουθα ntpl · **~noon** n
απόγευμα nt · **~noon!** excl
χαίρετε! · **~shave (lotion)** n
άφτερ-σέιβ nt inv · **~wards** (US
~ward) adv μετά

again [ə'gen] adv ξανά · **not ...
~** δεν...άλλα φορά · **to do sth
~** ξανακάνω κτ · **to begin/see
~** ξαναρχίζω/ξαναβλέπω · **~ and
~** ξανά και ξανά · **now and ~** πού
και πού

against [ə'genst] prep (= leaning on,
touching) πάνω σε · (= in opposition
to, at odds with) κατά +gen · **(as)
~** σε αντίθεση με

age [eɪdʒ] n (of person, object) ηλικία
f · (= period in history) εποχή f ◆ vi
γερνάω ◆ vt γερνάω · **what ~ is
he?** πόσο χρονών είναι; · **20 years
of ~** 20 χρονών · **under
~** ανήλικος · **to come of
~** ενηλικιώνομαι · **it's been ~s
since** πάει πολύς καιρός από τότε
που

aged¹ [eɪdʒd] adj · **~ 10** 10 ετών

aged² ['eɪdʒɪd] npl **the ~** οι
ηλικιωμένοι

agency ['eɪdʒənsɪ] n (COMM)
πρακτορείο nt · (= government body)
υπηρεσία f

agenda [ə'dʒendə] n ημερήσια
διάταξη f

agent ['eɪdʒənt] n (COMM, LIT)
πράκτορας m/f · (theatrical) ατζέντης
m/f · (= spy) κατάσκοπος m/f · (CHEM)
ουσία f · (fig) παράγοντας m

aggression [ə'greʃən] n
επιθετικότητα f · **aggressive** adj
επιθετικός

agile ['ædʒaɪl] adj (physically)
ευκίνητος

agitated ['ædʒɪteɪtɪd] adj ταραγμένος

AGM n abbr (BRIT) (= annual general
meeting) ετήσιο γενικό συνέδριο nt

ago [ə'gəu] adv · **2 days ~** πριν από 2
μέρες · **not long ~** όχι πολύ πριν ·
how long ~? πριν πόσο καιρό;

agony ['ægənɪ] n (= pain) οδύνη f·
(= torment) αγωνία f· **to be in**
~ υποφέρω φριχτά

agree [ə'griː] vt συμφωνώ ♦ vi
συμφωνώ· **to** ~ **with** συμφωνώ με·
(LING) συμφωνώ με· **to** ~ **to sth/to
do sth** συμφωνώ σε κτ/να κάνω κτ·
to ~ **on sth** καταλήγω σε συμφωνία
για κτ· **to** ~ **that** δέχομαι ότι·
garlic doesn't ~ **with me** το
σκόρδο μου πέφτει βαρύ· **~able**
adj (= pleasant) ευχάριστος·
(= willing) σύμφωνος· **~d** adj
συμφωνημένος· **to be** ~**d** είμαι
σύμφωνος· **~ment** n δέχομαι ότι·
to be in ~**ment with sb** συμφωνώ
με κν

agricultural [ægrɪ'kʌltʃərəl] adj (land,
implement) γεωργικός· (show,
problems) αγροτικός

agriculture ['ægrɪkʌltʃə(r)] n γεωργία f

ahead [ə'hed] adv (= in front)
μπροστά· (= into the future)
μακροπρόθεσμα· ~ **of** μπροστά
από· ~ **of schedule** μπροστά από
το πρόγραμμα· **a year** ~ ένα χρόνο
πριν· **go right** or **straight** ~ πάω
ευθεία μπροστά· **go** ~! (fig) ναι,
αμέ!

aid [eɪd] n (= assistance) βοήθεια f·
(= device) βοήθημα nt ♦ vt βοηθώ·
in ~ **of** υπέρ +gen· see also **hearing**

aide [eɪd] n (POL) βοηθός mf· (MIL)
υπασπιστής m

AIDS [eɪdz] n abbr (= acquired
immune deficiency syndrome) έιτζ
nt inv

ailing ['eɪlɪŋ] adj (person) άρρωστος·
(economy, industry etc) που νοσεί

ailment ['eɪlmənt] n αδιαθεσία f

aim [eɪm] vt **to** ~ **sth (at)** (gun,
camera) στρέφω κτ (σε)· (blow)
ρίχνω κτ (σε)· (remark) απευθύνω
σε ♦ vi σημαδεύω· n στόχος m·
(in shooting) σημάδι nt· **to** ~ **at**
σημαδεύω· (objective) στοχεύω σε·
to ~ **to do** έχω σκοπό να κάνω

ain't [eɪnt] (inf) = **am not·aren't·
isn't**

air [eə] n αέρας m ♦ vt αερίζω·
(grievances, views) κάνω γνωστό· **to
throw sth into the** ~ πετάω κτ
στον αέρα· **by** ~ αεροπορικώς· **on
the** ~ στον αέρα· ~**bag** n
αερόσακος m· ~**borne** adj (attack
etc) αεροπορικός· (plane, particles)
στον αέρα· ~~**conditioned** adj
κλιματιζόμενος· ~ **conditioning** n
κλιματισμός m· ~**craft** n inv
αεροσκάφος nt· ~**field** n
αεροδρόμιο n· **Air Force** n
Πολεμική Αεροπορία f· ~**lift** n
αερομεταφορά f ♦ vt μεταφέρω
αεροπορικώς· ~**line** n αεροπορική
εταιρεία f· ~**liner** n (επιβατηγό) αεροσκάφος
nt· ~**plane** n (US) n αεροπλάνο nt·
~**port** n αεροδρόμιο nt· ~ **raid** n
αεροπορική επιδρομή f· ~**y** adj
ευάερος· (= casual) επιπόλαιος

aisle [aɪl] n (of church) πτέρυγα f· (in
theatre, plane etc) διάδρομος m

alarm [ə'lɑːm] n έντονη ανησυχία f·
(in shop, bank) συναγερμός m ♦ vt
(person) τρομάζω· ~ **clock** n
ξυπνητήρι nt· ~**ing** adj
ανησυχητικός

Albania [æl'beɪnɪə] n Αλβανία f

albeit [ɔːl'biːɪt] conj αν και

album ['ælbəm] n άλμπουμ nt inv

alcohol ['ælkəhɒl] n αλκοόλ nt inv·
~**ic** adj με αλκοόλ ♦ n αλκοολικός/ή
m/f

ale [eɪl] n ζύθος m

alert [ə'lɜːt] adj σε ετοιμότητα ♦ n
κατάσταση f επιφυλακής ♦ vt θέτω
σε ετοιμότητα· **to be** ~ **to danger/
opportunity** έχω επίγνωση του
κινδύνου/της ευκαιρίας· **to be
on the** ~ είμαι σε ετοιμότητα

A-level ['eɪlɛvl] n (in England and
Wales) = Γενικές Εξετάσεις

algebra ['ældʒɪbrə] n άλγεβρα f

Algeria [æl'dʒɪərɪə] n Αλγερία f

alias ['eɪlɪəs] prep γνωστός ως ♦ n

ψευδώνυμο nt

alibi ['ælɪbaɪ] n άλλοθι nt inv

alien ['eɪlɪən] n (= foreigner) αλλοδαπός m/f • (= extraterrestrial) εξωγήινος/η m/f ♦ adj • **~ (to)** ξένος (σε) • **~ate** vt δυσαρεστώ

alight [ə'laɪt] adj αναμμένος ♦ adv **to set sth ~** βάζω φωτιά σε κτ

align [ə'laɪn] vt βάζω σε σειρά

alike [ə'laɪk] adj όμοιος ♦ adv (= similarly) το ίδιο • (= equally) εξίσου • **to look ~** φαίνομαι ίδιος • **winter and summer ~** χειμώνα-καλοκαίρι

alive [ə'laɪv] adj ζωντανός

KEYWORD
---

all [ɔːl] adj όλος • **all the time** όλη την ώρα • **all five came** ήρθαν και οι πέντε • **all his life** (σε) όλη του τη ζωή

♦ pron (a) όλος • **is that all?** αυτό είναι όλο; • (in shop) αυτά; (b) (in phrases) **above all** πάνω απ'όλα • **after all** στ άλλωστε • **all in all** εν ολίγοις

♦ adv (= completely) τελείως • **all alone** τελείως μόνος • **it's not as hard as all that** δεν είναι και τόσο σκληρό • **all the better** τόσο το καλύτερο • **all but** (= all except for) μόνο...δεν • (= almost) σχεδόν • **the score is 2 all** το σκορ είναι ισόπαλο 2-2 • **not at all** (in answer to question) καθόλου • (in answer to thanks) τίποτα • **I'm not at all tired** δεν είμαι καθόλου κουρασμένος

allegation [ælɪ'geɪʃən] n ισχυρισμός m

alleged [ə'ledʒd] adj δήθεν inv

allegedly [ə'ledʒdlɪ] adv δήθεν

allegiance [ə'liːdʒəns] n υποταγή f

allergic [ə'lɜːdʒɪk] adj αλλεργικός • **~ to** αλλεργικός σε

allergy ['ælədʒɪ] n αλλεργία f

alleviate [ə'liːvɪeɪt] vt ανακουφίζω

alley ['ælɪ] n στενό nt

alliance [ə'laɪəns] n συμμαχία f

allied ['ælaɪd] adj συμμαχικός

alligator ['ælɪgeɪtə'] n αλλιγάτορας m

all-in ['ɔːlɪn] (BRIT) adj (price, cost) συνολικός ♦ adv όλα μαζί

allocate ['æləkeɪt] vt κατανέμω • (money) διαθέτω • (tasks) αναθέτω

allow [ə'lau] vt (practice, behaviour) επιτρέπω • (sum, time estimated) αφήνω • (a claim) κάνω δεκτό • (goal) κατακυρώνω • **to ~ that ...** δέχομαι ότι ... • **to ~ sb to do sth** επιτρέπω σε κν να κάνει κτ • **~ for** vt fus υπολογίζω • **~ance** n χρηματικό βοήθημα nt • (= welfare payment) επίδομα nt • (= pocket money) χαρτζιλίκι nt • (TAX) έκπτωση f • **to make ~ances for** λαμβάνω υπόψη μου

all right adv καλά • (as answer) εντάξει

ally n ['ælaɪ] vb [ə'laɪ] n σύμμαχος mf ♦ vi **to ~ o.s. with** συμμαχώ με

almighty [ɔːl'maɪtɪ] adj (= omnipotent) παντοδύναμος • (= tremendous) τρομερός

almond ['ɑːmənd] n (fruit) αμύγδαλο nt • (tree) αμυγδαλιά f

almost ['ɔːlməust] adv σχεδόν • **he fell** παρά λίγο να πέσει • **~ certainly** σχεδόν σίγουρα

alone [ə'ləun] adj μόνος (μου) ♦ adv μόνος μου • **to leave sb ~** αφήνω κν ήσυχο • **to leave sth ~** παρατάω κτ • **let ~ ...** πόσο μάλλον ...

along [ə'lɔŋ] prep κατά μήκος +gen ♦ adv **he's coming ~ with us?** θα'ρθει κι αυτός μαζί μας; • **he was hopping/limping ~** προχωρούσε χοροπηδώντας/κουτσαίνοντας • **~ with** (person, thing) μαζί με • **~ from** απ' την αρχή • **~side** prep δίπλα σε ♦ adv δίπλα

aloof [ə'luːf] adj αποτραβηγμένος ♦ adv **to stay** or **keep ~ from** κρατιέμαι μακριά από

aloud [ə'laud] adv δυνατά

alphabet ['ælfəbet] *n* αλφάβητο *nt*

Alps [ælps] *npl* **the** ~ οι Άλπεις

already [ɔːl'redɪ] *adv* ήδη

alright [ɔːl'raɪt] *adv* = **all right**

also ['ɔːlsəu] *adv* επίσης

altar ['ɔːltə'] (*REL*) *n* Αγία Τράπεζα *f*

alter ['ɔːltə'] *vt* αλλάζω ♦ *vi* μεταβάλλομαι · ~**ation** *n* (*to plans*) τροποποίηση *f* · (*to clothes*) επιδιόρθωση *f* · (*to building*) επισκευή *f*

alternate *adj* [ɔl'tɜːnɪt] *vb* [ɔltə:neɪt] *adj* (*actions, events*) εναλλασσόμενος · (*US: plans*) εναλλακτικός ♦ *vi* **to ~ (with)** εναλλάσσομαι (με) · **on ~ days** κάθε δεύτερη μέρα

alternative [ɔl'tɜːnətɪv] *adj* (*plan, policy*) εναλλακτικός · (*humour, comedian*) νεωτερικός ♦ *n* εναλλακτική λύση *f* · ~**ly** *adv* ~**ly one could ...** εναλλακτικά

although [ɔːl'ðəu] *conj* αν και

altitude ['æltɪtjuːd] *n* (*of place*) υψόμετρο *nt* · (*of plane*) ύψος *nt*

altogether [ɔːltə'ɡeðə'] (*= completely*) τελείως · (*= on the whole*) γενικά

aluminium [ælju'mɪnɪəm] (*US* **aluminum**) [ə'luːmɪnəm] *n* αλουμίνιο *nt*

always ['ɔːlweɪz] *adv* πάντα

Alzheimer's ['æltshaɪmaz] *n* (*also* ~ **disease**) νόσος *f* του Αλτζάιμερ

am [æm] *vb see* **be**

a.m. *adv abbr* (= *ante meridiem*) π.μ.

amateur ['æmətə'] *n* ερασιτέχνης *mf* ♦ *adj* (= *sport*) ερασιτεχνικός · (= *sportsman*) μη αμειβόμενος · ~ **dramatics** ερασιτεχνικό θέατρο

amaze [ə'meɪz] *vt* εκπλήσσω· **to be ~d (at)** εκπλήσσομαι (με) · ~**ment** *n* έκπληξη *f* **amazing** *adj* (= *surprising*) εκπληκτικός · (= *fantastic*) καταπληκτικός · (= *generous, offer*) απίστευτος

ambassador [æm'bæsədə'] *n* πρέσβυς/ειρα *m/f*

amber ['æmbə'] *n* κεχριμπάρι *nt* · **at** ~ (*BRIT: AUT*) στο πορτοκαλί

ambiguous [æm'bɪɡjuəs] *adj* διφορούμενος

ambition [æm'bɪʃən] *n* φιλοδοξία *f*· **ambitious** *adj* φιλόδοξος

ambulance ['æmbjuləns] *n* ασθενοφόρο *n*

ambush ['æmbuʃ] *n* ενέδρα *f* ♦ *vt* στήνω ενέδρα σε

amen ['ɑːˈmen] *excl* αμήν

amend [ə'mend] *vt* τροποποιώ ♦ *n* **to make ~s (for sth)** επανορθώνω (για κτ) · ~**ment** *n* (*to text*) διόρθωση *f* · (*to law*) τροπολογία *f*

amenities [ə'miːnɪtɪz] *npl* κομφόρ *npl inv*

America [ə'merɪkə] *n* Αμερική *f* · ~**n** *adj* αμερικανικός ♦ *n* Αμερικανός/ίδα *m/f* · ~**n football** *n* αμερικάνικο ποδόσφαιρο *nt*

amicable ['æmɪkəbl] *adj* φιλικός · (*person*) αγαπητός

amid(st) [ə'mɪd,st] *prep* ανάμεσα

ammunition [æmju'nɪʃən] *n* πυρομαχικά *npl* · (*fig*) ενοχοποιητικά στοιχεία *npl*

amnesty ['æmnɪstɪ] *n* αμνηστία *f*

among(st) [ə'mʌŋ,st] *prep* ανάμεσα

amount [ə'maunt] *n* (*of food*) ποσότητα *f* · (*of money*) ποσό *nt* · (*of work*) έκταση *f* ♦ *vi* **to ~ to** (*= total*) ανέρχομαι σε · (*= be same as*) ισοδυναμώ με

amp(ère) ['æmp,eə'] *n* αμπέρ *nt inv* · **a 13 amp plug** ένα φις (με ανοχή) 13 αμπέρ

ample ['æmpl] *adj* (= *large*) φαρδύς · (= *enough*) άφθονος

amuse [ə'mjuːz] *vt* διασκεδάζω · **he was not ~d** δεν το βρήκε αστείο · ~**ment** *n* (= *mirth*) ευθυμία *f* · (= *pleasure*) ψυχαγωγία *f* · (= *pastime*) διασκέδαση *f* **amusing** *adj* διασκεδαστικός

an [æn, ən] *def art see* **a**

anaemia [ə'niːmɪə] (*US* **anemia**)

αναιμία f **· anaemic** (US anemic) adj (also fig) αναιμικός

anaesthetic [ænɪs'θetɪk] (US **anesthetic**) n αναισθητικό nt

analog(ue) ['ænəlɔg] adj αναλογικός

analogy [ə'nælədʒɪ] n αναλογία f

analyse ['ænəlaɪz] (US **analyze**) vt αναλύω · (CHEM, MED) κάνω αναλύσεις +gen · (PSYCH) ψυχαναλύω

analysis [ə'nælɪsɪs] (pl **analyses**) n ανάλυση f · (PSYCH) ψυχανάλυση f

analyst ['ænəlɪst] n (political etc) αναλυτής/τρια m/f · (PSYCH) ψυχαναλυτής/τρια m/f

anarchy ['ænəkɪ] n αναρχία f

anatomy [ə'nætəmɪ] n (science) ανατομία f · (= body) σώμα nt

ancestor ['ænsɪstə'] n πρόγονος m

anchor ['æŋkə'] n άγκυρα f ◆ vi (also **to drop** ~) ρίχνω άγκυρα ◆ vt (fig) to be ~ed to είμαι προσκολλημένος σε

ancient ['eɪnʃənt] adj (monument, city) αρχαίος · (person) ηλικιωμένος · (car) πανάρχαιος

KEYWORD

and [ænd] conj και · **two hundred and ten** διακόσια και δέκα · **and so on** και ούτω καθεξής · **try and come** προσπαθήστε να έρθετε · **he talked and talked** μιλούσε για τις ώρες · **better and better** όλο και καλύτερα

Andes ['ændi:z] npl the ~ οι Άνδεις

anemia [ə'ni:mɪə] (US) n = **anaemia**

anesthetic etc [ænɪs'θetɪk] (US) adj, n = **anaesthetic** etc

angel ['eɪndʒəl] n άγγελος m

anger ['æŋgə'] n θυμός m ◆ vt εξοργίζω

angina [æn'dʒaɪnə] n στηθάγχη f

angle ['æŋgl] n (= viewpoint) γωνία f

angler ['æŋglə'] n ψαράς m (με καλάμι)

Anglican ['æŋglɪkən] adj

αγγλικανικός ◆ n αγγλικανός/ή m/f

angling ['æŋglɪŋ] n ψάρεμα nt (με καλάμι)

Angola [æŋ'gəʊlə] n Αγκόλα f

angrily ['æŋgrɪlɪ] adv θυμωμένα

angry ['æŋgrɪ] adj (person) θυμωμένος · (response) οργισμένος · **to be ~ with sb/at sth** είμαι θυμωμένος με κν/κτ · **to get ~** θυμώνω · **to make sb ~** εξοργίζω κν

anguish ['æŋgwɪʃ] n (mental) οδύνη f · (physical) αγωνία f

animal ['ænɪməl] n ζώο nt

animated ['ænɪmeɪtɪd] adj ζωηρός · ~ **cartoon** κινούμενα σχέδια

ankle ['æŋkl] n αστράγαλος m

annex ['æneks] vb [ə'neks] n (also BRIT: **annexe**) (building) παράρτημα nt ◆ vt προσαρτώ

anniversary [ænɪ'və:sərɪ] n επέτειος f

announce [ə'naʊns] vt (= declare) ανακοινώνω · (birth, death etc) αναγγέλλω · ~**ment** n ανακοίνωση f · ~ **r** n εκφωνητής/τρια m/f

annoy [ə'nɔɪ] vt εκνευρίζω · **to be ~ed at sth/with sb** ενοχλούμαι (με κτ/από κπν) · **don't get ~ed!** μη θυμώνεις! · ~**ing** adj ενοχλητικός

annual ['ænjuəl] adj ετήσιος ◆ n (BOT) μονοετές φυτό nt · (book) ετήσια έκδοση f · ~**ly** adv (= once a year) μια φορά τον χρόνο · (= during a year) ετησίως

annum ['ænəm] n see **per**

anonymous [ə'nɒnɪməs] adj ανώνυμος

anorak ['ænəræk] n μπουφάν nt inv με κουκούλα

anorexia [ænə'reksɪə] n ανορεξία f · **anorexic** adj ανορεξικός ◆ n ανορεξικός/ή m/f

another [ə'nʌðə'] adj ~ **book** (= one more) άλλο ένα βιβλίο · (= a different one) ένα άλλο βιβλίο ◆ pron (= one more) άλλος ένας · (= a different one) άλλος

answer ['aːnsə^r] n απάντηση f · (to problem) λύση f ♦ vi απαντάω · (TEL) απαντάω ♦ vt (person, letter) απαντάω · (problem) απαντάω · (prayer) εισακούω · **in ~ to your letter** σε απάντηση της επιστολής σας · **to ~ the phone** απαντάω στο τηλέφωνο · **to ~ the bell** or **the door** ανοίγω την πόρτα · **~ back** vi αντιμιλάω · **~ for** vt fus (person etc) εγγυώμαι για · (crime, one's actions) λογοδοτώ · **to ~ to** vt fus (description) ανταποκρίνομαι σε · **~ing machine** n (αυτόματος) τηλεφωνητής m

ant n μυρμήγκι nt

Antarctic [æntˈɑːktɪk] (GEO) n **the ~** η Ανταρκτική · **~a** n Ανταρκτική f

antelope ['æntɪləup] n αντιλόπη f

anthem ['ænθəm] n **national ~** εθνικός ύμνος

anthology [ænˈθɔlədʒɪ] n ανθολογία f

anthropology [ænθrəˈpɔlədʒɪ] n Ανθρωπολογία f

antibiotic [æntɪbaɪˈɔtɪk] n αντιβιωτικό nt

antibody ['æntɪbɔdɪ] n αντίσωμα nt

anticipate [ænˈtɪsɪpeɪt] vt (= expect, foresee) προβλέπω · (= look forward to) ανυπομονώ για · (= do first) προλαβαίνω · **anticipation** n (= expectation) αναμονή f · (= eagerness) ανυπομονησία f

anticlimax [æntɪˈklaɪmæks] n απότομη πτώση f

anticlockwise [æntɪˈklɔkwaɪz] (BRIT) adv αριστερόστροφα, αντίθετα προς τη φορά των δεικτών του ρολογιού

antics ['æntɪks] npl κόλπα ntpl

antidote ['æntɪdəut] n αντίδοτο nt

antique [ænˈtiːk] n αντίκα f ♦ adj παλαιός

antiseptic [æntɪˈseptɪk] n αντισηπτικό nt ♦ adj αντισηπτικός

antisocial [æntɪˈsəuʃəl] adj αντικοινωνικός

anxiety [æŋˈzaɪətɪ] n ανησυχία f · (MED) άγχος nt

anxious ['æŋkʃəs] adj (expression, person) ανήσυχος · (situation) ταραγμένος · **to be ~** ανησυχώ · **to be ~ to do** ανυπομονώ να κάνω

KEYWORD

any ['ɛnɪ] adj (a) (in questions: not usually translated) **if there are any tickets left** αν έχουν μείνει καθόλου εισιτήρια

(b) (with negative) **I haven't any money** δεν έχω καθόλου λεφτά · **I haven't any books** δεν έχω βιβλία or κανένα βιβλίο

(c) (= no matter which) οποιοσδήποτε · **any excuse will do** οποιαδήποτε δικαιολογία είναι εντάξει · **choose any book you like** διάλεξε οποιοδήποτε or όποιο βιβλίο σ'αρέσει · **any teacher you ask will tell you** όπιον καθηγητή και να ρωτήσεις θα σου πει

(d) (in phrases) **in any case** εν πάση περιπτώσει · **any day now** από μέρα σε μέρα · **at any moment** από στιγμή σε στιγμή · **at any rate** τουλάχιστον · **any time** (= at any moment) από στιγμή σε στιγμή · (= whenever) όποτε

♦ pron (a) (in questions etc) καθόλου · **can any of you sing?** μπορεί κανένας or κανείς από σας να τραγουδήσει;

(b) (with negative) καθόλου

(c) (= no matter which one(s)) οποιοσδήποτε

♦ adv (in questions etc) καθόλου · **I can't hear him any more** δεν τον ακούω πια · **don't wait any longer** μην περιμένετε άλλο

---

anybody ['ɛnɪbɔdɪ] pron = **anyone**

anyhow ['ɛnɪhau] adv (= at any rate) όπως και να' χει · (= haphazardly) όπως να' 'ναι · **do it ~ you like** κάντε το όπως σας αρέσει · **she leaves things just ~** τα αφήνει όλα όπως να' 'ναι

anyone ['enιwʌn] *pron (in questions etc)* κανένας • **can you see ~?** βλέπετε κανέναν; • **if ~ should phone ...** αν τηλεφωνήσει κανένας *or* κανείς... • *(with negative)* κανένας • *(= no matter who)* οποιοσδήποτε • **I could teach ~ to do it** μπορώ να μάθω οποιονδήποτε να το κάνει

anything ['enιθιη] *pron (in questions, with negative)* τίποτα • *(= no matter what)* ό, τι *or* ναι • **will do** ό, τι *or* ναι • **you can say ~ you like** μπορείς να πεις ό, τι θες • **he'll eat ~** τρώει οτιδήποτε *or* ό, τι *or* ναι

anyway ['enιweι] *adv (= at any rate)* πάντως • *(= besides)* άλλωστε • **why are you phoning, ~?** γιατί τηλεφωνείς εντέλει;

anywhere ['enιwεə] *adv (in questions, with negative)* πουθενά • *(= no matter where)* οπουδήποτε • **put the books down ~** ακούμπησε τα βιβλία όπου να' ναι

apart [ə'pɑːt] *adv* σε απόσταση από • **to move ~** απομακρύνω • **to pull ~** χωρίζω • *(= aside)* παράμερα • **we live 10 miles ~** μένουμε 10 μίλια μακριά (ο ένας απ'τον άλλο) • **a long way ~** πολύ μακριά • **they are living ~** ζούνε χώρια • **with one's legs ~** με τα πόδια του ανοιχτά • **to take sth ~** διαλύω κτ • **~ from** εκτός από

apartment [ə'pɑːtmənt] *(US) n* διαμέρισμα *nt* • *(= room)* αίθουσα *f* • **~ building** *(US) n* πολυκατοικία *f*

apathy ['æpəθι] *n* απάθεια *f*

ape [eιp] *n* πίθηκος *m* • *vt* μιμούμαι

aperture ['æpətʃuə] *n* οπή *f* • *(PHOT)* διάφραγμα *nt*

apologize [ə'pɒlədʒaιz] *vi* **to ~ (for sth to sb)** ζητώ συγγνώμη (για κτ από κν)

apology [ə'pɒlədʒι] *n* συγγνώμη *f*

appal [ə'pɔːl] *vt* συγκλονίζομαι από • **~ling** *adj* τρομερός • **she's an ~ling cook** είναι φρικτή μαγείρισσα

apparatus [æpə'reιtəs] *n* *(= equipment)* συσκευές *fpl* • *(in gymnasium)* όργανα *ntpl* • **a piece of ~** μια συσκευή

apparent [ə'pærənt] *adj (= seeming)* φαινομενικός • *(= obvious)* φανερός • **it is ~ that ...** είναι φανερό ότι... • **~ly** *adv* προφανώς

appeal [ə'piːl] *vi (JUR)* κάνω έφεση • *n (JUR)* έφεση *f* • *(= request, plea)* έκκληση *f* • *(= attraction)* γοητεία *f* • **to ~ (to sb)** for κάνω έκκληση (σε κν) για • **to ~ to** προσελκύω • **it doesn't ~ to me** δεν με συγκινεί • **~ing** *adj* ελκυστικός

appear [ə'pιə] *vi* εμφανίζομαι • *(in court)* παρουσιάζομαι • *(= be published: book)* εκδίδομαι • *(article)* δημοσιεύομαι • *(= seem)* φαίνομαι • **to ~ on TV** εμφανίζομαι στην τηλεόραση • **it would ~ that ...** φαίνεται ότι... • **~ance** *n* εμφάνιση *f*

appendices [ə'pendιsiːz] *npl of* **appendix**

appendix [ə'pendιks] *(pl* **appendices)** *n (ANAT)* σκωληκοειδής απόφυση *f* • *(to publication)* παράρτημα *f*

appetite ['æpιtaιt] *n (also fig)* όρεξη *f*

applaud [ə'plɔːd] *vt* χειροκροτώ • *vt (person)* επευφημώ • *(action, attitude)* επιδοκιμάζω • **applause** *n* χειροκρότημα *ntpl*

apple ['æpl] *n* μήλο *nt*

appliance [ə'plaιəns] *n* συσκευή *f*

applicable [ə'plιkəbl] *adj* **to be ~ (to)** εφαρμόζομαι (σε)

applicant ['æplιkənt] *n* υποψήφιος/α *mf*

application [æplι'keιʃən] *n (for job, grant etc)* αίτηση *f* • **~ form** *n* αίτηση *f*

apply [ə'plaι] *vt (paint etc)* βάζω • *(law, theory)* εφαρμόζω • *vi (= be applicable)* ισχύω • *(= ask)* υποβάλλω αίτηση • **to ~ to** ισχύω για • **to ~ for** *(permit, grant)* υποβάλλω *or* κάνω

appoint αίτηση για · **to ~ o.s. to** αφιερώνομαι σε

appoint [ə'pɔint] vt (person) διορίζω · (date, place) καθορίζω · **~ment** n (of person) διορισμός m · (= post) θέση f · (= arranged meeting) ραντεβού nt inv · **to make an ~ment (with sb)** κλείνω ραντεβού (με κν) · **by ~ment** κατόπιν ραντεβού

appraisal [ə'preɪzl] n εκτίμηση f

appreciate [ə'priːʃieɪt] vt εκτιμώ · (= understand, be aware of) αντιλαμβάνομαι · **appreciation** n (= enjoyment) ικανοποίηση f · (= understanding) επίγνωση f · (= gratitude) εκτίμηση f

apprehension [æprɪ'henʃən] n (= fear) ανησυχία f

apprehensive [æprɪ'hensɪv] adj ανήσυχος

apprentice [ə'prentɪs] n μαθητευόμενος/η m/f

approach [ə'prəʊtʃ] vi πλησιάζω ♦ vt (place, person) πλησιάζω · (= speak to) πλησιάζω σε · (situation, problem) προσεγγίζω ♦ n (of person) ερχομός m · (to problem, situation) προσέγγιση f

appropriate [ə'prəʊprɪɪt] adj (remarks etc) σωστός · (tool, structure) κατάλληλος

approval [ə'pruːvəl] n (= liking) επιδοκιμασία f · (= permission) έγκριση f

approve [ə'pruːv] vt εγκρίνω · **~ of** vt fus εγκρίνω

approximate [ə'prɔksɪmɪt] adj κατά προσέγγιση · **~ly** adv περίπου

apricot ['eɪprɪkɔt] n βερίκοκο nt

April ['eɪprəl] n Απρίλιος m · see also **July** · **~ Fool's Day** n Πρωταπριλιά f

apron ['eɪprən] n ποδιά f

apt [æpt] adj κατάλληλος · **to be ~ to do sth** έχω την τάση να κάνω κτ

aquarium [ə'kwɛərɪəm] n ενυδρείο nt

Aquarius [ə'kwɛərɪəs] n Υδροχόος m

Arab ['ærəb] adj αραβικός ♦ n Άραβας mf · **~ian** adj αραβικός · **~ic** adj αραβικός ♦ n αραβικά ntpl

arbitrary ['ɑːbɪtrərɪ] adj αυθαίρετος

arbitration [ɑːbɪ'treɪʃən] n διαιτησία f

arc [ɑːk] n τόξο nt

arcade [ɑː'keɪd] n στοά f · (= shopping mall) στοά f καταστημάτων

arch [ɑːtʃ] n καμάρα f ♦ vt καμπουριάζω

archaeology [ɑːkɪ'ɔlədʒɪ] (US **archeology**) n Αρχαιολογία f

archbishop [ɑːtʃ'bɪʃəp] n αρχιεπίσκοπος m

architect ['ɑːkɪtekt] n αρχιτέκτονας mf · **~ural** adj αρχιτεκτονικός · **~ure** n αρχιτεκτονική f

archives ['ɑːkaɪvz] npl αρχείο nt

Arctic ['ɑːktɪk] adj της Αρκτικής ♦ n **the ~** n Αρκτική f

are [ɑː] vb see **be**

area ['ɛərɪə] n (= region) περιοχή f · (GEOM, MATH) εμβαδόν nt · (= part of place) περιοχή f · (of knowledge, experience) τομέας m · **~ code** (TEL) n υπεραστικός αριθμός m κλήσεως

arena [ə'riːnə] n στίβος m · (fig) πεδίο nt

aren't [ɑːnt] = **are not**

Argentina [ɑːdʒən'tiːnə] n Αργεντινή f

argue ['ɑːgjuː] vi (= quarrel) μαλώνω · (= reason) υποστηρίζω ♦ vt **to ~ that ...** υποστηρίζω ότι ...

argument ['ɑːgjumənt] n (= reasons) επιχείρημα nt · (= quarrel) καυγάς m

Aries ['ɛərɪz] n Κριός m

arise [ə'raɪz] (pt **arose**, pp **~n**) vi παρουσιάζομαι

arisen [ə'rɪzn] pp of **arise**

aristocratic [ærɪstə'krætɪk] adj αριστοκρατικός

arithmetic [ə'rɪθmətɪk] n αριθμητική f

arm [ɑːm] n χέρι nt · (= upper arm) μπράτσο nt · (of jacket etc) μανίκι nt · (of chair) μπράτσο nt ♦ vt εξοπλίζω · **~ in ~** αγκαζέ inv

► **arms** npl όπλα ntpl · **~chair** n

πολυθρόνα f · **~ed** adj (soldier, troops) οπλισμένος · (conflict) ένοπλος · **the ~ed forces** οι ένοπλες δυνάμεις · **~ed robbery** f ένοπλη ληστεία f

Armenia [ɑːˈmiːnɪə] n Αρμενία f

armour (US **armor**) [ˈɑːməˀ] n (of knight) πανοπλία f

army [ˈɑːmɪ] n στρατός m · (fig) στρατιά f

aroma [əˈrəumə] n (of coffee) άρωμα nt · (of foods) μυρωδιά f · **~therapy** n αρωματοθεραπεία f

arose [əˈrəuz] pt of **arise**

around [əˈraund] adv (= about) (τρι)γύρω · (= in the area) εδώ γύρω ♦ prep γύρω από · (fig: in time, numbers) γύρω σε · **it measures fifteen feet ~ the trunk** η περίμετρος του κορμού είναι δεκαπέντε πόδια · **is he ~?** είναι εδώ; · **~ 5 o'clock** γύρω στις 5

arouse [əˈrauz] vt ξυπνάω · (interest) προκαλώ · (anger) εξάπτω · (= stimulate) ερεθίζω

arrange [əˈreɪndʒ] vt (meeting, tour etc) οργανώνω · (books) τακτοποιώ · **to ~ to do sth** κανονίζω να κάνω κτ · **~ment** n (= agreement) διακανονισμός m · (= layout) διαρρύθμιση f
▶ **arrangements** npl προετοιμασίες fpl

array [əˈreɪ] n **~ of** ποικιλία f

arrears [əˈrɪəz] npl χρέη ntpl · **to be in ~ with one's rent** χρωστάω το ενοίκιό μου

arrest [əˈrest] vt (criminal, suspect) συλλαμβάνω · n σύλληψη f · **under ~** υπό κράτηση

arrival [əˈraɪvl] n άφιξη f · (of invention etc) ερχομός m · **new ~** νεοφερμένος/η m/f · (baby) νεογέννητο nt

arrive [əˈraɪv] vi αφικνέω · **~ at** vt fus (fig) καταλήγω σε

arrogance [ˈærəgəns] n αλαζονεία f

arrogant adj αλαζονικός

arrow [ˈærəu] n βέλος nt

arse [ɑːs] (BRIT: inf!) n κώλος m (inf!)

arsenal [ˈɑːsɪnl] n οπλοστάσιο nt

arson [ˈɑːsn] n εμπρησμός m

art [ɑːt] n τέχνη f · (= study, activity) τέχνες fpl · **work of ~** έργο τέχνης
▶ **arts** npl θεωρητικές σπουδές fpl

artery [ˈɑːtərɪ] n (also fig) αρτηρία f

art gallery n (large, national) πινακοθήκη f · (small, private) γκαλερί f inv

arthritis [ɑːˈθraɪtɪs] n αρθρίτιδα f

article [ˈɑːtɪkl] n (= object, item) αντικείμενο nt · (LING) άρθρο nt · (in newspaper) άρθρο nt · **~ of clothing** ρούχο nt

articulate adj [ɑːˈtɪkjulɪt] adj (speech, writing) γλαφυρός · (person) που εκφράζεται με σαφήνεια και ευκολία ♦ vt [ɑːˈtɪkjuleɪt] εκφράζω

artificial [ɑːtɪˈfɪʃəl] adj τεχνητός · (manner, person) ψεύτικος

artist [ˈɑːtɪst] n καλλιτέχνης mf · **~ic** adj καλλιτεχνικός

art school n σχολή f καλών τεχνών

KEYWORD

as [æz, əz] conj (a) (referring to time) καθώς · **as the years went by** καθώς περνούσαν τα χρόνια · **he came in as I was leaving** μπήκε την ώρα που έφευγα · **as from tomorrow** από αύριο
(b) (in comparisons) σαν · **she is twice as intelligent as her brother** είναι δύο φορές πιο έξυπνη από τον αδερφό της · **you are twice as big as he is** είσαι διπλάσιος απ' αυτόν · **as much as** όσος · **as many as** όσοι · **as soon as** αμέσως μόλις or όταν
(c) (= since, because) αφού · **as you can't come I'll go without you** αφού δεν μπορείς να έρθεις, θα πάω μόνος μου · **he left early as**

he had to be home by 10 έφυγε νωρίς γιατί έπρεπε να είναι σπίτι στις 10

(d) *(referring to manner, way)* όπως •
do as you wish κάνε ό, τι θέλεις •
he'd be good to have as a friend θα ήταν καλό να τον έχω σαν φίλο •
he gave it to me as a present μου το έκανε δώρο

(e) *(= in the capacity of)* ως • **as chairman of the company...** ως πρόεδρος της εταιρείας... • **he works as a driver** δουλεύει *or* είναι οδηγός

(f) **as for** *or* **to** όσο για

(g) **as if** *or* **though** σαν να • **he looked as if he was ill** φαινόταν σαν να ήταν άρρωστος • *see also* **long, such, well**

---

a.s.a.p. [eɪesˈeɪpiː] *adv abbr* (= **as soon as possible**) το συντομότερο δυνατό

asbestos [æzˈbestəs] *n* αμίαντος *m*

ascent [əˈsent] *n* (= *slope*) ανηφόρα *f* • (= *climb: of mountain etc*) ανάβαση *f*

ash [æʃ] *n* (*of fire, cigarette*) στάχτη *f* • (*wood*) φλαμουριά *f* • (*tree*) φλαμουριά *f*

ashamed [əˈʃeɪmd] *adj* ντροπιασμένος • **to be ~ to** ντρέπομαι να • **to be ~ of** ντρέπομαι (για)

ashore [əˈʃɔːʳ] *adv* (*be, go etc*) στην ξηρά • (*swim*) προς την στεριά

ashtray [ˈæʃtreɪ] *n* σταχτοδοχείο *nt*

Asia [ˈeɪʒə] *n* Ασία *f* • **~n** *adj* ασιατικός ♦ *n* Ασιάτης/ισσα *mf*

aside [əˈsaɪd] *adv* στην άκρη ♦ *n* μονόλογος *m* • **to brush objections ~** αφηνώ τις αντιρρήσεις κατά μέρος • **~ from** *prep* εκτός από

ask [ɑːsk] *vt* (*question*) ρωτάω • (= *invite*) (προσ)καλώ • **to ~ sb sth/ to do sth** ζητώ κτ από κν/ζητώ από κν να κάνει κτ • **to ~ about the price** ρωτώ την τιμή • **to ~ (sb) a question** κάνω (σε κν) μια

ερώτηση • to ~ sb out to dinner προσκαλώ κν σε δείπνο • **~ after** *vt fus* ρωτώ για κν • **~ for** *vt fus* ζητάω • (*trouble*) πηγαίνω γυρεύοντας για

asleep [əˈsliːp] *adj* κοιμισμένος • **to be ~** κοιμάμαι • **to fall ~** με παίρνει ο ύπνος

asparagus [əsˈpærəgəs] *n* σπαράγγι *m*

aspect [ˈæspekt] *n* πλευρά *f*

aspire [əsˈpaɪəʳ] *vi* **to ~ to** φιλοδοξώ να

aspirin [ˈæsprɪn] *n* (*tablet*) ασπιρίνη *f*

ass [æs] *n* (*US: inf!*) κώλος *m* (*inf!*)

assassin [əˈsæsɪn] *n* δολοφόνος *mf* • **~ate** *vt* δολοφονώ

assault [əˈsɔːlt] *n* επίθεση *f* ♦ *vt* επιτίθεμαι • (*sexually*) κακοποιώ

assemble [əˈsembl] *vt* (*objects, people*) συγκεντρώνω • (*TECH*) συναρμολογώ ♦ *vi* συγκεντρώνομαι

assembly [əˈsemblɪ] *n* (= *meeting*) συνέδριαση *f* • (*institution*) συνέλευση *f* • (*of vehicles etc*) συναρμολόγηση *f*

assert [əˈsɜːt] *vt* (*opinion, innocence*) υποστηρίζω με σθένος • (*authority*) επιβάλλω • **to ~ o.s.** επιβάλλομαι • **~ion** *n* ισχυρισμός *m*

assess [əˈses] *vt* (*problem, situation*) εκτιμώ • (*abilities*) αξιολογώ • (*tax*) υπολογίζω • (*value, damages*) εκτιμώ • (*SCOL*) αξιολογώ • **~ment** *n* εκτίμηση *f* • (*SCOL*) αξιολόγηση *f*

asset [ˈæset] *n* ατού *nt inv* • **~s** *npl* περιουσιακά στοιχεία *ntpl* • (*of company*) ενεργητικό *nt*

assign [əˈsaɪn] *vt* **to ~** (*to*) αναθέτω (σε) • (*resources etc*) παραχωρώ (σε) • **~ment** *n* (= *task*) αποστολή *f* • (*SCOL*) εργασία *f*

assist [əˈsɪst] *vt* βοηθάω • **~ance** *n* βοήθεια *f* • **~ant** *n* βοηθός *mf* • (*BRIT: also* **shop ~ant**) πωλητής/τρια *m/f*

associate *n* [əˈsəʊʃiɪt] *n* συνεργάτης *mf* • *vt* συνδέω • *vi* **to ~ with sb** κάνω παρέα με κν •

association n (= group) εταιρεία f • (= involvement, link) σχέση f • **in ~ with** σε συνεργασία με

assorted [ə'sɔːtɪd] adj διάφορος

assortment [ə'sɔːtmənt] n ποικιλία f

assume [ə'sjuːm] vt υποθέτω • (responsibilities) αναλαμβάνω • (attitude, name) παίρνω

assumption n αντίληψη f • (of power etc) ανάληψη f

assurance [ə'ʃuərəns] n (= promise) διαβεβαίωση f • (= confidence) βεβαιότητα f • (= insurance) ασφάλεια f

assure [ə'ʃuə'] vt διαβεβαιώνω • (happiness, success etc) εξασφαλίζω

asthma ['æsmə] n άσθμα nt

astonishing [ə'stɔnɪʃɪŋ] adj εκπληκτικός

astonishment [ə'stɔnɪʃmənt] n κατάπληξη f

astray [ə'streɪ] adv to go ~ (letter) χάνομαι καθ' οδόν • to lead ~ παρασύρω

astrology [əs'trɔlədʒɪ] n αστρολογία f

astronaut ['æstrənɔːt] n αστροναύτης mf

astronomer [əs'trɔnəmə'] n αστρονόμος mf

astronomical [æstrə'nɔmɪkl] adj αστρονομικός

astronomy [əs'trɔnəmɪ] n αστρονομία f

astute [əs'tjuːt] adj (person) παμπόνηρος • **an ~ decision** μια έξυπνη απόφαση

asylum [ə'saɪləm] n άσυλο nt • **to seek (political) ~** ζητώ (πολιτικό) άσυλο

at [æt] prep (a) (referring to position, direction) σε • **to look at sth** κοιτάζω κτ

(b) (referring to time) **at 4 o'clock** στις 4 (η ώρα) • **at night** τη νύχτα • **at Christmas** τα Χριστούγεννα • **at**

times ώρες-ώρες

(c) (referring to rates, speed etc) **at £2 a kilo** δύο λίρες το κιλό • **two at a time** δύο μαζί • **at 50 km/h** με 50 χλμ. την ώρα

(d) (referring to activity) σε • **to play at cowboys** παίζουμε τους καουμπόηδες

(e) (referring to cause) με • **shocked/surprised/annoyed at sth** ταραγμένος/εκπληκτισμένος/ ενοχλημένος με κτ • **I went at his suggestion** πήγα με δική του υπόδειξη

ate [eɪt] pt of **eat**

atheist ['eɪθɪɪst] n άθεος/η m/f

Athens ['æθɪnz] n Αθήνα f

athlete ['æθliːt] n αθλητής/τρια m/f •
athletic adj αθλητικός • **athletics** n αγωνίσματα στίβου ntpl

Atlantic [ət'læntɪk] adj του Ατλαντικού ◆ n the ~ **(Ocean)** ο Ατλαντικός (Ωκεανός)

atlas ['ætləs] n άτλας m

ATM abbr (= Automated Telling Machine) συσκευή f αυτόματων ταμειακών συναλλαγών

atmosphere ['ætməsfɪə'] n ατμόσφαιρα f

atom ['ætəm] n (PHYS) άτομο nt • ~**ic** adj ατομικός

atrocity [ə'trɔsɪtɪ] n θηριωδία f

attach [ə'tætʃ] vt προσκολλώ • (document, letter) επισυνάπτω • **to be ~ed to sb/sth** είμαι δεμένος με κν/κτ • ~**ment** n (tool) εξάρτημα nt • (COMPUT) επισύναψη f • (= love) ~**ment (to sb)** προσκόλληση (σε κτν)

attack [ə'tæk] vt (MIL) επιτίθεμαι • (= assault) επιτίθεμαι • (= criticize) επιτίθεμαι σε • (task, problem etc) καταπιάνομαι με ◆ n επίθεση f • (of illness) κρίση f • **heart ~** καρδιακή προσβολή • ~**er** n δράστης m

attain [ə'teɪn] vt (happiness) αποκτώ •

(ambition) πραγματοποιώ ∙ *(age, rank)* φθάνω

attempt [əˈtɛmpt] *n* προσπάθεια *f*
♦ *vt* προσπαθώ

attend [əˈtɛnd] *vt (school, church)* πηγαίνω ∙ *(lectures)* παρακολουθώ ∙ *(course: meeting, talk)* παρακολουθώ ∙ **~ to** *vt fus (needs, affairs etc)* ασχολούμαι με ∙ *(patient)* παρακολουθώ ∙ *(customer)* εξυπηρετώ ∙ **~ance** *n (= presence)* παρακολούθηση *f* ∙ *(= people present)* προσέλευση *f* ∙ **~ant** *n* βοηθός *mf* ∙ *(in garage etc)* υπάλληλος *mf*

attention [əˈtɛnʃən] *n* *(= concentration)* προσοχή *f* ∙ *(= care)* φροντίδα *f* ♦ *excl* (MIL) προσοχή! ∙ **for the ~ of ...** υπόψη +gen ...

attic [ˈætɪk] *n* σοφίτα *f*

attitude [ˈætɪtjuːd] *n (= mental view)* αντίληψη *f* ∙ *(= posture)* στάση *f*

attorney [əˈtɜːnɪ] *n (US)* δικηγόρος *mf* ∙ **Attorney General** *n (BRIT)* γενικός εισαγγελέας *mf* ∙ *(US)* = υπουργός Δικαιοσύνης

attract [əˈtrækt] *vt (people)* προσελκύω ∙ *(support, publicity)* αποκτώ ∙ *(sb's interest, attention)* τραβάω ∙ **~ion** *n (pl)* αξιοθέατα *ntpl* ∙ *(fig)* έλξη *f* ∙ **~ive** *adj* ελκυστικός

attribute *n* [ˈætrɪbjuːt] *vb* [əˈtrɪbjuːt] *n* γνώρισμα *nt* ♦ *vt* αποδίδω ∙ **to ~ sth to** αποδίδω κτ σε

aubergine [ˈəʊbəʒiːn] *n (vegetable)* μελιτζάνα *f* ∙ *(colour)* μελιτζανί *nt*

auburn [ˈɔːbən] *adj* καστανοκόκκινος

auction [ˈɔːkʃən] *n* δημοπρασία *f* ♦ *vt* πουλώ σε δημοπρασία

audible [ˈɔːdɪbl] *adj* που ακούγεται

audience [ˈɔːdɪəns] *n (in theatre etc)* ακροατήριο *nt* ∙ *(RADIO)* ακροατές *mpl* ∙ *(TV)* τηλεθεατές *mpl* ∙ *(= public)* κοινό *nt*

audit [ˈɔːdɪt] (COMM) *vt* ελέγχω ♦ *n* λογιστικός έλεγχος *m*

audition [ɔːˈdɪʃən] *n (CINE, THEAT etc)*

ντισιόν *f inv* ♦ *vi* **to ~ (for)** περνάω από ντισιόν (για)

auditor [ˈɔːdɪtə] *n* ελεγκτής *mf*

auditorium [ɔːdɪˈtɔːrɪəm] *n (= building)* μέγαρο *nt* ∙ *(= audience area)* αίθουσα *f*

August [ˈɔːɡəst] *n* Αύγουστος *m* ∙ *see also* **July**

aunt [ɑːnt] *n* θεία *f* ∙ **~ie, ~y** *n dimin of* **aunt**

aura [ˈɔːrə] *n (fig)* αέρας *m*

austerity [ɔsˈtɛrɪtɪ] *n* απλότητα *f* ∙ (ECON) λιτότητα *f*

Australia [ɔsˈtreɪlɪə] *n* Αυστραλία *f* ∙ **~n** *adj* αυστραλέζικος ♦ *n* Αυστραλός/έζα *m/f*

Austria [ˈɔstrɪə] *n* Αυστρία *f* ∙ **~n** *adj* αυστριακός ♦ *n* Αυστριακός/ή *m/f*

authentic [ɔːˈθɛntɪk] *adj (painting, document)* αυθεντικός ∙ *(account)* αξιόπιστος

author [ˈɔːθə[r]] *n* συγγραφέας *mf*

authority [ɔːˈθɒrɪtɪ] *n (= power)* εξουσία *f* ∙ *(= expert)* αυθεντία *f* ∙ *(= government body)* αρχή *f* ∙ *(= official permission)* άδεια *f* ∙ ▸ **the authorities** *npl* οι αρχές *fpl*

authorize [ˈɔːθəraɪz] *vt* εγκρίνω ∙ **to ~ sb to do sth** εξουσιοδοτώ κν να κάνει κτ

autobiography [ɔːtəbaɪˈɒɡrəfɪ] *n* αυτοβιογραφία *f*

autograph [ˈɔːtəɡrɑːf] *n* αυτόγραφο *nt* ♦ *vt* υπογράφω

automatic [ɔːtəˈmætɪk] *adj (process, machine)* αυτόματος ∙ *(reaction)* μηχανικός ♦ *n (gun)* αυτόματο *nt* ∙ *(car)* αυτόματο (αυτοκίνητο) *nt* ∙ **~ally** *adv (= by itself)* αυτόματα ∙ *(= without thinking)* μηχανικά

automobile [ˈɔːtəməbiːl] *n (US)* αυτοκίνητο *nt*

autonomous [ɔːˈtɒnəməs] *adj* αυτόνομος

autonomy [ɔːˈtɒnəmɪ] *n* αυτονομία *f*

autumn [ˈɔːtəm] *n* φθινόπωρο *nt* ∙ **in ~** το φθινόπωρο

auxiliary [ɔːgˈzɪlɪərɪ] *adj* βοηθητικός
♦ *n* βοηθός *m*

avail [əˈveɪl] *vt* **to ~ o.s. of** επωφελούμαι ♦ *n* **to no ~** μάταια

availability [əveɪləˈbɪlɪtɪ] *n* διαθεσιμότητα *f*

available [əˈveɪləbl] *adj* (*article, amount*) διαθέσιμος · (*service*) που υπάρχει · (*time*) ελεύθερος · **to be ~** (*person*: = *not busy*) είμαι διαθέσιμος · (: = *free*) είμαι ελεύθερος

avalanche [ˈævəlɑːnʃ] *n* χιονοστιβάδα *f*

Ave. *abbr* = **avenue**

avenue [ˈævənjuː] *n* λεωφόρος *f* · (*fig*) οδός *f*

average [ˈævərɪdʒ] *n* μέσος όρος *m* ♦ *adj* μέσος ♦ *vt* φτάνω κατά μέσον όρο · **on ~** κατά μέσον όρο · ~ **out** *vi* **to ~ out at** φτάνω κατά μέσον όρο

avert [əˈvɜːt] *vt* (*accident, war*) αποτρέπω · (*one's eyes*) παίρνω

avid [ˈævɪd] *adj* (*supporter*) ένθερμος · (*viewer*) φανατικός

avocado [ævəˈkɑːdəʊ] *n* (*BRIT: also* ~ **pear**) αβοκάντο *nt inv*

avoid [əˈvɔɪd] *vt* αποφεύγω · **to ~ doing sth** αποφεύγω να κάνω κτ

await [əˈweɪt] *vt* περιμένω · **long ~ed** που περιμέναμε εδώ και πολύ καιρό

awake [əˈweɪk] (*pt* **awoke**, *pp* **awoken** *or* ~**ned**) *vt* ξυπνάω ♦ *vi* ξυπνάω

award [əˈwɔːd] *n* βραβείο *nt* · (*JUR*) ποσό *nt* αποζημίωσης ♦ *vt* (*prize*) απονέμω · (*JUR: damages*) επιδικάζω αποζημίωση

aware [əˈwɛə] *adj* **to be ~ (of sth)** (= *conscious*) έχω υπόψη μου (κτ) · (= *informed*) είμαι ενημερωμένος (για κτ) · **to become ~ of/that** αντιλαμβάνομαι κτ/ότι · ~**ness** *n* συνείδηση *f*

away [əˈweɪ] *adv* **to move/run/drive ~** απομακρύνομαι · (*be situated*)

μακριά από · **to be ~** (= *not present*) λείπω · **two kilometres ~** σε απόσταση δύο χιλιομέτρων · **two hours ~ by car** δύο ώρες με αυτοκίνητο · **the holiday was two weeks ~** οι διακοπές ήταν σε δυο εβδομάδες · **he's ~ for a week** λείπει για μια εβδομάδα · **to take ~ (from)** (= *remove*) παίρνω · (= *subtract*) βγάζω · **to work/pedal** *etc* ~ δουλεύω/κάνω ποδήλατο χωρίς διακοπή · **to fade/wither ~** ξεθωριάζω · (*enthusiasm*) πέφτω

awe [ɔː] *n* δέος *nt* · **to be in ~ of sth/ sb** κτ/κς μου προκαλεί δέος

awful [ˈɔːfəl] *adj* (*weather, smell*) απαίσιος · (*shock etc*) φριχτός · **an ~ lot of** τρομερός · ~**ly** *adv* εξαιρετικά

awkward [ˈɔːkwəd] *adj* (*person, movement*) αδέξιος · (*time*) ακατάλληλος · (*job, machine*) δύσκολος · (*problem, situation*) δυσάρεστος · (*silence*) παράξενος

awoke [əˈwəʊk] *pt of* **awake** · ~**n** *pp of* **awake**

axe (*US* **ax**) [æks] *n* τσεκούρι *nt* ♦ *vt* (*project etc*) κόβω · (*jobs*) μειώνω κατά πολύ

axle [ˈæksl] (*AUT*) *n* (*also* ~**tree**) άξονας *m* (τροχού)

aye [aɪ] *excl* (= *yes*) ναι

B b

B, b [biː] *n* το δεύτερο γράμμα του αγγλικού αλφαβήτου · (*SCOL*) καλά, = **B · B road** (*BRIT: AUT*) δευτερεύων δρόμος *m*

BA *n abbr* (= *Bachelor of Arts*) πτυχίο *nt* Θεωρητικών Επιστημών

baby [ˈbeɪbɪ] *n* (= *infant*) μωρό *nt* · (*US: inf: = darling!*) μωρό *nt* μου · ~ **carriage** (*US*) *n* καροτσάκι *nt*

baby-sit [ˈbeɪbɪsɪt] *vi* φυλάω παιδιά · ~**ter** *n* μπέιμπι-σίτερ *f inv*

bachelor ['bætʃələ'] n εργένης m ·
B~ of Arts/Science (person)
πτυχιούχος θεωρητικών/θετικών
επιστημών

back [bæk] n (of person) πλάτη f · (of
animal) ράχη f · (of hand) ανάποδη f ·
(of house, car) πίσω μέρος nt · (of
chair) πλάτη f · (of book) τέλος nt ·
(of crowd, audience) πίσω τμήμα nt ·
(FOOTBALL) οπισθοφύλακας m ♦ vt
(candidate) υποστηρίζω · (financially)
στηρίζω · (= bet on: horse) ποντάρω
σε · (= reverse: car) κάνω όπισθεν
♦ vi (also ~ **up**) κάνω όπισθεν ♦ cpd
(AUT: seat, wheels) πίσω · (garden) στο
πίσω μέρος · (room) πίσω ♦ adv
(= not forward) πίσω · (returned) **he's**
~ γύρισε · (restitution) **throw the
ball** ~ πέτα πίσω τη μπάλα · (again)
she called ~ ξαναπήρε · **they ran**
~ γύρισαν πίσω τρέχοντας · **to run**
to front το πίσω-μπρος · **when will**
you be ~? πότε θα γυρίσετε; · **can**
I have it ~? μπορείτε να μου το
επιστρέψετε; ► ~ **down** vi
υποχωρώ · ► ~ **out** vi κάνω πίσω ·
► ~ **up** vt (= support: person)
καλύπτω · (theory etc) υποστηρίζω ·
(COMPUT) κρατάω μπακάπ σε · ~**bone**
n σπονδυλική στήλη f · ~**fire** vi (AUT)
κλωτσάει η εξάτμιση +gen · (plans)
ναυαγώ · ~**ground** n (of picture)
βάθος nt · (of events) παρασκήνιο nt ·
(COMPUT) φόντο nt · (: = origins: of
person) προέλευση f · (: = experience)
πείρα f ♦ cpd (noise, music) στο
βάθος · **family** ~**ground**
οικογενειακή προέλευση · ~**ground**
reading βασική βιβλιογραφία · ~**ing**
n (COMM) υποστήριξη f · (MUS)
(μουσική) συνοδεία f · ~**log** n ~**log**
of work μαζεμένη δουλειά · ~**pack**
n σακίδιο nt · ~**packer** n αυτός που
κάνει πορεία με σακίδιο στην
πλάτη · ~**side** (inf) n πισινός m ·
~**stage** adv στα παρασκήνια ·
~**stroke** n ύπτιο nt · ~**up** adj (staff,
services) υποστήριξης (COMPUT)

bacon ['beɪkən] n μπέικον nt inv
bacteria [bæk'tɪərɪə] npl βακτηρίδια
ntpl
bad [bæd] adj κακός · (work, health)
άσχημος · (mistake, accident)
σοβαρός · **his** ~ **back** η πονεμένη
του μέση · **to go** ~ (meat, food)
χαλάω · **to be** ~ **for** κάνω κακό · **to**
be ~ **at** δεν είμαι καλός σε · **not**
~ καθόλου άσχημα
bade [bæd] pt of **bid**
badge [bædʒ] n (of school etc) σήμα
nt · (of policeman) διακριτικά ntpl ·
(fig) χαρακτηριστικό γνώρισμα nt
badger ['bædʒə'] n ασβός m
badly ['bædlɪ] adv (work, reflect etc)
άσχημα · (wounded) σοβαρά · **to**
dress ~ είμαι κακοντυμένος ·
things are going ~ τα πράγματα
πάνε άσχημα
badminton ['bædmɪntən] n
μπάντμιντον nt inv
bad-tempered ['bæd'tempəd] adj
(person: by nature) δύστροπος · (: on
one occasion) στις κακές μου
bag [bæg] n (made of paper, plastic)
σακούλα f · (= handbag, satchel)
τσάντα f · (= suitcase) βαλίτσα f ·
(pej: woman: also **old** ~) κλώσα f ·
~**s of** (inf) άφθονος · **to pack one's**
~**s** ετοιμάζω τις βαλίτσες μου · ~**s**
under the eyes σακούλες κάτω
από τα μάτια
baggage ['bægɪdʒ] n αποσκευές fpl
· ~ **allowance** n επιτρεπόμενο όριο
nt αποσκευών
baggy ['bægɪ] adj φαρδύς
Bahamas [bə'hɑ:məz] npl **the** ~ οι

Μπαχάμες

bail [beɪl] *n* (JUR: = *payment*) εγγύηση *f* ◆ (: = *release*) αποφυλάκιση *f* με εγγύηση ◆ *vt* (*prisoner*) που έχει βγει με εγγύηση • ~ **out** *vt* (*friend*) βγάζω από τη δύσκολη θέση αδειάζω το νερό • *see also* **bale** • on ~ (*prisoner*) που έχει βγει με εγγύηση

bait [beɪt] *n* δόλωμα *nt* ◆ *vt* (hook, trap) βάζω για δόλωμα σε • (= *tease*) πειράζω

bake [beɪk] *vt* (CULIN: cake) φτιάχνω στο φούρνο • (TECH: clay etc) ψήνω ◆ *vi* (bread etc) ψήνομαι • (person) φτιάχνω ψωμί or γλυκά • ~**d beans** *npl* φασόλια *ntpl* κονσέρβα σε ντομάτα • ~**r** *n* φούρναρης *m* • ~**ry** *n* φούρνος *m*

baking [ˈbeɪkɪŋ] *n* (act) ψήσιμο *nt* στο φούρνο • (food) φουρνιά *f* ◆ *adj* (inf) που βράζει από τη ζέστη

balance [ˈbæləns] *n* (= *equilibrium*) ισορροπία *f* • (FIN: remainder) υπόλοιπο *nt* λογαριασμού ◆ *vt* (object) ισορροπώ • (budget) ισοσκελίζω • (account) κλείνω • (pros and cons) ζυγίζω • (= *make equal*) εξισορροπώ ◆ *vi* (person, object) ισορροπώ • on ~ ύστερα από προσεκτική υπολογισμό • ~ **the books** (COMM) κλείνω τα βιβλία • ~**d** *adj* (report) αμερόληπτος • (personality, diet) ισορροπημένος • ~ **sheet** *n* ισολογισμός *m*

balcony [ˈbælkənɪ] *n* μπαλκόνι *nt* • (in theatre) εξώστης *m*

bald [bɔːld] *adj* (head, person) φαλακρός • (tyre) φθαρμένος

bale [beɪl] *n* (AGR) μπάλα *f* • (of papers etc) δέμα *nt* • ~ **out** *vi* (of a plane) πέφτω με αλεξίπτωτο ◆ *vt* αδειάζω νερό από

ball [bɔːl] *n* μπάλ(λ)α *f* • (for tennis, golf) μπαλ(λ)άκι *nt* • (of wool, string) κουβάρι *nt* • (= *dance*) χορός *m*

ballerina [bæləˈriːnə] *n* μπαλαρίνα *f*

ballet [ˈbæleɪ] *n* μπαλέτο *nt*

balloon [bəˈluːn] *n* (child's) μπαλόνι *nt* • (= *hot air balloon*) αερόστατο *nt*

ballot [ˈbælət] *n* ψηφοφορία *f*

ballpoint (pen) [ˈbɔːlpɔɪntˈpɛn] *n* στυλό *nt inv* διαρκείας

ballroom [ˈbɔːlrum] *n* αίθουσα *f* χορού

Baltic [ˈbɔːltɪk] *n* **the ~ (Sea)** η Βαλτική (Θάλασσα)

bamboo [bæmˈbuː] *n* μπαμπού *nt inv*

ban [bæn] *n* απαγόρευση *f* ◆ *vt* απαγορεύω

banana [bəˈnɑːnə] *n* μπανάνα *f*

band [bænd] *n* (= *group*) παρέα *f* • (MUS: jazz etc) ορχήστρα *f* • (: rock) συγκρότημα *nt* • (: military etc) μπάντα *f* • (strip, stripe) κορδέλλα *f* • (= *range*) εύρος *nt*

bandage [ˈbændɪdʒ] *n* επίδεσμος *m* • (wound, leg) δένω με επίδεσμο

bandit [ˈbændɪt] *n* ληστής *m*

bang [bæŋ] *n* (of door) βρόντος *m* • (of gun, exhaust) εκπυροκρότηση *f* • (= *blow*) χτύπημα *nt* ◆ *excl* μπαμ! ◆ *vt* (door) βροντάω • (one's head etc) χτυπάω ◆ *vi* (door) βροντάω • (fireworks) σκάω • **to ~ at the door** χτυπάω δυνατά την πόρτα • **to ~ into sth** πέφτω πάνω σε κτ

Bangladesh [bæŋɡləˈdɛʃ] *n* Μπανγκλαντές *nt inv*

bangs [bæŋz] (US) *npl* (= *fringe*) αφέλειες *fpl*

banish [ˈbænɪʃ] *vt* εξορίζω

banister(s) [ˈbænɪstə(z)] *n(pl)* κουπαστή *f* σκάλας

banjo [ˈbændʒəu] (*pl* ~**es** *or* ~**s**) *n* μπάντζο *nt inv*

bank [bæŋk] *n* τράπεζα *f* • (of river, lake) όχθη *f* • (of earth) πλαγιά *f* ◆ *vi* (AVIAT) γέρνω • (COMM) **they ~ with Pitt's** έχουν λογαριασμό στην τράπεζα Pitt • ~ **on** *vt fus* υπολογίζω σε • ~ **account** *n* τραπεζικός λογαριασμός *m* • ~ **balance** *n* υπόλοιπο *nt* τραπεζικού λογαριασμού • ~ **card** *n* κάρτα *f*

εγγύησης επιταγών· **~er** n
τραπεζίτης m· **~ holiday** (BRIT) n
επίσημη αργία f· **~ing** n τραπεζικό
επάγγελμα nt· **~note** n
χαρτονόμισμα nt

bankrupt ['bæŋkrʌpt] adj
χρεωκοπημένος ♦ n χρεωκοπημένος/
η m/f· **to go ~** χρεωκοπώ· **~cy** n
(COMM) χρεωκοπία f· (fig) χρεωκοπία
f

banner ['bænə] n πανό nt inv

bannister(s) ['bænɪstəz] n(pl) =
banister(s)

banquet ['bæŋkwɪt] n συνεστίαση f

baptism ['bæptɪzəm] n βάπτιση nt·
(ceremony) βάφτιση ntpl

bar [ba:] n μπαρ nt inv· (= rod)
βέργα f· (on window etc) κάγκελο nt·
(of soap, chocolate) πλάκα f· (fig)
φραγμός m· (MUS) μέτρο nt ♦ vt
(way, road) φράζω· (door, window)
αμπαρώνω· (person) αποκλείω·
behind ~s πίσω από τα κάγκελα

Barbados [ba:'beɪdɔs] n
Μπαρμπάντος npl inv

barbaric [ba:'bærɪk] adj (= uncivilized)
βαρβαρικός· (= cruel) βάρβαρος

barbecue ['ba:bɪkju:] n ψησταριά f·
(meal, party) μπάρμπεκιου nt inv

barbed wire [ba:bd'waɪə] n
συρματόπλεγμα nt

barber ['ba:bə] n κουρέας m

bare [bɛə] adj γυμνός ♦ vt
γυμνώνω· (teeth) δείχνω· **the
~ essentials, the ~ necessities** τα
απολύτως απαραίτητα· **the
~ minimum** το ελάχιστο· **~ly** adv
μετά βίας

bargain ['ba:gɪn] n (= deal,
agreement) συμφωνία f· (= good buy)
ευκαιρία f ♦ vi (= haggle) παζαρεύω·
to ~ (with sb) διαπραγματεύομαι
(με κν)· **into the ~** επιπλέον· **for**
vt fus **he got more than he ~ed
for** πήγε καλύτερα απ'ό, τι περίμενε

barge [ba:dʒ] n μαούνα f· **~ in** vi
(enter) ορμάω μέσα· (= interrupt)

διακόπτω

bark [ba:k] n (of tree) φλούδα f· (of
dog) γαύγισμα nt ♦ vi γαυγίζω

barley ['ba:lɪ] n κριθάρι nt

barmaid ['ba:meɪd] n γκαρσόνα f

barman ['ba:mən] (irreg) n μπάρμαν
m inv

barn [ba:n] n αποθήκη f

barometer [bə'rɔmɪtə] n βαρόμετρο
nt

baron ['bærən] n βαρώνος m· **~ess**
n βαρώνη f

barracks ['bærəks] npl στρατώνας m

barrage ['bæra:ʒ] n (MIL) καταιγισμός
m πυρών· (= dam) φράγμα f· (fig)
θύελλα f

barrel ['bærəl] n (of wine, beer) βαρέλι
nt· (of gun) κάννη f

barren ['bærən] adj άγονος

barricade [bærɪ'keɪd] n οδόφραγμα f
♦ vt κλείνω με οδόφραγμα· **to
~ o.s. (in)** οχυρώνομαι

barrier ['bærɪə] n διαχωριστικό nt·
(BRIT: also **crash ~**) προστατευτική
μπαριέρα f· (fig) εμπόδιο nt

barring ['ba:rɪŋ] prep εκτός

barrister ['bærɪstə] (BRIT) n
δικηγόρος mf (σε ανώτερο
δικαστήριο)

barrow ['bærəu] n καρότσι nt

bartender ['ba:tɛndə] (US) n
μπάρμαν m inv

base [beɪs] n βάση f· (of cup, box)
πάτος m ♦ vt **to ~ sth on** (opinion,
belief) βασίζω· **I'm ~d in London**
έχω έδρα το Λονδίνο

baseball ['beɪsbɔ:l] n μπέιζμπολ n inv

basement ['beɪsmənt] n υπόγειο nt

bases[1] [beɪsɪz] npl of **base**

bases[2] ['beɪsɪz] npl of **basis**

bash [bæʃ] (inf) vt (= beat) κοπανάω
♦ vi (= crash) **to ~ into/against**
κοπανάω πάνω σε

basic ['beɪsɪk] adj βασικός· (facilities)
πρωτόγονος· **~ally** adv βασικά· **~s**
npl **the ~s** τα βασικά

basil ['bæzl] *n* βασιλικός *m*

basin ['beisn] *n* (vessel) λεκάνη *f* (also **wash ~**) νιπτήρας *m* (of river, lake) λεκάνη *f*

basis ['beisis] (*pl* **bases**) *nt* βάση *f* **on a part–time/voluntary ~** σε μερική/εθελοντική βάση

basket ['ba:skit] *n* καλάθι *nt* **~ball** *n* μπάσκετ *nt inv*

bass [beis] (MUS) *n* (singer) μπάσος *m* (also **~ guitar**) μπάσο *nt* (on radio etc) μπάσα *ntpl*

bastard ['ba:stəd] *n* (offspring) νόθος *m* (inf!) μπάσταρδος *m*

bat [bæt] *n* (ZOOL) νυχτερίδα *f* (for cricket, baseball) (BRIT: for table tennis) ρακέτα *f* ◆ *vt* **he didn't ~ an eyelid** έμεινε ατάραχος

batch [bætʃ] *n* (of bread) φουρνιά *f* (of letters, papers) πάκο *nt* (of applicants) ομάδα *f* (of work, goods) παρτίδα *f*

bath [ba:θ] *n* (= bathtub) μπανιέρα *f*, μπάνιο *nt* ◆ *vt* (baby, patient) κάνω μπάνιο σε **to have a ~** κάνω μπάνιο **see also baths**

bathe [beið] *vi* κολυμπάω (US: = have a bath) κάνω μπάνιο ◆ *vt* (wound) πλένω

bathing ['beiðiŋ] *n* κολύμπι *nt*

bathroom ['ba:θrum] *n* μπάνιο *nt*

baths [ba:ðz] *npl* κολυμβητήριο *nt*

bathtub ['ba:θtʌb] *n* μπανιέρα *f*

baton ['bætən] *n* (MUS) μπαγκέτα *f* (ATHLETICS) σκυτάλη *f* (policeman's) γκλοπ *nt inv*

batter ['bætə'] *vt* δέρνω ◆ *n* (CULIN) κουρκούτι *nt* **~ed** *adj* (hat, car) φθαρμένος **~ed wife/child** ξυλοδαρμένη γυναίκα/ξυλοδαρμένο παιδί

battery ['bætəri] *n* μπαταρία *f*

battle ['bætl] *n* (also fig) μάχη *f* ◆ *vi* (= fight) τσακώνομαι (fig) αγωνίζομαι **~field** *n* πεδίο *nt* μάχης

bay [bei] *n* κόλπος *m* (BRIT: for parking) αποθάθρα *f* στάθμευσης

(: for loading) αποθάθρα *f* εκφόρτωσης **to hold sb at ~** κρατάω κν σε απόσταση

bazaar [bə'za:'] *n* (= market) παζάρι *nt* (= fete) πανηγύρι *nt*

B & B *n abbr* = **bed and breakfast**

BC *adv abbr* (= before Christ) π.Χ.

be [bi:] (*pt* was, were, *pp* been) *aux vb* (a) (with present participle: forming continuous tenses) **what are you doing?** τι κάνεις; **it is raining** βρέχει **they're coming tomorrow** έρχονται αύριο **I've been waiting for you for hours** σε περίμενα ώρες ολόκληρες

(b) (with past participle: forming passives) **to be killed** σκοτώνομαι **the box had been opened** το κουτί είχε ανοιχτεί **the thief was nowhere to be seen** ο κλέφτης είχε γίνει άφαντος

(c) (in tag questions) **he's good–looking, isn't he?** είναι όμορφος, έτσι δεν είναι *or* όμορφος είναι, ε; **she's back again, is she?** ξαναγύρισε, ε;

(d) (+ to + infinitive) **the house is to be sold** το σπίτι πρόκειται *or* πρέπει να πουληθεί **he's not to open it** δεν πρέπει να το ανοίξει ◆ *vb + complement* (a) **είμαι I'm tired/hot/cold** κουράστηκα/ζεσταίνομαι/κρυώνω **2 and 2 are 4** 2 και 2 κάνει 4 **be careful** πρόσεχε **be quiet** κάτσε ήσυχα

(b) (of health) είμαι

(c) (of age) είμαι

(d) (= cost) κάνει **that'll be £5 please** πέντε λίρες παρακαλώ ◆ *vi* (a) (= exist, occur etc) υπάρχω **be that as it may** όπως και να 'χει **so be it** ας είναι

(b) (referring to place) είμαι

(c) (referring to movement) είμαι ◆ *impers vb* (a) (referring to time) **it's 5 o'clock** είναι 5 (η ώρα) **it's the**

28th of April είναι 28 Απριλίου
(b) (referring to distance) **it's 10 km to the village** είναι 10 χλμ. μέχρι το χωριό
(c) (referring to the weather) **it's too hot/cold** κάνει πολύ ζέστη/κρύο ·
it's windy today έχει αέρα σήμερα
(d) (emph) **it's only me** εγώ είμαι ·
it's only the postman ο ταχυδρόμος είναι · **it was Maria who paid the bill** η Μαρία πλήρωσε το λογαριασμό

beach [biːtʃ] n παραλία f

beacon [ˈbiːkən] n (= signal light) φως nt για σινιάλο · (= marker) φάρος m

bead [biːd] n χάντρα f · (of sweat) σταγόνα f
▶ **beads** npl κολιέ nt inv

beak [biːk] n ράμφος nt

beam [biːm] n (ARCHIT) δοκός f · (of light) αχτίδα f ♦ vi χαμογελάω ♦ vt εκπέμπω

bean [biːn] n φασόλι nt · **broad ~** κουκί · **runner ~** είδος αμερικάνικου φασολιού · **coffee ~** κόκκος καφέ

bear [bɛəʳ] n αρκούδα f

beard [bɪəd] n μούσι nt

bearer [ˈbɛərəʳ] n (of letter) κομιστής m · (of news) αγγελιοφόρος m · (of cheque, passport etc) κάτοχος mf

bearing [ˈbɛərɪŋ] n (posture) παράσταση m · (= connection) σχέση f
▶ **bearings** npl (also ball **~s**) ρουλεμάν nt inv · **to get one's ~s** προσανατολίζομαι · (fig) εγκλιματίζομαι

beast [biːst] n (animal) θηρίο nt · (also inf: person) τέρας nt

beat [biːt] n (pt **~**, pp **~en**) n (of heart) χτύπος m · (MUS) ρυθμός m · (of policeman) περιοχή f ♦ vt (= strike) χτυπάω, χτυπάω · (= defeat: opponent) νικώ · (= record)

καταρρίπτω ♦ vi χτυπάω · **~ up** vt δέρνω · **~ing** n ξύλο nt

beautiful [ˈbjuːtɪful] adj ωραίος · **~ly** adv (play, sing) ωραία f · (quiet, empty etc) υπέροχα

beauty [ˈbjuːtɪ] n (quality) ομορφιά f · (= beautiful woman) καλλονή f · (fig: attraction) ομορφιά

beaver [ˈbiːvəʳ] n κάστορας m

became [bɪˈkeɪm] pt of **become**

because [bɪˈkɔz] conj επειδή · **~ of** λόγω +gen

become [bɪˈkʌm] (pt **became**, pp **~**) vi (+noun, +adj) γίνομαι · **to ~ fat/thin** παχαίνω/αδυνατίζω · **to ~ angry** θυμώνω · **what has ~ of him?** τι απέγινε αυτός;

bed [bɛd] n (piece of furniture) κρεβάτι nt · (of coal, clay) κοίτασμα nt · (= bottom: of river, sea) βυθός m · (of flowers) παρτέρι nt · **to go to ~** πάω για ύπνο · **~ and breakfast** n (place) πανσιόν f inv με ημιδιατροφή · (terms) δωμάτιο nt με πρωινό · **~ding** n κλινοσκεπάσματα ntpl · **~room** n κρεβατοκάμαρα nt · **~side** n **at sb's ~side** στο προσκεφάλι κου · cpd δίπλα στο κρεβάτι · **~sit(ter)** (BRIT) n ενοικιαζόμενο δωμάτιο nt (συνήθως χωρίς μπάνιο και κουζίνα) · **~time** n **it's ~time** είναι ώρα για ύπνο

bee [biː] n μέλισσα f

beech [biːtʃ] n (tree) οξιά f · (wood) ξύλο nt οξιάς

beef [biːf] n βοδινό nt · **roast ~** ροοτ-μπηφ

been [biːn] pp of **be**

beer [bɪəʳ] n μπύρα f

beet [biːt] n γουλί nt · (US: also **red ~**) κοκκινογούλι nt

beetle [ˈbiːtl] n σκαθάρι nt

beetroot [ˈbiːtruːt] (BRIT) n κοκκινογούλι nt

before [bɪˈfɔːʳ] prep (of time) πριν (από) · (of space) μπροστά σε ♦ conj πριν (να) ♦ adv (time) ξανά...

~ going πριν να πάω · ~ she goes πριν να πάει · the week ~ την προηγούμενη εβδομάδα · I've never seen it ~ δεν το έχω ξαναδεί · ~hand adv προηγουμένως

beg [beg] vi (beggar) ζητιανεύω ◆ vt (also ~ for: food, money) ζητιανεύω · to ~ sb to do sth ικετεύω κν να κάνει κτ · I ~ your pardon (apologizing) συγγνώμη · (not hearing) ορίστε;

began [bɪ'gæn] pt of begin

beggar ['begə'] n ζητιάνος/α m/f

begin [bɪ'gɪn] (pt began, pp begun) vt αρχίζω ◆ vi αρχίζω · to ~ doing or to do sth αρχίζω να κάνω κτ · ~ner n αρχάριος/α m/f · ~ning n αρχή f · right from the ~ning ευθύς εξαρχής

begun [bɪ'gʌn] pp of begin

behalf [bɪ'hɑːf] n on ~ of, (US) in ~ of (= as representative of) εκ μέρους +gen · (= for benefit of) για λογαριασμό +gen · on my/his ~ εκ μέρους μου/του

behave [bɪ'heɪv] vi συμπεριφέρομαι · (also ~ o.s.) φέρομαι καλά

behaviour [bɪ'heɪvjə'] (US behavior) n συμπεριφορά f

behind [bɪ'haɪnd] prep πίσω από ◆ adv πίσω ◆ n (= buttocks) πισινός m · to be ~ (= late) έχω αργήσει · to leave sth ~ ξεχνάω κτ

beige [beɪʒ] adj μπεζ inv

Beijing ['beɪ'dʒɪŋ] n Πεκίνο nt

being ['biːɪŋ] n (= creature) ον nt · (= existence) ύπαρξη f

Belarus [bɛlə'rus] n Λευκορωσία f

belated [bɪ'leɪtɪd] adj καθυστερημένος

Belgian ['bɛldʒən] adj βελγικός ◆ n Βέλγος/ίδα m/f

Belgium ['bɛldʒəm] n Βέλγιο nt

belief [bɪ'liːf] n (= opinion) άποψη f · (= trust, faith) πίστη f · (religious, political etc) πίστη/ση nt inv

believe [bɪ'liːv] vt πιστεύω ◆ vt

(= have faith) πιστεύω · to ~ in πιστεύω σε · ~r n (in idea, activity) υποστηρικτής/τρια m/f · (REL) πιστός/ ή m/f

bell [bɛl] n (of church) καμπάνα f · (small) καμπανάκι nt · (on door, also electric) κουδούνι nt

bellow ['bɛləu] vi (bull) μουγκρίζω · (person) ουρλιάζω ◆ vt (orders) φωνάζω

belly ['bɛlɪ] n κοιλιά f

belong [bɪ'lɒŋ] vi to ~ to (to person) ανήκω σε · (to club etc) είμαι μέλος +gen · this book ~s here αυτό το βιβλίο πηγαίνει εδώ · ~ings npl υπάρχοντα ntpl

beloved [bɪ'lʌvɪd] adj αγαπημένος

below [bɪ'ləu] prep κάτω από ◆ adv (= beneath) αποκάτω · see ~ βλέπε παρακάτω · temperatures ~ normal θερμοκρασίες κάτω από το φυσιολογικό

belt [bɛlt] n (clothing) ζώνη f · (TECH) ιμάντας m ◆ vt (inf: = thrash) δέρνω

bemused [bɪ'mjuːzd] adj σαστισμένος

bench [bɛntʃ] n (= seat) παγκάκι nt · (= work bench) πάγκος m · (BRIT: POL) έδρανο nt · the B~ (JUR) η έδρα

bend [bɛnd] (pt, pp bent) vt λυγίζω ◆ vi (person) σκύβω · (pipe) λυγίζω ◆ n (BRIT: in road) στροφή f · (in pipe) γωνία f

▸ the bends npl (MED) η νόσος των δυτών · ~ down vi σκύβω · ~ over vi σκύβω πάνω από

beneath [bɪ'niːθ] prep κάτω από ◆ adv παρακάτω

beneficial [bɛnɪ'fɪʃəl] adj ευεργετικός · ~ (to) ευεργετικός (για)

benefit ['bɛnɪfɪt] n (= advantage) όφελος nt · (money) επίδομα nt ◆ vt ωφελώ ◆ vi he'll ~ from it θα ωφεληθεί από αυτό

benign [bɪ'naɪn] adj άκακος · (MED) καλοήθης

bent [bɛnt] pt, pp of bend ◆ adj

(wire, pipe) λυγισμένος · (inf: =
dishonest) άτιμος · (: pej: =
homosexual) πούστης

bereaved [bɪˈriːvd] n ◆ the ~ οι
τεθλιμμένοι συγγενείς ◆ adj που
έχει χάσει κάποιον δικό του
beret [ˈbereɪ] n μπερές m
Berlin [bəˈlɪn] n Βερολίνο nt
Bermuda [bəˈmjuːdə] n Βερμούδες
fpl
berry [ˈberɪ] n μούρο nt
berth [bəːθ] n (= bed) κουκέτα f ·
(NAUT: = mooring) αγκυροβόλι nt
beside [bɪˈsaɪd] prep (= next to) δίπλα
σε · (= compared with) μπροστά σε ·
to be ~ o.s. (with rage) είμαι
εκτός εαυτού · **that's ~ the point**
αυτό είναι άσχετο · **~s** adv (= in
addition) επιπλέον · (= in any case)
εκτός αυτού ◆ prep εκτός από
best [best] adj ο καλύτερος ◆ adv
καλύτερα · **the ~ thing to do is ...**
το καλύτερο που έχουμε να
κάνουμε είναι... · **the ~ part of**
(= most of) το μεγαλύτερο μέρος
+gen · **at ~** στην καλύτερη
περίπτωση · **to make the ~ of sth**
βολεύομαι με κτ όσο γίνεται
καλύτερα · **to do one's ~** βάζω τα
δυνατά μου · **to the ~ of my
knowledge** απ'όσο ξέρω · **to the
~ of my ability** όσο μπορώ ·
~ man (irreg) n παράνυμφος m ·
~seller n μπεστ σέλερ nt inv
bet [bet] (pt, pp ~ or ~ted) n
στοίχημα nt ◆ vt (= expect, guess) to
~ **that** βάζω στοίχημα ότι ◆ vi
(= wager) **to ~ on** (horse) ποντάρω
σε · **I wouldn't ~ on it** δεν είμαι
σίγουρος
betray [bɪˈtreɪ] vt προδίδω
better [ˈbetə²] adj καλύτερος ·
(= cured) καλύτερα ◆ adv καλύτερα
◆ vt βελτιώνω ◆ n **to get the ~ of
sb** κτ τρώει κπν · **I had ~ go**
(πρέπει) να πηγαίνω · **you had ~ do
it** καλύτερα να το κάνεις · **he**

thought ~ of it το σκέφτηκε
καλύτερα · **to get ~** (= MED) γίνομαι
καλύτερα · **that's ~!** έτσι μπράβο!
betting [ˈbetɪŋ] n (= gambling)
στοιχήματα ntpl · (= odds)
προγνωστικά ntpl
between [bɪˈtwiːn] prep (in space)
ανάμεσα σε · (in time) μεταξύ ◆ adv
in ~ ενδιάμεσα · **you and me**
μεταξύ μας · **a man aged ~ 20 and
25** ένας άνθρωπος ανάμεσα στα 20
και 25
beverage [ˈbevərɪdʒ] n ποτό nt
beware [bɪˈweə²] vi **"~ of the dog"**
"προσοχή σκύλος"
bewildered [bɪˈwɪldəd] adj που τα
έχει χαμένα
beyond [bɪˈjɒnd] prep (in space) πέρα
από · (= past: understanding) τόσο
που δεν · (= exceeding) που
ξεπερνάει · (= after: date) πέρα από ·
(= above) μετά ◆ adv (in space, time)
επόμενος · **~ doubt** υπεράνω
αμφιβολίας · **~ repair** που δεν
επιδιορθώνεται
bias [ˈbaɪəs] n (= prejudice)
προκατάληψη f · (= preference)
προτίμηση f · **~(s)ed** adj
προκατειλημμένος
bib [bɪb] n σαλιάρα f
Bible [ˈbaɪbl] n (REL) n Βίβλος f
bicycle [ˈbaɪsɪkl] n ποδήλατο nt
bid [bɪd] (pt **bade** or ~, pp **~(den)**) n
(at auction, in tender) προσφορά f ·
(= attempt) απόπειρα f ◆ vi (at
auction) κάνω προσφορά · (CARDS)
ποντάρω ◆ vt προσφέρω · **~der** n
the highest ~der ο πλειοδότης
big [bɪg] adj (person: physically)
μεγαλόσωμος · (: = important)
σπουδαίος · (= bulky) μεγάλος ·
(brother, sister) μεγάλος
bike [baɪk] n (= bicycle) ποδήλατο nt ·
(= motorcycle) μοτοσικλέτα f ·
(small) μηχανάκι nt · (large) μηχανή f
bikini [bɪˈkiːnɪ] n μπικίνι nt inv
bilateral [baɪˈlætərəl] adj διμερής

bilingual [bar'lɪŋgwəl] *adj* δίγλωσσος

bill [bɪl] *n* λογαριασμός *m* · (POL) νομοσχέδιο *nt* · (US: banknote) χαρτονόμισμα *nt* · (of bird) ράμφος *nt* · (THEAT) **on the ~** στο πρόγραμμα · **to fit** *or* **fill the ~** (fig) έρχεται κουτί · **~board** *n* πίνακας *m* ανακοινώσεων

billion ['bɪljən] *n* δισεκατομμύριο *nt*

bin [bɪn] *n* (BRIT: also **dust~**) σκουπιδοτενεκές *m* · (: also **litter ~**) καλάθι *nt* αχρήστων · (container) μπαούλο *nt*

bind [baɪnd] (pt, pp **bound**) *vt* (= tie) δένω · (= oblige) υποχρεώνω · (book) δένω

binge [bɪndʒ] (inf) *n* **to go on a ~** μεθοκοπάω

bingo ['bɪngəʊ] *n* μπίνγκο *nt inv* (που παίζεται από κοινό για κέρδος)

binoculars [bɪ'nɒkjʊləz] *npl* κυάλια *ntpl*

biochemistry [baɪə'kemɪstrɪ] *n* Βιοχημεία *f*

biodegradable ['baɪəʊdɪ'greɪdəbl] *adj* βιοδιαλυτός

biography [baɪ'ɒgrəfɪ] *n* βιογραφία *f*

biological [baɪə'lɒdʒɪkl] *adj* (science, warfare) βιολογικός · (washing powder) βιολογικού καθαρισμού

biology [baɪ'ɒlədʒɪ] *n* Βιολογία *f*

birch [bɜːtʃ] *n* σημύδα *f* · (wood) ξύλο *nt* σημύδας

bird [bɜːd] *n* πουλί *nt* · (BRIT: inf: = woman) γκομενίτσα *f*

birth [bɜːθ] *n* γέννα *f* · (: = being born: fig) γέννηση *f* · **to give ~ to** γεννάω · **~ certificate** *n* ληξιαρχική πράξη *f* γεννήσεως · **~ control** *n* (policy) έλεγχος *m* γεννήσεων · (methods) αντισυλληπτικές μέθοδοι *fpl* · **~day** *n* γενέθλια *ntpl* · see also **happy** · **~place** *n* τόπος *m* γεννήσεως · (fig) γενέτειρα *f*

biscuit ['bɪskɪt] *n* (BRIT) μπισκότο *nt* · (US) μικρό κέικ *nt*

bishop ['bɪʃəp] *n* (REL) επίσκοπος *m* · (CHESS) αξιωματικός *m*

bit [bɪt] *pt of* **bite** ♦ *n* (= piece) κομμάτι *nt* · (tool) τρυπάνι · (COMPUT) μπιτ *nt inv* (δυαδικό ψηφίο) · (of horse) στομίδα *f* (χαλιναριού) · **a ~ of** λίγος · **a ~ mad/dangerous** λίγο τρελός/ επικίνδυνος · **~ by ~** λίγο-λίγο

bitch [bɪtʃ] *n* (dog) σκύλα *f* · (inf!: woman) σκύλα *f*

bite [baɪt] (pt **bit**, pp **bitten**) *vt* (person, dog etc) δαγκώνω · (insect etc) τσιμπάω ♦ *vi* (dog etc) δαγκώνω · (insect etc) τσιμπάω ♦ *n* (from insect) τσίμπημα *nt* · (= mouthful) μπουκιά *f* · **to ~ one's nails** τρώω τα νύχια μου

bitten ['bɪtn] *pp of* **bite**

bitter ['bɪtə'] *adj* (person) πικρόχολος · (experience, taste) πικρός · (wind, weather) τσουχτερός ♦ *n* (BRIT: beer) πικρή μπύρα *f* · **to the ~ end** μέχρι εσχάτως

bizarre [bɪ'zɑː'] *adj* παράξενος

black [blæk] *adj* μαύρος · (tea, coffee) σκέτος ♦ *n* (colour) μαύρο *nt* · (person) μαύρος/η *m/f* · **~ and blue** μαύρος στο ξύλο · **to be in the ~** (= in credit) είμαι μέσα · **~ out** *vi* λιποθυμώ · **~berry** *n* βατόμουρο *nt* · **~board** *n* μαυροπίνακας *m* · **~ coffee** *n* σκέτος καφές *m* · **~currant** *n* μαύρο φραγκοστάφυλο *nt* · **~ eye** *n* το μάτι κπ · **a ~ eye** μαυρίζω το μάτι κπου · **~mail** *n* εκβιασμός *m* ♦ *vt* εκβιάζω · **~ market** *n* μαύρη αγορά *f* · **~out** *n* (in wartime) συσκότιση *f* · (= power cut) μπλακάουτ *nt inv* · (TV, RADIO) πτώση *f* τάσης · (= faint) λιποθυμία *f* · **Black Sea** *n* the **B~ Sea** η Μαύρη Θάλασσα

bladder ['blædə'] *n* (ANAT) *n* κύστη *f*

blade [bleɪd] *n* (of knife, sword) λεπίδα *f* · (of oar) παλάμη *f* · (of propeller) πτερύγιο *nt* · **a ~ of grass** ένα φύλλο χλόης

blame [bleɪm] n ευθύνη f ◆ vt **to ~ sb for sth** κατηγορώ kν για κτ · **to be to ~** φταίω

bland [blænd] adj άνοστος

blank [blæŋk] adj (paper) λευκός · (look) απλανής ◆ n (of memory) κενό nt · (on form) κενό nt · (cartridge) άσφαιρο nt · **to draw a ~** (fig) κάνω μια τρύπα στο νερό

blanket ['blæŋkɪt] n (cloth) κουβέρτα f · (of snow, fog) στρώμα nt

blast [blɑːst] n (of wind) ριπή f · (of whistle) σφύριγμα nt · (= explosion) έκρηξη f ◆ vt (= blow up) ανατινάζω · **at full ~** στη διαπασών · **~ off** vi (SPACE) εκτοξεύομαι

blatant ['bleɪtənt] adj οφθαλμοφανής

blaze [bleɪz] n πυρκαγιά f ◆ vi (fire) καίω · (guns) βγάζω φωτιά · (fig: eyes) αστράφτω · **in a ~ of publicity** με τρομερή δημοσιότητα

blazer ['bleɪzə'] n μπλέζερ nt inv · (of school, team etc) σακάκι nt

bleach [bliːtʃ] n χλωρίνη f ◆ vt (fabric) βάζω στη χλωρίνη · (hair) κάνω οξυζενέ σε

bleak [bliːk] adj (countryside) λυπηρός · (weather) μουντός · (prospect, situation) δυσοίωνος · (expression, voice) δυσάρεστος

bleed [bliːd] (pt, pp **bled**) vi (MED) αιμορραγώ · (= run: colour) βγαίνω · **my nose is ~ing** μάτωσε η μύτη μου

blend [blend] n χαρμάνι nt ◆ vt (CULIN) αναμιγνύω · (colours, flavours etc) συνδυάζω ◆ vi (also = in: colours etc) συνδυάζομαι · **~er** n (CULIN) μπλέντερ nt inv

bless [bles] (pt, pp **~ed** or **blest**) vt (REL) ευλογώ · **~ you!** (after sneeze) με τις υγείες σας! · **~ing** n (= approval) ευλογία f · (= godsend) δώρο nt · (REL) ευχή f

blew [bluː] pt of **blow**

blight [blaɪt] vt καταστρέφω

blind [blaɪnd] adj (MED, fig) τυφλός ·

◆ n (for window) στόρι nt ◆ vt (MED) τυφλώνω · (= dazzle) στραβώνω · **to turn a ~ eye (on** or **to)** κάνω τα στραβά μάτια (για)

▶ **the blind** npl οι τυφλοί mpl

blink [blɪŋk] vi ανοιγοκλείνω τα μάτια μου · (light) αναβοσβήνω ◆ n **the TV's on the ~** (inf) η τηλεόραση τα έχει παίξει

bliss [blɪs] n ευδαιμονία f

blister ['blɪstə'] n φουσκάλα f ◆ vi σκάω

blizzard ['blɪzəd] n χιονοθύελλα f

bloated ['bləʊtɪd] adj πρησμένος

blob [blɒb] n (of glue, paint) σταγόνα f · (= sth indistinct) μουντζούρα f

block [blɒk] n (buildings) τετράγωνο nt · (toy) κύβος nt · (of stone, ice) κομμάτι nt ◆ vt μπλοκάρω · **to have a mental ~ up** μου μπλοκάρει το μυαλό μου · **~ up** vt βουλώνω · (sink) βουλώνω · **~ade** n αποκλεισμός m ◆ vt επιβάλλω αποκλεισμό σε · **~age** n φράξιμο nt · **~buster** n π. που σπάει ταμεία

bloke [bləʊk] n (BRIT: inf) τύπος m

blond(e) [blɒnd] adj ξανθός ◆ n ξανθιά

blood [blʌd] n αίμα nt · **~ pressure** n πίεση f · **~shed** n αιματοχυσία f · **~stream** n κυκλοφορία f του αίματος · **~ test** n εξέταση f αίματος · **~ vessel** n αιμοφόρο αγγείο nt · **~y** adj (battle) αιματηρός · (nose) ματωμένος · (BRIT: inf!) **this ~y...** αυτό το βρωμο... · **~y strong/good** (inf!) φοβερά δυνατό/καλό

bloom [bluːm] n (BOT) λουλούδι nt ◆ vi (tree, flower) ανθίζω · (fig: talent) καρποφορώ · (= person) εξελίσσομαι σε · **to be in ~** (plant) είμαι ανθισμένος

blossom ['blɒsəm] n (BOT) λουλούδι nt ◆ vi (BOT) ανθίζω

blot [blɒt] n (on text) μελανιά f · (fig) κηλίδα f · **~ out** vt (view) κρύβω

(*memory*) σβήνω

blouse [blauz] *n* μπλούζα *f*

blow [bləu] (*pt* **blew**, *pp* **~n**) *n*
(= *punch*) μπουνιά *f* ♦ (*fig*) πλήγμα *nt*
♦ *vi* φυσάω ♦ *vt* (*wind*) παίρνω ⋅
(*whistle*) σφυρίζω με ⋅ (*instrument*)
παίζω ⋅ (*fuse*) καίω ▸ **~ one's
nose** φυσάω τη μύτη μου ⋅ **~ away**
vt παίρνω ⋅ **~ down** *vt* ρίχνω ⋅ **~ off**
vt (*hat etc*) παίρνω ⋅ **~ out** *vt* σβήνω
♦ *vi* σβήνω ⋅ **~ over** *vi* κοπάζω ⋅
~ up *vi* ξεσπάω ♦ *vt* (= *destroy*)
ανατινάζω ⋅ (= *inflate*) φουσκώνω ⋅
(*PHOT*) μεγεθύνω ⋅ **~n** *pp of* **blow**

blue [bluː] *adj* μπλε *inv* ⋅ (= *depressed*)
που έχει κατάθλιψη ⋅ **out of the
~** (*fig*) στα καλά καθούμενα ⋅
(*pleasant event*) απ'τον ουρανό
▸ **the blues** *n* (*MUS*) τα μπλουζ *ntpl inv* ⋅

bluff [blʌf] *vi* μπλοφάρω ♦ *n* μπλόφα
f ⋅ **to call sb's ~** ξεσκεπάζω τη
μπλόφα κου

blunder ['blʌndəʳ] *n* (*political*) γκάφα *f*

blunt [blʌnt] *adj* (*pencil*) που δεν
είναι ξυσμένος ⋅ (*knife*)
στομωμένος ⋅ (*talk*) ευθύς ⋅ (*person*)
to be ~ μιλάω στα ίσια *or* έξω απ'τα
δόντια

blur [blɜːʳ] *n* θολούρα *f* ♦ *vt* (*vision*)
θολώνω ⋅ (*distinction*) σβήνω ⋅ **~red**
adj θολός ⋅ (*distinction*) ακαθόριστος

blush [blʌʃ] *vi* κοκκινίζω ♦ *n*
κοκκίνισμα *nt*

board [bɔːd] *n* (= *piece of cardboard*)
χαρτόνι *nt* ⋅ (= *piece of wood: oblong*)
σανίδα *f* ⋅ (*square*) πίνακας *m* ⋅ (*also*
notice ~) πίνακας *m*
ανακοινώσεων ⋅ (*for games*) ταμπλό
nt inv ⋅ (= *committee*) συμβούλιο *nt* ⋅
on ~ (*NAUT*) πάνω σε ⋅ (*AVIAT*) μέσα
σε ♦ *vt* (*ship, train*) επιβιβάζομαι σε ⋅
(*fml*) **~ full** ~ (*BRIT*) πλήρης
διατροφή ⋅ **half ~** (*BRIT*)
ημιδιατροφή ⋅ **above ~** (*fig*) καθ'όλα
νόμιμος ⋅ **across the ~** (*fig: adv*) σε
όλους ⋅ (: *adj*) γενικός ⋅ **~ up** *vt*
σφραγίζω με σανίδες ⋅ **~ing card** *n*
= **boarding pass** ⋅ **~ing pass**

(*AVIAT, NAUT*) *n* κάρτα *f* επιβίβασης ⋅
~ing school *n* οικοτροφείο *nt* ⋅
~room *n* αίθουσα *f* συνεδριάσεων

boast [bəust] *vi* **to ~ (about** *or* **of**)
καυχιέμαι (για) ♦ *vt* (*fig*) έχω να
επιδείξω

boat [bəut] *n* βάρκα *f* ⋅ (= *ship*)
καράβι *nt* ⋅ **to go by ~** πηγαίνω με
πλοίο

bob [bɔb] *vi* (*also* **~ up and down**:
boat) σκαμπανεβάζω ⋅ (*cork*)
κουνιέμαι πάνω-κάτω

body ['bɔdi] *n* σώμα *nt* ⋅ (= *corpse*)
πτώμα *nt* ⋅ (= *main part*) κυρίως
μέρος *nt* ⋅ (*of speech, document*) κύριο
μέρος *nt* ⋅ (*of car*) αμάξωμα *nt* ⋅ (*of
plane*) σκελετός *m* ⋅ (*fig: = group*)
ομάδα *f* ⋅ (: = *organization*) οργάνωση
f ⋅ **ruling ~** διοικητικό όργανο ⋅
~guard *n* σωματοφύλακας *m*

bog [bɔg] *n* βάλτος *m* ♦ *vt* **to get
~ged down** (*fig*) κολλάω

bogus ['bəugəs] *adj* ψεύτικος

boil [bɔil] *vt* βράζω ♦ *vi* βράζω ♦ *n*
(*MED*) καλόγηρος *m* ⋅ **to come to
the** (*BRIT*) *or* **a** (*US*) **~** βράζω ⋅
~ over *vi* (*milk*) βράζω και χύνομαι ⋅
~ed egg *n* βραστό αυγό *nt* ⋅ **~er** *n*
καυστήρας *m*

bold [bəuld] *adj* (*person, action*)
τολμηρός ⋅ (*pattern, colours*) έντονος

Bolivia [bə'lɪviə] *n* Βολιβία *f*

bolt [bəult] *n* (= *lock*) σύρτης *m* ⋅
(*with nut*) μπουλόνι *nt* ♦ *vt* (= *door*)
αμπαρώνω ♦ *vi* τρέχω σαν βολίδα ⋅
(= *horse*) αφηνιάζω ⋅ **a ~ of
lightning** μια αστραπή

bomb [bɔm] *n* βόμβα *f* ♦ *vt*
βομβαρδίζω ⋅ **~er** *n* (*AVIAT*)
βομβαρδιστικό *nt* ⋅ (= *terrorist*)
βομβιστής/τρια *m/f* ⋅ **~ scare** *n*
φόβος *m* για βόμβα

bond [bɔnd] *n* δεσμός *m* ⋅ (*FIN*)
ομόλογο *nt*

bone [bəun] *n* (*ANAT*) κόκαλο *nt* ⋅ (*of
fish*) ψαροκόκαλο *nt* ♦ *vt* (*meat, fish*)
καθαρίζω *or* βγάζω τα κόκαλα από

bonfire ['bɒnfaɪə'] n φωτιά f από ξύλα · (for rubbish) φωτιά f για σκουπίδια

bonnet ['bɒnɪt] n (hat) σκουφί nt · (BRIT: of car) καπό nt inv

bonus ['bəʊnəs] n δώρο nt · (fig) πλεονέκτημα nt

boo [buː] excl μπου! ◆ vt, vi γιουχάρω

book [bʊk] n βιβλίο nt · πακετάκι nt · (of tickets) δεσμίδα f ◆ vt (ticket, seat) κλείνω · (traffic warden, police officer) δίνω κλήση · (referee) βγάζω κάρτα

► **books** npl (COMM: = accounts) (λογιστικά) βιβλία ntpl · **to keep the ~s** κρατάω τα βιβλία · **~ in** (BRIT) vi πιάνω ένα δωμάτιο · **~ up** vt κλείνω · **all seats are ~ed up** όλες οι θέσεις ήταν κλεισμένες · **~case** n βιβλιοθήκη f · **~ing** (BRIT) n κράτηση f · **~let** n ενημερωτικό φυλλάδιο nt · **~maker** n πράκτορας m γραφείου στοιχημάτων · **~mark** (also COMPUT) n σελιδοδείκτης m · **~shelf** (pl **~shelves**) n ράφι nt της βιβλιοθήκης · **~shop** n βιβλιοπωλείο nt

boom [buːm] n (noise) κρότος m · (in prices) ραγδαία αύξηση f · (in population etc) ραγδαία ανάπτυξη f · (= busy period) περίοδος f αιχμής ◆ vi (guns, thunder) βροντάω · (voice) βροντοφωνάζω · (business) ανθώ

boost [buːst] n ενίσχυση f ◆ vt ενισχύω

boot [buːt] n (for winter) μπότα f · (for walking, football) παπούτσι nt · (also ankle ~) μποτάκι nt · (BRIT: of car) πορτ-μπαγκάζ nt inv ◆ vt (COMPUT) ξεκινάω

booth [buːð] n (at fair) περίπτερο nt · (for telephoning) θάλαμος m · (for voting) παραβάν nt inv

booze [buːz] (inf) n ποτό nt ◆ vi πίνω

border ['bɔːdə'] n (of a country) σύνορα ntpl · (for flowers) παρτέρι nt · (on cloth etc) περίγυρος m · (road) περιστοίχιζα · (also ~ on)

συνορεύω με

► **the Borders** n τα σύνορα Αγγλίας-Σκωτίας · **~ on** vt fus (fig) αγγίζω τα όρια · **~line** n on the **~line** (fig) στα όρια

bore [bɔː'] vt (hole: oil well, tunnel) ανοίγω · (person) κουράζω ◆ n (person) βαρετός m/f · (of gun) διαμέτρημα nt · **~d** adj **to be ~d** βαριέμαι · **~dom** n βαρεμάρα f · **boring** adj (= tedious) βαρετός

born [bɔːn] adj **to be ~** γεννιέμαι · **I was ~ in 1960** γεννήθηκα το 1960 · **a ~ comedian** ένας γεννημένος κωμικός

borough ['bʌrə] (POL) n δήμος m

borrow ['bɒrəʊ] vt δανείζομαι · **may I ~ your car?** μπορώ να δανειστώ το αυτοκίνητό σας;

Bosnian ['bɒznɪən] adj της Βοσνίας ◆ n Βόσνιος/α m/f

bosom ['bʊzəm] n (ANAT) στήθος nt · (fig) αγκαλιά f

boss [bɒs] n αφεντικό nt ◆ vt (also **~ around, ~ about**) διατάζω · **~y** adj αυταρχικός

both [bəʊθ] adj και οι δύο (και τα δύο) · και οι δύο (και τα δύο) ◆ pron και οι δύο (και τα δύο) ◆ adv **A and B** και τον A και τον B · **~ (of them)** και οι δύο (τους) · **they sell ~ meat and poultry** πουλάνε και κρέας και πουλερικά

bother ['bɒðə'] vt (= worry) απασχολώ · (= disturb) ενοχλώ ◆ vi (also **~ o.s.**) μπαίνω στον κόπο ◆ n (= trouble) πρόβλημα nt · (= nuisance) ενόχληση f · **to ~ doing sth** μπαίνω στον κόπο να κάνω κτ · **don't ~** δεν πειράζει · **it's no ~** δεν είναι πρόβλημα ή κόπος

Botswana [bɒt'swaːnə] n Μποτσουάνα f

bottle ['bɒtl] n μπουκάλι nt · (baby's) μπιμπερό nt · (BRIT: inf: courage) κουράγιο nt ◆ vt (beer, wine) εμφιαλώνω · **~ up** vt κρατάω (μέσα μου)

bottom ['bɒtəm] n πάτος m ·
(= buttocks) πισινός m · (of page, list)
κάτω μέρος nt · (of mountain, hill)
πρόποδες mpl · (of tree) κάτω μέρος
nt ♦ adj (part) κατώτερος · (rung,
position) κατώτατος · **at the ~ of**
στο κάτω μέρος +gen

bought [bɔːt] pt, pp of **buy**

boulder ['bəʊldə'] n κοτρώνα f

bounce [baʊns] vi (ball) σκάω ·
(cheque) διαμαρτύρομαι ♦ vt (ball)
χτυπάω κάτω · **~r** (inf) n πορτιέρης m

bound [baʊnd] pt, pp of **bind** ♦ n
(= leap) άλμα nt · (pl: = limit) όρια
ntpl ♦ vi (= leap) πηδάω ♦ vt
καθορίζω τα όρια +gen ♦ adj ~ **by**
(law, regulation) δεσμευμένος από ·
to feel/be ~ to do sth (= obliged)
είμαι/αισθάνομαι υποχρεωμένος να
κάνω κτ · (= certain) είναι βέβαιο ότι
θα κάνω κτ · **~ for** (NAUT, AUT)
προορίζομαι για · **to be out of ~s**
(fig) είμαι απαγορευμένος

boundary ['baʊndrɪ] n όριο nt

bouquet ['bʊkeɪ] n (of flowers)
μπουκέτο nt

bourbon ['bʊəbən] (US) n μπέρμπον
nt inv

bout [baʊt] n (of malaria etc) κρίση f ·
(of activity) έξαρση f · (BOXING etc)
αγώνας m

boutique [buː'tiːk] n μπουτίκ f inv

bow¹ [bəʊ] n (knot) φιόγκος m ·
(weapon) τόξο m · (MUS) δοξάρι m

bow² [baʊ] n (of the head, body)
υπόκλιση f · (NAUT: also ~**s**) πλώρη f
♦ vi (with head, body) υποκλίνομαι ·
to ~ to or before (fig) υποκύπτω σε

bowels ['baʊəlz] npl έντερα ntpl · (of
animal) εντόσθια ntpl · (fig) σπλάχνα
ntpl · (of the earth) έγκατα ntpl

bowl [bəʊl] n μπωλ nt inv · (for
washing) λεκάνη f · (SPORT: ball)
μπάλα f ♦ vi ρίχνω τη μπάλα · **~er** n
(CRICKET, BASEBALL) αυτός που ρίχνει
τη μπάλα · (BRIT: also ~ **hat**)
μπόουλερ nt inv (στρογγυλό

ημίψηλο καπέλο) · **~ing** n
μπόουλινγκ nt inv · **~s** n παιχνίδι σε
χόρτο με ειδικές μπάλες

box [bɒks] n κουτί nt · (= cardboard
box) χαρτόκουτο nt · (= crate) κάσα
f · (THEAT) θεωρείο nt · (BRIT: AUT)
διασταύρωση f · (on form)
τετραγωνάκι nt · (SPORT) πυγμαχώ με
♦ vi (SPORT) παίζω μποξ · **~er** n
(person) πυγμάχος m · (dog) ~**ing**
(SPORT) n μποξ nt inv · **Boxing Day** (BRIT) n
η δεύτερη μέρα των
Χριστουγέννων · **~ office** n ταμείο
nt

boy [bɔɪ] n αγόρι nt

boycott ['bɔɪkɒt] n μπουκοτάζ nt inv
♦ vt μποϊκοτάρω

boyfriend ['bɔɪfrɛnd] n αγόρι nt

bra [brɑː] n σουτιέν nt inv

brace [breɪs] n (on teeth) σιδεράκια
ntpl · (tool) ξυλουργικό τρυπάνι nt
♦ vt σπιώνω · **to ~ o.s.** στυλώνομαι ·
(fig) προετοιμάζομαι

▸ **braces** npl (BRIT) τιράντες fpl

bracelet ['breɪslɪt] n βραχιόλι nt

bracket ['brækɪt] n (TECH) γωνία f
(στήριγμα) · (= group, range) ομάδα
f · (also **brace** ~) άγκιστρο f · (also
round ~) παρένθεση f · (also
square ~) (word, phrase) βάζω σε παρένθεση · **in ~s**
σε παρένθεση

braid [breɪd] n (= trimming) σειρήτι
nt · (= plait) κοτσίδα f

Braille [breɪl] n γραφή f μπράιγ

brain [breɪn] n (ANAT) εγκέφαλος m ·
(fig) μυαλό nt

▸ **brains** npl (CULIN) μυαλά ntpl ·
(= intelligence) μυαλό nt

brake [breɪk] n φρένο nt ♦ vi
φρενάρω

bran [bræn] n πίτουρο nt

branch [brɑːntʃ] n (of tree) κλαδί nt ·
(fig: of family) κλάδος m · (: of
organization) παρακλάδι nt · (COMM)
υποκατάστημα nt ♦ vi
διακλαδίζομαι · ▸ **out** vi to ~ out

into (fig) επεκτείνομαι

brand [brænd] n μάρκα f · (fig) είδος nt ♦ vt (cattle) μαρκάρω (με αναμμένο σίδερο) · **~ name** n μάρκα f ·
~~new adj ολοκαίνουργιος

brandy ['brændɪ] n μπράντυ nt inv

brash [bræʃ] adj αυθάδης

brass [brɑːs] n (metal) μπρούτζος m · **the ~** (MUS) τα χάλκινα πνευστά

brat [bræt] (pej) n παλιόπαιδο nt

brave [breɪv] adj γενναίος ♦ vt πολεμιστής m ♦ vt αψηφώ · **~ry** n ανδρεία f

brawl [brɔːl] n (in pub, street) καυγάς m ♦ vi καυγαδίζω

Brazil [brə'zɪl] n Βραζιλία f

breach [briːtʃ] vt παραβιάζω ♦ n (= gap) άνοιγμα nt · (= estrangement) χάσμα nt · **~ of contract** παράβαση συμβολαίου · **~ of the peace** διατάραξη της δημόσιας τάξης

bread [bred] n ψωμί nt · (inf: = money) λεφτά ntpl · **~crumbs** npl ψίχουλα ntpl · (CULIN) τριμμένο ψωμί nt

breadth [bretθ] n (of cloth etc) φάρδος nt · (fig) ευρύτητα f

break [breɪk] (pt **broke**, pp **broken**) vt (= object) σπάω · (promise) αθετώ · (law) παραβαίνω · vt (= crockery) σπάω · (storm) ξεσπάω · (weather) χαλάω · (day) χαράζω · (story, news) διαδίδομαι ♦ n (= gap) χάσμα nt · (= fracture) σπάσιμο nt · (= pause, interval) διάλειμμα nt · (= chance) ευκαιρία f · (= holiday) διακοπές fpl · **to ~ the news to sb** λέω τα νέα σε κν · **to ~ even** (COMM) βγάζω τα έξοδα μου · **to ~ free or loose** ελευθερώνομαι · **~down** vi (figures, data) αναλύω · (door etc) ρίχνω κάτω ♦ vi (machine, car) χαλάω · (person) σπάω · (talks) αποτυγχάνω · **~ in** vi δαμάζω ♦ vi (burglar) κάνω διάρρηξη · **~ into** vt fus κάνω διάρρηξη σε · **~ off** vi (branch) σπάω · (speaker) σταματάω ♦ vt (talks) διακόπτω ·

διαλύω · **~ out** vi (= begin) ξεσπάω · (= escape) το σκάω · **to ~ out in spots/a rash** βγάζω σπυριά/ένα εξάνθημα · **~ up** vi (ship) ανοίγω στα δύο · (partnership) χωρίζω · (crowd, meeting) διαλύομαι · (marriage) διαλύω · (SCOL) σταματάω ♦ vt (rocks) σπάω · (journey) κάνω διακοπή · (fight etc) σταματάω · (meeting, marriage) διαλύω · **~down** n (AUT) βλάβη f · (of communications) διακοπή f · (of marriage) διάλυση f · (MED: also **nervous ~down**) νευρικός κλονισμός m

breakfast ['brekfəst] n πρωινό nt ♦ vi παίρνω πρωινό

break-in ['breɪkɪn] n διάρρηξη f

breakthrough ['breɪkθruː] n επανάσταση f

breast [brest] n στήθος nt · (MED) μαστός m · **~-feed** (irreg) vt θηλάζω · vi θηλάζω · **~stroke** n πρόσθιο nt

breath [breθ] n αναπνοή f · **to get out of ~** πιάνεται η ανάσα μου

breathe [briːð] vt αναπνέω · vi αναπνέω · **~ in** vi εισπνέω · vt εισπνέω · **~ out** vi εκπνέω ♦ vt εκπνέω · **breathing** n αναπνοή f ·

breathless adj λαχανιασμένος · **~ with excitement/fear** με κομμένη την ανάσα από τον ενθουσιασμό/το φόβο · **breathtaking** adj που σου κόβει την ανάσα

bred [bred] pt, pp of **breed**

breed [briːd] (pt, pp **bred**) vt (animals) εκτρέφω · (plants) καλλιεργώ ♦ vi (ZOOL) πολλαπλασιάζομαι · n (ZOOL) ράτσα f · (= type, class) είδος nt

breeze [briːz] n αεράκι nt

breezy ['briːzɪ] adj **it's ~** έχει αεράκι

brew [bruː] vt (tea) ετοιμάζω · (beer) φτιάχνω ♦ vi (tea) γίνομαι · (beer) ψήνομαι · (also fig) προμηνύομαι · **~ery** n ζυθοποιία f

bribe [braɪb] n δωροδοκία f ♦ vt

bribery (*person*) δωροδοκώ · (*witness*) εξαγοράζω · **~ry** n δωροδοκία f

brick [brɪk] n τούβλο nt

bride [braɪd] n νύφη f · **~groom** n γαμπρός m · **~smaid** n παράνυμφη f

bridge [brɪdʒ] n γέφυρα f · (*of nose*) ράχη f · (*CARDS*) μπριτζ nt inv ♦ vt γεφυρώνω

bridle ['braɪdl] n χαλινάρι nt

brief [briːf] adj σύντομος ♦ n (*JUR*) δικογραφία f · (= *task*) εντολή f ♦ vt (= *inform*) ενημερώνω · (*MIL etc*) to ~ **sb** (**about sth**) δίνω διαταγές σε κν (για κτ) · **in ~ ...** εν συντομία...

▸ **briefs** npl (*for men*) σώβρακο nt · (*for women*) κυλοτάκι nt · **~case** n χαρτοφύλακας m · **~ing** n ενημέρωση f · **~ly** adv σύντομα · **to glance/glimpse ~ly** ρίχνω μια ματιά

brigadier [brɪɡə'dɪəʳ] n ταξίαρχος m

bright [braɪt] adj (*light*) έντονος · (*weather, room*) φωτεινός · (*person, idea*) έξυπνος · (*colour, clothes*) έντονος · (*outlook, future*) λαμπρός

brilliant ['brɪljənt] adj εξαιρετικός · (*sunshine, light*) λαμπερός · (*inf: holiday etc*) καταπληκτικός

brim [brɪm] n (*of cup*) χείλος nt · (*of hat*) μπορ nt inv

bring [brɪŋ] (*pt, pp* **brought**) vt φέρνω · (*trouble*) προκαλώ

▸ **~ about** vt προκαλώ · (*solution etc*) επιφέρω · **~ back** vt (= *restore*) επαναφέρω · (= *return*) επιστρέφω · **~ down** vt ρίχνω · (*plane*) καταρρίπτω · **~ forward** vt μεταφέρω νωρίτερα · (*BOOK-KEEPING*) μεταφέρω · **~ in** vt (*money*) φέρνω · (*legislation*) εισηγούμαι · **~ off** vt (*task, plan*) τα βγάζω πέρα με · (= *deal*) κλείνω · **~ out** vt (*person*) κάνω να εκδηλωθεί · **~ round** vt συνεφέρνω · **~ up** vt (= *carry up*) φέρνω · (= *educate*) ανατρέφω · (*question, subject*) θέτω · (= *vomit*) βγάζω

brink [brɪŋk] n χείλος nt · **to be on the ~ of doing sth** είμαι έτοιμος

να κάνω κτ

brisk [brɪsk] adj (*tone*) κοφτός · (*person*) δραστήριος · (*trade*) ζωηρός · **to go for a ~ walk** πάω περίπατο με γρήγορο βήμα

Brit [brɪt] (*inf*) n Βρετανός/ίδα m/f

Britain ['brɪtən] n (*also* **Great ~**) (Μεγάλη) Βρετανία f · **in ~** στη Βρετανία

British ['brɪtɪʃ] adj βρετανικός ♦ npl **the ~** οι Βρετανοί · **he/she is ~** είναι Βρετανός/Βρετανίδα · **the ~ Isles** npl **the ~ Isles** οι Βρετανικές Νήσοι

Briton ['brɪtən] n Βρετανός/ίδα m/f

brittle ['brɪtl] adj εύθραυστος

broad [brɔːd] adj πλατύς · (*outlines, distinction etc*) γενικός · (*accent*) βαριά ♦ n (*US: inf: woman*) γκόμενα f · **in ~ daylight** στο φως της ημέρας · **~band** n (*TEL*) ευρεία ζώνη · **~cast** (*pt, pp* **~cast**) n εκπομπή f ♦ vt μεταδίδω ♦ vi εκπέμπω · **~en** n διευρύνω ♦ vi (*river*) πλαταίνω · **to ~en the or sb's mind** ανοίγω το μυαλό κου · **~ly** adv γενικά · **~ly speaking** σε γενικές γραμμές

broccoli ['brɔkəlɪ] n μπρόκολο nt

brochure ['brəʊʃjʊəʳ] n φυλλάδιο nt

broke [brəʊk] pt of **break** ♦ adj (*inf: company*) φαλιρισμένος · (*person*) μπατίρης · **to go ~** φαλιρίζω

broken ['brəʊkn] pp of **break** ♦ adj (*window, cup etc*) σπασμένος · (*machine*) χαλασμένος · (*promise, vow*) που δεν τηρήθηκε · **a ~ leg** ένα σπασμένο πόδι · **a ~ marriage** ένας διαλυμένος γάμος

broker ['brəʊkəʳ] n μεσίτης mf · (*in shares*) χρηματιστής mf · (= *insurance broker*) ασφαλιστής/τρια m/f

bronchitis [brɔŋ'kaɪtɪs] n βρογχίτιδα f

bronze [brɔnz] n (*metal*) μπρούτζος m

brooch [brəʊtʃ] n καρφίτσα f

brood [bruːd] n νεοσσοί mpl · (*of hen*) κλωσσόπουλα ntpl ♦ vi (*hen*)

broom [bruːm] *n* (also *REL*) αναλογίζομαι

broom [brum] *n* (also *BOT*) σκούπα *f*

broth [brɒθ] *n* ζωμός *m* με κρέας και χορταρικά

brothel [ˈbrɒθl] *n* μπορντέλλο *nt*

brother [ˈbrʌðə*] *n* (also *REL*) αδελφός *m* · ~**-in-law** *n* (= sister's husband) γαμπρός *m* · (= wife's brother) κουνιάδος *m*

brought [brɔːt] *pt, pp of* **bring**

brow [brau] *n* (= forehead) μέτωπο *nt* · (= eyebrow) φρύδι *n* · (of hill) κορυφή *f*

brown [braun] *adj* (colour) καφέ · (hair, eyes) καστανός · (= tanned) μαυρισμένος ◆ *n* καφέ *nt inv* ◆ *vt* (*CULIN*) ροδίζω

Brownie [ˈbrauni] *n* (also ~ **Guide**) πουλί *n* (στους προσκόπους)

brown sugar *n* ακατέργαστη ζάχαρη *f*

browse [brauz] *vi* (through book) κοιτάω πεταχτά · (in shop) χαζεύω · ~**r** [COMPUT] *n* εφαρμογή περιπλάνησης *f*

bruise [bruːz] *n* (on face etc) μελανιά *f* · (on fruit) χτύπημα *nt* ◆ *vt* (arm, leg etc) μελανιάζω · (fruit) χτυπάω

brunette [bruːˈnet] *n* μελαχροινή *f*

brush [brʌʃ] *n* (for cleaning) βούρτσα *f* · (for painting, shaving etc) πινέλλο *nt* · (= encounter) προστριβή *f* ◆ *vt* (= sweep) σκουπίζω · (= groom) βουρτσίζω · (also ~ **against**) περνάω ξυστά από · **to** ~ **one's teeth** πλένω τα δόντια μου · ~ **aside** *vt* αγνοώ · ~ **past** *vt* προσπερνάω · ~ **up (on)** *vt* ξεσκονίζω

Brussels sprout *n* λαχανάκια *ntpl* Βρυξελλών

brutal [ˈbruːtl] *adj* βάναυσος, σκληρός

BSc *abbr* (= Bachelor of Science) πτυχίο *nt* Θετικών Επιστημών

BSE *n abbr* (= bovine spongiform encephalopathy) ασθένεια των τρελών αγελάδων

bubble [ˈbʌbl] *n* φουσκάλα *f* ◆ *vi* (liquid) κοχλάζω · (fig) ξεχειλίζω

buck [bʌk] *n* (rabbit) κούνελος *m* · (deer) αρσενικό ελάφι *nt* · (*US*: inf: = dollar) δολάριο *nt* ◆ *vi* τσινάω · **to pass the** ~ φορτώνω την ευθύνη σε άλλους · ~ **up** *vi* ~ **up!** κουράγιο!

bucket [ˈbʌkit] *n* κουβάς *m* ◆ *vi* (*BRIT*: inf) **the rain is** ~**ing (down)** ρίχνει καρεκλοπόδαρα

buckle [ˈbʌkl] *n* αγκράφα *f* ◆ *vt* κουμπώνω · (wheel) στραβώνω ◆ *vi* (wheel) στραβώνω

bud [bʌd] *n* (on tree, plant: = leaf bud) μάτι *nt* · (: = flower bud) μπουμπούκι *nt* ◆ *vi* (= produce leaves) πετάω φύλλα · (= produce flowers) βγάζω μπουμπούκια

Buddhism [ˈbudizəm] *n* βουδισμός *m* · **Buddhist** *adj* βουδιστικός ◆ *n* βουδιστής/τρια *m/f*

buddy [ˈbʌdi] *n* (*US*) *n* φιλαράκος *m*

budge [bʌdʒ] *vt* κουνάω · (fig) κάνω να αλλάξει γνώμη ◆ *vi* κουνιέμαι · (fig) υπαναχωρώ

budgerigar [ˈbʌdʒərigɑː*] *n* παπαγαλάκι *n*

budget [ˈbʌdʒit] *n* προϋπολογισμός *m* ◆ *vi* **to** ~ **for sth** υπολογίζω κτ

buff [bʌf] *adj* (= colour) καφεκίτρινος ◆ *n* (inf: = enthusiast) φανατικός/ή *m/f*

buffalo [ˈbʌfələu] *n* (pl ~ or ~**es**) (*BRIT*) βουβάλι *m* · (*US*: = bison) βίσσονας *m*

buffer [ˈbʌfə*] *n* (*COMPUT*) περιοχή *f* προσωρινής αποθήκευσης · (*RAIL*) προσκρουστήρας *m*

buffet[1] [ˈbufei] (*BRIT*) *n* (in station) κυλικείο *nt* · (food) μπουφές *m*

buffet[2] [ˈbʌfit] *vt* (wind, sea) χτυπάω

bug [bʌg] *n* (esp *US*: insect) έντομο *nt* · (*COMPUT*) σφάλμα *nt* · (= germ) ιός *m* · (= hidden microphone) κοριός *m* · (inf: = annoy) τρώω · (room, telephone etc) βάζω κοριό σε

buggy [ˈbʌgi] *n* καροτσάκι *n*

build [bild] (pt, pp **built**) *n* (of person)

διάπλαση f ♦ vt χτίζω · ~ **on** vt fus **to** ~ **on sth** (fig) επωφελούμαι από κτ · ~ **up** vt (forces, production) ενισχύω · (morale) τονώνω · (business) μεγαλώνω · **~er** n χτίστης m · **~ing** n χτίσιμο nt · (= structure) κτίριο nt · **~ing site** n οικοδομή f · **~ing society** (BRIT) n εταιρεία f οικοδομών

built [bɪlt] pt, pp of **build** · **~-in** adj (device) ενσωματωμένος · (safeguards) προβλεπόμενος

bulb [bʌlb] n (BOT) βολβός m · (ELEC) λάμπα f

Bulgaria [bʌl'geərɪə] n Βουλγαρία f · **~n** adj βουλγαρικός ♦ n Βούλγαρος/άρα m/f · (LING) βουλγαρικά ntpl

bulge [bʌldʒ] n εξόγκωμα nt · (in birth rate, sales) έκρηξη f ♦ vi είμαι φουσκωμένος

bulk [bʌlk] n όγκος m · **in** ~ (COMM) χονδρικώς · **the** ~ **of** το μεγαλύτερο μέρος +gen · **~y** adj ογκώδης

bull [bʊl] n ταύρος m · (= male elephant/whale) αρσενικό nt · **~dozer** n μπουλντόζα f

bullet [bʊlɪt] n σφαίρα f

bulletin [bʊlɪtɪn] n (TV etc) δελτίο nt ειδήσεων · (= journal) δελτίο nt · ~ **board** (COMPUT) n ηλεκτρονικός πίνακας m ανακοινώσεων · (US: = notice board) πίνακας m ανακοινώσεων

bully [bʊlɪ] n παλληκαράς m ♦ vt πειράζω · (= frighten) τρομοκρατώ

bum [bʌm] (inf) n (BRIT: = backside) πισινός m · (esp US: = tramp) αλήτης/ισσα m/f

bump [bʌmp] n (in car) χτύπημα nt · (= jolt) τράνταγμα nt · (on head) καρούμπαλο nt · (on road) σαμάρι nt ♦ vt χτυπάω · ~ **into** vt fus σκοντάφτω σε · (inf: = meet) πέφτω πάνω σε

bumper [bʌmpəʳ] n (AUT) προφυλακτήρας m ♦ adj ~ **crop/harvest** πλούσια σοδιά/συγκομιδή

bumpy [bʌmpɪ] adj (road) γεμάτος λακκούβες · **it was a** ~ **flight/ride** κουνούσε το αεροπλάνο/είχε λακούβες ο δρόμος

bun [bʌn] n (CULIN) ψωμάκι nt · (hair style) κότσος m

bunch [bʌntʃ] n (of flowers) μπουκέτο nt · (of keys) αρμαθιά f · (of bananas) τσαμπί nt · (of people) ομάδα f ► **bunches** npl (in hair) αλογοουρές fpl

bundle [bʌndl] n (of clothes) μπόγος nt · (of sticks) σωρός f · (of papers) πάκο f ♦ vt (also ~ **up**) σωριάζω · (put) **to** ~ **sth into** χώνω κτ (μέσα) σε

bungalow [bʌŋgələʊ] n μπανγκαλόου nt inv

bungee jumping [bʌndʒi:dʒʌmpɪŋ] n (SPORT) ελεύθερη πτώση με ελαστικά σχοινί δεμένο στα πόδια

bunk [bʌŋk] n κουκέτα f

bunker [bʌŋkəʳ] n (= coal store) καρβουναποθήκη f · (MIL) καταφύγιο nt · (GOLF) αμμόλακκος m

bunny [bʌnɪ] n (also ~ **rabbit**) κουνελάκι nt

buoy [bɔɪ] n (NAUT) σημαδούρα f

buoyant [bɔɪənt] adj (on water) που επιπλέει · (economy, market) ανοδικός · (prices, currency) με ανοδική τάση

burden [bə:dn] n (lit) βάρος nt · (= responsibility) φόρτος m · (= load) φορτίο nt ♦ vt **to** ~ **sb with** (trouble) επιβαρύνω κν με

bureau [bjʊərəʊ] (pl ~**x**) n (BRIT: = writing desk) γραφείο nt · (US: = chest of drawers) σιφονιέρα f · (= office) γραφείο nt

bureaucracy [bjʊəˈrɒkrəsɪ] n γραφειοκρατία f

bureaucrat [bjʊərəkræt] n γραφειοκράτης/ισσα m/f

burger [bə:gəʳ] n χάμπουργκερ nt inv

burglar [bə:gləʳ] n διαρρήκτης m · **~y** n διάρρηξη f

burial [ˈbɛrɪəl] n ταφή f

burn [bəːn] (pt, pp **~ed** or **~t**) vt καίω
♦ vi καίγομαι ∙ (= sting) τσούζω ♦ n
έγκαυμα nt ∙ **I've ~t myself!**
κάηκα! ∙ **~ down** vt καίω ∙ **~ out** vi
to ~ o.s. out εξαντλούμαι ∙ **~ing**
adj (house etc) που καίγεται ∙ (forest)
φλεγόμενος ∙ (fig: ambition)
φλογερός ∙ (: issue, question)
καυτός ∙ **~t** pt, pp of **burn**

burrow [ˈbʌrəu] n φωλιά f ♦ vi (= dig)
σκάβω και χώνομαι

burst [bəːst] (pt, pp **~**) vt (bag, balloon
etc) σκάω ∙ (pipe) σπάω ∙ (river: banks
etc) ξεχειλίζω από ♦ vi (pipe) σπάω
(tyre) σκάω ♦ n (of gunfire) ριπή f ∙
(also ~ pipe) σπασμένη σωλήνα f ∙
to ~ into flames αρπάζω φωτιά ∙ **to**
~ into tears ξεσπάω σε κλάματα ∙
to ~ open ανοίγω απότομα ∙ **a ~ of**
energy/enthusiasm μια έκρηξη
ενέργειας/ενθουσιασμού ∙ **~ into** vt
fus ορμάω μέσα σε

bury [ˈbɛrɪ] vt θάβω ∙ **to ~ the**
hatchet (fig) κάνω ανακωχή

bus [bʌs] n λεωφορείο nt

bush [buʃ] n (in garden) θάμνος m ∙
(= scrubland) σαβάνα f

business [ˈbɪznɪs] n (= matter,
question) υπόθεση f ∙ (= trading)
δουλειές fpl ∙ (firm) επιχείρηση f ∙
(= occupation) επάγγελμα nt ∙ **to be**
away on ~ λείπω σε ταξίδι για
δουλειές ∙ **I'm here on ~** – είμαι εδώ
για δουλειά ∙ **to do ~ with sb**
συνεργάζομαι or έχω
επαγγελματικές συναλλαγές με κν ∙
it's none of my ~ – δεν είναι δική
μου δουλειά ∙ **he means ~** – δεν
αστειεύεται ∙ **~like** adj μεθοδικός ∙
~man (irreg) n επιχειρηματίας m ∙
~ trip n επαγγελματικό ταξίδι nt ∙
~woman (irreg) n επιχειρηματίας f

bus shelter n στάση f (με
στέγαστρο)

bus station n σταθμός m
λεωφορείων

bus stop n στάση f λεωφορείου

bust [bʌst] n (ANAT) στήθος nt ∙
(measurement) περιφέρεια f
στήθους ∙ (: = sculpture) προτομή f
♦ adj (inf: = broken) χαλασμένος
♦ vt (inf: POLICE) τσακώνω ∙ **to go**
~ χρεωκοπώ

bustling [ˈbʌslɪŋ] adj ζωντανός

busy [ˈbɪzɪ] adj (person)
απασχολημένος ∙ (shop, street) με
πολύ κίνηση ∙ (TEL: line)
κατειλημμένος ♦ vt **to ~ o.s. with**
ασχολούμαι με

KEYWORD

but [bʌt] conj (a) αλλά
(b) (showing disagreement, surprise
etc) μα
♦ prep (= apart from, except) **we've**
had nothing but trouble μόνο
μπελάδες είχαμε ∙ **no-one but him**
can do it μόνο αυτός μπορεί να το
κάνει ∙ **but for you** χωρίς εσένα ∙
but for your help αν δεν με είχες
βοηθήσει ∙ **I'll do anything but**
that θα κάνω οτιδήποτε or τα
πάντα εκτός απ'αυτό
♦ adv (= just, only) μόνο ∙ **she's**
but a child μόνο ένα παιδί
had I but known αν το ήξερα ∙ **I**
can but try δεν μπορώ παρά να
προσπαθήσω

---

butcher [ˈbutʃəˠ] n χασάπης m ♦ vt
σφάζω

butler [ˈbʌtləˠ] n μπάτλερ m inv

butt [bʌt] n (= large barrel) βαρέλα f ∙
(= handle end) πίσω άκρη f (of gun)
υποκόπανος m ∙ (also **cigarette ~**)
αποτσίγαρο m ∙ (BRIT: fig) στόχος m ∙
(US: inf!) κώλος m (inf!) ♦ vt
κουτουλάω ∙ **~ in** vi πετάγομαι

butter [ˈbʌtəˠ] n βούτυρο nt ♦ vt
βουτυρώνω

butterfly [ˈbʌtəflaɪ] n πεταλούδα f

buttocks [ˈbʌtəks] npl πισινά ntpl

button [ˈbʌtn] n κουμπί nt ∙ (US: =
badge) σήμα nt ♦ vt (also **~ up**)
κουμπώνω ♦ vi κουμπώνω

buy [baɪ] (*pt, pp* **bought**) *vt*
αγοράζω · (*comm*) (εξ)αγοράζω ♦ *n*
αγορά *f* · **to ~ sb sth** αγοράζω κτ σε
κν · **to ~ sb a drink** κερνάω κν ένα
ποτό · ~ **back** *vt* ξαναγοράζω ·
~ **out** *vt* (*partner*) εξαγοράζω το
μερίδιο +*gen* · (*business*) εξαγοράζω ·
~ **up** *vt* αγοράζω (*σε μεγάλες
ποσότητες*) · ~**er** *n* αγοραστής *m*

buzz [bʌz] *n* (= *noise*) βούισμα *nt* ·
(*inf*) **to give sb a** ~ τηλεφωνώ σε κν
♦ *vi* βουίζω · **my head is** ~**ing** βουίζει
το κεφάλι μου · ~**er** *n* κουδούνι *n*

KEYWORD

by [baɪ] *prep* (a) (*referring to cause,
agent*) από · **a painting by Picasso**
ένας πίνακας του Πικάσσο · **it's by
Shakespeare** είναι του Σαίξπηρ

(b) (*referring to method, manner*) με ·
by saving hard, he bought...
κάνοντας μεγάλες οικονομίες,
αγόρασε...

(c) (= *via, through*) από · **he came in
by the back door** μπήκε από την
πίσω πόρτα

(d) (= *close to*) δίπλα σε

(e) (= *past*) **he rushed by me** με
προσπέρασε τρέχοντας · **I go by
the post office every day** περνάω
από το ταχυδρομείο κάθε μέρα

(f) (= *not later than*) μέχρι · **by this
time tomorrow** αύριο τέτοια ώρα

(g) (*amount*) με

(h) (*math, measure*) επί · **a room 3
metres by 4** ένα δωμάτιο 3 επί 4 ·
it's broader by a metre είναι ένα
μέτρο φαρδύτερο

(i) (= *according to*) (σύμφωνα) με · **to
play by the rules** παίζω (σύμφωνα)
με τους κανόνες · **it's all right by
me** από ό*τι* για μένα είναι εντάξει

(j) (*by oneself*) **he did it by
himself** το έκανε μόνος του · **he
was sitting all by himself in the
bar** καθόταν μόνος του στο μπαρ

(k) (*by the way*) παρεμπιπτόντως
(*fml*)

♦ *adv* (a) *see* **go, pass** *etc*

(b) **by and large** σε γενικές
γραμμές

---

bye(-bye) ['baɪ'baɪ] *n excl* γεια
by-election ['baɪɪlekʃən] (*brit*) *n*
επαναληπτικές τοπικές εκλογές *fpl*
Byelorussia [bjeləʊ'rʌʃə] *n* = **Belarus**
bypass ['baɪpɑːs] *n* (*aut*)
περιφερειακός (δρόμος) *m* · (*med*)
μπάι πας *nt inv* ♦ *vt* (*town*) περνάω
έξω από · (*fig: problem etc*)
προσπερνάω
byte [baɪt] (*comput*) *n* μπάιτ *nt inv*

C c

C, c [si:] *n* το τρίτο γράμμα του
αγγλικού αλφαβήτου · (*scol: mark*)
καλά, ≈ Γ
C [si:] *n* (*mus*) ντο *nt inv*
C. *abbr* = **Celsius · centigrade**
cab [kæb] *n* (= *taxi*) ταξί *nt inv* · (*of
truck, tractor*) καμπίνα *f*
cabaret ['kæbəreɪ] *n* καμπαρέ *nt inv* ·
(= *floor show*) πρόγραμμα *nt*
cabbage ['kæbɪdʒ] *n* λάχανο *nt*
cabin ['kæbɪn] *n* (*on ship, plane*)
καμπίνα *f* · (*house*) καλύβα *f*
cabinet ['kæbɪnɪt] *n* (*piece of furniture*)
ερμάρι *nt* · (*also* **display** ~) βιτρίνα
f · (*pol*) υπουργικό συμβούλιο *nt* ·
~ **minister** *n* υπουργός *mf*
cable ['keɪbl] *n* (= *strong rope*)
συρματόσχοινο *nt* · (*elec, tel*)
καλώδιο *nt* ♦ *vt* (*message*)
τηλεγραφώ · (*money*) στέλνω με
τηλεφωνικό έμβασμα · ~ **television**
n καλωδιακή τηλεόραση *f*
cactus ['kæktəs] (*pl* **cacti**) *n* κάκτος *m*
café ['kæfeɪ] *n* καφέ *nt inv* · (*traditional
Greek*) καφενείο *nt*
cafeteria [kæfɪ'tɪərɪə] *n* (*in school,
station*) κυλικείο *nt* · (*in factory*)
καντίνα *f*

caffein(e) ['kæfi:n] *n* καφεΐνη *f*

cage [keɪdʒ] *n* κλουβί *nt* ♦ *vt* βάζω σε κλουβί

Cairo ['kaɪərəu] *n* Κάιρο *nt*

cake [keɪk] *n* (*large, birthday cake etc*) τούρτα *f* · (*large, for tea etc*) κέικ *nt inv* · (*small*) γλυκό *nt* · (*of soap*) πλάκα *f*

calcium ['kælsɪəm] *n* ασβέστιο *nt*

calculate ['kælkjuleɪt] *vt* (*cost, distance*) υπολογίζω · (*chances, effect etc*) εκτιμώ · **to be ~d to do sth** αποσκοπώ στο να κάνω κτ

calculation *n* (*= sum*) υπολογισμός *m* · (*= estimate*) εκτίμηση *f*

calculator *n* κομπιουτεράκι *nt*

calendar ['kæləndə*] *n* ημερολόγιο *nt* (*τοίχου*)

calf [ka:f] (*pl* **calves**) *n* (*cow*) μοσχάρι *nt* · (*also* **~skin**) βακέτα *f* · (ANAT) γάμπα *f*

calibre ['kælɪbə*] (US **caliber**) *n* διαμέτρημα *nt*

California [kælɪ'fɔ:nɪə] *n* Καλιφόρνια *f*

call [kɔ:l] *vt* (*= name*) ονομάζω · (*= label*) αποκαλώ · (TEL) τηλεφωνώ · (*= summon: person, witness*) καλώ · (*= arrange: meeting*) συγκαλώ ♦ *vi* (*= shout*) φωνάζω · (*= telephone*) τηλεφωνώ · (*also* **~ in, ~ round**) επισκέπτομαι ♦ *n* (*= shout*) κλέασμα *nt* · (TEL) τηλεφώνημα *nt* · (*= visit*) επίσκεψη *f* · (*= demand*) αίτημα *nt* · **to be ~ed** (*person, object*) ονομάζομαι · **on** · (*nurse, doctor etc*) σε εφημερία · **~ at** · *vi fus* (*ship*) πιάνω λιμάνι σε · (*train*) σταματάω σε · **~ back** *vi* (*= return*) ξαναπερνάω · (TEL) ξανατηλεφωνώ ♦ *vt* (TEL) τηλεφωνώ · **~ for** *vi fus* (*= demand*) απαιτώ · (*= fetch*) ζητάω · **~ in** *vt* (*doctor, expert*) καλώ · **~ off** *vt fus* (*= visit*) περνάω από · **to ~ on sb to do** ζητάω από κν να κάνει · **~ out** *vi* φωνάζω ♦ *vt* (*doctor, police*) καλώ · **~ up** *vt* (MIL) καλώ · (TEL) τηλεφωνώ · **~ centre** (BRIT) *n*

τηλεφωνικό κέντρο *nt* · **~er** *n* (*= visitor*) επισκέπτης/τρια *m/f* · (TEL) αυτός που τηλεφωνεί

callous ['kæləs] *adj* ανάλγητος

calm [ka:m] *adj* (*= unworried*) ήρεμος · (*= peaceful*) γαλήνιος · (*voice*) ήρεμος · (*sea*) γαλήνιος ♦ *n* ηρεμία *f* ♦ *vt* (*person, child*) ηρεμώ · (*fears etc*) καθησυχάζω · **~ down** *vt* ηρεμώ · (*person*) ηρεμώ · **~ly** *adv* ήρεμα

calorie ['kælərɪ] *n* θερμίδα *f*

calves [ka:vz] *npl of* **calf**

Cambodia [kæm'bəudɪə] *n* Καμπότζη *f*

camcorder ['kæmkɔ:də*] *n* (φορητή) βιντεοκάμερα *f*

came [keɪm] *pt of* **come**

camel ['kæməl] *n* καμήλα *f*

camera ['kæmərə] *n* (PHOT) φωτογραφική μηχανή *f* · (CINE, TV) κάμερα *f* · **~man** (*irreg*) *n* κάμεραμαν *m inv*

camouflage ['kæməfla:ʒ] *n* παραλλαγή *f* ♦ *vt* καμουφλάρω

camp [kæmp] *n* (*= encampment*) κατασκήνωση *f* · (MIL: *= barracks*) στρατόπεδο *nt* · (*for prisoners*) στρατόπεδο *nt* · (*= faction*) στρατόπεδο *nt* ♦ *vi* κατασκηνώνω ♦ *adj* θηλυπρεπής

campaign [kæm'peɪn] *n* εκστρατεία *f* ♦ *vi* κάνω εκστρατεία · **~er** · **~er for** αγωνιστής/τρια +*gen* · **~er against** αγωνιστής/τρια εναντίον +*gen*

camper ['kæmpə*] *n* κατασκηνωτής/τρια *m/f* · (*vehicle*) τροχόσπιτο *nt*

camping ['kæmpɪŋ] *n* κάμπινγκ *nt inv* · **to go ~** κάνω κάμπινγκ

campsite ['kæmpsaɪt] *n* κάμπινγκ *nt inv*

campus ['kæmpəs] *n* πανεπιστημιούπολη *f*

KEYWORD

---

can[1] [kæn] (*negative* **cannot, can't**, *conditional and pt* **could**) *aux vb*

(a) (= be able to) μπορώ · **I can't see you** δεν σε βλέπω

(b) (= know how to) ξέρω · **I can swim/drive** ξέρω να κολυμπάω/να οδηγώ · **can you speak French?** ξέρετε or μιλάτε γαλλικά;

(c) (= may) μπορώ

(d) (expressing disbelief, puzzlement) **it can't be true!** αποκλείεται! · **what CAN he want?** τι θέλει επιτέλους;

(e) (expressing possibility, suggestion) **he could be in the library** μπορεί να είναι στη βιβλιοθήκη · **she could have been delayed** μπορεί να καθυστέρησε

can² [kæn] n (for foodstuffs) κονσέρβα f · (for oil, water) δοχείο nt

Canada ['kænədə] n Καναδάς m · **Canadian** adj καναδικός ◆ n Καναδός/έζα m/f

canal [kə'næl] n κανάλι nt

Canaries [kə'nɛərɪz] npl = **Canary Islands**

canary [kə'nɛərɪ] n καναρίνι nt

Canary Islands [kə'nɛərɪ'aɪləndz] npl **the ~** τα Κανάρια Νησιά

cancel ['kænsəl] vt ματαιώνω · (reservation, order) ακυρώνω · (COMPUT) "~" ακύρωση · **~ out** vt αντισταθμίζω · **~lation** n (of appointment, flight) ματαίωση f · (of reservation) ακύρωση f (TOURISM) ακύρωση f

cancer ['kænsə] n καρκίνος m · **C~** (ASTROLOGY) Καρκίνος m

candidate ['kændɪdeɪt] n υποψήφιος/α m/f

candle ['kændl] n κερί nt

candy ['kændɪ] (US) n καραμέλλες fpl

cane [keɪn] n καλάμι nt · (for walking) μπαστούνι m · **~ sugar** n ζαχαροκάλαμο

cannabis ['kænəbɪs] n ινδική κάνναβις f

canned [kænd] adj σε κονσέρβα

cannon ['kænən] (pl ~ or **~s**) n

κανόνι nt

cannot ['kænɔt] = **can not**

canoe [kə'nu:] n κανό nt inv · **~ing** n κανό nt inv

canon ['kænən] n (= clergyman) εφημέριος m · (= standard) κανόνας m

can't [kænt] = **can not**

canteen [kæn'ti:n] n καντίνα f

canter ['kæntə] vi καλπάζω ◆ n καλπασμός m

canvas ['kænvəs] n (fabric) πανί nt · (ART: material) καννάβατσο nt · (: = painting) πίνακας m

canyon ['kænjən] n φαράγγι nt

cap [kæp] n σκούφος m · (of pen) καπάκι nt · (of bottle) πώμα nt · (also **Dutch ~:** contraceptive) διάφραγμα nt ◆ vt (= outdo) ξεπερνάω · (POL: tax) περιορίζω · (SPORT) **she was ~ped twenty times** επελέγη για την εθνική ομάδα είκοσι φορές

capability [keɪpə'bɪlɪtɪ] n δυνατότητα f

capable ['keɪpəbl] adj ικανός · **~ of doing** ικανός να κάνει

capacity [kə'pæsɪtɪ] n (of container, ship) χωρητικότητα f · (= capability) ικανότητα f · (= position, role) ιδιότητα f · (of factory) απόδοση f

cape [keɪp] n (GEO) ακρωτήριο nt · (= cloak) κάπα f

caper ['keɪpə] n (CULIN: gen pl) κάπαρη f · (= prank) φάρσα f

capital ['kæpɪtl] n (city) πρωτεύουσα f · (money) κεφάλαιο nt · (also **~ letter**) κεφαλαίο nt · **~ism** n καπιταλισμός m · **~ist** adj καπιταλιστικός ◆ n καπιταλιστής/τρια m/f · **~ punishment** n θανατική ποινή f

Capricorn ['kæprɪkɔ:n] n Αιγόκερως m

capsule ['kæpsju:l] n (MED) κάψουλα f · (= spacecraft) σκάφος nt

captain ['kæptɪn] n (of ship) καπετάνιος m · (of plane) πιλότος m · (of team) αρχηγός m · (in army)

λοχαγός m · (in navy) πλοίαρχος m · (US: in air force) σμηναγός m

caption ['kæpʃən] n λεζάντα f

captivity [kæp'tiviti] n αιχμαλωσία f

capture ['kæptʃə'] vt (animal) πιάνω · (person) συλλαμβάνω · (town, country) κατακτώ · (attention) κατακτώ ◆ n (seizure: of animal, person) αιχμαλωσία f · (of town) κατάληψη f

car [ka:'] n (AUT) αυτοκίνητο nt · (RAIL) βαγόνι nt

caramel ['kærəməl] n καραμέλλα f

carat ['kærət] n καράτι nt · **18 ~ gold** χρυσός 18 καρατίων

caravan ['kærəvæn] n (BRIT: vehicle) τροχόσπιτο nt · (in desert) καραβάνι nt

carbohydrate [ka:bəu'haidreit] n υδατάνθρακας m

carbon ['ka:bən] n άνθρακας m · **~ copy** n αντίγραφο nt με καρμπόν · **~ dioxide** n διοξείδιο nt του άνθρακα · **~ monoxide** n μονοξείδιο nt του άνθρακα

car boot n (also = **sale**) παζάρι μεταχειρισμένων

card [ka:d] n (material) χαρτόνι nt · (record card, index card etc) κάρτα f · (playing card) τραπουλόχαρτο nt · (= greetings card) κάρτα f · (= visiting card) επισκεπτήριο nt (fml) · **~board** n χαρτόνι nt

cardigan ['ka:digən] n πλεχτή ζακέτα f

cardinal ['ka:dinl] adj (principle, importance) ύψιστος ◆ n καρδινάλιος m

care [kɛə'] n (= attention) φροντίδα f · (= worry) έννοια f ◆ vi **to ~ about** ενδιαφέρομαι για · **would you ~** for ...? θα θέλατε να ...; · **~ of** (on letter) για +acc · **in sb's ~** που έχουν εμπιστευτεί σε κν · **to take ~ (to do)** προσέχω (να κάνω) · **to take ~ of** (patient, child etc) φροντίζω · (details, arrangements)

διευθετώ · (problem, situation) κανονίζω · **the child has been taken into ~** το παιδί το ανέλαβε η μέριμνα · **I don't ~** δε με νοιάζει · **I couldn't ~ less** δε με νοιάζει καθόλου · **~ for** vt fus (= look after) φροντίζω · (= like) ενδιαφέρομαι

career [kə'rɪə'] n (= profession) σταδιοδρομία f · (in school, work etc) ζωή f ◆ vi (also = **along**) ξεχύνομαι

carefree ['kɛəfri:] adj ξένοιαστος

careful ['kɛəful] adj (= cautious) προσεκτικός · (= thorough) διεξοδικός · (**be**) **~!** προσέχετε! · **~ly** adv (= cautiously) προσεχτικά · (= methodically) με προσοχή

careless ['kɛəlis] adj (= negligent) απρόσεχτος · (remark) απερίσκεπτος · **~ness** n (= negligence) απροσεξία f · (= casualness) άνεση f

carer ['kɛərə'] n άτομο nt που φροντίζει κν

caretaker ['kɛəteikə'] n επιστάτης/ τρια m/f

cargo ['ka:gəu] (pl **~es**) n φορτίο nt

car hire (BRIT) n ενοικίαση f αυτοκινήτων

Caribbean [kærı'bi:ən] n **the ~ (Sea)** η Καραϊβική (Θάλασσα) ◆ adj της Καραϊβικής

caring ['kɛərıŋ] adj που δείχνει ενδιαφέρον

carnival ['ka:nivl] n (public celebration) καρναβάλι nt · (US: = funfair) πανηγύρι nt

carol ['kærəl] n (**Christmas** ~) (Χριστουγεννιάτικα) κάλαντα f

carousel [kærə'sel] n (US) n αλογάκια ntpl

car park (BRIT) n πάρκινγκ nt inv

carpenter ['ka:pintə'] n ξυλουργός m

carpet ['ka:pit] n (in room etc) χαλί nt · (fitted) μοκέτα f · (fig: of pine needles, snow etc) στρώμα nt ◆ vt βάζω μοκέτα σε

carriage ['kærıdʒ] n (BRIT: RAIL)

βαγόνι nt • (= horse-drawn vehicle)
άμαξα f • **~way** (BRIT) n κατεύθυνση f

carrier ['kærɪə'] n (= transporter)
μεταφορέας mf • (MED) φορέας mf

carrot ['kærət] n καρότο nt • (fig)
κίνητρο nt

carry ['kærɪ] vt μεταφέρω •
(responsibilities etc) ενέχω • (MED)
είμαι φορέας +gen ♦ vi (sound)
μεταφέρομαι • **to get carried away**
(fig) παρασύρομαι • **~ on** vi
συνεχίζω ♦ vt διεξάγω • **~ out** vt
(orders) εκτελώ • (investigation)
γίνομαι • (idea, threat) πραγματοποιώ

cart [ka:t] n (for grain etc) κάρο nt •
(for passengers) αμαξάκι nt •
(= handcart) καροτσάκι nt ♦ vt (inf:
people, objects) κουβαλάω

carton ['ka:tən] n (= large box)
χαρτοκιβώτιο nt • (of yogurt, milk)
κουτί nt

cartoon [ka:'tu:n] n (drawing)
γελοιογραφία f • (BRIT: = comic strip)
κόμικ nt inv • (CINE) κινούμενο
σχέδιο nt

cartridge ['ka:trɪdʒ] n (for gun)
φυσίγγι nt • (for camera) κασέτα f

carve [ka:v] vt (meat) κόβω • (wood,
stone) σκαλίζω • (initials, design)
χαράζω • **carving** n (= object made
from wood) ξυλόγλυπτο nt • (= object
made from stone etc) γλυπτό nt • (in
wood etc: = design) σκάλισμα nt

case [keɪs] n (= situation, instance)
περίπτωση f • (MED) περιστατικό nt •
(JUR) υπόθεση f • (criminal
investigation) υπόθεση f • (container:
for exhibiting objects) προθήκη f • (for
spectacles etc) θήκη f • (BRIT: also
suit~) βαλίτσα f • **lower/upper
~** (TYP) μικρά or πεζά/κεφαλαία
γράμματα • **to have a good ~** έχω
ισχυρά επιχειρήματα • **in ~ (of)** (fire,
emergency) σε περίπτωση +gen • **in
~ he comes** σε περίπτωση που
έρθει • **in any ~** εν πάση
περιπτώσει • **just in ~** καλού-κακού

cash [kæʃ] n (coins, notes) μετρητά

ntpl • (money) λεφτά ntpl ♦ vt
εξαργυρώνω • **~ in** vt ρευστοποιώ •
~ in on vt fus επωφελούμαι από

cashback ['kæʃbæk] n επιστροφή f
μετρητών

cash dispenser (BRIT) n αυτόματη
ταμειακή μηχανή f

cashier [kæ'ʃɪə'] n ταμίας mf

cashmere ['kæʃmɪə'] n κασμίρι n
♦ adj κασμιρένιος

casino [kə'si:nəu] n καζίνο nt

casket ['ka:skɪt] (US) n φέρετρο nt

casserole ['kæsərəul] n (of lamb,
chicken etc) ψητό nt κατσαρόλας •
(= pot, container) βαθύ ταψί με
καπάκι

cassette [kæ'set] n κασέτα f

cast [ka:st] (pt, pp **~**) vt (= throw)
ρίχνω • (THEAT) δίνω σε κν το ρόλο του Άμλετ •
(metal, statue) χύνω ♦ n (THEAT)
διανομή f ρόλων • (actors) θίασος m •
(= mould) καλούπι nt • (also **plaster
~**) γύψος m • **to ~ one's vote** ρίχνω
την ψήφο μου • **to ~ doubt on sth**
θέτω κτ υπό αμφισβήτηση • **to ~ a
spell on sb** μαγεύω κν • **~ aside** vt
παραμερίζω

caster sugar ['ka:stəʃugə'] (BRIT) n
ζάχαρη f άχνη

cast iron n μαντέμι nt ♦ adj
cast-iron (fig: alibi, excuse etc)
ακλόνητος

castle ['ka:sl] n (= manor)
πύργος m • (CHESS) πύργος m

casual ['kæʒjul] adj (= by chance)
τυχαίος • (= irregular: work etc)
έκτακτος • (= unconcerned)
αδιάφορος • (= informal: clothes)
σπορ inv • **~ sex** περιστασιακό σεξ

casualty ['kæʒjultɪ] n (of war,
accident: = injured) τραυματίας mf •
(: = killed) νεκρός m • (of situation,
event) θύμα nt • (MED: department: in
hospital) επείγοντα or έκτακτα
περιστατικά ntpl

cat [kæt] n γάτα f

catalogue ['kætəlɒg] (US **catalog**) n (of exhibition, library: also COMM) κατάλογος m • (of events, faults) λίστα f ♦ vt καταγράφω

cataract ['kætərækt] (MED) n καταρράκτης m

catastrophe [kə'tæstrəfɪ] n καταστροφή f

catch [kætʃ] (pt, pp **caught**) vt (animal, fish) πιάνω • (bus, train etc) παίρνω • (= arrest) πιάνω • (= surprise: person) πιάνω • (= hear: comment, whisper etc) πιάνω • (MED: illness) αρπάζω • (also ~ **up**: person) προφταίνω • vi (fire) αρπάζω • (in branches, door etc) πιάνομαι ♦ n (of fish) ψαριά f • (of ball) πιάσιμο m • (= hidden problem) παγίδα f • **to ~ sb's attention** or **eye** τραβάω την προσοχή κου • **to ~ fire** παίρνω φωτιά • **to ~ sight of sth** παίρνει το μάτι μου κτ • ~ **on** vi (= understand) καταλαβαίνω • (= grow popular) πιάνω • ~ **out** (BRIT) vt πιάνω • ~ **up** vi πιάνω • ~ up vi (with person) προλαβαίνω • (fig: on work etc) καλύπτω τα κενά σε • ~ **up with** vt fus συμβαδίζω με • ~**ing** adj μεταδοτικός

category ['kætɪɡərɪ] n κατηγορία f

cater ['keɪtə'] vi **to ~ for** (party etc) ετοιμάζω φαγητό για • (needs) καλύπτω

caterpillar ['kætəpɪlə'] n κάμπια f

cathedral [kə'θiːdrəl] n καθεδρικός (ναός) m

Catholic ['kæθəlɪk] adj καθολικός ♦ n καθολικός/ή m/f

cattle ['kætl] npl βοειδή ntpl

catwalk ['kætwɔːk] n γέφυρα f (στενό πέρασμα) • (for models) πασαρέλα f

caught [kɔːt] pt, pp of **catch**

cauliflower ['kɔlɪflauə'] n κουνουπίδι nt

cause [kɔːz] n (of outcome, effect) αιτία f • (= reason) λόγος m • (also POL: = aim, principle) σκοπός m ♦ vt προκαλώ

caution ['kɔːʃən] n (= prudence) σύνεση f • (= warning) προειδοποίηση f ♦ vt προειδοποιώ • (POLICE) κάνω επίπληξη σε •

cautious adj προσεκτικός

cave [keɪv] n σπηλιά f • ~ **in** vi (roof etc) καταρρέω • (to demands) υποχωρώ

caviar(e) ['kævɪɑː'] n χαβιάρι nt

cavity ['kævɪtɪ] n (in wall, body) κοιλότητα f • (in tooth) κουφάλα f

cc abbr (= cubic centimetre) •

CCTV n abbr (= closed-circuit television) κλειστό κύκλωμα nt τηλεόρασης

CD abbr (BRIT) (= Corps Diplomatique) Δ.Σ. nt • = **compact disc** • ~ **player** συσκευή CD • ~~**ROM** abbr (= compact disc read-only memory) CD-ROM nt inv (δίσκος CD για υπολογιστή)

cease [siːs] vt σταματάω ♦ vi σταματάω • ~**fire** n κατάπαυση f πυρός

cedar ['siːdə'] n κέδρος m

ceiling ['siːlɪŋ] n (in room) ταβάνι nt • (on wages, prices etc) ανώτατο όριο nt

celebrate ['sɛlɪbreɪt] vt, vi γιορτάζω • **celebration** (= party) γιορτή f • (public event) εορτασμός m

celebrity [sɪ'lɛbrɪtɪ] n διασημότητα f

celery ['sɛlərɪ] n σέλινο nt (βλαστάρια)

cell [sɛl] n (also COMPUT) κελί nt • (of revolutionaries) πυρήνας m • (BIO) κύτταρο nt • (ELEC) στοιχείο nt

cellar ['sɛlə'] n (= basement) κατώγι nt • (for wine) κελλάρι nt

cello ['tʃɛləu] n βιολοντσέλο nt

cellphone ['sɛlfəun] n (US) κινητό τηλέφωνο nt

Celsius ['sɛlsɪəs] adj Κελσίου

Celtic ['kɛltɪk, 'sɛltɪk] adj κέλτικος

cement [sə'mɛnt] n (= powder) τσιμέντο nt • (= concrete) μπετόν nt inv

cemetery ['sɛmɪtrɪ] n νεκροταφείο nt

censor ['sensə] n λογοκριτής/τρια m/ f ♦ vt λογοκρίνω· **~ship** n λογοκρισία f

census ['sensəs] n απογραφή f

cent [sent] n (US etc) σεντ nt inv· (unit of euro) λεπτό nt· see also **per**

centenary [sen'ti:nəri] n εκατοστά γενέθλια ntpl

centennial [sen'tenɪəl] n εκατοστή επέτειος f

center ['sentə'] (US) n = **centre**

centigrade ['sentɪɡreɪd] adj βαθμός Κελσίου

centilitre ['sentɪli:tə'] (US **centiliter**) n εκατοστό nt του λίτρου

centimetre ['sentɪmi:tə'] (US **centimeter**) n εκατοστό nt

central ['sentrəl] adj κεντρικός· **Central America** n Κεντρική Αμερική f· **~ heating** n κεντρική θέρμανση f

centre ['sentə'] (US **center**) n κέντρο nt ♦ vi to **~ on** (fig) εστιάζω σε

century ['sentjʊri] n αιώνας m· **20th ~** εικοστός αιώνας

ceramic [sɪ'ræmɪk] adj κεραμικός· **~ tiles** n κεραμικά πλακάκια

cereal ['si:rɪəl] n δημητριακό nt

ceremony ['serɪmənɪ] n (= event) τελετή f· (= ritual) έθιμο nt

certain ['sə:tən] adj (= sure: person, fact) βέβαιος· (person) a **~ Mr Smith** κάποιος κύριος Σμιθ ♦ adj (= particular) ορισμένος· **days/places** ορισμένες μέρες/ορισμένα μέρη· (= some) a **~ coldness/pleasure** κάποια ψυχρότητα/ευχαρίστηση· **for ~** με βεβαιότητα· **~ly** adv (= undoubtedly) σίγουρα· (= of course) βεβαίως· **~ty** n βεβαιότητα f

certificate [sə'tɪfɪkɪt] n (of birth, marriage etc) πιστοποιητικό nt· (= diploma) δίπλωμα nt

certify ['sə:tɪfaɪ] vt πιστοποιώ ♦ vi to **~ that** βεβαιώνω ότι

cf. abbr = **compare**

CFC n abbr (= chlorofluorocarbon)

χλωροφθοράνθρακας m

chain [tʃeɪn] n αλυσίδα f· (of events, ideas) διαδοχή f ♦ vt (also **~ up**) αλυσοδένω

chair [tʃeə'] n (= seat) καρέκλα f· (= armchair) πολυθρόνα f· (at university) έδρα f· (of meeting, committee) πρόεδρος mf ♦ vt (meeting) προεδρεύω· **~man** (irreg) n πρόεδρος m· **~person** (irreg) n πρόεδρος mf· **~woman** (irreg) n πρόεδρος f

chalet ['ʃæleɪ] n σαλέ nt inv

chalk [tʃɔ:k] n ασβεστόλιθος m· (for writing) κιμωλία f

challenge ['tʃælɪndʒ] n (of unknown etc) πρόκληση f· (to authority etc) κριτική f· (= dare) πρόκληση f ♦ vt (SPORT) παίζω απέναντι σε +gen· (rival, competitor) ανταγωνίζομαι· (authority, right) αμφισβητώ· **challenging** adj (career, task) που αποτελεί πρόκληση· (tone, look etc) προκλητικός

chamber ['tʃeɪmbə'] n (= room) αίθουσα f· (POL: = house) βουλή f· (BRIT: JUR: gen pl) αίθουσα f δικαστηρίου

champagne [ʃæm'peɪn] n σαμπάνια f

champion ['tʃæmpɪən] n (of league, contest) πρωταθλητής/τρια m/f· (of cause, principle) υπέρμαχος m· **~ship** n πρωτάθλημα nt

chance [tʃɑ:ns] n (= likelihood) πιθανότητες fpl· (= opportunity) ευκαιρία f· (= risk) ρίσκο nt ♦ vt to **~ it** το διακινδυνεύω ♦ adj τυχαίος· **to take a ~** διακινδυνεύω· **by ~** κατά τύχη· **~ (up)on** vt fus (person) συναντάω τυχαία· (thing) βρίσκω τυχαία

chancellor ['tʃɑ:nsələ'] n (POL) Καγκελάριος m· (BRIT: of university) πρύτανης mf· **Chancellor of the Exchequer** (BRIT) n υπουργός Οικονομικών

chandelier [ʃændə'lɪə'] n (small)

πολύφωτο nt · (large) πολυέλαιος m

change [tʃeɪndʒ] vt αλλάζω ·
(= transform) **to ~ sb/sth into**
μεταβάλλω κν/κτ σε ♦ vi αλλάζω ·
(= be transformed) **to ~ into**
μεταβάλλομαι σε ♦ n αλλαγή f · (of
clothes) αλλαξιά f · (= coins) ψιλά
ntpl · (= money returned) ρέστα ntpl ·
to ~ gear (AUT) αλλάζω ταχύτητα ·
to ~ one's mind αλλάζω γνώμη ·
for a ~ για αλλαγή · **~over** n (to
new system) μεταβολή f

changing room (BRIT) n (in shop)
δοκιμαστήριο nt · (SPORT) αποδυτήρια
ntpl

channel ['tʃænl] n (also TV) κανάλι
nt · (in river, waterway) στενό nt · (fig:
= means) δίοδος f · vt (money,
resources) διοχετεύω · **the (English)
C~** η Μάγχη · **Channel Tunnel** n
the C~ Tunnel το τούνελ της
Μάγχης

chant [tʃɑːnt] n · vt φωνάζω ♦ vi
φωνάζω (συνθήματα)

chaos ['keɪɒs] n χάος nt · **chaotic**
adj (mess, jumble) χαώδης · (situation)
χαοτικός

chap [tʃæp] (BRIT: inf) n τύπος m

chapel ['tʃæpl] n παρεκκλήσι nt

chapter ['tʃæptə*] n κεφάλαιο nt

character ['kærɪktə*] n (also COMPUT)
χαρακτήρας m · (= eccentric) **to be a
(real) ~** είμαι (πραγματικά)
νούμερο · **-istic** adj
χαρακτηριστικός n
χαρακτηριστικό nt · **-istic of**
χαρακτηριστικό +gen · **-ize** vt
χαρακτηρίζω

charcoal ['tʃɑːkəʊl] n (= fuel)
κάρβουνα ntpl · (for drawing)
κάρβουνο nt

charge [tʃɑːdʒ] n (= fee) χρέωση f ·
(JUR: = accusation) κατηγορία f · (MIL:
= attack) επίθεση f · (= responsibility)
εποπτεία f · (ELEC: of battery)
φόρτιση f ♦ vt (sum) χρεώνω · (JUR:
= accuse) **to ~ sb with sth**

κατηγορώ κν για κτ · (MIL: = attack:
enemy) επιτίθεμαι σε · (also **~ up**:
battery) φορτίζω ♦ vi επιτίθεμαι · **to
~ (up), to ~ (along)** etc ορμάω · **to
take ~** (of child) αναλαμβάνω τη
φροντίδα +gen · (of company)
αναλαμβάνω τη διοίκηση +gen · **to
be in ~** (of sb) έχω τη φροντίδα
+gen · (of business) είμαι επικεφαλής
+gen · **~r** n (also **battery ~r**)
φορτιστής m

charity ['tʃærɪtɪ] n (organization)
φιλανθρωπική οργάνωση f ·
(= kindness) καλοσύνη f · (= money,
gifts) ελεημοσύνη f

charm [tʃɑːm] n (= attractiveness)
γοητεία f · (to bring good luck) γούρι
nt · vt γοητεύω · **~ing** adj (person)
γοητευτικός · (place) μαγευτικός

chart [tʃɑːt] n (= graph, diagram)
διάγραμμα nt · (= map, weather chart)
χάρτης m · (of course) πίνακας m ·
(progress, movements) καταγράφω

charter ['tʃɑːtə*] vt (plane, ship etc)
ναυλώνω ♦ n (= document,
constitution) καταστατικός χάρτης m ·
(of university, company) καταστατικό
nt λειτουργίας · **~ flight** n πτήση f
τσάρτερ

chase [tʃeɪs] vt κυνηγάω ♦ n
καταδίωξη f · **~ up** (BRIT) vt (person)
πιέζω · (information) ψάχνω

chat [tʃæt] vi (also **have a ~**)
κουβεντιάζω ♦ n κουβέντα f · **~ up**
(BRIT: inf) vt κάνω καμάκι σε ·
~room n (COMPUT) δωμάτιο nt
συζήτησης · **~ show** (BRIT) n
τηλεοπτική συζήτηση f

chatter ['tʃætə*] vi (person, animal)
φλυαρώ · (teeth) χτυπάω ♦ n (of
people, birds) φλυαρία f

chauffeur ['ʃəʊfə*] n σοφέρ m inv

cheap [tʃiːp] adj (= inexpensive)
φτηνός · (= reduced: ticket, fare)
μειωμένος · (= poor quality)
φτηνιάρικος · (behaviour, joke)
φτηνός ♦ adv **to buy/sell sth ~**
αγοράζω/πουλάω κτ φτηνά · **~ly**

adv φτηνά

cheat [tʃiːt] *vi* (in exam) αντιγράφω ·
(at cards) κλέβω ♦ *vt* **to ~ sb (out
of sth)** πιάνω κτ στην μπάλα (και του
παίρνω κτ) ♦ *n* απατεώνας *m* · **~ on**
(inf) *vt fus* (husband, wife etc) απατώ

check [tʃɛk] *vt* (= examine: bill)
ελέγχω · (= verify: facts) συγκρίνω ·
(= halt: enemy, disease) αναχαιτίζω ·
(= restrain: impulse, person)
συγκρατώ ♦ *n* (= inspection) έλεγχος
m · (= curb) αναχαίτιση *f* · (US) =
cheque (: = bill) λογαριασμός *m* ·
(pl: = pattern) καρό *nt inv* ♦ *adj*
(pattern, cloth) καρό · **~ in** *vi* (at hotel) δίνω
τα στοιχεία μου · (at airport) κάνω
τσεκ ιν ♦ *vt* (luggage: at airport)
δίνω · **~ out** *vi* (of hotel) πληρώνω
και φεύγω ♦ *vt* (luggage)
παραλαμβάνω · (= investigate: story)
εξακριβώνω · (= person) μαζεύω
πληροφορίες για · **~ up on** *vi fus*
παίρνω πληροφορίες για ·
~ guarantee card (US) *n* κάρτα
εγγύησης επιταγών · **~list** *n*
κατάλογος *m* · **~out** *n* (in shop)
ταμείο *nt* · **~point** *n* (on border)
τελωνείο *nt*

cheek [tʃiːk] *n* (ANAT) μάγουλο *nt* ·
(= impudence) αναίδεια *f* · **~bone** *n*
ζυγωματικό *nt* · **~y** *adj* ατάκτος

cheer [tʃɪər] *n* (team, speaker)
ζητωκραυγάζω · (= gladden) κάνω να
χαρεί ♦ *vi* ζητωκραυγάζω ♦ *n*
(= shout) ζητωκραυγή *f* · **~ up** *vi*
σταματάω να στενοχωριέμαι ♦ *vt*
φτιάχνω το κέφι · **~ful** *adj*
χαρούμενος · **~io** (BRIT) *excl* γεια
χαρά

cheese [tʃiːz] *n* τυρί *nt* · **~burger** *n*
χάμπουργκερ *nt inv* με τυρί · **~cake**
n τσιζ κέικ *nt inv*

chef [ʃɛf] *n* σεφ *mf inv*

chemical ['kɛmɪkl] *adj* χημικός ♦ *n*
χημική ουσία *f*

chemist ['kɛmɪst] *n* (BRIT: =
pharmacist) φαρμακοποιός *mf* ·

(scientist) χημικός *mf* · **~ry** *n* Χημεία *f*

cheque [tʃɛk] (BRIT) *n* επιταγή *f* ·
~book (BRIT) *n* βιβλιάριο *nt*
επιταγών · **~ card** (BRIT) *n*
εγγυητική κάρτα *f* επιταγών

cherry ['tʃɛri] *n* (fruit) κεράσι *nt* · (also
~ tree) κερασιά *f*

chess [tʃɛs] *n* σκάκι *nt*

chest [tʃɛst] *n* (ANAT) στήθος *nt* ·
(= box) μπαούλο *nt*

chestnut ['tʃɛsnʌt] *n* κάστανο *nt* ·
(also ~ tree) καστανιά *f*

chest of drawers [tʃɛstəv'drɔːz] *n*
σιφονιέρα *f*

chew [tʃuː] *vt* μασάω · **~ing gum** *n*
τσίχλα *f*

chic [ʃiːk] *adj* σικ

chick [tʃɪk] *n* (= young bird) πουλάκι
nt · (inf: = girl) γκομενίτσα *f*

chicken ['tʃɪkɪn] *n* (bird, meat)
κοτόπουλο *nt* · (inf: = coward)
φοβιτσιάρης/α *m/f* · **~ out** (inf) *vi*
δειλιάζω

chief [tʃiːf] *n* αρχηγός *mf* ♦ *adj*
κυριότερος · (US)
~ executive (US
~ executive officer) *n* γενικός/ή
γραμματέας *m/f* · **~ly** *adv* κυρίως

child [tʃaɪld] (*pl* **~ren**) *n* παιδί *nt* ·
~ benefit (BRIT) *n* επίδομα *nt*
τέκνων · **~birth** *n* τοκετός *m* ·
~hood *n* παιδική ηλικία *f* · **~ish** *adj*
παιδαριώδης

children ['tʃɪldrən] *npl* of **child**

Chile ['tʃɪli] *n* Χιλή *f*

chill [tʃɪl] *n* (= coldness) ψύχρα *f* ·
(illness) κρυολόγημα *nt* · (= shiver)
ρίγος *nt* · *vt* παγώνω

chilli ['tʃɪli] (US **chili**) *n* καυτερή
πιπεριά *f*

chilly ['tʃɪli] *adj* (weather) ψυχρός ·
(person) ψυχρός · (response, look)
ψυχρός · **to feel ~** νιώθω ψύχρα

chimney ['tʃɪmni] *n* (of house)
καμινάδα *f* · (of factory) φουγάρο *nt*

chimpanzee [tʃɪmpæn'ziː] *n*
χιμπατζής *m*

chin [tʃɪn] *n* πηγούνι *nt*

China ['tʃaɪnə] n Κίνα f

china ['tʃaɪnə] n (clay) πορσελάνη f · (= crockery) πορσελάνινος

Chinese [tʃaɪ'ni:z] adj κινέζικος ♦ n inv Κινέζος/α m/f · (LING) κινέζικα ntpl

chip [tʃɪp] n (CULIN: pl) τηγανητή πατάτα f · (US: also **potato** ~) πατατάκι nt · (of wood) πελεκούδι nt · (of glass, stone) κομμάτι nt · (in glass, cup etc) ράγισμα nt · (in gambling) μάρκα f · (COMPUT: also **micro**~) ολοκληρωμένο κύκλωμα nt ♦ vt (cup, plate) ραγίζω · **~ in** (inf) vi (= contribute) τσοντάρω · (= interrupt) πετάγομαι

chisel ['tʃɪzl] n σμίλη f

chives ['tʃaɪvz] npl σχοινόπρασο nt

chlorine ['klɔ:ri:n] n χλώριο nt

chocolate ['tʃɒklɪt] n (substance, drink) σοκολάτα f · (sweet) σοκολατάκι nt

choice [tʃɔɪs] n επιλογή f · **a wide** ~ μια μεγάλη ποικιλία

choir ['kwaɪə] n χορωδία f

choke [tʃəuk] vi πνίγομαι ♦ vt πνίγω · (= block) **to be ~d (with)** είμαι ασφυκτικά γεμάτος (με) ♦ n (AUT) τσοκ nt inv

cholesterol [kə'lɛstərɒl] n χοληστερίνη f

choose [tʃu:z] (pt **chose**, pp **chosen**) vt διαλέγω ♦ vi **to ~ between** διαλέγω or επιλέγω μεταξύ · **to ~ from** διαλέγω or επιλέγω από · **to ~ to do** διαλέγω να κάνω

chop [tʃɒp] vt (wood) κόβω · (also ~ **up**: vegetables, fruit) ψιλοκόβω ♦ n (CULIN) παϊδάκι nt · **~ down** vt κόβω

chord [kɔ:d] n (MUS) συγχορδία f

chore [tʃɔ:r] n αγγαρεία f
▶ **chores** npl (= domestic tasks) νοικοκυριό nt

chorus ['kɔ:rəs] n (= group) χορωδία f · (= song) χορωδιακό nt · (= refrain) ρεφρέν nt inv

chose [tʃəuz] pt of **choose** · **~n** pp of

choose

Christ [kraɪst] n Χριστός m

christening ['krɪsnɪŋ] n (act) βάπτιση f · (ceremony) βαφτίσια ntpl

Christian ['krɪstɪən] adj χριστιανός ♦ n χριστιανός/ή m/f · **~ity** n χριστιανισμός m

Christmas ['krɪsməs] n Χριστούγεννα ntpl · **Happy** or **Merry ~!** Καλά Χριστούγεννα! · **~ card** f χριστουγεννιάτικη κάρτα f · **~ Day** n ημέρα f των Χριστουγέννων · **~ Eve** n παραμονή f των Χριστουγέννων · **~ tree** n χριστουγεννιάτικο δέντρο nt

chrome [krəum] n = **chromium**

chromium ['krəumɪəm] n χρώμιο nt

chronic ['krɒnɪk] adj χρόνιος

chubby ['tʃʌbɪ] adj στρουμπουλός

chuck [tʃʌk] (inf) vt (stone, ball etc) πετάω · (BRIT: also **~ in**: job, person) παρατάω · **~ out** vt πετάω έξω

chuckle ['tʃʌkl] vi γελάω σιγανά

chunk [tʃʌŋk] n (of stone, meat) μεγάλο κομμάτι nt · (of bread) κομμάτα f

church [tʃə:tʃ] n εκκλησία f · **the C~ of England** η Αγγλικανική Εκκλησία · **~yard** n νεκροταφείο nt (σε προαύλιο εκκλησίας)

churn [tʃə:n] n (for butter: also **milk ~**) καρδάρα f · **~ out** vt παράγω σωρηδόν

CIA (US) n abbr (= Central Intelligence Agency) ΣΙΑ f inv

CID (BRIT) n abbr (= Criminal Investigation Department) εγκληματολογική υπηρεσία f

cider ['saɪdər] n μηλίτης m

cigar [sɪ'gɑ:r] n πούρο nt

cigarette [sɪgə'rɛt] n τσιγάρο nt

cinema ['sɪnəmə] n κινηματογράφος m

cinnamon ['sɪnəmən] n κανέλλα f

circle ['sə:kl] n κύκλος m · (in cinema, theatre) εξώστης m ♦ vi (bird, plane) διαγράφω κύκλο ♦ vt (= move round)

γυρίζω γύρω από · (= *surround*: *people*) περικυκλώνω · (*place*) περιτριγυρίζω

circuit ['sɜːkɪt] n (ELEC) κύκλωμα nt · (= *tour*) γύρος m · (= *track*) πίστα f · (= *lap*) γύρος m

circular ['sɜːkjʊlə'] adj κυκλικός ◆ n (= *letter*) εγκύκλιος f · (as *advertisement*) προσπέκτους nt inv

circulate ['sɜːkjʊleɪt] vi (blood, cars) κυκλοφορώ · (news, rumour) διαδίδομαι ◆ vt διανέμω ·

circulation n (of newspaper, traffic) κυκλοφορία f · (MED: of blood) κυκλοφορία f του αίματος

circumstances ['sɜːkəmstənsɪz] npl (of accident, death) συνθήκες fpl · (= *financial condition*) οικονομική κατάσταση f

circus ['sɜːkəs] n τσίρκο nt

cite [saɪt] vt αναφέρω

citizen ['sɪtɪzn] n (= of country) πολίτης mf · (of town etc) κάτοικος mf · **~ship** n υπηκοότητα f

city ['sɪtɪ] n πόλη f · **the C~** (BRIT: FIN) το Σίτυ · **~ centre** n κέντρο nt της πόλης

civic ['sɪvɪk] adj (leader, authorities) δημοτικός · (duties) του πολίτη · (pride) της πόλης

civil ['sɪvɪl] adj (disobedience, disturbances etc) κοινωνικός · (authorities, rights) πολιτικός · (= *polite*) ευγενικός · **~ian** adj (life) των πολιτών · (casualties) άμαχος πληθυσμός · n πολίτης mf· **the ~ians** οι άμαχοι · **~ization** n πολιτισμός m · **~ized** adj (society, person) πολιτισμένος · (place, experience) προσεγμένος · **~ rights** npl πολιτικά δικαιώματα ntpl · **~ servant** n δημόσιος υπάλληλος mf· **Civil Service** n the **C~ Service** οι Δημόσιες Υπηρεσίες · **~ war** n εμφύλιος πόλεμος m

claim [kleɪm] vt (= *assert*) **to ~ (that)/**

to be ισχυρίζομαι (ότι)/ότι είμαι ◆ vt (credit, rights) διεκδικώ · (responsibility) αναλαμβάνω · (expenses) ζητώ · (compensation, damages) ζητώ ◆ vi (for insurance) υποβάλλω αίτηση · n (= *assertion*) ισχυρισμός m · (for compensation) αίτηση f (αποζημίωσης) · (for expenses) αίτηση f

clam [klæm] n μύδι nt

clamp [klæmp] n λαβίδα f ◆ vt (wheel, car) ακινητοποιώ (με μηχανισμό στη ρόδα) · **to ~ sth to sth** προσαρτώ κτ σε κτ · **~ down on** vt fus παίρνω μέτρα κατά +gen

clan [klæn] n γένος nt (σκωτσέζικο) · (= *family*) σόι nt

clap [klæp] vi χειροκροτώ · **to ~ (one's) hands** χτυπάω τα χέρια μου

claret ['klærət] n κλαρέ nt inv

clarify ['klærɪfaɪ] vt διευκρινίζω

clarinet [klærɪ'nɛt] n κλαρίνο nt

clarity ['klærɪtɪ] n σαφήνεια f

clash [klæʃ] n (= *fight*) σύγκρουση f· (= *disagreement*) σύγκρουση f· (of beliefs, ideas) ασυμφωνία f· (of colours, styles) αντίθεση f· (of events, dates) χρονική σύμπτωση f ◆ vi (= *fight*: rival gangs etc) συγκρούομαι · (= *disagree*: political opponents etc) έρχομαι σε σύγκρουση · (beliefs, ideas) έρχομαι σε αντίθεση · (colours, styles) δεν ταιριάζω · (two events, dates) συμπίπτουν χρονικά

class [klɑːs] n (SCOL: group of pupils) τάξη f · (: = *lesson*) μάθημα nt · (of society) τάξη f · (= *type*) είδος nt ◆ vt κατατάσσω

classic ['klæsɪk] adj κλασικός ◆ n (film, novel etc) κλασικό έργο nt · (race etc) κλασικό αγώνισμα nt · ►**Classics** npl (SCOL) κλασικές σπουδές fpl · **~al** adj κλασ(σ)ικός

classification [klæsɪfɪ'keɪʃən] n (process) ταξινόμηση f · (= *category*)

κατηγορία f

classified ['klæsɪfaɪd] adj (information) απόρρητος

classify ['klæsɪfaɪ] vt ταξινομώ

classmate ['klɑːsmeɪt] n συμμαθητής/τρια m/f

classroom ['klɑːsrum] n αίθουσα f

classy ['klɑːsɪ] (inf) adj κυριλέ inv

clatter ['klætə'] n (of dishes, pots etc) τσίγγρισμα nt · (of hooves) ποδοβολητό nt ♦ vi (dishes, pots etc) τσιγγρίζω · (hooves) καλπάζω

clause [klɔːz] n (JUR) ρήτρα f · (LING) πρόταση f

claustrophobic [klɔːstrə'fəʊbɪk] adj (place) κλειστοφοβικός · (person) που έχει κλειστοφοβία

claw [klɔː] n (of animal, bird) νύχι nt · (of lobster) δαγκάνα f · ~ at vt fus γραπώνομαι σε

clay [kleɪ] n πηλός m

clean [kliːn] adj καθαρός · (record, reputation) άμεμπτος ♦ vt (car, cooker etc) καθαρίζω · (hands, face etc) πλένω ♦ adv **he ~ forgot** ξέχασε εντελώς · **the thief got ~ away** ο κλέφτης τους ξέφυγε · ~ **up** vt καθαρίζω ♦ vi καθαρίζω · **~er** n (person) καθαριστής/τρια m/f · (substance) καθαριστικό nt · **~ing** n καθάρισμα nt

cleanser ['klɛnzə'] n γαλάκτωμα nt καθαρισμού

clear [klɪə'] adj (report, argument) ξεκάθαρος · (footprint, photograph) ευδιάκριτος · (voice, echo) καθαρός · (= obvious) ξεκάθαρος · (choice, commitment) σαφής · (profit, majority) καθαρός · (glass, plastic) διαυγής · (road, way) ελεύθερος · (conscience) καθαρός · (eyes, skin) καθαρός ♦ vt (space, room) εκκενώνω · (trees, weeds) καθαρίζω · (JUR: suspect) απαλλάσσω · (= jump: fence, wall) περνάω · (cheque) ωριμάζω ♦ vi (weather) βελτιώνομαι · (sky) · (fog, smoke) διαλύομαι ·

(cheque) εξαργυρώνομαι ♦ adv ~ **of** (trouble, ground) μακριά από · ~ **up** vt (room, mess) καθαρίζω · (mystery) διαλευκαίνω · (misunderstanding, problem) λύνω ♦ vi (= tidy up) συγυρίζω · (illness) περνάω · **~ance** n (= removal: of trees) καθάρισμα nt · (= permission) άδεια f · (= free space) ελεύθερος χώρος m · **~-cut** adj (decision, issue) ξεκάθαρος · **~ing** n έφιμτο nt · **~ly** adv καθαρά · (= obviously) προφανώς

clergy ['klɜːdʒɪ] n κληρικοί mpl

clerk [klɑːk] US [klɜːrk] n (BRIT: = office worker) υπάλληλος m/f · (US: = sales person) πωλητής/τρια m/f

clever ['klɛvə'] adj (= intelligent) έξυπνος · (= deft, crafty) πονηρός

cliché ['kliːʃeɪ] n κλισέ nt inv

click [klɪk] vt vi (of device, switch etc) κάνω κλικ · (camera) τραβάω φωτογραφία · (COMPUT) **to ~ on sth** κάνω κλικ σε κτ ♦ n (of device, switch etc) κλικ nt inv · (COMPUT) πάτημα nt

client ['klaɪənt] n πελάτης/ισσα m/f

cliff [klɪf] n γκρεμός m

climate ['klaɪmɪt] n κλίμα nt

climax ['klaɪmæks] n (of battle, career) κορύφωση f · (of film, book etc) αποκορύφωμα nt

climb [klaɪm] vt vi ανεβαίνω · (= move with effort) **to ~ over a wall/into a car** σκαρφαλώνω πάνω σε τοίχο/μπαίνω σε ένα αυτοκίνητο ♦ vi (stairs, ladder) ανεβαίνω · (tree, hill) σκαρφαλώνω σε · (of hill, cliff etc) ανάβαση f · ~ **down** (BRIT) vi (fig) υποχωρώ · **~er** n ορειβάτης/ισσα m/f · **~ing** n ορειβασία f

clinch [klɪntʃ] vt οριστικοποιώ

cling [klɪŋ] (pt, pp **clung**) vi **to ~ to** (support) προσκολλώμαι σε · (mother) κρατιέμαι σφιχτά από · (idea, belief) μένω προσκολλημένος σε

clinic ['klɪnɪk] n κλινική f

clip [klɪp] n (also **paper ~**)

clipping συνδετήρας m · (for hair) τσιμπιδάκι nt · (TV, CINE) απόσπασμα nt ♦ vt (= fasten) καρφιτσώνω σε · (also ~ **together**: papers) ενώνω με συνδετήρα · (= cut: nails etc) κόβω · (hedge) κουρεύω · **~ping** n (from newspaper) απόκομμα nt

cloak [kləuk] n μπέρτα f ♦ vt (fig: in mist, secrecy) καλύπτω · **~room** n (BRIT: for coats etc) γκαρνταρόμπα f · (= bathroom) τουαλέτα f

clock [klɔk] n ρολόι nt · **round the ~** (work etc) όλο το εικοσιτετράωρο · **~ in** (BRIT) χτυπάω κάρτα μπαίνοντας · **~ off** vi (BRIT) χτυπάω κάρτα βγαίνοντας · **~ on** vi (BRIT) = **clock in** · **~ out** vi (BRIT) = **clock off** · **~wise** adv δεξιόστροφα · **~work** n μηχανισμός m ♦ adj (model, toy) κουρδιστός

clog [klɔg] n ξυλοπάπουτσο nt ♦ vt (drain, nose) βουλώνω ♦ vi (also ~ **up**: sink) βουλώνω

clone [kləun] n κλώνος m

close¹ [kləus] adj (= near) ~ **(to)** κοντά (σε) · (friend, relative) στενός · (contact, link) στενός · (examination, look) προσεχτικός · (contest) αμφίρροπος · (weather) αποπνικτικός ♦ adv (= near) από κοντά · **~ to** από κοντά · (close by) ♦ adj κοντινός · (adv) κοντά

close² [kləuz] vt κλείνω ♦ vi κλείνω ♦ n (= end) τέλος nt · ~ **down** vi (factory, magazine) κλείνω

closed [kləuzd] adj (door, window) κλεισμένος · (shop, road etc) κλειστός

closely ['kləusli] adv (examine, watch) προσεχτικά · (connected, related) στενά

closet ['klɔzit] n ντουλάπα f

close-up ['kləusʌp] n (PHOT) κοντινό πλάνο nt

closure ['kləuʒəʳ] n κλείσιμο nt

clot [klɔt] n (MED) θρόμβος m ♦ vi (blood) κάνω θρόμβο

cloth [klɔθ] n (= material) ύφασμα nt ·

(= rag) πανί nt

clothes [kləuðz] npl ρούχα ntpl

clothing ['kləuðiŋ] n = **clothes**

cloud [klaud] n σύννεφο nt · **~ over** vi συννεφιάζω · **~y** adj (sky) συννεφιασμένος · (liquid) θαμπός

clove [kləuv] n (CULIN) (spice) γαρύφαλλο nt · **~ of garlic** σκελίδα σκόρδο

clown [klaun] n κλόουν mf inv ♦ vi (also ~ **about, ~ around**) κάνω τον καραγκιόζη

club [klʌb] n (place) λέσχη f · (weapon) γκλομπ nt inv · (also **golf ~**) μπαστούνι nt του γκολφ ♦ vt (= hit) χτυπάω (με ρόπαλο) · ▶ **clubs** npl (CARDS) σπαθιά ntpl

clue [klu:] n (= lead) στοιχείο nt · (in crossword) ορισμός m · **I haven't a ~** δεν έχω την παραμικρή ιδέα

clump [klʌmp] n (of trees) συστάδα f

clumsy ['klʌmzi] adj (person) αδέξιος · (object) χοντροκομμένος · (effort, attempt) άτσαλος

clung [klʌŋ] pt, pp of **cling**

cluster ['klʌstəʳ] n (of people) ομάδα f · (of stars, rocks) σύμπλεγμα nt · vi συγκεντρώνομαι

clutch [klʌtʃ] n (= grip, grasp) λαβή f · (AUT) συμπλέκτης m ♦ vt σφίγγω · (fig: excuse etc) αρπάζομαι από

cm abbr = **centimetre**

Co. abbr = **county · company**

coach [kəutʃ] n (= bus) λεωφορείο nt · (horse-drawn) άμαξα f · (of train) βαγόνι nt · (SPORT: = trainer) προπονητής/τρια m/f · (SCOL: = tutor) δάσκαλος/a m/f ♦ vt (SPORT) προπονώ · (student) προγυμνάζω

coal [kəul] n άνθρακας m

coalition [kəuə'liʃən] n συνασπισμός m

coarse [kɔ:s] adj (texture) τραχύς · (person, character) άξεστος

coast [kəust] n ακτή f · vi (car, bicycle etc) τσουλάω · ~**al** adj (cities) παραλιακός · (waters) παράκτιος ·

~guard n (officer) ακτοφύλακας m · (service) ακτοφυλακή f · **~line** n παραλία f

coat [kəʊt] n (= overcoat) παλτό nt · (of animal) τρίχωμα nt · (of paint) χέρι nt ♦ vt καλύπτω · **~ hanger** n κρεμάστρα f · **~ing** n στρώση f

coax [kəʊks] vt καλοπιάνω

cob [kɔb] n see **corn**

cocaine [kəˈkeɪn] n κοκαΐνη f

cock [kɔk] n (= rooster) κόκορας m · (= male bird) αρσενικός m

cockpit ['kɔkpɪt] n πιλοτήριο nt

cocktail ['kɔkteɪl] n (drink) κοκτέιλ nt inv · (mixture) σαλάτα f

cocoa ['kəʊkəʊ] n κακάο nt inv

coconut ['kəʊkənʌt] n καρύδα f

COD abbr (= cash on delivery) αντικαταβολή · (US) = collect on delivery) αντικαταβολή

cod [kɔd] n μουρούνα f

code [kəʊd] n (of practice, behaviour) αρχές fpl · (= cipher: TEL, POST) κώδικας m

coffee ['kɔfɪ] n καφές m · **~ table** n μικρό τραπεζάκι nt

coffin ['kɔfɪn] n φέρετρο nt

cog [kɔg] n (TECH) (= wheel) γρανάζι nt · (= tooth) δόντι nt γραναζιού

cognac ['kɔnjæk] n κονιάκ nt inv

coherent [kəʊˈhɪərənt] adj (theory) που έχει συνοχή · (answer, person) που βγάζει νόημα or είναι λογικός

coil [kɔɪl] n (of rope, wire) κουλούρα f · (AUT, ELEC) πηνίο nt · (contraceptive) σπιράλ nt inv ♦ vt τυλίγω

coin [kɔɪn] n κέρμα nt ♦ vt (word, slogan) βγάζω

coincide [kəʊɪnˈsaɪd] vi συμπίπτω

coincidence [kəʊˈɪnsɪdəns] n σύμπτωση f

Coke® [kəʊk] n Κόκα Κόλα f

coke [kəʊk] n κωκ nt inv

cold [kəʊld] adj (water, food) κρύος · (weather, room) ψυχρός · (person) που κρυώνει ♦ n (weather) κρύο nt · (MED) κρύωμα nt · **it's ~** κάνει κρύο ·

to be or **feel ~** (person) κρυώνω · (object) είμαι κρύος · **to catch (a) ~** κρυολογώ

collaborate [kəˈlæbəreɪt] vi (on book, research) συνεργάζομαι · (with enemy) είμαι συνεργάτης

collapse [kəˈlæps] vi καταρρέω ♦ n κατάρρευση f · (of system, company) καταστροφή f

collar ['kɔlər] n (of coat, shirt) κολλάρο nt · (of dog, cat) περιλαίμιο nt

colleague ['kɔli:g] n συνάδελφος mf

collect [kəˈlekt] vt (wood, litter etc) μαζεύω · (as a hobby) συλλέγω · (BRIT: = call and pick up) περνάω και παίρνω · (debts, taxes etc) εισπράττω ♦ vi (dust etc) μαζεύομαι · (for charity etc) κάνω έρανο · (inf) μαζεύω χρήματα · **to call ~** (US: TEL) χρεώνω τον παραλήπτη · **~ion** n (of art, stamps: stories etc) συλλογή f · (from place, person) παραλαβή f · (for charity) έρανος m · **~ive** adj (decision) συλλογικός · (farm) συνεταιριστικός ♦ n συνεταιρισμός m · **~or** n (of art, stamps etc) συλλέκτης/τρια m/f · (of taxes, rent etc) εισπράκτορας mf

college ['kɔlɪdʒ] n (SCOL) (of university) κολλέγιο nt · (of agriculture, technology) σχολή f

collide [kəˈlaɪd] vi συγκρούομαι

collision [kəˈlɪʒən] n σύγκρουση f

cologne [kəˈləʊn] n (also eau de ~) κολώνια f

Colombia [kəˈlɔmbɪə] n Κολομβία f

colon ['kəʊlən] n (punctuation mark) άνω και κάτω τελεία f · (ANAT) παχύ έντερο nt

colonel ['kə:nl] n (in army) συνταγματάρχης m · (in air force) σμήναρχος m

colonial [kəˈləʊnɪəl] adj αποικιακός

colony ['kɔlənɪ] n αποικία f

colour ['kʌlər] (US **color**) n χρώμα nt ♦ vt (= paint, dye) βάφω · (fig:

account, judgement etc) επηρεάζω
♦ cpd (film, photograph) έγχρωμος ·
colo(u)red adj έγχρωμος ·
colo(u)rful adj (cloth etc)
πολύχρωμος · (account, story)
γραφικός · **colo(u)ring** n
(= complexion) απόχρωση f · (in food)
χρωστική ουσία f

column ['kɔləm] n (ARCHIT) κολόνα f ·
(of smoke) στήλη f · **gossip**
~ κοσμική στήλη

coma ['kəumə] n **to be in a** ~ είμαι
σε κώμα

comb [kəum] n (for hair) χτένα f ♦ vt
χτενίζω

combat n ['kɔmbæt] vb [kɔm'bæt] n
μάχη f ♦ vt καταπολεμώ

combination [kɔmbi'neiʃən] n
συνδυασμός m

combine [kəm'bain] vt συνδυάζω
♦ vi ενώνομαι

---KEYWORD---

come [kʌm] (pt **came**, pp **come**) vi
(a) (movement towards) έρχομαι ·
come here! έλα εδώ!
(b) (= arrive) έρχομαι · **he's come
here to work** ήρθε για να
δουλέψει · **to come home** γυρίζω
σπίτι μου
(c) (= reach) **to come to** φτάνω σε ·
the bill came to £40 ο
λογαριασμός έφτασε τις 40 λίρες ·
her hair came to her waist τα
μαλλιά της έφταναν ως τη μέση · **to
come to a decision** καταλήγω σε
μια απόφαση
(d) (= occur) **an idea came to me**
μου ήρθε μια ιδέα
(e) (= be, become) **to come loose/
undone** λασκάρω, λύνομαι · **I've
come to like him** τελικά τον
συμπάθησα

come about vi προκύπτω

come across vt fus (= find: person,
thing) βρίσκω τυχαία ♦ vi **to come
across well/badly** γίνομαι
κατανοητός/δεν γίνομαι κατανοητός

come along vi (= arrive)
εμφανίζομαι · (= make progress)
πηγαίνω · **come along!** έλα μαζί
μας!

come back vi (= return)
ξαναέρχομαι

come by vt fus (= acquire) βρίσκω

come down vi (price) κατεβαίνω ·
(tree, building) πέφτω

come forward vi προσφέρομαι

come from vt fus (place, source etc)
προέρχομαι από

come in vi (= enter) μπαίνω ·
(report, news) έρχομαι · **come in!**
περάστε!

come in for vt fus (criticism etc)
υφίσταμαι

come into vt fus (= inherit: money)
κληρονομώ · **to come into fashion**
γίνομαι της μόδας

come off vi (= become detached:
button, handle) φεύγω · (= succeed:
attempt, plan) πηγαίνω καλά

come on vi (work, project)
προχωράω · (pupil) προοδεύω ·
(lights, electricity) ανάβω · **come on!**
έλα!

come out vi (book, film) βγαίνω ·
(fact) αποκαλύπτομαι

come round vi (after fainting,
operation) ξαναβρίσκω τις αισθήσεις
μου · (= visit) περνάω · (= agree)
αλλάζω γνώμη

come through vi (= survive)
γλιτώνω · **the call came through**
τηλεφώνησαν

come to vi (= regain consciousness)
ξαναβρίσκω τις αισθήσεις μου ♦ vt
fus **how much does it come to?**
πόσο είναι συνολικά;

come under vt fus (heading)
υπάγομαι · (criticism, pressure)
υφίσταμαι

come up vi (= approach) πλησιάζω ·
(sun) βγαίνω · (problem) προκύπτω ·
(event) πρόκειται να γίνει · (in
conversation) αναφέρομαι

come up against vt fus (resistance,

difficulties) έρχομαι αντιμέτωπος με
come upon vt fus (= find) πέφτω πάνω σε
come up with vt fus (idea, money) βρίσκω

comeback ['kʌmbæk] n (of film star etc) επιστροφή f στη σκηνή · (of fashion) επιστροφή f

comedian [kə'miːdiən] n κωμικός m

comedy ['kɒmɪdɪ] n κωμωδία f

comet ['kɒmɪt] n κομήτης m

comfort ['kʌmfət] n (= wellbeing) άνεση f · (= solace) παρηγοριά f · (= relief) ανακούφιση f
► **comforts** npl ανέσεις fpl · ~**able** adj (furniture) αναπαυτικός · (income, majority) άνετος · (person) to be ~**able** (physically) είμαι αναπαυτικά · (: financially) έχω οικονομική άνεση

comic ['kɒmɪk] adj (also ~**al**) κωμικός ♦ n (= comedian) κωμικός mf · (BRIT: magazine) κόμικς nt inv

comma ['kɒmə] n κόμμα nt

command [kə'mɑːnd] n (= order) διαταγή f · (= control, charge) έλεγχος m · (MIL: = authority) εξουσία f · (= mastery: of subject) γνώση f · (COMPUT) εντολή f ♦ vt to ~ **sb to do sth** διατάζω κπν να κάνει κτ · ~**er** n (MIL) n διοικητής m

commemorate [kə'meməreɪt] vt (with statue, monument) τιμώ τη μνήμη +gen · (with celebration, holiday) γιορτάζω

commence [kə'mens] vt αρχίζω ♦ vi αρχίζω

commend [kə'mend] vt (= praise) επαινώ · to ~ **sth to sb** συστήνω κτ σε κν

comment ['kɒment] n σχόλιο nt ♦ vi to ~ **(on)** σχολιάζω · "**no ~**" "ουδέν σχόλιο" · ~**ary** n (SPORT) ρεπορτάζ nt · ~**ator** n σχολιαστής/τρια m/f

commerce ['kɒmɜːs] n εμπόριο nt

commercial [kə'mɜːʃəl] adj εμπορικός ♦ n (TV, RADIO) διαφήμιση f

commission [kə'mɪʃən] n (= order for work: esp of artist) παραγγελία f · (COMM) προμήθεια f · (= committee) επιτροπή f · (MIL) αξίωμα nt ♦ vt (work of art) αναθέτω · (MIL) τοποθετώ · ~**er** n (POLICE) n αξιωματικός m της αστυνομίας · (EU) Επίτροπος m

commit [kə'mɪt] vt (crime, murder etc) διαπράττω · (money, resources) αφιερώνω · to ~ **sb to** (sb's care) βάζω κν σε · to ~ **o.s. (to do)** δεσμεύομαι (να κάνω) · to ~ **suicide** αυτοκτονώ · ~**ment** n (to ideology, system) αφοσίωση f · (= obligation) υποχρέωση f · (= undertaking) δέσμευση f

committee [kə'mɪtɪ] n επιτροπή f

commodity [kə'mɒdɪtɪ] n αγαθό nt

common ['kɒmən] adj (= shared by all) κοινός · (= usual, ordinary: event etc) συνηθισμένος · (= vulgar: person, manners) χυδαίος ♦ n πάρκο nt · to **have something in ~ (with sb)** έχω κοινά σημεία (με κν)
► **the Commons** npl (BRIT: POL) η Βουλή των Κοινοτήτων · ~**ly** adv συνήθως · ~**place** adj τετριμμένος · ~ **sense** n κοινός νους m · **Commonwealth** (BRIT) n the C~**wealth** η Βρετανική Κοινοπολιτεία

communal ['kɒmjuːnl] adj κοινόχρηστος

commune n ['kɒmjuːn] vb [kə'mjuːn] n κοινόβιο nt ♦ vi to ~ **with** (nature, God) επικοινωνώ με

communicate [kə'mjuːnɪkeɪt] vt μεταδίδω ♦ vi to ~ **(with)** επικοινωνώ (με) · **communication** n επικοινωνία f

communion [kə'mjuːnɪən] n (also Holy C~) Θεία Κοινωνία f

communism ['kɒmjunɪzəm] n κομμουνισμός m · **communist** adj κομμουνιστικός ♦ n κομμουνιστής/ τρια m/f

community [kə'mjuːnɪtɪ] n κοινότητα f

f · **~ centre** n πολιτιστικό κέντρο nt · **~ service** n ποινή-εργασία σε κοινοφελείς σκοπούς κυρίως για νεαρούς παραβάτες του νόμου

commute [kə'mju:t] vi ταξιδεύω καθημερινά (για τη δουλειά) ♦ vt (JUR: sentence) μετατρέπω · **~r** n καθημερινός/ή επιβάτης mf (για τη δουλειά)

compact adj [kəm'pækt] n ['kɒmpækt] adj συνεπτυγμένος ♦ n (also **powder ~**) πουδριέρα f · **~ disc** n CD nt inv · **~ disc player** n συσκευή f CD

companion [kəm'pænjən] n σύντροφος mf

company ['kʌmpəni] n (COMM) εταιρεία f · (THEAT) θίασος m · (= companionship) συντροφιά f · **to keep sb ~** κρατάω συντροφιά σε κν · **~ car** n αυτοκίνητο nt της εταιρείας

comparable ['kɒmpərəbl] adj (size, style) συγκρίσιμος · (car, property etc) παρεμφερής

comparative [kəm'pærətɪv] adj (peace, stranger) σχετικός · (study) συγκριτικός · **~ly** adv σχετικά

compare [kəm'peəʳ] vt **to ~ sb/sth with/to** (= contrast) συγκρίνω κν/κτ με · (= liken) παρομοιάζω κν/κτ με ♦ vi **to ~ (with)** συγκρίνομαι (με) · **comparison** n (= contrast) σύγκριση f · (showing similarities) παραλληλισμός m

compartment [kəm'pɑ:tmənt] n (RAIL) κουπέ nt inv · (= section: of wallet) θήκη f

compass ['kʌmpəs] n (NAUT, GEO) πυξίδα f · (fig) έκταση f

compassion [kəm'pæʃən] n συμπόνοια f

compatible [kəm'pætɪbl] adj (people, ideas etc) ταιριαστός · (COMPUT) συμβατός

compel [kəm'pel] vt εξαναγκάζω · **~ling** adj ακαταμάχητος

compensate ['kɒmpənseɪt] vt αποζημιώνω ♦ vi **to ~ for** αντισταθμίζω · **compensation** n αποζημίωση f

compete [kəm'pi:t] vi **to ~ (with)** (companies, rivals) ανταγωνίζομαι · (in contest, game) λαμβάνω μέρος

competent ['kɒmpɪtənt] adj (person) ικανός · (piece of work) άξιος

competition [kɒmpɪ'tɪʃən] n (between firms, rivals) συναγωνισμός m · (= contest) διαγωνισμός m

competitive [kəm'petɪtɪv] adj ανταγωνιστικός

competitor [kəm'petɪtəʳ] n (= rival) ανταγωνιστής/τρια m/f · (= participant in exam, contest etc) διαγωνιζόμενος/η m/f · (= participant in games, sports) συναγωνιζόμενος/η m/f

complacent [kəm'pleɪsnt] adj αυτάρεσκος

complain [kəm'pleɪn] vi **to ~ (about)** παραπονιέμαι (για) · (= protest: to authorities, shop etc) διαμαρτύρομαι · **to ~ of (pain)** παραπονιέμαι για (πόνο) · **~t** n (= criticism) παράπονο ntpl · (= reason for complaining) πρόβλημα nt · (MED: illness) πάθηση f

complement n ['kɒmplɪmənt] vb ['kɒmplɪment] n (= supplement) συμπλήρωμα nt ♦ vt συμπληρώνω · **~ary** adj **A and B are ~ary** το A και το B αλληλοσυμπληρώνονται or συμπληρώνει το ένα το άλλο · **~ary medicine** συμπληρωματική θεραπευτική χειρισμού

complete [kəm'pli:t] adj (= total: silence) απόλυτος · (success) τέλειος · (change) ολοκληρωτικός · (= whole: list, edition) πλήρης · (= finished: building, task) ολοκληρωμένος ♦ vt ολοκληρώνω · (set, group etc) συμπληρώνω · **~ly** adv τελείως · **completion** n (of building) αποπεράτωση f · (of sale) ολοκλήρωση f

complex ['kɒmpleks] adj πολύπλοκος

♦ n συγκρότημα nt

complexion [kəmˈplekʃən] n (of face) επιδερμίδα f

compliance [kəmˈplaɪəns] n συμμόρφωση f • ~ **with** συγκατάθεση σε

complicate [ˈkɒmplɪkeɪt] vt περιπλέκω • ~d adj περίπλοκος •
complication n περιπλοκή f

compliment n [ˈkɒmplɪmənt] vb [ˈkɒmplɪment] n κομπλιμέντο nt ♦ vt συγχαίρω
▶ **compliments** npl σέβη ntpl • ~**ary** adj (remark) κολακευτικός • (copy of book etc) τιμής ένεκεν

comply [kəmˈplaɪ] vi **to ~ (with)** (law, ruling) συμμορφώνομαι (με) • (standards) πληρώ

component [kəmˈpəʊnənt] adj συστατικός ♦ n συστατικό στοιχείο nt

compose [kəmˈpəʊz] vt **to be ~d of** αποτελούμαι από • vt (music, poem) συνθέτω • ~ **o.s.** πρεμώ • ~**r** n συνθέτης m/f • **composition** n (also MUS) σύνθεση f • (= essay) έκθεση f

composure [kəmˈpəʊʒə[r]] n πρεμία f

compound n [ˈkɒmpaʊnd] vb [kəmˈpaʊnd] n (CHEM) ένωση f • (= enclosure) περίβολος m ♦ vt (fig: problem etc) επιδεινώνω

comprehend [kɒmprɪˈhend] vt κατανοώ

comprehensive [kɒmprɪˈhensɪv] adj (description, review) περιεκτικός • (INSUR) καθολικός • ~ **(school)** (BRIT) (up to year 9) ≈ Γυμνάσιο • (from year ten upwards) ≈ Λύκειο (χωρίς διαδικασίες επιλογής)

comprise [kəmˈpraɪz] vt (also **be ~d of**) αποτελούμαι από • (= constitute) αποτελώ

compromise [ˈkɒmprəmaɪz] n συμβιβασμός m ♦ vt (beliefs, principles) υπαναχωρώ ♦ vi συμβιβάζομαι

compulsive [kəmˈpʌlsɪv] adj

(gambler, smoker etc) μανιώδης • **it's ~ viewing** πρέπει να το δείτε οπωσδήποτε

compulsory [kəmˈpʌlsərɪ] adj υποχρεωτικός

computer [kəmˈpjuːtə[r]] n ηλεκτρονικός υπολογιστής m ♦ cpd (program etc) για υπολογιστές • (language) των υπολογιστών • ~ **game** n ηλεκτρονικό παιχνίδι nt • ~ **science** n επιστήμη f των ηλεκτρονικών υπολογιστών •
computing n (activity) χρήση f υπολογιστών • (= science) επιστήμη f των ηλεκτρονικών υπολογιστών

con [kɒn] vt κοροϊδεύω ♦ n (= trick) απάτη f

conceal [kənˈsiːl] vt κρύβω

concede [kənˈsiːd] vt (error, defeat) παραδέχομαι • (point) αποδέχομαι ♦ vi υποχωρώ

conceive [kənˈsiːv] vt (= understand) αντιλαμβάνομαι • (= imagine) φαντάζομαι • (plan, policy) σχεδιάζω ♦ vi (BIO) συλλαμβάνω • **to ~ of sth/ of doing sth** αντιλαμβάνομαι κτ/να κάνω κτ

concentrate [ˈkɒnsəntreɪt] vi συγκεντρώνομαι ♦ vt (power) συγκεντρώνω • (energies, attention) επικεντρώνω • ~**d orange juice** συμπυκνωμένος χυμός πορτοκαλιού • **concentration** n (also CHEM) συγκέντρωση f • (on problem) έμφαση f • (on activity etc) προσήλωση f

concept [ˈkɒnsept] n έννοια f

concern [kənˈsɜːn] n (= affair) υπόθεση f • (= anxiety) ανησυχία f • (COMM: = firm) επιχείρηση f ♦ vt (= worry) ανησυχώ • (= involve) ασχολούμαι • (= relate to) αφορώ • **to be ~ed (about)** (person, situation etc) ανησυχώ (για) • **as far as I am ~ed** όσον αφορά εμένα • **to be ~ed with sth** με απασχολεί κτ • ~**ing** prep όσον αφορά f

concert ['kɒnsət] n συναυλία f ·
~ **hall** n αίθουσα f συναυλιών

concession [kən'seʃən] n
(= compromise) παραχώρηση f ·
(COMM: = right) προνόμιο nt · **tax**
~ φορολογική ελάφρυνση

concise [kən'saɪs] adj (description)
συνοπτικός · (text) περιληπτικός

conclude [kən'kluːd] vt (speech,
chapter) ολοκληρώνω · (treaty etc)
συνάπτω · (= deduce) συμπεραίνω
♦ vi (= finish) καταλήγω · (speaker)
ολοκληρώνω · **conclusion** n (of
speech, chapter) τέλος nt ·
(= deduction) συμπέρασμα nt

concrete ['kɒŋkriːt] n μπετόν nt in
♦ adj (block) από μπετόν · (floor)
τσιμεντένιος · (fig: proposal, idea)
συγκεκριμένος

concussion [kən'kʌʃən] n διάσειση f

condemn [kən'dɛm] vt (action, report)
καταδικάζω · (building) κρίνω
ακατάλληλο

condensation [kɒndɛn'seɪʃən] n
υγρασία f

condition [kən'dɪʃən] n (= state)
κατάσταση f · (= requirement)
προϋπόθεση f · (MED) πάθηση f ♦ vt
(person) επηρεάζω · (hair) βάζω
μαλακτικό σε · **on** ~ **that** υπό τον
όρο ότι
▸ **conditions** npl συνθήκες fpl · ~**al**
adj υπό όρους · ~**er** n μαλακτικό nt

condo ['kɒndəʊ] (US: inf) n abbr =
condominium

condom ['kɒndəm] n προφυλακτικό nt

condominium [kɒndə'mɪnɪəm] (US) n
(building) πολυκατοικία f με
ιδιόκτητα διαμερίσματα ·
(= apartment) διαμέρισμα nt

condone [kən'dəʊn] vt (misbehaviour)
αποδέχομαι · (crime) συναινώ σε

conduct n [kən'dʌkt] vb [kən'dʌkt]
(of person) συμπεριφορά f · (of war)
διεξαγωγή f ♦ vt (survey, research etc)
διεξάγω · (business etc) διευθύνω ·
(life) διάγω · (orchestra, choir etc)

διευθύνω · (heat, electricity) είμαι
καλός αγωγός +gen · **to** ~ **o.s.**
συμπεριφέρομαι · ~**or** n (of
orchestra) διευθυντής/τρια m/f
ορχήστρας · (US: on train) ελεγκτής
mf · (ELEC) αγωγός m

cone [kəʊn] n κώνος m · (on road)
πρειδοποιητικός κώνος m · (BOT)
κουκουνάρι nt · (ice cream) χωνάκι nt

confectionery [kən'fɛkʃənrɪ] n
προϊόντα npl ζαχαροπλαστικής

confer [kən'fɜː] vt **to** ~ **sth** (**on sb**)
(honour, degree) απονέμω κτ (σε κν) ·
(status) προσδίδω κτ (σε κν) ·
(advantage) παρέχω κτ (κν) ♦ vi
συσκέπτομαι

conference ['kɒnfərəns] n (= meeting)
σύσκεψη f · (academic) συνέδριο nt ·
to be in ~ έχω σύσκεψη

confess [kən'fɛs] vt (guilt, crime)
ομολογώ ♦ vi ομολογώ · ~**ion** n
(= admission) ομολογία f · (REL)
εξομολόγηση f

confide [kən'faɪd] vi **to** ~ **in**
εκμυστηρεύομαι σε

confidence ['kɒnfɪdns] n (= faith)
εμπιστοσύνη f · (= self-assurance)
αυτοπεποίθηση f · (= secret) μυστικό
nt in ~ (speak, write) εμπιστευτικά ·
confident adj (= self-assured) που
έχει αυτοπεποίθηση · (= positive)
πεπεισμένος · **confidential** adj
εμπιστευτικός

confine [kən'faɪn] vt **to** ~ (**to**)
(= limit) περιορίζομαι (σε) · (= shut
up) κλείνω (σε) · **to** ~ **o.s. to doing
sth/to sth** περιορίζομαι σε κτ/να
κάνω κτ · ~**d** adj (space)
περιορισμένος

confirm [kən'fɜːm] vt επιβεβαιώνω ·
to be ~**ed** (REL) ασπάζομαι επίσημα
χριστιανικό δόγμα σε ειδική τελετή ·
~**ation** n (of belief, statement)
επαλήθευση f · (of appointment, date)
επιβεβαίωση f · (REL) τελετή για τον
ασπασμό χριστιανικού δόγματος

conflict n ['kɒnflɪkt] vb [kən'flɪkt] n
(= disagreement) διαμάχη f ·

(= *difference: of interests, loyalties etc*)
σύγκρουση f • (= *fighting*) σύρραξη f
♦ vi (*opinions, research etc*) έρχομαι
σε αντίθεση

conform [kən'fɔːm] vi
συμμορφώνομαι • **to ~ to** (*law, wish*)
είμαι σύμφωνος με

confront [kən'frʌnt] vt έρχομαι
αντιμέτωπος με • **~ation** n
(= *dispute*) αντιπαράθεση f

confuse [kən'fjuːz] vt μπερδεύω • **~d**
adj (= *bewildered: person*)
μπερδεμένος • (= *disordered:
situation*) άνω-κάτω • **confusing** adj
που σε μπερδεύει or σου προκαλεί
σύγχυση • **confusion** n σύγχυση f

congestion [kən'dʒestʃən] n (*of road:
also MED*) συμφόρηση f

Congo ['kɒŋgəu] n Κονγκό nt inv

congratulate [kən'grætjuleɪt] vt
συγχαίρω • **congratulations** npl
συγχαρητήρια ntpl • **~!**
συγχαρητήρια!

congregation [kɒŋgrɪ'geɪʃən] n
εκκλησίασμα nt

congress ['kɒŋgres] n συνέδριο nt •
(US) C~ Κογκρέσσο • **~man** (US)
(*irreg*) n μέλος nt του Κογκρέσσου •
~woman (US) (*irreg*) n μέλος nt του
Κογκρέσσου

conjunction [kən'dʒʌŋkʃən] n (LING)
σύνδεσμος m • **in ~ with** μαζί με

conjure ['kʌndʒə'] vt βγάζω (*με
μαγικά*) • (*fig*) εμφανίζω ως δια
μαγείας • **~ up** vt (*ghost, spirit*)
καλώ • (*memories*) φέρνω στο νου

connect [kə'nekt] vt συνδέω • (= *join*)
to ~ sth (to) συνδέω κτ (σε) ♦ vi **to
~ with** (*train, plane etc*) έχω
ανταπόκριση με • **to be ~ed with**
συνδέομαι με • **~ion** n (ELEC, TEL)
σύνδεση f • (*of train, plane etc*)
ανταπόκριση f • (*fig*) σχέση f • **in
~ion with** σχετικά με • **business
~ions** επαγγελματικές διασυνδέσεις

conquer ['kɒŋkə'] vt (*country, enemy*)
κατακτώ • (*fig: fear, feelings*) κατανικώ

conquest ['kɒŋkwest] n κατάκτηση f

cons [kɒnz] npl see **convenience**,
pro

conscience ['kɒnʃəns] n συνείδηση f

conscientious [kɒnʃɪ'enʃəs] adj
ευσυνείδητος

conscious ['kɒnʃəs] adj (= *aware*) **to
be ~ (of)** έχω επίγνωση or
συναίσθηση +gen • (= *deliberate:
effort, error*) συνειδητός • (= *awake*)
to be ~ διατηρώ τις αισθήσεις μου •
~ness n συνείδηση f • (MED)
αισθήσεις fpl

consecutive [kən'sekjutɪv] adj
συνεχής

consensus [kən'sensəs] n ομοφωνία f

consent [kən'sent] n συγκατάθεση f
♦ vi **to ~ to** συγκατατίθεμαι σε

consequence ['kɒnsɪkwəns] n
συνέπεια f • **to be of ~** είμαι
σημαντικός

consequently ['kɒnsɪkwəntlɪ] adv άρα

conservation [kɒnsə'veɪʃən] n (*of the
environment*) προστασία f του
περιβάλλοντος • (*of paintings, books*)
συντήρηση f • **energy
~** εξοικονόμηση ενέργειας • **nature
~** προστασία της φύσης

conservative [kən'sɜːvətɪv] adj
συντηρητικός (BRIT: POL).
C~ συντηρητικός ♦ n (BRIT: POL)
C~ Συντηρητικός/ή • **the C~ Party**
το Συντηρητικό Κόμμα

conservatory [kən'sɜːvətrɪ] n
(= *greenhouse*) σέρρα f • (MUS) ωδείο
nt

consider [kən'sɪdə'] vt (= *believe*)
θεωρώ • (= *study*) μελετάω • (= *take
into account*) λαμβάνω υπόψη •
(= *regard*) εξετάζω • **to ~ doing sth**
σκέπτομαι να κάνω κτ • **~able** adj
σημαντικός • **~ably** adv (*improve,
deteriorate*) σημαντικά • (*bigger,
smaller etc*) κατά πολύ • **~ate** adj
που σκέφτεται or νοιάζεται για τους
άλλους • **~ation** n (= *deliberation*)
σκέψη f • (= *factor*) παράγοντας m

considering

που πρέπει να ληφθεί υπόψη •
(= *thoughtfulness*) ενδιαφέρον nt •
~ing prep λαμβάνοντας υπόψη

consignment [kən'saınmənt] (COMM)
n (*sent*) αποστολή f • (*received*)
παραλαβή f

consist [kən'sıst] vi **to ~ of**
αποτελούμαι από

consistency [kən'sıstənsı] n (*of
actions, policies etc*) συνέπεια f • (*of
yoghurt, cream etc*) πυκνότητα f

consistent [kən'sıstənt] adj (*person*)
σταθερός • (*argument, idea*) που
ευσταθεί or στέκεται

consolation [kɔnsə'leıʃən] n
παρηγοριά f

console vb [kən'səul] n ['kɔnsəul] vt
παρηγορώ ♦ n (= *panel*) κονσόλα f

conspicuous [kən'spıkjuəs] adj
(*person*) που ξεχωρίζει • (*feature*)
χτυπητός

conspiracy [kən'spırəsı] n
συνωμοσία f

constable ['kʌnstəbl] (BRIT) n
αστυφύλακας mf • **chief ~** διοικητής
της αστυνομίας

constant ['kɔnstənt] adj (*criticism*)
συνεχής • (*pain*) ασταμάτητος •
(*temperature, level*) σταθερός • **~ly**
adv συνεχώς

constipation [kɔnstı'peıʃən] n
δυσκοιλιότητα f

constituency [kən'stıtjuənsı] (POL) n
(= *area*) εκλογική περιφέρεια f •
(= *electors*) ψηφοφόροι mpl
(εκλογικής περιφέρειας)

constitute ['kɔnstıtjuːt] vt (*challenge,
emergency*) συνιστώ • (*whole*) αποτελώ

constitution [kɔnstı'tjuːʃən] n (*of
country*) σύνταγμα nt • (*of club*)
καταστατικό n

constraint [kən'streınt] n
(= *restriction*) περιορισμός m •
(= *compulsion*) εξαναγκασμός m

construct [kən'strʌkt] vt (*building,
machine*) κατασκευάζω • (*theory,
argument*) δημιουργώ • **~ion** n

content

κατασκευή f • **~ive** adj (*remark,
criticism*) εποικοδομητικός

consul ['kɔnsl] n πρόξενος mf • **~ate**
n προξενείο n

consult [kən'sʌlt] vt συμβουλεύομαι •
~ant n (MED) διευθυντής/τρια m/f
κλινικής • (= *other specialist*)
σύμβουλος mf • **~ation** n (MED)
εξέταση f • (= *discussion*)
διαβουλεύσεις fpl

consume [kən'sjuːm] vt
καταναλώνω • (*emotion*) τρώω • **~r** n
καταναλωτής m • **consumption** n
κατανάλωση f

cont. abbr (= *continued*) συνεχίζεται

contact ['kɔntækt] n (=
communication) επικοινωνία f •
(= *touch*) επαφή f • (= *person*)
σύνδεσμος m ♦ vt (*by phone, letter*)
επικοινωνώ με • **~ lenses** npl φακοί
mpl επαφής

contagious [kən'teıdʒəs] adj
μεταδοτικός

contain [kən'teın] vt περιέχω •
(= *curb*) συγκρατώ • **to ~ o.s.**
συγκρατούμαι • **~er** n σκεύος nt •
(COMM: *for shipping etc*) κοντέινερ nt
inv

cont'd abbr (= *continued*)
συνεχίζεται

contemplate ['kɔntəmpleıt] vt
(= *consider*) σκέφτομαι • (= *regard:
person*) παρατηρώ

contemporary [kən'tempərərı] adj
(= *same time: writer etc*) σύγχρονος •
(= *modern: design*) μοντέρνος ♦ n
σύγχρονος/η m/f

contempt [kən'tempt] n
περιφρόνηση f • **~ of court** (JUR)
απείθεια προς το δικαστήριο

contend [kən'tend] vt (= *assert*) **to
~ that** διατείνομαι ότι ♦ vi
(= *struggle*) **to ~ with** (*problem,
difficulty*) αντιμετωπίζω • (= *compete*)
to ~ for (*power etc*) μάχομαι or
παλεύω για

content adj, vb [kən'tent] n ['kɔntent]

adj ευχαριστημένος ♦ vt ευχαριστώ
♦ n (of speech, novel) περιεχόμενο
nt · (fat content etc) περιεκτικότητα f
▶ **contents** npl περιεχόμενα nt ·
(table of) ~s πίνακας
περιεχομένων m/f ·
~ed adj
ευχαριστημένος

contest n [ˈkɔntest] vb [kənˈtest] n
(= competition) διαγωνισμός m ♦ vt
(election, competition) διεκδικώ ·
(statement, decision) αντικρούω ·
~ant n διαγωνιζόμενος/η m/f

context [ˈkɔntekst] n (of events, ideas
etc) πλαίσιο nt · (of word, phrase)
συμφραζόμενα ntpl

continent [ˈkɔntinənt] n ήπειρος f ·
the C~ (BRIT) η ηπειρωτική Ευρώπη ·
~al (BRIT) adj Ευρωπαίος ♦ n
Ευρωπαίος/α m/f · **~al breakfast** n
πρωινό με ψωμί, βούτυρο,
μαρμελάδα και ρόφημα

continual [kənˈtinjuəl] adj συνεχής ·
~ly adv συνέχεια

continue [kənˈtinju:] vi συνεχίζομαι
♦ vt συνεχίζω · **continuity** n
συνέχεια f · (CINE) σκριπτ nt inv ·
continuous adj (process, growth
etc) συνεχής · (line) ευθύς · (LING)
συνεχής · **continuously** adv
(= repeatedly) συνέχεια ·
(= uninterruptedly) αδιάκοπα

contour [ˈkɔntuə] n (also ~ line: on
map) (ισοϋψής) καμπύλη f · (pl)
περίγραμμα nt

contraception [kɔntrəˈsepʃən] n
αντισύλληψη f · **contraceptive** adj
αντισυλληπτικός ♦ n αντισυλληπτικό
nt

contract n [ˈkɔntrækt] vb [kənˈtrækt] n
συμβόλαιο nt ♦ vi (= become smaller)
συστέλλομαι · (COMM) to ~ to do
sth αναλαμβάνω (με συμβόλαιο) να
κάνω κτ ♦ vt (illness) προσβάλλομαι
από · **~or** (COMM) n εργολάβος m

contradict [kɔntrəˈdikt] vt (person,
statement etc) αντιλέγω σε · (= be
contrary to) αντιφάσκω με · **~ion**
αντίφαση f

contrary [ˈkɔntrəri] adj αντίθετος
♦ n αντίθετο nt · **on the** ~ αντιθέτως

contrast n [ˈkɔntra:st] vb [kənˈtra:st]
n αντίθεση f ♦ vt αντιπαραβάλλω ·
in ~ **to** or **with** σε αντίθεση με

contribute [kənˈtribju:t] vi **to** ~ **to**
(charity etc) συνεισφέρω σε ·
(magazine) στέλνω άρθρα σε ·
(discussion, problem etc) συμβάλλω
σε · **contribution** n (= donation)
δωρεά f · (BRIT: for social security)
εισφορά f · (to debate, campaign)
συμβολή f · (to magazine) συμμετοχή
f · **contributor** n (to appeal)
δωρητής/ρια m/f · (to magazine)
συνεργάτης/ιδα m/f

control [kənˈtrəul] n (country)
κυβερνάω · (organization) έχω τον
έλεγχο · (machinery, process)
ρυθμίζω · (wages, prices) ελέγχω ·
(one's temper) κρατάω · (disease, fire)
θέτω υπό έλεγχο ♦ n (of country)
διακυβέρνηση f · (of organization)
διεύθυνση f · (of oneself, emotions)
έλεγχος m · **to take** ~ **of**
αναλαμβάνω τον έλεγχο +gen · **to
be in** ~ έχω τον έλεγχο · **~ o.s.**
συγκρατούμαι · **everything is
under** ~ όλα είναι υπό έλεγχο · **the
car went out of** ~ το αυτοκίνητο
βγήκε εκτός ελέγχου
▶ **controls** npl (of vehicle) έλεγχος m ·
(on radio, television etc) κουμπιά ntpl
(χειρισμού)

controversial [kɔntrəˈvə:ʃl] adj
αμφιλεγόμενος

controversy [ˈkɔntrəvə:si] n διαμάχη f

convenience [kənˈvi:niəns] n
(= easiness: of using sth, doing sth)
ευκολία f · (= advantage) άνεση f · **at
your** ~ όποτε μπορείτε · **all
modern ~s**, (BRIT) all mod cons
με όλα τα κομφόρ · **convenient**
adj βολικός

convent [ˈkɔnvənt] n μοναστήρι nt

convention [kənˈvenʃən] n (= custom)
σύμβαση f · (= conference)
συνέλευση f · (= agreement) συνθήκη

f · **~al** *adj* συμβατικός

conversation [kɒnvəˈseɪʃən] *n* συζήτηση *f*

conversely [kɒnˈvɜːslɪ] *adv* αντίστροφα

conversion [kənˈvɜːʃən] *n* (*of weights, substances etc*) μετατροπή *f* · (*REL*) προσηλυτισμός *m* · (*BRIT: of house*) μετατροπή *f*

convert *vb* [kənˈvɜːt] *n* [ˈkɒnvɜːt] *vt* (= *change*) **to ~ sth into/to** μετατρέπω κτ σε · (*REL, POL: person*) προσηλυτίζω · (*building, vehicle*) μετατρέπω ◆ *n* (*REL, POL*) νεοφώτιστος/η *m/f* · **~ible** *adj* (*currency*) μετατρέψιμος ◆ *n* (*AUT*) καμπριολέ *nt inv*

convey [kənˈveɪ] *vt* (*information*) (μετα)δίδω · (*idea*) περνάω · (*thanks*) εκφράζω · (*cargo, traveller*) μεταφέρω · **~or belt** *n* (κυλιόμενος) ιμάντας *m* μεταφοράς

convict *vb* [kənˈvɪkt] *n* [ˈkɒnvɪkt] *vt* καταδικάζω ◆ *n* κατάδικος *mf* · **~ion** *n* (πεποίθηση *f* · (*JUR*) καταδίκη *f*

convince [kənˈvɪns] *vt* πείθω · **to ~ sb (of sth/that)** πείθω κν (για κτ/ότι) · **~d** *adj* **~d of/that** πεπεισμένος για/ότι · **convincing** *adj* πειστικός

convoy [ˈkɒnvɔɪ] *n* (*of trucks*) κονβόι *nt inv* · (*of ships*) νηοπομπή *f*

cook [kuk] *vt* (*food, meal etc*) μαγειρεύω · (*in oven*) ψήνω ◆ *vi* (*person*) μαγειρεύω · (*meat*) γίνομαι · (*pie*) ψήνομαι ◆ *n* μάγειρας/ισσα *m/f* · **~book** *n* βιβλίο *nt* μαγειρικής · **~er** *n* κουζίνα *f* (συσκευή) · **~ery** *n* μαγειρική *f* · **~ie** (*US*) *n* μπισκότο *nt* · **~ing** *n* μαγειρική *f*

cool [kuːl] *adj* (*temperature, drink*) δροσερός · (= *calm*) ψύχραιμος · (= *unfriendly*) ψυχρός ◆ *vt* (*room*) δροσίζω · (*tea*) κρυώνω ◆ *vi* (*water, air*) κρυώνω · **it's ~** (*weather*) έχει δροσιά · **~ down** *vi* κρυώνω · (*fig: person, situation*) ηρεμώ

cop [kɒp] (*inf*) *n* μπάτσος *m*

cope [kəup] *vi* **to ~ with** (*problem, situation etc*) τα βγάζω πέρα

copper [ˈkɒpə] *n* (*metal*) χαλκός *m* · (*BRIT: inf*) μπάτσος *m*

copy [ˈkɒpɪ] *n* (= *duplicate*) αντίγραφο *nt* · (*of book, record*) αντίτυπο *nt* · (*of newspaper*) φύλλο *nt* ◆ *vt* αντιγράφω · **~right** *n* πνευματικά δικαιώματα *ntpl*

coral [ˈkɒrəl] *n* κοράλλι *nt*

cord [kɔːd] *n* (= *string*) σπάγκος *m* · (*ELEC*) καλώδιο *nt* · **~less** *adj* (*phone*) ασύρματος · (*iron etc*) χωρίς καλώδιο

cordon [ˈkɔːdn] *n* (*MIL, POLICE*) κλοιός *m* · **~ off** *vt* (*area*) κλείνω (με σκοινί, μπάρες κλπ.)

corduroy [ˈkɔːdərɔɪ] *n* κοτλέ *nt inv*

core [kɔː] *n* (*of fruit*) κόμπι *nt* · (*of organization, earth etc*) πυρήνας *m* · (= *heart: of problem*) καρδιά *f* ◆ *vt* βγάζω τους σπόρους

coriander [kɒrɪˈændə] *n* κόλιαντρος *m*

cork [kɔːk] *n* φελλός *m*

corn [kɔːn] *n* (*BRIT: cereal crop*) δημητριακά *ntpl* · (*US*: = *maize*) καλαμπόκι *nt* · (*on foot*) κάλος *m* · **on the cob** ρόκα *f*

corner [ˈkɔːnə] *n* γωνία *f* · (*FOOTBALL, HOCKEY etc: also* ~ **kick**) κόρνερ *nt inv* · (*BOXING*) γωνία *f* ◆ *vt* (= *trap*) στριμώχνω · (*COMM: market*) μονοπωλώ ◆ *vi* (*in car*) παίρνω στροφή

cornflakes [ˈkɔːnfleɪks] *npl* κορνφλέικς *ntpl inv*

coronary [ˈkɒrənərɪ] *n* (*also* ~ **thrombosis**) στεφανιαία νόσος *f*

coronation [kɒrəˈneɪʃən] *n* στέψη *f*

coroner [ˈkɒrənə] *n* ιατροδικαστής *m*

corporal [ˈkɔːpərl] *n* δεκανέας *mf* ◆ *adj* **~ punishment** σωματική τιμωρία

corporate [ˈkɔːpərɪt] (*COMM*) *adj* των εταιρειών · (*action, effort*)

συλλογικός · (*finance, image*) της εταιρείας *or* επιχείρησης

corporation [kɔ:pəˈreɪʃən] *n* (COMM) εταιρεία *f*

corps [kɔ:ˈ] (*pl* ~) *n* (*also* MIL) σώμα *nt* · **the press** ~ οι δημοσιογράφοι

corpse [kɔ:ps] *n* πτώμα *nt*

correct [kəˈrɛkt] *adj* σωστός ◆ *vt* διορθώνω · **~ion** *n* διόρθωση *f*

correspond [kɔrɪsˈpɔnd] *vi* (= *write*) **to ~ (with)** αλληλογραφώ (με) ◆ *vi* (= *be equivalent*) **to ~ (to)** αντιστοιχώ (σε) · (= *be in accordance*) **to ~ (with)** συμπίπτω (με) · **~ence** *n* (= *letters, communication*) αλληλογραφία *f* · αντιστοιχία *f* · **~ent** *n* ανταποκριτής/τρια *m/f* · **~ing** *adj* αντίστοιχος

corridor [ˈkɔrɪdɔ:ˈ] *n* διάδρομος *m*

corrupt [kəˈrʌpt] *adj* (*person*) διεφθαρμένος (COMPUT: *data*) αλλοιωμένος ◆ *vt* (*person*) διαφθείρω · (COMPUT: *data*) αλλοιώνω · **~ion** *n* διαφθορά *f*

Corsica [ˈkɔ:sɪkə] *n* Κορσική *f*

cosmetic [kɔzˈmɛtɪk] *n* καλλυντικό *nt* ◆ *adj* (*fig: measure, improvement*) επιφανειακός · (*preparation*) καλλυντικός · **~ surgery** πλαστική χειρουργική

cosmopolitan [kɔzməˈpɔlɪtən] *adj* κοσμοπολίτικος

cost [kɔst] (*pt, pp* ~) *n* (*also fig*) κόστος *nt* ◆ *vt* (= *be priced at*) κοστίζω σε · (= *find out cost of: pt, pp costed*) κοστολογώ ◆ *vt* +*gen* · **how much does it ~?** πόσο κοστίζει *or* στοιχίζει; · **it ~s me time** μου παίρνει χρόνο · **it ~ him his life/job** του στοίχισε τη ζωή του/ τη δουλειά του · **~ of living** το κόστος ζωής *or* διαβίωσης · **at all ~s** πάση θυσία

▸ **costs** *npl* (COMM, JUR) έξοδα *ntpl*

Costa Rica [ˈkɔstəˈri:kə] *n* Κόστα Ρίκα *f inv*

costly [ˈkɔstlɪ] *adj* που στοιχίζει ακριβά

costume [ˈkɔstju:m] *n* (= *outfit*) κοστούμι *nt* · (= *style of dress*) ενδυμασία *f*

cosy [ˈkəʊzɪ] (US **cozy**) *adj* ζεστός · (*chat*) φιλικός

cot [kɔt] *n* (BRIT: *child's*) κούνια *f* · (US: = *camp bed*) ράντζο *nt*

cottage [ˈkɔtɪdʒ] *n* εξοχικό (σπίτι) *nt*

cotton [ˈkɔtn] *n* βαμβάκι *nt* · (= *thread*) κλωστή *f* (βαμβακερή) · **~ on** (*inf*) *vi* **to ~ on (to)** το πιάνω · **~ wool** (BRIT) *n* βαμβάκι *nt*

couch [kaʊtʃ] *n* καναπές *m* · (*doctor's, psychiatrist's*) κρεβάτι *nt*

cough [kɔf] *vi* βήχω ◆ *n* βήχας *m*

could [kʊd] *pt of* **can** · **~n't** = **could not**

council [ˈkaʊnsl] *n* συμβούλιο *nt* · **city** *or* **town** ~ δημοτικό συμβούλιο · **~ house** (BRIT) *n* σπίτι *nt* που ανήκει στο δήμο · **~lor** (BRIT) *n* δημοτικός/ή σύμβουλος *m/f* · **~ tax** (BRIT) *n* δημοτικός φόρος *m*

counsel [ˈkaʊnsl] *n* (= *advice*) νουθεσίες *fpl* · (= *lawyer*) δικηγόρος *mf* ◆ *vt* δίνω συμβουλές · **~lor** *n* (= *advisor*) σύμβουλος *mf* · (US: = *lawyer*) συνήγορος *mf*

count [kaʊnt] *vt* (= *add up*) μετράω · (= *include*) υπολογίζω ◆ *vi* μετράω ◆ *n* (*of things, people*) υπολογισμός · καταμέτρηση *f* · (= *level: of pollen, alcohol etc*) ποσοστό *nt* · (= *nobleman*) κόμης *m* · **~ on** *vt fus* (= *expect*) υπολογίζω σε · (= *depend on*) βασίζομαι σε · **~down** *n* (*to launch*) αντίστροφη μέτρηση *f*

counter [ˈkaʊntəˈ] *n* (*in shop, café*) πάγκος *m* · (*in bank, post office*) γκισέ *nt* · (*in game*) μάρκα *f* · (TECH) μετρητής *m* ◆ *vt* αντιπαντάω σε · (*blow*) αποκρούω ◆ *adv* **to run ~ to** έρχομαι σε αντίθεση με · **~feit** *n* πλαστογραφία *f* ◆ *adj* (*coin*) πλαστός · **~part** *n* (*of person, company etc*) ομόλογος *mf*

countess [ˈkaʊntɪs] *n* κόμισσα *f*

countless ['kauntlis] adj αμέτρητος

country ['kʌntrɪ] n (= state, population) χώρα f · (= native land) πατρίδα f · (= rural area) ύπαιθρος f · (= region) περιοχή f · ~ **house** n εξοχικό nt · ~**side** n εξοχή f

county ['kauntɪ] n κομητεία f

coup [ku:] (pl ~**s**) n (MIL, POL: also ~ **d'état**) πραξικόπημα nt · (= achievement) κατόρθωμα nt

couple ['kʌpl] n ζευγάρι nt · που συνοδεύονται από · **a** ~ **of** (= two) δύο · (= a few) καμπόσα nt pl · δύο · (= a few) καμμιά δυό

coupon ['ku:pɔn] n (= voucher) κουπόνι nt · (= detachable form) απόκομμα nt

courage ['kʌrɪdʒ] n (= bravery) θάρρος nt

courageous [kə'reɪdʒəs] adj θαρραλέος

courgette [kuə'ʒet] (BRIT) n κολοκυθάκι nt

courier ['kʊrɪə] n (= messenger) αγγελιοφόρος m · (for tourists) συνοδός mf

course [kɔ:s] n (SCOL) σειρά f μαθημάτων · (= process: of time etc) πορεία f · (of life) διάρκεια f · (of events) ρους m · (of treatment) σειρά f · (of argument, action) πορεία f · (of river) ρους m · (= part of meal) πιάτο nt · (for golf) γήπεδο nt · **of** ~ (= naturally) φυσικά · (= certainly) σίγουρα · **of** ~! φυσικά · **(no) of** ~ **not!** φυσικά όχι

court [kɔ:t] n (royal) αυλή f · (JUR) δικαστήριο nt · (for tennis, badminton etc) γήπεδο nt ♦ vt (woman) φλερτάρω · (fig: favour, popularity) επιζητώ

courtesy ['kə:təsɪ] n (= politeness) ευγένεια f · **(by)** ~ **of** με την άδεια +gen

courthouse ['kɔ:thaus] (US) n δικαστήριο nt

courtroom ['kɔ:trum] n αίθουσα f δικαστηρίου

courtyard ['kɔ:tjɑ:d] n αυλή f

cousin ['kʌzn] n ξάδερφος/η m/f

cover ['kʌvə] vt καλύπτω ♦ n (for furniture, machinery etc) κάλυμα nt · (of book, magazine) εξώφυλλο nt · (= shelter) καταφύγιο nt · (INSUR) κάλυψη f · (fig: for illegal activities) προκάλυψη f · **to** ~ **(with)** καλύπτω (με) · **to be** ~**ed in** or **with** είμαι βουτηγμένος σε · ~ **up** vt (person, object) σκεπάζω · (fig: facts, feelings) συγκαλύπτω ♦ vi **to** ~ **up for sb** (fig) καλύπτω κν · ~**age** n (TV, PRESS) κάλυψη f · ~ **-up** n προσπάθεια f συγκάλυψης των γεγονότων

cow [kau] n αγελάδα f ♦ vt επιβάλλω με το ζόρι

coward ['kauəd] n δειλός/ή m/f · ~**ly** adj δειλά

cowboy ['kaubɔɪ] n (in US) καουμπόη m inv · (pej: tradesman) ατζαμής m

cozy ['kəuzɪ] (US) adj = **cosy**

crab [kræb] n κάβουρας m

crack [kræk] n (noise) κρότος m · (= gap) χαραμάδα f · (in bone, dish) ράγισμα nt · (in wall) ρωγμή f · (= joke) αστείο nt · (inf: = attempt) **to have a** ~ **(at sth)** κάνω μια προσπάθεια (σε κτ) · (DRUGS) κρακ nt inv ♦ vt (= break) κροταλίζω · (twig) τρίζω · (= whip) ραγίζω · (nut) σπάζω · (= solve: problem) λύνω · (code) σπάζω · (joke) πετώ · ~ **down on** nt fus παίρνω μέτρα εναντίον +gen · ~ **up** vi (PSYCH) καταρρέω · ~**er** n (biscuit) κράκερ nt inv · (= Christmas cracker) σωλήνας από χαρτί με παιχνίδια, που τραβούν και σκάει σαν έθιμο τα Χριστούγεννα · (= firework) πυροτέχνημα nt

crackle ['kræk l] vi τριζοβολάω

cradle ['kreɪdl] n (baby's) κούνια f ♦ vt (child) κρατώ

craft [krɑ:ft] n (= weaving etc) χειροτεχνία f · (= trade) τέχνη f · (skill) ικανότητα f · (= boat, plane: pl

inv) σκάφη *ntpl* • **~sman** *(irreg) n* τεχνίτης/τρια *m/f* • **~smanship** *n* δεξιοτεχνία *f*

cram [kræm] *vt (= fill)* **to ~ sth with** παραγεμίζω κτ με ♦ *vt (= put)* **to ~ sth into** χώνω κτ (μέσα) σε ♦ *vi (for exams)* διαβάζω εντατικά

cramp [kræmp] *n (MED)* κράμπα *f* • **~ed** *adj* στενάχωρος

cranberry ['krænbəri] *n* κούμαρο *nt*

crane [kreɪn] *n (machine, bird)* γερανός *m* ♦ *vt* **to ~ one's neck** τεντώνω το λαιμό μου

crap [kræp] *(inf!) (inf!) n (= noise)* θόρυβος *m* • *(of car, plane etc)* δυστύχημα *nt* • *(COMM)* κραχ *nt inv* ♦ *vt (car, plane etc)* τρακάρω ♦ *vi (plane)* συντριβόμαι • *(car)* τρακάρω *(two cars)* συγκρούομαι *(sum: firm)* χρεωκοπώ • *(: market)* καταρρέω • *(COMPUT)* κολλά

crate [kreɪt] *n (= box)* κασάκι *nt* • *(for bottles)* κιβώτιο *nt*

crave [kreɪv] *vt* λαχταρώ ♦ *vi* **to ~ for** λαχταρώ

crawl [krɔːl] *vi (adult)* σέρνομαι • *(child)* μπουσουλάω • *(insect)* έρπομαι • *(vehicle)* τσουλάω • *(inf: grovel)* πέφτω στα πόδια κου ♦ *n (SWIM)* κρόουλ *nt inv*

craze [kreɪz] *n* τρέλα *f*

crazy ['kreɪzɪ] *adj* τρελός • **to be ~ about sb/sth** *(inf)* είμαι τρελός για κν/κτ

cream [kriːm] *n (= dairy cream)* κρέμα *f* γάλακτος • *(= artificial cream)* κρέμα *f* • *(= cosmetic cream)* κρέμα *f* • *(= élite)* αφρόκρεμα *f* ♦ *adj (= colour)* κρεμ *inv* • **~y** *adj (= colour)* σαντιγύ *f inv* • **~y** *adj (= colour)* κρεμ *inv* • *(taste)* που έχει μπόλικη κρέμα

crease [kriːs] *n (= fold)* πτυχή *f* • *(= wrinkle)* ζάρα *f* • *(in trousers)* τσάκιση *f* ♦ *vt* τσαλακώνω

create [kriːˈeɪt] *vt* δημιουργώ • *(interest)* προκαλώ • *(fuss)* κάνω

creation *n (also REL)* δημιουργία *f*

creative *adj* δημιουργικός

creator *n (= maker, inventor)* δημιουργός *m* • *(REL)* Πλάστης *m*

creature ['kriːtʃəʳ] *n* πλάσμα *nt*

crèche [kreʃ] *n* παιδικός σταθμός *m*

credentials [krɪˈdenʃlz] *npl (= references)* συστάσεις *fpl*

credibility [kredɪˈbɪlɪtɪ] *n* αξιοπιστία *f*

credible ['kredɪbl] *adj* αξιόπιστος

credit ['kredɪt] *n (COMM)* πίστωση *f* • *(= recognition)* αναγνώριση *f* • *(SCOL)* μονάδα *f* ♦ *adj (COMM)* ενεργητικό ♦ *vt (COMM)* πιστώνω • *(= believe)* πιστεύω • **to be in ~** έχω ενεργητικό • **to ~ sb with sth** *(fig)* θεωρώ ότι κς έχει κτ • **he's a ~ to his family** τιμάει την οικογένειά του

♦ **credits** *npl (CINE, TV)* τίτλοι *mpl* • **~ card** *n* πιστωτική κάρτα *f*

creek [kriːk] *n (= inlet)* όρμος *m* • *(US: = stream)* ποταμάκι *nt*

creep [kriːp] *(pt, pp* **crept***) vi* σέρνομαι ♦ *n (inf)* παλιάνθρωπος *m*

crematorium [kremaˈtɔːriəm] *(pl* **crematoria***) n* κρεματόριο *nt*

crêpe [kreɪp] *n* κρεπ *nt inv*

crept [krept] *pt, pp of* **creep**

crescent ['kresnt] *n* μισοφέγγαρο *nt*

crest [krest] *n (of hill)* κορυφή *f* • *(of bird)* λειρί *nt* • *(= coat of arms)* οικόσημο *nt*

Crete [kriːt] *n* Κρήτη *f*

crew [kruː] *n (NAUT, AVIAT)* πλήρωμα *nt* • *(TV, CINE)* συνεργείο *nt*

crib [krɪb] *n (= cot)* κούνια *f* ♦ *vt (inf: = copy)* αντιγράφω

cricket ['krɪkɪt] *n (sport)* κρίκετ *nt inv* • *(insect)* τριζόνι *nt* • **-er** *n* παίχτης *m* του κρίκετ

crime [kraɪm] *n* έγκλημα *nt*

criminal ['krɪmɪnl] *n* εγκληματίας *mf* ♦ *adj (= illegal)* ποινικός • *(= morally wrong)* εγκληματικός

crimson ['krımzn] *adj* βυσσινής

cringe [krındʒ] *vi* ζαρώνω

cripple ['krıpl] *vt* (person) σακατεύω · (ship, plane) ακινητοποιώ · **~d with rheumatism** σακατεμένος από τους ρευματισμούς

crises ['kraısi:z] *npl of* **crisis**

crisis ['kraısıs] (*pl* **crises**) *n* (= emergency) κρίση *f* · (in personal life) κρίσιμη στιγμή *f*

crisp [krısp] *adj* (vegetables, bacon etc) τραγανός · (manner, tone) ψυχρός · **~s** (BRIT) *npl* πατατάκια *ntpl*

criterion [kraı'tıərıən] (*pl* **criteria**) *n* κριτήριο *nt*

critic ['krıtık] *n* (= reviewer) κριτικός *mf* · (= fault-finding: person) επικριτής *m* · **~al** (time, situation) κρίσιμος · (= fault-finding: person) κρίσιμος · (= acute: illness) κρίσιμος · **~ism** *n* (= disapproval) επίκριση *f* · (of book, play etc) κριτική *f* · (= complaint) επίκριση *f* · **~ize** *vt* κατακρίνω

Croat ['krəuæt] *adj, n* = **Croatian**

Croatia [krəu'eıʃə] *n* Κροατία *f*

Croatian [krəu'eıʃən] *adj* της Κροατίας ♦ *n* Κροάτης/ισσα *m/f* · (LING) κροατικά *ntpl*

crockery ['krɔkərı] *n* πιατικά *ntpl*

crocodile ['krɔkədaıl] *n* κροκόδειλος *m*

crook [kruk] *n* (= criminal) απατεώνας *m* · **~ed** *adj* (= bent) στραβός · (= twisted) στριφογυριστικός · (= dishonest) ανέντιμος

crop [krɔp] *n* (of fruit, cereals) συγκομιδή *f* · (= amount produced) σοδειά *f* ♦ *vt* (hair) κουρεύω κοντά · **~ up** *vi* ξεφυτρώνω

cross [krɔs] *n* (also REL) σταυρός *m* · (mark) χι *nt inv* · (BIO, BOT: = hybrid) διασταύρωση *f* ♦ *vt* (street, room etc) διασχίζω · (cheque) κάνω δίγραμμο · (arms, legs) σταυρώνω · (animal, plant) διασταυρώνω ♦ *adj* (= angry)

θυμωμένος · **to ~ o.s.** σταυροκοπιέμαι · **~ out** *vt* διαγράφω · **~ over** *vi* περνάω απέναντι · **~~country (race)** *n* ανώμαλος δρόμος *m* · **~ing** *n* (= sea passage) πέρασμα *nt* · (also pedestrian **~ing**) διάβαση *f* πεζών · **~roads** *n* σταυροδρόμι *nt* · **~word** *n* σταυρόλεξο *nt*

crotch [krɔtʃ], **crutch** [krʌtʃ] *n* (ANAT: also of garment) καβάλος *m*

crouch [krautʃ] *vi* μαζεύομαι

crow [krəu] *n* (bird) κόρακας *m* ♦ *vi* (cock) λαλάω · (fig) κοκκορεύομαι

crowd [kraud] *n* πλήθος *nt* ♦ *vt* **to ~ sb/sth in/into** στριμώχνω κν/κτ σε ♦ *vi* **to ~ round** συγκεντρώνομαι γύρω από · **~ed** *adj* (= full) γεμάτος · (= densely populated) πυκνοκατοικημένος

crown [kraun] *n* (of monarch) στέμμα *nt* ♦ *n* (of head, hill) κορυ(υ)φή *f* · (of tooth) κορώνα *f* ♦ *vt* (monarch: also fig: career, evening) στέφω · **the C~** το Στέμμα

crucial ['kru:ʃl] *adj* κρίσιμος

crucifix ['kru:sıfıks] *n* Εσταυρωμένος *m*

crude [kru:d] *adj* (materials) πρόχειρα · (fig: = basic) πρωτόγονος · (: = vulgar) χυδαίος

cruel ['kruəl] *adj* (person) σκληρός · (situation, action) απάνθρωπος · **~ty** *n* σκληρότητα *f*

cruise [kru:z] *n* (on ship) κρουαζιέρα *f* ♦ *vi* (ship, car) ταξιδεύω · (aircraft) πετάω σταθερά · (taxi) τριγυρίζω

crumb [krʌm] *n* ψίχουλα *ntpl*

crumble ['krʌmbl] *vt* θρυμματίζω ♦ *vi* (building etc) καταρρέω · (plaster, earth) θρυμματίζομαι · (fig: society, organization) διαλύομαι

crunch [krʌntʃ] *vt* τραγανίζω ♦ *n* **the ~** (fig) η στιγμή της αλήθειας · **~y** *adj* τραγανιστός

crush [krʌʃ] *n* (= crowd) πλήθος *nt* ♦ *vt* (= press, break) τσακίζω ·

crust (= crumple) τσαλακώνω · (= devastate) συντρίβω · **to have a ~ on sb** ερωτεύομαι κv

crust [krʌst] n (of bread, pastry) κόρα f · (of snow, ice) κρούστα f · **the earth's ~** ο φλοιός της γης · **-y** adj ξεροψημένος

crutch [krʌtʃ] n (MED) πατερίτσα f · (fig: = support) στήριγμα nt · see **crotch**

cry [kraɪ] vi (= weep) κλαίω · (also ~ **out**: = shout) φωνάζω ♦ n κραυγή f · (= shout) φωνή f · **it's a far ~ from ...** (fig) δεν έχει καμία σχέση με...

crystal [ˈkrɪstl] n (mineral) κρύσταλλος m · (= glass) κρύσταλλο nt

cub [kʌb] n (of animal) νεογνό nt · (of lion) λιονταράκι nt · (also = **scout**) λυκόπουλο nt

Cuba [ˈkjuːbə] n Κούβα f

cube [kjuːb] n κύβος m ♦ vt (MATH) υψώνω στον κύβο or στην τρίτη

cubicle [ˈkjuːbɪkl] n (at pool) καμπίνα f · (in hospital) κρεβάτι nt με παραβάν

cuckoo [ˈkukuː] n κούκος m

cucumber [ˈkjuːkʌmbə] n αγγούρι nt

cuddle [ˈkʌdl] vt αγκαλιάζω ♦ n αγκαλιά f · **to have a ~** αγκαλιάζομαι

cue [kjuː] n (= snooker cue) στέκα f · (THEAT etc) σινιάλο nt

cuff [kʌf] n (of sleeve) μανσέτα f · (US: of trousers) ρεβέρ nt inv · **off the ~** εκ του προχείρου

cuisine [kwɪˈziːn] n κουζίνα f

cul-de-sac [ˈkʌldəsæk] n αδιέξοδο nt

cull [kʌl] vt (story, idea) βγάζω · (= kill selectively) ξεδιαλέγω · n σφαγή f

culprit [ˈkʌlprɪt] n δράστης m

cult [kʌlt] n (REL) λατρεία f · (sect) αίρεση f · (= fashion) μόδα f

cultivate [ˈkʌltɪveɪt] vt (land, crop) καλλιεργώ · (attitude, feeling) τρέφω

cultural [ˈkʌltʃərəl] adj πολιτιστικός

culture [ˈkʌltʃə] n (of a country, civilisation) πολιτισμός m · (= the

arts) πολιτιστικά θέματα ntpl · (BIO) καλλιέργεια f

cunning [ˈkʌnɪŋ] n πονηριά f ♦ adj έξυπνος

cup [kʌp] n (for drinking) φλιτζάνι nt · (trophy) κύπελλο nt · (of bra) καπ nt inv · **a ~ of tea** ένα (φλιτζάνι) τσάι

cupboard [ˈkʌbəd] n (built-in) ντουλάπα f · (piece of furniture) ντουλάπι nt

curator [kjuəˈreɪtə] n (of museum) έφορος mf · (of gallery) επιμελητής/ τρια mf

curb [kəːb] vt (expenditure) περιορίζω · (powers) χαλιναγωγώ ♦ n (= restraint) χαλινάρι nt · (US: = kerb) κράσπεδο nt

cure [kjuə] vt (illness, patient) θεραπεύω · (problem) αντιμετωπίζω ♦ n (MED) θεραπεία f · (= solution) γιατρειά f

curfew [ˈkəːfjuː] n απαγόρευση f κυκλοφορίας

curiosity [kjuərɪˈɒsɪtɪ] n περιέργεια f · (= unusual thing) αντίκα f

curious [ˈkjuərɪəs] adj (person: = interested) περίεργος · (: = nosy) που δείχνει περιέργεια · (= unusual: thing) παράξενος

curl [kəːl] n (of hair) μπούκλα f · (of smoke etc) δαχτυλίδι nt ♦ vt (hair: loosely) κάνω φόρμα σε · (: tightly) κατσαρώνω ♦ vi (hair) κατσαρώνω · ~ **up** vi κουλουριάζομαι · **-y** adj κατσαρός · (= tightly curled) πολύ κατσαρός

currant [ˈkʌrnt] n (= dried fruit) σταφίδα f · (= bush, fruit: also **black~**) μαύρο φραγκοστάφυλο nt · (also **red~**) βατόμουρο nt

currency [ˈkʌrnsɪ] n (= system) νόμισμα nt · (= money) ρευστό nt · **to gain** (= fig) βρίσκω γενική αποδοχή

current [ˈkʌrnt] n (of air, water; also ELEC) ρεύμα nt ♦ adj (= present) σημερινός · (= accepted) που

κυριαρχεί · ~ **account** (BRIT) n
τρέχων λογαριασμός m · ~ **affairs**
npl επίκαιρα (θέματα) ntpl · **-ly** adv
προς το παρόν

curriculum [kəˈrɪkjuləm] (pl **~s** or
curricula) n (αναλυτικό) πρόγραμμα
nt μαθημάτων · ~ **vitae** n
βιογραφικό σημείωμα nt

curry [ˈkʌrɪ] n κάρρυ m inv ◆ vt to
~ **favour with sb** κερδίζω την
εύνοια κου

curse [kəːs] vi βρίζω ◆ vt (= swear at)
βρίζω · (= bemoan) αναθεματίζω ◆ n
(= spell) κατάρα f · (= swearword)
βρισιά f · (= scourge) κατάρα f

cursor [ˈkəːsə] (COMPUT) n δρομέας m

curt [kəːt] adj απότομος

curtain [ˈkəːtn] n κουρτίνα f · (THEAT)
αυλαία f

curve [kəːv] n (= bend) καμπύλη f ·
(in road) στροφή f ◆ vi (road)
στρίβω · (line, surface)
καμπυλώνομαι · **~d** adj (on sofa, chair)

cushion [ˈkuʃən] n (on sofa, chair)
μαξιλάρι nt · (of air) στρώμα nt ◆ vt
(collision, fall) απορροφώ την
ένταση +gen · (shock, effect)
απαλύνω τις εντυπώσεις από

custard [ˈkʌstəd] n κρέμα f με άνθος
αραβοσίτου

custody [ˈkʌstədɪ] n (JUR: of child)
επιμέλεια f · (for offenders)
προφυλάκιση f

custom [ˈkʌstəm] n έθιμο nt ·
(= habit) συνήθεια f · (COMM)
πελατεία f · **~er** n πελάτης/ισσα m/f

customs [ˈkʌstəmz] npl (at border,
airport etc) τελωνείο nt

cut [kʌt] (pt, pp ~) vt κόβω · (prices,
spending etc) μειώνω · (COMPUT) "~"
αποκοπή ◆ vi (knife, scissors) κόβω
◆ n (in skin) κόψιμο f · (in salary,
spending etc) περικοπή f · (of meat)
κομμάτι m · (of garment) κόψιμο nt ·
~ **down** vt (tree) κόβω · (= reduce:
consumption) μειώνω ◆ vi (car) κάνω
σφήνα · ~ **off** vt (limb, piece) κόβω ·

(person, village) αποκόπτω · (supply)
κόβω · (TEL) κόβω την γραμμή σε ·
~ **out** vt κόβω

cute [kjuːt] adj (= sweet: child, house)
χαριτωμένος · (= clever) έξυπνος ·
(esp US: = attractive) νοστιμούλης

cutlery [ˈkʌtlərɪ] n μαχαιροπήρουνα
ntpl

cut-price [ˈkʌtˈpraɪs] (US **cut-rate**)
[ˈkʌtˈreɪt] adj με έκπτωση

cutting [ˈkʌtɪŋ] n (BRIT: from
newspaper) απόκομμα nt · (from plant)
μόσχευμα nt · **at the ~ edge** (fig)
στην πρώτη γραμμή +gen

CV n abbr = **curriculum vitae**

cybercafé [ˈsaɪbəkæfeɪ] n
κυβερνοκαφέ

cyberspace [ˈsaɪbəspeɪs] n
κυβερνοχώρος m

cycle [ˈsaɪkl] n (= bicycle) ποδήλατο
nt · (of events, seasons) κύκλος m ◆ vi
πάω με το ποδήλατο · **cycling** n
ποδηλασία f · **cyclist** n ποδηλάτης/
τισσα m/f

cyclone [ˈsaɪkləun] n κυκλώνας m

cylinder [ˈsɪlɪndə] n κύλινδρος m ·
(of gas) φιάλη f

cynical [ˈsɪnɪkl] adj κυνικός

Cypriot [ˈsɪprɪət] adj κυπριακός ◆ n
Κύπριος/α m/f

Cyprus [ˈsaɪprəs] n Κύπρος f

cystitis [sɪsˈtaɪtɪs] n κυστίτιδα f

czar [zaː] n (= tsar) τσάρος m

Czech [tʃɛk] adj τσέχικος ◆ n Τσέχος/
α m/f · (LING) τσέχικα ntpl

D d

D, d [diː] n το τέταρτο γράμμα του
αγγλικού αλφαβήτου

dab [dæb] vt (eyes, wound) βάζω
(αγγίζοντας ελαφρά) · (paint, cream)
απλώνω (με γρήγορες και απαλές
κινήσεις) ◆ n (of paint, rouge etc)
ιδέα f

dad [dæd] (*inf*) n μπαμπάς m

daddy ['dædɪ] (*inf*) n = **dad**

daffodil ['dæfədɪl] (*BOT*) n ασφόδελος m

daft [dɑ:ft] *adj* χαζός

dagger ['dægə'] n στιλέττο nt

daily ['deɪlɪ] *adj* καθημερινός ♦ *adv* καθημερινά

dairy ['dɛərɪ] n (*BRIT: shop*) γαλακτοπωλείο nt · (*company*) γαλακτοβιομηχανία f ♦ *cpd* (*cattle, cow*) γαλακτοφόρος

daisy ['deɪzɪ] (*BOT*) n μαργαρίτα f

dam [dæm] n (*on river*) φράγμα nt · (= *reservoir*) τεχνητή λίμνη f ♦ *vt* κατασκευάζω φράγμα (σε)

damage ['dæmɪdʒ] n ζημιά f · (*dents etc*) ζημιές fpl ♦ *vt* (= *spoil, break*) προκαλώ ζημιές σε · (= *harm: reputation etc*) ζημιώνω
▸ **damages** npl (*JUR*) αποζημίωση f

damn [dæm] *vt* (= *curse at*) διαολοστέλνω · (= *condemn*) καταδικάζω ♦ n (*inf*) **I don't give a ~** δε δίνω δεκάρα ♦ *adj* (*inf: also* **~ed**) καταραμένος

damp [dæmp] *adj* υγρός ♦ n υγρασία f ♦ *vt* (*also* **~en**: *cloth, rag*) υγραίνω · (*enthusiasm etc*) μειώνω

dance [dɑ:ns] n χορός m ♦ *vi* χορεύω · **~r** n χορευτής/τρια m/f

dancing n χορός m

dandelion ['dændɪlaɪən] n αγριοράδικο nt

Dane [deɪn] n Δανός/έζα m/f

danger ['deɪndʒə'] n κίνδυνος m · **there is a ~ of** ... υπάρχει κίνδυνος +gen · **"~!"** (*on sign*) "προσοχή!" · **to be in ~ of** κινδυνεύω να · **~ous** *adj* επικίνδυνος

Danish ['deɪnɪʃ] *adj* δανέζικος ♦ n (*LING*) δανέζικα ntpl

dare [dɛə'] *vt* **to ~ sb to do** προκαλώ κν να κάνει κτ · *vi* **to ~ (to) do sth** τολμάω να κάνω κτ · **I ~ say** παράτολμος · **daring** *adj* (*escape, raid*) παράτολμος · (*person*) τολμηρός

tόλμη f

dark [dɑ:k] *adj* (*room, night*) σκοτεινός · (*hair, complexion*) μελαχροινός · (*blue, green etc*) σκούρος · (*fig: time*) μαύρος ♦ n **in the ~** στο σκοτάδι · **after ~** αφού νυχτώσει, όταν πέσει η νύχτα · **~ness** n σκοτάδι nt

darling ['dɑ:lɪŋ] *adj* (*child, spouse*) αγαπημένος ♦ n (*vocative*: = *dear*) αγάπη f μου

dart [dɑ:t] n (*in game*) βέλος nt · (*in sewing*) σαΐτα f ♦ *vi* **to ~ or make a ~ towards** πετάγομαι προς · **~s** n (*game*) βελάκια ntpl

dash [dæʃ] n (= *small quantity*) σταλιά f · (*sign*) παύλα f · (= *rush*) εφόρμηση f ♦ *vt* (= *throw*) πετάω πέρα · (*hopes*) εξανεμίζω ♦ *vi* **to ~ or make a ~ towards** ορμάω προς

dashboard ['dæʃbɔ:d] n ταμπλό nt inv

data ['deɪtə] npl στοιχεία ntpl · **~base** n βάση f δεδομένων

date [deɪt] n (*day*) ημερομηνία f · (*with friend*) ραντεβού nt inv · (*fruit*) χουρμάς m ♦ *vt* (*event, object*) χρονολογώ · (*letter*) βάζω ημερομηνία σε · **~ of birth** ημερομηνία γεννήσεως · **to ~** μέχρι τώρα or σήμερα · **out-of-~** (= *old-fashioned*) παλιομοδίτικος · (= *expired*) που έχει λήξει · **up-to-~** σύγχρονος · **~d** *adj* παρωχημένος

daughter ['dɔ:tə'] n κόρη f · **~-in-law** n νύφη f

daunting ['dɔ:ntɪŋ] *adj* αποθαρρυντικός

dawn [dɔ:n] n αυγή f ♦ *vi* (*day*) ξημερώνω · **it ~ed on him that** ... συνειδητοποίησε ότι...

day [deɪ] n (ημέρα f · (= *heyday*) (η)μέρες fpl · **the ~ before/after** την παραμονή/επομένη · **the ~ after tomorrow** μεθαύριο · **the ~ before yester~** προχθές · **these ~s** αυτό τον καιρό · **~light** n φως nt της

ημέρας · ~ **return** (BRIT) n εισιτήριο nt με επιστροφή αυθημερόν · ~**time** n ημέρα f · ~**-to**-- adj καθημερινός · ~ **trip** n ημερησία εκδρομή f

dazed ['deɪzd] adj σαστισμένος

dazzle ['dæzl] vt (= bewitch) εντυπωσιάζω · (= blind) θαμπώνω · **dazzling** adj (light) εκτυφλωτικός · (fig) λαμπρός

dead [ded] adj νεκρός · (flowers) μαραμένος · (= numb) μουδιασμένος · (telephone, etc) νεκρός · (battery) άδειος ◆ adv (= completely) εντελώς · (= directly, exactly) ακριβώς ◆ npl **the** -- οι νεκροί · ~ **silence** νεκρική σιγή · ~ **centre** ακριβώς στο κέντρο · ~ **end** n αδιέξοδο nt · ~**line** n προθεσμία f · ~**ly** adj (poison) θανατηφόρος · (accuracy) απόλυτος · (weapon) φονικός ◆ adv ~**ly dull** θανάσιμα πληκτικός

deaf [def] adj (totally) κουφός · (partially) βαρήκοος · ~**ening** adj εκκωφαντικός

deal [diːl] (pt, pp -**t**) n (= agreement) συμφωνία f ◆ vt (blow) επιφέρω · (card) μοιράζω · **a great** -- **of** πολύς · ~ **in** (COMM) vt fus εμπορεύομαι · ~ **with** vt fus (person) συνεννοούμαι (με) · (company) έχω συναλλαγές με · (problem) τα βγάζω πέρα με · (subject) ασχολούμαι με · ~**er** n (COMM) έμπορος mf · (in drugs) έμπορος m · (CARDS) μάνα f · ~**ings** npl (business) συναλλαγές fpl · (= relations) δοσοληψίες fpl

dealt [delt] pt, pp of **deal**

dean [diːn] n (REL) πρωτοπρεσβύτερος m · (SCOL: BRIT) κοσμήτορας m · (: US) πρύτανης mf

dear [dɪə] adj (person) αγαπητός · (= expensive) ακριβός ◆ n (my) ~ αγαπητέ (μου) · **D~ Sir/Madam** (in letter) Αγαπητέ Κύριε/Αγαπητή Κυρία · **D~ Mr/Mrs X** Αγαπητέ Κύριε/

Αγαπητή κυρία X · ~**ly** adv (love) πολύ · (pay) ακριβά

death [deθ] n θάνατος m · ~ **penalty** n θανατική ποινή f · ~ **sentence** n καταδίκη f σε θάνατο

debate [dɪ'beɪt] n (= discussion) συζήτηση f ◆ vt (topic) συζητώ (δημόσια) · (course of action) σκέπτομαι

debit ['debɪt] n (COMM) χρέωση f ◆ vt **to** -- **a sum to sb** χρεώνω ένα ποσό σε κν · see also **direct debit**

debris ['debriː] n (of building) ερείπια ntpl · (of plane etc) συντρίμμια ntpl

debt [det] n χρέος nt · **to be in** ~ χρωστάω

debut ['deɪbjuː] n ντεμπούτο nt inv

decade ['dekeɪd] n δεκαετία f

decaffeinated [di'kæfɪneɪtɪd] adj χωρίς καφεΐνη

decay [dɪ'keɪ] n (of building) φθορά f · (also **tooth** ~) τερηδόνα f ◆ vi (body, leaves) σαπίζω · (food, teeth etc) χαλάω

deceased [dɪ'siːst] n **the** ~ ο/η εκλιπών/ούσα

deceit [dɪ'siːt] n απάτη f

deceive [dɪ'siːv] vt εξαπατώ · **to** ~ **o.s.** τρέφω αυταπάτες

December [dɪ'sembə] n Δεκέμβριος m · see also **July**

decency ['diːsənsɪ] n (= propriety) ευπρέπεια f · (= kindness) καλοί τρόποι mpl

decent ['diːsənt] adj (= proper) καλός · (wages) αξιοπρεπής · (interval) σεβαστός · (behaviour: person) αξιοπρεπής

deception [dɪ'sepʃən] n (= deceiving) απάτη f · (= deceitful act) απατεωνιά f

deceptive [dɪ'septɪv] adj απατηλός

decide [dɪ'saɪd] vt (person) πείθω · (question, argument) κρίνω ◆ vi αποφασίζω · **to** ~ **to do/that** αποφασίζω να κάνω/ότι · **to** ~ **on sth** αποφασίζω να κάνω κτ

decision [dɪ'sɪʒən] n απόφαση f

decisive [dɪˈsaɪsɪv] adj αποφασιστικός

deck [dek] n (NAUT) κατάστρωμα nt • (of bus) όροφος m • (of cards) τράπουλα f

declaration [dekləˈreɪʃən] n (= statement) δήλωση f • (= public announcement) διακήρυξη f

declare [dɪˈkleə˞] vt (truth, intention) δηλώνω • (in public) διακηρύσσω • (war) κηρύσσω • (result) ανακοινώνω • (income, goods at customs etc) δηλώνω

decline [dɪˈklaɪn] n ~ in/of μείωση +gen • (invitation) αρνούμαι ♦ vi (strength) εξασθενώ • (health) επιδεινώνομαι • (business) πέφτω

decor [ˈdeɪkɔ˞] n διάκοσμος m (fml)

decorate [ˈdekəreɪt] vt (= paint) βάφω • (= paper) αλλάζω ταπετσαρία σε • (= adorn) to ~ (with) διακοσμώ (με) • **decoration** n (on tree, dress etc) στολίδι nt • (= act) διακόσμηση f • **decorator** n (= painter) ελαιοχρωματιστής mf • (interior decorator) διακοσμητής/τρια mf

decrease [n ˈdiːkriːs] [vb diːˈkriːs] n ~ (in) μείωση (σε or +gen) ♦ vt μειώνω ♦ vi μειώνομαι

decree [dɪˈkriː] n διάταγμα nt ♦ vt to ~ (that) βγάζω διάταγμα (ότι)

dedicate [ˈdedɪkeɪt] vt to ~ to αφιερώνω σε • ~d adj (person) αφοσιωμένος • (COMPUT) αποκλειστικός • **dedication** n (= devotion) αφοσίωση f • (in book, on radio) αφιέρωση f

deduct [dɪˈdʌkt] vt αφαιρώ • (= act of deducing) λογικό συμπέρασμα nt • (= act of deducting) αφαίρεση f • (amount) κράτηση f

deed [diːd] n (= feat) κατόρθωμα nt • (JUR: document) έγγραφο nt

deem [diːm] (fml) vt θεωρώ • to ~ it wise to do θεωρώ σωστό να κάνω

deep [diːp] adj βαθύς • (= serious: trouble, concern) σοβαρός ♦ adv the spectators stood 20 – οι θεατές

στέκονταν σε είκοσι απανωτές σειρές • ~**ly** adv (breathe) βαριά • (moved) βαθιά • (interested, grateful) ιδιαίτερα • (sleep) βαθιά

deer [dɪə˞] n inv ελάφι nt

default [dɪˈfɔːlt] n (COMPUT: also ~ value) προεπιλεγμένη τιμή f ♦ vi to ~ on a debt αδυνατώ να πληρώσω ένα χρέος • by ~ (win) αυτόματα

defeat [dɪˈfiːt] n (of enemy) ήττα f • (= failure) αποτυχία f ♦ vt νικάω

defect [n ˈdiːfekt] [vb dɪˈfekt] n ελάττωμα nt ♦ vi to ~ to the enemy/the West αυτομολώ στον εχθρό/στη Δύση • ~**ive** adj ελαττωματικός

defence (US **defense**) n (= protection) άμυνα f, βοήθεια f • (= justification) υπεράσπιση f • witness for the ~ (JUR) μάρτυρες υπεράσπισης

defend [dɪˈfend] vt (= protect) προστατεύω • (= justify) υποστηρίζω • (JUR) υπερασπίζομαι • (in criminal case) κατηγορούμενος/η mf/t • (in civil case) εναγόμενος/η mf/t • ~**ant** n (in criminal case) κατηγορούμενος/η mf/t • (in civil case) εναγόμενος/η mf/t • ~**er** n (of view, policy) υπερασπιστής/τρια mf/t • (SPORT) αμυντικός/ή mf

defense [dɪˈfens] (US) n = **defence**

defensive [dɪˈfensɪv] adj αμυντικός ♦ n on the ~ στην άμυνα

defer [dɪˈfɜː˞] vt αναβάλλω

defiance [dɪˈfaɪəns] n απείθεια f • in ~ of κατά παράβαση +gen • **defiant** adj (tone, reply) προκλητικός • (person) ανυπάκουος

deficiency [dɪˈfɪʃənsɪ] n (= lack) έλλειψη f • (= inadequacy) ανεπάρκεια f • **deficient** adj ανεπαρκής

deficit [ˈdefɪsɪt] (COMM) n έλλειμμα nt

define [dɪˈfaɪn] vt (limits, boundaries) καθορίζω • (expression, word) ορίζω

definite [ˈdefɪnɪt] adj (= fixed) συγκεκριμένος • (= clear, obvious) σαφής • (= certain) βέβαιος • ~**ly**

adv σίγουρα

definition [defɪ'nɪʃən] n (of word) ορισμός m

deflect [dɪ'flekt] vt (attention) στρέφω αλλού • (criticism) αποκρούω • (ball) αποκρούω

defraud [dɪ'frɔːd] vt **to ~ sb** κλέβω κν

defuse [diː'fjuːz] vt (bomb) αφοπλίζω • (fig: crisis, tension) εκτονώνω

defy [dɪ'faɪ] vt (= resist) αντιτάσσομαι σε • (= challenge) αψηφώ • (fig: description) ξεπερνάω

degree [dɪ'griː] n βαθμός m • (SCOL) πτυχίο nt

delay [dɪ'leɪ] vt (decision, ceremony etc) αναβάλλω • (person, plane) καθυστερώ ♦ vi καθυστερώ ♦ n (= waiting period) αναβολή f • (= postponement) καθυστέρηση f

delegate n ['delɪgɪt] vb ['delɪgeɪt] n αντιπρόσωπος m/f ♦ vt (person) εξουσιοδοτώ • (task) αναθέτω (σε)

delete [dɪ'liːt] vt διαγράφω • (COMPUT) "~" διαγραφή

deli ['delɪ] n = **delicatessen**

deliberate adj [dɪ'lɪbərɪt] vb [dɪ'lɪbəreɪt] adj (= intentional) σκόπιμος • (= slow) μετρημένος ♦ vi μελετώ προσεκτικά το θέμα • **~ly** adv (= on purpose) σκόπιμα • (= carefully) προσεκτικά

delicacy ['delɪkəsɪ] n (= tact) χάρη f • (of material) φινέτσα f • (= choice food) λιχουδιά f

delicate ['delɪkɪt] adj (movement) χαριτωμένος • (taste, smell) λεπτός • (frail) ντελικάτος • (colour, material) ευαίσθητος • (approach, problem) λεπτός

delicatessen [delɪkə'tesn] n ντελικατέσσεν nt inv

delicious [dɪ'lɪʃəs] adj (food, smell) πολύ νόστιμος • (feeling, person) υπέροχος

delight [dɪ'laɪt] n (feeling) χαρά f • (person, experience etc) απόλαυση f ♦ vt ευχαριστώ • **~ed** adj **~ed (at or**

with/to do) πολύ χαρούμενος (με/που κάνω) • **~ful** adj θαυμάσιος

delinquent [dɪ'lɪŋkwənt] adj εγκληματίας ♦ n που διαπράττει αδικήματα

deliver [dɪ'lɪvə*] vt (= distribute, hand over) παραδίδω • (post) φέρνω • (verdict, judgement) απαγγέλλω • (speech) εκφωνώ • (MED) ξεγεννάω • **~y** n (= distribution) παράδοση f • (MED) γέννα f

delusion [dɪ'luːʒən] n πλάνη f

deluxe [də'lʌks] adj πολυτελείας

delve [delv] vi **to ~ into** (subject) εμβαθύνω

demand [dɪ'mɑːnd] vt (= ask for) ζητώ • (= insist on: rights) απαιτώ • (= need) απαιτώ ♦ n (= request) αίτημα nt • (= claim) απαίτηση f • (ECON) ζήτηση f • **to be in ~** έχω ζήτηση • **~ing** adj απαιτητικός

demise [dɪ'maɪz] n τέλος nt

demo ['deməu] (inf) n abbr = **demonstration**

democracy [dɪ'mɔkrəsɪ] n δημοκρατία f • **democrat** n δημοκράτης/ισσα m/f • (US) **democratic** adj (US) των Δημοκρατικών

demolish [dɪ'mɔlɪʃ] vt (building) κατεδαφίζω • (fig: argument) ανατρέπω • **demolition** n (of building) κατεδάφιση f • (of argument) ανατροπή f

demon ['diːmən] n δαίμονας m

demonstrate ['demənstreɪt] vt (= prove) αποδεικνύω • (= show) δείχνω ♦ vi **to ~ (for/against)** διαδηλώνω (υπέρ/ενάντια σε) +gen • **demonstration** n (POL) διαδήλωση f • (= proof) απόδειξη f • (= exhibition) επίδειξη f

den [den] n (of animal) φωλιά f • (= room) γκαρσονιέρα nt

denial [dɪ'naɪəl] n (= refutation) διάψευση f • (refusal) άρνηση f

denim ['denɪm] n ύφασμα nt ντενίμ
► **denims** npl τζην nt inv

Denmark ['denma:k] n Δανία f

denomination [dɪnɒmɪ'neɪʃən] n (of money) αξία f · (REL) δόγμα nt

denounce [dɪ'naʊns] vt καταγγέλλω

dense [dens] adj (crowd, smoke) πυκνός

density ['densɪti] n πυκνότητα f ·
double-/high-~ disk (COMPUT) δισκέτα διπλής/υψηλής πυκνότητας

dent [dent] n βούλιαγμα nt ♦ vt (metal) βουλιάζω · (fig: pride, ego) θίγω

dental ['dentl] adj οδοντικός

dentist ['dentɪst] n οδοντίατρος mf

deny [dɪ'naɪ] vt αρνούμαι

deodorant [di:'əʊdərənt] n αποσμητικό nt

depart [dɪ'pɑːt] vi (visitor) φεύγω · (bus, plane) αναχωρώ · **to ~ from** (fig) παρεκκλίνω

department [dɪ'pɑːtmənt] n (COMM) τμήμα nt · (SCOL) τομέας m · (POL) υπουργείο nt · **~ store** n πολυκατάστημα nt

departure [dɪ'pɑːtʃə] n (of visitor, plane etc) αναχώρηση f · (of employee) αποχώρηση f · (fig) **~ from** παρέκκλιση από · **~ lounge** n αίθουσα f αναχωρήσεων

depend [dɪ'pend] vi **to ~ on** (= be supported by) εξαρτώμαι από · (= rely on, trust) βασίζομαι σε · **it ~s** εξαρτάται · **~ing on the result ...** ανάλογα με το αποτέλεσμα... · **~ent** adj **to be ~ent on** εξαρτώμαι από ♦ n

depict [dɪ'pɪkt] vt (in picture) απεικονίζω · (= describe) αναπαριστώ

deport [dɪ'pɔːt] vt απελαύνω

deposit [dɪ'pɒzɪt] n (= money: in account) κατάθεση f · (= down payment) προκαταβολή f · (for hired goods etc) εγγύηση f · (CHEM) ίζημα nt · (of ore, oil) κοίτασμα nt ♦ vt (money) καταθέτω · (river: sand,

silt etc) αποθέτω · (case, bag) αφήνω

depot ['depəʊ] n (= storehouse) αποθήκη f · (for vehicles) αμαξοστάσιο nt · (US: = station) σταθμός m

depress [dɪ'pres] vt (PSYCH) καταθλίβω · (price, wages) κατεβάζω · **~ed** adj (person) μελαγχολικός · (area) υποβαθμισμένος · **~ing** adj καταθλιπτικός · **~ion** n (PSYCH) κατάθλιψη f · (ECON) ύφεση f · (= weather system) χαμηλό βαρομετρικό nt · (= hollow) βαθούλωμα nt

deprive [dɪ'praɪv] vt **to ~ sb of sth** στερώ κτ από κν · **~d** adj στερημένος

dept. abbr = **department**

depth [depθ] n βάθος nt · (of emotion) μέγεθος nt · **in the ~s of despair** σε βαθιά απελπισία · **out of one's ~** (in water) στα βαθιά · (fig) έξω από τα νερά μου · **to study sth in ~** μελετώ κτ σε βάθος

deputy ['depjuti] cpd (chairman, leader etc) αναπληρωτής ♦ n (= assistant) βοηθός mf · (POL) εκπρόσωπος mf

derail [dɪ'reɪl] vt **to be ~ed** εκτροχιάζομαι

derelict ['derɪlɪkt] adj ερειπωμένος

derive [dɪ'raɪv] vt **to ~ sth (from)** αντλώ κτ (από) ♦ vi **to ~ from** προέρχομαι από

descend [dɪ'send] vt κατεβαίνω ♦ vi κατεβαίνω · **to be ~ed from** προέρχομαι από · **to ~ to** (lying, begging etc) φτάνω στο σημείο να · **~ant** n απόγονος mf · **descent** n κάθοδος f · (= origin) καταγωγή f

describe [dɪs'kraɪb] vt περιγράφω · **description** n (= account) περιγραφή f · (= sort) τύπος m

desert n ['dezət] vb [dɪ'zəːt] n (also fig) έρημος f ♦ vt εγκαταλείπω · vi (MIL) λιποτακτώ

deserve [dɪ'zɜːv] vt αξίζω (σε)

design [dɪ'zaɪn] n (= process, drawing) σχέδιο nt · (= layout) σχεδιασμός m · (of dress, car) σχεδιασμός m ♦ vt σχεδιάζω

designate vb ['dezɪgneɪt] adj ['dezɪgnɪt] vt ορίζω ♦ adj (chairman etc) που έχει ορισθεί

designer [dɪ'zaɪnə'] n (ART, TECH) σχεδιαστής/τρια m/f · (also fashion ~) σχεδιαστής/τρια μόδας m/f ♦ adj σινιέ inv

desirable [dɪ'zaɪərəbl] adj (= proper) που χρειάζονται · (= attractive) ελκυστικός

desire [dɪ'zaɪə'] n επιθυμία f ♦ vt επιθυμώ

desk [desk] n (in office) γραφείο nt · (for pupil) θρανίο nt · (in hotel) ρεσεψιόν f inv · (at airport) γκισέ nt inv

despair [dɪs'pɛə'] n απελπισία f ♦ vi: **to ~ of doing sth** απελπίζομαι με κτ

despatch [dɪs'pætʃ] n, vt = dispatch

desperate ['despərɪt] adj (person) απελπισμένος · (action) απεγνωσμένος · (situation, shortage) απελπιστικός · **to be ~ for sth/to do sth** έχω τρομερή ανάγκη κτ/να κάνω κτ · **~ly** adv (struggle, shout etc) απεγνωσμένα · (ill) πολύ βαριά · (unhappy) τρομερά · **desperation** n απελπισία f

despise [dɪs'paɪz] vt περιφρονώ

despite [dɪs'paɪt] prep παρά

dessert [dɪ'zɜːt] n επιδόρπιο nt

destination [destɪ'neɪʃən] n προορισμός m

destined ['destɪnd] adj: **to be ~ to do/ for** προορίζομαι για να κάνω/για

destiny ['destɪnɪ] n πεπρωμένο nt

destroy [dɪs'trɔɪ] vt καταστρέφω

destruction [dɪs'trʌkʃən] n καταστροφή f

destructive [dɪs'trʌktɪv] adj (capacity, force) καταστροφικός · (child) ζημιάρικος

detach [dɪ'tætʃ] vt βγάζω · **~ed** adj (attitude, person) αμερόληπτος · (house) ελεύθερος από όλες τις πλευρές

detail ['diːteɪl] n λεπτομέρεια f ♦ vt (= list) αναφέρω λεπτομερώς · **in ~** με λεπτομέρεια · **~ed** adj λεπτομερής

detain [dɪ'teɪn] vt κρατάω

detect [dɪ'tekt] vt (= sense) διακρίνω · (MED, MIL) εντοπίζω · **~ion** n εντοπισμός m · **~ive** n (POLICE) επιθεωρητής m

detention [dɪ'tenʃən] n (= arrest) κράτηση f · (SCOL) τιμωρία f (με κράτηση στο σχολείο)

deter [dɪ'tɜː'] vt αποτρέπω

detergent [dɪ'tɜːdʒənt] n απορρυπαντικό nt

deteriorate [dɪ'tɪərɪəreɪt] vi (health) χειροτερεύω · (sight) μειώνομαι · (situation, weather) επιδεινώνομαι

determination [dɪtɜːmɪ'neɪʃən] n (= resolve) αποφασιστικότητα f

determine [dɪ'tɜːmɪn] vt (facts) διαπιστώνω · (budget, quantity) καθορίζω · **~d** adj (person) αποφασισμένος · (effort) επίμονος

deterrent [dɪ'terənt] n (MIL) αποτρεπτικά όπλα ntpl · (JUR) αποτρεπτικό μέσον nt

detour ['diːtuə'] n (from route) παράκαμψη f · (US: AUT) παράκαμψη f

detract [dɪ'trækt] vi: **to ~ from** (effect, achievement) μειώνω · (pleasure) εμποδίζω

detrimental [detrɪ'mentl] adj: **~ to** επιζήμιος or ζημιογόνος για

devastating ['devəsteɪtɪŋ] adj (storm, weapon etc) καταστροφικός · (news, effect) που προκαλεί συντριβή

develop [dɪ'veləp] vt (business, idea) αναπτύσσω · (land) αξιοποιώ · (PHOT) εμφανίζω · (disease: fault) παρουσιάζω ♦ vi (= advance) εξελίσσομαι · (= evolve) αναπτύσσομαι · **~ment** n

device [dɪ'vaɪs] *n* (= *apparatus*) συσκευή *f*

devil ['devl] *n* (REL) διάβολος *m* • **poor ~** φουκαράς/άρα

devious ['di:vɪəs] *adj* ύπουλος

devise [dɪ'vaɪz] *vt* επινοώ

devote [dɪ'vəʊt] *vt* **to ~ sth to** αφιερώνω κτ σε • **~d** *adj* αφοσιωμένος • **to be ~d to sb** είμαι αφοσιωμένος σε κν • **the book is ~d to politics** το βιβλίο ασχολείται αποκλειστικά με την πολιτική • **devotion** *n* αφοσίωση *f*

devour [dɪ'vaʊə] *vt* καταβροχθίζω

devout [dɪ'vaʊt] *adj* ευσεβής

dew [dju:] *n* δροσοσταλίδα *f*

diabetes [daɪə'bi:ti:z] *n* διαβήτης *m* • **diabetic** *adj* διαβητικός • **~ chocolate/jam** σοκολάτα/ μαρμελάδα για διαβητικούς ♦ *n* διαβητικός *m/f*

diagnose [daɪəg'nəʊz] *vt* κάνω διάγνωση +*gen*

diagnosis [daɪəg'nəʊsɪs] (*pl* **diagnoses**) *n* διάγνωση *f*

diagonal [daɪ'ægənl] *adj* διαγώνιος

diagram ['daɪəgræm] *n* διάγραμμα *nt*

dial ['daɪəl] *n* (= *indicator*) δείκτης *m* • (*clock*) πλάκα *f* • (*meter*) μετρητής *m* ♦ *vt* παίρνω

dialect ['daɪəlekt] *n* διάλεκτος *f*

dialling code ['daɪəlɪŋkəʊd] (US **dial code**) *n* τηλεφωνικός κωδικός *m* περιοχής

dialling tone ['daɪəlɪŋtəʊn] (US **dial tone**) *n* σήμα *nt* κλήσης

dialogue ['daɪəlɒg] (US **dialog**) *n* (= *communication*) διάλογος *m* • (= *conversation*) συνομιλία *f*

diameter [daɪ'æmɪtə] *n* διάμετρος *f*

diamond ['daɪəmənd] *n* (= *gem*) διαμάντι *nt* • (*shape*) ρόμβος *m* ▸ **diamonds** *npl* (CARDS) καρό *nt inv*

diaper ['daɪəpə] *n* (US) πάνα *f*

diarrhoea [daɪə'ri:ə] (US **diarrhea**) *n* διάρροια *f*

diary ['daɪərɪ] *n* (= *engagements book*) ατζέντα *f* • (= *daily account*) ημερολόγιο *nt*

dice [daɪs] *n inv* ζάρια *ntpl* ♦ *vt* (CULIN) κόβω σε κύβους

dictate [dɪk'teɪt] *vt* υπαγορεύω ♦ *vi* **to ~ to sb** υπαγορεύω σε κν (τι να κάνει) • **dictator** *n* δικτάτορας *m*

dictionary ['dɪkʃənrɪ] *n* λεξικό *nt*

did [dɪd] *pt of* **do**

didn't ['dɪdnt] = **did not**

die [daɪ] *n* ♦ *vi* (= *person*) πεθαίνω • (*animal*) ψοφάω • (*plant*) ξεραίνομαι • (*fig*: = *cease*) πεθαίνω • **to be dying for sth/to do sth** ψοφάω για κτ/να κάνω κτ • **~ down** *vi* (*wind, noise*) κοπάζω • (*excitement*) ξεθυμαίνω • **~ out** *vi* εξαφανίζομαι

diesel ['di:zl] *n* (*vehicle*) πετρελαιοκίνητο *nt* • (*also* = **oil**) ντήζελ *nt inv*

diet ['daɪət] *n* (= *food intake*) διατροφή *f* • (MED: *when slimming*) δίαιτα *f* ♦ *vi* (*also* **to be on a ~**) κάνω δίαιτα

differ ['dɪfə] *vi* (= *be different*) **to ~ (from)** διαφέρω (από) • (= *disagree*) **to ~ (about)** διαφωνώ (σε) • **~ence** *n* διαφορά *f* • **~ent** *adj* διαφορετικός • **~entiate** *vi* **to ~entiate (between)** διαφέρω στη διάκριση (ανάμεσα σε *or* μεταξύ) ♦ *vt* **to ~entiate sth from** διαφοροποιώ κτ από • **~ently** *adv* διαφορετικά • **~ently shaped/ designed** με διαφορετικό σχήμα/ σχέδιο

difficult ['dɪfɪkəlt] *adj* δύσκολος • **~y** *n* δυσκολία *f*

dig [dɪg] (*pt, pp* **dug**) *vt* (*hole, garden*) σκάβω ♦ *n* (= *prod*) σκουντιά *f* • (*also* **archaeological ~**) ανασκαφή *f* • (= *remark*) μπηχτή *f* • **to ~ one's nails into sth** χώνω τα νύχια μου σε κτ • **~ up** *vt* (*plant*) ξεριζώνω • (*information*) ξεθάβω

digest [daɪˈdʒɛst] vt (food) χωνεύω • (fig: facts) αφομοιώνω • **~ion** n (= process) πέψη f (fml) • (= system) πεπτικό σύστημα nt

digit [ˈdɪdʒɪt] n (= number: also COMPUT) ψηφίο nt • (= finger) δάχτυλο nt • **~al** adj ψηφιακός • **~al camera** n ψηφιακή φωτογραφική μηχανή f • **~al radio** n (TEL) ψηφιακό ραδιόφωνο nt • **~al TV** n ψηφιακή τηλεόραση f

dignified [ˈdɪgnɪfaɪd] adj αξιοπρεπής

dignity [ˈdɪgnɪtɪ] n αξιοπρέπεια f

digs [dɪgz] (BRIT: inf) npl **to live in ~** μένω στο νοίκι (σε επιπλωμένο δωμάτιο)

dilemma [daɪˈlɛmə] n δίλημμα nt

dill [dɪl] n άνηθος m

dilute [daɪˈluːt] vt (liquid) αραιώνω

dim [dɪm] adj (light, outline) θαμπός • (future, prospects) σκοτεινός • (inf: person) βλάκας ◆ vt (light) χαμηλώνω

dime [daɪm] n (US) n κέρμα των 10 σεντς

dimension [daɪˈmɛnʃən] n διάσταση f

diminish [dɪˈmɪnɪʃ] vi μειώνομαι ◆ vt μειώνω

din [dɪn] n σαματάς m

dine [daɪn] vi γευματίζω • **~r** n (person) θαμώνας mf εστιατορίου • (US: restaurant) εστιατόριο nt

dinghy [ˈdɪŋgɪ] n (also rubber ~) φουσκωτή βάρκα f • (also sailing ~) βάρκα f με πανί

dingy [ˈdɪndʒɪ] adj ελεεινός

dining room [ˈdaɪnɪŋruːm] n τραπεζαρία f

dinner [ˈdɪnəʳ] n (= evening meal) βραδινό nt • (= lunch) γεύμα nt • (= banquet) δείπνο nt • **~ party** n δείπνο nt

dinosaur [ˈdaɪnəsɔːʳ] n δεινόσαυρος m

dip [dɪp] n (= slope) πλαγιά f • (CULIN) σάλτσα f (ορεκτικού) ◆ vt βουτάω • (BRIT: AUT) χαμηλώνω ◆ vi (ground, road) κατηφορίζω

diploma [dɪˈpləʊmə] n δίπλωμα nt

diplomacy [dɪˈpləʊməsɪ] n διπλωματία f

diplomat [ˈdɪpləmæt] n διπλωμάτης mf • **~ic** adj διπλωματικός

dire [daɪəʳ] adj (consequences, effects) πολύ σοβαρός

direct [daɪˈrɛkt] adj (route) απευθείας • (control, payment) άμεσος • (manner, person) ευθύς ◆ vt (letter) αποστέλλω • (attention) στρέφω • (company, project etc) διευθύνω • (play, film etc) σκηνοθετώ • (= order) **to ~ sb to do sth** δίνω εντολή σε κν να κάνει κτ ◆ adv (go, write) κατευθείαν • **can you ~ me to …?** μπορείτε να μου πείτε πώς θα πάω σε …; • **~ debit** (BRIT) n αυτόματη χρέωση f λογαριασμού • **~ion** n (= way) κατεύθυνση f

▸ **directions** npl οδηγίες fpl • **to ask for ~ions** ρωτάω πώς θα πάω • **~ly** adv κατευθείαν • **~or** n (COMM) μέλος nt διοικητικού συμβουλίου • (of project) διευθυντής/τρια m/f • (TV, RADIO) σκηνοθέτης mf

directory [dɪˈrɛktərɪ] n (TEL) τηλεφωνικός κατάλογος m • (COMPUT: files) ευρετήριο nt

dirt [dɜːt] n (= stains, dust) βρομιά f • (= earth) χώμα nt • **~y** adj (clothes, face) βρόμικος • (joke, story) πονηρός ◆ vt λερώνω

disability [dɪsəˈbɪlɪtɪ] n (physical) αναπηρία f • (mental) καθυστέρηση f

disabled [dɪsˈeɪbld] adj (physically) ανάπηρος • (mentally) καθυστερημένος ◆ npl **the ~** τα άτομα με ειδικές ανάγκες

disadvantage [dɪsədˈvɑːntɪdʒ] n μειονέκτημα nt

disagree [dɪsəˈgriː] vi διαφωνώ • **to ~ with sth** διαφωνώ με κτ • **~able** adj δυσάρεστος • (person) αντιπαθητικός • **~ment** n (= lack of consensus) διαφωνία f • (= argument) διαφορές fpl

disappear [dɪsəˈpɪəʳ] vi

εξαφανίζομαι • **~ance** n εξαφάνιση f

disappoint [dɪsə'pɔɪnt] vt
απογοητεύω • **~ed** adj
απογοητευμένος • **~ing** adj
απογοητευτικός • **~ment** n
απογοήτευση f

disapproval [dɪsə'pruːvəl] n
αποδοκιμασία f

disapprove [dɪsə'pruːv] vi **to ~ (of)**
αποδοκιμάζω

disarm [dɪs'ɑːm] vt αφοπλίζω ◆ vi
(MIL) προβαίνω σε αφοπλισμό •
~ament n αφοπλισμός m

disaster [dɪ'zɑːstə] n καταστροφή f •
disastrous adj καταστροφικός

disbelief ['dɪsbə'liːf] n δυσπιστία f

disc [dɪsk] n (ANAT) μεσοσπονδύλιος
δίσκος m • (= record) δίσκος m •
(COMPUT) = **disk**

discard [dɪs'kɑːd] vt πετάω • (fig)
εγκαταλείπω

discharge vb [dɪs'tʃɑːdʒ] n [dɪstʃɑːdʒ]
vt (duties) εκτελώ • (waste)
αποβάλλω • (employee) απολύω ◆ vt
(CHEM) εκπομπή f • (ELEC) εκκένωση
f • (MED) έκκριμα nt • (of patient)
έξοδος f • **to be ~d (from** hospital)
βγαίνω από το νοσοκομείο

discipline ['dɪsɪplɪn] n (= control)
πειθαρχία f • (= self-control)
αυτοπειθαρχία f • (= branch of
knowledge) κλάδος m ◆ vt (= train)
επιβάλλω πειθαρχία σε • (= punish)
τιμωρώ

disc jockey n ντισκ τζόκεϋ mf inv

disclose [dɪs'kləʊz] vt αποκαλύπτω

disco ['dɪskəʊ] n abbr ντισκοτέκ f inv

discomfort [dɪs'kʌmfət] n (= unease)
αναστάτωση f • (= physical)
δυσφορία f

discontent [dɪskən'tent] n
δυσαρέσκεια f

discount n ['dɪskaʊnt] vb [dɪs'kaʊnt]
n έκπτωση f ◆ vt (COMM) κάνω
έκπτωση • (idea, fact) παραβλέπω

discourage [dɪs'kʌrɪdʒ] vt
αποθαρρύνω • **to ~ sb from doing**

sth αποτρέπω κν από το να κάνει κτ

discover [dɪs'kʌvə] vt ανακαλύπτω •
~y n ανακάλυψη f

discredit [dɪs'kredɪt] vt (person, group)
δυσφημώ • (claim, idea) καταρρίπτω

discreet [dɪs'kriːt] adj διακριτικός

discrepancy [dɪs'krepənsɪ] n
διαφορά f

discretion [dɪs'kreʃən] n
διακριτικότητα f • **at the ~ of** στη
διακριτική ευχέρεια +gen

discriminate [dɪs'krɪmɪneɪt] vi **to
~ between** κάνω διάκριση
ανάμεσα • **to ~ against sb** κάνω
διακρίσεις εις βάρος κου •
discrimination n (= bias)
διάκριση fpl • (= discernment) κρίση f

discuss [dɪs'kʌs] vt (= talk over)
συζητώ • (= analyse) αναπτύσσω
~ion n συζήτηση f

disease [dɪ'ziːz] n ασθένεια f

disgrace [dɪs'greɪs] n ντροπή f ◆ vt
ντροπιάζω • **~ful** adj επαίσχυντος

disgruntled [dɪs'grʌntld] adj
δυσαρεστημένος

disguise [dɪs'gaɪz] n μεταμφίεση f
◆ vt (person, object) ντύνω • **to ~ (as)**
μεταμφιέζω σε • **in
~** μεταμφιεσμένος

disgust [dɪs'gʌst] n αηδία f ◆ vt
αηδιάζω • **~ing** adj (food etc)
αηδιαστικός • (behaviour etc)
σκανδαλώδης

dish [dɪʃ] n πιάτο nt • (also **satellite
dish**) • δορυφορική κεραία f • **to do** or
wash the ~es πλένω τα πιάτα •
~ out vt (food) σερβίρω • (advice)
δίνω απλόχερα • (money) σκορπάω

dishonest [dɪs'ɒnɪst] adj ανέντιμος

dishwasher ['dɪʃwɒʃə] n πλυντήριο
nt πιάτων

disintegrate [dɪs'ɪntɪgreɪt] vi
διαλύομαι

disk [dɪsk] (COMPUT) n (= hard disk)
δίσκος m • (= floppy disk) δισκέτα f •
single-/double-sided ~ δισκέτα
μιας/δύο πλευρών

dislike [dɪsˈlaɪk] n αντιπάθεια f ♦ vt αντιπαθώ

dismal [ˈdɪzml] adj (weather, mood) μελαγχολικός · (failure) θλιβερός

dismantle [dɪsˈmæntl] vt διαλύω

dismay [dɪsˈmeɪ] n μεγάλη ανησυχία f ♦ vt στεναχωρώ

dismiss [dɪsˈmɪs] vt (worker, soldiers) απολύω · (JUR: case) παραγράφω · (possibility, idea) παραβλέπω · **~al** n (= sacking) απόλυση f

disorder [dɪsˈɔːdəʳ] n (= untidiness) ακαταστασία f · (= rioting) αναταραχές fpl · (MED) διαταραχή f

dispatch [dɪsˈpætʃ] vt (message, goods) αποστέλλω · (= deal with: business) διεκπεραιώνω ♦ n (= sending) αποστολή f · (PRESS) ανταπόκριση fpl · (MIL) μήνυμα nt

dispel [dɪsˈpɛl] vt διαλύω

dispense [dɪsˈpɛns] vt (medicines) χορηγώ · (advice) προσφέρω · **~ with** vt fus κάνω χωρίς · **~r** n αυτόματος πωλητής m

disperse [dɪsˈpɜːs] vt (objects) σκορπίζω · (crowd etc) διαλύω ♦ vi (crowd) διαλύομαι

display [dɪsˈpleɪ] n (in shop) έκθεση f · (= exhibition) επίδειξη f · (of feeling) εκδήλωση f · (COMPUT, TECH) οθόνη f ♦ vt (= show) εκθέτω · (ostentatiously) επιδεικνύω · (results, departure times) αναρτώ

disposable [dɪsˈpəuzəbl] adj μιας χρήσης · **~ income** n διαθέσιμο εισόδημα

disposal [dɪsˈpəuzl] n (of rubbish) καταστροφή f · **at one's ~** στη διάθεση σου

dispose [dɪsˈpəuz] · **~ of** vt fus (= get rid of) πετάω · (= deal with) τελειώνω με · **disposition** n (= nature) ιδιοσυγκρασία f · (= inclination) προδιάθεση f

disproportionate [dɪsprəˈpɔːʃənət] adj δυσανάλογος

dispute [dɪsˈpjuːt] n (domestic)

καυγάς m · (also **industrial ~**) εργατικές διαφορές fpl · (POL, MIL) διαφορά f ♦ vt (fact, statement) αμφισβητώ · (ownership etc) διεκδικώ

disregard [dɪsrɪˈgɑːd] vt αγνοώ ♦ n **~ (for)** αδιαφορία (για)

disrupt [dɪsˈrʌpt] vt (plans) αναστατώνω · (conversation, proceedings) διακόπτω · **~ion** n (= interruption) διακοπή f · (= disturbance) ενόχληση f

dissatisfaction [dɪssætɪsˈfækʃən] n δυσαρέσκεια f

dissatisfied [dɪsˈsætɪsfaɪd] adj που δεν έχει ικανοποιηθεί

dissent [dɪˈsɛnt] n διαφωνία f

dissertation [dɪsəˈteɪʃən] n διατριβή f

dissolve [dɪˈzɔlv] vt (in liquid) διαλύω · (organization, marriage) διαλύομαι ♦ vi διαλύομαι

distance [ˈdɪstns] n απόσταση f **to ~ o.s. (from)** απομακρύνομαι (από) · **in the ~** στο βάθος

distant [ˈdɪstnt] adj (place, time) μακρινός · (manner) απόμακρος

distillery [dɪsˈtɪləri] n αποστακτήριο nt

distinct [dɪsˈtɪŋkt] adj (= different) διαφορετικός · (= clear) ξεκάθαρος · (= unmistakable) σαφής · **~ion** n (= difference) διαφορά f · (= act of keeping apart) διάκριση f · (= honour) τιμή f · (in exam) διάκριση f · **~ive** adj χαρακτηριστικός · (features) διακριτικός

distinguish [dɪsˈtɪŋgwɪʃ] vt (= differentiate) ξεχωρίζω · (= identify: details etc) διακρίνω · **to ~ between** ξεχωρίζω μεταξύ · **to ~ o.s.** (in battle etc) διακρίνομαι · **~ed** adj (= eminent) διακεκριμένος

distort [dɪsˈtɔːt] vt (argument) παραποιώ · (account, news) διαστρεβλώνω · (sound, shape) παραμορφώνω

distract [dɪsˈtrækt] vt αποσπώ · **~ed** adj αφηρημένος · **~ion** n (= diversion) περισπασμός m ·

(= amusement) διασκέδαση f

distraught [dɪs'trɔːt] adj τρελός

distress [dɪs'trɛs] n άγχος nt ♦ vt στενοχωρώ • **~ing** adj οδυνηρός

distribute [dɪs'trɪbjuːt] vt μοιράζω • **distribution** n (of goods) διανομή f • (of profits etc) κατανομή f • **distributor** n (COMM) αποκλειστικός αντιπρόσωπος m

district ['dɪstrɪkt] n (of country) περιοχή f • (of town) συνοικία f • (ADMIN) (διοικητική) περιφέρεια f • **~ attorney** (US: JUR) n εισαγγελέας mf

distrust [dɪs'trʌst] n δυσπιστία f ♦ vt δεν εμπιστεύομαι

disturb [dɪs'tɜːb] vt ενοχλώ • (= rearrange) ταράζω • (= inconvenience) αναστατώνω • **~ance** n (= upheaval) διαταραχή f • (political etc) αναταραχή f • (violent event) φασαρία f • **~ed** adj (= worried, upset) αναστατωμένος • **emotionally ~ed** άτομο με ψυχολογικά προβλήματα • **~ing** adj συνταρακτικός

ditch [dɪtʃ] n (at roadside) χαντάκι nt • (also **irrigation ~**) αυλάκι nt

ditto ['dɪtəʊ] adv ομοίως

dive [daɪv] n (from board) βουτιά nt • (underwater) κατάδυση f • (pej: place) κουτούκι nt ♦ vi (swimmer: into water) κάνω βουτιές • (: under water) βουτάω • (fish, bird) βουτάω • **~r** n αυτός που κάνει καταδύσεις • (also **deep-sea ~r**) δύτης m

diverse [daɪ'vɜːs] adj ανομοιογενής • (forms, interests) ποικίλος

diversion [daɪ'vɜːʃən] n (BRIT: AUT) παράκαμψη f • (= distraction) διάλειμμα nt • (of funds) διαφοροποίηση f

diversity [daɪ'vɜːsɪtɪ] n ποικιλία f

divert [daɪ'vɜːt] vt (funds) μετατρέπω • (sb's attention) στρέφω αλλού • (= reroute) αλλάζω την πορεία +gen

divide [dɪ'vaɪd] vt (= separate)

χωρίζω • (MATH) διαιρώ • (= share out) μοιράζω ♦ vi (cells etc) διαιρούμαι • (road, people) χωρίζομαι ♦ n χάσμα nt

divine [dɪ'vaɪn] adj (REL) θεϊκός • (fig) θεσπέσιος

diving ['daɪvɪŋ] n (underwater) κατάδυση f • (from board) βουτιά f • (SPORT) καταδύσεις fpl • **~ board** n σανίδα f για βουτιές • (SPORT) εξέδρα f καταδύσεων

division [dɪ'vɪʒən] n (of cells etc) διάσπαση f • (MATH) διαίρεση f • (= sharing out) κατανομή f • (= department) τμήμα nt • (COMM) τμήμα nt • (esp FOOTBALL) κατηγορία f

divorce [dɪ'vɔːs] n διαζύγιο nt ♦ vt (spouse) χωρίζω • (= dissociate) διαχωρίζω • **~d** adj χωρισμένος • n διαζευγμένος/η m/f

DIY (BRIT) n abbr = **do-it-yourself**

dizzy ['dɪzɪ] adj **to feel ~** ζαλίζομαι

DJ n abbr = **disc jockey**

DNA n abbr = (**deoxyribonucleic acid**) DNA nt inv

KEYWORD

do [duː] (pt **did**, pp **done**) n (inf: = party) γλέντι nt ♦ aux vb (in negative constructions: not translated) δεν • **I don't understand** δεν καταλαβαίνω • **she doesn't want it** δεν το θέλει (a) (to form questions: not translated) **did you know?** το ήξερες; • **what do you think?** πώς σου φαίνεται; • **why didn't you come?** γιατί δεν ήρθατε; (b) (for emphasis, in polite expressions) **people DO make mistakes sometimes** οι άνθρωποι κάνουν και λάθη καμιά φορά • **she DOES seem rather late** μάλλον έχει αργήσει • **DO sit down/help yourself** καθήστε/σερβιριστείτε • **oh DO shut up!** βούλωσ'το πια! (c) (used to avoid repeating vb) **she swims better than I do** κολυμπάει καλύτερα από μένα • **do you agree? – yes, I do/no, I don't**

συμφωνείτε; - ναι, συμφωνώ/όχι, δεν συμφωνώ • **she lives in Glasgow - so do I** μένει στη Γλασκώβη - κι εγώ το ίδιο • **he didn't like it and neither did we** δεν του άρεσε, ούτε και σ'εμάς • **who made this mess?** ποιος έκανε όλη αυτή την ακαταστασία; - εγώ • **he asked me to help me and I did** μου ζήτησε να τον βοηθήσω και τον βοήθησα

(d) (in question tags) ε • **you like him, don't you?** σ' αρέσει, ε; • **he laughed, didn't he?** γέλασε, ε; δεν γέλασε; • **I don't know him, do I?** δεν τον ξέρω, ε; ♦ vt (a) (= carry out, perform etc) κάνω • **what do you do (for a living)?** τι δουλειά κάνεις; • **what can I do for you?** τι μπορώ να κάνω για σας; • **to do the cooking/washing-up** μαγειρεύω/ πλένω τα πιάτα • **to do one's hair/ nails** φτιάχνω τα μαλλιά/ νύχια μου

(b) (AUT etc) **the car was doing 100** το αυτοκίνητο έτρεχε με 100 • **we've done 200 km already** έχουμε ήδη κάνει 200 χλμ. • **he can do 100 mph in that car** μπορεί να πιάσει 100 μίλια την ώρα μ'αυτό το αυτοκίνητο

♦ vi (a) (= act, behave) κάνω

(b) (= get on) πάω • **how do you do?** χαίρω πολύ

(c) (= suit) **I need a pen - will this one do?** θέλω ένα στυλό; - κάνει αυτό;

(d) (= be sufficient) φτάνει • **that'll do** φτάνει αυτό • **that'll DO!** (in annoyance) αρκετά! • **to make do (with)** τα βολεύω (με)

do up vt fus (dress, buttons) κουμπώνω • (laces) δένω • (= renovate) φτιάχνω

do with vt fus (= need) **I could do with a drink/some help** δεν θα'λεγα όχι για ένα ποτό/λίγη βοήθεια • (= be connected) έχω σχέση με • **what has it got to do**

with you? τι σχέση έχει αυτό με σένα;

do without vt fus κάνω χωρίς

---

dock [dɔk] n (NAUT) αποβάθρα f • (JUR) εδώλιο nt ♦ vi (NAUT) μπαίνω στην αποβάθρα

▶**docks** npl (NAUT) λιμάνι nt

doctor ['dɔktə*] n (MED) γιατρός mf • (= PhD etc) διδάκτορας mf

document n ['dɔkjumənt] vb ['dɔkjument] n έγγραφο nt ♦ vt τεκμηριώνω • **~ary** adj (evidence) αποδεικτικός ♦ n ντοκιμαντέρ nt inv • **~ation** n έγγραφα ntpl

dodge [dɔdʒ] n κόλπο nt ♦ vt αποφεύγω ♦ vi κάνω στην άκρη

dodgy ['dɔdʒɪ] (inf) adj (uncertain) αβέβαιος

does [dʌz] vb see do • **~n't** = does not

dog [dɔg] n σκύλος m ♦ vt (person) παίρνω από πίσω (σαν σκυλί) • (bad luck) κατατρέχω

do-it-yourself ['duːɪtjɔː'self] n μαστορέματα ntpl

dole [dəul] (BRIT: inf) n (payment) επίδομα nt ανεργίας • **to be on the ~** παίρνω επίδομα ανεργίας • **~ out** vt μοιράζω με το σταγονόμετρο

doll [dɔl] n κούκλα f

dollar ['dɔlə*] n δολάριο nt

dolphin ['dɔlfɪn] n δελφίνι nt

dome [dəum] n θόλος m

domestic [də'mestɪk] adj (= of country) εσωτερικός • (= of home) του σπιτιού • (appliances) οικιακός • (animal) κατοικίδιος

dominant ['dɔmɪnənt] adj (share, part) κύριος • (role) κυρίαρχος • (partner) που υπεριαχύει

dominate ['dɔmɪneɪt] vt κυριαρχώ σε

Dominican Republic [dəmɪnɪkənrɪ'pʌblɪk] n **the ~** η Δομινικανή Δημοκρατία

domino ['dɔmɪnəu] (pl **-es**) n ντόμινο nt inv

donate [dəˈneɪt] *vt* **to ~ (to)** δωρίζω
(σε) • **donation** *n* (*act of giving*)
δωρεά *f* • (= *contribution*) εισφορά *f*

done [dʌn] *pp* of **do**

donkey [ˈdɒŋki] *n* γάιδαρος *m*

donor [ˈdəʊnəʳ] *n* (MED) δωρητής *m*

don't [dəʊnt] = **do not**

donut [ˈdəʊnʌt] (US) *n* = **doughnut**

doom [duːm] *n* (= *fate*) μοίρα *f* ♦ *vt*
to be ~ed to failure είμαι
καταδικασμένος σε αποτυχία

door [dɔːʳ] *n* πόρτα *f* • ~**bell** *n*
κουδούνι *nt* της πόρτας • ~**step** *n*
κατώφλι *nt* • **on the ~step** στην
πόρτα μου • ~**way** *n* κατώφλι *nt*

dope [dəʊp] *n* (*inf*: *illegal drug*)
πρέζα *f* • (: = *person*) βλάκας *m* ♦ *vt*
ντοπάρω

dormitory [ˈdɔːmɪtrɪ] *n* (*room*)
θάλαμος *m* • (US: *building*) φοιτητική
εστία *f*

dosage [ˈdəʊsɪdʒ] *n* δοσολογία *f*

dose [dəʊs] *n* (*of medicine*) δόση *f* •
(BRIT: = *bout*) κρίση *f* ♦ *vt* **to ~ o.s.**
παίρνω φάρμακα

dot [dɒt] *n* (= *small round mark*)
τελεία *f* • (= *speck, spot*) κουκίδα *f*
♦ *vt* ~**ted with** σπαρμένος με • **on
the ~** ακριβώς (στην ώρα)

double [ˈdʌbl] (*share, size*)
διπλάσιος • *adv* (*to cost* = *κοστίζω*)
τα διπλά ♦ *n* (*offer*) σωσίας *m* ♦ *vt*
διπλασιάζω • **to ~ as** χρησιμεύω
και για • ~ **up** (= *bend over*)
διπλώνομαι • (= *share room*)
μοιράζομαι το χώρο • ~ **bed** *n* διπλό
κρεβάτι *nt* • ~ **glazing** (BRIT) *n*
διπλά τζάμια *ntpl* • ~ **room** *n* διπλό
δωμάτιο *nt* • ~**S** (TENNIS) *n* διπλό *nt*

doubt [daʊt] *n* αμφιβολία *f* ♦ *vt*
(= *disbelieve*) αμφιβάλλω • (= *mistrust,
suspect*) έχω αμφιβολίες για • ~**ful**
adj (*fact*) αβέβαιος • (*person*) που
έχει τις αμφιβολίες του • ~**less** *adv*
πιθανότατα

dough [dəʊ] *n* (CULIN) ζύμη *f* • ~**nut**

dove [dʌv] *n* περιστέρι *nt*

down [daʊn] *n* πούπουλα *ntpl*
(= *hill*) λοφάκι *nt* ♦ *adv* κάτω ♦ *prep*
(= *towards lower level*) κάτω σε •
(*movement along*) (κάτω) σε ♦ *vt* (*inf*:
drink) κατεβάζω στα γρήγορα •
England are two goals ~ η Αγγλία
χάνει με δυο γκολ διαφορά • ~ **with
X!** κάτω ο X! • ~**-and-out** *n*
αλήτης/ισσα *m/f* • ~**fall** *n* πτώση *f* •
~**hill** *adv* **to go ~hill** προχωράω
στην κατηφόρα • (*fig*) παίρνω την
κάτω βόλτα • **Downing Street**
(BRIT: POL) *n* **10 D~ing Street**
Ντάουνιγκ Στρητ (*κατοικία του
πρωθυπουργού της Βρετανίας*) •
~**load** (COMPUT) *n* διαβιβάζω •
~**right** *adj* ολοφάνερος ♦ *adv*
εντελώς • **Down's syndrome** *n*
σύνδρομο *m* Ντάουν • ~**stairs** *adv*
(= *below*) στον κάτω όροφο •
(= *downwards*) κάτω • ~ (= *on or to
ground floor*) στο ισόγειο • (= *on or to
floor below*) στο κάτω πάτωμα •
~**town** *adv* στο κέντρο ♦ *adj* (US)
~**town Chicago** στο κέντρο του
Σικάγου • **~ under** *adv* στην
Αυστραλία και στη Νέα Ζηλανδία •
~**ward** *adj* (*slope*) κατηφορικός •
(*movement*) προς τα κάτω ♦ *adv*
προς τα κάτω • **a ~ward trend** μια
καθοδική τάση • ~**wards** *adv* =
downward

doz. *abbr* = **dozen**

dozen [ˈdʌzn] *n* ντουζίνα *f* • **a ~
books** μια δωδεκάδα βιβλία • ~**s
of** δεκάδες

Dr. *abbr* = **doctor**

drab [dræb] *adj* άχαρος

draft [drɑːft] *n* (*first version*)
πρόχειρο σχέδιο *nt* • (US: = *call-up*)
επιστράτευση *f* ♦ *vt* (= *plan*)
ετοιμάζω σχέδιο για • (= *write
roughly*) συντάσσω πρόχειρα • *see
also* **draught**

drag [dræg] *vt* (*bundle, person*) σέρνω
♦ *vi* (*time*) σέρνομαι ♦ *n* (*inf*: = *bore*)

βαρεμάρα f · (= women's clothing) **in** ~ με γυναικεία ρούχα · ~ **on** vt τραβάω σε μάκρος

dragon ['drægn] n δράκος m

drain [dreɪn] n (in street) υπόνομος m · (fig) αραίμαξη f ♦ vt (land, pond) αποξηραίνω · (vegetables, glass) στραγγίζω ♦ vi (liquid) διοχετεύομαι · **to feel ~ed (of energy/emotion)** νιώθω εξαντλημένος/εξουθενωμένος · **~age** n (system: on land) αποστραγγιστικό δίκτυο nt · (in town) αποχετευτικό σύστημα nt · (process) αποστράγγιση f

drama ['drɑːmə] n (art) δράμα nt · (= play) θεατρικό έργο nt · (= excitement) τραγική κατάσταση f · **~tic** adj (= marked, sudden) δραστικός · (= theatrical) δραματικός

drank [dræŋk] pt of **drink**

drapes [dreɪps] (US) npl κουρτίνες fpl

drastic ['dræstɪk] adj δραστικός

draught [drɑːft] (US **draft**) n (of air) ρεύμα nt · **on** ~ (beer) από το βαρέλι

draw [drɔː] (pt **drew**, pp **~n**) vt (ART, TECH) σχεδιάζω · (cart, curtain) τραβάω · (gun, tooth) βγάζω · (money) αποσύρω · (conclusion) βγάζω ♦ vi (ART, TECH) σχεδιάζω · (SPORT) κληρώνομαι ♦ n (SPORT) ισοπαλία f · (= lottery) λοταρία f · **to ~ near** πλησιάζω · ~ **back** n (= move back) **to ~ back (from)** κάνω πίσω (από) · ~ **on** vt (resources) αντλώ από · (imagination, knowledge) επικαλούμαι · ~ **out** vt (money: from bank) αποσύρω ♦ vt (in car etc) σταματάω ♦ vt (chair etc) βάζω στη γραμμή · (document) συντάσσω · **~back** n μειονέκτημα nt · **~er** n συρτάρι nt · **~ing** n σχέδιο nt · **~ing room** n σαλόνι nt · **~n** pp of **draw** ♦ adj (= haggard) καταβεβλημένος

dread [dred] n τρόμος m ♦ vt τρέμω · **~ful** adj φρικτός

dream [driːm] (pt, pp **~ed** or **~t**) n όνειρο nt ♦ vt ονειρεύομαι ♦ vi

ονειρεύομαι · **to ~ of doing sth** ονειρεύομαι (να κάνω) κτ · ~ **up** vt σκαρφίζομαι · **~er** n αυτός που βλέπει όνειρα · (fig) ονειροπόλος mf

dreamt [dremt] pt, pp of **dream**

dreary ['drɪərɪ] adj (weather) μουντός

dress [dres] n φόρεμα nt · (no pl: = clothing) ρούχα ntpl ♦ vt (child) ντύνω · (wound) δένω ♦ vi ντύνομαι · **to get ~ed** ντύνομαι · ~ **up** vi βάζω τα καλά μου · (in fancy dress) μεταμφιέζομαι σε · **~er** n (BRIT: = cupboard) μπουφές m · (US: = chest of drawers) τουαλέτα f (έπιπλο) · **~ing** n (MED) επίδεση f · (CULIN: for salad) σάλτσα f · **~ing gown** (BRIT) n ρόμπα f · **~ing room** n (THEAT) καμαρίνι nt · (SPORT) αποδυτήρια ntpl · **~ing table** n τουαλέτα f (έπιπλο)

drew [druː] pt of **draw**

dribble ['drɪbl] vi (= trickle) πέφτω · (liquid) στάζω · (baby) βγάζω σάλια ♦ vt (SPORT) ντριμπλάρω

dried [draɪd] adj (fruit) αποξηραμένος · (eggs, milk) σε σκόνη

drier ['draɪə'] n = **dryer**

drift [drɪft] n (of current etc) ρεύμα nt · (of snow) σωρός m · (= meaning) ειρμός m ♦ vi (boat) παρασύρομαι από το ρεύμα · (sand, snow) συσσωρεύομαι · **to ~ apart** (friends, lovers) απομακρύνομαι (ο ένας απ'τον άλλο)

drill [drɪl] n (of dentist) τροχός m · (MIL) άσκηση f ♦ vt (hole) ανοίγω με τρυπάνι · (troops) εκπαιδεύω ♦ vi (for oil) κάνω γεώτρηση

drink [drɪŋk] (pt **drank**, pp **drunk**) n ποτό nt · (= sip) γουλιά f · vt πίνω ♦ vi πίνω · ~ ~**driving** n οδήγηση f υπό την επήρεια αλκοόλ · **~er** n (of alcohol) πότης m · **~ing water** n πόσιμο νερό nt

drip [drɪp] n (= dripping, noise) στάξιμο nt · (MED) ορρός m ♦ vi (water, rain) πέφτω στάλα-στάλα ·

(tap, washing) στάζω

drive [draɪv] *(pt* **drove**, *pp* **~n)** *n* (= journey) ταξίδι nt (με το αυτοκίνητο) • *(also* **~way**) δρόμος *m* • (= energy) ορμή *f* • (= campaign) εκστρατεία *f* • *(SPORT)* ντράιβ nt inv • *(COMPUT: also* **disk** ~) οδηγός *m* δίσκου ♦ *vt* (vehicle) οδηγώ • *(TECH: machine, motor)* τροφοδοτώ • (nail, stake etc) **to ~ sth into sth** χώνω κτ σε κτ • (= incite, encourage) παρακινώ ♦ *vi* (AUT: at controls) οδηγώ • *(travel)* πηγαίνω με το αυτοκίνητο • **left-/ right-hand ~ car** (AUT) αριστεροτίμονο/δεξιοτίμονο αυτοκίνητο • **to ~ sb mad** τρελαίνω κν • **what are you driving at?** τι επιδιώκετε; • **~ out** vt διώχνω • **~-in** *(esp US)* adj υπαίθριος *(για αυτοκίνητα)* ♦ *n* ντράιβ ιν nt inv

driven ['drɪvn] *pp of* **drive**

driver ['draɪvə*] *n* οδηγός *mf* • **~'s license** (US) *n* άδεια *f* οδήγησης

driveway ['draɪvweɪ] *n* ιδιωτικός δρόμος *m*

driving ['draɪvɪŋ] *n* οδήγηση *f* • **~ licence** (BRIT) *n* άδεια *f* οδήγησης

drizzle ['drɪzl] *n* ψιχάλα *f* ♦ *vi* ψιχαλίζω

drop [drɒp] *n* (of water etc) σταγόνα *f* • (= reduction) πτώση *f* • (distance) ύψος nt ♦ *vt* (object: intentionally) ρίχνω • (accidentally) **~ sth** μου πέφτει κτ • (voice, eyes) χαμηλώνω • (= reduce: price) ρίχνω • (= set down from car) αφήνω ♦ *vi* (object, wind) πέφτω

▶ **drops** npl *(MED)* (clothes) σταγόνα fpl • ~ **in** (inf) vi **to ~ in (on sb)** περνάω (από κν) • ~ **off** vi παίρνω έναν υπνάκο ♦ *vt* (passenger) αφήνω • ~ **out** vi (= withdraw) τα παρατάω • (student) διακόπτω

drought [draut] *n* ξηρασία *f*

drove [drəuv] *pt of* **drive**

drown [draun] *vt* (kill) πνίγω • (fig: also ~ **out**) πνίγω ♦ *vi* πνίγομαι

drug [drʌg] *n* (MED) φάρμακο nt • (= narcotic) ναρκωτικό nt ♦ *vt* (person, animal) ναρκώνω • **to be on ~s** παίρνω ναρκωτικά • ~ **addict** *n* ναρκομανής *mf* • ~**store** (US) *n* φαρμακείο με εμπορικά είδη και εστιατόριο

drum [drʌm] *n* (MUS: in classical orchestra) τύμπανο nt • (: in band) ταμπούρλο nt • (for oil, petrol) βαρέλι nt ♦ *vi* (rain etc) χτυπάω ρυθμικά • (with fingers) παίζω ταμπούρλο

▶ **drums** npl ντραμς ntpl inv • ~ **up** vt ξεσηκώνω • ~**mer** *n* (orchestra) τυμπανιστής/τρια *m/f* • (rock band) ντράμερ *mf inv*

drunk [drʌŋk] *pp of* **drink** ♦ *adj* μεθυσμένος • *n* αλκοολικός/ή *m/f* • **to get ~** μεθάω • ~**en** adj (laughter, party) μεθυσμένων • (person) μεθυσμένος

dry [draɪ] adj (clothes) στεγνός • (skin) ξηρός • (climate, weather) στεγνός • (ground) ξερός • (wine) ξηρός • (lecture, subject) στεγνός ♦ *vt* (clothes) στεγνώνω • (ground) ξεραίνω • (tears etc) σκουπίζω ♦ *vi* (paint, washing etc) στεγνώνω • ~ **up** vi (river, well) στερεύω • (in speech) στερεύω (ξεχνώ τι θέλω να πω) • ~**er** *n* (for clothes) στεγνωτήριο nt • (US: = spin-dryer) φυγόκεντρο στεγνωτήριο nt

DSS (BRIT) *n abbr* (= Department of Social Security) ≈ Ι.Κ.Α.

dual ['djuəl] adj διπλός

dubious ['djuːbɪəs] adj ύποπτος

duck [dʌk] *n* πάπια *f* ♦ *vi* (also ~ **down**) σκύβω ♦ *vt* αποφεύγω

due [djuː] adj (= expected) που αναμένεται • (= owed) χρωστούμενος • (= proper) δέων • *n* **to give sb his** (or **her**) ~ για να πούμε και του στραβού το δίκιο ♦ adv • **north** στα βόρεια • **in ~ course** (= eventually) με τον καιρό • **to ~** λόγω +gen

▶ **dues** npl (for club, union) συνδρομή

f · (in harbour) τέλη ntpl

duel ['djuəl] n μονομαχία f

duet [dju:'et] n ντουέτο n

dug [dʌg] pt, pp of **dig**

duke [dju:k] n δούκας m

dull [dʌl] adj (light) θαμπός · (event) βαρετός · (sound) υπόκωφος · (pain) ελαφρός · (weather, day) μουντός ◆ vt (pain, grief) απαλύνω · (mind, senses) αμβλύνω

dumb [dʌm] adj (= mute) μουγκός · (= silent) βουβός · (pej: = stupid) ηλίθιος

dummy ['dʌmɪ] n (= tailor's model) κούκλα f · (BRIT: for baby) πιπίλα f ◆ adj άσφαιρος

dump [dʌmp] n (also **rubbish ~**) σκουπιδότοπος m · (inf: place) αχούρι nt · (MIL) αποθήκη f ◆ vt πετάω · (COMPUT: place) αποτυπώνω

dune [dju:n] n αμμόλοφος m

dungeon ['dʌndʒən] n μπουντρούμι nt

duplicate n ['dju:plɪkət] vb ['dju:plɪkeɪt] n (of document etc) ακριβές αντίγραφο nt · (of key) αντικλείδι nt ◆ vt (= copy) αντιγράφω · (= repeat) επαναλαμβάνω

durable ['djuərəbl] adj (materials) ανθεκτικός · (goods) διαρκής

duration [djuə'reɪʃən] n διάρκεια f

during ['djuərɪŋ] prep κατά τη διάρκεια +gen

dusk [dʌsk] n σούρουπο nt

dust [dʌst] n σκόνη f ◆ vt ξεσκονίζω · **~bin** (BRIT) n σκουπιδοτενεκές m · **~y** adj (road) γεμάτος σκόνη · (furniture) σκονισμένος

Dutch [dʌtʃ] adj ολλανδικός ◆ n (LING) ολλανδικά ntpl ◆ adv to go ~ (inf) πάω ρεφενέ

▶ **the Dutch** npl οι Ολλανδοί · **~man** (irreg) n Ολλανδός m · **~woman** (irreg) n Ολλανδέζα f

duty ['dju:tɪ] n (= responsibility) καθήκον nt · (= tax) φόρος m · (at Customs, exports etc) δασμός m · **on**

~ (policeman, nurse) σε υπηρεσία · **off** ~ εκτός υπηρεσίας

▶ **duties** npl καθήκοντα ntpl · **~-free** adj αφορολόγητος

duvet ['du:veɪ] (BRIT) n πάπλωμα nt

DVD n abbr (= digital versatile or video disc) ψηφιακός βιντεοδίσκος m · **~ player** Ντι-Βι-Ντι nt inv

dwarf [dwɔ:f] (pl **dwarves**) n νάνος m ◆ vt επισκιάζω

dwell [dwel] (pt, pp **dwelt**) vi κατοικώ · **~ on** nt fus στέκομαι σε

dye [daɪ] n βαφή f ◆ vt βάφω

dying ['daɪɪŋ] adj ετοιμοθάνατος

dynamic [daɪ'næmɪk] adj (leader) δυναμικός · (force) πανίσχυρος

dynamite ['daɪnəmaɪt] n δυναμίτης m

dyslexia [dɪs'leksɪə] n δυσλεξία f · **dyslexic** [dɪs'leksɪk] adj δυσλεκτικός ◆ n δυσλεξικός/ή m/f

E e

E, e [i:] n το πέμπτο γράμμα του αγγλικού αλφαβήτου

each [i:tʃ] adj κάθε inv ◆ pron καθένας m (καθεμία f) (καθένα nt) · ~ **other** ο ένας m τον άλλον (η μια f την άλλη) (το ένα nt το άλλο) · **they love ~ other** αγαπούν ο ένας τον άλλον · **they have 2 books ~** έχουν 2 βιβλία ο καθένας · ~ **of us** καθένας από εμάς

eager ['i:gə] adj (= keen) πρόθυμος · **to be ~ to do sth** είμαι πρόθυμος να κάνω κτ · **to be ~ for** ανυπομονώ για

eagle ['i:gl] n αετός m

ear [ɪə] n (ANAT) αυτί nt · (of corn) στάχυ nt

earl [ə:l] (BRIT) n κόμης m

earlier ['ə:lɪə] adj προηγούμενος ◆ adv (leave, go etc) νωρίτερα

early ['ə:lɪ] adv (in day) νωρίτερα · (in month etc) στην αρχή · (= ahead of

time) νωρίτερα ♦ *adj (work, hours)* πρώτος · *(Christians, settlers)* πρώτος · *(death, departure)* πρόωρος · **to have an ~ night** πάω νωρίς για ύπνο · **in the** *~ or ~* **in the spring/ 19th century** στις αρχές της άνοιξης/του 19ου αιώνα · **she's in her ~ forties** μόλις πέρασε τα σαράντα · ~ **retirement** *n* **to take ~ retirement** παίρνω πρόωρη σύνταξη

earn [əːn] *vt (salary)* παίρνω · *(money)* βγάζω · *(COMM: interest)* κερδίζω · *(praise etc)* αξίζω

earnest ['əːnɪst] *adj (wish, desire)* ολόψυχος · *(person, manner)* σοβαρός

earnings ['əːnɪŋz] *npl (personal)* αποδοχές *fpl* · *(of company etc)* κέρδη *ntpl*

earth [əːθ] *n* γη *f* · *(= soil)* χώμα *nt* · *(BRIT: ELEC)* γείωση *f* ♦ *vt (BRIT: ELEC)* γειώνω · ~**quake** *n* σεισμός *m*

ease [iːz] *n (= easiness)* ευκολία *f* · *(= comfort)* άνεση *f* ♦ *vt (pain)* καταπραΰνω · *(tension, problem)* μετριάζω ♦ *vi (situation)* ηρεμώ · *(pain, grief)* καταλαγιάζω · **to ~ sth in/out** βάζω/βγάζω κτ με προσοχή · ~ **off** *vi (= lessen)* κοπάζω · *(= slow down)* επιβραδύνω · ~ **up** *vi* = **ease off**

easily ['iːzɪlɪ] *adv (= without difficulty)* εύκολα · *(= by far)* χωρίς αμφιβολία · *(= possibly)* κάλλιστα

east [iːst] *n (= direction)* ανατολή *f* · *(of country, town)* ανατολικά *ntpl* ♦ *adj* ανατολικός ♦ *adv* ανατολικά · **the E~** *(also POL)* η Ανατολή

Easter ['iːstəʳ] *n* Πάσχα *nt inv* ♦ *adj* πασχαλινός

eastern ['iːstən] *adj* ανατολικός

easy ['iːzɪ] *adj (= simple)* εύκολος · *(= relaxed)* άνετος · *(victim, prey)* εύκολος ♦ *adv* **to take it ~** *or* **things ~** *(= go slowly)* κάνω με το πάσο μου · *(= not worry)* δεν ανησυχώ · *(= rest)* ξεκουράζομαι · ~~**going** *adj* βολικός

eat [iːt] *(pt* **ate***, pp* ~**en***) vt* τρώω ♦ *vi* τρώω · ~ **away** *at vt fus (fig: savings)* τρώω · ~ **into** *vt fus* = **eat away at** · ~ **out** *vi* τρώω έξω · ~ **up** *vt (food)* τρώω όλο · *(fig)* τρώω

e-business ['iːbɪznɪs] *n* ηλεκτρονικό εμπόριο *nt*

eccentric [ɪk'sɛntrɪk] *adj* εκκεντρικός ♦ *n* εκκεντρικό(ς) *m/f*

echo ['ɛkəʊ] *(pl* ~**es***) n* ηχώ *f* ♦ *vt (= repeat)* επαναλαμβάνω ♦ *vi* αντηχώ

eclipse [ɪ'klɪps] *n* έκλειψη *f* ♦ *vt (competitor, rival)* επισκιάζω

eco-friendly ['iːkəʊfrɛndlɪ] *adj* φιλικός προς το περιβάλλον

ecological [iːkə'lɔdʒɪkəl] *adj* οικολογικός

ecology [ɪ'kɔlədʒɪ] *n* οικολογική ισορροπία *f*

e-commerce ['iːkɔməːs] *n* ηλεκτρονικό εμπόριο *nt*

economic [iːkə'nɔmɪk] *adj (system, history)* οικονομικός · *(business etc)* επικερδής · ~**al** *adj (system, car)* οικονομικός · *(person)* οικονόμος · ~**s** *n (SCOL)* Οικονομικά *nt* ♦ *npl (of project, situation)* οικονομική διάσταση *f*

economist [ɪ'kɔnəmɪst] *n* οικονομολόγος *mf*

economy [ɪ'kɔnəmɪ] *n* οικονομία *f* · ~ **class** *n* τουριστική θέση *f*

ecstasy ['ɛkstəsɪ] *n (= rapture)* έκσταση *f* · *(drug)* Έκσταση *f*

ecstatic [ɛk'stætɪk] *adj* έξαφρενος

Ecuador ['ɛkwədɔːʳ] *n* Ισημερινός *m*

eczema ['ɛksɪmə] *n* έκζεμα *nt*

edge [ɛdʒ] *n (of lake, road)* άκρη *f* · *(of knife etc)* κόψη *f* ♦ *vi* **to ~ forward** προχωρώ αργά · **to ~ past** περνάω στριμωχτά · **on ~** *(fig)* = **edgy** · ~**edgy** *adj* με τα νεύρα τεντωμένα

edible ['ɛdɪbl] *adj* φαγώσιμος

edit ['ɛdɪt] *vt (text, report)* διορθώνω · *(book)* επιμελούμαι · *(film, radio*

broadcast) κάνω μοντάζ σε · (*TV broadcast*) σκηνοθετώ · (*newspaper*) είμαι αρχισυντάκτης +*gen* · (*magazine*) διευθύνω · **~ion** n (*of book, newspaper*) έκδοση f · (*TV, RADIO*) επεισόδιο nt · **~or** n (*of newspaper*) συντάκτης/τρια m/f · (*of magazine*) διευθυντής/τρια m/f · (*of book*) επιμελητής/τρια m/f · (*FILM*) υπεύθυνος/η m/f μοντάζ · **foreign/ literary ~or** συντάκτης των εξωτερικών ειδήσεων/της λογοτεχνικής στήλης · **~orial** adj εκδοτικός ♦ n κύριο άρθρο nt

educate ['ɛdjukeɪt] vt (= *teach*) εκπαιδεύω · (= *instruct*) ενημερώνω

education [ɛdju'keɪʃən] n (= *knowledge, culture*) μόρφωση f · **~al** (*institution, policy*) εκπαιδευτικός · (*experience*) διδακτικός

eel [iːl] n χέλι nt

eerie ['ɪərɪ] adj απόκοσμος

effect [ɪ'fɛkt] n (= *process*) επίδραση f · (= *result*) συνέπεια f · (*of speech, picture etc*) εντύπωση f · **to take ~** (*law*) τίθεμαι σε ισχύ · (*drug*) επενεργώ · **in ~** στην πραγματικότητα

▶ **effects** npl (= *personal belongings*) υπάρχοντα ntpl · (*THEAT, CINE etc*) εφφέ ntpl inv · **~ive** adj (= *successful*) αποτελεσματικός · (= *actual: leader, command*) ενεργός · **~ively** adv (= *successfully*) αποτελεσματικά · (= *in reality*) στην πραγματικότητα

efficiency [ɪ'fɪʃənsɪ] n (*of person*) ικανότητα f · (*of organization*) αποδοτικότητα f · (*of machine*) απόδοση f

efficient [ɪ'fɪʃənt] adj (*person*) ικανός · (*organization, machine*) αποδοτικός · **~ly** adv αποδοτικά

effort ['ɛfət] n (= *endeavour, attempt*) προσπάθεια f · (= *exertion*) κόπος m · **~less** adj (*achievement*) χωρίς κόπο · (*style*) άνετος

e.g. adv abbr (= *exempli gratia*) (= *for example*) π.χ.

egg [ɛg] n αυγό nt · **~ on** vt παρακινώ

ego ['iːgəu] n εγώ nt inv

Egypt ['iːdʒɪpt] n Αίγυπτος f

eight [eɪt] num οχτώ · **~een** num δεκαοχτώ · **~eenth** num δέκατος όγδοος · **~h** num όγδοος · **~y** num ογδόντα

Eire ['ɛərə] n Ιρλανδία f

either ['aɪðə*] adj (= *one or other*) ή ο ένας ή ο άλλος · (= *both, each*) και οι δυο ♦ pron · **(of them)** κανένας (από τους δύο) ♦ adv ούτε ♦ conj **~ yes or no** ή ναι ή όχι · **no, I don't ~** όχι, ούτε εγώ...

elaborate adj [ɪ'læbərɪt] vb [ɪ'læbəreɪt] adj πολύπλοκος ♦ vt (= *expand*) αναπτύσσω · (= *refine*) επεξεργάζομαι ♦ vi **to ~ (on)** προχωρώ σε λεπτομέρειες (για)

elastic [ɪ'læstɪk] n καουτσούκ nt inv ♦ adj ελαστικός

elbow ['ɛlbəu] n αγκώνας m ♦ vt **to ~ one's way through the crowd** ανοίγω δρόμο σπρώχνοντας

elder ['ɛldə*] adj μεγαλύτερος ♦ n (*tree*) αφροξυλιά f · (pl: = *older person*) γέροντας · **~ly** adj ηλικιωμένος ♦ npl **the ~ly** οι ηλικιωμένοι

eldest ['ɛldɪst] adj μεγαλύτερος ♦ n ο/ η μεγάλος/η m/f

elect [ɪ'lɛkt] vt εκλέγω ♦ adj **the president** – ο εκλεγμένος πρόεδρος (που δεν έχει αναλάβει ακόμη καθήκοντα) · **to ~ to do** επιλέγω να κάνω · **~ion** n (= *voting*) εκλογές fpl · (= *installation*) εκλογή f

electoral [ɪ'lɛktərəl] adj εκλογικός

electorate [ɪ'lɛktərɪt] n εκλογικό σώμα nt

electric [ɪ'lɛktrɪk] adj ηλεκτρικός · **~al** adj ηλεκτρικός · **~ian** n ηλεκτρολόγος mf· **~ity** n (*energy*) ηλεκτρισμός m · (*supply*) ρεύμα nt

electronic [ɪlɛk'trɒnɪk] adj

ηλεκτρονικός • **~s** n ηλεκτρονική f

elegance ['elɪgəns] n (of person, building) κομψότητα f • (of idea, theory) απλότητα f • **elegant** adj (person, building) κομψός • (idea, theory) ραφιναρισμένος

element ['elɪmənt] n (= part) στοιχείο nt • (CHEM) στοιχείο nt • (of heater, kettle etc) αντίσταση f • **to be in one's ~** βρίσκομαι στο στοιχείο μου

elementary [elɪ'mentəri] adj (= basic) βασικός • (= primitive) στοιχειώδης • (school, education) πρωτοβάθμιος

elephant ['elɪfənt] n ελέφαντας m

elevate ['elɪveɪt] vt εξυψώνω • (physically) ανυψώνω • (in rank) προάγω

elevator ['elɪveɪtər] n (US: = lift) ασανσέρ nt inv

eleven ['lɛvn] num έντεκα • **~th** num ενδέκατος • **at the ~th hour** (fig) στο παρά πέντε

eligible ['elɪdʒəbl] adj (man, woman) ελεύθερος • **to be ~ for sth** (= entitled) δικαιούμαι κτ

eliminate [ɪ'lɪmɪneɪt] vt (candidate, team) αποκλείω • (poverty) εξαλείφω

elm [elm] n φτελιά f

eloquent ['eləkwənt] adj (speech, description) εύγλωττος • (person) εκφραστικός

else [els] adv **or ~** (= otherwise) διαφορετικά • (threatening) αλλιώς • **something ~** κάτι άλλο • **somewhere ~** κάπου αλλού • **everywhere ~** οπουδήποτε αλλού • **where ~?** πού αλλού; • **is there anything ~ I can do?** υπάρχει τίποτε άλλο να κάνω; • **everyone ~** όλοι οι άλλοι • **nobody ~ spoke** κανείς άλλος δε μίλησε • **~where** adv αλλού

elusive [ɪ'luːsɪv] adj (person, animal) δυσεύρετος • (quality) ακαθόριστος

e-mail ['iːmeɪl] n ηλεκτρονικό ταχυδρομείο nt ♦ vt **to ~ sb** στέλνω ημέιλ σε κν • **~ address** n

διεύθυνση f ηλεκτρονικού ταχυδρομείου

embankment [ɪm'bæŋkmənt] n ανάχωμα nt

embargo [ɪm'bɑːgəʊ] (pl **-es**) n εμπάργκο nt inv ♦ vt (ship) απαγορεύω τον απόπλου σε

embark [ɪm'bɑːk] vi (NAUT) **to ~ (on)** επιβιβάζομαι (σε) • **to ~ on** vt fus (journey) ξεκινάω (για) • (task, course of action) ξεκινάω

embarrass [ɪm'bærəs] vt (emotionally) κάνω να ντρέπεται • (politician, government) φέρνω σε δύσκολη θέση • **~ed** adj (laugh, silence) αμήχανος • **to be ~ed** ντρέπομαι • **~ing** adj δυσάρεστος • **~ment** n (= shame) ντροπή f • (= embarrassing problem) πονοκέφαλος m

embassy ['embəsɪ] n πρεσβεία f

embrace [ɪm'breɪs] vt (= hug) αγκαλιάζω • (= include) συμπεριλαμβάνω ♦ vi αγκαλιάζομαι ♦ n αγκάλιασμα nt

embroidery [ɪm'brɔɪdərɪ] n κέντημα nt

embryo ['embrɪəʊ] n (BIO) έμβρυο nt

emerald ['emərəld] n σμαράγδι nt

emerge [ɪ'mɜːdʒ] vi **to ~ (from)** (room, car) βγαίνω (από) • (fact: discussion etc) ανακύπτω (από)

emergency [ɪ'mɜːdʒənsɪ] n επείγον περιστατικό nt • **in an ~** σε περίπτωση ανάγκης • **~ exit** n έξοδος f κινδύνου • **~ services** npl **the ~ services** οι υπηρεσίες πρώτων βοηθειών

emigrate ['emɪgreɪt] vi μεταναστεύω • **emigration** n μετανάστευση f

eminent ['emɪnənt] adj διακεκριμένος

emit [ɪ'mɪt] vt (smoke, smell) αναδίνω • (sound, light) εκπέμπω

emotion [ɪ'məʊʃən] n συναίσθημα nt • **~al** adj (needs, issue) συναισθηματικός • (person) που αντιδρά συναισθηματικά • (tone, speech) συγκινητικός

emperor ['empərə^r] n αυτοκράτορας m

emphasis ['emfəsɪs] (pl **emphases**) n έμφαση f

emphasize ['emfəsaɪz] vt (word, point) υπογραμμίζω · (feature) τονίζω

empire ['empaɪə^r] n (also fig) αυτοκρατορία f

employ [ɪm'plɔɪ] vt (workforce, person) απασχολώ (με μισθό) · (tool, weapon) χρησιμοποιώ · ~ee n εργαζόμενος/η m/f· ~er n εργοδότης m/f· ~ment n εργασία f

empower [ɪm'pauə^r] vt to ~ sb to do sth εξουσιοδοτώ κν να κάνει κτ

empress ['emprɪs] n αυτοκράτειρα f

emptiness ['emptɪnɪs] n (of area, region etc) ερημιά f · (of life etc) κενό nt

empty ['emptɪ] adj άδειος · (threat, promise) κενός ♦ vt αδειάζω · vi (house, container) αδειάζω · ~-handed adj με άδεια χέρια

EMU ['iːmjuː] n abbr (= European Monetary Union) Ευρωπαϊκή Νομισματική Ένωση f

emulsion [ɪ'mʌlʃən] n (PHOT) γαλάκτωμα nt · (also ~ paint) πλαστικό nt

enable [ɪ'neɪbl] vt to ~ sb to do sth (= make possible) δίνω τη δυνατότητα σε κν να κάνει · (= permit, allow) επιτρέπω σε κν να κάνει

enamel [ɪ'næməl] n (for decoration) σμάλτο nt · (also ~ paint) βερνικόχρωμα nt · (of tooth) αδαμαντίνη f

enchanting [ɪn'tʃɑːntɪŋ] adj γοητευτικός

enclose [ɪn'kləuz] vt (land, space) περιφράζω · (object) περιβάλλω · (letter etc) εσωκλείω · **enclosure** n περίβολος m · (in letter etc) συνημμένο nt

encore [ɔŋ'kɔː^r] excl κι άλλο ♦ n (THEAT) ανκόρ nt inv

encounter [ɪn'kauntə^r] n (= meeting) συνάντηση f (τυχαία) · (= experience) εμπειρία f ♦ vt (person) συναντώ · (new experience, problem) αντιμετωπίζω

encourage [ɪn'kʌrɪdʒ] vt to ~ sb (to do sth) ενθαρρύνω κν (να κάνει κτ) · (activity, attitude) ενισχύω · (growth, industry) ενθαρρύνω · ~ment n ενθάρρυνση f

encouraging adj ενθαρρυντικός

encyclop(a)edia [ensaɪkləu'piːdɪə] n εγκυκλοπαίδεια f

end [end] n (of period, event) τέλος nt · (of table, street) άκρη f · (= purpose) σκοπός m ♦ vt σταματάω ♦ vi λήγω · **to come to an** ~ φθάνω στο τέλος · **in the** ~ τελικά · on ~ (object) όρθιος · **for hours on** ~ για ώρες συνεχώς · ~ **up** vi to ~ **up in** (place) καταλήγω σε

endanger [ɪn'deɪndʒə^r] vt βάζω σε κίνδυνο

endearing [ɪn'dɪərɪŋ] adj ελκυστικός

endeavour [ɪn'devə^r] (US endeavor) n προσπάθεια f ♦ vi to ~ to do προσπαθώ or καταβάλλω προσπάθειες να κάνω

ending ['endɪŋ] n (of book, film) τέλος nt · (LING) κατάληξη f

endless ['endlɪs] adj (argument, search) ατελείωτος · (forest, beach) απέραντος · (patience, resources) ανεξάντλητος · (possibilities) άπειρος

endorse [ɪn'dɔːs] vt (cheque) οπισθογραφώ · (= approve) εγκρίνω · ~ment n (= approval) έγκριση f · (BRIT: on driving licence) παράβαση που καταγράφεται στο δίπλωμα

endurance [ɪn'djuərəns] n σθένος nt

endure [ɪn'djuə^r] vt υπομένω ♦ vi αντέχω στο χρόνο

enemy ['enəmɪ] n (= opponent) αντίπαλος m/f · (MIL) εχθρός m ♦ adj (forces, strategy) εχθρικός

energetic [enə'dʒetɪk] adj ενεργητικός

energy ['enədʒɪ] n (= strength, drive)

δύναμη f · (= nuclear energy etc) ενέργεια f

enforce [ɪnˈfɔːs] (JUR) vt επιβάλλω

engaged [ɪnˈɡeɪdʒd] adj (= betrothed) αρραβωνιασμένος · (BRIT: TEL) κατειλημμένος · **to get ~** αρραβωνιάζομαι · **he is ~ in research/a survey** ασχολείται με την έρευνα/μια μελέτη

engagement [ɪnˈɡeɪdʒmənt] n (= appointment) ραντεβού nt inv · (= booking) υποχρέωση f · (to marry) αρραβώνας m · (MIL) συμπλοκή f

engaging [ɪnˈɡeɪdʒɪŋ] adj ελκυστικός

engine [ˈendʒɪn] n (AUT, RAIL) μηχανή f

engineer [endʒɪˈnɪəʳ] n μηχανικός mf · (BRIT: for repairs) τεχνίτης mf · **~ing** n μηχανική f

England [ˈɪŋɡlənd] n Αγγλία f

English [ˈɪŋɡlɪʃ] adj αγγλικός ◆ n (LING) αγγλικά ntpl
▸ **the English** npl οι Άγγλοι ·
~ Channel n **the ~ Channel** η Μάγχη · **~man** (irreg) n Άγγλος m · **~woman** (irreg) n Αγγλίδα f

enhance [ɪnˈhɑːns] vt (taste, appearance) βελτιώνω · (enjoyment, beauty) αυξάνω · (reputation) ενισχύω

enjoy [ɪnˈdʒɔɪ] vt (= take pleasure in) χαίρομαι · (= have benefit of) απολαμβάνω · **to ~ o.s.** διασκεδάζω · **~able** adj ευχάριστος · **~ment** n (= feeling of pleasure) ευχαρίστηση f · (activity) απόλαυση f

enlarge [ɪnˈlɑːdʒ] vt (size, scope) μεγαλώνω · (PHOT) μεγεθύνω ◆ vi **to ~ on** επεκτείνομαι σε · **~ment** n (PHOT) μεγέθυνση f

enlist [ɪnˈlɪst] vt (soldier, person) στρατολογώ · (support, help) εξασφαλίζω ◆ vi **to ~ in** κατατάσσομαι σε

enormous [ɪˈnɔːməs] adj τεράστιος

enough [ɪˈnʌf] adj (time, books) αρκετός ◆ pron αρκετά adv **big ~** αρκετά μεγάλος · **he has not worked ~** δεν έχει δουλέψει

αρκετά · **have you got ~?** έχεις αρκετά; · **~ to eat** αρκετό φαγητό · **that's ~, thanks** φτάνει, ευχαριστώ · **I've had ~ of him** δεν τον μπορώ άλλο or αρκετά τον ανέχτηκα · **... which, funnily or oddly or strangely ~ ...** ...το οποίο, όλως περιέργως or παραδόξως...

enquire [ɪnˈkwaɪəʳ] vt, vi = **inquire**

enquiry [ɪnˈkwaɪərɪ] n = **inquiry**

enrich [ɪnˈrɪtʃ] vt (morally, spiritually) εμπλουτίζω · (financially) κάνω πλούσιο

enrol [ɪnˈrəʊl] (US **enroll**) vt γράφω ◆ vi γράφομαι · **~ment** (US **~lment**) n εγγραφή f

en route [ɒnˈruːt] adv στη διαδρομή

ensure [ɪnˈʃʊəʳ] vt εξασφαλίζω · **to ~ that** εξασφαλίζω ότι

entail [ɪnˈteɪl] vt συνεπάγομαι

enter [ˈentəʳ] vt μπαίνω σε · (race, contest) δηλώνω συμμετοχή σε · (= write down) καταχωρώ · (COMPUT: data) εισάγω ◆ vi μπαίνω (μέσα) ·
▸ **~ for** vt fus δηλώνω συμμετοχή σε ·
▸ **~ into** vt fus (correspondence, negotiations) προχωρώ σε · (agreement) συνάπτω (fml)

enterprise [ˈentəpraɪz] n (= company, business) επιχείρηση f · (= venture) εγχείρημα nt · (= initiative) πρωτοβουλία f · **free ~** ελεύθερη αγορά · **private ~** ιδιωτική πρωτοβουλία · **enterprising** adj (person) με επιχειρηματικό πνεύμα · (scheme) ευρηματικός

entertain [entəˈteɪn] vt (= amuse) διασκεδάζω · (guest) καλώ · (idea, plan) σκέπτομαι σοβαρά · **~er** n καλλιτέχνης mf (στο χώρο του θεάματος) · **~ing** adj διασκεδαστικός · **~ment** n (= amusement) διασκέδαση f · (= show) ψυχαγωγικό πρόγραμμα nt

enthusiasm [ɪnˈθuːzɪæzəm] n ενθουσιασμός m · **enthusiast** n λάτρης mf · **enthusiastic** adj

ενθουσιώδης

entire [ɪn'taɪə'] *adj* ολόκληρος · **~ly**
adv εξ ολοκλήρου

entitled [ɪn'taɪtld] *adj* (*book, film etc*)
που έχει τον τίτλο

entrance *n* ['entrns] *vb* [ɪn'traːns] *n*
είσοδος *f* ◆ *vt* μαγεύω · **to gain
~ to** (*university, profession etc*)
μπαίνω σε · **entrant** *n*
διαγωνιζόμενος/η *m/f* · (BRIT: *in exam*)
υποψήφιος/α *m/f*

entrepreneur ['ɔntrəprə'nə:'] *n*
επιχειρηματίας *m*

entry ['entrɪ] *n* (= *way in*) είσοδος *f* ·
(*in competition*) συμμετοχή *f* · (*in
register, account book*) καταχώρηση *f* ·
(*in reference book*) λήμμα *nt* · **"no ~"**
"απαγορεύεται η είσοδος"

envelope ['envələup] *n* φάκελος *m*

envious ['envɪəs] *adj* ζηλόφθονος · **to
be ~ of sth/sb** φθονώ *or* ζηλεύω κτ/
κν

environment [ɪn'vaɪərnmənt] *n*
περιβάλλον *nt* · **the ~** το
περιβάλλον · **~al** *adj* (= *of
surroundings*) περιβαλλοντικός · (= *of
the natural world*) οικολογικός · **~ally**
adv **~ally friendly** φιλικός προς το
περιβάλλον

envisage [ɪn'vɪzɪdʒ] *vt* προβλέπω

envoy ['envɔɪ] *n* απεσταλμένος/η *m/f* ·
(= *diplomat*) διπλωματικός/ή
απεσταλμένος/η *m/f*

envy ['envɪ] *n* ζήλεια *f* ◆ *vt* ζηλεύω ·
to ~ sb sth ζηλεύω κπν για κτ

epic ['epɪk] *n* έπος *nt* ◆ *adj*
περιπετειώδης

epidemic [epɪ'demɪk] *n* επιδημία *f*

epilepsy ['epɪlepsɪ] *n* επιληψία *f* ·
epileptic *adj* επιληπτικός ◆ *n*
επιληπτικός/ή *m/f*

episode ['epɪsəud] *n* επεισόδιο *nt*

equal ['iːkwl] *adj* ίσος ◆ *n* (= *peer*)
όμοιος/α *m/f* · (= *match, rival*)
φτάνω · **79 minus 14 ~s 65 79**
μείον 14 ίσον 65 · **to be ~ to** (*task*)
μπορώ να σταθώ στο ύψος +gen ·

~ity *n* ισότητα *f* · **~ly** *adv* (*share,
divide etc*) ισομερώς · (*good: bad etc*)
εξίσου

equation [ɪ'kweɪʒən] *n* εξίσωση *f*

equator [ɪ'kweɪtə'] *n* **the ~** ο
ισημερινός

equip [ɪ'kwɪp] *vt* **to ~ (with)** εξοπλίζω
(με) · **to ~ sb for/to** δίνω τα εφόδια
σε κν για/να · **~ment** *n* εξοπλισμός
m

equivalent [ɪ'kwɪvələnt] *adj*
αντίστοιχος ◆ *n* (= *equal*) το
αντίστοιχο *nt* · **to be ~ to** το
αντίστοιχό με

era ['ɪərə] *n* εποχή *f*

erase [ɪ'reɪz] *vt* σβήνω

erect [ɪ'rekt] *adj* όρθιος ◆ *vt* (= *build*)
ανεγείρω · (= *assemble*) στήνω ·
~ion *n* (*of building, statue*) ανέγερση
f · (PHYSIOL) στύση *f*

erode [ɪ'rəud] *vt* διαβρώνω

erosion [ɪ'rəuʒən] *n* (*of soil, rock: also
fig: of confidence, power*) διάβρωση *f*

erotic [ɪ'rɔtɪk] *adj* ερωτικού
περιεχομένου

erratic [ɪ'rætɪk] *adj* (*behaviour*)
αλλοπρόσαλλος · (*noise*) ακανόνιστος

error ['erə'] *n* σφάλμα *nt*

erupt [ɪ'rʌpt] *vi* (*volcano*)
εκρήγνυμαι · (*war, crisis*) ξεσπάω ·
~ion *n* (*of volcano*) έκρηξη *f* · (*of
fighting*) ξέσπασμα *nt*

escalate ['eskəleɪt] *vi* κλιμακώνομαι

escalator ['eskəleɪtə'] *n* κυλιόμενες
σκάλες *fpl*

escape [ɪs'keɪp] *n* (*from prison*)
απόδραση *f* · (*from person*) φυγή *f*
◆ *vi* (= *get out*) βγαίνω · (*from jail*)
δραπετεύω · (= *leak*) διαρρέω ◆ *vt*
(*consequences, responsibility etc*)
γλυτώνω · **his name ~s me** το
όνομά του μου διαφεύγει

escort *n* ['eskɔːt] *vb* [ɪs'kɔːt] *n* (MIL,
POLICE) συνοδεία *f* · (= *companion*)
συνοδός *m/f* ◆ *vt* συνοδεύω

especially [ɪs'peʃlɪ] *adv* (= *above all*)
ειδικά · (= *particularly, more than*

usually) ιδιαίτερα

essay ['esei] *n* (SCOL) έκθεση *f* · (LIT) δοκίμιο *nt*

essence ['esns] *n* ουσία *f* · (CULIN) εσάνς *nt inv*

essential [ɪ'senʃl] *adj* (= necessary, vital) απαραίτητος · (= basic) ουσιαστικός ♦ *n* απολύτως αναγκαίο *or* απαραίτητο *nt* · **~ly** *adv* ουσιαστικά

establish [ɪs'tæblɪʃ] *vt* (organization, firm) ιδρύω · (facts, proof) διαπιστώνω · (relations, contact) δημιουργώ · (reputation) εδραιώνω · **~ment** *n* (of organization, firm) ίδρυση *f* · (= shop etc) κατάστημα *nt* · **the Establishment** το κατεστημένο

estate [ɪs'teɪt] *n* (land) κτήμα *nt* · (BRIT: also **housing ~**) οικοδομικό συγκρότημα *nt* · (JUR) περιουσία *f* · **~ agent** (BRIT) *n* μεσίτης *mf*

estimate *n* ['estɪmət] *vb* ['estɪmeɪt] *n* εκτίμηση *f* · (COMM: of builder) προσφορά *f* ♦ *vt* υπολογίζω

Estonia [es'təunɪə] *n* Εσθονία *f*

etc. *abbr* (= et cetera) κ.λπ.

eternal [ɪ'tə:nl] *adj* (= everlasting, unceasing) παντοτινός · (truth, value) διαχρονικός

eternity [ɪ'tə:nɪtɪ] *n* αιωνιότητα *f*

ethical ['eθɪkl] *adj* ηθικής φύσεως

ethics ['eθɪks] *n* (science) Ηθική *f* ♦ *npl* (morality) αρχές *fpl*

Ethiopia [i:θɪ'əupɪə] *n* Αιθιοπία *f*

ethnic ['eθnɪk] *adj* (population) εθνικός · (music, culture etc) παραδοσιακός

etiquette ['etɪket] *n* εθιμοτυπία *f*

EU *n abbr* (= European Union) Ε.Ε. *f*

euro ['juərəu] *n* ευρώ *nt inv*

Europe ['juərəp] *n* Ευρώπη *f* · **~an** *adj* ευρωπαϊκός ♦ *n* Ευρωπαίος/α *m/f* · **~an Union** *n* the **~an Union** η Ευρωπαϊκή Ένωση

evacuate [ɪ'vækjueɪt] *vt* (people) μεταφέρω σε ασφαλές μέρος ·

(place) εκκενώνω

evade [ɪ'veɪd] *vt* αποφεύγω

evaluate [ɪ'væljueɪt] *vt* εκτιμώ

evaporate [ɪ'væpəreɪt] *vi* (liquid) εξατμίζομαι · (fig) εξανεμίζομαι

eve [i:v] *n* **on the ~ of** την παραμονή +gen · **Christmas E~** η παραμονή των Χριστουγέννων · **New Year's E~** η παραμονή της Πρωτοχρονιάς

even ['i:vn] *adj* (= level) ομαλός · (= equal) δίκαιος · (number) ζυγός ♦ *adv* (showing surprise) ακόμα και · (introducing a comparison) ακόμα και · **~ if** ακόμα κι αν · **~ though** αν και · **~ more** ακόμα περισσότερο · **~ so** παρόλα αυτά · **not ~** ούτε καν · **~ he was there** ακόμα κι αυτός ήταν εκεί · **~ on Sundays** ακόμα και τις Κυριακές · **to break ~** ισοφαρίζω · **to get ~ with sb** πατσίζω με κν

evening ['i:vnɪŋ] *n* απόγευμα *nt* · (whole period, event) βραδιά *f* · **in the ~** το βράδυ

event [ɪ'vent] *n* (= occurrence) γεγονός *nt* · **in the ~ of** σε περίπτωση +gen · **~ful** *adj* περιπετειώδης

eventual [ɪ'ventʃuəl] *adj* τελικός · **~ly** *adv* τελικά

ever ['evə] *adv* (= always) πάντοτε · (= at any time) ποτέ · **why ~ not?** μα γιατί όχι· · **the best ~** το καλύτερο από όλα · **have you ~ seen it?** το έχετε δει ποτέ; · **for ~** για πάντα · **hardly ~** σπάνια · **better than ~** καλύτερα από ποτέ · **since ~** *adv* από τότε ♦ *conj* από τότε που · **so pretty** τόσο όμορφος · **~green** *n* αειθαλές *nt*

KEYWORD

every ['evrɪ] *adj* (a) (= each) καθέ · **every shop in the town was closed** όλα τα μαγαζιά στην πόλη ήταν κλειστά

(b) (= all possible) κάθε · **he's every bit as clever as his brother** είναι

τόσο έξυπνος όσο και ο αδερφός του
(c) (*showing recurrence*) κάθε • **every other car (had been broken into)** (είχαν παραβιάσει) ένα στα δύο αυτοκίνητα • **every other day** κάθε δεύτερη μέρα • **every third day** κάθε τρεις μέρες • **every now and then** κάθε τόσο

everybody ['εντιbɔdι] *pron* όλοι
everyday ['εντιdeι] *adj* καθημερινός
everyone ['εντιwʌn] *pron* =
  everybody
everything ['εντιθιŋ] *pron* όλα • **~ is ready** όλα είναι έτοιμα *or* τα πάντα είναι έτοιμα • **he did ~ possible** έκανε ό, τι ήταν δυνατό
everywhere ['εντιweə] *adv* (= *all over*) παντού • (= *wherever*) όπου
evict [ι'vιkt] *vt* (*squatter*) πετάω έξω • (*tenant*) κάνω έξωση σε
evidence ['εvιdns] *n* (= *proof*) αποδείξεις *fpl* • (JUR) στοιχεία *ntpl* • (= *signs, indications*) ενδείξεις *fpl*
evident ['εvιdnt] *adj* φανερός • **~ly** *adv* (= *obviously*) προφανώς • (= *apparently*) προφανώς
evil ['ι:vl] *adj* κακός ♦ *n* κακό *nt*
evoke [ι'vəυk] *vt* (*feeling, response*) προκαλώ • (*memory*) ξαναφέρνω
evolution [ι:və'lu:ʃən] *n* εξέλιξη *f*
evolve [ι'vɔlv] *vt* (*scheme, style*) αναπτύσσω ♦ *vi* εξελίσσομαι
ex– [εks] *prefix* (*husband etc*) πρώην • (*president*) τέως
exact [ιg'zækt] *adj* (*time, amount*) ακριβής • (*person, worker*) μεθοδικός ♦ *vt* **to ~ sth (from)** απαιτώ κτ (από) • **~ly** *adv* ακριβώς • **~ly!** ακριβώς!
exaggerate [ιg'zædʒəreιt] *vt* μεγαλοποιώ ♦ *vi* υπερβάλλω
exaggeration *n* υπερβολή *f*
exam [ιg'zæm] *n abbr* = **examination**
examination [ιgzæmι'neιʃən] *n* εξέταση *f*

examine [ιg'zæmιn] *vt* εξετάζω • **~r** (SCOL) *n* εξεταστής/τρια *m/f*
example [ιg'zɑ:mpl] *n* παράδειγμα *nt* • **for ~** για παράδειγμα
exceed [ιk'si:d] *vt* υπερβαίνω • **~ingly** *adv* υπερβολικά
excel [ιk'sεl] *vi* **to ~ (in/at)** διαπρέπω (σε) ♦ *vt* (BRIT) **to ~ o.s.** ξεπερνάω τον εαυτό μου • **~lence** *n* υπεροχή *f* • **~lent** *adj* υπέροχος ♦ *excl* υπέροχα!
except [ιk'sεpt] *prep* (*also* **~ for, ~ing**) εκτός από • **~ if** εκτός αν • **~ when** παρά μόνο όταν • **~ that** εκτός απ'το ότι • **~ion** *n* εξαίρεση *f* • **to take ~ion to** δυσαρεστούμαι για • **~ional** *adj* εξαιρετικός
excerpt ['εksə:pt] *n* απόσπασμα *nt*
excess [ιk'sεs] *n* πλεόνασμα *nt* • (INSUR) επασφάλιστρο *nt* ♦ *adj* παραπανίσιος • **in ~ of** που υπερβαίνει • **~ baggage** *n* υπέρβαρο *nt* • **~ive** *adj* υπερβολικός
exchange [ιks'tʃeιndʒ] *n* ανταλλαγή *f* • (= *conversation*) συζήτηση *f* • **to ~ (for)** ανταλλάσσω (με) • **in ~ for** σε αντάλλαγμα +gen *or* για +acc • **foreign ~** συνάλλαγμα • **~ rate** *n* τιμή *f* συναλλάγματος
excite [ιk'saιt] *vt* (= *stimulate*) ενθουσιάζω • (= *arouse: suspicion, interest*) προκαλώ • **to get ~d** ενθουσιάζομαι • **~ment** *n* ενθουσιασμός *m* • **exciting** *adj* συναρπαστικός
exclamation [εksklə'meιʃən] *n* ξεφωνητό *n*
exclude [ιks'klu:d] *vt* αποκλείω • **excluding** *prep* **~ VAT** χωρίς ΦΠΑ
exclusion [ιks'klu:ʒən] *n* αποκλεισμός *m*
exclusive [ιks'klu:sιv] *adj* (*club, district*) επίλεκτος • (*use, story*) αποκλειστικός • **~ of postage** χωρίς ταχυδρομικά τέλη • **~ly** *adv* αποκλειστικά
excruciating [ιks'kru:ʃιeιtιŋ] *adj*

αφόρητος

excursion [ɪks'kə:ʃən] n εκδρομή f

excuse n [ɪks'kju:s] vb [ɪks'kju:z]
δικαιολογία f ♦ vt (= justify)
δικαιολογώ · (= forgive) συγχωρώ ·
to ~ sb from doing sth
απαλλάσσω κπν από το να κάνει κτ ·
~ me! συγγνώμη! · **if you will ~ me**
... να με συγχωρείτε...

execute ['eksɪkju:t] vt εκτελώ ·
execution n εκτέλεση f

executive [ɪg'zekjʊtɪv] n (person: of
company) στέλεχος nt · (POL)
εκτελεστική εξουσία f ♦ adj (board,
role) διοικητικός · (car, plane)
υψηλών προδιαγραφών

exempt [ɪg'zempt] adj ~ from
απαλλαγμένος από ♦ vt **to ~ sb
from** απαλλάσσω κν από

exercise ['eksəsaɪz] n (no pl: =
keep-fit) γυμναστική f · (= energetic
movement) άσκηση f · (SCOL, MUS)
άσκηση f ♦ vt (right) ασκώ · (dog)
βγάζω βόλτα · vi (also = take ~)
κάνω γυμναστική

exert [ɪg'zə:t] vt ασκώ · **to ~ o.s.**
πιέζω τον εαυτό μου · **~ion** n κόπος
m

exhaust [ɪg'zɔ:st] n (AUT: also = pipe)
εξάτμιση f · (: fumes) καυσαέρια ntpl
♦ vt εξαντλώ · **~ed** adj
εξαντλημένος · **~ion** n εξάντληση f

exhibit [ɪg'zɪbɪt] n (ART) έκθεμα nt ·
(JUR) πειστήριο nt ♦ vt (quality,
ability) παρουσιάζω · (paintings)
εκθέτω · **~ion** n (of paintings etc)
έκθεση f · (of temper, talent etc)
επίδειξη f

exhilarating [ɪg'zɪləreɪtɪŋ] adj
ευχάριστος

exile ['eksaɪl] n (condition, state)
εξορία f ♦ vt εξορίζω

exist [ɪg'zɪst] vt (= be present)
υπάρχω · (= live) ζω · **~ence** n
(= reality) ύπαρξη f · (= life) ζωή f ·
to be in ~ence υπάρχω · **~ing** adj
υπαρκτός

exit ['eksɪt] n (from room, building)
έξοδος f · (= departure) αναχώρηση f
♦ vi (THEAT) βγαίνω από τη σκηνή ·
(COMPUT) "~" έξοδος · **to ~ from**
βγαίνω από

exotic [ɪg'zɒtɪk] adj εξωτικός

expand [ɪks'pænd] vt (business, staff
etc) αυξάνω · (area) διευρύνω ♦ vi
(population, business etc) αυξάνομαι ·
(gas, metal) διαστέλλομαι

expansion n (of business, economy)
ανάπτυξη f · (of population) αύξηση
f · (of gas, metal) διαστολή f

expect [ɪks'pekt] vt περιμένω ·
(= require) θέλω · (= suppose)
υποθέτω ♦ vi **to be ~ing** είμαι
έγκυος or σε ενδιαφέρουσα ·
~ation n (= hope) προσδοκία f ·
(= belief) ελπίδα f

expedition [ekspə'dɪʃən] n αποστολή f

expel [ɪks'pel] vt αποβάλλω

expenditure [ɪks'pendɪtʃə] n (of
money) δαπάνες fpl · (of energy, time)
δαπάνη f

expense [ɪks'pens] n (= cost) κόστος
nt · (= expenditure) έξοδα ntpl · **at
the ~ of** σε βάρος +gen
▸ **expenses** npl έξοδα ntpl ·

expensive adj (article, tastes)
ακριβός · (mistake) που κοστίζει

experience [ɪks'pɪərɪəns] n εμπειρία
f · (in job) πείρα f · vt (situation,
problem) αντιμετωπίζω · (feeling)
δοκιμάζω · **~d** adj (in job) έμπειρος

experiment [ɪks'perɪmənt] n πείραμα
nt ♦ vi **to ~ (with/on)**
πειραματίζομαι (με/πάνω σε) · **~al**
adj πειραματικός

expert ['ekspə:t] adj (opinion, help)
ειδικού · (driver) έμπειρος ♦ n
ειδικός mf · **~ise** n έμπειρη γνώση f

expire [ɪks'paɪə] vi (passport, licence
etc) λήγω

explain [ɪks'pleɪn] vt εξηγώ ·
explanation n (= reason) εξήγηση
f · (= description) περιγραφή f

explicit [ɪks'plɪsɪt] adj (support,

permission) φανερός

explode [ɪksˈpləʊd] *vi* (*bomb*)
εκρήγνυμαι · (*population*) αυξάνομαι
ραγδαία · (*person: with rage etc*)
ξεσπάω ◆ *vt* (*bomb*) σκάω

exploit n [ˈeksplɔɪt] *vb* [ɪksˈplɔɪt] *n*
κατόρθωμα *nt* ◆ *vt* εκμεταλλεύομαι ·
~ation *nf* εκμετάλλευση *f*

explore [ɪksˈplɔːˈ] *vt* (*place, space*)
εξερευνώ · (*idea, suggestion*)
εξετάζω · **~r** *n* εξερευνητής/τρια *m/f*

explosion [ɪksˈpləʊʒən] *n* (*of bomb*)
έκρηξη *f* · (= *increase*) ραγδαία
αύξηση *f* · (= *outburst*) ξέσπασμα *nt* ·

explosive [ɪksˈpləʊsɪv] *adj* εκρηκτικός ◆ *n*
εκρηκτικό *nt*

export *vb* [eksˈpɔːt] *n* [ˈekspɔːt] *vt*
εξάγω ◆ *n, cpd* (*process*) εξαγωγή *f* ·
(*product*) εξαγόμενο προϊόν *nt* ◆ *cpd*
(*duty, permit*) εξαγωγής · **~er** *n*
εξαγωγέας *mf*

expose [ɪksˈpəʊz] *vt* (= *reveal: object*)
αποκαλύπτω · (= *unmask: person*)
ξεσκεπάζω · **~d** *adj* εκτεθειμένος ·
exposure *n* (*to heat, cold*) έκθεση
f · (= *publicity*) προβολή *f* · (*of person*)
αποκάλυψη *f* · (*PHOT*) ταχύτητα *f* ·
suffering from ~ (*MED*) πάσχω από
κρυοπληξία

express [ɪksˈpres] *n* (*train*) ταχεία *f* ·
(*bus, coach*) εξπρές *nt* *inv* ◆ *adv*
(*send*) επειγόντως ◆ *vt* εκφράζω ·
~ion [= *word, phrase*) έκφραση *f* ·
(*of idea, emotion*) εκδήλωση *f* · (*on
face*) έκφραση *f*

exquisite [eksˈkwɪzɪt] *adj* εξαιρετικός

extend [ɪksˈtend] *vt* (*visit*) παρατείνω ·
(*street, building*) επεκτείνω · (*offer,
invitation*) διατυπώνω · (*arm, hand*)
απλώνω · (*deadline*) παρατείνω *vt* (*of
land, road*) εκτείνομαι · (*period*)
διαρκώ

extension [ɪksˈtenʃən] *n* (*of building*)
προσθήκη *f* · (*of time*) παράταση *f* ·
(*ELEC*) παράταση *f* · (*TEL: in office*)
εσωτερική γραμμή *f*

extensive [ɪksˈtensɪv] *adj*

εκτεταμένος · (*inquiries*)
εξονυχιστικός

extent [ɪksˈtent] *n* έκταση *f* · (*of
problem etc*) μέγεθος *nt* · **to some**
or **a certain** ~ μέχρι ενός σημείου

exterior [eksˈtɪərɪəˈ] *adj* εξωτερικός
◆ *n* εξωτερικό *nt*

external [eksˈtɜːnl] *adj* εξωτερικός

extinct [ɪksˈtɪŋkt] *adj* που έχει
εξαφανισθεί · **~ion** *n* εξαφάνιση *f*

extra [ˈekstrə] *adj* (*thing, amount*)
παραπάνω · (*person*) έκτακτος ◆ *adv*
επιπλέον ◆ *n* (= *luxury*) πολυτέλεια
f · (*CINE, THEAT*) κομπάρσος *mf*

extract *vb* [ɪksˈtrækt] *n* [ˈekstrækt] *vt*
(*object, tooth*) βγάζω · (*mineral*)
εξορύσσω · (*money, promise*) αποσπώ
◆ *n* (*of novel, recording*) απόσπασμα
nt · (= *malt extract, vanilla extract etc*)
απόσταγμα *nt*

extradite [ˈekstrədaɪt] *vt* (*from country*)
απελαύνω · (*to country*) εκδίδω

extraordinary [ɪksˈtrɔːdnrɪ] *adj*
καταπληκτικός

extravagance [ɪksˈtrævəgəns] *n* (*no
pl: = spending*) σπατάλη *f* · (= *example
of spending*) τρέλα *f*

extravagant [ɪksˈtrævəgənt] *adj*
(*person*) σπάταλος · (*tastes*) ακριβός ·
(*praise, ideas*) εξωφρενικός

extreme [ɪksˈtriːm] *adj* (*cold, poverty
etc*) εξαιρετικός · (*opinions, methods
etc*) ακραίος · (*point, edge*) άκρος ◆ *n*
(*of behaviour*) άκρο *nt* · **~ly** *adv*
υπερβολικά · **extremist**
εξτρεμιστής/τρια *m/f* ◆ *adj*
εξτρεμιστικός

extrovert [ˈekstravɜːt] *n* εξωστρεφής
mf

eye [aɪ] *n* (*ANAT*) μάτι *nt* · (*of needle*)
τρύπα *f* ◆ *vt* κοιτάζω εξεταστικά · **to
keep an** ~ **on** προσέχω · **~ball** *n*
βολβός *m* του ματιού · **~brow** *n*
φρύδι *nt* · **~lid** *n* βλέφαρο *nt* ·
~sight *n* όραση *f*

F f

F, f [ef] n το έκτο γράμμα του αγγλικού αλφαβήτου

fabric ['fæbrɪk] n ύφασμα nt · (of society) ιστός m · (of building) οικοδόμημα nt

fabulous ['fæbjuləs] adj (person, looks) υπέροχος · (= mythical) μυθικός

face [feɪs] n (ANAT) πρόσωπο nt · (= expression) έκφραση f · (of clock) πλάκα f · (of mountain, cliff) πλευρά f · (fig: of organization, city etc) όψη f ♦ vt (direction, object) κοιτάζω (προς) · (facts, unpleasant situation) αντιμετωπίζω · (building etc: direction, object) βλέπω σε · to ~ **down/up** (person) μπρούμυτα/ανάσκελα · (card) κλειστά/ανοιχτά · **to lose** ~ ρεζιλεύομαι · **to save** ~ σώζω τα προσχήματα · **to make** ή **pull a** ~ κάνω γκριμάτσα · **in the** ~ **of** παρά +acc · **on the** ~ **of it** εκ πρώτης όψεως · ~ **to** ~ (with person) πρόσωπο με πρόσωπο · **to** ~ **the fact that ...** · ~ **up to** vt fus (problems, obstacles) αντιμετωπίζω · (obligations, duties) αναλαμβάνω

facial ['feɪʃl] adj προσώπου ♦ n περιποίηση f προσώπου

facilitate [fə'sɪlɪteɪt] vt διευκολύνω

facility [fə'sɪlɪtɪ] n (= service) υπηρεσία f · (TECH) μηχανισμός m

fact [fækt] n (= piece of information) στοιχείο nt · (= truth) πραγματικότητα f · **in** ~ στην πραγματικότητα, στην πραγματικότητα · (when qualifying statement) για την ακρίβεια

faction ['fækʃən] n (also REL, POL) παράταξη f

factor ['fæktə] n παράγοντας m ·

(MATH) συντελεστής m · εργοστάσιο nt

factory ['fæktərɪ] n εργοστάσιο nt

factual ['fæktjuəl] adj τεκμηριωμένος

faculty ['fækltɪ] n ικανότητα f · (of university) σχολή f · (US: = teaching staff) διδακτικό προσωπικό nt

fad [fæd] n τρέλα f

fade [feɪd] vi (colour, wallpaper) ξεθωριάζω · (light) χάνομαι · (sound) χαμηλώνω · (one's memory) εξασθενώ · (hopes, smile) σβήνω · (interest, enthusiasm) εξασθενίζω

fag [fæg] n (BRIT: inf) τσιγάρο nt

fail [feɪl] vt (exam) αποτυγχάνω σε · (candidate) απορρίπτω · (leader) απογοητεύω · (courage, memory) εγκαταλείπω ♦ vi (candidate, attempt etc) αποτυγχάνω · (brakes) χαλάω · (eyesight, health) εξασθενώ · (light) εξασθενώ · **to** ~ **to do sth** (= not succeed) δεν κατορθώνω να κάνω κτ · (= neglect) παραλείπω να κάνω κτ · **without** ~ το δίχως άλλο · ~ **ing** n ελάττωμα nt ♦ prep ελλείψει +gen · ~ **ing that** ελλείψει αυτού · ~**ure** n αποτυχία f · (mechanical etc) βλάβη f · (of crops) κακή σοδειά f

faint [feɪnt] adj (sound, smell) ελαφρός · (hope, smile: mark) αμυδρός ♦ n λιποθυμία f ♦ vi λιποθυμώ · **to feel** ~ μου έρχεται λιποθυμία · ~**ly** adv (= slightly) ελαφρώς · (= weakly) αμυδρά

fair [feə] adj (person, decision) δίκαιος · (= quite large) ικανός · (= quite good) αρκετά καλός · (skin, complexion) ανοιχτός · (hair) ξανθός · (weather) καλός ♦ adv **to play** ~ συμπεριφέρομαι σωστά ♦ n (also trade ~) έκθεση f · (BRIT: also **fun**~) λουνάπαρκ nt inv · **it's not** ~ είναι άδικο! · ~**ly** adv (= justly) δίκαια · (= quite) αρκετά

fairy ['feərɪ] n νεράιδα f · ~ **tale** n παραμύθι nt

faith [feɪθ] n (= trust) εμπιστοσύνη f · (= specific religion) δόγμα nt

(= *religious belief*) πίστη f · **to have ~ in sb/sth** έχω εμπιστοσύνη σε κν/κτ · **~ful** *adj* (*service, supporter*) αφοσιωμένος · (*spouse: account, record*) πιστός · **~fully** *adv* (= *loyally*) με αφοσίωση · (= *accurately*) πιστά · **Yours ~fully** Μετά τιμής

fake [feɪk] *n* (*painting, antique etc*) απομίμηση f · (*person*) απατεώνας/ισσα *m/f* · (*gem, antique*) ψεύτικος · (*passport*) πλαστός · *vt* (*painting, documents etc*) πλαστογραφώ · (*illness, emotion*) προσποιούμαι

falcon ['fɔːlkən] *n* γεράκι *nt*

fall [fɔːl] (*pt* **fell**, *pp* **~en**) *n* πτώση f · (*of government*) ανατροπή f · (*act of falling*) πέσιμο *nt* · (*US*: = *autumn*) φθινόπωρο *nt* · *vi* πέφτω · **to ~ in love (with sb/sth)** ερωτεύομαι (κν/κτ)
▶**falls** *npl* (= *waterfall*) καταρράκτης *m* · **~ apart** *vi* διαλύομαι · (*inf: emotionally*) καταρρέω · **~ back on** *vt fus* καταφεύγω · **~ behind** *vi* μένω πίσω · (*fig*) καθυστερώ · **~ down** *vi* (*person*) πέφτω κάτω · (*building*) γκρεμίζομαι · **~ for** *vt fus* (*trick, story etc*) ξεγελιέμαι από · (*person*) ερωτεύομαι · **~ in** *vi* (*roof*) καταρρέω · (*MIL*) συντάσσομαι · **~ off** *vi* (*object*) πέφτω · **~ out** *vi* (*hair, teeth*) πέφτω · (*friends etc*) τσακώνομαι · **~ out with sb** μαλώνω με κν · **~ over** *vi* (*object*) αναποδογυρίζω · (*person*) πέφτω · **~ through** *vi* αποτυχαίνω · **~en** *pp of* **fall** · **~out** *n* ραδιενεργός σκόνη f

false [fɔːls] *adj* (*statement, accusation*) ψευδής · (*impression*) λανθασμένος · (*person*) ψεύτικος

fame [feɪm] *n* φήμη f

familiar [fə'mɪliə] *adj* (*face, voice*) οικείος · (*behaviour, tone*) υπερβολικά οικείος · **to be ~ with** (*subject*) γνωρίζω

family ['fæmɪlɪ] *n* οικογένεια f ·

one-parent ~ μονογονεϊκή οικογένεια · **~ planning** *n* οικογενειακός προγραμματισμός *m* · **~ planning clinic** κλινική f οικογενειακού προγραμματισμού

famine ['fæmɪn] *n* λιμός *m*

famous ['feɪməs] *adj* (*person*) διάσημος · (*objects*) ονομαστός

fan [fæn] *n* (*of pop star*) θαυμαστής/τρια *m/f* · (*of team*) οπαδός *m/f* · (*of sports*) φίλαθλος *m/f* · (*folding*) βεντάλια f · (: *ELEC*) ανεμιστήρας *m* · *vt* κάνω αέρα

fanatic [fə'nætɪk] *n* φανατικός/ή *m/f* · (*POL*) εξτρεμιστής/τρια *m/f*

fan club *n* κλαμπ *nt inv* θαυμαστών

fancy ['fænsɪ] *n* (= *liking*) γούστο *nt* · (= *imagination*) φαντασία f · (= *fantasy*) όνειρο f · *adj* (*clothes, hat*) φανταχτερός · (*hotel*) πολυτελείας · *vt* (= *feel like*) θέλω · (= *imagine*) φαντάζομαι · (*inf: person*) γουστάρω · **~ dress** *n* στολή f (*για μεταμφίεση*)

fantastic [fæn'tæstɪk] *adj* (= *enormous*) εξωφρενικός · (= *incredible*) παράδοξος · (= *wonderful*) καταπληκτικός

fantasy ['fæntəsɪ] *n* (= *sexual*) φαντασίωση f · (= *dream*) όνειρο *nt* · (= *unreality*) φανταστικό *nt*

far [faː] *adj* at the **~ side/end** στην άλλη πλευρά/άκρη · *adv* (= *a long way*) μακριά · (= *much*) πάρα πολύ · **~ away/off** μακριά · **~ better** πολύ καλύτερα · **~ from** κάθε άλλο παρά · **by ~** με μεγάλη διαφορά · **is it ~ to London?** είναι μακριά το Λονδίνο; · **it's not ~ from here** δεν είναι μακριά από εδώ · **as ~ as I know** απ' όσο γνωρίζω · **as ~ as possible** όσο είναι δυνατόν · **~ from** it κάθε άλλο · **so ~** μέχρι τώρα · **how ~?** (*in distance*) πόσο μακριά · **the ~ left/right** (*POL*) η άκρα Αριστερά/Δεξιά

farce [faːs] *n* φάρσα f

fare [feəˈ] n (on aeroplanes; trains, buses) τιμή f εισιτηρίου · (in taxi) τιμή f της κούρσας · (for specific distances) ταρίφα f · (= food) φαΐ nt · **half/full** ~ μισό /ολόκληρο εισιτήριο

Far East n the ~ η Άπω Ανατολή

farewell [feəˈwel] excl αντίο ♦ n αποχαιρετισμός m ♦ cpd (party, gift etc) αποχαιρετιστήριος · **to bid sb** ~ αποχαιρετώ κν

farm [fɑːm] n αγρόκτημα nt ♦ vt καλλιεργώ · **~er** n αγρότης/ισσα m/f · **~house** n αγροικία f · **~ing** n (crops) καλλιέργεια f · (animals) κτηνοτροφία f · **dairy ~ing** γαλακτοκομία · **sheep ~ing** εκτροφή προβάτων

fart [fɑːt] (inf!) vi κλάνω (inf!) ♦ n πορδή f (inf!)

farther [ˈfɑːðəˈ] adv (in distance) μακρύτερα · (in degree) παραπέρα ♦ adj απέναντι

farthest [ˈfɑːðist] superl (in distance) πιο μακριά · (in time; back) πιο πίσω · (: forward) πιο μπροστά · (in degree) το μέγιστο

fascinating [ˈfæsineitiŋ] adj συναρπαστικός

fascination [fæsiˈneiʃən] n γοητεία f

fascist [ˈfæʃist] adj φασιστικός ♦ n φασίστας/τρια m/f

fashion [ˈfæʃən] n (= fad) μόδα f · (clothes) μοντέλα ntpl · (= manner) τρόπος m ♦ vt κατασκευάζω · in ~ στη μόδα · **to be out of** ~ δεν είμαι πια της μόδας · (clothes) είμαι ντεμοντέ · **~able** adj της μόδας

fast [fɑːst] adj (runner, car) γρήγορος · (dye, colour) ανεξίτηλος ♦ adv (run, act) γρήγορα · (stuck, held) γερά ♦ n νηστεία f · vi νηστεύω · **my watch is 5 minutes** ~ το ρολόι μου πάει 5 λεπτά μπροστά · **to be** ~ **asleep** κοιμάμαι βαθιά · **as** ~ **as I can** όσο πιο γρήγορα μπορώ · ~ **food** n φαγητό nt από φαστφουντάδικο

fat [fæt] adj (person, animal) παχύς · (book, wallet) χοντρός · (profit) μεγάλος ♦ n λίπος nt

fatal [ˈfeitl] adj μοιραίος · **~ity** n θύμα nt · **~ly** adv θανάσιμα

fate [feit] n τύχη f · **to meet one's** ~ βρίσκω τον θάνατο

father [ˈfɑːðəˈ] n πατέρας m · (REL) πατήρ m · **F~ John** ο πατήρ Τζων · **F~ Yannis** (for an orthodox priest) ο παπα-Γιάννης · **~-in-law** n πεθερός m

fatigue [fəˈtiːg] n κόπωση f · ► **fatigues** npl (MIL) στολή f αγγαρείας

fatty [ˈfæti] adj (food) λιπαρός ♦ n (inf) χοντρούλης/α m/f

faucet [ˈfɔːsit] (US) n βρύση f

fault [fɔːlt] n λάθος nt · (= defect) ελάττωμα nt · (GEO) ρήγμα nt · (TENNIS) φωλτ nt inv ♦ vt επικρίνω · **it's my** ~ εγώ φταίω · ~**y** adj ελαττωματικός

fauna [ˈfɔːnə] n πανίδα f

favour [ˈfeivəˈ] (US **favor**) n (= approval) εύνοια f · (= act of kindness) χάρη f ♦ vt (solution) προτιμώ, μεροληπτώ υπέρ +gen · (= be advantageous to) ευνοώ · **to ask a** ~ **of sb** ζητάω μια χάρη από κν · **to do sb a** ~ κάνω μια χάρη σε κν · **to be in** ~ **of sth** είμαι υπέρ +gen · ~**able** adj ευνοϊκός · **favo(u)rable** adj ευνοϊκός

favo(u)rite [ˈfeivrit] adj αγαπημένος ♦ n (of teacher, parent) ευνοούμενος/η m/f · (in race) φαβορί nt inv

fax [fæks] n φαξ nt inv ♦ vt στέλνω με φαξ

FBI (US) n abbr (= Federal Bureau of Investigation) FBI nt inv, Ομοσπονδιακή Αστυνομία

fear [fiəˈ] n φόβος m ♦ vt φοβάμαι · vi **to** ~ **for** φοβάμαι για · **to** ~ **that** φοβάμαι ότι · ~ **of heights** φόβος για τα ύψη · **for** ~ **of doing** (από φόβο) μην · ~**ful** adj (person) φοβισμένος · **to be** ~**ful of sth/ doing sth** φοβάμαι κτ/να κάνω κτ

~less adj ατρόμητος

feasible ['fi:zəbl] adj εφικτός

feast [fi:st] n φαγοπότι nt · (with dancing etc) πανηγύρι nt · (also ~ day) θρησκευτική γιορτή f◆ vi γλεντώ

feat [fi:t] n άθλος m · (of skill) επίτευγμα nt

feather ['feðə'] n φτερό nt

feature ['fi:tʃə'] n χαρακτηριστικό στοιχείο nt · (of landscape) χαρακτηριστικό nt · (PRESS, TV) αφιέρωμα nt◆ vt (film) δείχνω ◆ vi to ~ in (film) εμφανίζομαι
▸features npl (of face) χαρακτηριστικά ntpl · ~ film n ταινία f μεγάλου μήκους

February ['februari] n Φεβρουάριος m · see also July

fed [fed] pt, pp of feed

federal ['fedərəl] adj ομοσπονδιακός

federation [fedə'reiʃən] n ομοσπονδία f

fed up adj to be ~ (with) έχω βαρεθεί or απαυδήσει (με)

fee [fi:] n πληρωμή f · (of doctor, lawyer) αμοιβή f· school ~s δίδακτρα ntpl

feeble ['fi:bl] adj αδύναμος · (light) αδύνατος

feed [fi:d] (pt, pp fed) n (of baby) γεύμα nt · (of animal) τροφή f · (on printer) τροφοδότηση f◆ vt ταΐζω · (family) τρέφω · to ~ sth into (data, information) εισάγω κτ σε ·· to ~ on vi fus (lit, fig) τρέφομαι με · ~back n (noise) μικροφωνισμός m · (from person) ανταπόκριση f

feel [fi:l] (pt felt) n αίσθημα f◆ vt (= touch) πιάνω · (= experience) αισθάνομαι · (= think, believe) αισθάνομαι · to ~ (that) νομίζω (πως, ότι) · to ~ hungry/cold πεινάω/κρυώνω · to ~ lonely/better αισθάνομαι μοναξιά/καλύτερα · I don't ~ well δεν αισθάνομαι καλά · to ~ sorry for λυπάμαι για · it ~s

soft είναι μαλακό · to ~ like (= want) έχω διάθεση, όρεξη για · ~ about vi ψάχνω · ~ around vi = feel about ·~ing n (= emotion) αίσθημα nt · (= physical sensation) αίσθηση f · (= impression) γνώμη f· I have a ~ing that ... διαισθάνομαι ότι ... · to hurt sb's ~ings πληγώνω κν

feet [fi:t] npl of foot

fell [fel] pt of fall◆ vt (tree) κόβω

fellow ['feləu] n (= man) άνθρωπος m · (= comrade) συνάνθρωπος m · (of learned society) μέλος nt · (of university) εταίρος mf (Πανεπιστημίου) · their ~ students οι συμφοιτητές or συμμαθητές τους · ~ship n (= comradeship) αδελφοσύνη f · (= society) ένωση f · (SCOL) είδος πανεπιστημιακής υποτροφίας

felony ['feləni] n (JUR) κακούργημα nt

felt [felt] pt, pp of feel◆ n τσόχα f · (for hats) πίλημα nt · ~-tip (pen) n μαρκαδόρος m

female ['fi:meil] n (ZOOL) θηλυκό nt · (= woman) γυναίκα f◆ adj γυναικείος · (BIO) θηλυκός · male and ~ students φοιτητές και φοιτήτριες

feminine ['feminin] adj γυναικείος · (LING) θηλυκός

feminist ['feminist] n φεμινιστής/τρια m/f

fence [fens] n (barrier) φράχτης m ◆ vt (also ~ in: land) φράζω ◆ vi (SPORT: fight) ξιφομαχώ · (: exercise) ξιφασκώ · fencing n (SPORT) ξιφασκία f

fend [fend] vi to ~ for o.s. συντηρούμαι or τα βγάζω πέρα μόνος μου · ~ off vt αποκρούω · (questions, requests) αποφεύγω

fender ['fendə'] n (of fireplace) σίτα f · (US: of car) φτερό nt

fennel ['fenl] n μάραθος m

fern [fə:n] n φτέρη f

ferocious [fəˈrəʊʃəs] adj άγριος

ferret [ˈferɪt] n κουνάβι nt

ferry [ˈferɪ] n (small) βάρκα f ◆ (also ~**boat**) φεριμπότ nt inv ◆ vt **to ~ sth/sb across** or **over** περνάω κτ/ κπν στην απέναντι όχθη

fertile [ˈfɜːtaɪl] adj (land, soil) εύφορος · (imagination, mind) γόνιμος · (woman) γόνιμος ·

fertilizer n (for plants, land) λίπασμα nt · (= manure) κοπριά f

festival [ˈfestɪvəl] n (REL) εορτή f · (ART, MUS) φεστιβάλ nt inv

festive [ˈfestɪv] adj εορταστικός · **the ~ season** (BRIT) η περίοδος των γιορτών

fetch [fetʃ] vt (= bring) φέρνω · (= sell for) πιάνω

fetus [ˈfiːtəs] (US) n = **foetus**

feud [fjuːd] n έχθρα f (stronger) βεντέττα f ◆ vi **to ~ with sb** διαφιλονικώ με κν · **a family ~** μια οικογενειακή έχθρα

fever [ˈfiːvə[r]] n (MED: also fig) πυρετός m · **he has a ~** έχει πυρετό · **~ish** adj (person) που έχει πυρετό

few [fjuː] adj λίγοι · **a ~** adj μερικοί ◆ pron (= not many) λίγοιες, · **a ~ more** μερικοί/ές, ά · **a ~ more** ακόμα μερικοί · **a good ~** or **quite a ~** αρκετοί · **in the next ~ days** τις αμέσως επόμενες μέρες · **in the past ~ days** τις τελευταίες μέρες · **every ~ days/months** κάθε λίγες μέρες/λίγους μήνες · **~er** adj λιγότεροι · **~est** adj οι λιγότεροι

fiancé [fɪˈɒnseɪ] n αρραβωνιαστικός m

fiancée [fɪˈɒnseɪ] n αρραβωνιαστικιά f

fiasco [fɪˈæskuː] n φιάσκο nt

fibre [ˈfaɪbə[r]] (US **fiber**) n ίνα f · (= roughage) φυτικές ίνες fpl

fickle [ˈfɪkl] adj (weather) άστατος · (person) ασταθής

fiction [ˈfɪkʃən] n (LIT) λογοτεχνία f · (= invention) φαντασία f · (= lie) ψέμα nt · **~al** adj φανταστικός

fiddle [ˈfɪdl] n (MUS) βιολί nt ·

(= fraud) κομπίνα f ◆ vt (BRIT: accounts) μαγειρεύω · **tax ~** φοροδιαφυγή · **~ with** vt fus παίζω αφηρημένα με

fidelity [fɪˈdelɪti] n (= faithfulness) πίστη f

field [fiːld] n χωράφι nt · (SPORT) γήπεδο nt · (fig) τομέας m · (= range) πεδίο nt · (COMPUT) πεδίο nt ◆ cpd επιτόπιος

fierce [fɪəs] adj (animal, look) άγριος · (warrior, enemy) σκληρός · (loyalty) τυφλός · (wind, storm) σφοδρός · (heat) έντονος

fifteen [fɪfˈtiːn] num δέκα πέντε · **~th** num δέκατος πέμπτος

fifth [fɪfθ] num πέμπτος

fifty [ˈfɪfti] num πενήντα

fig [fɪɡ] n (fruit) σύκο nt · (tree) συκιά f

fight [faɪt] (pt, pp **fought**) n (= battle) μάχη f · (= brawl) συμπλοκή f · (fig) μάχη f · (BOXING) αγώνας m ◆ vt (person, enemy) πολεμώ · (alcoholism, prejudice) καταπολεμώ · (cancer) παλεύω με · (election) κατεβαίνω σε · (urge, impulse) καταπνίγω · (BOXING) πυγμαχώ με ◆ vi μάχομαι · **to ~ with sb** τσακώνομαι με κν · **to ~ for/against sth** πολεμώ για/ εναντία σε κτ · **~ back** vi αντιστέκομαι · **~ off** vt (attack, attacker) αποκρούω · **~ out** vt **to ~ it out** μάχομαι, πολεμώ μέχρι τέλους · **~ing** n πάλη f · (= battle) μάχη f · (= brawl) καβγάς m

figure [ˈfɪɡə[r]] n (DRAWING, GEOM) σχήμα nt · (= number) νούμερο nt · (= statistic) (στατιστική) στοιχείο nt · (= shape) σιλουέτα f ◆ vt (esp US) σκέφτομαι ◆ vi παρουσιάζομαι · **public ~** δημόσιο πρόσωπο · **~ out** vt βρίσκω

file [faɪl] n φάκελος m · (for loose leaf) ντοσιέ nt inv · (COMPUT) αρχείο nt · (tool) λίμα f · ◆ vt (papers, document) αρχειοθετώ · (JUR) καταθέτω · (metal, fingernails) λιμάρω · (wood) πλανίζω ◆ vi **to ~ in/out/past**

μπαίνω/βγαίνω/περνώ ένας-ένας

fill [fɪl] vt (container, space) γεμίζω · (tooth) σφραγίζω · (vacancy, gap) καλύπτω ♦ vi (room, hall) γεμίζω ♦ n **to ~ sth with sth** γεμίζω κτ με κτ · **~ in** vt (hole) κλείνω · (time) γεμίζω · (form) συμπληρώνω · (name, details) γράφω · **~ out** vt (form) συμπληρώνω · **~ up** vt (container, space) πιάνω ♦ vi (room, stadium) γεμίζω με

fillet [ˈfɪlɪt] n φιλέττο nt ♦ vt (meat) λιανίζω · (fish) κόβω σε φιλέττα

filling [ˈfɪlɪŋ] n (for tooth) σφράγισμα nt · (of cake) γέμιση f

film [fɪlm] n (CINE, PHOT) ταινία f · (PHOT) φιλμ nt · (of dust, tears) λεπτό στρώμα nt · (in scene) γυρίζω · (person) κινηματογραφώ ♦ vi κινηματογραφώ · **~ star** n αστέρας mf

filter [ˈfɪltə^r] n φίλτρο nt ♦ vt φιλτράρω

filth [fɪlθ] n βρομιά f · (smut) χυδαιότητα f · **~y** adj (object, person) βρόμικος · (language, book) αισχρός

fin [fɪn] n πτερύγιο nt

final [ˈfaɪnl] adj (= last) τελευταίος · (= ultimate) έσχατος · (= definitive) τελικός ♦ n (SPORT) τελικός m
▸**finals** npl (UNIV) πτυχιακές (εξετάσεις) fpl

finale [fɪˈnɑːlɪ] n φινάλε nt inv

finalist [ˈfaɪnəlɪst] n (SPORT) φιναλίστ mf inv

finally [ˈfaɪnəlɪ] adv (= eventually) τελικά · (= lastly) τέλος · (= irrevocably) οριστικά

finance [faɪˈnæns] n (= money, backing) χρηματοδότηση f · (= money management) διαχείριση f χρημάτων ♦ vt χρηματοδοτώ
▸**finances** npl οικονομικά ntpl

financial [faɪˈnænʃəl] adj οικονομικός · **~ year** n οικονομικό έτος nt

find [faɪnd] (pt, pp **found**) vt βρίσκω ·

(COMPUT) αναζήτηση f ♦ n αναχάλυψη f · **to ~ sb guilty** (JUR) κηρύσσω κν ένοχο · **to ~ sth easy/difficult** βρίσκω κτ εύκολο/δύσκολο · **~ out** vt ανακαλύπτω ♦ vi **to ~ out about sth** (deliberately) εξακριβώνω κτ · (by chance) μαθαίνω κτ · **~ings** npl πόρισμα nt

fine [faɪn] adj (= excellent) έξοχος · (= thin) λεπτός · (= not coarse) ψιλός · (= subtle) λεπτός · (weather) καλός · (= satisfactory) εντάξει ♦ adv (= well) καλά · (= thin) λεπτά ♦ n πρόστιμο ♦ vt επιβάλλω πρόστιμο σε · **(I'm ~)** (είμαι) καλά · **(that's) ~ καλά**

finger [ˈfɪŋgə^r] n δάχτυλο nt ♦ vt πιάνω με το δάχτυλο · **little ~** μικρό δάχτυλο · **index ~** δείκτης · **~print** n δακτυλικό αποτύπωμα nt ♦ vt παίρνω δακτυλικά αποτυπώματα από · **~tip** n άκρη f (του δαχτύλου) · **to have sth at one's ~tips** έχω κτ στο τσεπάκι μου

finish [ˈfɪnɪʃ] n τέλος nt · (of a race) τερματισμός m · (= polish etc) τελείωμα nt ♦ vt τελειώνω · vi τελειώνω · **to ~ doing sth** τελειώνω (με) κτ · **~ off** vt αποτελειώνω · (dinner, wine) τελειώνω · **~ up** vi καταλήγω ♦ vt τελειώνω

Finland [ˈfɪnlənd] n Φινλανδία f

Finnish [ˈfɪnɪʃ] adj φινλανδικός ♦ n (LING) φινλανδικά ntpl

fir [fəː^r] n έλατο nt

fire [faɪə^r] n φωτιά f · (burning) πυρκαγιά f ♦ vt (shot, arrow) ρίχνω · (= stimulate) εξάπτω · (inf: = dismiss) απολύω ♦ vi πυροβολώ · **to be on ~** παίρνω φωτιά · **to ~ a gun** πυροβολώ · **to set sb to sth, set sth on ~** βάζω φωτιά σε κτ · **electric/gas ~** ηλεκτρική σόμπα/σόμπα γκαζιού · **to catch ~** πιάνω or αρπάζω φωτιά · **to open ~** ανοίγω πυρ · **~arm** n πυροβόλο όπλο nt · **~ brigade** n πυροσβεστική (υπηρεσία) f · **~ department** (US) n

= fire brigade · **~ engine** n
πυροσβεστικό (όχημα) nt · **~ exit** n
έξοδος f κινδύνου · **~man** (irreg) n
πυροσβέστης m · **~place** n τζάκι nt ·
~ truck (US) n = **fire engine** ·
~wood n καυσόξυλα ntpl · **~works**
npl πυροτεχνήματα ntpl

firm [fəːm] adj σταθερός · (mattress)
σκληρός · (ground) στέρεος · (grasp,
hold) γερός · (fig) στέρεος · (views)
ακλόνητος · (evidence, proof)
αμετακίνητος · (voice, offer) σταθερός
♦ n εταιρεία f · **~ly** adv γερά ·
(believe) ακράδαντα · (say, tell)
έντονα

first [fəːst] adj πρώτος ♦ adv (before
anyone else) πρώτα · (when listing
reasons etc) κατ'αρχήν · (for the first
time) πρώτο- ♦ n (AUT) πρώτη f ·
(BRIT: SCOL) άριστα nt · (in race) πρώτος
· **to come ~** έρχομαι πρώτος · **the ~ of
January** 1η Ιανουαρίου · **at ~** στην
αρχή · **~ of all** πρώτα απ' όλα ·
~ aid n πρώτες βοήθειες fpl ·
~-aid kit n φαρμακείο nt (πρώτων
βοηθειών) · **~-class** adj (worker,
piece of work) άριστος · (carriage,
ticket) πρώτης θέσης · (stamp)
πρώτης κατηγορίας · (hotel) πρώτης
κατηγορίας ♦ adv (travel, send)
πρώτη θέση · **~-hand** adj από
πρώτο χέρι · **~ lady** (US) n πρώτη
κυρία f · **~ly** adv πρώτον · **~ name**
n (μικρό) όνομα nt · **~-rate** adj
πρώτης τάξεως · **First World War**
n πρώτος παγκόσμιος πόλεμος

fiscal ['fɪskl] adj (year) οικονομικός ·
(policies) δημοσιονομικός

fish [fɪʃ] n inv ψάρι nt ♦ vt ψαρεύω
σε ♦ vi (commercially) αλιεύω · (as
sport, hobby) ψαρεύω · **to go ~ing**
πηγαίνω για ψάρεμα · **~erman**
(irreg) n ψαράς m · **~ery** n αλιευτική
περιοχή f · **~ing boat** n ψαρόβαρκα
f · **~y** (inf) adj ύποπτος

fist [fɪst] n γροθιά f

fit [fɪt] adj (MED, SPORT) σε φόρμα ·
(= suitable) κατάλληλος ♦ vt (person)

έρχομαι σε · (= attach) τοποθετώ
♦ vi (clothes, shoes etc) μπαίνω ·
(equipment) εφαρμόζω · **a ~** n (MED)
κρίση f · **to come to ~** for
κατάλληλος για · **to keep
~** διατηρούμαι σε φόρμα · **in a ~ of
rage** πάνω στον θυμό · **a ~ of
giggles** υστερικά γέλια · **to have a
good/tight ~** αυτό το φόρεμα
έρχεται γάντι/είναι στενό · **~ in** vi
(lit) χωράω · (fig) κολλάω ♦ vt (fig)
βολεύω · **to ~ in with sb's plans**
ταιριάζω με τα σχέδια κου · **~
into** vt fus (hole, gap) μπαίνω ·
(suitcase, room) χωρώ · **~ness** n
υγεία f · **~ting** adj σωστός ♦ n (of
dress) πρόβα
▶ **fittings** npl εξαρτήματα ntpl · (in
building) εξοπλισμός m

five [faɪv] num πέντε · **~r** (inf: BRIT) n
πεντόλιρο nt

fix [fɪks] vt (date, meeting) ορίζω ·
(amount) καθορίζω · (leak, radio)
φτιάχνω · (inf: game, election etc)
στήνω ♦ n **to be in a ~** (inf) έχω
μπλεξίματα · **to ~ sth to/on sth**
βάζω κτ σε κτ · **to ~ up** vt κανονίζω ·
to ~ sb up with sth βρίσκω κτ για
κν · **~ed** adj σταθερός · (ideas)
αμετακίνητος · (smile) μόνιμος · **of
no ~ed abode** χωρίς μόνιμη
κατοικία · **~ture** n (μόνιμο εξάρτημα
nt · (SPORT) (αθλητική) συνάντηση f

fizzy ['fɪzi] adj (drink) με ανθρακικό ·
(wine) αφρώδης

flag [flæg] n σημαία f · (also **~stone**)
πλάκα f (πεζοδρομίου) ♦ vi (person)
εξασθενώ · (spirits) πέφτω

flair [flɛər] n αέρας m · **to have a
~ for sth** έχω ταλέντο για κτ

flak [flæk] n (MIL) αντιαεροπορικά
πυρά ntpl · (inf) πυρά ntpl (της
κριτικής)

flake [fleɪk] n (of rust, paint) φλούδα
f · (of snow) νιφάδα f ♦ vi (also
~ off) ξεφλουδίζω

flamboyant [flæm'bɔɪənt] adj (dress,

style) φανταχτερός · (*person*) υπερβολικός

flame [fleɪm] *n* φλόγα *f* · **to go up in/burst into ~** αρπάζω φωτιά *f* · **to be in ~** έχω πιάσει φωτιά

flamingo [fləˈmɪŋɡəʊ] *n* φλαμίνγκο *nt inv*

flank [flæŋk] *n* πλευρό *nt* ◆ *vt* **to be ~ed by sb/sth** περιτριγυρίζομαι από κν/κτ

flannel [ˈflænl] *n (fabric)* φανέλλα *f* · (*BRIT: also* **face ~**) γάντι *nt* για το πρόσωπο

flap [flæp] *n (of pocket)* πατιλέτα *f* · (*of envelope*) γλώσσα *nt* · (*of table*) φύλλο *nt* ◆ *vt (wings)* χτυπάρ ◆ *vi (sail, flag)* ανεμίζω

flare [flɛəʳ] *n* φωτοβολίδα *f* · **~ up** *vi (fire, match)* φουντώνω · (*fighting, violence*) ξεσπάω

► **flares** *npl* παντελόνι *nt* καμπάνα

flash [flæʃ] *n (of light)* λάμψη *f* · (*PHOT*) φλας *nt inv* · (*US:* torch) φακός *m* ◆ *adj (inf)* φανταχτερός ◆ *vt (light)* ανάβω · (*look, smile*) σκάω ◆ *vi* αστράφτω · **in a ~** αστραπιαία · **quick as a ~** (γρήγορα) σαν αστραπή · **~ of lightning** αστραπή · **to ~ by** παρατρέχω · **~back** *n* φλας-μπάκ *nt inv* · **~light** *n* φακός *m*

flask [flɑːsk] *n (= bottle)* φλασκί *nt* · (*CHEM*) φιάλη *f* · (*also* **vacuum ~**) θερμός *nt inv*

flat [flæt] *adj (ground, surface)* επίπεδος · (*tyre*) σκασμένος · (*battery*) άδειος · (*beer*) ξεθυμασμένος · (*refusal, denial*) κατηγορηματικός · (*MUS: note*) με ύφεση · (: *voice*) μονότονος · (*rate, fee*) σταθερός ◆ *n (BRIT: = apartment)* διαμέρισμα *nt* · (*AUT*) σκασμένο λάστιχο *nt* · (*MUS*) ύφεση *f* ◆ *adv* επίπεδος · **to work ~ out** ξεπατώνομαι · **in 10 minutes ~** σε δέκα λεπτά ακριβώς · **~ten** *vt (= straighten)* ισιώνω ·

(building, crop) ισοπεδώνω

flatter [ˈflætəʳ] *vt* κολακεύω · **to be ~ed (that)** κολακεύομαι (που) · **~ing** *adj (comment)* κολακευτικός · (*dress, photograph etc*) που κολακεύει κάποιον

flaunt [flɔːnt] *vt* επιδεικνύω

flavour [ˈfleɪvəʳ] (*US* **flavor**) *n* γεύση *f* ◆ *vt (food, drink)* δίνω γεύση σε · (*with fruits, drink*) δίνω άρωμα σε · **strawberry-~ed** με γεύση φράουλα

flaw [flɔː] *n* ελάττωμα *nt* · **~less** *adj* άψογος

flea [fliː] *n* ψύλλος *nt*

flee [fliː] (*pt, pp* **fled**) *vt* φεύγω από ◆ *vi (refugees)* φεύγω · (*escapees*) δραπετεύω

fleece [fliːs] *n (= sheep's wool)* μαλλί *nt* · (*= sheep's coat*) προβιά *f* · (*= coat*) ◆ *vt (inf)* μαδάω

fleet [fliːt] *n* στόλος *m*

fleeting [ˈfliːtɪŋ] *adj (glimpse)* φευγαλέος · (*visit*) περαστικός

Flemish [ˈflemɪʃ] *adj* φλαμανδικός ◆ *n (LING)* φλαμανδικά *ntpl*

flesh [fleʃ] *n* σάρκα *f* · (*of animals*) κρέας *nt* · (*= skin*) δέρμα *nt* · (*of fruit*) σάρκα *f* · **in the ~** με σάρκα και οστά

flew [fluː] *pt of* **fly**

flex [fleks] *n (μονωμένο)* καλώδιο *nt* ◆ *vt* τεντώνω

flexibility [fleksɪˈbɪlɪtɪ] *n* ευλυγισία *f*

flexible [ˈfleksəbl] *adj (material)* εύκαμπτος · (*response, schedule*) ελαστικός · (*policy: person*) ευέλικτος

flick [flɪk] *n (of finger, hand)* τιναγματάκι *nt* · (*of towel, whip*) χτυπηματάκι *nt* ◆ *vt τινάζω* · (*switch*) γυρίζω · **~ through** *vt fus* ξεφυλλίζω

flicker [ˈflɪkəʳ] *vi* τρεμοπαίζω ◆ *n (of light)* αναλαμπή · (*of pain, fear*) τρεμούλιασμα *nt* · (*of smile, eyelids*) τρεμοπαιγμα *nt*

flight [flaɪt] *n (of birds, plane)* πέταγμα *nt* · (*AVIAT: journey*) πτήση *f* · (*= escape*) φυγή *f* · (*also* **~ of stairs**)

σκάλα f • ~ **attendant** n
αεροσυνοδός mf

flimsy ['flɪmzɪ] adj (shoes, clothes)
λεπτός • (excuse, evidence) αδύναμος

flinch [flɪntʃ] vi τινάζομαι • **to ~ from**
sth/doing sth δειλιάζω μπροστά σε
κτ/να κάνω κτ

fling [flɪŋ] (pt, pp flung) vt (ball,
stone) πετάω • (one's arms, oneself)
ρίχνω ♦ n περιπέτεια f

flint [flɪnt] n (stone) πυρόλιθος m • (in
lighter) τσακμακόπετρα f

flip [flɪp] vt γυρίζω • (coin) στρίβω

flirt [flɜːt] vi φλερτάρω ♦ n **to be a**
~ φλερτάρω πολύ

float [fləʊt] n (for swimming)
πλωτήρας m • (for fishing) φελλός m
(σε πετονιά ή δίχτυ) • (in carnival)
άρμα nt • (money) ψιλά ntpl ♦ vi (on
water) επιπλέω • (COMM: currency)
διακινούμαι ♦ vt (COMM: currency)
αποδεσμεύω • (: company) βάζω στο
χρηματιστήριο

flock [flɒk] n (of sheep) κοπάδι nt • (of
birds) σμήνος nt • (REL) ποίμνιο nt •
to ~ vt fus (place) μαζεύομαι σε •
(event) συρρέω σε

flood [flʌd] n (of water) πλημμύρα f •
(of letters, imports etc) καταιγισμός m
♦ vt (water: place) πλημμυρίζω • (AUT)
μπουκάνω ♦ vi πλημμυρίζω • **~ing** n
πλημμύρα f

floor [flɔː] n (of room) πάτωμα nt •
(= storey) πάτωμα nt (inf) • (of sea)
βυθός m • (of valley) βάση f ♦ vt
(blow) ρίχνω κάτω • (question, remark)
ξαφνιάζω • **on the ~** στο πάτωμα •
ground ~ (US **first floor**) ισόγειο •
first ~ (US **second floor**) πρώτος
όροφος • **top ~** τελευταίος όροφος •
~ing n υλικό nt δαπέδου

flop [flɒp] n παταγώδης αποτυχία f
♦ vi (= fail) αποτυχαίνω παταγωδώς

floppy ['flɒpɪ] adj χαλαρός • **disk** n
(COMPUT) δισκέτα f

flora ['flɔːrə] n χλωρίδα f

floral ['flɔːrl] adj λουλουδάτος

florist ['flɒrɪst] n ανθοπώλης mf

flotation [fləʊ'teɪʃən] n (of shares)
έκδοση f • (of company) είσοδος f
στο χρηματιστήριο

flour [flaʊə] n αλεύρι nt

flourish ['flʌrɪʃ] vi (business, economy)
ευημερώ • (plant) ανθίζω ♦ n **with a**
~ με μια επιδεικτική χειρονομία

flow [fləʊ] n (of river) ρεύμα nt • (of
blood, oil) ροή f • (ELEC) ρεύμα nt •
(of data, information) ροή f ♦ vi
(blood, river) κυλάω • (ELEC) ρέω •
(clothes, hair) πέφτω • **~ of traffic**
κίνηση (οχημάτων)

flower ['flaʊə] n λουλούδι nt ♦ vi
ανθίζω

flown [fləʊn] pp of **fly**

flu [fluː] n γρίπη f

fluctuate ['flʌktjʊeɪt] vi (price, rate)
κυμαίνομαι • (opinions, attitudes)
ταλαντεύομαι

fluent ['fluːənt] adj στρωτός • **he
speaks ~ French, he's ~ in
French** μιλάει γαλλικά με ευχέρεια

fluff [flʌf] n (on jacket, carpet) χνούδι
nt • (= fur) μαλλί nt ♦ vt (inf: exam,
lines) τα θαλασσώνω σε • **~y** adj
(lamb, kitten) μαλλιαρός • (sweater)
χνουδωτός • **~y toy** παιχνίδι από
γούνα

fluid ['fluːɪd] adj (movement)
αβίαστος • (situation, arrangement)
ρευστός ♦ n υγρό nt

fluke [fluːk] (inf) n τύχη nt • **by a
~** κατά τύχη

flung [flʌŋ] pt, pp of **fling**

fluorescent [flʊə'rɛsnt] adj (light)
φθορισμού • (dial, paint) που
φωσφορίζει

fluoride ['flʊəraɪd] n φλουοράιντ nt
inv

flurry ['flʌrɪ] n (of snow) στρόβιλος
m • **a ~ of activity** πυρετώδης
κίνηση • **a ~ of excitement**
ξέσπασμα ενθουσιασμού

flush [flʌʃ] n (on face) κοκκίνισμα nt •
(CARDS) χρώμα nt ♦ vt ξεπλένω ♦ vi

κοκκινίζω • **to ~ the toilet** τραβάω το καζανάκι

flute [fluːt] n φλάουτο nt

flutter ['flʌtə] n (of wings) φτερούγισμα nt ♦ vi (bird) φτερουγίζω • (flag) κυματίζω • (heart) φτερουγίζω ♦ φτεροκοπάω

fly [flaɪ] (pt **flew**, pp **flown**) n μύγα f• (on trousers: also **flies**) μαγαζιά ntpl (inf) ♦ vt (plane) πετάω (με) • (passengers, cargo) μεταφέρω αεροπορικώς • (distances) ταξιδεύω • (kite) πετάω ♦ vi (also **flies**) • (passengers) ταξιδεύω με αεροπλάνο • (= dash) βιάζομαι • (flag) κυματίζω • **her glasses flew off** της έφυγαν τα γυαλιά • **she flew into a rage** έγινε έξω φρενών • ~ **away** vi φεύγω • ~ **off** vi = **fly away** • ~**ing** n (activity) πιλοτάρισμα nt • (action) πτήση f ♦ adj a ~**ing visit** μια επίσκεψη στα πεταχτά • **to pass exams with ~ing colours** σκίζω στις εξετάσεις • **he doesn't like ~ing** δεν του αρέσει να ταξιδεύει με αεροπλάνο

FM abbr (RADIO) (= frequency modulation) FM ntpl inv

foal [fəul] n πουλάρι nt

foam [fəum] n αφρός m • (also ~ **rubber**) αφρολέξ inv ♦ vi (soapy water) κάνω αφρό

focus ['fəukəs] (pl ~**es**) n (= focal point) επίκεντρο f • (activity) εστίαση f της προσοχής • (PHOT) εστίαση f ♦ vt (telescope etc) ρυθμίζω • (light, rays) εστιάζω • (one's eyes) συγκεντρώνω ♦ vi **to ~ (on)** • (with camera) εστιάζω σε • (person) συγκεντρώνομαι σε • **in/out of ~** (for camera etc) εστιασμένος/μη εστιασμένος • (for pictures) ευκρινής/θαμπός

foetus ['fiːtəs] (US **fetus**) n έμβρυο nt

fog [fɒg] n ομίχλη f • ~**gy** adj ομιχλώδης • **it's ~gy** έχει ομίχλη

foil [fɔɪl] vt ματαιώνω ♦ n (also **aluminium ~**) αλουμινόχαρτο nt •

(FENCING) ξίφος nt

fold [fəuld] n πτυχή f • (in paper) τσάκιση f • (of skin) δίπλα f • (for sheep) μαντρί nt • (fig) ποίμνη f ♦ vt (clothes, map) διπλώνω • (one's arms) σταυρώνω ♦ vi πέφτω έξω • ~**er** n ντοσιέ nt inv • ~**ing** adj πτυσσόμενος

foliage ['fəulɪɪdʒ] n φύλλωμα nt

folk [fəuk] npl άνθρωποι mpl • **old ~** cpd λαϊκός • ~**lore** n λαϊκή παράδοση f • ~ **music** n παραδοσιακή μουσική f • (Greek: rural) δημοτική μουσική f • (Greek: urban) λαϊκή μουσική f • (foreign) φολκ f inv

follow ['fɒləu] vt ακολουθώ • (event, story) παρακολουθώ • (route, path) παίρνω • (with eyes) ακολουθώ με το βλέμμα ♦ vi (person) πηγαίνω από πίσω • (period of time) ακολουθώ • (result, benefit) προκύπτω • **I don't quite ~ you** δεν σε πολυκαταλαβαίνω • **as ~s** ως εξής • **to ~ suit** (fig) κάνω το ίδιο • ~ **up** vt (letter, offer) δίνω συνέχεια σε • (idea, suggestion) διερευνώ • ~**er** n οπαδός mf• ~**ing** adj (day, week) επόμενος • (way, list etc) ακόλουθος ♦ n οπαδοί mpl

fond [fɒnd] adj (memory) τρυφερός • (smile, look) γλυκός • **to be ~ of sb** συμπαθώ κν

food [fuːd] n φαγητό nt • (foodstuffs) τροφή f • ~ **poisoning** n τροφική δηλητηρίαση f • ~ **processor** n μπλέντερ nt inv

fool [fuːl] n (= idiot) ανόητος/η m/f ♦ vt ξεγελώ • **to make a ~ of sb** γελοιοποιώ κν • (= trick) κοροϊδεύω κν • **to make a ~ of o.s.** γίνομαι ρεζίλι • ~ **about** (pej) vi (= waste time) χαζολογάω • (= behave foolishly) σαχλαμαρίζω • ~ **around** vi = **fool about** • ~**ish** adj (= stupid) ανόητος • (= rash) άμυαλος • ~**proof** adj αλάνθαστος

foot [fut] (pl **feet**) n (measure) πόδι nt

(= *30, 4 εκ.*) · (*of person, animal*) πόδι *nt* · (*of bed*) πόδι *nt* · (*of cliff*) πρόποδες *mpl* · (*of page*) κάτω μέρος *nt* · (*of stairs*) βάση *f* · **on ~** με τα πόδια · **~age** *n* σκηνές *fpl* · **~ and mouth (disease)** *n* αφθώδης πυρετός *m* · **~ball** *n* (*= ball*) μπάλα *f* ποδοσφαίρου · (*sport: BRIT*) ποδόσφαιρο *nt* · (*: US*) αμερικανικό ποδόσφαιρο *nt* · **~baller** (*BRIT*) *n* (*also* **~ball player**) ποδοσφαιριστής (ίστρια) *mf* · **~ball match** (*BRIT*) *n* ποδοσφαιρικός αγώνας *m* · **~hills** *npl* πρόποδες *mpl* · **~hold** *n* πιάσιμο *nt* · **~ing** *n* (*fig*) επίπεδο *nt* · **to lose one's ~ing** παραπατάω · **~note** *n* υποσημείωση *f* · **~path** *n* μονοπάτι *nt* · **~print** *n* πατημασιά *f* · **~wear** *n* υποδήματα *ntpl*

KEYWORD

for [fɔ:ʳ] *prep* **(a)** (*indicating destination, intention*) για

(b) (*indicating purpose*) για · **what's it for?** για τι πράγμα είναι αυτό; · **give it to me – what for?** δωσ' μου το - γιατί;

(c) (*= on behalf of, representing*) **the MP for Hove** ο βουλευτής του Χοβ · **he works for the government/a local firm** δουλεύει για την κυβέρνηση/μια τοπική επιχείρηση · **I'll ask him for you** θα τον ρωτήσω εγώ για σένα · **G for George** όπως

(d) (*= because of*) για · **for fear of being criticized** από φόβο μήπως τον κατακρίνουν

(e) (*= with regard to*) για · **a gift for languages** ταλέντο στις γλώσσες

(f) (*= in exchange for*) για

(g) (*= in favour of*) για · **are you for or against us?** είστε μαζί μας ή εναντίον μας; · **I'm all for it** είμαι ολοκληρωτικά υπέρ · **vote for X** ψηφίστε τον Χ

(h) (*referring to distance*) για

(i) (*referring to time*) για · **he was**

away for 2 years έλειπε (για) δύο χρόνια · **she will be away for a month** θα λείψει (για) ένα μήνα · **it hasn't rained for 3 weeks** έχει να βρέξει τρεις εβδομάδες · **I have known her for years** την ξέρω χρόνια · **can you do it for tomorrow?** μπορείς να το κάνεις για αύριο;

(j) (*with infinitive clause*) **it is not for me to decide** δεν θα το αποφασίσω εγώ · **it would be best for you to leave** το καλύτερο θα ήταν να φύγετε · **there is still time for you to do it** έχεις ακόμα καιρό να το κάνεις · **for this to be possible ...** για να μπορεί να γίνει αυτό...

(k) (*= in spite of*) παρά · **for all he said he would write, in the end he didn't** παρόλο που είπε ότι θα γράψει, τελικά δεν έγραψε ◆ *conj* (*fml: = since, as*) που

---

forbid [fəˈbɪd] (*pt* **forbad(e)**, *pp* **~den**) *vt* απαγορεύω · **to ~ sb to do sth** απαγορεύω σε κν να κάνει κτ · **~den** *pp of* **forbid** ◆ *adj* απαγορευμένος · **it is ~den to smoke** απαγορεύεται να καπνίζετε *or* το κάπνισμα

force [fɔ:s] *n* (*violence*) βία *f* · (= *strength*) δύναμη *f* · (*of earthquake, wind*) ένταση *f* · (= *power, influence*) δύναμη *f* · (*PHYS*) δύναμη *f* ◆ *vt* (= *drive*) αναγκάζω · **to ~ sb to do sth** αναγκάζω *or* υποχρεώνω κν να κάνει κτ · **in ~** · σύσσωμοι · **to come into ~** τίθεμαι σε ισχύ · **to ~ o.s. to do sth** ζορίζομαι για να κάνω κτ ▸ **Forces** (*BRIT*) *npl* οι Ένοπλες Δυνάμεις *fpl* · **~d** *adj* (*landing*) αναγκαστικός · (*smile*) βεβιασμένος · **~ful** *adj* (*person, attack*) δυναμικός · (*point*) δυνατός

ford [fɔ:d] *n* πέρασμα *nt* (*ποταμού*)

fore [fɔ:ʳ] *n* **to come to the ~** έρχομαι στο προσκήνιο · **~arm** *n*

πήχυς m (χεριού) · ~cast (irreg) (pt, pp ~cast) n (of profits, prices etc) πρόβλεψη f · (of weather) πρόγνωση f ♦ vt προβλέπω · ~court n προαύλιο nt · ~finger n δείκτης m (δάχτυλο) · ~front n in the ~front of στην πρώτη γραμμή +gen · ~ground n πρώτο πλάνο nt ♦ cpd (COMPUT) στο προσκήνιο · ~head n μέτωπο nt

foreign ['fɒrɪn] adj (country) ξένος · (holiday) στο εξωτερικό · (trade, policy) εξωτερικός · ~ **currency** n συνάλλαγμα nt · ~**er** n αλλοδαπός/ m/f · ~ **exchange** n συνάλλαγμα nt · **Foreign Office** (BRIT) n Υπουργείο nt Εξωτερικών · **Foreign Secretary** (BRIT) n υπουργός mf Εξωτερικών

foreman ['fɔːmən] (irreg) n (on building site etc) αρχιεργάτης m · (in factory) επιστάτης m · (of jury) προϊστάμενος m των ενόρκων

foremost ['fɔːməust] adj πρώτος ♦ adv **first and** ~ πρώτα απ' όλα

forensic [fə'rensɪk] adj (medicine, test) ιατροδικαστικός

foresee [fɔː'siː] (irreg) (pt **foresaw**, pp ~**n**) vt προβλέπω · ~**able** adj προβλέψιμος · **in the ~able future** στο άμεσο μέλλον

forest ['fɒrɪst] n δάσος nt · ~**ry** n δασοκομία f

forever [fə'rɛvər] adv (= permanently) οριστικά · (= always) για πάντα

foreword ['fɔːwɜːd] n πρόλογος m

forfeit ['fɔːfɪt] n τίμημα nt ♦ vt (right, chance etc) χάνω

forgave [fə'geɪv] pt of **forgive**

forge [fɔːdʒ] n σιδηρουργείο nt ♦ vt (signature, document etc) πλαστογραφώ · (money) παραχαράζω · ~ **ahead** vi προπορεύομαι · ~**ry** n (crime) πλαστογραφία f · (= document etc) πλαστογράφηση f

forget [fə'get] (pt **forgot**, pp **forgotten**) vt ξεχνάω ♦ vi ξεχνάω ·

to ~ **o.s.** παραφέρομαι

forgive [fə'gɪv] (pt **forgave**, pp ~**n**) vt συγχωρώ · **to** ~ **sb for sth/for doing sth** συγχωρώ κν για κτ/που έκανε κτ

forgot [fə'gɒt] pt of **forget**

forgotten [fə'gɒtn] pp of **forget**

fork [fɔːk] n (for eating) πιρούνι nt · (for gardening) πιρούνα f · (in road, river) διακλάδωση f ♦ vi διακλαδίζομαι

forlorn [fə'lɔːn] adj (person, cry) απελπισμένος · (place) εγκαταλελειμμένος · (attempt, hope) απεγνωσμένος

form [fɔːm] n (= type) μορφή f · (= shape) φιγούρα f · (SCOL: = class) τάξη f · (= questionnaire) έντυπο nt ♦ vt (shape, queue) σχηματίζω · (organization, group) συγκροτώ · (government) σχηματίζω · (relationship) κάνω ♦ vi (shape, queue) σχηματίζομαι · **to be on** ~ (SPORT) είμαι σε φόρμα · (fig) είμαι στις καλές μου

formal ['fɔːməl] adj επίσημος · (person, behaviour) τυπικός · (qualifications) τυπικός · ~**ity** n (procedure) τυπική διαδικασία f · (politeness) τυπικότητα f

▶ **formalities** npl διατυπώσεις fpl

format ['fɔːmæt] n σχήμα nt ♦ vt (COMPUT) φορμάρω

formation [fɔː'meɪʃən] n (of organization, business) ίδρυση f · (of theory, ideas) διαμόρφωση f · (= pattern) σχηματισμός m · (of rocks, clouds) σχηματισμός m

former ['fɔːmər] adj (husband, president etc) τέως inv · (power, authority) παλιός ♦ n the ~ ο πρώτος · **the** ~ .... **the latter** ο μεν ... ο δε · **the** ~ **Yugoslavia/Soviet Union** η πρώην Γιουγκοσλαβία/ Σοβιετική Ένωση · ~**ly** adv άλλοτε

formidable ['fɔːmɪdəbl] adj τρομακτικός

formula ['fɔːmjulə] (pl **~e** or **~s**) n
(MATH, CHEM) τύπος m · (= plan)
σχέδιο nt · **F~ One** (AUT) Φόρμουλα
Ένα

fort [fɔːt] n (MIL) φρούριο nt · **to hold
the ~** (fig) μένω στο πόδι κάποιου

forthcoming ['fɔːθ'kʌmɪŋ] adj (event)
προσεχής · (help, money)
διαθέσιμος · (person) διαχυτικός

fortnight ['fɔːtnaɪt] (BRIT) n
δεκαπενθήμερο · **~ly** adj
δεκαπενθήμερος ◆ adv ανα
δεκαπενθήμερο

fortress ['fɔːtrɪs] n φρούριο nt

fortunate ['fɔːtʃənɪt] adj (person)
τυχερός · (event) ευτυχής · **it is
~ that ...** είναι ευτύχημα ότι ... · **~ly**
adv ευτυχώς

fortune ['fɔːtʃən] n (= luck) τύχη f ·
(wealth) περιουσία f · **to make a
~** κάνω περιουσία · **to tell sb's
~** λέω τη μοίρα του

forty ['fɔːtɪ] num σαράντα

forum ['fɔːrəm] n (for debate)
πλατφόρμα f

forward ['fɔːwəd] adj (in position)
μπροστά · (in movement) προς τα
εμπρός · (in development) μπροστά ·
(= not shy) θρασύς ◆ n (SPORT)
επιθετικός m ◆ vt (letter) διαβιβάζω ·
(parcel, goods) στέλνω · **"please ~"**
"παρακαλώ διαβιβάστε" · **~(s)** adv
μπροστά

fossil ['fɔsl] n απολίθωμα nt

foster ['fɔstə*] vt (child) παίρνω για
παιδί μου

fought [fɔːt] pt, pp of **fight**

foul [faul] adj (state, taste)
αηδιαστικός · (place) σιχαμερός ·
(temper, day: weather) απαίσιος ·
(language) χυδαίος ◆ n (SPORT)
φάουλ nt inv ◆ vt (= λερώνω (SPORT)
κάνω φάουλ σε · **~ play** n (JUR)
εγκληματική ενέργεια f

found [faund] pt, pp of **find** ◆ vt
ιδρύω

foundation [faun'deɪʃən] n ίδρυση f ·

(= basis) βάσεις fpl · (fig) βάση f ·
(also ~ **cream**) βάση f για μακιγιάζ ·
▸ **foundations** npl (of building)
θεμέλια ntpl

founder ['faundə*] n ιδρυτής/τρια m/f
◆ vi βουλιάζω

fountain ['fauntɪn] n (lit) συντριβάνι
nt

four [fɔː*] num τέσσερα nt · **~ people/
women** τέσσερις or τέσσερις
άνθρωποι/γυναίκες · **~ books**
τέσσερα βιβλία · **on all ~s** με τα
τέσσερα · **~-poster** n (also
~-poster bed) κρεβάτι nt με
τέσσερις κολόνες

fourteen ['fɔː'tiːn] num δεκατέσσερα ·
~th num δέκατος τέταρτος

fourth ['fɔːθ] num τέταρτος ◆ n (AUT:
also ~ **gear**) τετάρτη f

four-wheel drive [fɔːwiːl'draɪv] n
(AUT) **with** ~ με κίνηση στους
τέσσερις τροχούς

fowl [faul] n πουλί nt · (domestic)
πουλερικό nt

fox [fɔks] n αλεπού f ◆ vt μπερδεύω

foyer ['fɔɪeɪ] n φουαγιέ nt inv

fraction ['frækʃən] n ένα τι nt · (MATH)
κλάσμα nt

fracture ['fræktʃə*] n (of bone)
κάταγμα nt ◆ vt (bone) σπάζω

fragile ['frædʒaɪl] adj εύθραυστος ·
(person) αδύναμος

fragment n ['frægmənt] vb
[fræg'ment] n (of bone, cup etc)
κομματάκι n ◆ vi τεμαχίζομαι

fragrance ['freɪgrəns] n άρωμα nt

frail [freɪl] adj (person, invalid)
φιλάσθενος · (structure) εύθραυστος

frame [freɪm] n (of building, car)
σκελετός m · (of structure) πλαίσιο
nt · (of spectacles: also ~**s**) σκελετός
m · (of picture) κορνίζα f · (of door,
window) κάσα f ◆ vt (picture)
κορνιζώνω · **they ~d him/her** (inf)
του/της την έστησαν · **~work** n
(also fig) πλαίσιο nt

France [frɑːns] n Γαλλία f

franchise ['fræntʃaɪz] n (POL) δικαίωμα nt ψήφου · (COMM) άδεια f διανομής

frank [fræŋk] adj ειλικρινής · **~ly** adv ειλικρινά

frantic ['fræntɪk] adj (= distraught) τρελός · (rush, pace) ξέφρενος · (search) μανιώδης

fraud [frɔːd] n (crime) απάτη f · (person) απατεώνας/ισσα m/f

fraught [frɔːt] adj (person) ταραγμένος · (evening, meeting) γεμάτος δυσκολίες · **~ with danger/problems** είμαι γεμάτος κινδύνους/προβλήματα

fray [freɪ] vi (cloth, rope) ξεφτίζω

freak [friːk] n (in behaviour) περίεργο φαινόμενο nt · (in appearance) τέρας nt ◆ adj αλλόκοτος · **~ out** (inf) vi παθαίνω πλάκα

free [friː] adj ελεύθερος · (meal, ticket etc) δωρεάν ◆ vt (prisoner etc) ελευθερώνω · (jammed object) ξεκολλάω · (person) απαλλάσσω · **admission ~** είσοδος δωρεάν · **~ (of charge), for ~** δωρεάν · **~dom** n ελευθερία f · **~dom from hunger/poverty/disease** απαλλαγή από την πείνα/φτώχεια/ασθένεια · **~ kick** n (SPORT) φάουλ nt inv · **~lance** adj ανεξάρτητος · **~lance work** ανεξάρτητη or εξωτερική συνεργασία · **~ly** adv (talk, move etc) ελεύθερα · (spend) χωρίς να υπολογίζω · **~-range** adj χωριάτικος · **~way** (US) n αυτοκινητόδρομος m · **~ will** n ελεύθερη βούληση f · **of one's own ~ will** με τη θέληση μου

freeze [friːz] (pt **froze**, pp **frozen**) vi (liquid, pipe) παγώνω · (weather) ρίχνω παγωνιά · (person: with cold) ξεπαγιάζω · (: from fear) κοκκαλώνω ◆ vt (water, lake) παγώνω · (food) καταψύχω · (prices, salaries) παγώνω ◆ n (= cold weather) παγωνιά f · (on arms, wages) πάγωμα nt · **~ over** vi (river) παγώνω · (windscreen,

windows) πιάνω πάγο · **~r** n καταψύκτης m · (also **~r compartment**) ψύξη f

freezing ['friːzɪŋ] adj (also **= cold**) παγωμένος · **3 degrees below ~** 3 βαθμούς υπό το μηδέν · **I'm ~** ξεπάγιασα · **it's ~** κάνει παγωνιά · **this room is ~** αυτό το δωμάτιο είναι πάγος

freight [freɪt] n (goods) φορτίο nt · **by air/sea** αεροπορικό φορτίο/ναύλος

French [frentʃ] adj γαλλικός ◆ n (LING) γαλλικά ntpl · **the ~** οι Γάλλοι · **he/she is ~** είναι Γάλλος/Γαλλίδα · **~ fries** (esp US) npl πατάτες fpl τηγανητές · **~man** (irreg) n Γάλλος m · **~woman** (irreg) n Γαλλίδα f

frenzy ['frenzɪ] n (of violence) παροξυσμός m · (of joy, excitement) παραλήρημα nt

frequency ['friːkwənsɪ] n συχνότητα f

frequent adj ['friːkwənt] vb [frɪ'kwent] adj συχνός ◆ vt συχνάζω · **~ly** adv συχνά

fresh [freʃ] adj φρέσκος · (paint) υγρός · (= new: approach, way) νέος · (water, air) καθαρός · (= cheeky) θρασύς · **~er** (BRIT: inf) n (SCOL) πρωτάκι nt · **~ly** adv φρέσκο- · **~man** (US) (irreg) n = **fresher** · **~water** adj (lake) με γλυκό νερό · (fish) του γλυκού νερού

fret [fret] vi ανησυχώ

friction ['frɪkʃən] n τριβή f · (= conflict) προστριβές fpl

Friday ['fraɪdɪ] n Παρασκευή f · see also **Tuesday**

fridge [frɪdʒ] (BRIT) n ψυγείο nt

fried [fraɪd] pt, pp of **fry** ◆ adj τηγανητός

friend [frend] n φίλος/η m/f · **to make ~s with sb** γίνομαι φίλοι με κν · **~ly** adj φιλικός ◆ n (SPORT) φιλικό nt · **to be ~ly** είμαι φίλος με or +gen · **~ship** n φιλία f

frigate ['frɪgɪt] n (NAUT) φρεγάτα f

fright [fraɪt] n τρόμος m · **to get a**

~ τρομάζω · **to give sb a ~** δίνω σε κν μια τρομάρα · **~en** vt τρομάζω · **~ened** adj (= afraid) **to be ~ened to do sth** φοβάμαι να κάνω κτ · (= anxious) τρομαγμένος · **to be ~ened of sth/doing sth** φοβάμαι κτ/μήπως κάνω κτ · **~ening** adj (experience) τρομακτικός · (prospect) επίφοβος · **~ful** adj φοβερός

fringe [frɪndʒ] n (BRIT: of hair) φράτζα f · (on shawl, lampshade etc) κρόσσια ntpl · (fig) όριο nt

frivolous ['frɪvələs] adj (conduct, person) επιπόλαιος · (object, activity) ασήμαντος

fro [frəu] adv **to and ~** πέρα-δώθε

frock [frɒk] n ρούχο nt

frog [frɒg] n βατράχι nt

from [frɒm] prep (a) (place) από ·
(b) (origin) από · **where do you come from?** από πού είστε;
(c) (time) από ·
(d) (distance) από ·
(e) (price, number etc) από ·
(f) (difference) **different from sb/sth** διαφορετικός από κν/κτ ·
(g) (= because of, on the basis of) από · **to do sth from conviction** κάνω κτ εκ πεποιθήσεως

front [frʌnt] n (of dress, train) μπροστινό μέρος nt · (of house) πρόσοψη f · (also **sea ~**) παραλία f · (MIL, METEO) μέτωπο nt · (fig: = pretence) βιτρίνα f ♦ adj μπροστινός · **~ cover** εξώφυλλο · **in ~ (of)** μπροστά (από) · · **~ door** n (of house) εξώπορτα f

frontier ['frʌntɪə*] n σύνορα ntpl · (fig) όριο nt

front page n πρώτη σελίδα f

frost [frɒst] n (weather) παγετός m · (substance) πάγος m · **~y** adj (weather, night) παγωμένος · (welcome, look) ψυχρός · (grass,

window) που έπιασε πάγο

froth [frɒθ] n αφρός m

frown [fraun] n κατσούφιασμα nt ♦ vi συνοφρυώνομαι

froze [frəuz] pt of **freeze**

frozen ['frəuzn] pp of **freeze** ♦ adj (lake, fingers) παγωμένος · (food) κατεψυγμένος · (COMM: assets) παγωμένος

fruit [fru:t] n inv (particular) φρούτο nt · (collective) φρούτα ntpl · (also fig) καρπός m · **~ juice** n χυμός m φρούτου

frustrate [frʌs'treɪt] vt (person) απογοητεύω · (plan, attempt) ματαιώνω · **~d** adj απογοητευμένος

fry [fraɪ] (pt, pp **fried**) vt τηγανίζω · **~ing pan** n τηγάνι nt

ft. abbr = **foot, feet**

fudge [fʌdʒ] n (CULIN) μαλακό γλυκό από ζάχαρη, βούτυρο και γάλα ♦ vt αποφεύγω

fuel ['fjuəl] n καύσιμα ntpl · (furnace) τροφοδοτώ · (aircraft, ship etc) ανεφοδιάζω με καύσιμα · (fig) επιτείνω

fulfil [ful'fɪl] (US **fulfill**) vt (function, role) εκπληρώνω · (condition) πληρώ · (promise) τηρώ · (order) εκτελώ · (wish, desire) εκπληρώνω

full [ful] adj γεμάτος · (= maximum: use) απόλυτος · (volume) στο τέρμα · (details, name) πλήρης · (price) κανονικός · (skirt) φαρδύς · (impact, implications) ολος ♦ adv **to know ~ well that** ξέρω πολύ καλά ότι · **I'm ~ (up)** φούσκωσα · **in ~ view of sb** μπροστά στα μάτια +gen · **~ marks** άριστα · **drive at ~ speed** οδηγώ με ιλιγγιώδη ταχύτητα · **~ of** (objects, people) γεμάτος (με or από) · (confidence, hope) γεμάτος · **in ~** (reproduce, quote) κατά γράμμα · (pay) μέχρι την τελευταία δεκάρα · **~ board** n πλήρης διατροφή f · **~-length** adj (film, novel etc) μεγάλου μήκους · (coat, portrait)

ολόσωμος · **~ moon** n πανσέληνος f · **~scale** adj (attack, war) ολομέτωπος · **~ stop** n τελεία f · **~time** adj πλήρους απασχόλησης ♦ adv με πλήρη απασχόληση · **~y** adv (understand) απόλυτα · (recover) πλήρως · (= in full) πλήρη

fumes [fju:mz] npl (of car) καυσαέρια ntpl

fun [fʌn] n διασκέδαση f · **to have ~** to διασκεδάζω · **for ~** για πλάκα · **it's not much ~** δεν είναι τόσο ευχάριστο · **to make ~ of** κοροϊδεύω

function [ˈfʌŋkʃən] n (= role) λειτουργία f · (= product) συνάρτηση f · (social occasion) δεξίωση f ♦ vi λειτουργώ

fund [fʌnd] n (of money) κεφάλαιο nt · (source, store) παρακαταθήκη f ♦ vt χρηματοδοτώ
▸**funds** npl κονδύλια ntpl

fundamental [ˌfʌndəˈmɛntl] adj βασικός · (change) ριζικός

funeral [ˈfju:nərəl] n κηδεία f

fungus [ˈfʌŋgəs] (pl **fungi**) n μύκητας m · (= mould) μούχλα f

funnel [ˈfʌnl] n (for pouring) χωνί nt · (of ship) φουγάρο nt

funny [ˈfʌni] adj (= amusing) αστείος · (= strange) παράξενος

fur [fə:ʳ] n γούνα f

furious [ˈfjuəriəs] adj (person) εξοργισμένος · (row, argument) άγριος

furnish [ˈfə:nɪʃ] vt (room, building) επιπλώνω · **~ed flat** or (US) **apartment** επιπλωμένο διαμέρισμα · **~ings** npl επίπλωση f

furniture [ˈfə:nɪtʃəʳ] n έπιπλα ntpl · **piece of ~** έπιπλο nt

furry [ˈfə:ri] adj (tail, animal) μαλλιαρός · (toy) χνουδωτός

further [ˈfə:ðəʳ] adj (= additional) περισσότερος ♦ adv (= farther) πιο μακριά · (in degree) περαιτέρω · (= in addition) επιπλέον ♦ vt προωθώ · **~ until ~ notice** μέχρι νεωτέρας (διαταγής) · **how much**

~ is it? πόσο πιο μακριά είναι; · **~ education** (BRIT) n επιμόρφωση f · **~more** adv επιπλέον

furthest [ˈfə:ðɪst] adj (in distance) πιο μακριά · (in time) πιο μπροστά · (in degree) πιο πολύ ♦ adj ο πιο απομακρυσμένος

fury [ˈfjuəri] n οργή f · **in a ~** μανιασμένα

fuse [fju:z] (US **fuze**) n (ELEC) ασφάλεια f · (for bomb etc) φυτίλι nt · **a ~ has blown** κάηκε μια ασφάλεια

fusion [ˈfju:ʒən] n συγχώνευση f · (also **nuclear ~**) πυρηνική σύντηξη f

fuss [fʌs] n φασαρία f ♦ vi στριφογυρίζω · **to make a ~ (about sth)** κάνω φασαρία (για κτ) · **to make a ~ of sb** to παρακάνω με κν · **~ over** vt fus (person) κάνω ολόκληρη φασαρία για · **~y** adj (person) λεπτολόγος · (clothes, curtains etc) παραφορτωμένος

future [ˈfju:tʃəʳ] adj μελλοντικός · (president, spouse) μέλλων ♦ n μέλλον nt · (LING) μέλλοντας m · **in ~** στο μέλλον
▸**futures** npl (COMM) προθεσμιακά συμβόλαια ntpl

fuze [fju:z] (US) n, vt, vi = **fuse**

fuzzy [ˈfʌzi] adj (photo, image) θολός · (thoughts, ideas) συγκεχυμένος

G g

G, g [dʒi:] n το έβδομο γράμμα του αγγλικού αλφαβήτου

g. abbr = **gram(me)** γρ.

gadget [ˈgædʒɪt] n μηχάνημα nt

Gaelic [ˈgeɪlɪk] adj κελτικός ♦ n (LING) κελτικά ntpl

gag [gæg] n (on mouth) φίμωτρο nt · (= joke) καλαμπούρι nt ♦ vt φιμώνω ♦ vi έχω αναγούλα

gain [geɪn] n (= increase) αύξηση f · (= profit) όφελος nt ♦ vt (speed)

αυξάνω · (*weight*) παίρνω ·
(*confidence*) αποκτώ ♦ *vi* (= *benefit*)
to ~ from sth επωφελούμαι από κτ

gala ['gɑːlə] *n* γκαλά *nt inv* ·
swimming ~ επίδειξη κολύμβησης

galaxy ['gæləksɪ] *n* γαλαξίας *m*

gale [geɪl] *n* θυελλώδης άνεμος *m* ·
~ force 10 θυελλώδεις άνεμοι
εντάσεως 10 μποφόρ

gall. *abbr* = **gallon**

gallery ['gælərɪ] *n* (*also* **art ~**: *public*)
πινακοθήκη *f* · (: *private*) γκαλερί *f
inv* · (*in hall, theatre*) εξώστης *m*

gallon ['gælən] *n* (= 8 *pints*; *BRIT* =
4.543l; *US* = 3.785l) γαλόνι *nt*

gallop ['gæləp] *n* καλπασμός *m* ♦ *vi*
καλπάζω

Gambia ['gæmbɪə] *n* Γκάμπια *f inv*

gamble ['gæmbl] *n* (= *risk*) ρίσκο *nt*
♦ *vt* παίζω ♦ *vi* (= *take a risk*)
ρισκάρω · (= *bet*) βάζω στοιχήματα ·
(*cards*) χαρτοπαίζω · **to ~ on sth**
(= *horses, race*) ποντάρω σε κτ ·
(= *success, outcome etc*) παίζω σε κτ ·
~r *n* (= *punter*) παίχτης *m* · (*cards*)
χαρτοπαίχτης *m* · **gambling** *n*
τυχερά παιχνίδια *ntpl*

game [geɪm] *n* (= *activity, board
game*) παιχνίδι *nt* · (= *match*) αγώνας
m · (*TENNIS*) παιχνίδι *nt* · (= *scheme*)
παιχνίδι *nt* · (*CULIN, HUNTING*) κυνήγι
nt ♦ *adj* (= *willing*) **to be ~ for
anything** είμαι έτοιμος για όλα · **a
~ of tennis/chess** μια παρτίδα
τέννις/σκάκι · **a ~ of football** ένας
αγώνας ποδοσφαίρου
▸ **games** *npl* (*SCOL*) αγώνες *mpl* ·
~ show *n* τηλεπαιχνίδι *nt*

gang [gæŋ] *n* (*of criminals, hooligans*)
συμμορία *f* · (*of friends, colleagues*)
παλιοπαρέα *f* · (*of workmen*)
συνεργείο *nt* · **~ up** *vi* **to ~ up on
sb** συνωμοτώ εναντίον κου · **~ster**
n γκάνγκστερ *m inv*

gap [gæp] *n* (= *space*) άνοιγμα *nt* ·
(: *in time*) κενό *nt* · (: *in market,
records etc*) κενό *nt* · (= *difference*)

χάσμα *nt*

garage ['gærɑːʒ] *n* (*of private house*)
γκαράζ *nt inv* · (*for car repairs*)
συνεργείο *nt* · (= *petrol station*)
βενζινάδικο *nt*

garbage ['gɑːbɪdʒ] *n* (*US*) σκουπίδια
ntpl · (*inf*) ανθίες *fpl* · (*fig: film, book*)
για τα σκουπίδια

garden ['gɑːdn] *n* κήπος *m* ♦ *vi*
ασχολούμαι με τον κήπο
▸ **gardens** *npl* πάρκο *n* · (*private*)
κήπος *m* · **~ centre** *n* κατάστημα *nt*
ειδών κηπευτικής · **~er** *n* (*employee*)
κηπουρός *mf* · **he's a keen ~er**
ασχολείται πολύ με την κηπουρική · **~
ing** *n* κηπουρική *f*

garlic ['gɑːlɪk] *n* σκόρδο *nt*

garment ['gɑːmənt] *n* ένδυμα *nt*

garnish ['gɑːnɪʃ] *vt* γαρνίρω

garrison ['gærɪsn] *n* φρουρά *f*

gas [gæs] *n* (*CHEM*) αέριο *nt* · (*fuel*)
φωταέριο *nt* · (*US*: = *gasoline*) βενζίνη
f · (*MED*) αναισθητικό (αέριο) *nt* ♦ *vt*
δολοφονώ με δηλητηριώδη αέρια ·
(*MIL*) ρίχνω ασφυξιογόνα) αέρια

gasoline ['gæsəliːn] *n* (*US*) *n* βενζίνη *f*

gasp [gɑːsp] *n* (= *breath*) αγκομαχητό
nt · (*of shock, horror*) άναρθρη
κραυγή *f* ♦ *vi* (= *pant*) λαχανιάζω ·
(*in surprise*) μου κόβεται η ανάσα

gas station (*US*) *n* βενζινάδικο *nt*

gate [geɪt] *n* (*of garden*) αυλόπορτα *f*
· (*of field*) καγκελόπορτα *f* · (*of
building*) πύλη *f* · (*at airport*) έξοδος
f · **~way** *n* πύλη *f*

gather ['gæðə'] *vt* μαζεύω ♦ *vi*
μαζεύομαι · **to ~ (from/that)**
καταλαβαίνω (από/ότι) · **~ing** *n*
συγκέντρωση *f*

gauge [geɪdʒ] *n* (*instrument*)
μετρητής *m* · (*RAIL*) πλάτος *nt*
γραμμής ♦ *vt* (*amount, quantity*)
υπολογίζω · (*fig: feelings*) ζυγίζω ·
petrol ~, fuel ~, (*US*) **gas
~** δείκτης βενζίνης

gave [geɪv] *pt of* **give**

gay [geɪ] *adj* (= *homosexual*)

ομοφυλόφιλος · (old-fashioned: = cheerful) εύθυμος ♦ n ομοφυλόφιλος/ η m/f

gaze [geɪz] n βλέμμα nt (καρφωμένο) ♦ vi to ~ at sth κοιτάζω κτ (παρατεταμένα)

GB abbr = **Great Britain**

GCSE (BRIT) n abbr (= General Certificate of Secondary Education) = Απολυτήριο Λυκείου

gear [gɪə⁷] n (= equipment) εξοπλισμός m · (MIL) εξάρτυση f · (= belongings) πράγματα ntpl · (TECH) γρανάζι nt · (AUT) ταχύτητα f ♦ vt to be ~ed to προσανατολίζομαι σε · **top** or (US) **high/low/bottom** ~ τετάρτη (ή πέμπτη)/δεύτερα/ πρώτη ταχύτητα · **leave the car in** ~ αφήστε το αυτοκίνητο με ταχύτητα · **~box** n κιβώτιο nt ταχυτήτων

geese [giːs] npl of **goose**

gel [dʒel] n ζελέ nt ♦ vi (liquid) πήζω · (fig) παίρνω (μια πιο ξεκάθαρη) μορφή

gem [dʒem] n πολύτιμος λίθος m · (fig: person) διαμάντι nt · (: idea) θαύμα nt

Gemini ['dʒemɪnaɪ] n Δίδυμοι mpl

gender ['dʒendə⁷] n φύλο nt · (LING) γένος nt

gene [dʒiːn] n γονίδιο nt

general ['dʒenərl] n (MIL) στρατηγός m ♦ adj γενικός · **in** ~ γενικά · **the** ~ **public** το ευρύ κοινό · ~ **election** n γενικές εκλογές fpl · ~ **knowledge** n · ~**ly** adv γενικά

generate ['dʒenəreɪt] vt (power, energy) παράγω · (jobs, profits) δημιουργώ · **generation** n γενιά f · (of electricity etc) παραγωγή f · **generator** n γεννήτρια f

generosity ['dʒenə'rɒsɪtɪ] n γενναιοδωρία f

generous ['dʒenərəs] adj (person) γενναιόδωρος · (measure) γερός

genetic [dʒɪ'netɪk] adj γενετικός ·

~**ally modified** adj γενετικά τροποποιημένος · ~**s** n Γενετική f

genitals ['dʒenɪtlz] npl γεννητικά όργανα ntpl

genius ['dʒiːnɪəs] n (= skill) εξαιρετικής ικανότητα f · (person) ιδιοφυία f

gent [dʒent] (BRIT: inf) n abbr = **gentleman · the ~s** n ανδρών

gentle ['dʒentl] adj (person) πράος · (animal) ήμερος · (movement, shake) απαλός · (breeze) ελαφρός

gentleman ['dʒentlmən] (irreg) n (= man) κύριος m · (= well-mannered man) τζέντελμαν m inv

gently ['dʒentlɪ] adv μαλακά · (slope) ελαφρά

genuine ['dʒenjuɪn] adj (= real) γνήσιος · (person) ειλικρινής · ~**ly** adv γνήσια

geographic(al) [dʒɪə'græfɪk,l̩] adj γεωγραφικός

geography [dʒɪ'ɒgrəfɪ] n (of town, country etc) γεωγραφία f · (SCOL) Γεωγραφία f

geology [dʒɪ'ɒlədʒɪ] n (of area, rock etc) μορφολογία f · (SCOL) Γεωλογία f

geometry [dʒɪ'ɒmətrɪ] (MATH) n Γεωμετρία f

Georgia ['dʒɔːdʒə] n Γεωργία f

geranium [dʒɪ'reɪnɪəm] n γεράνι nt

geriatric [dʒerɪ'ætrɪk] adj γηριατρικός ♦ n υπερήλικας m

germ [dʒɜːm] n μικρόβιο nt · (fig) the ~ **of an idea** ο σπόρος μιας ιδέας

German ['dʒɜːmən] adj γερμανικός ♦ n (person) Γερμανός/ίδα m/f · (LING) γερμανικά ntpl

Germany ['dʒɜːmənɪ] n Γερμανία f

gesture ['dʒestjə⁷] n χειρονομία f · **as a ~ of friendship** σαν φιλική χειρονομία

KEYWORD

---

get [get] (pt, pp **got**) (US) (pp **gotten**) vi (a) (= become, be) **to get old/tired/ cold** γερνάω/κουράζομαι/κρυώνω ·

to get annoyed/bored
εκνευρίζομαι/βαριέμαι · **to get drunk** μεθάω · **to get dirty** λερώνομαι · **to get killed/married** σκοτώνομαι/παντρεύομαι · **when do I get paid?** πότε πληρώνομαι; · **it's getting late** είναι ώρα αργά
(b) (= go) **to get to/from** πηγαίνω σε/έρχομαι από · **to get home** πάω σπίτι · **how did you get here?** πώς ήρθες;
(c) (= begin) αρχίζω να · **to get to know sb** γνωρίζω κν · **let's get going** or **started** ας ξεκινήσουμε
♦ modal aux vb **you've got to do it** πρέπει να το κάνεις · **I've got to tell the police** πρέπει να το πω στην αστυνομία
♦ vt (a) **to get sth done** (do oneself) κάνω κτ · **to get the washing/dishes done** βάζω μπουγάδα/πλένω τα πιάτα · **to get one's hair cut** κόβω τα μαλλιά μου · **to get the car going** or **to go** βάζω μπρος το αυτοκίνητο · **to get sb to do sth** κάνω or βάζω κν να κάνει κτ · **to get sth/sb ready** ετοιμάζω κτ/κν · **to get sb drunk/into trouble** μεθάω/μπλέκω κν
(b) (= obtain: money, permission) παίρνω
(c) (= find: job, flat) βρίσκω · **he got a job in London** βρήκε or έπιασε δουλειά στο Λονδίνο
(d) (= fetch: person, doctor) φέρνω
(e) (= receive: present, letter) παίρνω
(f) (= catch) πιάνω · (= hit: target etc) πετυχαίνω · **the bullet got him in the leg** η σφαίρα τον βρήκε or πέτυχε στο πόδι
(g) (= take, move) πηγαίνω · **do you think we'll get it through the door** λες να μπορέσουμε να το περάσουμε από την πόρτα; · **I'll get you there somehow** θα βρω (κάποιο) τρόπο να σε πάω · **we must get him to hospital** πρέπει να τον πάμε στο νοσοκομείο

(h) (= catch, take: plane, bus etc) παίρνω
(i) (= understand: joke etc) πιάνω · **do you get it?** το πιάνεις;
(j) (= have, possess) **to have got** έχω
get about vi (person) μετακινούμαι · (news, rumour) κυκλοφορώ
get across vt (message) περνάω
get along vi (= be friends) τα πάω
get around = **get round**
get at vt fus (= attack, criticize) μπαίνω σε · (= reach) φτάνω · **what are you getting at?** πού το πάτε;
get away vi (= leave) φεύγω · (on holiday) πάω διακοπές · (= escape) το σκάω
get away with vt fus τη γλιτώνω · **he'll never get away with it!** δεν πρόκειται να τη γλιτώσει!
get back vi (= return) γυρίζω ♦ vt (= regain) παίρνω πίσω
get back at vt fus (inf) **to get back at sb (for sth)** παίρνω εκδίκηση or το αίμα μου πίσω από κν (για κτ)
get back to vt fus (= return to) ξαναγυρίζω · (= contact again) ξαναεπικοινωνώ με · **to get back to sleep** ξανακοιμάμαι
get by vi (= pass) περνάω · (= manage) τα βγάζω πέρα · **I can get by in Dutch** τα καταφέρνω στα ολλανδικά
get down vi πέφτω κάτω ♦ vt (= depress) ψυχοπλακώνω
get down to vt fus (work) στρώνομαι σε · **to get down to business** περνάω σε κάτι σοβαρό
get in vi (= arrive home) φτάνω σπίτι · (train) φτάνω · (be elected) βγαίνω ♦ vt (harvest) μαζεύω · (= shopping, supplies) παίρνω
get into vt fus (conversation, argument) πιάνω · (vehicle) μπαίνω σε · **to get into bed** πέφτω στο κρεβάτι
get off vi (from train etc) κατεβαίνω · (= escape) τη γλιτώνω

◆ vt (= remove: clothes) βγάζω ◆ vt fus (train, bus) κατεβαίνω από • **we get 3 days off at Christmas** έχουμε 3 μέρες αργία τα Χριστούγεννα

get on vi (BRIT: = be friends) τα πάω καλά ◆ vt fus (bus, train) ανεβαίνω σε • **how are you getting on?** πώς πάς;

get on to vt fus (BRIT: subject, topic) έρχομαι σε

to get on with vt fus (person) τα πάω καλά με • (meeting, work etc) συνεχίζω

get out vi (of place) φεύγω • (of vehicle) κατεβαίνω • (news etc) μαθαίνομαι ◆ vt (= take out) βγάζω

get out of vt fus (= avoid: duty etc) αποφεύγω

get over vt fus (illness) συνέρχομαι από • (= communicate) κάνω κατανοητό

get round vt fus (law, rule) παρακάμπτω • (person) καταφέρνω

get round to vt fus καταφέρνω να

get through vi (TEL) πιάνω or βγάζω γραμμή ◆ vt (= finish) βγάζω

get through to vt fus (TEL) βρίσκω στο τηλέφωνο

get together vi (people) μαζευόμαι ◆ vt (people) μαζεύω • **to get together with sb** τα βρίσκω με κν

get up vi σηκώνομαι

get up to vt fus (prank etc) κάνω

getaway ['gɛtəweɪ] n **to make a or one's ~** διαφεύγω (μετά τη διάπραξη εγκλήματος)

Ghana ['gɑːnə] n Γκάνα f

ghastly ['gɑːstlɪ] adj (= awful) απαίσιος • (= scary) τρομακτικός • **you look ~!** είσαι πολύ κομμένος!

ghetto ['gɛtəʊ] n γκέτο nt inv

ghost [gəust] n φάντασμα nt

giant ['dʒaɪənt] n γίγαντας m • (fig) κολοσσός m ◆ adj γιγάντιος

gift [gɪft] n δώρο nt • (= ability)

χάρισμα nt • **~ed** adj ταλαντούχος

gig [gɪg] (inf: MUS) n εμφάνιση f

gigantic [dʒaɪˈgæntɪk] adj γιγάντιος

giggle [ˈgɪgl] vi χαχανίζω ◆ n χάχανο nt

gills [gɪlz] npl βράγχια ntpl

gilt [gɪlt] adj επίχρυσος ◆ n επιχρύσωση f

▸ **gilts** npl (COMM) χρεώγραφα ntpl απολύτου ασφαλείας

gimmick [ˈgɪmɪk] n τέχνασμα nt

gin [dʒɪn] n τζιν nt inv

ginger [ˈdʒɪndʒər] n πιπερόριζα f ◆ adj (hair, moustache) πυρόξανθος • (cat) κοκκινοτρίχης

giraffe [dʒɪˈrɑːf] n καμηλοπάρδαλη f

girl [gɜːl] n (child) κορίτσι nt • (= young woman) κοπέλα f • (= daughter) κόρη f • **this is my little ~** αυτό είναι το κοριτσάκι μου • **an English ~** μια αγγλιδούλα • **~friend** n (of girl) φίλη f • (of boy) κορίτσι nt

gist [dʒɪst] n ουσία f

KEYWORD

give [gɪv] (pt **gave**, pt **given**) vt
(a) (= hand over) **to give sb sth, give sth to sb** δίνω κτ σε κν • **he gave her a present** της έκανε ένα δώρο • **I'll give you £5 for it** θα σου δώσω 5 λίρες γι'αυτό
(b) (used when sth to replace a verb) **to give a sigh/cry** βγάζω έναν αναστεναγμό/μια φωνή • **to give a groan/shout** βγάζω ένα βογγητό/μια κραυγή • **to give a speech/a lecture** βγάζω λόγο/δίνω διάλεξη
(c) (= tell, deliver: advice, message etc) δίνω • (news) λέω
(d) (= supply, provide: opportunity, job etc) δίνω • **to give sb a surprise** κάνω έκπληξη σε κν
(e) (= devote: time, one's life) δίνω
(f) (= organize) **to give a party/dinner** κάνω ένα πάρτυ/τραπέζι
◆ vi (a) (also **give way**: = break,

collapse) υποχωρώ · **his legs gave beneath him** τα πόδια του δεν τον κρατούσαν

(b) (= *stretch: fabric, shoes)* ανοίγω

give away vt *(money)* χαρίζω · *(opportunity)* θυσιάζω · *(secret, information)* φανερώνω · (= *betray)* προδίδω

give back vt επιστρέφω

give in vi (= *yield)* ενδίδω

give off vt αναδίδω

give out vt *(books, drinks)* μοιράζω · *(prizes)* απονέμω

give up vi (= *stop trying)* τα παρατάω ◆ vt *(job, boyfriend)* παρατάω · *(habit)* κόβω · *(idea, hope)* εγκαταλείπω · **to give up smoking** κόβω το κάπνισμα · **to give o.s. up** παραδίνομαι

give way vi (= *yield)* υποχωρώ · (= *break, collapse)* σπάω · *(BRIT: AUT)* δίνω προτεραιότητα

given ['gɪvn] pp of **give** ◆ adj *(time, amount)* δεδομένος ◆ conj ~ **that** δεδομένου ότι

glacier ['glæsɪə'] n παγετώνας m

glad [glæd] adj χαρούμενος · **to be ~ about sth/that** χαίρομαι για κτ/ που · **~ly** adv ευχαρίστως

glamorous ['glæmərəs] adj σαγηνευτικός

glamour ['glæmə'] (*US* **glamor**) n αίγλη f

glance [glɑːns] n ματιά f ◆ vi **to ~ at** ρίχνω μια ματιά σε

gland [glænd] n αδένας m

glare [glɛə'] n (= *look)* άγριο βλέμμα nt · *(of light)* εκτυφλωτικό φως nt ◆ vi *(light)* λάμπω · **to ~ at** αγριοκοιτάζω · **glaring** adj *(mistake)* ολοφάνερος

glass [glɑːs] n *(substance)* γυαλί nt · *(container)* ποτήρι nt

▸ **glasses** npl γυαλιά ntpl

glaze [gleɪz] vt *(door, window)* βάζω τζάμι σε · *(pottery)* σμαλτώνω ◆ n *(on pottery)* σμάλτο nt

gleam [gliːm] vi λάμπω

glen [glen] n χαράδρα f

glide [glaɪd] vi γλιστράω · *(birds, aeroplanes)* πετάω ◆ n γλύστρημα nt · **~r** *(AVIAT)* n ανεμόπτερο nt

glimmer ['glɪmə'] n *(of light)* αμυδρό φως nt · *(fig: of hope)* ίχνος nt · *(of hope)* αχτίδα f ◆ vi *(dawn, light)* θαμποφέγγω

glimpse [glɪmps] n στιγμιαία θέα f ◆ vi βλέπω φευγαλέα

glint [glɪnt] vi *(light, shiny surface)* λαμποκοπώ · *(eyes)* γυαλίζω ◆ n *(of metal, light)* λάμψη f · *(in eyes)* σπίθα f

glitter ['glɪtə'] vi αστράφτω ◆ n λαμπύρισμα nt

global ['gləubl] adj (= *worldwide)* παγκόσμιος · (= *overall)* καθολικός · **~ warming** n αύξηση f της θερμοκρασίας της γης

globe [gləub] n (= *world)* κόσμος m · *(model)* υδρόγειος f

gloom [gluːm] n (= *dark)* σκοτάδι nt · (= *sadness)* θλίψη f · **~y** adj *(place)* σκοτεινός · *(person)* κατσούφης · *(situation)* ζοφερός

glorious ['glɔːrɪəs] adj *(flowers, weather)* καταπληκτικός · *(victory, future)* ένδοξος

glory ['glɔːrɪ] n (= *prestige)* δόξα f · (= *splendour)* μεγαλείο nt

gloss [glɔs] n (= *shine)* γυαλάδα f · *(also ~ paint)* λούστρο nt · **~ over** vt fus συγκαλύπτω

glossary ['glɔsərɪ] n γλωσσάρι nt

glossy ['glɔsɪ] adj *(hair)* στιλπνός · *(photograph, magazine)* γυαλιστερός ◆ n · **~ magazine** περιοδικό μόδας (σε χαρτί πολυτελείας)

glove [glʌv] n γάντι nt

glow [gləu] vi *(embers, stars)* ακτινοβολώ · *(face, eyes)* λάμπω ◆ n *(of embers, stars)* λάμψη f

glucose ['gluːkəus] n γλυκόζη f

glue [gluː] n κόλλα f ◆ vt **to ~ sth onto sth/into place** *etc* κολλάω κτ σε κτ/στη θέση του κ.λπ.

GM 504 go

GM adj abbr (= genetically modified) γενετικά τροποποιημένος

gm abbr = **gram(me)**

GMT abbr (= Greenwich Mean Time) Ώρα Γκρίνουιτς

KEYWORD
---

go [gəʊ] (pt **went**, pp **gone**, pl **goes**) n (a) (= try) **to have a go (at)** κάνω μια προσπάθεια (να)
(b) (= turn) σειρά
♦ vi (a) (= travel, move) πηγαίνω · **she went into the kitchen** πήγε στην κουζίνα · **shall we go by car or train?** θα πάμε με αυτοκίνητο ή με τρένο; · **he has gone to Aberdeen** έχει πάει στο Αμπερντην
(b) (= depart) φεύγω
(c) (= attend) πηγαίνω
(d) (= take part in an activity) πηγαίνω · **to go for a walk** πηγαίνω or πάω μια βόλτα or να περπατήσω · **to go dancing** πάω να χορέψω or για χορό
(e) (= work) δουλεύω
(f) (= become) **to go pale/mouldy** χλωμιάζω/μουχλιάζω
(g) (= be sold) **to go for £10** πουλιέμαι (για) 10 λίρες
(h) (= be about to, intend to) **we're going to leave in an hour** θα φύγουμε σε μια ώρα · **are you going to come?** θα έρθεις;
(i) (time) περνάω · **time went very slowly** ο καιρός περνούσε πολύ αργά
(j) (event, activity) πάω · **how did it go?** πώς πήγε;
(k) (= be given) πάω
(l) (= break etc) χαλάω · **the fuse went** κάηκε η ασφάλεια
(m) (= be placed) πάω
(n) (= move) **to be on the go** είμαι συνέχεια στο πόδι

go about vi (also **go around**: rumour) κυκλοφορώ ♦ vt fus **to go about one's business** κοιτάω τη δουλειά μου

go after vt fus κυνηγάω

go against vt fus (= be unfavourable to) πηγαίνω ενάντια σε · (= disregard) δεν ακολουθώ

go ahead vi προχωράω · **to go ahead (with)** βάζω μπρος

go along vi πηγαίνω

go along with vt fus (= agree with) συμφωνώ με · (= accompany) συνοδεύω

go away vi (= leave) φεύγω

go back vi (= return) γυρίζω πίσω · (= go again) ξαναπηγαίνω

go back on vt fus δεν κρατάω

go by vi (years, time) περνάω ♦ vt fus (rule etc) ακολουθώ

go down vi (= descend) κατεβαίνω · (= sink: ship) βουλιάζω · (sun) δύω · (= fall: price, level) κατεβαίνω ♦ vt fus (rule, stairs, ladder) κατεβαίνω

go for vt fus (= fetch) πάω να φέρω · (= attack) ορμάω σε · (= apply to) ισχύω για · (= like) **to go for sth** προτιμάω κτ

go in vi (= enter) μπαίνω

go in for vt fus (competition) συμμετέχω or παίρνω μέρος σε

go into vt fus (= enter) μπαίνω σε · (= investigate) εξετάζω · (career) ασχολούμαι (επαγγελματικά) με

go off vi (= leave) φεύγω · (food) χαλάω · (bomb) σκάω (event) πάω · (lights etc) σβήνω

go on vi (= continue) συνεχίζω, ανάβω · (= happen) γίνομαι · **to go on doing sth** συνεχίζω να κάνω κτ · **what's going on here?** τι συμβαίνει or τρέχει εδώ; ♦ vt fus (= be guided by: evidence etc) βασίζομαι σε

go out vi (= leave) βγαίνω από ♦ vi (fire, light) σβήνω · **are you going out tonight?** θα βγείτε απόψε; · (couple) **I went out with him for 3 years** έβγαινα μαζί του 3 χρόνια

go over vi πηγαίνω · (= check) ελέγχω

go round vi (= circulate)
κυκλοφορώ · (= revolve) γυρίζω ·
(= visit) **to go round (to sb's)**
περνάω (από κν)
go through vt fus (undergo)
περνάω διά · (= search through)
ψάχνω σε · (= perform) κάνω
go under vi βουλιάζω
go up vi (= ascend) ανεβαίνω
(πάνω) · (price, level) ανεβαίνω
go with vt fus (suit) πάω με
go without vt fus τα καταφέρνω
χωρίς

go-ahead ['gəuehed] adj (person,
firm) δυναμικός ◆ n (for project)
πράσινο φως nt

goal [gəul] n (SPORT) γκολ nt · (: on
pitch) τέρμα nt · (= aim) στόχος m ·
to score a ~ σκοράρω · **~keeper** n
τερματοφύλακας m

goat [gəut] n κατσίκα f

God [gɔd] n Θεός m ◆ excl Θεέ μου

goddaughter ['gɔddɔːtə'] n
βαφτισιμιά f

goddess ['gɔdɪs] n (also fig) θεά f

godfather ['gɔdfɑːðə'] n νονός m

godmother ['gɔdmʌðə'] n νονά f

godson ['gɔdsʌn] n βαφτισιμιός m

goggles ['gɔglz] npl προστατευτικά
γυαλιά ntpl

going ['gəuɪŋ] n (= πράγματα πολλά
◆ adj **the ~ rate** το τρέχον επιτόκιο

gold [gəuld] n χρυσός m · (SPORT: also
~ **medal**) χρυσό nt ◆ adj χρυσός ·
~en adj (= made of gold) χρυσός ·
(in colour) χρυσός · (fig) λαμπρός ·
~fish n χρυσόψαρο nt

golf [gɔlf] n γκολφ nt inv · **~ ball** n
(SPORT) μπαλάκι nt του γκολφ ·
~ club n (place) λέσχη f του γκολφ ·
(stick) μπαστούνι nt του γκολφ ·
~ course n γήπεδο nt του γκολφ ·
~er n παίκτης/τρια m/f του γκολφ

gone [gɔn] pp of **go · sth is**
~ πέρασε κτ

gong [gɔŋ] n γκονγκ nt inv

good [gud] adj καλός ·
(= well-behaved) φρόνιμος ◆ n
(= virtue) αγαθό nt · (= benefit) καλό
nt · ~! ωραία! · **to be ~ at** είμαι
καλός σε · **to have a ~ time**
περνάω καλά ◆ **to be ~ for** κάνω
για · **it's ~ for you** θα σου κάνει
καλό · **it's a ~ thing you were**
there (πάλι) καλά που ήσασταν
εκεί · **she is ~ with children** τα
καταφέρνει με τα παιδιά · **is this**
any ~? (= will it do?) κάνει αυτό; · **a**
~ **deal (of)** πάρα πολύ · **it's no**
~ **complaining** ... δεν ωφελεί να
παραπονιέστε, ... · **for ~** (= forever)
για τα καλά · ~ **morning!**
καλημέρα! · ~ **afternoon/evening!**
καλησπέρα! · ~ **night!** καληνύχτα!
▸ **goods** npl (COMM) προϊόν nt · ~**bye**
excl γεια · **to say ~bye** λέω αντίο ·
~**ness** n (of person) καλοσύνη f · **for**
~**ness sake!** για τ'όνομα του
Θεού! · ~**ness gracious!** έλα
Χριστέ και Παναγιά! · ~**will** n (of
person) καλή θέληση f · (COMM)
υπεραξία f επιχείρησης

goose [guːs] n (pl **geese**) n χήνα f

gooseberry ['guzbərɪ] n
φραγκοστάφυλο nt

gorge [gɔːdʒ] n φαράγγι nt ◆ vt **to**
~ **o.s. (on)** χορταίνω (από)

gorgeous ['gɔːdʒəs] adj υπέροχος

gorilla [gə'rɪlə] n γορίλλας m

gospel ['gɔspl] n ευαγγέλιο nt ·
(= doctrine) διδασκαλία f

gossip ['gɔsɪp] n (= rumours)
κουτσομπολιά ntpl · (= chat)
κουτσομπολιό nt · (= person)
κουτσομπόλης/α m/f ◆ vi
κουτσομπολεύω

got [gɔt] pt, pp of **get**

gotten ['gɔtn] (US) pp of **get**

gourmet ['guəmeɪ] n καλοφαγάς m

govern ['gʌvən] vt (country) διοικώ ·
(event, conduct) ρυθμίζω · (LING)
συντάσσομαι με

government ['gʌvnmənt] n (= act of

governing) διακυβέρνηση *f* ·
(= *governing body*) κυβέρνηση *f*
♦ *cpd* κυβερνητικός · **local ~** τοπική
αυτοδιοίκηση

governor ['gʌvənə] *n* (*of state,
colony*) κυβερνήτης *m* · (*of school*)
≈ μέλος της Σχολικής Εφορείας ·
(*BRIT: of prison*) διευθυντής *m*

gown [gaun] *n* τουαλέτα *f* · (*BRIT: of
judge*) τήβεννος *f*

GP *n abbr* (= *general practitioner*)
οικογενειακός γιατρός *mf*

grab [græb] *vt* αρπάζω · (*food*) τρώω
πεταχτά ♦ *vi* **to ~ at** προσπαθώ να
αρπάξω

grace [greis] *n* χάρη *f* ♦ *vt* (= *honour*)
τιμώ με την παρουσία μου ·
(= *adorn*) στολίζω · **5 days'
~** περιθώριο 5 ημερών · **to say
~** λέω την προσευχή στο τραπέζι ·
~ful *adj* (*animal, athlete*) που έχει
χάρη (στην κίνησή του) · (*style,
shape*) χαριτωμένος · (*refusal*) με
τρόπο · **gracious** *adj* (*person, smile*)
καταδεκτικός ♦ *excl* (*good*) **~!** Θεέ
και Κύριε!

grade [greid] *n* (COMM: = *quality*)
ποιότητα *f* · (*in hierarchy*) βαθμίδα *f* ·
(SCOL) βαθμός *m* · (US: = *class*) τάξη
f · (: = *gradient*) κλίση *f* ♦ *vt*
ταξινομώ · **~ crossing** (US) *n*
ανισόπεδη διάβαση *f* · **~ school**
(US) *n* = Δημοτικό σχολείο

gradient ['greidiənt] *n* κλίση *f* ·
(GEOM) καμπύλη *f*

gradual ['grædjuəl] *adj* βαθμιαίος ·
~ly *adv* σταδιακά

graduate *n* ['grædjuit] *vb* ['grædjueit]
n (*of university*) απόφοιτος *mf* · (US:
of high school) απόφοιτος *mf* ♦ *vi*
(*from university*) αποφοιτώ · (US: *from
high school*) παίρνω το απολυτήριο
του Λυκείου · **graduation** *n* τελετή
f αποφοίτησης

graffiti [grə'fi:ti] *n(pl)* γκράφιτι *ntpl inv*

graft [grɑ:ft] *n* (AGR, MED) μόσχευμα
nt · (BRIT: *inf: hard work*) σκυλιά

δουλειά *f* · (US: = *bribery*) δωροδοκία
f ♦ *vt* **to ~ (onto)** (MED)
μεταμοσχεύω (σε)

grain [grein] *n* σπόρος *m* · (*no pl: =
cereals*) δημητριακά *ntpl* · (US: =
corn) καλαμπόκι *nt* · (*of sand, salt*)
κόκκος *m* · (*of wood*) νερά *ntpl*

gram [græm] *n* γραμμάριο *nt*

grammar ['græmə^r] *n* γραμματική *f* ·
~ school (BRIT) *n* (*up to year 9*)
≈ Γυμνάσιο · (*from year 10 upwards*)
≈ Λύκειο

gramme [græm] *n* = **gram**

grand [grænd] *adj* υπέροχος · (*house*)
φανταχτερός, μεγαλοπρεπής · (*plan*)
μεγαλόπνοος ♦ *n* (*inf: = thousand:
US*) χίλια δολάρια *ntpl* · (: =
thousand) χίλιες λίρες *fpl* · **~child** (*pl
~children*) *n* εγγόνι *nt* · **~dad** (*inf*)
n παππούς *m* · **~daughter** *n*
εγγονή *f* · **~father** *n* παππούς *m* ·
~ma (*inf*) *n* γιαγιά *f* · **~mother** *n*
γιαγιά *f* · **~pa** (*inf*) *n* παππούς *m* ·
~parents *npl* παππούδες (παππούς
και γιαγιά)

Grand Prix ['grã:'pri:] (AUT) *n*
γκραν-πρι *nt inv*

grandson ['grænsʌn] *n* εγγονός *m*

granite ['grænit] *n* γρανίτης *m*

grannie, granny ['græni] (*inf*) *n*
γιαγιάκα *f*

grant [grɑ:nt] *vt* (*money, visa*)
χορηγώ · (*request*) κάνω δεκτό ·
(= *admit*) δέχομαι ♦ *n* (SCOL)
υποτροφία *f* · (ADMIN) επιχορήγηση *f* ·
to take sb for ~ed έχω κν σίγουρο

grape [greip] *n* ρόγα *f* σταφυλιού · **a
bunch of ~s** ένα τσαμπί σταφύλια

grapefruit ['greipfru:t] *pl* *n*
γκρέιπφρουτ *nt inv*

graph [grɑ:f] *n* γραφική παράσταση
f · **~ic** *adj* παραστατικός · (*art,
design*) γραφικός · **~ics** *n* (*art*)
γραφικές τέχνες *fpl* ♦ *npl*
(= *drawings*) γραφικά *ntpl*

grasp [grɑ:sp] *vt* (= *understand*) κατανοώ ♦ *n* (= *grip*)

λαβή f · (= understanding) κατανόηση f

grass [grɑːs] n χορτάρι nt · (= lawn) γρασίδι nt · (BRIT: inf: = informer) καρφί nt

grate [greɪt] n (for fire) σχάρα f ♦ vi **to ~ (on)** (fig) δίνω στα νεύρα ♦ vt (CULIN) τρίβω

grateful ['greɪtful] adj (thanks) θερμός · (person) ευγνώμων

gratitude ['grætɪtjuːd] n ευγνωμοσύνη f

grave [greɪv] n τάφος m ♦ adj σοβαρός

gravel ['grævl] n χαλίκι nt

graveyard ['greɪvjɑːd] n νεκροταφείο nt

gravity ['grævɪtɪ] n (PHYS) βαρύτητα f · (= seriousness) σοβαρότητα f

gravy ['greɪvɪ] n σάλτσα f (μαγειρεμένου κρέατος)

gray [greɪ] (US) adj = **grey**

graze [greɪz] vi βόσκω ♦ vt (= scrape) γδέρνω · (= touch lightly) περνάω ξυστά από ♦ n (MED) εκδορά f

grease [griːs] n (lubricant) γράσσο nt · (= fat) λίπος nt ♦ vt (= lubricate) λαδώνω · (CULIN) αλείφω με βούτυρο · **greasy** adj λιπαρός

great [greɪt] adj (area, amount) μεγάλος · (heat) μεγάλος · (pain) έντονος · (= important) σπουδαίος · (= terrific) σπουδαίος · **it was ~!** ήταν θαύμα! · **Great Britain** n Μεγάλη Βρετανία f · **~~grandfather** n προπάππους m · **~~grandmother** n προγιαγιά f · **~ly** adv πάρα πολύ

Greece [griːs] n Ελλάδα f

greed [griːd] n απληστία f · (for power, wealth) δίψα f · **~y** adj άπληστος

Greek [griːk] adj ελληνικός ♦ n Έλληνας/ίδα m/f · (LING) ελληνικά ntpl · **ancient/modern Greek** (LING) αρχαία/νέα ελληνικά

green [griːn] adj (colour) πράσινος ·

(= inexperienced) άπειρος · (= ecological) οικολογικός ♦ n πράσινο nt · (= stretch of grass) πρασινάδα f · (GOLF) γκριν nt inv, κοιντόχιας χώρος πράσινου · **the G~ Party** το κόμμα των Πρασίνων · **greens** npl (= vegetables) λαχανικά ntpl · **~house** n θερμοκήπιο nt · **the ~house effect** το φαινόμενο του θερμοκηπίου

Greenland ['griːnlənd] n Γροιλανδία f

greet [griːt] vt (person) χαιρετώ · **~ing** n χαιρετισμός m · **Season's ~ings** Καλές γιορτές

grew [gruː] pt of **grow**

grey [greɪ] (US **gray**) adj γκρίζος · **to go ~** (hair) γκριζάρω · **~hound** n λαγωνικό nt

grid [grɪd] n (pattern) πλέγμα nt · (ELEC) δίκτυο nt · (US: AUT) σημείο nt εκκίνησης

grief [griːf] n θλίψη f · **good ~!** αν είναι ποτέ δυνατό!

grievance ['griːvəns] n παράπονο nt · (= cause for complaint) αιτία f παραπόνων

grieve [griːv] vi νιώθω θλίψη ♦ vt θλίβω · **to ~ for** πενθώ για

grill [grɪl] n (on cooker) γκριλ nt inv · (also **mixed ~**) ποικιλία κρεάτων στη σχάρα ♦ vt (BRIT: food) ψήνω · (inf: = question) ψήνω

grille [grɪl] n γρίλια f · (AUT) μάσκα f

grim [grɪm] adj (= unpleasant) φρικτός · (= unattractive) μουντός · (= serious, stern) βλοσυρός

grime [graɪm] n βρώμα f

grin [grɪn] n πλατύ χαμόγελο nt ♦ vi **to ~ (at)** χαμογελάω πλατιά (σε)

grind [graɪnd] (pt, pp **ground**) vt (= crush) κάνω σκόνη · (coffee, pepper etc) αλέθω · (US: meat) αλέθω

grip [grɪp] n (= hold) λαβή f · (= control) έλεγχος m · (of tyre, shoe) κράτημα nt ♦ vt (object) πιάνω σφιχτά · (audience, attention) συναρπάζω · **~ping** adj

συναρπαστικός

grit [grɪt] n χαλίκι nt · (= courage) κότσια ntpl ◆ vt ρίχνω χαλίκι σε · **to ~ one's teeth** σφίγγω τα δόντια

groan [grəun] n (of pain) βογγητό nt · (of disapproval etc) μουρμουρητό nt ◆ vi (person: in pain) βογγάω · (: in disapproval) μουρμουρίζω · (tree, floorboard etc) τρίζω

grocer [ˈ] n μπακάλης m · **~ies** npl φαγώσιμα ntpl

groin [grɔɪn] n βουβώνας m

groom [gru:m] n (for horse) ιπποκόμος m · (also **bride~**) γαμπρός m ◆ vt (horse) περιποιούμαι · **well~ed** (person) περιποιημένος

gross [grəus] adj (neglect) χονδροειδής · (injustice) καταφανής · (behaviour, speech) χυδαίος · (COMM: income) ακαθάριστος · (weight) μικτός ◆ n inv (= twelve dozen) δώδεκα δωδεκάδες fpl · **~ly** adv απάντεκτα

grotesque [grəˈtesk] adj (= exaggerated) γελοίος · (= ugly) τερατώδης

ground [graund] pt, pp of **grind** ◆ n (= floor) πάτωμα nt · (= earth, soil) έδαφος nt · (= land) γη f · (SPORT) γήπεδο nt · (US: also = **wire**) γείωση f · (pl: = reason) βάση f ◆ vt (plane) απαγορεύω την πτήση n +gen · (US: ELEC) γειώνω ◆ adj (coffee etc) αλεσμένος · **on/to the ~** καταγής · **below ~** κάτω από τη γη

▸ **grounds** npl (of coffee etc) κατακάθι nt · (= gardens etc) έκταση f · ~ **floor** n ισόγειο nt · ~**work** n προεργασία f

group [gru:p] n ομάδα f · (also **pop ~**) συγκρότημα nt · (COMM) όμιλος m ◆ vt (also **~ together**: people) συγκεντρώνω · (things) ταξινομώ

grouse [graus] n inv (bird) αγριόμαλικος m

grow [grəu] (pt **grew**, pp **~n**) vi μεγαλώνω · (= increase) αυξάνομαι

◆ vt (roses, vegetables) καλλιεργώ · (beard) αφήνω · **to ~ rich/weak** πλουτίζω/εξασθενώ · ~ **apart** vi (fig) απομακρύνομαι · ~ **out of** vt fus **to ~ out of clothes** μεγαλώνω και δεν μου περνάει · **he'll ~ out of it** θα του περάσει · ~ **up** vi (child) μεγαλώνω

growl [graul] vi γρυλίζω απειλητικά

grown [grəun] pp of **grow**

grown–up [grəunʌp] n ενήλικας m

growth [grəuθ] n (of economy, industry) ανάπτυξη f · (of weeds etc) βλάστηση f · (of child, animal etc) ανάπτυξη f · (MED) όγκος m

grub [grʌb] n προνύμφη f · (inf: = food) μάσα f

grubby [ˈgrʌbɪ] adj βρώμικος · (fig) ελεεινός

grudge [grʌdʒ] n μνησικακία f ◆ vt **to ~ sb sth** δίνω κτ σε κν με μισή καρδιά · **to bear sb a ~** κρατάω κακία σε κν

gruelling [ˈgruəlɪŋ] (US **grueling**) adj επίπονος

gruesome [ˈgru:səm] adj φρικιαστικός

grumble [ˈgrʌmbl] vi γκρινιάζω

grumpy [ˈgrʌmpɪ] adj κακόκεφος

grunt [grʌnt] vi γρυλίζω ◆ n γρύλλισμα nt

guarantee [gærənˈti:] n (also COMM) εγγύηση f ◆ vt εγγυώμαι · (COMM) έχω εγγύηση

guard [gɑ:d] n (one person) φρουρός m · (squad) φρουρά f · (BOXING, FENCING) άμυνα f · (BRIT: RAIL) προϊστάμενος/η m/f αμαξοστοιχίας · (on machine) ασφάλεια f · (also **fire~**) σίτα f (σε τζάκι) ◆ vt (place, person) φυλάω · (prisoner) φρουρώ · **to be on one's ~** = είμαι σε επιφυλακή · **~ian** n (JUR: of minor) κηδεμόνας m/f

Guatemala [gwa:trˈmɑ:lə] n Γουατεμάλα f

guerrilla [gəˈrɪlə] n αντάρτης/ισσα m/f

guess [ges] vt (number, distance etc) υποθέτω · (correct answer) μαντεύω ·

(US: = think) νομίζω ♦ vi (= estimate)
κάνω εικασίες (at answer)
μαντεύω · (US: = think) μου φαίνεται
♦ η ευκαιρία f (για τη σωστή
απάντηση) · **to take** or **have a**
~ προσπαθώ να μαντέψω

guest [gest] n (= visitor)
προσκεκλημένος/η m/f · (in hotel)
πελάτης/ισσα m/f · ~**house** n
πανσιόν f inv

guidance ['gaɪdəns] n συμβουλές fpl

guide [gaɪd] n (= museum guide, tour
guide) ξεναγός mf · (= mountain
guide) οδηγός mf · (book) οδηγός m ·
(BRIT: also **girl** ~) οδηγός f ♦ vt
(round city, museum etc) ξεναγώ ·
(= lead) οδηγώ · (= direct)
κατευθύνω · ~**book** n τουριστικός
οδηγός m · ~ **dog** n σκύλος-οδηγός
m (τυφλού) · ~**lines** npl οδηγίες fpl

guild [gɪld] n σωματείο nt

guilt [gɪlt] n (= remorse) τύψεις fpl ·
(= culpability) ενοχή f · ~**y** adj
ένοχος · **to plead** ~ ομολογώ την
ενοχή μου · **to plead not** ~**y**
δηλώνω αθώος

Guinea ['gɪnɪ] n **Republic of**
~ Δημοκρατία της Γουϊνέας

guitar [gɪ'taːʳ] n κιθάρα f · ~**ist** n
κιθαρίστας/τρια m/f

gulf [gʌlf] n κόλπος m · (= abyss)
κενό n · (fig) χάσμα nt · **the
(Persian) G**~ ο Περσικός Κόλπος

gull [gʌl] n γλάρος m

gulp [gʌlp] vt (also ~ **down**: food)
καταβροχθίζω 000 (drink) ρουφάω
♦ vi ξεροκαταπίνω

gum [gʌm] n (ANAT) ούλο nt · (= glue)
κόλλα f · (also malaka ~)
καραμέλλα f · (also chewing ~)
τσίχλα f

gun [gʌn] n όπλο nt · (small) πιστόλι
nt · (medium-sized) τουφέκι nt ·
(large) κανόνι nt ♦ vt (also ~ **down**)
πυροβολώ · ~**fire** n πυροβολισμοί
mpl · ~**man** (irreg) n τύπος m ·
~**point** n **at** ~**point** υπό την απειλή

όπλου · ~**powder** n μπαρούτι nt ·
~**shot** n πυροβολισμός m

gust [gʌst] n ριπή f

gut [gʌt] n (ANAT) έντερα ntpl · (MUS,
SPORT: also **cat**~) χορδή f (από
έντερα) ♦ vt (poultry, fish) βγάζω τα
εντόσθια

▸ **guts** npl (ANAT: of person) σπλάχνα
ntpl · (: of animal) έντοσθια ntpl ·
(inf: = courage) κότσια ntpl · **to hate
sb's** ~**s** σιχαίνομαι κν

gutter ['gʌtəʳ] n (in street) χαντάκι nt ·
(of roof) λούκι nt

guy [gaɪ] n (inf: = man) τύπος m ·
(also ~**rope**) σχοινί nt

gym [dʒɪm] n (also ~**nasium**)
γυμναστήριο nt · (also ~**nastics**)
γυμναστική f · ~**nastics** n
γυμναστική f

gynaecologist [gaɪnɪ'kɔlədʒɪst] (US
gynecologist) n γυναικολόγος mf

gypsy ['dʒɪpsɪ] n τσιγγάνος m

H h

H, h [eɪtʃ] n το όγδοο γράμμα του
αγγλικού αλφαβήτου

habit ['hæbɪt] n (= practice) συνήθεια
f · (= addiction) εθισμός m · (REL)
ράσο nt

habitat ['hæbɪtæt] n βιότοπος m

hack [hæk] vt (= cut) κόβω · (= slice)
κομματιάζω ♦ n (pej: writer)
συγγραφέας mf του ποδαριού ·
(horse) ενοικιαζόμενο άλογο n · vi
(COMPUT) παίζω με τον υπολογιστή ·
~ **into** vt fus (COMPUT) παραβιάζω ·
~**er** (COMPUT) n πειρατής m

had [hæd] pt, pp of **have**

haddock ['hædək] (pl ~ or ~**s**) n
γάδος m (είδος βακαλάου)

hadn't ['hædnt] = **had not**

haemorrhage ['hemərɪdʒ] (US
hemorrhage) n αιμορραγία f

haemorrhoids ['hemərɔɪdz] (US

Hague [heɪg] n **The ~** η Χάγη

hail [heɪl] n (= frozen rain) χαλάζι nt · (of objects) βροχή f · (of criticism, bullets) καταιγισμός m ♦ vt (person) φωνάζω · (taxi) σταματάω

hair [hɛəʳ] n (of person) μαλλιά ntpl · (of animal) τρίχωμα nt · (= single hair) τρίχα f · **to do one's ~** φτιάχνω τα μαλλιά μου · **~brush** n βούρτσα f μαλλιών · **~cut** n (action) κούρεμα nt · (style) μαλλιά ntpl · **to have** or **get a ~cut** κουρεύομαι · **~dresser** n κομμωτής/τρια m/f · **~style** n χτένισμα nt · **~y** adj (person, arms) τριχωτός · (chest) δασύτριχος · (inf: situation) ζόρικος

half [hɑ:f] (pl **halves**) n (of amount, object) μισό nt · (of beer etc) μικρό ποτήρι n · (RAIL, BUS) μισό (εισιτήριο) nt ♦ adj (bottle, fare) μισός ♦ adv (empty, closed) μισο- prefix · **first/ second** n (SPORT) πρώτο/δεύτερο ημίχρονο · **two and a ~** δυόμισι · **~-an-hour** μισή ώρα · **~ a dozen** μισή ντουζίνα · **~ a pound** μισή λίμπρα · **~ a week and a ~** μιάμιση βδομάδα · **~ (of it)** ο μισός · **~ (of)** τα μισά (από) · **to cut sth in ~** κόβω κτ στη μέση or στα δυο · **~ past three** τρισήμισι · **~ board** n ημιδιατροφή f · **~-brother** n ετεροθαλής αδελφός m · **~ day** n ημιαργία f · **~-hearted** adj χλιαρός · **~-hour** n ημίωρο nt · **~-price** adj σε μισή or μισή τιμή ♦ adv μισοτιμής · **~-sister** n ετεροθαλής αδελφή f · **~ term** (BRIT) n μικρές διακοπές στη μέση την σχολικού ή ακαδημαϊκού τομήνου · **~-time** n (SPORT) ημίχρονο nt · **~way** adv (between two points) στα μισά · (in period of time) στη μέση

hall [hɔ:l] n (= entrance way) χωλ nt inv · (= mansion) μέγαρο nt · (for concerts) αίθουσα f συναυλιών

hallmark [ˈhɔ:lmɑ:k] n (on metal) σφραγίδα f γνησιότητας

hallway [ˈhɔ:lweɪ] n προθάλαμος m

halo [ˈheɪləu] n (REL) φωτοστέφανο m

halt [hɔ:lt] n σταμάτημα nt ♦ vt σταματάω ♦ vi σταματάω · **to come to a ~** σταματάω

halve [hɑ:v] vt (= reduce) περιορίζω στο μισό · (= divide) κόβω στα δυο

halves [hɑ:vz] pl of **half**

ham [hæm] n ζαμπόν nt inv · **~burger** n χάμπουργκερ nt inv

hammer [ˈhæməʳ] n το σφυρί nt ♦ vt χτυπάω με σφυρί · (nail) καρφώνω · (fig) επικρίνω ♦ vi (on door, table etc) χτυπάω δυνατά

hammock [ˈhæmək] n αιώρα f

hamper [ˈhæmpəʳ] vt δυσκολεύω ♦ n καλάθι nt (με σκέπασμα)

hamster [ˈhæmstəʳ] n χάμστερ nt inv

hamstring [ˈhæmstrɪŋ] n (ANAT) τένοντας m της κνήμης

hand [hænd] n (ANAT) χέρι nt · (of clock) δείκτης m · (= worker) εργάτης/τρια m/f · (of cards) χαρτιά ntpl ♦ vt δίνω · **to give** or **lend sb a ~** δίνω ένα χέρι σε κν · **at ~** κοντά · **by ~** με το χέρι · **to be on ~** (person) είμαι διαθέσιμος · (services etc) βρίσκομαι σε ετοιμότητα · **to have sth to ~** (information etc) έχω κτ πρόχειρο · **on the one ~ ..., on the other ~ ...** αφ'ενός ..., αφ'ετέρου... · **~ down** vt περνάω · **~ in** vt παραδίδω · **~ out** vt (give) παραδίδω · (information) κυκλοφορώ · (punishment) απονέμω · **~ over** vt παραδίδω · **to ~ round** vt μοιράζω · **~bag** n τσάντα f (γυναικεία) · **~book** n εγχειρίδιο nt · **~cuffs** npl χειροπέδες fpl · **~ful** n (of soil, stones) χούφτα f · **a ~ful of people** μια χούφτα άνθρωποι

handicap [ˈhændɪkæp] n (= disability) αναπηρία f · (= disadvantage) μειονέκτημα nt · (SPORT) χάντικαπ nt inv · **~ped** adj **mentally ~ped** διανοητικά καθυστερημένος · **physically ~ped** ανάπηρος

handkerchief ['hæŋkətʃɪf] n (made of cloth) μαντήλι nt · (made of paper) χαρτομάντηλο nt

handle ['hændl] n (of door) χερούλι nt · (of cup) χέρι nt · (of knife, brush etc) λαβή f ♦ vt (= touch) πιάνω · (= deal with: problem etc) χειρίζομαι · (= : responsibility) αναλαμβάνω, τα βγάζω πέρα με · **"~ with care"** "(προσοχή) εύθραυστο"

hand luggage n χειραποσκευή f

handmade ['hænd'meid] adj χειροποίητος

handsome ['hænsəm] adj (man) όμορφος · (woman) αρχοντικός

handwriting ['hændraɪtɪŋ] n γραφικός χαρακτήρας m

handy ['hændɪ] adj (= useful) πρακτικός · (= skilful) επιδέξιος · (= close at hand) κοντά

hang [hæŋ] (pt, pp **hung**) vt (coat, painting) κρεμάω · (criminal) (pt, pp ~ed) κρεμάω ♦ vi (painting, coat etc) κρέμομαι · **to get the ~ of** (inf) παίρνω τον αέρα +gen · ~ **about** vi χαζεύω · ~ **around** vi = hang about · ~ **on** vi (= wait) περιμένω ♦ vt fus (= depend on) εξαρτώμαι από · **to ~ onto** vt fus (= grasp) αρπάζομαι από · (= keep) κρατάω · ~ **out** vi απλώνω · ~ **up** vi (TEL) κατεβάζω το ακουστικό · ~**er** n κρεμάστρα f · ~**over** n (after drinking) πονοκέφαλος και ανακατεμένο στομάχι από μεθύσι

happen ['hæpən] vi (event etc) συμβαίνω · **to ~ to do sth** τυχαίνει να κάνω κτ · **as it ~s** κατά τύχη · **what's ~ing?** τι συμβαίνει;

happily ['hæpɪlɪ] adv (= luckily) ευτυχώς · (= cheerfully) εύθυμα

happiness ['hæpɪnɪs] n ευτυχία f

happy ['hæpɪ] adj (= pleased) **to be** ~ χαίρομαι · **to be ~ to do** είναι χαρά μου να κάνω · ~ **birthday!** να τα εκατοστήσετε! · **H~ New Year!** Καλή Χρονιά!

harass ['hærəs] vt παρενοχλώ · ~**ment** n παρενόχληση f · **sexual** ~**ment** σεξουαλική παρενόχληση

harbour ['hɑːbəʳ] (US **harbor**) n (NAUT) λιμάνι nt ♦ vt (fear etc) έχω · **to ~ a grudge against sb** κρατάω κακία σε κν

hard [hɑːd] adj (surface, object) σκληρός · (question, problem) δύσκολος · (work) σκληρός · (person) σκληρός · (facts, evidence) αδιάσειστος ♦ adv (work) σκληρά · (think, try) πολύ · ~ **luck!** τι ατυχία! · **no ~ feelings!** δε μου κρατάς κακία; · **I find it ~ to believe that ...** μου είναι δύσκολο να πιστέψω ότι... · ~**back** n (also ~back **book**) δεμένο βιβλίο nt · ~ **disk** (COMPUT) n σκληρός δίσκος m · ~**en** vt πήζω, σκληραίνω ♦ vi (wax) πήζω · (glue) στερεοποιούμαι

hardly ['hɑːdlɪ] adv (= scarcely) σχεδόν καθόλου · (= no sooner) πριν καλά-καλά · (= anywhere/ever) σχεδόν πουθενά/ποτέ · **I can ~ believe it** δε μπορώ να το πιστέψω

hardship ['hɑːdʃɪp] n κακουχία f

hard up (inf) adj μπατίρης

hardware ['hɑːdwɛəʳ] n σιδερικά ntpl · (COMPUT) χαρντγουέαρ nt inv · (MIL) βαριά όπλα ntpl

hardy ['hɑːdɪ] adj (animals, people) σκληραγωγημένος · (plant) ανθεκτικός

hare [hɛəʳ] n λαγός m

harm [hɑːm] n (= injury) βλάβη f · (= damage) ζημιά f ♦ vt (person) κάνω κακό σε · (object) καταστρέφω · **there's no ~ in trying** δε βλάπτει να προσπαθήσεις · ~**ful** adj (effect, influence etc) επιβλαβής · (toxin) βλαβερός · ~**less** adj (animal) ακίνδυνος · (person) άκακος · (joke, pleasure) αθώος

harmonica [hɑː'mɔnɪkə] n φυσαρμόνικα f

harmony ['hɑːmənɪ] n αρμονία f· **in ~** (work, live) αρμονικά· (sing) πρώτη και δεύτερη κ.λπ. φωνή

harness ['hɑːnɪs] n (for horse) χάμουρα ntpl (also **safety ~**) ιμάντες mpl ασφαλείας ♦ vt εκμεταλλεύομαι, ζεύω

harp [hɑːp] n άρπα f ♦ vi **to ~ on (about)** (pej) ψέλνω το ίδιο τροπάρι (για)

harsh [hɑːʃ] adj (judge, criticism) σκληρός· (life) δύσκολος· (winter) βαρύς, δυνατός· (sound) τραχύς

harvest ['hɑːvɪst] n (= season) θέρος nt· (= crop) σοδειά f ♦ vt (barley etc) θερίζω· (fruit) μαζεύω

has [hæz] vb see **have**

hasn't ['hæznt] = **has not**

hassle ['hæsl] (inf) n φασαρία f ♦ vt (person) παιδεύω

haste [heɪst] n βιασύνη f· **in ~** βιαστικά· **~n** vt (decision, downfall) επιταχύνω ♦ vi **to ~n to do sth** βιάζομαι να κάνω κτ· **hastily** adv (= hurriedly) βιαστικά· (= rashly) βεβιασμένα· **hasty** adj βιαστικός

hat [hæt] n καπέλο nt

hatch [hætʃ] n (NAUT: also **~way**) μπουκαπόρτα f, παραθυράκι nt ♦ vi (bird) εκκολάπτομαι· (egg) σκάω ♦ vt εκκολάπτω· (plot) σκαρφώνω

hatchback ['hætʃbæk] n (two-door) τρίπορτο αυτοκίνητο nt· (four-door) πεντάπορτο αυτοκίνητο nt

hate [heɪt] vt μισώ ♦ n μίσος nt

hatred ['heɪtrɪd] n μίσος nt

haul [hɔːl] vt (= pull) τραβώ ♦ n (of goods etc) μπάζα f· (of fish) ψαριά f

haunt [hɔːnt] vt (ghost, spirit) βασανίζω ♦ n στέκι nt· **~ed** adj (building, room) στοιχειωμένος· (expression) ταραγμένος

KEYWORD

have [hæv] (pt, pp **had**) aux vb
(a) (perfect tense) **to have arrived/ gone/eaten/slept** έχω φτάσει/φύγει/

φάει/κοιμηθεί· **he has been kind** ήταν ευγενικός· **he has told you?** σας το είπε;· **having finished** or **when he had finished, he left** όταν τέλειωσε, έφυγε

(b) (in tag questions) **you've done it, haven't you?** το έκανες, έτσι δεν είναι;· **he hasn't done it, has he?** δεν το έκανε, ε;

(c) (in short answers and questions) **you've made a mistake – no I haven't/so I have** έκανες ένα λάθος - όχι, δεν έκανα/ναι, έκανα· **we haven't paid – yes we have!** δεν πληρώσαμε - ναι πληρώσαμε!· **I've been there before – have you?** έχω ξαναπάει - εσύ;

♦ modal aux vb (= be obliged) **to have (got) to do sth** πρέπει or χρειάζεται να κάνω κτ· **she has (got) to do it** πρέπει να το κάνει· **I haven't got** or **I don't have to wear glasses** δεν χρειάζεται να φορέσω γυαλιά

♦ vt (a) (= possess) έχω· **I don't have any money on me** δεν έχω λεφτά πάνω μου· **he has (got) blue eyes/dark hair** έχει γαλανά μάτια/μαύρα μαλλιά

(b) (referring to meals etc: = eat) τρώω· (: = drink) πίνω· **to have breakfast/lunch/dinner** τρώω πρωινό/ μεσημεριανό/ βραδινό· **to have a drink** πίνω ένα ποτό

(c) (= receive, obtain etc) **may I have your address?** μπορώ να έχω τη διεύθυνσή σας;· **I must have it by tomorrow** πρέπει να το έχω μέχρι αύριο· **to have a baby** κάνω παιδί

(d) (= allow) ανέχομαι· **I won't have it/this nonsense!** δεν το ανέχομαι/δεν ανέχομαι αυτές τις κουταμάρες!

(e) **to have one's hair cut** κόβω τα μαλλιά μου· **he soon had them all laughing** σε λίγο τους έκανε όλους να γελάνε

(f) (= experience, suffer) έχω· **to**

have a cold/flu είμαι κρυωμένος/
έχω γρίππη · **she had her bag
stolen** της έκλεψαν την τσάντα · **to
have an operation** κάνω εγχείρηση
(g) (+ *noun*: = *take, hold etc*) **to have
a bath** κάνω (ένα) μπάνιο · **to have
a rest** ξεκουράζομαι · **let's have a
look** για να δούμε · **to have a
meeting/party** κάνω μια συνεδρίαση/
κάνω ένα πάρτυ
(h) (*inf*: = *dupe*) **you've been had** σου τη φέρανε
have in *vt* (*inf*) **to have it in for sb**
έχω κν άχτι
have out *vt* **to have it out with
sb** τα ξεκαθαρίζω με κν

haven ['heɪvn] *n* (*fig*) καταφύγιο *nt*

haven't ['hævnt] = **have not**

havoc ['hævək] *n* χάος *nt*

Hawaii [hə'waɪiː] *n* Χαβάη *f*

hawk [hɔːk] *n* γεράκι *nt*

hawthorn ['hɔːθɔːn] *n* λευκαγκάθα *f*

hay [heɪ] *n* σανός *m* · **~ fever** *n*
αλλεργικός συνάχι *nt* (*από τη γύρη*)

hazard ['hæzəd] *n* κίνδυνος *m* ♦ *vt*
(*guess etc*) επιχειρώ · **~ous** *adj*
επικίνδυνος

haze [heɪz] *n* (*of heat, smoke*)
καταχνιά *f*

hazel ['heɪzl] *n* (*tree*) φουντουκιά *f*
♦ *adj* (*eyes*) καστανοπράσινος

hazy ['heɪzɪ] *adj* (*sky, view*) θαμπός ·
(*memory*) θολός

he [hiː] *pron* (*not emph: usually not
translated:* emph) αυτός · *see also* **you**

head [hed] *n* (*also* = *mind*)
μυαλό *nt* · (*of queue*) αρχή *f* · (*of
company, school*) διευθυντής/τρια *m/
f* · (*of list*) πρώτος/η *m/f* ♦ *vt* (*list*)
είμαι πρώτος · (*company*)
διευθύνω · (*group*) είμαι επικεφαλής
σε · (*FOOTBALL*) ρίχνω κεφαλιά σε ·
~s (or tails) κορώνα (ή γράμματα) ·
~first (*dive, fall*) με το κεφάλι ·
~ over heels in love ερωτευμένος
μέχρι τα μπούνια · **£10 a** *or* **per**

~ (*for person*) 10 λίρες το άτομο · **to
come to a ~** (*fig*: *situation etc*)
φτάνω σε κρίσιμο σημείο · **~ for** *vt
fus* (*place*) πηγαίνω (σε) · (*disaster*)
βαδίζω για · **~ache** *n* (*also fig*)
πονοκέφαλος *m* · **~ in** *n* τίτλος *m* ·
~line (*PRESS, TV*) *n* τίτλος *m*
► **headlines** *npl* ειδήσεις *fpl* ·
~master *n* διευθυντής *m* ·
~mistress *n* διευθύντρια *f* ·
~ office *n* κεντρικά γραφεία *ntpl* ·
~ of state (*pl* **~s of state**) *n*
αρχηγός m κράτους · **~phones** *npl*
ακουστικά *ntpl* · **~quarters** *npl*
έδρα *f* · (*MIL*) στρατηγείο *nt*

heal [hiːl] *vt* (*injury, patient*)
γιατρεύω · (*wound*) επουλώνω ♦ *vi*
(*injury*) επουλώνομαι

health [helθ] *n* υγεία *f* · **~ centre**
(*BRIT*) *n* κέντρο *nt* υγείας · **~ food** *n*
υγιεινή τροφή *f* · **Health Service**
(*BRIT*) *n* **the (National) H~ Service**
το (Εθνικό) Σύστημα *nt* Υγείας · **~y**
adj (*person*) υγιής · (*lifestyle,
environment*) υγιεινός · (*fig*) υγιής
(: *profit*) γενναίος

heap [hiːp] *n* σωρός *m* ♦ *vt* **to ~ (up)**
(*stones*) σωριάζω · (*sand etc*)
συγκεντρώνω (σε σωρό) · **to ~ sth
with** (*plate, sink etc*) ξεχειλίζω κτ
από · **~s of** (*inf*) μπόλικος

hear [hɪəʳ] (*pt, pp* **~d**) *vt* ακούω ·
(*news, information*) μαθαίνω · **to
~ about** (*event, person*) ακούω για ·
to ~ from sb μαθαίνω (τα) νέα
κου · **~d** *pt, pp of* **hear** · **~ing** *n*
ακοή *f*, ακροαματική διαδικασία *f* ·
within sb's ~ing σε απόσταση
αναπνοής από κν

heart [hɑːt] *n* καρδιά *f* · **to lose/take
~** χάνω το κουράγιο μου/παίρνω
κουράγιο · **at ~** κατά βάθος · **by
~** (*learn, know*) απ' έξω
► **hearts** *npl* (*CARDS*) κούπες *fpl* ·
~ attack (*MED*) *n* καρδιακή
προσβολή *f* · **~beat** *n* καρδιοχτύπι
nt · **~broken** *adj* **to be ~broken**
είμαι συντετριμμένος

hearth [hɑ:θ] n τζάκι nt

heartless ['hɑ:tlıs] adj άκαρδος

hearty ['hɑ:tı] adj (person, laugh) κεφάτος • (appetite) μεγάλος • (dislike) βαθύς

heat [hi:t] n (= warmth) θερμότητα f, θερμοκρασία f • (= excitement) έξαψη f • (SPORT: also **qualifying ~**) προκριματικός αγώνας m ♦ vt ζεσταίνω • **~ up** vi ζεσταίνομαι ♦ vt ζεσταίνω • **~ed** adj (pool, room etc) θερμαινόμενος, ζωηρός • **~er** n σόμπα f • (in car) καλοριφέρ n inv

heather ['heðə'] n ρείκι nt

heating ['hi:tıŋ] n θέρμανση f

heaven ['hεvn] n (REL, also fig) παράδεισος m • **for ~'s sake!** (pleading) για το Θεό! • (protesting) για τ'όνομα του Θεού! • **~ly** adj (REL) θείος • (fig: also) έξοχος • (: place) παραδεισένιος

heavily ['hεvılı] adv (land, fall) άσχημα • (drink, smoke) πολύ • (sleep, sigh) βαριά • (depend, rely) κατά πολύ

heavy ['hεvı] adj βαρύς • (casualties) σοβαρός, δυνατός • (snow) πυκνός • (person's build, frame) ογκώδης • (schedule, week) φορτωμένος

Hebrew ['hi:bru:] adj εβραϊκός ♦ n (LING) εβραϊκά ntpl

hectare ['hεktɑ:'] n (BRIT) n εκτάριο nt

hectic ['hεktık] adj γεμάτος

he'd [hi:d] = **he would** • **he had**

hedge [hεdʒ] n φράχτης m (από θάμνους) ♦ vi αποφεύγω

hedgehog ['hεdʒhɒg] n σκαντζόχοιρος m

heed [hi:d] vt (also **take ~ of**) λαμβάνω υπόψη ♦ n **to pay (no) ~ to, take (no) ~ of** (δεν) παίρνω σοβαρά or στα σοβαρά

heel [hi:l] n (of foot) φτέρνα f ♦ n (shoe) βάζω τακούνια σε

hefty ['hεftı] adj (person) γεροδεμένος • (parcel) ογκώδης, γενναίος

height [haıt] n ύψος ntnt (fig: of

powers) απόγειο nt • (: of luxury, good taste etc) άκρον άωτον nt • **what ~ are you?** τι ύψος or ανάστημα έχετε; • **~en** vt επιτείνω

heir [εə'] n κληρονόμος mf • **~ess** n κληρονόμα f

held [hεld] pt, pp of **hold**

helicopter ['hεlıkɒptə'] n ελικόπτερο nt

he'll [hi:l] = **he will** • **he shall**

hell [hεl] n (REL) Κόλαση f, κόλαση f • **~!** (inf!) διάβολε!

hello [hə'ləu] excl (as greeting) γεια σου/σας • (to attract attention) παρακαλώ

helmet ['hεlmıt] n κράνος nt

help [hεlp] n (= assistance, aid) βοήθεια f ♦ vt βοηθώ • **with the ~ of** (person, tool) με τη βοήθεια +gen • **~!** βοήθεια! • **can I ~ you?** (in shop) μπορώ να σας εξυπηρετήσω; • **~ yourself** (to food) σερβιριστείτε • **he can't ~ it** δε μπορεί να το αποφύγει • **~er** n βοηθός mf • **~ful** adj χρήσιμος • **~ing** n μερίδα f • **~less** adj (= incapable) ανίκανος • (= defenceless) αβοήθητος • **~line** n τηλεφωνική γραμμή παροχής βοήθειας

hem [hεm] n στρίφωμα nt ♦ vt στριφώνω • **in** vt **to feel ~med in** (fig) αισθάνομαι παγιδευμένος

hemisphere ['hεmısfıə'] n ημισφαίριο nt

hen [hεn] n κότα f • (= female bird) θηλυκιά f

hence [hεns] adv επομένως • **2 years ~** (σε) 2 χρόνια από τώρα

hepatitis [hεpə'taıtıs] n ηπατίτιδα f

her [hə:'] pron (direct obj) την • (indirect obj) της • (emph) αυτή(ν) • (after prep) της • see also **me** ♦ adj της • see also **my**

herb [hə:b] n (BOT) βότανο nt • (CULIN) μυρωδικό nt • **~al** adj που βασίζεται στα βότανα • **~al tea** αρωματικό τσάι

herd [hɜːd] n (of cattle, goats) κοπάδι nt ♦ vt (animals) βόσκω • (people) καθοδηγώ • (also ~ **up**: = gather) μαζεύω

here [hɪəʳ] adv εδώ • "~!" (= present) "παρών!" ("παρούσα!") • ~ **is the book** να το βιβλίο • ~ **he/she/it is** νάτος or νάτον/νάτη/νάτο • ~ **they are** νάτοι (νάτες) (νάτα) • ~ **you are** (giving) ορίστε • ~ **she comes** νάτην (έρχεται) • **come** ~! έλα εδώ!

hereditary [hɪˈredɪtrɪ] adj κληρονομικός

heritage [ˈherɪtɪdʒ] n παράδοση f

hernia [ˈhɜːnɪə] n κήλη f

hero [ˈhɪərəu] (pl **~es**) n ήρωας m

heroic [hɪˈrəuɪk] adj ηρωικός

heroin [ˈherəuɪn] n ηρωίνη f

heroine [ˈherəuɪn] n ηρωίδα f

heron [ˈherən] n ερωδιός m

herring [ˈherɪŋ] n ρέγγα f

hers [hɜːz] pron δικός m της, δική f της, δικό nt της • see also **mine**

herself [hɜːˈself] pron (reflexive: often not translated) εαυτός της • (complement, after prep: often not translated) τον εαυτό της • (emph) η ίδια • (= alone) (**all by**) ~ μόνη της

he's [hiːz] = **he is** • **he has**

hesitant [ˈhezɪtənt] adj διστακτικός

hesitate [ˈhezɪteɪt] vi (= pause) διστάζω • (= be unwilling) **to ~ to do sth** διστάζω ή έχω ενδοιασμούς να κάνω κτ • **hesitation** n δισταγμός m

heterosexual [ˈhetərəuˈseksjuəl] adj (person) ετεροφυλόφιλος • (relationship) ετεροφυλοφιλικός ♦ n ετεροφυλόφιλος/η m/f

hey [heɪ] excl ε!

heyday [ˈheɪdeɪ] n **the ~ of** στην ακμή +gen

hi [haɪ] excl (as greeting) γεια • (to attract attention) E!

hiccough [ˈhɪkʌp] n έχω λόξυγγα ♦ n (fig) αναποδιά f

hid [hɪd] pt of **hide**

hidden [ˈhɪdn] pp of **hide** ♦ adj

~ **agenda** κρυφές προθέσεις

hide [haɪd] (pt **hid**, pp **hidden**) n (= skin) τομάρι nt ♦ vt (object, person) κρύβω ♦ vi **to ~ (from sb)** κρύβομαι (από κν) • **to ~ sth from sb** κρύβω κτ από κν

hideous [ˈhɪdɪəs] adj (painting, face) φρικαλέος • (conditions, mistake) φρικτός

hiding [ˈhaɪdɪŋ] n (= beating) ξύλο nt • **to be in ~** κρύβομαι

high [haɪ] adj (mountain, building) ψηλός • (speed, number) μεγάλος • (wind) σφοδρός • (voice, note) ψιλός • (position) υψηλός • (risk) μεγάλος • υψηλής ποιότητας • (inf: person: on drugs) μαστουρωμένος • (: on drink) που έχει (φτιάξει) κεφάλι ♦ adv (climb, aim etc) ψηλά ♦ n **exports have reached a new ~** οι εξαγωγές έφθασαν σε νέα ύψη • **it is 20 m ~** έχει ύψος 20 μέτρα • ~ **in the air** ψηλά στον αέρα • ~ **chair** ψηλή καρέκλα f (για μωρό ή μικρό παιδί) • ~**er education** n τριτοβάθμια εκπαίδευση f • ~**light** n (fig: of event) αποκορύφωμα nt • **the ~light of the evening** το κλου της βραδιάς ♦ vt (problem, need) τονίζω • ► **highlights** npl (in hair) ανταύγειες fpl • ~**ly** adv (critical) ιδιαίτερα • (confidential) άκρως • ~**ly paid** (person) υψηλόμισθος • (job) ακριβοπληρωμένος • **to speak/think ~ly of** έχω καλή εκτίμηση για • ~**ness** n **Her** (or **His**) **Highness** η Αυτής or Αυτού Υψηλότης • ~**rise** adj (building) πολυόροφος • (flats) σε ουρανοξύστη • ~**way** n (US: between towns, states) εθνική οδός f • (= public road) δημόσιος δρόμος m

hijack [ˈhaɪdʒæk] vt (plane) κάνω αεροπειρατεία σε ♦ n (also ~**ing**: plane) αεροπειρατεία f • ~**er** n (of plane) αεροπειρατής mf

hike [haɪk] vi κάνω πεζοπορία ♦ n πεζοπορία f • (inf: in prices etc) αύξηση f • **hiking** n πεζοπορία f

hilarious [hɪ'leərɪəs] *adj* ξεκαρδιστικός

hill [hɪl] *n* (*small*) λοφάκι *nt* • (*fairly high*) λόφος *m* • (*= slope*) ύψωμα *nt* • (*on road*) ανηφόρα *f* • **~side** *n* πλαγιά *f* λόφου • **-y** *adj* λοφώδης

him [hɪm] *pron* (*direct obj*) τον • (*indirect obj*) του • (*= emph*) αυτόν • (*after prep*) αυτόν • *see also* **me**

himself [hɪm'self] *pron* (*reflexive: often not translated*) εαυτός του • (*complement, after prep: often not translated*) τον εαυτό του • (*= emph*) αυτός ο ίδιος • (*= alone*) **(all) by ~** μόνος του

hind [haɪnd] *adj* (*legs*) πισινός ♦ *n* ελαφίνα *f*

hinder [ˈhɪndəʳ] *vt* εμποδίζω

hindsight [ˈhaɪndsaɪt] *n* **with ~** εκ των υστέρων

Hindu [ˈhɪnduː] *adj* ινδουϊστικός

hinge [hɪndʒ] *n* μεντεσές *m* ♦ *vi* **to ~ on** (*fig*) περιστρέφομαι γύρω από

hint [hɪnt] *n* (*= suggestion*) υπονοούμενο *nt* • (*= advice*) συμβουλή *f* • (*= sign*) υποψία *f* ♦ *vt* **to ~ that** αφήνω να εννοηθεί ότι ♦ *vi* **to ~ at** αφήνω να εννοηθεί

hip [hɪp] *n* (*ANAT*) γοφός *m* • (*also* **rose ~**) κυνόρροδο *nt*

hippie [ˈhɪpɪ] *n* χίππης/ισσα *m/f*

hippo [ˈhɪpəʊ] *n* ιπποπόταμος *m*

hippopotamus [hɪpəˈpɔtəməs] (*pl* **~es** *or* **hippopotami**) *n* ιπποπόταμος *m*

hippy [ˈhɪpɪ] *n* = **hippie**

hire [ˈhaɪəʳ] *vt* (*BRIT*) νοικιάζω • (*worker*) προσλαμβάνω ♦ *n* (*BRIT*) ενοικίαση *f* • **for ~** που ενοικιάζεται • (*taxi*) ελεύθερος • **on ~** νοικιασμένος • **~ out** *vt* (*object*) νοικιάζω • (*person*) εκμισθώνω • **~(-d) car** (*BRIT*) *n* νοικιασμένο αυτοκίνητο *nt*

his [hɪz] *adj* του • *see also* **my** ♦ *pron* δικός mο του, δική *f* του, δικό *nt* του • **t~ is** = αυτό είναι δικό του • *see also* **mine**

hiss [hɪs] *vi* (*snake*) σφυρίζω

historian [hɪˈstɔːrɪən] *n* ιστορικός *mf*

historic [hɪˈstɔrɪk] *adj* ιστορικός • **~al** *adj* ιστορικός

history [ˈhɪstərɪ] *n* ιστορία *f* • (*SCOL*) Ιστορία *f*, ιστορικό *nt*

hit [hɪt] (*pt, pp* **~**) *vt* (*= strike: person, thing*) χτυπάω • (*= reach: target*) πετυχαίνω • (*= collide with*) χτυπάω σε • (*= affect*) πλήττω ♦ *n* (*= knock*) χτύπημα *nt* • (*= success*) επιτυχία *f* • **to ~ it off with sb** τα βρίσκω μια χαρά με κν • **~ back** *vi* **to ~ back at sb** ανταποδίδω το χτύπημα σε κν • **~ (up)on** *nt fus* ανακαλύπτω τυχαία

hitch [hɪtʃ] *vt* (*= fasten*) δένω με γάντζο, ανασηκώνω ♦ *n* (*= difficulty*) πρόβλημα *nt* • **to ~ a lift** κάνω ωτοστόπ

hitchhike [ˈhɪtʃhaɪk] *vi* ταξιδεύω με ωτοστόπ • **~r** *n* αυτός που κάνει ωτοστόπ

hi-tech [ˈhaɪtek] *adj* υψηλής τεχνολογίας

HIV *n abbr* (= *human immunodeficiency virus*) ιός *m* ανοσολογικής ανεπάρκειας • **~-negative** μη φορέας *mf* του ΑΙ • **~-positive** φορέας *mf* του ΑΙ

hive [haɪv] *n* (*of bees*) κυψέλη *f*

HM *abbr* (= *His (or Her) Majesty*) Αυτούής Μεγαλειότητα *f*

hoard [hɔːd] *n* (*of food*) προμήθειες *fpl* • (*of money*) κομπόδεμα *nt* ♦ *vt* μαζεύω

hoarse [hɔːs] *adj* (*voice*) βραχνός

hoax [həʊks] *n* φάρσα *f*

hob [hɔb] *n* μάτι *nt*

hobby [ˈhɔbɪ] *n* χόμπι *nt inv*

hockey [ˈhɔkɪ] *n* χόκεϊ *nt inv*

hog [hɔg] *n* γουρούνι *nt* (*ευνουχισμένο*) ♦ *vt* (*fig*) μονοπωλώ

hoist [hɔɪst] *n* ανυψωτικό (μηχάνημα) *nt* ♦ *vt* (*heavy object*) ανεβάζω • (*flag*) υψώνω • (*sail*) σηκώνω

hold [həʊld] (*pt, pp* **held**) *vt* κρατάω •

(= contain: room, box etc) χωράω ·
(power, qualification) έχω ·
(conversation) κάνω · (meeting)
συγκαλώ · (= detain) κρατάω ▸ vi
(= withstand pressure) αντέχω · (= be
valid) ευσταθώ, ισχύω, ευνοώ ♦ n
λαβή f, αμπάρι nt · (of plane)
μπαγαζιέρα f · **the line!** (TEL)
περιμένετε στο ακουστικό σας! · **to
~ one's own** (fig) κρατάω γερή
άμυνα · **to catch** or **get (a) ~ of
sth** πιάνω κτ · **~ it!** περίμενε μια
στιγμή! · **~ still** or **~ steady** μείνε
ακίνητος · **~ back** vt συγκρατώ,
κρύβω · **~ down** vt ακινητοποιώ,
κρατάω · **~ off** vt (enemy) κρατάω σε
απόσταση ♦ vi **if the rain ~s off** αν
κρατήσει ο καιρός · **~ on** vi (= hang
on) κρατιέμαι · (= wait) περιμένω ·
~ on! (TEL) περιμένετε μια στιγμή! ·
~ on to vt fus (for support) πιάνομαι
από · (= keep) κρατάω · **~ out** vt
(hand) απλώνω · (hope, prospect)
προσφέρω ♦ vi (= resist)
διαμαρτύρομαι · **~ up** vt (= raise)
σηκώνω · (= support) στηρίζω ·
(= delay) καθυστερώ, ληστεύω · **~er**
n (= container) βάση f · (of ticket,
record) κάτοχος mf

hole [həʊl] n τρύπα f

holiday ['hɒlɪdeɪ] (BRIT) n διακοπές
fpl · (= public holiday) αργία f · **on
~** σε διακοπές · **tomorrow is a
~** αύριο είναι αργία · **~maker** (BRIT)
n παραθεριστής/τρια m/f · **~ resort**
n θέρετρο nt

Holland ['hɒlənd] n Ολλανδία f

hollow ['hɒləʊ] adj (cheeks,
eyes) βαθουλωμένος · (laugh)
ψεύτικος · (claim) κενός · (sound)
ξερός ♦ n βαθούλωμα nt

holly ['hɒlɪ] n (BOT) ου nt inv

holocaust ['hɒləkɔːst] n ολοκαύτωμα
nt

holy ['həʊlɪ] adj (picture, place) ιερός ·
(water) αγιασμένος, θεοσεβούμενος

home [həʊm] n (= house) σπίτι nt ·
(= area, country) πατρίδα f ·

(= institution) ίδρυμα nt ♦ cpd
(= domestic) οικιακός · (ECON, POL)
εσωτερικός · (SPORT) εντός έδρας
♦ adv σπίτι · (= right in: nail etc)
μέχρι μέσα · **at ~** (= in house) (στο)
σπίτι · (= country) στην πατρίδα ·
(= comfortable) άνετα · **make
yourself at ~** σαν στο σπίτι σας ·
~land n πατρίδα f · **~less** adj
άστεγος · **~ly** adj απλός · **~sick** adj
to be ~sick νοσταλγώ (την πατρίδα
ή το σπίτι μου) · **~work** (SCOL) n
δουλειά f για το σπίτι

homicide ['hɒmɪsaɪd] (US) n
ανθρωποκτονία f

homosexual [hɒməʊ'sɛksjʊəl] adj
(person) ομοφυλόφιλος ·
(relationship) ομοφυλοφιλικός ♦ n
ομοφυλόφιλος/η m/f

Honduras [hɒn'djʊərəs] n Ονδούρα f

honest ['ɒnɪst] adj ειλικρινής,
έντιμος · **~ly** adv (= truthfully) με
ειλικρίνεια · (= to be honest)
ειλικρινά · **~y** n τιμιότητα f

honey ['hʌnɪ] n μέλι nt · (esp US: inf: =
darling) αγάπη f μου · **~moon** n
ταξίδι nt του μέλιτος

Hong Kong ['hɒŋ'kɒŋ] n Χονγκ-Κονγκ
nt inv

honor etc (US) = **honour** etc

honorary ['ɒnərərɪ] adj (secretary)
επίτιμος · (title) τιμητικός

honour ['ɒnə] (US **honor**) vt (hero,
author) τιμώ · (promise) τηρώ ·
(commitment) ανταποκρίνομαι σε ♦ n
τιμή f · **hono(u)rable** adj (person,
action) έντιμος · (defeat)
αξιοπρεπής · **to do the ~able thing**
φέρομαι έντιμα

hood [hʊd] n (of coat etc) κουκούλα
f · (of cooker) καπάκι nt · (AUT: BRIT)
πτυσσόμενη οροφή f · (: US) καπό nt
inv

hoof [huːf] (pl **hooves**) n οπλή f

hook [hʊk] n (for coats, curtains etc)
κρεμαστάρι nt · (on dress) κόπιτσα f ·
(for fishing) αγγίστρι nt ♦ vt

(= *fasten*) κρεμάω με γάτζους • (*fish*) πιάνω (με αγκίστρι)

hoop [hu:p] n (*toy*) τσέρκι nt

hoot [hu:t] vi (AUT: *horn*) κορνάρω • (*siren*) ουρλιάζω • (*owl*) κράζω • (= *jeer*) γιουχάρω ◆ vt (AUT: *horn*) πατάω ◆ n (AUT: *of horn*) κορνάρισμα nt • (*of owl*) κραυγή f • **to ~ with laughter** γελάω κοροϊδευτικά

Hoover® ['hu:vəʳ] (BRIT) n ηλεκτρική σκούπα f ◆ vt ◆ **hoover** (*carpet*) σκουπίζω (με την ηλεκτρική σκούπα)

hooves [hu:vz] npl *of* **hoof**

hop [hɔp] vi (*on one foot*) χοροπηδάω στο ένα πόδι • (*bird*) χοροπηδάω ◆ n πηδηματάκι nt

hope [həup] vt **to ~ that/to do** ελπίζω ότι/να κάνω ◆ vi ελπίζω ◆ n ελπίδα f • **I ~ so/not** το ελπίζω/ ελπίζω πως όχι • **~ful** adj (*person*) αισιόδοξος • (*situation*) ελπιδοφόρος • **~fully** adv (= *expectantly*) αισιόδοξα • **~fully, he'll come back** ας ελπίσουμε ότι θα γυρίσει πίσω • **~less** adj (*situation*) απελπιστικός

hops [hɔps] (BOT) npl λυκίσκος m

horizon [hə'raɪzn] n ορίζοντας m • **~tal** adj οριζόντιος

hormone ['hɔ:məun] n ορμόνη f

horn [hɔ:n] n (*of animal*) κέρατο nt • (MUS: also **French ~**) γαλλικό κόρνο nt • (AUT) κόρνα f

horoscope ['hɔrəskəup] n ωροσκόπιο nt

horrendous [hə'rendəs] adj (*crime*) φρικιαστικός

horrible ['hɔrɪbl] adj φρικτός

horrid ['hɔrɪd] adj απαίσιος

horrific [hə'rɪfɪk] adj τρομακτικός

horrifying ['hɔrɪfaɪɪŋ] adj φρικιαστικός

horror ['hɔrəʳ] n (= *alarm*) τρόμος m, απέχθεια f • (*of battle, warfare*) φρίκη f

horse [hɔ:s] n άλογο nt • **~back** adv **to ride ~back** κάνω ιππασία • **on**

~back έφιππος • **~power** n (*of engine, car etc*) ιπποδύναμη f • **~ racing** n ιπποδρομίες fpl

hose [həuz] n (*also* **~pipe**) σωλήνας m • (*also* **garden ~**) λάστιχο nt

hospital ['hɔspɪtl] n νοσοκομείο nt • **in ~**, (US) **in the ~** στο νοσοκομείο

hospitality [hɔspɪ'tælɪtɪ] n φιλοξενία f

host [həust] n (*at party, dinner etc*) οικοδεσπότης m • (TV, RADIO) παρουσιαστής m, άρτος m • (in Catholic church) όστια f ◆ adj (*of*) φιλοξενεί • vt (TV *programme*) παρουσιάζω • **a ~ of** μια πληθώρα από

hostage ['hɔstɪdʒ] n όμηρος mf • **to be taken/held ~** με πιάνουν/με κρατούν όμηρο

hostel ['hɔstl] n άσυλο nt • (*also* **youth ~**) ξενώνας m για νέους

hostess ['həustɪs] n (*at party, dinner etc*) οικοδέσποινα f • (BRIT: = **air hostess**) αεροσυνοδός f • (TV, RADIO) παρουσιάστρια f • (*in nightclub*) συνοδός f

hostile ['hɔstaɪl] adj (*person, attitude*) εχθρικός • (*conditions*) δυσμενής • (*environment*) αφιλόξενος • **hostility** n εχθρότητα f

▶ **hostilities** npl εχθροπραξίες fpl

hot [hɔt] adj (= *moderately hot*) ζεστός • (= *very hot*) καυτός • (= *spicy*) καυτερός • (*weather*) ζεστός • **to be ~** (*person*) ζεσταίνομαι • (*object*) καίω • (*weather*) κάνει ζέστη • **~ dog** n χοτ ντογκ nt inv

hotel [həu'tel] n ξενοδοχείο nt

hound [haund] n κυνηγό κυνηγόσκυλο nt ◆ n κυνηγόσκυλο nt

hour ['auəʳ] n ώρα f • **(at) 60 miles an ~** (με) 60 μίλια την ώρα • **~ly** adj (*service*) κάθε ώρα • (*rate*) ωριαίος ◆ adv (= *each hour*) ανά ώρα

house n [haus] vb [hauz] n σπίτι nt • (= *firm*) οίκος m • (THEAT) κοινό nt ◆ vt (*person*) στεγάζω • (*collection*)

στεγάζω · **at/to my** ~ στο σπίτι μου · **the H~ of Commons** (BRIT) το Κοινοβούλιο · **the H~ of Lords** (BRIT) Βουλή των Λόρδων · **the H~ of Representatives** (US) η Βουλή των Αντιπροσώπων · **it's on the** ~ (fig) κερνάει το κατάστημα · **~hold** n (people) οικιακό nt, νοικοκυριό nt · **~keeper** n οικονόμος mf · **~keeping** n (work) νοικοκυριό nt · (also: **~keeping money**) χρήματα ntpl για τα έξοδα του σπιτιού · **~wife** (irreg) n νοικοκυρά f · **~work** n δουλειές fpl του σπιτιού

housing ['hauzɪŋ] n (= houses) στέγη f · (provision) στέγαση f ♦ cpd (problem) στεγαστικός · (shortage) στέγης

hover ['hɒvə'] vi (bird, insect) αιωρούμαι · (person) κοντοστέκομαι · **~craft** n χόβερκραφτ nt inv

---

KEYWORD

how [hau] adv (= in what way) πώς · **to know how to do sth** ξέρω να κάνω κτ · **how are you?** (singular) τι κάνεις; · (plural) τι κάνετε; · (= to what degree) πόσο · **how much milk?** πόσο γάλα; · **how many people?** πόσοι άνθρωποι; · **how much does it cost?** πόσο κάνει; · **how old are you?** πόσων χρονών είσαι; · **how tall is he?** τι ύψος έχει; · **how lovely/awful!** τι ωραία/φρίκη!

however [hau'εvə'] conj όμως ♦ adv (with adj) όσο +adj κι αν · (in questions) πώς

howl [haul] vi ουρλιάζω ♦ n (of animal, person) ουρλιαχτό nt

HQ abbr = **headquarters**

hr(s) abbr = **hour(s)**

HTML (COMPUT) n abbr (= Hypertext Mark-up Language) ΓΣΥΚ f

huddle ['hʌdl] vi **to** ~ **together** στριμώχνεται ο ένας κοντά στον άλλο ♦ n κουβάρι nt

---

huff [hʌf] n **in a** ~ θυμωμένος

hug [hʌg] vt (person) αγκαλιάζω · (thing) κρατάω σφιχτά ♦ n αγκάλιασμα nt

huge [hju:dʒ] adj τεράστιος

hull [hʌl] n (of ship) κύτος nt

hum [hʌm] vt σιγοτραγουδάω ♦ vi (person) σιγοτραγουδάω, βουίζω ♦ n (of traffic, machines) βουητό nt · (of voices) μουρμουρητό nt

human ['hju:mən] adj ανθρώπινος ♦ n (also: ~ **being**) άνθρωπος m · **the** ~ **race** το ανθρώπινο γένος

humane [hju:'meɪn] adj (treatment) ανθρώπινος

humanitarian [hju:mænɪ'tɛərɪən] adj ανθρωπιστικός

humanity [hju:'mænɪtɪ] n (= mankind) ανθρωπότητα f · (= condition) ανθρώπινη υπόσταση f, ανθρωπιά f ▸ **humanities** npl (**the**) **humanities** οι θεωρητικές σπουδές fpl

human rights npl ανθρώπινα δικαιώματα ntpl

humble ['hʌmbl] adj ταπεινός ♦ vt ταπεινώνω · **~ity** n ταπεινότητα f

humid ['hju:mɪd] adj υγρός · **~ity** n υγρασία f

humiliate [hju:'mɪlɪeɪt] vt ταπεινώνω · **humiliating** adj ταπεινωτικός · **humiliation** n εξευτελισμός m

humorous ['hju:mərəs] adj (remark) πνευματώδης · (person) εύθυμος

humour ['hju:mə'] (US **humor**) n (= comedy) χιούμορ nt inv · (= mood) διάθεση f ♦ vt κάνω το χατήρι (κου) · **sense of** ~ αίσθηση του χιούμορ

hump [hʌmp] n (in ground) σαμαράκι nt · (of camel) καμπούρα f

hunch [hʌntʃ] n (= premonition) προαίσθημα nt

hundred ['hʌndrəd] num εκατό · (before n) **a** or **one** ~ **books/people/ dollars** εκατό βιβλία/ανθρώπων/ δολάρια · **~s of** εκατοντάδες +acc or gen · **~th** num εκατοστός

hung [hʌŋ] *pt, pp of* **hang**

Hungarian [hʌŋˈɡɛərɪən] *adj* ουγγρικός ♦ *n* (*person*) Ούγγρος/έζα *m/f* · (*LING*) ουγγρικά *ntpl*

Hungary [ˈhʌŋɡərɪ] *n* Ουγγαρία *f*

hunger [ˈhʌŋɡəʳ] *n* πείνα *f*, λιμός *m* ♦ *vi* **to ~ for** διψάω για

hungry [ˈhʌŋɡrɪ] *adj* πεινασμένος · **to be ~** πεινάω

hunt [hʌnt] *vt* (*also SPORT*) κυνηγάω · (*criminal, fugitive*) καταδιώκω ♦ *vi* (*SPORT*) πηγαίνω για κυνήγι ♦ *n* (*for food*) κυνήγι *nt* · (*SPORT: activity*) κυνήγι *nt* · (= *search*) έρευνα *f* · **to ~ (for)** ψάχνω (για) · **~er** *n* κυνηγός *mf* · **~ing** *n* (*for food*) κυνήγι *nt* · (*SPORT*) κυνήγι *nt*

hurdle [ˈhəːdl] *n* εμπόδιο *nt*

hurl [həːl] *vt* εκσφενδονίζω, εξακοντίζω

hurrah [huˈrɑː] *excl* ζήτω!

hurricane [ˈhʌrɪkən] *n* τυφώνας *m*

hurry [ˈhʌrɪ] *n* βιασύνη *f* ♦ *vi* βιάζομαι ♦ *vt* (*person*) κάνω κν να βιαστεί, κάνω βιαστικά · **to be in a ~** βιάζομαι · **to do sth in a ~** κάνω κτ βιαστικά · **~ along**, **~ up** *vi* κάνω γρήγορα

hurt [həːt] (*pt, pp* **~**) *vt* (= *cause pain to*) πονάω · (= *injure*) χτυπάω · (*fig*) πληγώνω ♦ *vi* πονάω ♦ *adj* **to be ~** χτυπάω · (*fig*) πληγώνομαι · **I've ~ my arm** χτύπησα το χέρι μου

husband [ˈhʌzbənd] *n* άντρας *m*

hush [hʌʃ] *n* σιωπή *f* ♦ *vi* ησυχάζω · **~!** σουτ!

husky [ˈhʌskɪ] *adj* βραχνός ♦ *n* σκύλος *m* των εσκιμώων

hut [hʌt] *n* (*house*) καλύβα *f* · (= *shed*) υπόστεγο *nt*

hydrogen [ˈhaɪdrədʒən] *n* υδρογόνο *nt*

hygiene [ˈhaɪdʒiːn] *n* υγιεινή *f* · **hygienic** *adj* υγιεινός

hymn [hɪm] *n* ύμνος *m*

hype [haɪp] (*inf*) *n* ντόρος *nt* ♦ *vt* κάνω θόρυβο

hyperlink [ˈhaɪpəlɪŋk] *n* (*COMPUT*) υπερσύνδεσμος *m*

hypertext [ˈhaɪpətekst] *n* (*COMPUT*) υπερκείμενο *nt*

hypnosis [hɪpˈnəusɪs] *n* ύπνωση *f*

hypocritical [hɪpəˈkrɪtɪkl] *adj* (*behaviour*) υποκριτικός · (*person*) υποκριτής

hypothesis [haɪˈpɔθɪsɪs] (*pl* **hypotheses**) *n* υπόθεση *f*

hysterical [hɪˈstɛrɪkl] *adj* (*person, laughter*) υστερικός · **to become ~** με πιάνει υστερία · (*fig*) γίνομαι παρανοϊκός

I i

I, i [aɪ] *n* το ένατο γράμμα του αγγλικού αλφαβήτου

I [aɪ] *pron* εγώ

ice [aɪs] *n* πάγος *m* ♦ *vt* (*cake*) γλασάρω ♦ *vi* (*also* **~ over**, **~ up**: *road, window etc*) παγώνω · **~berg** *n* παγόβουνο *nt* · **~ cream** *n* παγωτό *nt* · **~ cube** *n* παγάκι *nt* · **~ hockey** *n* χόκεϊ *nt inv* στον πάγο

Iceland [ˈaɪslənd] *n* Ισλανδία *f*

ice rink *n* πίστα *f* παγοδρομίας

icing [ˈaɪsɪŋ] *n* (*CULIN*) γλάσσο *nt* · (*AVIAT etc*) επίπαγος *m* · **~ sugar** (*BRIT*) *n* ζάχαρη *f* άχνη

icon [ˈaɪkɔn] *n* (*REL*) εικόνα *f* · (*COMPUT*) εικονίδιο *nt*

icy [ˈaɪsɪ] *adj* παγωμένος · (*road*) που έχει πιάσει πάγο

I'd [aɪd] = **I would** · **I had**

ID card *n* = **identity card**

idea [aɪˈdɪə] *n* (= *scheme, notion*) ιδέα *f* · (= *opinion*) άποψη *f* · (= *objective*) σκοπός *m* · **good ~!** καλή ιδέα!

ideal [aɪˈdɪəl] *n* (= *principle*) ιδανικό *nt* · (= *epitome*) πρότυπο *nt* ♦ *adj* ιδανικός · **~ly** *adv* στην ιδανική περίπτωση

identical [aɪˈdentɪkl] *adj* πανομοιότυπος

identification [aɪdentɪfɪˈkeɪʃən] n
(process) εξακρίβωση f · (of person,
dead body) αναγνώριση f

identify [aɪˈdentɪfaɪ] vt (= recognize)
διακρίνω · (= distinguish) ξεχωρίζω

identity [aɪˈdentɪtɪ] n · **~ card** n
ταυτότητα f

ideology [aɪdɪˈɒlədʒɪ] n ιδεολογία f

idiom [ˈɪdɪəm] n (= style) στυλ nt inv ·
(LING) ιδιωματισμός m

idiot [ˈɪdɪət] n ηλίθιος/α m/f

idle [ˈaɪdl] adj (= inactive) χωρίς
απασχόληση · (= lazy) αργόσχολος ·
(= unemployed) άεργος · (machinery,
factory) σε αχρηστία · (question)
τεμπέλικος ◆ vi (machine) δουλεύω
στο ρελαντί

idol [ˈaɪdl] n ίνδαλμα nt · (REL) είδωλο
nt

idyllic [ɪˈdɪlɪk] adj ειδυλλιακός

if [ɪf] conj (a) (conditional use) αν · **if
necessary** αν χρειαστεί · **if I were
you** αν ήμουν στη θέση σου
(b) (= whenever) όταν
(c) (= although) **(even) if** έστω κι αν
(d) (= whether) αν
(e) (= if not) αν όχι · **if so** αν είναι έτσι ·
if only έστω και μόνο · see also **as**

ignite [ɪgˈnaɪt] vt ανάβω ◆ vi
αναφλέγομαι

ignition [ɪgˈnɪʃən] n (AUT: process)
ανάφλεξη f · (: mechanism)
πυροδότηση f · **to switch on/off
the ~** ανάβω/σβήνω τη μηχανή

ignorance [ˈɪgnərəns] n άγνοια f

ignorant [ˈɪgnərənt] adj αμαθής ·
(subject) δεν γνωρίζω κτ

ignore [ɪgˈnɔːʳ] vt αγνοώ · (fact)
παραβλέπω

I'll [aɪl] = **I will · I shall**

ill [ɪl] adj άρρωστος ◆ n κακό nt
◆ adv **to be taken ~** αρρωσταίνω

illegal [ɪˈliːgl] adj παράνομος

illegitimate [ɪlɪˈdʒɪtɪmət] adj (child)

νόθος

illiterate [ɪˈlɪtərət] adj (person)
αναλφάβητος

illness [ˈɪlnɪs] n αρρώστια f

illuminate [ɪˈluːmɪneɪt] vt φωτίζω

illusion [ɪˈluːʒən] n (= false idea)
ψευδαίσθηση f · (= trick)
οφθαλμαπάτη f

illustrate [ˈɪləstreɪt] vt (point,
argument) επεξηγώ · (book, talk)
εικονογραφώ · **illustration** n (= act
of illustrating) επεξήγηση f ·
(= example) παράδειγμα nt · (in book)
εικόνα f

I'm [aɪm] = **I am**

image [ˈɪmɪdʒ] n (= picture)
απεικόνιση f · (= public face) εικόνα
f · (= reflection) είδωλο nt

imaginary [ɪˈmædʒɪnərɪ] adj
φανταστικός

imagination [ɪmædʒɪˈneɪʃən] n
φαντασία f

imaginative [ɪˈmædʒɪnətɪv] adj
ευρηματικός

imagine [ɪˈmædʒɪn] vt (= visualise)
φαντάζομαι · (= suppose) υποθέτω

imbalance [ɪmˈbæləns] n
ανισορροπία f

imitate [ˈɪmɪteɪt] vt μιμούμαι

imitation [ɪmɪˈteɪʃən] n (act) μίμηση f ·
(instance) απομίμηση f

immaculate [ɪˈmækjulət] adj άψογος

immature [ɪməˈtjuəʳ] adj (person)
ανώριμος

immediate [ɪˈmiːdɪət] adj άμεσος ·
(neighbourhood, relative) κοντινός ·
~ly adv (= at once) αμέσως ·
(= directly) άμεσα · **~ly next to**
ακριβώς δίπλα σε

immense [ɪˈmens] adj τεράστιος ·
~ly adv (enjoy etc) πάρα πολύ ·
(grateful, complex etc) εξαιρετικά

immigrant [ˈɪmɪgrənt] n (just arrived)
μετανάστης/τρια m/f · (already
established) μέτοικος mf

immigration [ɪmɪˈgreɪʃən] n
μετανάστευση f · (from abroad)

είσοδος f αλλοδαπών ♦ cpd (authorities, officer) της υπηρεσίας αλλοδαπών · (laws etc) μετανάστευσης

imminent ['ɪmɪnənt] adj επικείμενος

immoral [ɪ'mɒrl] adj ανήθικος

immortal [ɪ'mɔːtl] adj (god) αθάνατος

immune [ɪ'mjuːn] adj **to be ~ (to)** (disease) έχω ανοσία (σε) · (criticism, attack) είμαι απρόσβλητος (από) · **~ system** n ανοσοποιητικό σύστημα nt

impact ['ɪmpækt] n (of bullet) πρόσκρουση f · (of crash) δύναμη f πρόσκρουσης · (of law, measure) επίδραση f

impair [ɪm'pɛə] vt εξασθενίζω

impartial [ɪm'pɑːʃl] adj αμερόληπτος

impatience [ɪm'peɪʃəns] n ανυπομονησία f · **impatient** adj που δυσανασχετεί · (= irritable) που δεν είναι ανεκτικός · (= eager, in a hurry) ανυπόμονος · **to get** or **grow ~** δυσανασχετώ

impeccable [ɪm'pekəbl] adj άψογος

impending [ɪm'pendɪŋ] adj επικείμενος

imperative [ɪm'perətɪv] adj επιτακτικός ♦ n (LING) προστακτική f

imperfect [ɪm'pɜːfɪkt] adj (goods) ελαττωματικός · (system) ελλιπής ♦ n (LING: also **~ tense**) παρατατικός m

imperial [ɪm'pɪərɪəl] adj (history, power) αυτοκρατορικός · (BRIT: measure) που ισχύει στη Μεγάλη Βρετανία

impersonal [ɪm'pəːsənl] adj απρόσωπος

impetus ['ɪmpətəs] n (of flight) ορμή f · (of runner) φόρα f · (fig) ώθηση f

implant [ɪm'plɑːnt] vt (MED) μεταμοσχεύω · (fig) εμφυτεύω

implement n ['ɪmplɪmənt] n εργαλείο nt ♦ vt ['ɪmplɪment] πραγματοποιώ

implication [ɪmplɪ'keɪʃən] n (= inference) συνέπεια f ·

(= involvement) ανάμειξη f

implicit [ɪm'plɪsɪt] adj (threat, meaning etc) έμμεσος · (belief, trust) ανεπιφύλακτος

imply [ɪm'plaɪ] vt (= hint) υπαινίσσομαι · (= mean) συνεπάγομαι

import vb [ɪm'pɔːt] n, cpd ['ɪmpɔːt] (COMM) vt εισάγω ♦ n (article) εισαγόμενο (προϊόν) nt · (= importation) εισαγωγή f ♦ cpd εισαγωγών

importance [ɪm'pɔːtns] n (= significance) σημασία f · (= influence) σπουδαιότητα f

important [ɪm'pɔːtənt] adj σημαντικός

importer [ɪm'pɔːtə] n εισαγωγέας m

impose [ɪm'pəuz] vt επιβάλλω ♦ vi **to ~ on sb** γίνομαι φόρτωμα σε κν ·

imposing adj επιβλητικός

impossible [ɪm'pɒsɪbl] adj (task, demand etc) αδύνατος · (situation) παράλογος · (person) απαράδεκτος

impotent ['ɪmpətnt] adj ανίσχυρος · (MED) ανίκανος

impoverished [ɪm'pɒvərɪʃt] adj σε κατάσταση φτώχειας

impractical [ɪm'præktɪkl] adj (plan) μη ρεαλιστικός · (person) που δεν έχει πρακτικό πνεύμα

impress [ɪm'pres] vt (person) εντυπωσιάζω · **to ~ sth on sb** δίνω σε κν να καταλάβει κτ

impression [ɪm'preʃən] n εντύπωση f · (= imitation) μίμηση f · **to be under the ~ that** έχω την εντύπωση ότι

impressive [ɪm'presɪv] adj εντυπωσιακός

imprisonment [ɪm'prɪznmənt] n φυλάκιση f

improbable [ɪm'prɒbəbl] adj απίθανος

improper [ɪm'prɒpə] adj (conduct) ανάρμοστος · (procedure) ακατάλληλος · (= dishonest: activities) παράτυπος

improve [ɪm'pruːv] vt βελτιώνω ♦ vi βελτιώνομαι · (patient, health)

παρουσιάζω βελτίωση · ~ (up)on vt fus (work) είμαι καλύτερος από · (technique, achievement etc) επιφέρω βελτιώσεις σε · ~ment n ~ment (in) (person, thing) βελτίωση f (σε)

improvise ['ɪmprəvaɪz] vi (THEAT, MUS) αυτοσχεδιάζω

impulse ['ɪmpʌls] n παρόρμηση f · (ELEC) ταλάντωση f · to act on ~ ενεργώ αυθόρμητα · impulsive adj (gesture) αυθόρμητος · (person) παρορμητικός

KEYWORD

in [ɪn] n the ins and outs (of proposal, situation etc) οι λεπτομέρειες ◆ prep (a) (indicating place, position) (μέσα) σε · in here/there εδώ/εκεί μέσα

(b) (with place names: of town, region) σε

(c) (= during: expressed by accusative) in spring/summer την άνοιξη/το καλοκαίρι · in 1998 to 1998 · in May το Μάιο · I'll see you in July θα τα πούμε τον Ιούλιο · in the afternoon το απόγευμα · at 4 o'clock in the afternoon στις 4 (η ώρα) το απόγευμα

(d) (= in the space of) σε

(e) (indicating manner, description) με · in English/French στα αγγλικά/γαλλικά

(f) (indicating circumstances) σε · a change in policy μια αλλαγή τακτικής or πολιτικής · a rise in prices μια άνοδος στις τιμές or των τιμών

(g) (indicating mood, state) in tears κλαίγοντας · in anger/despair θυμωμένος/απελπισμένος

(h) (with ratios, numbers) they lined up in twos παρατάχθηκαν ανά δύο or σε δυάδες

(i) (referring to people, works) σε · she has it in her to succeed είναι ικανή να πετύχει · they have a good leader in him με αυτόν

έχουν έναν καλό ηγέτη

(j) (indicating profession etc) σε

(k) (after superlative) σε

(l) (with present participle) in saying this λέγοντας το αυτό ◆ adv to be in (person: at home, work) είμαι εδώ/εκεί · (train, ship) έρχομαι · (in fashion) είμαι της μόδας · he'll be in later today θα είναι εδώ or θα έρθει αργότερα · to ask sb in λέω σε κν να έρθει μέσα · to run/limp in μπαίνω τρέχοντας/κουτσαίνοντας

in. abbr = inch

inability [ɪnə'bɪlɪtɪ] n ~ (to do) ανικανότητα (να κάνω)

inaccurate [ɪn'ækjʊrət] adj ανακριβής

inadequate [ɪn'ædɪkwət] adj (income, amount) ανεπαρκής · (person) ακατάλληλος

inadvertently [ɪnəd'vɜːtntlɪ] adv από απροσεξία

inappropriate [ɪnə'prəʊprɪət] adj (= unsuitable) ακατάλληλος · (= improper) ανάρμοστος

incapable [ɪn'keɪpəbl] adj ανίκανος

incense [n 'ɪnsɛns] n (= sense) n λιβάνι nt ◆ vt (= anger) εξοργίζω

incentive [ɪn'sɛntɪv] n κίνητρο nt

inch [ɪntʃ] n·ίντσα f

incidence ['ɪnsɪdns] n συχνότητα f

incident ['ɪnsɪdnt] n συμβάν nt

incidentally [ɪnsɪ'dɛntəlɪ] adv παρεμπιπτόντως

inclination [ɪnklɪ'neɪʃən] n (= tendency) τάση f · (= disposition) κλίση f

incline [n 'ɪnklaɪn] n πλαγιά f ◆ vt (head) γέρνω · vi (surface) έχω κλίση · to be ~d to έχω την τάση να

include [ɪn'kluːd] vt (in plan, team etc) περιλαμβάνω · including prep συμπεριλαμβανομένου (fml)

inclusion [ɪn'kluːʒən] n προσθήκη f

inclusive [ɪn'kluːsɪv] adj (price)

συνολικός · **to be ~ of** περιλαμβάνω και · **Monday to Friday** από Δευτέρα ως και Παρασκευή

income ['ɪnkʌm] *n* εισόδημα *nt* · **~ support** *n* (*BRIT*) βοηθητικό επίδομα *nt* · **~ tax** *n* φόρος *m* εισοδήματος

incoming ['ɪnkʌmɪŋ] *adj* (*flight, passenger*) εισερχόμενος · (*call*) εξωτερικός

incompatible [ɪnkəm'pætɪbl] *adj* ασυμβίβαστος

incompetence [ɪn'kɒmpɪtns] *n* ανικανότητα *f* · **incompetent** *adj* (*person*) ανίκανος · (*job*) άχρηστος

incomplete [ɪnkəm'pliːt] *adj* (= *unfinished*) ημιτελής · (= *partial*) μερικός

inconsistent [ɪnkən'sɪstnt] *adj* ασυνεπής · (*statement, action*) αντιφατικός · **~ with** (*beliefs, values*) ασυμβίβαστος με

inconvenience [ɪnkən'viːnjəns] *n* (= *problem*) πρόβλημα *nt* · (= *trouble*) αναστάτωση *f* ♦ *vt* ενοχλώ · **inconvenient** *adj* (*time, place*) άβολος · (*visitor*) ενοχλητικός

incorporate [ɪn'kɔːpəreɪt] *vt* (= *include*) περιλαμβάνω · (= *contain*) περιέχω

incorrect [ɪnkə'rekt] *adj* (*information, answer*) εσφαλμένος · (*behaviour, attitude*) απρεπής

increase *n* ['ɪnkriːs] *vb* [ɪn'kriːs] (= *rise*) **~ (in/of)** αύξηση *f* σε *or* +*gen* ♦ *vi* αυξάνομαι ♦ *vt* αυξάνω · **to be on the ~** σημειώνω αύξηση · **increasingly** *adv* (= *more and more*) όλο και πιο · (= *more often*) όλο και πιο συχνά

incredible [ɪn'kredɪbl] *adj* (= *unbelievable*) απίστευτος · (= *enormous*) τεράστιος · (= *amazing, wonderful*) καταπληκτικός

incur [ɪn'kəː] *vt* (*expenses*) υποβάλλομαι σε · (*loss*) υφίσταμαι · (*debt*) αποκτώ · (*disapproval, anger*)

επισύρω

indecent [ɪn'diːsnt] *adj* (*film, book*) άσεμνος · (*behaviour*) απρεπής

indeed [ɪn'diːd] *adv* (= *certainly*) όντως · (= *in fact*) πράγματι · (= *furthermore*) στ'αλήθεια · **yes ~!** και βέβαια!

indefinitely [ɪn'defɪnɪtlɪ] *adv* επ'αόριστον

independence [ɪndɪ'pendns] *n* (*of country, person*) ανεξαρτησία *f*

independent [ɪndɪ'pendnt] *adj* ανεξάρτητος · (*school*) ιδιωτικός

index ['ɪndeks] (*pl* **-es**) *n* (*in book*) ευρετήριο *nt* · (*in library etc*) κατάλογος *m* (*pl* **indices**)

India ['ɪndɪə] *n* Ινδία *f* · **~n** *adj* ινδικός ♦ *n* Ινδός/ή *m/f* · **Red ~n** *n* Ινδιάνος/α *m/f*

indicate ['ɪndɪkeɪt] *vt* (= *show*) δείχνω · (= *point to*) υποδεικνύω · (= *mention*) κάνω νύξη ♦ *vi* (*BRIT*; *AUT*) **to ~ left/right** βγάζω αριστερό/ δεξιό φλας · **indication** *n* ένδειξη *f*

indicative [ɪn'dɪkətɪv] *adj* **~ of** ενδεικτικός +*gen* ♦ *n* (*LING*) οριστική *f*

indicator ['ɪndɪkeɪtə] *n* δείκτης *m* · (*AUT*) φλας *nt inv*

indictment [ɪn'daɪtmənt] *n* (= *denunciation*) μομφή *f* · (= *charge*) απαγγελία *f* κατηγορίας

indifference [ɪn'dɪfrəns] *n* αδιαφορία *f* · **indifferent** *adj* (*attitude*) αδιάφορος · (*quality*) μέτριος

indigenous [ɪn'dɪdʒɪnəs] *adj* (*wildlife*) του τόπου · (*population*) αυτόχθων

indigestion [ɪndɪ'dʒestʃən] *n* δυσπεψία *f*

indignant [ɪn'dɪgnənt] *adj* **to be ~ at sth/with sb** είμαι αγανακτισμένος με κτ/με κν

indirect [ɪndɪ'rekt] *adj* (*way, manner*) έμμεσος · (*route*) όχι απευθείας · (*answer*) πλάγιος

indispensable [ɪndɪs'pensəbl] *adj*

απαραίτητος

individual [ɪndɪ'vɪdjuəl] *n* άτομο *nt*
◆ *adj* (= *personal*) ατομικός·
(= *single*) ιδιαίτερος· (= *unique*)
μοναδικός· **~ly** *adv* (= *singly*)
μεμονωμένα· (= *separately*) χωριστά

Indonesia [ɪndə'niːzɪə] *n* Ινδονησία *f*

indoor ['ɪndɔː'] *adj* (*plant*)
εσωτερικού χώρου· (*swimming pool*)
κλειστός· (*games, sport*) κλειστού
στίβου· **~s** *adv* μέσα

induce [ɪn'djuːs] *vt* (= *bring about*)
επιφέρω· (= *persuade*) δελεάζω·
(MED: *birth*) διευκολύνω

indulge [ɪn'dʌldʒ] *vt* (*desire, whim*)
ενδίδω σε· (*person, child*) κάνω τα
χατίρια σε· **~ in** *vt fus* (*vice, hobby*)
επιτρέπω στον εαυτό μου· **~nt** *adj*
(*parent*) επιεικής· (*smile*)
συγκαταβατικός

industrial [ɪn'dʌstrɪəl] *adj*
βιομηχανικός· **~ estate** (BRIT) *n*
βιομηχανική ζώνη *f*· **~ist** *n*
μεγαλοβιομήχανος *mf*

industry ['ɪndəstrɪ] *n* βιομηχανία *f*·
(= *diligence*) φιλοπονία *f*

inefficiency [ɪnɪ'fɪʃənsɪ] *n* μη
αποδοτικότητα *f*· **inefficient** *adj*
μη αποδοτικός

inequality [ɪnɪ'kwɔlɪtɪ] *n* ανισότητα *f*

inevitable [ɪn'evɪtəbl] *adj*
αναπόφευκτος· **inevitably** *adv*
αναπόφευκτα

inexpensive [ɪnɪk'spensɪv] *adj*
φθηνός·

inexperienced [ɪnɪk'spɪərɪənst] *adj*
(*worker*) άπειρος· (*swimmer*)
αρχάριος

inexplicable [ɪnɪk'splɪkəbl] *adj*
ανεξήγητος

infamous ['ɪnfəməs] *adj* διαβόητος

infant ['ɪnfənt] *n* (= *baby*) μωρό *nt*,
βρέφος *nt*· (= *young child*) νήπιο *nt*
◆ *cpd* παιδικός

infantry ['ɪnfəntrɪ] *n* πεζικό *nt*

infect [ɪn'fekt] *vt* μολύνω· (*fig*)
κολλάω· **to become ~ed** (*wound*)

μολύνομαι· **~ion** *n* μόλυνση *f*·
~ious *adj* (*disease*) κολλητικός·
(*person, animal*) μολυσματικός· (*fig*)
μεταδοτικός

infer [ɪn'fəː'] *vt* (= *deduce*)
συμπεραίνω· (= *imply*) υπαινίσσομαι

inferior [ɪn'fɪərɪə'] *adj* (*in rank*)
κατώτερος· (*in quality, quantity*)
κατώτερης ποιότητας ◆ *n*
(= *subordinate*) υφιστάμενος/η *m/f*·
(= *junior*) κατώτερος *adj* *m/f*·

infertile [ɪn'fəːtaɪl] *adj* (*soil*) άγονος·
(*person, animal*) στείρος

infertility [ɪnfəː'tɪlɪtɪ] *n* στειρότητα *f*

infested [ɪn'festɪd] *adj* **to be ~ (with)**
(*vermin*) κατακλύζομαι από· (*pests*)
πνίγομαι σε

infinite ['ɪnfɪnɪt] *adj* ατελείωτος· **~ly**
adv απείρως

infirmary [ɪn'fəːmərɪ] *n* νοσοκομείο *nt*

inflamed [ɪn'fleɪmd] *adj* ερεθισμένος

inflammation [ɪnflə'meɪʃən] *n*
φλεγμονή *f*

inflatable [ɪn'fleɪtəbl] *adj* φουσκωτός

inflate [ɪn'fleɪt] *vt* (*tyre, balloon*)
φουσκώνω· (*price*) παραφουσκώνω·

inflation (ECON) *n* πληθωρισμός *m*

inflexible [ɪn'fleksɪbl] *adj* (*rule,
timetable*) ανελαστικός· (*person*)
ανένδοτος

inflict [ɪn'flɪkt] *vt* **to ~ sth on sb**
υποβάλλω κν σε κτ

influence ['ɪnfluəns] *n* (= *power*)
επιρροή *f*· (= *effect*) επίδραση *f* ◆ *vt*
επηρεάζω· **under the ~ of alcohol**
υπό την επήρεια του αλκοόλ·

influential *adj* με επιρροή

influx ['ɪnflʌks] *n* εισροή *f*

inform [ɪn'fɔːm] *vt* **to ~ sb of sth**
πληροφορώ κν για κτ· *vi* **to ~ on**
sb καταδίδω κν

info ['ɪnfəu] *abbr* = **information**

informal [ɪn'fɔːml] *adj* (*manner,
discussion etc*) φιλικός· (*clothes,
language*) ανεπίσημος· (*meeting*)
άτυπος

information [ɪnfə'meɪʃən] *n* (= *facts*)

πληροφορίες *fpl* · (= *knowledge*)
γνώσεις *fpl* · **a piece of** ~ μια
πληροφορία · ~ **technology** *n*
Πληροφορική *f*

informative [ɪnˈfɔːmətɪv] *adj*
κατατοπιστικός

infrastructure [ˈɪnfrəstrʌktʃə*] *n*
υποδομή *f*

infrequent [ɪnˈfriːkwənt] *adj* (*visits*)
σπάνιος · (*buses*) μη τακτικός

infuriating [ɪnˈfjuərɪeɪtɪŋ] *adj*
εξοργιστικός

ingenious [ɪnˈdʒiːnjəs] *adj* ευφυής

ingredient [ɪnˈgriːdɪənt] *n* (*of food*)
συστατικό *f* · (*of situation*) στοιχείο
nt

inhabit [ɪnˈhæbɪt] *vt* κατοικώ · ~**ant** *n*
κάτοικος *mf*

inhale [ɪnˈheɪl] *vt* (*smoke, gas etc*)
εισπνέω ◆ *vi* εισπνέω · (*when
smoking*) τραβάω μέσα τον καπνό

inherent [ɪnˈhɪərənt] *adj* · ~ **in** *or* **to**
έμφυτος σε

inherit [ɪnˈherɪt] *vt* κληρονομώ ·
~**ance** *n* κληρονομιά *f*

inhibit [ɪnˈhɪbɪt] *vt* (= *restrain*)
περιορίζω · (*growth*) παρεμποδίζω ·
~**ion** *n* (*pl*: = *hang-up*) αναστολή *f*

initial [ɪˈnɪʃl] *adj* (*stage, reaction*)
αρχικός ◆ *n* (= *letter*) αρχικό · (*of
document*) μονογράφω
► **initials** *npl* (*of name*) αρχικά *ntpl* ·
~**ly** *adv* (= *at first*) αρχικά · (= *at the
beginning*) στην αρχή

initiate [ɪˈnɪʃɪeɪt] *vt* (*talks, process*)
αρχίζω · (*new member*) μυώ ·
initiative *n* πρωτοβουλία *f*

inject [ɪnˈdʒekt] *vt* κάνω ένεση με · **to
~ sb with sth** κάνω εμβόλιο σε κν
με κτ · ~**ion** *n* (*of drug*) ένεση *f* · (*of
vaccine*) εμβόλιο *nt* · (*fig*: *of money*)
τονωτική ένεση *f*

injure [ˈɪndʒə*] *vt* (*person, leg etc*)
τραυματίζω · (*feelings, reputation*)
πληγώνω · **to** ~ **o.s.** τραυματίζομαι ·
~**d** *adj* (*person, arm*)
τραυματισμένος · (*tone, feelings*)

πληγωμένος · **injury** *n* τραύμα *nt*

injustice [ɪnˈdʒʌstɪs] *n* αδικία *f*

ink [ɪŋk] *n* μελάνι *nt*

inland *adj* [ˈɪnlənd] *adv* [ɪnˈlænd] *adj*
ηπειρωτικός ◆ *adv* στην ενδοχώρα ·
Inland Revenue (*BRIT*) *n* = Εφορία

in-laws [ˈɪnlɔːz] *npl* πεθερικά *ntpl*

inmate [ˈɪnmeɪt] *n* τρόφιμος *mf*

inn [ɪn] *n* πανδοχείο *nt*

inner [ˈɪnə*] *adj* εσωτερικός · ~ **city**
n κέντρο *nt* μεγαλούπολης
(*συνήθως, υποβαθμισμένες περιοχές*)

innings [ˈɪnɪŋz] *n* (*CRICKET*) γύρος *m*

innocence [ˈɪnəsns] *n* αθωότητα *f* ·
innocent *adj* αθώος

innovation [ɪnəuˈveɪʃən] *n* καινοτομία
f

input [ˈɪnput] *n* συνεισφορά *f* ·
(*COMPUT*) είσοδος *f*

inquest [ˈɪnkwest] *n* ανάκριση *f* (*για
τα αίτια θανάτου*)

inquire [ɪnˈkwaɪə*] *vi* ρωτάω ◆ *vt*
ρωτάω · **to** ~ **about** ζητάω
πληροφορίες για · **after** *vt fus*
ρωτάω για · · **into** *vt fus* διερευνώ ·
inquiry *n* (= *question*) ερώτηση *f* ·
(= *investigation*) έρευνα *f*

insane [ɪnˈseɪn] *adj* (*MED*) παράφρων ·
(= *crazy*) τρελός · **insanity** *n* (*MED*)
παραφροσύνη *f* · (*of idea etc*) τρέλα *f*

insect [ˈɪnsekt] *n* έντομο *nt*

insecure [ɪnsɪˈkjuə*] *adj* (*person*)
ανασφαλής · (*structure, job*)
επισφαλής · **insecurity** *n*
ανασφάλεια *f*

insensitive [ɪnˈsensɪtɪv] *adj*
αναίσθητος

insert *vt* [ɪnˈsəːt] *n* [ˈɪnsəːt] *vt* βάζω ·
(*in text, speech etc*) παρεμβάλλω ◆ *n*
ένθετο *nt*

inside [ˈɪnˈsaɪd] *n* εσωτερικό ◆ *adj*
εσωτερικός ◆ *adv* (*go*) μέσα · (*be*)
στο εσωτερικό ◆ *prep* (*location*)
μέσα · (*time*) μέσα σε
► **insides** *npl* (*inf*) σωθικά *ntpl* ·
~ **out** *adv* (*be*) το ανάποδα έξω · (*turn*)
ανάποδα · (*fig*: *know*) απέξω κι

ανακατωτά · **~r** n αυτός που ξέρει τα πράγματα από μέσα

insight ['ɪnsaɪt] n διορατικότητα f

insignificant [ɪnsɪɡ'nɪfɪknt] adj μηδαμινός

insist [ɪn'sɪst] vi επιμένω · **to ~ on** απαιτώ · **to ~ that** (= demand) επιμένω ότι · (= claim) ισχυρίζομαι · **~ent** adj επίμονος

insomnia [ɪn'sɒmnɪə] n αϋπνία f

inspect [ɪn'spekt] vt εξετάζω · (equipment, troops) επιθεωρώ · **~ion** n εξέταση f · (of equipment, troops) επιθεώρηση f · **~or** n (ADMIN) επιθεωρητής m/f · (BRIT: on buses, trains) ελεγκτής m/f · (: POLICE) (αστυνομικός) επιθεωρητής m/f

inspiration [ɪnspə'reɪʃən] n έμπνευση f

inspire [ɪn'spaɪə*] vt εμπνέω · **inspiring** adj συναρπαστικός

instability [ɪnstə'bɪlɪtɪ] n αστάθεια f

install [ɪn'stɔːl] vt εγκαθιστώ · **~ation** n εγκατάσταση f

instalment [ɪn'stɔːlmənt] (US **installment**) n (of payment) δόση f · (of story, TV serial etc) συνέχεια f · **in ~s** (pay, receive) με δόσεις

instance ['ɪnstəns] n παράδειγμα nt · **for ~** παραδείγματος χάρη · **in the first ~** αρχικά

instant ['ɪnstənt] n στιγμή f ♦ adj (reaction, success) άμεσος · (coffee, food) στιγμιαίος · **~ly** adv ακαριαία

instead [ɪn'sted] adv αντί γι' αυτό · **~ of** αντί · **~ of sb** στη θέση κου

instinct ['ɪnstɪŋkt] n (BIO) ένστικτο nt · (= reaction) αντίδραση f · **~ive** adj ενστικτώδης

institute ['ɪnstɪtjuːt] n (for research, teaching) ίδρυμα nt · (of architects, planners etc) ινστιτούτο nt ♦ vt (system) θέτω σε ισχύ · (rule, course of action) επιβάλλω · (proceedings, inquiry) προβαίνω σε

θεσμός m · (= home, hospital) ίδρυμα nt · **~al** adj (education) ανώτερος · (value, quality etc) καθιερωμένος

instruct [ɪn'strʌkt] vt (= teach) **to ~ sb in sth** διδάσκω κτ σε κν · (= order) **to ~ sb to do sth** δίνω εντολή σε κν να κάνει κτ · **~ion** n διδασκαλία f

▸ **instructions** npl εντολές fpl · **~ions (for use)** οδηγίες (χρήσεως) f · **~or** n δάσκαλος/α m/f (for skiing, driving etc) εκπαιδευτής/τρια m/f

instrument ['ɪnstrʊmənt] n εργαλείο nt · (MUS) όργανο nt · **~al** adj (MUS) οργανικός · **to be ~al in doing sth** παίζω σημαντικό ρόλο σε κτ

insufficient [ɪnsə'fɪʃənt] adj ανεπαρκής

insulation [ɪnsjʊ'leɪʃən] n (of person, group) απομόνωση f · (of house, body) μονωτικό υλικό nt

insulin ['ɪnsjʊlɪn] n ινσουλίνη f

insult n ['ɪnsʌlt] vb [ɪn'sʌlt] προσβολή f ♦ vt προσβάλλω · **~ing** adj προσβλητικός

insurance [ɪn'ʃʊərəns] n ασφάλεια f · **fire/life ~** ασφάλεια πυρός/ζωής · **~ policy** n ασφαλιστήριο nt

insure [ɪn'ʃʊə*] vt (life, property) **to ~ (against)** ασφαλίζω (κατά) · **~r** n ασφαλιστής m/f

intact [ɪn'tækt] adj άθικτος

intake ['ɪnteɪk] n (of air etc) πρόσληψη f · (of food) κατανάλωση f · (BRIT: SCOL) **an ~ of 200 a year** 200 εγγραφέντες το χρόνο

integral ['ɪntɪɡrəl] adj αναπόσπαστος

integrate ['ɪntɪɡreɪt] vt (newcomer) εντάσσω · (ideas, systems) συγχωνεύω ♦ vi εντάσσομαι

integrity [ɪn'teɡrɪtɪ] n (of person) ακεραιότητα f · (of culture, text) οντότητα f

intellect ['ɪntəlekt] n (= intelligence) νοημοσύνη f · (= cleverness) ευφυΐα f · **~ual** adj πνευματικός · διανοούμενος/η m/f

intelligence [ɪn'telɪdʒəns] n
(= *cleverness*) εξυπνάδα f · (*MIL etc*)
υπηρεσία f πληροφοριών

intelligent [ɪn'telɪdʒənt] adj έξυπνος ·
(*machine*) νοήμων

intend [ɪn'tend] vt (*gift etc*) **to ~ sth
for** προορίζω κτ για · **to ~ to do sth**
σκοπεύω να κάνω κτ

intense [ɪn'tens] adj (*effort, anger*)
έντονος · (*heat*) δυνατός

intensify [ɪn'tensɪfaɪ] vt εντείνω

intensity [ɪn'tensɪtɪ] n ένταση f

intensive [ɪn'tensɪv] adj εντατικός ·
~ care n **to be in ~ care** είμαι
στην εντατική

intent [ɪn'tent] n (*fml*) πρόθεση f
♦ adj προσηλωμένος · **on**
προσηλωμένος σε · **to be ~ on
doing sth** είμαι αποφασισμένος να
κάνω κτ · **to all ~s and purposes**
στην ουσία · **~ion** n πρόθεση f ·
~ional adj σκόπιμος

interact [ɪntər'ækt] vi **to ~ (with)**
επικοινωνώ (με) · **~ion** n (*of ideas*)
αλληλεπίδραση f · (*of people, things*)
επικοινωνία f · **~ive** adj (*group*) με
έντονη συμμετοχή · (*COMPUT*)
αμφίδρομος

intercept [ɪntə'sept] vt αναχαιτίζω ·
(*person*) κόβω το δρόμο σε ·
(*message*) υποκλέπτω

interchange [ɪn'tətʃeɪndʒ] n
ανταλλαγή f · (*on motorway*) κόμβος
m

intercourse [ˈɪntəkɔːs] n (*sexual*)
συνουσία f

interest [ˈɪntrɪst] n ενδιαφέρον nt ·
(= *advantage, profit*) συμφέρον nt ·
(*COMM: in company*) μερίδιο nt · (: =
sum of money) τόκος m ♦ vt
ενδιαφέρω · **~ed** adj
ενδιαφερόμενος · **to be ~ed (in sth/
doing sth)** ενδιαφέρομαι (για κτ/να
κάνω κτ) · **~ing** adj ενδιαφέρων ·
~ rate n επιτόκιο nt

interface [ˈɪntəfeɪs] n (*COMPUT*)
διεπαφή f

interfere [ɪntəˈfɪəʳ] vi **to ~ in**
επεμβαίνω σε · **to ~ with** (*object*)
πειράζω · (*plans, career*) έρχομαι σε
σύγκρουση · **don't ~** μην
ανακατεύεστε · **~nce** n παρέμβαση
f · (*RADIO, TV*) παράσιτα ntpl

interim [ˈɪntərɪm] adj προσωρινός
♦ **in the ~** εν τω μεταξύ

interior [ɪn'tɪərɪəʳ] n εσωτερικό nt · (*of
country*) ενδοχώρα f ♦ adj
εσωτερικός · (*POL*) Εσωτερικών

intermediate [ɪntəˈmiːdɪət] adj
(*stage*) ενδιάμεσος · (*student*) σε
μέσο επίπεδο

intern vb [ɪn'təːn] n [ˈɪntəːn] vt θέτω
υπό περιορισμό ♦ n (*US*)
ειδικευόμενος/η mf

internal [ɪn'təːnl] adj εσωτερικός

international [ɪntəˈnæʃənl] adj
διεθνής

Internet [ˈɪntənet] n (*COMPUT*)
διαδίκτυο nt

Internet Café n κυβερνοκαφέ
nt inv

Internet Service Provider n
Φορέας m Παροχής Υπηρεσιών
Διαδικτύου

interpret [ɪn'təːprɪt] vt (= *explain*)
ερμηνεύω · (= *translate*) διερμηνεύω
♦ vi κάνω τον διερμηνέα · **~ation** n
ερμηνεία f · **~er** n διερμηνέας mf

interrogation [ɪnterəʊ'geɪʃən] n
ανάκριση f

interrupt [ɪntə'rʌpt] vt διακόπτω ♦ vi
διακόπτω · **~ion** n διακοπή f

intersection [ɪntə'sekʃən] n
διασταύρωση f · (*MATH*) τομή f

interval [ˈɪntəvl] n (= *break, pause*)
διάστημα nt · (*BRIT: THEAT, SPORT*)
διάλειμμα nt · (*MUS*) διάστημα nt · **at
~s** κατά διαστήματα

intervene [ɪntə'viːn] vi μεσολαβώ ·
(: *in speech*) παρεμβαίνω

interview [ˈɪntəvjuː] n συνέντευξη f
♦ vt παίρνω συνέντευξη από · **~er** n
εξεταστής/τρια m/f · (*RADIO, TV* etc)
αυτός που παίρνει συνέντευξη

intimate adj ['ɪntɪmət] vb ['ɪntɪmeɪt]
adj (friendship, relationship) στενός •
(= *sexual*) ερωτικός • (*conversation,
matter*) προσωπικός • (*restaurant,
atmosphere*) ζεστός ♦ *vt* **to ~ that ...**
αφήνω να εννοηθεί...

intimidate [ɪn'tɪmɪdeɪt] *vt* εκφοβίζω

KEYWORD

into ['ɪntu] *prep (a) (indicating motion
or direction)* (μέσα) σε • **to come
into the house** έρχομαι μέσα στο
σπίτι
(b) *(about)* **research into cancer**
έρευνα για τον καρκίνο
(c) *(with time expressions)* **he worked
late into the night** δούλευε αργά
τη νύχτα
(d) *(indicating change of condition,
result)* **she burst into tears** έβαλε
τα κλάματα • **it broke into pieces**
έγινε κομμάτια • **she translated
into French** μετέφραζε στα γαλλικά

---

intolerant [ɪn'tɔlrənt] *adj* **to be
~ (of)** δεν είμαι ανεκτικός (σε)
intranet ['ɪntrənet] *n* ενδοδίκτυο *nt*
intricate ['ɪntrɪkət] *adj* πολύπλοκος
intrigue [ɪn'triːg] *n* συναρμογής
fpl ♦ *vt* εξάπτω την περιέργεια σε •
intriguing *adj* συναρπαστικός
introduce [ɪntrə'djuːs] *vt (new idea,
measure etc)* εισάγω • (*speaker, TV
show etc*) παρουσιάζω • **to ~ sb (to
sb)** συστήνω κν (σε κν) • **may I
~ ...?** να σας συστήσω ...?
introduction *n (of new idea etc)*
εισαγωγή *f* • (*of measure*) επιβολή *f* •
(*of person*) συστάσεις *fpl* • (*to new
experience*) μύηση *f* • (*in book*)
εισαγωγή *f* • **introductory** *adj*
(*lesson*) εισαγωγικός
intrude [ɪn'truːd] *vi (person)*
παρεισφρύω • **to ~ on** παρείσακτος
παρεισφρύω σε • **~r** *n* παρείσακτος/η
m/f
intuition [ɪntju'ɪʃən] *n* διαίσθηση *f*
invade [ɪn'veɪd] *vt* εισβάλλω (*fig*)

εξορμώ σε
invalid *n* ['ɪnvəlɪd] *adj* [ɪn'vælɪd] *n*
ανάπηρος/η *m/f* ♦ *adj* άκυρος •
(*claim, argument etc*) αβάσιμος
invaluable [ɪn'væljuəbl] *adj*
ανεκτίμητος
invariably [ɪn'vɛərɪəblɪ] *adv* μονίμως
invasion [ɪn'veɪʒən] *n* εισβολή *f*
invent [ɪn'vent] *vt (machine)*
εφευρίσκω • (*game, phrase etc*)
επινοώ • (*lie, excuse*) σκαρφώνω • **~ion**
n εφεύρεση *f* • (= *untrue story*)
επινόηση *f* • **~or** *n (of machines)*
εφευρέτης *mf* • (*of systems*)
δημιουργός *mf*
inventory ['ɪnvəntrɪ] *n* κατάλογος *m*
αντικειμένων
invest [ɪn'vest] *vt* επενδύω • *vi* **~ in**
(*COMM*) επενδύω σε • (*fig*) κάνω
επενδύσεις σε
investigate [ɪn'vestɪgeɪt] *vt* ερευνώ •
investigation *n* έρευνα *f* •
investigator *n (of events, situations*
αυτός που διεξάγει έρευνες •
private ~ ιδιωτικός ντετέκτιβ
investment [ɪn'vestmənt] *n*
(= *activity*) επενδύσεις *fpl* •
(= *amount of money*) επένδυση *f*
investor [ɪn'vestə'] *n* επενδυτής *m*
invisible [ɪn'vɪzɪbl] *adj* αόρατος
invitation [ɪnvɪ'teɪʃən] *n* πρόσκληση *f*
invite [ɪn'vaɪt] *vt* προσκαλώ σε •
(*discussion, criticism*) ενθαρρύνω •
inviting *adj* ελκυστικός
invoice ['ɪnvɔɪs] (*COMM*) *n* τιμολόγιο
nt ♦ *vt* στέλνω τιμολόγιο σε
involve [ɪn'vɔlv] *vt* (= *entail*)
συνεπάγομαι • (= *affect*) αφορώ • **to
~ sb (in sth)** ανακατεύω *or*
εμπλέκω κν (σε κτ) • **~d** *adj*
(= *complicated*) περίπλοκος • **there
is quite a lot of work ~d**
απαιτείται πολύ εργασία • **to be ~d
in** (= *take part in*) λαμβάνω μέρος
σε • (= *be engrossed in*) είμαι
απορροφημένος σε • **~ment**
(= *participation*) συμμετοχή *f* •

(= *concern*) ενδιαφέρον *nt*

inward ['ɪnwəd] *adj* (*thought, feeling*) ενδόμυχος • (*movement*) προς τα μέσα

IQ *n abbr* (= *intelligence quotient*) δείκτης *m* νοημοσύνης

IRA *n abbr* (= *Irish Republican Army*) IPA *m*

Iran [ɪ'rɑːn] *n* Ιράν *nt inv*

Iraq [ɪ'rɑːk] *n* Ιράκ *nt inv* • **~i** *adj* ιρακινός ♦ *n* Ιρακινός/ή *m/f* • (*LING*) ιρακινά *ntpl*

Ireland ['aɪələnd] *n* Ιρλανδία *f* • **the Republic of ~** η Δημοκρατία της Ιρλανδίας

iris ['aɪrɪs] (*pl* **~es**) *n* (*ANAT, BOT*) ίριδα *f*

Irish ['aɪrɪʃ] *adj* (= *of whole of Ireland*) ιρλανδικός • (= *of Eire*) της Ιρλανδίας ♦ *npl* **the** ~ οι Ιρλανδοί • **~man** (*irreg*) *n* Ιρλανδός *m* • **~woman** (*irreg*) *n* Ιρλανδέζα *f*

iron ['aɪən] *n* (*metal*) σίδηρος *m* • (*TECH*) σίδερο *nt* • (*for clothes*) σίδερο *nt* ♦ *cpd* σιδερένιος ♦ *vt* (*clothes*) σιδερώνω • **~ out** *vt* (*fig*) εξαλείφω

ironic(al) *adj* (*remark, gesture*) ειρωνικός • (*situation*) ειρωνεία

ironically [aɪ'rɒnɪkl] *adv* ειρωνικά

ironing ['aɪənɪŋ] *n* (= *activity*) σιδέρωμα *nt* • (*clothes*) ρούχα *ntpl* για σιδέρωμα

irony ['aɪrənɪ] *n* ειρωνεία *f*

irrational [ɪ'ræʃənl] *adj* παράλογος

irregular [ɪ'regjulə] *adj* (*surface*) ανώμαλος • (*pattern*) ακανόνιστος • (*action, event*) κακά ανόχιστα διαστήματα • (*behaviour*) ιδιόρρυθμος • (*LING*) ανώμαλος

irrelevant [ɪ'reləvnt] *adj* άσχετος

irresistible [ɪrɪ'zɪstɪbl] *adj* ακαταμάχητος

irresponsible [ɪrɪ'spɒnsɪbl] *adj* ανεύθυνος

irritable ['ɪrɪtəbl] *adj* ευερέθιστος

irritate ['ɪrɪteɪt] *vt* (= *annoy*) εκνευρίζω • (*MED*) ερεθίζω

irritating *adj* εκνευριστικός •

irritation *n* εκνευρισμός *m* • (*MED*) ερεθισμός *m*

is [ɪz] *vb see* **be**

Islam ['ɪzlɑːm] *n* Ισλάμ *nt inv* • **~ic** *adj* ισλαμικός

island ['aɪlənd] *n* νησί *nt* • (*AUT: also* **traffic ~**) νησίδα *f* • **~er** *n* νησιώτης/ ισσα *m/f*

isle [aɪl] *n* νήσος *f*

isn't ['ɪznt] = **is not**

isolated ['aɪsəleɪtɪd] *adj* (*place, person*) απομονωμένος • (*incident*) μεμονωμένος

isolation [aɪsə'leɪʃən] *n* απομόνωση *f*

ISP *n abbr* = **Internet Service Provider**

Israel ['ɪzreɪl] *n* Ισραήλ *nt inv*

issue ['ɪʃuː] *n* (= *subject*) ζήτημα *nt* • (= *most important part*) θέμα *nt* • (*of magazine*) τεύχος *nt* • (*of newspaper*) φύλλο *nt* ♦ *vt* εκδίδω ♦ *vi* **to ~ (from)** βγαίνω (από) • **to ~ sth to sb/~ sb with sth** δίνω κτ σε κν • **to take ~ with sb (over)** παίρνω θέση κατά κου (για) • **to make an ~ of sth** κάνω κτ ζήτημα

IT *n abbr* = **information technology**

KEYWORD

it [ɪt] *pron* **(a)** (*specific: subject: usually not translated*) **where's my book?** - **it's on the table** πού είναι το βιβλίο μου; - είναι πάνω στο τραπέζι **(b)** (: *emph*) αυτό • (: *direct object*) τον (τη) (το •) (: *indirect object*) του (της) • **I can't find it** δεν μπορώ να το βρω • **give it to me** δωσ'μου το • **about/from/in/of/to it** για/από/ (μέσα) σε/από/σε αυτό • **I spoke to him about it** του μίλησα γι'αυτό • **what did you learn from it?** τι έμαθες απ'αυτό; • **what role did you play in it?** τι ρόλο έπαιξες σ'αυτό; • **I'm proud of it** είμαι περήφανος γι'αυτό • **did you go to it?** (*party, concert etc*) πήγες;

J j

Italian (c) (*impersonal: not translated*) **it's raining** βρέχει • **it's cold today** κάνει κρύο σήμερα • **it's Friday tomorrow** αύριο είναι Παρασκευή • **it's 6 o'clock/the 10th of August** είναι 6 η ώρα/10 Αυγούστου • **how far is it? – it's 10 miles/2 hours on the train** πόσο μακριά είναι; – είναι 10 μίλια/2 ώρες με το τρένο • **who is it? – it's me** ποιος είναι; – εγώ (είμαι)

Italian [ɪ'tæljən] *adj* ιταλικός ♦ *n* Ιταλός/ίδα m/f • (LING) ιταλικά ntpl • **the ~s** οι Ιταλοί

Italy ['ɪtəlɪ] *n* Ιταλία *f*

itch [ɪtʃ] *n* φαγούρα *f* ♦ *vi* (*person*) έχω φαγούρα • (*part of body*) με τρώει • **to be ~ing to do sth** τρώγομαι να κάνω κτ • **~y** *adj* (*person*) που έχει φαγούρα • (*skin etc*) που τρώει • **my back is ~y** με τρώει η πλάτη μου

it'd ['ɪtd] = **it would** • **it had**

item ['aɪtəm] *n* αντικείμενο *nt* • (*on agenda*) θέμα *nt* • (*also* **news ~**) είδηση *f*

itinerary [aɪ'tɪnərərɪ] *n* δρομολόγιο *nt*

it'll ['ɪtl] = **it will** • **it shall**

it's [ɪts] = **it is** • **it has**

its [ɪts] *adj* του/της • (*on body etc*) *see also* **my** ♦ *pron* δικός/ή/ό του • *see also* **mine**

itself [ɪt'sɛlf] *pron* (*reflexive: often not translated*) εαυτός του/της • (*complement, after prep: often not translated*) εαυτό του/της • (*emph*) ο ίδιος (η ίδια) (το ίδιο) • (= *alone*) (**all) by ~** (από) μόνος του (μόνη της) (μόνο του)

I've [aɪv] = **I have**

ivory ['aɪvərɪ] *n* (*substance*) ελεφαντόδοντο *nt* • (*colour*) φιλντισένιο χρώμα *nt*

ivy ['aɪvɪ] *n* κισσός *m*

J, j [dʒeɪ] *n* το δέκατο γράμμα του αγγλικού αλφαβήτου

jab [dʒæb] *vt* (*person, finger*) μπήγω ♦ *n* (*inf* = *injection*) ένεση *f* • (= *poke*) τρύπημα *nt* • **to ~ at** τρυπάω • **to ~ sth into sth** μπήγω κτ σε κτ

jack [dʒæk] *n* (AUT) γρύλος *m* • (BOWLS) μικρή μπάλα για σημάδι • (CARDS) βαλές *m*

jacket ['dʒækɪt] *n* (*garment*) σακάκι *nt* • (*of book*) κάλυμμα *nt* • **~ potatoes** πατάτες ψημένες με τη φλούδα τους

jackpot ['dʒækpɔt] *n* τζακ-ποτ *nt inv*

Jacuzzi® [dʒə'ku:zɪ] *n* υδρομασάζ *nt inv*

jade [dʒeɪd] *n* νεφρίτης *m*

jagged ['dʒægɪd] *adj* (*outline*) οδοντωτός • (*rocks*) μυτερός

jail [dʒeɪl] *n* φυλακή *f* ♦ *vt* φυλακίζω

jam [dʒæm] *n* (*food*) μαρμελάδα *f* • (*also* **traffic ~**) μποτιλιάρισμα *n* • (*inf*) μπελέξιμο *nt* ♦ *vt* (*passage, road etc*) φρακάρω • (*mechanism, drawer etc*) μπλοκάρω ♦ *vi* (*mechanism*) κολλάω, κολλάει • (*gun*) παθαίνω εμπλοκή • **the switchboard was ~med** το τηλεφωνικό κέντρο κατακλύστηκε • **to ~ sth into sth** φουλάρω κτ με κτ

Jamaica [dʒə'meɪkə] *n* Τζαμάικα *f*

January ['dʒænjʊərɪ] *n* Ιανουάριος *m* • *see also* **July**

Japan [dʒə'pæn] *n* Ιαπωνία *f* • **~ese** *adj* ιαπωνικός ♦ *n inv* Γιαπωνέζος/α *m/f* • (LING) ιαπωνικά ntpl

jar [dʒɑ:] *n* (*container: stone, earthenware*) κιούπι *nt* • (: *glass*) βάζο *nt* ♦ *vi* (*sound*) εκνευρίζω ♦ *vt* τραντάζω

jargon ['dʒɑ:gən] *n* φρασεολογία *f*

javelin ['dʒævlɪn] n (SPORT) ακόντιο nt

jaw [dʒɔ:] n (ANAT) σαγόνι nt

jazz [dʒæz] n τζαζ f inv ♦ **~ up** vt (= δίνω ζωή σε

jealous ['dʒeləs] adj (= possessive) ζηλιάρης ▸ **to be ~ of** ζηλεύω • (= envious) ζηλόφθονος • **~y** n (= resentment) ζήλεια f • (= envy) φθόνος m

jeans [dʒi:nz] npl τζην nt inv

Jeep® [dʒi:p] n (AUT, MIL) τζιπ nt inv

jelly ['dʒelɪ] n (CULIN) ζελέ n • (US: = jam) μαρμελάδα f • **~fish** n τσούχτρα f

jeopardize ['dʒepədaɪz] vt θέτω σε κίνδυνο

jerk [dʒɜ:k] n (= jolt, wrench) απότομο τράβηγμα nt • (inf: = idiot) μαλάκας m ♦ vt (= pull) τραβάω απότομα ♦ vi (vehicle) τραντάζομαι

Jersey ['dʒɜ:zɪ] n Τζέρσεϋ nt

jersey ['dʒɜ:zɪ] n (= pullover) πουλόβερ nt inv

Jesus ['dʒi:zəs] n Ιησούς m • **~ Christ** Ιησούς Χριστός

jet [dʒet] n (of gas, liquid) πίδακας m • (AVIAT) τζετ nt inv • **~ lag** n τζετ-λαγκ nt inv

jetty ['dʒetɪ] n προβλήτα f

Jew [dʒu:] n Εβραίος/α m/f

jewel ['dʒu:əl] n κόσμημα nt • **~ler** (US **~er**) n κοσμηματοπώλης m/f • **~lery** (US **~ry**) n κοσμήματα ntpl • **~lery box** κοσμηματοθήκη f

Jewish ['dʒu:ɪʃ] adj εβραϊκός

jigsaw ['dʒɪgsɔ:] n (also **~ puzzle**) παζλ nt inv • (also : fig) πρόβλημα nt • (tool) τορνευτικό πριόνι nt

job [dʒɒb] n δουλειά f • **it's a good ~ that ...** ευτυχώς που ... • **it's not my ~** δεν είναι δική μου δουλειά • **a part-time/full-time ~** δουλειά μερικής/πλήρους απασχόλησης • **~less** npl the **~less** οι άνεργοι

jockey ['dʒɒkɪ] n (SPORT) τζόκεϋ m inv ♦ vi **to ~ for position** παραβγαίνω για την πρωτιά

jog [dʒɒg] vt σκουντάω ♦ vi κάνω τζόκινγκ • **to ~ sb's memory** φρεσκάρω τη μνήμη κου • **~ging** n τζόκινγκ nt inv

join [dʒɔɪn] vt (queue) μπαίνω σε • (club, organization) γίνομαι μέλος • (= put together) συνδέω • (= meet: person) συναντάω ♦ vi (roads, rivers) ενώνομαι • n ένωση f • **~ in** vi παίρνω μέρος ♦ vt fus (discussion) παίρνω μέρος σε • **~ up** vi συναντιέμαι • (MIL) κατατάσσομαι (στο στρατό) • **~er** n μαραγκός m

joint [dʒɔɪnt] n (TECH) αρμός m • (ANAT) άρθρωση f • (BRIT: CULIN) κομμάτι κρέας για ψητό • (inf: place) στέκι nt • (: of cannabis) τσιγαριλίκι nt ♦ adj (= common) συνεταιρικός • (= combined) συλλογικός • **~ly** adv από κοινού

joke [dʒəʊk] n (= gag) ανέκδοτο nt • (also **practical ~**) φάρσα f ♦ vi αστειεύομαι • **to play a ~ on** σκαρώνω φάρσα σε • **~r** n (CARDS) μπαλαντέρ m

jolly ['dʒɒlɪ] adj (= merry) χαρούμενος • (= enjoyable) εκπληκτικός ♦ adv (BRIT: inf) φοβερά

jolt [dʒəʊlt] n (= jerk) τράνταγμα nt • (= shock) σοκ nt inv ♦ vt (physically) ταρακουνάω • (emotionally) σοκάρω

Jordan ['dʒɔ:dən] n Ιορδανία f

journal ['dʒɜ:nl] n (= magazine) περιοδικό nt • (= diary) ημερολόγιο nt • **~ism** n δημοσιογραφία f • **~ist** n δημοσιογράφος m/f

journey ['dʒɜ:nɪ] n ταξίδι nt ♦ vi ταξιδεύω

joy [dʒɔɪ] n χαρά f • **~stick** n (AVIAT) πηδάλιο nt • (COMPUT) χειριστήριο nt

Jr. abbr (in names) = **junior**

judge [dʒʌdʒ] n δικαστής m/f • (in competition) κριτής m/f • (fig: = expert) γνώστης m/f ♦ vt (competition etc) είμαι κριτής σε • (quantity) υπολογίζω • (quality) κρίνω •

(= *evaluate*) εκτιμώ ♦ *vi*
αποφαίνομαι • **judg(e)ment** *n*
απόφαση *f* • (= *discernment*) κρίση *f*

judo ['dʒu:dəʊ] *n* τζούντο *nt inv*

jug [dʒʌg] *n* κανάτα *f*

juggle ['dʒʌgl] *vi* κάνω
ταχυδακτυλουργίες ♦ *vt* (*fig*)
προσπαθώ να βολέψω

juice [dʒu:s] *n* (*drink*) χυμός *m* •
juicy *adj* (*fruit*) ζουμερός

July [dʒu:'laɪ] *n* Ιούλιος *m* • **the first
of** ~ η πρώτη Ιουλίου • **(on) the
eleventh of** ~ στις έντεκα Ιουλίου •
at the beginning/end of ~ στις
αρχές/στα τέλη Ιουλίου • **in the
middle of** ~ στα μέσα Ιουλίου

jumble ['dʒʌmbl] *n* (= *muddle*)
συνονθύλευμα *nt* • (*BRIT*: = *items for
sale*) παλιατζούρες *fpl* ♦ *vt* (*also*
~ **up**) ανακατεύω

jump [dʒʌmp] *vi* (*into air*) πηδάω •
(*with fear, surprise*) τινάζομαι •
(= *increase*) εκτινάσσομαι ♦ *vt*
δρασκελίζω ♦ *n* (= *leap*) πήδημα *nt*
• (*fig*: *SPORT*) άλμα *nt* • (= *increase*)
εκτίναξη *f* • **at** ~ *it fus* αρπάζω

jumper ['dʒʌmpə'] *n* (*BRIT*: = *pullover*)
πουλόβερ *nt inv* • (*US*: = *pinafore*)
ποδιά *f*

junction ['dʒʌŋkʃən] *n* (*of
roads*) συμβολή *f* • (*RAIL*) κόμβος *m*

June [dʒu:n] *n* Ιούνιος *m* • *see also*
July

jungle ['dʒʌŋgl] *n* ζούγκλα *f*

junior ['dʒu:nɪə'] *adj* κατώτερος •
υφιστάμενος/η *m/f* • (*SCOL*)
μαθητής/τρια *m/f* δημοτικού • **he's
my** ~ **by 2 years, he's 2 years my**
~ είναι δυο χρόνια μικρότερός μου •
~ **high school** (*US*) *n* ≈ Γυμνάσιο •
~ **school** (*BRIT*) *n* ≈ Δημοτικό
σχολείο

junk [dʒʌŋk] *n* (= *rubbish*)
παλιατζαρίες *fpl* • (= *cheap goods*)
φτηνοπράγματα *npl* ♦ *vt* (*inf*)
πετάω • ~ **food** *n* σαβούρα *f*

junkie ['dʒʌŋkɪ] (*inf*) *n* πρεζάκιας/

πρεζού *m/f*

junk mail *n* άχρηστα διαφημιστικά
έντυπα

jurisdiction [dʒʊərɪs'dɪkʃən] *n*
δικαιοδοσία *f*

jury ['dʒʊərɪ] *n* ένορκοι *mpl*

just [dʒʌst] *adj* δίκαιος ♦ *adv*
(= *exactly*) ακριβώς • (= *merely*)
απλώς • **he's** ~ **left/done it** μόλις
έφυγε/το έκανε • ~ **right** αυτό που
πρέπει • ~ **now** (= *a moment ago*)
πριν (από) λίγο • ~ (= *at the present
time*) αυτή τη στιγμή • **I was**
~ **about to phone** ήμουν έτοιμος
να τηλεφωνήσω • **she's** ~ **as clever
as you** είναι εξίσου έξυπνη με
σένα • **it's** ~ **as well (that) ...**
ευτυχώς που ... • ~ **as he was
leaving** την ώρα που έφευγε •
~ **before/after** αμέσως πριν/μετά •
~ **enough** ίσα-ίσα • ~ **here** εδώ
ακριβώς • **he** ~ **missed** πέρασε
ξυστά • **not** ~ **now** όχι αυτή τη
στιγμή • ~ **a minute!**, ~ **one
moment!** μια στιγμή!

justice ['dʒʌstɪs] *n* (*JUR*) δικαιοσύνη *f*
• (*of cause, complaint*) δίκαιο *nt* •
(= *fairness*) δικαιοσύνη *f* • (*US*: =
judge) δικαστής *m/f* • **to do** ~ **to** (*fig*:
task) τα βγάζω πέρα με, τιμώ
δεόντως

justification [dʒʌstɪfɪ'keɪʃən] *n*
αιτιολογία *f* • (*TYP*) στοίχιση *f*

justify ['dʒʌstɪfaɪ] *vt* δικαιολογώ • (*TYP*:
text) στοιχίζω

juvenile ['dʒu:vənaɪl] *adj* (*offender*)
ανήλικε • (*court, crime*) ανηλίκων •
(*humour, mentality*) παιδαριώδης ♦ *adj*
(*JUR*) ανήλικος *m*

K k

K, k [keɪ] *n* το ενδέκατο γράμμα του
αγγλικού αλφαβήτου

kangaroo [kæŋgə'ru:] *n* καγκουρό *nt
inv*

karaoke [kɑ:rə'əʊkɪ] n καραόκι nt inv

karate [kə'rɑ:tɪ] n καράτε nt inv

Kashmir [kæʃ'mɪə'] n Κασμίρ nt inv

Kazakhstan [kæzæk'stɑ:n] n
Καζακστάν nt inv

kebab [kə'bæb] n γύρος m

keel [ki:l] n (NAUT) καρίνα f ∙ **on an even ~** (fig) σε σταθερή κατάσταση ∙ **~ over** vi (person) πέφτω κάτω

keen [ki:n] adj (= enthusiastic) φανατικός ∙ (interest, desire) ζωηρός ∙ (eye) διαπεραστικός ∙ **to be ~ to do** or **on doing sth** είμαι πολύ πρόθυμος να κάνω κτ ∙ **to be ~ on sth/sb** είμαι ενθουσιασμένος or είμαι ξετρελαμένος με κτ/κν

keep [ki:p] (pt, pp **kept**) vt (= retain) κρατάω ∙ (= store) φυλάω ∙ (temporarily) βάζω ∙ (= detain) κρατάω ∙ (= delay) καθυστερώ ∙ (= run: shop etc) έχω ∙ (= look after: chickens, bees etc) έχω ∙ (accounts, diary etc) κρατάω ∙ (= support: family etc) ζω ∙ (= fulfil: promise) τηρώ ♦ vi (= remain) μένω ∙ (food) διατηρούμαι ♦ n (expenses) έξοδα ntpl διατροφής ∙ (of castle) κεντρικός πύργος m (κάστρου) ∙ **to ~ doing sth** (repeatedly) κάνω συνέχεια κτ ∙ (continuously) συνεχίζω να κάνω κτ ∙ **to ~ sb happy** ευχαριστώ κν ∙ **to ~ sth to o.s.** κρατώ κτ μυστικό ∙ **to ~ sth (back) from sb** κρύβω κτ από κν ∙ **how are you ~ing?** (inf) πώς τα πας; ∙ **~ down** vt (prices, spending) κρατώ χαμηλά ∙ (food) το στομάχι μου κρατάει ∙ **~ on** vi **to ~ on doing sth** συνεχίζω να κάνω κτ ∙ **to ~ on (about sth)** μιλάω ασταμάτητα (για κτ) ∙ **~ out** vt εμποδίζω την είσοδο (σε) ∙ **"~ out"** "Απαγορεύεται η είσοδος" ∙ **~ up** vt (payments) συνεχίζω, διατηρώ ∙ (= prevent from sleeping) κρατώ ξύπνιο ♦ vi **to ~ up (with)** (pace) προλαβαίνω ∙ (level) συμβαδίζω (με) ∙ **~er** n φύλακας m ∙ **~-fit** n

γυμναστική f ∙ **~ing** n φύλαξη f ∙ **in ~ing with** σύμφωνα με

kennel ['kɛnl] n σκυλόσπιτο nt ∙ **► kennels** n κυνοτροφείο nt

Kenya ['kɛnjə] n Κένυα f

kept [kɛpt] pt, pp of **keep**

kerb [kɜ:b] (BRIT) n κράσπεδο nt

kerosene ['kɛrəsi:n] n (for aircraft) κηροζίνη f ∙ (US: for stoves, lamps) φωτιστικό πετρέλαιο nt

ketchup ['kɛtʃəp] n (also **tomato ~**) κέτσαπ nt inv

kettle ['kɛtl] n βραστήρας m

key [ki:] n (for lock, mechanism) κλειδί nt ∙ (MUS: = scale) κλίμακα f ∙ (: of piano, organ) πλήκτρο nt ∙ (of computer, typewriter) πλήκτρο nt ∙ (fig) κλειδί nt ♦ adj πρωταρχικός ♦ vt (also **~ in**) πληκτρολογώ ∙ **~board** n πληκτρολόγιο nt ∙ (of piano, organ) πλήκτρα ntpl ∙ **► keyboards** npl πλήκτρα ntpl ∙ **~hole** n κλειδαρότρυπα f

kg abbr = **kilogram(me)**

khaki ['kɑ:kɪ] n χακί nt inv

kick [kɪk] vt κλωτσάω ∙ (inf: habit, addiction) κόβω ♦ vi (horse) τσινάω ♦ n (of person, animal) κλωτσιά f ∙ (of ball) σέντρα f ∙ **to get a ~ out of** τη βρίσκω με ∙ **~ off** (SPORT) vi δίνω το εναρκτήριο λάκτισμα

kid [kɪd] n (inf: = child) παιδί nt ∙ (goat) κατσικάκι nt ♦ vi (inf) αστειεύομαι

kidnap ['kɪdnæp] vt απάγω ∙ **~ping** n απαγωγή f

kidney ['kɪdnɪ] n νεφρό nt

kill [kɪl] vt (person, animal) σκοτώνω ∙ (plant) ξεραίνω ∙ (fig: conversation) παγώνω ∙ **to ~ time** σκοτώνω την ώρα μου ∙ **~er** n (= murderer) δολοφόνος m/f ∙ (disease etc) αιτία f θανάτου ∙ **~ing** n φόνος m ∙ (several) σκοτωμός m ∙ **to make a ~ing** (inf) κάνω τη μπάζα μου

kilo ['ki:ləʊ] n abbr κιλό nt ∙ **~byte** n (COMPUT) n κιλομπάιτ nt inv

~gram(me) n κιλό nt

kilometre ['kɪləmiːtə'] n (US **kilometer**) n χιλιόμετρο nt

kilowatt ['kɪləwɔt] n κιλοβάτ nt inv

kilt [kɪlt] n κιλτ nt inv

kind [kaɪnd] adj ευγενικός ♦ n είδος nt ~ (COMM) σε είδος ♦ **a ~ of** κάτι σαν **two of a ~** ίδιοι **would you be ~ enough to ...?** θα μπορούσατε να...;

kindergarten ['kɪndəga:tn] n νηπιαγωγείο nt

kindly ['kaɪndlɪ] adj καλοσυνάτος ♦ adv ευγενικά

kindness ['kaɪndnɪs] n (quality) ευγένεια f · (act) εξυπηρέτηση f

king [kɪŋ] n (also CHESS) βασιλιάς m · (CARDS) ρήγας m · **~dom** n βασίλειο nt · **~fisher** n αλκυόνα f · **~-size(d)** adj πελώριος · (bed, sheets) υπέρδιπλος

kiosk ['kiːɔsk] n (shop) καντίνα f · (BRIT: TEL) (τηλεφωνικός) θάλαμος m · (also **newspaper ~**) περίπτερο nt

kiss [kɪs] n φιλί nt ♦ vt φιλώ ♦ vi φιλιέμαι

kit [kɪt] n (= gear) σύνεργα ntpl · (sports kit etc) πράγματα ntpl (εξοπλισμός)

kitchen ['kɪtʃɪn] n κουζίνα f

kite [kaɪt] n (toy) χαρταετός m · (ZOOL) ψαλιδάρης m (γεράκι)

kitten ['kɪtn] n γατάκι nt

km abbr = **kilometre**

km/h abbr (= kilometres per hour) χιλιόμετρα την ώρα

knack [næk] n **to have the ~ of doing sth** έχω το χάρισμα να κάνω κτ

knee [niː] n γόνατο nt

kneel [niːl] (pt, pp **knelt**) vi (also **~ down**) γονατίζω

knelt [nelt] pt, pp of **kneel**

knew [njuː] pt of **know**

knickers ['nɪkəz] (BRIT) npl κυλότα nt

knife [naɪf] (pl **knives**) n μαχαίρι nt

♦ vt μαχαιρώνω · **~ and fork** μαχαιροπίρουνα

knight [naɪt] n ιππότης m · (CHESS) άλογο nt ♦ vt απονέμω τον τίτλο του ιππότη σε

knit [nɪt] vt (garment) πλέκω ♦ vi (with wool) πλέκω · **to ~ one's brows** συνοφρυώνομαι · **~ting** n (activity) πλέξιμο nt · (garment) πλεκτό nt · **~wear** n πλεκτά ntpl

knives [naɪvz] npl of **knife**

knob [nɔb] n (of door) πόμολο nt · (of stick, umbrella) λαβή f · (on radio, television etc) κουμπί nt

knock [nɔk] vt χτυπάω · (hole) ανοίγω · (inf) κακολογώ ♦ vi (at door etc) χτυπάω ♦ n χτύπημα nt · (on door) χτύπος m · **he ~ed at the door** χτύπησε την πόρτα · **~ down** vt (AUT: person) πατάω · (building, wall etc) γκρεμίζω · **~ off** vi (inf) σχολάω ♦ vt κόβω · **~ out** vt (person) ρίχνω αναίσθητο · (BOXING) βγάζω νοκ-άουτ · (= defeat) αποκλείω · **~ over** vt (person, object) ρίχνω κάτω · (AUT) χτυπάω · **~out** n (BOXING) νοκ-άουτ nt inv

knot [nɔt] n (in rope) κόμπος m · (in wood) ρόζος m · (NAUT) κόμβος m

know [nəu] (pt **knew**, pp **~n**) vt ξέρω · (= recognize) καταλαβαίνω · **to ~ how to swim** ξέρω να κολυμπάω · **to ~ about** or **of sth/sb** γνωρίζω or ξέρω για κτ/κπν · **to get to ~ sb** γνωρίζω κν καλύτερα · **~-all** (BRIT: inf, pej) n πολύξερος m/f · **~-how** n τεχνογνωσία f · **~ing** adj πονηρός · **~ingly** adv εσκεμμένα · (smile, look) με νόημα

knowledge ['nɔlɪdʒ] n γνώση f · (= range of learning) κατάρτιση f · **~able** adj (person) πληροφορημένος · (report, thesis etc) εμβριθής

known [nəun] pp of **know** ♦ adj γνωστός

knuckle ['nʌkl] n άρθρωση f (δακτύλων χεριού)

koala [kəʊˈɑːlə] n (also ~ **bear**) κοάλα nt inv

Koran [kɔˈrɑːn] n the ~ το Κοράνι

Korea [kəˈrɪə] n Κορέα f · **North/ South** ~ Βόρεια/Νότια Κορέα · **~n** adj της Κορέας ◆ n Κορεάτης/ισσα m/f· (LING) κορεατικά ntpl

kosher [ˈkəʊʃə*] adj καθαρός (σύμφωνα με τα εβραϊκά έθιμα)

Kosovan [ˈkɔsəvən], **Kosovar** [ˈkɔsəvɑː*] adj κοσοβάρικος

Kosovo [ˈkɔsəvəʊ] n Κοσσυφοπέδιο nt

Kremlin [ˈkremlɪn] n the ~ το Κρεμλίνο nt

Kurd [kɜːd] n Κούρδος/α m/f

Kuwait [kuˈweɪt] n Κουβέιτ nt inv

L l

L, l [el] n το δωδέκατο γράμμα του αγγλικού αλφαβήτου

l. abbr = litre

lab [læb] n abbr = **laboratory**

label [ˈleɪbl] n (= brand) εταιρεία f ◆ vt κολλάω or βάζω ετικέττες σε

labor etc [ˈleɪbə*] (US) n = **labour** etc

laboratory [ləˈbɔrətəri] n εργαστήριο nt

Labor Day (US) n εργατική Πρωτομαγιά f

labour [ˈleɪbə*] (US **labor**) n (= hard work) σκληρή δουλειά f · (= work force) εργάτες mpl · (MED) **to be in** ~ βρίσκομαι σε τοκετό ◆ vi **to** ~ **(at** **sth)** (with effort) δουλεύω (σε κτ) · (with difficulty) παιδεύομαι (με κτ) ◆ vt **to** ~ **a point** αναπτύσσω διεξοδικά ένα σημείο · **hard** ~ καταναγκαστικά έργα · **Labour** **Party** n the L~ Party (BRIT) το Εργατικό Κόμμα

lace [leɪs] n (fabric) δαντέλλα f · (of shoe etc) κορδόνι nt ◆ vt (also ~ **up:** shoe) δένω τα κορδόνια +gen

lack [læk] n (= absence) έλλειψη f ◆ vt **to** ~ **sth** μου λείπει κτ · **sth is** **~ing** κτ λείπει · **through** or **for** ~ **of** από έλλειψη +gen

lacy [ˈleɪsɪ] adj (dress, nightdress) δαντελένιος · (tights etc) με δαντέλλα

lad [læd] n παλικάρι nt

ladder [ˈlædə*] n (metal, wood) σκάλα f · (rope) ανεμόσκαλα f · (BRIT: in tights) πόντος m · (fig) κλίμακα f ◆ vt (BRIT) **to** ~ **one's tights** μου φεύγει πόντος

lady [ˈleɪdɪ] n κυρία f · (BRIT: title) λαίδη f · **ladies and gentlemen** ... κυρίες και κύριοι ... · **"Ladies"** "Γυναικών"

lag [læg] n (also **time** ~) κενό nt ◆ vi (also ~ **behind:** person, thing) ξεμένω · (trade, investment etc) καρκινοβατώ ◆ vt (pipes etc) μονώνω

lager [ˈlɑːɡə*] n μπύρα f (ξανθή)

laid [leɪd] pt, pp of **lay** · **~-back** (inf) adj (person) αραχτός · (approach, atmosphere) άνετος

lain [leɪn] pp of **lie**

lake [leɪk] n λίμνη f

lamb [læm] n (ZOOL, CULIN) αρνί nt

lame [leɪm] adj κουτσός · (temporarily) που κουτσαίνει · (excuse) φτηνός · (argument, answer) ανεπαρκής

lament [ləˈment] n θρήνος m

lamp [læmp] n λάμπα f

land [lænd] n (= area of open ground) γη f · (= property, estate) κτήμα nt · (as opposed to sea) ξηρά f · (= country, nation) τόπος m ◆ vi (from ship) αποβιβάζομαι · (AVIAT) προσγειώνομαι · (fig) προσγειώνομαι · **to go/travel by** ~ πηγαίνω/ταξιδεύω δια ξηράς · **to** ~ **up** vi **to** ~ **in/at** καταλήγω σε · **~ing** n (of house) διάδρομος m · (between stairs) πλατύσκαλο nt · (AVIAT) προσγείωση f · **~ing** **card** n κάρτα nt αποβίβασης · **~-lady** n σπιτονοικοκυρά f · (of pub)

ιδιοκτήτρια f · **~lord** n σπιτονοικοκύρης m · (of pub) ιδιοκτήτης m · **~mark** n (building, hill etc) διακριτικό σημείο nt · (fig) ορόσημο nt · **~owner** n γαιοκτήμονας m · vt σχεδιάζω · **~scape** n τοπίο nt ♦ vt σχεδιάζω · **~slide** n (GEO) κατολίσθηση f · (fig) συντριπτική νίκη f

lane [leɪn] n (in country) δρόμος m · (in town) πάροδος f · (AUT) λωρίδα f · (SPORT) διάδρομος m

language ['læŋgwɪdʒ] n γλώσσα f · **bad ~** βωμολοχίες

lantern ['læntən] n φανάρι nt

lap [læp] n (of person) γόνατα ntpl · (in race) γύρος m ♦ vt (also **~ up**: drink) ρουφάω λαίμαργα ♦ vi (water) σκάω

lapel [lə'pɛl] n πέτο nt

Lapland ['læplænd] n Λαπωνία f

lapse [læps] n (= bad behaviour) σφάλμα nt · (of memory, concentration) κενό nt · (of time) πάροδος f ♦ vi εκπνέω · (membership, passport) λήγω · **to ~ into bad habits** ξανακυλάω στις κακές συνήθειες

laptop ['læptɒp] n (also **~ computer**) φορητό υπολογιστής m

lard [lɑːd] n λαρδί nt

larder ['lɑːdə[r]] n κελλάρι nt

large [lɑːdʒ] adj (house, amount etc) μεγάλος · (person) μεγαλόσωμος · **a ~ number of people** πολλοί άνθρωποι · **at ~** (= at liberty) ελεύθερος · **by and ~** adv (= mostly) ως επί το πλείστον · **~ly** adv (= mostly) σε μεγάλο βαθμό · (= mainly) προπαντός · **~-scale** adj (action, event) μεγάλης έκτασης or κλίμακας · (map, diagram) σε μεγάλη κλίμακα

lark [lɑːk] n (bird) κορυδαλλός m · (= joke) πλάκα f

laser ['leɪzə[r]] n λέιζερ nt inv · **~ printer** (COMPUT) n εκτυπωτής m λέιζερ

lash [læʃ] n (also **eye~**) βλεφαρίδα f · (= blow of whip) βουρδουλιά f ♦ vt μαστιγώνω · (= tie) δένω · **to ~ to/together** δένω σφιχτά · **~ out** vi to ~ out (at sb) χυμάω or ορμάω (σε κν)

lass [læs] (BRIT) n κορίτσι nt

last [lɑːst] adj τελευταίος ♦ adv (= most recently) τελευταία φορά · (= finally) στο τέλος ♦ vi κρατάω · **~ week** την περασμένη or προηγούμενη εβδομάδα · **~ night** χθες (το) βράδυ or τη νύχτα · **~ year** πέρσι · **at ~** = επιτέλους · **~ but one** προτελευταίος · **~ly** adv (= last of all) τελικά · (= finally) στο τέλος · **~-minute** adj της τελευταίας στιγμής

latch [lætʃ] n σύρτης m

late [leɪt] adj στο τέλος +gen · (= not on time) καθυστερημένος · (= deceased) **the ~ Mr X** ο μακαρίτης ο κύριος Χ ♦ adv αργά · **~ last week** στο τέλος της προηγούμενης εβδομάδας · **in the ~ afternoon** αργά το απόγευμα · **to be ~** έχω αργήσει · **to be 10 minutes ~** έχω αργήσει 10 λεπτά · **to work ~** δουλεύω μέχρι αργά · **of ~** πρόσφατα · **in ~ May** στα τέλη Μαΐου · **~ly** adv τελευταία · **~r** adj μεταγενέστερος · (version etc) επόμενος ♦ adv αργότερα · **~r on** αργότερα · **~st** adj τελευταίος · **at the ~st** το αργότερο

Latin ['lætɪn] n (LING) λατινικά ntpl · **~ America** n Λατινική Αμερική f

latitude ['lætɪtjuːd] n (GEO) γεωγραφικό πλάτος nt · (fig) ελευθερία f κινήσεων

latter ['lætə[r]] adj (of two) δεύτερος · (= recent, later) τελευταίος ♦ n **the ~** ο δεύτερος

Latvia ['lætvɪə] n Λεττονία f

laugh [lɑːf] n γέλιο nt ♦ vi γελάω · **(to do sth) for a ~** (κάνω κτ) για πλάκα · **~ at** vt fus γελάω με · **~ter** n γέλιο nt

launch [lɔːntʃ] n εκτόξευση f ·

laundry (COMM) κυκλοφορία f ◆ vt (ship) καθελκύω • (rocket, missile) εκτοξεύω • (satellite) θέτω σε τροχιά • (fig: = start) εγκαινιάζω • (COMM) βγάζω (στην κυκλοφορία) • ~ **into** vt fus (activity) αποδύομαι σε • (speech) αρχίζω να βγάζω

laundry ['lɔ:ndri] n (dirty) άπλυτα ntpl • (clean) μπουγάδα f • (room) πλυσταριό nt

lava ['lɑ:və] n λάβα f

lavatory ['lævətəri] n τουαλέτα f

lavender ['lævəndə˒] n λεβάντα f

lavish ['lævɪʃ] adj (amount) γιγαντιαίος • (meal) πλουσιοπάροχος • (surroundings) μεγαλοπρεπής ◆ vt to ~ **sth on sb** γεμίζω κπν με κτ

law [lɔ:] n ο νόμος m • (specific type: = company law etc) δίκαιο nt • (SCOL) Νομική f • **against the** ~ (action) παράνομος • **to study** ~ σπουδάζω νομικά • **~-ful** adj νόμιμος • **~less** adj παράνομος

lawn [lɔ:n] n γκαζόν nt inv

lawsuit ['lɔ:su:t] n μήνυση f

lawyer ['lɔ:jə˒] n δικηγόρος mf

lax [læks] adj ελαστικός

lay [leɪ] (pt, pp laid) pt of **lie** ◆ adj (REL) λαϊκός • (= not expert) κοινός ◆ vt (person) ακουμπάω • (object) τοποθετώ • (table) στρώνω • (trap) στήνω • (ZOOL: egg) γεννάω • ~ **down** vt (object) αφήνω κάτω • **to ~ down the law** δίνω διαταγές σε κν • ~ **off** vt (workers) απολύω • ~ **on** vt (meal, entertainment etc) παραθέτω • ~ **out** vt απλώνω • (inf: = spend) σκάω

layer ['leɪə˒] n στρώμα nt

layman ['leɪmən] (irreg) n μη ειδικός m • (REL) λαϊκός m

layout ['leɪaʊt] n διάταξη f • (of piece of writing etc) παρουσίαση f

lazy ['leɪzɪ] adj (person) τεμπέλης • (movement, action) τεμπέλικος

lb. abbr = **pound (weight)**

lead¹ [li:d] (pt, pp led) n (SPORT) προβάδισμα nt • (= clue) ένδειξη f • (in play, film) πρώτος or πρωταγωνιστικός ρόλος m • (for dog) λουρί nt • (ELEC) καλώδιο nt ◆ vt (= walk etc in front) πηγαίνω μπροστά σε • (= guide) οδηγώ • (group of people, organization) είμαι επικεφαλής +gen ◆ vi (pipe, wire etc) καταλήγω • (road) οδηγώ • (SPORT) προηγούμαι • **to be in the** ~ (SPORT) έχω το προβάδισμα • **to take the** ~ (SPORT) παίρνω το προβάδισμα • **to ~ the way** δείχνω το δρόμο • ~ **on** vt παραπλανώ • ~ **to** vt fus οδηγώ σε • ~ **up to** vt fus (events) οδηγώ (σιγά-σιγά) σε

lead² [led] n (metal) μόλυβδος m • (in pencil) μύτη f

leader ['li:də˒] n αρχηγός m • (SPORT) αυτός που προηγείται • (in newspaper) κύριο άρθρο nt • **~-ship** n (person) ηγεσία f • (position) ηγεσία f • (quality) ηγετικές ικανότητες fpl

leading ['li:dɪŋ] adj (person, thing) κορυφαίος • (role) πρωταγωνιστικός • (= first, front) προπορευόμενος

leaf [li:f] (pl leaves) n φύλλο nt

leaflet ['li:flɪt] n φυλλάδιο nt

league [li:g] n (= group of people, clubs) ένωση f • (= group of countries) συμμαχία f • (FOOTBALL) πρωτάθλημα nt • **to be in** ~ **with sb** έχω συμμαχήσει με κν

leak [li:k] n διαρροή f ◆ vi (shoes, ship) μπάζω νερά • (pipe, roof) στάζω • (gas) διαρρέω • (liquid) χύνομαι (λόγω διαρροής) ◆ vt **to be ~ed** (information) διαρρέω

lean [li:n] (pt, pp ~ed or ~t) adj (person) λεπτός • (meat) άπαχος ◆ vt **to ~ sth on sth** ακουμπάω κτ σε κτ ◆ vi (= slope) γέρνω • **to ~ against** ακουμπάω σε • **to ~ on** στηρίζομαι σε • **to ~ forward/back** γέρνω μπροστά/πίσω • ~ **out** vi σκύβω έξω

leant [lɛnt] pt, pp of **lean**

leap [li:p] (pt, pp ~ed or ~t) n σάλτο

nt · (*in price, number etc*) άλμα *nt* ♦ *vi*
πηδάω · (*price, number etc*) σημειώνω
άνοδο · **~ up** *vi* (*person*) αναπηδώ

leapt [lept] *pt, pp of* **leap**

leap year *n* δίσεκτο έτος *nt*

learn [lə:n] (*pt, pp* **~ed** *or* **~t**) *vt*
μαθαίνω ♦ *vi* to **~ about sth**
μαθαίνω για κτ · to **~ to do sth**
μαθαίνω να κάνω κτ · **~er** (*BRIT*) *n*
(*also* **~er driver**) μαθητευόμενος/η
οδηγός *m/f* · **~ing** *n* (= *knowledge*)
μάθηση *f* · **~t** *pt, pp of* **learn**

lease [li:s] *n* μισθωτήριο *nt* ♦ *vt* to
~ sth to sb εκμισθώνω κτ σε κν · to
~ sth from sb μισθώνω κτι από κν

leash [li:ʃ] *n* λουρί *nt*

least [li:st] *adj* the **~** (+*noun*)
λιγότερος · (: = *slightest*) παραμικρός
♦ *adv* (+*verb*) (+*adj*) the
~ ο λιγότερο · **at ~** τουλάχιστον
(= *still, or rather*) τουλάχιστον · **not
in the ~** καθόλου · **it was the ~ I
could do** ήταν το λιγότερο που
μπορούσα να κάνω

leather [ˈlɛðə] *n* δέρμα *nt* (ως *πρώτη*
ύλη)

leave [li:v] (*pt, pp* **left**) *vt* αφήνω ·
(*place*) φεύγω από · to **~ sth to sb**
αφήνω κτ σε κν · **to be left** μένω ·
to be left over μένω · **on ~** (*be*) σε
άδεια · (*go*) με άδεια · **~ behind** *vt*
αφήνω (*πίσω*) · (*accidentally*)
ξεχνάω · **~ off** *vt* (*cover, lid*) δεν
βάζω · (*heating, light*) αφήνω σβηστό
or κλειστό · **~ on** *vt* αφήνω
αναμμένο *or* ανοιχτό · **~ out** *vt*
παραλείπω

leaves [li:vz] *npl of* **leaf**

Lebanon [ˈlebanon] *n* Λίβανος *m*

lecture [ˈlektʃə] *n* (*talk*) διάλεξη *f* ·
(*SCOL*) μάθημα *nt* ♦ *vi* (*single*
occurrence) δίνω διάλεξη · (*one of a*
series) παραδίδω μαθήματα ♦ *vt*
(= *scold*) το **~** σε κν *or* about sth
βγάζω κήρυγμα σε κν για κτ · **~r**
(*BRIT*) *n* (*at university*) λέκτορας *mf*
(*Πανεπιστημίου*) · (*speaker*) ομιλητής/

τρια *m/f*

led [led] *pt, pp of* **lead**¹

ledge [ledʒ] *n* (*of mountain*) μπαλκόνι
nt · (*of window*) περβάζι *nt* · (*on wall*)
ραφάκι *nt*

leek [li:k] *n* πράσσο *nt*

left [left] *pt, pp of* **leave** ♦ *adj*
(= *remaining*) που μένει · (*of*
direction, position) αριστερός ♦ *n*
αριστερά *ntpl* ♦ *adv* αριστερά · **on
the ~** αριστερά · **to the ~** (*στα*)
αριστερά · **the L~** (*POL*) η Αριστερά ·
~-hand drive *adj* (*car etc*)
αριστεροτίμονος · **~-handed** *adj*
αριστερόχειρας · **~-luggage
(office)** (*BRIT*) *n* γραφείο *or*
φύλαξης αποσκευών · **~-overs** *npl*
αποφάγια *ntpl* · **~-wing** (*POL*) *adj*
αριστερός

leg [leg] *n* πόδι *nt* · (*of trousers, shorts*)
μπατζάκι *nt* · (*CULIN*) μπούτι *nt* · (*of*
journey etc) σκέλος *nt*

legacy [ˈlegasi] *n* κληροδότημα *nt* ·
(*fig*) κληρονομιά *f*

legal [ˈli:gl] *adj* (= *of the law*)
νομικός · (= *allowed by law*)
νόμιμος · **~ly** *adv* (= *with regard to
the law*) νομικά · (= *in accordance
with the law*) νόμιμα

legend [ˈledʒənd] *n* θρύλος *m* · **~ary**
adj θρυλικός

leggings [ˈleginz] *npl* γκέττες *fpl* ·
(= *garment*) κολάν *nt inv*

legislation [ledʒisˈleiʃən] *n*
νομοθεσία *f*

legislative [ˈledʒislətiv] *adj*
νομοθετικός

legitimate [liˈdʒitimət] *adj*
(= *reasonable*) βάσιμος · (= *legal*)
νόμιμος

leisure [ˈleʒə] *n* ελεύθερος χρόνος
m · **at one's ~** με την ησυχία μου ·
~ centre *n* κέντρο *nt* αναψυχής ·
~ly *adj* ξεναστος

lemon [ˈlemən] *n* (*fruit*) λεμόνι *nt* ·
(*colour*) καναρίνι *nt inv* · **~ade** *n*
λεμονάδα *f*

lend [lɛnd] (pt, pp **lent**) vt **to ~ sth to sb** δανείζω κτ σε κν

length [lɛŋθ] n (= measurement) μήκος nt · (= piece) κομμάτι nt · (= amount of time) διάρκεια f · **to swim 5 ~s** κολυμπώ 5 φορές το μήκος της πισίνας · **at ~** (= for a long time) επί μακρού · **~y** adj (explanation, text) μακροσκελής · (meeting) παρατεταμένος

lens [lɛnz] n φακός m

Lent [lɛnt] n Σαρακοστή f

lent [lɛnt] pt, pp of **lend**

lentil [ˈlɛntɪl] n φακή f

Leo [ˈliːəu] n Λέων m

leopard [ˈlɛpəd] n λεοπάρδαλη f

lesbian [ˈlɛzbɪən] adj λεσβιακός · (person) λεσβία ♦ n λεσβία f

less [lɛs] adj λιγότερος ♦ pron λιγότερα ♦ adv λιγότερο ♦ prep **~ tax/10% discount** μείον τον φόρο/ 10% έκπτωση · **~ than half** λιγότερο απ'το μισό · **~ than ever** λιγότερο από κάθε άλλη φορά · **~ and ~** όλο και λιγότερο · **the ~ he works ...** όσο λιγότερο δουλεύει ... · **~en** vi λιγοστεύω ♦ vt μειώνω · **~er** adj μικρότερος

lesson [ˈlɛsn] n μάθημα nt · **to teach sb a ~** (fig) δίνω σε κν ένα μάθημα

lest [lɛst] conj μήπως

let [lɛt] (pt, pp ~) vt (= allow) αφήνω · (BRIT: = lease) νοικιάζω ♦ vi **to ~ go of** αφήνω · **to ~ o.s. go** (= neglect o.s.) αφήνω κν να κάνει κτ · **to ~ sb do sth** αφήνω κν να κάνει κτ · **to ~ sb know sth** ενημερώνω κν για κτ · **~'s go** πάμε · **"to ~"** "ενοικιάζεται" · **~ down** (tyre etc) ξεφουσκώνω · (= fail: person) απογοητεύω · **~ in** vt (water, air) μπάζω · (person) ανοίγω σε · **~ off** vt (culprit) αφήνω ελεύθερο · (= excuse) απαλλάσσω · (firework) πετάω · (bomb) κάνω να εκραγεί · **~ out** vt (person, dog) βγάζω έξω · (water, air) βγάζω · (= rent out)

νοικιάζω

lethal [ˈliːθl] adj φονικός

letter [ˈlɛtə] n γράμμα nt · **~box** (BRIT) n γραμματοκιβώτιο nt

lettuce [ˈlɛtɪs] n μαρούλι nt

leukaemia [luːˈkiːmɪə] (US **leukemia**) n λευχαιμία f

level [ˈlɛvl] adj (= flat) επίπεδος ♦ adv **to draw ~ with** φτάνω (στο ίδιο ύψος με) ♦ n στάθμη f · (= height) ύψος nt · (fig: = standard) επίπεδο nt · (also **spirit ~**) αλφάδι nt ♦ vt (building, forest etc) ισοπεδώνω ♦ vi **to ~ with** sb (inf) είμαι εντάξει απέναντι σε κν · **to be ~ with** είμαι στο ίδιο επίπεδο με · **~ off** vi (prices etc) σταθεροποιούμαι · **~ out** vi = **level off** · **~ crossing** (BRIT) n ισόπεδη διάβαση f

lever [ˈliːvə] n (to operate machine) λεβιές m · (= bar) μοχλός m · (fig) μέσο nt πίεσης · ♦ vt **to ~ up** σηκώνω με κόπο · **to ~ out** βγάζω έξω με κόπο · **~age** n πίεση f · (fig) επιρροή f

levy [ˈlɛvɪ] n φόρος m ♦ vt επιβάλλω

liability [laɪəˈbɪlɪtɪ] n μπελάς m · (JUR) υπαιτιότητα f

▸ **liabilities** npl (COMM) παθητικό nt

liable [ˈlaɪəbl] adj (= subject) ~ **to** επιρρεπής σε · (= responsible) ~ **for** υπεύθυνος για · (= likely) **to be ~ to** είναι πολύ πιθανό να

liar [ˈlaɪə] n ψεύτης/τρα m/f

liberal [ˈlɪbərl] adj (= tolerant) φιλελεύθερος · (= large: offer etc) μεγάλος · (amount) γενναίος · **Liberal Democrat** n Φιλελεύθερος/η m/f

liberate [ˈlɪbəreɪt] vt ελευθερώνω · (country) απελευθερώνω · **liberation** n απελευθέρωση f

Liberia [laɪˈbɪərɪə] n Λιβερία f

liberty [ˈlɪbɪtɪ] n ελευθερία f · **to be at ~** (criminal) παραμένω ελεύθερος · **to be at ~ to do sth** έχω το ελεύθερο να κάνω κτ

take the ~ of doing sth παίρνω το θάρρος να κάνω κτ

Libra ['li:brə] *n* Ζυγός *m*

librarian [lar'breəriən] *n* βιβλιοθηκάριος *mf*

library ['laibrəri] *n* (institution) βιβλιοθήκη *f* • (= private collection) συλλογή *f*

Libya ['libiə] *n* Λιβύη *f*

lice [lais] *npl of* **louse**

licence ['laisns] (US **license**) *n* άδεια *f* • (= excessive freedom) ασυδοσία *f*

license ['laisns] *n* (US) = **licence** ◆ *vt* δίνω άδεια σε • **~d** *adj* (car etc) που έχει άδεια • (to sell alcohol) που έχει άδεια πώλησης οινοπνευματωδών ποτών

lick [lik] *vt* (fingers etc) γλείφω • (stamp) βάζω σάλιο σε ◆ *n* γλειψιά *f*

lid [lid] *n* (of box, case) καπάκι *nt* • (= eyelid) βλέφαρο *nt*

lie [lai] (pt **lay**, pp **lain**) *vi* (= be horizontal) είμαι ξαπλωμένος • (= be situated) βρίσκομαι • (fig: problem, cause etc) βρίσκομαι • (= be placed) είμαι • (= tell lies) (pt, pp **~d**) λέω ψέματα ◆ *n* ψέμα *nt*

Liechtenstein ['liktənstain] *n* Λιχτενστάιν *nt inv*

lie-in ['laiin] (BRIT) *n* **to have a ~** χουζουρεύω

lieutenant [lef'tenənt] US [lu:'tenənt] *n* υπολοχαγός *m*

life [laif] (pl **lives**) *n* ζωή *f* • **to come to ~** (fig) ζωντανεύω • **~boat** *n* σωσίβια λέμβος *f* • **~guard** *n* ναυαγοσώστης *mf* • **~ insurance** *n* ασφάλεια *f* ζωής • **~ jacket** *n* σωσίβιο *nt* • **~style** *n* τρόπος *m* ζωής • **~time** *n* (of person) ζωή *f* • (of thing) διάρκεια *f* ζωής

lift [lift] *vt* (= raise) σηκώνω • (= end: ban etc) αίρω • (= plagiarize) κλέβω ◆ *vi* (fog) διαλύομαι ◆ *n* (BRIT) ασανσέρ *nt inv* • **to give sb a ~** (BRIT: AUT) πάω κν με το αυτοκίνητο • **~ off** *vi* (rocket)

apogeιώνομαι • **~ up** *vt* (person, thing) σηκώνω (ψηλά)

light [lait] (pt, pp **lit**) *n* φως *nt* ◆ *vt* (candle, cigarette) ανάβω • (room) φωτίζω ◆ *adj* (= pale) ανοιχτός • (= not heavy) ελαφρύς • (rain) ψιλός • (= not strenuous) ελαφρύς • (= bright) φωτεινός • (= gentle) ελαφρύς • (= not serious) ελαφρύς ◆ *adv* (travel) χωρίς πολλές αποσκευές • **to come to ~** έρχομαι στο φως • **in the ~ of** υπό το φως +gen

▶**lights** *npl* (AUT: also **traffic ~s**) φανάρια *ntpl* • **~ up** *vi* (face) λάμπω ◆ *vt* φωτίζω • **~ bulb** *n* γλόμπος *m* • **~en** *vt* ελαφρύνω ◆ *vi* ξανοίγω • **~er** *n* (also **cigarette ~er**) αναπτήρας *m* • **~house** *n* φάρος *m* • **~ing** *n* (system) φωτισμός *m* • **~ly** *adv* ελαφρά • (= not seriously) εφήλαφρα

lightning ['laitniŋ] *n* αστραπή *f* ◆ *adj* (= rapid) αστραπιαίος

lightweight ['laitweit] *n* (BOXING) πυγμάχος *m* ελαφρών βαρών

like [laik] *vt* **to ~ sb/sth** μου αρέσει κς/κτ ◆ *prep* σαν ◆ *n* **and the ~** κι όλα αυτά • **his ~s and dis~s** οι συμπάθειες και οι αντιπάθειές του • **I would ~, I'd ~** θα ήθελα • **would you ~ a coffee?** θα θέλατε or θέλατε έναν καφέ; • **to be** or **look ~ sb/sth** είμαι σαν or μοιάζω με κτ • **what does it look/taste/sound ~?** με τι μοιάζει; • **what's he ~?** πώς είναι; • **what's the weather ~?** τι καιρό κάνει; • **I feel ~ a drink** έχω όρεξη για ένα ποτό • **if you ~** αν θέλετε • **do it ~ this** κάντε το έτσι • **it is nothing ~ ...** δεν είναι καθόλου σαν ... • **~able** *adj* (person) συμπαθητικός

likelihood ['laiklihud] *n* πιθανότητα *f*

likely ['laikli] *adj* πιθανός • **to be ~ to** είναι πιθανό να • **not ~!** (inf) ούτε να το συζητάς!

likewise ['laikwaiz] *adv* παρομοίως • **to do ~** κάνω το ίδιο

liking ['laɪkɪŋ] n συμπάθεια f

lilac ['laɪlək] n πασχαλιά f ♦ adj ιώδες (fml)

lily ['lɪlɪ] n κρίνος m

limb [lɪm] n (ANAT) άκρο nt · (of tree) κλαρί nt

limbo ['lɪmbəu] n **to be in ~** (fig) είμαι σε αναμονή

lime [laɪm] n (fruit) πράσινο λεμόνι nt · (tree) λεμονιά f (με πράσινα λεμόνια) · (also **~ juice**) λάιμ nt inv · (for soil) ασβέστι nt · (rock) ασβεστόλιθος m

limelight ['laɪmlaɪt] n **to be in the ~** είμαι στο φως της δημοσιότητας

limestone ['laɪmstəun] n ασβεστόλιθος m

limit ['lɪmɪt] n όριο nt · (of area) όρια ntpl ♦ vt περιορίζω · **within ~s** μέσα σε λογικά όρια or πλαίσια · **~ed** adj περιορισμένος · **to be ~ed to** περιορίζομαι σε

limousine ['lɪməzi:n] n λιμουζίνα f

limp [lɪmp] n **to have a ~** κουτσαίνω ♦ vi κουτσαίνω ♦ adj χαλαρός

line [laɪn] n (also **straight ~**) ευθεία f · (= row) σειρά f · (TEL) γραμμή f · (RAIL) σιδηροδρομική γραμμή f · (= bus, coach) γραμμή f · (fig: = attitude, policy) γραμμή f · (: = business, work) κλάδος m · (COMM) σειρά f ♦ vt (case, room) παρατάσσομαι κατά μήκος +gen · (container) ντύνω · (clothing) βάζω επένδυση σε · **hold the ~ please!** (TEL) παρακαλώ αναμείνατε στο ακουστικό σας! · **in ~** στη σειρά · **in ~ with** σύμφωνως με · **~ up** vi μπαίνω στη σειρά

linear ['lɪnɪər] adj (process, sequence) γραμμικός · (shape, form) ίσιος

linen ['lɪnɪn] n (cloth) λινό nt · (= tablecloth, sheet etc) ασπρόρουχα ntpl

liner ['laɪnər] n (ship) πλοίο nt της γραμμής · (also **bin ~**) σακούλα f σκουπιδιών

linger ['lɪŋgər] vi (smell, tradition etc) παραμένω · (person) καθυστερώ

lingerie ['lænʒəri:] n γυναικεία εσώρουχα ntpl

linguistic [lɪŋ'gwɪstɪk] adj (studies) γλωσσολογικός · (developments, ideas etc) γλωσσικός

lining ['laɪnɪŋ] n (wool etc) επένδυση f · (silk) φόδρα f

link [lɪŋk] n (= relationship) δεσμός m · (= connection) επαφή f · (= communications link) σύνδεση f · (of a chain) κρίκος m ♦ vt (= join) συνδέω

▶ **links** npl (GOLF) φυσικό γήπεδο nt · **~ up** vt συνδέω · vi συναντιέμαι or βρίσκομαι

lion ['laɪən] n λιοντάρι nt

lip [lɪp] n (ANAT) χείλι nt · (of cup etc) χείλος nt · (inf: = insolence) αναίδεις fpl · **~-read** vi διαβάζω τα χείλη · **~stick** n κραγιόν nt inv

liqueur [lɪ'kjuər] n λικέρ nt inv

liquid ['lɪkwɪd] adj υγρός ♦ n υγρό nt

liquor ['lɪkər] n οινοπνευματώδη ntpl

list [lɪst] n κατάλογος m ♦ vt (= record) παραθέτω ♦ vi (ship) παρουσιάζω κλίση

listen ['lɪsn] vi ακούω · **to ~ to sb/ sth** ακούω κν/κτ · **~er** n (also RADIO) ακροατής/τρια m/f

lit [lɪt] pt, pp of **light**

liter ['li:tər] (US) n = **litre**

literacy ['lɪtərəsɪ] n ικανότητα f γραφής και ανάγνωσης

literal ['lɪtərəl] adj (sense, meaning) κυριολεκτικός · (translation) κατά λέξη · **~ly** adv κυριολεκτικά

literary ['lɪtərərɪ] adj (history) λογοτεχνικός · (studies) φιλολογικός

literate ['lɪtərət] adj που ξέρει να διαβάζει και να γράφει · (= educated) μορφωμένος

literature ['lɪtrɪtʃər] n λογοτεχνία f · (= studies) φιλολογία f · (= printed information) έντυπα ntpl

Lithuania [lɪθju'eɪnɪə] n Λιθουανία f

litre ['li:tə'] (*US* **liter**) *n* λίτρο *nt*

litter ['lɪtə'] *n* (= rubbish) σκουπίδια *ntpl* · (= young animals) γέννα *f* · **~ed** *adj* **~ed with** στρωμένος με

little ['lɪtl] *adj* μικρός · (= short: time, event) λίγος · (quantifier) **to have ~ time/money** έχω λίγο χρόνο/ χρήμα ♦ *adv* λίγο · **a ~ bit** λιγάκι · **~ by ~** λίγο-λίγο · **~ finger** το μικρό δαχτυλάκι *nt*

live *vb* [lɪv] *adj* [laɪv] *vi* ζω · (in house, town) μένω ♦ *adj* (animal) ζωντανός · (TV, RADIO) απευθείας · (broadcast, performance) ζωντανός · (ELEC) ηλεκτροφόρος · (bullet etc) ενεργός · **to ~ with sb** συζώ με κπ · **~ on** *vt fus* ζω με · **~ together** *vi* συζώ · **~ up** *vt* fus **to it up** το γλεντάω · **~ up to** *vt* fus φαίνομαι αντάξιος +gen

livelihood ['laɪvlɪhud] *n* τα προς το ζην *ntpl*

lively ['laɪvlɪ] *adj* ζωντανός · (interest, admiration etc) ζωηρός

liver ['lɪvə'] *n* συκώτι *nt*

lives [laɪvz] *npl of* **life**

livestock ['laɪvstɔk] *n* ζωντανά *ntpl* (ζώα)

living ['lɪvɪŋ] *adj* ζωντανός ♦ *n* **to earn** *or* **make a ~** κερδίζω τα προς το ζην · **~ room** *n* καθιστικό *nt*

lizard ['lɪzəd] *n* σαύρα *f*

load [ləud] *n* φορτίο *nt* · (= weight) βάρος *nt* ♦ *vt* (also · **~ up**) φορτώνω · (gun) γεμίζω · (camera) βάζω φιλμ σε · **a ~ of** *or* **~s of** (fig) ένα σωρό +acc · **~ed** *adj* (question) με νόημα · (inf: = rich) ματωμένος · (dice) φτιαγμένος

loaf [ləuf] (pl **loaves**) *n* καρβέλι *nt* (ψωμί)

loan [ləun] *n* δάνειο *nt* ♦ *vt* δανείζω · **on ~** δανεισμένος

loathe [ləuð] *vt* απεχθάνομαι

loaves [ləuvz] *npl of* **loaf**

lobby ['lɔbɪ] *n* (of building) είσοδος *f* ·

(POL) ομάδα *f* πίεσης ♦ *vt* κάνω προπαγάνδα για

lobster ['lɔbstə'] *n* αστακός *m*

local ['ləukl] *adj* τοπικός ♦ *n* (pub) παμπ της γειτονιάς
> **the locals** *npl* οι ντόπιοι *mpl* · **~ authority** *n* αρχές *fpl* του τόπου · **~ government** *n* τοπική αυτοδιοίκηση *f* · **~ly** *adv* τοπικά

locate [ləu'keɪt] *vt* εντοπίζω · **to be ~d in** βρίσκομαι σε

location [ləu'keɪʃən] *n* (= particular place) τοποθεσία *f* · **on ~** (CINE) με εξωτερικά γυρίσματα

loch [lɔx] *n* λίμνη *f*

lock [lɔk] *n* κλειδαριά *f* · (on canal) υδατοφράχτης *m* · (also · **~ of hair**) μπούκλα *f* ♦ *vt* κλειδώνω ♦ *vi* (door etc) κλειδώνω · (mechanism etc) μπαίνω · (jaw, knee) αγκυλώνω · (wheels) μπλοκάρω · **~ in** *vt* κλειδώνω μέσα · **~ out** (= person) κλειδώνω έξω · (INDUST) κάνω λοκ-άουτ σε · **~ up** *vt* κλείνω μέσα · (house) κλειδώνω ♦ *vi* κλειδώνω

locker ['lɔkə'] *n* θυρίδα *f* φύλαξης αντικειμένων · **~ room** *n* αποδυτήρια *ntpl*

locomotive [ləukə'məutɪv] *n* ατμομηχανή *f*

lodge [lɔdʒ] *n* (= small house) σπιτάκι *nt* ♦ *vi* (= person) **to ~ (with)** μένω (με) ♦ *vt* υποβάλλω · **lodgings** *npl* νοικιασμένο δωμάτιο *nt*

loft [lɔft] *n* σοφίτα *f*

log [lɔg] *n* κούτσουρο *nt* · (= written account) κατάσταση *f* ♦ *vt* (event, fact) καταγράφω · **~ in** *vi* (COMPUT) συνδέομαι · **~ into** *vt* fus (COMPUT) συνδέομαι · **~ off** *vi* = **log out** · **~ on** *vi* = **log in** · **~ out** *vi* (COMPUT) αποσυνδέομαι

logic ['lɔdʒɪk] *n* λογική *f* · **~al** *adj* λογικός

logo ['ləugəu] *n* λογότυπο *nt*

lollipop ['lɔlɪpɔp] *n* γλειφιτζούρι *nt*

London ['lʌndən] *n* Λονδίνο *nt* · **~er**

n Λονδρέζος/α *m/f*

lone [ləun] *adj* μοναχικός

loneliness ['ləunlınıs] *n* μοναξιά *f*

lonely ['ləunlı] *adj* (person, situation) μοναχικός • (place) απομονωμένος

long [lɔŋ] *adj* (period of time, event) μεγάλος • (road, hair) μακρύς • (book etc) μεγάλος • (account, description etc.) μεγάλος ♦ *adv* πολύ • it **to ~ for sth** λαχταράω κτ • **so or as ~ as** (= on condition that) υπό την προϋπόθεση ότι • (= while) όσο • **don't be ~!** μην αργείς! • **how ~ is the street?** πόσο μήκος έχει ο δρόμος; • **how ~ is the lesson?** πόσο κρατάει το μάθημα; • **6 metres ~** 6 μέτρα μήκος. **6 months ~** που κρατάει 6 μήνες • **all night ~** όλη τη νύχτα • **he no ~er comes** δεν έρχεται πια • **~ ago** εδώ και πολύ καιρό • **before/after** πολύ καιρό πριν/μετά • **before ~** (+future) σύντομα • (+past, +future) σε λίγο • **at ~ last** μετά από πολλά • **~ ~distance** *adj* (travel) μακρινός • (race) μεγάλων αποστάσεων • (phone call) υπεραστικός • **~ing** *n* λαχτάρα *f*

longitude ['lɔŋgɪtjuːd] *n* γεωγραφικό μήκος *nt*

long jump *n* άλμα *nt* εις μήκος

long–life ['lɔŋlaɪf] *adj* (milk, batteries etc) μακράς διαρκείας

long–standing ['lɔŋ'stændɪŋ] *adj* μακροχρόνιος

long–term ['lɔŋtɜːm] *adj* (project, solution etc) μακροπρόθεσμος

loo [luː] (BRIT: inf) *n* τουαλέτα *f*

look [luk] *vi* κοιτάζω • (= seem) φαίνομαι ♦ *n* ματιά *f* • (= appearance) εμφάνιση *f* • *n pl* (= good looks) ομορφιές *f* • **~ after** *vt fus* (= care for)

looks *npl* (= good looks) ομορφιές *f* • **~ after** *vt fus* (= care for)

φροντίζω • (= deal with) κανονίζω • **~ at** *vt fus* κοιτάζω • (= consider) εξετάζω • **to ~ back at sth/sb** κοιτάζω πίσω κτ/κν • **to ~ back on** ξαναφέρνω στο νου • **~ down on** *vt fus* (fig) περιφρονώ • **~ for** *vt fus* ψάχνω • **~ forward to** λέω δεν βλέπω την ώρα να • **we ~ forward to hearing from you** αναμένουμε την απάντησή σας, • **~ into** *vt fus* ερευνώ • **~ on** *vi* (= watch) παρακολουθώ • **~ out for** *vt fus* έχω το νου μου για • (town, building) βλέπω • (person) επιθεωρώ • **~ round** *vi* γυρίζω • **~ through** *vt fus* (= examine) εξετάζω • **~ up** *vi* (= raise eyes) σηκώνω τα μάτια • (situation) καλυτερεύω ♦ *vt* ψάχνω • **~ up to** *vt fus* θαυμάζω • **~out** *n* (= tower etc) παρατηρητήριο *nt* • (= person) σκοπός *m* • **to be on the ~out for sth** έχω τα μάτια μου ανοιχτά για κτ

loom [luːm] *vi* (also ~ **up**: object, shape) προβάλλω • (event) πλησιάζω ♦ *n* αργαλειός *m*

loony ['luːnı] (inf) *adj* παλαβός ♦ *n* τρελός/ή *m/f*

loop [luːp] *n* θηλειά *f* • (COMPUT) βρόχος *m* ♦ *vt* **to ~ sth around sth** δένω κτ με κτ • **~hole** *n* παραθυράκι *nt*

loose [luːs] *adj* χαλαρός • (clothes etc) φαρδύς • (hair) λυτός • (definition, translation) ασαφής • (life, morals) ελαφρός ♦ *n* **to be on the ~** περιφέρομαι ελεύθερα • **~ly** *adv* χαλαρά • **~n** *vt* (fixed thing) λασκάρω • (clothing, belt etc) χαλαρώνω

loot [luːt] *n* (inf) λεία *f* ♦ *vt* λεηλατώ

lopsided ['lɒp'saɪdɪd] *adj* μονόπαντος

lord [lɔːd] *n* (BRIT: peer) λόρδος *m* • **L~ Smith** ο Λόρδος Σμιθ • **the L~** (REL) ο Κύριος • **good L~!** Κύριε των Δυνάμεων!

lorry ['lɒrı] (BRIT) *n* φορτηγό *nt* • **~ driver** (BRIT) *n* φορτηγατζής/ού *m/f*

lose [luːz] *(pt, pp* **lost)** *vt* χάνω ♦ *vi* χάνω • **~r** n *(in game, contest)* ηττημένος m • *(inf:* = *failure)* αποτυχημένος m/f

loss [lɒs] n *(no pl: gen)* απώλεια f, θάνατος m • *(COMM)* **to make a ~** έχω ζημιά • **to be at a ~** τα'χω χαμένα

lost [lɒst] *pt, pp of* **lose** ♦ *adj (person, animal)* χαμένος • *(object)* που χάθηκε • **to be** or **get ~** χάνομαι • **get ~!** *(inf)* (άντε) χάσου! • **~ property** n γραφείο nt απωλεσθέντων

lot [lɒt] n *(= set, group)* στοίβα f • *(at auctions)* κλήρος m • *(= destiny)* μοίρα f • **the ~** όλα • **a ~** *(= large number: of books etc)* πολλά • *(= a great deal: of milk etc)* πολύ • **a ~ of,** **~s of** πολύς • **I read a ~** διαβάζω πολύ • **this happens a ~** αυτό συμβαίνει συχνά

lotion [ˈləʊʃən] n λοσιόν f inv

lottery [ˈlɒtəri] n κλήρωση f • *(state lottery)* λαχείο nt

loud [laʊd] *adj (noise, voice)* δυνατός • *(clothes)* φανταχτερός ♦ *adv (speak etc)* δυνατά • **out ~** δυνατά • **~ly** *adv* δυνατά • **~speaker** n μεγάφωνο nt

lounge [laʊndʒ] n *(in house, hotel)* σαλόνι nt • *(at airport, station)* αίθουσα f αναχωρήσεων • *(BRIT: also* **~ bar)** άνετη αίθουσα σε μπαρ ♦ *vi* κάθομαι αναπαυτικά • **~ about** *vi* χαζεύω • **~ around** *vi* = **lounge about**

louse [laʊs] *(pl* **lice)** n ψείρα f • **~ up** *(inf)* vt τινάζω στον αέρα

lousy [ˈlaʊzi] *(inf) adj (show, meal etc)* χάλια • *(person, behaviour)* άθλιος • **to feel ~** *(inf)* αισθάνομαι χάλια

love [lʌv] n *(romantic, sexual)* έρωτας m • *(kind, caring)* αγάπη f • *(for music, sport)* αγάπη f • *(thing, activity etc)* λατρεύω • **"~ (from) Anne"** *(on letter)* "με αγάπη Άννα" • **I'd ~ to come**

ευχαρίστως θα έρθω • **I ~ chocolate** μου αρέσει η σοκολάτα • **to be in ~ with** είμαι ερωτευμένος με • **to fall in ~ with** ερωτεύομαι • **to make ~** κάνω έρωτα • **"15 ~"** *(TENNIS)* "15-μηδέν" • **~ affair** n σχέση f *(ερωτική)* • **~ life** n ερωτική ζωή f

lovely [ˈlʌvli] *adj (= beautiful)* ωραίος • *(= delightful)* θαυμάσιος

lover [ˈlʌvəʳ] n *(= sexual partner)* εραστής m • *(= person in love)* ερωτευμένος m/f • **a ~ of art/ music** ένας εραστής της τέχνης/ μουσικής

loving [ˈlʌvɪŋ] *adj* στοργικός

low [ləʊ] *adj (table, wall etc)* χαμηλός • *(bow, curtsey)* βαθύς • *(income, temperature)* χαμηλός • *(sound: = deep)* βαθύς • *(: = quiet)* σιγανός • *(= depressed)* πεσμένος • *(fly)* χαμηλά ♦ n *(METEO)* χαμηλό (βαρομετρικό) nt • **~-calorie** *adj* με λίγες θερμίδες

lower [ˈləʊəʳ] *adj (= bottom)* κάτω • *(= less important)* κατώτερος ♦ *vt (= move downwards)* χαμηλώνω • *(= reduce)* χαμηλώνω • *(price etc)* ρίχνω • *(voice, eyes)* χαμηλώνω

low-fat [ˈləʊˈfæt] *adj* με χαμηλά λιπαρά

loyal [ˈlɔɪəl] *adj (friend)* πιστός • *(support)* σταθερός • **~ty** n πίστη f

Lt *(MIL) abbr* = **lieutenant**

Ltd *(COMM) abbr* = **limited company** εταιρεία f περιορισμένης ευθύνης

luck [lʌk] n τύχη f • **good ~!** καλή τύχη! • **bad** or **hard ~** *(tough)* • **~!** τι ατυχία! • **~ily** *adv* ευτυχώς • **~y** *adj* τυχερός • *(situation, coincidence)* ευτυχής

lucrative [ˈluːkrətɪv] *adj* επικερδής

ludicrous [ˈluːdɪkrəs] *adj* γελοίος

luggage [ˈlʌgɪdʒ] n αποσκευές fpl • **~ rack** n *(on car)* σχάρα f • *(in train)* δίχτυ nt

lukewarm ['luːkwɔːm] adj χλιαρός

lull [lʌl] n (in conversation etc) παύση f · (in fighting) ανακωχή f ♦ vt to ~ **sb** (**to sleep**) νανουρίζω κv

lumber ['lʌmbə'] n (wood) ξυλεία f · (= junk) παλιατζούρες fpl ♦ vi to ~ **about/along** etc τριγυρνάω αργά · ~ **with** vt I am/get ~ed with sth μου φορτώνουν vt

luminous ['luːmɪnəs] adj φωτεινός · (dial) που φωτίζει

lump [lʌmp] n (of butter etc) κομμάτι nt · (of clay etc) σβώλος m · (on body) εξόγκωμα nt · (also sugar ~) κύβος m ζάχαρη ♦ vt to ~ **together** βάζω στην ίδια κατηγορία με · ~ **sum** ένα εφάπαξ ποσό · ~y adj σβωλιασμένος

lunar ['luːnə'] adj σεληνιακός · (landing) στη Σελήνη

lunatic ['luːnətɪk] adj παρανοϊκός ♦ n(inf) τρελός/ή m/f

lunch [lʌntʃ] n (meal) μεσημεριανό nt · (time) μεσημέρι nt ♦ vi γευματίζω · **to have** ~ τρώω για μεσημέρι · ~time n ώρα f του μεσημεριανού

lung [lʌŋ] n πνεύμονας m (fml)

lure [luə'] n (= attraction) έλξη f ♦ vt παρασύρω

lurk [lɜːk] vi παραμονεύω · (fig) καραδοκώ

lush [lʌʃ] adj (fields, gardens) με οργιαστική βλάστηση

lust [lʌst] (pej) n λαγνεία f · (= desire for money, power etc) δίψα f · ~ **after** vt fus (= desire sexually) ποθώ · ~ **for** vt fus = **lust after**

Luxembourg ['lʌksəmbɜːg] n Λουξεμβούργο nt

luxurious [lʌg'zjuəriəs] adj πολυτελής

luxury ['lʌkʃəri] n πολυτέλεια f ♦ cpd πολυτελείας

Lycra® ['laɪkrə] n λύκρα nt inv

lying ['laɪɪŋ] n ψέμα nt ♦ adj (person) ψεύτης

M m

M, m [em] n το δέκατο τρίτο γράμμα του αγγλικού αλφαβήτου

m. abbr = **metre · mile · million**

MA n abbr (= Master of Arts) Μάστερ nt inv στις Θεωρητικές επιστήμες

mac [mæk] (BRIT) n αδιάβροχο nt

macaroni [mækə'rəʊnɪ] n κοφτό μακαρονάκι nt

Macedonia [] n Μακεδονία

Macedonian [] n Μακεδόνας/ισσα m/f

machine [mə'ʃiːn] n μηχάνημα nt · ~ **gun** n πολυβόλο nt · ~**ry** n μηχανήματα ntpl

macho ['mætʃəʊ] adj μάτσο inv

mackerel ['mækrl] n inv σκουμπρί nt

mackintosh ['mækɪntɒʃ] (BRIT) n αδιάβροχο nt

mad [mæd] adj τρελός · (= angry) έξω φρενών · **to be** ~ **about** (person, football etc) τρελαίνομαι για

madam ['mædəm] n κυρία f

mad cow disease n ασθένεια f των τρελών αγελάδων

made [meɪd] pt, pp of **make**

madly ['mædlɪ] adv (= frantically) σαν τρελός · ~ **in love** τρελά ερωτευμένος

madman ['mædmən] (irreg) n τρελός m

madness ['mædnɪs] n τρέλα f

Mafia ['mæfɪə] n **the** ~ η Μαφία

mag [mæg] (BRIT: inf) n abbr = **magazine**

magazine [mægə'ziːn] n (PRESS) περιοδικό nt · (of firearm) γεμιστήρας m

maggot ['mægət] n σκουλήκι nt

magic ['mædʒɪk] n (= supernatural power) μαγεία f · (= conjuring) ταχυδακτυλουργίες fpl ♦ adj

μαγικός· **~al** adj (powers, ritual) μαγικός· (experience, evening)

μαγευτικός· **~ian** n (= wizard) μάγος/ισσα m/f· (= conjurer) ταχυδακτυλουργός mf

magistrate ['mædʒɪstreɪt] n δικαστικός mf, = Ειρηνοδίκης

magnet ['mægnɪt] n μαγνήτης m· **~ic** adj (PHYS) μαγνητικός· (personality) σαγηνευτικός

magnificent [mæg'nɪfɪsnt] adj (book, painting) υπέροχος· (work, performance) έξοχος· (building, robes) μεγαλοπρεπής

magpie ['mægpaɪ] n κίσσα f

mahogany [mə'hɒgənɪ] n μαόνι nt

maid [meɪd] n υπηρέτρια f· (in hotel) καμαριέρα f

mail [meɪl] n (= postal service) ταχυδρομείο nt· (= letters) αλληλογραφία f· (= e-mail) ♦ vt ταχυδρομώ· **~box** n (US: for letters etc) γραμματοκιβώτιο nt (COMPUT) ταχυδρομικό κιβώτιο nt· **~ing list** n κατάλογος m πελατών· **~man** (irreg) n (US) ταχυδρόμος m· **~ order** n ταχυδρομική παραγγελία f

main [meɪn] adj κύριος

▶ **the mains** npl (ELEC) ρεύμα nt·
~ course n (CULIN) κύριο πιάτο nt·
~land n the **~land** η ξηρά· **~ly** adv κυρίως· **~ road** n κεντρικός δρόμος m· **~stream** n κύριο ρεύμα nt ♦ adj κλασικός

maintain [meɪn'teɪn] vt διατηρώ· (building, equipment) συντηρώ· (belief, opinion) υποστηρίζω

maintenance ['meɪntənəns] n (of building, equipment) συντήρηση f· (JUR: = alimony) διατροφή f

maize [meɪz] n καλαμπόκι nt

majesty ['mædʒɪstɪ] n **Your M~** Μεγαλειότατε· (= splendour) μεγαλείο nt

major ['meɪdʒə*] n (MIL) ταγματάρχης m· ♦ adj (event, factor) πρωταρχικός· (MUS: key) μείζων ♦ vi (US: SCOL) **to** **~ (in)** ειδικεύομαι (σε)

Majorca [mə'jɔːkə] n Μαγιόρκα f

majority [mə'dʒɒrɪtɪ] n πλειοψηφία f

make [meɪk] (pt, pp **made**) vt (object, clothes) φτιάχνω· (noise) κάνω· (speech) βγάζω· (remark, mistake) κάνω· (= manufacture: goods) κατασκευάζω· (= cause to be) **to** **~ sb sad** στενοχωρώ κν· (= force) **to ~ sb do sth** αναγκάζω κν να κάνει κτ· (= earn: money) βγάζω· (= equal) **2 and 2 ~ 4** 2 και 2 κάνουν 4 ♦ n (= brand) μάρκα f· **to ~ the bed** στρώνω το κρεβάτι· **to ~ a fool of sb** γελοιοποιώ or ρεζιλεύω κν· **to ~ a profit/loss** έχω κέρδος/ζημιά· **to ~ it** (in time) φτάνω στην ώρα μου· (= succeed) τα καταφέρνω· **what time do you ~ it?** τι ώρα έχετε; **to ~ do with** τα καταφέρνω με· **~ for** vt fus (place) τραβάω για· **~ off** vi το σκάω· **~ out** vt (= decipher) διακρίνω· (= understand) καταλαβαίνω· (= see) διακρίνω· (= write: cheque) κόβω· (= claim, imply) περνάω (για)· (= pretend) κάνω· **~ up** vt (= constitute) αποτελώ· (= invent) επινοώ ♦ vi (after quarrel) τα φτιάχνω· (with cosmetics) μακιγιάρομαι· **to ~ up one's mind** αποφασίζω· **~ up for** vt fus (loss) αναπληρώνω· (disappointment) αποζημιώνω για· **~r** n (of programme etc) δημιουργής m· (= manufacturer) κατασκευαστής m· **~shift** adj πρόχειρος· **~~up** n μεϊκάπ nt inv

making ['meɪkɪŋ] n (fig) **in the ~** σε εξέλιξη· **to have the ~s of** έχω τα φόντα να γίνω

malaria [mə'leərɪə] n ελονοσία f

Malawi [mə'lɑːwɪ] n Μαλάουι nt inv

Malaysia [mə'leɪzɪə] n Μαλαισία f

male [meɪl] n (BIO) αρσενικός m· (= man) άντρας m ♦ adj (sex, attitude) αντρικός· (child etc) αρσενικός

malicious [mə'lɪʃəs] *adj* κακεντρεχής

malignant [mə'lɪɡnənt] *adj* (MED: *tumour, growth*) κακοήθης

mall [mɔːl] *n* (*also* **shopping ~**) εμπορικό κέντρο *nt*

mallet ['mælɪt] *n* ξύλινο σφυρί *nt*

malnutrition [mælnjuːˈtrɪʃən] *n* υποσιτισμός *m*

malpractice [mæl'præktɪs] *n* αμέλεια *f* καθήκοντος

malt [mɔːlt] *n* (*grain*) βύνη *f* · (*also* **~ whisky**) μαλτ *nt inv*

Malta ['mɔːltə] *n* Μάλτα *f*

mammal ['mæml] *n* θηλαστικό *nt*

mammoth ['mæməθ] *n* μαμμούθ *nt inv* ♦ *adj* τεράστιος

man [mæn] (*pl* **men**) *n* (= *adult male*) άντρας *m* · (= *mankind*) άνθρωπος *m* ♦ *vt* (NAUT: *ship*) επανδρώνω · (MIL: *gun, post*) ενισχύω · (*machine*) λειτουργώ

manage ['mænɪdʒ] *vi* (= *succeed*) **to ~ to** καταφέρνω να · (= *get by financially*) τα βγάζω πέρα ♦ *vt* (= *be in charge of: business etc*) διευθύνω · (= *control: ship, person etc*) ελέγχω · **~able** *adj* (*task*) κατορθωτός · **~ment** *n* (*of business etc*) διοίκηση *f* · (: = *persons*) διεύθυνση *f* · **~r** *n* (*of business, institution etc*) διευθυντής *mf* · (*of unit, department*) προϊστάμενος *mf* · (*of pop star*) μάνατζερ *mf inv* · (SPORT) τεχνικός *mf* · **~ress** *n* διευθύντρια *f* · **~rial** *adj* διευθυντικός · (*decisions*) σχετικός με τη διεύθυνση

managing director *n* γενικός/ή διευθυντής/*mf*

mandarin ['mændərɪn] *n* (*also* **~ orange**) μανταρίνι *nt inv* · (= *official*) μανδαρίνος

mandate ['mændeɪt] *n* εντολή *f*

mandatory ['mændətərɪ] *adj* υποχρεωτικός

mane [meɪn] *n* (*of horse, lion*) χαίτη *f*

maneuver [mə'nuːvə] *n* (US) *vt, vi, n* = **manoeuvre**

mango ['mæŋɡəʊ] (*pl* **-es**) *n* μάνγκο *nt inv*

manhood ['mænhʊd] *n* (*age*) ανδρική ηλικία *f* · (*state*) ανδρισμός *m*

mania ['meɪnɪə] *n* μανία *f* · **~c** *n* (*also fig*) μανιακός/ή *m/f*

manic ['mænɪk] *adj* (*behaviour*) μανιακός · (*activity*) φρενήρης

manicure ['mænɪkjʊə] *n* μανικιούρ *nt inv* ♦ *vt* κάνω μανικιούρ

manifest ['mænɪfɛst] *vt* εκδηλώνω ♦ *adj* έκδηλος · **-o** *n* μανιφέστο *nt*

manipulate [mə'nɪpjʊleɪt] *vt* (*people*) εκμεταλλεύομαι · (*system, situation*) χειρίζομαι

mankind [mæn'kaɪnd] *n* ανθρωπότητα *f*

manly ['mænlɪ] *adj* αντρίκειος

man-made ['mæn'meɪd] *adj* (*environment, fibre*) τεχνητός

manner ['mænə] *n* (= *way*) τρόπος *m* · (= *behaviour*) στάση *f* · (= *type, sort*) **all ~ of things** όλων των ειδών τα πράγματα

► **manners** *npl* τρόποι *mpl*

manoeuvre [mə'nuːvə] (*US* **maneuver**) *n* (*car*) μανουβράρω · (*bulky object*) τραβάω · (*person, situation*) οδηγώ (επιδέξια) ♦ *vi* (*car, plane*) κάνω μανούβρες ♦ *n* ελιγμός *m*

► **manoeuvres** *npl* (MIL) γυμνάσια *ntpl*

manpower ['mænpaʊə] *n* εργατικά χέρια *ntpl*

mansion ['mænʃən] *n* μέγαρο *nt*

manslaughter ['mænslɔːtə] *n* (JUR) ανθρωποκτονία *f* (εξ αμελείας)

mantelpiece ['mæntlpiːs] *n* γείσο *nt* τζακιού

manual ['mænjʊal] *adj* (*work, worker*) χειρωνακτικός · (*controls*) χειροκίνητος ♦ *n* εγχειρίδιο *nt*

manufacture [mænjʊ'fæktʃə] *vt* κατασκευάζω ♦ *n* κατασκευή *f* · **~r** *n* κατασκευαστής *m*

manure [mə'njʊə] *n* κοπριά *f*

manuscript ['mænjʊskrɪpt] *n*

χειρόγραφο nt

many ['mɛnɪ] adj πολλοί/ές, ά ♦ pron πολλοί/ές, ά ▪ **a great ~** πάρα πολλοί ▪ **how ~?** πόσοι/ες, α; ▪ **too ~ difficulties** πάρα πολλές δυσκολίες

map [mæp] n χάρτης m ♦ vt χαρτογραφώ ▪ **~ out** vt (plan, task) σχεδιάζω λεπτομερώς

maple ['meɪpl] n σφεντάμι nt

mar [maːʳ] vt αμαυρώνω ▪ (appearance) χαλώ ▪ (day, event) καταστρέφω

marathon ['mærəθən] n μαραθώνιος m ♦ adj **a ~ session** μια μαραθώνια συνεδρίαση

marble ['maːbl] n μάρμαρο nt ▪ (toy) βώλος m

March [maːtʃ] n Μάρτιος m ▪ see also **July**

march [maːtʃ] vi (MIL) παρελαύνω ▪ (protesters) κάνω πορεία ♦ n πορεία f ▪ (= music) μαρς nt inv

mare [mɛəʳ] n φοράδα f

margarine [maːdʒəˈriːn] n μαργαρίνη f

margin ['maːdʒɪn] n περιθώριο nt ▪ (= difference: of votes) διαφορά f ▪ (= edge: of area) άκρη f ▪ **~al** adj μηδαμινός ▪ **~ally** adv ελαφρώς

marijuana [mærɪ'waːnə] n μαριχουάνα f

marina [məˈriːnə] n μαρίνα f

marinade n [mærɪ'neɪd] / ['mærɪneɪd] (CULIN) n σάλτσα f για μαρινάρισμα ♦ vt μαρινάρω

marine [məˈriːn] adj θαλάσσιος ♦ n (BRIT, US) πεζοναύτης m

marital ['mærɪtl] adj συζυγικός ▪ **~ status** οικογενειακή κατάσταση

maritime ['mærɪtaɪm] adj ναυτικός

mark [maːk] n σημάδι nt ▪ (= stain) λεκές m ▪ (of shoes, fingers: in snow, mud etc) ίχνος nt ▪ (of friendship, respect etc) ένδειξη f ▪ (BRIT: SCOL) βαθμός m ▪ (= level) σημείο nt ♦ vt (with pen) σημειώνω ▪ (with shoes,

tyres etc) κάνω or αφήνω σημάδι ▪ (= damage: furniture etc) σημαδεύω ▪ (= indicate: place, time) υποδεικνύω ▪ (= commemorate: event) τιμώ ▪ (BRIT: SCOL) βαθμολογώ ▪ (SPORT: player) μαρκάρω ▪ **~ed** adj αισθητός ▪ **~er** n (= sign) σημάδι nt

market ['maːkɪt] n αγορά f ♦ vt διαθέτω στην αγορά ▪ **to be on the ~** πωλούμαι ▪ **~ing** n μάρκετινγκ nt inv ▪ **~place** n αγορά f ▪ **~ research** n έρευνα f αγοράς

marmalade ['maːmǝleɪd] n μαρμελάδα f

maroon [mə'ruːn] vt **to be ~ed** έχω αποκοπεί ♦ adj μπορντό χρώμα

marquee [maː'kiː] n μεγάλη σκηνή f

marriage ['mærɪdʒ] n γάμος m

married ['mærɪd] adj (man, woman) παντρεμένος ▪ (life) έγγαμος ▪ **to get ~** παντρεύομαι

marrow ['mærəʊ] n (vegetable) κολοκύθα f ▪ (also **bone ~**) μεδούλι nt

marry ['mærɪ] vt (man, woman) παντρεύομαι ▪ (father, priest etc) παντρεύω ♦ vi παντρεύομαι

Mars [maːz] n Άρης m

marsh [maːʃ] n έλος nt

marshal ['maːʃl] n (also **field ~**) στρατάρχης m ▪ (at sports meeting etc) τελετάρχης m ▪ (US: in police/fire department) αρχηγός m ♦ vt (thoughts, support) συγκεντρώνω

martial arts [maːʃl'aːts] npl πολεμικές τέχνες fpl

martyr ['maːtəʳ] n μάρτυρας mf ♦ vt **to be ~ed** μαρτυρώ

marvel [maːvl] n θαύμα nt ♦ vi **to ~ (at)** θαυμάζω ▪ **~lous** (US **~ous**) adj θαυμάσιος

Marxism ['maːksɪzm] n μαρξισμός m ▪ **Marxist** adj μαρξιστικός ♦ n μαρξιστής/τρια m/f

mascara [mæs'kaːrə] n μάσκαρα f inv

mascot ['mæskət] n μασκότ f inv

masculine ['mæskjulɪn] adj αρσενικός

mash [mæʃ] vt λιώνω· **~ed potatoes** npl πουρές m

mask [mɑ:sk] n μάσκα f ♦ vt (face) καλύπτω· (feelings) συγκαλύπτω

mason ['meɪsn] n (also **stone ~**) χτίστης m· (also **free~**) μασόνος m· **~ry** n λιθοδομή f

mass [mæs] n (of papers, people etc) σωρός m· (of detail, hair etc) πλήθος nt· (PHYS) μάζα f· (REL) **M~** Θεία Λειτουργία ♦ cpd (communication, unemployment etc) μαζικός ♦ vi (troops, protesters) συγκεντρώνομαι

▶ **the masses** npl οι λαϊκές μάζες fpl· **~es of** (inf: food, money) σωρός (από) +acc· (people) πλήθη +gen

massacre ['mæsəkə*] n σφαγή f ♦ vt κατασφάζω

massage ['mæsɑ:ʒ] n μασάζ nt inv ♦ vt κάνω μασάζ σε

massive ['mæsɪv] adj (furniture, person) ογκώδης· (support, changes) τεράστιος

mass media n inv the **~** τα μέσα μαζικής ενημέρωσης

mast [mɑ:st] n (NAUT) κατάρτι nt· (RADIO, TV) κοντάρι nt κεραίας

master ['mɑ:stə*] n (of servant, animal) κύριος m· (fig: of situation) κυρίαρχος m· (= title for boys) **M~** κύριε Χ ♦ vt (= overcome: difficulty, feeling) ξεπερνάω· (= learn: skills, language) κατέχω· **~mind** n εγκέφαλος m ♦ vt είμαι ο εγκέφαλος +gen· **~piece** n αριστούργημα nt

mat [mæt] n (on floor) χαλάκι nt· (also **door~**) ψάθα f (πόρτας)· (also **table ~**) σουπλά nt inv ♦ adj = **matt**

match [mætʃ] n (= game) αγώνας m· (for lighting fire, cigarette) σπίρτο nt ♦ vt (= go well with) ταιριάζω με· (= equal) φτάνω· (= correspond to) συμφωνώ με ♦ vi (colours) είμαι ασορτί· (materials) ταιριάζω· **to be no ~ for** δεν μπορώ να παραβγώ με· **~ing** adj ασορτί

mate [meɪt] n (inf: = friend) φιλαράκι nt· (animal) ταίρι nt ♦ vi ζευγαρώνω

material [məˈtɪərɪəl] n υλικό nt· (= cloth) ύφασμα nt

▶ **materials** npl υλικά ntpl

maternal [məˈtə:nl] adj (feelings) μητρικός· (role) της μητέρας

maternity [məˈtə:nɪtɪ] n μητρότητα f· **~ leave** n άδεια f τοκετού

mathematical [mæθəˈmætɪkl] adj μαθηματικός

mathematician [mæθəməˈtɪʃən] n μαθηματικός mf

mathematics [mæθəˈmætɪks] n Μαθηματικά ntpl

maths [mæθs] (US **math**) [mæθ] n Μαθηματικά ntpl

matinée ['mætɪneɪ] n απογευματινή παράσταση f

matron ['meɪtrən] n (in hospital) γενική προϊσταμένη f· (in school) υπεύθυνη του τομέα υγείας σε οικοτροφείο

matt [mæt] (**mat**) adj ματ inv

matter ['mætə*] n (= question) θέμα nt· (PHYS) ύλη f· (= material) ουσία f ♦ vi έχω σημασία· **it doesn't ~** δεν πειράζει· **what's the ~?** τι συμβαίνει· **no ~ what** ό, τι κι αν γίνει· **as a ~ of course** απ' ό,τι κατάλαβα· **as a ~ of fact** για την ακρίβεια

▶ **matters** npl κατάσταση f

mattress ['mætrɪs] n στρώμα nt

mature [məˈtjuə*] adj (person) ώριμος ♦ vi (child, style) ωριμάζω· (person) αναπτύσσομαι· **maturity** n (= adulthood) ενηλικίωση f· (= wisdom) ωριμότητα f

mauve [məuv] adj μωβ inv

maximize ['mæksɪmaɪz] vt (profits etc) μεγιστοποιώ· (chances) αυξάνω στο μέγιστο

maximum ['mæksɪməm] (pl **maxima** or **~s**) adj μέγιστος ♦ n **to a ~** το ανώτατο

May [meɪ] n Μάιος m· see also **July**

may [meɪ] (*conditional* **might**) *vi* μπορεί· (*indicating possibility*) **he ~ come** μπορεί να έρθει· (= *be allowed to*) **~ I smoke?** μπορώ να καπνίσω;· (*wishes*) **~ God bless you!** να σ'έχει ο Θεός καλά!· (*you ~ as well go* μπορείς να πηγαίνεις

maybe ['meɪbɪ] *adv* ίσως· **~ not** ίσως όχι

May Day *n* Πρωτομαγιά *f*

mayhem ['meɪhem] *n* αναμπουμπούλα *f*

mayonnaise [meɪə'neɪz] *n* μαγιονέζα *f*

mayor [mεə'] *n* δήμαρχος *mf*

maze [meɪz] *n* (*also fig*) λαβύρινθος *m*

MD *n abbr* (= *Doctor of Medicine*) διδάκτορας *mf* Ιατρικής· (*COMM*) = **managing director**

KEYWORD

me [miː] *pron* (a) (*direct*) με· (*emph*) εμένα· **can you hear me?** μ'ακούς;· **he heard ME!** (*not anyone else*) εμένα άκουσε· **it's me** εγώ είμαι

(b) (*indirect*) μου· (*emph*) εμένα· **he gave me the money, he gave the money to me** μου έδωσε τα λεφτά, έδωσε τα λεφτά σ' εμένα

---

meadow ['medəu] *n* λιβάδι *nt*

meagre ['miːgə'] (*US* **meager**) *adj* πενιχρός

meal [miːl] *n* (*occasion, food*) γεύμα *nt*· (= *flour*) φαρίνα *f*

mean [miːn] (*pt, pp* **~t**) *adj* (*with money*) τσιγγούνης· (= *unkind*) κακός· (= *shabby*) άθλιος· (= *average*) μέσος ♦ *vt* (= *signify*) σημαίνω· (= *intend*) **to ~ to do sth** σκοπεύω να κάνω κτ ♦ (*also* **mean kt**) **by ~s of** μέσω +*gen*· **by all ~s!** βεβαίως!· **to be ~ for sb/sth** προορίζομαι για κν/κτ

▶ **means** *npl* τρόπος *m*· (= *money*)

μέσα *ntpl*

meaning ['miːnɪŋ] *n* (*of word, gesture*) σημασία *f*· (= *purpose*) νόημα *nt*· **~ful** *adj* (*result*) που έχει νόημα· (*explanation*) κατανοητός· **~less** *adj* χωρίς σημασία

meant [ment] *pt, pp of* **mean**

meantime ['miːntaɪm] *adv* (*also* **in the ~**) εν τω μεταξύ

meanwhile ['miːnwaɪl] *adv* = **meantime**

measles ['miːzlz] *n* ιλαρά *f*

measure ['meʒə'] *vt* μετράω ♦ *vi* έχω μέγεθος ♦ *n* (= *amount: of protection*) βαθμός *m*· (= *of whisky etc*) δόση *f*· (*of achievement*) τρόπος *m*· ελέγχου· (*action*) μέτρο *nt*· **~ment** *n* μέτρηση *f*· **~ments** *npl* μέτρα *ntpl*

meat [miːt] *n* κρέας *nt*

Mecca ['mekə] *n* (*also fig*) Μέκκα *f*

mechanic [mɪ'kænɪk] *n* μηχανικός *mf*· **~al** *adj* μηχανικός

mechanism ['mekənɪzəm] *n* (= *device*) μηχανισμός *m*· (= *procedure*) τρόπος *m*

medal ['medl] *n* μετάλλιο *nt*· **~list** (*US:* **~ist**) (*SPORT* n μεταλλιούχος *mf*

media ['miːdɪə] *npl* μέσα *ntpl* μαζικής ενημέρωσης

mediate ['miːdɪeɪt] *vi* μεσολαβώ

medical ['medɪkl] *adj* ιατρικός ♦ *n* γενικές (*ιατρικές*) εξετάσεις *fpl*

medication [medɪ'keɪʃən] *n* φάρμακα *ntpl*

medicine ['medsɪn] *n* (*science*) Ιατρική *f*· (*drug*) φάρμακο *nt*

medieval [medɪ'iːvl] *adj* μεσαιωνικός

mediocre [miːdɪ'əukə'] *adj* μέτριος

meditate ['medɪteɪt] *vi* σκέφτομαι καλά· (*REL*) διαλογίζομαι

meditation *n* (= *thinking*) περισυλλογή *f*· (*REL*) διαλογισμός *m*

Mediterranean [medɪtə'reɪnɪən] *adj* μεσογειακός· **the ~ (Sea)** η Μεσόγειος (Θάλασσα)

medium ['miːdɪəm] (*pl* **media** *or* **~s**) *adj* μέτριος ♦ *n* μέσον *nt*·

(*substance*) αγωγός *m* (*pl* ~**s**) ·
(*person*) μέντιουμ *nt inv* · **~-sized**
adj (*tin etc*) μετρίου μεγέθους ·
(*clothes*) μεσαίου μεγέθους

meek [mi:k] *adj* μαλακός ·

meet [mi:t] (*pt, pp* **met**) *vt*
συναντάω (*stranger*) γνωρίζω · (= *go
and fetch*) παίρνω · (*opponent*) παίζω
με · (*need*) καλύπτω · (*problem,
challenge*) αντιμετωπίζω · (*expenses,
bill*) καλύπτω ♦ *vi* (*friends*)
συναντιέμαι · (*strangers*) γνωρίζομαι ·
(*for talks, discussion*) συναντιέμαι ·
(= *join: lines, roads*) συναντιέμαι ♦ *n*
(*US: SPORT*) συνάντηση *f* · ~ **up** *vi* **to
~ up with sb** συναντάω κν
(τυχαία) · ~ **with** *vt fus* (*difficulty*)
αντιμετωπίζω · (*success*) σημειώνω ·
~ing *n* (*also POL, SPORT*) συνάντηση
f · (= *assembly: of club, committee etc*)
συνεδρίαση *f* · **~ing place** *n* τόπος
m συνάντησης

melancholy ['melənkəlı] *adj*
μελαγχολικός ·

melody ['melədɪ] *n* μελωδία *f*

melon ['melən] *n* πεπόνι *nt*

melt [melt] *vi* λιώνω ♦ *vt* λιώνω

member ['membə'] *n* μέλος *nt* ♦ *cpd*
~ **country/state** (*POL*) κράτος/
πολιτεία-μέλος · **M~ of Parliament**
(*BRIT*) βουλευτής · **M~ of the
European Parliament** (*BRIT*)
Ευρωβουλευτής · **~ship** *n*
(= *members*) μέλη *ntpl* · (= *number of
members*) αριθμός *m* των μελών

memento [mə'mentəu] *n* ενθύμιο *nt*

memo ['meməu] *n* = **memorandum**

memorable ['memərəbl] *adj*
αξέχαστος ·

memorandum [memə'rændəm] (*pl*
memoranda) *n* σημείωμα *nt*

memorial [mɪ'mɔ:rɪəl] *n* μνημείο *nt*
♦ *adj* · **service** μνημόσυνο

memory ['memərɪ] *n* (= *faculty*)
μνήμη *f* · (= *recollection*) ανάμνηση *f* ·
(*COMPUT*) μνήμη *f* · **in ~ of** στη
μνήμη +*gen*

men [men] *npl of* **man**

menace ['menɪs] *n* απειλή *f* ♦ *vt*
απειλώ

mend [mend] *vt* φτιάχνω · (*socks etc*)
μπαλώνω

meningitis [menɪn'dʒaɪtɪs] *n*
μηνιγγίτιδα *f*

menopause ['menəupɔ:z] *n* **the** ~ η
εμμηνόπαυση

menstruation [menstru'eɪʃən] *n*
έμμηνος ρύση *f*

mental ['mentl] *adj* (*ability, effort*)
διανοητικός · (*illness, health*)
ψυχικός · **~ity** *n* νοοτροπία *f* · **~ly**
adv **to be ~ly handicapped** είμαι
διανοητικά καθυστερημένος

mention ['menʃən] *n* αναφορά *f* ♦ *vt*
αναφέρω · **don't ~ it!** παρακαλώ, τι
λέτε! (*fml*) · **not to ~ ...** για να μην
αναφέρω...

menu ['menju:] *n* (= *selection of
dishes*) μενού *nt inv* · (*printed*)
κατάλογος *m* · (*COMPUT*) μενού *nt inv*

MEP (*BRIT*) *n abbr* = **Member of the
European Parliament**

mercenary ['mə:sɪnərɪ] *n*
μισθοφόρος *mf*

merchandise ['mə:tʃəndaɪz] *n*
εμπόρευμα *nt*

merchant ['mə:tʃənt] *n* έμπορος *mf*

merciless ['mə:sɪlɪs] *adj* ανελέητος ·

mercury ['mə:kjurı] *n* υδράργυρος *m*

mercy ['mə:sɪ] *n* έλεος *nt* · **at the
~ of** στο έλεος +*gen*

mere [mɪə'] *adj* (*emphasizing
insignificance*) σκέτος · (*emphasizing
significance*) **his ~ presence
irritates her** η παρουσία του και
μόνο την εκνευρίζει · **~ly**
adv (= *only*) μόλις · (= *simply*) απλώς

merge [mə:dʒ] *vt* συγχωνεύω ♦ *vi*
(*COMM*) συγχωνεύομαι · (*colours,
shapes*) ανακατεύομαι · (*sounds*)
ενώνομαι · **~r** (*COMM*) συγχώνευση *f*

merit ['merɪt] *n* αξία *f* ♦ *vt* αξίζω

mermaid ['mə:meɪd] *n* γοργόνα *f*

merry ['merɪ] *adj* εύθυμος ·

M~ Christmas! Καλά Χριστούγεννα!

mesh [meʃ] n δικτυωτό nt

mess [mes] n (= muddle) άνω-κάτω · (= dirt) βρωμιές fpl · (MIL) λέςαη f (φαγητού) · **to be in a** ~ (= untidy) είμαι χάλια. ~ **about** (inf) vi χαζολογάω. ~ **about with** vt fus (inf) ανακατεύω. ~ **around** vi (inf) = **mess about**. ~ **around with** vt fus (inf) = **mess about with**. ~ **up** vt (= spoil) κάνω άνω-κάτω · (= dirty) λερώνω

message ['mesɪdʒ] n μήνυμα nt

messenger ['mesɪndʒə'] n αγγελιοφόρος m

messy ['mesɪ] adj (= dirty) βρώμικος · (= untidy) ακατάστατος

met [met] pt, pp of **meet**

metabolism [me'tæbəlizəm] n μεταβολισμός m

metal ['metl] n μέταλλο nt · ~**lic** adj μεταλλικός

metaphor ['metəfə'] n μεταφορά f

meteor ['mi:tɪə'] n μετεωρίτης m

meter ['mi:tə'] n μετρητής m · (also **parking** ~) παρκόμετρο nt · (US: unit) = **metre**

method ['meθəd] n μέθοδος f · ~**ical** adj μεθοδικός

meticulous [mɪ'tɪkjuləs] adj σχολαστικός

metre ['mi:tə'] (US **meter**) n μέτρο nt

metric ['metrɪk] adj μετρικός

metropolitan [metrə'pɒlɪtn] adj (for city) της μεγάλης πόλης · (for country) της μητρόπολης

Mexico ['meksɪkəu] n Μεξικό nt

mice [maɪs] npl of **mouse**

microchip ['maɪkrəutʃɪp] n μικροτσίπ nt inv

microphone ['maɪkrəfəun] n μικρόφωνο nt

microscope ['maɪkrəskəup] n μικροσκόπιο nt

microwave ['maɪkrəuweɪv] n (also ~ **oven**) φούρνος m μικροκυμάτων

mid- [mɪd] adj **in ~May** στα μέσα

Μαΐου · **in ~afternoon** στα μέσα του απογεύματος · **in ~air** στον αέρα · **he's in his ~thirties** είναι γύρω στα τριανταπέντε

midday [mɪd'deɪ] n μεσημέρι nt

middle ['mɪdl] n (= centre) μέση f · (= halfway point) μέσα ntpl · (= midriff) μέση f ♦ adj (place, position) μεσαίος · (= moderate: course) μέσος · **in the ~ of the night** στη μέση της νύχτας · ~**-aged** adj μεσήλικας · **Middle Ages** npl **the M~ Ages** ο Μεσαίωνας · ~**-class** adj μικροαστικός · ~ **class(es)** n(pl) **the ~ class(es)** η μεσαία τάξη · **Middle East** n **the M~ East** η Μέση Ανατολή

midge [mɪdʒ] n σκνίπα f

midnight ['mɪdnaɪt] n μεσάνυχτα ntpl

midst [mɪdst] n **in the ~ of** (crowd, group) ανάμεσα σε · (situation, event) στη μέση +gen · (action) πάνω που

midsummer [mɪd'sʌmə'] n μεσοκαλόκαιρο nt

midway [mɪd'weɪ] adj ενδιάμεσος ♦ adv ~ (**between/through**) (in space) στη μέση (ανάμεσα σε) · (in time) στη μέση +gen

midweek [mɪd'wi:k] adv στα μέσα της εβδομάδας ♦ adj στη μέση της εβδομάδας

midwife ['mɪdwaɪf] (pl **midwives**) n μαμή f

might [maɪt] vb see **may** ♦ n δύναμη f · ~**y** adj ισχυρός

migraine ['mi:greɪn] n ημικρανία f

migrant ['maɪgrənt] n (bird, animal) αποδημητικό n · (person) μετοίκος mf

migrate [maɪ'greɪt] vi (bird) αποδημώ · (person) μετοικώ

migration n αποδημία f

mike [maɪk] n abbr = **microphone**

mild [maɪld] adj ήπιος · (infection, illness) ελαφρύς · (soap, cosmetic) απαλός · ~**ly** adv (say) ήπια · (= slightly) κάπως

mile [maɪl] n μίλι nt • **~age** n
απόσταση f σε μίλια, ≈ χιλιόμετρα •
(fig) κέρδος nt • **~stone** n (fig)
ορόσημο nt

military ['mɪlɪtərɪ] adj στρατιωτικός
♦ **the ~** οι στρατιωτικοί

militia [mɪ'lɪʃə] n πολιτοφυλακή f

milk [mɪlk] n γάλα nt ♦ vt (cow, goat)
αρμέγω • (fig: situation, person)
απομυζώ • **~man** (irreg) n γαλατάς
m • **~y** adj (colour) γαλακτερός •
(drink) με μπόλικο γάλα

mill [mɪl] n (windmill etc: for grain)
μύλος m • (also **coffee ~**) μύλος m
του καφέ • (= factory) εργοστάσιο nt
επεξεργασίας ♦ vi (also **~ about:**
people, crowd) στριφογυρίζω

millennium [mɪ'lenɪəm] (pl **~s** or
millennia) n χιλιετία f

milligram(me) ['mɪlɪgræm] n
χιλιοστόγραμμο nt

millilitre ['mɪlɪliːtə] (US **milliliter**) n
χιλιοστό του λίτρου

millimetre ['mɪlɪmiːtə] (US
millimeter) n χιλιοστό nt

million ['mɪljən] n εκατομμύριο nt • **a
~ times** ένα εκατομμύριο φορές •
~aire n εκατομμυριούχος mf

mime [maɪm] n (activity) νοήματα
ntpl • (performance) παντομίμα f ♦ vi
προσποιούμαι

mimic ['mɪmɪk] n μίμος mf ♦ vt
μιμούμαι

mince [mɪns] vt κάνω κιμά ♦ n (BRIT)
κιμάς m

mind [maɪnd] n μυαλό nt ♦ vt
προσέχω • **I don't ~ doing sth** δεν
με πειράζει να κάνω κτ • **do you
~ if ...?** σας πειράζει να ...; • **to
keep** or **bear sth in ~** έχω κτ
υπόψη μου • **I don't ~** δεν με
πειράζει • **~ you,** να σκεφτείς, ...
• **never ~!** (= it makes no odds)
τίποτα! • (= don't worry) δεν
πειράζει! • **"~ the step"** "προσοχή
σκαλοπάτι" • **~less** adj (violence)
αλόγιστος • (work) μονότονος

mine[1] [maɪn] pron δικός m μου (δική
f μου) (δικό nt μου) • **this book is
~** αυτό το βιβλίο είναι δικό μου •
these cases are ~ αυτές οι
βαλίτσες είναι δικές μου • **this is
~** αυτό είναι δικό μου • **a friend of
~** ένας φίλος μου

mine[2] [maɪn] n (= coal mine, gold
mine) ορυχείο nt • (bomb) νάρκη f
♦ vt (coal) εξορύσσω • (ship, beach)
ναρκοθετώ • **~field** n (also fig)
ναρκοπέδιο nt • **~r** n εργάτης m
ορυχείου

mineral ['mɪnərəl] adj ορυκτός ♦ n
ορυκτό nt • **~ water** n μεταλλικό
νερό nt

mingle ['mɪŋgl] vi **to ~ (with)**
ανακατεύομαι (με)

miniature ['mɪnɪtʃə] adj
μικροσκοπικός ♦ n μικρογραφία f

minibus ['mɪnɪbʌs] n μικρό
λεωφορείο nt

Minidisk® ['mɪnɪdɪsk] n μικροδίσκος
m

minimal ['mɪnɪml] adj ελάχιστος

minimize ['mɪnɪmaɪz] vt (= reduce)
ελαχιστοποιώ • (= play down) υποτιμώ

minimum ['mɪnɪməm] (pl **minima**) n
ελάχιστο nt ♦ adj ελάχιστος •
~ wage n ελάχιστος (βασικός) μισθός

mining ['maɪnɪŋ] n εξόρυξη f

minister ['mɪnɪstə] n (BRIT: POL)
υπουργός mf • (REL) εφημέριος m
♦ vi **to ~** το υπηρετώ

ministry ['mɪnɪstrɪ] n (BRIT: POL)
υπουργείο nt

minor ['maɪnə] adj (repairs, injuries)
ασήμαντος • (poet, planet)
δευτερότερος • (MUS) ελάσσων ♦ n
(JUR) ανήλικος/η m/f • **~ity** n (of
group) μειοψηφία f • (society)
μειονότητα f

mint [mɪnt] n (BOT, CULIN) δυόσμος
m • (sweet) μέντα f ♦ vt (coins)
κόβω • **the (Royal) M~,** (US) **the
(US) M~** = το Εθνικό
Νομισματοκοπείο • **in ~ condition**

σε άψογη κατάσταση

minus ['maɪnəs] *n* (*also* = **sign**) πλην
nt inv ♦ *prep* **12 ~ 6 equals 6** 12
μείον 6 ίσον 6 · **~ 24 C** μείον 24
βαθμοί Κελσίου

minute¹ [maɪ'njuːt] *adj* (*search*)
λεπτομερής · (*detail*) παραμικρός

minute² ['mɪnɪt] *n* λεπτό *nt*
▶**minutes** *npl* (*of meeting*) πρακτικά
ntpl

miracle ['mɪrəkl] *n* (*REL: also fig*)
θαύμα *nt* · **miraculous** *adj*
θαυμαστός

mirage ['mɪrɑːʒ] *n* αντικατοπτρισμός
m

mirror ['mɪrə*] *n* καθρέφτης *m* ♦ *vt*
(*fig*) αντικατοπτρίζω

miscarriage ['mɪskærɪdʒ] *n* (*MED*)
αποβολή *f* · **~ of justice** (*JUR*)
κακοδικία

miscellaneous [mɪsɪ'leɪnɪəs] *adj*
(*people, objects*) ετερόκλητος ·
(*subjects, items*) διάφορος

mischief ['mɪstʃɪf] *n* (= *naughtiness*)
αταξίες *fpl* · (= *maliciousness*) απάτη
f · **mischievous** *adj* (= *naughty*)
άτακτος · (= *playful*) σκανταλιάρικος

misconception ['mɪskən'sepʃən] *n*
εσφαλμένη αντίληψη *f*

misconduct [mɪs'kɒndʌkt] *n* κακή
διαγωγή *f*

miserable ['mɪzərəbl] *adj* (= *unhappy*)
δυστυχισμένος · (= *wretched:
conditions*) άθλιος · (= *contemptible:
offer, donation*) ψωρο...

misery ['mɪzərɪ] *n* (= *unhappiness*)
δυστυχία *f* · (= *wretchedness*)
αθλιότητα *f*

misfortune [mɪs'fɔːtʃən] *n* ατυχία *f*

misguided [mɪs'gaɪdɪd] *adj* (*opinion,
view*) λανθασμένος · (*person*)
παραπλανημένος

mishap ['mɪshæp] *n* αναποδιά *f*

mislead [mɪs'liːd] *n* (*irreg*) (*pt, pp
misled*) *vt* παραπλανώ · **~ing** *adj*
παραπλανητικός

Miss [mɪs] *n* δεσποινίς *f*

miss [mɪs] *vt* (*train, bus etc*) χάνω ·
(*target*) δεν πετυχαίνω · (= *notice loss
of: money etc*) αναζητώ ♦ *vi* αστοχώ ·
♦ *n* (*shot*) αποτυχημένη προσπάθεια
f · **I ~ you/him** μου λείπεις/λείπει ·
~ out (*BRIT*) *vt* ξεχνάω · **~ out on** *vt
fus* χάνω

missile ['mɪsaɪl] *n* (*MIL*) βλήμα *nt* ·
(= *object thrown*) αντικείμενο *nt*
(*προς εκτόξευση*)

missing ['mɪsɪŋ] *adj* (*person*)
αγνοούμενος · **to be/go ~** λείπω

mission ['mɪʃən] *n* αποστολή *f* · (*REL:
= activity*) ιεραποστολή *f* · (*: =
building*) κτίριο *nt* της
ιεραποστολής · **~ary** *n*
ιεραπόστολος *mf*

mist [mɪst] *n* (*light*) καταχνιά *f* ·
(*heavy*) ομίχλη *f* · (*at sea*) πούσι *nt*
♦ *vi* (*also* = **over**: *eyes*) βουρκώνω ·
(*BRIT: also* = **over**, = **up**: *windows*)
θαμπώνω

mistake [mɪs'teɪk] (*irreg*) *n* λάθος *nt*
♦ *vt* κάνω λάθος · (*intentions*)
παρεξηγώ · **by ~** κατά λάθος · **to
make a ~** κάνω ένα λάθος · **to ~ A
for B** μπερδεύω τον A με τον B ·
~n *pp* *of* **mistake** ♦ *adj*
εσφαλμένος · **to be ~n** πέφτω έξω

mister ['mɪstə*] (*inf*) *n* κύριος *m* · *see*
Mr

mistook [mɪs'tuk] *pt of* **mistake**

mistress ['mɪstrɪs] *n* (= *lover*)
ερωμένη *f* · (*of house, servant*) κυρία
f · (*of situation*) κυρίαρχη *f*

mistrust [mɪs'trʌst] *vt* δεν
εμπιστεύομαι · **~ (of)** δυσπιστία *f*
(*για*)

misty ['mɪstɪ] *adj* (*day etc*) με
καταχνιά · (*glasses, windows*) θαμπός

misunderstand [mɪsʌndə'stænd]
(*irreg*) *vt* (*person, book*) παρεξηγώ
♦ *vi* δεν καταλαβαίνω · **~ing** *n*
παρεξήγηση *f* · **misunderstood** *pt,
pp of* **misunderstand**

misuse *n* [mɪs'juːs] *vb* [mɪs'juːz] *n*
κατάχρηση *f* ♦ *vt* (*power*) κάνω κακή

χρήση · (word) χρησιμοποιώ
λανθασμένα

mix [mɪks] vt (drink, sauce) φτιάχνω
(ανακατεύοντας) · (= combine:
liquids, ingredients) ανακατεύω ◆ vi
(people) **to ~ (with)**
συναναστρέφομαι ◆ n
(= combination) συνδυασμός m ·
(powder) μίγμα nt · **~ up** vt
(= confuse) μπερδεύω · **to be ~ed
up in sth** είμαι ανακατεμένος σε
κτ. **~ed** adj (feelings, reactions)
ανάμικτος · (school, education etc)
μικτός · **~er** n (for food) μίξερ nt inv ·
(drink) ποτό που χρησιμοποιείται σε
κοκτέιλ · **~ture** n μίγμα nt · **~-up** n
μπέρδεμα nt

ml abbr = **millilitre**

mm abbr = **millimetre**

moan [məʊn] n βογγητό nt ◆ vi (inf:
= complain)

moat [məʊt] n τάφρος f

mob [mɒb] n (= crowd: disorderly)
όχλος m · (: = orderly) παρέα f ◆ vt
πολιορκώ

mobile ['məʊbaɪl] adj (= able to move)
που μπορεί να περπατήσει ·
(workforce, society) με κινητικότητα
◆ n (decoration) μόμπιλ nt inv · (also
~ phone) κινητό τηλέφωνο nt ·
~ home n τροχόσπιτο nt ·
~ phone n κινητό τηλέφωνο nt ·
mobility n κινητικότητα f ·
mobilize vt (friends, work force)
κινητοποιώ · (MIL: army)
επιστρατεύω ◆ vi (MIL: army)
επιστρατεύομαι

mock [mɒk] vt περιγελώ ◆ adj
ψεύτικος · **~ery** n κοροϊδία f · **to
make a ~ery of** n γελοιοποιώ

mode [məʊd] n (of life) τρόπος m ·
(of transport) μέσο nt · (COMPUT)
κατάσταση f

model ['mɒdl] n μοντέλο nt ·
(= example) υπόδειγμα nt ◆ adj
(parent etc) υποδειγματικός · (railway
etc) σε μικρογραφία ◆ vt (clothes)
ποζάρω φορώντας ◆ vi (for

photographer etc) ποζάρω · **to ~ o.s.
on** έχω ως πρότυπο

modem ['məʊdem] (COMPUT) n
μόντεμ nt inv

moderate adj, n ['mɒdərət] vb
['mɒdəreɪt] adj (views, people)
μετριοπαθής · (amount) μετρημένος
◆ n μετριοπαθής mf ◆ vi (storm,
wind etc) κοπάζω ◆ vt (tone, demands)
μετριάζω · **moderation** n
μετριοπάθεια f · **in ~** adv με μέτρο

modern ['mɒdən] adj σύγχρονος ·
~ languages σύγχρονες γλώσσες

modest ['mɒdɪst] adj (= small: house)
απλός · (budget) περιορισμένος ·
(= unassuming: person) σεμνός · **~y** n
σεμνότητα f

modification [mɒdɪfɪˈkeɪʃən] n (to
machine) μετατροπή f · (to policy etc)
τροποποίηση f · **to make ~s to**
κάνω αλλαγές or επιφέρω
τροποποιήσεις σε · **modify**
['mɒdɪfaɪ] vt (machine)
μετατρέπω · (policy etc) τροποποιώ

module ['mɒdjuːl] n (= unit) ενότητα
f · (= component) τμήμα nt · (SPACE)
άκατος f

Mohammed [məˈhæmed] n Μωάμεθ
m inv

moist [mɔɪst] adj (earth) νοτισμένος ·
(eyes, lips) υγρός · **~ure** n υγρασία f

mold [məʊld] (US) n, vt = **mould**

mole [məʊl] n (on skin) ελιά f · (ZOOL)
τυφλοπόντικας m · (fig: = spy)
κατάσκοπος mf

molecule ['mɒlɪkjuːl] n μόριο nt

molten ['məʊltən] adj λιωμένος

mom [mɒm] (US) n = **mum**

moment ['məʊmənt] n (= period of
time) **for a ~** για μια στιγμή · (= point
in time) **at that ~** εκείνη τη στιγμή ·
(= importance) σπουδαιότητα f · **at
the ~** αυτή τη στιγμή · **for the
~** προς το παρόν · **in a ~** σε μια
στιγμή · **"one ~ please"** (TEL) "μια
στιγμή παρακαλώ" · **~arily** adv προς
στιγμήν · (US: = very soon) από

στιγμή σε στιγμή · **~ary** adj (pause, glimpse) στιγμιαίος · **~ous** adj (occasion, decision) υψίστης σημασίας

momentum [məʊ'mentəm] n ορμή f · **to gather ~** παίρνω φόρα · (fig) εντείνομαι

mommy ['mɒmɪ] (US) n = **mummy**

Monaco ['mɒnəkəʊ] n Μονακό nt inv

monarch ['mɒnək] n μονάρχης m · **~y** n μοναρχία f · **the Monarchy** η βασιλική οικογένεια

monastery ['mɒnəstərɪ] n μοναστήρι nt

Monday ['mʌndɪ] n Δευτέρα f · see also **Tuesday**

monetary ['mʌnɪtərɪ] adj νομισματικός

money ['mʌnɪ] n χρήματα ntpl · **to make ~** (person) βγάζω λεφτά · (business) αποφέρω κέρδη

Mongolia [mɒŋ'ɡəʊlɪə] n Μογγολία f

monitor ['mɒnɪtə'] n (= device) μόνιτορ nt inv · (= screen) οθόνη f · ♦ vt (broadcasts) πιάνω · (heartbeat, pulse) παρακολουθώ · (progress) ελέγχω

monk [mʌŋk] n μοναχός m

monkey ['mʌŋkɪ] n πίθηκος m

monologue ['mɒnəlɒɡ] n μονόλογος m

monopoly [mə'nɒpəlɪ] n (also COMM) μονοπώλιο nt

monotonous [mə'nɒtənəs] adj μονότονος

monsoon [mɒn'suːn] n μουσσώνας m

monster ['mɒnstə'] n τέρας nt

month [mʌnθ] n μήνας m · **~ly** adj μηνιαίος ♦ adv μηνιαία · (pay) με το μήνα

monument ['mɒnjʊmənt] n μνημείο nt

mood [muːd] n (of person) διάθεση f · (of crowd, group) ατμόσφαιρα f · **~y** adj (= variable) κυκλοθυμικός · (= sullen) κακόκεφος

moon [muːn] n φεγγάρι nt · **~light** n φεγγαρόφωτο nt

moor [mʊə'] n χερσότοπος m ♦ vt δένω ♦ vi αγκυροβολώ

moose [muːs] n inv άλκη f (είδος ταράνδου)

mop [mɒp] n σφουγγαρίστρα f ♦ vt (floor) σφουγγαρίζω · (eyes, face) σφουγγίζω · **~ up** vt σκουπίζω με πανί

moral ['mɒrl] adj ηθικός ♦ n (of story etc) ηθικό δίδαγμα nt · **~ support** ηθική υποστήριξη
▸ **morals** npl ήθη ntpl

morale [mɒ'rɑːl] n ηθικό nt

morality [mə'rælɪtɪ] n (= good behaviour) ηθική f · (= system of morals) ηθικές αρχές fpl · (= correctness) ορθότητα f

morbid ['mɔːbɪd] adj (imagination, interest) νοσηρός

more [mɔː'] adj (a) (= greater in number etc) περισσότερος · **I have more wine than beer** έχω περισσότερο κρασί από μπύρα · **I have more pens than pencils** έχω πιο πολλά στυλό παρά or από μολύβια

(b) (= additional) άλλος m (άλλη f) (άλλο nt) · **it'll take a few more weeks** θα πάρει λίγες εβδομάδες ακόμα

♦ pron (a) (= greater amount) πάνω · **more than 10** πάνω or περισσότερο από 10

(b) (= further or additional amount) άλλο · **a little more** λίγο ακόμα or παραπάνω · **many more** πολλοί περισσότεροι or παραπάνω · **much more** πολύ περισσότερο or παραπάνω

♦ adv πιο · **more dangerous/ difficult (than)** πιο επικίνδυνος/ δύσκολος (από) · **more easily/ quickly (than)** πιο εύκολα/γρήγορα (από) · **more and more** όλο και πιο · **more or less** (= approximately) πάνω-κάτω · (= almost) σχεδόν

more than ever περισσότερο παρά ποτέ

moreover [mɔːˈrəʊvəʳ] adv επιπλέον
morgue [mɔːg] n νεκροτομείο nt
morning [ˈmɔːnɪŋ] n πρωί nt ♦ cpd (paper, sun) πρωινός • **in the ~** το πρωί
Morocco [məˈrɒkəʊ] n Μαρόκο nt
morphine [ˈmɔːfiːn] n μορφίνη f
Morse [mɔːs] n (also **~ code**) σήματα ntpl Μορς
mortal [ˈmɔːtl] adj (man) θνητός • (danger, sin) θανάσιμος • (enemy, combat) θανάσιμος ♦ n θνητός/ή m/f
mortar [ˈmɔːtəʳ] n (MIL) όλμος m • (CONSTR) κονίαμα nt
mortgage [ˈmɔːgɪdʒ] n στεγαστικό δάνειο nt (με υποθήκη) ♦ vt υποθηκεύω
mortified [ˈmɔːtɪfaɪd] adj **to be ~** είμαι ταπεινωμένος
mortuary [ˈmɔːtjʊərɪ] n νεκροτομείο nt
mosaic [məʊˈzeɪɪk] n μωσαϊκό nt
Moslem [ˈmɒzləm] adj, n = **Muslim**
mosque [mɒsk] n τζαμί nt
mosquito [mɒsˈkiːtəʊ] (pl **~es**) n κουνούπι nt
moss [mɒs] n (plant) βρύο nt

KEYWORD

most [məʊst] adj (a) (= almost all: people, things etc) οι περισσότεροι m (οι περισσότερες f) (τα περισσότερα nt)
(b) (= largest, greatest) ο περισσότερος
♦ pron (= greatest quantity, number) ο περισσότερος • **most of it/them** το περισσότερο/οι περισσότεροι • **most of the money/her friends/the time** τα περισσότερα or τα πολλά λεφτά/ οι περισσότεροι or οι πολλοί φίλοι της/ τον περισσότερο or πιο πολύ καιρό • **to make the most of sth**

επωφελούμαι από κτ • **at the (very) most** το πολύ/-πολύ
♦ adv (+ verb: spend, eat) το περισσότερο • (+ adjective) **the most intelligent/expensive** ο πιο έξυπνος/ακριβός • (+ adverb: carefully, easily etc) **of the three of us, I drove the most carefully** από τους τρεις μας, εγώ ζωγράφιζα πιο προσεχτικά • (= very) ιδιαίτερα

---

mostly [ˈməʊstlɪ] adv (= chiefly) κυρίως • (= usually) συνήθως
MOT (BRIT) n abbr **~ (test)** = ΚΤΕΟ
motel [məʊˈtɛl] n μοτέλ nt inv
moth [mɒθ] n λεπιδόπτερο nt (fml)
mother [ˈmʌðəʳ] n μητέρα f ♦ vt (= pamper, protect) κανακεύω • **~hood** n μητρότητα f • **~-in-law** n πεθερά f • **~ tongue** n μητρική γλώσσα f
motif [məʊˈtiːf] n (= design) διακοσμητικό σχέδιο nt • (= theme) μοτίβο nt
motion [ˈməʊʃən] n κίνηση f • (proposal) πρόταση f ♦ vt, vi to **~ (to) sb to do sth** κάνω νόημα σε κν να κάνει κτ • **~less** adj ακίνητος
motivate [ˈməʊtɪveɪt] vt (act, decision) έχω ως κίνητρο • (person) προκαλώ το ενδιαφέρον +gen • **motivation** n κίνητρο nt
motive [ˈməʊtɪv] n κίνητρο nt
motor [ˈməʊtəʳ] n (of machine, vehicle) κινητήρας m • (BRIT: inf: = car) αμάξι nt • **~bike** n μοτοσικλέτα f • **~ car** (BRIT) n αυτοκίνητο nt • **~cycle** n μοτοσικλέτα f • **~ing** (BRIT) n οδήγηση f • **~ist** n αυτοκινητιστής/ τρια m/f • **~ racing** (BRIT) n αγώνας m αυτοκινήτου • **~way** (BRIT) n αυτοκινητόδρομος m
motto [ˈmɒtəʊ] (pl **~es**) n ρητό nt
mould [məʊld] (US **mold**) n (= cast: for metal) καλούπι nt • (= mildew) μούχλα f ♦ vt (plastic, clay etc) δίνω

σχήμα σε · (fig: public opinion)
διαμορφώνω

mound [maund] n (of earth) ύψωμα
nt · (of blankets, leaves etc) σωρός m

mount [maunt] n (= mountain in
proper names) όρος nt · (= horse) ζώο
nt (που ιππεύει κάποιος) ◆ vt (horse)
ιππεύω · (exhibition, display)
διοργανώνω · (staircase) ανεβαίνω ·
(attack, campaign) οργανώνω ◆ vi
(= increase) αυξάνομαι · ~ **up** vi
μαζεύομαι, συσσωρεύομαι

mountain ['mauntın] n βουνό nt ·
~ **bike** n ποδήλατο nt ανωμάλου
δρόμου · **~ous** adj ορεινός

mourn [mɔːn] vt πενθώ ◆ vi **to ~ for**
(person) θρηνώ για · **~ing** n πένθος
nt · **in ~ing** σε πένθος

mouse [maus] (pl **mice**) n (also
COMPUT) ποντίκι nt · **~ mat**, **~ pad** n
πινακίδα f μετακίνησης ποντικιού

mousse [muːs] n μους nt inv

moustache [məsˈtɑːʃ] (US
mustache) n μουστάκι n

mouth [mauθ] (pl **~s**) n (ANAT) στόμα
nt · (of river) εκβολές fpl · **~ful** n (of
food) μπουκιά f · (of drink) γουλιά f ·
~piece n (of musical instrument)
επιστόμιο nt · (= spokesman)
φερέφωνο nt

move [muːv] n (= movement) κίνηση
f · (= change) μετακίνηση f ◆ vt
μετακινώ · (person: emotionally)
συγκινώ · (POL: resolution etc)
υποβάλλω πρόταση ◆ vi (person,
animal) κινούμαι · (also = **house**)
μετακομίζω · (= develop: situation,
events) εξελίσσομαι · **~ about** vi
(= change position) πηγαινοέρχομαι ·
(= change residence, job) πηγαίνω από
δω κι από κει · **~ along** vi
προχωράω · **~ around** vi = **move
about** · **~ away** vi (= leave)
απομακρύνομαι · **~ back** vi
(= return) επιστρέφω · **~ in** vi (to a
house) μετακομίζω · (police, soldiers)
μπαίνω · **~ on** vi (= leave) φεύγω ·
~ out vi (of house) μετακομίζω

~ **over** vi κάνω χώρο · **~ment** n
κίνηση f · (= transportation: of goods
etc) μεταφορά f · (esp REL: POL) κίνημα
nt · (MUS) μέρος nt

movie ['muːvɪ] n ταινία f

moving ['muːvɪŋ] adj (= emotional)
συγκινητικός · (= that moves) κινητός

mow [məu] (pt **~ed**, pp **~ed** or **~n**)
vt κουρεύω · **~ down** vt (= kill)
θερίζω

Mozambique [məuzæmˈbiːk] n
Μοζαμβίκη f

MP n abbr (= Member of Parliament)
Βουλευτής mf (CANADA) (= Mounted
Police) Έφιππη Αστυνομία f

Mr ['mɪstə*] (US **Mr.**) n ~ **Smith** ο
κύριος Σμιθ

Mrs ['mɪsɪz] (US **Mrs.**) n ~ **Smith** η
κυρία Σμιθ

Ms [mɪz] (US **Ms.**) n (= Miss or Mrs)
~ **Smith** η κυρία Σμιθ

Mt (GEO) abbr = **mount**

KEYWORD

much [mʌtʃ] adj (time, money) πολύς ·
how much milk? πόσο γάλα; · **how
much does it cost?** πόσο κάνει; ·
**he's done so much work for the
foundation** έχει κάνει τόση πολλή
δουλειά για το ίδρυμα · **as much as**
(τόσος) όσος

◆ pron πολλά · **there isn't much to
do** δεν έχει πολλά πράγματα να
κάνεις · **how much does it cost?**
– **too much** πόσο κάνει; – πάρα
πολύ · **how much is it?** πόσο κάνει;

◆ adv (a) (= greatly, a great deal)
πολύ · **thank you very much**
ευχαριστώ πάρα πολύ · **as much as**
όσο (περισσότερο)

(b) (= by far) πολύ · **I'm much
better now** είμαι πολύ καλύτερα
τώρα

(c) (= almost) σχεδόν · **how are you
feeling today?** – **much the same**
πώς είσαι σήμερα; – τα ίδια

muck [mʌk] n (= dirt) βρωμιά f·
~ **about** (inf) vi τριγυρίζω άσκοπα
♦ vt (person) παιδεύω· · — **around** ~
= **muck about** · ~ **up** (inf) ♦ vt τα
κάνω μούσκεμα σε

mucus ['mju:kəs] n βλέννα f

mud [mʌd] n λάσπη f

muddle ['mʌdl] n (= mess)
ακαταστασία n · (= confusion)
σύγχυση f ♦ vt (also · — **up**: things)
ανακατεύω · ~ **through** vi τα
καταφέρνω κουτσά-στραβά · (= get
by) τα βολεύω

muddy ['mʌdɪ] adj (floor)
λασπωμένος · (field) λασπερός

muesli ['mju:zlɪ] n μούσλι nt inv
(μείγμα δημητριακών)

muffled ['mʌfld] adj πνιγμένος

mug [mʌg] n (= cup) κούπα f · (for
beer) μεγάλο ποτήρι nt · (inf: = face)
μούρη f · (: = fool) κόπανος m ♦ vt
επιτίθεμαι (για να ληστέψω) ·
~**ging** n επίθεση f (για ληστεία)

mule [mju:l] n μουλάρι nt

multicoloured ['mʌltɪkʌləd] (US
multicolored) adj πολύχρωμος

multimedia ['mʌltɪ'mi:dɪə] (COMPUT)
npl πολυμέσα ntpl

multinational ['mʌltɪ'næʃənl] adj
πολυεθνικός ♦ n πολυεθνική f

multiple ['mʌltɪpl] adj πολλαπλός
♦ n (MATH) πολλαπλάσιο nt ·
~-**choice** adj με ερωτήσεις
πολλαπλής επιλογής · ~ **sclerosis**
n σκλήρυνση f κατά πλάκας

multiplex ['mʌltɪpleks] n (also
~ **cinema**) κινηματογράφος m με
πολλές αίθουσες προβολής

multiply ['mʌltɪplaɪ] vt
πολλαπλασιάζω ♦ vi
πολλαπλασιάζομαι

multi-storey ['mʌltɪ'stɔ:rɪ] (BRIT) adj
(building, car park) πολυόροφος

mum [mʌm] (BRIT: inf) n μαμά f ♦ adj
to keep ~ δεν βγάζω άχνα

mummy ['mʌmɪ] n (BRIT: = mother)
μαμά f · (= embalmed body) μούμια f

mumps [mʌmps] n μαγουλάδες fpl

munch [mʌntʃ] vt μασουλάω ♦ vi
μασουλάω

municipal [mju:'nɪsɪpl] adj δημοτικός

mural ['mjuərl] n τοιχογραφία f

murder ['mə:də'] n (= murder) ο φόνος m ·
(premeditated) δολοφονία f · (JUR)
ανθρωποκτονία f ♦ vt δολοφονώ ·
~**er** n δολοφόνος m

murky ['mə:kɪ] adj (street, night)
σκοτεινός · (water) θολός

murmur ['mə:mə'] n μουρμουρητό nt
♦ vt ψιθυρίζω ♦ vi μουρμουράω

muscle ['mʌsl] n μυς m · (fig: =
strength) νεύρο nt · ~ **in** vi
ανακατεύομαι · **muscular** adj
(pain) μυϊκός · (person, build)
γεροδεμένος

museum [mju:'zɪəm] n μουσείο nt

mushroom ['mʌʃrum] n μανιτάρι nt

music ['mju:zɪk] n μουσική f · ~**al** adj
(career, skills) μουσικός · (person)
φιλόμουσος ♦ n μιούζικαλ nt inv ·
~**al instrument** n μουσικό όργανο
nt · ~**ian** n μουσικός mf

Muslim ['mʌzlɪm] adj
μουσουλμανικός ♦ n μουσουλμάνος/
a m/f

muslin ['mʌzlɪn] n μουσελίνα f

must [mʌst] aux vb I · **do it** πρέπει
να το κάνω ♦ n **to be a** ~ είμαι
απαραίτητο · **he** ~ **be there by
now** πρέπει να έχει φτάσει τώρα · I
~ **have made a mistake** πρέπει να
έχω κάνει λάθος

mustache ['mʌstæʃ] (US) n =
moustache

mustard ['mʌstəd] n μουστάρδα f

mustn't ['mʌsnt] = **must not**

mute [mju:t] adj βουβός

mutiny ['mju:tɪnɪ] n ανταρσία f ♦ vi
στασιάζω

mutter ['mʌtə'] vt ψιθυρίζω ♦ vi
μουρμουρίζω

mutton ['mʌtn] n αρνί nt

mutual ['mju:tʃuəl] adj (feeling,
attraction) αμοιβαίος · (benefit,

interest) κοινός

muzzle ['mʌzl] *n (of dog)* μουσούδα *f* • (= *guard: for dog)* φίμωτρο *nt* ◆ *vt (dog)* έχω φίμωτρο

my [mai] *adj* μου • **I've washed ~ hair** λούστηκα • **is this ~ pen or yours?** αυτό είναι το δικό μου στυλό ή το δικό σου;

myself [maɪˈsɛlf] *pron (reflexive: often not translated)* εαυτός μου • (*complement, after prep: often not translated)* τον εαυτό μου • (*emph)* ο ίδιος • (= *alone: also* (**all**) **by ~**) μόνος μου

mysterious [mɪsˈtɪərɪəs] *adj* μυστηριώδης

mystery ['mɪstərɪ] *n* μυστήριο *nt*

mystic(al) ['mɪstɪk,l] *adj (experience, cult)* μυστικιστικός

myth [mɪθ] *n* μύθος *m*

N n

N, n [ɛn] *n* το δέκατο τέταρτο γράμμα του αγγλικού αλφαβήτου

n/a *abbr* (= *not applicable)* δεν ισχύει

nag [næg] *vt* βασανίζω ◆ *vi* γκρινιάζω • **to ~ at sb** (*doubt, worry)* τρώω κν

nail [neɪl] *n (on finger, toe)* νύχι *nt* • (*metal)* καρφί *nt* ◆ *vt* (= *attach)* **to ~ sth to sth** καρφώνω κτ σε κτ • **to ~ sb down (to sth)** υποχρεώνω κν να συμφωνήσει (σε κτ) • **~ varnish** (*BRIT)* *n* βερνίκι *nt* νυχιών

naive [naɪˈiːv] *adj* αφελής

naked ['neɪkɪd] *adj (person, body)* γυμνός

name [neɪm] *n* όνομα *nt* ◆ *vt* ονομάζω • (= *specify: price, date etc)* ορίζω • **what's your ~?** πώς σας λένε; • (*familiar)* πώς σε λένε; • **in the ~ of** (*also fig)* στο όνομα +*gen* • **~ly** *adv* συγκεκριμένα

nanny ['nænɪ] *n* (= *child carer)*

παραμάνα *f*

nap [næp] *n* (= *sleep)* υπνάκος *m*

napkin ['næpkɪn] *n (also* **table ~**) πετσέτα *f* φαγητού

nappy ['næpɪ] *n (BRIT)* πάνα *f*

narcotics *npl* ναρκωτικά *ntpl*

narrative ['nærətɪv] *n* αφήγηση *f*

narrator [nəˈreɪtə*] *n* αφηγητής/τρια *m/f*

narrow ['nærəʊ] *adj (space, road)* στενός • (*majority)* οριακός • (*victory, defeat)* με μικρή διαφορά ◆ *vi* στενεύω • (*difference)* περιορίζομαι ◆ *vt (gap)* μικραίνω • (*difference)* περιορίζω • **to have a ~ escape** γλιτώνω παρά τρίχα • **to ~ sth down (to sth)** περιορίζω κτ (σε) • **~ly** *adv (avoid, escape)* παρά τρίχα

nasal ['neɪzl] *adj (cavity, congestion)* ρινικός • (*voice)* έρρινος

nasty ['nɑːstɪ] *adj (person)* κακός • (*remark)* άσχημος • (*taste, smell)* απαίσιος • (*wound, accident)* άσχημος

nation ['neɪʃən] *n* έθνος *nt*

national ['næʃnl] *adj* εθνικός • **~ anthem** *n* εθνικός ύμνος *m* • **~ dress** *n* εθνική ενδυμασία *f*

National Health Service *(BRIT)* *n* Εθνικό Σύστημα *nt* Υγείας

National Insurance *(BRIT)* *n* ασφάλεια *f* Δημοσίου • **~ist** *adj* εθνικιστικός ◆ *n* εθνικιστής/τρια *m/f* • **~ity** *n* εθνικότητα *f* • (= *citizenship)* υπηκοότητα *f* • **~ park** *n* εθνικό πάρκο *nt*

nationwide [ˈneɪʃənwaɪd] *adj (campaign)* πανεθνικός • (*tour, search)* σε όλη τη χώρα

native ['neɪtɪv] *n* (= *local inhabitant)* ντόπιος/α *m/f* • (= *in colonies)* ιθαγενής *mf* ◆ *adj (population, inhabitant)* ντόπιος • (*language)* μητρικός

NATO ['neɪtəʊ] *n abbr* (= *North Atlantic Treaty Organization)* ΝΑΤΟ *nt inv*

natural ['nætʃrəl] *adj* φυσικός •

(= innate) έμφυτος · ~ **gas** n φυσικό αέριο nt · ~ **history** n Φυσική Ιστορία f · **-ly** adv (behave, act) φυσιολογικά · (lead, arise) λογικά · (= of course) φυσικά

nature ['neɪtʃə'] n (also **N~**) φύση f · (of person) χαρακτήρας m · **by ~** εκ φύσεως · ~ **reserve** (BRIT) n εθνικός δρυμός m

naughty ['nɔːtɪ] adj (child) άτακτος

nausea ['nɔːsɪə] n ναυτία f

naval ['neɪvl] adj (uniform, academy) ναυτικός · (forces) του Ναυτικού

nave [neɪv] n κεντρικό κλίτος nt

navel ['neɪvl] n ομφαλός m

navigate ['nævɪgeɪt] vt (river) διασχίζω με πλοίο ♦ vi (NAUT, AVIAT) κυβερνάω · (AUT) δίνω οδηγίες για το δρόμο · **navigation** n (action) διακυβέρνηση f (σκάφους) · (science) ναυσιπλοΐα f

navy ['neɪvɪ] n (= branch of military) Ναυτικό nt · (ships) στόλος m (πολεμικός)

Nazi ['nɑːtsɪ] n Ναζί mf inv

NB abbr (= nota bene) προσοχή

near [nɪə'] adj (in space, time) κοντά · (relative) στενός ♦ adv (in space) κοντά ♦ prep (also ~ **to**: in space) κοντά σε · (in time) λίγο πριν · (in situation) κοντά σε ♦ vt (place, time) πλησιάζω σε · (age) πλησιάζω · (state, situation) κοντά να φτάσω σε · **in the ~ future** στο εγγύς μέλλον · **to draw ~** πλησιάζω κοντά · (in time) πλησιάζω · **-by** adj κοντινός ♦ adv κοντά · **-ly** adv περίπου · **I ~ly fell** παραλίγο να πέσω or κόντεψα να πέσω

neat [niːt] adj (= tidy: office, desk) τακτικός · (= effective: plan, solution) αποτελεσματικός · (= undiluted: spirits) σκέτος · **-ly** adv (tidily) τακτικά

necessarily ['nesɪsrɪlɪ] adv (= inevitably) αναγκαστικά · **not**

~ όχι απαραίτητα

necessary ['nesɪsrɪ] adj (= required: skill, quality) απαραίτητος · (= inevitable: result, effect) αναγκαστικός · **necessity** n (= inevitability) αναγκαιότητα f · (= compelling need) ανάγκη f · (= essential item) αναγκαίο nt

neck [nek] n (of person) λαιμός m · (of animal) σβέρκος m · (of shirt, dress) γιακάς m · (of bottle) λαιμός m · **to be ~ and ~** είμαι στήθος με στήθος

necklace ['neklɪs] n κολιέ nt inv

nectarine ['nektərɪn] n νεκταρίνι n

need [niːd] n ανάγκη f · (= poverty) ανέχεια f ♦ vt χρειάζομαι · **I ~ to do sth** πρέπει or χρειάζεται να κάνω κτ · **you don't ~ to go, you ~n't go** δεν χρειάζεται or δεν είναι ανάγκη να πάτε · **to be in ~ of** χρειάζομαι

needle ['niːdl] n βελόνα f

needless ['niːdlɪs] adj άσκοπος · **to say** περιττό να πω

needn't ['niːdnt] = **need not**

needy ['niːdɪ] adj άπορος ♦ npl **the** ~ οι άποροι

negative ['negətɪv] adj αρνητικός ♦ n (PHOT) αρνητικό nt · (LING) αρνητικός τύπος m

neglect [nɪ'glekt] vt (child, area) παραμελώ · (one's duty, responsibilities) αμελώ ♦ n (of child) παραμέληση f · (of area, house) εγκατάλειψη f

negligence ['neglɪdʒəns] n αμέλεια f

negotiate [nɪ'gəʊʃɪeɪt] vi διεξάγω διαπραγματεύσεις ♦ vt (treaty, contract) διαπραγματεύομαι · (obstacle, hill) περνάω πάνω από · (bend) παίρνω · **negotiation** n διαπραγματεύσεις ntpl

▶ **negotiations** npl (= discussions) διαπραγματεύσεις fpl · **negotiator** n αυτός που παίρνει μέρος σε διαπραγματεύσεις

neighbour ['neɪbə'] (US **neighbor**) n

γείτονας/ισσα m/f· **~hood** (US
neighborhood) n γειτονιά f· **in the
~hood of** (sum of money) ποσό της
τάξεως +gen· **~ing** (US
neighboring) adj γειτονικός

neither ['naɪðəʳ] conj ούτε· **~ did John** δεν κουνήθηκε
ούτε εγώ ούτε κι ο Τζων ♦ pron
κανείς από τους δύο δεν ♦ adv
~...nor... ούτε ... ούτε... · **~ story is
true** καμιά απ'τις δυο ιστορίες δεν
είναι αλήθεια· **is true** ούτε το
ένα ούτε το άλλο είναι αλήθεια ·
~ do I/have I ούτε κι εγώ

neon ['niːɒn] n νέον nt

Nepal [nɪ'pɔːl] n Νεπάλ nt inv

nephew ['nevjuː] n ανηψιός m

nerve [nɜːv] n (ANAT) νεύρο nt·
(= courage) θάρρος nt·
(= impudence) θράσος nt
▶**nerves** npl νεύρα ntpl· **he gets on
my ~s** μου δίνει στα νεύρα

nervous ['nɜːvəs] adj νευρικός·
~ breakdown n νευρικός
κλονισμός m

nest [nest] n φωλιά f· vi φωλιάζω

net [net] n (fabric) τούλι nt·
(= netting) δίχτυ nt· (for fish: large)
δίχτυ nt· (: small) απόχη f· (TENNIS,
BADMINTON etc) δίχτυ nt· (FOOTBALL)
δίχτυα ntpl· (COMPUT) **the N~** το
Δίκτυο nt· (fig) δίχτυ nt ♦ adj
(COMM) καθαρός· (= final: result,
effect) τελικός ♦ vt (fish, butterfly)
πιάνω με την απόχη f· (COMM: profit)
αφήνω καθαρό κέρδος· (deal, sale)
βγάζω· **~ball** n νέτμπωλ nt inv

Netherlands ['neðələndz] npl **the
~** οι Κάτω Χώρες

nettle ['netl] n τσουκνίδα f

network ['netwɜːk] n (also TV, RADIO)
δίκτυο nt· (of veins etc) πλέγμα nt

neurotic [njuˈrɒtɪk] adj νευρωτικός
♦ n νευρωτικός/ή m/f

neutral ['njuːtrəl] adj ουδέτερος ♦ n
(AUT) νεκρό nt

never ['nevəʳ] adv (= not at any time)

ποτέ (δεν)· (not) δεν · **~ again** ποτέ
ξανά· see also **mind**· **~ -ending**
adj ατέλειωτος· **~theless** adv
παρ'όλα αυτά

new [njuː] adj καινούργιος·
(= improved) νέος· (boss, president
etc) νέος · (= inexperienced) νέος·
~born adj νεογέννητος· **~comer** n
νεοφερμένος/η m/f· **~ly** adv
πρόσφατα

news [njuːz] n τα νέα ntpl· **a piece of
~** ένα νέο· **the ~** (RADIO, TV) τα νέα·
~ agency n πρακτορείο n
ειδήσεων· **~agent** (BRIT) n
πρακτορείο nt εφημερίδων·
~caster n εκφωνητής/τρια m/f·
~dealer (US) n = **newsagent**·
~letter n ενημερωτικό δελτίο nt·
~paper n εφημερίδα f· **~reader** n
= **newscaster**

newt [njuːt] n τρίτωνο nt (μαλάκιο)

New Year n Νέο Έτος nt· **~'s Day**
n Πρωτοχρονιά f· **~'s Eve** n
παραμονή f Πρωτοχρονιάς

New Zealand [njuːˈziːlənd] n Νέα
Ζηλανδία f ♦ adj νεοζηλανδέζικος·
~er n Νεοζηλανδός/έζα m/f

next [nekst] adj (in space) διπλανός·
(in time) επόμενος ♦ adv (in space)
δίπλα· (in time) μετά ♦ (= afterwards)
μετά· **the ~** η επόμενη μέρα·
~ time την επόμενη φορά · **~ year**
του χρόνου · **to do sth** σε · **~ to
nothing** (cost, do) σχεδόν τίποτα·
the ~ best ο δεύτερος καλύτερος·
~ door adv δίπλα ♦ adj **~ -door**
διπλανός

NHS (BRIT) n abbr = **National Health
Service**

nibble ['nɪbl] vt ροκανίζω ♦ vi
~ at τσιμπολογάω

Nicaragua [nɪkəˈrægjuə] n
Νικαράγουα f

nice [naɪs] adj (= likeable)
συμπαθητικός · (= kind) ευγενικός·
(= pleasant) ωραίος· (= attractive)
ωραίος· **~ly** adv ωραία

niche [niːʃ] n (for statue) κόγχη f · (= job, position) θέση f

nick [nɪk] n (= scratch: on face etc) γρατζουνιά f ♦ vt (BRIT: inf: = steal) πιάνω · **in the ~ of time** στο τσακ

nickel ['nɪkl] n (metal) νικέλιο nt · (US) νόμισμα των 5 σεντς

nickname ['nɪkneɪm] n παρατσούκλι nt ♦ vt βγάζω παρατσούκλι σε

nicotine ['nɪkətiːn] n νικοτίνη f

niece [niːs] n ανηψιά f

Nigeria [naɪ'dʒɪərɪə] n Νιγηρία f

night [naɪt] n (= period of darkness) νύχτα f · (= evening) βράδυ nt · **at ~** τη νύχτα · **~club** n νυχτερινό κέντρο nt

nightlife ['naɪtlaɪf] n νυχτερινή ζωή f

nightly ['naɪtlɪ] adj νυχτερινός ♦ adv κάθε βράδυ

nightmare ['naɪtmɛəʳ] n εφιάλτης m

night-time ['naɪttaɪm] n νύχτα f

nil [nɪl] n μηδέν nt

nine [naɪn] num εννέα · **~teen** num δεκαεννέα · **~teenth** num δέκατος ένατος · **~ty** num ενενήντα · **ninth** num ένατος

nip [nɪp] vt (bite) δαγκώνω ελαφρά · **to ~ out** (BRIT: inf) πετάγομαι μια στιγμή

nipple ['nɪpl] n θηλή f

nitrogen ['naɪtrədʒən] n άζωτο nt

| KEYWORD |

no [nəʊ] (pl **noes**) adv (opposite of "yes") όχι · **would you like some? – no thank you** θέλετε λίγο; – όχι ευχαριστώ
♦ adj (= not any) κανείς · **I have no money/time/books** δεν έχω λεφτά/ καιρό/βιβλία · **no other man would have done it** κανείς άλλος δεν θα το έκανε · "**no entry**" "απαγορεύεται η είσοδος" · "**no smoking**" "απαγορεύεται το κάπνισμα"
♦ n όχι nt inv

no. abbr = **number**

nobility [nəʊ'bɪlɪtɪ] n (= aristocracy) αριστοκρατία f · (quality) αξιοπρέπεια f

noble ['nəʊbl] adj (= admirable: person, character) εξαιρετικός · (= aristocratic: family, birth) αριστοκρατικός

nobody ['nəʊbədɪ] pron κανείς (καμία) (κανένα) ♦ n **he's a ~** είναι ένα τίποτα

nod [nɔd] vi (to show agreement) γνέφω καταφατικά · (as greeting) χαιρετάω με μια κίνηση του κεφαλιού · (fig: flowers etc) λικνίζομαι ♦ vt **to ~ one's head** γνέφω ♦ n νεύμα nt · **~ off** vi αποκοιμιέμαι

noise [nɔɪz] n θόρυβος m · **noisy** adj (children, machine) που κάνει θόρυβο or φασαρία · (place) που έχει πολύ θόρυβο

nominal ['nɔmɪnl] adj (leader, leadership) κατ'όνομα · (sum, price) συμβολικός

nominate ['nɔmɪneɪt] vt (= propose) προτείνω · (= appoint) ορίζω

nomination [nɔmɪ'neɪʃən] n (= proposal) υποψηφιότητα f · (= appointment) διορισμός m

nominee [nɔmɪ'niː] n υποψήφιος/α m/f

none [nʌn] pron (= not one) κανένας m (καμία f) (κανένα nt) · (= not any) κανένας · **~ of us** κανένας μας (καμία μας) (κανένα μας) · **...I've ~ left** (not any) δεν μου έχει μείνει καθόλου... · (not one) ούτε ένας · **I was ~ the wiser** πάλι δεν κατάλαβα τίποτε · **~theless** adv παρ'όλα αυτά

nonsense ['nɔnsəns] n ασυναρτησίες fpl

nonsmoker ['nɔn'sməʊkəʳ] n μη καπνιστής/τρια m/f

noodles ['nuːdlz] npl φιδές m

noon [nuːn] n μεσημέρι nt

no–one ['nəʊwʌn] *pron* = **nobody**

nor [nɔːʳ] *conj* = **neither** ♦ *adv see* **neither**

norm [nɔːm] *n* κανόνας *m*

normal ['nɔːməl] *adj* φυσιολογικό ♦ *n* to return to ~ επιστρέφω στο κανονικό · **~ly** *adv* κατά κανόνα · (*act, behave*) κανονικά

north [nɔːθ] *n* βορράς *m* ♦ *adj* βόρειος ♦ *adv* βόρεια · **North America** *n* Βόρεια Αμερική *f* · **North American** *adj* βορειοαμερικανικός ♦ *n* βορειοαμερικανός/ή *m/f* · ~ **east** *n* βορειοανατολικά *ntpl* · ~**ern** *adj* βόρειος · **Northern Ireland** *n* Βόρεια Ιρλανδία *f* · **North Korea** *n* Βόρεια Κορέα *f* · **North Pole** *n* the N~ **Pole** ο Βόρειος Πόλος · **North Sea** *n* the **N~ Sea** η Βόρεια Θάλασσα · ~ **west** *n* βορειοδυτικά *ntpl*

Norway ['nɔːweɪ] *n* Νορβηγία *f*

Norwegian [nɔːˈwiːdʒən] *adj* νορβηγικός ♦ *n* Νορβηγός/ίδα *m/f* · (*LING*) νορβηγικά *ntpl*

nose [nəʊz] *n* μύτη *f* ♦ *vi* (*also* ~ **one's way**) προχωρώ (επιφυλακτικά) · ~ **about** *vi* γυροφέρνω

nostalgia [nɔsˈtældʒɪə] *n* νοσταλγία *f* · **nostalgic** *adj* (*experience*) νοσταλγικός · (*person*) που αισθάνεται νοσταλγία

nosy ['nəʊzɪ] (*inf*) *adj* περίεργος

KEYWORD

not [nɔt] *adv* (a) (*with indicative*) δεν (b) (*with nonindicative*) μην · **not that I know him** όχι πως τον ξέρω · **not yet/now** όχι ακόμα/τώρα · *see also* **at, only**

notable ['nəʊtəbl] *adj* αξιοσημείωτος · **notably** *adv* (*particularly*) ιδιαίτερα

notch [nɔtʃ] *n* (*in wood*) εγκοπή *f*

(*fml*) · (*fig*) κλάση *f* · ~ **up** *vt* (*votes*) κερδίζω · (*score*) σημειώνω · (*victory*) πετυχαίνω

note [nəʊt] *n* (*of student, secretary etc*) σημείωση *f* · (*letter*) σημείωμα *nt* · (= *banknote*) χαρτονόμισμα *nt* · (*MUS*) νότα *f* · (= *tone*) τόνος *m* ♦ *vt* (= *observe*) παρατηρώ · (= *point out*) επισημαίνω · (*also* ~ **down**) σημειώνω · ~**book** *n* σημειωματάριο *nt* · **~d** *adj* ξακουστός

nothing ['nʌθɪŋ] *pron* τίποτα · ~ **new/ worse** *etc* τίποτα νεότερο/χειρότερο κ.λπ. · ~ **much** τίποτα το ιδιαίτερο · ~ **else** τίποτα άλλο · **for** ~ (= *free*) τζάμπα · (= *in vain*) χωρίς λόγο

notice ['nəʊtɪs] *n* (= *sign*) ανακοίνωση *f* · (= *warning*) ειδοποίηση *f* · (*dismissal: by employer*) ειδοποίηση *f* · απόλυσης · (*by employer*) παραίτηση *f* ♦ *vt* παρατηρώ · **to bring sth to sb's** ~ θέτω κτ υπόψη κου · **to take no** ~ **of** δε δίνω καμιά σημασία σε · **at short/a moment's** ~ (ειδοποίηση) την τελευταία στιγμή/ στη στιγμή · ~**able** *adj* εμφανής

notify ['nəʊtɪfaɪ] *vt* **to** ~ **sb (of sth)** ειδοποιώ κν (για κτ)

notion ['nəʊʃən] *n* ιδέα *f*

notorious [nəʊˈtɔːrɪəs] *adj* περιβόητος

notwithstanding [nɔtwɪðˈstændɪŋ] *adv* χωρίς να λάβω υπόψη ♦ *prep* παρά +*acc*

nought [nɔːt] *n* μηδέν *nt inv*

noun [naʊn] *n* ουσιαστικό *nt*

nourishment ['nʌrɪʃmənt] *n* (= *food*) τροφή *f* · (= *act*) διατροφή *f*

novel ['nɔvl] *n* μυθιστόρημα *nt* ♦ *adj* πρωτότυπος · ~**ist** *n* μυθιστοριογράφος *mf* · ~**ty** *n* νεωτερισμός *m* · (*object*) διακοσμητικό μικροαντικείμενο *nt*

November [nəʊˈvembəʳ] *n* Νοέμβριος *m* · *see also* **July**

novice ['nɔvɪs] *n* (= *beginner*) δόκιμος *m*

now [naʊ] *adv* (= *at the present time*)

τώρα· (= these days) σήμερα ◆ conj
~ (that) τώρα (που) · right ~ αυτή
τη στιγμή · by ~ τώρα πια · I saw
her just ~ μόλις τώρα την είδα ·
(every) ~ and then, (every) ~ and
again κάπου-κάπου · from ~ on
από δω και στο εξής · any day
~ από μέρα σε μέρα · ~ then
λοιπόν · ~adays adv στην εποχή
μας

nowhere ['nəuwɛəʳ] adv (be, go)
πουθενά · ~ else πουθενά αλλού

nuclear ['nju:klɪəʳ] adj πυρηνικός

nucleus ['nju:klɪəs] (pl nuclei) n (of
group) πυρήνας m

nude [nju:d] adj γυμνός

nudge [nʌdʒ] vt σκουντάω

nudity ['nju:dɪtɪ] n γύμνια f

nuisance ['nju:sns] n μπελάς m

numb [nʌm] adj (with cold etc)
μουδιασμένος, (fig: with fear etc)
παράλυτος

number ['nʌmbəʳ] n αριθμός m ◆ vt
(pages etc) αριθμώ · (= amount to)
απαριθμώ · a ~ of μερικοί · wrong
~ (TEL) λάθος νούμερο · ~ plate
(BRIT) n (AUT) πινακίδα f

numerical [nju:'merɪkl] adj
αριθμητικός

numerous ['nju:mərəs] adj
πολυάριθμος

nun [nʌn] n καλόγρια f

nurse [nɜ:s] n (in hospital: female)
νοσοκόμα f · (: male) νοσοκόμος m ·
(also =maid) ντανιά f ◆ vt (patient)
περιποιούμαι · (= breastfeed: baby)
θηλάζω

nursery ['nɜ:sərɪ] n (institution)
παιδικός σταθμός m · (= room) παιδικό
δωμάτιο nt · (for plants) φυτώριο nt ·
~ school n νηπιαγωγείο nt

nursing ['nɜ:sɪŋ] n (profession)
νοσηλευτική f · (care) νοσηλεία f ·
~ home n οίκος m ευγηρίας

nurture ['nɜ:tʃəʳ] vt (child)
ανατρέφω · (fig) καλλιεργώ

nut [nʌt] n (TECH) παξιμάδι nt · (BOT)

ξηροί καρποί mpl · (: on tree) γενικός
όρος για καρύδι, φουντούκι,
αμύγδαλο κ.λπ. · (inf: = lunatic)
τρελός/ή m/f · ~meg n
μοσχοκάρυδο nt

nutrient ['nju:trɪənt] n θρεπτική
ουσία f

nutrition [nju:'trɪʃən] n (= diet)
διατροφή f · (= nourishment)
θρεπτική αξία f · nutritious adj
θρεπτικός

nuts [nʌts] (inf) adj τρελός

nylon ['naɪlɒn] n νάυλον nt inv ◆ adj
νάυλον

O o

O, o [əu] n το δέκατο πέμπτο
γράμμα του αγγλικού αλφαβήτου ·
(TEL etc) μηδέν

oak [əuk] n βελανιδιά f · (wood) δρυς
f ◆ adj δρύινος

oasis [əu'eɪsɪs] (pl oases) n (also fig)
όαση f

oath [əuθ] n όρκος m · (= swear word)
βρισιά f

oatmeal ['əutmi:l] n αλεύρι nt
βρώμης · (colour) μπεζ nt inv

oats [əuts] npl βρώμη f

obedience [ə'bi:dɪəns] n υπακοή f ·
obedient adj υπάκουος

obese [əu'bi:s] adj παχύσαρκος ·
obesity n παχυσαρκία f

obey [ə'beɪ] vt υπακούω ◆ vi υπακούω

obituary [ə'bɪtjuərɪ] n νεκρολογία f

object n ['ɒbdʒɪkt] vb [əb'dʒɛkt] n
αντικείμενο nt · (= aim, purpose)
σκοπός m · (LING) αντικείμενο nt ◆ vi
αντιτάσσομαι · to ~ to sth είμαι
αντίθετος σε κτ · ~ion n αντίρρηση
f · (argument) πρόσκομμα nt · ~ive
adj αντικειμενικός n στόχος m

obligation [ɒblɪ'geɪʃən] n υποχρέωση
f · obligatory adj υποχρεωτικός

oblige [ə'blaɪdʒ] vt (= compel) to

~ sb to do sth υποχρεώνω κν να κάνει κτ · (= do a favour for) κάνω την χάρη σε · **to be ~d to sb for sth** είμαι υπόχρεος σε κν για κτ

oblique [əˈbliːk] adj (line) πλάγια · (angle) οξείγα

oblivious [əˈblɪvɪəs] adj **to be ~ of** or **to** δεν έχω επίγνωση +gen

obnoxious [əbˈnɒkʃəs] adj αποκρουστικός

obscene [əbˈsiːn] adj (gesture, remark) αισχρός · (fig: wealth, income etc) σκανδαλώδης

obscure [əbˈskjʊər] adj (little known) άσημος · (= difficult to understand) δυσνόητος ◆ vt (view, sun etc) κρύβω · (truth, meaning etc) επισκιάζω

observant [əbˈzɜːvənt] adj παρατηρητικός

observation [ɒbzəˈveɪʃən] n παρατήρηση f · (= ability to observe) παρατηρητικότητα f · (MED) παρακολούθηση f

observatory [əbˈzɜːvətrɪ] n (ASTR) αστεροσκοπείο nt

observe [əbˈzɜːv] vt (= watch) τηρώ · (rule, convention) τηρώ · **~r** n παρατηρητής m

obsess [əbˈses] vt **to be ~ed by** or **with sb/sth** κς/κτ μου γίνεται έμμονη ιδέα · **~ion** n έμμονη ιδέα f · **~ive** adj (person) μονομανής · (interest) αρρωστημένος

obsolete [ˈɒbsəliːt] adj απαρχαιωμένος

obstacle [ˈɒbstəkl] n (also fig) εμπόδιο nt

obstruct [əbˈstrʌkt] vt (road, path) μπλοκάρω · (traffic) εμποδίζω · (fig) παρεμποδίζω · **~ion** n (in object) εμπόδιο nt · (of plan, law) κωλυσιεργία f

obtain [əbˈteɪn] vt αποκτώ

obvious [ˈɒbvɪəs] adj προφανής · **~ly** adv (= clearly) φανερά · (= of course) φυσικά · **~ly not** προφανώς όχι

occasion [əˈkeɪʒən] n (= point in time) περίσταση f · (= event, celebration etc) γεγονός nt · **~al** adj περιστασιακός · **~ally** adv περιστασιακά

occult [ɒˈkʌlt] n **the ~** ο αποκρυφισμός

occupant [ˈɒkjupənt] n (of house, office etc) ένοικος mf · (of car, bus) επιβάτης mf

occupation [ɒkjuˈpeɪʃən] n (= job) επάγγελμα nt · (= pastime) απασχόληση f · (of building) κατάληψη f · (of country) κατοχή f

occupy [ˈɒkjupaɪ] vt (house) κατοικώ · (seat etc) καταλαμβάνω · (building, country etc) καταλαμβάνω · (= fill: time) περνάω · (= position, space) καταλαμβάνω · **to ~ o.s. (in** or **with sth/doing sth)** απασχολούμαι (σε or με κάνοντας κτ)

occur [əˈkɜː] vi (event) γίνομαι · (= exist; phenomenon) συναντιέμαι · **to ~ to sb** περνάω από το νου or μυαλό κου · **~rence** n (= event) γεγονός nt · (= incidence: of events) παρουσία f

ocean [ˈəʊʃən] n ωκεανός m

o'clock [əˈklɒk] adv **it is 5 ~** είναι πέντε (η ώρα)

October [ɒkˈtəʊbər] n Οκτώβριος m · see also **July**

octopus [ˈɒktəpəs] n χταπόδι nt

odd [ɒd] adj (= strange: person, behaviour) περίεργος · (= uneven: number) μονός · (= not paired: sock, glove) παράταιρος · (= spare) περισσευούμενος · (= occasional) κανένας · **60—** καμιά εξηνταριά · **to be the ~ one out** είμαι η εξαίρεση · **~ly** adv παράξενα · see also **enough** · **~s** npl (in betting) στοιχήματα ntpl · (fig) πιθανότητες fpl · **at ~s with** σε αντίθεση

odometer [əˈdɒmɪtər] (US) n χιλιομετρητής m

odour [ˈəʊdər] (US **odor**) n μυρωδιά f

KEYWORD

of [ɒv, əv] *prep* (a) *(possession, amount)* **a friend of ours** ένας φίλος μας · **that was kind of you** ήταν ευγενικό εκ μέρους σας

(b) *(expressing quantity, amount)* **a kilo of flour** ένα κιλό αλεύρι · **how much of this do you need?** πόσο θέλετε απ'αυτό· · **there were 3 of them** *(people)* ήταν τρεις · *(objects)* ήταν τρία · **a cup of tea/vase of flowers** ένα φλιτζάνι τσάι/βάζο με λουλούδια · **the 5th of July** 5 Ιουλίου

(c) *(= material)* από · **made of wood** ξύλινος *or* από ξύλο

KEYWORD

off [ɒf] *adv* (a) *(referring to distance, time)* **it's a long way off** είναι πολύ μακριά · **the game is 3 days off** ο αγώνας είναι σε τρεις μέρες

(b) *(departure)* **to go off to Paris/ Italy** φεύγω για το Παρίσι/την Ιταλία · **I must be off** πρέπει να πηγαίνω

(c) *(removal)* **to take off one's hat/ coat** βγάζω το καπέλο/το παλτό · **the button came off** έφυγε το κουμπί · **10% off** 10% έκπτωση

(d) **to be off** (*= not at work: on holiday*) είμαι σε άδεια · (= : *due to sickness*) έχω αναρρωτική (άδεια) · **to have a day off** *(from work)* παίρνω μια μέρα άδεια · **to be off sick** έχω αναρρωτική (άδεια)

♦ *adj* (a) *(= not turned on: machine, light)* σβηστός · (= : *water, gas*) κλειστός

(b) *(= cancelled)* **to be off** *(meeting, match)* έχω ματαιωθεί

(c) *(BRIT: = not fresh: milk etc)* χαλασμένος

(d) **on the off chance that ...** μήπως τυχόν και ... · **to have an off day** δεν είμαι σε φόρμα

♦ *prep* (a) *(indicating motion, removal etc)* από

(b) *(= distant from)* **it's just off the M1** είναι αμέσως μόλις βγείς από τον αυτοκινητόδρομο M1 · **an island off the coast** ένα νησί κοντά στην ακτή

offence [ə'fens] *(US* **offense)** *n* (= *crime*) αδίκημα *nt* · (= *insult*) προσβολή *f* · **to take ~ (at)** θίγομαι (με)

offend [ə'fend] *vt* προσβάλλω · **~er** *n* παραβάτης *mf*

offense [ə'fens] *(US)* *n* = **offence**

offensive [ə'fensiv] *adj* (*remark, behaviour*) προσβλητικός · (*smell etc*) αποκρουστικός ♦ *n (MIL)* επίθεση *f*

offer ['ɒfə'] *n* προσφορά *f* ♦ *vt* προσφέρω · (*advice*) δίνω · **to ~ to do sth** προσφέρομαι να κάνω κτ

office ['ɒfɪs] *n* γραφείο *nt* · (= *position*) θέση *f* · **to take ~** αναλαμβάνω τα καθήκοντα μου · **in ~** (*government, minister*) στην εξουσία · **~ block** *(US* **building)** *n* συγκρότημα *nt* γραφείων

officer ['ɒfɪsə'] *n (MIL etc)* αξιωματικός *m* · (*also* **police ~**) αστυνομικός *m* · (*of organization*) υπάλληλος *mf*

official [ə'fɪʃl] *adj* επίσημος ♦ *n* στέλεχος *nt*

offline [ɒf'laɪn] *(COMPUT)* *adj* εκτός γραμμής · (= *switched off*) κλειστός ♦ *adv* εκτός γραμμής

off-peak ['ɒf'piːk] *adj* (*heating, electricity*) νυχτερινός · (*train, ticket*) εκτός των ωρών αιχμής

off-season ['ɒf'siːzn] *adj* εκτός εποχής ♦ *adv* εκτός εποχής

offset ['ɒfset] (*irreg*) *vt* ισοσταθμίζω

offshore [ɒf'ʃɔː'] *adj* στα ανοιχτά

offside ['ɒf'saɪd] *adj (SPORT)* οφσάιντ · *(AUT: with right-hand drive)* δεξιός · (: *with left-hand drive*) αριστερός

offspring ['ɒfsprɪŋ] *n inv* απόγονοι *mpl*

often [ˈɔfn] *adv* συχνά · **how ~ do you go?** πόσο συχνά *or* κάθε πόσο πάτε;· **every so ~** κάθε τόσο

oh [əu] *excl* ε

oil [ɔil] *n* (CULIN) λάδι *nt* · (= *petroleum, for heating*) πετρέλαιο *nt* ♦ *vt* (*gun*) λαδώνω · (*engine, machine*) λιπαίνω · **~ rig** *n* πετρελαιοπηγή *f* · (*at sea*) πλατφόρμα *f* (*άντλησης πετρελαίου*) · **~y** *adj* (*rag*) λαδωμένος · (*substance*) λιπαρός · (*food*) λαδερός

O.K. [ˈəuˈkei] (*inf*) *excl* εντάξει ♦ *adj* εντάξει ♦ *vt* εγκρίνω

okay [ˈəuˈkei] = **O.K.**

old [əuld] *adj* (= *aged: person*) ηλικιωμένος · (= : *thing*) παλιός · (*comparative age*) μεγάλος · (= *former: school etc*) παλιός · (= *familiar: joke, saying*) παλιός · (= *long–established*) παλιός · **how ~ are you?** πόσων χρονών *or* ετών είστε;· (*familiar*) πόσων χρονών *or* ετών είσαι;· **he's 10 years ~** είναι δέκα χρονών *or* ετών · **~er brother** μεγαλύτερος αδερφός · **~ age** *n* γεράματα *ntpl* · **~–fashioned** *adj* (*style, design*) παλιομοδίτικος · (*person*) της παλιάς σχολής · **~ people's home** *n* γηροκομείο *nt*

olive [ˈɔliv] *n* ελιά *f* ♦ *adj* (*also* **~–green**) *inv* · **~ oil** *n* ελαιόλαδο *nt*

Olympic [əuˈlimpik] *adj* των Ολυμπιακών Αγώνων · **~ Games**, **~s** *npl* οι Ολυμπιακοί Αγώνες

Oman [əuˈmɑːn] *n* Ομάν *nt inv*

omelette [ˈɔmlit] (US **omelet**) *n* ομελέττα *f*

omen [ˈəumən] *n* οιωνός *m*

ominous [ˈɔminəs] *adj* δυσοίωνος

omit [əuˈmit] *vt* παραλείπω ♦ *vi* · **to ~ to do sth** παραλείπω να κάνω κτ

on [ɔn] *prep* (a) (*indicating position*) (πάνω) σε · **on the wall** στον τοίχο ·

it's on the table είναι (πάνω) στο τραπέζι · **on the left** (στα) αριστερά (b) (*indicating means, method*) **on foot** (*go*) με τα πόδια · **on the train/ plane** (*go*) με τρένο/αεροπλάνο · (*be*) στο τρένο/αεροπλάνο · **on the telephone/radio/television** στο τηλέφωνο/στο ραδιόφωνο/στην τηλεόραση · **to be on drugs** παίρνω ναρκωτικά · **to be on holiday** είμαι διακοπές · **to be away on business** λείπω σε επαγγελματικό ταξίδι

(c) (*referring to time*) **on Friday** την Παρασκευή · **on Fridays** τις Παρασκευές · **on June 20th** στις 20 Ιουνίου · **the party is a week on Friday** το πάρτυ είναι την επόμενη Παρασκευή · **on arrival he went straight to his hotel** μόλις έφτασε πήγε κατευθείαν στο ξενοδοχείο του · **on seeing this, he was very angry** μόλις το είδε αυτό νευρίασε πολύ

(d) (= *about, concerning*) για · **a book on physics** ένα βιβλίο Φυσικής ♦ *adv* (a) (*referring to dress*) **to have a coat on** φοράω παλτό · **she put her boots/gloves/hat on** φόρεσε τις μπότες/τα γάντια/το καπέλο της

(b) (*referring to covering*) **screw the lid on tightly** κλείστε σφιχτά το καπάκι

(c) (= *further, continuously*) **to walk/ drive/go on** συνεχίζω το δρόμο μου · **to read on** συνεχίζω το διάβασμα

♦ *adj* (a) (= *functioning, in operation: machine, radio*) ανοιχτός · (= : *tap*) ανοιχτός · (= : *handbrake*) ανεβασμένος · **is the meeting still on?** θα γίνει η σύσκεψη;· **there's a good film on at the cinema** έχει ένα ωραίο έργο στον κινηματογράφο

(b) **that's not on!** (*inf*) δεν είναι πράγματα αυτά!

once [wʌns] adv (= on one occasion) μια φορά · (= formerly) κάποτε · (= a long time ago) κάποτε ◆ conj (= as soon as) μόλις · **~ he had left/it was done** μόλις είχε φύγει/μόλις έγινε · **at** ~ (= immediately) αμέσως · (= simultaneously) ταυτόχρονα · **~ a week** μια φορά τη βδομάδα · **~ more** or **again** άλλη μια φορά · **~ and for all** μια για πάντα · **~ upon a time** μια φορά κι έναν καιρό · **~ in a while** μία στις τόσες

oncoming ['ɔnkʌmɪŋ] adj the **~ traffic** το αντίθετο ρεύμα κυκλοφορίας

KEYWORD

---

one [wʌn] num ένας m (μία f) (ένα nt) · **one hundred and fifty** εκατόν πενήντα · **one by one** ένας-ένας ◆ adj (a) (= only) μόνος
(b) (= same) ο ίδιος · **one** m (μία f) (ένα nt) · **this one** αυτός · **that one** εκείνος
(b) **one another** ο ένας τον άλλον · **do you two ever see one another?** βλεπόσαστε ποτέ εσείς οι δυο;
(c) (impersonal) κανείς

one-off [wʌn'ɔf] (BRIT: inf) n **to be a ~** είναι or γίνεται μια φορά μόνο

oneself [wʌn'self] pron (reflexive) εαυτός · (after prep) εαυτό · (emph) ο ίδιος · **to wash ~** πλένομαι · **he kept it to himself** το κράτησε για τον εαυτό του · **to talk to ~** παραμιλάω

one-sided [wʌn'saɪdɪd] adj (conversation, relationship) μονόπλευρος · (contest) άνισος

one-to-one ['wʌntəwʌn] adj **~ tuition** ιδιαίτερο (μάθημα) · **~ relationship** προσωπική σχέση

one-way ['wʌnweɪ] adj (traffic) μονής κατευθύνσεως · (trip) χωρίς επιστροφή · (ticket) απλός · **~ street** μονόδρομος

ongoing ['ɔngəʊɪŋ] adj συνεχιζόμενος

onion ['ʌnjən] n κρεμμύδι nt

online ['ɔnlaɪn] (COMPUT) adj (printer, database) άμεσης επικοινωνίας inv · (= switched on) αναμμένος ◆ adv εντός επικοινωνίας

onlooker ['ɔnlʊkər] n θεατής m

only ['əʊnlɪ] adv (= solely) μόνο · (= merely) απλώς · (= just) μόνο ◆ adj (= sole, single) μοναδικός ◆ conj μόνο · **an ~ child** ένα μοναχοπαίδι · **not ~ ... but (also) ...** όχι μόνο ...αλλά (και)...

onset ['ɔnset] n αρχή f

onto ['ɔntu] prep = **on to**

onward(s) ['ɔnwəd(z)] adv (move) εμπρός · (= then) μετά · **to travel ~s** συνεχίζω το ταξίδι · **from that time onward(s)** από τότε και εμπρός

opaque [əʊ'peɪk] adj αδιαφανής

open ['əʊpn] adj ανοιχτός · (= undisguised: criticism) φανερός · (= undecided: question) που εκκρεμεί, ανοιχτός · (= not reserved: ticket) με ανοιχτή ημερομηνία ◆ vt ανοίγω · (film, play) έχω πρεμιέρα · **in the ~ (air)** έξω · **to be ~ to** (suggestions, criticism) είμαι ανοιχτός σε · ~ **up** vi (= unlock) ανοίγω · (= confide) το ανοίγω · ~ **up to sb** ανοίγομαι σε κν · ~ -**air** adj (concert) υπαίθριος · (swimming pool) ανοιχτός · ~ **er** n (also **tin ~er**, **can ~er**) ανοιχτήρι nt · ~ **ing** adj (stages) αρχικός · (remarks, scene) εναρκτήριος ◆ n (= gap, hole) άνοιγμα nt · (= beginning: of play, book etc) αρχή f · (of new building, bridge etc) εγκαίνια ntpl · (= opportunity) κενή θέση f · ~ **ing hours** npl (COMM) ώρες fpl λειτουργίας · ~ **ly** adv (speak, cry) ελεύθερα · (act) αποκάλυπτα · ~ -**minded** adj (person, approach) ανοιχτομυαλος · ~ -**plan** adj · ~ -**plan office** ενιαίος χώρος για γραφεία · **Open University** (BRIT) n Ανοιχτό

Πανεπιστήμιο nt

opera ['ɒprə] n όπερα f · **~ house** n όπερα f (κτίριο)

operate ['ɒpəreit] vt (machine, vehicle etc) χειρίζομαι ♦ vi λειτουργώ · (MED) χειρουργώ · **operating system** n (COMPUT) λειτουργικό σύστημα nt · **operating theatre** n χειρουργείο nt

operation [ɒpə'reiʃən] n (activity) διαδικασία f · (of machine, vehicle etc) χειρισμός m · (MIL, POLICE etc) επιχείρηση f · (MED) εγχείρηση f · (COMM) δράση f · **to be in ~** (law) ισχύω · (regulation, scheme) λειτουργώ

operational [ɒpə'reiʃənl] adj που λειτουργεί

operative ['ɒpərətiv] adj που λειτουργεί ♦ n (in factory) εργάτης/τρια m/f

operator ['ɒpəreitə'] n (TEL) κέντρο nt · (of machine) χειριστής/τρια m/f

opinion [ə'pinjən] n (= point of view, belief) γνώμη f · **in my ~** κατά την άποψή μου or τη γνώμη μου · **to have a good** or **high ~ of sb/o.s.** έχω καλή γνώμη για κν/μεγάλη ιδέα για τον εαυτό μου · · **~ poll** n γκάλοπ nt

opium ['əupiəm] n όπιο nt

opponent [ə'pəunənt] n (also SPORT) αντίπαλος mf

opportunity [ɒpə'tju:niti] n (= chance) ευκαιρία f · (= prospects) ευκαιρίες f

oppose [ə'pəuz] vt φέρνω αντιρρήσεις σε · **to be ~d to sth** αντιτίθεμαι σε κτ · **as ~d to** σε αντίθεση με

opposite ['ɒpəzit] adj (house, door) απέναντι · (end, direction) αντίθετος ♦ adv απέναντι ♦ prep (in front of) απέναντι σε · (= next to: in table etc) δίπλα σε · **the ~ sex** το αντίθετο φύλο

opposition [ɒpə'ziʃən] n αντίδραση

f · **the O~** (POL) η αντιπολίτευση

opt [ɒpt] vi **to ~ for** επιλέγω · **to ~ to do sth** επιλέγω να κάνω κτ · **~ out (of)** vi (= not participate) αποσύρομαι · (POL: hospital, school) αποσύρομαι (από κρατικό έλεγχο)

optician [ɒp'tiʃən] n οπτικός mf · (= doctor) οφθαλμίατρος mf

optimism ['ɒptimizəm] n αισιοδοξία f · **optimist** n αισιόδοξος/η m/f · **optimistic** adj αισιόδοξος

optimum ['ɒptiməm] adj βέλτιστος

option ['ɒpʃən] n επιλογή f · (SCOL) προαιρετικό μάθημα nt · **~al** adj προαιρετικός

or [ɔ:'] conj (linking alternatives) ή · (= because) γιατί · (= otherwise) αλλιώς · (qualifying previous statement) ή · **he hasn't seen ~ heard anything** ούτε είδε ούτε άκουσε τίποτα · **~ else** αλλιώς

oral ['ɔ:rəl] adj (test, report) προφορικός · (MED: vaccine, medicine) που λαμβάνεται απο το στόμα

orange ['ɒrindʒ] n πορτοκάλι nt ♦ adj πορτοκαλί inv

orbit ['ɔ:bit] n τροχιά f ♦ vt περιστρέφομαι

orchard ['ɔ:tʃəd] n περιβόλι m (με οπωροφόρα)

orchestra ['ɔ:kistrə] n ορχήστρα f · (US: = stalls) πλατεία f

orchid ['ɔ:kid] n ορχιδέα f

ordeal [ɔ:'di:l] n δοκιμασία f

order ['ɔ:də'] n (= command) διαταγή f · (COMM) παραγγελία f · (: in restaurant) παραγγελία f · (= sequence) σειρά f · (= law and order) τάξη f ♦ vt (= command) διατάζω · (COMM) παραγγέλνω · (: in restaurant) παραγγέλνω · (: to put in ~) βάζω σε τάξη · **in ~** (= permitted) σύμφωνος με τη διαδικασία · (document) εντάξει · **in (working) ~** σε καλή κατάσταση · **in ~ to/ that** για να κάνω · **to be out of ~** (= not working) δεν λειτουργώ ·

(= *in the wrong sequence*)
ανακατεμένος • **~ form** n (COMM)
δελτίο nt παραγγελίας • **~ly** *adv* (MIL)
ορντινάτσα f • (MED)
τραυματιοφορέας mf ♦ *adj* (*manner*)
μεθοδικός • (*sequence*) κανονικός

ordinary ['ɔ:dnrɪ] *adj* (= *everyday*)
συνηθισμένος • (*pej*: = *mediocre*)
κοινός • **out of the ~** ασυνήθιστος

ore [ɔ:ʳ] n μετάλλευμα nt

organ ['ɔ:gən] n (ANAT) όργανο nt •
(MUS) εκκλησιαστικό όργανο nt • **~ic**
adj (*food, farming etc*) φυσικός • (BIO)
οργανικός • **~ism** n οργανισμός m

organization [ˌɔ:gənaɪ'zeɪʃən] n
(*business, club*) οργανισμός m •
(= *planning*) οργάνωση f

organize ['ɔ:gənaɪz] *vt* οργανώνω • **~r**
n (*of conference etc*) διοργανωτής/
τρια m/f

orgasm ['ɔ:gæzəm] n οργασμός m

orgy ['ɔ:dʒɪ] n όργιο nt

oriental [ˌɔ:rɪ'entl] *adj* ανατολίτικος

origin ['ɔrɪdʒɪn] n (*of word, belief*)
προέλευση f • (*of person* καταγωγή f

original [ə'rɪdʒɪnl] *adj* (= *first*)
αρχικός • (= *genuine*) αυθεντικός •
(= *imaginative*) πρωτότυπος ♦ n (*of
painting, document etc*) πρωτότυπο
nt • **~ly** *adv* αρχικά

originate [ə'rɪdʒɪneɪt] *vi* to **~ in**
(*custom etc*) προέρχομαι από • (*idea,
belief*) πρωτοεμφανίζομαι

ornament ['ɔ:nəmənt] n (*object*)
μπιμπελό nt inv • (= *jewel*) στολίδι
nt • **~al** *adj* διακοσμητικός

ornate [ɔ:'neɪt] *adj* περίτεχνος

orphan ['ɔ:fn] n ορφανό nt

orthodox ['ɔ:θədɔks] *adj* ορθόδοξος •
(= *conventional*) παραδοσιακός

orthopaedic [ˌɔ:θə'pi:dɪk] (US
orthopedic) *adj* ορθοπεδικός

ostrich ['ɔstrɪtʃ] n στρουθοκάμηλος f

other ['ʌðəʳ] *adj* άλλος • (*way*)
αντίθετος • (= *additional*) (και)
άλλος • (= *different: times, places*)
άλλος • (= *of a similar kind*) άλλος

(παρόμοιος) ♦ *pron* **the ~ (one)** ο
άλλος • **~s** άλλοι • **the ~s** οι άλλοι •
~ than (*usually in negatives*) άλλος
εκτός από *or* παρά • **the ~ day** τις
προάλλες • **somebody or**
~ κάποιος • **~wise** *adv* (= *differently*)
διαφορετικά • (= *apart from that*)
κατά τ'άλλα • (= *if not*) αλλιώς

otter ['ɔtəʳ] n ενυδρίδα f

ouch [autʃ] *excl* αχ

ought [ɔ:t] (*pt* ~) *aux vb* **I ~ to do it**
οφείλω να το κάνω • **this ~ to have
been corrected** αυτό θα έπρεπε να
είχε διορθωθεί • **he ~ to win** θα
πρέπει να νικήσει

ounce [auns] n ουγγιά f • (*fig: small
amount*) σταλιά f

our ['auəʳ] *adj see* **my** • **~s**
pron δικός μας • *see also* **mine** •
~selves *pl pron* (*reflexive: often not
translated*) εαυτούς μας • (*after prep*)
εμάς • (*emph*) εμείς οι ίδιοι

oust [aust] *vt* (*government*)
ανατρέπω • (*MP etc*) απομακρύνω

out [aut] *adv* (a) (= *not in*) έξω •
they're out in the garden είναι
έξω στον κήπο • **out here/there** εδώ/
εκεί (πέρα)

(b) (= *not at home, absent*) **Mr Green
is out at the moment** ο κ. Γκριν
λείπει αυτή τη στιγμή • **to have a
day/night out** έχω έξοδο σήμερα/
απόψε

(c) (*indicating distance*) μακριά • **3
days out from Plymouth** 3 μέρες
απόσταση από το Πλύμουθ

(d) (SPORT) άουτ nt inv • **the ball is/
has gone out** η μπάλα είναι/βγήκε
άουτ

♦ *adj* to **be out** (a) (*out of game*)
έχω αποβληθεί

(b) (*have appeared: flowers, sun*)
βγαίνω • (*news, secret*) κυκλοφορώ

(c) (*extinguished: fire*) έχω σβήσει •
(*light, gas*) είμαι σβηστός

(d) (= *finished*) **before the week**

was out πριν βγει η εβδομάδα
(e) **to be out to do sth** έχω βάλει
σκοπό να κάνω κτ
(f) (= wrong) **to be out in one's
calculations** πέφτω έξω στους
υπολογισμούς μου
♦ prep **out of** (a) (generally) από • **to
look out of the window** κοιτάζω
από το παράθυρο • **to be out of
danger** είμαι εκτός κινδύνου • **out
of curiosity/fear** από περιέργεια/
φόβο • **to drink sth out of a cup**
πίνω κτ από το φλιτζάνι
(b) (= from among) από • **1 out of
every 3 smokers** ο ένας στους
τρεις καπνιστές
(c) (= without) **to be out of milk/
sugar/petrol** etc έχω ξεμείνει από
γάλα/ζάχαρη/βενζίνη etc

outback ['aʊtbæk] n **the ~** η
ενδοχώρα (στην Αυστραλία)
outbreak ['aʊtbreɪk] n έκρηξη f
outburst ['aʊtbɜːst] n ξέσπασμα nt
outcast ['aʊtkɑːst] n παρίας m
outcome ['aʊtkʌm] n αποτέλεσμα nt
outcry ['aʊtkraɪ] n κατακραυγή f
outdated [aʊt'deɪtɪd] adj
ξεπερασμένος
outdoor [aʊt'dɔː] adj (activities, work)
υπαίθριος • (swimming pool)
ανοιχτός • **~s** adv έξω
outer ['aʊtə] adj εξωτερικός •
~ space η διάστημα nt
outfit ['aʊtfɪt] n (= set of clothes)
σύνολο nt • (inf: team) ομάδα f
outgoing ['aʊtgəʊɪŋ] adj (= extrovert)
εξωστρεφής • (= retiring: president,
mayor etc) απερχόμενος
outing ['aʊtɪŋ] n έξοδος f •
(= excursion) εκδρομή f
outlaw ['aʊtlɔː] n παράνομος/η m/f
♦ vt κηρύσσω παράνομο
outlay ['aʊtleɪ] n δαπάνη f
outlet ['aʊtlet] n (= hole, pipe) σιφόνι
nt • (US: ELEC) πρίζα f • (COMM: also
retail ~) κατάστημα nt λιανικής

(πωλήσεως) • (fig: for grief, anger etc)
διέξοδος f
outline ['aʊtlaɪn] n (= shape: of object,
house etc) περίγραμμα nt • (= brief
explanation: of plan, subject) γενικές
γραμμές fpl ♦ vt (fig: theory, plan)
αναφέρω περιληπτικά
outlook ['aʊtlʊk] n (= view, attitude)
αντίληψη f • (= prospects) προοπτικές
fpl
outnumber [aʊt'nʌmbə] vt υπερέχω
αριθμητικά +gen
out-of-date [aʊtəv'deɪt] adj
(passport, ticket) που έχει λήξει •
(idea) ξεπερασμένος • (clothes)
ντεμοντέ m
out-of-the-way ['aʊtəvðə'weɪ] adj
(= remote: place) απομακρυσμένος
out-of-work ['aʊtənvwɜːk] adj
άνεργος
outpatient ['aʊtpeɪʃənt] n εξωτερικός
ασθενής mf
outpost ['aʊtpəʊst] n (MIL)
προκεχωρημένο φυλάκιο nt
output ['aʊtpʊt] n (of factory, mine)
παραγωγή f • (COMPUT) έξοδος f ♦ vt
(COMPUT) εξάγω
outrage ['aʊtreɪdʒ] n (= scandal)
προσβολή f • (= atrocity) εγκληματική
ενέργεια f • (= anger) αγανάκτηση f •
~ous adj εξωφρενικός
outright adv ['aʊt'raɪt] adj [aʊtraɪt]
adv (win) καθαρά • (buy) μια και
καλή • (ask) ευθέως • (deny, refuse)
κατηγορηματικά ♦ adj (winner,
victory) αναμφισβήτητος
outset ['aʊtset] n ξεκίνημα nt
outside [aʊt'saɪd] n εξωτερικό μέρος
nt ♦ adj εξωτερικός ♦ adv έξω
♦ prep (= not inside) έξω από • (= not
included in) εκτός +gen • (= beyond:
country, city) έξω • **an ~ chance** μια
ελάχιστη πιθανότητα • **~r** n
(= stranger) τρίτος m • (in race etc)
αουτσάιντερ nt inv
outskirts ['aʊtskɜːts] npl περίχωρα
ntpl

outspoken [aut'spəukən] adj (person) ειλικρινής · (statement) ξεκάθαρος

outstanding [aut'stændiŋ] adj (= exceptional) εξαιρετικός · (= remaining: debt, work) εκκρεμής

outward ['autwəd] adj εξωτερικός · ~ **journey** πηγαιμός

outweigh [aut'weiʳ] vt υπερβαίνω

oval ['əuvl] adj οβάλ inv

ovary ['əuvəri] n ωοθήκη f

oven ['ʌvn] n φούρνος m

KEYWORD

---

over ['əuvəʳ] adv (a) (= across) απέναντι · **to cross over to the other side of the road** περνάω στην άλλη μεριά του δρόμου · **over here/there** εδώ/εκεί

(b) (fall, knock down etc) κάτω

(c) (= finished) **to be over** τελείωσα

(d) (= excessively: clever, rich) **she's not over intelligent** δεν είναι ιδιαίτερα or υπερβολικά έξυπνη

(e) (= remaining) **to be over** (money, food etc) μένω · **there are 3 over** έχουν μείνει 3

(f) **all over** (= everywhere) σε όλο

(g) (= again) **over and over (again)** ξανά και ξανά

♦ prep (a) (= on top of) πάνω σε · (= above) πάνω από

(b) (= on the other side of) στην άλλη μεριά +gen

(c) (= more than) πάνω από

(d) (= during) **over the last few years/the winter** τα τελευταία χρόνια/το χειμώνα

---

overall adj ['əuvərɔ:l] adv [əuvər'ɔ:l] adj (= total) συνολικός · (= general) γενικός ♦ adv συνολικά
▸ **overalls** npl φόρμα f (της δουλειάς)

overboard ['əuvəbɔ:d] adv (NAUT) στη θάλασσα (από το πλοίο) · **to go ~** (fig) το παρατραβάω

overcame [əuvə'keim] pt of **overcome**

overcast ['əuvəka:st] adj συννεφιασμένος

overcoat ['əuvəkəut] n παλτό nt

overcome [əuvə'kʌm] (irreg) vt (difficulty, problem) ξεπερνάω ♦ adj (emotionally) κυριεύω

overcrowded [əuvə'kraudid] adj (room, prison) ασφυκτικά γεμάτος · (city) υπερβολικά πυκνοκατοικημένος

overdose ['əuvədəus] n υπερβολική δόση f

overdraft ['əuvədra:ft] n υπέρβαση f λογαριασμού

overdrawn [əuvə'drɔ:n] adj (COMM: person) που έχει χρεωστικό λογαριασμό · (: account) ακάλυπτος

overdue [əuvə'dju:] adj (= late) που έχει καθυστερήσει · (= needed: change, reform etc) που έπρεπε να είχε γίνει προ πολλού · (bill, library book) που έχει καθυστερήσει

overflow [əuvə'fləu] vi ξεχειλίζω

overgrown [əuvə'grəun] adj (garden) χορταριασμένος

overhaul vb [əuvə'hɔ:l] n ['əuvəhɔ:l] vt κάνω σέρβις σε ♦ n σέρβις nt inv

overhead adv [əuvə'hed] adj, n ['əuvəhed] adv από πάνω ♦ adj (light) κρεμαστός ♦ n (US) = **overheads**
▸ **overheads** ['əuvəhedz] npl (expenses) πάγια έξοδα ntpl

overlap [əuvə'læp] vi (edges, figures) συμπίπτω μερικά · (fig: ideas, activities etc) συμπίπτω

overleaf [əuvə'li:f] adv όπισθεν (fml)

overload [əuvə'ləud] vt (vehicle) υπερφορτώνω · (ELEC) υπερφορτίζω

overlook [əuvə'luk] vt (= have view over) έχω θέα σε · (= fail to notice) παραβλέπω · (= excuse, forgive) παραβλέπω

overnight adv ['əuvənait] adj ['əuvənait] adv (= during the whole night) όλη τη νύχτα · (fig: = suddenly) από τη μια μέρα στην άλλη ♦ adj (bag, clothes) για το βράδυ · (accommodation, stop) για τη νύχτα

overpowering [əʊvə'paʊərɪŋ] adj (heat, stench) έντονος · (feeling, desire) απόλυτος

overrun [əʊvə'rʌn] (irreg) vt (country, continent) κατακλύζω ♦ vi (meeting etc) κρατάω παραπάνω

overseas [əʊvə'si:z] adv στο εξωτερικό ♦ adj (market, trade) εξωτερικός · (student, visitor) ξένος

oversee [əʊvə'si:] (irreg) vt επιβλέπω

overshadow [əʊvə'ʃædəʊ] vt επισκιάζω

oversight ['əʊvəsaɪt] n αβλεψία f · **due to an ~** εκ παραδρομής

overt [əʊ'vɜːt] adj έκδηλος

overtake [əʊvə'teɪk] (irreg) vt (AUT) προσπερνάω · (event, change: person, place) συμβαίνω σε ♦ vi προσπερνάω

overthrow [əʊvə'θrəʊ] (irreg) vt ανατρέπω

overtime ['əʊvətaɪm] n υπερωρίες fpl

overturn [əʊvə'tɜːn] vt (car, chair) αναποδογυρίζω · (fig) ανατρέπω ♦ vi ανατρέπομαι

overweight [əʊvə'weɪt] adj υπέρβαρος

overwhelm [əʊvə'welm] vt (opponent, enemy etc) περικυκλώνω · (feelings, emotions) κυριεύω · **~ing** adj (majority, advantage) συντριπτικός · (feeling, desire) ακατανίκητος

owe [əʊ] vt **to ~ sb sth, to ~ sth to sb** (money) χρωστάω κτ σε κν · (fig: gratitude, respect) χρωστάω · **owing to** prep εξαιτίας +gen

owl [aʊl] n κουκουβάγια f

own [əʊn] vt έχω (είμαι ιδιοκτήτης) ♦ adj δικός · **a room of my ~** ένα δικό μου δωμάτιο · **to get one's ~ back** παίρνω το αίμα μου πίσω · **on one's ~** μόνος μου · **~ up** vi ομολογώ

owner ['əʊnə'] n ιδιοκτήτης/τρια m/f · **~ship** n ιδιοκτησία f

ox [ɒks] (pl ~en) n βόδι nt

oxygen ['ɒksɪdʒən] n οξυγόνο nt

oyster ['ɔɪstə'] n στρείδι nt

oz. abbr = **ounce**

ozone ['əʊzəʊn] n όζον nt

P p

P, p [pi:] n το δέκατο έκτο γράμμα του αγγλικού αλφαβήτου

PA n abbr = **personal assistant**

pa [pa:] (inf) n μπαμπάς m

p.a. abbr = **per annum**

pace [peɪs] n βήμα nt ♦ vi **to ~ up and down** βηματίζω πάνω-κάτω · **to keep ~ with** (person) πηγαίνω δίπλα με · (events) συμβαδίζω · **~maker** n (MED) βηματοδότης m · (SPORT: = pacesetter) οδηγός m

Pacific [pə'sɪfɪk] n **the ~ (Ocean)** ο Ειρηνικός (Ωκεανός)

pacifier ['pæsɪfaɪə'] n (US) πιπίλα f

pack [pæk] n πακέτο n · (US: of cigarettes) πακέτο nt · (of hounds) αγέλη f · (= back pack) σακίδιο nt · (of cards) τράπουλα f ♦ vt (clothes, belongings) μαζεύω · (= fill: suitcase, bag) φτιάχνω · (= press down) στοιβάζω ♦ vi φτιάχνω τις βαλίτσες μου · **to ~ into** (people, objects) στοιβάζομαι · **~ up** vi (BRIT: inf: machine) τα φτύνω · (: person) τα μαζεύω

package ['pækɪdʒ] n (= parcel) δέμα nt · (also = **deal**) πακέτο nt ♦ vt (goods) συσκευάζω · **~ holiday** (BRIT) n οργανωμένες διακοπές fpl

packaging n συσκευασία f

packed [pækt] adj (= crowded) ασφυκτικά γεμάτος

packet ['pækɪt] n (of cigarettes, crisps) πακέτο nt · (of washing powder etc) κουτί nt

packing n (= act) πακετάρισμα nt · (paper, plastic etc) συσκευασία f

pact [pækt] n σύμφωνο nt

pad [pæd] n (paper) σημειωματάριο nt · (cotton wool) κομμάτι nt · (to

prevent friction) προστατευτικό *nt* ♦ *vt* (*cushion, upholstery etc*) ντύνω

paddle ['pædl] *n* (*oar*) κουπί *nt* • (*US: for table tennis*) ρακέτα *f* ♦ *vt* τραβάω κουπί σε ♦ *vi* (*at seaside*) πλατσουρίζω

paddock ['pædək] *n* λιβάδι *nt*

paedophile (*US* **pedophile**) ['pi:dəʊfail] *n* παιδεραστής *m*

page [peidʒ] *n* (*of book, magazine*) σελίδα *f* • (*also* ~ **boy:** *in hotel*) γκρουμ *m inv* ♦ *vt* (*in hotel etc*) φωνάζω • ~**r** *n* τηλε-ειδοποίηση *f*

paid [peid] *pt, pp of* **pay** ♦ *adj* (*work*) μισθωτός • (*holiday, leave*) μετ'αποδοχών • (*staff, official*) έμμισθος • **to put** ~ **to** (*BRIT: = end, destroy*) κάνω χαλάστρα

pain [pein] *n* πόνος *m* • (*inf: = nuisance: person*) μπελάς *m* (*object, situation*) πρόβλημα *nt* • **to be in** ~ πονάω • ~**ful** *adj* (*injury, fracture etc*) επώδυνος • (*back*) που πονάει • (*sight, memory*) οδυνηρός • ~**killer** *n* παυσίπονο *nt* • ~**staking** *adj* (*work, research*) προσεκτικός • (*person*) επιμελής

paint [peint] *n* μπογιά *f* ♦ *vt* (*wall, door*) βάφω • (*person, picture*) ζωγραφίζω • (*fig*) δίνω • ~**er** *n* (*artist*) ζωγράφος *mf* • (*= decorator*) ελαιοχρωματιστής *mf* (*fm*) • ~**ing** *n* (*activity: of artist*) ζωγραφική *f* • (*: of decorator*) βάψιμο *nt* • (*picture*) πίνακας *m* (ζωγραφικής)

pair [peə ͬ] *n* ζευγάρι *nt* • **a** ~ **of scissors** ένα ψαλίδι • **a** ~ **of trousers** ένα παντελόνι

pajamas [pə'dʒɑ:məz] (*US*) *npl* πυτζάμες *fpl*

Pakistan [pɑ:ki'stɑ:n] *n* Πακιστάν *nt inv* • ~**i** *adj* πακιστανικός ♦ *n* Πακιστανός/ή *m/f*

pal [pæl] (*inf*) *n* φιλαράκι *nt*

palace ['pæləs] *n* παλάτι *nt*

pale [peil] *adj* (*colour*) παλ • (*face*) χλωμός ♦ *n* **beyond the** ~ άνω

ποταμών ♦ *vi* χλωμιάζω

Palestine ['pælistain] *n* Παλαιστίνη *f*

palm [pɑ:m] *n* (*also* ~ **tree**) φοίνικας *m* • (*of hand*) παλάμη *f* ♦ *vt* **to** ~ **sth off on sb** (*inf*) πασάρω κτ σε κν

pamphlet ['pæmflət] *n* φυλλάδιο *nt*

pan [pæn] *n* (*CULIN: also* **sauce~**) κατσαρόλα *f* • (*also* **frying ~**) τηγάνι *nt* ♦ *vt* (*inf: book, film*) χτυπάω

Panama ['pænəmɑ:] *n* Παναμάς *m*

pancake ['pænkeik] *n* κρέπα *f*

panda ['pændə] *n* πάντα *nt inv*

panel ['pænl] *n* (*wood, metal*) φύλλο *nt* • (*= group of judges, experts etc*) επιτροπή *f*

panic ['pænik] *n* πανικός *m* ♦ *vi* (*person*) με πιάνει πανικός • (*crowd*) πανικοβάλλομαι

panorama [pænə'rɑ:mə] *n* πανόραμα *nt*

panther ['pænθə ͬ] *n* πάνθηρας *m*

panties ['pæntiz] *npl* κυλοτάκι *nt*

pantomime ['pæntəmaim] (*BRIT*) *n* χριστουγεννιάτικη παράσταση βασισμένη σε παραμύθια

pants [pænts] *npl* (*BRIT: underwear: woman's*) κυλόττα *f* • (*: man's*) σώβρακο *nt* • (*US: = trousers*) παντελόνι *nt*

paper ['peipə ͬ] *n* (*material*) χαρτί *nt* • (*also* **news~**) εφημερίδα *f* • (*= exam*) διαγώνισμα *nt* • (*= academic essay*) ανακοίνωση *f* • (*= document*) έγγραφο *nt* • (*= wallpaper*) ταπετσαρία *f* ♦ *adj* (*hat, plane etc*) χάρτινος ♦ *vt* (*room*) βάφω ταπετσαρία *nt*

‣ **papers** *npl* (*also* **identity ~s**) χαρτιά *ntpl* • ~**back** *n* χαρτόδετο βιβλίο *nt* • (*small*) βιβλίο *nt* τσέπης • ~ **clip** *n* συνδετήρας *m* • ~**work** *n* γραφική εργασία *f*

par [pɑ: ͬ] *n* (*GOLF*) παρ *nt* (προτ'υπο σκορ) • **to be on a** ~ **with** είμαι ισάξιος με

parachute ['pærəʃu:t] *n* αλεξίπτωτο *nt*

parade [pə'reid] *n* παρέλαση *f* •

(*inspection*) επιθεώρηση *f* ♦ *vt* (*troops etc*) παρελαύνω • (*wealth, knowledge etc*) επιδεικνύω ♦ *vi* (*MIL*) παρελαύνω

paradise ['pærədaɪs] *n* (*also fig*) παράδεισος *m*

paradox ['pærədɔks] *n* (*thing*) αντίφαση *f* • (*statement*) παραδοξολογία *f*

paragraph ['pærəgrɑːf] *n* παράγραφος *f*

Paraguay ['pærəgwaɪ] *n* Παραγουάη *f*

parallel ['pærəlel] *adj* παράλληλος ♦ *n* παραλληλισμός *m*

paralysis [pə'rælɪsɪs] (*pl* **paralyses**) *n* παράλυση *f*

paranoid ['pærənɔɪd] *adj* παρανοϊκός

parasite ['pærəsaɪt] *n* (*also fig*) παράσιτο *nt*

parcel ['pɑːsl] *n* δέμα *nt* ♦ *vt* (*also* ~ **up**: *purchases*) πακετάρω

pardon ['pɑːdn] *n* (*JUR*) χάρη *f* ♦ *vt* (*person, sin*) συγχωρώ • (*JUR*) απονέμω χάρη • ~ **me!, I beg your** ~! (= *I'm sorry!*) με συγχωρείτε! • (**I beg your**) **~?**, (*US*) **~ me?** (= *what did you say?*) ορίστε;

parent ['pɛərənt] *n* γονιός *m* • **~al** *adj* (*love, guidance etc*) των γονιών • (*control*) γονικός

parish ['pærɪʃ] *n* ενορία *f*

park [pɑːk] *n* πάρκο *nt* ♦ *vt* σταθμεύω ♦ *vi* είμαι σταθμευμένος

parking ['pɑːkɪŋ] *n* παρκάρισμα *nt* • **"no ~"** "απαγορεύεται η στάθμευση" • **~ lot** (*US*) *n* πάρκινγκ *nt inv*

parkway ['pɑːkweɪ] (*US*) *n* δενδρόφυτη λεωφόρος *f*

parliament ['pɑːləmənt] (*BRIT*) *n* Κοινοβούλιο *nt* • **~ary** *adj* κοινοβουλευτικός

Parmesan [pɑːmɪ'zæn] *n* (*also* ~ **cheese**) παρμεζάνα *f*

parole [pə'rəʊl] *n* αποφυλάκιση *f* με αναστολή

parrot ['pærət] *n* παπαγάλος *m*

parsley ['pɑːslɪ] *n* μαϊντανός *m*

parsnip ['pɑːsnɪp] *n* δαυκί *nt*

part [pɑːt] *n* (= *section, division*) μέρος *nt* • (*of machine, vehicle*) εξάρτημα *nt* • (*THEAT, CINE etc*: = *role*) ρόλος *m* • (*US*: *in hair*) χωρίστρα *f* ♦ *adv* = **partly** ♦ *vt* (= *separate*: *people*) αποχωρίζομαι • (= *objects*) παραμερίζω • (*hair*) κάνω χωρίστρα ♦ *vi* (*people*) χωρίζω • (*crowd*) ανοίγω δρόμο • **to take ~ in** παίρνω μέρος σε • **on his ~** εκ μέρους του • **for the most ~** στο μεγαλύτερο μέρος του • ~ **with** *vt fus* (*possessions*) παραχωρώ • (*money*) καταβάλλω

partial ['pɑːʃl] *adj* (= *not complete*: *support*) μερικός • (= *unfinished*: *victory, solution*) ημιτελής • **to be ~ to** (= *like*) έχω αδυναμία σε

participant [pɑː'tɪsɪpənt] *n* αυτός που συμμετέχει *or* παίρνει μέρος σε

participate [pɑː'tɪsɪpeɪt] *vi* συμμετέχω • **to ~ in** συμμετέχω σε

particle ['pɑːtɪkl] *n* (*of dust*) μόριο *nt* • (*of metal*) ψήγμα *nt* • (*of food etc*) κομματάκι *nt*

particular [pə'tɪkjʊlə] *adj* (= *distinct from others*) συγκεκριμένος • (= *special*) ιδιαίτερος • **in ~** = συγκεκριμένα • **to be very ~ about** είμαι πολύ απαιτητικός με • ▶ **particulars** *npl* (= *details*) λεπτομέρειες *fpl* • (= *name, address etc*) στοιχεία *ntpl* • **~ly** *adv* ιδιαίτερα

parting ['pɑːtɪŋ] *n* (= *farewell*) χωρισμός *m* • (*BRIT*: *in hair*) χωρίστρα *f* ♦ *adj* αποχαιρετιστήριος

partition [pɑː'tɪʃən] *n* (*screen*) χώρισμα *nt* • (*wall*) μεσοτοιχία *f* • (*POL*: *of country*) διαμελισμός *m* ♦ *vt* (*room, office*) χωρίζω • (*POL*: *country*) διαμελίζω

partly ['pɑːtlɪ] *adv* εν μέρει

partner [pɑː'tnə²] *n* σύντροφος *mf* • (*COMM*) συνέταιρος *mf* • (*SPORT*: *for cards, game etc*) συμπαίκτης/τρια *m/f* • **~ship** *n* (*POL, COMM etc*) συνεργασία *f*

partridge ['pɑːtrɪdʒ] n πέρδικα f
part-time ['pɑːt'taɪm] adj (work, staff) μερικής απασχόλησης ◆ adv (work, study) με μερική απασχόληση
party ['pɑːtɪ] n (POL) κόμμα nt · (social event) πάρτυ nt inv · (group of people) παρέα f · (JUR) διάδικος m ◆ cpd (POL) του κόμματος
pass [pɑːs] vt (= spend: time) περνάω · (= hand over: salt etc) δίνω · (= go past: place, person) περνάω · (= overtake: car etc) προσπερνάω · (fig: = exceed) υπερβαίνω · (exam) περνάω ◆ vi περνάω ◆ n (= permit) άδεια f εισόδου · (SPORT) πάσα f · to ~ sth through sth περνάω κτ μέσα από κτ · ~ away vi πεθαίνω · ~ by vi περνάω vt προσπερνάω · ~ down vt (customs, inheritance) περνάω · ~ for vt she could ~ for 25 θα μπορούσε να περάσει για 25 · ~ on vt (news, object) διαβιβάζω · (illness) μεταδίδω · (benefits, price rises) μεταβιβάζω · ~ out vi λιποθυμώ · ~ over vi υποσκελίζω · ~ up vt (opportunity) αφήνω να μου ξεφύγει
passage ['pæsɪdʒ] n (also ~way: indoors) διάδρομος m · (in book) απόσπασμα nt · (through crowd, undergrowth etc) δρόμος m · (ANAT) δίοδος f · (= act of passing) πέρασμα nt · (= journey: on boat) πέρασμα nt (με πλοίο)
passenger ['pæsɪndʒə] n επιβάτης m
passion ['pæʃən] n πάθος nt · **~ate** adj παθιασμένος
passive ['pæsɪv] adj (also LING) παθητικός ◆ n (LING) παθητική φωνή f
passport ['pɑːspɔːt] n (also fig) διαβατήριο nt · **~ control** n έλεγχος m διαβατηρίων
password ['pɑːswɜːd] n σύνθημα nt · (COMPUT) κωδικός m
past [pɑːst] prep (= in front of) μπροστά από · (= beyond) πιο πέρα

από · (= later than) μετά από ◆ adj (government, week) προηγούμενος ◆ n παρελθόν n · **ten/quarter ~ eight** οκτώ και δέκα/τέταρτο · to **be ~ it** (BRIT: inf: person) έχω ξοφλήσει
pasta ['pæstə] n ζυμαρικά ntpl
paste [peɪst] n (wet mixture) ζύμη f · (glue) αλευρόκολλα f · (CULIN) πολτός m ◆ vt (paper, label) κολλάω · (COMPUT) "~" προσάρτηση
pastel ['pæstl] adj απαλός
pastime ['pɑːstaɪm] n απασχόληση f
pastor ['pɑːstə] n πάστορας m
pastry ['peɪstrɪ] n (dough) φύλλο nt · (cake) γλυκό nt με φύλλο or σφολιάτα
pasture ['pɑːstʃə] n βοσκοτόπι nt
pat [pæt] vt (dog etc) χαϊδεύω (someone's back etc) χτυπάω ελαφρά σε · to give **sb/o.s. a ~ on the back** (fig) λέω μπράβο σε κν
patch [pætʃ] n (piece of material) μπάλωμα nt · (also eye ~) καλύπτρα f · (= small area) κηλίδα f ◆ vt (clothes) μπαλώνω · **a bald ~** μια φαλακρίτσα · to **go through a bad ~** περνάω μια δύσκολη περίοδο · ~ **up** vt (clothes etc) μπαλώνω · to ~ **up a quarrel** τα ξαναφτιάχνω · **~y** adj (colour) ακανόνιστος · (information, knowledge etc) ελλιπής
pâté ['pæteɪ] n πατέ nt inv
patent ['peɪtnt] n δίπλωμα nt ευρεσιτεχνίας ◆ vt αποκτώ δίπλωμα ευρεσιτεχνίας ◆ adj ολοφάνερος
paternal [pə'tɜːnl] adj (love, duty) πατρικός · (grandmother etc) από τον πατέρα
path [pɑːθ] n (= trail, track) μονοπάτι nt · (of bullet, aircraft) πορεία f
pathetic [pə'θetɪk] adj (= pitiful: sight) αξιολύπητος · (= very bad) θλιβερός
pathway ['pɑːθweɪ] n μονοπάτι nt
patience ['peɪʃns] n (= tolerance) υπομονή f · (BRIT: CARDS) πασιέντζα f
patient ['peɪʃnt] n ασθενής mf ◆ adj

υπομονετικός

patio ['pætɪəʊ] n πλακόστρωτη αυλή f∙

patriotic [pætrɪ'ɒtɪk] adj (person) πατριώτης∙ (song, speech etc) πατριωτικός

patrol [pə'trəʊl] n περιπολία f♦ vt περιπολώ σε

patron ['peɪtrən] n (= customer) πελάτης m∙ (= benefactor: of charity) ευεργέτης m

pattern ['pætən] n (= design) σχέδιο nt∙ (SEWING) πατρόν nt inv∙ **~ed** adj εμπριμέ inv

pause [pɔːz] n παύση f♦ vi (= stop temporarily) κοντοστέκομαι∙ (= : while speaking) σταματάω για λίγο

pave [peɪv] vt στρώνω (με πλάκες κ.λπ.)∙ **to ~ the way for** (fig) προετοιμάζω το έδαφος για∙ **~ment** n (BRIT: for pedestrians) πεζοδρόμιο n∙ (US: of street) οδόστρωμα nt

pavilion [pə'vɪlɪən] n (SPORT) αποδυτήρια ntpl (στην άκρη του γηπέδου)

paving ['peɪvɪŋ] n (material) πλάκες fpl

paw [pɔː] n πατούσα f

pawn [pɔːn] n (CHESS: also fig) πιόνι nt♦ vt βάζω ενέχυρο

pay [peɪ] (pt, pp **paid**) n μισθός m♦ vt πληρώνω ♦ vi (= be profitable) αποδίδω∙ (fig) βγάζω or βγαίνω σε καλό∙ **to ~ the price for sth** (fig) πληρώνω το τίμημα για κτ∙ **to ~ the penalty for sth** υφίσταμαι τις συνέπειες για κτ∙ **to ~ sb a compliment** κάνω σε κν ένα κομπλιμέντο∙ **to ~ attention (to)** δίνω προσοχή (σε)∙ **to ~ sb a visit** κάνω επίσκεψη σε κν∙ **to ~ one's respects to sb** υποβάλλω τα σέβη μου σε κν∙ **~ back** vt ξεπληρώνω∙ (loan) αποπληρώνω∙ **~ for** vt fus πληρώνω (για)∙ **~ off** vt (debt, mortgage) εξοφλώ∙ (person) απολύω ♦ vi (scheme, decision) αποδίδω∙

~ out vt πληρώνω∙ **~ up** vi πληρώνω∙ **~able** adj (tax, interest) καταβαλλόμενος∙ **~ment** n (act) πληρωμή f∙ (of bill) δόση f∙ (sum of money) εισφορά f∙ **~roll** n κατάσταση f μισθοδοσίας

PC n abbr = **personal computer** (BRIT) = **police constable**

pc abbr = **per cent**

pea [piː] n μπιζέλι nt

peace [piːs] n (= not war) ειρήνη f∙ (= calm: of place, surroundings) ηρεμία f∙ **~ful** adj ήρεμος∙ (settlement, demonstration) ειρηνικός

peach [piːtʃ] n ροδάκινο nt

peacock ['piːkɒk] n παγόνι nt

peak [piːk] n (of mountain) κορυφή f∙ (of cap) γείσο nt∙ (fig) μέγιστο nt

peanut ['piːnʌt] n φυστίκι nt (αράπικο)∙ **~ butter** n φιστικοβούτυρο nt

pear [pɛə] n αχλάδι nt

pearl [pɜːl] n μαργαριτάρι nt

peasant ['pɛznt] n χωρικός/ή m/f

peat [piːt] n τύρφη f

pebble ['pɛbl] n βότσαλο nt

peck [pɛk] vt (bird) τσιμπάω∙ (also **~ at**) τσιμπολογάω ♦ n (of bird) τσίμπημα nt∙ (= kiss) φιλάκι nt

peculiar [pɪ'kjuːlɪə] adj (= strange: taste, shape etc) παράξενος∙ (person) ιδιόρρυθμος∙ **to be ~ to** είμαι ιδιαίτερο or χαρακτηριστικό γνώρισμα +gen

pedal ['pɛdl] n (on bicycle) πετάλι nt∙ (on car, piano) πεντάλ nt inv ♦ vi κάνω ποδήλατο

pedestal ['pɛdəstl] n βάθρο nt

pedestrian [pɪ'dɛstrɪən] n πεζός m♦ adj των πεζών∙ (fig) πεζός∙ **~ crossing** (BRIT) n διάβαση f πεζών

pedigree ['pɛdɪgriː] n (of animal) ράτσα f∙ (fig: = background) ιστορικό nt∙ cpd (dog) ράτσας

pee [piː] (inf) vi κατουράω

peek [piːk] vi ρίχνω μια κλεφτή ματιά ♦ n **to have** or **take a ~ (at)** ρίχνω

μια γρήγορη ματιά (σε)

peel [pi:l] *n* φλούδα *f* ♦ *vt* καθαρίζω ♦ *vi* (*paint*) ξεφτίζω • (*wallpaper, skin*) ξεφλουδίζω

peep [pi:p] *n* (*look*) γρήγορη ματιά *nt* ♦ *vi* (= *look*) κρυφοκοιτάζω • ~ **out** *vi* ξεπροβάλλω

peer [pɪə^r] *n* (= *noble*) ευγενής *mf* • (= *contemporary*) συνομήλικος/η *m/f* ♦ *vi* **to** ~ **at** περιεργάζομαι

peg [pɛg] *n* (*for coat etc*) κρεμαστάρι *nt* • (*BRIT: also* **clothes** ~) μανταλάκι *nt* • **off the** ~ απ'τα έτοιμα

pelican ['pɛlɪkən] *n* πελεκάνος *m*

pelvis ['pɛlvɪs] *n* λεκάνη *f*

pen [pɛn] *n* (*for writing: also* **fountain** ~) πένα *f* • (*also* **ballpoint** ~) στυλό *nt* (*also*) • (*enclosure: for sheep etc*) μαντρί *nt*

penalty ['pɛnltɪ] *n* (*punishment*) ποινή *f* • (= *fine*) πρόστιμο *nt* • (*SPORT*) πέναλτυ *nt inv*

pence [pɛns] *npl of* **penny**

pencil ['pɛnsl] *n* μολύβι *nt* ♦ *vt* **to** ~ **sb/sth in** σημειώνω (προσωρινά) κν/κτ

pendant ['pɛndnt] *n* μενταγιόν *nt inv*

pending ['pɛndɪŋ] *prep* μέχρι ♦ *adj* (*business, lawsuit etc*) που εκκρεμεί

penetrate ['pɛnɪtreɪt] *vt* (*person: territory, forest etc*) διεισδύσω σε • (*light, water*) διαπερνάω

penguin ['pɛngwɪn] *n* πιγκουίνος *m*

penicillin [ˌpɛnɪ'sɪlɪn] *n* πενικιλλίνη *f*

peninsula [pə'nɪnsjulə] *n* χερσόνησος *f*

penis ['pi:nɪs] *n* πέος *nt*

penniless ['pɛnɪlɪs] *adj* άφραγκος

penny ['pɛnɪ] *n* (*pl* **pennies** *or* BRIT **pence**) *n* (*after 1971: one hundredth of a pound*) πέννα *f* • (*US: cent*) σεντς *nt inv*

pen pal *n* φίλος/η *m/f* δι'αλληλογραφίας

pension ['pɛnʃən] *n* σύνταξη *f* • ~ **off** *vt* συνταξιοδοτώ • ~**er** (*BRIT*) *n* συνταξιούχος *mf*

pentagon ['pɛntəgən] (*US*) *n* **the P**~ το Πεντάγωνο

penthouse ['pɛnthaus] *n* ρετιρέ *nt inv*

penultimate [pɛ'nʌltɪmət] *adj* προτελευταίος

people ['pi:pl] *npl* (= *individuals*) άνθρωποι *mpl* • (*in general*) οι άνθρωποι *mpl* ♦ *n* έθνος *nt* • **the** ~ (*POL*) ο λαός • **say that** ... ο κόσμος λέει ότι...

pepper ['pɛpə^r] *n* πιπέρι *nt* • (*vegetable*) πιπεριά *f* ♦ *vt* **to** ~ **with** (*fig*) ρίχνω • ~**mint** (*sweet*) μέντα *f*

per [pə:^r] *prep* (= *for each*) ανά • ~ **day/~son** την ημέρα/το άτομο • ...**sixty miles/£10** ~ **hour.** ...εξήντα μίλια/10 λίρες την ώρα • ~ **annum** το χρόνο *or* ετησίως

perceive [pə'si:v] *vt* (= *see: sound, light*) διακρίνω • (= *understand*) αντιλαμβάνομαι

per cent *n* τοις εκατό

percentage [pə'sɛntɪdʒ] *n* ποσοστό *nt*

perception [pə'sɛpʃən] *n* αντίληψη *f* • (= *opinion, understanding*) άποψη *f*

perch [pəːtʃ] *n* (*for bird*) κούρνια *f* • (*fish*) πέρκα *f* ♦ *vi* **to** ~ (**on**) (*bird*) κάθομαι ψηλά (σε) • (*person*) μαζεύομαι

percussion [pə'kʌʃən] *n* κρουστά *ntpl*

perfect *adj* ['pə:fɪkt] *vb* [pə'fɛkt] *adj* (= *faultless: person, behaviour etc*) τέλειος • (= *ideal*) ιδανικός • (= *utter: idiot etc*) τελείως ♦ *vt* τελειοποιώ ♦ *n* **the** ~ (*also* **the** ~ **tense**) ο παρακείμενος • ~**ion** *n* τελειότητα *f* • ~**ly** *adv* (*emph*) απολύτως • (*perform, work etc*) τέλεια • (= *completely: understand etc*) απόλυτα

perform [pə'fɔ:m] *vt* (*task etc*) εκτελώ • (*operation*) κάνω • (*piece of music*) ερμηνεύω ♦ *vi* δίνω μια παράσταση • ~**ance** *n* (*of actor, singer etc*) ερμηνεία *f* • (*of play, show*) παράσταση *f* • (*of car, engine*) απόδοση *f* • (*of athlete*) επίδοση *f* • (*of company, economy*) απόδοση *f* • ~**er** *n*

(actor, dancer etc) καλλιτέχνης mf

perfume ['pɜ:fju:m] n άρωμα nt

perhaps [pə'hæps] adv ίσως ∙ ∙ **not** μπορεί και όχι

perimeter [pə'rɪmɪtə*] n περίμετρος f

period ['pɪərɪəd] n περίοδος f ∙ (SCOL) μάθημα nt ∙ (esp US: = full stop) τελεία f ∙ (MED: also **menstrual** ~) περίοδος f ♦ adj (costume, furniture) εποχής ∙ **~ic** adj περιοδικός ∙ **~ical** n επιστημονικό περιοδικό nt ∙ **~ically** adv περιοδικά

perish ['perɪʃ] vi (= die) πεθαίνω ∙ (rubber, leather etc) χαλάω

perjury ['pɜ:dʒərɪ] n ψευδορκία f

perks [pɜ:ks] (inf) npl τυχερά ntpl

perm [pɜ:m] n περμανάντ f inv ♦ vt **to have one's hair ~ed** κάνω τα μαλλιά μου περμανάντ

permanent ['pɜ:mənənt] adj μόνιμος ∙ **~ly** adv (damage) για πάντα ∙ (stay, live) μόνιμα ∙ (locked, open) διαρκώς

permission [pə'mɪʃən] n άδεια f ∙ (= official authorization) έγκριση f

permit n ['pɜ:mɪt] vb [pə'mɪt] n (authorization) άδεια f ♦ vt επιτρέπω ∙ **to ~ sb to do sth** επιτρέπω σε κν να κάνει κτ

persecution [pɜ:sɪ'kju:ʃən] n δίωξη f

persevere [pɜ:sɪ'vɪə*] vi δείχνω επιμονή

Persian ['pɜ:ʃən] adj **the (~) Gulf** ο Περσικός (Κόλπος)

persist [pə'sɪst] vi επιμένω ∙ **to ~ in doing sth** εξακολουθώ να κάνω κτ ∙ **~ent** adj (person, noise) επίμονος

person ['pɜ:sn] n άτομο nt ∙ **in ~** αυτοπροσώπως ∙ **~al** adj (belongings, bank account) προσωπικός ∙ (life, habits etc) ιδιωτικός ∙ (= rude) αδιάκριτος ∙ **~al assistant** n ιδιαίτερος/α γραμματέας m/f∙ **~al computer** n προσωπικός ηλεκτρονικός υπολογιστής m∙ **~ality** n προσωπικότητα f∙ **~ally** adv (= for

my part) προσωπικά ∙ (= in person) με τον ίδιο ∙ **to take sth ~ally** παίρνω κτ προσωπικά ∙ **~al stereo** n γουόκμαν nt inv

personnel [pɜ:sə'nel] n προσωπικό nt

perspective [pə'spektɪv] n (ARCHIT, ART) προοπτική f∙ (= way of thinking) άποψη f

perspiration [pɜ:spɪ'reɪʃən] n εφίδρωση f

persuade [pə'sweɪd] vt **to ~ sb to do sth** πείθω κν να κάνει κτ

persuasion n (act) πειθώ f∙ **persuasive** adj πειστικός

Peru [pə'ru:] n Περού nt inv

perverse [pə'vɜ:s] adj (person) στρυφνός ∙ (behaviour) διεστραμμένος

pervert n ['pɜ:vɜ:t] vb [pə'vɜ:t] n διεστραμμένος/η m/f ♦ vt (truth, custom) διαστρέφω

pessimism ['pesɪmɪzəm] n απαισιοδοξία f∙ **pessimist** n απαισιόδοξος m∙ **pessimistic** adj απαισιόδοξος

pest [pest] n παράσιτο nt ∙ (fig) ζιζάνιο nt ∙ **~icide** n εντομοκτόνο nt

pet [pet] n κατοικίδιο ζώο nt ♦ adj (theory etc) προσφιλής ♦ vt χαϊδεύω

petal ['petl] n πέταλο nt

petite [pə'ti:t] adj λεπτοκαμωμένος

petition [pə'tɪʃən] n ψήφισμα nt

petrified ['petrɪfaɪd] adj (fig) μαρμαρωμένος

petrol ['petrəl] (BRIT) n βενζίνη f∙ **two/four-star ~** βενζίνη απλή/σούπερ ∙ **unleaded ~** αμόλυβδη βενζίνη

petroleum [pə'trəuliəm] n πετρέλαιο nt

petrol station (BRIT) n πρατήριο nt βενζίνης

petty ['petɪ] adj (= small) ασήμαντος ∙ (= small-minded) μικροπρεπής

pew [pju:] n στασίδι nt

phantom ['fæntəm] n φάντασμα nt

pharmacist ['fɑ:məsɪst] n φαρμακοποιός mf

pharmacy ['fɑ:məsɪ] n φαρμακείο nt

phase [feɪz] n φάση f ♦ vt **to ~ sth in/out** εισάγω/αποσύρω σταδιακά

PhD n abbr (= Doctor of Philosophy) διδάκτορας m/f Φιλοσοφίας

pheasant ['feznt] n φασιανός m

phenomenal [fə'nɒmɪnl] adj (increase) -ρεκόρ • (success) τεράστιος

phenomenon [fə'nɒmɪnən] (pl **phenomena**) n φαινόμενο nt

Philippines ['fɪlɪpi:nz] npl **the ~** οι Φιλιππίνες

philosopher [fɪ'lɒsəfəʳ] n φιλόσοφος m/f

philosophical [fɪlə'sɒfɪkl] adj (ideas, discussion etc) φιλοσοφικός • (fig) φιλοσοφημένος

philosophy [fɪ'lɒsəfɪ] n (SCOL) Φιλοσοφία f • (of philosopher) θεωρία f • (of any person) θεωρία f

phobia ['fəʊbɪə] n φοβία f

phone [fəʊn] n τηλέφωνο nt ♦ vt τηλεφωνώ σε • **~ back** n ξαναντηλεφωνώ σε • ♦ vi ξαναντηλεφωνώ • **~ up** vt τηλεφωνώ σε • ♦ vi τηλεφωνώ • **~ book** n τηλεφωνικός κατάλογος m • **~ booth** n (in station, hotel etc) τηλεφωνικός θάλαμος m • **~ box** n (BRIT) τηλεφωνικός θάλαμος m • **~ call** n τηλεφώνημα nt • **~card** n τηλεκάρτα f • **~ number** n αριθμός m τηλεφώνου

phoney ['fəʊnɪ] adj (= false: address) ψεύτικος • (accent) επιτηδευμένος • (person) απατεώνας

photo ['fəʊtəʊ] n φωτογραφία f • **~copier** n φωτοτυπικό (μηχάνημα) nt • **~copy** n φωτοτυπία f ♦ vt φωτοτυπώ

photograph ['fəʊtəɡrɑ:f] n φωτογραφία f ♦ vt φωτογραφίζω

photographer [fə'tɒɡrəfəʳ] n φωτογράφος m/f

photography [fə'tɒɡrəfɪ] n φωτογραφία f

phrase [freɪz] n έκφραση f ♦ vt

διατυπώνω • **~ book** n βιβλιαράκι nt φράσεων (ξένης γλώσσας)

physical ['fɪzɪkl] adj σωματικός • **~ education** n σωματική αγωγή f • **~ly** adv (fit, attractive) σωματικά

physician [fɪ'zɪʃən] n γιατρός m/f

physicist ['fɪzɪsɪst] n φυσικός m/f

physics ['fɪzɪks] n Φυσική f

physiotherapist [fɪzɪəʊ'θerəpɪst] n φυσιοθεραπευτής/τρια m/f

physiotherapy [fɪzɪəʊ'θerəpɪ] n φυσιοθεραπεία f

physique [fɪ'zi:k] n κατασκευή f

pianist ['pi:ənɪst] n πιανίστας/στρια m/f

piano [pɪ'ænəʊ] n πιάνο n

pick [pɪk] n (also **~axe**) σκαπάνη f ♦ vt (= select) διαλέγω • (= gather: fruit, flowers) μαζεύω • (= remove, take out) παίρνω • **take your ~** διάλεξε και πάρε • **the ~ of** ο καλύτερος • (people) η αφρόκρεμα • **to ~ one's nose/teeth** σκαλίζω τη μύτη/τα δόντια μου • **to ~ a quarrel (with sb)** στήνω καβγά (με κν) • **~ on** vt fus αποπαίρνω • **~ out** vt ξεχωρίζω • (= select) διαλέγω • **~ up** vi καλυτερεύω ♦ vt παίρνω • (person) κάνω καμάκι σε • (language, skill etc) μαθαίνω • **to ~ up speed** αναπτύσσω ταχύτητα

pickle ['pɪkl] n (also **~s**) τουρσί nt ♦ vt (in vinegar) κάνω τουρσί • (in salt water) βάζω στην άλμη

pickpocket ['pɪkpɒkɪt] n πορτοφολάς/ού m/f

picnic ['pɪknɪk] n πικνίκ nt inv ♦ vi κάνω πικνίκ

picture ['pɪktʃəʳ] n (= painting) πίνακας m • (= photograph) φωτογραφία f • (TV) εικόνα f • (= film) ταινία f • (fig: = description) εικόνα f • (: = situation) κατάσταση f ♦ vt φαντάζομαι

picturesque [pɪktʃə'resk] adj γραφικός

pie [paɪ] n πίτ(τ)α f • apple

~ μηλόπιτα · **meat** ~ κρεατόπιτα

piece [piːs] *n* κομμάτι *nt* · **a ~ of clothing** ένα ρούχο · **a ~ of furniture** ένα έπιπλο · **a ~ of advice** μια συμβουλή · **a ~ of music** ένα (μουσικό) κομμάτι · **to take sth to ~** το διαλύω κτ · **in one ~** (*object*) άθικτος · (*person*) σώος και αβλαβής · **a 10p ~** (*BRIT*) ένα δεκάπεννο · **~ together** *vt* (*information*) συνδυάζω · (*parts of a whole*) κολλάω

pier [pɪəʳ] *n* μώλος *m*

pierce [pɪəs] *vt* τρυπάω

pig [pɪg] *n* γουρούνι *nt* · (*pej: = unkind person*) γαϊδούρι *nt* · (: = *greedy person*) φαταούλας *m*

pigeon ['pɪdʒən] *n* περιστέρι *nt*

pike [paɪk] *n* (*fish*) ζαργάνα *f*

pile [paɪl] *n* (= *heap*) σωρός *m* · (= *stack*) στοίβα *f* ◆ *vt* (*also* **~ up:** *objects*) στοιβάζω · **to ~ into** (*vehicle*) στριμώχνομαι μέσα σε · **to ~ out of** (*vehicle*) βγαίνω σπρώχνοντας · **~ up** *vi* (*papers*) στοιβάζομαι · (*problems, work*) μαζεύομαι · **~s** *npl* (*papers*) αιμορροΐδες *fpl* · **~~up** (*AUT*) το καραμπόλα *f*

pilgrimage ['pɪlgrɪmɪdʒ] *n* προσκύνημα *nt*

pill [pɪl] *n* χάπι *nt* · **the ~** το αντισυλληπτικό χάπι

pillar ['pɪləʳ] *n* στύλος *m*

pillow ['pɪləu] *n* μαξιλάρι *nt* · **~case** *n* μαξιλαροθήκη *f*

pilot ['paɪlət] *n* (*AVIAT*) πιλότος *mf* ◆ *adj* (*scheme, study etc*) πειραματικός · *vt* πιλοτάρω

PIN [pɪn] *n abbr* (= *personal identification number*) μυστικός αριθμός *m* λογαριασμού

pin [pɪn] *n* καρφίτσα *f* ◆ *vt* καρφιτσώνω · **~s and needles** μούδιασμα · **to ~ sb against/to** κολλάω κν πάνω σε/σε · **to ~ sth on sb** (*fig*) ρίχνω κτ σε κν · **~ down** *vt* (*fig: person*) αναγκάζω να δεσμευτεί

pinch [pɪntʃ] *n* (*of salt etc*) πρέζα *f* ◆ *vt* (*person*) τσιμπάω · (*inf*) κλέβω

pine [paɪn] *n* (*also* **~ tree**) πεύκο *nt* ◆ *vi* **to ~ for** μαραζώνω για

pineapple ['paɪnæpl] *n* ανανάς *m*

ping [pɪŋ] *n* (*noise*) ντιν *nt inv* · **~~pong**® *n* πινγκ-πονγκ *nt inv*

pink [pɪŋk] *adj* ροζ *inv* ◆ *n* ροζ *nt inv*

pinpoint ['pɪnpɔɪnt] *vt* (*cause*) προσδιορίζω · (*position of sth*) εντοπίζω

pint [paɪnt] *n* (*BRIT:* = *568 cc*) πίντα *f* · (*US:* = *473 cc*) πίντα *f*

pioneer [paɪə'nɪəʳ] *n* (*of scheme, science*) πρωτοπόρος *mf* · (= *early settler*) πρώτος/η οικιστής/τρια *m/f* ◆ *vt* είμαι πρωτοπόρος σε

pious ['paɪəs] *adj* ευσεβής

pip [pɪp] *n* κουκούτσι *nt* ◆ *vt* **to be ~ped at the post** (*BRIT: fig*) χάνω την τελευταία στιγμή

pipe [paɪp] *n* (*for water, gas*) σωλήνας *m* · (*for smoking*) πίπα *f* ◆ *vt* διοχετεύω

▶**pipes** *npl* (*also* **bag~**) γκάιντα *f* · **~line** *n* αγωγός *m* · **it's in the ~line** (*fig*) είναι καθ'οδόν · **~r** *n* οργανοπαίχτης/τρια *m/f* γκάιντας

pirate ['paɪərət] *n* πειρατής *m* ◆ *vt* (*COMM: video tape, cassette etc*) αντιγράφω παράνομα

Pisces ['paɪsiːz] *n* Ιχθείς *mpl*

piss [pɪs] (*inf!*) *vi* κατουράω ◆ *n* κάτουρο *nt* · **to be ~ed off (with sb/sth)** είμαι τσαντισμένος (με κν/κτ) · **~ed** (*inf!*) *adj* τύφλα

pistol ['pɪstl] *n* πιστόλι *nt*

pit [pɪt] *n* λάκκος *m* · (*in surface of road, face*) λακκούβα *f* · (= *coal mine*) ανθρακωρυχείο *nt* ◆ *vt* **to ~ one's wits against sb** παραβγαίνω με κν · **to ~ sb against sb** βάζω κν να παραβγεί με κν

▶**the pits** *npl* (*AUT*) τα πιτς *ntpl inv*

pitch [pɪtʃ] *n* (*SPORT: SPORT*) γήπεδο *nt* · (*MUS: of note*) τόνος *m* · (*fig:* = *level, degree*) βαθμός *m* · (*also* **sales ~**)

ψηστήρι nt ♦ vt εκσφενδονίζω ♦ vi
κατρακυλάω ‹as a ~ a tent στήνω
σκηνή or αντίσκηνο

pitiful ['pɪtɪful] adj (appearance, sight)
θλιβερός‧ (excuse, attempt)
αξιοθρήνητος

pity ['pɪtɪ] n οίκτος m ♦ vt λυπάμαι‧ **it
is a ~ that you can't come** κρίμα
που δεν μπορείτε να έρθετε‧ **to
take ~ on sb** λυπάμαι κν

pizza ['piːtsə] n πίτσα f

place [pleɪs] n μέρος nt‧ (= seat)
θέση f‧ (= job, post etc) θέση f‧
(= role) θέση f‧ (= home) σπίτι nt
♦ vt (object) τοποθετώ‧ (person)
αναγνωρίζω‧ **to take ~** συμβαίνω‧
all over the ~ παντού‧ **in ~s** σε
ορισμένα μέρη‧ **in sb's ~** στη θέση
κου‧ **in ~ of sth** στη θέση +gen‧ **to
take sb's/sth's ~** παίρνω τη θέση
+gen‧ **out of ~** άτοπος‧ **in the first
~** πρώτον‧ **to be ~d** (in race, exam)
έρχομαι‧ **to change ~s with sb**
αλλάζω τη θέση μου με κν‧ **~ment**
n θέση f (προσωρινή ή υπό δοκιμήν)

placid ['plæsɪd] adj ατάραχος

plague [pleɪɡ] n πανούκλα f ♦ vt (fig:
problems, difficulties) πλήττω

plaice [pleɪs] n inv πλατέσσα f (είδος
ψαριού)

plain [pleɪn] adj (= unpatterned)
μονόχρωμος‧ (= simple: dress, food)
απλός‧ (= clear) ξεκάθαρος‧ (= not
beautiful) άχαρος‧ (= frank) απλός
♦ adv σκέτος‧ n πεδιάδα f‧ **~ly**
adv ολοφάνερα‧ (hear, see) καθαρά

plaintiff ['pleɪntɪf] n ενάγων/ουσα m/f

plan [plæn] n (= scheme, project)
σχέδιο nt‧ (of government, company
etc: drawing) κάτοψη f ♦ vt σχεδιάζω
♦ vi προγραμματίζω‧ **to ~ to do**
σκοπεύω να κάνω

plane [pleɪn] n (AVIAT) αεροπλάνο nt‧
(MATH) επίπεδο nt‧ (fig) επίπεδο nt‧
(tool) πλάνη f‧ (also ~ tree)
πλάτανος m

planet ['plænɪt] n πλανήτης m

plank [plæŋk] n σανίδα f

planning ['plænɪŋ] n
προγραμματισμός m

plant [plɑːnt] n φυτό nt‧ (= factory)
εργοστάσιο nt ♦ vt (seed, plant)
φυτεύω‧ (microphone, bomb etc)
τοποθετώ (κρυφά)‧ (fig: object)
βάζω‧ **~ation** n φυτεία f‧ (wood)
δασύλλιο nt

plaque [plæk] n πλάκα f

plaster ['plɑːstə'] n (for walls) σοβάς
m‧ (also ~ **of Paris**) γύψος m‧ (BRIT:
also **sticking** ~) λευκοπλάστης m
♦ vt (wall, ceiling) σοβά(ν)τίζω‧ **to
~ with** καλύπτω

plastic ['plæstɪk] n πλαστικό nt ♦ adj
πλαστικός‧ ~ **bag** n πλαστική
τσάντα f‧ ~ **surgery** n πλαστική
χειρουργική f

plate [pleɪt] n πιάτο nt‧ (of food,
biscuits etc) πιατέλλα f‧ (on building,
machinery) φύλλο nt (μετάλλου)

plateau ['plætəʊ] (pl ~**s** or ~**x**) n
υψίπεδο nt‧ (fig) στασιμότητα f

platform ['plætfɔːm] n βάθρο nt‧ (for
loading on etc) αποβάθρα f‧ (RAIL)
πλατφόρμα f‧ (POL) πρόγραμμα nt

platinum ['plætɪnəm] n πλατίνα f

platoon [plə'tuːn] n διμοιρία f

platter ['plætə'] n πιατέλλα f (για
σερβίρισμα)

plausible ['plɔːzɪbl] adj (theory,
excuse) αληθοφανής‧ (rogue, liar)
πειστικός

play [pleɪ] n (THEAT, RADIO) θεατρικό
έργο nt‧ (activity) παιχνίδι n ♦ vt
παίζω‧ (team, opponent) παίζω με‧ (in
play, film etc) ερμηνεύω ♦ vi παίζω‧
to ~ a trick on sb κάνω φάρσα or
πλάκα σε κν‧ **to ~ a part/role in
sth** (fig) παίζω ρόλο σε κτ‧ ~ **down**
vt υποβαθμίζω τη σημασία‧ ~ **up** vi
(machine etc) κάνω νερά‧ (part of
body) ενοχλώ‧ (children) κάνω
σκανταλιές‧ ~**er** n παίχτης/τρια m/f‧
(MUS) μουσικός m/f‧ ~**ful** adj (person)
παιχνιδιάρης‧ (gesture, animal)

παιχνιδιάρικος · **~ground** n (*in park*) παιδική χαρά f · (*in school*) προαύλιο nt · **~ing field** n γήπεδο nt · **~wright** n θεατρικός/ή συγγραφέας m/f

plc (BRIT) abbr (= **public limited company**) A.E.

plea [pliː] n (= *request*) έκκληση f · (JUR) απολογία f

plead [pliːd] vt (JUR) υποστηρίζω (*ignorance, ill health etc*) προφασίζομαι ♦ vi (JUR) υπερασπίζομαι · **to ~ with sb** ικετεύω κν

pleasant ['plɛznt] adj ευχάριστος

please [pliːz] excl παρακαλώ ♦ vt ικανοποιώ · **yes, ~** ναι, ευχαριστώ · **do as you ~** κάνετε ό, τι νομίζετε · **~ yourself!** (*inf*) όπως νομίζεις! · **~d** adj ικανοποιημένος · **~d to meet you** χαίρω πολύ

pleasure ['plɛʒəʳ] n ευχαρίστηση f · (= *fun*) διασκέδαση f · **"it's a ~"** or **"my ~"** "Ευχαρίστησή μου"

pledge [plɛdʒ] n υπόσχεση f ♦ vt υπόσχομαι

plentiful ['plɛntɪful] adj άφθονος

plenty ['plɛntɪ] n αφθονία f · **~ of** αρκετός

plight [plaɪt] n συμφορά f

plot [plɔt] n (= *secret plan*) συνωμοσία f · (*of story, play*) πλοκή f · (*of land*) οικόπεδο nt · (*sb's downfall etc*) μηχανορραφώ · (AVIAT, NAUT: *position on chart*) χαράζω

plough [plaʊ] (US **plow**) n άροτρο nt ♦ vt οργώνω · **to ~ money into** ρίχνω χρήματα σε · **~ into** vt fus πέφτω πάνω σε

ploy [plɔɪ] n στρατήγημα nt

pluck [plʌk] vt (*fruit, flower*) κόβω · (*musical instrument*) παίζω · (*bird*) μαδάω · (*eyebrows*) βγάζω · **to ~ up courage** βρίσκω το κουράγιο

plug [plʌg] n (ELEC) φις nt inv · (= *stopper: in sink, bath*) τάπα f · (AUT: *also* **spark(ing) ~**) μπουζί nt ♦ vt

(*hole*) βουλώνω · (*inf*: = *advertise*) διαφημίζω · **~ in** vt (ELEC) βάζω στην πρίζα

plum [plʌm] n (*fruit*) δαμάσκηνο nt

plumber ['plʌməʳ] n υδραυλικός m

plumbing ['plʌmɪŋ] n (*piping*) υδραυλικά ntpl · (*trade, work*) υδραυλικές εργασίες fpl

plummet ['plʌmɪt] vi (*bird, aircraft*) πέφτω κατακόρυφα · (*price, amount*) πέφτω ραγδαία

plump [plʌmp] adj στρουμπουλός

plunge [plʌndʒ] n βουτιά f ♦ vt βυθίζω ♦ vi (= *fall*) κάνω βουτιά · (= *dive: bird, person*) βουτάω · (*fig: prices, rates etc*) πέφτω

plural ['plʊərl] adj πληθυντικός ♦ n πληθυντικός m

plus [plʌs] n (*also* **~ sign**) συν nt inv ♦ prep συν · **ten/twenty ~** δέκα/ είκοσι και πάνω · **it's a ~** (*fig*) είναι πλεονέκτημα

ply [plaɪ] vt (*a trade*) εξασκώ ♦ vi (*ship*) κάνω δρομολόγια ♦ n (*of wool, rope*) κλώνος m · **to ~ sb with drink** γεμίζω συνεχώς το ποτήρι κου- · **~wood** n κοντραπλακέ nt inv

PM (BRIT) abbr = **Prime Minister**

p.m. adv abbr (= **post meridiem**) μ.μ.

PMS n abbr (= **premenstrual syndrome**) προεμμηνορρυσιακό σύνδρομο nt

pneumonia [njuːˈməʊnɪə] n πνευμονία f

poached [pəʊtʃt] adj (*egg*) ποσέ inv

PO Box n abbr (= **Post Office Box**) Τ.Θ.

pocket ['pɔkɪt] n (*on jacket, trousers*) τσέπη f · (*fig: = small area*) θύλακας m ♦ vt (= *put in one's pocket*) βάζω στην τσέπη μου · (= *steal*) τσεπώνω · **~ money** n χαρτζιλίκι nt

pod [pɔd] n λουβί nt

podium ['pəʊdɪəm] n βήμα nt

poem ['pəʊɪm] n ποίημα nt

poet ['pəʊɪt] n ποιητής/τρια m/f · **~ic** adj (*also fig*) ποιητικός · **~ry** n

ποίηση f

poignant ['pɔɪnjənt] adj συγκινητικός

point [pɔɪnt] n (of needle, knife etc) μύτη f • (= purpose) λόγος m • (= significant part) ουσία f • (= subject, idea) θέμα nt • (= aspect) σημείο nt • (= position in space, stage in time) σημείο nt • (= moment) στιγμή f • (= score) βαθμός m • (ELEC: also **power** ~) πρίζα f • (also **decimal** ~) κόμμα nt ♦ vt (= show, mark) υποδεικνύω ♦ vi (with finger, stick etc) δείχνω • (RAIL) διακλάδωση f • **to** ~ **sth at sb** (gun) σημαδεύω κν με κτ • (finger) κουνάω κτ σε κν • **to be on the** ~ **of doing sth** είμαι έτοιμος να κάνω κτ • **to make a** ~ **of doing sth** δεν παραλείπω να κάνω κτ • **it is beside the** ~ είναι άσχετο

▸ **points** npl (AUT) πλατίνες fpl • ~ **out** vt δείχνω • (in debate etc) επισημαίνω • ~ **to** vt fus (= indicate) μαρτυρώ • ~**-blank** adv (say, ask) ορθά-κοφτά • (also at ~**-blank range**) εξ επαφής • ~**ed** adj μυτερός • ~**er** n (on chart, machine) βελόνα f • (fig: = piece of information or advice) υπόδειξη f • ~**less** adj άσκοπος • ~ **of view** n σκοπιά f

poison ['pɔɪzn] n δηλητήριο nt ♦ vt δηλητηριάζω • ~**ous** adj δηλητηριώδης

poke [pəʊk] vt σπρώχνω ♦ n χτύπημα nt • **to** ~ **at sb** δουλεύω κν • ~ **out** vi προεξέχω • ~**r** n (metal bar) μασιά f • (CARDS) πόκερ nt inv

Poland ['pəʊlənd] n Πολωνία f

polar ['pəʊlə'] adj πολικός • ~ **bear** n πολική αρκούδα f

Pole [pəʊl] n Πολωνός/ίδα or έζα m/f

pole [pəʊl] n (post, stick) πάσσαλος m • (GEO, ELEC) πόλος m • ~ **vault** n άλμα nt επί κοντώ

police [pə'liːs] n (organization) αστυνομία f • (members) αστυνομικοί mpl ♦ vt αστυνομεύω • ~ **car** n

περιπολικό nt • ~ **constable** (BRIT) n αστυφύλακας mf • ~ **force** n αστυνομικές δυνάμεις fpl • ~**man** (irreg) n αστυνομικός m • ~ **station** n αστυνομικό τμήμα nt • ~**woman** (irreg) n αστυνομικίνα f

policy ['pɒlɪsɪ] n πολιτική f • (also **insurance** ~) ασφάλεια f

polio ['pəʊlɪəʊ] n πολιομυελίτιδα f

Polish ['pəʊlɪʃ] adj πολωνικός ♦ n (LING) πολωνικά ntpl

polish ['pɒlɪʃ] n (for shoes) βερνίκι nt • (for furniture etc) λούστρο nt • (= shine: on shoes, furniture etc) λούστρο nt ♦ vt γυαλίζω • (food) καθαρίζω • ~**ed** adj (fig: person) ραφιναρισμένος • (style) εκλεπτυσμένος

polite [pə'laɪt] adj ευγενικός • ~**ness** n ευγένεια f

political [pə'lɪtɪkl] adj (relating to politics) πολιτικός • (person) πολιτικοποιημένος • ~**ly** adv πολιτικά

politician [pɒlɪ'tɪʃən] n πολιτικός mf

politics ['pɒlɪtɪks] n (activity) πολιτική f • (subject) πολιτικές επιστήμες fpl ♦ npl πολιτικές πεποιθήσεις fpl

poll [pəʊl] n (also **opinion** ~) δημοσκόπηση f • (= political election) εκλογές fpl ♦ vt (in opinion poll) ρωτάω • (= number of votes) συγκεντρώνω

pollen ['pɒlən] n γύρη f

pollution [pə'luːʃən] n (process) μόλυνση f • (substances) ρύπανση f

polo ['pəʊləʊ] n πόλο nt inv

polyester [pɒlɪ'estə'] n πολυεστέρ nt inv

polythene ['pɒlɪθiːn] n πολυαιθυλένιο nt

pompous ['pɒmpəs] (pej) adj πομπώδης

pond [pɒnd] n λιμνούλα f

ponder ['pɒndə'] vt συλλογίζομαι ♦ vi συλλογίζομαι

pony ['pəʊnɪ] n πόνυ nt inv • ~**tail** n αλογοουρά f

poodle ['pu:dl] n κανίς nt inv

pool [pu:l] n (= pond) λιμνούλα f •
(also **swimming** ~) πισίνα f • (of
blood etc) λίμνη f • (of workers,
labour) απόθεμα nt ◆ vt
συγκεντρώνω • **car** ~ διαθέσιμα
αυτοκίνητα

▶**pools** npl (football pools) = προ-πό

poor [puə^r] adj (= not rich) φτωχός •
(= bad: quality, performance) κακός •
(= : eyesight, memory) αδύνατος
◆ npl **the** ~ οι φτωχοί • ~**ly** adj
αδιάθετος ◆ adv (furnished) φτωχά •
~**ly designed** κακοσχεδιασμένος •
~**ly paid** κακοπληρωμένος

pop [pɔp] n (MUS) ποπ f inv • (fizzy
drink) γκαζόζα f • (US: inf: = father)
μπαμπάς m • (sound) μπαμ nt inv ◆ vi
(balloon) σπάω • (cork) πετάγομαι
◆ vi **to** ~ **sth into/on/to** ρίχνω κτ
(πάνω) σε κ.λπ. • ~ **in** vi
περνάω • ~ **out** vi πετάγομαι • ~ **up**
vi εμφανίζομαι • ~**corn** n ποπκόρν
nt inv

pope [pəup] n Πάπας m

poplar ['pɔplə^r] n λεύκα f

poppy ['pɔpɪ] n παπαρούνα f

pop star n αστέρι nt της ποπ

popular ['pɔpjulə^r] adj (= well-liked:
person, thing) δημοφιλής • (place)
κοσμικός • (= nonspecialist) λαϊκός •
(POL: movement, cause) λαοφιλής •
~**ity** n δημοτικότητα f

population [pɔpju'leɪʃən] n
πληθυσμός m

porcelain ['pɔːslɪn] n πορσελάνη f

porch [pɔːtʃ] n κατώφλι nt • (US)
βεράντα f

pore [pɔː^r] n πόρος m ◆ vi **to** ~ **over**
πέφτω με τα μούτρα σε

pork [pɔːk] n χοιρινό nt

porn [pɔːn] (inf) adj, n πορνό nt inv

pornographic [pɔːnə'græfɪk] adj
πορνογραφικός

pornography [pɔː'nɔgrəfɪ] n
πορνογραφία f

porridge ['pɔrɪdʒ] n πόριτζ nt inv

port [pɔːt] n (= harbour) λιμάνι nt •
(NAUT: = left side) αριστερή πλευρά f •
(wine) πόρτο nt inv • (COMPUT) θύρα f

portable ['pɔːtəbl] adj φορητός

porter ['pɔːtə^r] n (for luggage)
αχθοφόρος m • (doorkeeper)
πορτιέρης m • (US: RAIL) αχθοφόρος
m

portfolio [pɔːt'fəulɪəu] n (case)
χαρτοφύλακας m • (POL, FIN)
χαρτοφυλάκιο nt • (= of artist) ντοσιέ
nt inv

portion ['pɔːʃən] n (= part) μέρος nt •
(= helping of food) μερίδα f

portrait ['pɔːtreɪt] n πορτρέτο nt

portray [pɔː'treɪ] vt παρουσιάζω

Portugal ['pɔːtjugl] n Πορτογαλία f

Portuguese [pɔːtju'giːz] adj
πορτογαλικός ◆ n inv Πορτογάλος/
ίδα m/f • (LING) πορτογαλικά ntpl

pose [pəuz] n (= posture) πόζα f ◆ vt
(question) θέτω • (problem, danger)
αποτελώ ◆ vi **to** ~ **as** παριστάνω
+acc • **to** ~ **for** (painting etc) ποζάρω
για

posh [pɔʃ] (inf) adj (hotel, restaurant
etc) πολυτελείας • (person, voice) της
υψηλής κοινωνίας

position [pə'zɪʃən] n θέση f • (of
person's body) στάση f ◆ vt τοποθετώ

positive ['pɔzɪtɪv] adj (= certain)
απόλυτα βέβαιος • (= hopeful,
confident) θετικός • (test, result)
θετικός • (MATH, ELEC) θετικός • ~**ly**
adv (emph: rude, stupid) τρομερά •
(= encouragingly) θετικά

possess [pə'zɛs] vt (car, watch) έχω
(στην κατοχή μου) • (quality, ability)
έχω • **like a man** ~**ed** σαν
δαιμονισμένος • ~**ion** n κατοχή f

▶**possessions** npl (= belongings)
υπάρχοντα ntpl • ~**ive** adj ζηλιάρης •
(LING) κτητικός

possibility [pɔsɪ'bɪlɪtɪ] n (= chance)
πιθανότητα f • (= possible event)
δυνατότητα f

possible ['pɔsɪbl] adj (= feasible)

δυνατός · (= *likely*) πιθανός ·
(= *conceivable*) πιθανός · **possibly**
adv (= *perhaps*) μάλλον ·
(= *conceivably*) δυνατό

post [pəʊst] *n* (BRIT: *service, system*)
ταχυδρομείο *nt* · (: = *letters*)
γράμματα *ntpl* · (= *pole*) στύλος *m* ·
(= *job*: *also* MIL) θέση *f* · (*also* **goal~**)
δοκάρι *nt* ♦ *vt* (BRIT: *letter*)
ταχυδρομώ · (MIL) τοποθετώ · **to
~ sb to** (= *assign*) τοποθετώ κν σε ·
to keep sb ~ed κρατώ κν ενήμερο ·
~age *n* ταχυδρομικά τέλη *ntpl* · **~al**
adj ταχυδρομικός · **~box** (BRIT)
ταχυδρομικό κουτί *nt* · **~card** *n*
κάρτα *f* · **~code** *n*
ταχυδρομικός κώδικας *m*

poster [ˈpəʊstəʳ] *n* πόστερ *nt inv*

postgraduate [ˈpəʊstˈgrædjuət] *n*
μεταπτυχιακός/ή φοιτητής/τρια *m/f*

postman [ˈpəʊstmən] (*irreg*) (BRIT) *n*
ταχυδρόμος *m*

post office *n* (*building*) Ταχυδρομείο
nt · **the P~** το Ταχυδρομείο
(*οργανισμός*), ≈ ΕΛ.ΤΑ.

postpone [pəʊsˈpəʊn] *vt* αναβάλλω

posture [ˈpɒstʃəʳ] *n* στάση *f*

pot [pɒt] *n* (*for cooking*) κατσαρόλα *f* ·
(= *teapot*) τσαγιέρα *f* · (= *coffee pot*)
καφετιέρα *f* · (= *potful*) τσαγιερό *nt* ·
(*bowl, container*: *for paint etc*) δοχείο
nt · (= *flowerpot*) γλάστρα *f* · (*inf*: =
marijuana) φούντα *f* ♦ *vt* (*plant*)
φυτεύω σε γλάστρα

potato [pəˈteɪtəʊ] (*pl* **~es**) *n* πατάτα
f · **~ chips** (US) *npl* = **potato
crisps** · **~ crisps** *npl* πατατάκια *ntpl*

potent [ˈpəʊtnt] *adj* ισχυρός

potential [pəˈtɛnʃl] *adj* πιθανός ♦ *n*
(= *talent, ability*) προδιάθεση *f* ·
(= *promise, possibilities*) δυνατότητες
fpl

potter [ˈpɒtəʳ] *n* αγγειοπλάστης/τρια
m/f ♦ *vi* **to ~ around, ~ about**
(BRIT) υποαπασχολούμαι · **~y** *n* (*pots
etc*) κεραμικά *ntpl* · (*work, hobby*)
κεραμική *f* · (*factory*) εργοστάσιο *nt*

κεραμικής

potty [ˈpɒtɪ] *adj* (*inf*) παλαβός ♦ *n*
γιογιό *nt inv*

pouch [paʊtʃ] *n* (*for tobacco*)
καπνοσακούλα *f* · (ZOOL) μάρσιπος *m*

poultry [ˈpəʊltrɪ] *n* πουλερικά *ntpl*

pounce [paʊns] *vi* (*on* ~ *on* (*animal,
person*) ορμώ · (*fig*: *idea*) αρπάζω ·
(*mistake*) εντοπίζω αστραπιαία

pound [paʊnd] *n* (*unit of money*) λίρα
f (στερλίνα) · (*unit of weight*) λίμπρα *f*
(= 453, 6 γρ.) · (*for cars*) μάντρα *f*
♦ *vt* (*table, wall etc*) βροντάω · (*with
guns*) βομβαρδίζω ♦ *vi* (*heart, head*)
χτυπάω δυνατά

pour [pɔːʳ] *vt* βάζω ♦ *vi* τρέχω · **to
~ sb a drink** βάζω σε κν ένα ποτό ·
it's ~ing with rain βρέχει
καταρρακτωδώς · **~ in** *vi* συρρέω ·
~ out *vi* ξεχύνομαι ♦ *vt* (*tea, wine
etc*) βάζω · (*fig*) αφήνω ελεύθερο

pout [paʊt] *vi* σουφρώνω τα χείλη

poverty [ˈpɒvətɪ] *n* φτώχεια *f*

powder [ˈpaʊdəʳ] *n* (*granules*) σκόνη
f · (= *face powder*) πούδρα *f* ♦ *vt* **to
~ one's face** πουδράρω το
πρόσωπό μου

power [ˈpaʊəʳ] *n* (= *control*: *over
people, activities*) εξουσία *f* ·
(= *ability*) ικανότητα *f* · (= *legal right*)
εξουσία *f* · (*of ideas, words*) δύναμη
f · (= *force*: *of explosion, engine*) ισχύς
f · (= *energy, strength*) δύναμη *f* ·
(= *electricity*) (ηλεκτρική) ενέργεια *f* ·
to be in ~ (POL etc) είμαι στην
εξουσία · **~ful** *adj* ισχυρός · (*body,
blow*) δυνατός · **~less** *adj*
αδύναμος · **~ station** *n* σταθμός *m*
παραγωγής ηλεκτρικής ενέργειας

pp. *abbr* (= *pages*) σσ.

PR *n abbr* = **public relations**

practical [ˈpræktɪkl] *adj* πρακτικός ·
(: = *good with hands*) επιδέξιος · **~ly**
adv (= *almost*) σχεδόν

practice [ˈpræktɪs] *n* (= *custom*)
συνήθεια *f* · (= *not theory*) πράξη *f* ·
(*exercise, training*) εξάσκηση *f*

(business: MED) ιατρείο nt • (: JUR)
δικηγορικό γραφείο nt ♦ vt, vi (US) =
practise • to be out of ~ δεν είμαι
σε φόρμα • **to put sth into ~** θέτω
κτ σε εφαρμογή

practise ['præktɪs] (US **practice**) vt
(sport etc) προπονούμαι σε • *(musical
instrument)* μελετάω • (= carry out:
activity etc) ασκώ • *(custom)* διατηρώ •
(profession) ασκώ το επάγγελμα
+gen ♦ vi (= train) προπονούμαι •
(lawyer, doctor etc) ασκώ το
επάγγελμα • **practising** adj
(Christian etc) πιστός • *(doctor,
lawyer)* εν ενεργεία

pragmatic [præg'mætɪk] adj *(person)*
πραγματιστής • *(reason etc)* πρακτικός

prairie ['prɛərɪ] n λιβάδι nt

praise [preɪz] n έπαινος m ♦ vt
επαινώ

pram [præm] (BRIT) n καροτσάκι nt
(μωρού)

prank [præŋk] n φάρσα f

prawn [prɔːn] n γαρίδα f • **~ cocktail**
γαριδοσαλάτα

pray [preɪ] vi προσεύχομαι • **~er** n
προσευχή f

preach [priːtʃ] vi (REL) βγάζω
κήρυγμα • (pej) κάνω κήρυγμα ♦ vt
(sermon) βγάζω • (fig: = advocate)
κηρύσσω • **~er** n ιεροκήρυκας m

precarious [prɪ'kɛərɪəs] adj *(also fig)*
επισφαλής

precaution [prɪ'kɔːʃən] n πρόληψη f •
to take ~s παίρνω προφυλάξεις

precede [prɪ'siːd] vt *(event)*
προηγούμαι +gen • *(person)* πηγαίνω
μπροστά από

precedent ['presɪdənt] n (JUR)
δικαστικό προηγούμενο nt • (= sth
that has happened before)
προηγούμενο nt

preceding [prɪ'siːdɪŋ] adj
προηγούμενος

precinct ['priːsɪŋkt] n (US: = part of
city) περιφέρεια f • **pedestrian
~** (BRIT) πεζόδρομος m • **shopping**

~ (BRIT) εμπορικό κέντρο
► **precincts** npl περίβολος m

precious ['prɛʃəs] adj *(time, memories)*
πολύτιμος • (pej: person, writing)
επιτηδευμένος ♦ adv (inf) • **little/
few** ελάχιστος

precise [prɪ'saɪs] adj (= exact: time
etc) ακριβής • *(instructions, plans etc)*
λεπτομερής • **~ly** adv ακριβώς •
precision n ακρίβεια f

predator ['predətə'] n αρπακτικό nt

predecessor ['priːdɪsesə'] n
προκάτοχος mf

predicament [prɪ'dɪkəmənt] n
δυσχέρεια f

predict [prɪ'dɪkt] vt προβλέπω •
~able adj προβλέψιμος • **~ion** n
πρόβλεψη f

predominantly [prɪ'dɔmɪnəntlɪ] adv
κυρίως

preface ['prefəs] n πρόλογος m

prefer [prɪ'fɜː'] vt προτιμώ • **~able**
adj προτιμότερος από • **~ably** adv
κατά προτίμηση • **~ence** n **to have
a ~ence for** προτιμώ • **to give
~ence to** δίνω προτεραιότητα σε

pregnancy ['pregnənsɪ] n (of woman)
εγκυμοσύνη f • (of female animal)
κυοφορία f

pregnant ['pregnənt] adj (female)
έγκυος • (fig: pause) φορτισμένος

prehistoric ['priːhɪs'tɔrɪk] adj
προϊστορικός

prejudice ['predʒudɪs] n (= bias
against) προκατάληψη f • **~d** adj
(person) προκατειλημμένος

preliminary [prɪ'lɪmɪnərɪ] adj
προκαταρκτικός

prelude ['prɛljuːd] n πρελούδιο nt • **a
~ to** (fig) ένα προοίμιο σε

premature ['prɛmətʃuə'] adj πρόωρος

premier ['prɛmɪə'] adj ο πρώτος ♦ n
(POL) πρωθυπουργός mf

première ['prɛmɪɛə'] n (of film, play)
πρεμιέρα f

premium ['priːmɪəm] n (COMM) πριμ
nt inv • (INSUR) ασφάλιστρο nt • **to be**

at a ~ έχω μεγάλη ζήτηση

preoccupied [pri:'ɔkjupaɪd] *adj*
(= worried) ανήσυχος • (= absorbed)
απορροφημένος

preparation [prepə'reɪʃən] *n* (activity)
προετοιμασία *f* • (food, medicine)
παρασκεύασμα *nt*

▶ **preparations** *npl* προετοιμασίες *fpl*

preparatory school *n* (BRIT)
ιδιωτικό Δημοτικό σχολείο *nt* • (US)
ιδιωτική σχολή που προετοιμάζει
για το κολλέγιο

prepare [pri'peər] *vt* (plan, speech etc)
προετοιμάζω • (room, food) ετοιμάζω
◆ *vi* **to ~ for** ετοιμάζομαι για • **~d**
adj **~d to** έτοιμος *or* διατεθειμένος
να • **~d for** έτοιμος για

prep school *n* = **preparatory
school**

prerequisite [pri:'rekwɪzɪt] *n*
προϋπόθεση *f*

preschool ['pri:sku:l] *adj* (age,
education) προσχολικός • (child)
προσχολικής ηλικίας

prescribe [pri'skraɪb] *vt* (MED) δίνω
συνταγή για • (= demand) επιβάλλω

prescription [pri'skrɪpʃən] *n* (MED)
συνταγή *f*

presence ['preznz] *n* (also fig)
παρουσία *f* • **in sb's ~** μπροστά σε
κν

present *adj*, *n* ['preznt] *vb* [pri'zent]
adj (= current) τωρινός • (= in
attendance) παρών ◆ *n* **the ~** το
παρόν • (= gift) δώρο *nt* • (LING: also
~ tense) ενεστώτας *m* ◆ *vt*
αποτελώ (information, view)
παρουσιάζω • (= portray) εμφανίζω •
(RADIO, TV) παρουσιάζω • (= formally
introduce: person) συστήνω • **to
~ itself** (opportunity) παρουσιάζομαι •
at ~ προς το παρόν • **~ation** *n* (of
plan, proposal) παρουσίαση *f* •
(appearance) εμφάνιση *f* • **~-day**
adj σύγχρονος • **~er** *n* (TV)
τηλεπαρουσιαστής/τρια *m/f* • (radio)
εκφωνητής/τρια *m/f* • **~ly** *adv* σε

λίγο • (= currently) αυτή τη στιγμή

preservation [prezə'veɪʃən] *n* (of
peace, standards etc) διατήρηση *f* • (of
furniture, building) συντήρηση *f*

preserve [pri'zə:v] *vt* (customs,
independence) διατηρώ • (building,
manuscript) συντηρώ • (food) βάζω
συντηρητικά σε ◆ *n* (often pl: jam)
μαρμελάδα *f* • (chutney etc.) τουρσί *nt*

preside [pri'zaɪd] *vi* **to ~ over**
προεδρεύω σε *or* +gen

president ['prezɪdənt] *n* πρόεδρος
mf • **~ial** *adj* (election, campaign etc)
προεδρικός • (adviser, residence
etc) του προέδρου

press [pres] *n* (also **the P~**) ο Τύπος
m • (printing press) (τυπογραφικό)
πιεστήριο *nt* ◆ *vt* πιέζω • (button,
switch etc) πατάω • (clothes)
σιδερώνω ◆ *vi* στριμώχνομαι • **to
~ for** απαιτώ • **we are ~ed for time/
money** μας πιέζει ο χρόνος/το
οικονομικό • **to ~ charges (against
sb)** (JUR) υποβάλλω μήνυση
(εναντίον κου) • **ahead** *vi* see

press on • ~ on *vi* συνεχίζω •
~ conference *n* συνέντευξη *f*
Τύπου • **~ing** *adj* επείγων •
~ release *n* ανακοίνωση *f* Τύπου

pressure ['preʃər] *n* (of air, gas) πίεση
f • (fig) ώθηση *f* • **to be under
~** υφίσταμαι πίεση • **~ group** *n*
ομάδα *f* πίεσης

prestige [pres'ti:ʒ] *n* γόητρο *nt* •
prestigious *adj* με κύρος

presumably [pri'zju:məblɪ] *adv* κατά
πάσα πιθανότητα

presume [pri'zju:m] *vt* **to ~ (that)**
υποθέτω πως • **to ~ to do** τολμώ να
κάνω • **I ~ so** υποθέτω (πως έτσι
είναι)

pretence [pri'tens] (US **pretense**) *n*
προσποίηση *f*

pretend [pri'tend] *vt* προσποιούμαι
◆ *vi* προσποιούμαι • **I don't ~ to
understand it** δεν ισχυρίζομαι ότι
το καταλαβαίνω

pretentious [prɪ'tenʃəs] adj **to be ~** (person) είμαι φανταστικός · (play, film etc) πομπώδης

pretext ['priːtekst] n πρόσχημα nt

pretty ['prɪtɪ] adj (person, face) χαριτωμένος · (garden, house) όμορφος ♦ adv αρκετά

prevail [prɪ'veɪl] vi (custom, belief) επικρατώ · **to ~ (up)on sb to do sth** πείθω κν να κάνει κτ · **~ing** adj (wind) που επικρατεί · (view etc) επικρατών · **prevalent** adj που κυριαρχεί

prevent [prɪ'vent] vt προλαβαίνω · **to ~ sb from doing sth** εμποδίζω κν να κάνει κτ · **to ~ sth from happening** εμποδίζω να συμβεί κτ · **~ative** adj = **preventive** · **~ion** n πρόληψη f · **~ive** adj προληπτικός

preview ['priːvjuː] n (of film) προβολή f πριν την πρεμιέρα

previous ['priːvɪəs] adj προηγούμενος · **~ to** πριν (από) · **~ly** adv (= before) πριν · (= formerly) προηγουμένως

prey [preɪ] n λεία f · **to fall ~ to sb/ sth** (fig) πέφτω θύμα +gen · **~ on** vt fus (animal) κυνηγώ (για την τροφή μου) · **it was ~ing on his mind** του βασάνιζε τη σκέψη

price [praɪs] n τιμή f · (fig) τίμημα nt ♦ vt (goods) κοστολογώ · **~less** adj ανεκτίμητος

prick [prɪk] n τσίμπημα nt · (inf!: penis) πούτσος m (inf!) ♦ vt τρυπώ · **to ~ up one's ears** τεντώνω τα αυτιά μου

prickly ['prɪklɪ] adj (plant) ακανθώδης · (fabric) που τσιμπάει

pride [praɪd] n (satisfaction) (υ)περηφάνεια f · (self-esteem) αξιοπρέπεια f · (pej: arrogance) εγωισμός f ♦ vt **to ~ o.s. on** υπερηφανεύομαι για κτ

priest [priːst] n ιερέας m

primarily ['praɪmərɪlɪ] adv κυρίως

primary ['praɪmərɪ] adj κύριος ·

(education) πρωτοβάθμιος · **~ teacher** δάσκαλος ♦ n (US) προκριματική εκλογή f · **~ school** (BRIT) n Δημοτικό σχολείο nt

prime [praɪm] adj (= most important) πρωταρχικός · (= best quality) πρώτης ποιότητας · **in the ~ of life** στο άνθος της ηλικίας · **Prime Minister** n πρωθυπουργός mf

primitive ['prɪmɪtɪv] adj (tribe, hut) πρωτόγονος · (life form) αρχέγονος

primrose ['prɪmrəuz] n δάκρακλο nt

prince [prɪns] n πρίγκηπας m

princess [prɪn'ses] n πριγκήπισσα f

principal ['prɪnsɪpl] adj (reason, aim etc) κυριότερος · (character) κεντρικός ♦ n (of school, college) διευθυντής/τρια m/f · **~ly** adv κυρίως

principle ['prɪnsɪpl] n αρχή f · **in ~** (= in theory) θεωρητικά · (= in general) σε γενικές γραμμές · **on ~** για λόγους αρχής

print [prɪnt] n (= type) εκτύπωση f · (= typeface, characters) χαρακτήρες mpl · (ART) γκραβούρα f · (PHOT) φωτογραφία f (fabric) εμπριμέ nt inv ♦ vt (= produce: book, newspaper) τυπώνω · (= publish: story, article etc) δημοσιεύω · (cloth, pattern) σταμπάρω · (= write in capitals) γράφω με κεφαλαία · **out of ~** που έχει εξαντληθεί · **~ prints** npl δακτυλικά αποτυπώματα ntpl · **~er** n (person) τυπογράφος mf · (COMPUT) εκτυπωτής m

prior ['praɪə'] adj (knowledge, warning) προηγούμενος · (claim, duty) που προηγείται · **~ to sth/doing sth** πριν από κτ/πριν κάνω κτ

priority [praɪ'ɔrɪtɪ] n προτεραιότητα f · **~ priorities** npl προτεραιότητες fpl

prison ['prɪzn] n (institution) φυλακή f · (= imprisonment) φυλάκιση f ♦ cpd της φυλακής · **~er** n φυλακισμένος/η m/f · (during war etc) αιχμάλωτος/η m/f · **~er of war** n αιχμάλωτος/η m/f πολέμου

pristine ['prɪstiːn] adj άθικτος

privacy ['prɪvəsɪ] n ησυχία f

private ['praɪvɪt] adj (land) που ανήκει σε ιδιώτη · (= confidential: papers) προσωπικός · (= personal) προσωπικός ♦ n (MIL) φαντάρος m · **in ~** ιδιαιτέρως · **~ly** adv (= in private) κατ'ιδίαν · (= secretly) μέσα μου · (owned) που ανήκει σε ιδιώτες

privilege ['prɪvɪlɪdʒ] n (advantage) προνόμιο nt · (= honour) τιμή f

prize [praɪz] n βραβείο nt ♦ adj εξαιρετικής ποιότητας · vt εκτιμώ ιδιαίτερα

pro [prəʊ] n (SPORT) επαγγελματίας mf ♦ prep υπέρ +gen · **the ~s and cons** τα υπέρ και τα κατά

probability [prɒbə'bɪlɪtɪ] n · **of/that** πιθανότητα να · **in all ~** κατά πάσα πιθανότητα

probable ['prɒbəbl] adj πιθανός · **probably** adv πιθανόν

probation [prə'beɪʃən] n **on ~** με αναστολή · (employee) με δοκιμή

probe [prəʊb] n (MED) ανιχνευτήρας m · (SPACE) διαστημικό όχημα nt εξερευνήσεως · (enquiry) έλεγχος m ♦ vt (= investigate) κάνω έλεγχο σε · (= poke) σκαλίζω

problem ['prɒbləm] n πρόβλημα nt

procedure [prə'siːdʒə] n διαδικασία f

proceed [prə'siːd] vi προχωρώ · **to ~ to do sth** κάνω κάτι στη συνέχεια · **to ~ with** συνεχίζω · **~ings** npl (= organized events) διαδικασία f · (JUR) δικαστικά μέτρα ntpl

proceeds ['prəʊsiːdz] npl εισπράξεις fpl

process ['prəʊses] n διαδικασία f · (= method) μέθοδος f ♦ vt επεξεργάζομαι · **to be in the ~ of doing sth** αυτή τη στιγμή κάνω κτ · **~ion** n πομπή f

proclaim [prə'kleɪm] vt διακηρύσσω

prod [prɒd] vt (with finger) τσιγκλάω ·

(stick, knife etc) σπρώχνω ♦ n (with elbow) σκούντημα nt

produce n ['prɒdjuːs] vb [prə'djuːs] n (AGR) προϊόν nt ♦ vt (effect, result etc) επιφέρω · (goods, commodity) παράγω · (= bring or take out) βγάζω · (play, film) παράγω · **~f** n (of film, play) παραγωγή

product ['prɒdʌkt] n προϊόν nt

production [prə'dʌkʃən] n παραγωγή f · (THEAT) ανέβασμα nt

productive [prə'dʌktɪv] adj (work force, industry) παραγωγικός · (fig) αποδοτικός · **productivity** n παραγωγικότητα f

Prof. [prɒf] n abbr (= professor) Καθ.

profession [prə'feʃən] n επάγγελμα nt · **~al** adj επαγγελματικός · (= not amateur) επαγγελματίας m (lawyer, player etc) επαγγελματίας mf · (doctor, teacher) λειτουργός mf

professor [prə'fesə] n (BRIT) καθηγητής/τρια m/f Πανεπιστημίου · (US, CANADA) καθηγητής/τρια m/f

profile ['prəʊfaɪl] n προφίλ nt inv · (fig) πορτραίτο nt

profit ['prɒfɪt] n (COMM) κέρδος nt ♦ vi **to ~ by or from** (fig) ωφελούμαι από · **~able** adj (business) επικερδής · (deal) συμφέρων

profound [prə'faʊnd] adj (differences) σημαντικός · (shock) ισχυρός · (idea, book) βαθυστόχαστος

program ['prəʊgræm] n (COMPUT) n πρόγραμμα nt

programme ['prəʊgræm] (US **program**) n πρόγραμμα nt · (RADIO, TV) εκπομπή f ♦ vt (machine, system) προγραμματίζω · **~** (COMPUT) n προγραμματιστής/τρια m/f

progress n ['prəʊgres] vb [prə'gres] n πρόοδος f · (= development) εξέλιξη f ♦ vi (= advance) προχωρώ · (= continue) συνεχίζομαι · **in ~** σε εξέλιξη · **~ive** adj προοδευτικός

prohibit [prə'hɪbɪt] vt απαγορεύω · **to**

~ sb from doing sth εμποδίζω κν να κάνει κτ

project n ['prɒdʒekt] vb [prə'dʒekt] n σχέδιο nt ♦ vt προγραμματίζω · (figure, amount) υπολογίζω · (light, film) προβάλλω ♦ vi προεξέχω

projection [prə'dʒekʃən] n (= estimate) υπολογισμός m · (= overhang) προεξοχή f

projector [prə'dʒektə'] n προβολέας m

prolific [prə'lɪfɪk] adj (artist, composer) παραγωγικός · (writer) πολυγραφότατος

prolong [prə'lɒŋ] vt παρατείνω

prom [prɒm] n abbr = **promenade**

promenade [prɒmə'nɑːd] n προκυμαία f

prominent ['prɒmɪnənt] adj (= important) εξέχων · (= very noticeable) περίοπτος

promiscuous [prə'mɪskjuəs] adj ελευθερίων ηθών

promise ['prɒmɪs] n (= vow) υπόσχεση f · (hope) υποσχέσεις fpl ♦ vt **to ~ sb sth, ~ sth to sb** υπόσχομαι κτ σε κν ♦ vi **it ~s to be lively** προμηνύεται (ότι θα είναι) γεμάτο ζωντάνια · **promising** adj πολλά υποσχόμενος

promote [prə'məut] vt (employee) προάγω · (record, film) προωθώ · (understanding, peace) προωθώ · **promotion** n (at work) προαγωγή f · (of product, event) προώθηση f · (= publicity campaign) διαφημιστική εκστρατεία f

prompt [prɒmpt] adj άμεσος ♦ adv ακριβώς ♦ n (COMPUT) προτρεπτικό σήμα nt ♦ vt γίνομαι η αφορμή · (when talking) παροτρύνω · **~ly** adv (= immediately) αμέσως · (= exactly) ακριβώς

prone [prəun] adj μπρούμυτα · **I am/she is ~ to** συχνά με/την πιάνει

pronoun ['prəunaun] n αντωνυμία f

pronounce [prə'nauns] vt (word) προφέρω · (= declare) διαπιστώνω

(= give verdict, opinion) αποφαίνομαι

pronunciation [prənʌnsɪ'eɪʃən] n προφορά f

proof [pruːf] n απόδειξη f · (TYP) (τυπογραφικό) δοκίμι nt ♦ adj **~ against** άτρωτος σε

prop [prɒp] n στήριγμα nt ♦ vt **to ~ sth against** στηρίζω κτ (πάνω) σε · **~ up** vt fus (thing) στερεώνω · (fig) στηρίζω

propaganda [prɒpə'gændə] n προπαγάνδα f

propeller [prə'pelə'] n έλικας m

proper [prɒpə'] adj (= genuine) κανονικός · (= correct) σωστός · (inf: = real) πραγματικός · **the town/city** η κυρίως πόλη · **~ly** adv (= adequately: eat) καλά · (= decently: behave) καθώς πρέπει

property ['prɒpətɪ] n (= possessions) ιδιοκτησία f · (= building and its land) κτήμα nt · (= quality: of substance, material etc) ιδιότητα f

prophecy ['prɒfɪsɪ] n προφητεία f

prophet ['prɒfɪt] n προφήτης m

proportion [prə'pɔːʃən] n ποσοστό nt · (= ratio) αναλογία f · **in ~ to** αναλογία με · **~al** adj **~al to** ανάλογος με

proposal [prə'pəuzl] n πρόταση f

propose [prə'pəuz] vt προτείνω ♦ vi (= offer marriage) κάνω πρόταση γάμου · **to ~ to do** or **doing sth** προτίθεμαι να κάνω κτ

proposition n (statement) άποψη f · (offer) πρόταση f

proprietor [prə'praiətə'] n ιδιοκτήτης · τρια m/f

prose [prəuz] n πρόζα f

prosecute ['prɒsɪkjuːt] (JUR) vt ασκώ δίωξη σε · **prosecution** (JUR) n (action) ποινική δίωξη f · (= accusing side) Πολιτική Αγωγή f

prosecutor n μηνυτής m · (also **public ~**) δημόσιος κατήγορος m

prospect n ['prɒspekt] n (= likelihood) προοπτικές fpl · (thought)

ενδεχόμενο nt
► **prospects** npl προοπτική f για σταδιοδρομία · **~ive** adj (candidate etc) επίδοξος

prospectus [prəˈspɛktəs] n (of college, school) βιβλίο nt σπουδών

prosper [ˈprɒspə'] vi ευημερώ · **~ity** n ευημερία f · **~ous** adj που ευημερεί

prostitute [ˈprɒstɪtjuːt] n (female) πόρνη f · (male) άνδρας m που εκδίδεται

protect [prəˈtɛkt] vt προστατεύω από · **~ion** n προστασία f · **~ive** adj (clothing, layer etc) προστατευτικός · (person) **to be ~ive** (of = arrogant) προστατεύω

protein [ˈprəʊtiːn] n πρωτεΐνη f

protest n [ˈprəʊtɛst] vb [prəˈtɛst] n διαμαρτυρία f ♦ vi **to ~ about/ against/at** διαμαρτύρομαι για/ εναντίον ♦ vt **to ~ (that)** επιμένω (ότι)

Protestant [ˈprɒtɪstənt] adj προτεσταντικός ♦ n Προτεστάντης/ ισσα m/f

protester [prəˈtɛstə'] n διαδηλωτής/ τρια m/f

proud [praʊd] adj (happy: parents, owner) ευτυχής · (= dignified) περήφανος · (= arrogant) αλαζόνας

prove [pruːv] vt αποδεικνύω ♦ vi **to ~ (to be) correct** etc αποδεικνύεται ότι είμαι σωστός κλπ.

proverb [ˈprɒvɜːb] n παροιμία f

provide [prəˈvaɪd] vt (food, money) παρέχω · (answer, opportunity) δίνω · **to ~ sb with sth** παρέχω κτ σε κν · **~ for** vt fus (person) παρέχω τα απαραίτητα σε · **~d (that)** conj με την προϋπόθεση ότι · **providing** conj **~ (that)** = **provided (that)**

province [ˈprɒvɪns] n (of country) επαρχία f · (of person) αρμοδιότητα f
► **the provinces** npl η επαρχία f

provincial [prəˈvɪnʃəl] adj (town, etc) επαρχιακός · (pej) επαρχιώτης

provision [prəˈvɪʒən] n (= supplying)

παροχή f · (preparation) πρόνοια f · (of contract, agreement) όρος m
► **provisions** npl προμήθειες fpl · **~al** adj προσωρινός

provocative [prəˈvɒkətɪv] adj προκλητικός

provoke [prəˈvəʊk] vt προκαλώ

prowl [praʊl] vi (also · ~ **about, ~ around**) τριγυρίζω και παραμονεύω ♦ n **to go on the ~** (fig: person) γυροφέρνω αθόρυβα

proximity [prɒkˈsɪmɪtɪ] n γειτνίαση f (fml)

proxy [ˈprɒksɪ] n **by ~** δι'αντιπροσώπου

prudent [ˈpruːdənt] adj φρόνιμος

prune [pruːn] n ξερό δαμάσκηνο nt ♦ vt κλαδεύω

PS abbr (= postscript) Υ.Γ.

pseudonym [ˈsjuːdənɪm] n ψευδώνυμο nt

psychiatric [saɪkɪˈætrɪk] adj (problem) ψυχολογικός · (treatment) ψυχιατρικός · **~ hospital** Ψυχιατρείο

psychiatrist [saɪˈkaɪətrɪst] n ψυχίατρος m

psychic [ˈsaɪkɪk] adj αυτός που έχει παραψυχολογικές ικανότητες ♦ n μέντιουμ nt

psychoanalysis [saɪkəʊəˈnælɪsɪs] (pl **psychoanalyses**) n ψυχανάλυση f

psychological [saɪkəˈlɒdʒɪkl] adj ψυχολογικός

psychologist [saɪˈkɒlədʒɪst] n ψυχολόγος mf

psychology [saɪˈkɒlədʒɪ] n (science) Ψυχολογία f · (= character) ψυχολογία f

psychotherapy [saɪkəʊˈθɛrəpɪ] n ψυχοθεραπεία f

pt abbr = **pint · point**

pub [pʌb] n = **public house**

puberty [ˈpjuːbətɪ] n εφηβεία f

public [ˈpʌblɪk] adj (= of people: opinion) κοινός · (support, interest) του κοινού · (= for people: building, service) δημόσιος · (meeting,

announcement) δημόσιος ♦ *n* **the** ~ το κοινό · **in** ~ δημόσια · **the general** ~ το ευρύ κοινό

publication [pʌblɪˈkeɪʃən] *n* έκδοση *f*

public company *n* ανώνυμη εταιρεία *f*

public holiday *n* αργία *f*

public house (BRIT) *n* παμπ *f* inv

publicity [pʌbˈlɪsɪtɪ] *n* (information) διαφήμιση *f* · (attention) δημοσιότητα *f*

public relations *n* δημόσιες σχέσεις fpl

public school *n* (BRIT) ιδιωτικό σχολείο *nt* (συνήθως με οικοτροφείο) · (US) δημόσιο σχολείο *nt*

public transport *n* δημόσιες συγκοινωνίες fpl

publish [ˈpʌblɪʃ] *vt* (company) εκδίδω · (newspaper, magazine) δημοσιεύω · **~er** *n* εκδότης/τρια *m/f* · **~ing** *n* εκδόσεις fpl

pudding [ˈpʊdɪŋ] *n* (= cooked sweet food) πουτίγκα *f* · (BRIT: = dessert) γλυκό *nt* (για επιδόρπιο)

puddle [ˈpʌdl] *n* λακκούβα *f* με νερό

Puerto Rico [ˈpwɜːtəʊ ˈriːkəʊ] *n* Πόρτο-Ρίκο *n*

puff [pʌf] *n* (of cigarette, pipe) ρουφηξιά *f* · (= gasp) λαχάνιασμα *nt* · (of smoke) τούφα *f* ♦ *vt* (also ~ **on**, ~ **at**) τραβάω ρουφηξιά από · ~ **out** *vt* φουσκώνω

pull [pʊl] *vt* (cart, carriage etc) σέρνω ♦ *vi* τραβάω ♦ *n* (= tug) τράβηγμα *nt*; **to give sth a** ~ τραβάω · (of moon, magnet etc) έλξη *f* · (fig) ορμή *f* · **to** ~ **a face** κάνω γκριμάτσες · **to** ~ **a muscle** παθαίνω νευροκαβαλίκεμα *or* τράβηγμα · ~ **apart** *vt* χωρίζω · ~ **back** *vi* υποχωρώ · (fig) κάνω πίσω · ~ **down** *vt* (building) κατεδαφίζω · ~ **in** *vi* (AUT) σταματάω · (RAIL) · ~ **off** *vt* (fig: difficult thing) καταφέρνω · ~ **out** *vi*

(AUT: from kerb) βγαίνω · (: when overtaking) αλλάζω λωρίδα · (= withdraw) αποσύρομαι ♦ *vt* βγάζω · ~ **over** *vi* (AUT) κάνω στην άκρη · ~ **through** *vi* (MED) γλυτώνω · ~ **up** *vi* (AUT, RAIL) σταματάω · ~**over** *n* πουλόβερ *nt* inv

pulp [pʌlp] *n* (of fruit) σάρκα *f*

pulpit [ˈpʊlpɪt] *n* άμβωνας *m*

pulse [pʌls] *n* (ANAT) σφυγμός *m* · (rhythm) ρυθμός *m* ♦ *vi* χτυπάω δυνατά · **pulses** *npl* όσπρια ntpl

pump [pʌmp] *n* (water, petrol etc) αντλία *f* · (for bicycle) τρόμπα *f* ♦ *vt* (= channel) διοχετεύω · (= extract) τρομπάρω · ~ **up** *vt* φουσκώνω

pumpkin [ˈpʌmpkɪn] *n* κολοκύθα *f*

pun [pʌn] *n* λογοπαίγνιο *nt*

punch [pʌntʃ] *n* μπουνιά *f* · (fig) σφρίγος *nt* · (tool) τρυπητήρι *nt* · (drink) παντς *nt* inv ♦ *vt* δίνω γροθιά · **to** ~ **a hole in** ανοίγω τρύπα σε · ~**up** (BRIT: inf) *n* μπουνίδι *nt*

punctuation [pʌŋktjuˈeɪʃən] *n* στίξη *f*

puncture [ˈpʌŋktʃəʳ] (AUT) *n* κλατάρισμα *nt* · *vt* τρυπάω

punish [ˈpʌnɪʃ] *vt* τιμωρώ · ~**ment** *n* τιμωρία *f*

punk [pʌŋk] *n* (also ~ **rocker**) πανκ *mf* inv · (also ~ **rock**) πανκ *nt* inv · (US: inf) αλήτης/ισσα *m/f*

pup [pʌp] *n* κουτάβι *nt*

pupil [ˈpjuːpl] *n* (SCOL) μαθητής/τρια *m/f* · (of eye) κόρη *f*

puppet [ˈpʌpɪt] *n* κούκλα *f*

puppy [ˈpʌpɪ] *n* κουτάβι *nt*

purchase [ˈpɜːtʃɪs] *n* αγορά *f* ♦ *vt* αγοράζω · **purchases** *npl* αγορές fpl

pure [pjʊəʳ] *adj* (silk) καθαρός · (wool) παρθένος · (gold) ατόφιος · (water, air etc) καθαρός · (woman, girl) αγνός · (chance) καθαρός

puree [ˈpjʊəreɪ] *n* πουρές *m*

purely [ˈpjʊəlɪ] *adv* καθαρά

purity [ˈpjʊərɪtɪ] *n* (of gold, air)

καθαρότητα f · (of woman, girl) αγνότητα f

purple ['pə:pl] adj βιολετί inv

purpose ['pə:pəs] n σκοπός m · **on ~** επίτηδες

purse [pə:s] n (BRIT) πορτοφόλι nt (γυναικείο) · (US: = handbag) τσάντα f (γυναικεία) ♦ vt (lips) σουφρώνω

pursue [pə'sju:] vt (person, car etc) κυνηγάω · (fig: activity, interest) ακολουθώ · (: aim, objective) επιδιώκω

pursuit [pə'sju:t] n (= chase: of person, car etc) καταδίωξη f · (fig: of happiness, pleasure etc) κυνήγι nt · (= pastime) ασχολία f

push [puʃ] n (of button etc) πάτημα nt · (of car, door) σπρώξιμο nt ♦ vt (button) πατάω · (car, door) σπρώχνω · (fig: person) πιέζω ♦ vi σπρώχνω · **to ~ for** ασκώ πιέσεις για · **to be ~ed for time** (inf) με πιέζει ο χρόνος · ~ **around** vt έχω σήκω-απάνω κάτσε-κάτω · ~ **in** vi χώνομαι μπροστά · ~ **off** vi (inf) του δίνω · ~ **on** vi προχωράω · ~ **over** vt to ~ **sb/sth over** σπρώχνω κτ/κν και πέφτει · ~ **through** vt (measure, scheme etc) καταφέρνω να περάσω · ~**chair** (BRIT) n καροτσάκι nt (παιδικό)

put [put] (pt, pp ~) vt (thing) βάζω · (person: in room, institution etc) βάζω · (: in state, situation) φέρνω · (case, remark etc) θέτω · (idea, view) εκθέτω · (question) θέτω · (= classify) τοποθετώ · **to stay** ~ μένω ακίνητος · ~ **across** vt (ideas etc) κάνω κατανοητό · ~ **aside** vt (work) αφήνω στην άκρη · (idea, problem) παραβλέπω · (sum of money) βάζω στην άκρη · ~ **away** vt τακτοποιώ · ~ **back** vt (= replace) βάζω πίσω · (= delay) αναβάλλω · (= postpone) πάω πίσω · ~ **by** vt (money, supplies etc) βάζω στην άκρη · ~ **down** vt (on floor, table) ακουμπάω κάτω · (in writing) θέτω · (riot, rebellion)

καταπνίγω · (animal) θανατώνω · ~ **forward** vt (ideas, arguments) εκθέτω · ~ **off** vt (= delay) αναβάλλω · (= discourage) πτοώ · (= distract) αποσπώ την προσοχή κου · ~ **on** vt (clothes, glasses) φοράω · (make-up, ointment etc) βάζω · (light, TV etc) ανάβω · (play etc) ανεβάζω · (AUT: brake) πατάω · (CD, tape) βάζω · (look, behaviour etc) χρησιμοποιώ · (inf) δουλεύω · **to ~ on weight** παχαίνω · ~ **out** vt (fire, candle) σβήνω · (electric light) σβήνω · (one's hand) απλώνω · ~ **through** vt (TEL) συνδέω · (plan, agreement) περνάω · ~ **up** vt (fence) υψώνω · (poster, sign etc) τοποθετώ · (price, cost) ανεβάζω · (= accommodate) φιλοξενώ · (resistance) προβάλλω · ~ **up with** vt fus ανέχομαι

puzzle ['pʌzl] n (game) σπαζοκεφαλιά f · (toy) παζλ nt inv · (= mystery) αίνιγμα nt ♦ vt μπερδεύω · **to ~ over sth** παιδεύομαι να καταλάβω κτ · **puzzling** adj μυστηριώδης

pyjamas [pə'dʒɑːməz] (US **pajamas**) npl πυτζάμες fpl · **a pair of ~** ένα ζευγάρι πυτζάμες

pyramid ['pirəmid] n πυραμίδα f

python ['paiθən] n πύθωνας m

Q q

Q, q [kju:] n το δέκατο έβδομο γράμμα του αγγλικού αλφαβήτου

Qatar [kæ'ta:'] n Κατάρ nt inv

quadruple [kwɔ'dru:pl] vt τετραπλασιάζω ♦ vi τετραπλασιάζομαι

quail [kweil] n (bird) ορτύκι nt

quaint [kweint] adj (house, village) γραφικός · (ideas, customs) ιδιόρρυθμος

quake [kweik] vi τρέμω ♦ n = **earthquake**

qualification [kwɔlɪfɪˈkeɪʃən] n προσόν nt • (: = reservation) επιφύλαξη f

qualified [ˈkwɔlɪfaɪd] adj (doctor etc) πτυχιούχος • (engineer etc) διπλωματούχος • (= limited: agreement) υπό όρους • (: = praise) συγκρατημένος

qualify [ˈkwɔlɪfaɪ] vt (= entitle) δίνω το δικαίωμα σε • (= modify) τροποποιώ • vi παίρνω τον τίτλο **to ~ for** (= be eligible) πληρώ τους όρους για • (in competition) προκρίνομαι σε • **to ~ as an engineer** παίρνω το δίπλωμα του μηχανικού

quality [ˈkwɔlɪtɪ] n (of work, product) ποιότητα f • (of person) χάρισμα nt • (of wood, stone etc) ιδιότητα f

quantity [ˈkwɔntɪtɪ] n ποσότητα f • **in ~** σε ποσότητες • **an unknown ~** (fig) ένα μυστήριο

quarantine [ˈkwɔrəntiːn] n καραντίνα f • **in ~** σε καραντίνα

quarrel [ˈkwɔrl] n (= argument) καυγάς m • vi μαλώνω

quarry [ˈkwɔrɪ] n (for stone) λατομείο nt • (= prey) θήραμα nt

quarter [ˈkwɔːtər] n τέταρτο nt • (US: 25 cents) ένα τέταρτο του δολαρίου • (of year) τρίμηνο nt • (= district) συνοικία f vt χωρίζω στα τέσσερα • **a ~ of an hour** ένα τέταρτο της ώρας • **it's (a) ~ to 3,** (US) **it's a ~ of 3** είναι τρεις παρά τέταρτο • **it's (a) ~ past 3,** (US) **it's a ~ after 3** είναι τρεις και τέταρτο
▸ **quarters** npl (MIL) στρατηγείο nt • (also **living ~**) διαμονή f • **final ~** προημιτελικός m • **~ly** adj τριμηνιαίος • adv ανά τρίμηνο

quartet [kwɔːˈtet] n κουαρτέτο nt

quartz [kwɔːts] n χαλαζίας m • cpd χαλαζίας

quay [kiː] n προκυμαία f

queasy [ˈkwiːzɪ] adj (feeling) ναυτίας • **to feel ~** έχω ναυτία

queen [kwiːn] n βασίλισσα f • (CARDS) ντάμα f

queer [kwɪər] adj (= strange) παράξενος

query [ˈkwɪərɪ] n ερώτημα nt • vt διατυπώνω ερωτήσεις για

quest [kwest] n αναζήτηση f

question [ˈkwestʃən] n ερώτηση f • (= doubt) αμφιβολία f • (= issue) ζήτημα nt • vt (= interrogate) κάνω ερωτήσεις σε • (: police) ανακρίνω • (= doubt) εκφράζω τις επιφυλάξεις μου για • **to be beyond ~** δεν επιδέχομαι αμφισβήτηση • **sth is out of the ~** κτ αποκλείεται • **~able** adj (= doubtful) αμφίβολος • **~ mark** n ερωτηματικό nt • **~naire** n ερωτηματολόγιο nt

queue [kjuː] (BRIT) n ουρά f • vi (also **~ up**) περιμένω στην ουρά

quiche [kiːʃ] n κις nt inv

quick [kwɪk] adj γρήγορος • (mind) που παίρνει στροφές • (visit, reply) σύντομος • adv γρήγορα • **n to cut sb to the ~** (fig) πληγώνω βαθειά • **be ~!** κάνε γρήγορα! • **~ly** adv γρήγορα

quid [kwɪd] (BRIT: inf) n inv λίρα f

quiet [ˈkwaɪət] adj (voice, music) σιγανός • (place, person) ήσυχος • (engine, aircraft) αθόρυβος • (= silent) σιωπηλός • (= without fuss etc) απλός • n ησυχία f • **keep or be ~!** σιωπή! • **~ly** adv (speak) χαμηλόφωνα • (play) σιγά • (= silently, calmly) ήσυχα

quilt [kwɪlt] n (also **continental ~**) πάπλωμα nt

quit [kwɪt] (pt, pp = or **~ted**) vt (smoking) κόβω • (job) παρατάω • (premises) απομακρύνομαι από • vi (= give up) τα παρατάω • (= resign) παραιτούμαι • (COMPUT) εγκαταλείπω

quite [kwaɪt] adv (= rather) αρκετά • (= entirely) τελείως • (following a negative) **it's not ~ big enough** δεν είναι αρκετά μεγάλο • **I ~ like it** μου

αρέσει αρκετά • **~ a few of them** αρκετοί απ' αυτούς

quits [kwɪts] *adj* **we're ~** είμαστε πάτσι • **let's call it ~** τώρα είμαστε πάτσι

quiz [kwɪz] *n* (game) παιχνίδι *nt* γνώσεων ♦ *vt* υποβάλλω ερωτήσεις σε

quota ['kwəʊtə] *n* ποσοστό *nt*

quotation [kwəʊ'teɪʃən] *n* (from book, play etc) απόσπασμα *nt* • (also COMM) προσφορά *f* • (STOCK EXCHANGE) τιμή *f*

quote [kwəʊt] *n* (from book, play etc) απόσπασμα *nt* • (= estimate) προσφορά *f* ♦ *vt* (sentence, proverb etc) αναφέρω • (politician, author etc) παραπέμπω σε • (fact, example) αναφέρομαι σε

▶ **quotes** *npl* (= quotation marks) εισαγωγικά *ntpl* • **in ~s** σε εισαγωγικά

R r

R, r [ɑː'] *n* το δέκατο όγδοο γράμμα του αγγλικού αλφαβήτου

rabbi ['ræbaɪ] *n* ραββίνος *m*

rabbit ['ræbɪt] *n* κουνέλι *nt*

rabies ['reɪbiːz] *n* λύσσα *f*

race [reɪs] *n* (species) φυλή *f* • (competition) αγώνας *m* (δρόμου, κολύμβησης κ.τ.λ.) • (for power, control) κούρσα *f* ♦ *vt* (horse) έχω στον ιππόδρομο • (car etc) οδηγώ σε αγώνες ♦ *vi* (person) παραβγαίνω στο τρέξιμο ♦ *vi* (compete) τρέχω • (= hurry) τρέχω βιαστικά • (pulse, heart) χοροπηδάω • (engine) μαρσάρω • **the human ~** η ανθρωπότητα • **~course** *n* ιππόδρομος *m* • **~horse** *n* άλογο *nt* ιπποδρομιών • **~track** *n* (for people) στίβος *m* • (for cars) πίστα *f* • (US) = **racecourse**

racial ['reɪʃl] *adj* φυλετικός

racing ['reɪsɪŋ] *n* (horse racing) ιπποδρομία *f* • **~ driver** (BRIT) *n* οδηγός *mf* αγώνων

racism ['reɪsɪzəm] *n* ρατσισμός *nt* • **racist** *adj* ρατσιστικός ♦ *n* (pej) ρατσιστής/τρια *m/f*

rack [ræk] *n* (for luggage) σχάρα *f* • (for dresses etc) κρεμάστρα *f* • (for dishes) πιατοθήκη *f* ♦ *vt* **to be ~ed by** βασανίζομαι από • **to ~ one's brains** στίβω το μυαλό μου

racket ['rækɪt] *n* (SPORT) ρακέτα *f* • (noise) φασαρία *f* • (= swindle) κομπίνα *f*

radar ['reɪdɑː'] *n* ραντάρ *nt inv* ♦ *cpd* (screen, system) ραντάρ

radiation [reɪdɪ'eɪʃən] *n* (= radioactivity) ραδιενέργεια *f*

radiator ['reɪdɪeɪtə'] *n* καλοριφέρ *nt inv* • (AUT) ψυγείο *nt*

radical ['rædɪkl] *adj* (POL) ριζοσπαστικός • (change, reform) ριζικός ♦ *n* ριζοσπάστης/τρια *m/f*

radio ['reɪdɪəʊ] *n* ραδιόφωνο *nt* • **on the ~** στο ραδιόφωνο • **~active** *adj* ραδιενεργός

radish ['rædɪʃ] *n* ραπανάκι *nt*

RAF (BRIT) *n abbr* (= Royal Air Force) η Βασιλική Αεροπορία

raffle ['ræfl] *n* λαχειοφόρος *f* • **~ ticket** λαχνός

raft [rɑːft] *n* λέμβος *f* • (also life ~) ναυαγοσωστική λέμβος *f*

rag [ræg] *n* (piece of cloth) πατσαβούρα *f* • (torn cloth) κουρέλια *ntpl* • (pej: newspaper) παλιοφυλλάδα *f*

▶ **rags** *npl* κουρέλια *ntpl*

rage [reɪdʒ] *n* οργή *f* ♦ *vi* (person) εξοργίζομαι • (storm, debate) μαίνομαι • **it's all the ~** είναι πολύ της μόδας

ragged ['rægɪd] *adj* (edge) ακανόνιστος • (clothes) κουρελιασμένος

raid [reɪd] *n* επιδρομή *f* • (by police) έφοδος *f* ♦ *vt* κάνω επιδρομή σε •

(police) κάνω έφοδο σε

rail [reɪl] *n* κουπαστή *f* ♦ **by ~** σιδηροδρομικώς

▶ **rails** *npl (for train)* γραμμές *fpl* • **~card** *(BRIT)* *n* εκπτωτική κάρτα *f (σιδηροδρόμου)* • **~ing(s)** *n(pl)* κάγκελα *ntpl* • **~road** *(US)* *n* = **railway** • **~way** *(BRIT)* *n (system)* σιδηρόδρομος *m* • *(track)* σιδηροδρομική γραμμή *f* • *(company)* σιδηρόδρομοι *mpl* • **~way line** *(BRIT)* *n* σιδηροδρομική γραμμή *f* • **~way station** *(BRIT)* *n* σιδηροδρομικός σταθμός *m*

rain [reɪn] *n* βροχή *f* ♦ *vi* **it's ~ing** βρέχει • **in the ~** στη βροχή • **~bow** *n* ουράνιο τόξο *nt* • **~coat** *n* αδιάβροχο *nt* • **~fall** *n* βροχόπτωση *f* • **~forest** *n* τροπικό δάσος *nt* • **~y** *adj (day)* βροχερός • *(season)* των βροχών

raise [reɪz] *n* αύξηση *f* ♦ *vt (= lift)* σηκώνω • *(salary, speed limit)* αυξάνω • *(morale, standards)* ανεβάζω • *(subject, question)* αναφέρω • *(doubts, objection)* εκφράζω • *(animals)* εκτρέφω • *(children)* ανατρέφω • **to ~ one's voice** υψώνω τη φωνή μου • **to ~ one's hopes** αναπτερώνω τις ελπίδες κου

raisin [ˈreɪzn] *n* σταφίδα *f*

rake [reɪk] *n (tool)* τσουγκράνα *f* ♦ *vt (soil, lawn)* τσουγκρανίζω • *(leaves)* μαζεύω με τσουγκράνα

rally [ˈrælɪ] *n (POL etc)* συλλαλητήριο *nt* • *(AUT)* ράλλυ *nt inv* • *(TENNIS etc)* ανταλλαγή *f (χωρίς να σημειωθεί πόντος)* ♦ *vi (sick person)* αναλαμβάνω • *(stock exchange)* αναζωογονούμαι • **~ round** *vi* συμπεριφέρομαι ♦ *vt fus* συσπειρώνομαι γύρω από

RAM [ræm] *n abbr (COMPUT) (= random access memory)* μνήμη *f* τυχαίας προσπέλασης

ram [ræm] *n* κριάρι *nt* ♦ *vt (= crash into)* τρακάρω σε

rambler [ˈræmblə] *n (walker)* πεζοπόρος *mf* • *(BOT)* αναρριχητικό φυτό *nt*

rambling [ˈræmblɪŋ] *adj (speech, letter)* ασυνάρτητος • *(house)* πολυδαίδαλος

ramp [ræmp] *n* ράμπα *f* • **on/off ~** *(US: AUT)* είσοδος/έξοδος *f (αυτοκινητόδρομου)*

rampage [ræmˈpeɪdʒ] *n* **to be/go on the ~** αφηνιάζω

ran [ræn] *pt of* **run**

ranch [rɑːntʃ] *n* ράντσο *nt*

random [ˈrændəm] *adj* τυχαίος ♦ *n* **at ~** στην τύχη

rang [ræŋ] *pt of* **ring**

range [reɪndʒ] *n (of mountains)* οροσειρά *f* • *(of missile)* εμβέλεια *f* • *(of voice)* έκταση *f* • *(of subjects, possibilities)* ποικιλία *f* • *(of products)* γκάμα *f* • *(MIL: also* **rifle ~**) σκοπευτήριο *nt* • *(also* **kitchen ~**) στόφα *f* ♦ *vt* βάζω στη σειρά • **to ~ over** καλύπτω • **to ~ from ... to ...** κυμαίνομαι από ... σε ... • **~r** *n* δασοφύλακας *mf*

rank [ræŋk] *n (= row)* σειρά *f* • *(MIL)* βαθμός *m* • *(= social class)* στρώμα *nt* • *(BRIT: also* **taxi ~**) πιάτσα *f* ♦ *vi* **to ~ as/among** συγκαταλέγομαι ανάμεσα σε ♦ *vt* **he is ~ed third in the world** κατέχει την τρίτη θέση στον κόσμο ♦ *adj* = *(stinking)* δύσοσμος • *(= sheer)* απόλυτος

▶ **the ranks** *npl (MIL)* οι απλοί στρατιώτες *mpl*

ransom [ˈrænsəm] *n* λύτρα *ntpl* • **to hold to ~** κρατώ αιχμάλωτο για λύτρα • *(fig)* εκβιάζω

rant [rænt] *vi* **to ~ and rave** λέω ασυναρτησίες

rap [ræp] *vi* χτυπάω *(κοφτά)* ♦ *n (at door)* χτύπος *m (κοφτός)* • *(also* **~ music**) ραπ *f inv*

rape [reɪp] *n* βιασμός *m* • *(BOT)* ράπη *f* ♦ *vt* βιάζω

rapid [ˈræpɪd] *adj (growth, change)*

rapidly ['ræpɪdlɪ] *adv* ραγδαίος · (*heartbeat, steps*) γρήγορος · **~ly** *adv* γρήγορα ·

rapist ['reɪpɪst] *n* βιαστής *m*

rapport [ræ'pɔ:^r] *n* σχέση *f* επικοινωνίας

rare [reə^r] *adj* σπάνιος · (*CULIN*) με αίμα · **~ly** *adv* σπάνια

rash [ræʃ] *adj* επιπόλαιος ◆ *n* (*MED*) αναφυλαξία *f* · **to come out in a ~** βγάζω σπυριά

raspberry ['ra:zbərɪ] *n* (*BOT: fruit*) φραμπουάζ *nt inv* · (: *plant*) σμεουριά *f*

rat [ræt] *n* αρουραίος *m*

rate [reɪt] *n* (*of change, inflation*) ρυθμός *m* · (*of interest, taxation*) επιτόκιο *nt* · (= *ratio*) ποσοστό *nt* ◆ *vt* (= *value*) αξιολογώ · (= *estimate*) κατατάσσω · **to ~ sb/sth as** θεωρώ κν/κτ (ως) · **pulse ~** παλμοί *mpl* · **at this/ that ~** με αυτόν το ρυθμό

▸ **rates** *npl* (*BRIT*) δημοτικά τέλη *ntpl* · (= *fees, prices*) ταρίφες *fpl*

rather ['ra:ðə^r] *adv* (= *quite*) λίγο · (*very*) αρκετά · **there's a ~ a lot** είναι μάλλον πολλά · **I would ~ go** καλύτερα να πηγαίνω · **~ than** παρά

rating ['reɪtɪŋ] *n* (*score*) θέση *f* · (*assessment*) αξιολόγηση *f*

▸ **ratings** *npl* (*RADIO, TV*) ακροαματικότητα *f*

ratio ['reɪʃɪəʊ] *n* αναλογία *f* · **a ~ of 5 to 1** μια αναλογία 5 προς 1

ration ['ræʃən] *n* δελτίο *nt* ◆ *vt* βάζω δελτίο

▸ **rations** *npl* (*MIL*) τρόφιμα *ntpl*

rational ['ræʃənl] *adj* λογικός *m*

rattle ['rætl] *n* (*of door, window*) τρίξιμο *nt* · (*of train, car*) μουγκρητό *nt* · (*for baby*) κουδουνίστρα *f* ◆ *vi* τρίζω ◆ *vt* κάνω να χτυπά · (*fig*) μπερδεύω

rave [reɪv] *adj* (*inf: review*) διθυραμβικός · (*scene, culture*) ρέιβ *inv* ◆ *n* ρέιβ *nt inv* · **to ~ about**

εκθειάζω

raven ['reɪvn] *n* κοράκι *nt*

ravine [rə'vi:n] *n* χαράδρα *f*

raw [rɔ:] *adj* (*meat, vegetables*) ωμός · (*cotton, sugar etc*) ακατέργαστος · (= *sore*) άγριος

ray [reɪ] *n* ακτίνα *f* · **~ of hope** σταγόνα ελπίδας

razor ['reɪzə^r] *n* (*open razor*) ξυράφι *nt* · (*safety razor*) ξυραφάκι *nt* · (*electric razor*) ξυριστική μηχανή *f*

Rd *abbr* = **road**

RE (*BRIT*) *n abbr* (*SCOL*) (= *religious education*)

re [ri:] *prep* σχετικά με

reach [ri:tʃ] *n* (= *range*) εμβέλεια *f* ◆ *vt* φτάνω σε · (*conclusion, decision*) καταλήγω σε · (= *be able to touch*) φτάνω · (*by telephone*) βρίσκω ◆ *vi* απλώνω το χέρι (μου) · **within/out of ~** που μπορώ/δεν μπορώ να φτάσω

▸ **reaches** *npl* (*of river*) εκτάσεις *fpl*

▸ **~ out** *vi*, *vt* (*hand*) απλώνω το χέρι · **to ~ out for sth** τεντώνομαι για να φτάσω κτ

react [ri:'ækt] *vi* αντιδρώ · **~ion** *n* αντίδραση *f* · **~or** *n* (*also* **nuclear ~or**) αντιδραστήρας *m*

read[1] [ri:d] (*pt, pp* read) *vi* διαβάζω ◆ *vt* διαβάζω · (*mood, thoughts*) καταλαβαίνω · (= *study*) σπουδάζω · **to ~ sb's mind** διαβάζω τη σκέψη κου · **~ out** *vt* διαβάζω δυνατά · **~ up on** *vt fus* μελετάω

read[2] [red] *pt, pp of* **read**[1]

reader ['ri:də^r] *n* αναγνώστης/τρια *m/f*

readily ['redɪlɪ] *adv* (= *without hesitation*) με προθυμία · (= *easily*) εύκολα

reading ['ri:dɪŋ] *n* (*of books, newspapers etc*) διάβασμα *nt* · (*SCOL*) ανάγνωση *f* · (*on meter, thermometer etc*) ένδειξη *f*

ready ['redɪ] *adj* έτοιμος · (= *willing*) πρόθυμος ◆ *n* **at the ~** (*MIL*) σε επιφυλακή · (*fig*) σε πλήρη

ετοιμότητα • **to get** ~ ετοιμάζομαι
♦ vt ετοιμάζω • **~-made** adj έτοιμος

real [rɪəl] adj πραγματικός (leather,
gold etc) αληθινός ♦ adv (US: inf)
πολύ • **~ estate** n ακίνητη
περιουσία f • **~ estate agent** (US) n
κτηματομεσίτης/τρια m/f • **~ist**
(sensible) ρεαλιστής • (= true to life)
ρεαλιστικός
• **~ity** [rɪˈælɪtɪ] n πραγματικότητα f • **in
~ity** στην πραγματικότητα

realization [rɪəlaɪˈzeɪʃən] n
(understanding) συνειδητοποίηση f •
(fulfilment) πραγματοποίηση f • (FIN)
ρευστοποίηση f

realize [ˈrɪəlaɪz] vt (understand)
καταλαβαίνω • (= fulfil)
πραγματοποιώ • (FIN) αποφέρω

really [ˈrɪəlɪ] adv (for emphasis)
• **~ good** πάρα πολύ καλός •
(= actually) **what ~ happened** αυτό
που πραγματικά συνέβη • **~?**
αλήθεια; • **~!** (indicating annoyance)
αδύνατον!

realm [rɛlm] n (fig: = field) πεδίο nt •
(= kingdom) βασίλειο nt

reappear [rɪːəˈpɪə] vi
επανεμφανίζομαι

rear [rɪə] adj πίσω ♦ n (= back) πίσω
μέρος nt • (= buttocks) πισινά ntpl
♦ vt (cattle, chickens) εκτρέφω ♦ vi
(also • **up**: horse) σηκώνομαι στα
πίσω πόδια

rearrange [rɪːəˈreɪndʒ] vt (furniture)
αλλάζω θέση σε • (meeting)
ξανακανονίζω

reason [ˈriːzn] n (= cause) αιτία f •
(= rationality) λογική f • (= common
sense) λογική f ♦ vi **to ~ with sb**
πείθω με λογικά επιχειρήματα κν •
within ~ μέσα στα όρια της
λογικής
• **~able** adj (number, amount) σεβαστός • **~ably**
adv (= fairly) αρκετά • (= sensibly)
λογικά • **~ing** n λογική f

reassurance [rɪːəˈʃuərəns] n (comfort)
σιγουριά f • (guarantee) εγγύηση

reassure [rɪːəˈʃuə] vt καθησυχάζω

rebate [ˈriːbeɪt] n επιστροφή f

rebel [ˈrɛbl] vb [rɪˈbɛl] n (POL)
επαναστάτης/τρια m/f ♦ vi (POL)
στασιάζω • (against society, parents
etc) επαναστατώ • **~lion** n (POL)
στάση f • (against society, parents etc)
επανάσταση f • **~lious** adj (child)
ατίθασος • (behaviour) επαναστατικός

rebuild [riːˈbɪld] (irreg) vt (town,
building etc) ξανακτίζω • (economy)
ανοικοδομώ • (confidence)
ξαναδημιουργώ

recall vb [rɪˈkɔːl] n [ˈriːkɔːl] vt
(= remember) θυμάμαι • (ambassador
etc) ανακαλώ • (parliament)
επανασυγκαλώ • (product) αποσύρω
♦ n (of memories) επαναφορά f • (of
ambassador etc) ανάκληση f

receipt [rɪˈsiːt] n (for goods purchased)
απόδειξη f • (for parcel etc) απόδειξη
f παραλαβής • (= act of receiving)
παραλαβή f
• **receipts** npl (COMM) εισπράξεις fpl

receive [rɪˈsiːv] vt (money, letter etc)
παίρνω • (injury, treatment)
υφίσταμαι • (criticism, visitor)
δέχομαι • **~r** n (TEL) ακουστικό nt •
(RADIO, TV) δέκτης m • (of stolen
goods) κλεπταποδόχος mf • (COMM)
σύνδικος m πτωχεύσεως

recent [ˈriːsnt] adj πρόσφατος • **in
~ years** τα τελευταία χρόνια • **~ly**
adv (= not long ago) πρόσφατα •
(= lately) τελευταία • **as ~ly as** μόλις

reception [rɪˈsɛpʃən] n (in office,
hospital etc) υποδοχή f • (in hotel)
ρεσεψιόν f inv • (party) δεξίωση f •
(= welcome) υποδοχή f • (RADIO, TV)
λήψη f • **~ist** n (in doctor's surgery
etc) γραμματέας mf (υπάλληλος
υποδοχής) • (in hotel) ρεσεψιονίστ mf
inv

recession [rɪˈsɛʃən] n (ECON) ύφεση f

recharge [riːˈtʃɑːdʒ] vt
(επαναφορτίζω

recipe [ˈrɛsɪpɪ] n (CULIN) συνταγή f • **a**

~ **for disaster/success** συνταγή αποτυχίας/επιτυχίας

recipient [rɪˈsɪpɪənt] n (of letter) παραλήπτης/τρια m/f · (of payment etc) αποδέκτης/τρια m/f

recital [rɪˈsaɪtl] n ρεσιτάλ nt inv

recite [rɪˈsaɪt] vt (poem) απαγγέλλω

reckless [ˈrɛkləs] adj απερίσκεπτος

reckon [ˈrɛkən] vt (= consider) πιστεύω · (= calculate) υπολογίζω · **I ~ that ...** φαντάζομαι ότι... · **~ on** vt fus υπολογίζω

reclaim [rɪˈkleɪm] vt (tax) ζητώ την επιστροφή +gen · (land: from sea) αποξηραίνω · (: from forest) εκχερσώνω · (waste, materials) αξιοποιώ

recognition [rɛkəgˈnɪʃən] n αναγνώριση f · **to change beyond ~** γίνομαι αγνώριστος

recognize [ˈrɛkəgnaɪz] vt αναγνωρίζω · (problem, need) αντιλαμβάνομαι

recollection [rɛkəˈlɛkʃən] n (= memory) ανάμνηση f · (= remembering) μνήμη f

recommend [rɛkəˈmɛnd] vt συνιστώ · **~ation** n (= act of recommending) συστάσεις fpl · (= suggestion) υπόδειξη f

reconcile [ˈrɛkənsaɪl] vt (two people) συμφιλιώνω · (two facts, beliefs) συμβιβάζω · **~ to o.s. to sth** συμβιβάζομαι με κτ

reconsider [riːkənˈsɪdəʳ] vt αναθεωρώ ♦ vi αναθεωρώ

reconstruct [riːkənˈstrʌkt] vt (building) ανοικοδομώ · (policy, system) τροποποιώ · (event, crime) κάνω αναπαράσταση +gen

record n [ˈrɛkɔːd] vb [rɪˈkɔːd] (written account) αρχείο nt · (of meeting, decision) πρακτικό nt · (COMPUT) εγγραφή f · (file) αρχείο nt · (MUS: disk) δίσκος m · (= history) ιστορικό nt · (also **criminal ~**) φάκελος m · (SPORT) ρεκόρ nt inv

♦ vt (= write down) καταγράφω · (temperature, speed etc) δείχνω · (voice, conversation) μαγνητοφωνώ · (MUS: song etc) ηχογραφώ ♦ adj (sales, profits) -ρεκόρ · **in ~ time** σε χρόνο-ρεκόρ · **off the ~** ♦ adj (remark) ανεπίσημος ♦ adv (speak) ανεπίσημα · **~er** n (MUS) φλογέρα f · **~ing** n ηχογράφηση f

recount [rɪˈkaʊnt] vt εξιστορώ

recover [rɪˈkʌvəʳ] vt (stolen goods, lost items etc) ξαναβρίσκω ♦ vi (from illness, operation) αναρρώνω · (from shock, experience) συνέρχομαι · (country, economy) ανακάμπτω · **~y** n (from illness, operation) ανάρρωση f · (in economy, finances) ανάκαμψη f · (of stolen goods, lost items) ανάκτηση f

recreate [riːkriˈeɪt] vt αναπλάθω

recreation [rɛkriˈeɪʃən] n αναψυχή f

recruit [rɪˈkruːt] n (MIL) νεοσύλλεκτος m · (in company) νέος/α υπάλληλος m/f · (in organization) νέο μέλος nt ♦ vt (also MIL) στρατολογώ · (staff) προσλαμβάνω · **~ment** n προσλήψεις fpl

rectangle [ˈrɛktæŋgl] n ορθογώνιο nt · **rectangular** adj ορθογώνιος

rectify [ˈrɛktɪfaɪ] vt (mistake) επανορθώνω · (situation) διορθώνω

rector [ˈrɛktəʳ] n (REL) ο εφημέριος m

recurring [rɪˈkəːrɪŋ] adj επαναλαμβανόμενος · (MATH) άρρητος

recycle [riːˈsaɪkl] vt ανακυκλώνω ♦ vi ανακυκλώνομαι

red [rɛd] n κόκκινο nt · (pej: POL) κομμουνιστής m ♦ adj κόκκινος · **to be in the ~** είμαι χρεωμένος · **Red Cross** n ο Ερυθρός Σταυρός · **~currant** n βατόμουρο nt

redeem [rɪˈdiːm] vt (situation, reputation) σώζω · (loan) εξοφλώ · (sth in pawn) παίρνω πίσω · (REL: person) λυτρώνω

redhead [ˈrɛdhɛd] n κοκκινομάλλης/α m/f

reduce [rɪ'djuːs] vt μειώνω • **to ~ sb to tears/silence** κάνω κν να κλάψει/ σωπάσει • **~d** adj που έχει μειωμένη τιμή • **reduction** n (in numbers) περιορισμός m • (in price) έκπτωση f

redundancy [rɪ'dʌndənsɪ] (BRIT) n (dismissal) απόλυση f • (unemployment) ανεργία f

redundant adj (BRIT: worker) υπεράριθμος • (detail, word) περιττός • **to be made ~** (worker) απολύομαι

reed [riːd] n (BOT) καλάμι nt • (MUS) γλωσσίδα f

reef [riːf] n ύφαλος m

reel [riːl] n (of thread) μασούρι nt • (of string, of film) καρούλι nt • (CINE) μπομπίνα f • (on fishing rod) ανέμη f • (dance) γρήγορος σκοτσέζικος χορός ◆ vi στριφογυρίζω

ref. (COMM) abbr (= with reference to) σχετικά με

refer [rɪ'fɜː'] vt **to ~ sb to** παραπέμπω κν σε • **to ~** vt fus αναφέρομαι σε • (= consult) συμβουλεύομαι

referee [rɛfə'riː] n (SPORT) διαιτητής m • (BRIT: for job application) αυτός που δίνει συστατική επιστολή ◆ vt διαιτητεύω

reference ['rɛfrəns] n (mention) αναφορά f • (in book, article) παραπομπή f • (for job application: letter) συστατική επιστολή f

refine [rɪ'faɪn] vt (sugar) κατεργάζομαι • (oil) διυλίζω • (theory, idea) τελειοποιώ • **~d** adj (person) ραφινάτος • (taste) εκλεπτυσμένος • (sugar) ραφιναρισμένος • (oil) καθαρός • **~ry** n (for oil) διυλιστήριο nt

reflect [rɪ'flɛkt] vt αντανακλώ ◆ vi (= think) συλλογίζομαι • **~ion** n (image) είδωλο nt • (of light, heat) αντανάκλαση f • (thought) σκέψη f • **on ~ion** μετά από σκέψη

reflex ['riːflɛks] adj αντανακλαστικός

► **reflexes** npl αντανακλαστικά ntpl

reform [rɪ'fɔːm] n (of law) αναμόρφωση f • (of system) μεταρρύθμιση f ◆ vt (law, system) αναμορφώνω ◆ vi (criminal) σωφρονίζομαι • (alcoholic) θεραπεύομαι

refrain [rɪ'freɪn] vi **to ~ from doing** αποφεύγω να κάνω ◆ n (of song) ρεφραίν nt inv

refresh [rɪ'frɛʃ] vt **to ~ sb's memory** φρεσκάρω τη μνήμη κου • **~ing** adj (drink, swim) δροσιστικός • (sleep) αναζωογονητικός • (fact, idea etc) ευχάριστος • **~ments** npl πρόχειρο φαγητό nt και αναψυκτικά

refrigerator [rɪ'frɪdʒəreɪtə'] n ψυγείο nt

refuge ['rɛfjuːdʒ] n καταφύγιο nt

refugee [rɛfju'dʒiː] n πρόσφυγας mf

refund [n 'riːfʌnd] vt [rɪ'fʌnd] n επιστροφή f χρημάτων ◆ vt επιστρέφω

refusal [rɪ'fjuːzəl] n απόρριψη f

refuse¹ [rɪ'fjuːz] vt (request, offer) απορρίπτω • (invitation, gift) δεν δέχομαι • (permission, consent) αρνούμαι ◆ vi (= say no) αρνούμαι • **to ~ to do sth** αρνούμαι να κάνω κτ

refuse² ['rɛfjuːs] n απορρίμματα ntpl (fml)

regain [rɪ'geɪn] vt (power, control) επανακτώ • (health, confidence) ξαναβρίσκω

regard [rɪ'gɑːd] n (= esteem) εκτίμηση f ◆ vt (= consider) θεωρώ • (= view) αντιμετωπίζω • **to give one's ~s to** sb δίνω τα χαιρετίσματά μου σε • **as ~s, with ~ to** όσον αφορά σε • +acc • **~ing** prep σχετικά με • **~less** adv (carry on, continue) έτσι κι αλλιώς • **~less of** αδιαφορώντας για

regenerate [rɪ'dʒɛnəreɪt] vt αναπλάθω

reggae ['rɛgeɪ] n ρέγγε f inv

regime [reɪ'ʒiːm] n καθεστώς nt • (diet, exercise) πρόγραμμα nt

regiment n [rɛdʒɪmənt] n (MIL)

σύνταγμα nt

region ['ri:dʒən] n περιοχή f ·
(= administrative division) περιφέρεια
f · **in the ~ of** της τάξεως +gen ·
~al adj (authority) περιφερειακός ·
(accent, foods) τοπικός

register ['redʒɪstə'] n μητρώο nt ·
(also **electoral ~**) εκλογικοί
κατάλογοι mpl · (SCOL) απουσιολόγιο
nt ♦ vt δηλώνω · (POST: letter) στέλνω
συστημένο ♦ vi (person: at hotel)
δίνω τα στοιχεία μου · (: at doctor's)
γράφομαι ως ασθενής · (: for a
course) εγγράφομαι · (= make
impression) γίνομαι κατανοητός ·
~ed adj (POST) συστημένος

registrar ['redʒɪstɹɑː'] n (in registry
office) ληξίαρχος m

registration [redʒɪs'treɪʃən] n (of
birth, death) ληξιαρχική πράξη f · (of
students) εγγραφή f

regret [rɪ'gret] n (sorrow) λύπη f ♦ vt
(decision, action) μετανιώνω για ·
(loss, death) λυπάμαι για · **with
~** μετά λύπης μου · **to ~ that**
λυπάμαι που · **~table** adj ατυχής

regular ['regjulə'] adj (= even)
κανονικός · (= evenly-spaced)
τακτικός · (= symmetrical)
κανονικός · (= frequent) τακτικός ·
(= usual) τακτικός · (LING: verb)
ομαλός · (COMM: size) κανονικός ♦ n
(client etc) τακτικός/ιά πελάτης/ισσα
m/f · **~ly** adv (meet, happen) τακτικά ·
(= evenly: spaced) με κανονικά
διαστήματα

regulate ['regjuleɪt] vt ρυθμίζω ·
regulation n έλεγχος m · (= rule)
κανονισμός m

rehabilitation ['ri:əbɪlɪ'teɪʃən] n
επανένταξη f · (of invalid)
αποκατάσταση f

rehearsal [rɪ'hɜːsəl] n (THEAT) πρόβα
f · **dress ~** γενική δοκιμή

rehearse [rɪ'hɜːs] vt κάνω πρόβα σε
♦ vi κάνω πρόβα

reign [reɪn] n βασιλεία f · (fig)

καθεστώς nt ♦ vi βασιλεύω

reimburse [ri:ɪm'bɜːs] vt αποζημιώνω

rein [reɪn] n (for horse) γκέμι nt

reincarnation [ri:ɪnkɑː'neɪʃən] n
(belief) μετεμψύχωση f

reindeer ['reɪndɪə'] n inv τάρανδος m

reinforce [ri:ɪn'fɔːs] vt ενισχύω

reinstate [ri:ɪn'steɪt] vt (employee)
επαναφέρω στην υπηρεσία · (tax,
law) επαναφέρω

reject [rɪ'dʒekt] vb [rɪ'dʒekt] n
(COMM) ακατάλληλο or σκάρτο
προϊόν nt ♦ vt (plan, candidate etc)
απορρίπτω · (offer of help) αρνούμαι ·
(goods, fruit etc) κρίνω ακατάλληλο ·
(MED) αποβάλλω · **~ion** n (also MED)
απόρριψη f · (of offer of help) άρνηση
f

rejoice [rɪ'dʒɔɪs] vi **to ~ at** or **over**
αισθάνομαι αγαλλίαση για

relate [rɪ'leɪt] vt (= tell: story etc)
διηγούμαι · (connect) συνδέω ♦ vi **to
~ to** (person) κάνω σχέσεις με ·
(subject) συνδέομαι με · **~d** adj
(people) που συγγενεύει · (species,
languages) συγγενικός · (questions,
issues) συνδεδεμένος · **relating to**
prep σχετικά με

relation [rɪ'leɪʃən] n (= member of
family) συγγενής mf · (connection)
σχέση f

▸ **relations** npl (= ties) σχέσεις
fpl · (= relatives) συγγενείς mpl ·
~ship n σχέση f · (between two
countries) σχέσεις fpl

relative ['relətɪv] n συγγενής mf ♦ adj
(= comparative) σχετικός · **~ to**
σχετικά με · **~ly** adv σχετικά

relax [rɪ'læks] vi χαλαρώνω · (= calm
down) ηρεμώ ♦ vt χαλαρώνω ·
~ation n χαλάρωση f · **~ed** adj
ήρεμος · **~ing** adj (holiday) που σε
ξεκουράζει

relay n ['ri:leɪ] vb [rɪ'leɪ] n (race)
σκυταλοδρομία f ♦ vt (message,
news) μεταφέρω · (programme,
broadcast) αναμεταδίδω

release [rɪ'li:s] n (from prison)
απόφυλάκιση f • (from obligation,
situation) απόδέσμευση f • (of funds
etc) αποδέσμευση f • (of gas, water
etc) διαφυγή f • (COMM) κυκλοφορία f
♦ vt (from obligation, responsibility)
απαλλάσσω • (from wreckage, lift etc)
απεγκλωβίζω • (catch, spring etc)
ελευθερώνω • (AUT) αφήνω • (record,
film) βγάζω στην κυκλοφορία •
(report, news) δίνω στη
δημοσιότητα • **new** ~ (film) νέα
ταινία f • (book) νέο βιβλίο nt •
(record) νέος δίσκος m • see also
press release

relentless [rɪ'lentlɪs] adj (heat) που
δεν υποχωρεί • (noise) επίμονος

relevant ['rɛləvənt] adj σχετικός •
(area) ανάλογος

reliable [rɪ'laɪəbl] adj αξιόπιστος •
(information) βάσιμος

relic ['rɛlɪk] n (REL) λείψανο nt • (of the
past) απομεινάρι nt

relief [rɪ'li:f] n (from pain, anxiety etc)
ανακούφιση f • (aid) βοήθεια f

relieve [rɪ'li:v] vt (pain) απαλύνω •
(fear, worry) μετριάζω • (colleague,
guard) αντικαθιστώ • **to ~ sb of sth**
απαλλάσσω κν από κτ • **~d** adj
ανακουφισμένος

religion [rɪ'lɪdʒən] n θρησκεία f •
religious adj θρησκευτικός •
~ **person** άνθρωπος m της θρησκείας

relish ['rɛlɪʃ] n (CULIN) καρύκευμα nt •
(= enjoyment) χαρά f ♦ vt (challenge)
απολαμβάνω • (idea, thought etc)
χαίρομαι σε • **to ~ doing sth** κάνω
κτ με ευχαρίστηση

relocate [ri:ləu'keɪt] vt μεταφέρω
♦ vi μεταφέρομαι

reluctance [rɪ'lʌktəns] n απροθυμία f

reluctant [rɪ'lʌktənt] adj απρόθυμος •
to be ~ to do sth διστάζω να κάνω
κτ

reluctantly [rɪ'lʌktəntlɪ] adv
απρόθυμα

rely on [rɪ'laɪən] vt fus (= be dependent

on) βασίζομαι σε • (= trust) έχω
εμπιστοσύνη σε

remain [rɪ'meɪn] vi (= survive)
επιβιώνω • (= continue to be)
παραμένω • (= stay) παραμένω •
~**der** n (= rest) υπόλοιπο nt • ~**ing**
adj υπόλοιπος • ~**s** npl (of meal)
αποφάγια ntpl • (of building etc)
ερείπια ntpl • (of body, corpse) οστά
ntpl

remand [rɪ'mɑːnd] n υπό
προσωρινή κράτηση ♦ vt **to be ~ed
in custody** προφυλακίζομαι

remark [rɪ'mɑːk] n παρατήρηση f ♦ vt
παρατηρώ • **to ~ on sth** σχολιάζω
κτ • ~**able** adj αξιοσημείωτος

remedy ['rɛmədɪ] n φάρμακο nt • (fig)
τρόπος m αντιμετώπισης ♦ vt
(situation, mistake) διορθώνω

remember [rɪ'mɛmbə*] vt θυμάμαι

remind [rɪ'maɪnd] vt **to ~ sb to do
sth** θυμίζω σε κν να κάνει κτ • **to
~ sb of sth** υπενθυμίζω κτ σε κν •
she ~s me of her mother μου
θυμίζει τη μητέρα της • ~**er** n
υπενθύμιση f

reminiscent [rɛmɪ'nɪsnt] adj **this is
~ of sth** αυτό θυμίζει κτ

remnant ['rɛmnənt] n απομεινάρι nt •
(COMM: of cloth) ρετάλι nt

remorse [rɪ'mɔːs] n τύψεις fpl

remote [rɪ'məut] adj (= distant)
μακρινός • (= aloof) απόμακρος •
(= slight) ελάχιστος • ~ **control** n
(TV) τηλεχειριστήριο nt • ~**ly** adv
ελάχιστα

removal [rɪ'mu:vəl] n (of object)
αφαίρεση f • (of stain) καθαρισμός
m • (of threat, suspicion)
απομάκρυνση f • (BRIT: from house)
μετακόμιση f • (MED) αφαίρεση f

remove [rɪ'mu:v] vt (furniture, debris
etc) απομακρύνω • (clothing, bandage
etc) βγάζω • (stain) βγάζω • (from list)
σβήνω • (doubt, suspicion)
απομακρύνω • (MED) αφαιρώ

Renaissance [rɪ'neɪsɑːns] n **the** ~ η

Αναγέννηση

render ['rɛndə'] vt (assistance, aid)
παρέχω · (harmless, useless) καθιστώ

rendezvous ['rɒndɪvuː] n (meeting)
ραντεβού nt inv · (place) τόπος m
συνάντησης

renew [rɪ'njuː] vt (attack, efforts)
επαναλαμβάνω με μεγαλύτερη
ένταση · (loan, contract etc) ανανεώνω

renovate ['rɛnəveɪt] vt ανακαινίζω

renowned [rɪ'naund] adj φημισμένος

rent [rɛnt] n νοίκι nt · vt νοικιάζω ·
~al n μίσθωμα nt

reorganize [riː'ɔːgənaɪz] vt
αναδιοργανώνω

rep [rɛp] n abbr (COMM) =
representative

repair [rɪ'pɛə'] n επισκευή f · vt
(clothes) επιδιορθώνω · (car, engine)
φτιάχνω · (road, building) επισκευάζω

repay [riː'peɪ] (irreg) vt (money)
επιστρέφω · (person) εξοφλώ · (debt,
loan) εξοφλώ · (sb's efforts)
αποζημιώνω για · **~ment** n (of debt
etc) εξόφληση f · (of loan)
αποπληρωμή f

repeat [rɪ'piːt] n (RADIO, TV)
επανάληψη f · vt επαναλαμβάνω ·
(SCOL) ξανακάνω · vi
επαναλαμβάνομαι · **~edly** adv
επανειλημμένα

repellent [rɪ'pɛlənt] n insect
~ εντομοαπωθητικό

repetition [rɛpɪ'tɪʃən] n επανάληψη f ·
(COMM) ανανέωση f

repetitive [rɪ'pɛtɪtɪv] adj
επαναλαμβανόμενος · (work)
μονότονος

replace [rɪ'pleɪs] vt (= put back)
ξαναβάζω · (= take the place of)
αντικαθιστώ · **to ~ sth with sth
else** αντικαθιστώ κτ με κτ άλλο ·
~ment n (= substitution)
αντικατάσταση f · (= substitute)
αντικαταστάτης/τρια m/f

replay n ['riːpleɪ] vb [riː'pleɪ] n
επανάληψη f · vt (SPORT)

replica ['rɛplɪkə] n αντίγραφο nt

reply [rɪ'plaɪ] n απάντηση f · vi
απαντώ

report [rɪ'pɔːt] n (account) αναφορά f ·
(PRESS etc) ρεπορτάζ nt inv · (BRIT:
also **school** ~) έλεγχος m · vt
αναφέρω · vi συντάσσω μια
έκθεση · **to ~ to sb** (= present o.s.
to) παρουσιάζομαι σε κν · (= be
responsible to) δίνω αναφορά σε ·
~edly adv **she is ~edly living in
Spain** λέγεται or λένε ότι μένει
στην Ισπανία · **~er** n δημοσιογράφος
mf · (on the spot) ρεπόρτερ mf inv

represent [rɛprɪ'zɛnt] vt (person,
nation) εκπροσωπώ · (view, belief)
αντιπροσωπεύω · (= constitute)
αποτελώ · **~ation** n εκπροσώπηση
f · **~ative** n (of person, nation)
αντιπρόσωπος mf · (COMM)
(εμπορικός) αντιπρόσωπος mf · (US:
POL) μέλος nt της βουλής των
Αντιπροσώπων ♦ adj
αντιπροσωπευτικός · **~ative of**
αντιπροσωπευτικός +gen

repression [rɪ'prɛʃən] n (of people,
country) καταπίεση f · (of feelings)
απώθηση f

reprimand ['rɛprɪmɑːnd] n επίπληξη f
♦ vt επιπλήττω

reproduce [riːprə'djuːs] vt (= copy)
αναδημοσιεύω · vi (BIO)
αναπαράγομαι · **reproduction** n
(= copy) αναδημοσίευση f · (of
painting, furniture) αντίγραφο nt ·
(BIO) αναπαραγωγή f

reptile ['rɛptaɪl] n ερπετό nt

republic [rɪ'pʌblɪk] n δημοκρατία f ·
~an adj δημοκρατικός · (US: POL)
Republican ρεπουμπλικανικός ♦ n
(US: POL) **Republican**
ρεπουμπλικάνος/α m/f

reputable ['rɛpjutəbl] adj ονομαστός

reputation [rɛpju'teɪʃən] n φήμη f · **to
have a ~ for** φημίζομαι για

request [rɪ'kwest] n (= polite demand) αίτηση f · (= formal demand) αίτημα nt · (RADIO) αφιέρωση f ♦ vt ζητάω

require [rɪ'kwaɪə'] vt (person) χρειάζομαι · (thing, situation) απαιτώ · (= demand) απαιτώ · **to ~ sb to do sth** απαιτώ από κν να κάνει κτ · **~ment** n (= need) ανάγκη f · (condition) προϋπόθεση f

rescue ['rɛskju:] n σωτηρία f · (from drowning, accident) διάσωση f ♦ vt σώζω

research [rɪ'sə:tʃ] n έρευνα f ♦ vt κάνω έρευνα για

resemblance [rɪ'zɛmbləns] n ομοιότητα f

resemble [rɪ'zɛmbl] vt μοιάζω

resent [rɪ'zɛnt] vt (attitude, treatment) αισθάνομαι πικρία για · (person) κρατάω κακία σε · **~ful** adj (person) πικρόχολος · (attitude) γεμάτος πικρία · **~ment** n πικρία f

reservation [rɛzə'veɪʃən] n (= booking) κράτηση f · (= doubt) επιφύλαξη f · **to make a ~** (in hotel) κλείνω δωμάτιο · (in restaurant) κλείνω τραπέζι · **with ~(s)** με κάποια επιφύλαξη

reserve [rɪ'zə:v] n απόθεμα nt · (fig) αποθέματα ntpl · (SPORT) αναπληρωματικός m/f · (= restraint) αυτοσυγκράτηση f · (also **nature ~**) εθνικός δρυμός m ♦ vt (= keep) φυλάω για · (seat, table) κλείνω · **in ~** στην άκρη
► **reserves** npl (MIL) εφεδρεία f · **~d** adj (= restrained) συγκρατημένος · (seat) κλεισμένος

reservoir ['rɛzəvwɑ:'] n (of water) δεξαμενή f

residence ['rɛzɪdəns] n (fml: = home) κατοικία f · (= length of stay) παραμονή f

resident ['rɛzɪdənt] n (of country, town) κάτοικος m/f · (in hotel) πελάτης m/f ♦ adj (living) **to be ~ in** είμαι κάτοικος +gen

residential [rɛzɪ'dɛnʃəl] adj (area) με κατοικίες · (staff) που μένει μέσα · (course) στον οποίο είσαι εσωτερικός

residue ['rɛzɪdju:] n (CHEM: also fig) κατάλοιπο nt

resign [rɪ'zaɪn] vt παραιτούμαι από ♦ vi παραιτούμαι · **to ~ o.s. to** αναγκάζομαι να αποδεχθώ

resignation [rɛzɪg'neɪʃən] n (from post) παραίτηση f · (state of mind) καρτερία f

resin ['rɛzɪn] n ρετσίνι nt

resist [rɪ'zɪst] vt (change, demand) εναντιώνομαι σε · (enemy, attack) αντιτέκομαι σε · (temptation, urge) αντιστέκομαι σε · **~ance** n αντίδραση f, αντίσταση f · (to illness, infection) ανθεκτικότητα f

resolution [rɛzə'lu:ʃən] n (= decision) απόφαση f · (= determination) αποφασιστικότητα f · (of problem, difficulty) επίλυση f

resolve [rɪ'zɔlv] n αποφασιστικότητα f ♦ vt επιλύω ♦ vi **to ~ to do sth** παίρνω απόφαση να κάνω κτ

resort [rɪ'zɔ:t] n (town) θέρετρο nt · (= recourse) προσφυγή f ♦ vi **to ~ to** καταφεύγω σε · **as a last ~, in the last ~** σε έσχατη περίπτωση

resource [rɪ'zɔ:s] n πρώτη ύλη f
► **resources** npl (coal, iron) πόροι mpl · (money) οικονομίες fpl · **~ful** adj επινοητικός

respect [rɪs'pɛkt] n σεβασμός m ♦ vt σέβομαι · **with ~ to** or **in ~ of** σχετικά με · **in this ~** σε αυτό το σημείο
► **respects** npl σέβη ntpl · **~able** adj (area, background) καθώς πρέπει inv · (person) αξιοπρεπής · (amount) σεβαστός · **~ful** adj (person) που έχει σεβασμό · (behaviour) που δείχνει σεβασμό

respective [rɪs'pɛktɪv] adj αντίστοιχος · **~ly** adv αντίστοιχα

respite ['rɛspaɪt] n ανάπαυλα f

respond [rɪs'pɔnd] vi (= answer)

απαντάω · (= react) ανταποκρίνομαι · (to treatment) αντιδρώ ♦ **response** f · (to question) απάντηση f · (to situation, event) ανταπόκριση f

responsibility [rɪspɒnsɪ'bɪlɪtɪ] n ευθύνη f

responsible [rɪs'pɒnsɪbl] adj (person, job) υπεύθυνος · **to be ~ for sth** είμαι υπεύθυνος για κτ

responsibly adv υπεύθυνα

responsive [rɪs'pɒnsɪv] adj (person) που δείχνει ανταπόκριση · (to sb's needs, interests etc) που ανταποκρίνομαι

rest [rest] n (= relaxation) ξεκούραση f · (= pause) διάλειμμα nt · (= remainder) **the ~ of** το υπόλοιπο ♦ vi ξεκουράζομαι · (muscles) χαλαρώνω · (eyes, legs) ξεκουράζω · **to ~ sth on/against sth** ακουμπάω κτ σε κτ · **the ~ of them** οι υπόλοιποι

restaurant ['restərɒ̃] n εστιατόριο nt

restless ['restlɪs] adj ανήσυχος (από πλήξη)

restoration [restə'reɪʃən] n (of painting) συντήρηση f · (of church etc) αναπαλαίωση f · (HIST) **the R~** η Παλινόρθωση

restore [rɪ'stɔː] vt (painting) συντηρώ · (building) αναπαλαιώνω · (law and order, health) αποκαθιστώ · (to power, former state) επαναφέρω

restrain [rɪs'treɪn] vt (person) εμποδίζω · (feeling, growth) συγκρατώ · **~t** n (= restriction) περιορισμός m · (= moderation) αυτοσυγκράτηση f

restrict [rɪs'trɪkt] vt περιορίζω · **~ion** n περιορισμός m

rest room (US) n τουαλέτα f

restructure [riː'strʌktʃəʳ] vt αναδιοργανώνω

result [rɪ'zʌlt] n αποτέλεσμα nt ♦ vi **to ~ in** έχω σαν αποτέλεσμα · **as a ~ of** συνέπεια f +gen

resume [rɪ'zjuːm] vt (work, journey)

συνεχίζω ♦ vi ξαναρχίζω

résumé ['reɪzjuːmeɪ] n περίληψη f · (US: = curriculum vitae) βιογραφικό σημείωμα nt

retail ['riːteɪl] adj (department, shop) λιανικής πώλησης · (trade) λιανικός · (goods) σε λιανική ♦ adv λιανικά ♦ vt πουλάω σε λιανική ♦ vi **to ~ at** πωλούμαι σε λιανική· **~er** n έμπορος mf λιανικής

retain [rɪ'teɪn] vt (independence, humour) διατηρώ · (ticket, souvenir) κρατάω · (heat, moisture) συγκρατώ

retaliation [rɪtælɪ'eɪʃən] n αντίποινα ntpl

retarded [rɪ'tɑːdɪd] adj (pej) καθυστερημένος

retire [rɪ'taɪəʳ] vi (= give up work) παίρνω σύνταξη · (= withdraw) αποσύρομαι · (= go to bed) πάω για ύπνο · **~d** adj (person) συνταξιούχος · (officer) απόστρατος · **~ment** n (state) γηρατειά ntpl · (act) σύνταξη f

retort [rɪ'tɔːt] vi αποκρίνομαι ♦ n απάντηση f

retreat [rɪ'triːt] n (place) ησυχαστήριο nt · (MIL) οπισθοχώρηση f ♦ vi αποταχθείμαι · (MIL) υποχωρώ

retrieve [rɪ'triːv] vt (object) παίρνω (πίσω) · (situation, error) διορθώνω · (COMPUT) "~" ανάκτηση"

retrospect ['retrəspekt] n **in ~** εκ των υστέρων

▸**return** [rɪ'tɜːn] n επιστροφή f · (FIN) απόδοση f ♦ cpd (journey) της επιστροφής · (BRIT: ticket) με επιστροφή ♦ vi (person etc) επιστρέφω · (feelings, symptoms etc) επανέρχομαι ♦ vt (favour, greetings etc) ανταποδίδω · (sth borrowed, stolen etc) επιστρέφω · **in ~** για αντάλλαγμα · **in ~ for** ως αντάλλαγμα για · **many happy ~s (of the day!)** χρόνια πολλά!

▸**returns** npl (COMM) κέρδη ntpl · **~ to** vi fus (consciousness) ανακτώ ·

(power) επιστρέφω σε

reunion [riːˈjuːnɪən] n (of family) συγκέντρωση f • (of people, school) συνάντηση f (μετά από καιρό)

reunite [riːjuːˈnaɪt] vt (people) ξανασμίγω με • (organization, country etc) ξανανενώνω

revamp [riːˈvæmp] vt αναμορφώνω

reveal [rɪˈviːl] vt αποκαλύπτω • **~ing** adj αποκαλυπτικός

revel [ˈrɛvl] vi **to ~ in sth/in doing sth** απολαμβάνω κτ/να κάνω κτ

revelation [rɛvəˈleɪʃən] n αποκάλυψη f

revenge [rɪˈvɛndʒ] n εκδίκηση f

revenue [ˈrɛvənjuː] n έσοδα ntpl

Reverend [ˈrɛvərənd] adj (in titles) αιδεσιμώτατος • **the ~ John Smith** ο αιδεσιμώτατος Τζων Σμιθ

reversal [rɪˈvəːsl] n (of decision) αναίρεση f • (of policy, trend) μεταβολή f

reverse [rɪˈvəːs] n (= opposite) αντίθετο nt • (of coin, medal) άλλη (πλευρά) f • (AUT: also = **gear**) όπισθεν f inv • (side) άλλος • (process) αντίστροφος ♦ vt (order, position) αντιστρέφω • (direction, process) αντιστρέφω • (decision) αναιρώ • (trend) μεταβάλλω • (car) κάνω όπισθεν ♦ vi (BRIT: AUT) κάνω όπισθεν • **in ~ order** με αντίστροφη σειρά • **in ~** αντίστροφα

revert [rɪˈvəːt] vi **to ~ to** ξαναγυρίζω σε • (JUR) επανέρχομαι σε

review [rɪˈvjuː] n (of book, film etc) κριτική f • (of situation etc) επανεξέταση f • (of policy) αναθεώρηση f ♦ vt (book, film etc) γράφω κριτική για • (situation) επανεξετάζω • (policy etc) αναθεωρώ

revise [rɪˈvaɪz] vt (manuscript) διορθώνω • (opinion, attitude) αναθεωρώ • (price) αναπροσαρμόζω ♦ vi (= study) κάνω επανάληψη

revision [rɪˈvɪʒən] n (of law, schedule etc) αναθεώρηση f • (of manuscript)

διόρθωση f • (for exam) επανάληψη f

revival [rɪˈvaɪvəl] n (= recovery) ανάκαμψη f • (of interest, faith) αναζωπύρωση f

revive [rɪˈvaɪv] vt (person) συνεφέρω • (economy, industry) δίνω νέα ζωή σε • (custom, hope) ξαναζωντανεύω • (interest) ξυπνώ ♦ vi (person) συνέρχομαι • (activity) ανανεώνομαι • (economy) ανακάμπτω • (faith, hope) ανανεώνω

revolt [rɪˈvəʊlt] n εξέγερση f ♦ vi (= rebel) εξεγείρομαι ♦ vt αηδιάζω • **~ing** adj αηδιαστικός

revolution [rɛvəˈluːʃən] n (= rotation) περιστροφή f • **~ary** adj επαναστατικός ♦ n επαναστάτης/τρια m/f

revolve [rɪˈvɒlv] vi περιστρέφομαι • **to ~ (a)round** περιστρέφομαι γύρω από

revolver [rɪˈvɒlvər] n περίστροφο nt

reward [rɪˈwɔːd] n (for service, work) ανταμοιβή f • (for capture of criminal, information) αμοιβή f • (= satisfaction) απολαβή f ♦ vt ανταμείβω • **~ing** adj που προσφέρει ικανοποίηση

rewind [riːˈwaɪnd] (irreg) vt γυρίζω πίσω

rewrite [riːˈraɪt] (irreg) vt ξαναγράφω

rhinoceros [raɪˈnɒsərəs] n ρινόκερος m

rhubarb [ˈruːbɑːb] n ραβέντι nt

rhyme [raɪm] n (of two words) ομοιοκαταληξία f • (verse) ρίμα f ♦ vi **to ~ (with)** έχω ομοιοκαταληξία (με)

rhythm [ˈrɪðm] n (MUS) ρυθμός m

rib [rɪb] n (ANAT) πλευρό nt ♦ vt δουλεύω

ribbon [ˈrɪbən] n (for hair, decoration) κορδέλλα f

rice [raɪs] n (grain) ρύζι nt

rich [rɪtʃ] adj πλούσιος • (food) βαρύς • (diet) πλήρης • (colour) έντονος ♦ npl **the ~** οι πλούσιοι

rid [rɪd] (pt, pp ~) vt **to ~ sb/sth of** απαλλάσσω κν/κτ από • **to get ~ of**

γλιτώνω από · (*unwelcome guest, government etc*) ξεφορτώνομαι

riddle ['rɪdl] n (= *conundrum*) αίνιγμα nt · (= *mystery*) μυστήριο nt ◆ vt **to be ~d with** (*doubts*) βασανίζομαι από · (*corruption*) είμαι βουτηγμένος σε

ride [raɪd] (*pt* **rode**, *pp* **ridden**) n βόλτα f · (*distance covered*) διαδρομή f ◆ vi (*as sport*) κάνω ιππασία · (*go somewhere*) πηγαίνω · (*travel*) ταξιδεύω ◆ vt (*horse*) ιππεύω · (*bicycle*) κάνω · (*motorcycle*) οδηγώ · **to go for a ~** πάω βόλτα · **can you ~ a bike?** ξέρεις ποδήλατο; · **~t** n (*on horse*) ιππέας m/f · (*on bicycle*) ποδηλάτης/ίσσα m/f · (*on motorcycle*) μοτοσυκλετιστής/τρια m/f

ridge [rɪdʒ] n (*of hill*) ράχη f · (*of roof*) σαμάρι nt

ridicule ['rɪdɪkjuːl] n χλευασμός m ◆ vt γελοιοποιώ

ridiculous [rɪ'dɪkjuləs] adj γελοίος

riding ['raɪdɪŋ] n (*sport*) ιππασία f

rife [raɪf] adj **to be ~** είμαι εξαπλωμένος · **to be ~ with** βρίθω +gen

rifle ['raɪfl] n τουφέκι nt · **~ through** vt fus ψάχνω στα γρήγορα

rift [rɪft] n (*fig*) ρήξη f

rig [rɪg] n (*also* **oil ~**: *at sea*) πλατφόρμα f (*άντλησης πετρελαίου*) ◆ vt νοθεύω · **~ up** vt στήνω πρόχειρα

right [raɪt] adj (*correct*) = (*fair, just*) δίκαιος · (= *not left*) δεξιός ◆ n καλό nt · (= *entitlement*) δικαίωμα nt · (= *not left*) δεξιά ntpl ◆ adv (*answer etc*) σωστά · (*treat etc*) καλά · (= *not on the left*) δεξιά · (= *directly, exactly*) ακριβώς ◆ vt (*ship, car etc*) ισορροπώ · (*fault, situation*) επανορθώνω ◆ excl ωραία · **the R~** (POL) η Δεξιά · **to be ~** (*person*) έχω δίκιο · (*answer*) σωστά · (*clock etc*) πάω καλά · **to get sth ~** = κάνω κτ σωστά · **to put sth ~** (*mistake,*

injustice etc) επανορθώνω κτ · **~ now** αυτό τον καιρό · **~ before/ after** ακριβώς πριν/μετά · **~ ahead** ίσια μπροστά · **by ~s** κανονικά · **~ away** τώρα αμέσως · **~ful** adj (*heir, owner*) νόμιμος · **~-hand drive** n δεξιοτίμονη οδήγηση f ◆ adj (*vehicle*) δεξιοτίμονος · **~-handed** adj (*person*) δεξιόχειρας · **~-hand side** n δεξιά πλευρά f · **~ly** adv (= *with reason*) δίκαια · **~-wing** (POL) adj (*government, person*) δεξιός

rigid ['rɪdʒɪd] adj άκαμπτος · (*fig*) αδιάλλακτος

rigorous ['rɪgərəs] adj (*control, test*) εξονυχιστικός · (*training*) σκληρός

rim [rɪm] n (*of glass, dish*) χείλος nt · (*of spectacles*) σκελετός m · (*of wheel*) ζάντα f

rind [raɪnd] n (*of bacon*) φέτα f · (*of fruit*) φλούδα f · (*of cheese*) κρούστα f

ring [rɪŋ] (*pt* **rang**, *pp* **rung**) n (*of metal*) κουδούνισμα nt · (*on finger*) δαχτυλίδι nt · (*also* **wedding ~**) βέρα f · (*of people, objects*) κύκλος m · (*for boxing*) ρινγκ nt inv · (*of circus*) πίστα f · (*bullring*) αρένα f · (= *sound of bell*) κουδούνισμα nt · (*on cooker*) εστία f ◆ vi (TEL: *person*) τηλεφωνώ · (: *telephone*) χτυπάω · (*bell, doorbell*) χτυπάω · (*ears*) κουδουνίζω ◆ vt (BRIT: TEL) τηλεφωνώ σε · (*bell, doorbell etc*) χτυπάω · **to give sb a ~** (BRIT: TEL) τηλεφωνώ σε κν · **~ back** vt (BRIT: TEL) παίρνω πάλι ◆ vi παίρνω πάλι · **~ up** vt (BRIT: TEL) τηλεφωνώ σε · **~ road** n (*mobile phone*) περιφερειακός δρόμος m · **~tone** n (*mobile phone*) τόνος m κλήσης

rink [rɪŋk] n (*also* **ice ~**) παγοδρόμιο nt · (*also* **roller skating ~**) πίστα f πατινάζ

rinse [rɪns] n ξέβγαλμα nt · (= *hair dye*) βαφή f ◆ vt (*dishes*) ξεβγάζω · (*hair, hands etc*) ξεπλένω · (*also* **~ out**) ξεπλένω

riot ['raɪət] n ταραχή f ◆ vi προκαλώ

ταραχές · **to run** ~ προκαλώ
επεισόδια

rip [rɪp] n σκίσιμο nt ♦ vt σκίζω ♦ vi
σκίζομαι · ~ **off** vt (inf: = swindle)
γδέρνω · ~ **up** vt κάνω κομματάκια

ripe [raɪp] adj γινωμένος

rip-off ['rɪpɔf] (inf) n: **it's a ~!** σε
γδέρνουν!

ripple ['rɪpl] n (wave) ελαφρός
κυματισμός m · (of laughter, applause)
κύμα nt ♦ vi (water) κυματίζω
ελαφρά

rise [raɪz] (pt **rose**, pp ~n) n
(= incline) ύψωμα nt · (BRIT: = salary
increase) αύξηση f · (in prices,
temperature etc) αύξηση f · (fig: to
power, fame etc) άνοδος f ♦ vi
(prices, numbers) ανεβαίνω · (sun,
moon) ανατέλλω · (wind) δυναμώνω ·
(person) σηκώνομαι · (sound, voice)
υψώνομαι · **to ~ to power**
αναρριχώμαι στην εξουσία

risen ['rɪzn] pp of **rise**

rising ['raɪzɪŋ] adj αυξανόμενος

risk [rɪsk] n (= danger) κίνδυνος m ·
(deliberate) ρίσκο nt · (= possibility,
chance) πιθανότητα f ♦ vt
(= endanger) διακινδυνεύω ·
(= chance) ρισκάρω · **to take a ~** το
διακινδυνεύω · **at ~** σε κίνδυνο · **at
one's own ~** με δική μου ευθύνη ·
~**y** adj ριψοκίνδυνος

rite [raɪt] n ιεροτελεστία f · **last ~s**
(REL) εξομολόγηση και μετάληψη σε
ετοιμοθάνατο

ritual ['rɪtjuəl] adj τελετουργικός ♦ n
ιεροτελεστία f

rival ['raɪvl] n (in competition etc)
αντίπαλος m/f · (in business)
ανταγωνιστής/τρια m/f ♦ adj
αντίπαλος ♦ vt συναγωνίζομαι · ~**ry**
n άμιλλα f

river ['rɪvər] n ποταμός m

road [raud] n δρόμος m · (on signs
etc) οδός f · **major/minor** ~ κύριος/
δευτερεύων δρόμος · ~ **accident**
τροχαίο ατύχημα · ~**block** n μπλόκο

nt στο δρόμο · ~ **rage** n επιθετική
οδική συμπεριφορά f · ~ **safety** n
οδική ασφάλεια f · ~**side** n
κράσπεδο nt

roam [rəum] vi περιπλανιέμαι ♦ vt
τριγυρίζω άσκοπα σε

roar [rɔːr] n (of animal) βρυχηθμός
m · (of crowd, vehicle) βουητό nt ♦ vi
(animal) βρυχιέμαι · (person, crowd)
ουρλιάζω · **to ~ with laughter**
ξεκαρδίζομαι στα γέλια

roast [rəust] n ψητό nt ♦ vt (meat,
potatoes) ψήνω · (coffee) καβουρδίζω

rob [rɔb] n ληστεύω · **to ~ sb of sth**
αρπάζω κτ από κν · (fig: = deprive)
στερώ κτ από κν · ~**ber** n ληστής
m · ~**bery** n ληστεία f

robe [rəub] n (for ceremony etc)
τήβεννος f · (also **bath ~**)
μπουρνούζι nt · (US) φόρεμα nt

robin ['rɔbɪn] n κοκκινολαίμης m

robot ['rəubɔt] n ρομπότ nt inv

robust [rəu'bʌst] adj (person)
γεροδεμένος · (appetite) γερός ·
(economy) ανθηρός

rock [rɔk] n βράχος m · (US: = small
stone) πέτρα f · (BRIT: = sweet) σκληρή
καραμέλα f · (MUS: also = **music**)
(μουσική) ροκ f inv ♦ vt (= swing
gently) κουνάω · (= shake)
ταρακουνάω · (fig) συγκλονίζω ♦ vi
(object) σείομαι · **on the ~s** (drink)
με πάγο · (ship) που έχει εξοκείλει ·
(marriage etc) ναυαγισμένος · ~ **and
roll** n ροκ-εντ-ρόλ nt inv

rocket ['rɔkɪt] n πύραυλος m ·
(firework) φωτοβολίδα f

rocky ['rɔkɪ] adj βραχώδης · (fig)
ετοιμόρροπος

rod [rɔd] n (pole) ραβδί nt · (also
fishing ~) καλάμι nt

rode [rəud] pt of **ride**

rogue [rəug] n κατεργάρης/ισσα m/f

role [rəul] n ρόλος m · ~ **model** n
πρότυπο nt προς μίμηση

roll [rəul] n (of paper etc) ρολό nt · (of
cloth) τόπι nt · (of banknotes) μασούρι

nt · (*also* **bread ~**) ψωμάκι *nt* · (*register, list*) κατάσταση *f* ♦ *vt* (*ball, stone etc*) κυλάω · (*dice*) ρίχνω · (*eyes*) στριφογυρίζω ♦ *vi* (*ball, stone etc*) κατρακυλάω · (*thunder*) βροντάω · (*tears, sweat*) κυλάω · **cheese/ham ~** ψωμάκι με τυρί/ζαμπόν · ▸ **about** *vi* κυλιέμαι · ▸ **roll about** · **~ over** *vi* γυρνάω · ▸ **up** *vi* μαζεύω · **~er** *n* κύλινδρος *m* · (*for hair*) ρολεύ *nt inv* · **~er coaster** *n* (*at funfair*) ρόλερ κόστερ *nt inv* · **~er skates** *npl* πατίνια *ntpl*

ROM [rɒm] *n abbr* (= *read only memory*) ROM *f inv*

Roman ['rəʊmən] *adj* ρωμαϊκός ♦ *n* Ρωμαίος/α *m/f* · **~ Catholic** *adj* ρωμαιοκαθολικός ♦ *n* καθολικός/ή *m/f*

romance [rə'mæns] *n* (= *love affair*) ειδύλλιο *nt* · (*novel*) ρομάντζο *nt*

Romania [rəʊ'meɪnɪə] *n* Ρουμανία *f* · **~n** *adj* ρουμανικός ♦ *n* Ρουμάνος/α *m/f* · (*LING*) ρουμάνικα *ntpl*

romantic [rə'mæntɪk] *adj* ρομαντικός

roof [ruːf] (*pl* **~s**) *n* σκεπή *f* ♦ *vt* σκεπάζω · **the ~ of the mouth** *n* ουρανίσκος · **~ rack** (*AUT*) *n* σχάρα *f*

room [ruːm] *n* (*in house, hotel etc*) δωμάτιο *nt* · (*in school etc*) αίθουσα *f* · (= *space*) χώρος *m* · (*for improvement etc*) περιθώριο *nt* · **single/double ~** μονόκλινο/δίκλινο δωμάτιο

▸ **rooms** *npl* (*lodging*) δωμάτια *ntpl* προς ενοικίαση · **"~s to let"**, (*US*) **"~s for rent"** ενοικιάζονται δωμάτια · **~mate** *n* συγκάτοικος *mf* (*σε ενοικιαζόμενο δωμάτιο*) · **~ service** *n* ρουμ-σέρβις *nt inv* · **~y** *adj* ευρύχωρος

rooster ['ruːstə] *n* (*esp US*) *n* κόκκορας *m*

root [ruːt] *n* ρίζα *f* · (*fig*) (*problem, belief*) προέλευση *f*

▸ **roots** *npl* ρίζες *fpl* · **~ about** *vi* (*fig*) ψαχουλεύω · **~ for** *vi fus* (*find*) ξετρυπώνω

rope [rəʊp] *n* σκοινί *nt* · (*NAUT*)

καραβόσκοινο *nt* ♦ *vt* (*also* **~ together**) δένω με σκοινί · **to know the ~s** (*fig*) ξέρω τα μυστικά της δουλειάς · **~ in** *vt* (*fig: person*) επιστρατεύω

rose [rəʊz] *pt of* **rise** ♦ *n* τριαντάφυλλο *nt* · (*also* **~bush**) τριανταφυλλιά *f*

rosemary ['rəʊzmərɪ] *n* δεντρολίβανο *nt*

rosy ['rəʊzɪ] *adj* (*face, cheeks*) ροδοκόκκινος · (*situation*) ρόδινος · **a ~ future** ένα μέλλον που διαγράφεται ρόδινο

rot [rɒt] *n* σήψη *f* · (*fig*) τρίχες *fpl* ♦ *vt* (*wood, fruit etc*) σαπίζω · (*teeth*) χαλάω ♦ *vi* (*wood, fruit etc*) σαπίζω · (*teeth*) χαλάω

rotate [rəʊ'teɪt] *vt* περιστρέφω · (*crops*) κάνω εναλλακτικές καλλιέργειες +*gen* ♦ *vi* περιστρέφομαι

rotten ['rɒtn] *adj* (*fruit, meat etc*) σάπιος · (*eggs*) κλούβιος · (*wood etc*) σάπιος · (*teeth*) χαλασμένος · (*inf: film, weather etc*) χάλια

rough [rʌf] *adj* (*skin*) άγριος · (*terrain, road*) ανώμαλος · (*person, manner*) άγαρμπος · (*town, area*) επικίνδυνος · (*handling, treatment*) βίαιος · (*sea*) φουρτουνιασμένος · (*outline, plan*) συνοπτικός · (*sketch, drawing*) πρόχειρος · (*estimate, guide*) κατά προσέγγιση ♦ *vt* **to ~ it** περνάω δύσκολα ♦ *adv* **to sleep ~** (*BRIT*) κοιμάμαι έξω · **~ly** *adv* (*grab, push etc*) με δύναμη · (*handle*) απότομα · (*make, construct*) πρόχειρα · (= *approximately*) πάνω-κάτω

roulette [ruː'let] *n* ρουλέτα *f*

round [raʊnd] *adj* στρογγυλός ♦ *n* (*of milkman*) διανομή *f* στο σπίτι · (*of doctor*) επίσκεψη *f* · (*in competition*) γύρος *m* · (*BOXING*) γύρος *m* · (*of golf*) παιχνίδι *nt* · (*of ammunition*) δεσμίδα *m* (*σφαίρας*) · (*of talks*) γύρος *m* · (*of drinks*) κέρασμα *nt* ♦ *vt* (*corner, bend*) παίρνω ♦ *prep* · **his neck/the table** γύρω στο λαιμό του/από το τραπέζι ♦ *adv* **all ~** γύρω-γύρω · **to**

sail ~ **the world** κάνω το γύρο του κόσμου με πλοίο • **to move** ~ **a room/house** κάνω βόλτες μέσα σε δωμάτιο/σπίτι • ~ **about 300** γύρω στους 300 • **the long way** ~ από γύρω-γύρω • **all (the) way** ~ όλο το χρόνο • **the wrong way** ~ το πίσω-μπρος • **it's just** ~ **the corner** (fig) είναι μόλις στρίψετε στη γωνία • **to go** ~ **to sb's (house)** περνάω από το σπίτι κου • **to go** ~ **the back** πηγαίνω από πίσω • **enough to go** ~ αρκετός για όλους • ~ **the clock** όλο το εικοσιτετράωρο • **a** ~ **of applause** ένα χειροκρότημα • **a** ~ **of drinks** μια γύρα (ποτά) • **a** ~ **of sandwiches** ένα σάντουιτς • ~ **off** vt (evening etc) κλείνω • (meal) τελειώνω • ~ **up** vt (cattle, sheep) μαντρώνω • (people) μαζεύω • (price, figure) στρογγυλεύω • ~ **about** (BRIT) n (AUT) κυκλικός κόμβος σε διασταύρωση • (at fair) περιφεριακός ntpl ◆ adj (route) περιφερειακός • (way, means) πλάγιος • ~ **trip** n πηγαίνελα nt inv • ~**up** n (information) σύνοψη f • **a** ~**up of the latest news** μια περίληψη των τελευταίων ειδήσεων.

rouse [rauz] vt (= wake up) ξυπνάω • (= stir up) προκαλώ

route [ru:t] n (in country) δρόμος m • (of bus, train) δρομολόγιο nt • (of shipping) δρομολόγιο nt

routine [ru:'ti:n] adj (work, job) ρουτίνας • (check, inquiries) τυπικός ◆ n (habits) πρόγραμμα nt • (= drudgery) ρουτίνα f

row¹ [rau] n (also KNITTING) σειρά f • vi (in boat) τραβάω κουπί • (as sport) κωπηλατώ ◆ vt (boat) τραβάω κουπί σε • **in a** ~ (fig) στη σειρά

row² [rau] n (= din) σαματάς m • (= dispute) διαμάχη f • (= quarrel) καυγάς m ◆ vi (= argue) καυγαδίζω

rowboat ['rəubaut] (US) n βάρκα f με κουπί

rowing ['rəuiŋ] n κωπηλασία f • ~ **boat** (BRIT) n βάρκα f με κουπί

royal ['rɔiəl] adj βασιλικός • **the** ~ **family** η βασιλική οικογένεια • ~**ty** n (= royal persons) μέλη ntpl της βασιλικής οικογένειας

▸ **royalties** npl (to author) συγγραφικά δικαιώματα ntpl

rub [rʌb] vt τρίβω ◆ n **to give sth a** ~ γυαλίζω • **to** ~ **sb up** or (US) ~ **sb the wrong way** εκνευρίζω κν • ~ **out** vt σβήνω

rubber ['rʌbə'] n ελαστικό nt • (BRIT: = eraser) γόμα f • (US: inf: = condom) προφυλακτικό nt

rubbish ['rʌbiʃ] (BRIT) n σκουπίδια ntpl • (fig) σαβούρα f • (: pej) βλακείες fpl • ~ **bin** (BRIT) n σκουπιδοτενεκές m

rubble ['rʌbl] n χαλάσματα ntpl • (CONSTR) χαλίκι nt

ruby ['ru:bi] n ρουμπίνι n ◆ adj βαθυκόκκινος

rucksack ['rʌksæk] n σακίδιο nt

rudder ['rʌdə'] n (of ship) τιμόνι nt • (of plane) πηδάλιο nt

rude [ru:d] adj (= impolite) αγενής • (joke) άσεμνος • (story) αισχρός • (= unexpected: shock) ξαφνικός

rug [rʌg] n (on floor) χαλάκι nt • (BRIT: blanket) κουβέρτα f (για τα πόδια ή την πλάτη)

rugby ['rʌgbi] n (also ~ **football**) ράγκμπι nt inv

rugged ['rʌgid] adj (landscape) άγριος • (man) με αδρά χαρακτηριστικά • (features) αδρός

ruin ['ru:in] n (= destruction: of building) ερείπωση f • (: of plans etc) καταστροφή f • (= downfall) καταστροφή f • (= bankruptcy) οικονομική καταστροφή f • (= remains) ερείπιο nt ◆ vt (= destroy: building) κάνω ερείπια • (: plans, prospects etc) καταστρέφω • (: hopes) γκρεμίζω • (: eyesight, health) καταστρέφω • (= bankrupt)

καταστρέφω οικονομικά · (clothes, carpet etc) χαλάω

► **ruins** npl ερείπια ntpl · **in ~s** κατεστραμμένος

rule [ru:l] n (= norm) κανόνας m ·
(= regulation) κανονισμός m ·
(= government) διακυβέρνηση f ·
(= ruler) χάρακας m ♦ vt (country,
people) κυβερνώ ♦ vi (leader,
monarch etc) έχω υπό την εξουσία
μου · **as a ~** κατά κανόνα · **~ out** vt
αποκλείω · **~f** n (sovereign)
κυβερνήτης mf · (for measuring)
χάρακας m · **ruling** adj (party) που
κυβερνά · (body) πλειο ♦ n
(JUR) απόφαση f · **the ~ class** η
άρχουσα τάξη

rum [rʌm] n ρούμι nt

Rumania etc [ru:ˈmeɪnɪə] n =
Romania etc

rumble [ˈrʌmbl] n (of thunder)
μπουμπουνητό m · (of traffic, guns)
βουή f · (of voices) βουητό nt ♦ vi
(stomach) γουργουρίζω · (traffic)
βουίζω · (guns) βροντάω

rumour [ˈruːmər] (US **rumor**) n
φήμες fpl ♦ vt **it is ~ed that ...**
φημολογείται ότι...

run [rʌn] (pt **ran**, pp **~**) n (as exercise)
τρέξιμο nt · (sport) αγώνας nt
δρόμου · (in car) βόλτα f · (distance
travelled) διαδρομή f · (= series: of
victories, defeats etc) σειρά f · (in
tights, stockings) πόντος m ♦ vt (race,
distance) τρέχω · (business)
διευθύνω · (: competition, course)
οργανώνω · (: hotel, shop) έχω ·
(COMPUT: program) τρέχω ♦ vi
(= flee) το βάζω στα πόδια ·
(= work) **to be ~ning** είναι
αναμμένος · (= operate) **the buses
~ every hour** έχει λεωφορεία κάθε
μία ώρα · (play, show etc)
συνεχίζομαι · (contract) ισχύω · (river,
tears) τρέχω · (colours, washing)
ξεβάφω · **to go for a ~** (as exercise)
πάω για τρέξιμο · **in the long
~** μακροπρόθεσμα · **on the ~** σε

φυγή · **I'll ~ you to the station** θα
σε πάω μέχρι το σταθμό · **the
baby's nose was ~ing** η μύτη
του μωρού έτρεχε · **it's very cheap
to ~** δεν καίει πολύ · **to ~ for
president** θέτω υποψηφιότητα για
πρόεδρος · **to ~ a bath** γεμίζω τη
μπανιέρα (με) νερό · **~ after** vt fus
κυνηγάω · **~ away** vi (from home) το
σκάω · (from situation) δραπετεύω ·
~ down vt (production) μειώνω ·
(factory) μειώνω τη δραστηριότητα
+gen · (AUT: person) χτυπάω ·
(= criticize) κριτικάρω · **to be
~ down** (person) είμαι
εξαντλημένος · **~ into** vt fus (meet:
person) πέφτω επάνω · (: trouble,
problems) συναντάω · (: collide with)
πέφτω επάνω · **to ~ into debt**
βρίσκομαι με χρέη · **~ off** vi φεύγω
τρέχοντας · **~ out** vi (time, money)
τελειώνω · (luck) αλλάζω (προς το
χειρότερο) · (lease, passport) λήγω ·
~ out of vt fus (money, time) μου
τελειώνει · (petrol) μένω από ·
(matches etc) ξεμένω από · **~ over**
(AUT) πατάω · **~ through** vt fus
(instructions) ρίχνω μια ματιά σε ·
~ up vt (debt) δημιουργώ · **~away**
adj (truck, train) ακυβέρνητος ·
(child, slave) που το έχει σκάσει ·
(fig: inflation) ανεξέλεγκτος ·
(success) σαρωτικός

rung [rʌŋ] pp of **ring** ♦ n σκαλί nt ·
(fig) βαθμίδα f

runner [ˈrʌnər] n (in race: person)
δρομέας mf · (: horse) άλογο nt
κούρσας · (on drawer) ράγα f · **~-up**
n επιλαχών/ούσα m/f

running [ˈrʌnɪŋ] n (sport) τρέξιμο nt ·
(of business, organization) διοίκηση f ·
(of machine etc) λειτουργία f ♦ adj
τρεχούμενος · **6 days ~** 6 συνεχείς
μέρες

runny [ˈrʌnɪ] adj (egg) μελάτος ·
(butter) λυωμένος · (nose, eyes) που
τρέχει

run-up [ˈrʌnʌp] n **the ~ to** η

προκαταρκτική περίοδος για · *(election etc)* η προεκλογική περίοδος

runway ['rʌnweɪ] *(AVIAT)* n διάδρομος *m* προσγείωσης

rupture ['rʌptʃə*] n ρήξη *f*

rural ['ruərl] adj *(area, economy)* αγροτικός · *(setting)* εξοχικός

rush [rʌʃ] n *(= hurry)* βιασύνη *f* · *(COMM)* ξαφνική ζήτηση *f* · *(of air, water)* ρεύμα nt · *(of feeling, emotion)* κύμα nt ♦ vt *(lunch)* τρώω στα γρήγορα · *(job)* κάνω στα γρήγορα · *(person: to hospital etc)* πηγαίνω επειγόντως · *(supplies: to person, place)* στέλνω επειγόντως ♦ vi *(person)* βιάζομαι · **to be ~ed (to do sth)** βιάζομαι (να κάνω κτ)
▶ **rushes** npl *(BOT)* βούρλα ntpl · *(for chair, basket etc)* βούρλο nt ·
~ through vt επισπεύδω · **~ hour** n ώρα *f* αιχμής

Russia ['rʌʃə] n Ρωσία *f* · **~n** adj ρωσικός ♦ n Ρώσος/ίδα *m/f* · *(LING)* ρωσικά

rust [rʌst] n σκουριά *f* ♦ vi σκουριάζω · **~y** adj *(car)* σκουριασμένος · *(fig)* που έχει ατονήσει

ruthless ['ruːθlɪs] adj *(person)* αδίστακτος · *(determination)* άκαμπτος

rye [raɪ] n σίκαλη *f*

S s

S, s [es] n *(letter)* το δέκατο ένατο γράμμα του αγγλικού αλφαβήτου · *(US: SCOL)* *(= satisfactory)* "καλώς"

Sabbath ['sæbəθ] n *(Jewish)* Σάββατο nt · *(Christian)* Κυριακή *f*

sabotage ['sæbətɑːʒ] n σαμποτάζ nt inv ♦ vt κάνω σαμποτάζ σε

saccharin(e) ['sækərɪn] n ζαχαρίνη *f*

sack [sæk] n *(bag)* σακί nt ♦ vt *(= dismiss)* απολύω · **to get the ~** απολύομαι

sacred ['seɪkrɪd] adj *(music, history)* θρησκευτικός · *(animal, building)* ιερός

sacrifice ['sækrɪfaɪs] n θυσία *f* ♦ vt θυσιάζω

sad [sæd] adj *(person, look)* λυπημένος · *(story)* θλιβερός · *(state of affairs)* λυπηρός

saddle ['sædl] n σέλα *f* ♦ vt *(horse)* σελώνω · **to be ~d with** *(inf)* φορτώνομαι

sadistic [sə'dɪstɪk] adj *(person)* σαδιστής · *(behaviour)* σαδιστικός

sadly ['sædlɪ] adv *(= unhappily)* λυπημένα · *(= unfortunately)* δυστυχώς · *(= seriously)* σοβαρά

sadness ['sædnɪs] n λύπη *f*

sae *(BRIT)* abbr *(= stamped addressed envelope)* see **stamp**

safari [sə'fɑːrɪ] n σαφάρι nt inv

safe [seɪf] adj ασφαλής · *(cautious)* σίγουρος ♦ n χρηματοκιβώτιο nt · **~ and sound** σώος και αβλαβής · **~ly** adv *(assume, say)* με βεβαιότητα · *(drive, arrive)* προσεκτικά · **~ sex** n ασφαλής σεξουαλικη συμπεριφορά *f*

safety ['seɪftɪ] n ασφάλεια *f* · **~ belt** n ζώνη *f* ασφαλείας

saffron ['sæfrən] n σαφράνι nt *(σκόνη κρόκου)*

sag [sæg] vi κρεμάω · *(fig)* κάμπτομαι

sage [seɪdʒ] n *(plant)* φασκομηλιά *f* · *(= herb leaf)* φασκόμηλο nt

Sagittarius [sædʒɪ'tɛərɪəs] n Τοξότης *m*

said [sed] pt, pp of **say**

sail [seɪl] n πανί nt ♦ vt κυβερνάω ♦ vi *(= travel: ship)* πλέω · *(passenger)* ταξιδεύω *(με πλοίο)* · *(fig: ball etc)* πετάω · **to set ~** αποπλέω · **~ through** vt fus *(fig)* σκίζω σε · **~boat** *(US)* n ιστιοφόρο nt · **~ing** *(SPORT)* ιστιοπλοΐα *f* · **to go ~ing** κάνω ιστιοπλοΐα · **~ing boat** n ιστιοφόρο nt · **~or** n ναύτης *m*

saint [seɪnt] *n* άγιος *m*

sake [seɪk] *n* **for the ~ of sb/sth** *or* **for sb's/sth's ~** για χάρη +*gen* · (= *out of consideration for*) για κν/κτ

salad ['sæləd] *n* σαλάτα *f* · **~ cream** (*BRIT*) *n* μαγιονέζα *f* [*ελαφριά*] · **~ dressing** *n* σάλτσα *f* σαλάτας

salami [sə'lɑ:mɪ] *n* σαλάμι *nt*

salary ['sælərɪ] *n* μισθός *m*

sale [seɪl] *n* (= *act of selling*) πώληση *f* · (*at reduced prices*) έκπτωση *f* · (= *auction*) δημοπρασία *f* · **"for ~"** "πωλείται" · **on ~** για πούλημα

▶ **sales** *npl* πωλήσεις *fpl* · **~sman** (*irreg*) *n* (*in shop*) πωλητής *m* · (*representative*) αντιπρόσωπος *m* · **~swoman** (*irreg*) *n* (*in shop*) πωλήτρια *f* · (*representative*) αντιπρόσωπος *f*

saliva [sə'laɪvə] *n* σάλιο *nt*

salmon ['sæmən] *n inv* σολομός *m*

salon ['sælɒn] *n* (*hairdressing salon*) κομμωτήριο *nt* · (*beauty salon*) ινστιτούτο *nt* αισθητικής

saloon [sə'lu:n] *n* (*US: bar*) σαλούν *m* *inv* · (*BRIT: AUT*) σεντάν *nt inv*

salt [sɔ:lt] *n* αλάτι *nt* ♦ *vt* (= *put salt on*) αλατίζω · **to take sth with a pinch** *or* **grain of ~** (*fig*) δεν παίρνω κτ κατά γράμμα · **~water** *adj* θαλασσινός · **~y** *adj* αλατισμένος

salute [sə'lu:t] *n* (*MIL*) χαιρετισμός *m* ♦ *vt* (*MIL*) χαιρετώ στρατιωτικά

salvage ['sælvɪdʒ] *n* (= *saving*) διάσωση *f* · (= *things saved*) ό,τι έχει διασωθεί ♦ *vt* διασώζω

Salvation Army *n* **the ~** ο Στρατός της Σωτηρίας (*φιλανθρωπική οργάνωση*)

same [seɪm] *adj* ίδιος · *pron* **the ~** ίδιος · **at the ~ time** (= *simultaneously*) την ίδια στιγμή · (= *yet*) την ίδια στιγμή · **all** *or* **just the ~** παρ'όλα αυτά · **the ~ to you!** επίσης · **they're one and the ~** ένας και ο αυτός

sample ['sɑ:mpl] *n* δείγμα *nt* ♦ *vt* (*food, wine*) δοκιμάζω

sanction ['sæŋkʃən] *n* έγκριση *f* ♦ *vt* συναινώ σε

▶ **sanctions** *npl* (*POL*) κυρώσεις *fpl*

sanctuary ['sæŋktjuərɪ] *n* (*for birds, animals*) καταφύγιο *nt* · (= *place of refuge*) άσυλο *nt*

sand [sænd] *n* άμμος *f or* *m* · *see also* **sands**

sandal ['sændl] *n* σανδάλι *nt*

sands [sændz] *npl* αμμώδης έκταση *f*

sandstone ['sændstəun] *n* ψαμμίτης *m*

sandwich ['sændwɪtʃ] *n* σάντουιτς *nt inv* ♦ *vt* **to be ~ed between** είμαι ανάμεσα σε

sandy ['sændɪ] *adj* (*beach*) αμμώδης · (*colour: hair*) πυρόξανθος

sane [seɪn] *adj* (*person*) υγιής στο μυαλό · (*action, system*) λογικός

sang [sæŋ] *pt of* **sing**

sanitary towel (*US* **sanitary napkin**) *n* σερβιέτα *f*

sanity ['sænɪtɪ] *n* (*of person*) ψυχική υγεία *f* · (= *common sense*) λογική *f*

sank [sæŋk] *pt of* **sink**

Santa (Claus) [sæntə'klɔ:z] *n* ≈ Άγιος Βασίλης

sap [sæp] *n* χυμός *m* ♦ *vt* υποσκάπτω

sapphire ['sæfaɪəʳ] *n* ζαφείρι *nt*

sarcasm ['sɑ:kæzm] *n* σαρκασμός *m* · **sarcastic** *adj* σαρκαστικός · **to be ~** σαρκάζω

sardine [sɑ:'di:n] *n* σαρδέλλα *f*

sat [sæt] *pt, pp of* **sit**

satellite ['sætəlaɪt] *n* (*ASTR, TEL*) δορυφόρος *m* · **~ dish** *n* δορυφορική κεραία *f* · **~ television** *n* δορυφορική τηλεόραση *f*

satin ['sætɪn] *n* σατέν *nt inv* ♦ *adj* από σατέν

satire ['sætaɪəʳ] *n* σάτιρα *f*

satisfaction [sætɪs'fækʃən] *n* ικανοποίηση *f*

satisfactory [sætɪs'fæktərɪ] *adj* ικανοποιητικός

satisfied ['sætisfaid] *adj* ικανοποιημένος

satisfy ['sætisfai] *vt* (= please) ικανοποιώ • (needs, demand) ικανοποιώ • (requirements, conditions) πληρώ • **to ~ sb that ...** πείθω κν ότι...

Saturday ['sætədi] *n* Σάββατο *nt* • see also **Tuesday**

sauce [sɔ:s] *n* σάλτσα *f* • **~pan** *n* κατσαρόλα *f*

saucer ['sɔ:sə'] *n* πιατάκι *nt*

Saudi Arabia [saudi'reibiə] *n* Σαουδική Αραβία *f*

sauna ['sɔ:nə] *n* σάουνα *f*

sausage ['sɒsidʒ] *n* λουκάνικο *nt*

savage ['sævidʒ] *adj* άγριος ♦ *vt* επιτίθεμαι άγρια σε • (fig) κάνω άγρια κριτική σε

save [seiv] *vt* (= rescue) σώζω • (= put by) αποταμιεύω • (= economize on) εξοικονομώ • (= avoid) γλυτώνω • (= keep) φυλάω • (COMPUT: file, document) σώζω • (SPORT) σώζω ♦ *vi* (also ~ **up**) αποταμιεύω (fml) ♦ *n* (SPORT) απόκρουση *f*

saving ['seiviŋ] *n* οικονομία *f*
▶ **savings** *npl* αποταμιεύσεις *fpl* (fml), οικονομίες *fpl* • **~s account** *n* λογαριασμός *m* ταμιευτηρίου

savoury ['seivəri] (US **savory**) *adj* (food, dish) νόστιμος • (not sweet) αλμυρός

saw [sɔ:] (pt **~ed**, pp **~ed** or **~n**) *n* πριονίζω ♦ *n* πριόνι *nt* ♦ *pt* of **see** • **~dust** *n* πριονίδι *nt* • **~n** *pp* of **saw**

saxophone ['sæksəfəun] *n* σαξόφωνο *nt*

say [sei] (pt, pp **said**) *vt* λέγ(γ)ω ♦ *n* **to have one's ~** λέω τη γνώμη μου • **to have a** or **some ~ in sth** μου πέφτει λόγος σε κτ • **could you ~ that again?** μπορείτε να το ξαναπείτε; • **come for dinner at, ~, 8 o'clock** έλα το βράδυ για φαγητό, ας σε να πούμε, κατά τις 8 • **that is to ~** πάει να πει • **~ (that) ...** πέστε

(ότι) ... • **~ing** *n* ρητό *nt*

scaffolding ['skæfəldiŋ] *n* σκαλωσιά *f*

scale [skeil] *n* κλίμακα *f* • (of fish) λέπι *nt* • (= size) διαστάσεις *fpl* ♦ *vt* (cliff, tree) σκαρφαλώνω σε • **pay ~** μισθολογική κλίμακα • **on a large ~** σε μεγάλη κλίμακα
▶ **scales** *npl* (for weighing) ζυγαριά *f* • **~ down** *vt* μειώνω αναλογικά

scallop ['skɒləp] *n* (ZOOL) χτένι *nt* (όστρακο) • (SEWING) φεστόνι *nt*

scalp [skælp] *n* τριχωτό *nt* της κεφαλής

scalpel ['skælpl] *n* νυστέρι *nt*

scampi ['skæmpi] (BRIT) *npl* τηγανητές γαρίδες or καραβίδες *fpl*

scan [skæn] *vt* (horizon, sky) εξερευνώ • (newspaper, letter) ρίχνω μια ματιά σε • (TV, RADAR) ανιχνεύω ♦ *n* (MED) τομογραφία *f*

scandal ['skændl] *n* (= shocking event) σκάνδαλο *nt* • (= gossip) κουτσομπολιά *ntpl*

Scandinavia [skændi'neiviə] *n* Σκανδιναβία *f* • **~n** *adj* Σκανδιναβικός ♦ *n* Σκανδιναβός/ή *m/f*

scanner ['skænə'] *n* σκάνερ *m inv*

scapegoat ['skeipgəut] *n* εξιλαστήριο θύμα *nt*

scar [ska:] *n* σημάδι *nt* ♦ *vt* (face, hand) αφήνω σημάδι σε • (fig) αφήνω σημάδια σε

scarce [skeəs] *adj* σπάνιος • **~ly** *adv* (= hardly) σχεδόν καθόλου • (= certainly not) δύσκολα

scare [skeə'] *n* (= fright) τρομάρα *f* • (= public fear) πανικός *f* ♦ *vt* τρομάζω • **bomb ~** απειλή για βόμβα • **~ away** or (animal) τρομάζω (και διώχνω) • (investor, buyer) αποθαρρύνω • **~ off** *vt* = **scare away** • **~d** *adj* τρομαγμένος • **to be ~d of doing sth** τρέμω μη κάνω κτ

scarf [ska:f] (pl **~s** or **scarves**) *n* (long) κασκόλ *nt inv* • (square: headscarf) μαντήλι *nt*

scarlet ['ska:lit] *adj* πορφυρός

scarves [skɑːvz] npl of **scarf**

scary ['skɛərɪ] (inf) adj τρομακτικός

scatter ['skætə'] vt (seeds) σπέρνω • (papers) σκορπίζω ♦ vi (crowd) σκορπίζω

scenario [sɪˈnɑːrɪəu] n σενάριο nt

scene [siːn] n (of crime, accident) τόπος m • **-ry** n (THEAT) σκηνικά ntpl • (= landscape) τοπίο nt • **scenic** adj γραφικός

scent [sent] n (= fragrance) άρωμα nt • (track) οσμή f • (: fig) ίχνη ntpl

sceptic ['skɛptɪk] (US **skeptic**) n δύσπιστος/η m/f • **-al** (US **skeptical**) adj to be ~al about sth βλέπω με δυσπιστία kt

schedule [ˈʃɛdjuːl] US [ˈskɛdjuːl] n (of trains, buses) πίνακας m δρομολογίων • (of events and times) πρόγραμμα nt • (of prices, details etc) κατάλογος m ♦ vt προγραμματίζω • **on** ~ στην ώρα του • **-d flight** n προγραμματισμένη πτήση f

scheme [skiːm] n (= personal plan) σχέδιο nt • (= plot) κόλπο nt • (ADMIN) πρόγραμμα nt ♦ vi δολοπλοκώ

schizophrenia [skɪtsəˈfriːnɪə] n σχιζοφρένεια f • **schizophrenic** adj σχιζοφρενικός ♦ n σχιζοφρενής mf

scholar ['skɔlə'] n (= learned person) λόγιος/ία m/f • (= pupil) υπότροφος mf • **-ship** n (knowledge) γνώση f • (grant) υποτροφία f

school [skuːl] n σχολείο nt • (US: inf: = university) Σχολή f ♦ cpd σχολικός • **-boy** n μαθητής m • **-children** npl μαθητές mpl • **-girl** n μαθήτρια f • **-ing** n σχολική εκπαίδευση f • **-teacher** n (primary) δάσκαλος/α m/f • (secondary) καθηγητής/τρια m/f

science ['saɪəns] n επιστήμη f • (SCOL) θετικά μαθήματα ntpl • **~ fiction** n επιστημονική φαντασία f

scientific adj επιστημονικός

scientist n επιστήμονας mf

sci-fi ['saɪfaɪ] (inf) n abbr = **science fiction**

scissors ['sɪzəz] npl ψαλίδι nt • **a pair of** ~ ένα ψαλίδι

scoop [skuːp] n (implement) σέσουλα f • (amount) κούπα f • (PRESS) λαυράκι nt • ~ **up** vt μαζεύω φτυαρίζοντας

scooter ['skuːtə'] n (also **motor** ~) βέσπα f • (toy) πατίνι nt

scope [skəup] n (= opportunity) περιθώρια ntpl • (of plan, undertaking) πεδίο nt δράσης

scorching ['skɔːtʃɪŋ] adj (day) καυτός • **~ weather** καύσωνας

score [skɔː'] n (= total number of points etc) σκορ nt inv • (MUS) παρτιτούρα f ♦ vt σημειώνω • vi (in game) παίρνω βαθμό or πόντο • (FOOTBALL etc) βάζω γκολ • (= keep score) καταγράφω or κρατάω το σκορ • **to settle an old ~ with sb** ξεκαθαρίζω παλιούς λογαριασμούς με κv • ~ **s of** αμέτρητοι +acc • **on that** ~ για αυτό το θέμα • ~ **out** vt διαγράφω • **~board** n πίνακας m βαθμολογίας • ~**r** n (FOOTBALL etc) σκόρερ mf inv • (= person keeping score) αυτός που καταγράφει το σκορ

scorn [skɔːn] n περιφρόνηση f

Scorpio ['skɔːpɪəu] n Σκορπιός m

Scot [skɔt] n Σκωτσέζος/α m/f • see also **Scots**

Scotch [skɔtʃ] n σκωτσέζικο ουίσκι nt inv

Scotland ['skɔtlənd] n Σκωτία f

Scots [skɔts] adj (accent) σκωτσέζικος • ~ (people) οι Σκωτσέζοι

Scotsman ['skɔtsmən] (irreg) n Σκωτσέζος m

Scotswoman ['skɔtswumən] (irreg) n Σκωτσέζα f

Scottish ['skɔtɪʃ] adj σκωτσέζικος

scout [skaut] n (MIL) ανιχνευτής/τρια m/f • (also **boy** ~) πρόσκοπος m • **girl** ~ (US) προσκοπίνα f

scramble ['skræmbl] n (climb)

σκαφάλωμα *nt* · (= rush)
τσαλαπάτημα *nt* ♦ *vi* to ~ up/over
σκαφαλώνω σε · to ~ for
τσαλαπατιέμαι για · ~**d eggs** *npl*
χτυπητά αυγά *ntpl*

scrap [skræp] *n* (of paper, material)
κομματάκι *nt* · (fig: of truth) ίχνος *nt* ·
(fight) καυγάς *m* · (also = metal)
παλιοσίδερα *ntpl* ♦ *vt* (machines etc)
δίνω για παλιοσίδερα · (fig: plans etc)
πετάω στο καλάθι των αχρήστων
♦ *vi* καυγαδίζω

▶ **scraps** *npl* (of food) αποφάγια *ntpl*

scrape [skreɪp] *n* (mud, paint) ξύνω ·
(hand, car) γδέρνω · ~ **through** *vt*
(exam etc) περνάω παρά τρίχα ·
~ **together** *vt* (money) μαζεύω με
κόπο

scratch [skrætʃ] *n* γρατζουνιά *f* ♦ *vt*
(one's nose etc) ξύνω · (paint, car etc)
χαράζω · (with claw, nail)
γρατζουνάω ♦ *vi* ξύνομαι · **to start
from** ~ αρχίζω από το μηδέν · **to be
up to** ~ είμαι ικανοποιητικός

scream [skriːm] *n* κραυγή *f* ♦ *vi*
ουρλιάζω

screen [skriːn] *n* οθόνη *f* · (movable
barrier) παραπέτασμα *nt* (fig)
βιτρίνα *f* ♦ *vt* καλύπτω · (from the
wind etc) προστατεύω · (film,
programme) προβάλλω · (candidates
etc) περνάω από έλεγχο · (for illness)
to ~ sb for sth εξετάζω τον κτλ για ·
~**ing** *n* (MED) λεπτομερής εξέταση
f · (of film) προβολή *f* · (for security)
εξονυχιστικός έλεγχος *m* · ~**play** *n*
σενάριο *nt* · ~ **saver** (COMPUT) *n*
προστασία οθόνης *f*

screw [skruː] *n* βίδα *f* ♦ *vt* βιδώνω ·
to ~ sth in βιδώνω κτ προς τα
μέσα · ~ **up** *vt* (paper etc)
ζαρώνω · (inf) χαλάω · ~**driver** *n*
κατσαβίδι *nt*

script [skrɪpt] *n* (CINE etc) σενάριο *nt* ·
(= alphabet) γραφή *f*

scroll [skrəʊl] *n* πάπυρος *m* ♦ *vi* to
up/down κυλώ πάνω/κάτω

scrub [skrʌb] *n* (land) θαμνώδης

βλάστηση *f* ♦ *vt* τρίβω (για να
καθαρίσω)

scruffy ['skrʌfɪ] *adj* (person,
appearance) ατημέλητος · (object)
βρώμικος

scrutiny ['skruːtɪnɪ] *n* προσεκτική
εξέταση *f*

scuba diving *n* υποβρύχια
κατάδυση *f*

sculptor ['skʌlptə[r]] *n* γλύπτης/τρια *m/f*

sculpture ['skʌlptʃə[r]] *n* (art) γλυπτική
f · (object) γλυπτό *nt*

scum [skʌm] *n* (on liquid) βρώμικος
αφρός *m* · (pej: people) κάθαρμα *nt*

sea [siː] *n* θάλασσα *f* · **by** ~ με
πλοίο · **a** ~ **of people** μια
λαοθάλασσα *or* κοσμοπλημμύρα · **to
be all at** ~ (fig) τα'χω χαμένα ·
~**food** *n* θαλασσινά *ntpl* · ~**front**
n προκυμαία *f* · ~**gull** *n* γλάρος *m*

seal [siːl] *n* (animal) φώκια *f* ·
(= official stamp) σφραγίδα *f* · (in
machine etc) σφράγισμα *nt* ♦ *vt*
(opening, envelope) κλείνω · ~ **off** *vt*
αποκλείω

sea level *n* στάθμη *f* της θάλασσας

seam [siːm] *n* ραφή *f* · (where edges
meet) ένωση *f*

search [sɜːtʃ] *n* (for person, thing)
ψάξιμο *nt* · (COMPUT) αναζήτηση *f* ·
(of sb's home) έρευνα *f* ♦ *vt* (place)
ερευνώ · (person, luggage) κάνω
έρευνα σε · ♦ *vi* to ~ **for sb/sth**
ψάχνω για κν/κτ · **in** ~ **of**
ψάχνοντας · ~ **through** *vt fus*
ψάχνω προσεκτικά · ~ **engine** *n*
(COMPUT) μηχανή αναζήτησης *f*

seasick ['siːsɪk] *adj* **to be** ~ έχω
ναυτία

seaside ['siːsaɪd] *n* παραλία *f* ·
~ **resort** *n* παραθαλάσσιο θέρετρο
nt

season ['siːzn] *n* (of year) εποχή *f* ·
(SPORT) περίοδος *f* · (of films etc)
σειρά *f* ♦ *vt* (food) ρίχνω
(αλατοπίπερο ή/και μπαχαρικά) ·
~**al** *adj* εποχιακός · ~**ing** *n*

μπαχαρικά *ntpl* · ~ **ticket** *n* (RAIL) κάρτα *f* διαρκείας · (SPORT) εισιτήριο *nt* διαρκείας · (THEAT) κάρτα *f* συνδρομητή

seat [si:t] *n* (= chair) κάθισμα *nt* · (place) θέση *f* · (in parliament) έδρα *f* · (of trousers) καβάλος *m* ♦ *vt* (table, theatre) χωράω · **to be ~ed** είμαι καθισμένος · ~ **belt** (AUT) *n* ζώνη *f* ασφαλείας

seaweed ['si:wi:d] *n* φύκι *nt*

sec. *abbr* = **second**

secluded [sɪ'klu:dɪd] *adj* (place) απόμερος · (life, etc) απομονωμένος

second ['sɛkənd] *adj* δεύτερος ♦ *adv* (in race etc) δεύτερος ♦ *n* δευτερόλεπτο *nt* · (AUT: also ~ **gear**) δεύτερα *f* ♦ *vt* (motion) υποστηρίζω · ~**ary** *adj* δευτερεύων · ~**ary school** *n* (up to year 9) Γυμνάσιο *nt* · (from year 10 upwards) Λύκειο *nt* · ~ -**class** *adj* (citizen, standard etc) δεύτερης κατηγορίας · (RAIL: ticket, carriage) δεύτερης θέσης ♦ *adv* (RAIL) δεύτερη θέση · (POST) μικρότερης προτεραιότητας · ~**hand** *adj* μεταχειρισμένος ♦ *adv* (buy) από δεύτερο χέρι · **to hear sth ~hand** μαθαίνω κτ από δεύτερο χέρι · ~ **hand** *n* λεπτοδείκτης *m* · ~**ly** *adv* κατά δεύτερο λόγο · **Second World War** *n* Δεύτερος Παγκόσμιος Πόλεμος *m*

secrecy ['si:krəsɪ] *n* μυστικότητα *f*

secret ['si:krɪt] *adj* μυστικός · (admirer) κρυφός ♦ *n* μυστικό *nt* · **in ~** κρυφά

secretary ['sɛkrətərɪ] *n* (COMM etc) γραμματέας *mf*

secretive ['si:krətɪv] *adj* μυστικοπαθής

secret service *n* μυστική υπηρεσία *f*

sect [sɛkt] *n* (REL) αίρεση *f*

section ['sɛkʃən] *n* τμήμα *nt* · (of document) μέρος *nt*

sector ['sɛktə'] *n* τομέας *m*

secular ['sɛkjulə'] *adj* μη θρησκευτικός

secure [sɪ'kjuə'] *adj* (= safe) σίγουρος · (= firmly fixed) στέρεος · (= free from anxiety) σίγουρος ♦ *vt* (shelf etc) στερεώνω καλά · (contract, votes etc) εξασφαλίζω

security [sɪ'kjuərɪtɪ] *n* (protection) μέτρα *ntpl* ασφαλείας · (= freedom from anxiety) σιγουριά *f* · (FIN) εγγύηση *f*
▸ **securities** *npl* (STOCK EXCHANGE) χρεόγραφα *ntpl*

security guard *n* φρουρός *mf* ασφαλείας

sedan [sə'dæn] (US: AUT) *n* αυτοκίνητο *nt* τριών όγκων

sedate [sɪ'deɪt] *adj* (person) νηφάλιος · (life) ήρεμος · (pace) αργός ♦ *vt* δίνω ηρεμιστικά σε

seduce [sɪ'dju:s] *vt* δελεάζω · (sexually) αποπλανώ

seductive [sɪ'dʌktɪv] *adj* σαγηνευτικός · (fig) δελεαστικός

see [si:] (*pt* **saw**, *pp* ~**n**) *vt* βλέπω · (= understand, notice) καταλαβαίνω ♦ *vi* βλέπω · **to ~ that** φροντίζω να · **to ~ sb to the door** συνοδεύω κν ως την πόρτα · **let me ~** για να δω · **I ~** καταλαβαίνω · **you ~** βλέπετε · ~ **you!** θα τα πούμε! · ~ **about** *vt fus* φροντίζω · ~ **off** *vt* ξεπροβοδίζω · ~ **through** *vt* στέκομαι σε κν ♦ *vt fus* αντιλαμβάνομαι · ~ **to** *vt fus* φροντίζω για

seed [si:d] *n* σπόρος *m* · **he was the number two** ~ (TENNIS) ήταν νούμερο δύο στην κατάταξη

seeing [si:ɪŋ] *conj* ~ **as** ή **that** εφόσον

seek [si:k] (*pt, pp* **sought**) *vt* (shelter, help) ζητάω · (truth) αναζητώ · (post, job) ψάχνω για · ~ **out** *vt* ψάχνω να βρω

seem [si:m] *vi* φαίνομαι · **there ~s**

to be ... φαίνεται να υπάρχει... •
~ingly adv φαινομενικά

seen [si:n] pp of **see**

segment ['segmənt] n τμήμα nt • (of orange) φέτα f

seize [si:z] vt αρπάζω • (power, control) καταλαμβάνω • **~ up** vi (engine) παθαίνω εμπλοκή •
~ (up)on vt fus εκμεταλλεύομαι •

seizure n (MED: epileptic) κρίση f επιληψίας • (cardiac) καρδιακή προσβολή f • (of power) κατάληψη f

seldom ['seldəm] adv σπάνια

select [sɪ'lekt] adj (group) επίλεκτος • (area) προνομιούχος ♦ vt επιλέγω •
~ion n επιλογή f • (COMM: range) ποικιλία f • **~ive** adj (= careful in choosing) επιλεκτικός • (= not general) μερικός

self [self] (pl **selves**) pron εαυτός m •
~-catering (BRIT) adj (flat) με κουζίνα • (holiday) με χρήση κουζίνας • **~-centred** (US
~-centered) adj εγωκεντρικός •
~-confidence n αυτοπεποίθηση f • **~-confident** adj a
~-confident person που έχει αυτοπεποίθηση • **~-conscious** adj αμήχανος • **~-contained** (BRIT) (flat) ανεξάρτητος • **~-control** n αυτοκυριαρχία f • **~-defence** (US **~-defense**) n αυτοάμυνα f • **in ~-defence** σε νόμιμη άμυνα • **~-employed** adj αυτοαπασχολούμενος • **~-esteem** n αυτοεκτίμηση f • **~-indulgent** adj που υποκύπτει σε πειρασμούς • **~-interest** n ιδιοτέλεια f • **~-ish** adj (person) εγωιστικός • (behaviour, attitude) εγωιστικός • **~-pity** n μεμψιμοιρία f • **~-respect** n αυτοσεβασμός m • **~-service** adj (shop, restaurant) σελφ σέρβις inv

sell [sel] (pt, pp **sold**) vt πουλάω ♦ vi (goods) πουλάω • **to ~ at** or **for £10** πωλείται 10 λίρες • **~ off** vt ξεπουλάω • **~ out** vi to ~ out εξαντλούμαι • **~ to ~ out of sth**

~- ξεπουλάω κτ • **~ up** vi εκποιώ • **~-er** n πωλητής/τρια mf

selves [selvz] pl of **self**

semester [sɪ'mestəʳ] (esp US) n εξάμηνο nt (διδακτικό)

semidetached (house) [semɪdɪ'tætʃt] (BRIT) n σπίτι που χωρίζεται από το διπλανό με μεσοτοιχία

semifinal [semɪ'faɪnl] n ημιτελικός (αγώνας) n

seminar ['semɪnɑːʳ] n σεμινάριο nt

senate ['senɪt] n Γερουσία f

senator ['senɪtəʳ] (US etc: POL) n γερουσιαστής mf

send [send] (pt, pp **sent**) vt στέλνω • (= transmit) μεταδίδω • **to ~ sb to sleep** αποκοιμίζω κν • **~ away** vt διώχνω • **~ away for** vt fus παραγγέλνω • **~ back** vt επιστρέφω κτ • **~ for** vt fus φωνάζω • **~ in** vt υποβάλλω • **~ off** vt (goods, parcel) αποστέλλω • (BRIT: SPORT) αποβάλλω • **~ out** vt εκπέμπω • **~ round** vt διανέμω • **~ up** vt (price, blood pressure) ανεβάζω • **~er** n αποστολέας mf

Senegal [senɪ'gɔːl] n Σενεγάλη f

senior ['siːniəʳ] adj ανώτερος ♦ n the **~s** οι τελειόφοιτοι • **P. Jones ~** P. ο πρεσβύτερος

sensation [sen'seɪʃən] n (= feeling) αίσθηση f • (= great success) θρίαμβος m • **~al** adj (= wonderful) εκπληκτικός • (= surprising) εντυπωσιακός • (headlines) πηχαίος

sense [sens] n (physical) αίσθηση f • (of guilt, shame etc) αίσθημα nt • (good sense) μυαλό nt • (meaning: of word) σημασία f ♦ vt αντιλαμβάνομαι • **it makes ~** (can be understood) βγάζει νόημα • (is sensible) είναι λογικό • **~less** adj (= pointless) άσκοπος • (= unconscious) αναίσθητος • **~ of humour** (US **~ of humor**) n αίσθηση f του χιούμορ

sensible ['sɛnsɪbl] adj λογικός

sensitive ['sɛnsɪtɪv] adj ευαίσθητος • (issue) λεπτός

sensual ['sɛnsjuəl] adj αισθησιακός

sensuous ['sɛnsjuəs] adj αισθησιακός

sent [sɛnt] pt, pp of **send**

sentence ['sɛntns] n (LING) πρόταση f • (JUR: judgement) ποινή f • (: punishment) καταδίκη f ◆ vt **to ~ sb to death/to 5 years in prison** καταδικάζω κν σε θάνατο/σε πενταετή φυλάκιση

sentiment ['sɛntɪmənt] n συναίσθημα nt • (also pl: = opinion) άποψη f • **~al** adj συναισθηματικός

separate adj ['sɛprɪt] vb ['sɛpəreɪt] adj (piles, occasions) διαφορετικός • (ways, rooms) χωριστός ◆ vt (people, things) χωρίζω • (ideas) διαχωρίζω ◆ vi χωρίζομαι • (parents, couple) χωρίζω • **~ly** adv χωριστά

separation n χωρισμός m

September [sɛp'tɛmbə^r] n Σεπτέμβριος m • see also **July**

sequel ['siːkwl] n συνέχεια f

sequence ['siːkwəns] n διαδοχή f • (film sequence) σκηνή f

Serb [sɜːb] adj, n = **Serbian**

Serbia ['sɜːbɪə] n Σερβία f • **~n** adj σερβικός ◆ n Σέρβος/α m/f • (LING) σερβικά ntpl

sergeant ['sɑːdʒənt] n (MIL etc) λοχίας mf • (POLICE) ενωμοτάρχης mf

serial ['sɪərɪəl] n σ(η)ριαλ nt inv

series ['sɪəriːz] n inv σειρά f

serious ['sɪərɪəs] adj (person, manner) σοβαρός • (matter) σημαντικός • (illness, condition) κρίσιμος • **~ly** adv σοβαρά • (inf: = extremely) φοβερά

sermon ['sɜːmən] n κήρυγμα nt

servant ['sɜːvənt] n υπηρέτης/τρια m/f

serve [sɜːv] vt (company, country) υπηρετώ • (in shop: customer) εξυπηρετώ • (purpose) εξυπηρετώ • (food, meal) σερβίρω • (person: with food, drink) σερβίρομαι • (prison term) εκτίω ◆ vi σερβίρω • (TENNIS)

σερβίς • (soldier etc) υπηρετώ ◆ n (TENNIS) σερβίς nt inv • **to ~ as/for sth** χρησιμεύω ως/για κτ • **it ~s him right** του αξίζει. • **~r** n (COMPUT) εξυπηρετητής m

service ['sɜːvɪs] n υπηρεσία f • (in hotel, restaurant) εξυπηρέτηση f • (in business) παροχή f υπηρεσιών • (also **train ~**) δρομολόγια ntpl • (REL) λειτουργία f • (AUT) σέρβις nt inv ◆ vt συντηρώ • **military** or **national ~** στρατιωτική θητεία • **to be of ~ to sb** εξυπηρετώ κν • **dinner ~** σερβίτσιο φαγητού

▸ **the Services** npl οι Ενοπλες Δυνάμεις fpl • **~ charge** (BRIT) n φιλοδώρημα nt • **~ station** n βενζινάδικο nt

serviette [sɜːvɪ'ɛt] (BRIT) n πετσέτα f φαγητού

session ['sɛʃən] n (= meeting) συνάντηση f • (= sitting) συνοδός f

set [sɛt] (pt, pp **~**) n (group) σειρά f • (of cutlery, saucepans etc) σετ nt inv • (also TV **~**) τηλεόραση f • (TENNIS) σετ nt inv • (group of people) κόσμος m • (THEAT) σκηνή f • (CINE) πλατώ nt inv • (rules, routine) καθορισμένος • (= ready) έτοιμος ◆ vt (table, place) στρώνω • (time, price) ορίζω • (alarm, watch) βάζω • (task, exam) βάζω ◆ vi (sun) δύω • (jam, jelly) πήζω • **to be ~ on doing sth** είμαι αποφασισμένος να κάνω κτ • **a novel ~ in Rome** ένα μυθιστόρημα που διαδραματίζεται στη Ρώμη • **to ~ a record** κάνω ρεκόρ • **to ~ sth on fire** βάζω φωτιά σε κτ • **to ~ free** αφήνω ελεύθερο • **to ~ about sth** vt fus to • **to ~ about doing sth** καταπιάνομαι με κτ • **~ aside** vt (money etc) βάζω κατά μέρος • (time) βρίσκω • **~ back** vt **to ~ sb back £5** κοστίζει 5 λίρες σε κν • **~ in** vi (bad weather) αρχίζω για τα καλά • (infection) εμφανίζομαι • **~ off** vi ξεκινάω ◆ vt (bomb) ρίχνω • (alarm) θέτω σε

λειτουργία f · (chain of events)
προκαλώ · ~ **out** νi ξεκινάω ♦ νt **to**
~ **out to do sth** ξεκινάω με σκοπό
να κάνω κτ · (embark on) αρχίζω να ·
~**back** n (= hitch) αναποδιά f ·
(serious) πλήγμα nt · ~ **menu** n
καθορισμένο μενού nt inv

settee [se'tiː] n καναπές m

setting ['setɪŋ] n τοποθεσία f · (of
controls) θέση f

settle ['setl] νt (argument, matter)
διευθετώ · (affairs, business)
τακτοποιώ ♦ νi (also ~ **down**)
βολεύομαι · (sand, dust etc)
κατακαθίζω · **to ~ down to sth**
βολεύομαι να κάνω κτ · **that's ~d
then!** κανονίστηκε λοιπόν! · ~ **for** νt
fus συμβιβάζομαι · ~ **in** νi
τακτοποιούμαι (σε καινούργιο σπίτι,
δουλειά κλπ) · ~ **on** νt fus
κατασταλάζω σε · ~ **up** νi **to ~ up
with sb** κανονίζω τους
λογαριασμούς μου με κν · ~**ment** n
(payment) διακανονισμός m ·
(agreement) συμφωνία f · (village etc)
οικισμός m

setup ['setʌp] n (set–up) n
(organization: private) επιχείρηση f ·
(: public) οργανισμός m · (situation)
κατάσταση f

seven ['sevn] num επτά · ~**teen** num
δεκαεπτά · ~**teenth** num δέκατος
έβδομος · ~**th** num έβδομος · ~**ty**
num εβδομήντα

sever ['sevər] νt κόβω

several ['sevrəl] adj αρκετοί ♦ pron
αρκετοί · ~ **of us** αρκετοί από μας

severe [sɪ'vɪər] adj (pain) δυνατός ·
(damage, shortage) σοβαρός · (winter,
climate) βαρύς · (person, expression)
αυστηρός

sew [səu] (pt ~**ed**, pp ~**n**) νt ράβω
♦ νi ράβω · ~ **up** νt ράβω

sewage ['suːɪdʒ] n απόβλητα ntpl

sewer ['suːər] n υπόνομος m

sewing ['səuɪŋ] n (activity) ράπτική f ·
(= items being sewn) ράψιμο nt

~ **machine** n ραπτομηχανή f

sewn [səun] pp of **sew**

sex [seks] n (= gender) φύλο nt ·
(= lovemaking) σεξ nt inv · **to have
~ with sb** κάνω έρωτα or σεξ με
κν · ~**ism** n σεξισμός m · ~**ist** adj
(remark, advertising) σεξιστικός ·
(person) σεξιστής · ~**ual** adj
σεξουαλικός · (equality) των φύλων ·
~**ual intercourse** n σεξουαλικές
σχέσεις fpl · ~**y** adj σέξυ inv

Seychelles [seɪ'ʃelz] npl **the ~** οι
Σεϋχέλλες

shabby ['ʃæbɪ] adj (person)
κουρελιάρης · (clothes) φθαρμένος ·
(building) σε κακή κατάσταση

shack [ʃæk] n παράγκα f

shade [ʃeɪd] n σκιά f · (for lamp)
αμπαζούρ nt · (of colour)
απόχρωση f · (US: also **window ~**)
στόρι nt ♦ νt σκιάζω · **shades** npl (inf) γυαλιά ntpl ηλίου

shadow ['ʃædəu] n ίσκιος m ♦ νt
γίνομαι η σκιά κου · ~ **cabinet**
(BRIT) n σκιώδης κυβέρνηση f

shady ['ʃeɪdɪ] adj (place, trees)
σκιερός · (fig: person) ύποπτος ·
(deal) ύποπτος

shaft [ʃɑːft] n (of arrow, spear) λαβή
f · (AUT, TECH) άξονας m · (of mine,
lift) φρεάτιο nt · (of light) αχτίδα f

shake [ʃeɪk] (pt **shook**, pp ~**n**) νt
κουνάω · (beliefs, resolve) κλονίζω ·
(= upset) συγκλονίζω ♦ νi τρέμω ·
κούνημα nt · **to ~ one's head**
κουνάω το κεφάλι · **to ~ hands
with sb** σφίγγω το χέρι κου · ~ **off**
νt τινάζω · (fig: pursuer) ξεφεύγω
από · ~ **up** νt (ingredients)
ανακατώνω · (fig: person)
αναστατώνω

shaky ['ʃeɪkɪ] adj (hand, voice)
τρεμάμενος

shall [ʃæl] aux vb **I ~ go** θα πάω · **~ I
open the door?** να ανοίξω την
πόρτα; · **I'll get some, ~ I?** θα
φέρω μερικά, εντάξει;

shallow

shallow ['ʃæləʊ] adj (water, dish) ρηχός • (fig) επιπόλαιος
▶ **the shallows** npl τα ρηχά ntpl

sham [ʃæm] n φάρσα f ♦ adj ψεύτικος

shambles ['ʃæmblz] n χάος nt

shame [ʃeɪm] n ντροπή f ♦ vt ντροπιάζω • **it is a ~ that/to** είναι κρίμα που/να κάνω • **~ful** (= disgraceful) επαίσχυντος • **~less** adj (deception) αναίσχυντος

shampoo [ʃæm'pu:] n σαμπουάν nt inv ♦ vt λούζω

shan't [ʃa:nt] = shall not

shape [ʃeɪp] n σχήμα nt ♦ vt (= form) σχηματίζω • (= determine) διαμορφώνω • **to take ~** παίρνω μορφή • **to get (o.s.) into ~** είμαι σε φόρμα • **~ up** (events) εξελίσσομαι • (person) προχωρώ

share [ʃɛəʳ] n μερίδιο f • (COMM) μετοχή f ♦ vt (books, toys) μοιράζω • (room, bed) μοιράζομαι • (features, qualities etc) έχω κοινά • **~ out** vt μοιράζομαι • **~holder** n μέτοχος mf

shark [ʃɑ:k] n καρχαρίας m

sharp [ʃɑ:p] adj (razor, knife) κοφτερός • (point) αιχμηρός • (outline, picture) καθαρός • (curve, bend) απότομος • (increase) απότομος • (person) έξυπνος ♦ n (MUS) δίεση f ♦ adv **at 2 o'clock ~** στις δύο ακριβώς • **turn ~ left!** στρίψε αμέσως αριστερά! • **~en** vt ακονίζω • **~ly** adv (turn, stop) απότομα • (stand out, contrast) έντονα

shatter ['ʃætəʳ] vt κάνω κομμάτια • (fig) συντρίβω ♦ vi γίνομαι κομμάτια • **~ed** adj (= grief-stricken) συντετριμμένος • (inf: = exhausted) εξαντλημένος

shave [ʃeɪv] vt ξυρίζω ♦ vi ξυρίζομαι ♦ n **to have a ~** ξυρίζομαι

shawl [ʃɔ:l] n σάλι nt

she [ʃi:] pron (non emph: usually not translated: emph) αυτή • **there ~ is** νάτη(ν)

sheath [ʃi:θ] n (of knife) θήκη f •

(contraceptive) προφυλακτικό nt

shed [ʃed] (pt, pp ~) n αποθήκη f ♦ vt (skin) αλλάζω • (tears) χύνω • (load) ρίχνω • **to ~ light on** ρίχνω φως σε

she'd [ʃi:d] = she had • she would

sheep [ʃi:p] n inv πρόβατο nt

sheer [ʃɪəʳ] adj (= utter) τέλειος • (= steep) απότομος • (= almost transparent) ημιδιαφανής ♦ adv κατακόρυφα

sheet [ʃi:t] n (on bed) σεντόνι nt • (of paper, glass) φύλλο nt • (of ice) στρώμα nt

sheik(h) [ʃeɪk] n σεΐχης m

shelf [ʃelf] (pl shelves) n ράφι nt

she'll [ʃi:l] = she will • she shall

shell [ʃel] n (on beach) όστρακο nt • (of egg, nut etc) τσόφλι nt • (explosive) βλήμα nt ♦ vt (peas) καθαρίζω • (MIL: = fire on) βομβαρδίζω • **~fish** n inv (crab etc) οστρακοειδή ntpl • (scallop etc) θαλασσινά ntpl • (as food) θαλασσινά ntpl

shelter ['ʃeltəʳ] n καταφύγιο nt ♦ vt (= protect) προστατεύω • (= give lodging to) δίνω άσυλο σε ♦ vi προφυλάσσομαι • **~ed** adj (life) καλά προστατευμένος • (spot) προστατευμένος

shelves [ʃelvz] npl of shelf

shelving ['ʃelvɪŋ] n ράφια ntpl

shepherd ['ʃepəd] n βοσκός m • **~'s pie** (BRIT) n πίτα με κιμά και πουρέ

sheriff ['ʃerɪf] (US) n σερίφης m

sherry ['ʃerɪ] n σέρρυ nt inv

she's [ʃi:z] = she is • she has

shield [ʃi:ld] n (MIL) ασπίδα f • (fig) προστασία f ♦ vt **to ~ (from)** προστατεύω (από)

shift [ʃɪft] n (change) στροφή f • (of workers) βάρδια f ♦ vt (= move) μετακινώ • (= remove: stain) βγάζω ♦ vi (wind, person) γυρνάω

shin [ʃɪn] n καλάμι nt (ποδιού)

shine [ʃaɪn] (pt, pp shone) n γυαλάδα f ♦ vi λάμπω ♦ vt (= polish: pt, pp shined) γυαλίζω • **to ~ a torch**

on sth ρίχνω το φακό πάνω σε κτ

shiny ['ʃaɪnɪ] adj (coin, shoes) γυαλιστερός ♦ (hair) που λάμπει

ship [ʃɪp] n πλοίο nt ♦ vt μεταφέρω or στέλνω με πλοίο ♦ (= send: goods) στέλνω. **~ment** n φορτίο nt • **~ping** n (business) ναυτιλία f • (transport cost) ναύλα ntpl • (= ships) στόλος m • **~yard** n ναυπηγείο nt

shirt [ʃɜːt] n πουκάμισο nt

shit [ʃɪt] (inf!) excl γαμώτο!

shiver ['ʃɪvə'] n ρίγος nt ♦ vi τουρτουρίζω

shock [ʃɒk] n σοκ nt inv • (also **electric ~**) ηλεκτροπληξία f ♦ vt (= upset) συγκλονίζω • (= offend) σοκάρω. **~ing** adj (= awful) αξιοθρήνητος ♦ (= outrageous) σκανδαλώδης

shoe [ʃuː] n (for person) παπούτσι nt • (for horse) πέταλο nt

shone [ʃɒn] pt, pp of **shine**

shook [ʃʊk] pt of **shake**

shoot [ʃuːt] (pt, pp **shot**) n βλαστάρι nt ♦ vt (gun, arrow) ρίχνω • (= kill) πυροβολώ και σκοτώνω • (= wound) πυροβολώ • (film) γυρίζω ♦ vi (= at) ρίχνω • (football) σουτάρω. **to ~ past** etc περνάω σαν αστραπή or σαν σίφουνας μπροστά από etc • **~ up** vi (= increase) φτάνω στα ύψη • (= rise) τινάζομαι στα ύψη • (attack) πυροβολισμός mpl •

shop [ʃɒp] n μαγαζί nt • (workshop) εργαστήρι nt ♦ vi (also **go ~ping**) ψωνίζω. **~ around** vi κάνω μια βόλτα στα μαγαζιά • (fig) ψάχνω από δω κι από κει. **~ assistant** (BRIT) n πωλητής/τρια m/f• **~keeper** n μαγαζάτορας m• **~lifting** n μικροκλοπή f• (= κατάστημα) **~ping** n ψώνια ntpl • **to go ~ping** πηγαίνω για ψώνια • **~ping centre** (US **~ping center**) n εμπορικό κέντρο nt• **~ping mall** n εμπορικό κέντρο nt (κλειστό) • **~ window** n βιτρίνα f

shore [ʃɔː'] n (of sea) ακτή f • (of lake) όχθη f ♦ vt **to ~ (up)** υποστυλώνω

short [ʃɔːt] adj (in length, height) μικρός • (in time) σύντομος • (person: = not tall) κοντός • (= curt) απότομος • (= scarce) λιγοστός • **to be ~ of** έχω έλλειψη +gen • **in ~** εν συντομία • **~ of doing** εκτός από το να κάνω... • **Fred is ~ for Frederick** το Φρεντ είναι υποκοριστικό του Φρέντερικ • **to cut ~** διακόπτω • **everything ~ of** ... τα πάντα εκτός από... • **to fall ~ of** δεν ανταποκρίνομαι σε... • **he stopped ~ of doing sth** λίγο έλειψε να κάνει κτ see also **shorts** • **~age** n a **~age of** έλλειψη +gen • **~ cut** n συντομότερος δρόμος m• **~en** vt (visit etc) συντομεύω • (life) μικραίνω • **~fall** n έλλειμμα nt• **~hand** (BRIT) n στενογραφία f• **~ list** (BRIT) n (for job) κατάλογος m υποψηφίων • **~-lived** adj (relief, support) που κρατά λίγο • (success) βραχύβιος • **~ly** adv σε λίγο καιρό • **~ly afterwards** λίγο αργότερα • **~s** npl σορτς nt inv • **a pair of ~s** ένα σορτς • **~-sighted** adj (BRIT) μύωπας(πίεσ) (fig) κοντόφθαλμος • **to be ~-sighted** έχω μυωπία • **~ story** n διήγημα nt • **~-term** adj (effect) βραχυπρόθεσμος

shot [ʃɒt] pt, pp of **shoot** • n (of gun) πυροβολισμός m • (FOOTBALL) σουτ nt inv • (= injection) ένεση f • (PHOT) φωτογραφία f • **to fire a ~ at sb/sth** πυροβολώ κν/κτ • **to have a ~ at (doing) sth** κάνω μια δοκιμή να (κάνω) κτ • **a good/poor ~** ένας καλός/κακός σκοπευτής • **~gun** n κυνηγετικό όπλο nt

should [ʃʊd] aux vb I **~ go now** θα πρέπει να φεύγω • **he ~ be there now** θα'πρεπε να είναι εκεί τώρα • **I ~ go if I were you** θα πήγαινα αν ήμουν στη θέση σας • **I ~ like to** θα ήθελα να • **he phone ...** σε περίπτωση που πάρει τηλέφωνο...

shoulder ['ʃəʊldə*] n ώμος m ♦ vt (responsibility) παίρνω επάνω μου · (blame) παίρνω επάνω μου

shouldn't ['ʃʊdnt] = should not

shout [ʃaʊt] n κραυγή f ♦ vt φωνάζω ♦ vi (also ~ out) βάζω φωνή · ~ down vt διακόπτω με γιουχαΐσματα

shove [ʃʌv] vt σπρώχνω (με δύναμη) ♦ n to give sb/sth a ~ δίνω μια σπρωξιά σε κτ/κν · ~ off (inf) vi του δίνω

shovel ['ʃʌvl] n φτυάρι nt · (mechanical) εκσκαφέας m ♦ vt (snow, coal) φτυαρίζω · (earth) πετάω με το φτυάρι

show [ʃəʊ] (pt ~ed, pp ~n) n (of emotion) εκδήλωση f · (of strength, goodwill) επίδειξη f · (= semblance) προσποίηση f · (flower show etc) έκθεση f · (THEAT, TV) σόου nt inv ♦ vt (= indicate) δείχνω n · (= exhibit) εκθέτω · (courage, ability etc) φανερώνω · (= illustrate) παρουσιάζω · (programme, film) προβάλλω ♦ vi φαίνομαι · to ~ sb to his seat οδηγώ κν στη θέση του · for ~ για το θεαθήναι · to be on ~ εκτίθεμαι · ~ off (pej) vi κάνω επίδειξη ♦ vt επιδεικνύω · ~ up vi ξεχωρίζω · (inf: = appear) εμφανίζομαι ♦ vt (imperfections etc) αποκαλύπτω · ~ business n κόσμος m του θεάματος

shower ['ʃaʊə*] n (of rain) μπόρα f · (for bathing in) ντους nt inv · (US: party) γιορτή όταν συγκεντρώνονται δώρα για κάποιον ♦ vi κάνω (ένα) ντους ♦ vt to ~ sb with (gifts etc) γεμίζω κν με · (abuse etc) λούζω κν με

showing ['ʃəʊɪŋ] n (of film) προβολή f

show jumping ['ʃəʊdʒʌmpɪŋ] n επίδειξη f ιππασίας (με εμπόδια)

shown [ʃəʊn] pp of show

show-off ['ʃəʊɒf] (inf) n φιγουρατζής/ού m/f

showroom ['ʃəʊruːm] n έκθεση f (χώρος)

shrank [ʃræŋk] pt of shrink

shred [ʃred] n (gen pl: of paper) κομμάτι nt · (of cloth) κουρέλι nt ♦ vt κομματιάζω · (CULIN) ψιλοκόβω

shrewd [ʃruːd] adj έξυπνος

shriek [ʃriːk] n τσίριγμα nt ♦ vi τσιρίζω

shrimp [ʃrɪmp] n γαρίδα f

shrine [ʃraɪn] n (REL) σκήνωμα nt · (fig) ναός m

shrink [ʃrɪŋk] (pt shrank, pp shrunk) vi (cloth) μπαίνω · (profits, audiences) συρρικνώνομαι · (also ~ away) κάνω πίσω ♦ vt μπάζω ♦ n (inf: pej) ψυχίατρος mf

shroud [ʃraʊd] n σάβανο nt ♦ vt ~ed in mystery καλυμμένος με μυστήριο

shrub [ʃrʌb] n θάμνος m

shrug [ʃrʌg] vi σηκώνω τους ώμους ♦ vt to ~ one's shoulders σηκώνω τους ώμους · ~ off vt παίρνω αψήφιστα

shrunk [ʃrʌŋk] pp of shrink

shudder ['ʃʌdə*] n ρίγος nt ♦ vi ανατριχιάζω · I ~ to think of it (fig) τρέμω και που το σκέφτομαι

shuffle ['ʃʌfl] vt (cards) ανακατεύω ♦ vi σέρνω τα πόδια μου · to ~ (one's) feet στριφογυρίζω

shun [ʃʌn] vt αποφεύγω

shut [ʃʌt] (pt, pp ~) vt κλείνω ♦ vi κλείνω · ~ down vt κλείνω ♦ vi κλείνω · ~ off vt (supply etc) σταματάω · ~ out vt (person, cold) εμποδίζω να μπει · (noise) απομονώνω · (view) εμποδίζω · ~ up vi (inf) βουλώνω ♦ vt κάνω να ησυχάσει · ~ter n παντζούρι nt · (PHOT) φωτοφράκτης m

shuttle ['ʃʌtl] n πτήση f · (also space ~) διαστημικός σταθμός m · (also ~ service) τακτικό δρομολόγιο nt ♦ vi to ~ to and fro/between πηγαινοέρχομαι ♦ vt μεταφέρω

shy [ʃaɪ] adj ντροπαλός ♦ vi to

~ away from doing sth (fig)
αποφεύγω να κάνω κτ

Siberia [saɪˈbɪərɪə] n Σιβηρία f

sibling [ˈsɪblɪŋ] n (male) αδελφός m ♦
(female) αδελφή f • **~s** αδέλφια

Sicily [ˈsɪsɪlɪ] n Σικελία f

sick [sɪk] adj άρρωστος • (humour)
άνοστο • **to be ~** κάνω εμετό • **to
feel ~** ανακατώνομαι • **to be ~ of**
(fig) μπουχτίζω • **~ening** adj
αηδιαστικός • **~ly** adj φιλάσθενος •
~ness n (= illness) αρρώστια f •
(= vomiting) εμετός m

side [saɪd] n (of object) πλευρά f • (of
body) πλευρό nt • (of lake, road)
μεριά f • (of paper) πλευρά f •
(= aspect) πλευρά f • (team) ομάδα f •
(in conflict etc) παράταξη f • (of hill)
πλαγιά f ♦ vi (door, entrance)
πλαϊνός ♦ vi **to be with sb** παίρνω
το μέρος κου • **by the ~ of** στο πλάι
+gen • **~ by ~** πλάι-πλάι • **to put sth
to one ~** βάζω κτ κατά μέρος •
from ~ to ~ απ'τη μία πλευρά στην
άλλη • **to take ~s (with)** παίρνω
θέση • **~board** n μπουφές m
(έπιπλο) • **~line** n (SPORT) πλαϊνή
γραμμή f • (fig) συμπληρωματική
δουλειά f • **~walk** (US) n πεζοδρόμιο
nt • **~ways** adv λοξά

siege [siːdʒ] n πολιορκία f

Sierra Leone [sɪˈerəliˈəʊn] n Σιέρα
Λεόνε f inv

sieve [sɪv] n κόσκινο nt ♦ vt κοσκινίζω

sift [sɪft] vt (flour, sand etc) κοσκινίζω •
(also **~ through**) περνάω από
κόσκινο

sigh [saɪ] n αναστεναγμός m ♦ vi
αναστενάζω

sight [saɪt] n (faculty) όραση f •
(= spectacle) θέαμα nt • (monument
etc) αξιοθέατο nt • **to be in
~** φαίνομαι • **to be out of
~** εξαφανίζομαι • **to catch ~ of sb/
sth** παίρνει το μάτι μου κν/κτ • **to
lose ~ of sth** (fig) χάνω απ'τα μάτια
μου κτ • **~seeing** n επίσκεψη f τα

αξιοθέατα • **to go ~seeing**
επισκέπτομαι τα αξιοθέατα

sign [saɪn] n (notice) επιγραφή f •
(with hand) σήμα nt • (indication)
σημάδι n • (evidence) ένδειξη f • (also
road ~) πινακίδα f ♦ vt (document)
υπογράφω • (FOOTBALL etc: player)
υπογράφω συμβόλαιο για • **to
~ one's name** υπογράφω • **~ on** vi
(BRIT) υπογράφω για επίδομα
ανεργίας • **~ up** vi (MIL)
κατατάσσομαι • (for course)
εγγράφομαι ♦ vt (player, recruit)
προσλαμβάνω

signal [ˈsɪgnl] n (AUT, RAIL)
σηματοδότης m ♦ vi (AUT) κάνω σήμα

signature [ˈsɪgnətʃəʳ] n υπογραφή f

significance [sɪgˈnɪfɪkəns] n σημασία
f • **significant** adj σημαντικός

signify [ˈsɪgnɪfaɪ] vt δηλώνω

sign language n νοηματική
γλώσσα f

signpost [ˈsaɪnpəʊst] n πινακίδα f

Sikh [siːk] n Σιχ mf ♦ adj των Σιχ

silence [ˈsaɪləns] n σιωπή f ♦ vt
αποστομώνω • **to do sth in ~** κάνω
κτ χωρίς να μιλάω

silent [ˈsaɪlənt] adj (place) ήσυχος •
(person) σιωπηλός • (machine)
αθόρυβος • (film) βωβός • **to be/
remain ~** σωπαίνω

silhouette [sɪluːˈet] n περίγραμμα nt
♦ vt **~d against** διαγράφομαι σε

silk [sɪlk] n μετάξι nt ♦ adj μεταξωτός

silly [ˈsɪlɪ] adj ανόητος

silver [ˈsɪlvəʳ] n ασήμι nt • (coins)
μεγάλα κέρματα ntpl • (= items made
of silver) ασημικά ntpl ♦ adj (colour)
ασημί inv • (= made of silver)
ασημένιος

similar [ˈsɪmɪləʳ] adj **~ (to)** όμοιος
(με) • **~ity** n ομοιότητα f • **~ly** adv
(= in a similar way) παρόμοια •
(= likewise) παρομοίως

simmer [ˈsɪməʳ] vi σιγοβράζω

simple [ˈsɪmpl] adj απλός

simplicity [sɪmˈplɪsɪtɪ] n απλότητα f

simplify ['sɪmplɪfaɪ] vt απλοποιώ

simply ['sɪmplɪ] adv (= just) απλώς ♦ · (live, talk) απλά

simulate ['sɪmjʊleɪt] vt προσποιούμαι

simultaneous [sɪməl'teɪnɪəs] adj ταυτόχρονος

sin [sɪn] n αμαρτία f ♦ vi αμαρτάνω

since [sɪns] adv από τότε ♦ prep από ♦ conj (time) από τότε που · (= because) αφού · ~ **then, ever** ~ από τότε

sincere [sɪn'sɪəʳ] adj ειλικρινής · **~ly** adv ειλικρινά · **Yours ~ly** Μετά τιμής

sing [sɪŋ] (pt **sang**, pp **sung**) vt τραγουδάω ♦ vi (person) τραγουδάω · (bird) κελαηδάω

Singapore [sɪŋgə'pɔːʳ] n Σιγκαπούρη f

singer ['sɪŋəʳ] n τραγουδιστής/τρια m/f

singing ['sɪŋɪŋ] n τραγούδι nt

single ['sɪŋgl] adj (= solitary) μοναδικός · (= individual) μεμονωμένος · (= unmarried) ανύπαντρος · (= not double) μονός ♦ n (BRIT: also ~ **ticket**) (εισιτήριο) f · (record) σινγκλ nt inv · ~ **out** vt (= choose) επιλέγω · (= distinguish) ξεχωρίζω · ~ **bed** n μονό κρεβάτι nt · ~ **-handed** adv ολομόναχος · ~ **-minded** adj μονομανής · ~ **room** n μονόκλινο nt · ~**s** npl (TENNIS) απλό nt

singular ['sɪŋgjʊləʳ] adj (= odd) ιδιότυπος · (= outstanding) μοναδικός ♦ n (LING) ενικός m.

sinister ['sɪnɪstəʳ] adj (event, implications) δυσοίωνος · (figure) απειλητικός

sink [sɪŋk] (pt **sank**, pp **sunk**) n νεροχύτης m ♦ vt (ship) βυθίζω ♦ vi (ship) βυθίζομαι · (ground) υποχωρώ · (also ~ **back**, ~ **down**) σωριάζομαι · **to ~ sth into** (teeth, claws etc) βυθίζω · ~ **in** vi (fig: words) γίνομαι αντιληπτός

sip [sɪp] n γουλιά f ♦ vt σιγοπίνω

siphon off vt (liquid) ρουφάω με

σιφόνιο · (money) απορροφώ

sir [sɜːʳ] n κύριος m · **S~ John Smith** ο Σερ Τζων Σμιθ · **yes,** ~ μάλιστα, κύριε

siren ['saɪərn] n σειρήνα f

sirloin ['sɜːlɔɪn] n (also ~ **steak**) μοσχαρίσια μπριζόλα f (από σπάλα)

sister ['sɪstəʳ] n (relation) αδερφή f · (nun) καλόγρια f · (BRIT: nurse) αδερφή νοσοκόμα f · ~ **-in-law** n (spouse's sister) κουνιάδα f · (brother's wife) νύφη f

sit [sɪt] (pt, pp **sat**) vi κάθομαι · (assembly) συνεδριάζω ♦ vt (exam) δίνω · **to ~ on a committee** είμαι μέλος επιτροπής · ~ **about** vi κάθομαι · ~ **around** vi = **sit about** · ~ **back** vi κάθομαι αναπαυτικά · ~ **down** vi κάθομαι · **to be ~ting down** είμαι καθισμένος · ~ **in on** vt fus παρακολουθώ · ~ **up** vi (after lying) ανακάθομαι

sitcom ['sɪtkɒm] (TV) n abbr (= situation comedy) κωμωδία f (βασισμένη στην καθημερινή ζωή)

site [saɪt] n τόπος m · (also **building** ~) γιαπί nt ♦ vt τοποθετώ

sitting ['sɪtɪŋ] n (of assembly etc) συνεδρίαση f · **at a single** ~ μονοκοπανιά · ~ **room** n καθιστικό nt

situated ['sɪtjʊeɪtɪd] adj **to be** ~ βρίσκομαι

situation [sɪtjʊ'eɪʃn] n κατάσταση f · **"~s vacant"** (BRIT) ζητούνται υπάλληλοι"

six [sɪks] num έξι · ~**teen** num δεκαέξι · ~**teenth** num δέκατος έκτος · ~**th** num έκτος · ~**ty** num εξήντα

size [saɪz] n μέγεθος nt · (of project etc) έκταση f · (of clothing) νούμερο nt · (of shoes) νούμερο nt · ~ **up** vt (person) κόβω · (situation) ζυγίζω · ~**able** adj σεβαστός

skate [skeɪt] n (= ice skate) παγοπέδιλο nt · (= roller skate) πατίνι

nt · (fish: pl inv) σαλάχι *nt* ♦ *vi*
πατινάρω · **~board** *n* πατίνι *nt* · **~r** *n*
παγοδρόμος *mf*

skating ['skeɪtɪŋ] *n* (on ice) πατινάζ *nt*
inv · (roller skating) πατίνι *nt*

skating rink *n* παγοδρόμιο *nt*

skeleton ['skelɪtn] *n* σκελετός *m*

skeptic etc ['skeptɪk] (US) = **sceptic**
etc

sketch [sketʃ] *n* (drawing) σκίτσο *nt* ·
(= outline) σκιαγράφημα *nt* · (THEAT,
TV) σκετς *nt* inv ♦ *vt* σχεδιάζω · (also
~ out: ideas) σκιαγραφώ

ski [skiː] *n* χιονοπέδιλο *nt* (fml) ♦ *vi*
κάνω σκι · **~ boot** *n* μπότα *f* του σκι

skid [skɪd] *n* (AUT) σπινιάρισμα *nt* ♦ *vi*
γλιστράω · (AUT) ντεραπάρω

skier ['skiːəʳ] *n* σκιέρ *mf*

skiing ['skiːɪŋ] *n* σκι *nt* inv · **to go**
~ πάω για σκι

skilful ['skɪlful] (US **skillful**) adj
επιδέξιος

ski lift *n* τελεφερίκ *nt* inv

skill [skɪl] *n* επιδεξιότητα *f* · (computer
skill etc) ικανότητα *f* · **~ed** adj
ικανός · (work) ειδικευμένος · **~ful**
(US) adj = **skilful**

skim [skɪm] *vt* (also **~ off**)
αποβουτυρώνω · (= glide over)
περνάω ξυστά ♦ *vi* **to ~ through**
(book) διαβάζω στα πεταχτά

skin [skɪn] *n* δέρμα *nt* · (of fruit)
φλούδα *f* · (= complexion) επιδερμίδα
f ♦ *vt* γδέρνω · **~head** *n* σκίνχεντ
mf inv · **~ny** adj πετσί και
κοκαλιάρης · (arms) κοκαλιάρικος

skip [skɪp] *n* χοροπήδημα *nt* · (BRIT:
container) μεταλλικός κάδος *m* ♦ *vi*
χοροπηδάω · (with rope) παίζω
σχοινάκι ♦ *vt* (boring parts) πηδάω ·
(lunch) δεν τρώω

skipper ['skɪpəʳ] *n* (NAUT) καπετάνιος
m · (inf: SPORT) αρχηγός *m*

skirt [skəːt] *n* φούστα *f* ♦ *vt* (fig)

skull [skʌl] *n* κρανίο *nt*

sky [skaɪ] *n* ουρανός *m* · **~scraper** *n*

ουρανοξύστης *m*

slab [slæb] *n* πλάκα *f* · (of wood)
σανίδα *f* · (of cake, cheese) μεγάλο
κομμάτι *nt*

slack [slæk] adj (rope) λάσκος ·
(security, discipline) χαλαρός · (COMM:
market, business) πεσμένος

slam [slæm] *vt* (door) χτυπάω με
δύναμη · (= throw) βροντάω ·
(= criticize) θάβω ♦ *vi* (door) κλείνω
με πάταγο

slang [slæŋ] *n* αργκό *f* inv · (jargon)
διάλεκτος *f*

slant [slɑːnt] *n* κλίση *f* · (fig) εκδοχή *f*
♦ *vi* έχω κλίση

slap [slæp] *n* χαστούκι *nt* ♦ *vt* (child,
face) χαστουκίζω ♦ adv (inf) ίσια
πάνω · **to ~ sth on sth** (paint etc)
περνάω ένα χέρι *nt* σε κτ

slash [slæʃ] *vt* (= cut) κόβω · (fig:
prices) περικόβω

slate [sleɪt] *n* σχιστόλιθος *m* · (piece)
πλάκα *f* σχιστόλιθου ♦ *vt* (fig) θάβω

slaughter ['slɔːtəʳ] *n* (of animals)
σφαγή *f* · (of people) μακελειό *nt* ♦ *vt*
(animals) σφάζω · (people) εξοντώνω

slave [sleɪv] *n* σκλάβος/α *m/f* ♦ *vi*
(also **~ away**) δουλεύω σαν
σκλάβος · **~ry** *n* σκλαβιά *f*

sleazy ['sliːzɪ] adj άθλιος

sledge [sledʒ] *n* έλκηθρο *nt*

sleek [sliːk] adj (hair) στιλπνός · (car,
boat etc) κομψός

sleep [sliːp] (pt, pp **slept**) *n* ύπνος *m*
♦ *vi* κοιμάμαι · (= spend night)
κοιμάμαι · **to ~ 4** χωράει να
κοιμηθούν 4 · **to go to ~** πάω για
ύπνο · **to ~ with sb** (euph) κοιμάμαι
με κν · **~ around** *vi* ξενοκοιμάμαι ·
~er *n* (RAIL: train) κλιναμάξα *f* ·
(: BRIT: on track) τραβέρσα *f* · **I'm a**
light ~er κοιμάμαι ελαφριά · **~ing**
bag *n* υπνόσακος *m* · **~y** adj
(person) νυσταγμένος · (fig: village
etc) κοιμισμένος

sleet [sliːt] *n* χιονόνερο *nt*

sleeve [sliːv] *n* (of jacket etc) μανίκι *nt*

slender ['slɛndə'] *adj* (*figure*) λεπτός · (*majority*) μικρός

slept [slɛpt] *pt, pp* of **sleep**

slice [slaɪs] *n* (*of meat, bread*) φέτα *f* ♦ *vt* κόβω σε φέτες

slick [slɪk] *adj* (*performance*) άψογος · (*pej: salesman, answer*) επιτήδειος ♦ *n* (*also* **oil ~**) πετρελαιοκηλίδα *f*

slide [slaɪd] (*pt, pp* **slid**) *n* γλίστρημα *nt* · (*fig*) ολίσθημα *nt* · (*in playground*) τσουλήθρα *f* · (*PHOT*) σλάιτς *nt inv* · (*BRIT: also* **hair ~**) τσιμπιδάκι *nt* · (*also* **microscope ~**) αντικειμενοφόρος πλάκα *f* ♦ *vt* to ~ **sth into sth** χώνω κτ σε κτ ♦ *vi* (*slip*) κυλάω · (*glide*) γλιστράω · **sliding** *adj* συρόμενος

slight [slaɪt] *adj* (= *slim: figure*) μικροκαμωμένος · (*increase, difference*) μικρός · (*error, accent*) ανεπαίσθητος · **not in the ~est** ούτε στο ελάχιστο · **~ly** *adv* ελάχιστα

slim [slɪm] *adj* (*figure*) λεπτός · (*chance*) αμυδρός ♦ *vi* κάνω δίαιτα · **~ming** *n* αδυνάτισμα *nt*

slimy ['slaɪmɪ] *adj* (*pond*) λασπώδης · (= *covered with mud*) λασπωμένος

sling [slɪŋ] (*pt, pp* **slung**) *n* (*MED*) νάρθηκας *m* ♦ *vt* εκσφενδονίζω

slip [slɪp] *n* (*fall*) γλίστρημα *nt* · (= *mistake*) λάθος *nt* · (= *underskirt*) κομπινεζόν *nt inv* · (*of paper*) φύλλο *nt* ♦ *vt* χώνω ♦ *vi* (= *slide*) γλιστράω · (= *decline*) πέφτω · **to ~ into/out of** (*room etc*) πετάγομαι μέσα/έξω από · **to ~ sth on/off** φοράω/βγάζω · **~ away** *vi* ξεγλιστράω · **~ up** *vi* κάνω λάθος

slipper ['slɪpə'] *n* παντόφλα *f*

slippery ['slɪpərɪ] *adj* (*road*) ολισθηρός · (*fish*) γλιστερός

slit [slɪt] (*pt, pp* **~**) *n* (*cut*) σχισμή *f* · (*opening*) σχισμή *f* ♦ *vt* σχίζω

slog [slɒg] (*BRIT*) *vi* δουλεύω σκληρά ♦ *n* **it was a hard ~** ήταν βαριά δουλειά

slogan ['sləugən] *n* σλόγκαν *nt inv*

slope [sləup] *n* (*hill, mountain*) πλαγιά *f* · (*ski slope*) πλαγιά *f* για σκι · (= *slant*) κλίση *f* ♦ *vi* **to ~ down** γέρνω · **to ~ up** ανηφορίζω · **sloping** *adj* κεκλιμένος

sloppy ['slɒpɪ] *adj* άτσαλος

slot [slɒt] *n* (*in machine*) σχισμή *f* · (*fig*) διάστημα *nt* ♦ *vt* **to ~ sth in** ρίχνω μέσα ♦ *vi* **to ~ into** μπαίνω μέσα *or* εισχωρώ

Slovak ['sləuvæk] *adj* σλοβάκικος ♦ *n* Σλοβάκος/α *m/f* · (*LING*) σλοβάκικα *ntpl* · **the ~ Republic** η Δημοκρατία της Σλοβακίας · **~ia** η Σλοβακία *f*

Slovene ['sləuviːn] *adj* σλοβένικος ♦ *n* Σλοβένος/α *m/f* · (*LING*) σλοβένικα *ntpl*

Slovenia [sləu'viːnɪə] *n* Σλοβενία *f* · **~n** *adj, n* = **Slovene**

slow [sləu] *adj* (*music, journey*) αργός · (*person*) αργόστροφος ♦ *adv* αργά ♦ *vt* (*also* ~ **down**, ~ **up**) ελαττώνω ♦ *vi* (*also* ~ **down**, ~ **up**; *vehicle*) κόβω · (*business*) ελαττώνομαι · **to be ~** (*watch*) πάω πίσω · **~ly** *adv* (= *not quickly*) αργά · (= *gradually*) σιγά-σιγά · **~ motion** *n* **in ~ motion** σε αργή κίνηση

slug [slʌg] *n* γυμνοσάλιαγκας *m*

sluggish ['slʌgɪʃ] *adj* (*stream, engine*) αργός · (*person*) νωθρός · (*COMM: trading*) πεσμένος

slum [slʌm] *n* φτωχόσπιτο *nt*

slump [slʌmp] *n* (*economic*) ύφεση *f* ♦ *vi* (*person*) βουλιάζω · (*prices*) πέφτω

slung [slʌŋ] *pt, pp* of **sling**

slur [sləːʳ] *n* (*fig*: ~ **(on)**) ύβρη (για) ♦ *vt* **to ~ one's words** τρώω τα λόγια μου

sly [slaɪ] *adj* πονηρός

smack [smæk] *n* ξυλιά *f* ♦ *vt* χτυπάω ♦ *vi* **to ~ of** μυρίζω

small [smɔːl] *adj* μικρός · (*mistake, problem*) μικρο– ♦ *n* **the ~ of the back** η μέση

smart [smɑːt] *adj* (= *neat, tidy*)

κομψός · (= *fashionable*) σικ *inv* ·
(= *clever*) έξυπνος · (= *quick*) γοργός
♦ *vi* τσούζω

smash [smæʃ] *n* (*also* **~up**)
σύγκρουση *f* · (*sound*) κρότος *m* ·
(*song, play*) μεγάλη επιτυχία *f* ·
(*TENNIS*) καρφί *nt* ♦ *vt* σπάω · (*car etc*)
χτυπάω · (*fig: hopes, regime*)
συντρίβω · (*SPORT: record*) συντρίβω ♦
vi γίνομαι θρύψαλλα · (*against
wall, into sth etc*) πέφτω · **~ing** (*inf*)
adj απίθανος

smear [smɪəˈ] *n* (*trace*) λεκές *m* ·
(*insult*) λασπολογία *f* · (*MED*) Παπτεστ
nt inv ♦ *vt* (= *spread*) πασαλείβω ·
(= *make dirty*) μουτζουρώνω

smell [smel] (*pt, pp* **smelt** *or* **~ed**) *n*
(= *odour*) μυρωδιά *f* · (*sense*)
όσφρηση *f* ♦ *vt* μυρίζω ♦ *vi* (*pej*)
βρωμάω · (*food etc*) μυρίζω · **to ~ of**
μυρίζω (από) · **~y** (*pej*) *adj* που
βρωμάει

smile [smaɪl] *n* χαμόγελο *nt* ♦ *vi*
χαμογελάω

smirk [smə:k] *n* μειδίαμα *nt*

smog [smɔg] *n* νέφος *nt*

smoke [sməuk] *n* καπνός *m* ♦ *vi*
(*person*) καπνίζω · (*chimney*) βγάζω
καπνό ♦ *vt* (*cigarettes*) καπνίζω · **~d**
adj καπνιστός · **~r** *n* καπνιστής/τρια
m/f · **smoking** *n* κάπνισμα *nt* · **"no
~"** "Απαγορεύεται το κάπνισμα"

smoky *adj* (*atmosphere, room*)
γεμάτος καπνούς · (*taste*) καπνιστός

smooth [smu:ð] *adj* λείος · (*sauce*)
ομοιόμορφος · (*flavour, whisky*)
λεπτός · (*movement*) σταθερός ·
(*landing, takeoff*) ομαλός · (*pej:
person*) μελιστάλακτος · **~ out** *vt*
ισιώνω · (*fig: difficulties*) εξομαλύνω ·
~ over *vt* **to ~ things over** (*fig*)
εξομαλύνω τα πράγματα

smother [ˈsmʌðəˈ] *vt* (*fire*) σβήνω ·
(*person*) προκαλώ ασφυξία

smug [smʌg] (*pej*) *adj* αυτάρεσκος

smuggle [ˈsmʌgl] *vt* περνάω
λαθραία · **smuggling** *n* (*traffic*)

λαθρεμπόριο *nt*

snack [snæk] *n* μεζές *m* · **~ bar** *n*
σνακ-μπαρ *nt inv*

snag [snæg] *n* πρόβλημα *nt*

snail [sneɪl] *n* σαλιγκάρι *nt*

snake [sneɪk] *n* φίδι *nt*

snap [snæp] *n* (*sound*) σπάσιμο *nt* ·
(*photograph*) φωτογραφία *f* ♦ *adj*
(*decision etc*) της στιγμής ♦ *vt* σπάω
(*με κρότο*) ♦ *vi* σπάω απότομα · (*fig:
person*) σπάω · **to ~ one's fingers**
παίζω τα δάχτυλά μου · **~ at** *fus*
(*fig: person*) αποπαίρνω · **~ off** *vt*
σπάω · **~ up** (*bargains*) αρπάζω ·
~shot (*inf*) *n* φωτογραφία *f*

snarl [snɑ:l] *vi* (*animal*) γρυλλίζω ·
(*person*) βρυχίεμαι

snatch [snætʃ] *n* (*of conversation, song
etc*) απόσπασμα *nt* ♦ *vt* αρπάζω ·
(*handbag, child etc*) βουτάω · (*fig:
opportunity, time etc*) επωφελούμαι
+*gen*

sneak [sni:k] (*pt* (*US*) *also* **snuck**) *vi*
to ~ in/out ξεγλιστράω μέσα/έξω
♦ *vt* **to ~ a look at sth** ρίχνω μια
κλεφτή ματιά σε κτ · **~ up** *vi* **to
~ up on sb** μαρτυράω κν · **~ers** *npl*
(*US*) πάνινα αθλητικά παπούτσια *ntpl*

sneer [snɪəˈ] *vi* καγχάζω

sneeze [sni:z] *n* φτέρνισμα *nt* ♦ *vi*
φτερνίζομαι

sniff [snɪf] *vi* ρουφάω τη μύτη μου
♦ *vt* μυρίζω · (*glue*) σνιφάρω

snip [snɪp] *n* (*cut*) ψαλιδιά *f* · (*BRIT:
inf:* = *bargain*) κελεπούρι *nt* ♦ *vt*
ψαλιδίζω

sniper [ˈsnaɪpəˈ] *n* ελεύθερος
σκοπευτής *m*

snob [snɔb] *n* σνομπ *mf inv*

snooker [ˈsnu:kəˈ] *n* αμερικάνικο
μπιλλιάρδο *nt*

snoop [snu:p] *vi* **to ~ about**
παρακολουθώ κρυφά

snore [snɔ:ˈ] *n* ροχαλητό *nt* ♦ *vi*
ροχαλίζω

snorkel [ˈsnɔ:kl] *n* αναπνευστήρας *m*

snort [snɔ:t] *n* **to give a ~** ξεφυσάω

snow [snəu] n χιόνι nt ♦ vi χιονίζω ·
~ball n χιονόμπαλα f ♦ vi (fig)
αυξάνομαι
snub [snʌb] vt σνομπάρω ♦ n
προσβολή f
snug [snʌg] adj (= sheltered)
βολικός · (= fitting well) εφαρμοστός

KEYWORD

so [səu] adv (a) (= thus, likewise)
while Mary was doing so, he ...
ενώ η Μαίρη το έκανε αυτό,
αυτός... · **if so** αν ναι · **so do I, so
am I** etc κι εγώ (το ίδιο) · **I like
swimming – so do I** μ'αρέσει το
κολύμπι – κι εμένα · **I've got work
to do – so has Paul** έχω να κάνω
δουλειά – κι ο Παύλος έχει · **it's 5
o'clock – so it is!** είναι πέντε η
ώρα – πράγματι! · **I hope so** το
ελπίζω · **I think so** (έτσι) νομίζω · **so
far** μέχρι στιγμής
(b) (in comparisons) τόσο · **we were
so worried** ανησυχήσαμε τόσο
πολύ · **I'm so glad to hear it**
χαίρομαι τόσο πολύ που το ακούω
(c) **so much**
♦ adj τόσος (πολύς)
♦ adv τόσο πολύ (a) **so many** τόσοι
(πολλοί)
(b) (phrases) **10 or so** 10 και
πάνω-κάτω · **so long!** (inf: =
goodbye) γεια χαρά
♦ conj (a) (expressing purpose) **so as
to** για να · **so (that)** για να
(b) (expressing result) έτσι · **he
didn't arrive so I left** δεν ήρθε, κι
έτσι έφυγα · **so I was right after
all** ώστε or λοιπόν είχα δίκιο τελικά

soak [səuk] vt (= drench) ποτίζω ·
(= steep in water) μουσκεύω ♦ vi
μουλιάζω · **~ up** vt απορροφώ ·
~ing adj μουσκεμένος
so-and-so ['səuənsəu] n
(= somebody) τάδε nt inv · **the little**

~! (pej) ο αποτέτοιος!
soap [səup] n σαπούνι nt · (TV: also
~ opera) σαπουνόπερα f
soar [sɔː] vi (on wings) πετάω ψηλά ·
(rocket) εκτοξεύομαι · (price,
temperature etc) φτάνω στα ύψη
sob [sɒb] n αναφυλλητό nt ♦ vi κλαίω
με αναφυλλητά
sober ['səubəʳ] adj (= not drunk)
ξεμέθυστος · (= serious) νηφάλιος ·
(= dull: colour) μουντός · **~ up** vt, vi
ξεμεθάω
soccer ['sɒkəʳ] n ποδόσφαιρο nt
sociable ['səuʃəbl] adj κοινωνικός
social ['səuʃl] adj κοινωνικός · **~ life**
κοινωνική ζωή · **~ism** n σοσιαλισμός
m · **~ist** adj σοσιαλιστικός ♦ n
σοσιαλιστής/τρια m/f · **~ly** adv
κοινωνικά · **~ security** (BRIT) n
κοινωνική ασφάλιση f · **~ services**
npl κοινωνικές παροχές f ·
~ worker n κοινωνικός/ή
λειτουργός m/f
society [sə'saɪətɪ] n κοινωνία f ·
(= club) σύλλογος m · (also **high ~**)
υψηλή κοινωνία f
sociology [səusɪ'ɒlədʒɪ] n
Κοινωνιολογία f
sock [sɒk] n κάλτσα f
socket ['sɒkɪt] n κοίλωμα nt · (of eyes)
κόγχη f · (BRIT: ELEC) πρίζα f · (for
light bulb) ντουί nt inv
soda ['səudə] n (also **~ water**) σόδα
f · (US: also **~ pop**) γκαζόζα f
sodium ['səudɪəm] n νάτριο nt
sofa ['səufə] n καναπές m
soft [sɒft] adj μαλακός · (= not rough)
απαλός · (voice, music) απαλός ·
~ drink n αναψυκτικό nt · (effect, blow)
μαλακώνω · (effect, blow) μετριάζω
♦ vi μαλακώνω · **~ly** adv απαλά ·
~ware n λογισμικό nt
soggy ['sɒgɪ] adj (ground)
λασπωμένος · (sandwiches etc)
λασπιασμένος
soil [sɔɪl] n (= earth) χώμα nt ♦ vt
(clothes) λερώνω

solar ['səʊləʳ] adj ηλιακός · (eclipse) ηλίου · ~ **system** n ηλιακό σύστημα nt

sold [səʊld] pt, pp of **sell**

soldier ['səʊldʒəʳ] n στρατιωτικός mf
♦ vi **to ~ on** συνεχίζω αποφασιστικά

sold out adj (goods) που έχει πουληθεί · (tickets, concert etc) που έχει εξαντληθεί

sole [səʊl] n (also ~ **of foot**) πατούσα f · (of shoe) σόλα f · (fish: pl inv) γλώσσα f ♦ adj μόνος · (= exclusive) αποκλειστικός · ~**ly** adv αποκλειστικά

solemn ['sɒləm] adj σοβαρός

solicitor [sə'lɪsɪtəʳ] (BRIT) n (for wills etc) συμβολαιογράφος mf · (in court) δικηγόρος mf

solid ['sɒlɪd] adj (= not hollow) συμπαγής · (= not liquid) στερεός · (person) αξιόπιστος · (structure, foundations) γερός · (gold etc) ατόφιος · **I read for 2 hours** ~ διάβασα 2 ώρες συνεχώς.
▶ **solids** npl στερεές τροφές f

solitary ['sɒlɪtərɪ] adj μοναχικός · (= alone: person) μόνος

solitude ['sɒlɪtjuːd] n μοναξιά f

solo ['səʊləʊ] n σόλο nt inv ♦ adv σόλο inv · ~**ist** n σολίστ mf inv

soluble ['sɒljʊbl] adj διαλυτός

solution [sə'luːʃən] n λύση f · (liquid) διάλυμα nt

solve [sɒlv] vt (problem, riddle) λύνω · (mystery, police case) διαλευκαίνω

solvent ['sɒlvənt] adj (COMM) αξιόχρεος ♦ n (CHEM) διαλυτικό nt

Somalia [sə'mɑːlɪə] n Σομαλία f

sombre, (US **somber**) ['sɒmbəʳ] adj (place) σκοτεινός · (colour) σκούρος · (person) σκυθρωπός

KEYWORD

some [sʌm] adj (a) (= with singular Greek noun) λίγος
(b) (= with plural Greek noun) μερικοί/ ες, α · **I've got some money, but**

not much έχω μερικά or κάποια λεφτά, αλλά όχι πολλά
(c) (= certain: in contrasts) μερικοί
(d) (unspecified) κάποιος · **some day** κάποια μέρα
♦ pron (a) (= a certain amount) λίγος
(b) (= a certain number) μερικοί · **I've got some** (books etc) έχω μερικά or λίγα · **some** (of them) **have been sold** μερικά (από αυτά) έχουν πουληθεί · **some went for a taxi and some walked** άλλοι πήγαν για ταξί και άλλοι περπάτησαν
♦ adv **some 10 people** κάπου 10 άτομα

somebody ['sʌmbədɪ] pron = **someone**

somehow ['sʌmhaʊ] adv (= in some way) με κάποιο τρόπο · (= for some reason) για κάποιο λόγο

someone ['sʌmwʌn] pron κάποιος

someplace ['sʌmpleɪs] (US) adv = **somewhere**

something ['sʌmθɪŋ] pron κάτι

sometime ['sʌmtaɪm] adv (in future) κάποια στιγμή · (in past) · **last month** κάποια στιγμή τον προηγούμενο μήνα

sometimes ['sʌmtaɪmz] adv μερικές φορές

somewhat ['sʌmwɒt] adv κάπως

somewhere ['sʌmwɛəʳ] adv κάπου

son [sʌn] n γιος m

song [sɒŋ] n τραγούδι nt

son-in-law ['sʌnɪnlɔː] n γαμπρός m

soon [suːn] adv (= in a short time) σε λίγο · (= a short time after) σύντομα · (= early) νωρίς · ~ **afterwards** λίγο μετά · see also **as** · ~**er** adv (time) νωρίτερα · (preference) **I would ~er do that** προτιμώ να κάνω αυτό · ~**er or later** αργά ή γρήγορα

soothe [suːð] vt (person, animal) κατευνάζω · (pain) καταπραΰνω

sophisticated [sə'fɪstɪkeɪtɪd] adj (woman, lifestyle) σοφιστικέ inv ·

(machinery) τελειοποιημένος · *(arguments)* δεξιοτεχνικός

sophomore ['sɔfəmɔ:'] *(US: SCOL)* n δευτεροετής φοιτητής/τρια m/f

soprano [sə'prɑːnəʊ] n σοπράνο mf inv

sorbet ['sɔːbeɪ] n γρανίτα f

sordid ['sɔːdɪd] adj *(bedsit etc)* άθλιος m · *(story etc)* άσχημος

sore [sɔː'] adj *(= painful)* πονεμένος · *(esp US: = offended)* χολωμένος ♦ n πληγή f

sorrow ['sɔrəʊ] n λύπη f
▸ **sorrows** npl στεναχώριες fpl

sorry ['sɔrɪ] adj *(person)* λυπημένος · *(condition, excuse)* άθλιος · **~!** συγγνώμη! · **to feel ~ for sb** λυπάμαι για κν

sort [sɔːt] n είδος nt · *(= make)* μάρκα f ♦ vt *(also = ~ out: papers, belongings)* ταξινομώ · *(problems)* ξεκαθαρίζω · **it's ~ of awkward** *(inf)* είναι μάλλον άβολο

SOS n abbr Σ.Ο.Σ. nt inv

so-so ['səʊsəʊ] adv έτσι κι έτσι ♦ adj έτσι κι έτσι

sought [sɔːt] pt, pp of **seek**

soul [səʊl] n ψυχή f · *(person)* άνθρωπος m · *(MUS)* σόουλ f inv

sound [saʊnd] adj *(= healthy)* υγιής · *(= safe, not damaged)* σε καλή κατάσταση · *(= reliable)* σωστός · *(= valid)* ορθός ♦ adv **to be ~ asleep** κοιμάμαι βαθιά or βαριά ♦ n *(= noise)* ήχος m · *(= volume)* ένταση f ♦ vt *(alarm)* σημαίνω · *(horn)* χτυπάω · vi ακούγομαι · **to ~ like** μιλάω σαν · **it ~s like French** μοιάζει με γαλλικά · **it ~s as if ...** φαίνεται ότι ... · **~ out** vt βολιδοσκοπώ · **~track** n σάουντρακ nt inv

soup [suːp] n σούπα f

sour ['saʊə'] adj στυφός · *(milk)* ξινός · *(fig)* άγριος

source [sɔːs] n πηγή f · *(fig)* αιτία f

south [saʊθ] n νότος m ♦ adj νότιος

♦ adv νότια · **South Africa** n Νότια Αφρική f · **South African** adj νοτιοαφρικανικός ♦ n Νοτιοαφρικανός/ή m/f · **South America** n Νότια Αμερική f · **South American** adj νοτιοαμερικανικός ♦ n Νοτιοαμερικανός/α m/f · **~east** n νοτιοανατολικά ntpl · **~ern** adj νότιος · **South Korea** n Νότια Κορέα f · **South Pole** n **the S~ Pole** ο Νότιος Πόλος · **South Vietnam** n Νότιο Βιετνάμ nt inv · **~west** n νοτιοδυτικά ntpl

souvenir [suːvə'nɪə'] n ενθύμιο nt

sovereign ['sɔvrɪn] n μονάρχης m

sow [saʊ] *(pt* **~ed,** *pp* **~n)** vt *(seeds)* σπέρνω · *(fig: suspicion etc)* διασπείρω

soya ['sɔɪə] *(US* **soy)** n **~ bean** σόγια f

spa [spɑː] n λουτρόπολη f · *(US: also* **health ~)** ιαματικά λουτρά ntpl

space [speɪs] n *(= gap)* κενό nt · *(= room)* χώρος m · *(beyond Earth)* διάστημα nt · *(length of time)* περίοδος f ♦ vt *(also = ~ out)* αραιώνω · **~craft** n διαστημόπλοιο nt · **~ship** n = **spacecraft**

spacious ['speɪʃəs] adj ευρύχωρος

spade [speɪd] n φτυάρι nt · *(child's)* φτυαράκι nt
▸ **spades** npl *(CARDS)* μπαστούνια ntpl

spaghetti [spə'ɡetɪ] n μακαρονάδα f

Spain [speɪn] n Ισπανία f

spam [spæm] *(COMPUT)* n μαζικό οχληρό μήνυμα nt

span [spæn] n *(of bird, plane etc)* άνοιγμα nt · *(in time)* χρονικό διάστημα nt ♦ vt *(river)* διασχίζω · *(fig: time)* εκτείνομαι χρονικά

Spaniard ['spænjəd] n Ισπανός/ίδα m/f

Spanish ['spænɪʃ] adj ισπανικός ♦ n *(LING)* ισπανικά
▸ **the Spanish** npl οι Ισπανοί

spanner ['spænə'] *(BRIT)* n γαλλικό κλειδί nt

spare [spεə'] adj *(= free)* ελεύθερος ·

(= *extra*) επιπλέον ♦ *n* = **spare part**
♦ *vt* (= *save: trouble etc*) γλυτώνω •
(= *make available*) διαθέτω • (= *afford
to give*) μπορώ να δώσω • **to be ~d**
(*person, city etc*) γλυτώνω • **to
~** (*time, money*) για έξόεμα • ~ **part**
n (*for car, machine etc*) ανταλλακτικό
nt • ~ **room** *n* δωμάτιο *nt* των
ξένων • ~ **time** *n* ελεύθερος χρόνος
m • ~ **wheel** *n* ρεζέρβα *f*
spark [spaːk] *n* σπίθα *f*
sparkle ['spaːkl] *n* λάμψη *f* ♦ *vi*
λάμπω • **sparkling** *adj* (*wine*)
αφρώδης • (*water*) μεταλλικός
sparrow ['spærəu] *n* σπουργίτι *nt*
sparse [spaːs] *adj* αραιός
spasm ['spæzəm] *n* σπασμός *m*
spat [spæt] *pt, pp of* **spit**
spate [speɪt] *n* (*fig*) **a ~ of** μια
πλημμύρα από
speak [spiːk] (*pt* **spoke**, *pp* **spoken**)
vt (*language*) μιλάω • (*truth*) λέω ♦ *vi*
μιλάω • (= *make a speech*) βγάζω
λόγο • **to ~ to sb/of** *or* **about sth**
μιλάω σε κν για (= *sth/get* μιλήστε)
πιο δυνατά! • **so to ~** = που λέει ο
λόγος • ~ **for** *vt fus* **to ~ for sb** μιλώ
για λογαριασμό κου • ~ **er** *n* (*in
public*) ομιλητής/τρια *m/f* • (*also
loud~er*) ηχείο *nt*
spear [spɪə] *n* λόγχη *f* ♦ *vt* λογχίζω
special ['spɛʃl] *adj* ιδιαίτερος •
(*service, performance*) έκτακτος •
(*adviser, permission*) ειδικός •
~ **effects** *npl* ειδικά εφφέ *ntpl inv* •
~**ist** *n* ειδικός *mf* • ~**ity** *n* (*dish*)
σπεσιαλιτέ *f inv* • (= *study*)
ειδικότητα *f* • ~**ize** *vi* **to ~ize (in)**
ειδικεύομαι (σε) • ~**ly** *adv* ειδικά •
~ **offer** *n* (*COMM*) προσφορά *f* • ~**ty**
n (*esp US*) = **speciality**
species ['spiːʃiːz] *n inv* είδος *nt*
specific [spə'sɪfɪk] *adj* (= *fixed*)
συγκεκριμένος • (= *exact*) σαφής •
~**ally** *adv* (= *specially*) ειδικά •
(= *exactly*) συγκεκριμένα
specify ['spɛsɪfaɪ] *vt* (*time, place*)

καθορίζω • (*colour etc*) προσδιορίζω
specimen ['spɛsɪmən] *n* δείγμα *nt*
speck [spɛk] *n* (*of dust*) κόκκος *m* •
(*of dirt*) κηλίδα *f*
spectacle ['spɛktəkl] *n* (*scene*) θέαμα
nt • (*grand event*) υπερθέαμα *nt*
▸ **spectacles** *npl* γυαλιά *ntpl* •
spectacular *adj* θεαματικός
spectator [spɛk'teɪtə] *n* θεατής *mf*
spectrum ['spɛktrəm] (*pl* **spectra**) *n*
φάσμα *nt*
speculate ['spɛkjuleɪt] *vi* (*FIN*) παίζω
στο Χρηματιστήριο • **to ~ about**
κάνω υποθέσεις για
sped [spɛd] *pt, pp of* **speed**
speech [spiːtʃ] *n* ομιλία *f* • (= *formal
talk*) λόγος *m* • ~**less** *adj* άφωνος
speed [spiːd] (*pt, pp* **sped**) *n* (*rate*)
ρυθμός *m* • (= *fast travel*) ταχύτητα
f • (= *haste*) ταχύτητα *f* ♦ *vi* **to
~ along/by** τρέχω κατά μήκος/
μέσω κ.λπ. • (*AUT*) υπερβαίνω το όριο
ταχύτητας • ~ **up** (*pt, pp* ~**ed up**)
(*in car etc*) επιταχύνω ♦ *vt*
επιταχύνω • **boat** *n* ταχύπλοο *nt* •
~**ing** (*AUT*) *n* υπερβολική ταχύτητα
f • ~ **limit** *n* όριο *nt* ταχύτητας • ~**y**
adj γρήγορος • (*reply*) άμεσος
spell [spɛl] (*pt, pp* **spelt** (*BRIT*) *or*
~**ed**) *n* (*also* **magic** ~) ξόρκι *nt* •
(= *period of time*) περίοδος *f* ♦ *vt*
γράφω ορθογραφικά • (*danger,
disaster*) συνεπάγομαι • ~**ing** *n*
(= *word form*) τρόπος *m* γραφής •
(*ability*) ορθογραφία *f*
spend [spɛnd] (*pt, pp* **spent**) *vt*
(*money*) ξοδεύω • (*time, life*) περνάω •
~**ing** *n* δαπάνες *fpl*
sperm [spəːm] *n* σπέρμα *nt*
sphere [sfɪə] *n* σφαίρα *f* • (= *area*)
τομέας *m*
spice [spaɪs] *n* καρύκευμα *nt* ♦ *vt*
καρυκεύω • **spicy** *adj* πικάντικος
spider ['spaɪdə] *n* αράχνη *f*
spike [spaɪk] *n* κάγκελο *nt*
spill [spɪl] (*pt, pp* **spilt** *or* ~**ed**) *vt*
χύνω • **to ~** χύνομαι • ~ **out** *vi*

(people) ξεχύνομαι · **~ over** vi *(liquid)* ξεχειλίζω · *(fig: conflict)* επεκτείνομαι

spin [spɪn] *(pt* **spun, span,** *pp* **spun)** n *(trip in car)* βόλτα f με το αυτοκίνητο · *(= revolution of wheel)* περιστροφή f · *(on ball)* φάλτσο nt ♦ vt *(wool etc)* γνέθω · *(ball)* σβουρίζω · *(wheel)* σπινάρω · (BRIT: *also* **~-dry)** στίβω ♦ vi *(= make thread)* γνέθω · *(person)* στριφογυρίζω · *(head)* γυρίζω

spinach ['spɪnɪtʃ] n σπανάκι nt

spinal ['spaɪnl] adj της σπονδυλικής στήλης

spine [spaɪn] n σπονδυλική στήλη f · *(of plant, hedgehog etc)* αγκάθι nt

spiral ['spaɪərl] n σπείρα f ♦ vi *(fig)* αυξάνομαι ραγδαία

spire ['spaɪə'] n καμπαναριό nt

spirit ['spɪrɪt] n *(= soul)* πνεύμα nt · *(ghost)* πνεύμα nt · *(= energy)* έμπνευση f · *(= sense: of agreement etc)* πνεύμα nt · *(= frame of mind)* διάθεση f

▸ **spirits** npl *(drink)* οινοπνευματώδη ntpl · **~ual** adj πνευματικός

spit [spɪt] *(pt, pp* **spat)** n *(for roasting)* σούβλα f · *(= saliva)* σάλιο nt ♦ vi φτύνω · (inf: *rain)* ψιχαλίζω

spite [spaɪt] n κακία f ♦ vt πεισμώνω · **in ~ of** παρά +acc · **~ful** adj μοχθηρός

splash [splæʃ] n *(sound)* παφλασμός m · *(of colour)* πινελιά f ♦ excl πλατς ♦ vt πετάω ♦ vi *(also* **~ about)** τσαλαβουτάω · *(water, rain)* χτυπάω

splendid ['splendɪd] adj *(= excellent)* έξοχος · *(= impressive)* μεγαλοπρεπής

splinter ['splɪntə'] n *(of wood)* σκλήθρα f · *(in finger)* αγκίδα f ♦ vi *(bone, glass etc)* γίνομαι κομμάτια · *(wood)* σκίζομαι

split [splɪt] *(pt, pp* **~)** n *(= crack, tear)* σκίσιμο nt · *(fig: = division)* διάσπαση f ♦ vt *(= tear)* σκίζω · *(= party)* διαιρώ · *(work, profits)* μοιράζω · *(= divide)*

χωρίζομαι · *(= crack, tear)* ανοίγω στη μέση · **~ up** vi *(couple)* χωρίζω · *(group, meeting)* διαλύομαι

spoil [spɔɪl] *(pt, pp* **~t** *or* **~ed)** vt χαλάω · *(child)* παραχαϊδεύω · **~t** adj κακομαθημένος

spoke [spəʊk] pt of **speak** ♦ n ακτίνα f

spoken ['spəʊkn] pp of **speak**

spokesman ['spəʊksmən] *(irreg)* n εκπρόσωπος m

spokesperson ['spəʊkspə:sn] n *(irreg)* εκπρόσωπος mf

spokeswoman ['spəʊkswʊmən] n *(irreg)* εκπρόσωπος f

sponge [spʌndʒ] n *(for washing with)* σφουγγάρι nt · *(also* **~ cake)** παντεσπάνι nt ♦ vi **to ~ off** *or* **on sb** ζω σε βάρος κου

sponsor ['spɔnsə'] n χορηγός mf ♦ vt *(player, event)* είμαι χορηγός σε · *(fund-raiser)* δίνω χρήματα σε · **~ship** n χορηγία f

spontaneous [spɔn'teɪnɪəs] adj αυθόρμητος

spooky ['spu:kɪ] (inf) adj *(place)* στοιχειωμένος · *(atmosphere)* ανατριχιαστικός

spoon [spu:n] n κουτάλι nt · **~ful** n κουταλιά f

sport [spɔ:t] n άθλημα nt · *(also* **good ~**: *person)* εντάξει τύπος m (inf) · **~s car** n σπορ αυτοκίνητο nt · **~s centre** n αθλητικό κέντρο nt · **~sman** *(irreg)* n αθλητής m · **~swear** n αθλητικά ntpl *(ρούχα)* · **~swoman** *(irreg)* n αθλήτρια f · **~y** adj που έχει καλές επιδόσεις

spot [spɔt] n σημάδι nt · *(mark)* στίγμα nt · *(= dot: on pattern)* βούλα f · *(on skin)* σπυρί nt · *(= place)* μέρος nt · *(= small amount)* **a ~ of** μια σταλιά ♦ vt διακρίνω · **on the ~** επιτόπου · **~less** adj πεντακάθαρος · **~light** n προβολέας m · *(in room)* σποτάκι nt

spouse [spaʊs] n σύζυγος mf

sprang [spræŋ] *pt of* **spring**

sprawl [sprɔ:l] *vi* ξαπλώνομαι (φαρδύς-πλατύς)

spray [spreɪ] *n* σταγονίδια *ntpl* • (*container*) σπρέι *nt inv* ♦ *vt* ψεκάζω • (*crops*) ραντίζω

spread [spred] (*pt, pp* ~) *n* φάσμα *nt* • (*inf: food*) τσιμπούσι *nt* ♦ *vt* (*butter, jam etc*) αλείφω • (*wings, arms*) ανοίγω • (*workload, wealth*) διανέμω • (= *scatter*) σκορπίζω • (*disease*) μεταδίδω • (*rumour*) διαδίδω ♦ *vi* (*disease*) εξαπλώνομαι • (*news*) διαδίδομαι • (*stain*) απλώνομαι • ~ **out** *vi* σκορπίζω

spree [spri:] *n* **to go on a ~** ξεφαντώνω

spring [sprɪŋ] *n* (= *coiled metal*) ελατήριο *nt* • (*season*) άνοιξη *f* • (*of water*) πηγή *f* ♦ *vi* (*pt* **sprang**, *pp* **sprung**) χυμάω • **to ~ from** προέρχομαι • **~ up** *vi* (*building, plant*) ξεφυτρώνω

sprinkle ['sprɪŋkl] *vt* (*liquid*) ραντίζω • (*salt*) ρίχνω από πάνω λίγο • (*sugar*) πασπαλίζω

sprint [sprɪnt] *n* δρόμος *m* ταχύτητας ♦ *vi* (= *run fast*) τρέχω • (*SPORT*) τρέχω σε δρόμο ταχύτητας

sprouts [sprauts] *npl* (*also* **Brussels** ~) λαχανάκια *ntpl* Βρυξελλών

sprung [sprʌŋ] *pp of* **spring**

spun [spʌn] *pt, pp of* **spin**

spur [spə:ˈ] *n* σπιρούνι *nt* • (*fig*) κίνητρο *nt* ♦ *vt* (*also* ~ **on**) παρακινώ • **on the ~ of the moment** στα καλά καθούμενα

spurt [spə:t] *n* (*of energy*) έκρηξη *f* • (*of water etc*) *in* ~ με διακοπές ♦ *vi* αναβλύζω

spy [spaɪ] *n* κατάσκοπος *mf* ♦ *vi* **to ~ on** κατασκοπεύω ♦ *vt* (= *see*) διακρίνω ♦ *cpd* (*film, story*) κατασκοπείας

sq. *abbr* = **square**

squabble ['skwɔbl] *n* καυγαδίζω ♦ *n* καυγαδάκι *nt*

squad [skwɔd] *n* (*MIL*) ουλαμός *m* • (*POLICE*) μονάδα *f* • (*SPORT*) ομάδα *f*

squadron ['skwɔdrn] *n* (*MIL*) επιλαρχία *f* • (*AVIAT, NAUT*) μοίρα *f*

square [skweəˈ] *n* (*shape*) τετράγωνο *nt* • (*in town*) πλατεία *f* ♦ *adj* τετράγωνος ♦ *vt* (= *arrange*) τακτοποιώ • (*MATH*) υψώνω στο τετράγωνο • (= *reconcile*) συμβιβάζω • **all** = ισόπαλος • **2 metres** ~ 2 επί 2 • **2 ~ metres** 2 τετραγωνικά μέτρα

squash [skwɔʃ] *n* (*BRIT*) σκουός *nt inv* • (*BRIT: drink*) **lemon/orange** ~ χυμός λεμόνι/πορτοκάλι • (*US:* = *marrow etc*) κολοκύθι *nt* ♦ *vt* συνθλίβω

squat [skwɔt] *adj* (*person*) κοντόχοντρος • (*building*) χοντροκομμένος ♦ *vi* (*also* ~ **down**) κάθομαι στα πόδια μου • (*on property*) κάνω κατάληψη

squeak [skwi:k] *vi* (*door etc*) τρίζω • (*animal*) τσιρίζω ♦ *n* (*of hinge etc*) τρίξιμο *nt* • (*of animal*) τσίριγμα *nt*

squeeze [skwi:z] *n* (*of hand etc*) σφίξιμο *nt* • (*ECON*) περιορισμός *ntpl* ♦ *vt* στίβω • (*tube, bottle etc*) ζουλάω • (*hand, arm*) σφίγγω ♦ *vi* **to ~ past/ under sth** στριμώχνομαι και περνάω μπροστά/κάτω από κτ

squid [skwɪd] *n* καλαμάρι *nt*

squirrel ['skwɪrəl] *n* σκίουρος *m*

Sr *abbr* (*in names*) = **senior**

Sri Lanka [srɪˈlæŋkə] *n* Σρι Λάνκα *f inv*

St *abbr* = **saint · street**

stab [stæb] *n* (*with knife etc*) μαχαιριά *f* • (*of pain*) σουβλιά *f* • (*inf:* = *try*) **to have a ~ at sth/doing sth** κάνω μια δοκιμή σε κτ/να κάνω κτ ♦ *vt* μαχαιρώνω

stability [stəˈbɪlɪtɪ] *n* σταθερότητα *f*

stable ['steɪbl] *adj* σταθερός ♦ *n* στάβλος *m*

stack [stæk] *n* στοίβα *f* ♦ *vt* (*also* ~ **up**) στοιβάζω • **there's ~s of time** (*BRIT: inf*) έχουμε πολύ χρόνο

stadium ['steɪdɪəm] (pl **stadia** or **~s**) n στάδιο nt

staff [stɑːf] n προσωπικό nt ♦ vt επανδρώνομαι

stag [stæg] n αρσενικό ελάφι nt

stage [steɪdʒ] n (in theatre etc) σκηνή f · (platform) εξέδρα f · (= period) στάδιο nt ♦ vt (play) ανεβάζω · (demonstration) οργανώνω · **the ~** (THEAT) η σκηνή · **in ~s** σταδιακά

stagger ['stægə'] vi τρεκλίζω ♦ vt (= amaze) συγκλονίζω · (hours, holidays) κανονίζω σταδιακά or σπαστά · **~ing** adj συγκλονιστικός

stagnant ['stægnənt] adj (water) που λιμνάζει · (economy etc) στάσιμος

stain [steɪn] n (mark) κηλίδα f · (colouring) μπογιά f (για ξύλο) ♦ vt (= mark) λερώνω · (wood) βάφω · **~less steel** n ανοξείδωτο ατσάλι nt

stair [stɛə'] n σκαλοπάτι nt
▸ **stairs** npl σκάλα f · **~case** n σκάλα f · **~way** n = **staircase**

stake [steɪk] n (= post) πάσσαλος m · (COMM: interest) οικονομικό συμφέρον nt · (BETTING: gen pl) στοίχημα nt ♦ vt (money) στοιχηματίζω · **to ~ a claim (to sth)** εγείρω αξίωση (για κτ) · **to ~ my life/reputation on sth** κόβω το κεφάλι μου για κτ · **to be at ~** διακυβεύομαι

stale [steɪl] adj (bread, food) μπαγιάτικος · (smell) μούχλας · (air) που μυρίζει μούχλα or κλεισούρα

stalk [stɔːk] n (of flower) μίσχος m · (of fruit) κοτσάνι nt ♦ vt παραμονεύω · vi **to ~ out/off** περπατάω αγέρωχα

stall [stɔːl] n (BRIT: in street, market etc) πάγκος m · (in stable) παχνί nt ♦ vt (AUT) μπλοκάρω · (fig: person) καθυστερώ ♦ vi (AUT) σβήνω · (fig: person) χρονοτριβώ

stamina ['stæmɪnə] n σφρίγος nt

stammer ['stæmə'] n τραύλισμα nt ♦ vi τραυλίζω

stamp [stæmp] n (= postage stamp)

γραμματόσημο nt · (= rubber stamp: also fig) σφραγίδα f ♦ vi (also **~ one's foot**) χτυπάω τα πόδια κάτω ♦ vt (letter) βάζω γραμματόσημο σε · (with rubber stamp) σφραγίζω · **~ed addressed envelope** φάκελος με γραμματόσημο και τη διεύθυνση του παραλήπτη · vt **~ out** (fig: crime) καταπνίγω

stampede [stæm'piːd] n άτακτη φυγή f · (fig) συνωστισμός m

stance [stæns] n στάση f

stand [stænd] (pt, pp **stood**) n (COMM: stall) πάγκος m · (: at exhibition) περίπτερο nt · (SPORT) κερκίδα f ♦ vi (= be on foot) στέκομαι · (also **~ up**) σηκώνομαι · όρθιος · (= be placed: object, building) βρίσκομαι · (= remain: decision, offer) ισχύω · (= run: in election) κατεβαίνω ♦ vt (= place) στήνω · (= tolerate) αντέχω, ανέχομαι · **to take a ~ on sth** παίρνω θέση σε κτ · **to ~ to gain/lose sth** πρόκειται να κερδίσω/χάσω κτ · **it ~s to reason** είναι λογικό · **as things ~** όπως έχουν τα πράγματα · **I can't ~ him** δεν μπορώ να τον υποφέρω · **we don't ~ a chance** δεν έχουμε καμία πιθανότητα · **to ~ trial** δικάζομαι · **~ by** (= be ready) είμαι σε επιφυλακή · (= fail to help) κάθομαι και κοιτάω ♦ vt fus (opinion, decision) τηρώ · (person) υποστηρίζω · **~ down** (= withdraw) ηττήθηκα · vi παραιτούμαι · **~ for** vt fus (= signify) αντιπροσωπεύω · (= represent) σημαίνω · (= tolerate) ανέχομαι · **~ in for** vt fus αντικαθιστώ · **~ out** vi ξεχωρίζω · **~ up** vi σηκώνομαι όρθιος · **~ up for** vt fus υπερασπίζομαι · **~ up to** vt fus (person) αντιτάσσομαι σε

standard ['stændəd] n (level) επίπεδο nt · (norm, criterion) μέτρο nt σύγκρισης ♦ adj (= normal: size etc) κανονικός · (model, feature) στάνταρ inv

► **standards** npl (= morals) αξίες fpl ·
~ **of living** n βιοτικό επίπεδο nt

stand–by ['stændbaɪ] (standby) n
εφεδρεία f · **to be on** ~ (doctor)
εφημερεύω · (crew, firemen etc) είμαι
σε ετοιμότητα · (passenger) είμαι στη
λίστα αναμονής

standing ['stændɪŋ] n (= status)
στάθμη f

standpoint ['stændpɔɪnt] n σκοπιά
f

standstill ['stændstɪl] n **at a**
~ μπλοκαρισμένος · (fig) σε τέλμα

stank [stæŋk] pt of **stink**

staple ['steɪpl] n (for papers)
συνδετήρας m · (chief product) κύριο
προϊόν nt ◆ adj (food etc) βασικός
◆ vt πιάνω με συνδετήρα · ~**r** n
συρραπτικό nt

star [stɑ:ʳ] n (in sky) αστέρι nt ·
(celebrity) αστέρας m · (THEAT,
CINE: actor) έχω για πρωταγωνιστή
◆ vi **to ~ in** πρωταγωνιστώ ·
4–~ hotel ξενοδοχείο τεσσάρων
αστέρων

► **the stars** npl (= horoscope)
ωροσκόπιο nt

starboard ['stɑːbəd] adj της δεξιάς
πλευράς

starch [stɑːtʃ] n (for clothes) κόλλα f ·
(CULIN) άμυλο nt

stare [stɛəʳ] n βλέμμα nt ◆ vi **to ~ at**
κοιτάζω (επίμονα)

stark [stɑːk] adj (= bleak) αυστηρός
◆ adv ~ **naked** ολόγυμνος

start [stɑːt] n (beginning) αρχή f ·
(= departure) ξεκίνημα nt · (sudden
movement) τίναγμα nt, προβάδισμα nt
◆ vt (= begin) αρχίζω · (= cause: fire)
βάζω · (= found: business etc) ανοίγω ·
(engine) βάζω μπροστά ◆ vi (= begin)
αρχίζω · (with fright) πετάγομαι ·
(engine etc) παίρνω μπροστά · **to**
~ **doing** or **to do sth** αρχίζω να
κάνω κτ · **for a** ~ **κατ'αρχήν** · ~ **off**
vi (= begin) ξεκινάω · ~ **out** vi (=
start off · ~ **over** (US) vi

ξαναρχίζω · ~ **up** vt (business etc)
βάζω μπρος · (engine, car) βάζω
μπροστά · ~**er** n (BRIT: CULIN)
ορεκτικό nt · ~ **ing point** n
αφετηρία f

startling ['stɑːtlɪŋ] adj ανησυχητικός

starvation [stɑːˈveɪʃən] n ασιτία f

starve [stɑːv] vi (= be very hungry)
πεθαίνω της πείνας · (to death)
λιμοκτονώ ◆ vt (person, animal)
αφήνω νηστικό · **I'm starving**
πεθαίνω της πείνας

state [steɪt] n (= condition) κατάσταση
f · (= government) κράτος nt ◆ vt
δηλώνω · ~ **of mind** ψυχολογική
κατάσταση · ~**ment** n (= declaration)
δήλωση f · (FIN) κατάσταση f κίνησης
λογαριασμού · ~ **school** n δημόσιο
σχολείο nt · ~**sman** (irreg) n
πολιτικός m

static ['stætɪk] n ◆ adj στατικός

station ['steɪʃən] n (RAIL) σταθμός m ·
(also **bus** ~) σταθμός m
λεωφορείων · (also **police** ~)
αστυνομικό τμήμα nt · (RADIO)
σταθμός m ◆ vt τοποθετώ

stationary ['steɪʃnərɪ] adj ακίνητος

stationery ['steɪʃnərɪ] n γραφική ύλη f

statistic [stəˈtɪstɪk] n στατιστική f · ~**s**
n στατιστική f

statue ['stætjuː] n άγαλμα nt

stature ['stætʃəʳ] n ανάστημα nt · (fig)
διαμέτρημα nt

status ['steɪtəs] n (position) θέση f ·
(= official classification) στάτους nt
inv · (importance) κοινωνική
καταξίωση f · **the** ~ **quo** το στάτους
κβο

statutory ['stætjutrɪ] adj (powers,
rights etc) νομοθετημένος · (meeting,
holidays) προβλεπόμενος

staunch [stɔːntʃ] adj αφοσιωμένος
◆ vt (flow) ανακόπτω · (blood)
σταματάω

stay [steɪ] n παραμονή f ◆ vi
(= remain) παραμένω · (in place, at
home etc) μένω · **to** ~ **put** δεν

κουνιέμαι · ~ **behind** vi μένω πίσω · ~ **in** vi μένω μέσα · ~ **on** vi παραμένω · ~ **up** vi μένω ξύπνιος

steadily ['stɛdɪlɪ] adv (= regularly) κανονικά · (= constantly) σταθερά · (= fixedly) επίμονα

steady ['stɛdɪ] adj σταθερός ♦ vt σταθεροποιώ · **to** ~ **one's nerves** ηρεμώ

steak [steɪk] n (beef, pork) μπριζόλα f · (fish etc) φιλέτο nt

steal [stiːl] (pt **stole**, pp **stolen**) vt κλέβω ♦ vi κλέβω · (= move secretly) **to** ~ **out** βγαίνω κλεφτά

steam [stiːm] n ατμός m ♦ vt (CULIN) μαγειρεύω στον ατμό ♦ vi αχνίζω · ~ **up** vi (window) θολώνω από ατμούς · ~**y** adj (room, window) θολός · (book, film) καυτός

steel [stiːl] n χάλυβας m ♦ adj χαλύβδινος

steep [stiːp] adj απότομος · (price, fees) ανεβασμένος ♦ vt (= soak) βουτάω · **to be ~ed in history** (fig: place) είμαι γεμάτος ιστορία

steeple ['stiːpl] n καμπαναριό nt

steer [stɪəʳ] vt (vehicle) οδηγώ · (boat) κυβερνώ · (person) οδηγώ ♦ vi μανουβράρω · **to ~ clear of sb/sth** (fig) αποφεύγω κν/κτ · ~**ing** (AUT) n τιμόνι nt · ~**ing wheel** n τιμόνι nt

stem [stɛm] n (BOT: of plant) μίσχος m · (of leaf) κοτσάνι nt · (of glass) λαιμός m ♦ vt σταματάω · ~ **from** vt fus προέρχομαι από

step [stɛp] n βήμα nt · (of stairs) σκαλοπάτι nt ♦ vi **to ~ forward/back** πάω εμπρός/πίσω

► **steps** npl (BRIT) = **stepladder** · ~ **down** vi (fig) αποσύρομαι · ~ **in** vi (fig) παρεμβαίνω · ~ **on** vt fus πατάω πάνω (σε) · ~**brother** n ετεροθαλής αδελφός m · ~**child** (irreg) n προγονί f · ~**daughter** n προγονή f · ~**father** n πατριός m · ~**ladder** (BRIT) n πτυσσόμενη σκάλα f · ~**mother** n μητριά f · ~**sister** n

ετεροθαλής αδελφή f · ~**son** n προγονός m

stereo ['stɛrɪəʊ] n στερεοφωνικό nt ♦ adj στερεοφωνικός

stereotype ['stɪərɪətaɪp] n στερεότυπο nt ♦ vt διαμορφώνω στερεότυπα για · ~**d** στερεοτυπικός

sterile ['stɛraɪl] adj (= free from germs) αποστειρωμένος · (= barren) στείρος · (fig) στείρος

sterling ['stɜːlɪŋ] adj από καθαρό ασήμι · (fig: efforts, character) εξαιρετικός ♦ n (ECON) στερλίνα f · **one pound** ~ μία λίρα στερλίνα

stern [stɜːn] adj αυστηρός ♦ n πρύμνη f

steroid ['stɪərɔɪd] n στεροϊδές n

stew [stjuː] n ραγού nt inv ♦ vt (meat, vegetables) μαγειρεύω σε σιγανή φωτιά · (fruit) κάνω κομπόστα ♦ vi σιγοβράζω

steward ['stjuːəd] n (on ship, train) καμαρότος m · (on plane) αεροσυνοδός m · (in club etc) οικονόμος mf · ~**ess** n αεροσυνοδός f

stick [stɪk] (pt, pp **stuck**) n (of wood) κλαρί nt · (of dynamite) ράβδος f · (of chalk etc) κομμάτι nt · (also **walking** ~) μπαστούνι nt ♦ vt (with glue etc) κολλάω · (inf: = put) χώνω ♦ vi κολλάω · (in mind) σφηνώνομαι · ~ **around** (inf) vi μένω εδώ · ~ **out** vi (ears etc) προεξέχω · ~ **to** vt fus (one's word, promise) μένω πιστός σε · (the truth, facts) περιορίζομαι σε · ~ **up** vi (hair etc) υψώνομαι · ~ **up for** vt fus υποστηρίζω · ~**er** n αυτοκόλλητη ετικέτα f · ~**y** adj (= messy) που κολλάει · (= adhesive) αυτοκόλλητος

stiff [stɪf] adj (brush) σκληρός · (paste, egg white) σφιχτός · (person) πιασμένος · (door, zip etc) σφιχτός · (manner, smile) ψυχρός · (competition) σκληρός · (drink, breeze) δυνατός ♦ adv (bored, worried) φοβερά

stifling ['staɪflɪŋ] adj (heat) αποπνικτικός

stigma ['stɪgmə] n στίγμα nt

still [stɪl] adj (= motionless) ακίνητος • (= tranquil) γαλήνιος • (BRIT: drink) χωρίς ανθρακικό ♦ adv ακόμη • (= nonetheless) ωστόσο ♦ n (CINE) φωτογραφία f

stimulate ['stɪmjuleɪt] vt διεγείρω • (demand) προκαλώ • (person) εμπνέω

stimulus ['stɪmjuləs] (pl stimuli) n ερέθισμα nt

sting [stɪŋ] (pt, pp stung) n τσίμπημα nt • (organ: of wasp etc) κεντρί nt ♦ vt τσιμπάω • (fig) πληγώνω ♦ vi (insect, plant etc) τσιμπάω • (eyes, ointment etc) τσούζω

stink [stɪŋk] (pt stank, pp stunk) n βρώμα f ♦ vi βρωμάω

stir [stəːʳ] n (fig) αναταραχή f ♦ vt ανακατεύω • (fig) προκαλώ συγκίνηση σε ♦ vi (= move slightly) σαλεύω • **up** vt (trouble) προκαλώ

stitch [stɪtʃ] n (SEWING) βελονιά f • (KNITTING) πόντος m • (MED) ράμμα nt ♦ vt ράβω

stock [stɒk] n (= supply) απόθεμα nt • (COMM) εμπόρευμα nt • (AGR) ζώα ntpl • (CULIN) ζωμός m • (= origin) καταγωγή f ♦ adj (reply, excuse etc) τι έχω σε στοκ • χιλιοειπωμένος ♦ vt έχω σε στοκ • **~s and shares** npl του Χρηματιστηρίου • **in/out of ~** που διατίθεται/έχει εξαντληθεί (προσωρινά) • **to take ~ of** (fig) εκτιμώ • **~ up** vi to **~ up (with)** εφοδιάζομαι (με) • **~broker** n χρηματιστής m/f • **~ exchange** n Χρηματιστήριο nt (αξιών) • **~holder** n (esp US) n μέτοχος mf

stocking ['stɒkɪŋ] n κάλτσες fpl

stock market (BRIT) n Χρηματιστήριο nt αξιών

stole [stəʊl] pt of **steal**

stolen ['stəʊlən] pp of **steal**

stomach ['stʌmək] n (ANAT) στομάχι nt • (belly) κοιλιά f ♦ vt (fig) χωνεύω

stone [stəʊn] n (= rock) πέτρα f • (= gem) πετράδι nt • (= pebble) βότσαλο nt • (BRIT: in fruit) κουκούτσι nt • (BRIT: weight) = 6, 35 κιλά ♦ vt (person) λιθοβολώ

stood [stʊd] pt, pp of **stand**

stool [stuːl] n σκαμνί nt

stoop [stuːp] vi (also = **down**) σκύβω • (= walk with a stoop) περπατάω σκυρτά • **to ~ to sth/doing sth** (fig) πέφτω χαμηλά /για να κάνω κτ

stop [stɒp] n στάση f ♦ vt (= cause to stop) σταματάω • (= block: pay, cheque) ακυρώνω • (= prevent) αποτρέπω ♦ vi σταματάω • **to ~ doing sth** σταματάω να κάνω κτ • **~ by** vi περνάω • **~ off** vi σταματάω για λίγο • **~over** n στάση f • (AVIAT) ενδιάμεση στάση f

stoppage ['stɒpɪdʒ] n (= strike) στάση f εργασίας • (= blockage) διακοπή f

storage ['stɔːrɪdʒ] n (also COMPUT) αποθήκευση f

store [stɔːʳ] n (= stock) απόθεμα nt • (= depot) αποθήκη f • (BRIT: large shop) πολυκατάστημα nt • (US: = shop) κατάστημα nt • (= reserve) απόθεμα nt ♦ vt αποθηκεύω • **in ~** αποθηκευμένος • ▸ **stores** npl (= provisions) εφόδια ntpl • **~ up** vt συγκεντρώνω απόθεμα + gen

storey ['stɔːrɪ] (US **story**) n όροφος m

storm [stɔːm] n καταιγίδα f ♦ vi (= speak angrily) θυμώνω ♦ vt (place) κάνω έφοδο σε • **~y** adj θυελλώδης

story ['stɔːrɪ] n ιστορία f • (PRESS) άρθρο nt • (= lie) παραμύθι nt • (US) = **storey**

stout [staʊt] adj (person) γεμάτος • (supporter, resistance) ρωμαλέος

stove [stəʊv] n στόφα f • (for heating) σόμπα f

straight [streɪt] adj ευθύς • (answer)

ειλικρινής · (*choice, fight*) ξεκάθαρος
♦ *adv* (*in time*) κατ' ευθείαν · (*in direction*) ίσια · **to put** *or* **get sth ~** (*= make clear*) βάζω τα πράγματα στη θέση τους · **~ away, ~ off** αμέσως · **~en** *vt* ισιώνω · **~en out** *vt* (*fig*) τακτοποιώ · **~forward** *adj* απλός, ευθύς

strain [streɪn] *n* (*= pressure*) πίεση *f* · (*TECH*) πίεση *f* · (*MED: also* **back ~**) τράβηγμα *nt* · (*= tension*) υπερέντταση *f* · (*= breed*) ποικιλία *f* ♦ *vt* (*ankle*) στραμπουλάω · (*resources*) εξαντλώ · (*CULIN*) στραγγίζω ♦ *vi* **to ~ to do sth** καταβάλλω μεγάλη προσπάθεια να κάνω κτ · **~ed** *adj* (*back, muscle*) τραβηγμένος · (*laugh etc*) βεβιασμένος · (*relations*) τεταμένος

strait [streɪt] *n* στενό *nt* · **to be in dire ~s** είμαι στριμωγμένος

strand [strænd] *n* (*of thread, wire*) κλώνος *m* · (*of hair*) μπούκλα *f* · (*fig*) ρεύμα *nt*

stranded ['strændɪd] *adj* (*traveller etc*) που έχει ξεμείνει

strange [streɪndʒ] *adj* (*= unfamiliar*) άγνωστος · (*= odd*) παράξενος · **~ly** *adv* παράξενα · *see also* **enough** · **~r** *n* (*= unknown person*) άγνωστος/η *m/f* · (*from another area*) ξένος/η *m/f*

strangle ['stræŋgl] *vt* στραγγαλίζω

strap [stræp] *n* λουρί *nt* · (*of dress etc*) τιράντα *f* ♦ *vt* **to ~ in** *or* **on** δένω με ζώνη

strategic [strə'tiːdʒɪk] *adj* στρατηγικός

strategy ['strætɪdʒɪ] *n* (*= plan*) στρατηγική *f* · (*MIL*) τακτική *f*

straw [strɔː] *n* (*no pl*) άχυρο *nt* · (*drinking straw*) καλαμάκι *nt*

strawberry ['strɔːbərɪ] *n* φράουλα *f*

stray [streɪ] *adj* (*animal*) αδέσποτος · (*= scattered*) σκόρπιος ♦ *vi* (*children, animals*) βρίσκομαι κατά λάθος · (*thoughts*) πλανιέμαι

streak [striːk] *n* λουρίδα *f* · (*fig*) τάση *f* ♦ *vi* **to ~ past** περνάω σαν

αστραπή

stream [striːm] *n* (*= small river*) ρυάκι *nt* · (*of people, vehicles*) ρεύμα *nt* · (*of questions, insults etc*) χείμαρρος *m* · (*SCOL*) κατεύθυνση *f* ♦ *vt* (*SCOL*) κατατάσσω σε κατευθύνσεις ♦ *vi* (*water, blood etc*) τρέχω · **to ~ in/out** συρρέω/ξεχύνομαι

street [striːt] *n* δρόμος *m* · **~car** (*US*) *n* τραμ *nt inv*

strength [streŋθ] *n* (*physical*) δύναμη *f* · (*of girder, knot etc*) αντοχή *f* · (*fig*) δύναμη *f* · (*of chemical solution*) ισχύς *f* · **on the ~ of** επηρεασμένος από · **~en** *vt* ενισχύω

strenuous ['strenjuəs] *adj* (*exercise, walk*) έντονος · (*efforts*) επίπονος

stress [stres] *n* (*= force*) πίεση *f* · (*= mental strain*) άγχος *nt* · (*LING*) τόνος *m* · (*= emphasis*) έμφαση *f* ♦ *vt* τονίζω · **~ful** *adj* πιεστικός

stretch [stretʃ] *n* (*of sand, water etc*) έκταση *f* · (*of time*) περίοδος *f* ♦ *vi* (*person, animal*) τεντώνομαι · (*land, area*) εκτείνομαι ♦ *vt* (*= pull*) τεντώνω · **~ out** *vi* ξαπλώνω ♦ *vt* απλώνω · **~er** *n* φορείο *nt*

strict [strɪkt] *adj* (*person, rule*) αυστηρός · (*meaning*) ακριβής · **~ly** *adv* (*= severely*) αυστηρά · (*= exactly*) ακριβώς · (*= solely*) αποκλειστικά και μόνο · **~ly speaking** μιλώντας κυριολεκτικά

stride [straɪd] (*pt* **strode**, *pp* **stridden**) *n* δρασκελιά *f* ♦ *vi* περπατάω με δρασκελιές

strike [straɪk] (*pt, pp* **struck**) *n* (*of workers*) απεργία *f* · (*MIL: attack*) επιδρομή *f* ♦ *vt* (*= hit*) χτυπάω · (*fig: idea, thought*) έρχομαι στο νου σε · (*oil etc*) βρίσκω · (*bargain, deal*) κλείνω ♦ *vi* χτυπάω · (*= go on strike*) απεργώ · **on ~** σε απεργία · **~ off** *vt* διαγράφω · **~ up** *vt* (*conversation, friendship*) πιάνω · **~r** *n* απεργός *mf* · (*SPORT*) επιθετικός *m* · **striking** *adj*

εντυπωσιακός

string [strɪŋ] (pt, pp **strung**) n (thin rope) σπάγγο m · (of beads) σειρά f · (of disasters, excuses) σειρά f · (MUS) χορδή f ♦ vt to ~ together βάζω στη σειρά· **to ~ out** απλώνω στη σειρά
▸ **the strings** npl (MUS) τα έγχορδα ntpl

strip [strɪp] n λωρίδα f · (SPORT) στολή f ♦ vt (= undress) γδύνω · (paint) βγάζω · (also ~ **down**: machine) λύνω ♦ vi γδύνομαι

stripe [straɪp] n ρίγα f · **~d** adj με ρίγες

stripper ['strɪpə'] n (female) στριπτιζέζ f inv

strive [straɪv] (pt **strove**, pp **~n**) vi to ~ **for** sth/to do sth πασχίζω για κτ/ να κάνω κτ

strode [strəud] pt of **stride**

stroke [strəuk] n (blow) χτύπημα nt · (SWIM: = style) στυλ nt inv · (MED) εγκεφαλικό nt · (of clock) χτύπος m · (of paintbrush) πινελιά f · (= caress) χάιδεμα · **at a ~** μια κι έξω · **a ~ of luck** μια ξαφνική εύνοια της τύχης

stroll [strəul] n περίπατος m ♦ vi πάω μια βόλτα· **~er** (US) n καροτσάκι nt

strong [strɒŋ] adj δυνατός · (object, material) γερός · (language) κακός · (taste, smell) έντονος ♦ adv **they are 50 ~** είναι 50 · **~hold** n (also fig) οχυρό nt · **~ly** adv (defend, argue) με σθένος · (feel) έντονα · (believe) ακράδαντα

strove [strəuv] pt of **strive**

struck [strʌk] pt, pp of **strike**

structure ['strʌktʃə'] n δομή f · (building) κατασκευή f

struggle ['strʌgl] n (fight) πάλη f · (POL etc) αγώνας m · (difficulty) αγώνας m ♦ vi (= try hard) αγωνίζομαι · (= fight) παλεύω

strung [strʌŋ] pt, pp of **string**

stubble ['stʌbl] n (AGR) καλαμιά f · (on

chin) αξύριστα γένια ntpl

stubborn ['stʌbən] adj (child) πεισματάρικος · (determination) ατσάλινος · (stain, illness etc) επίμονος

stuck [stʌk] pt, pp of **stick** ♦ adj (= jammed) που έχει κολλήσει or φρακάρει · (= unable to answer) **to be ~** κολλάω

stud [stʌd] n (on clothing etc) καρφάκι nt · (earring) μπίλια f · (on boot) καρφί nt · (also ~ **farm**) ιπποτροφείο nt ♦ vt (fig) **~ded with** στολισμένος με

student ['stjuːdənt] n (at university) φοιτητής/τρια m/f · (at school) μαθητής/τρια m/f · **~s' union** (BRIT) n (association) ένωση f φοιτητών · (building) φοιτητική λέσχη f

studio ['stjuːdɪəu] n (TV etc) στούντιο nt inv · (sculptor's etc) εργαστήρι nt

study ['stʌdɪ] n (activity) μελέτη f · (room) βιβλιοθήκη f ♦ vt (subject) σπουδάζω · (face, evidence) εξετάζω (προσεκτικά) ♦ vi μελετάω
▸ **studies** npl σπουδές fpl

stuff [stʌf] n (= things) πράγματα ntpl · (= substance) πράγμα nt ♦ vt (soft toy) παραγεμίζω · (CULIN) γεμίζω · (inf: = push) χώνω · **~ing** n υλικό nt για παραγέμισμα · (CULIN) γέμιση f · **~y** adj (room) αποπνικτικός · (person, ideas) σκουριασμένος

stumble ['stʌmbl] vi σκοντάφτω· **to ~ across** or **on** (fig) πέφτω τυχαία πάνω σε

stump [stʌmp] n (of tree) κούτσουρο nt · (of limb) κολόβωμα nt ♦ vt **to be ~ed** βρίσκομαι σε αμηχανία

stun [stʌn] vt (news) αφήνω εμβρόντητο · (blow on head) ζαλίζω

stung [stʌŋ] pt, pp of **sting**

stunning ['stʌnɪŋ] adj εντυπωσιακός

stunt [stʌnt] n (in film) επικίνδυνη σκηνή f · (= publicity stunt) διαφημιστικό κόλπο nt

stupid ['stju:pɪd] adj (person) βλάκας · (question, idea) ανόητος · **~ity** n ανοησία f

sturdy ['stɜːdɪ] adj (person) γεροδεμένος · (thing) γερός

style [staɪl] n (way, attitude) πρότυπο nt · (= elegance) στυλ nt inv · (= design) σχέδιο nt · **stylish** adj στυλάτος · **stylist** n (hair stylist) κομμωτής/τρια m/f

sub... [sʌb] prefix υπο-

subconscious [sʌb'kɒnʃəs] adj υποσυνείδητος

subdued [səb'dju:d] adj (light) χαμηλός · (person) υποτονικός

subject n ['sʌbdʒɪkt] vb [səb'dʒɛkt] n (matter) θέμα nt · (scol) μάθημα nt · (GRAMMAR) υποκείμενο nt ◆ vt **to ~ sb to sth** υποβάλλω κν σε κτ · **to be ~ to** (law, tax) υπόκειμαι σε

subjective [səb'dʒɛktɪv] adj υποκειμενικός

subject matter n περιεχόμενο nt

submarine [sʌbmə'ri:n] n υποβρύχιο nt

submission [səb'mɪʃən] n (subjection) υποταγή f · (of plan, application) υποβολή f · (proposal) πρόταση f

submit [səb'mɪt] vt υποβάλλω ◆ vi **to ~ to sth** υποκύπτω σε κτ

subordinate [sə'bɔːdɪnət] n υφιστάμενος/η m/f ◆ adj (position) κατώτερος · (role) δευτερεύον

subscribe [səb'skraɪb] vi **to ~** (opinion) συμφωνώ με · (magazine etc) είμαι συνδρομητής

subscription [səb'skrɪpʃən] n (to magazine etc) συνδρομή f · (= membership dues) εισφορά f

subsequent ['sʌbsɪkwənt] adj (events) που ακολουθεί · (research, investigations) μετέπειτα · **~ly** adv στη συνέχεια

subside [səb'saɪd] vi (feeling, pain) υποχωρώ · (flood) πέφτει η στάθμη · (earth) υποχωρώ

subsidiary [səb'sɪdɪərɪ] adj δευτερεύον ◆ n (also ~ **company**) θυγατρική f

subsidy ['sʌbsɪdɪ] n επιδότηση f

substance ['sʌbstəns] n ουσία f

substantial [səb'stænʃl] adj γερός · (meal) πλούσιος

substitute ['sʌbstɪtju:t] n υποκατάστατο nt ◆ vt **to ~ A for B** αντικαθιστώ το B με το A · **substitution** n **~ of A for B** αντικατάσταση του B με το A

subtitle ['sʌbtaɪtl] (CINE) n υπότιτλος m

subtle ['sʌtl] adj (= slight) ανεπαίσθητος · (= indirect: person) επιτήδειος

suburb ['sʌbɜːb] n προάστειο nt · **~an** adj (train etc) των προαστείων · (lifestyle etc) μικροαστικός

subway ['sʌbweɪ] n (US: = railway) υπόγειος m · (BRIT: = underpass) υπόγεια διάβαση f

succeed [sək'si:d] vi πετυχαίνω ◆ vt διαδέχομαι · **to ~ in doing sth** επιτυγχάνω or πετυχαίνω κτ

success [sək'sɛs] n επιτυχία f · **~ful** adj (attempt, writer) επιτυχία · (candidate) επιτυχών · **~fully** adv με επιτυχία

succession [sək'sɛʃən] n (series) σειρά f · (to throne etc) διαδοχή f

successive [sək'sɛsɪv] adj (governments) διαδοχικός · (years, attempts) συνεχόμενος

successor [sək'sɛsər] n διάδοχος mf

succumb [sə'kʌm] vi **to ~ (to)** υποκύπτω

such [sʌtʃ] adj (emphasizing similarity) some **~ place** ένα τέτοιο μέρος · (= of that kind) **~ a book** ένα τέτοιο βιβλίο · (= so much) **~ courage** τέτοιο or τόσο θάρρος ◆ adv τόσο · **~ a long trip** τόσο μεγάλο ταξίδι · **~ a lot of** τόσο πολύς · **~ as** όπως +nom · **as ~** αυτός καθαυτός · **~ and ~** adj ο τάδε

suck [sʌk] *vt* (*ice lolly, sweet etc*) γλείφω ◆ *vi* (*baby*) θηλάζω

Sudan [suːˈdɑːn] *n* Σουδάν *nt inv*

sudden [ˈsʌdn] *adj* ξαφνικός ◆ **all of a** ~ ξαφνικά ◆ **~ly** *adv* ξαφνικά

sue [suː] *vt* κάνω μήνυση *or* αγωγή σε ◆ *vi* κάνω μήνυση *or* αγωγή

suede [sweɪd] *n* καστόρι ◆ *cpd* καστόρινος

suffer [ˈsʌfə²] *vt* (*hardship etc*) υφίσταμαι · (*pain*) υποφέρω από ◆ *vi* (*person*) υποφέρω · (*results etc*) πάσχω · **to** ~ **from** υποφέρω από · **~ing** *n* πόνος *m*

suffice [səˈfaɪs] *vi* **this** ~**s** αρκεί

sufficient [səˈfɪʃnt] *adj* αρκετός

sugar [ˈʃʊgə²] *n* ζάχαρη *f*

suggest [səˈdʒɛst] *vt* (= *propose*) προτείνω · (= *indicate*) δείχνω · **~ion** *n* (= *proposal*) πρόταση *f* · (= *indication*) ένδειξη *f*

suicide [ˈsuɪsaɪd] *n* αυτοκτονία *f* · (*person*) αυτόχειρας *m* · see also **commit**

suit [suːt] *n* (*man's*) κοστούμι *nt* · (*woman's*) ταγιέρ *nt inv* · (*JUR*) μήνυση *f* · (*CARDS*) χρώμα *nt* ◆ *vt* (= *be convenient, appropriate*) βολεύω · (*colour, clothes*) πηγαίνω · **to** ~ **sth to** προσαρμόζω κτ σε · **to be well** ~**ed** (*couple*) είμαι ταιριαστός · **~able** *adj* (*time, moment*) βολικός · (*person, clothes etc*) κατάλληλος

suitcase [ˈsuːtkeɪs] *n* βαλίτσα *f*

suite [swiːt] *n* σουίτα *f* · **bedroom/dining room** ~ έπιπλα κρεβατοκάμαρας/τραπεζαρίας · see also **three-piece suite**

sulphur [ˈsʌlfə²] (*US* **sulfur**) *n* θείο *nt*

sultana [sʌlˈtɑːnə] *n* ξανθή σταφίδα *f*

sum [sʌm] *n* (= *calculation*) πράξη *f* (*αριθμητική*) · (= *amount*) ποσό *nt* · ~ **up** *vt* (= *describe*) συνοψίζω · (= *evaluate rapidly*) κόβω ◆ *vi* (= *summarize*) συνοψίζω

summarize [ˈsʌməraɪz] *vt* συνοψίζω

summary [ˈsʌməri] *n* περίληψη *f*

summer [ˈsʌmə²] *n* καλοκαίρι *nt* · **~time** *n* καλοκαίρι *nt*

summit [ˈsʌmɪt] *n* κορφή *f* · (*also* ~ **conference/meeting**) συνάντηση *f* κορυφής

summon [ˈsʌmən] *vt* καλώ · (*help*) ζητάω · ~ **up** *vt* επιστρατεύω

sun [sʌn] *n* ήλιος *m* · **in the** ~ στον ήλιο · **to catch the** ~ με αρπάζει ο ήλιος · **~bathe** *vi* κάνω ηλιοθεραπεία · **~burn** *n* κάψιμο *nt* απ'τον ήλιο · **~burnt** *adj* (= *tanned*) ηλιοκαμένος · (*painfully*) που έχει καεί απ'τον ήλιο

Sunday [ˈsʌndɪ] *n* Κυριακή *f* · see also **Tuesday**

sunflower [ˈsʌnflaʊə²] *n* ηλιοτρόπιο *nt*

sung [sʌŋ] *pp of* **sing**

sunglasses [ˈsʌnglɑːsɪz] *npl* γυαλιά *ntpl* ηλίου

sunk [sʌŋk] *pp of* **sink**

sunlight [ˈsʌnlaɪt] *n* φως *nt* του ήλιου

sunny [ˈsʌnɪ] *adj* (*day, place*) ηλιόλουστος · **it is** ~ έχει ήλιο *or* λιακάδα

sunrise [ˈsʌnraɪz] *n* ανατολή *f*

sunset [ˈsʌnsɛt] *n* δύση *f*

sunshine [ˈsʌnʃaɪn] *n* λιακάδα *f*

super [ˈsuːpə²] (*inf*) *adj* φανταστικός

superb [suːˈpəːb] *adj* εξαιρετικός

superficial [suːpəˈfɪʃəl] *adj* (*wound*) επιπόλαιος · (*knowledge*) επιφανειακός · (*person*) ρηχός

superintendent [suːpərɪnˈtɛndənt] *n* (*of place, activity*) επόπτης *m* · (*POLICE*) αστυνομικός διευθυντής *m*

superior [suˈpɪərɪə²] *adj* (= *better, more senior*) ανώτερος · (= *smug*) υπεροπτικός ◆ *n* ανώτερος/η *m/f*

superlative [suˈpəːlətɪv] *n* (*LING*) υπερθετικός ◆ *adj* απαράμιλλος

supermarket [ˈsuːpəmɑːkɪt] *n* σουπερμάρκετ *nt inv*

supernatural [suːpəˈnætʃərəl] *adj* υπερφυσικός ◆ *n* **the** ~ το υπερφυσικό

superpower ['su:pǝpaʊǝ'] n υπερδύναμη f

superstition [su:pǝ'stɪʃǝn] n δεισιδαιμονία f

superstitious [su:pǝ'stɪʃǝs] adj προληπτικός

supervise ['su:pǝvaɪz] vt (person) επιβλέπω · (activity) εποπτεύω ·

supervision n επίβλεψη f ·

supervisor n (of workers) επιστάτης/τρια m/f

supper ['sʌpǝ'] n βραδινό (φαγητό) nt

supple ['sʌpl] adj λυγερός

supplement n ['sʌplɪmǝnt] vb [sʌplɪ'ment] n (of vitamins etc) συμπλήρωμα nt · (of newspaper, magazine) παράρτημα nt ◆ vt συμπληρώνω

supplier [sǝ'plaɪǝ'] n προμηθευτής/τρια m/f

supply [sǝ'plaɪ] vt (= provide) προμηθεύω · (COMM: = deliver) παραδίδω ◆ n (= stock) απόθεμα nt · (= supplying) παράδοση f · **to be in short ~** σπανίζω
▸ **supplies** npl (food) προμήθειες fpl · (MIL) ανεφοδιασμός m

support [sǝ'pɔ:t] n υποστήριξη f · (TECH) υποστήριγμα nt ◆ vt (policy, football team etc) υποστηρίζω · (family etc) συντηρώ · (= hold up) βαστάω · (= sustain: theory etc) στηρίζω · **-er** n (POL) υποστηρικτής/τρια m/f · (SPORT) οπαδός mf

suppose [sǝ'pǝʊz] vt (= think likely) υποθέτω · (= imagine) φαντάζομαι · **to be ~d to do sth** κανονικά πρέπει να κάνω κτ · **~dly** adv σύμφωνα με ό,τι υποτίθεται ότι · **supposing** conj αν υποθέσουμε ότι

suppress [sǝ'pres] vt (revolt) καταστέλλω · (information) αποσιωπώ · (feelings) καταπνίγω

supreme [su'pri:m] adj (in titles) ανώτατος · (effort, achievement) υπέρτατος

surcharge ['sǝ:tʃɑ:dʒ] n πρόσθετο τέλος nt

sure [ʃʊǝ'] adj σίγουρος · **to make ~ of sth/that** βεβαιώνομαι για κτ/ότι · **~!** φυσικά · **~ly** adv (= certainly) σίγουρα

surf [sǝ:f] n κύμα nt ◆ vt (COMPUT) σερφάρω

surface ['sǝ:fɪs] n επιφάνεια f ◆ vt (road) ασφαλτοστρώνω · vi (fish, diver) βγαίνω στην επιφάνεια · (feeling) έρχομαι στην επιφάνεια

surfboard ['sǝ:fbɔ:d] n σανίδα f σέρφινγκ

surfing ['sǝ:fɪŋ] n (SPORT) σέρφινγκ nt inv

surge [sǝ:dʒ] n (increase) κύμα nt αύξησης · (fig: of emotion) ξέσπασμα nt · (ELEC) υπέρταση f ◆ vi (water) φουσκώνω · (people, vehicles) ξεχύνομαι

surgeon ['sǝ:dʒǝn] n χειρουργός mf

surgery ['sǝ:dʒǝrɪ] n (treatment) εγχείρηση f · (BRIT: room) ιατρείο nt

surname ['sǝ:neɪm] n επώνυμο nt

surpass [sǝ:'pɑ:s] vt ξεπερνώ

surplus ['sǝ:pləs] n πλεόνασμα nt ◆ adj περισσευούμενος

surprise [sǝ'praɪz] n έκπληξη f ◆ vt (= astonish) εκπλήσσω · (= catch unawares) αιφνιδιάζω

surprising [sǝ'praɪzɪŋ] adj εκπληκτικός · **~ly** adv (easy, helpful) εκπληκτικά · (somewhat) **~ly, he agreed** προς έκπληξη όλων, συμφώνησε

surrender [sǝ'rendǝ'] n παράδοση f ◆ vi παραδίδομαι · vt παραχωρώ

surround [sǝ'raʊnd] vt (walls, hedge etc) περιστοιχίζω · (MIL. POLICE) περικυκλώνω · **~ing** adj τριγύρω · **~ings** npl περιβάλλον nt

surveillance [sǝ:'veɪləns] n επιτήρηση f

survey n ['sǝ:veɪ] vb [sǝ:'veɪ] n (of land) τοπογράφηση f · (of house) αξιολόγηση f (ακινήτων) · (of habits etc) έρευνα f ◆ vt (land) κάνω

surveyor τοπογράφηση +gen · (house) εκτιμώ · (scene) παρατηρώ ~ **or** n (of land) τοπογράφος mf · (of house) εκτιμητής/τρια mf

survival [sə'vaɪvl] n επιβίωση f

survive [sə'vaɪv] vi (person, animal) επιζώ · (custom etc) επιβιώνω ♦ vt (person) ζω παραπάνω από ·

survivor n επιζών/ώσα mf

suspect adj, n ['sʌspekt] vb [səs'pekt] adj ύποπτος ♦ n ύποπτος/η mf/n ♦ vt υποπτεύομαι

suspend [səs'pend] vt (= hang) κρεμάω · (= delay, stop) αναστέλλω · (from employment) θέτω σε διαθεσιμότητα

suspense [səs'pens] n (uncertainty) αβεβαιότητα f · (in film etc) αγωνία f

suspension [səs'penʃən] n (from job) διαθεσιμότητα f · (from team) αποκλεισμός m · (AUT) ανάρτηση f · (of driving licence, payment) αναστολή f

suspicion [səs'pɪʃən] n υποψία f

suspicious [səs'pɪʃəs] adj (look, circumstances) ύποπτος · **to be ~ of** or **about sb/sth** βλέπω κν/κτ με καχυποψία

sustain [səs'teɪn] vt (interest etc) διατηρώ · (injury) υφίσταμαι

swallow ['swɔləʊ] n (bird) χελιδόνι nt · (of food etc) μπουκιά f · (of drink) γουλιά f ♦ vt καταπίνω · (fig: story) χάβω

swam [swæm] pt of swim

swamp [swɔmp] n έλος nt f · γεμίζω νερά · (fig) κατακλύζομαι

swan [swɔn] n κύκνος m

swap [swɔp] n ανταλλαγή f ♦ vt **to ~ (for)** (exchange) ανταλλάσσω (με) · (replace) αντικαθιστώ (με)

swarm [swɔːm] n σμήνος nt ♦ vi (bees) σχηματίζω σμάρι · (people) συρρέω κατά μάζες · **to be ~ing with** κατακλύζομαι από

sway [sweɪ] vi (person) τρεκλίζω · (tree etc) κουνιέμαι ♦ vt (= influence)

παρασύρω

swear [swɛə[r]] (pt swore, pp sworn) vi (= curse) βρίζω ♦ vt (= promise) ορκίζομαι · ~ **word** n βρισιά f

sweat [swet] n ιδρώτας m ♦ vi ιδρώνω

sweater ['swetə[r]] n πουλόβερ nt inv

sweatshirt ['swetʃəːt] n κολεγιακό f

sweaty ['swetɪ] adj ιδρωμένος

Swede [swiːd] n Σουηδός/έξα mf/s

swede [swiːd] n (BRIT) ρουταμπάγκα f (είδος γουλιού)

Sweden ['swiːdn] n Σουηδία f

Swedish ['swiːdɪʃ] adj σουηδικός ♦ n (LING) σουηδικά ntpl

sweep [swiːp] (pt, pp swept) n (= act) σκούπισμα nt · (= curve) καμπύλη f ♦ vt (with brush) σκουπίζω · (with hand) ρίχνω · (current) παρασύρω ♦ vi (wind) σαρώνω · ~ **up** vi σκουπίζω

sweet [swiːt] n (candy) καραμέλλα f · (BRIT: = pudding) γλυκό nt ♦ adj γλυκός · (= kind) τρυφερός · adv **to smell** ~ μυρίζω γλυκά · ~**corn** n καλαμπόκι nt · ~**heart** n αγάπη f

swell [swel] n (of sea) φουσκοθαλασσιά f ♦ adj (US: inf: = excellent) φανταστικός ♦ vi (numbers) αυξάνομαι · (sound, feeling) δυναμώνω · (also = **up**) πρήζομαι · ~**ing** n πρήξιμο nt

swept [swept] pt, pp of **sweep**

swift [swɪft] n (bird) πετροχελίδονο nt ♦ adj (recovery, response) άμεσος · (glance) γρήγορος

swim [swɪm] (pt swam, pp swum) vi (person, animal) κολυμπάω · (head) γυρίζω ♦ vt (the Channel) διασχίζω κολυμπώντας · (a length) κολυμπάω ♦ n **to go for a ~** πάω για να βουτιάω · ~**mer** n κολυμβητής/τρια m/f · ~**ming** n κολύμπι nt · (sport) κολύμβηση f · ~**ming pool** n πισίνα f · ~**ming trunks** npl (ανδρικό) μαγιό nt inv · ~**suit** n μαγιό nt f

swing [swɪŋ] (pt, pp **swung**) n (in playground) κούνια f · (change: in opinions etc) μεταστροφή f ♦ vt (arms, legs) κουνάω · (also ~ **round**) στρίβω απότομα ♦ vi (also ~ **round**) στριφογυρίζω

swirl [swə:l] vi στροβιλίζομαι ♦ n στρόβιλος m

Swiss [swɪs] adj ελβετικός ♦ n inv Ελβετός/ίδα m/f

switch [swɪtʃ] n (for light, radio etc) διακόπτης m · (change) στροφή f ♦ vt (= change, exchange) αλλάζω · **to ~ (round or over)** αλλάζω τη θέση +gen · ~ **off** vt κλείνω · (engine, machine) σβήνω · ~ **on** vt ανοίγω · (engine, machine) ανάβω · ~**board** (TEL) n τηλεφωνικό κέντρο nt

Switzerland [ˈswɪtsələnd] n Ελβετία f

swivel [ˈswɪvl] vi (also ~ **round**) στριφογυρίζω

swollen [ˈswəʊlən] pp of **swell** ♦ adj (ankle etc) πρησμένος

swoop [swu:p] n (by police etc) έφοδος f · (of bird etc) βουτιά f ♦ vi (also ~ **down**) βουτάω

swop [swɒp] = **swap**

sword [sɔ:d] n σπαθί nt · ~**fish** n ξιφίας m

swore [swɔ:ʳ] pt of **swear**

sworn [swɔ:n] pp of **swear** ♦ adj (statement) ένορκος · (enemy) άσπονδος

swot [swɒt] vi προετοιμάζομαι εντατικά ♦ n (pej) σπασίκλας/α m/f · ~ **up** vt to ~ **up (on)** σπάζομαι στο διάβασμα σε

swum [swʌm] pp of **swim**

swung [swʌŋ] pt, pp of **swing**

syllable [ˈsɪləbl] n συλλαβή f

syllabus [ˈsɪləbəs] n πρόγραμμα nt σπουδών

symbol [ˈsɪmbl] n σύμβολο · ~**ic(al)** adj συμβολικός

symmetrical [sɪˈmetrɪkl] adj συμμετρικός

symmetry [ˈsɪmɪtrɪ] n συμμετρία f

sympathetic [sɪmpəˈθetɪk] adj (= understanding) που δείχνει κατανόηση · (= likeable) συμπαθητικός · (= supportive) που είναι ευνοϊκά διατεθειμένος

sympathy [ˈsɪmpəθɪ] n συμπόνοια f
▸ **sympathies** npl προτιμήσεις fpl

symphony [ˈsɪmfənɪ] n συμφωνία f

symptom [ˈsɪmptəm] n σύμπτωμα nt

synagogue [ˈsɪnəgɒg] n συναγωγή f

syndicate [ˈsɪndɪkɪt] n (of people, businesses) συνδικάτο nt · (of newspapers) πρακτορείο nt Τύπου

syndrome [ˈsɪndrəʊm] n σύνδρομο nt

synthetic [sɪnˈθetɪk] adj συνθετικός

Syria [ˈsɪrɪə] n Συρία f

syringe [sɪˈrɪndʒ] n σύριγγα f

syrup [ˈsɪrəp] n (also **golden** ~) σιρόπι nt

system [ˈsɪstəm] n σύστημα nt · ~**atic** συστηματικός

T t

T, t [ti:] n το εικοστό γράμμα του αγγλικού αλφαβήτου

ta [tɑ:] (BRIT: inf) excl ευχαριστώ!

table [ˈteɪbl] n τραπέζι nt · (MATH, CHEM etc) πίνακας m ♦ vt (BRIT: motion etc) καταθέτω προς συζήτηση · ~**cloth** n τραπεζομάντηλο nt · ~**spoon** n κουτάλι nt της σούπας · (also ~**spoonful:** measure) κουταλιά f της σούπας

tablet [ˈtæblɪt] n (MED) δισκίο nt · (also HIST) πλάκα f

table tennis n πιγκ-πογκ nt inv

tabloid [ˈtæblɔɪd] n λαϊκή εφημερίδα f (μικρού σχήματος)

taboo [təˈbu:] n ταμπού nt inv ♦ adj απαγορευμένος

tack [tæk] n (nail) πρόκα f ♦ vt (= nail) καρφώνω (με πρόκες) · (= stitch) τρυπώνω ♦ vi (NAUT)

διαδρομή · **to change ~** (fig)
αλλάζω τακτική

tackle ['tækl] n (for fishing) σύνεργα
ntpl · (for lifting) βίντσι nt · (FOOTBALL)
τρίπλα f ♦ vt (difficulty)
αντιμετωπίζω · (= challenge: person)
τα βάζω με · (= attack) βάζω χέρι ·
(FOOTBALL) τριπλάρω

tacky ['tæki] adj (= sticky: surface)
που κολλάει · (pej) φτηνιάρικος

tact [tækt] n λεπτότητα f · **-ful** adj
διακριτικός

tactics ['tæktiks] npl τακτική f

tag [tæg] n ετικέττα f · **price/name
~** καρτελλάκι με την τιμή/το όνομα

Tahiti [ta:'hi:ti] n Ταϊτή f

tail [teil] n (of animal, plane) ουρά f ·
(of shirt) κάτω άκρη f ♦ vt παίρνω
από πίσω or στο κοντά
▶**tails** npl φράκο nt · see also **head** ·
~ off vi (in size, quality etc) μειώνω
σταδιακά

tailor ['teilə] n ράφτης m ♦ vt **to
~ sth (to)** προσαρμόζω κτ (σε)

Taiwan ['tai'wa:n] n Ταϊβάν f inv

Tajikistan [ta:dʒiki'sta:n] n
Τατζικιστάν nt inv

take [teik] (pt **took**, pp **~n**) vt (photo)
τραβάω · (shower, holiday) κάνω ·
(notes) κρατάω · (decision) παίρνω ·
(sb's arm etc) πιάνω · (= steal)
παίρνω · (= require: effort time)
χρειάζομαι · (= tolerate: pain)
αντέχω · (= accompany: person)
πηγαίνω · (= carry, bring: object)
παίρνω · (exam, test) δίνω · (drug, pill
etc) παίρνω · **to ~ sth from** (drawer
etc) παίρνω κτ από · **I ~ it (that)**
υποθέτω (ότι) · **it won't ~ long** δε
θα πάρει πολύ · **~ after** vt fus (in
appearance) μοιάζω · (in character,
behaviour) παίρνω από · **~ apart** vt
λύνω · **~ away** vi παίρνω · (MATH)
αφαιρώ ♦ vi **to ~ away from**
μειώνω · **~ back** vt (goods)
επιστρέφω · (one's words) παίρνω
πίσω · **~ down** vt (letter, note etc)

καταγράφω · **~ in** vt (= deceive)
εξαπατώ · (= understand: information)
αντιλαμβάνομαι · (= include)
συμπεριλαμβάνω · **~ off** vi (AVIAT)
απογειώνομαι · (= go away) φεύγω
(ξαφνικά) ♦ vt (clothes, glasses)
βγάζω · (= imitate) μιμούμαι · **~ on**
vt (work, responsibility) αναλαμβάνω ·
(employee) προσλαμβάνω ·
(= compete against) αντιμετωπίζω ·
~ out vt (invite) βγάζω έξω ·
(= remove) βγάζω · (licence) βγάζω ·
~ over vt (business) αναλαμβάνω
τον έλεγχο +gen · (country)
αναλαμβάνω την εξουσία +gen ♦ vi
to ~ over from sb διαδέχομαι κν ·
~ to vt fus (person, thing) συμπαθώ ·
(activity) επιδίδομαι σε · **~ up** vt
(hobby, sport) αρχίζω (να ασχολούμαι
με) · (job) αναλαμβάνω · (= pursue:
idea, suggestion) δέχομαι · (= occupy:
space) πιάνω · (= continue: task, story)
συνεχίζω · **to ~ up one's time**
απασχολώ κτ · **to ~ sb up on sth**
δέχομαι κτ (από κν) · **~away** (BRIT)
n (shop, restaurant) κατάστημα nt που
πουλάει φαγητό σε πακέτο · (food)
φαγητό nt σε πακέτο · **~off** (AVIAT) nt
απογείωση f · **~out** (US) n =
takeaway · **~over** n (COMM)
εξαγορά f · (of country) κατάληψη f ·
takings (COMM) npl εισπράξεις fpl

tale [teil] n ιστορία f

talent ['tælnt] n ταλέντο nt · **~ed** adj
ταλαντούχος

talk [tɔ:k] n ομιλία f · (= conversation)
κουβέντα f · (= gossip) φήμη f ·
(= discussion) συζήτηση f ♦ vi
μιλάω · (= gossip) λέω κουβέντες ·
▶**talks** (POL etc) npl συνομιλίες fpl · **to
~ about** μιλάω για · **to ~ sb into
doing sth** πείθω κν · **to ~ sb out
of doing sth** αποτρέπω κν από το
να κάνει κτ · **~ over** vt συζητώ ·
~ show (TV, RADIO) n τωκ-σόου nt
inv

tall [tɔ:l] adj ψηλός · **to be 2 metres
~** (person) είμαι δυο μέτρα

tame [teɪm] *adj* (animal, bird) ήμερος• (*fig*: story, party) ανιαρός

tampon ['tæmpɒn] *n* ταμπόν *nt inv*

tan [tæn] *n* (also **sun~**) μαύρισμα *nt* ♦ *vi* μαυρίζω ♦ *adj* (colour) μπρούτζινος

tandem ['tændəm] *n* **in ~** παράλληλα

tangerine [tændʒə'ri:n] *n* μανταρίνι *nt*

tangle ['tæŋgl] *n* (of branches, knots) μπέρδεμα *nt*• **to be/get in a ~** (also *fig*) μπερδεύομαι

tank [tæŋk] *n* (also **petrol ~**: *AUT*) ρεζερβουάρ *nt inv*• (also **fish ~**) ενυδρείο *nt*• (*MIL*) τεθωρακισμένο *nt*

tanker ['tæŋkə^r] *n* (ship) δεξαμενόπλοιο *nt*• (for oil) πετρελαιοφόρο *nt*

tanned [tænd] *adj* μαυρισμένος

tantrum ['tæntrəm] *n* ξέσπασμα *nt* νεύρων

Tanzania [tænzə'niə] *n* Τανζανία *f*

tap [tæp] *n* βρύση *f*• (gas tap) στρόφιγγα *f*• (gentle blow) χτυπηματάκι *nt* ♦ *vt* (hit gently) χτυπάω ελαφρά• (: exploit: resources, energy) εκμεταλλεύομαι• (telephone) παγιδεύω

tape [teɪp] *n* (also **magnetic ~**) (μαγνητο)ταινία *f*• (= cassette) κασέτα *f*• (also **sticky ~**) αυτοκόλλητη ταινία *f*• (for tying) κορδέλα *f* ♦ *vt* (record) ηχογραφώ• (conversation) μαγνητοφωνώ• (= stick with tape) κολλάω• **~ recorder** *n* μαγνητόφωνο *nt*

tapestry ['tæpɪstrɪ] *n* (on wall) ταπισερί *f inv*• (*fig*) μωσαϊκό *nt*

tar [tɑ:] *n* πίσσα *f*

target ['tɑ:gɪt] *n* (also *fig*) στόχος *m*• **to be on ~** (project, work) είμαι μέσα στους στόχους

tariff ['tærɪf] *n* δασμοί *mpl*• (*BRIT*: in hotels, restaurants) τιμή *f*

tarmac® ['tɑ:mæk] *n* (*BRIT*: on road) άσφαλτος *f* ♦ *vt* (*BRIT*: road, drive etc) ασφαλτοστρώνω

tart [tɑ:t] *n* (*CULIN*) τάρτα *f*• (: small

and open) ταρτάκι *nt*• (*BRIT*: *inf*: = prostitute) πουτάνα *f* (*inf!*) ♦ *adj* ξινός

tartan ['tɑ:tn] *n* σκωτσέζικο ύφασμα *nt* ♦ *adj* σκωτσέζικος

tartar(e) sauce [tɑ:tə'sɔ:s] *n* σάλτσα *f* ταρτάρ

task [tɑ:sk] *n* εργασία *f*• **to take sb to ~** επιπλήττω κν

taste [teɪst] *n* γεύση *f*• (sample: of food) μπουκιά *f*• (: of drink) γουλιά *f*• (*fig*) γεύση *f* ♦ *vt* (= get flavour of) καταλαβαίνω τη γεύση +gen• (= test) δοκιμάζω ♦ *vi* **to ~ of** or **like sth** έχω τη γεύση +gen• **to be in good/bad ~** (remark, joke) είμαι καλόγουστος/κακόγουστος• **~ful** *adj* καλόγουστος• **~less** *adj* (food) άνοστος• (remark, joke) κακόγουστος• **tasty** *adj* νόστιμος

tatters ['tætəz] *npl* **to be in ~** (clothes) είμαι κουρελιασμένος

tattoo [tə'tu:] *n* (on skin) τατουάζ *nt inv* ♦ *vt* **to ~ sth on sth** χαράζω τατουάζ κτ πάνω σε κτ

taught [tɔ:t] *pt, pp* of **teach**

Taurus ['tɔ:rəs] *n* Ταύρος *m*

taut [tɔ:t] *adj* τεντωμένος

tax [tæks] *n* φόρος *m* ♦ *vt* (earnings, goods etc) φορολογώ• (*fig*: memory, knowledge) θέτω σε δοκιμασία• (: patience, endurance) δοκιμάζω• **~~free** *adj* αφορολόγητος

taxi ['tæksɪ] *n* ταξί *nt inv* ♦ *vi* (*AVIAT*) τροχοδρομώ• **~ rank** (*BRIT*) *n* πιάτσα *f* ταξί• **~ stand** *n* = **taxi rank**

taxpayer ['tækspeɪə^r] *n* φορολογούμενος/η *m/f*

tea [ti:] *n* τσάι *nt*• (*BRIT*: = evening meal) βραδινό *nt*• **~ bag** *n* φακελάκι *nt* τσάι

teach [ti:tʃ] (*pt, pp* **taught**) *vt* διδάσκω• **to ~ sb sth**, **~ sth to sb** μαθαίνω κν κτ, μαθαίνω κτ σε κν ♦ *vi* διδάσκω• **~er** *n* (in primary school) δάσκαλος/a *m/f*• (in secondary school) καθηγητής/τρια *m/*

f · **~ing** n διδασκαλία f

team [tiːm] n ομάδα f · **~ up** vi to
~ up (with) συνεργάζομαι (με)

teapot ['tiːpɒt] n τσαγιέρα f

tear¹ [tɛəʳ] (pt **tore**, pp **torn**) n
σκίσιμο nt ♦ vt σκίζω ♦ vi σκίζομαι ·
~ along vi τρέχω βιαστικά ·
~ away vt to ~ o.s. away (from
sth) (fig) ξεκολλάω · **~ out** vt κόβω ·
~ up vt κάνω κομμάτια

tear² [tɪəʳ] n (in eye) δάκρυ nt · to be
in ~s κλαίω · **~ful** adj κλαμμένος ·
~ gas n δακρυγόνα ntpl

tease [tiːz] vt πειράζω

teaspoon ['tiːspuːn] n κουταλάκι nt ·
(also **~ful**: measure) ≈ κουταλάκι nt
του γλυκού

tea towel (BRIT) n πετσέτα f (για τα
πιάτα)

technical ['tɛknɪkl] adj (advances)
τεχνολογικός · (language, term)
τεχνικός

technician [tɛkˈnɪʃən] n τεχνικός mf

technique [tɛkˈniːk] n τεχνική f

technology [tɛkˈnɔlədʒɪ] n
τεχνολογία f

teddy (bear) ['tɛdɪ, bɛəʳ] n αρκουδάκι
nt

tedious ['tiːdɪəs] adj ανιαρός

tee [tiː] (GOLF) n αφετηρία f · **~ off** vi
ξεκινάω από την αφετηρία

teenage ['tiːneɪdʒ] adj (fashions etc)
νεανικός · (children) στην εφηβεία ·
~r n έφηβος/η mf

teens [tiːnz] npl to be in one's
~ είμαι στην εφηβεία μου

teeth [tiːθ] npl of **tooth**

telecommunications
['tɛlɪkəmjuːnɪˈkeɪʃənz] n
τηλεπικοινωνίες fpl ['tɛlɪkɒnfərənsɪŋ]

telegram ['tɛlɪɡræm] n τηλεγράφημα
nt

telephone ['tɛlɪfəun] n τηλέφωνο nt
♦ vt τηλεφωνώ σε ♦ vi τηλεφωνώ ·
~ call n τηλεφώνημα nt ·
~ directory n τηλεφωνικός
κατάλογος m · **~ number** n

αριθμός m τηλεφώνου

telesales ['tɛlɪseɪlz] npl πωλήσεις fpl
μέσω τηλεφώνου

telescope ['tɛlɪskəup] n τηλεσκόπιο
nt ♦ vi συντρίβομαι

television ['tɛlɪvɪʒən] n τηλεόραση f ·
to be on ~ (programme) έχει n
τηλεόραση · (person) βγαίνω στην
τηλεόραση · **~ programme** n
τηλεοπτικό πρόγραμμα nt

tell (pt, pp **told**) n ♦ vt
(= distinguish) ξεχωρίζω ♦ vi έχω φανερή
επίδραση · to ~ sth from
ξεχωρίζω κτ από ♦ vi έχω φανερή
επίδραση · to ~ sb to do sth
λέω σε κν να κάνει κτ · to ~ the
time λέω την ώρα · **~ off** vt to ~ sb
off μαλώνω κν · **~ on** vt fus
μαρτυράω · **~er** n (in bank) ταμίας mf

telly ['tɛlɪ] (BRIT: inf) n abbr =
television

temp [tɛmp] (BRIT: inf) n προσωρινός
υπάλληλος m ♦ vi εργάζομαι
προσωρινά

temper ['tɛmpəʳ] n (nature)
χαρακτήρας m · (mood) διάθεση f ·
(fit of anger) θυμός m ♦ vt
(= moderate) αμβλύνω · to lose
one's ~ χάνω την ψυχραιμία μου

temperament ['tɛmprəmənt] n
ψυχοσύνθεση f · **~al** adj (person)
ευέξαπτος

temperature ['tɛmprətʃəʳ] n
θερμοκρασία f · to have or run a
~ έχω πυρετό

temple ['tɛmpl] n (building) ναός m ·
(ANAT) κρόταφος m

temporary ['tɛmpərərɪ] adj
(arrangement, job) προσωρινός ·
(worker) έκτακτος

tempt [tɛmpt] vt προσελκύω · to be
~ed to do sth μπαίνω στον
πειρασμό να κάνω κτ · **~ation** n
πειρασμός m · **~ing** adj (offer)
ελκυστικός · (food) που σε βάζει σε
πειρασμό

ten [tɛn] num δέκα ♦ n **~s of
thousands** δεκάδες χιλιάδες

tenant ['tenənt] n ενοικιαστής/στρια m/f

tend [tend] vt (sick person) περιποιούμαι ♦ vi **to ~ to do sth** έχω τη συνήθεια να κάνω κτ · **~ency** n τάση f

tender ['tendə'] adj (person, heart) τρυφερός · (= sore) ευαίσθητος · (meat) τρυφερός ♦ n (COMM: offer) προσφορά f · (money) **to be legal ~** βρίσκομαι σε κυκλοφορία ♦ vt (offer) κάνω προσφορά · (resignation) υποβάλλω

tendon ['tendən] n τένοντας m

tenner ['tenə'] n (BRIT: inf) n δεκάρικο nt

tennis ['tenɪs] n τέννις nt inv · **~ court** n γήπεδο nt τέννις · **~ match** n παρτίδα f τέννις · **~ player** n τεννίστας/τρια m/f · **~ racket** n ρακέτα f του τέννις

tenor ['tenə'] n (MUS) τενόρος m

tenpin bowling [tenpɪn'bəulɪŋ] (BRIT) n μπόουλινγκ nt inv

tense [tens] adj (person) ανήσυχος · (period, situation) τεταμένος · (muscle) τεντωμένος ♦ n (LING) χρόνος m ♦ vt (muscles) σφίγγω

tension ['tenʃən] n (nervousness) ένταση f · (between ropes etc) τέντωμα nt

tent [tent] n σκηνή f

tentative ['tentətɪv] adj (person) διστακτικός · (plans) προσωρινός

tenth [tenθ] num δέκατος

tepid ['tepɪd] adj χλιαρός

term [tə:m] n (word, expression) όρος m · (period in power etc) θητεία f · (SCOL) τρίμηνο nt ♦ vt χαρακτηρίζω (ως) · **in ~s of** όσον αφορά (σε) +acc · **in the short/long ~** βραχυπρόθεσμα/μακροπρόθεσμα · **to be on good ~s with sb** τα πάω καλά με κν · **to come to ~s with** (problem) συμβιβάζομαι με ► **terms** npl όροι mpl

terminal ['tə:mɪnl] adj (disease) θανατηφόρος ♦ n (ELEC)

ακροδέκτης m · (COMPUT) τερματικό nt · (also ~ **air**) αερολιμένας m

terminate ['tə:mɪneɪt] vt (discussion) τερματίζω · (contract) λύνω · (pregnancy) διακόπτω

terminology [tə:mɪ'nɔlədʒɪ] n ορολογία f

terrace ['terəs] n (BRIT: row of houses) σειρά ομοιόμορφων σπιτιών χτισμένα κολλητά · (= patio) αυλή f · (AGR) αναβαθμίδα f ► **the terraces** npl (BRIT: SPORT) θέσεις fpl ορθίων · **~d** adj (house) στη σειρά · (= garden) σε διαφορετικά επίπεδα

terrain [te'reɪn] n έδαφος nt

terrible ['terɪbl] adj (accident, winter) τρομερός · (conditions) φοβερός · (inf: = awful) απαίσιος · **terribly** adv (= very) πάρα πολύ · (= very badly) απαίσια

terrific [tə'rɪfɪk] adj φοβερός

terrifying ['terɪfaɪɪŋ] adj τρομακτικός

territorial [terɪ'tɔ:rɪəl] adj (waters) χωρικός · (boundaries, dispute) εδαφικός

territory ['terɪtərɪ] n (= land) περιοχή f · (= domain: also fig) πεδίο nt

terror ['terə'] n ο τρόμος m · **~ism** n τρομοκρατία f · **~ist** n τρομοκράτης/ισσα m/f

test [test] n (trial, check) δοκιμή f · (MED) εξέταση f · (CHEM) ανάλυση f · (SCOL) διαγώνισμα nt · (also **driving ~**) εξετάσεις fpl για δίπλωμα οδήγησης ♦ vt (= try out) δοκιμάζω · (examine) εξετάζω · (MED, SCOL) εξετάζω

testify ['testɪfaɪ] vi (JUR) καταθέτω · **to ~ to sth** (= be sign of) μαρτυρώ κτ

testimony ['testɪmənɪ] n (JUR) κατάθεση f · (= clear proof) **to be (a) ~ to sth** αποτελώ μαρτυρία για

test match n διεθνής αγώνας m

test tube n δοκιμαστικός σωλήνας m

tetanus ['tetənəs] n τέτανος m

text [tekst] n κείμενο nt ♦ vt **to ~ sb**

(on mobile phone) στέλνω κειμενικό μήνυμα σε κν · ~**book** n εγχειρίδιο nt

textiles ['tekstaɪlz] npl (= fabrics) υφάσματα ntpl · (= textile industry) υφαντουργία f

text message n κειμενικό μήνυμα nt · **text messaging** n αποστολή f κειμενικών μηνυμάτων

texture ['tekstʃə'] n (of cloth) ύφανση f

Thailand ['taɪlænd] n Ταϊλάνδη f

KEYWORD

than [ðæn, ðən] conj (in comparisons) από · **she is older than you think** είναι μεγαλύτερη απ'όσο νομίζεις · **more than once** αρκετές φορές · **it's better to phone than to write** είναι καλύτερα να τηλεφωνήσεις από το να γράψεις

thank [θæŋk] vt ευχαριστώ · ~ **you (very much)** ευχαριστώ (πάρα πολύ) · ~**fully** adv με ανακούφιση · ~**fully there were few victims** ευτυχώς τα θύματα ήταν λίγα · ~**s** npl ευχαριστίες fpl ♦ excl (also **many ~s, ~s a lot**) χίλια ευχαριστώ, ευχαριστώ πολύ · ~**s to** χάρη σε +acc · **Thanksgiving (Day)** (US) n Ημέρα f των Ευχαριστιών

KEYWORD

that [ðæt] (demonstrative adj, pron: pl **those**) adj (demonstrative) αυτός · **that man/woman/book** αυτός or εκείνος ο άνθρωπος/αυτή or εκείνη η γυναίκα/αυτό or εκείνο το βιβλίο · **leave those books on the table** άφησε αυτά τα βιβλία στο τραπέζι · **that one** αυτό
♦ pron (a) (demonstrative) αυτός · **who's that?** ποιος είναι αυτός; · **what's that?** τι είναι αυτό; · **is that you?** εσύ είσαι; · **will you eat all that?** θα το φας όλο αυτό; · **that's my house** αυτό είναι το σπίτι μου ·

that's what he said αυτό είπε · **what happened after that?** τι έγινε μετά (απ' αυτό); · **that is (to say)** δηλαδή
(b) (relative) που · **the book (that) I read** το βιβλίο που διάβασα or το οποίο διάβασα · **the books that are in the library** τα βιβλία που είναι or τα οποία είναι στη βιβλιοθήκη · **all (that) I have** όλα όσα έχω · **the box (that) I put it in** το κουτί που το έβαλα or μέσα στο οποίο το έβαλα · **the people (that) I spoke to** οι άνθρωποι με τους οποίους μίλησα
(c) (relative: of time) που · **the day (that) he came** την ημέρα που ήρθε ♦ conj (with indicative) ότι · (with subjunctive) να ♦ adv (demonstrative) τόσο · **I can't work that much** δεν μπορώ να δουλεύω τόσο πολύ

thatched [θætʃt] adj αχυρένιος

thaw [θɔː] n ξεπάγωμα nt ♦ vi (ice) λιώνω · (food) ξεπαγώνω ♦ vt (food: also ~ **out**) ξεπαγώνω

KEYWORD

the [ðiː, ðə] def art (a) ο m (η f) (το nt) · **to play the piano/violin** παίζω πιάνο/βιολί · **I'm going to the butcher's/the cinema** πάω στο χασάπη/σινεμά
(b) (+ adjective to form noun) **the rich and the poor** οι πλούσιοι και οι φτωχοί · **to attempt the impossible** επιχειρώ το αδύνατο
(c) (in titles) **Elizabeth the First** η Ελισάβετ η Α΄ · **Peter the Great** ο Μεγάλος Πέτρος
(d) (in comparisons) **the more he works the more he earns** όσο πιο πολύ δουλεύει τόσο πιο πολλά κερδίζει

theatre ['θɪətə'] (US **theater**) n θέατρο nt · (MED: also **operating ~**) χειρουργείο nt

theft [θɛft] n κλοπή f

their [ðεəʳ] adj τους• (τις) (τα •) ό τους• **it is ~s** είναι δικό τους• **a friend of ~s** ένας φίλος τους• *see also* **my, mine¹**

them [ðεm, ðəm] pron *(direct)* τους (τις) (τα •) *(indirect)* τους (τις) (τα •) *(stressed, after prep)* αυτούς (αυτές) (αυτά •) *see also* **me**

theme [θiːm] n θέμα nt• **~ park** n λούνα παρκ

themselves [ðəm'sɛlvz] pl pron *(reflexive: often not translated)* εαυτούς τους (•) οι ίδιοι/ες (τα ίδια •) *(after prep)* εαυτό τους• *(alone)* μόνοι/ες/α τους• **between ~** μεταξύ τους

then [ðεn] adv *(= at that time)* τότε• *(= next)* μετά• *(= later)* τότε• *(and also)* άλλωστε ♦ conj *(= therefore)* λοιπόν ♦ adj **the ~ president** ο τότε πρόεδρος• **by ~** *(past)* στο μεταξύ• *(future)* μέχρι τότε• **from ~ on** από τότε (και στο εξής)

theology [θɪ'ɔlədʒɪ] n Θεολογία f

theory [θɪərɪ] n θεωρία f• **in ~** θεωρητικά

therapist ['θɛrəpɪst] n ειδικός mf

therapy ['θɛrəpɪ] n θεραπεία f

KEYWORD

there [ðεəʳ] adv (a) **there is, there are** υπάρχουν• **there is someone in the room** κάποιος είναι στο δωμάτιο• **there was a book/there were flowers on the table** πάνω στο τραπέζι είχε ένα βιβλίο/ λουλούδια• **there has been an accident** έγινε δυστύχημα• **there will be a meeting tomorrow** θα γίνει συνεδρίαση αύριο
(b) *(referring to place)* εκεί• **put it in/ down there** βάλ'το εκεί μέσα/κάτω• **he went there on Friday** πήγε την Παρασκευή• **there he is!** νάτος!
(c) **there,** *(to child)* έλα, έλα

thereafter [ðɛərˈɑːftəʳ] adv κατόπι(ν)

thereby [ðɛəbaɪ] adv κατά συνέπεια

therefore ['ðεəfɔːʳ] adv επομένως

there's ['ðεəz] = **there is • there has**

thermal ['θəːml] adj *(springs)* θερμός• *(underwear)* θερμικός• *(paper, printer)* θερμικός

thermometer [θə'mɔmɪtəʳ] n θερμόμετρο nt

Thermos® ['θəːməs] n *(also* **~ flask)** θερμός nt inv

these [ðiːz] pl adj αυτοί (αυτές) (αυτά •) *(emphasizing: not "those")* αυτοί ♦ pl pron αυτοί

thesis ['θiːsɪs] *(pl theses)* n διατριβή f

they [ðeɪ] pl pron *(subject, non-emphatic: usually not translated: emph)* αυτοί• **~ say that ...** λένε ότι...

they'd [ðeɪd] = **they had • they would**

they'll [ðeɪl] = **they shall • they will**

they're [ðεəʳ] = **they are**

they've [ðeɪv] = **they have**

thick [θɪk] adj παχύς• *(slice, line)* χοντρός• *(sauce, mud etc)* πηχτός• *(fog, forest)* πυκνός• *(inf: = stupid)* χοντροκέφαλος• **~ness** n *(of rope, wire)* πάχος nt• *(layer)* στρώμα nt

thief [θiːf] *(pl thieves)* n κλέφτης/ τρα m/f

thigh [θaɪ] n μηρός m

thin [θɪn] adj λεπτός• *(soup, sauce)* αραιός ♦ vi *(also* **~ out:** *crowd)* αραιώνω• **his hair is ~ning** του πέφτουν τα μαλλιά

thing [θɪŋ] n πράγμα nt• *(inf)* **to have a ~ about** *(person)* την έχω πατήσει με• **first ~** *(in the morning)* πρωτο-πρώτο (το πρωί)• **the ~ is ...** το θέμα είναι...• **for one ~** για μη τι άλλο• **how are ~s?** πώς πάει;
▶**things** npl πράγματα ntpl

think [θɪŋk] *(pt, pp thought)* vi σκέφτομαι ♦ vt *(= be of the opinion)*

πιστεύω · (*believe*) νομίζω · **to ~ of**
(= *reflect upon*) σκέπτομαι · (= *recall*)
θυμάμαι · (= *show consideration*)
σκέπτομαι · (= *conceive*) σκέπτομαι ·
what did you ~ of them? τι γνώμη
έχεις γι'αυτούς; · **to ~ about sth/sb**
συλλογίζομαι κτ/κν · **I'll ~ about it**
θα το σκεφτώ · **to ~ of doing sth**
σκέπτομαι να κάνω κτ · **I ~ so/not**
νομίζω/δεν νομίζω · **~ again!** για
ξανασκέψου! · **~ over** vt σκέπτομαι
καλά · **~ through** vt εξετάζω
προσεκτικά · **~ up** vt κατασπτρώνω

third [θɜːd] num τρίτος ♦ n (*fraction*)
τρίτο nt · (AUT) τρίτη f · **~ly** adv
τρίτον · **Third World** n the
T~ World ο Τρίτος Κόσμος ♦ adj
τριτοκοσμικός

thirst [θɜːst] n δίψα f · **~y** adj
διψασμένος · **to be ~y** διψάω

thirteen [ˈθɜːˈtiːn] num δεκατρία · **~th**
num δέκατος τρίτος

thirty [ˈθɜːtɪ] num τριάντα

┌─────────────┐
│ *KEYWORD* │
└─────────────┘

this [ðɪs] (pl **these**) adj
(*demonstrative*) αυτός (ή) (ό) · **this
one** αυτός
♦ pron (*demonstrative*) αυτός · **this is
where I live** εδώ μένω · **this is
what he said** αυτό ό'τι είπε ·
this is Mr Brown (in *introductions*)
από εδώ ο κ. Μπράουν · (in *photo*)
αυτός είναι ο κ. Μπράουν · (on
telephone) (είμαι ο) κ. Μπράουν
♦ adv (*demonstrative*) **this high/long**
τόσο ψηλός/μακρύς · **we can't stop
now we've gone this far** δεν
γίνεται να σταματήσουμε τώρα που
φτάσαμε ως εδώ

thistle [ˈθɪsl] n γαϊδουράγκαθο ·

thorn [θɔːn] n αγκάθι nt

thorough [ˈθʌrə] adj (*search*)
εξονυχιστικός · (*knowledge, research*)
εμπεριστατωμένος · (*person*)
επιμελής · **~ly** adv (*examine, study*)
λεπτομερώς · (*search*) εξονυχιστικά ·

(= *very*) πάρα πολύ

those [ðəʊz] pl adj εκείνοι (εκείνες)
(εκείνα) · (*emphasizing: not "these"*)
εκείνοι ♦ pl pron εκείνοι

though [ðəʊ] conj παρ'όλο που
♦ adv όμως · **even ~** αν και

thought [θɔːt] pt, pp of **think** ♦ n
σκέψη f · (= *reflection*) σκέψεις fpl ·
▶ **thoughts** npl απόψεις fpl · **~ful** adj
(= *deep in thought*) σκεπτικός ·
(= *considerate*) ευγενικός

thousand [ˈθaʊzənd] num χίλια · **two
~** δύο χιλιάδες · **~s of** χιλιάδες
+gen or +acc · **~th** num χιλιοστός

thrash [θræʃ] vt (= *beat*) δέρνω ·
(= *defeat*) κατατροπώνω · **~ about**
vi σπαρταράω · **~ out** vt συζητώ
διεξοδικά

thread [θred] n (*yarn*) κλωστή f · (*of
screw*) βόλτα f ♦ vt (*needle*) περνάω ·
to ~ one's way between ανοίγω
δρόμο μέσα από

threat [θret] n (*also fig*) απειλή f ·
~en vi (*storm, danger*) απειλώ ♦ vt
to ~en sb with sth απειλώ κν με
κτ · **to ~en to do sth** απειλώ να
κάνω κτ · **~ening** adj απειλητικός

three [θriː] num τρία nt ·
~-dimensional adj
τριοδιάστατος · **~-piece suite** n
σαλόνι nt (καναπές και δύο
πολυθρόνες) · **~-quarters** npl τρία
τέταρτα ntpl · **~-quarters full**
γεμάτος κατά τα τρία τέταρτα

threshold [ˈθreʃhəʊld] n (*lit*) κατώφλι
nt · **to be on the ~ of** (*fig*)
βρίσκομαι στα πρόθυρα +gen

threw [θruː] pt of **throw**

thrill [θrɪl] n (*excitement*) έντονη
συγκίνηση f · (*shudder*) ρίγος nt ♦ vi
ενθουσιάζω, με συναρπάζω · **to
be ~ed** (*with gift etc*) είμαι
ενθουσιασμένος · **~er** n περιπέτεια
f · **~ing** adj (*ride, performance*)
συναρπαστικός · (*news*)
συνταρακτικός

thriving [ˈθraɪvɪŋ] adj (*business*) που

ανθεί · (community) που ευημερεί

throat [θrəʊt] n λαιμός m

throb [θrɒb] n (of heart) χτύπος m · (of pain) σουβλιά f · (of engine) χτύπημα nt ♦ vi (heart) χτυπάω δυνατά · (head, arm: with pain) δίνω σουβλιές · (: vibrate: instrument) χτυπάω ρυθμικά · (engine) χτυπάω

throne [θrəʊn] n θρόνος m

through [θruː] prep (space) (μέσα) από · (time) κατά το διάστημα · (= by means of) με · (= owing to) από ♦ adj (ticket, train) κατευθείαν (χωρίς ενδιάμεσες στάσεις) ♦ adv κατευθείαν · **to be ~ with sb/sth** τελείωσα με κν/κτ · **~out** prep (place) σε ολόκληρο +acc · (time) σε όλο +acc ♦ adv (= everywhere) από τη μία άκρη στην άλλη · (= the whole time) συνεχώς

throw [θrəʊ] (pt **threw**, pp **~n**) n βολή f ♦ vt (object) πετάω · (rider) ρίχνω · (fig: confuse: person) θορυβώ · **to ~ a party** κάνω (ένα) πάρτυ · **~ away** vt πετάω · **~ out** (rubbish) πετάω · (person) πετάω έξω · **~ up** vi κάνω εμετό

thru [θruː] (US) prep = **through**

thrush [θrʌʃ] n (bird) τσίχλα f · (MED: BRIT) μυκητίαση f

thrust [θrʌst] (pt, pp **~**) n ♦ vt (object) χώνω · (person) σπρώχνω βίαια

thud [θʌd] n γδούπος m

thug [θʌɡ] n κακοποιός m

thumb [θʌm] n αντίχειρας m ♦ vt **to ~ a lift** κάνω ωτοστόπ · **~ through** vt fus ξεφυλλίζω

thump [θʌmp] n (blow) γροθιά f · (sound) γδούπος m ♦ vt χτυπάω με γροθιές · ♦ vi (heart etc) χτυπάω δυνατά

thunder ['θʌndə*] n βροντή f · (METEO) μπουμπουνητό nt ♦ vi (METEO) μπουμπουνίζει · **to ~ past** (train etc) περνάω με βροντή · **~storm** n καταιγίδα f ·

Thursday ['θɜːzdɪ] n Πέμπτη f · see

also **Tuesday**

thus [ðʌs] adv (= in this way) ως εξής · (= consequently) άρα

thwart [θwɔːt] vt (person) κόβω · (plans) ανατρέπω

thyme [taɪm] n θυμάρι nt

Tibet [tɪˈbet] n Θιβέτ nt inv

tick [tɪk] n (of clock) χτύπος m · (mark) vi nt inv · (ZOOL) τσιμπούρι m · (BRIT: inf) στιγμή f ♦ vi κάνω τικ-τακ ♦ vt τσεκάρω · **~ off** vt (item on list) τσεκάρω · (person) τα ψέλνω σε κν · **~ over** vi (engine) δουλεύω στο ρελαντί · (fig: business etc) υπολειτουργώ

ticket ['tɪkɪt] n (for public transport, theatre etc) εισιτήριο nt · (in shop: on goods) ετικέτα f · (also **parking ~**) κλήση f · (US: POL) **to run on the Democratic** ~ κατεβαίνω στις εκλογές με τους Δημοκρατικούς

tickle ['tɪkl] vt γαργαλάω · (fig) **to be ~d** βρίσκω κτ διασκεδαστικό ♦ vi γαργαλάω

tide [taɪd] n παλίρροια f · (fig: of events) δίνη f · (: of opinion) ρεύμα nt

tidy ['taɪdɪ] adj (room, desk) τακτοποιημένος · (person) νοικοκυρεμένος · (sum) σεβαστός ♦ vt (also **~ up**) συγυρίζω

tie [taɪ] n (BRIT: also **neck~**) γραβάτα f · (string etc) σκοινί nt · (fig: = link) δεσμός m · (SPORT: match) παιχνίδι nt · (in competition: draw) ισοπαλία f ♦ vt δένω · ♦ vi (SPORT etc) έρχομαι ισοπαλία · **to ~ sth in a bow** δένω κτ φιόγκο · **to ~ a knot in sth** δένω έναν κόμπο σε κτ · **~ down** vt (fig: person) δεσμεύω · **to ~ sb down** (arrangements) κλείνω · **to be ~d up** (= busy) έχω δουλειά

tier [tɪə*] n (of stadium etc) κερκίδα f · (of cake) όροφος m

tiger ['taɪɡə*] n τίγρη f

tight [taɪt] adj (screw, knot) σφιγτός · (grip) γερός · (shoes, clothes) στενός · (bend) κλειστός · (security,

schedule) αυστηρός • (budget)
περιορισμένος • (money) λιγοστός •
(inf: = stingy) σφιχτζούλης ♦ adv
(hold) σφιχτά • (squeeze) με δύναμη •
(shut) καλά • **~en** vt (rope, strap)
σφίγγω • (security) εντείνω ♦ vi
(grip) σφίγγομαι • (rope etc)
τεντώνω • **~ly** adv σφιχτά • **~s** (BRIT)
npl καλσόν nt inv

tile [taɪl] n (on roof) κεραμίδι nt • (on
floor, wall) πλακάκι nt ♦ vt βάζω
πλακάκια σε

till [tɪl] n ταμείο nt ♦ vt (land)
καλλιεργώ ♦ prep, conj = **until**

tilt [tɪlt] vt γέρνω ♦ vi γέρνω ♦ n
κλίση f

timber ['tɪmbə'] n ξυλεία f

time [taɪm] n χρόνος m • (often pl: =
epoch) καιρός m • (by clock) ώρα f •
(period) εποχή f • (= moment) ώρα f •
(MUS) χρόνος m ♦ vt χρονομετρώ •
(visit etc) προγραμματίζω • **a long
~** πολύς καιρός • **for the ~ being**
προς το παρόν • **4 at a
~** τέσσερες-τέσσερες • **from ~ to
~** πότε-πότε • **after ~, ~ and
again** ξανά και ξανά • **at ~s** μερικές
φορές • **in ~** (= soon enough) στην
ώρα μου, με τον καιρό • (MUS) με το
be in ~ = είμαι συγχρονισμένος • **in a
week's** = μέσα σε μια εβδομάδα, η in
no ~ στο άψε-σβήσε • **any ~** ό, τι ώρα
on = στην ώρα μου • **5 ~s 5** 5 επί
5 • **to have a good ~** τα περνάω
ωραία • **~ly** adj στην κατάλληλη στιγμή •
~r n (time switch) χρονοδιακόπτης m •
(on cooker) ρολόι m • **~table** n (RAIL
etc) πίνακας m με τα δρομολόγια •
(SCOL etc) ωρολόγιο πρόγραμμα nt •
(programme of events) πρόγραμμα nt

timid ['tɪmɪd] adj δειλός

timing ['taɪmɪŋ] n (SPORT)
συγχρονισμός m στις κινήσεις • **the
~ of his resignation** η στιγμή που
διάλεξε για να παραιτηθεί

tin [tɪn] n (metal) κασσίτερος m • (also
~ **plate**) τσίγκος m • (container)

κουτί nt • (: for baking) ταψί nt •
(: BRIT: = can) κονσέρβα f

tingle ['tɪŋgl] vi τσούξω

tinned [tɪnd] (BRIT) adj σε κονσέρβα

tin opener ['tɪnəupnə'] (BRIT) n
ανοιχτήρι nt (για κονσέρβες)

tinted ['tɪntɪd] adj (spectacles, glass)
φυμέ inv • (hair) που έχει ανταυγειες

tiny ['taɪnɪ] adj μικροσκοπικός

tip [tɪp] n (end: of paintbrush etc) άκρη
f • (gratuity) φιλοδώρημα nt • (BRIT:
also **rubbish** ~) σκουπιδότοπος m •
(advice) συμβουλή f ♦ vt (waiter)
δίνω φιλοδώρημα σε • (= tilt)
γέρνω • (also ~ **over:** = overturn)
αναποδογυρίζω • (also ~ **out:** =
empty) αδειάζω • (= predict: winner
etc) προβλέπω • ~ **off** vt προειδοποιώ

tire ['taɪə'] n (US) = **tyre** vt κουράζω
♦ vi κουράζομαι • **to** ~ **of**
κουράζομαι • ~**d** adj κουρασμένος •
to be ~d of sth/of doing sth
βαριέμαι κτ/να κάνω κτ • **tiring** adj
κουραστικός

tissue ['tɪʃu:] n ιστός m • (paper
handkerchief) χαρτομάντηλο nt

tit [tɪt] n (bird) παπαδίτσα f • (inf: =
breast) βυζί nt • ~ **for tat** μία σου και
μία μου

title ['taɪtl] n τίτλος m

---

to [tu:, tə] prep (a) (direction) σε • **to
go to France/London/school/the
station** πηγαίνω στη Γαλλία/στο
Λονδίνο/στο σχολείο/στο σταθμό •
the road to Edinburgh ο δρόμος
για το Εδιμβούργο • **to the left/right**
αριστερά/δεξιά
(b) (= as far as) μέχρι • **from 40 to
50 people** από 40 μέχρι 50 άτομα
(c) (with expressions of time) **a
quarter to 5** 5 παρά τέταρτο
(d) (= for, of) **the key to the front
door** το κλειδί της εξώπορτας • **she
is secretary to the director** είναι
γραμματέας του διευθυντή • **a letter**

to his wife ένα γράμμα στη γυναίκα του

(e) *(expressing indirect object)* σε • **to be a danger to sb/sth** είμαι επικίνδυνος για κν/κτ

(f) *(= in relation to)* **30 miles to the gallon** 30 μίλια το γαλόνι • **6 apples to the kilo** 6 μήλα στο κιλό • **3 goals to 2** σκορ 3 - 2

(g) *(purpose, result)* **to come to sb's aid** πάω να βοηθήσω κν • **to sentence sb to death** καταδικάζω κν σε θάνατο • **to my surprise** προς μεγάλη μου έκπληξη

♦ **with vb** (a) *(simple infinitive)* **to go/ eat** πηγαίνω/τρώω

(b) *(following another vb)* **to want/try/start to do** θέλω/ προσπαθώ/αρχίζω να κάνω

(c) *(with vb omitted)* **I don't want to** δεν θέλω • **you ought to** πρέπει

(d) *(purpose)* **I did it to help you** το έκανα για να σε βοηθήσω • **he came to see you** ήρθε για να σε δει

(e) *(equivalent to relative clause)* να

(f) *(after adjective etc)* (για) να • **ready to go** έτοιμος να φύγω • **too old/young to ...** πολύ μεγάλος/ μικρός για να ... ♦ **adv to push/pull the door to** κλείνω/μισοανοίγω την πόρτα • **to and fro** μπρός - πίσω

toad [təud] *n* φρύνος *m*

toast [təust] *n (CULIN)* φρυγανισμένη φέτα *f* ψωμί ♦ *vt (CULIN: bread etc)* ψήνω • *(= drink to)* πίνω στην υγειά +gen • **to propose a ~** κάνω (μια) πρόποση • **~er** *n* φρυγανιέρα *f*

tobacco [tə'bækəu] *n* καπνός *m*

today [tə'dei] *adv* σήμερα *n inv* ♦ *n* σήμερα *pn*

toddler ['tɔdlə*r*] *n* παιδί *nt* που αρχίζει να περπατάει

toe [təu] *n (of foot)* δάχτυλο *nt* του ποδιού • *(of shoe)* μύτη *f* • **~nail** *n* νύχι *nt* του ποδιού

toffee ['tɔfi] *n* καραμέλα *f* βουτύρου

together [tə'geðə*r*] *adv* μαζί • *(= at the same time)* ταυτόχρονα • **~ with** μαζί με

toilet ['tɔilət] *n (BRIT: room)* τουαλέττα *f* • **~ paper** *n* χαρτί *nt* υγείας • **~ries** *npl* είδη *ntpl* καλλωπισμού • **~ roll** *n* χαρτί *nt* υγείας

token ['təukən] *n (sign)* δείγμα *nt* • *(souvenir)* ενθύμιο *nt* • *(= substitute coin)* μάρκα *f* ♦ *adj (strike, payment etc)* συμβολικός • **by the same ~** *(fig)* με την ίδια λογική • **book/gift ~** *(BRIT)* κουπόνι *nt* για βιβλία/δώρα

told [təuld] *pt, pp of* **tell**

tolerant ['tɔlərnt] *adj* ανεκτικός

tolerate ['tɔləreit] *vt (pain, noise)* αντέχω • *(injustice)* ανέχομαι

toll [təul] *n (of casualties, deaths)* αριθμός *m* • *(tax, charge)* διόδια *ntpl* ♦ *vi (bell)* χτυπάω πένθιμα

tomato [tə'maːtəu] *(pl* **~es**) *n* ντομάτα *f*

tomb [tuːm] *n* τάφος *m*

tomorrow [tə'mɔrəu] *adv* αύριο ♦ *n* αύριο *nt inv*

ton [tʌn] *n* τόννος *m* • **~s of** *(inf)* τόννοι +acc

tone [təun] *n* τόνος *m* • *(TEL: also* **dialling ~**) σήμα *nt* κλήσης • **~ down** *vt (criticism)* κατεβάζω τον τόνο σε • *(demands)* μετριάζω • **~ up** *vt (muscles)* δυναμώνω

tongue [tʌŋ] *n* γλώσσα *f* • **~ in cheek** αστειευόμενος

tonic ['tɔnik] *n (MED)* τονωτικό *nt* • *(fig)* κάτι που φτιάχνει τη διάθεση • *(also* **~ water**) τόνικ *nt inv*

tonight [tə'nait] *adv* απόψε *(to* βράδυ) ♦ *n* συμφωνός/ηγό *m/fi/nt*

tonne [tʌn] *(BRIT) n (also* **metric ton**) τόννος *m*

too [tuː] *adv (= excessively)* πολύ • *(= also)* και • **~ much** *(adv)* υπερβολικά • *(adj)* υπερβολικός • **~ many** πάρα πολλοί • **~ bad!** τι να σου κάνω!

took [tuk] *pt of* **take**

tool [tuːl] n (also COMPUT) εργαλείο nt

tooth [tuːθ] (pl **teeth**) n (ANAT, TECH) δόντι nt • **~ache** n πονδόκοντος nt • **~brush** n οδοντόβουρτσα f • **~paste** n οδοντόκρεμα f

top [tɒp] n (of mountain, tree) κορυφή f • (of page, cupboard) (ε)πάνω μέρος f • (of street) τέρμα nt • (lid) καπάκι nt • (DRESS) πάνω nt inv • (of pyjamas) πάνω f inv ♦ adj (= highest) ο πάνω • (step) τελευταίος • (= highest in rank) ανώτερος • (= maximum) ύψιστος ♦ vt (= be first in) έρχομαι πρώτος • (= exceed) ξεπερνάω • **on ~** (of = above) πάνω (σε) • (in addition to) πέρα από • **from ~ to bottom** από πάνω μέχρι κάτω • **~ up** (US **top off**) vt (drink) (ξανα)γεμίζω • (salary) αυξάνω με επίδοματα • **~ floor** n τελευταίο πάτωμα nt

topic ['tɒpɪk] n θέμα nt • **~al** adj επίκαιρος

topless ['tɒplɪs] adj γυμνόστηθος

topping ['tɒpɪŋ] n γαρνιτούρα f

topple ['tɒpl] vt (government, leader) ρίχνω ♦ vi (person, object) αναποδογυρίζω

torch [tɔːtʃ] n (with flame) φανάρι nt • (BRIT: electric) φακός m

tore [tɔː] pt of **tear**

torment n ['tɔːmɛnt] vb [tɔː'mɛnt] n μαρτύριο nt ♦ vt (feelings, guilt etc) βασανίζω • (= annoy: person) παιδεύω

torn [tɔːn] pp of **tear** • adj **~ between** (fig) διχασμένος ανάμεσα

tornado [tɔː'neɪdəʊ] (pl **~es**) n ανεμοστρόβιλος m

torpedo [tɔː'piːdəʊ] (pl **~es**) n τορπίλλη f

torrent ['tɒrnt] n (also fig) χείμαρρος m • **~ial** adj καταρρακτώδης

tortoise ['tɔːtəs] n χελώνα f (ξηράς)

torture ['tɔːtʃə] n (violence) βασανιστήρια ntpl • (fig) μαρτύριο nt ♦ vt βασανίζω

Tory ['tɔːrɪ] (BRIT: POL) adj

Συντηρητικός ♦ n Τόρης mf

toss [tɒs] vt πετάω • (salad) ανακατεύω ♦ n **with a ~ of her head** μ' ένα τίναγμα του κεφαλιού • **to ~ a coin** παίζω κορώνα-γράμματα • **to ~ up for sth** παίζω κτ κορώνα-γράμματα

total ['təʊtl] adj (number, workforce etc) συνολικός • (failure) πλήρης • (stranger) τελείως ♦ n σύνολο nt ♦ vt (= add up: numbers, objects) προσθέτω • (= add up to: X pounds/ dollars) φτάνω (σε) • **~ly** adv (agree) απόλυτα • (disagree) ριζικά • (unprepared, new) τελείως

touch [tʌtʃ] n (= sense) αφή f • (contact) επαφή f ♦ vt (with hand, foot) αγγίζω • (= make contact with) ακουμπάω • (= move emotionally) συγκινώ ♦ vi ακουμπάω • **a ~ of** (fig: frost etc) λίγος • **in ~ with** (person, group) σε επαφή με • **~ on** vt fus (topic) θίγω • **~ up** vi (paint) περνάω • **~down** n (of rocket) προσεδάφιση f • (US: FOOTBALL) γκολ nt inv • **~ed** adj συγκινημένος • **~ing** adj (scene, photograph etc) συγκινητικός • **~line** n (SPORT) n γραμμή f επαναφοράς

tough [tʌf] adj (= strong: material) ανθεκτικός • (meat) σκληρός • (person, animal) δυνατός • (= difficult: task, problem) ζόρικος • (negotiations, policies) σκληρός

tour ['tʊə] n (journey) ταξίδι nt • (of town, factory) ξενάγηση f • (by pop group etc) περιοδεία f ♦ vt (country, city) περιοδεύω σε

tourism ['tʊərɪzm] n τουρισμός m

tourist ['tʊərɪst] n τουρίστας/τρια m/f ♦ cpd τουριστικός • **~ office** n τουριστικό γραφείο nt

tournament ['tʊənəmənt] n τουρνουά nt inv

tow [təʊ] vt ρυμουλκώ

toward(s) [tə'wɔːdz] prep προς • (purpose) για

towel ['tauəl] *n* πετσέτα *f*

tower ['tauə'] *n* πύργος *m* ♦ *vi* υψώνομαι

town [taun] *n* πόλη *f* · (*small*) κωμόπολη *f* · **to go to ~** κατεβαίνω στο κέντρο (*της πόλης*) · (*fig*) ξεπερνάω τον εαυτό μου · ~ **centre** *n* κέντρο *nt* της πόλης, (· **hall** *n* δημαρχείο *nt*

toxic ['tɒksɪk] *adj* τοξικός

toy [tɔɪ] *n* παιχνίδι *nt* · **with** *vt fus* (*object, food*) παίζω μηχανικά με · (*idea*) φλερτάρω με · ~**shop** *n* κατάστημα *nt* παιχνιδιών

trace [treɪs] *n* ίχνος *nt* ♦ *vt* (= *draw*) ξεπατικώνω · (= *follow*) ανάγω σε · (= *locate: person, letter*) εντοπίζω

track [træk] *n* (*path*) μονοπάτι *nt* · (*road*) χωματόδρομος *m* · (*of bullet etc*) τροχιά *f* · (*of suspect, animal*) ίχνος *nt* · (*RAIL*) γραμμή *f* · (*on tape, record*) κομμάτι *nt* · (*SPORT*) στίβος *m* ♦ *vt* (*animal*) ακολουθώ τα χνάρια +*gen* · ακολουθώ τα ίχνη +*gen* · **to keep ~ of** (*fig*) παρακολουθώ · ~ **down** *vt* εντοπίζω · ~**suit** *n* αθλητική φόρμα *f*

tractor ['træktə'] *n* τρακτέρ *nt inv*

trade [treɪd] *n* (*activity*) εμπόριο *nt* · (*skill, job*) τέχνη *f* ♦ *vi* έχω συναλλαγές ♦ *vt* **to ~ sth (for sth)** ανταλλάσσω κτ (για κτ) · ~ **in** *vt* (*old car etc*) ανταλλάσσω (*παλιό με καινούργιο*) · ~**mark** *n* σήμα *nt* κατατεθέν · ~**r** *n* έμπορος *mf* · ~ **union** *n* σωματείο *nt* · **trading** *n* συναλλαγή *f*

tradition [trə'dɪʃən] *n* παράδοση *f* · ~**al** *adj* παραδοσιακός

traffic ['træfɪk] *n* (*movement: of vehicles*) κίνηση *f* · (*vehicles*) κυκλοφορία *f* · (*in drugs etc*) διακίνηση *f* ♦ *vi* **to ~ in** (*liquor, drugs*) εισάγω παράνομα · ~ **circle** (*US*) *n* κυκλική διασταύρωση *f* · ~ **jam** *n* μποτιλιάρισμα *nt* · ~ **lights** *npl* φανάρια *ntpl* · ~ **warden** *n* τροχονόμος *mf*

tragedy ['trædʒədɪ] *n* τραγωδία *f*

tragic ['trædʒɪk] *adj* (*death*) τραγικός · (*consequences*) δραματικός · (*play, novel etc*) δραματικού περιεχομένου

trail [treɪl] *n* (*path*) μονοπάτι *nt* · (*of footprints etc*) σειρά *f* ♦ *vt* (= *drag*) σέρνω · (= *follow*) ακολουθώ τα ίχνη +*gen* ♦ *vi* (= *hang loosely*) σέρνομαι · (*in game, contest*) ακολουθώ · ~**er** *n* (*AUT*) ρυμούλκα *f* · (*US*: = *caravan*) τροχόσπιτο *nt* · (*CINE, TV*) προσεχώς *nt inv*

train [treɪn] *n* (*RAIL*) τρένο *nt* · (*of dress*) ουρά *f* ♦ *vt* εκπαιδεύω · (*athlete*) προπονώ · (= *point*) **to ~ on** στρέφω προς ♦ *vi* εκπαιδεύομαι · (*SPORT*) προπονούμαι · **one's ~ of thought** ο ειρμός της σκέψης κου · ~**ee** *n* μαθητευόμενος/η *m/f* · ~**er** *n* (*SPORT: coach*) προπονητής/τρια *m/f* · (: *shoe*) αθλητικό παπούτσι *nt* · (*of animals*) εκπαιδευτής/τρια *m/f* ζώων · ~**ing** *n* επιμόρφωση *f* · (*SPORT*) προπόνηση *f* · ~**ing course** *n* επιμορφωτικό σεμινάριο *nt*

trait [treɪt] *n* χαρακτηριστικό γνώρισμα *n*

traitor ['treɪtə'] *n* προδότης *mf*

tram [træm] (*BRIT*) *n* (*also* ~**car**) τραμ *nt inv*

tramp [træmp] *n* (*person*) ζητιάνος/α *m/f* ♦ *vi* περπατάω αργά

trample ['træmpl] *vt* **to ~ (underfoot)** ποδοπατώ ♦ *vi* (*fig*) **to ~ on** (*sb's feelings*) ποδοπατώ · (*sb's rights*) καταπατώ

trampoline ['træmpəli:n] *n* τραμπολίνο *nt*

trance [trɑ:ns] *n* έκσταση *f*

tranquil ['træŋkwɪl] *adj* ήρεμος · (*place*) ήσυχος

transaction [træn'zækʃən] *n* συναλλαγή *f*

transatlantic ['trænzət'læntɪk] *adj* υπερατλαντικός

transcript ['trænskrɪpt] *n* αντίγραφο *nt* (*από απομαγνητοφώνηση ή από*

σημειώσεις)

transfer n ['trænsfəː'] vb [træns'fəː:'] n
(of employees etc) μετάθεση f • (of
money) μεταφορά f • (POL: of power)
μεταβίβαση f • (SPORT) μεταγραφή f •
(picture, design) χαλκομανία f ♦ vt
(money etc) μεταφέρω • (employees)
μεταθέτω • (power, ownership)
μεταβιβάζω

transform [træns'fɔːm] vt
μεταμορφώνω • **~ation** n
μεταμόρφωσις f •
μετασχηματισμός m

transfusion [træns'fjuːʒən] n (also
blood ~) μετάγγιση f

transit ['trænzit] n **in ~** στη μεταφορά

transition [træn'zɪʃən] n μετάβαση f

translate [trænz'leit] vt μεταφράζω •
translation n μετάφραση f •
translator n μεταφραστής/τρια mf

transmission [trænz'mɪʃən] n (of
information, disease) μετάδοση f • (TV)
εκπομπή f • (AUT) κιβώτιο nt
ταχυτήτων

transmit [trænz'mit] vt μεταδίδω •
~ter n πομπός m (TV, RADIO)

transparent [træns'pærnt] adj
(blouse) ση-θρού inv • (plastic)
διαφανής • (fig) ολοφάνερος

transplant vb [træns'plaːnt] n
['trænsplaːnt] vt (MED: organ)
μεταμοσχεύω • (seedlings)
μεταφυτεύω ♦ n μόσχευμα nt

transport n ['trænspɔːt] vb
[træns'pɔːt] n (= moving people, goods)
μεταφορά f ♦ vt μεταφέρω • **~ation**
n (moving) μεταφορά f • (means of
transport) μεταφορικό μέσο nt

transvestite [trænz'vestait] n
τραβεστί mf inv

trap [træp] n (snare, trick) παγίδα ♦ vt
(animal) πιάνω σε παγίδες • (person:
= trick) παγιδεύω • (= confine)
παγιδεύω • (= immobilize) παγιδεύω

trash [træʃ] n σκουπίδια npl • (pej:
nonsense) βλακείες fpl • **~ can** (US) n
σκουπιδοντενεκέ m

trauma ['trɔːmə] n τραυματική

εμπειρία f • (PSYCH) ψυχικό τραύμα
nt • (MED) τραύμα nt • **~tic** adj
οδυνηρός

travel ['trævl] n ταξίδι nt ♦ vi (person:
= journey) ταξιδεύω • (: = move)
πηγαίνω • (car, aeroplane) κινούμαι •
(news) μεταδίδομαι ♦ vt (distance)
διανύω
▸ **travels** npl ταξίδια ntpl • **~ agency**
n ταξιδιωτικό πρακτορείο nt •
~ agent n ταξιδιωτικός πράκτορας
mf • **~ler** (US **~er**) n ταξιδιώτης/ισσα
m/f • **~ler's cheque** (US **~er's
check**) n ταξιδιωτική επιταγή f •
~ling (US **~ing**) n ταξίδια ntpl

tray [trei] n δίσκος m • (also **in-~/
out-~**) δίσκος m εισερχομένων/
εξερχομένων

treacherous ['tretʃərəs] adj ύπουλος

tread [tred] (pt **trod**, pp **trodden**) n
(of tyre) πέλμα nt ♦ vi βηματίζω •
▸ **on** vt fus τσαλαπατάω

treasure ['treʒə'] n (also fig)
θησαυρός m ♦ vt (= value: object)
φυλάω σαν θησαυρό • (: = memory,
thought) κρατάω σαν θησαυρό • **~r** n
ταμίας mf (οργανισμού κ.λπ.) •
treasury n **the T~**, (US) **the
T~ Department** υπουργείο
Οικονομικών

treat [triːt] n (present) περιποίηση f
♦ vt (person, object) αντιμετωπίζω •
(MED: patient, illness) θεραπεύω •
(TECH: = coat) περνάω • **~ sb to
sth** κερνάω κν κτ • **~ment** n
μεταχείριση f • (MED) θεραπεία f

treaty ['triːti] n συμφωνία f

treble ['trebl] adj τριπλός ♦ vt
τριπλασιάζω • vi τριπλασιάζομαι

tree [triː] n δέντρο nt

trek [trek] n (long journey) εκστρατεία
f • (= walk) οδοιπορία f ♦ vi (as
holiday) κάνω πεζοπορία

tremble ['trembl] vi (voice)
τρεμουλιάζω • (body, ground) τρέμω

tremendous [tri'mendəs] adj
(= enormous) τεράστιος • (= excellent)

φοβερός

trench [trentʃ] *n* χαντάκι *nt*

trend [trend] *n* (*tendency*) τάση *f* · (*of events*) *f* · (*= fashion*) μόδα *f* · **~y** *adj* της μόδας

trespass ['trespəs] *vi* **to ~ on** μπαίνω παράνομα σε · **"no ~ing"** "Απαγορεύεται η είσοδος"

trial ['traɪəl] *n* (*JUR*) δίκη *f* · (*test: of machine, drug etc*) δοκιμή *f* · (*worry*) μπελάς *m* · **by ~ and error** με συνεχείς δοκιμές
▶ **trials** *npl* δοκιμασία *f*

triangle ['traɪæŋgl] *n* (*MATH, MUS*) τρίγωνο *nt* · **triangular** *adj* τριγωνικός

tribe [traɪb] *n* φυλή *f*

tribunal [traɪ'bjuːnl] *n* δικαστήριο *nt* (*ειδικό*)

tribute ['trɪbjuːt] *n* (*to pay*) **~ to** αποτίω φόρο τιμής σε · **to be a ~ to sth** τιμώ ιδιαίτερα κτ

trick [trɪk] *n* κόλπο *nt* · (*deception*) τέχνασμα *nt* · (*CARDS*) παρτίδα *f* ♦ *vt* ξεγελάω

trickle ['trɪkl] *n* (*of water etc*) γραμμή *f* (*υγρού*) ♦ *vi* (*water, rain etc*) στάζω · (*people*) πηγαίνω λίγος-λίγος

tricky ['trɪkɪ] *adj* μπερδεμένος

trifle ['traɪfl] *n* ψιλοπράγμα *nt* · (*CULIN*) γλυκό με σαβογιαρδία, ζελέ και κρέμα ♦ *adv* **a ~** κάτι λίγο περισσότερο ♦ *vi* **to ~ with sb/sth** παίρνω στα ελαφρά κτ/κτ

trigger ['trɪgə*] *n* σκανδάλη *f* · **~ off** *vt fus* πυροδοτώ

trim [trɪm] *adj* (*house, garden*) περιποιημένος · (*figure, person*) λεπτός ♦ *n* (*haircut*) **to have a ~** κόβω λίγο *or* αραιώνω τα μαλλιά μου · (*decoration: on clothes*) γαρνιτούρα *f* · (: *on car*) στολίδια *ntpl* ♦ *vt* (*= cut: hair, beard*) ψαλιδίζω · (*= decorate*) **to ~ (with)** στολίζω (με)

trio ['triːəu] *n* (*also MUS*) τρίο *nt inv*

trip [trɪp] *n* (*journey*) ταξίδι *nt* ·

(*outing*) βόλτα *f* ♦ *vi* (*= stumble*) σκοντάφτω · (*= go lightly*) αλαφροπατάω · **~ over** *vt fus* σκοντάφτω · **~ up** *vi* σκοντάφτω ♦ *vt* βάζω τρικλοποδιά σε

triple ['trɪpl] *adj* τριπλός ♦ *adv* **~ the distance/the speed** τρεις φορές η απόσταση/η ταχύτητα

triplets ['trɪplɪts] *npl* τρίδυμα *ntpl*

tripod ['traɪpɔd] *n* τρίποδας *m*

triumph ['traɪʌmf] *n* θρίαμβος *m* ♦ *vi* θριαμβεύω · **~ant** *adj* θριαμβευτικός

trivial ['trɪvɪəl] *adj* ασήμαντος

trod [trɔd] *pt of* **tread** · **~den** *pp of* **tread**

trolley ['trɔlɪ] *n* καρότσι *nt*

troop [truːp] *n* (*of people*) ομάδα *f* ♦ *vi* **to ~ in/out** μπαίνω/βγαίνω κοπαδιαστά
▶ **troops** *npl* στρατεύματα *ntpl*

trophy ['trəufɪ] *n* έπαθλο *nt*

tropical ['trɔpɪkl] *adj* τροπικός

trot [trɔt] *n* (*fast pace*) τροχάδην *nt inv* · (*of horse*) τριποδισμός *m* ♦ *vi* (*horse*) τριποδίζω · (*person*) κάνω τροχάδην · **on the ~** (*BRIT: fig*) απανωτά

trouble ['trʌbl] *n* (*difficulty*) μπελάδες *mpl* · (*= problem*) πρόβλημα *nt* · (*= bother, effort*) φασαρία *f* · (*unrest*) ταραχές *fpl* · (*= worry*) βασανίζω · (*= disturb: person*) ενοχλώ ♦ *vi* **to ~ to do sth** μπαίνω στον κόπο να κάνω κτ · **to be in ~** έχω μπλεξίματα · (*ship, climber etc*) έχω κάποιο πρόβλημα
▶ **troubles** *npl* (*personal*) προβλήματα *ntpl* · (*POL*) ταραχές *fpl* · **~d** *adj* (*person*) προβληματισμένος · (*country, life*) προβληματικός · **~some** *adj* (*child*) που δημιουργεί προβλήματα · (*cough etc*) ενοχλητικός

trough [trɔf] *n* (*also* **drinking ~**) ποτίστρα *f* · (*also* **feeding ~**) ταΐστρα *f* · (*channel*) αυλάκι *nt* · (*= low point*) κατώτερο σημείο *nt*

trousers ['trauzəz] *npl* παντελόνι *nt* ·

short ~ σορτς

trout [traut] n inv πέστροφα f

truce [truːs] n ανακωχή f

truck [trʌk] n (= lorry) φορτηγό nt ·
(RAIL) βαγόνι nt μεταφοράς ·
~ driver (US **-er**) n φορτηγατζής/
ού m/f

true [truː] adj (story, account)
αληθινός · (= real: motive, feelings)
πραγματικός · (= accurate: likeness)
πιστός · (= genuine) πραγματικός ·
(= faithful: friend) πιστός · **to come
~** πραγματοποιούμαι

truly [ˈtruːlɪ] adv πραγματικά ·
(= truthfully) ειλικρινά · **Yours ~** (in
letter) μετά τιμής

trumpet [ˈtrʌmpɪt] n τρομπέτα f

trunk [trʌŋk] n (of tree, person)
κορμός m · (of elephant) προβοσκίδα
f · (case) μπαούλο nt · (US; AUT)
πορτ-μπαγκάζ nt inv
▶**trunks** npl (also **swimming ~s**)
μαγιό nt inv

trust [trʌst] n εμπιστοσύνη f · (COMM)
ίδρυμα nt ◆ vt εμπιστεύομαι · **to
~ (that)** ελπίζω ότι or να · **~worthy**
adj αξιόπιστος

truth [truːθ] n (pl **~s**) η αλήθεια f ·
~ful adj (person) φιλαλήθης ·
(answer, account) ειλικρινής

try [traɪ] n δοκιμή f · (RUGBY) τέρμα nt
◆ vt δοκιμάζω · (JUR: person) δικάζω ·
(= strain: patience) βάζω σε
δοκιμασία ◆ vi προσπαθώ · **~ on** vt
(dress, hat) προβάρω · **~ out** vt
δοκιμάζω · **~ing** adj κουραστικός

T-shirt [ˈtiːʃəːt] n φανελάκι nt

tub [tʌb] n (container) κάδος m ·
(bath) μπανιέρα f

tube [tjuːb] n σωλήνας m · (= of
medicine, toothpaste etc) σωληνάριο
nt · (BRIT: = underground) υπόγειος
m · (US: AUT) σαμπρέλα f

tuberculosis [tjubəːkjuˈləusis] n
φυματίωση f

tuck [tʌk] vt (= put) χώνω ◆ n
(SEWING) πιέτα f · **~ away** vt (money)

καταχωνιάζω · **to be ~ed away**
(building) είμαι χωμένος · · **in** vt
(clothing) βάζω μέσα · (child)
σκεπάζω ◆ vi (= eat) ορμάω · **~ up**
vt (invalid, child) σκεπάζω

Tuesday [ˈtjuːzdɪ] n Τρίτη f · **it is
~ 23rd March** είναι Τρίτη 23
Μαρτίου · **on ~** την Τρίτη · **on ~s**
κάθε Τρίτη · **every ~** κάθε Τρίτη ·
every other ~ κάθε δεύτερη Τρίτη ·
last/next ~ την περασμένη/την
ερχόμενη Τρίτη · **~ morning/
lunchtime/afternoon/evening**
Τρίτη πρωί/μεσημέρι/απόγευμα/βράδυ

tug [tʌg] n (ship) πιλοτίνα f ◆ vt
τραβάω απότομα

tuition [tjuːˈɪʃən] n (BRIT: instruction)
μαθήματα ntpl · (US: = school fees)
δίδακτρα ntpl

tulip [ˈtjuːlɪp] n τουλίπα f

tumble [ˈtʌmbl] n τούμπα f ◆ vi
κατρακυλάω

tummy [ˈtʌmɪ] (inf) n (= stomach)
στομάχι nt · (= belly) κοιλιά f

tumour [ˈtjuːmə] (US **tumor**) n
όγκος m

tuna [ˈtjuːnə] n inv (also **~ fish**)
τόννος m (ψάρι)

tune [tjuːn] n σκοπός m ◆ vt (MUS)
κουρδίζω · (RADIO, TV) ρυθμίζω · **to
be in/out of ~** (instrument) είμαι
κουρδισμένος/ξεκούρδιστος ·
(singer) είμαι σωστός/φάλτσος · **~ in**
vi (RADIO, TV) το ~ in (to)
συντονίζομαι (σε) · **~ up** vi
κουρδίζω τα όργανα

tunic [ˈtjuːnɪk] n χιτώνας m

Tunisia [tjuːˈnɪzɪə] n Τυνησία f

tunnel [ˈtʌnl] n τούνελ nt inv ◆ vt
ανοίγω σήραγγα

turbulence [ˈtəːbjuləns] n (AVIAT)
κενό nt αέρος

turf [təːf] n (grass) γρασίδι nt · (piece
of grass) κομμάτι nt χλοοτάπητα ◆ vt
στρώνω με γρασίδι · **~ out** (inf)
πετάω έξω

Turk [təːk] n Τούρκος/άλα m/f

Turkey ['tɜːkɪ] n Τουρκία f

turkey ['tɜːkɪ] n γαλοπούλα f

Turkish ['tɜːkɪʃ] adj τουρκικός ♦ n (LING) τουρκικά ntpl

turmoil ['tɜːmɔɪl] n αναταραχή f

turn [tɜːn] n στροφή f · (performance) νούμερο nt · (go) σειρά f ♦ vt γυρίζω ♦ vi (object) γυρίζω · (person) στρίβω · **to ~ forty** σαρανταρίζω · **a good ~** μια εξυπηρέτηση · **a ~ of events** μια τροπή των γεγονότων · **"no left ~"** (AUT) "απαγορεύεται η στροφή αριστερά" · **it's your ~** είναι η σειρά σας · **in ~** με τη σειρά · **to take ~s (at)** (κάνω) εναλλάξ · **at the ~ of the century/year** στις αρχές του αιώνα/χρόνου · **~ around** vi γυρνάω · **~ away** vi γυρνάω απ'την άλλη ♦ vt (applicants) απορρίπτω · (business) διώχνω · **~ back** vi γυρνάω πίσω ♦ vt γυρίζω πίσω · **~ down** vt (= refuse) αρνούμαι · (= reduce) χαμηλώνω · (= fold) σηκώνω · **~ in** vi (inf: = go to bed) πάω για ύπνο ♦ vt (to police) παραδίδω · **~ into** vt fus γίνομαι ♦ vt μετατρέπω · **~ off** vi (from road) στρίβω ♦ vt κλείνω · (engine) σβήνω · **~ on** vt (radio, tap etc) ανοίγω · (light) ανοίγω · (engine) ανάβω · **~ out** vt (light, gas) κλείνω ♦ vi (= appear, attend) προσέρχομαι · **to ~ out to be** αποδεικνύομαι ότι είμαι · **to ~ out well/badly** έχω καλή/άσχημη κατάληξη · **~ over** vi γυρίζω την πλάτη μου ♦ vt γυρίζω (person, vehicle) στρίβω · (= rotate) γυρίζω (γύρω-γύρω) · **~ round** vi εμφανίζομαι ♦ vt (collar) ανασηκώνω · (radio) δυναμώνω · (heater etc) ανεβάζω · **~ing** n (in road) στροφή f · **~ing point** n (fig) κρίσιμη καμπή f

turnip ['tɜːnɪp] n γογγύλι nt

turnout ['tɜːnaʊt] n (of voters etc) προσέλευση f

turnover ['tɜːnəʊvə] n (COMM: amount of money) τζίρος m · (: of staff)

αντικατάσταση f · (CULIN) **apple ~** etc μηλοπιτάκι κ.λπ.

turquoise ['tɜːkwɔɪz] adj τυρκουάζ inv

turtle ['tɜːtl] n χελώνα f

tutor ['tjuːtə[r]] n καθηγητής/τρια m/f · **~ial** n σεμινάριο με συζήτηση σε μικρή ομάδα φοιτητών

tuxedo [tʌk'siːdəʊ] (US) n σμόκιν nt inv

TV [tiː'viː] n abbr = **television**

tweed [twiːd] n τουίντ nt inv ♦ adj τουίντ inv

twelfth [twelfθ] num δωδέκατος

twelve [twelv] num δώδεκα · **at ~** (o'clock) (midday) στις δώδεκα (το μεσημέρι) · (midnight) στις δώδεκα (τα μεσάνυχτα)

twentieth ['twentɪθ] num εικοστός

twenty ['twentɪ] num είκοσι

twice [twaɪs] adv δυο φορές · **~ as much** δύο φορές παραπάνω

twig [twɪg] n κλαράκι nt ♦ vi (BRIT: inf) μπαίνω

twilight ['twaɪlaɪt] n (evening) σούρουπο nt · (morning) χαραυγή nt

twin [twɪn] adj (sister, brother) δίδυμος · (beds) δύο μονοί ♦ n δίδυμος/η m/f · (= room in hotel etc) δίκλινο nt ♦ vt (towns etc) αδελφοποιώ

twinkle ['twɪŋkl] vi τρεμοπαίζω ♦ n τρεμόπαιγμα nt

twist [twɪst] n (action) στρίψιμο nt · (in road, coil) στρίψιμο nt · (in story) περιπλοκή f ♦ vt (= turn) στρίβω · (injure: ankle etc) στραμπουλάω · (= twine) τυλίγω · (fig: meaning, words) διαστρεβλώνω ♦ vi (road, river) στριφογυρίζω

twitch [twɪtʃ] n τικ nt inv ♦ vi τινάζομαι

two [tuː] num δύο · **~ by ~, in ~s** δυο-δυο

type [taɪp] n (= category, model) τύπος m · (TYP) χαρακτήρες mpl ♦ vt δακτυλογραφώ · **~writer** n γραφομηχανή f

typhoid ['taɪfɔɪd] n τύφος m

typhoon [taɪ'fuːn] n τυφώνας m

typical ['tɪpɪkl] adj τυπικός · ~ **(of)**
= χαρακτηριστική περίπτωση +gen

typing ['taɪpɪŋ] n δακτυλογράφηση f

tyre ['taɪəʳ] (*US* **tire**) n λάστιχο nt

U u

U, u [juː] n το εικοστό πρώτο
γράμμα του αγγλικού αλφαβήτου

UFO n abbr (= unidentified flying
object) ούφο nt inv

Uganda [juːˈɡændə] n Ουγκάντα f

ugly ['ʌɡlɪ] adj άσχημος

UK n abbr = **United Kingdom**

Ukraine [juːˈkreɪn] n Ουκρανία f

ulcer ['ʌlsəʳ] n (also **stomach ~**)
έλκος nt · (also **mouth ~**) άφθα f

ultimate ['ʌltɪmət] adj (= final)
τελικός · (= greatest) απώτατος · **~ly**
adv (= in the end) εν τέλει ·
(= basically) σε τελική ανάλυση

ultimatum [ʌltɪˈmeɪtəm] (pl **~s** or
ultimata) n τελεσίγραφο nt

ultrasound ['ʌltrəsaʊnd] n υπέρηχος
m

ultraviolet ['ʌltrə'vaɪəlɪt] adj
υπεριώδης

umbrella [ʌm'brɛlə] n (for rain, sun)
ομπρέλα f

umpire ['ʌmpaɪəʳ] n (TENNIS, CRICKET)
διαιτητής mf

UN n abbr = **United Nations**

unable [ʌn'eɪbl] adj **to be ~ to do
sth** μου είναι αδύνατο να κάνω κτ

unacceptable [ʌnək'sɛptəbl] adj
απαράδεκτος

unanimous [juːˈnænɪməs] adj (voters)
που ψηφίζουν ομόφωνα

unarmed [ʌn'ɑːmd] adj άοπλος

unattended [ʌnə'tɛndɪd] adj
ασυνόδευτος

unattractive [ʌnə'træktɪv] adj άχαρος

unavailable [ʌnə'veɪləbl] adj (article,
book) εξαντλημένος · (room)

πιασμένος · (person) που δεν είναι
διαθέσιμος

unavoidable [ʌnə'vɔɪdəbl] adj
αναπόφευκτος

unaware [ʌnə'wɛəʳ] adj **to be ~ of
sb/sth** δεν έχω αντιληφθεί κν/κτ

unbearable [ʌn'bɛərəbl] adj (heat,
pain) αφόρητος · (person)
ανυπόφορος

unbeatable [ʌn'biːtəbl] adj (team)
αήττητος · (price, quality)
ασυναγώνιστος

unbelievable [ʌnbɪ'liːvəbl] adj
(= implausible) απίθανος ·
(= amazing) απίστευτος

unborn [ʌn'bɔːn] adj αγέννητος

uncanny [ʌn'kænɪ] adj (resemblance,
knack) ανεξήγητος · (silence)
αλλόκοτος

uncertain [ʌn'sɜːtn] adj (person) που
δεν είναι βέβαιος or σίγουρος ·
(future, outcome) αβέβαιος · **~ty** n
αβεβαιότητα f

unchanged [ʌn'tʃeɪndʒd] adj
αμετάβλητος

uncle ['ʌŋkl] n θείος m

unclear [ʌn'klɪəʳ] adj (= uncertain)
ασαφής · (= unintelligible)
ακατανόητος

uncomfortable [ʌn'kʌmfətəbl] adj
(physically: person) που δεν
βολεύεται · (: chair, room) άβολος ·
(= nervous) αμήχανος · (= unpleasant)
δυσάρεστος

uncommon [ʌn'kɔmən] adj
ασυνήθιστος

unconditional [ʌnkən'dɪʃənl] adj
(acceptance) χωρίς όρους

unconscious [ʌn'kɔnʃəs] adj (in
faint) αναίσθητος · (= unaware) **to be
~ of** δεν έχω αντιληφθεί

uncontrollable [ʌnkən'trəʊləbl] adj
ανεξέλεγκτος · (temper, laughter)
ασυγκράτητος

unconventional [ʌnkən'vɛnʃənl] adj
που ξεφεύγει από τα καθιερωμένα

uncover [ʌn'kʌvəʳ] vt ξεσκεπάζω

undecided [ʌndɪ'saɪdɪd] *adj* (*person*) αναποφάσιστος · (*issue*) που δεν έχει κριθεί

undeniable [ʌndɪ'naɪəbl] *adj* αδιάσειστος

under ['ʌndə'] *prep* (= *beneath*) κάτω από · (*in age*) κάτω +*gen* · (*in price*) λιγότερος από · (*law, agreement etc*) σύμφωνα με · (*sb's leadership*) υπό ♦ *adv* (*go, fly etc*) από κάτω · ~ **discussion** υπό συζήτηση · **the circumstances** υπό ◊ κάτω από αυτές τις συνθήκες

undercover [ʌndə'kʌvə'] *adj* μυστικός · (*work*) κρυφά

underestimate [ʌndər'estɪmeɪt] *vt* υποτιμώ

undergo [ʌndə'gəu] (*irreg*) *vt* (*test, operation*) υποβάλλομαι σε · (*change*) υφίσταμαι

undergraduate [ʌndə'grædʒuət] *n* προπτυχιακός/ή φοιτητής/τρια *m/f*

underground ['ʌndəgraund] *n* **the ~** (*BRIT: railway*) ο υπόγειος · (*POL*) η αντίσταση ♦ *adj* (*car park*) υπόγειος · (*POL*) παράνομος ♦ *adv* (*work*) κάτω από τη γη · (*POL*) βγαίνω στην παρανομία

undergrowth ['ʌndəgrəuθ] *n* χαμηλή βλάστηση *f*

underline [ʌndə'laɪn] *vt* υπογραμμίζω · (*fig*) τονίζω

undermine [ʌndə'maɪn] *vt* υπονομεύω

underneath [ʌndə'ni:θ] *adv* από κάτω ♦ *prep* κάτω από

underpants ['ʌndəpænts] *npl* σώβρακο *nt*

underpass ['ʌndəpɑ:s] *n* υπόγεια διάβαση *f*

underskirt ['ʌndəskɜ:t] (*BRIT*) *n* κομπιναιζόν *nt inv*

understand [ʌndə'stænd] (*irreg*) *vt* καταλαβαίνω · **~able** *adj* κατανοητός · **~ing** *adj* που έχει ή δείχνει κατανόηση ♦ *n* (*knowledge*) γνώση *f* · (*sympathy*) κατανόηση *f*

understatement ['ʌndəsteɪtmənt] *n* επιφυλακτική διατύπωση *f*

understood [ʌndə'stud] *pt, pp of* **understand** ♦ *adj* (= *implied*) αντιληπτός · (= *agreed*) **it is ~ that** εννοείται ότι

undertake [ʌndə'teɪk] (*irreg*) *vt* αναλαμβάνω ♦ *vi* **to ~ to do sth** αναλαμβάνω να κάνω κτ

undertaking ['ʌndəteɪkɪŋ] *n* (*job*) εγχείρημα *nt* · (*promise*) δέσμευση *f*

underwater [ʌndə'wɔ:tə'] *adv* κάτω από τη θάλασσα ♦ *adj* υποβρύχιος

underwear ['ʌndəweə'] *n* εσώρουχα *ntpl*

underwent [ʌndə'went] *pt of* **undergo**

underworld ['ʌndəwɜːld] *n* (*criminal*) **the ~** ο υπόκοσμος

undesirable [ʌndɪ'zaɪərəbl] *adj* (*person*) ανεπιθύμητος · (*thing*) απαράδεκτος

undisputed [ʌndɪs'pju:tɪd] *adj* (*fact*) αδιάσειστος · (*champion*) αδιαφιλονίκητος

undo [ʌn'du:] (*irreg*) *vt* (= *unfasten*) ξεκάνω · (= *spoil*) ξεκάνω · (*COMPUT*) "~" αναίρεση

undone [ʌn'dʌn] *pp of* **undo** · **to come ~** (*shoelaces etc*) ανοίγω

undoubtedly [ʌn'dautɪdlɪ] *adv* αναμφισβήτητα

undress [ʌn'dres] *vi* γδύνω ♦ *vt* γδύνομαι

uneasy [ʌn'i:zɪ] *adj* (*person*) ανήσυχος · (*feeling*) άσχημος

unemployed [ʌnɪm'plɔɪd] *adj* άνεργος ♦ *npl* **the ~** οι άνεργοι

unemployment [ʌnɪm'plɔɪmənt] *n* ανεργία *f*

unequal [ʌn'i:kwəl] *adj* άνισος · (*in length etc*) διαφορετικός

uneven [ʌn'i:vn] *adj* (*teeth*) ακανόνιστος · (*pattern*) ανομοιόμορφος · (*road etc*) ανώμαλος

unexpected [ʌnɪks'pektɪd] *adj* αναπάντεχος · **~ly** *adv* (*succeed etc*)

απροσδόκητα · (*arrive*) χωρίς
προειδοποίηση

unfair [ʌnˈfɛəʳ] *adj* (*system*) άδικος ·
(*advantage*) αθέμιτος

unfaithful [ʌnˈfeiθful] *adj* άπιστος

unfamiliar [ʌnfəˈmiliəʳ] *adj*
άγνωστος · **to be ~ with** δεν είμαι
εξοικειωμένος με

unfashionable [ʌnˈfæʃnəbl] *adj*
(*clothes*) ντεμοντέ *inv*

unfavourable [ʌnˈfeivrəbl] (*US*
unfavorable) *adj* δυσμενής

unfinished [ʌnˈfiniʃt] *adj* ατελής

unfit [ʌnˈfit] *adj* (*physically*) που δεν
είναι σε φόρμα · **to be ~ for/to do
sth** είμαι ακατάλληλος για/για να
κάνω κτ · **~ for work** ανίκανος για
εργασία

unfold [ʌnˈfəuld] *vt* ξεδιπλώνω

unforgettable [ʌnfəˈgetəbl] *adj*
αξέχαστος

unfortunate [ʌnˈfɔːtʃənət] *adj*
(= *unlucky*) άτυχος · (*accident*)
ατυχής · (*event, remark*) ατυχής · **~ly**
adv δυστυχώς

unfriendly [ʌnˈfrendli] *adj* εχθρικός

unhappiness [ʌnˈhæpinis] *n*
δυστυχία *f*

unhappy [ʌnˈhæpi] *adj*
δυστυχισμένος · (*accident, event*)
ατυχής

unhealthy [ʌnˈhelθi] *adj* (*person*) μη
υγιής · (*place*) ανθυγιεινός · (*fig*)
αρρωστημένος

unheard–of [ʌnˈhəːdɔv] *adj*
ανήκουστος

unhelpful [ʌnˈhelpful] *adj* (*person*) μη
εξυπηρετικός · (*advice*) που δεν
βοηθάει καθόλου

unhurt [ʌnˈhəːt] *adj* σώος

uniform [ˈjuːnifɔːm] *n* στολή *f* ◆ *adj*
ομοιόμορφος

unify [ˈjuːnifai] *vt* ενώνω

unimportant [ʌnimˈpɔːtənt] *adj*
ασήμαντος

unintentional [ʌninˈtenʃənəl] *adj*
ακούσιος

union [ˈjuːnjən] *n* (= *unification*)
ένωση *f* · (*also* **trade ~**) συνδικάτο
nt · **Union Jack** *n* η σημαία της
Μεγάλης Βρετανίας

unique [juːˈniːk] *adj* (*object etc*)
μοναδικός · (*skill, performance*)
ξεχωριστός

unisex [ˈjuːniseks] *adj* (*clothes*)
γιούνισεξ *inv*

unit [ˈjuːnit] *n* μονάδα *f* · (*of furniture
etc*) κομμάτι *nt*

unite [juːˈnait] *vt* ενώνω ◆ *vi*
ενώνομαι · **~d** *adj* ενωμένος ·
United Arab Emirates *npl* **the
U~d Arab Emirates** τα Ηνωμένα
Αραβικά Εμιράτα · **United
Kingdom** *n* **the U~d Kingdom** το
Ηνωμένο Βασίλειο · **United
Nations** *n* **the U~d Nations** τα
Ηνωμένα Έθνη · **United States (of
America)** *n* **the U~d States** οι
Ηνωμένες Πολιτείες

unity [ˈjuːniti] *n* ενότητα *f*

universal [juːniˈvəːsl] *adj* παγκόσμιος

universe [ˈjuːnivəːs] *n* σύμπαν *nt*

university [juːniˈvəːsiti] *n*
Πανεπιστήμιο *nt*

unjust [ʌnˈdʒʌst] *adj* άδικος

unkind [ʌnˈkaind] *adj* σκληρός

unknown [ʌnˈnəun] *adj* άγνωστος

unlawful [ʌnˈlɔːful] *adj* παράνομος

unleaded [ʌnˈledid] *n* (*also* **~ petrol**)
αμόλυβδη (βενζίνη) *f*

unleash [ʌnˈliːʃ] *vt* (*fig: feeling*)
απελευθερώνω

unless [ʌnˈles] *conj* παρά μόνο αν ·
~ otherwise stated εκτός από
αντίθετη ένδειξη

unlike [ʌnˈlaik] *adj* διαφορετικός
◆ *prep* (= *not like*) αντίθετα από ·
(= *different from*) διαφέρω από κν/κτ

unlikely [ʌnˈlaikli] *adj* (= *not likely*)
απίθανος · (= *unexpected*)
απροσδόκητος

unlimited [ʌnˈlimitid] *adj*
απεριόριστος

unload [ʌn'ləud] vt ξεφορτώνω

unlock [ʌn'lɒk] vt ξεκλειδώνω

unlucky [ʌn'lʌkɪ] adj άτυχος

unmarried [ʌn'mærɪd] adj ανύπαντρος

unmistak(e)able [ʌnmɪs'teɪkəbl] adj (voice, sound) χαρακτηριστικός

unnatural [ʌn'nætʃrəl] adj αφύσικος

unnecessary [ʌn'nesəsərɪ] adj περιττός

unofficial [ʌnə'fɪʃl] adj (news) ανεπίσημος · (strike) χωρίς την έγκριση των σωματείων

unpack [ʌn'pæk] vi αδειάζω τη βαλίτσα ♦ vt αδειάζω

unpaid [ʌn'peɪd] adj (bill) απλήρωτος

unpleasant [ʌn'plɛznt] adj δυσάρεστος

unplug [ʌn'plʌg] vt βγάζω από την πρίζα

unpopular [ʌn'pɒpjulə'] adj (person) αντιπαθής · (decision) αντιλαϊκός

unprecedented [ʌn'presɪdentɪd] adj που δεν έχει προηγούμενο

unpredictable [ʌnprɪ'dɪktəbl] adj απρόβλεπτος · (weather) άστατος

unqualified [ʌn'kwɒlɪfaɪd] adj (teacher) χωρίς πτυχίο · (nurse etc) πρακτικός · (success) απόλυτος

unravel [ʌn'rævl] vt (also fig) ξετυλίγω

unreal [ʌn'rɪəl] adj (= artificial) ψεύτικος · (= peculiar) περίεργος

unrealistic ['ʌnrɪə'lɪstɪk] adj εξωπραγματικός

unreasonable [ʌn'riːznəbl] adj παράλογος

unrelated [ʌnrɪ'leɪtɪd] adj άσχετος · (family) που δεν έχει συγγένεια

unreliable [ʌnrɪ'laɪəbl] adj αναξιόπιστος

unrest [ʌn'rest] n αναταραχή f

unsafe [ʌn'seɪf] adj (= in danger) σε κίνδυνο · (journey, machine etc) επικίνδυνος

unsatisfactory ['ʌnsætɪs'fæktərɪ] adj μη ικανοποιητικός

unsettled [ʌn'setld] adj (person) αναστατωμένος · (future) αβέβαιος · (weather) άστατος

unsettling [ʌn'setlɪŋ] adj ανησυχητικός

unsightly [ʌn'saɪtlɪ] adj αποκρουστικός

unskilled [ʌn'skɪld] adj ανειδίκευτος

unstable [ʌn'steɪbl] adj που κουνιέται · (government) ασταθής · (person: mentally) ανισόρροπος

unsteady [ʌn'stedɪ] adj (step) ασταθής · (voice) τρεμάμενος · (hands, legs) που τρέμει

unsuccessful [ʌnsək'sesful] adj αποτυχημένος · to be ~ (in doing sth) αποτυγχάνω (να κάνω κτ)

unsuitable [ʌn'suːtəbl] adj ακατάλληλος

unsure [ʌn'ʃuə'] adj που δεν είναι σίγουρος · (future) αβέβαιος

untidy [ʌn'taɪdɪ] adj (room) ακατάστατος · (person, appearance) ατημέλητος

untie [ʌn'taɪ] vt λύνω · (prisoner) ελευθερώνω

until [ən'tɪl] prep μέχρι · (after negative) παρά ♦ conj μέχρι να · ~ now μέχρι τώρα · ~ then μέχρι τότε

untrue [ʌn'truː] adj (fact) αναληθής

unused [ʌn'juːzd] adj (clothes etc) αχρησιμοποίητος

unusual [ʌn'juːʒuəl] adj ασυνήθιστος · ~ly adv ασυνήθιστα

unwanted [ʌn'wɒntɪd] adj άχρηστος · (child, pregnancy) ανεπιθύμητος

unwell [ʌn'wel] adj to feel ~ νιώθω άσχημα · to be ~ δεν είμαι καλά

unwilling [ʌn'wɪlɪŋ] adj to be ~ to do sth δεν είμαι πρόθυμος να κάνω κτ

unwind [ʌn'waɪnd] (irreg) vt (= undo) λύνω ♦ vi (= relax) χαλαρώνω

unwise [ʌn'waɪz] adj απερίσκεπτος

unzip [ʌn'zɪp] vt ανοίγω το φερμουάρ +gen

KEYWORD
---

up [ʌp] prep **he went up the stairs/the hill** ανέβηκε τη σκάλα/το λόφο · **the cat was up a tree** η γάτα ήταν πάνω σε ένα δέντρο · **we walked/climbed up the hill** ανεβήκαμε/σκαρφαλώσαμε στο λόφο · **they live further up the street** μένουν παρακάτω σ' αυτό το δρόμο

♦ adv (a) (= upwards, higher) πάνω · **up in the sky** ψηλά στον ουρανό · **up in the mountains** πάνω στα βουνά · **up there** εκεί πάνω · **up above** πάνω ψηλά

(b) **to be up** (out of bed) έχω σηκωθεί από το κρεβάτι · (prices, level) έχω ανεβεί

(c) **up to** (as far as) μέχρι · **the water came up to his knees** το νερό του έφτανε μέχρι τα γόνατα

(d) **it's up to you** από σένα εξαρτάται

(e) **he isn't up to the job** δεν είναι ικανός για τη δουλειά · **he's not up to it** δεν είναι ικανός να το κάνει · **his work is not up to the required standard** η δουλειά του δεν ανταποκρίνεται στις απαιτήσεις

(f) **to be up to** (inf: = be doing) κάνω · **what is he up to?** τι μαγειρεύει αυτός;

♦ n **ups and downs** (in life, career) χαρές και πίκρες

up-and-coming [ʌpənd'kʌmɪŋ] adj ανερχόμενος

upbringing ['ʌpbrɪŋɪŋ] n ανατροφή f

update [ʌp'deɪt] vt (records) ενημερώνω · (information) ανανεώνω

upgrade [ʌp'greɪd] vt (employee) προάγω · (COMPUT) αναβαθμίζω

upheaval [ʌp'hiːvl] n αναταραχή f

uphill ['ʌp'hɪl] adj ανηφορικός · (fig) κοπιαστικός ♦ adv προς τα πάνω

upholstery [ʌp'həʊlstərɪ] n ταπεταρία f

upmarket [ʌp'mɑːkɪt] adj (product) υψηλού επιπέδου · (area) που είναι για λίγους

upon [ə'pɒn] prep πάνω σε

upper ['ʌpə*] adj πάνω · ~--class αριστοκρατικός

upright ['ʌpraɪt] adj (freezer) όρθιος · (fig: = honest) έντιμος ♦ adv (sit, stand) ίσια

uprising ['ʌpraɪzɪŋ] n εξέγερση f

uproar ['ʌprɔː*] n (shouts) οχλαγωγή f · (protest) αναταραχή f

upset vb, adj [ʌp'sɛt], n ['ʌpsɛt] (irreg) (pt, pp ~) vt (= knock over) αναποδογυρίζω · (= offend, make unhappy) αναστατώνω · (plan, routine) χαλάω ♦ adj (= unhappy) αναστατωμένος · (stomach) ανακατωμένος ♦ n **to have/get a stomach ~** (BRIT) το στομάχι μου είναι/έγινε χάλια

upside down [ʌpsaɪd'daʊn] adv ανάποδα · **to turn a place ~** (fig) να κάνω όλα άνω-κάτω

upstairs [ʌp'stɛəz] adv (ε)πάνω (στον επάνω όροφο) ♦ adj του (ε)πάνω ορόφου ♦ n (ε)πάνω όροφος m

up-to-date ['ʌptə'deɪt] adj (= modern) σύγχρονος · (with news etc) ενημερωμένος

upward ['ʌpwəd] adj προς τα επάνω · ~**s** adv προς τα επάνω

uranium [juə'reɪnɪəm] n ουράνιο nt

Uranus [juə'reɪnəs] n Ουρανός m

urban ['əːbən] adj αστικός

urge [əːdʒ] n παρόρμηση f ♦ vt **to ~ sb to do sth** παροτρύνω κν να κάνει κτ

urgency ['əːdʒənsɪ] n (importance) επείγουσα ανάγκη f · (of tone) αδημονία f

urgent ['əːdʒənt] adj (letter, message) επείγων · (need) πιεστικός

urinal ['juərɪnl] n ουρητήριο nt

urine ['juərɪn] n ούρα ntpl

Uruguay ['juərəgwaɪ] n Ουρουγουάη f

US n abbr = United States

us [ʌs] *pron* εμάς/μας · (*after prep*) εμάς/μας · *see also* **me**

USA *n abbr* = **United States of America** ΗΠΑ *fpl inv*

use *n* [ju:s] *vb* [ju:z] *n* (= *using*) χρήση *f* · (= *usefulness*) χρησιμότητα *f* ♦ *vt* χρησιμοποιώ · **in ~** σε χρήση · **to be out of ~** βρίσκομαι σε αχρηστία · **it's no ~** (*pointless*) δεν έχει νόημα · **she ~d to do it** το έκανε (συχνά) · **to be ~d to** είμαι συνηθισμένος να · **to get ~d to sth** συνηθίζω σε κτ · **~ up** *vt* (*food*) αποτελειώνω · (*money*) χρησιμοποιώ · **~d** *adj* μεταχειρισμένος · **~ful** *adj* χρήσιμος · **~less** *adj* άχρηστος · (= *pointless*) μάταιος · **~r** *n* χρήστης *mf* · (*of petrol, gas etc*) καταναλωτής *m* · **~r-friendly** *adj* φιλικός προς το χρήστη

usual ['ju:ʒuəl] *adj* συνηθισμένος · **~ as συνήθως** · **~ly** *adv* συνήθως

utility [ju:'tɪlɪtɪ] *n* χρησιμότητα *f* · (*also* **public ~**) έργο *nt* κοινής ωφελείας

utilize ['ju:tɪlaɪz] *vt* αξιοποιώ

utmost ['ʌtmaust] *adj* υπέρτατος ♦ *n* **to do one's ~ (to sth)** κάνω το παν (για να κάνω κτ)

utter ['ʌtə] *adj* (*amazement*) απόλυτος · (*rubbish*) σκέτος, μεγάλος ♦ *vt* αρθρώνω · **~ly** *adv* τελείως

U–turn ['ju:'tə:n] *n* (*AUT: also fig*) στροφή *f* 180 μοιρών

V v

V, v [vi:] *n* το εικοστό δεύτερο γράμμα του αγγλικού αλφαβήτου

vacancy ['veɪkənsɪ] *n* (*BRIT: job*) θέση *f* · (*room in hotel etc*) ελεύθερο δωμάτιο · **"no vacancies"** "πλήρες"

vacant ['veɪkənt] *adj* ελεύθερος · (*look, expression*) αφηρημένος · (*job*)

κενός

vacation [vəˈkeɪʃən] *n* διακοπές *fpl*

vaccination [væksɪˈneɪʃən] *n* εμβολιασμός *m* · (*instance*) εμβόλιο *nt*

vaccine ['væksi:n] *n* εμβόλιο *nt*

vacuum ['vækjum] *n* κενό *nt* · **~ cleaner** *n* ηλεκτρική σκούπα *f*

vagina [vəˈdʒaɪnə] (*ANAT*) *n* κόλπος *m*

vague [veɪɡ] *adj* (= *blurred*) αμυδρός · (= *unclear*) ασαφής · (*person: = not precise*) μπερδεμένος · (= *evasive*) ασαφής

vain [veɪn] *adj* (= *conceited*) ματαιόδοξος · (= *useless*) μάταιος · **in ~** μάταια

valid ['vælɪd] *adj* έγκυρος · (*argument, reason*) που στέκει *or* ισχύει

valley ['vælɪ] *n* κοιλάδα *f*

valuable ['væljuəbl] *adj* πολύτιμος · **~s** *npl* τιμαλφή *ntpl*

value ['vælju:] *n* αξία *f* ♦ *vt* εκτιμώ · ▸ **values** *npl* αξίες *fpl*

valve [vælv] *n* (*also MED*) βαλβίδα *f*

vampire ['væmpaɪə] *n* (*lit*) βρικόλακας *m*

van [væn] *n* (*AUT*) φορτηγάκι *nt* · (*BRIT: RAIL*) βαγόνι *nt*

vandal ['vændl] *n* βάνδαλος *m* · **~ism** *n* βανδαλισμός *m*

vanilla [vəˈnɪlə] *n* βανίλια *f*

vanish ['vænɪʃ] *vi* εξαφανίζομαι

vanity ['vænɪtɪ] *n* ματαιοδοξία *f*

vapour ['veɪpə] (*US* **vapor**) *n* ατμός *m*

variable ['veərɪəbl] *adj* (*mood, quality*) ευμετάβλητος · (*weather*) ασταθής · (*temperature, height*) μεταβλητός

variant ['veərɪənt] *n* παραλλαγή *f*

variation [veərɪˈeɪʃən] *n* μεταβολή *f* · (*of plot etc*) παραλλαγή *f*

varied ['veərɪd] *adj* (*opinions, reasons*) διαφορετικός · (*career, work*) που έχει ποικιλία

variety [vəˈraɪətɪ] *n* ποικιλία *f*

various ['veərɪəs] *adj* διάφορος

varnish ['vɑ:nɪʃ] *n* βερνίκι *nt* ♦ *vt*

λουστράρω

vary ['νεərι] *vt* έχω ποικιλία σε ♦ *vi* διαφέρω

vase [vaːz] *n* βάζο *nt*

vast [vaːst] *adj* (*knowledge*) ευρύς · (= *enormous*) τεράστιος

VAT [væt] (*BRIT*) *n abbr* (= *value added tax*) Φ.Π.Α. *m*

vault [vɔːlt] *n* (*of roof*) θόλος *m* · (*tomb*) κρύπτη *f* · (*in bank*) θησαυροφυλάκιο *nt* ♦ *vt* (*also* ~ **over**) πηδάω πάνω από

VCR *n abbr* = **video cassette recorder**

veal [viːl] (*CULIN*) *n* μοσχάρι *nt*

vegan ['viːgən] *n* χορτοφάγος *mf* που δεν τρώει γαλακτοκομικά

vegetable ['vedʒtəbl] *n* (*plant*) λαχανικό *nt* · (= *plant life*) φυτό *nt* ♦ *cpd* (*oil etc*) φυτικός · ~ **garden** *or* **plot** λαχανόκηπος

vegetarian [vedʒɪ'tɛərɪən] *n* χορτοφάγος *mf* ♦ *adj* (*restaurant*) για χορτοφάγους

vegetation [vedʒɪ'teɪʃən] *n* βλάστηση *f*

veggieburger ['vedʒɪbəːgə^r] *n* χάμπουργκερ *nt inv* για χορτοφάγους

vehicle ['viːɪkl] *n* όχημα *nt* · (*fig*) μέσο *nt*

veil [veɪl] *n* πέπλο *nt* · (*mourning*) βέλο *nt* ♦ *vt* (*fig*) καλύπτω (κάτω από)

vein [veɪn] *n* (*ANAT*) φλέβα *f*

Velcro® ['vɛlkrəu] *n* βέλκρο *nt inv*

velvet ['vɛlvɪt] *n* βελούδο *nt* ♦ *adj* βελούδινος

vendor ['vɛndə^r] *n* πωλητής/τρια *m/f* · **street** ~ μικροπωλητής/τρια

Venezuela [venɛ'zweɪlə] *n* Βενεζουέλα *f*

vengeance ['vendʒəns] *n* εκδίκηση *f* · **with a** ~ (*fig*) και με το παραπάνω

venison ['vɛnɪsn] *n* κρέας *nt* ελαφιού

venom ['vɛnəm] *n* δηλητήριο *nt* · (*fig*) δηκτικότητα *f*

vent [vɛnt] *n* (*also* **air** ~) (αερ)αγωγός *m* ♦ *vt* (*fig*) ξεσπάω

ventilation [ventɪ'leɪʃən] *n* εξαερισμός *m*

venture ['ventʃə^r] *n* εγχείρημα *nt* ♦ *vt* προτείνω ♦ *vi* ξανοίγομαι · **business** ~ νέα επιχείρηση

venue ['vɛnjuː] *n* αίθουσα *f* (εκδήλωσης) · (*open air*) χώρος *m* (εκδήλωσης)

Venus ['viːnəs] *n* Αφροδίτη *f*

verb [vəːb] *n* ρήμα *nt*

verbal ['vəːbl] *adj* (*skills, attack*) λεκτικός

verdict ['vəːdɪkt] *n* (*JUR*) ετυμηγορία *f* · (*fig*) γνώμη *f*

verge [vəːdʒ] *n* (*BRIT: of road*) άκρη *f* δρόμου (συνήθως με χορτάρι) · **to be on the** ~ **of doing sth** είμαι στα πρόθυρα · **verge** ~ **on** *vt fus* αγγίζω τα όρια +*gen*

verify ['vɛrɪfaɪ] *vt* επαληθεύω

versatile ['vəːsətaɪl] *adj* πολυμήχανος · (*substance, machine etc*) με πολλές χρήσεις

verse [vəːs] *n* (= *poetry*) ποίηση *f* · (= *stanza*) στροφή *f* · (*in bible*) εδάφιο *nt*

version ['vəːʃən] *n* έκδοση *f* · (*of events, accident etc*) εκδοχή *f*

versus ['vəːsəs] *prep* εναντίον +*gen*

vertical ['vəːtɪkl] *adj* κάθετος ♦ *n* κατακόρυφος *f*

very ['vɛrɪ] *adv* (+*adjective, adverb*) πολύ ♦ *adj* **the** ~ **book which** αυτό ακριβώς το βιβλίο που · **at the** ~ **end** στο τέλος-τέλος · **the** ~ **last** το τελευταίο · ~ **well** πολύ καλά · ~ **much** πάρα πολύ

vessel ['vɛsl] *n* (*NAUT*) σκάφος *nt* · (= *container*) σκεύος *nt* · (*ANAT, BOT*) αγγείο *nt* · *see* **blood**

vest [vɛst] *n* (*BRIT: underwear*) φανέλλα *f* · (*US*: = *waistcoat*) γιλέκο *nt*

vet [vɛt] (*BRIT*) *n abbr* = **veterinary surgeon**

veteran ['vɛtərn] *n* (*of war*) παλαίμαχος *mf*

veterinarian [vɛtrɪ'nɛərɪən] (*US*) *n*

κτηνίατρος mf

veterinary ['vetrinəri] adj
κτηνιατρικός · ~ **surgeon** (BRIT) n
χειρούργος κτηνίατρος m

veto ['vi:təu] n (pl **~es**) n βέτο nt inv
♦ vt ασκώ βέτο σε

via [vaiə] prep μέσω +gen

viable ['vaiəbl] adj βιώσιμος

vibration [vai'breiʃən] n δόνηση f

vicar ['vikə] (REL) n εφημέριος m

vice [vais] n ελάττωμα nt · (TECH)
μέγγενη f

vice–chairman [vais'tʃeəmən] (irreg)
n αντιπρόεδρος mf

vice versa [vaisi'və:sə] adv το
αντίστροφο

vicinity [vi'siniti] n (area) **in the
~ (of)** στην περιοχή +gen

vicious ['viʃəs] adj (attack, blow)
σφοδρός · (words, look) σκληρός ·
(horse, dog) άγριος

victim ['viktim] n θύμα nt

victor ['viktə] n νικητής/τρια m/f

Victorian [vik'tɔ:riən] adj βικτωριανός

victorious [vik'tɔ:riəs] adj (team)
νικητής · (shout) νικηφόρος

victory ['viktəri] n νίκη f

video ['vidiəu] n (= video film)
βιντεοταινία f · (also = **cassette**)
βιντεοκασέτα f · (also = **cassette
recorder**) βίντεο nt inv (συσκευή) ·
~ **camera** n βιντεοκάμερα f ·
~ **game** n ηλεκτρονικό παιχνίδι nt

vie [vai] vi **to ~ (with sb) (for sth)**
συναγωνίζομαι (με κν) (για κτ)

Vietnam, Viet Nam ['vjet'næm] n
Βιετνάμ nt inv

view [vju:] n θέα f · (= outlook,
opinion) άποψη f ♦ vt (also fig)
εξετάζω · (house) βλέπω · **in full
~** μπροστά σε όλους · **in ~ of the
weather/the fact that** λαμβάνοντας
υπόψη τον καιρό/το γεγονός ότι · **in
my ~** κατά τη γνώμη μου · **~er** n
(= person) τηλεθεατής m · **~point** n
οπτική γωνία f

vigilant ['vidʒilənt] adj που

επαγρυπνεί

vigorous ['vigərəs] adj (action)
δυνατός · (campaign) δραστήριος

vile [vail] adj (= evil) πρόστυχος ·
(= unpleasant) απαίσιος

villa ['vilə] n (country house) έπαυλη f ·
(suburban house) βίλλα f

village ['vilidʒ] n χωριό nt

villain ['vilən] n (= scoundrel)
παλιάνθρωπος m · (in novel etc)
κακός m

vine [vain] n (BOT) n κλήμα nt · (in
jungle) αναρριχητικό (φυτό) nt

vinegar ['vinigə] n ξύδι nt

vineyard ['vinja:d] n αμπέλι nt

vintage ['vintidʒ] n (of wine) εσοδεία f

vinyl ['vainl] n βινύλιο nt

viola [vi'əulə] n βιόλα f

violate ['vaiəleit] vt (agreement) ,
παραβιάζω · (peace) διαταράσσω ·
violation n (of agreement etc)
παράβαση f

violence ['vaiələns] n βία f

violent ['vaiələnt] adj (= brutal)
βίαιος · (= intense) σφοδρός

violet ['vaiəlit] adj (colour) ♦ n (colour)
βιολετί nt · (plant) βιολέττα f

violin [vaiə'lin] n βιολί nt

VIP n abbr (= very important
person) βιπ m inv

virgin ['və:dʒin] n παρθένος/α m/f

Virgo ['və:gəu] n Παρθένος m

virtual ['və:tjuəl] adj (COMPUT, PHYS)
εικονικός · **~ly** adv σχεδόν · **it is ~ly
impossible** είναι πρακτικά
αδύνατο · **~ reality** n εικονική
πραγματικότητα f

virtue ['və:tju:] n (moral correctness)
ηθική f · (good quality) αρετή f ·
(advantage) πλεονέκτημα nt · **by ~ of**
λόγω +gen

virus ['vaiərəs] n (MED, COMPUT) ιός m

visa ['vi:zə] n βίζα f

vise [vais] (US: TECH) n = **vice**

visibility [vizi'biliti] n ορατότητα f

visible ['vizəbl] adj ορατός · (fig)

εμφανής

vision ['vɪʒən] n (= sight) όραση f ·
(= foresight) διορατικότητα f

visit ['vɪzɪt] n επίσκεψη f ♦ vt
επισκέπτομαι · **~or** n επισκέπτης/
τρια m/f

visual ['vɪzjuəl] adj (image etc)
οπτικός · (arts) εικαστικός · **~ize** vt
(= picture, imagine) φέρνω στο νου

vital ['vaɪtl] adj ζωτικός · (= full of life)
γεμάτος ζωή · (= necessary for life)
ζωτικός · **~ity** n ζωτικότητα f

vitamin ['vɪtəmɪn] n βιταμίνη f · **~ pill**
βιταμίνη (χάπι)

vivid ['vɪvɪd] adj (description, memory)
ζωντανός · (imagination) ζωηρός

vocabulary [vəuˈkæbjuləri] n
λεξιλόγιο nt

vocal ['vəukl] adj φωνητικός ·
(= articulate) που εκφράζεται

vocation [vəuˈkeɪʃən] n κλίση f · **~al**
adj επαγγελματικός

vodka ['vɔdkə] n βότκα f

vogue [vəug] nf · **in ~** της μόδας

voice [vɔɪs] n (also fig) φωνή f ♦ vt
εκφράζω · **~ mail** n φωνητικού
ταχυδρομείο nt

void [vɔɪd] n (also fig) κενό nt ♦ adj
(= invalid) άκυρος · **to be ~ of sth**
στερούμαι +gen

volatile ['vɔlətaɪl] adj (situation,
person) ασταθής · (liquid, substance)
πτητικός

volcano [vɔlˈkeɪnəu] n (pl **~es**) n
ηφαίστειο nt

volleyball ['vɔlɪbɔːl] n βόλλεϋ nt inv

voltage ['vəultɪdʒ] (ELEC) n τάση f

volume ['vɔljuːm] n ο όγκος m · (book)
τόμος m · (= sound level) ένταση f

voluntarily ['vɔləntrɪli] adv με τη
θέλησή του

voluntary ['vɔləntəri] adj εθελοντικός

volunteer [vɔlənˈtɪəʳ] n εθελοντής/
τρια m/f ♦ vt δίνω ♦ vi
κατατάσσομαι ως εθελοντής · **to**
~ to do sth προσφέρομαι να κάνω
κτ

vomit ['vɔmɪt] n εμετός m ♦ vt, vi
κάνω εμετό

vote [vəut] n ψήφος f · (= votes cast)
ψήφοι fpl · (= right to vote) δικαίωμα
nt ψήφου ♦ vt **to be ~d chairman**
etc εκλέγομαι πρόεδρος κ.λπ. ·
(propose) **to ~ that** προτείνω να ♦ vi
ψηφίζω · **to ~ to do sth** ψηφίζω
υπέρ +gen · **to ~ for** or **in favour of/**
against ψηφίζω υπέρ/κατά +gen · **to**
~ Labour or ψηφίζω Εργατικούς
κ.λπ. · **~r** n ψηφοφόρος mf· **voting**
n ψηφοφορία f

voucher ['vautʃəʳ] n κουπόνι nt· **gift**
~ κουπόνι δώρου

vow [vau] n όρκος m ♦ vt **to ~ to do/**
that ορκίζομαι να κάνω/ότι

voyage ['vɔɪɪdʒ] n ταξίδι nt

vulgar ['vʌlgəʳ] adj (= rude) χυδαίος ·
(= ostentatious) κακόγουστος

vulnerable ['vʌlnərəbl] adj τρωτός

vulture ['vʌltʃəʳ] n (ZOOL) γύπας m·
(fig; pej) αρπακτικό nt

W w

W, w ['dʌblju:] n το εικοστό τρίτο
γράμμα του αγγλικού αλφαβήτου

waddle ['wɔdl] vi (duck) πάω
κουνιστός

wade [weid] vi **to ~ across** διασχίζω
με κόπο

wafer ['weifəʳ] n γκοφρέτα f

waffle ['wɔfl] n (CULIN) βάφλα f ♦ vi
τσαμπουνάω

wag [wæg] vt κουνάω ♦ vi (tail)
κουνιέμαι

wage [weidʒ] n (also **~s**) μισθός m

wail [weɪl] n ουρλιαχτό nt ♦ vi
ουρλιάζω

waist [weist] n μέση f· **~coat** (BRIT)
n γιλέκο nt

wait [weit] n αναμονή f ♦ vi
περιμένω · **I can't ~ to ...** (fig) δε
βλέπω την ώρα να ... · **to ~ for sb/**

sth περιμένω κν/κτ· **~ a minute!**
μια στιγμή!· **~ on** *vt* fus σερβίρω·
~ up *vi* don't **~ up for me** μην
μείνετε ξύπνιοι για μένα· **~er** *n*
σερβιτόρος *m*· **~er!** γκαρσόν!·
~ing list *n* λίστα *f* αναμονής· **~ing
room** *n* αίθουσα *f* αναμονής· **~ing-
~ress** *n* σερβιτόρα *f*

waive [weɪv] *vt* αντιπαρέρχομαι

wake [weɪk] (*pt* **woke**, **~d**, *pp*
woken, **~d**) *vt* (*also* **~ up**) ξυπνάω
♦ *vi* (*also* **~ up**) ξυπνάω ♦ *n* (NAUT)
απόνερα *ntpl*· (*of dead person*)
ξενύχτι *nt*

Wales [weɪlz] *n* Ουαλία *f*· **the Prince
of ~** ο πρίγκηπας της Ουαλίας

walk [wɔːk] *n* (*hike*) πεζοπορία *f*·
(*shorter*) περίπατος *m*· (*= gait*)
περπατησιά *f*· (*in park etc*) διαδρομή
f ♦ *vi* περπατάω ♦ *vt* (*distance*)
περπατάω· (*dog*) βγάζω περίπατο·
it's 10 minutes' ~ from here από
εδώ είναι 10 λεπτά με τα πόδια· **to
go for a ~** πάω μια βόλτα *or* έναν
περίπατο· **~ out** *vi* (*audience*)
φεύγω· (*workers*) απεργώ· **~er** *n*
πεζοπόρος *m/f*· **~ing** *n* πεζοπορία *f*·
it's within ~ing distance μπορείς
να πας με τα πόδια· **~ing stick** *n*
μπαστούνι *nt* πεζοπορίας·

Walkman® *n* γουόκμαν *nt* *inv*·
~way *n* πέρασμα *nt* για πεζούς

wall [wɔːl] *n* τοίχος *m*· (*of tunnel,
cave*) τοίχωμα *nt*· (*city wall etc*)
τείχος *nt*

wallet [ˈwɒlɪt] *n* πορτοφόλι *nt*

wallpaper [ˈwɔːlpeɪpəʳ] *n* ταπετσαρία
f ♦ *vt* βάζω ταπετσαρία σε

walnut [ˈwɔːlnʌt] *n* (*nut*) καρύδι *nt*·
(*tree, wood*) καρυδιά *f*

waltz [wɔːlts] *n* βαλς *nt* *inv* ♦ *vi*
χορεύω βαλς

wand [wɒnd] *n* (*also* **magic ~**) ραβδί
nt

wander [ˈwɒndəʳ] *vi* (*person*)
περιπλανιέμαι· (*mind, thoughts*)
γυρίζω

want [wɒnt] *vt* (= *wish for*) θέλω·
(= *need, require*) χρειάζομαι να ♦ *n*
(= *lack*) **for ~ of** ελλείψει +*gen*· **to
~ to do sth** θέλω να κάνω κτ· **to
~ sb to do sth** θέλω (κς) να κάνει
κτ
▸ **wants** *npl* (*needs*) ανάγκες *fpl*· **~ed**
adj (*criminal etc*) καταζητούμενος·
"cook ~ed" "ζητείται μάγειρας"

war [wɔːʳ] *n* πόλεμος *m*· **to go to
~** πάω στον πόλεμο· **to be at
~ (with)** είμαι σε εμπόλεμη
κατάσταση (με)

ward [wɔːd] *n* (*in hospital*) θάλαμος
m· (POL) περιφέρεια *f*· **~ off** *vt*
(*attack, enemy*) αποκρούω

warden [ˈwɔːdn] *n* (*of park, game
reserve*) φύλακας *m/f*· (*of jail*)
διευθυντής/τρια *m/f*

wardrobe [ˈwɔːdrəʊb] *n* (*for clothes*)
ντουλάπα *f*· (*collection of clothes*)
γκαρνταρόμπα *f*

warehouse [ˈwɛəhaʊs] *n* αποθήκη *f*
(*εμπορευμάτων*)

warfare [ˈwɔːfɛəʳ] *n* πόλεμος *m*

warhead [ˈwɔːhɛd] *n* κεφαλή *f*
(*βλήματος*)

warm [wɔːm] *adj* ζεστός· (*applause,
welcome*) θερμός· **it's ~** κάνει
ζέστη· **I'm ~** ζεσταίνομαι· **~ up** *vi*
(*weather*) ζεσταίνω· (*room, water*)
ζεσταίνομαι· (*athlete*) κάνω
προθέρμανση ♦ *vt* (*food, person*)
ζεσταίνω· **~ly** *adv* εγκάρδια· (*dress*)
ζεστά· **~th** *n* ζεστασιά *f*

warn [wɔːn] *vt* **to ~ sb that**
προειδοποιώ κν ότι· **to ~ sb of/
against sth** προειδοποιώ κν για κτ·
~ing *n* προειδοποίηση *f*

warrant [ˈwɒrnt] *n* (JUR) ένταλμα *nt*
(*συλλήψεως*)· (*also* **search ~**)
ένταλμα *nt* (*έρευνας*) ♦ *vt* (= *justify*)
δικαιολογώ· **~y** *n* εγγύηση *f*· **to be
under ~y** (COMM) καλύπτομαι από
εγγύηση

warrior [ˈwɒrɪəʳ] *n* πολεμιστής *m*

warship [ˈwɔːʃɪp] *n* πολεμικό πλοίο *nt*

wartime ['wɔːtaɪm] n in ~ σε καιρό πολέμου

wary ['weərɪ] adj επιφυλακτικός

was [wɒz] pt of be

wash [wɒʃ] vt πλένω ▪ (hair) λούζω ◆ vi (person) πλένομαι ◆ n (clothes etc) μπουγάδα f · (of ship) απόνερα ntpl · to ~ one's face πλένω το πρόσωπό μου · to have a ~ πλένομαι · ~ off vi ξεπλένομαι ◆ vt ξεπλένω · ~ out vi (stain) ξεβγάζω · ~ up vi (BRIT) πλένω τα πιάτα · (US) πλένομαι · ~basin n νιπτήρας m · ~er n λαστιχάκι nt · ~ing n (dirty) άπλυτα ntpl · (clean) μπουγάδα f · ~ing machine n πλυντήριο nt · ~ing powder (BRIT) n απορρυπαντικό nt για την σκόνη · ~ing-up n to do the ~ing-up πλένω τα πιάτα · ~ing-up liquid (BRIT) n υγρό nt για τα πιάτα

wasn't ['wɒznt] = was not

wasp [wɒsp] n σφήκα f

waste [weɪst] n (of life, money) απώλεια f · (of time) χάσιμο nt · (rubbish) απόβλητα ntpl ◆ adj (paper etc) για πέταμα ◆ vt (time, energy) σπαταλάω · χάνω · (money, energy) σπαταλάω · it's a ~ of money είναι πεταμένα λεφτά
▸ wastes ntpl χερσότοπος m ·
~ away vi μένω πετσί και κόκαλο

watch [wɒtʃ] n (also wrist~) ρολόι nt (χειρός) · (= surveillance) παρακολούθηση f · (MIL) φρουρά f · (NAUT) σκοπιά f ◆ vt (= look at) κοιτάζω · (match, programme) παρακολουθώ · (= spy on, guard) παρακολουθώ · (= be careful of) προσέχω ◆ vi (= look) παρακολουθώ · ~ out vi = out! πρόσεχε! · ~dog n (dog) μαντρόσκυλο nt · (fig: person) θεματοφύλακας m · (: committee) όργανο nt επαγρύπνησης

water ['wɔːtə] n νερό nt ◆ vt ποτίζω · (eyes) τρέχω · my mouth is ~ing μου τρέχουν τα σάλια

~ down vt αραιώνω · (fig: story) μετριάζω · ~colour (US ~color) n (picture) υδατογραφία f · ~cress n νεροκάρδαμο nt · ~fall n καταρράκτης m · ~melon n καρπούζι nt · ~proof adj αδιάβροχος · ~skiing n θαλάσσιο σκι nt

watt [wɒt] n βατ nt inv

wave [weɪv] n κύμα nt · (of hand) κούνημα nt ◆ vi χαιρετώ (κουνώντας το χέρι) · (branches, grass) ◆ vt κουνάω · (gun, stick) κραδαίνω · to ~ goodbye to sb γνέφω με το χέρι αντίο · short/medium/long ~ (RADIO) βραχέα/μεσαία/μακρά (κύματα) · ~length n μήκος nt κύματος · on the same ~length (fig) στο ίδιο μήκος κύματος

wavy ['weɪvɪ] adj (line) κυματιστός · (hair) σπαστός

wax [wæks] n κερί nt · (for sealing) βουλοκέρι nt · (in ear) κυψελίδα f ◆ vt (floor) παρκετάρω · (car) γυαλίζω με κερί · (ski) κερώνω

way [weɪ] n (= route) δρόμος m · (= path, access) πέρασμα nt · (= distance) απόσταση f · (= direction) δρόμος m · (= manner, method) τρόπος m · (= habit) συνήθεια f · which ~? = this ~ από πού; · από'δώ · on the ~ πηγαίνοντας · to keep out of sb's ~ αποφεύγω κν · to go out of one's ~ to do sth κάνω ιδιαίτερη προσπάθεια or τα πάντα για να κάνω κτ · to be in the ~ είμαι στη μέση · to lose one's ~ χάνω το δρόμο μου · under ~ (project etc) σε εξέλιξη · to get one's own ~ κάνω το δικό μου · no ~! (inf) με τίποτα! · by the ~ ... αλήθεια... · "give ~" (BRIT: AUT) "δώστε προτεραιότητα" · ~ of life τρόπος ζωής

WC (BRIT) n abbr = water closet

we [wiː] pl pron (non emph: usually not translated: emph) εμείς · here ~ are

weak

(*arriving*) να'μαστε · (*finding*) νάτος

weak [wi:k] *adj* αδύναμος · (*excuse, argument*) ανίσχυρος · (*tea, coffee*) ελαφρύς · (*light, sound etc*) αδύνατος · **~en** *vi* εξασθενώ · (*resolve*) χάνω ◆ *vt* εξασθενίζω · (*government, institution*) αποδυναμώνω · **~ness** *n* (= *frailty*) αδυναμία *f* · (*of system, method*) αδύνατο σημείο *nt* · **to have a ~ness for** έχω αδυναμία για

wealth [welθ] *n* πλούτος *m* · **~y** *adj* εύπορος · (*country*) πλούσιος

weapon ['wepən] *n* όπλο *nt*

wear [weə^r] (*pt* **wore**, *pp* **worn**) *n* (*use*) χρήση *f* · (= *damage through use*) φθορά *f* ◆ *vt* φοράω · (*beard etc*) έχω ◆ *vi* (= *last*) έχω αντοχή · (*carpet, shoes*) παλιώνω · **~ down** *vt* (*person, strength*) καταβάλλω · **~ off** *vi* (*pain etc*) περνάω · **~ out** *vt* (*shoes, clothing*) χαλάω · (*person, strength*) εξαντλώ

weary ['wɪərɪ] *adj* (= *tired*) εξουθενωμένος · (= *dispirited*) πληκτικός ◆ *vi* **to ~ of sb/sth** βαριέμαι κν/κτ

weasel ['wi:zl] *n* νυφίτσα *f*

weather ['weðə^r] *n* καιρός *m* ◆ *vt* (*storm, crisis*) ξεπερνάω · **what's the ~ like?** πώς είναι ο καιρός; · **under the ~** αδιάθετος

weave [wi:v] (*pt* **wove**, *pp* **woven**) *n* (*cloth*) υφαίνω · (*basket*) πλέκω

web [web] *n* (*of spider*) ιστός *m* · (*on duck's foot*) νηκτική μεμβράνη *f* · (*fig*) πλέγμα *n* · **the (World Wide) W~** ο (Παγκόσμιος) Ιστός *m* · **~ page** *n* (*COMPUT*) ιστοσελίδα *f* · **~site** *n* (δι)αδικτυακή τοποθεσία *f*

wed [wed] (*pt, pp* **-ded**) *vt* παντρεύομαι ◆ *vi* παντρεύομαι · **the newly~** οι νεόνυμφοι *mpl*

we'd [wi:d] = **we had** · **we would**

wedding ['wedɪŋ] *n* γάμος *m* · **silver/ golden ~** αργυροί/χρυσοί γάμοι · **~ day** *n* ημέρα *f* του γάμου ·

~ dress *n* νυφικό *nt* · **~ ring** *n* βέρα *f*

wedge [wedʒ] *n* (*of wood*) σφήνα *f* · (*of cake*) κομμάτι *nt* ◆ *vt* σφηνώνω

Wednesday ['wenzdɪ] *n* Τετάρτη *f* · *see also* **Tuesday**

wee [wi:] (*SCOTTISH*) *adj* μικρός · (*usually translated by diminutive form*)

weed [wi:d] *n* ζιζάνιο *nt* · (*pej: person*) τσίρος *m* ◆ *vt* ξεχορταριάζω

week [wi:k] *n* εβδομάδα *f* · **a ~ today/ on Friday** μια (ε)βδομάδα από σήμερα/την Παρασκευή · **~day** *n* καθημερινή *f* · (*COMM*) εργάσιμη *f* · **on ~days** τις καθημερινές · **~end** *n* σαββατοκύριακο *nt* · **this/next/last ~end** αυτό το/το επόμενο/το προηγούμενο σαββατοκύριακο · **~ly** *adv* κάθε εβδομάδα ◆ *adj* εβδομαδιαίος ◆ *n* (*magazine*) εβδομαδιαίο περιοδικό *nt*

weep [wi:p] (*pt, pp* **wept**) *vi* (*person*) κλαίω · (*wound*) τρέχω

weigh [weɪ] *vt* ζυγίζω · (*fig*) σταθμίζω ◆ *vi* ζυγίζω · **~ down** *vt* βαραίνω · **~ up** *vt* ζυγιάζω

weight [weɪt] *n* (*metal object*) βαρίδι *nt* · (= *heaviness*) φορτίο *nt* · **to lose/ put on ~** χάνω/παίρνω βάρος · **~lifter** *n* αρσιβαρίστας/α *m/f*

weir [wɪə^r] *n* (*in river*) φράγμα *nt*

weird [wɪəd] *adj* αλλόκοτος · (*person*) περίεργος

welcome ['welkəm] *adj* (*visitor, suggestion*) ευπρόσδεκτος · (*news, change*) ευχάριστος ◆ *n* υποδοχή *f* ◆ *vt* (= *bid welcome to*) καλωσορίζω · (= *be glad of*) δέχομαι με ικανοποίηση · **thank you ~ you're ~!** ευχαριστώ · παρακαλώ!

weld [weld] *n* οξυγονοκόλληση *f* ◆ *vt* οξυγονοκολλώ

welfare ['welfɛə^r] *n* (*wellbeing*) ευημερία *f* · (*US: social aid*) κοινωνική πρόνοια *f* · **~ state** *n* κράτος *nt* πρόνοιας

we'll [wi:l] = **we will** · **we shall**

well [wel] n (for water) πηγάδι nt · (oil well) πετρελαιοπηγή f ♦ adv καλά · (for emphasis with adv, adj or phrase) πολύ ♦ adj to be ~ (person) είμαι καλά ♦ excl μπ! · **I don't feel ~** δεν αισθάνομαι καλά · **as ~** επίσης · **as ~ as** όπως και · **~ done!** εύγε! · **get ~ soon!** περαστικά! · **to do ~** (person) πηγαίνω μπροστά · (business) πηγαίνω καλά · **~ up** vi αναβλύζω · **~-behaved** adj (child) που έχει καλούς τρόπους · (dog) φρόνιμος · **~-dressed** adj καλοντυμένος · **~-known** adj γνωστός · **~-off** adj ευκατάστατος

Welsh [welʃ] adj ουαλικός ♦ n (LING) ουαλικά ntpl
► **the Welsh** npl οι Ουαλοί mpl ·
~man (irreg) n Ουαλός m ·
~woman (irreg) n Ουαλίδα f

went [went] pt of **go**

wept [wept] pt, pp of **weep**

we're [wɪəʳ] = **we are**

were [wəːʳ] pt of **be**

weren't [wəːnt] = **were not**

west [west] n (= direction) δύση f · (of country, town) δυτικά ntpl ♦ adj δυτικός ♦ adv δυτικά · **the ~ of Ireland** η δυτική Ιρλανδία · **to the ~** δυτικά · **the W~** (POL) η Δύση · **~ern** adj (also POL) δυτικός ♦ n (CINE) γουέστερν nt inv · **West Indies** npl **the W~ Indies** οι Δυτικές Ινδίες

wet [wet] adj (= damp) νωπός · (= soaked) υγρός · (= rainy) βροχερός · **to get ~** βρέχομαι · **~ suit** n στολή f για καταδύσεις

we've [wiːv] = **we have**

whack [wæk] vt χτυπάω

whale [weɪl] n φάλαινα f

wharf [wɔːf] (pl **wharves**) n αποβάθρα f

what [wɔt] adj (a) (in direct/indirect questions) τι

(b) (in exclamations) τι · **what a mess!** τι μπέρδεμα κι αυτό! · **what a fool I am!** τι βλάκας που είμαι! ♦ pron (a) (interrogative) τι · **what are you talking about?** τι είναι αυτά που λες; · **what is it called?** πώς το λένε; · **what about me?** κι εγώ; · **what about...?** τι θα λέγατε να...; ·
(b) (relative) τι · **is that what happened?** αυτό έγινε; · **what you say is wrong** αυτό που λες είναι λάθος
♦ excl (disbelieving) τι!

whatever [wɔtˈevəʳ] adj ~ **book** όποιο or οποιοδήποτε βιβλίο ♦ pron **do ~ is necessary/you want** κάντε ό, τι είναι απαραίτητο/ θέλετε · **~ happens** ό, τι κι αν συμβεί · **nothing ~** or whatsoever απολύτως τίποτα

wheat [wiːt] n σιτάρι nt

wheel [wiːl] n (of vehicle etc) ρόδα f · (also **steering** ~) τιμόνι nt ♦ vt (pram etc) τσουλάω ♦ vi (also **~ round:** person) γυρνάω απότομα · **~chair** n αναπηρική πολυθρόνα f

when [wen] adv πότε
♦ conj (a) (= at, during) όταν · **that was when I needed you** τότε σε χρειαζόμουν
(b) (= on, at which) ενώ
(c) (= whereas) ενώ

whenever [wenˈevəʳ] adv οπότε
♦ conj (= any time that) όποτε ·
(= every time that) κάθε φορά που

where [weəʳ] adv (place, direction) πού ♦ conj πού · **this is ~ I live/it happened** εδώ μένω/έγινε · **are you from?** από πού είστε; ·
~abouts adv πού κοντά or περίπου ♦ n **nobody knows his ~abouts** κανείς δεν ξέρει πού βρίσκεται ·
~as conj ενώ · **~by** (fml) adv μέσω

του οποίου · **~ver** conj (= no matter where) όπου · (= not knowing where) όπου κι αν ◆ adv (interrogative) πού τελοσπάντων · **sit ~ver you like** καθήστε όπου σας αρέσει

whether ['weðə'] conj αν · **I don't know** ~ **to accept or not** δεν ξέρω αν θα πρέπει να δεχτώ ή όχι

KEYWORD

which [wɪtʃ] adj (a) (interrogative: direct, indirect) ποιος · **which one?** ποιος;

(b) **in which case** οπότε · **by which time** οπότε
◆ pron (a) (interrogative) ποιος · **I don't mind which** όποιο να'ναι
(b) (relative) που · **the apple which you ate** το μήλο που or το οποίο έφαγες · **the apple which is on the table** το μήλο που or το οποίο είναι πάνω στο τραπέζι · **the meeting (which) we attended** η συνεδρίαση που or στην οποία πήγαμε · **the chair on which you are sitting** η καρέκλα στην οποία or που κάθεσαι · **the book of which you spoke** το βιβλίο για το οποίο έλεγες · **he said he knew, which is true** είπε πως το ήξερε, πράγμα που είναι αλήθεια · **after which** οπότε

whichever [wɪtʃ'evə'] adj take ~ **book you prefer** πάρτε όποιο βιβλίο προτιμάτε · ~ **book you take** όποιο βιβλίο κι αν πάρετε

while [waɪl] n (period of time: long) καιρός m · (short) ώρα f ◆ conj (= at the same moment as) τη στιγμή που · (= during the time that) όσο · (= although) αν και · **for a** ~ για λίγο · **in a** ~ σε λίγο · ~ **away** vt (time) περνάω

whilst [waɪlst] conj = **while**

whim [wɪm] n καπρίτσιο nt

whine [waɪn] n (of siren) ουρλιαχτό nt · (of engine) τρίξιμο nt ◆ vi

(person) βογγάω · (animal, siren) ουρλιάζω · (engine) στριγγλίζω · (fig: = complain) παραπονιέμαι

whip [wɪp] n (= lash) μαστίγιο nt · (riding whip) καμουτσίκι nt ◆ vt (person, animal) μαστιγώνω · (cream, eggs) χτυπάω

whirl [wə:l] vt (also ~ round) στριφογυρίζω ◆ vi στροβιλίζομαι ◆ n στρόβιλος m

whisk [wɪsk] n (CULIN) χτυπητήρι nt ◆ vt χτυπάω · **to ~ sb away** or **off** μεταφέρω or στέλνω κν άρον-άρον

whiskers ['wɪskəz] npl (of animal) μουστάκια ntpl · (of man) μουστάκι nt

whisky ['wɪskɪ] (US, IRISH **whiskey**) n ουΐσκι nt inv

whisper ['wɪspə'] n (low voice) ψίθυρος m ◆ vi ψιθυρίζω ◆ vt μουρμουρίζω

whistle ['wɪsl] n (sound) σφύριγμα nt · (object) σφυρίχτρα f ◆ vi σφυρίζω ◆ vt **to ~ a tune** σφυρίζω ένα σκοπό

white [waɪt] adj λευκός · (with fear) κάτασπρος ◆ n (colour) λευκό nt · (person) λευκός/ή m/f · (of egg) ασπράδι nt · **to go** ~ (person, hair) ασπρίζω · ~**wash** n (paint) ασβέστης m · (inf: SPORT) συντριβή f ◆ vt (building) ασπρίζω

whiting ['waɪtɪŋ] n inv (fish) μέρλαγγος m (είδος μπακαλιάρου)

whittle ['wɪtl] vt **to ~ away** or **down** (costs) περικόπτω

whizz [wɪz] vi **to ~ past** or **by** περνάω σαν σίφουνας

KEYWORD

who [hu:] pron (a) (interrogative) ποιος
(b) (relative) που · **those who can swim** αυτοί που or όσοι ξέρουν κολύμπι

whoever [hu:'evə'] pron ~ **finds it** όποιος το βρει · ~ **ask** · ~ **you like** ρωτήστε όποιον θέλετε · ~ **he**

marries όποια κι αν *or* οποιαδήποτε παντρευτεί · ~ **told you that?** ποιος σας το είπε αυτό;

whole [həul] *adj* (= *entire*) όλος · (= *not broken*) ακέραιος ♦ *n* σύνολο *nt* · **the ~ of** όλος · ~ **villages were destroyed** ολόκληρα χωριά καταστράφηκαν · **the ~ of the town** όλη η πόλη · **on the ~** γενικά · **~food(s)** *n(pl)* υγιεινές τροφές *f* · **~heartedly** *adv* ολόψυχα · **~meal** (BRIT) *adj* (*bread*) ολικής αλέσεως · (*flour*) σκληρός · **~sale** *n* χονδρική (πώληση) *f* ♦ *adj* (*price*) χονδρικής · (*destruction etc*) ομαδικός ♦ *adv* χονδρικώς

wholly ['həuli] *adv* πλήρως

whom [hu:m] *pron* (a) (*interrogative*) ποιον

(b) (*relative*) που · **the man whom I saw** αυτός που είδα/με τον οποίο μίλησα · **the man to whom I spoke** αυτός με τον οποίο μίλησα · **the lady with whom I was talking** η κυρία με την οποία μιλούσα

whore [hɔːʳ] (*inf, pej*) *n* πόρνη *f*

whose [hu:z] *adj* (a) (*interrogative*) τίνος

(b) (*relative*) που · **the man whose son you rescued** ο άνθρωπος που του έσωσες το γιο · **the girl whose sister you were speaking to** η κοπέλα, με την αδερφή της οποίας μιλούσες · **the woman whose car was stolen** η γυναίκα που της έκλεψαν το αυτοκίνητο ♦ *pron* τίνος

why [wai] *adv* γιατί · **I'm not coming – why not?** δεν έρχομαι – γιατί (όχι); · **fancy a drink? – why not?**

είσαι για ένα ποτό; – γιατί όχι; · **why not do it now?** γιατί να μην *or* δεν το κάνουμε τώρα;
♦ *conj* γιατί · **that's not why I'm here** δεν είμαι εδώ γι' αυτό · **that's not the reason why I'm here** δεν είναι αυτός ο λόγος που είμαι εδώ
♦ *excl* (*expressing surprise, annoyance*) μπα · (*explaining*) μα · **I don't understand – why, it's obvious!** δεν καταλαβαίνω - μα είναι φανερό!

wicked ['wikid] *adj* απαίσιος · (*inf: prices, weather*) φοβερός

wicket ['wikit] (CRICKET) *n* (= *stumps*) φράχτης *m*

wide [waid] *adj* (*bed*) φαρδύς · (*field, grin*) πλατύς · (*area, choice*) μεγάλος · (*publicity, knowledge*) ευρύς ♦ *adv* **to open ~** (*window etc*) ανοίγω διάπλατα · **it is 3 metres ~** είναι 3 μέτρα (στο) πλάτος · **~ly** *adv* (*differ, vary*) πολύ · (*spaced*) αραιά · (*believed, known*) ευρέως · **~n** *vt* (*road*) διαπλατύνω · (*river*) πλαταίνω · (*one's experience*) διευρύνω ♦ *vi* πλαταίνω · **~spread** *adj* (*belief etc*) ευρέως διαδεδομένος

widow ['widəu] *n* χήρα *f* · **~er** *n* χήρος *m*

width [widθ] *n* πλάτος *nt*

wield [wi:ld] *vt* (*sword*) χειρίζομαι · (*power*) ασκώ

wife [waif] (*pl* **wives**) *n* γυναίκα *f*

wig [wig] *n* περούκα *f*

wild [waild] *adj* (*animal, plant*) άγριος · (*weather*) άσχημος · (*person, behaviour*) τρελός *or* που παραληρεί από ενθουσιασμό · (*idea*) παράτολμος ♦ **the ~** *n* η φύση *f* · ▶**the wilds** *npl* η ερημιά *f*

wilderness ['wildənis] *n* ερημιά *f*

wildlife ['waildlaif] *n* άγρια ζώα *ntpl* και φυτά *ntpl*

wildly ['waildli] *adv* (*behave*) έξαλλα · (*move, shake*) μανιασμένα

will

KEYWORD

will [wɪl] (pt, pp **willed**) n (= volition) θέληση f, διαθήκη f • **he did it against his will** το έκανε παρά τη θέλησή του
♦ aux vb (a) (forming future tense) θα
(b) (in conjectures, predictions) θα
(c) (in commands, requests) θα
(d) (insistence) **I won't put up with it!** δεν θα το ανεχτώ αυτό!
♦ vt **to will sb to do sth** εύχομαι (μέσα μου) κης να κάνει κτ • **he willed himself to go on** πίεσε τον εαυτό του να να συνεχίσει

willing ['wɪlɪŋ] adj πρόθυμος • **he's ~ to do it** είναι πρόθυμος or έχει τη διάθεση να το κάνει • **~ly** adv εκούσια

willow ['wɪləu] n ιτιά f

willpower ['wɪl'pauə'] n δύναμη f της θέλησης

wilt [wɪlt] vi μαραίνομαι

win [wɪn] (pt, pp **won**) n νίκη f ♦ vt κερδίζω • (prize, medal) παίρνω ♦ vi νικώ • **~ over** vt κερδίζω με το μέρος μου • **~ round** (BRIT) ♦ vt = **win over**

wince [wɪns] vi σκιρτώ

wind[1] [wɪnd] n (air) άνεμος m • (MED) τυμπανισμός m • (breath) αναπνοή f ♦ vt κόβω την αναπνοή or ανάσα σε

wind[2] [waɪnd] (pt, pp **wound**) vt (thread, rope) τυλίγω • (clock, toy) κουρδίζω ♦ vi (road, river) ξετυλίγομαι

windfall ['wɪndfɔːl] n (money) απρόσμενο κέρδος nt • (apple) πεσμένος καρπός m

winding ['waɪndɪŋ] adj (road) με στροφές • (staircase) στριφογυριστός

windmill ['wɪndmɪl] n ανεμόμυλος m

window ['wɪndəu] n (also COMPUT) παράθυρο nt • (in shop etc) βιτρίνα f • (also ~ **pane**) τζάμι nt

windscreen ['wɪndskriːn] n παρμπρίζ nt inv

windshield ['wɪndʃiːld] (US) n = **windscreen**

windsurfing ['wɪndsəːfɪŋ] n γουιντ-σέρφινγκ nt inv

windy ['wɪndɪ] adj με πολύ άνεμο • **it's ~** φυσάει

wine [waɪn] n κρασί nt • **~ bar** n γουάιν μπαρ nt inv • **~ list** n κατάλογος m κρασιών

wing [wɪŋ] n (of bird, insect) φτερούγα f • (of building) πτέρυγα f • (of car, plane) φτερό nt
▸ **the wings** npl (THEAT) τα παρασκήνια ntpl

wink [wɪŋk] n (of eye) κλείσιμο nt του ματιού • vi (with eye) κλείνω το μάτι

winner ['wɪnə'] n νικητής/τρια m/f • (of contest) κάτοχος mf

winning ['wɪnɪŋ] adj νικηφόρος • (shot, goal) νικητήριος • (smile) που σε κερδίζει

winter ['wɪntə'] n χειμώνας m • **in ~** το χειμώνα • **~ sports** npl χειμερινά σπορ nt inv • **~time** n χειμώνας m

wipe [waɪp] vt (= dry, clean) σκουπίζω • **to give sth a ~** σκουπίζω κτ με ένα πανί • **~ off** vt καθαρίζω • **~ out** vt εξολοθρεύω • **~ up** vt καθαρίζω

wire ['waɪə'] n (metal etc) σύρμα nt • (ELEC) καλώδιο nt • (= telegram) τηλεγράφημα nt ♦ vt (US: person) τηλεγραφώ • (also ~ **up**) συνδέω

wiring (ELEC) n ηλεκτρολογική εγκατάσταση f

wisdom ['wɪzdəm] n (of person) σοφία f • (of action, remark) ορθότητα f

wise [waɪz] adj (person) σοφός • (action, remark) φρόνιμος

wish [wɪʃ] n (desire) επιθυμία f • (specific) ευχή f ♦ vt (= want) εύχομαι • **best ~es** θερμές ευχές •

with best ~es (in letter) θερμούς χαιρετισμούς • **give her my best ~es** δώστε της τις καλύτερες ευχές μου • **to ~ sb goodbye** λέω αντίο σε κν • **to ~ to do sth** επιθυμώ or θέλω να κάνω κτ • **to ~ for** εύχομαι για

wistful [ˈwɪstful] adj μελαγχολικός

wit [wɪt] n (= wittiness) πνεύμα nt • (also ~s: intelligence) μυαλό nt • (= presence of mind) μυαλό nt

witch [wɪtʃ] n μάγισσα f

┌─────────────┐
│ KEYWORD   │
└─────────────┘

with [wɪð, wɪθ] prep
(a) (= accompanying, in the company of) με • **I was with him** ήμουν μαζί του or μ'αυτόν • **we stayed with friends** μείναμε σε φίλους • **we'll take the children with us** θα πάρουμε μαζί μας τα παιδιά • **I'll be with you in a minute** θα είμαι στη διάθεσή σας σε ένα λεπτό • **I'm with you** (= I understand) σε παρακολουθώ
(b) (descriptive) **a room with a view** ένα δωμάτιο με θέα • **the man with the grey hair/blue eyes** ο άνθρωπος με το γκρίζο κατέλο/τα γαλανά μάτια
(c) (indicating manner, means) με
(d) (indicating cause) από

withdraw [wɪðˈdrɔː] (irreg) vt (object) τραβάω • (offer) αποσύρω • (remark) ανακαλώ ◆ vi (troops, person) αποσύρομαι • **to ~ money** κάνω μια ανάληψη • **~al** n (of remark) ανάκληση f • (of offer, troops) απόσυρση f • (of money) ανάληψη f • **~n** pp of **withdraw** ◆ adj (person) συνεσταλμένος

withdrew [wɪðˈdruː] pt of **withdraw**

wither [ˈwɪðə³] vi μαραίνομαι

withhold [wɪθˈhəuld] (irreg) vt (money) κρατάω • (payment) παρακρατώ • (information) αποκρύπτω

within [wɪðˈɪn] prep (place, time) μέσα

σε • (distance) σε ◆ adv από μέσα • **reach or sight** από μακριά • **it is sight (of sb)** είναι ορατό (από κν) • **~ a mile of** μέσα σ'ένα μίλι από • **~ an hour of** μέσα σε μια ώρα από

without [wɪðˈaut] prep χωρίς • **~ speaking** αμίλητα • **it goes ~ saying** είναι αυτονόητο ότι

withstand [wɪðˈstænd] (irreg) vt (winds, pressure) αντέχω σε • (attack) αντιστέκομαι σε

witness [ˈwɪtnɪs] n (person) μάρτυς mf ◆ vt (event) είμαι παρών σε (σαν αυτόπτης μάρτυρας)

witty [ˈwɪtɪ] adj πνευματώδης

wives [waɪvz] npl of **wife**

wizard [ˈwɪzəd] n μάγος m

wobble [ˈwɒbl] vi (legs, jelly) τρέμω • (chair) κουνιέμαι

woe [wəu] n (= sorrow) οδύνη f • (= misfortune) συμφορά f

woke [wəuk] pt of **wake** • **~n** pp of **wake**

woke [wʊlf] (pl **wolves**) n λύκος m

woman [ˈwumən] (pl **women**) n γυναίκα f • **~ young** – νέα (γυναίκα)

womb [wuːm] n μήτρα f

women [ˈwɪmɪn] npl of **woman**

won [wʌn] pt, pp of **win**

wonder [ˈwʌndə³] n (miracle) θαύμα nt • (= awe) απορία f ◆ vi **to ~ whether/why** etc αναρωτιέμαι αν/ γιατί • **to ~ about** αναρωτιέμαι για • **I ~ if you could help me** μήπως θα μπορούσατε να με βοηθήσετε; • **~ful** adj (= excellent) εκπληκτικός • (= miraculous) θαυμάσιος

won't [wəunt] = **will not**

wood [wud] n (= timber) ξύλο nt • (= forest) δάσος nt ◆ cpd ξύλο– • **~en** adj ξύλινος • (fig) αφύσικος • **~work** n (skill) ξυλουργική f

wool [wul] n μαλλί nt • **to pull the ~ over sb's eyes** (fig) ρίχνω στάχτη στα μάτια κου • **~len** (US **~en**) (hat μάλλινος • **~ly** (US **~y**) adj

μάλλινος · (fig) ασαφής

word [wɜːd] n λέξη f · (= promise) λόγος m · (= news) είδηση f ♦ vt (letter, message) διατυπώνω · **for ~** (= verbatim) επί λέξει · (in translation) κατά λέξη · **in other ~s** με άλλα λόγια · **to break/keep one's ~** αθετώ/κρατώ το λόγο μου · **to have a ~ with sb** κουβεντιάζω με κν · **~ing** n διατύπωση f · **~ processing** n επεξεργασία f κειμένου · **~ processor** n επεξεργαστής m κειμένου

wore [wɔː] pt of wear

work [wɜːk] n δουλειά f · (ART, LIT) έργο nt · vi (person) δουλεύω · (mechanism) δουλεύω · (medicine etc) ενεργώ ♦ vt (wood, clay etc) δουλεύω σε · (machine) χειρίζομαι · **to go to ~** πάω παρ or στη δουλειά · **to be out of ~** είμαι άνεργος · **to be in ~** εργάζομαι · **~ out** vi (plans etc) πηγαίνω · (SPORT) γυμνάζομαι ♦ vt (problem) λύνω · (plan) επινοώ · **~ up** vt **to get ~ed up** εξάπτομαι · **~er** n εργαζόμενος/η m/f · (manual) εργάτης/τρια m/f · **office ~er** n υπάλληλος · **~force** n εργατικό δυναμικό nt · **~ing-class** adj της εργατικής τάξης · **~ing week** n μάστορας m · **~out** n προπόνηση f · **~ permit** n άδεια f εργασίας · **~s** (BRIT) n (= factory) εργοστάσιο nt · **~shop** n εργαστήρι nt

world [wɜːld] n κόσμος m ♦ cpd παγκόσμιος · (tour) του κόσμου · **all over the ~** σ'όλο τον κόσμο · **to think the ~ of sb** εκτιμώ ιδιαίτερα κν · **World Cup** n the W~ Cup (FOOTBALL) το Παγκόσμιο Κύπελλο · **~wide** adj παγκόσμιος ♦ adv σε όλον τον κόσμο · **World Wide Web** n (Παγκόσμιος) Ιστός m

worm [wɜːm] n (also earth~) σκουλήκι nt

worn [wɔːn] pp of wear ♦ adj (carpet)

φθαρμένος · (shoe) φαγωμένος · **~-out** adj (object) φθαρμένος · (person) καταβεβλημένος

worried [ˈwʌrɪd] adj (= anxious) ανήσυχος · **to be ~ about sth** ανησυχώ για κτ

worry [ˈwʌrɪ] n (anxiety) ανησυχία f · (stronger) στενοχώρια f ♦ vt (person) ανησυχώ · vi (person) ανησυχώ · (stronger) στενοχωριέμαι · **~ing** adj ανησυχητικός

worse [wɜːs] adj χειρότερος ♦ adv χειρότερα ♦ n το χειρότερο nt · **to get ~** χειροτερεύω · **a change for the ~** μια αλλαγή προς το χειρότερο · **~n** vt χειροτερεύω ♦ vi χειροτερεύω · **~ off** adj (also fig) φτωχότερος

worship [ˈwɜːʃɪp] n λατρεία f ♦ vt λατρεύω

worst [wɜːst] adj χειρότερος ♦ adv χειρότερα ♦ n το χειρότερο nt · **at ~** στη χειρότερη περίπτωση

worth [wɜːθ] n αξία f ♦ adj **to be ~** αξίζω · **how much is it ~?** πόσο αξίζει; · **it's ~ it** το αξίζει · **~less** adj (person) ανάξιος · (thing) άχρηστος · **~while** adj που αξίζει τον κόπο

worthy [ˈwɜːðɪ] adj (person) άξιος · (motive) υψηλός · **to be ~ of sth** αξίζω κτ

KEYWORD

would [wʊd] aux vb (a) (conditional tense) **if you asked him he would do it** αν του το ζητούσες θα το έκανε · **if they had asked him they would have done it** αν του το είχες ζητήσει θα το είχε κάνει (b) (in offers, invitations) **would you like a biscuit?** θέλετε ένα μπισκότο; · **would you ask him to come in?** του λέτε να έρθει μέσα; · **would you open the window please?** ανοίγετε το παράθυρο, σας παρακαλώ; (c) (in indirect speech) **I said I would do it** είπα πως θα το έκανα · **he**

asked me if I would go with him με ρώτησε αν θα πήγαινα μαζί του
(d) (emph) **it WOULD have to snow today!** σήμερα βρέθηκε να χιονίσει • **you WOULD say that, wouldn't you!** ε βέβαια, εσύ τα θα έλεγες!
(e) (insistence) **she wouldn't behave** δεν εννοούσε να καθήσει φρόνιμα
(f) (conjecture) **it would have been midnight** πρέπει να ήταν μεσάνυχτα • **it would seem so** έτσι φαίνεται
(g) (indicating habit) **he would go there on Mondays** πήγαινε κάθε Δευτέρα • **he would spend every day on the beach** πέρναγε όλες τις μέρες στην παραλία

wouldn't ['wudnt] = **would not**
wound¹ [waund] pt, pp of **wind²**
wound² [wu:nd] n τραύμα nt ♦ vt τραυματίζω
wove [wəuv] pt of **weave** • **~n** pp of **weave**
wrap [ræp] n (shawl) σάλι nt • (cape) μπέρτα f ♦ vt (= cover) σκεπάζω • (also ~ **up**) τυλίγω
wreath [ri:θ] (pl **~s**) n στεφάνι nt
wreck [rek] n (vehicle) συντρίμμια ntpl • (ship) ναυάγιο nt • (pej: person) ερείπιο nt ♦ vt (car etc) διαλύω • (chances) σβήνω • **~age** n συντρίμμια ntpl • (of building) ερείπια ntpl
wren [ren] (ZOOL) n τρυποφράχτης m
wrench [rentʃ] n (TECH) κλειδί nt • (tug) απότομη κίνηση f • (fig) πόνος m του αποχωρισμού ♦ vt (pull) τραβώ απότομα • **to ~ sth from sb** αρπάζω κτ από κν
wrestle ['resl] vi **to ~ (with sb)** παλεύω (με κν) • **to ~ with a problem** καταπιάνομαι με ένα πρόβλημα • **~r** n παλαιστής m
wrestling n πάλη f • (also **all-in ~**) ελεύθερα πάλη f

wretched ['retʃid] adj άθλιος • (inf: = damned) παλιο-
wriggle ['rɪgl] vi (also ~ **about:** person) στριφογυρίζω ♦ n στριφογύρισμα nt
wrinkle ['rɪŋkl] n (on skin) ρυτίδα f • (on paper etc) ζάρα f ♦ vt ρυτιδώνω ♦ vi ζαρώνω
wrist [rist] n καρπός m (χεριού)
write [raɪt] (pt **wrote**, pp **written**) vt γράφω • (cheque, receipt) κόβω ♦ vi γράφω • ~ **down** (= note) σημειώνω • (= put in writing) γράφω • ~ **off** (debt, plan) ξεγράφω • (= wreck) κάνω σμπαράλια • ~ **out** (cheque, receipt) κόβω • ~ **up** vt γράφω αναλυτικά • ~**off** n σμπαράλια ntpl • ~ **n** (= author) συγγραφέας mf • (of report, document etc) συντάκτης/τρια m/f
writing ['raɪtɪŋ] n (= words written, handwriting) γράμματα ntpl • (= occupation) γράψιμο nt • **in ~** γραπτώς
written ['ritn] pp of **write**
wrong [rɒŋ] adj λάθος • (= unfair) άδικος ♦ adv λάθος ♦ n (injustice) σφάλμα nt • (evil) άδικο nt ♦ vt αδικώ • **to be ~** κάνω λάθος • **you are ~ to do it** είναι λάθος or σφάλμα σας που το κάνετε • **it's ~ to steal, stealing is ~** είναι κακό να κλέβεις • **to be in the ~** έχω άδικο • **what's ~?** τι τρέχει; • **there's nothing ~** δεν τρέχει τίποτα • **to go ~** (person) κάνω λάθος, πηγαίνω στραβά • (machine) δεν δουλεύω καλά • ~**ly** adv (= incorrectly) λανθασμένα • (= unjustly) άδικα • (= unsuitably) ακατάλληλα
wrote [rəut] pt of **write**

X x Y y Z z

X, x [eks] n το εικοστό τέταρτο γράμμα του αγγλικού αλφαβήτου

Xmas ['eksmas, 'krisməs] n abbr = **Christmas**

X-ray ['eksreɪ] n (ray) ακτίνα f Χ ♦ (photo) ακτινογραφία f ♦ vt βγάζω ακτινογραφία σε

Y, y [waɪ] n το εικοστό πέμπτο γράμμα του αγγλικού αλφαβήτου

yacht [jɔt] n γιωτ nt inv (with sails) ιστιοφόρο nt (luxury motor yacht) θαλαμηγός f

yard [jɑːd] n (of house etc) αυλή f (US: garden) κήπος m (measure) γυάρδα f (= 91, 44 εκ.)

yarn [jɑːn] n κλωστή f (wool) νήμα nt (tale) φανταστική ιστορία f

yawn [jɔːn] n χασμουρητό nt ♦ vi χασμουριέμαι

yd n abbr = **yard**

yeah [jɛə] (inf) adv ναι

year [jɪə°] n έτος nt (fml) έτος nt · referring to harvest, wine etc) χρονιά f · **every** ~ κάθε χρόνο · **this** ~ φέτος · **last** ~ πέρσι · **a** or **per** ~ το χρόνο · **to be 8 ~s old** είμαι 8 ετών or χρονών · **an eight-~-old boy** ένας οκτάχρονος · **-ly** adj ετήσιος ♦ adv ετησίως (fml) · **twice ~ly** δύο φορές το χρόνο

yearn [jɜːn] vi · **to** ~ **for sth** λαχταράω κτ · **to** ~ **to do sth** λαχταρώ να κάνω κτ

yeast [jiːst] n μαγιά f

yell [jɛl] n κραυγή f ♦ vi ουρλιάζω

yellow ['jɛləʊ] adj κίτρινος ♦ n κίτρινο nt · **Yellow Pages**® npl ≈ Χρυσός Οδηγός

Yemen ['jɛmən] n Υεμένη f

yes [jɛs] adv (gen) ναι ♦ n ναι nt inv · **to say/answer** ~ λέω ναι

yesterday ['jɛstədɪ] adv χθες ♦ n

χθες nt inv · ~ **morning/evening** χθες το πρωί/βράδυ · **the day before** ~ προχθές · **all day** ~ όλη την ημέρα χθες

yet [jɛt] adv ακόμα ♦ conj αν και · **it is not finished** ~ δεν έχει τελειώσει ακόμα · **the best** ~ το καλύτερο μέχρι τώρα · **as** ~ ως τώρα · ~ **again** και πάλι

yew [juː] n ήμερο έλατο nt

Yiddish ['jɪdɪʃ] n Γίντις ntpl (γερμανοεβραϊκά)

yield [jiːld] n (AGR) σοδιά f (COMM) απόδοση f ♦ vt (= surrender: control) παραχωρώ (responsibility) εκχωρώ (= produce: results) αποφέρω (profit) αποδίδω ♦ vi (= surrender) υποκύπτω (US: AUT) δίνω προτεραιότητα · **a** ~ **of 5%** μια απόδοση 5%

yoga ['jəʊgə] n γιόγκα f inv

yog(h)ourt ['jəʊgət] n γιαούρτι nt

yog(h)urt ['jəʊgət] n = **yog(h)ourt**

yolk [jəʊk] n (of egg) κρόκος m

KEYWORD

---

you [juː] pron (a) (subject usually not translated: singular) εσύ (plural, polite form) εσείς · **you are very kind** είσαι/είστε πολύ καλός · **you and I will go** εσύ κι εγώ θα πάμε (b) (singular: direct object) σε (singular: indirect object) σου (plural, polite form: direct) σας (c) (stressed) (ε)σένα (plural, polite form) εσάς · **I told YOU to do it** σε σένα/σας είπα να το κάνεις/κάνετε (d) (after prep, in comparisons) (ε)σένα (plural, polite form) εσάς (e) (impersonal: = one) **you never know** ποτέ δεν ξέρεις · **you can't do that!** δεν γίνεται αυτό το πράγμα!

you'd [juːd] = **you had, you would**

you'll [juːl] = **you will, you shall**

young [jʌŋ] adj (person, plant) νέος ·

(animal, child) μικρός · *(people)* νέοι
mpl · **a ~ man** ένας νέος · **a ~ lady**
μια νέα

▶ **the young** *npl (of animal)* τα
νεογνά *ntpl* · **~ster** *n* νεαρός/ή *m/f* ·
(of bird) νεοσσός *m*

your [jɔːʳ] *adj* δικός *m* σου (δική *f*
σου) (δικό *nt* σου ·) *see also* **my**

you're [juəʳ] = **you are**

yours [jɔːz] *pron* δικός/ή/ό σου ·
(plural, polite form) δικός/ή/ό σας · **a
friend of ~** ένας φίλος σας · **is it
~?** είναι δικό σας; · **Y~ sincerely/
faithfully** μετά τιμής · *see also* **mine**

yourself [jɔːˈself] *pron (reflexive: often
not translated)* εαυτός σου · *(: polite
form)* εαυτός σας · *(complement)*
εαυτός σου · *(after prep)* (ε)σένα ·
(: polite form) (ε)σάς · *(emph)* μόνος/η
ο σου · *(polite form)* μόνος σας

yourselves [jɔːˈselvz] *pl pron
(reflexive: often not translated)* εαυτός
σας · *(complement)* εαυτός σας ·
(after prep) εσάς · *(emph)* μόνοι/ες/α
σας

youth [juːθ] *n (= young days)* νεότητα
f · *(= young man)* νέος *m* · **in my
~** στα νιάτα μου · **~ club** *n* λέσχη *f*
νεότητας · **~ful** *adj (person)* νέος ·
(looks, air) νεανικός · **~ hostel** *n*
ξενώνας *m* νεότητας

you've [juːv] = **you have**

Yugoslavia [ˈjuːɡəuˈslɑːvɪə] *n (HIST)*
Γιουγκοσλαβία *f*

Z, z [zɛd] *US* [ziː] *n* το τελευταίο
γράμμα του αγγλικού αλφαβήτου

Zambia [ˈzæmbɪə] *n* Ζάμπια *f*

zeal [ziːl] *n* ζήλος *m* · *(religious)*
φανατισμός *m*

zebra [ˈziːbrə] *n* ζέβρα *f* ·
~ crossing *(BRIT)* *n* διάβαση *f* πεζών

zero [ˈzɪərəu] *n* μηδέν *nt*

zest [zɛst] *n* όρεξη *f* · *(CULIN)* φλούδα *f*

Zimbabwe [zɪmˈbɑːbwɪ] *n*
Ζιμπάμπουε *f inv*

zinc [zɪŋk] *n* ψευδάργυρος *m*

zip [zɪp] *n (also ~ fastener)*
φερμουάρ *nt inv* ♦ *vt (also ~ up)*
ανεβάζω το φερμουάρ σε · **~ code**
(US) *n* ταχυδρομικός κώδικας *m* ·
~per *(US)* *n* = **zip**

zodiac [ˈzəudɪæk] *n* ζωδιακός κύκλος
m

zone [zəun] *n* ζώνη *f*

zoo [zuː] *n* ζωολογικός κήπος *m*

zoom [zuːm] *vi* **to ~ past** περνάω
σαν σίφουνας · **to ~ in (on sth/sb)**
(PHOT, CINE) κάνω ζουμ (σε κτ/κν)

zucchini [zuːˈkiːniː] *(US)* *n(pl)*
κολοκυθάκια *ntpl*

ΑΝΩΜΑΛΑ ΡΗΜΑΤΑ

present	pt	pp	present	pt	pp
arise	arose	arisen	cast	cast	cast
awake	awoke	awoken	catch	caught	caught
be (am,	was,	been	choose	chose	chosen
is, are;	were		cling	clung	clung
being)			come	came	come
bear	bore	born(e)	cost	cost	cost
beat	beat	beaten	cost	costed	costed
become	became	become	(work out		
befall	befell	befallen	price of)		
begin	began	begun	creep	crept	crept
behold	beheld	beheld	cut	cut	cut
bend	bent	bent	deal	dealt	dealt
beset	beset	beset	dig	dug	dug
bet	bet,	bet,	do (3rd	did	done
	betted	betted	person:		
bid (at	bid	bid	he/she/		
auction,			it does)		
cards)			draw	drew	drawn
bid (say)	bade	bidden	dream	dreamed,	dreamed,
bind	bound	bound		dreamt	dreamt
bite	bit	bitten	drink	drank	drunk
bleed	bled	bled	drive	drove	driven
blow	blew	blown	dwell	dwelt	dwelt
break	broke	broken	eat	ate	eaten
breed	bred	bred	fall	fell	fallen
bring	brought	brought	feed	fed	fed
build	built	built	feel	felt	felt
burn	burnt,	burnt,	fight	fought	fought
	burned	burned	find	found	found
burst	burst	burst	flee	fled	fled
buy	bought	bought	fling	flung	flung
can	could	(been	fly	flew	flown
		able)	forbid	forbad(e)	forbidden

present	pt	pp	present	pt	pp
forecast	forecast	forecast	let	let	let
forget	forgot	forgotten	lie	lay	lain
forgive	forgave	forgiven	(lying)		
forsake	forsook	forsaken	light	lit,	lit,
freeze	froze	frozen		lighted	lighted
get	got	got, *(us)*	lose	lost	lost
		gotten	make	made	made
give	gave	given	may	might	–
go	went	gone	mean	meant	meant
(goes)			meet	met	met
grind	ground	ground	mistake	mistook	mistaken
grow	grew	grown	mow	mowed	mown,
hang	hung	hung			mowed
hang	hanged	hanged	must	(had to)	(had to)
(execute)			pay	paid	paid
have	had	had	put	put	put
hear	heard	heard	quit	quit,	quit,
hide	hid	hidden		quitted	quitted
hit	hit	hit	read	read	read
hold	held	held	rid	rid	rid
hurt	hurt	hurt	ride	rode	ridden
keep	kept	kept	ring	rang	rung
kneel	knelt,	knelt,	rise	rose	risen
	kneeled	kneeled	run	ran	run
know	knew	known	saw	sawed	sawed,
lay	laid	laid			sawn
lead	led	led	say	said	said
lean	leant,	leant,	see	saw	seen
	leaned	leaned	seek	sought	sought
leap	leapt,	leapt,	sell	sold	sold
	leaped	leaped	send	sent	sent
learnt	learnt,	learnt,	set	set	set
	learned	learned	sew	sewed	sewn
leave	left	left	shake	shook	shaken
lend	lent	lent	shear	sheared	shorn,
					sheared

present	pt	pp	present	pt	pp
shed	shed	shed	sting	stung	stung
shine	shone	shone	stink	stank	stunk
shoot	shot	shot	stride	strode	stridden
show	showed	shown	strike	struck	struck
shrink	shrank	shrunk	strive	strove	striven
shut	shut	shut	swear	swore	sworn
sing	sang	sung	sweep	swept	swept
sink	sank	sunk	swell	swelled	swollen,
sit	sat	sat			swelled
slay	slew	slain	swim	swam	swum
sleep	slept	slept	swing	swung	swung
slide	slid	slid	take	took	taken
sling	slung	slung	teach	taught	taught
slit	slit	slit	tear	tore	torn
smell	smelt,	smelt,	tell	told	told
	smelled	smelled	think	thought	thought
sow	sowed	sown,	throw	threw	thrown
		sowed	thrust	thrust	thrust
speak	spoke	spoken	tread	trod	trodden
speed	sped,	sped,	wake	woke,	woken,
	speeded	speeded		waked	waked
spell	spelt,	spelt,	wear	wore	worn
	spelled	spelled	weave	wove	woven
spend	spent	spent	weave	weaved	weaved
spill	spilt,	spilt,	*(wind)*		
	spilled	spilled	wed	wedded,	wedded,
spin	spun	spun		wed	wed
spit	spat	spat	weep	wept	wept
spoil	spoiled,	spoiled,	win	won	won
	spoilt	spoilt	wind	wound	wound
spread	spread	spread	wring	wrung	wrung
spring	sprang	sprung	write	wrote	written
stand	stood	stood			
steal	stole	stolen			
stick	stuck	stuck			

Camping | Κάμπινγκ

Is there a campsite here?
Υπάρχει κάποιο κάμπινγκ εδώ; eeparkhee kapio kampeeng edho?

We'd like a site for a tent/ a caravan.
Θα θέλαμε χώρο για μια σκηνή/ένα τροχόσπιτο. tha thelame khoro ya mia skeenee/ena trokhospeeto

How much is it per night?
Πόσο κοστίζει η διανυκτέρευση; poso kosteezee ee dhianeekterefsee?

Where are the toilets?
Πού είναι οι τουαλέτες; poo eene ee tooaletes?

Where are the showers?
Πού είναι τα ντους; poo eene ta doos?

Can we camp/park here overnight?
Μπορούμε να κατασκηνώσουμε/ παρκάρουμε εδώ για απόψε; boroome na kataskeenosoome/ parkaroome edho ya apopse?

Self-Catering | Αυτοδιατροφή

Where do we get the key?
Από πού παίρνουμε το κλειδί; apo poo pernoome to kleedhee?

Do we have to pay extra for electricity?
Πρέπει να πληρώσουμε επιπλέον για το ηλεκτρικό; prepee na pleerosoome epeepleon ya to eelektreeko?

How does the heating work?
Πώς λειτουργεί η θέρμανση; pos leetooryee ee thermansee?

We need more sheets.
Χρειαζόμαστε περισσότερα σεντόνια. khreeazomaste perisotera sentonia

Is there a reduction for pensioners?
Υπάρχει κάποια έκπτωση
για συνταξιούχους;
eeparkhee kapia ekptosee
ya seentaksiookhoos?

Is there a reduction for children?
Υπάρχει κάποια έκπτωση
για παιδιά;
eeparkhee kapia ekptosee
ya pedhia?

Do you have a map of the underground?
Έχετε έναν χάρτη του μετρό;
ekhete enan khartee too metro?

Taxi
Ταξί

Where can I get a taxi?
Πού μπορώ να βρω ταξί;
poo boro na vro taksee?

Call me a taxi, please.
Καλέστε (μου) ένα ταξί,
παρακαλώ.
kaleste (moo) ena taksee,
parakalo

To the airport, please.
Στο αεροδρόμιο, παρακαλώ.
sto aerodhromio, parakalo

To this address, please.
Σε αυτή τη διεύθυνση,
παρακαλώ. se afteen tee
dhee-eftheensee, parakalo

I'm in a hurry.
Βιάζομαι. viazome

How much is it?
Πόσο κάνει; poso kanee?

I need a receipt.
Θα ήθελα απόδειξη.
tha eethela apodheeksee

Keep the change.
Κρατήστε τα ρέστα.
krateeste ta resta

Stop here, please.
Σταματήστε εδώ, παρακαλώ.
stamateeste edho, parakalo

ΚΥΚΛΟΦΟΡΩΝΤΑΣ ΣΤΗΝ ΠΟΛΗ

Plane Αεροπλάνο

Where is ... Πού είναι ... poo eene ...
the taxi rank? η πιάτσα των ταξί;
ee piatsa ton taksee?

the bus stop? η στάση των λεωφορείων;
ee stasee ton leoforeeon?

My luggage hasn't arrived. Οι αποσκευές μου δεν ήρθαν.
ee aposkeves moo dhen eerthan

Which gate for the flight to ...? Ποια είναι η πύλη της
πτήσης για ...; peea eene
ee peelee tees pteesees ya ...?

When is the latest I can check in? Πότε είναι το αργότερο που
μπορώ να κάνω τσεκ ιν;
pote eene to arghotero poo
boro na kano tsek een?

Window/aisle. Παράθυρο/διάδρομο.
paratheero/dheeadhromo.

I've lost my boarding pass. Έχασα την κάρτα επιβίβασης.
ekhasa teen karta epeeveevasees

Local Public Transport Αστική συγκοινωνία

How do I get to the centre? Πώς μπορώ να πάω στο
κέντρο; pos boro na pao
sto kentro?

Where is the bus station? Πού είναι ο σταθμός των
λεωφορείων; poo eene o
stathmos ton leoforeeon?

Where is the nearest underground station? Πού είναι ο πλησιέστερος
σταθμός του μετρό;
poo eene o pleesiesteros
stathmos too metro?

A ticket to ... Ένα εισιτήριο για ...
ena eeseeteerio ya ...

Which platform does the train for … leave from?	Από ποια αποβάθρα φεύγει το τρένο για …; apo pia apovathra fevyee to treno ya …?
Is this the train for …?	Αυτό είναι το τρένο για …; afto eene to treno ya …?
Excuse me, that's my seat.	Με συγχωρείτε, αυτή είναι η θέση μου. me seenkhoreete, aftee eene ee thesee moo
I have a reservation.	Έχω κάνει κράτηση. ekho kanee krateesee
Is this seat free?	Η θέση είναι ελεύθερη; ee thesee eene eleftheree?
Please let me know when we get to …	Παρακαλώ πείτε μου μόλις φτάσουμε στον/στη/στο … parakalo peete moo molees ftasoome ston/stee/sto …

Ferry Φέρι(μποτ)

Is there a ferry to …?	Υπάρχει φέρι για …; eeparkhee feree ya …?
When is the next/last ferry to …?	Πότε φεύγει το επόμενο/ τελευταίο φέρι για …; pote fevyee to epomeno/ telefteo feree ya …?
How much is it for a car with … people?	Πόσο κάνει για ένα αυτοκίνητο και … άτομα; poso kanee ya ena aftokeeneeto ke … atoma?
When do we get to …?	Πότε φτάνουμε στον/στη/ στο …; pote ftanoome ston/stee/sto …?
Do you have anything for seasickness?	Έχετε κάτι για τη ναυτία; ekhete katee ya tee nafteea?

GETTING AROUND | ΚΥΚΛΟΦΟΡΩΝΤΑΣ ΣΤΗΝ ΠΟΛΗ

Train	Τρένο
How much is ...	Πόσο κάνει ... poso ka**nee** ...
a single?	ένα απλό εισιτήριο; e**na** apl**o** eeseet**ee**rio?
a return?	ένα εισιτήριο με επιστροφή; e**na** eeseet**ee**rio me epeestrof**ee**?
Two returns to ...	Δύο με επιστροφή για ... dh**ee**o me epeestrof**ee** ya ...
Is there a reduction for students?	Υπάρχει κάποια έκπτωση για φοιτητές; eep**ar**khee k**a**pia **e**kptosee ya feetеet**e**s?
Is there a reduction with this pass?	Έχω κάποια έκπτωση με αυτό το πάσο; **e**kho k**a**pia **e**kptosee me aft**o** to p**a**so?
I'd like to reserve a seat.	Θα ήθελα να κλείσω θέση. tha **ee**thela na kl**ee**so th**e**see
(Non) smoking	(Μη) καπνιζόντων (mee) kapneez**o**nton
I want to book a sleeper to ...	Θέλω να κλείσω θέση στην κλινάμαξα για ... th**e**lo na kl**ee**so th**e**see steen kleen**a**maksa ya ...
When is the next train to ...?	Πότε φεύγει το επόμενο τρένο για ...; p**o**te f**e**vyee to ep**o**meno tr**e**no ya ...?
Is there a supplement to pay?	Πρέπει να πληρώσω κάτι επιπλέον; pr**e**pei na pleer**o**so k**a**tee epeepl**e**on?
Do I need to change?	Πρέπει να αλλάξω τρένο; pr**e**pei na al**a**kso tr**e**no?

Accident	Ατύχημα
Please call ...	Παρακαλώ καλέστε ... parakalo kaleste ...
the police.	την Αστυνομία. teen asteenomeea
an ambulance.	ένα ασθενοφόρο. ena asthenoforo
Give me your insurance details, please.	Δώστε μου την ασφάλειά σας, παρακαλώ. dhoste moo teen asfaleea sas, parakalo
Can you be a witness for me?	Μπορείτε να έρθετε για μάρτυρας; boreete na erthete ya marteeras?
You were driving too fast.	Οδηγούσατε με υπερβολική ταχύτητα. odheeghoosate me eepervoleekee takheeteeta
It wasn't your right of way.	Δεν είχατε προτεραιότητα. dhen eekhate protereoteeta
Travelling by Car	Ταξιδεύοντας με αυτοκίνητο
What's the best route to ...?	Ποιά είναι η συντομότερη διαδρομή για ...; peea eene ee seentomoteree dheeadhromee ya ...?
Do you have a road map of this area?	Έχετε έναν οδικό χάρτη της περιοχής; ekhete enan odhiko khartee tees periokhees?

GETTING AROUND | **ΚΥΚΛΟΦΟΡΩΝΤΑΣ ΣΤΗΝ ΠΟΛΗ**

Can you repair it?	Μπορείτε να το φτιάξετε; boreete na to ftiaksete?
When will it be ready?	Πότε θα είναι έτοιμο; pote tha eene eteemo?

Parking — Στάθμευση

Can I park here?	Μπορώ να παρκάρω εδώ; boro na parkaro edho?
Do I need to buy a car-parking ticket?	Χρειάζεται να αγοράσω κάρτα στάθμευσης; khreeazete na aghoraso karta stathmefsees?
Where is the ticket machine?	Πού είναι το μηχάνημα με τις κάρτες στάθμευσης; poo eene to meekhaneema me tees kartes stathmefsees?
The machine isn't working.	Το μηχάνημα δεν λειτουργεί. to meekhaneema dhen leetooryee

Petrol Station — Πρατήριο βενζίνης

Where is the nearest petrol station?	Πού είναι το πλησιέστερο βενζινάδικο; poo eene to pleesiestero venzeenadheeko?
Fill it up, please.	Γεμίστε το παρακαλώ. yemeeste to parakalo
30 euros' worth of diesel/ premium unleaded, please.	(Βάλτε μου) 30 ευρώ πετρέλαιο/σούπερ αμόλυβδη, παρακαλώ. (valte moo) trianda evro petreleo/ sooper amoleevdhee, parakalo
Pump number 4 please.	Αντλία 4 παρακαλώ. antleea tesera parakalo

I'd like a child seat.	Θα ήθελα ένα παιδικό κάθισμα. tha **ee**thela **e**na pedhee**ko ka**theesma
What do I do if I have an accident?	Τι κάνω αν έχω κάποιο ατύχημα; tee k**a**no an **e**kho k**a**pio at**ee**kheema?
What do I do if I have a breakdown?	Τι κάνω αν πάθω βλάβη; tee k**a**no an p**a**tho vl**a**see?
Breakdowns	Βλάβες
My car has broken down.	Το αυτοκίνητό μου έπαθε βλάβη/χάλασε. to aftok**ee**neeto moo **e**pathe vlavee/khalase
Where is the next garage?	Πού είναι το επόμενο συνεργείο; poo **ee**ne to ep**o**meno seenery**ee**o?
The exhaust/the gearbox is broken.	Έχει χαλάσει η εξάτμιση/το κιβώτιο ταχυτήτων. **e**khee khal**a**see ee eks**a**tmeesee/to keev**o**tio takheet**ee**ton
The brakes	Τα φρένα ta fr**e**na
The headlights	Τα φανάρια ta fan**a**ria
The windscreen wipers	Οι υαλοκαθαριστήρες ee eealokathareest**ee**res
... are not working.	... δεν λειτουργούν. ... dhen leetoorgh**oo**n
The car won't start.	Το αυτοκίνητο δεν παίρνει μπρος. to aftok**ee**neeto dhen p**e**rnee bros
I have a flat tyre.	Έπαθα λάστιχο. **e**patha l**a**steekho

Asking the Way	**Ρωτώντας τον δρόμο**
Where is the nearest post office?	Πού είναι το πλησιέστερο ταχυδρομείο; poo **ee**ne to pleesi**e**stero takheedhrom**ee**o?
How do I get to the station?	Πώς μπορώ να πάω στον σταθμό; pos bor**o** na p**a**o ston stathm**o**?
Is it far?	Είναι μακριά; **ee**ne makre**a**?
How far is it?	Πόσο μακριά είναι; p**o**so makre**a ee**ne?
Is this the right way to ...?	Από εδώ καλά πάω για ...; ap**o** edh**o** kal**a** p**a**o ya ...?
I'm lost.	Έχω χαθεί. **e**kho khath**ee**
Can you show me on the map?	Μπορείτε να μου το δείξετε στον χάρτη; bor**ee**te na moo to dh**ee**ksete ston khar**tee**?
You have to turn round.	Πρέπει να γυρίσετε πίσω. pr**e**pee na yeer**ee**sete p**ee**so
Go straight on.	Πηγαίνετε όλο ευθεία. peey**e**nete **o**lo efth**ee**a
Turn left/right.	Στρίψτε αριστερά/δεξιά. str**ee**pste areest**e**ra/dheksi**a**
Take the second street on the left.	Στο δεύτερο (στενό) κάνετε αριστερά. sto dh**e**ftero (sten**o**) k**a**nete areest**e**ra
Car Hire	**Ενοικίαση αυτοκινήτων**
I want to hire a car.	Θέλω να νοικιάσω ένα αυτοκίνητο. th**e**lo na neeki**a**so **e**na aftok**ee**neeto
How much is it for one day?	Πόσο κοστίζει για μία μέρα; p**o**so kost**ee**zee ya mia m**e**ra?